GABLER
WIRTSCHAFTS
LEXIKON

GABLER WIRTSCHAFTS LEXIKON

12., vollständig neu bearbeitete
und erweiterte Auflage

U – Z

GABLER

CIP-Kurztitelaufnahme der Deutschen Bibliothek

Gabler Wirtschafts-Lexikon. – Taschenbuch-Kassette
mit 6 Bd. – Wiesbaden: Gabler
   10. Aufl. u. d. T.: Gablers Wirtschafts-Lexikon
   ISBN 3-409-30384-7

Bd. 6. U – Z – 12., vollst. neu bearb. u. erw. Aufl.,
ungekürzte Wiedergabe d. zweibd. Orig.-Ausg. – 1988
   ISBN 3-409-30374-X

Begründet und bis zur 10. Auflage herausgegeben
von Dr. Dr. h. c. Reinhold Sellien und Dr. Helmut Sellien

1. Auflage 1956
2. Auflage 1958
3. Auflage 1959
4. Auflage 1961
5. Auflage 1962
6. Auflage 1965
7. Auflage 1967
8. Auflage 1971
9. Auflage 1975
10. Auflage 1979
11. Auflage 1983
12. Auflage 1988

Ungekürzte Wiedergabe der zweibändigen Originalausgabe

Der Gabler Verlag ist ein Unternehmen der Verlagsgruppe Bertelsmann

© Betriebswirtschaftlicher Verlag Dr. Th. Gabler GmbH, Wiesbaden 1988

Umschlaggestaltung: Schrimpf und Partner, Wiesbaden
Gesamtherstellung: Elsnerdruck, Berlin
Printed in Germany

6. Band · ISBN 3-409-30374-X
Taschenbuch-Kassette mit 6 Bänden · ISBN 3-409-30384-7

U

u. A., →unter Aufgabe.

UBA, Abk. für →Umweltbundesamt.

Überabschreibung. 1. *Bilanzmäßige Abschreibung,* die über das rechtlich zulässige Maß hinausgeht. Wird dadurch die Vermögens- und Ertragslage einer Kapitalgesellschaft vorsätzlich unrichtig wiedergegeben oder verschleiert, so ist der Jahresabschluß nichtig (§ 256 V AktG, für GmbH analoge Anwendung); vgl. auch die Strafvorschriften gem. § 331 HGB. – 2. *Kalkulatorische Abschreibung* auf bilanziell voll abgeschriebene, dem Betrieb aber noch dienende Anlagen. Ü. wird i. d. S. auch als *Über-Null-Abschreibung* bezeichnet.

Überalterung. 1. *Charakterisierung:* Bezeichnung der →Bevölkerungsstatistik für einen Prozeß der sog. ,,sparsamen Volksvermehrung". Einer zunächst erwünscht erscheinenden Zunahme von Unterhaltsträgern in produktiven →Altersgruppen im Verhältnis zu den noch nicht oder nicht mehr erwerbstätigen Unterhaltempfängern (Kinder, Menschen im Ruhestand) folgt eine Umgruppierung in umgekehrter Richtung, schwächer besetzte Altersgruppen rücken nach. Ihnen obliegt die Unterhaltspflicht für eine zu breite Schicht des alternden, aus dem Produktionsprozeß ausscheidenden Bevölkerungsteils, bis u. U. wieder eine Verbreiterung der Erwerbstätigenschicht aus stärker besetzten Nachwuchsklassen eintritt. – 2. *In der Bundesrep. D.:* Infolge des seit Jahren anhaltenden Geburtenrückgangs bei gleichzeitig steigender Lebenserwartung deuten alle Prognosen auf eine zunehmende Ü. hin. – Vgl. auch →Altersaufbau, →Bevölkerungsentwicklung.

Überarbeit, →Überstunden.

Überbau, Gebäude, das zum Teil auf dem Nachbargrundstück steht. – *Rechtliche Regelung:* Vgl. →Nachbarrecht.

Überbeschäftigung, die →Vollbeschäftigung bzw. einen normalen Beschäftigungsgrad übersteigende Beschäftigungslage mit Tendenz zur reinen Preiskonjunktur. – *Staatliche Maßnahmen gegen Ü.:* Vgl. →Überschußpolitik. – *Gegensatz:* →Unterbeschäftigung.

Überbetrieblichkeit, →Koalition.

Überbevölkerung. 1. *Charakterisierung:* Zustand im Sozialprozeß, bei dem aus einem Mißverständnis zwischen ökonomischen Möglichkeiten und Bevölkerungszahl ein Überangebot arbeitsfähiger Menschen bei unzureichender Beschäftigungs- und Ernährungsmöglichkeit entsteht. Diese Spannung führt zur Senkung des Reallohns bzw. zu struktureller Arbeitslosigkeit bei unzureichender Versorgung. – 2. *Lösungsvorschläge des Problems Ü.* seitens der Bevölkerungswissenschaft: a) Pläne zur Verbessung der Technik, um einer Erschöpfung der Weltvorräte an abbau- und anbaufähigen Roh- und Nährstoffen vorzubeugen; b) Pläne und Maßnahmen zur Erweiterung der räumlichen Existenzgrundlagen einzelner Nationen (Kolonien, Gebietsannexionen, Erschließung von Entwicklungsländern) unter der Devise einer demographischen bedingten Wanderung entsprechend dem Bevölkerungsdruck; c) moralisch, ethisch oder wissenschaftlich begründeten Forderungen nach Geburtenkontrolle und ähnlichen Maßnahmen; d) geographisch, medizinisch oder volkswirtschaftlich-statistisch begründete Berechnungen der sog. Tragfähigkeit bei gegebenen hygienischen, soziologischen und technischen Voraussetzungen sowie darauf aufbauenden Maßnahmen zur Verwirklichung eines Bevölkerungsausgleichs: (1) durch staatliche Förderung der Binnenwanderung (→Wanderungen) oder der Massenauswanderung oder/und (2) durch staatlichen Eingriff in die Einkommensverteilung. – *Gegensatz:* →Unterbevölkerung. – Vgl. auch →Bevölkerungsoptimum.

Überbewertung, bilanzieller Wertansatz a) von Aktivposten mit einem höheren als dem rechtlich zulässigen Wert oder b) von Passivposten mit einem niedrigeren als dem rechtlich geforderten Wert. – *Beispiel:* Ansatz von Anlagevermögen über den Anschaffungs- oder Herstellungskosten oder von Darlehen unter dem Rückzahlungsbetrag. – *Folge:* Bei Ü. ist der Jahresabschluß einer Kapitalgesellschaft nichtig (§ 256 V AktG, analoge Anwendung für GmbH).

Überbrand, Begriff des Kontingentierungssystems im Rahmen des →Branntweinmonopols für Branntwein, der außerhalb des jährlichen Brennrechts oder außerhalb einer begünstigten Erzeugungsgrenze hergestellt ist.

Überbringerklausel, oder *Überbringer,* Vermerk auf einem →Scheck hinter dem Namen des Zahlungsempfängers (Nehmers), gleichbedeutend mit →Inhaberklausel. Ü. macht den Scheck zum →Inhaberscheck.

Überbrückungsbeihilfe, →Überbrückungsgeld zur Förderung der Arbeitsaufnahme.

Überbrückungsfinanzierung, Aufnahme von kurzfristigen Mitteln (v. a. →Überbrückungskredit) zur Überbrückung von (kurzfristigen) Liquiditätsengpässen, wenn erwartete Zahlungen nicht termingemäß eingehen. – *Anders:* →Zwischenfinanzierung.

Überbrückungsgeld zur Förderung der Arbeitsaufnahme, von der Bundesanstalt für Arbeit an Arbeitslose oder von Arbeitslosigkeit unmittelbar bedrohte Arbeitssuchende (auch Berufsanwärter) gewährte Leistung (Zuschuß oder Darlehen). Es können gewährt werden (§ 53 I AFG): (1) Zuschuß zu Bewerbungskosten, (2) Zuschuß zu Reise- und Umzugskosten, (3) Arbeitsausrüstung, (4) Trennungsbeihilfe, wenn die Arbeitsaufnahme die Führung eines getrennten Haushalts erfordert, (5) Überbrückungsbeihilfe bis zur Dauer von zwei Monaten, (6) Begleitung bei Sammelfahrten zur Arbeitsaufnahme an einem auswärtigen Beschäftigungsort, (7) Familienheimfahrten und (8) sonstige, zur Erleichterung der Arbeitsaufnahme notwendige Hilfen.

Überbrückungshilfe, Zahlung einer Witwen- (oder Witwer- Rente der gesetzlichen →Unfallversicherung an Witwe oder Witwer für die ersten drei Monate nach dem Tod des Versicherten in Höhe der Vollrente (§ 590 RVO). Im Anschluß daran wird die Witwen- (oder Witwer-)Rente in der nach § 590 RVO berechneten Höhe gezahlt.

Überbrückungskredit, →Kredit, der zur Deckung vorübergehend auftretenden Geldbedarfs (→Überbrückungsfinanzierung) in Anspruch genommen wird. – *Anders:* →Zwischenkredit.

Überbuchung, Verkauf einer die Kapazität übersteigenden Anzahl von Passagierplätzen in einem Fahrzeug oder von Zimmern in einem Hotel nach Erfahrungswerten des Anteils nicht erscheinender gebuchter Kunden an der Gesamtzahl der gebuchten Kunden (*No-show-Quote*) zur Sicherung der Kapazitätsauslastung.

Überdeckung der Kosten, →Kostenüberdeckung.

Überdividende, →Superdividende.

Übereignung, rechtsgeschäftliche Übertragung des →Eigentums an einer Sache.

I. Ü. beweglicher Sachen: Es ist erforderlich, daß der Eigentümer dem Erwerber die Sache übergibt und daß beide darüber einig sind, daß das Eigentum übergehen soll (§ 929

S. 1 BGB). – 1. *Einigung:* Die →Einigung muß ausdrücklich erklärt sein oder aus den Umständen hervorgehen. – 2. *Übergabe:* Die →Übergabe kann durch die Vereinbarung eines →Besitzkonstituts ersetzt werden, so regelmäßig bei der →Sicherungsübereignung, bei der die Sachen im Besitz des Veräußerers bleiben (§ 930 BGB). Befindet sich ein Dritter im Besitz der Sache, tritt an Stelle der Übergabe die Abtretung des Herausgabeanspruchs (§ 931 BGB). Ist der Erwerber bereits im Besitz der Sache, genügt die Einigung über Übertragung des Eigentums (→Übereignung kurzer Hand, § 929 II BGB). – Auch wenn der *Veräußerer nicht Eigentümer* der veräußerten Sache ist, kann der Erwerber durch →Genehmigung des Eigentümers oder →gutgläubigen Erwerb Eigentümer werden. – 3. *Wirksamkeit:* Die Wirksamkeit der Ü. ist von der Gültigkeit des zugrunde liegenden Rechtsgeschäfts (Kauf, Tausch, Schenkung usw.) unabhängig (abstrakt). Der frühere Eigentümer kann jedoch, wenn das zugrunde liegende Geschäft (z. B. wegen Anfechtung, Nichtwahrung der vorgeschriebenen Form) unwirksam ist, nach den Vorschriften über die →ungerechtfertigte Bereicherung i. d. R. Rückübereignung verlangen.

II. Ü. von Grundstücken: Es gelten Sondervorschriften.

Übereignung kurzer Hand, *brevi manu traditio,* Art der Übereignung beweglicher Sachen (→Übereignung I). Wenn sich die zu übereignende Sache bereits im Besitz des Erwerbers befindet, genügt zur Übertragung des Eigentums die bloße →Einigung zwischen dem bisherigen Eigentümer und dem Erwerber über den Eigentumsübergang (§ 929 II BGB).

Übereinkommen über den internationalen Eisenbahnverkehr *convention relative aux transports internationaux ferroviaires (COTIF).* Abkommen vom 9. 5. 1980 zur Gründung einer *Organisation für den internationalen Eisenbahnverkehr (OTIF),* Sitz in Bern, und der Anpassung der beförderungsrechtlichen Bestimmungen an die wirtschaftlichen und technischen Bedürfnisse. – *Inhalt:* a) Anhang A: Einheitliche Rechtsvorschriften für den Vertrag über die *internationale Eisenbahnbeförderung von Personen und Gepäck (CIV,* règles uniformes concernant le contrat de transport international ferroviaire des voyageurs et des bagages); b) Anhang B: Einheitliche Rechtsvorschriften die für den Vertrag über die *internationale Eisenbahnbeförderung von Gütern (CIM,* regles uniformes concernant le contrat de transport internationale ferroviaire des marchandises).

Überfallrecht, →Nachbarrecht.

Überforderungsklausel, →Vorruhestand 4.

Überführungsfahrt, Fahrt zur Verbringung eines Kraftfahrzeuges an einen anderen Ort,

insbes. von der Herstellungs- zur Verkaufsstätte, bei Eigentumswechsel oder der Veränderung des Einstellortes sowie Fahrt zum
Zwecke des Abschleppens eines Kfz. Die Ü. ist
entsprechend →Probefahrt oder →Prüfungs-
fahrt ohne Betriebserlaubnis und mit rotem
Kennzeichen zulässig (§ 28 StVZO).

Übergabe, im Sinne des BGB die Übertragung des →Besitzes an einer Sache auf den
Erwerber, so, daß dieser oder sein →Besitz-
mittler →unmittelbarer Besitzer wird.

Übergabebilanz, Vorbilanz, die bei →Ver-
schmelzung von Unternehmungen zur Vereinbarung der Fusionsbedingungen aufgestellt
werden kann.

Übergang der Ersatzansprüche, in der
Schadenversicherung Übergang der Ersatz-
forderung des Versicherungsnehmers gegen
einen schädigenden Dritten kraft Gesetzes auf
den Versicherer, da die Ersatzleistung nicht
zur Bereicherung (→Bereicherungsverbot)
führen soll. – Vgl. auch →Rückgriff.

Übergangsgeld. I. S o z i a l v e r s i c h e -
r u n g : 1. *Begriff:* Laufende Geldleistung im
Rahmen der sozialen Betreuung während der
Durchführung von Maßnahmen. – 2. *Formen:*
a) Ü. während der Durchführung von Maßnahmen der →Heilbehandlung und der
→Berufsförderung durch die Träger der *Rentenversicherung* im Rahmen der sozialen
Betreuung (§§ 1237ff. RVO, §§ 14ff. AVG,
§§ 36ff. RKG). – b) Ü. durch den *Unfallversicherungsträger,* während einer Maßnahme der
→Berufshilfe (§ 568 RVO). – c) Ü. durch die
Bundesanstalt für Arbeit für Teilnehmer an
Maßnahmen der beruflichen Umschulung
(§§ 59ff. AFG). – d) Ü. in der *Kriegsopferversorgung* für entgangenen Lohn, wenn der
Beschädigte wegen der Gesundheitsstörung,
die als Folge einer Schädigung anerkannt ist
oder durch eine anerkannte Schädigungsfolge
verursacht worden ist, arbeitsunfähig ist
(§§ 16ff. BVG). – 3. *Höhe:* Bei der Berechnung
des Ü. sind 80% des Regellohns, höchstens
jedoch das entgangene regelmäßige Nettoarbeitsentgelt zugrunde zu legen. Das Ü. beträgt
bei einem Behinderten, der mindestens ein
Kind hat oder dessen Ehegatte eine Erwerbstätigkeit nicht ausüben kann, weil er den
Behinderten pflegt oder selbst der Pflege
bedarf, bei medizinischen Maßnahmen zur
Rehabilitation 90%, bei berufsfördernden
Maßnahmen zur Rehabilitation 80%, bei den
übrigen Behinderten bei medizinischen Maßnahmen zur Rehabilitation 75% und bei
berufsfördernden Maßnahmen zur Rehabilitation 70% des für die Berechnung des Ü.
maßgebenden Betrages. Weitere differenzierende Teilregelungen (§§ 13–18 RehaAnglG).

II. B e a m t e n r e c h t : Versorgungsbezüge
für Beamte und andere Beschäftigte im öffentlichen Dienst, die nicht auf eigenen Antrag
entlassen werden (zeitlich begrenzt).

Übergangskonten, *reziprokes Konto, Spiegel-
bildkonto,* Verrechnungskonto zwischen
→Finanzbuchhaltung und →Betriebsbuch-
haltung bei Vorliegen eines →Zweikreissy-
stems, die den buchungsmäßigen Zusammenhang zwischen den beiden Buchungsbereichen
(äußerer und innerer Kreis) herstellen. – Ü.
enthalten spiegelbildlich den gleichen
Buchungsinhalt: Das Konto ,,Betrieb" der
Finanzbuchhaltung weist den Gesamtsaldo
der ausgegliederten Konten der Betriebsbuchhaltung aus, das Konto ,,Geschäft" der
Betriebsbuchhaltung ist Spiegelbild des Kontos ,,Betrieb". – *Schema:*

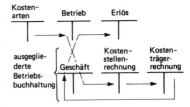

Übergangstheorie, *Theorie des ,,demographi-
schen Übergangs".* 1. *Begriff:* Die von dem
französischen Demographen Landry
(Landry-Theorie) zur Diskussion gestellte
und von dem US-Amerikaner Notestein wei-
terentwickelte These. Die Ü. behauptet, das
Bevölkerungswachstum werde über eine
Anpassung von →Fertilität und →Mortalität
an die jeweiligen Existenzbedingungen und
gesellschaftlichen Verhältnisse so gesteuert,
daß sich ein (historisch nachweisbarer) vier-
phasiger Übergang von einer Gleichgewichtslage zur anderen vollzöge, so daß sich, wenn
auch auf einem in absoluten Zahlen erhöhten
Niveau, wieder ein stationärer Bevölkerungs-
aufbau (→Bevölkerungsmodelle) ergibt. – 2.
,,Übergang" in *vier Phasen:* – a) *Phase I
(Malthus-Phase):* Stark anwachsende Gebur-
tenzahlen führen nach Überschreitung des
Wendepunkts in der Geburtenkurve (wegen
des unzureichenden Subsistenzmittelfonds)
zur Übersterblichkeit (tendenzielles Bevölkerungswachstum ohne Geburten- oder Sterbe-
überschuß). – b) *Phase II (→Bevölkerungs-
schub):* Die Kinderzahl je Ehe bleibt unverändert. Dank dem medizinisch-technischen
Fortschritt steigt die →Lebenserwartung: Die
demographische Schere zwischen Gebürtig-
keit und Sterblichkeit öffnet sich; jede nach-
rückende Generation ist stärker besetzt als die
der Vorgänger mit der Folge einer exzessiven
Zunahme der Kinderzahl. – c) *Phase III
(Umkehr):* Sobald ersichtlich wird, daß zur
Erhaltung der Familie nicht mehr eine so

große Kinderzahl erforderlich ist wie früher, tritt ein Bewußtseinswandel ein, der den Übergang im generativen Verhalten auslöst. Bei unverändertem Sterblichkeitsrisiko ergibt sich (nach Jahren) eine Reduktion der Geburtenrate (Geburtenziffer). – d) *Phase IV (Stationarität)*: In der Periode von 2–3 Generationen (ca. 50 Jahre) kann sich über den Bewußtseinswandel der demographische Übergang vollziehen, eine Gleichgewichtslage (→Nettoproduktionsrate = 1) wird erreicht, wenn auch auf einem stark erhöhten absoluten Bevölkerungsstand. – e) Anfügung einer *Phase V* (aufgrund der Entwicklung seit 1965 in vielen Industrieländern, insbes. der Bundesrep. D.): Phase, in der die Geburtenhäufigkeit so stark gesunken ist, daß die Zahl der Geburten dauerhaft hinter der Zahl der Sterbefälle zurückbleibt. – 3. *Bedeutung:* Die Forschung der vergangenen 20 Jahre hat gezeigt, daß der demographische Übergang in vielen Teilen Europas komplizierter verlief. Die Ü. ist infolgedessen als starke Vereinfachung wirklicher historischer Verläufe anzusehen. Ob die Verläufe auf die Verhältnisse in den Entwicklungsländern, für die ganz andere kulturelle Traditionen gelten und für die auch nicht ohne weiteres anzunehmen ist, daß sie dem Modernisierungspfad in der Alten Welt folgen werden, zu übertragen sind, ist zweifelhaft.

Übergangswahrscheinlichkeit, →Markov-Prozeß.

Übergangszeitenreduktion, in der Produktionsplanung und -steuerung eine Methode, um Terminüberschreitungen aus der Durchlaufterminierung zu beseitigen. Dabei werden die Übergangszeiten zwischen den Arbeitsgängen eines Fertigungsauftrags (z. B. Liege-, Transport-, Kontrollzeit), die bei der Planung i. d. R. pauschal, unter Einschluß von Zeitpuffern angesetzt wurden, verkürzt.

Übergebot, im Zwangsversteigerungsverfahren →Gebot, das höher liegt als das vorausgegangene, die durch Zulassung des Ü. erlischt (§ 72 ZVG).

Übergewicht, das über das im →Kaufvertrag festgelegte hinausgehende Gewicht. Ü. ist in gewissem Rahmen handelsüblich.

Übergewinnsteuer, Steuer auf den Mehrbetrag gegenüber dem Gewinn einer vorangegangenen Basisperiode, z. B. die excess profits tax während des Ersten und Zweiten Weltkriegs in Großbritannien und USA.

Überhangrecht, →Nachbarrecht.

Überholung, Begriff des Zollrechts: Prüfung des Beförderungsmittels, ob eingeführtes →Zollgut gestellt worden ist. Der Gestellungspflichtige (→Gestellung) ist verpflichtet, die Ü. zu ermöglichen, selbst oder durch andere auf seine Kosten und Gefahr dabei Hilfe zu leisten und auf Verlangen schwer

feststellbare, zur Aufnahme von Waren geeignete Stellen anzugeben sowie Beschreibungen des Beförderungsmittels und andere Unterlagen vorzulegen (§ 7 ZG). Eine wesentliche Vereinfachung der Ü. ist bei Vorliegen eines →Verschlußanerkenntnisses gegeben.

Überinvestitionstheorien, auf hochindustrialisierte Wirtschaften bezogene Erklärungen des →Konjunkturzyklus. Kapitalgüterindustrien (ähnlich die Industrien dauerhafter Konsumgüter, wie Automobile und Häuser) werden kräftiger von den Konjunkturschwankungen betroffen als die Industrien kurzlebiger Konsumgüter. Das vertikale Ungleichgewicht der Produktionsstruktur entsteht während des Aufschwungs: Kapitalgüterproduktion wird hier weiter getrieben, als dem späteren Dauerbedarf entspricht. Die Hausse bricht nicht zufolge Geldknappheit, sondern wegen Überentwicklung der Kapitalgüterindustrien zusammen. Monetäre Maßnahmen können die depressive Phase nur hinauszögern. Wenige methodenstrenge Ü. messen dem monetären Phänomen antreibende Kraft zu (Hayek, Mises, Röpke), reine Ü. hingegen werten sie als bloß bedingende Faktoren der Konjunktur (Wicksell, Cassel, Spiethoff). – Besonders interessante *Variante* der Ü: Disproportionalität zwischen Konsum- und Kapitalgüterindustrien wird darauf zurückgeführt, daß relativ geringe Veränderungen in der Konsumgüterproduktion aus technologischen Gründen häufig unvergleichlich gewichtigere Änderungen in der Produktion von Kapitalgütern im allgemeinen und von fixem Kapital im besonderen hervorrufen (→Akzelerationsprinzip).

überjährige Kosten, Begriff der Einzelkostenrechnung für Kosten, die sich nicht einem einzelnen Jahr, sondern nur mehreren Jahren gemeinsam als →Einzelkosten zurechnen lassen, z. B. die Anschaffungskosten einer mehrjährig nutzbaren Anlage. – Mit dem traditionellen →wertmäßigen Kostenbegriff der *Vollkostenrechnung* sind ü. K. nicht vereinbar; sie werden dort periodisiert.

Überkapazität, Ausstattung eines Unternehmens oder eines Wirtschaftszweiges mit Produktionsmitteln, insbes. Anlagen, für die nicht genügend Beschäftigungsmöglichkeiten bestehen. Ü. sind Folge von →Fehlinvestitionen bzw. →Kapitalfehlleitungen.

Überkapitalisierung, schon bei Gründung zu hohe Bemessung des Nominalkapitals einer Unternehmung (→Grundkapital, →Stammkapital) im Verhältnis zu ihrer Ertragskraft oder ihrem realen Vermögenswert. – *Folge:* Die →Rentabilität wird durch Ü. stark herabgesetzt, denn der erzielte Gewinn muß auf ein zu hohes Grundkapital bzw. Stammkapital bezogen werden. – *Gegensatz:* →Unterkapitalisierung.

Überkreuzkompensation, Prinzip des Erfolgsausweises bei Kreditinstituten nach § 26a KWG, bei dem aus Forderungen und Wertpapieren des Umlaufvermögens resultierende Risikoaufwendungen, Rückstellungen und Kursverluste einerseits sowie Kursgewinne, Erträge aus der Auflösung von Rückstellungen im Kreditgeschfät und anderen Erträgen nicht nur innerhalb einer Sparte, sondern auch zwischen verschiedenen Sparten ganz oder teilweise kompensiert werden dürfen. Das Bruttoprinzip des Erfolgsausweises bei Kreditinstituten wird somit durchbrochen. Dem externen Bilanzleser wird der Einblick in die tatsächliche Risikolage des Kreditinstituts erschwert.

Überkreuzverflechtung, personelle Verflechtung von Unternehmungen, insbes. bei AGs. – *Beispiel:* Mitglieder des Vorstands einer Bank-AG werden in den Aufsichtsrat einer Industrie-AG berufen und umgekehrt (nach § 100 AktG kann nicht mehr Mitglied des Aufsichtsrats einer AG sein, wer →gesetzlicher Vertreter einer anderen Kapitalgesellschaft ist, falls deren Aufsichtsrat bereits ein Vorstandsmitglied der AG angehört).

überlappende Gruppen, von R. Likert entworfenes Führungskonzept. – 1. *Merkmale:* a) Vorgesetzter und die ihm unterstellten Mitarbeiter bilden eine Kleingruppe. b) Vorgesetzte sind gleichzeitig Gruppenmitglieder der nächsthöheren Hierarchieebene; sie fungieren daher als Verbindungsglieder („linking pins"). c) Entscheidungen werden in der Gruppe gefällt; dadurch verbesserter Informationsfluß. – 2. *Vorteile:* Höhere →Arbeitszufriedenheit und verbesserte Koordination durch Betonung der prosozialen Beziehungen. – 3. *Nachteile:* Gelegentliche Überbelastung des Vorgesetzten durch seine Doppelfunktion.

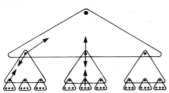

überlappte Produktion, →Überlappung II.

Überlappung. I. Netzplantechnik: Anordnungsbeziehung zwischen zwei →Vorgängen, bei der ein Vorgang beginnen kann, nachdem ein gewisser Teil eines anderen Vorgangs (aber nicht der gesamte Vorgang) ausgeführt ist. – Vgl. auch →Netzplantechnik.

II. Produktionsplanung und -steuerung: Methode, um Terminüberschreitungen aus der Durchlaufterminierung

zu beseitigen. Ein →Fertigungsauftrag wird dabei nicht als Ganzes auf einer Fertigungsanlage abgearbeitet, bevor er zur nächsten Anlage transportiert wird; vielmehr werden bereits fertiggestellte Teile des Auftrags früher weitergegeben und auf dem nächsten Aggregat bearbeitet *(überlappte Produktion).*

III. Organisation: Prinzip des Führungskonzepts der →überlappenden Gruppen.

Überläuferkartell, →Kartell, das gegen Auflösungsbeschluß des Kartellamts Einspruch erhoben hat und das infolge der aufschiebenden Wirkung eingelegter Rechtsmittel bis zu einer Entscheidung in letzter Instanz weiterbesteht.

Überlebenswahrscheinlichkeit, Wahrscheinlichkeit, mit der eine Person im Alter x das Alter x + n Jahre erreicht (z. B. die Wahrscheinlichkeit, mit der ein Neugeborenes 20 Jahre alt wird). Es gilt für die Ü.: $_{n}p_{x} = 1 - {_{n}q_{x}}$ mit $_{n}q_{x}$ für die Wahrscheinlichkeit der Personen im Alter x, bis zum Alter von x + n Jahren zu sterben. Die Werte der Ü. sind Bestandteile der →Sterbetafel. – Vgl. auch →Lebenserwartung.

Überlegungsfrist, eine den Erben für die Fortführung eines zum Nachlaß gehörenden Unternehmens (→Firmenfortführung; § 27 II HGB) oder für die Wahl über die Art der Beteiligung an einer OHG (→Wahlrecht; § 139 HGB) eingeräumte Frist. – *Fristdauer:* Die Ü. beträgt drei Monate und beginnt mit dem Ablauf des Tages, an dem der Erbe von dem Anfall der Erbschaft Kenntnis erlangt hat. Ist der Erbe geschäftsunfähig oder in der →Geschäftsfähigkeit beschränkt und ohne →gesetzlichen Vertreter, so endet die Ü. nicht vor Ablauf von zwei Monaten nach Behebung des Mangels. Hatte der Erbe das Recht zur →Ausschlagung der Erbschaft noch nicht verloren, so endet Ü. nicht vor Ablauf der Ausschlagungsfrist.

Überliquidität, im Rahmen der unternehmerischen →Liquiditätspolitik zu vermeidende überhöhte Zahlungsbereitschaft im Verhältnis zu den bereits fälligen und in kurzer Frist fällig werdenden Verpflichtungen. Folge sind Zinsverluste. – *Maßnahmen zur Beseitigung von Ü.:* a) →Investition innerhalb oder außerhalb des eigenen Unternehmens; b) Schuldenrückzahlung oder →Kapitalherabsetzung.

Übermittlungsfehler, Sinnentstellung bei der Übermittlung einer Erklärung. Ü. können auftreten, wenn zur Übermittlung einer →Willenserklärung (z. B. eines Vertragsangebots, einer Vertragsannahme) ein Bote benutzt oder die Erklärung telegrafisch abgegeben wird. – *Maßgeblich* ist die dem Empfänger zugegangene Fassung; der Erklärende kann aber wegen Irrtums gemäß § 120 BGB anfechten (→Anfechtung).

Übermüdung, Zustand der Überlebendigkeit der Antriebe, der Überregbarkeit der körperlichen und seelischen Funktionen bei gleichzeitiger Verringerung der Konztentrationsfähigkeit und des Erinnerungsvermögens. – Vgl. auch →Ermüdung.

Übernahmegewinn (-verlust). 1. *Begriff:* Positiver (negativer) Unterschiedsbetrag zwischen dem Buchwert der (untergehenden) Anteile an einer umgewandelten Körperschaft und dem Wert der übernommenen Wirtschaftsgüter nach der →Umwandlungsbilanz. – 2. *Steuerliche Behandlung:* Vgl. →Umwandlung I 5, →Verschmelzung X 2 a).

Übernahmegrundsatz, Begriff bei der Zwangsversteigerung eines Grundstücks, der besagt, daß Rechte, die dem des →betreibenden Gläubigers vorgehen, bei der Versteigerung nicht untergehen, sondern vom →Ersteher übernommen werden müssen. – Vgl. auch →Deckungsgrundsatz.

Übernahmegründung, →Einheitsgründung.

Übernahmeklage, →Klage zur Durchsetzung des →Übernahmerechtes des Gesellschafters einer Zweimanngesellschaft (§ 142 HGB). Der Klageantrag bezweckt, den Kläger für berechtigt zu erklären, das Geschäft ohne →Abwicklung mit Aktiven und Passiven zu übernehmen. Mit Rechtskraft des der Ü. stattgebenden Urteils hört die Gesellschaft auf zu bestehen, das Unternehmen geht im Wege der →Anwachsung auf den Kläger über. Der ausgeschiedene Gesellschafter hat Anspruch auf das →Abfindungsguthaben.

Übernahmekonnossement, →Konnossement, das ausgestellt wird, wenn die Güter vom Verfrachter lediglich zur Beförderung übernommen, aber noch nicht verladen worden sind *(received for shipment)*. – *Anders:* →Bordkonnossement.

Übernahmekonsortium, →Konsortium.

Übernahmekurs, *Übernahmepreis,* →Kurs, der bei der Emission von Effekten dem Aussteller seitens der die Unterbringung übernehmenden Bank oder Bankengruppe gezahlt wird. – *Buchung eines etwaigen Aufgelds:* Vgl. →Agio.

Übernahmepreis, →Übernahmekurs.

Übernahmerecht. 1. *Begriff:* Besondere Befugnis des von dem →Ausschließungsgrund nicht betroffenen OHG-Gesellschafters bei einer →Zweimanngesellschaft zur Übernahme des Unternehmens (§§ 140 ff. HGB). Sinngemäß, wenn mehr als zwei Gesellschafter vorhanden sind, aber bei allen mit Ausnahme eines einzigen Ausschließungsgründe vorliegen. – 2. *Ausübung:* Erfolgt durch →Übernahmeklage; soweit Ausschließungsgrund die Kündigung eines Privatgläubigers oder Konkurseröffnung über das Vermögen eines

Gesellschafters ist, genügt entsprechende Erklärung des Berechtigten gegenüber Privatgläubiger bzw. Konkursverwalter, die dann Anspruch auf das →Abfindungsguthaben des ausgeschiedenen Gesellschafters haben.

Übernahmesatz, abweichend von →Güterkraftverkehrsgesetz und →Reichskraftwagentarif zur Vereinbarung zwischen Spediteur und Versender (gem. § 413 HGB) festgelegte Beförderungskosten: a) für den gesamten Transport; b) für Transportabschnitte (Teilübernahmen, „Spedition zu festen Spesen"). Gesonderte Berechnung einer Speditionsprovision entfällt, sofern nichts Gegenteiliges vereinbart ist. Bei vorherigem generellem Hinweis können die üblichen Sondergebühren erhoben werden. – *Geltungsbereich/-voraussetzungen:* Ü. gelten für die bezeichneten bzw. abgegrenzten Leistungen und i. a. nur unter der Voraussetzung, daß die zugrunde liegenden Verkehrs- und Tarifverhältnisse unverändert weiter in Kraft sind. – *Haftung:* (Soweit die Ü. reichen, haftet der Spediteur gemäß HGB wie ein →Frachtführer. Diese Frachtführerhaftung wird indessen durch die ADSp wiederauf die Spediteurhaftung beschränkt, insbes. keine Haftung für →Zwischenspediteure und Frachtführer.

Übernahmeverlust, →Übernahmegewinn (-verlust).

Über-Null-Abschreibung, →Überabschreibung 2.

Überorganisation. 1. *Begriff:* Ein meist überaus formular- und vorschriftenreicher Zustand der →Organisation des Betriebes als Folge einer Gestaltung der Betriebsstruktur (z. b. Leitung, Instanzenbau, Aufgabengliederung, Befugnis- und Verantwortungsregelung) und des Betriebsprozesses (Arbeits-, Verkehrsabläufe usw.), die über das fallweise Notwendige und Zweckmäßige weit hinausgeht und daher mehr Arbeitskräfte und Hilfsmittel bindet als ökonomisch optimal ist. – Vgl. auch →Organisationsgrad. – 2. *Wirkung:* Schwerfällige, unelastische Betriebsführung, d. h. Dispositionserschwerungen, Lähmung der Verantwortungsfreude und der Arbeitslust, Verteuerung der hervorgebrachten Leistungen u. a. – 3. *Vorkommen:* Ü. ist nicht nur betriebliche Entscheidung, auch Verwaltungs- und Kulturleistungen können durch sie unnötig verteuert werden. – *Gegensatz:* →Unterorganisation.

Über-Pari-Emission, →Emission von Wertpapieren zu einem Kurs, der über 100% des →Nennwerts liegt. – In der *Bundesrep. D.* gestattet. – *Gegensatz:* →Unter-Pari-Emission.

Überproduktionstheorie, marxistische →Konjunkturtheorie, ausgehend vom unkontrolliert-unaufhörlichen Technisierungsprozeß der kapitalistischen Wirtschaft, der fortlaufend menschliche Arbeitskraft freisetzt. Das vergrößerte Produkt könne angesichts der schrumpfenden Zahl ausbeuterisch entlohnter Arbeit nicht abgesetzt werden. – *Kritik:* Arbeitskräfte werden nicht freigesetzt, sondern – am Ort neuer, lohnenswerterer Produktionen – umgesetzt. Allgemeine Überproduktion kann nach dem bisher erreichten Sättigungsstande des Massenbedarfs ohnehin nicht behauptet werden. Der mit der irrigen Bezeichnung „Überproduktionstheorie" gemeinte Sachverhalt ist „Unterkonsumtion" (→Unterkonsumtionstheorien).

überproportionale, Kosten, →progressive Kosten.

überragende Marktstellung, →Marktbeherrschung.

Überschuldung. I. K o n k u r s - und V e r - g l e i c h s r e c h t : Sachverhalt, daß das Vermögen die Schulden nicht mehr deckt. Ü. verpflichtet juristische Personen (insbes. AG und GmbH) aber auch eine OHG oder KG (wenn kein persönlich haftender Gesellschafter eine natürliche Person ist), zum →*Konkursantrag,* sofern kein Antrag auf Eröffnung des gerichtlichen →Vergleichsverfahrens gestellt wird (→Konkursgrund). – Zur Feststellung der Ü. sind nach überwiegender Auffassung Aktiva und Passiva der Bilanz mit den Zeitwerten anzusetzen (→Überschuldungsbilanz). – *Anders:* →Zahlungsunfähigkeit. – Vgl. auch →Unterbilanz.

II. S t e u e r r e c h t : Bei der Bestimmung des →Einheitswertes für das →Betriebsvermögen kann die Ü. zu einem negativen Einheitswert führen.

Überschuldungsbilanz, *Überschuldungsstatus,* Vermögensübersicht, die die →Überschuldung einer Unternehmung ausweist. Bei Gesellschaften, bei denen Überschuldung Konkursgrund ist, gleichbedeutend mit →Vergleichsstatus. – Für die *Bilanzierung dem Grunde nach* können die Vorschriften für die Jahresbilanz (→Aktivierungspflicht, →Aktivierungswahlrecht) nur unter Beachtung des Zwecks der Ü. sinngemäß angewendet werden; d.h. insbes., daß das Aktivierungsverbot für selbst erstellte immaterielle Gegenstände des Anlagevermögens nicht gilt. – *Bewertung* erfolgt nach überwiegender Auffassung zu Zeitwerten am Stichtag der Ü. (bei Annahme der Fortführung der Unternehmung Zeitwerte = sog. Betriebsbestehenswerte, i.d.R. die Wiederbeschaffungskosten; bei Zerschlagung Zeitwerte = Realisationswerte durch Einzelliquidation). – Für die *Gliederung* der Ü. gelten sinngemäß die Grundsätze der Jahresbilanz (§ 266 HGB).

Überschußbeteiligung, Beteiligung der Versicherungsnehmer am Jahresüberschuß. Vgl. im einzelnen →Lebensversicherung V.

Überschußeinkommen, Bezeichnung der Wirtschaftstheorie für →Einkommen, die als Differenz zwischen Erlös und Aufwendungen anfallen, z.B. Einkommen der selbständigen Landwirte und Gewerbetreibenden. – *Gegensatz:* →Kontrakteinkommen.

Überschußfinanzierung, von Hasenack vorgeschlagene Ersatzbezeichnung für den üblichen Terminus →Selbstfinanzierung. Nach Hasenack finanziert eine Unternehmung sich auch, wenn sie mittels Kaptialumschlagsbeschleunigung durch Vermögensumformung oder Konzernclearing selbst, Möglichkeiten für Erweiterungen an spezifischen Stellen schafft. Kapital von außen her braucht nicht aufgenommen zu werden.

Überschußnachfrage (nach einem Gut), Konzept der →allgemeinen Gleichgewichtstheorie zur Bestimmung von →Gleichgewichten; entspricht der Differenz zwischen der zu einem Preis nachgefragten und angebotenen Menge eines Gutes. Die Ü. ist positiv, falls eine Übernachfrage besteht, und negativ für ein Überangebot.

Überschußpolitik, Maßnahme der →fiscal policy zur Bekämpfung von →Inflation und →Überbeschäftigung. Durch bewußte Überschußbildung im Staatshaushalt und Stillegung der Überschüsse bei der Notenbank wird dem Wirtschaftskreislauf Geld und damit kaufkräftige Nachfrage entzogen (vgl. auch →Konjunkturausgleichsrücklage). Ü. ist nur möglich, wenn die Einnahmen steigen und stillgelegt werden oder die Staatsausgaben verringert werden können.

Überschußrechnung, steuerrechtlicher Begriff. – 1. Synonym für →Einnahmen- und Ausgabenrechnung. – 2. Ermittlung des Überschusses der Einnahmen über die →Werbungskosten (vgl. →Einkünfteermittlung).

Überschußreserve, frei-verfügbares Zentralbankgeld in Händen von Geschäftsbanken, das über die →Mindestreserve hinaus gehalten wird, häufig als Sicherheitsmarge bei den Mindestreservedispositionen der Banken. Teil der →freien Liquiditätsreserven. Vielfach werden in Verkennung ihrer Bedeutung zur Schlüsselgröße für den Geld- und Kreditschöpfungsprozeß erklärt.

Überschußvariable, →Schlupfvariable II 2.

Überschwemmungsversicherung, →Elementarschadenversicherung.

Überseecontainer, →Container.

Überseetratte, ein auf einen überseeischen Importeur →gezogener Wechsel (Tratte), meist in mehrfacher Ausfertigung, mit den üblichen Dokumenten versehen. Die Aushändigung der Dokumente erfolgt: a) bei Sichtwechseln gegen Bezahlung der Ü.; b) bei Nachsichtwechseln gegen Akzeptierung.

Übersetzer, →Systemprogramm, das ein Quellprogramm i.d.R. in ein Maschinenprogramm, übersetzt. – *Formen:* →Compiler, →Interpreter und →Assembler II.

Übersetzung, im Handel Bezeichnung für ein Mißverhältnis zwischen der Zahl der Handelsbetriebe in einem Gebiet und der Bevölkerungszahl, besser: der regional getätigten Kaufkraft. Schlagwort in der wirtschafts- und wettbewerbspolitischen Diskussion zur Begrenzung der Zahl der Anbieter, meist zur Verhinderung neuer Konkurrenzbetriebe, Schließung überzähliger Kleinbetriebe, Verbot der Eröffnung großflächiger Betriebsformen. – *Beurteilung,* ob tatsächlich ein Mißverhältnis vorliegt, ist ohne genauer Kenntnis des spezifischen Angebots (Umfang und Art der Sortimente, Warenqualitäten und -preisen), der potentiellen Nachfrage (Konsumbedürfnisse, Kaufkraft) und des Einzugsgebiets (Zentralität, Pendlerströme) schwierig. – *Gegensatz:* →Unterversorgung.

Übersiedlungsgut, Begriff des Zollrechts für die von natürlichen Personen, die mindestens ein Jahr im →Zollausland oder in einem →Zollfreigebiet gewohnt haben, im unmittelbaren zeitlichen Zusammenhang mit der Übersiedlung eingeführte Waren, die die übersiedelnde Person bereits dort, wo sie gewohnt hat, persönlich oder zur Berufs- und Gewerbeausübung benutzt hat und zu dem gleichen Zweck im →Zollgebiet entsprechend ihren wirtschaftlichen Verhältnissen weiter benutzen kann und will. – *Zollfreiheit:* Ü. ist zollfrei. Für Lebensmittel und andere Verbrauchsgüter ist die Zollfreiheit auf Mengen beschränkt, die üblicherweise als Vorrat gehalten werden. Zollfreiheit für Spirituosen und Tabakwaren ausgeschlossen. – Unter der Voraussetzung der Gegenseitigkeit ist u.U. auch gebrauchter Haushalt für Ferienhäuser und Ferienwohnungen, die in Eigentum von Bewohnern des Zollauslands oder für mindestens zwei Jahre gemietet worden sind, zollfrei (§41 AZO).

Überstunden, *Überarbeit.* 1. *Begriff:* Überschreitung der *betriebsüblichen* Arbeitszeit. Da die betriebliche Arbeitszeit fast überall unterhalb der gesetzlichen Normalarbeitszeit (→Arbeitszeit) liegt, ist oft Überarbeit gegeben, ohne daß gleichzeitig →Mehrarbeit vorliegt. – 2. *Ü. und Arbeitspflicht:* Der Arbeitnehmer hat dem Arbeitgeber seine Arbeitskraft für die vorgesehene Stundenzahl zur Verfügung zu stellen. Ü. braucht er grundsätzlich nicht zu leisten, es sei denn, etwas anderes durch →Tarifvertrag, →Betriebsvereinbarung oder Einzelvertrag (→Arbeitsvertrag) bestimmt ist. Als Nebenpflicht aus dem Arbeitsvertrag (→Treuepflicht) kann sich u.U. eine Pflicht zur Leistung von Ü. ergeben, z.B. in dringenden Fällen, um drohende Schäden vom Betrieb fernzuhalten. – 3. *Vergütung:* Ob für Ü., die nicht gleichzeitig Mehrar-

beit sind, eine höhere Vergütung als die Normalvergütung zu bezahlen ist, richtet sich nach den getroffenen Vereinbarungen, auch nach der →betrieblichen Übung. Bei leitenden Angestellten ist vielfach der Arbeitsvertrag dahin auszulegen, daß Ü. durch das normale Gehalt abgegolten sein sollen. – 4. *Mitbestimmung:* Die Anordnung von Ü. unterliegt der zwingenden Mitbestimmung des Betriebsrats in →sozialen Angelegenheiten nach §87 I Nr. 3 BetrVG. Das Mitbestimmungsrecht besteht nach der Rechtsprechung des BAG auch dann, wenn der Arbeitgeber Ü. anordnet, die notwendig werden, weil die im Betrieb oder in einzelnen Abteilungen anfallende Arbeit nicht mit den vorhandenen Arbeitskräften erledigt werden kann. Dieses Mitbestimmungsrecht greift auch dann ein, wenn der Arbeitgeber nur für einen Arbeitnehmer Ü. anordnen will. Es entfällt, wenn nur den einzelnen Arbeitnehmer betreffende Umstände die Maßnahme veranlassen. – 5. *Pfändung:* Überstundenlohn ist zur Hälfte unpfändbar (§850a Nr. 1 ZPO); vgl. im einzelnen →Lohnpfändung.

übertarifliche Bezahlung, in einem →Arbeitsvertrag zwischen Arbeitgeber und Arbeitnehmer vereinbarten übertarifliches →Arbeitsentgelt. Tarifverträge stehen der ü.B. nicht entgegen (→Günstigkeitsprinzip). – *Übertarifliche Zulagen* bleiben bei einer Erhöhung der tariflichen Leistungen i.d.R. unberührt (→Effektivklausel, →Zulage).

Übertrag, Begriff der Buchführung: a) Übertragung der Addition einer Seite auf die nächste; b) Übertragung einer Zahl oder einer Addition eines Kontos auf ein anderes Konto, z.B. Eintragungen in das Hauptbuch aus den Grundbüchern.

übertragbare Krankheiten, durch Krankheitserreger verursachte Krankheiten, die unmittelbar oder mittelbar auf den Menschen übertragen werden können. Die Verhütung und Bekämpfung ist eingehend geregelt im Bundes-Seuchengesetz i.d.F. vom 18.12.1979 (BGBl I 2262; 1980, 151) mit späteren Änderungen.

I. Meldepflicht: Meldepflichtig ist jeder Fall der Erkrankung, des Verdachts einer Erkrankung und eines Todes an bestimmten, namentlich aufgeführten Krankheiten, z.B. Cholera, Fleckfieber, Pest, Pocken, Tuberkulose, Malaria. Meldepflichtig sind weiter u.a. Keuchhusten, Mumps, Röteln und Windpocken, wenn sie in Krankenhäusern nicht nur vereinzelt auftreten. – Meldpflichtig ist u.a. jeder behandelnde Arzt, jede berufsmäßige Pflegeperson und das Familienhaupt. – *Meldefrist:* Meldung an das Gesundheitsamt spätestens binnen 24 Stunden.

II. Vorbeugende Maßnahmen: 1. Wenn Tatsachen festgestellt werden, die zum Auftreten einer ü.K. führen können, hat die zuständige *Behörde* die notwendigen Maßnahmen zur Abwehr der dem einzelnen oder der Allgemeinheit hierdurch drohenden Gefahren zu treffen (§ 10). – 2. *Trinkwasser* sowie Brauchwasser für Betriebe, in denen Lebensmittel gewerbsmäßig hergestellt oder behandelt werden, oder die Lebensmittel gewerbsmäßig in Verkehr bringen, muß so beschaffen sei, daß durch seinen Genuß oder Gebrauch die menschliche Gesundheit, insbes. durch Krankheitserreger, nicht geschädigt werden kann. Wasserversorgungsanlagen unterliegen insoweit der Überwachung durch das Gesundheitsamt (§ 11). – 3. Die Gemeinden und Gemeindeverbände haben darauf hinzuwirken, daß die *Abfall- oder Schmutzstoffe* so beseitigt werden, daß Gefahren für die menschliche Gesundheit durch Krankheitserreger nicht bestehen; Einrichtungen zur Beseitigung der Abfall- und Schmutzstoffe unterliegen der Überwachung durch das Gesundheitsamt (§ 12). – 4. *Impfungen* (§§ 14–16): Die Gesundheitsämter haben öffentliche Termine zur Durchführung unentgeltlicher Schutzimpfungen abzuhalten. Schutzimpfungen gegen Pocken, Cholera, Typhus abdominalis und Diphtherie können für bedrohte Teile der Bevölkerung angeordnet werden (Zwangsimpfung), wenn eine dieser Krankheiten in bösartiger Form auftritt und mit ihrer epidemischen Verbreitung zu rechnen ist.

III. L e b e n s m i t t e l g e w e r b e (§§ 17, 18): 1. *Beschäftigungsverbot:* Personen, die an Typhus abdominalis, Parathypus A und B, Salmonellose, Ruhr, Hepatitis infectiosa oder Scharlach, ansteckungsfähiger Tuberkulose oder an ansteckenden Hautkrankheiten erkrankt sind oder Erreger von Typhus abdominalis, Paratyphus A und B, Salmonellose oder Ruhr dauernd oder zeitweilig ausscheiden oder dessen verdächtig sind, dürfen nicht in Molkereien, bei der Herstellung von Speiseeis und Fleisch, in Küchen und Gaststätten, in Wasserversorgungsanlagen usw. beschäftigt werden (§ 17). – 2. *Einstellung:* In den genannten Betrieben dürfen Personen nur eingestellt werden, wenn sie durch ein Zeugnis des Gesundheitsamtes, das nicht älter als ein Jahr sein darf, nachweisen, daß sie nicht an den genannten Krankheiten erkrankt oder ihrer verdächtig sind.

IV. A r b e i t u n d V e r k e h r m i t K r a n k h e i t s e r r e g e r n (§§ 19–29): Wer die lebenden Erreger bestimmter Krankheiten einführen, ausführen, aufbewahren, abgeben oder mit ihnen arbeiten will, bedarf einer Erlaubnis der zuständigen Behörde; ausgenommen Ärzte, Zahnärzte, Krankenhäuser, Hygiene-Institute, Medizinaluntersuchungsämter usw.

V. S c h u t z m a ß n a h m e n: 1. Kranke, Krankheitsverdächtige, Ansteckungsverdächtige, Ausscheider und Ausscheidungsverdächtige können einer *Beobachtung* unterworfen

werden. Sie haben die erforderlichen Untersuchungen zu dulden und den ärztlichen Weisungen Folge zu leisten. – 2. →*Quarantäne*. – 3. Kranken usw. kann die Ausübung bestimmter *beruflicher Tätigkeiten* ganz oder teilweise untersagt werden. – 4. Wenn anzunehmen ist, daß Räume, Gegenstände, menschliche Ausscheidungen mit Erregern meldepflichtiger ü.K. behaftet sind, so ist ihre *Entseuchung* anzuordnen. Werden tierische Schädlinge als vermutliche Überträger festgestellt, so ist eine Entwesung oder Entrattung anzuordnen. – 5. *Beim Tode eines Kranken* oder Krankheitsverdächtigen können Anordnungen über die Aufbewahrung, Einsargung, Beförderung und Bestattung der Leiche getroffen werden. – 6. Beim Auftreten einer meldepflichtigen ü.K. in epidemischer Form können Ansammlungen, *Veranstaltungen* in Theatern, Filmtheatern usw. sowie die Abhaltung von Messen, Märkten, Sportveranstaltungen usw. beschränkt oder verboten werden, solange es zur Verhinderung der Verbreitung einer ü.K. erforderlich ist. – 7. Sondervorschriften bestehen für Lehrer und *Schulen* (§§ 44–48).

VI. E n t s c h ä d i g u n g (§§ 49–61): 1. Wer aufgrund der genannten Maßnahmen Verboten in der Ausübung seiner bisherigen Erwerbstätigkeit unterliegt oder unterworfen wird und dadurch einen *Verdienstausfall* erleidet, erhält auf Antrag eine Entschädigung in Geld. Das gleiche gilt für Personen, die als Ansteckungsverdächtige abgesondert wurden oder werden. – 2. Wer durch eine gesetzlich vorgeschriebene oder eine zulässigerweise angeordnete oder öffentlich empfohlene Schutzimpfung einen über das übliche Ausmaß einer Impfreaktion hinausgehenden *Gesundheitsschaden* erleidet, hat Anspruch auf Entschädigungsleistungen. – 3. Für *Gegenstände*, die infolge einer Maßnahme nach V 4 vernichtet oder beschädigt worden sind, ist dem Eigentümer auf Antrag eine Entschädigung zu gewähren. – 4. Für *Streitigkeiten* über die Entschädigung ist der →ordentliche Rechtsweg gegeben.

VII. S t r a f e: Verstöße gegen die Vorschriften des Bundes-Seuchengesetzes werden als Ordnungswidrigkeiten oder Straftaten verfolgt. Daneben ist Einziehung möglich (§ 71).

übertragbare Kreditfazilität, →transferable loan facility.

Übertragbarkeit von Ausgaben, Ausnahme von dem Haushaltsgrundsatz der zeitlichen Spezialität (→Haushaltsgrundsätze). Die Ü. muß zugelassen sein: a) kraft Gesetzes als „*geborene Ü.*“ für Investitionen und für Ausgaben aus zweckgebundenen Einnahmen; b) kraft Erklärung im Haushaltsplan als „*gekorene Ü.*“ sie sein für Ausgaben bestimmt ist, die sich auf eine mehrere Jahre umfassende Maßnahme beziehen und die sparsame Mittelverwendung fördern.

Übertragungsbilanz. I. Internationale Wirtschaftsbeziehungen: Gegenüberstellung der →einseitigen Übertragungen aus dem bzw. an das Ausland. Die Ü. bildet mit der →Handelsbilanz und der →Dienstleistungsbilanz die →Leistungsbilanz, d.h. ist Teil der →Zahlungsbilanz. – Die ü. wird auch als *Bilanz der unentgeltlichen Übertragungen* und *Schenkungsbilanz* bezeichnet.

II. Handels-/Steuerrecht: Sonderbilanz bei der →Verschmelzung (Fusion) zweier oder mehrerer AGs (KGaAs), die von den (der) übertragenden Gesellschaft(en) zu einem, höchstens acht Monate vor der V. liegenden Stichtag aufzustellen ist. Die Ü. ist als Schlußbilanz aufzustellen; die Vorschriften über die Jahresbilanz und deren Prüfung, nicht über deren Veröffentlichung, gelten sinngemäß (§ 345 III AktG). – *Sonderbilanz der übernehmenden Gesellschaft:* Vgl. →Fusionsbilanz.

Übertragungsbuchführung, Buchführungsverfahren, überwiegend mit gebundenen Büchern. – *Buchungsvorgänge:* a) Buchung im Grundbuch; b) Übertragung in die Hauptbücher. – *Formen:* Vgl. →Buchführung IV. – *Gegensatz:* →Durchschreibebuchführung.

Übertragungseinkommen, →Transfereinkommen.

Übertragungsgewinn. 1. *Begriff:* Unterschiedsbetrag, der sich ergibt auch der Gegenüberstellung der Buchwerte der übertragenen →Wirtschaftsgüter mit deren →Teilwerten bzw. →gemeinen Werten. – 2. *Steuerliche Behandlung:* Vgl. →Umwandlung I 5, →Verschmelzung X 1.

Übertragungsprüfung, →Prüfung.

Übertragungsvermerk, →Indossament.

Überversicherung, Tatbestand, daß die Versicherungssumme den →Versicherungswert übersteigt. In der →Schadenversicherung wird im Schadenfall nur der tatsächliche Schaden ersetzt, deshalb kann die sofortige Beseitigung der Ü. mit entsprechender Prämienermäßigung verlangt werden, wenn die Differenz erheblich ist. – Bei in *betrügerischer Absicht* genommener Ü. ist Vertrag nichtig; Versicherer erhält oder behält die Prämie bis zum Schluß der Versicherungsperiode, in der er von der Ü. Kenntnis erlangt. – *Gegensatz:* →Unterversicherung.

Überwachen, Teil der →Tätigkeitszeit. Vorwiegend nicht muskelmäßige Tätigkeit in ergonomischer Sicht, sondern Aufmerksamkeits- und Konzentrationsleistungen. *Gegensatz:* →Verrichten.

Überwachung. 1. *Begriff:* Veranstaltung, bei der eventuelle Abweichungen zwischen beobachtbaren Istzuständen und vorzugebenden bzw. zu ermittelnden Sollzuständen festgestellt und beurteilt werden sollen. – 2. *Zweck:*

Erlangung von Informationen, die der Entscheidungsverbesserung all derjenigen dienen können, die über das Ergebnis der Ü. unterrichtet werden. – 3. *Teilfunktionen:* Unterbegriffe der Ü. sind →Prüfung (→Revision) und →Kontrolle. Die Differenzierung erfolgt i. d. R. nach der Beziehung des Überwachenden zum Überwachungsobjekt (→Prozeßabhängigkeit); in der Literatur auch andere Kriterien.

überwachungspflichtige Länder, Länder, die nach →COCOM einer Ausfuhrüberwachung, der der nationalen Sicherheit dient, unterliegen. Zwischen den Ländern wird nicht weitergehend differenziert; es gelten jedoch gewisse Prioritäten (entsprechend ihrer Priorität im folgenden aufgeführt). Es handelt sich im einzelnen um: a) UdSSR, Polen, Volksrepublik Vietnam, Nordkorea; b) DDR, CSSR, Bulgarien; c) Ungarn, Rumänien; d) Albanien, Mongolei; e) Volksrepublik China (Sonderstatus). Kuba, Afghanistan und Länder in Südostasien werden nicht spezifiziert erfaßt.

Überwachungsrecht. 1. *Gesetzliches Ü.:* Dem →Kommanditisten eingeräumte beschränkte Kontrollbefugnis (§ 166 HGB). Der Kommanditist darf Abschrift der jährlichen Bilanz verlangen und ihre Richtigkeit unter Einsicht in die Geschäftsbücher und Geschäftspapiere prüfen. Das gesetzliche Ü. kann durch den →Kommanditvertrag geändert, insbes. erweitert werden. – 2. Das *außerordentliche Ü.* (§ 166 III HGB) gibt bei →wichtigem Grund weiter das Recht zum Antrag auf eine gerichtliche Entscheidung; das →Amtsgericht am Sitze der KG kann Vorlage der Bücher, Mitteilung der Bilanz und sonstige Aufklärung anordnen.

Überwälzung, *Steuerüberwälzung.* I. Begriff: Prozeß der Verlagerung der Steuerlast vom Steuerzahler auf den →Steuerträger. Einteilung der Steuern nach dem Kriterium Überwälzbarkeit in →Marktsteuern und →Maßsteuern. – Ü. ist Form der →Steuerabwehr.

II. Umfang: Die Frage, in welchem Umfang die verschiedenen Steuern überwälzt werden können, versucht die Steuerwirkungslehre (→Steuerwirkungen) mit zwei unterschiedlichen *Betrachtungsweisen* zu lösen: 1. *Makroökonomische Analyse der Ü.:* Kriterium ist die Veränderung des Einkommens der Besteuerten. Im Rahmen der →Kreislauftheorie werden dabei die Auswirkungen von Änderungen bestimmter Steuersätze auf die Einkommen verschiedener Gruppen (Haushalte und Unternehmer) oder verschiedener Branchen untersucht. – 2. *Mikroökonomische Analyse der Ü.:* Gegenstand ist die Untersuchung der Auswirkungen eines einzelnen Steuer im Rahmen der *mikroökonomischen Preistheorie.* Analysiert werden die kurz- und langfristigen Effekte einer Steuer auf die individuelle

Kosten- und Preis-Mengenstruktur. Im Mittelpunkt steht dabei die Frage, wie sich die gewinnmaximalen Preise und Ausbringungsmengen in den verschiedenen →Marktformen verändern. Variiert weder der Preis noch die Menge, so hat der Steuerzahler selbst die Steuerlast zu tragen, andernfalls auf den „Vormann" (→Rücküberwälzung von Steuern) oder auf den Abnehmer (→Fortwälzung von Steuern). – *Maßgeblich* für die Ü. ist die Elastizität von Angebot und Nachfrage nach einem Gut. Möglichkeit und Grad der Ü. hängen auch vom Einkommen ab, da mit höherem Einkommen die Elastizität der Nachfrage steigt. Am Ende dieses Prozesses der Ü. steht die endgültige Steuerbelastung, (→Steuerinzidenz).

Überwälzungsprinzip, →innerbetriebliche Leistungsverrechnung.

Überweisung, *Überweisungsauftrag,* Auftrag (Geschäftsbesorgungsvertrag) eines Girokontoinhabers an seine Bank, zu Lasten seines Kontos einen genau angegebenen Betrag einem gleichfalls bezeichneten Konto gutzuschreiben bzw. gutschreiben zu lassen. Die Rechtsverhältnisse der Ü. sind nur z. T. auf gesetzliche Vorschriften gegründet, z. T. haben sie sich aus den Erfordernissen des Verkehrs entwickelt. Ü. führt, wenn ein Schuldverhältnis vorlag, zur Schuldtilgung →an Erfüllungs Statt. Die Gutschrift steht nach der Verkehrssitte rechtlich der Barzahlung gleich, sofern sich der Gläubiger nicht Barzahlung ausbedungen hat. – Vgl. auch →Überweisungsverkehr.

Überweisungsauftrag, →Überweisung.

Überweisungsbeschluß, →Pfändungs- und Überweisungsbeschluß.

Überweisungsscheck, im Verkehr der Deutschen Bundesbank der Überweisungsauftrag (→Überweisung) von einem Girokonto auf ein anderes; kein →Scheck im Rechtssinne.

Überweisungsverkehr, *Giroverkehr,* bargeldloser Zahlungsverkehr mittels →Überweisung. – 1. *Entwicklung:* Der Ü. war zunächst auf eine Bank beschränkt, d. h. der Zahlungsleistende (meist ein Schuldner) und der Begünstigte (meist Gläubiger) mußten ein Konto bei derselben Bank haben. – Bei der gegenwärtig stark ausgebauten Giroorganisation in der Bundesrep. D. können die Beteiligten auch bei *verschiedenen Kreditinstituten* Konten haben; die Übertragung erfolgt über eine oder zwei Clearingstellen, insbes. die Landeszentralbanken, bei der alle angeschlossenen Geldinstitute Konten unterhalten. – 2. *Gironetze* (zu einer einheitlichen Giroorganisation mit ein oder mehreren Zentralgirostellen zusammengeschlossene Geldinstitute *in der Bundesrep. D.:* a) *Zentralbanksystem:* →Deutsche Bundesbank mit den →Landeszentralbanken als Spitzeninstitut; auch bei ihnen kann jeder ein

Girokonto eröffnen; b) →*Sparkassen,* die den regionalen Girozentralen (→Landesbanken) angeschlossen sind, die wiederum in der →Deutschen Girozentrale – Deutschen Kommunalbank e. V. ihr Spitzeninstitut haben; c) →*Kreditgenossenschaften* mit den regionalen Zentralbanken und der →Deutschen Genossenschaftsbank als Spitzeninstitut; d) *private Kreditbanken,* die jedoch keine so straffe Giroorganisation haben; doch bildet jede Großbankzentrale mit ihren zahlreichen Filialen schon ein eigenes Gironetz; e) →*Postgiroämter.* – 3. *Durchführung:* Der Ü. zwischen den einzelnen Gironetzen erfolgt (bei entsprechenden Vereinbarungen) unmittelbar oder über das Gironetz des Zentralbanksystems oder über die Postscheckämter.

Überzeichnung, bei der →Emission von Wertpapieren das Übersteigen der Summe der gezeichneten Beträge über den angebotenen Gesamtbetrag. Je nach den besonderen Umständen bzw. den von dem Emittenten mit dem Emissions-Institut oder -Konsortium getroffenen Vereinbarungen wird bei Ü. eine Erhöhung des Emissionsbetrags entsprechend den eingegangenen Zeichnungen vorgenommen, oder es findet eine beschränkte Zuteilung statt. Bei dieser können kleinere Zeichnungsbeträge bevorzugt berücksichtigt werden, eine gleichmäßige Zuteilung vorgenommen oder eine Verlosung unter den Zeichnern durchgeführt werden. Bei Ü. wird die Zeichnungsfrist häufig verkürzt (→Repartierung).

Überziehen, Abheben eines über das Guthaben oder den zugesagten Kreditbetrag (→Kreditlimit) eines Bankkontos hinausgehenden Betrages. – Vgl. auch →Überziehungskredit.

Überziehungskredit, Form des →Kontokorrentkredits, bei dem der Kontoinhaber ohne besondere schriftliche Absprache mit dem Kreditinstitut sein laufendes Konto oder sein →Kreditlimit überzieht.

Überziehungsprovision, →Provision für →Überziehen im Bankverkehr, zu erheben vom überzogenen Betrag. Bestandteil der →Kreditkosten.

Ubiquitäten, Begriff der Standorttheorie für Überall vorkommende Güter.

üble Nachrede. I. S t r a f r e c h t : Behauptung oder Verbreitung einer nicht erweislich wahren Tatsache in Beziehung auf einen anderen, die geeignet ist, einen anderen verächtlich zu machen oder in der öffentlichen Meinung herabzuwürdigen (§186 StBG). – *Strafe:* Geldstrafe oder Freiheitsstrafe bis zu einem Jahr.

II. W e t t b e w e r b s r e c h t : Ü. N. zum Zwecke des Wettbewerbs in Beziehung auf einen Mitbewerber, sog. *Anschwärzung;* gem.

§ 14 UWG unzulässig. (→unlauterer Wettbewerb).

Übungsfirma. 1. *Begriff/Charakterisierung:* Lernort im Bereich der kaufmännischen Berufsbildung, der als Ergänzung oder Alternative zum Betrieb handlungsbezogene Lernprozesse im Rahmen simulierter und damit überschaubarer betrieblicher und gesamtwirtschaftlicher Funktionsmodelle ermöglichen soll. Ü. ist ein Modell eines Wirtschatsbetriebs, in dem der administrativ-verwaltende Bereich konkret-gegenständlich als Handlungsfeld des Lernenden ausgebaut ist, während die technisch-exekutiven Stellen und Prozesse (Produktion, Waren- und Geldverkehr) simuliert werden. Durch die Zusammenarbeit von ca. 500 Ü. im *Deutschen Übungsfirmenring* besteht ein volkswirtschaftliches Gesamtmodell, in dem die einzelnen Ü. ökonomisch sinnvoll und den geltenden Rechtsnormen und Verkehrsformen entsprechend agieren können. – 2. *Ziel:* Entsprechend ihrer konkreten Ausprägung, Training funktionaler Handlungsvollzüge im Praxisfeld, Verdeutlichung struktureller und funktionaler Zusammenhänge der Unternehmensorganisation und/oder Erwerb theoretischer Kompetenzen aus praktischen Problem- und Handlungsvollzügen heraus. – 3. *Arten* (nach der Art ihrer Träger bzw. dem Ausbildungsziel): a) Ü. im Bereich der →Anpassungsfortbildung und →berufliche Umschulung; b) Ü. im Bereich der →beruflichen Rehabilitation (Berufsbildungs- und Berufsförderungswerke); c) Ü. im Bereich der →betrieblichen Ausbildung von Wirtschaftsunternehmen; d) Ü. im Bereich (privater und öffentlicher) →berufsbildender Schulen und schulähnlicher Einrichtungen.

UCPTE, Union pour la Coordination de la Production et du Transport de l'Electricité, *Union for the Coordination of the Production and Transport of Electric Power, Union für die Koordinierung der Erzeugung und des Transports elektrischer Energie,* gegründet am 23.5.1951 auf Empfehlung des Ministerrats der OEEC; Sitz wechselnd (im Land des jeweiligen Präsidenten der Vollversammlung). – *Mitglieder:* Belgien, Bundesrep. D., Frankreich, Italien, Luxemburg, Niederlande, Österreich, Schweiz. Assoziiert: Griechenland, Jugoslawien, Portugal, Spanien. – *Organe:* Vollversammlung (tagt zweimal im Jahr); Sekretariat mit wechselndem Sitz. – In der UCPTE, deren *Aufgabe* im Namen ausgedrückt ist, arbeiten Regierungsvertreter und Fachleute der großen Elektrizitätsversorgungsunternehmen solcher Staaten zusammen, deren Leitungsnetze bereits eine zwischenstaatliche Verbundwirtschaft gestatten. – *Ziel:* Bestmögliche wirtschaftliche Ausnutzung der bestehenden und neu zu schaffenden Kraftwerke und Höchstspannungsleitungen, sinnvolle Ergänzung von Wasser- und Kohlenenergie, Ausgleich von Erzeugungsschwankungen (Lastverteiler), insbes. bei Wasserkraftwerken. Abstimmung der Reparaturprogramme im Interesse einer störungsfreien Versorgung. Gegenseitige Hilfe in außerordentlichen Notfällen. – Wichtige *Veröffentlichungen:* Bulletin (vierteljährlich); Report (jährlich).

UDEAC, Union Douanière et Economique de l'Afrique Centrale, *Central African Customs and Economic Union (CACEU),* zentralafrikanische Wirtschaftsunion, 1964 aus den Ländern Äquatorial Guinea, Gabun, Kamerun, Kongo, Tschad (1968 ausgetreten) und Zentralafrikanische Republik gebildet. – *Ziele:* Förderung der wirtschaftlichen Integration durch eine Zollunion und durch schrittweise Entwicklung eines gemeinsamen Marktes sowie Ausdehnung der nationalen Märkte. Der 1974 revidierte Unionsvertrag schreibt die Harmonisierung auf den Gebieten der Entwicklungsplanung, der industriellen Zusammenarbeit, des Verkehrswesens, der Investitionsgesetzgebung und des Steuerwesens vor. – *Organe:* Rat der Staatsoberhäupter mit jährlichen Treffen; Ministerrat, der gleichzeitig die Funktionen eines Verwaltungsausschusses wahrnimmt und Generalsekretariat in Bangui. – *Tätigkeiten:* Einführung eines einheitlichen Steuersystems für alle einheimischen Produzenten, die Märkte in den anderen Mitgliedstaaten unterhalten. Aufstellung koordinierter Entwicklungsprogramme für Industrie und Transportwesen sowie Einführung eines Codierungssystems für Investitionen und multinationale Unternehmen. – *Veröffentlichung:* Journal officiel (zweimal jährlich).

UDEAO, Union Douanière Economique des Etats de l'Afrique de l'Quest *Customs Union of West African Countries,* westafrikanische Zollunion, gegründet 1959; Sitz in Ouagadougou (Burkina Faso). 1966 umgewandelt in die →CEAO.

UdSSR, Abk. für Union der Sozialistischen Sowjetrepubliken(→Sowjetunion).

UEC, Abk. für →Union Européenne des Experts Comptables Economiques et Financiers.

UFI, Abk. für →Union des Foires Internationales.

Uganda, Binnenstaat in Ostafrika, präsidiale Republik, seit 1962 unabhängig. – *Fläche:* 236036 km², eingeteilt in 10 Provinzen und 38 Distrikte. – *Einwohner* (E): (1985, geschätzt) 15,48 Mill. (65,6 E/km²), zu 50% Bantu-Gruppen. – *Hauptstadt:* Kampala (1982: 460000 E); weitere wichtige Städte: Jinja (55000 E), Bugembe (48000 E), Masaka (29000 E). – *Amtssprachen:* Englisch und Kisuaheli.

Wirtschaft: *Landwirtschaft:* Viehzucht (Rinder, Ziegen, Schafe, Schweine). – *Fischfang:* (1980) 224000 t Süßwasserfische. – *Bergbau:* Kupfer, Kobalt, Wolfram, Apatit, Zinn, Kolumbit, Tantalit, Beryll. – *Industrie:* V.a. Kleinbetriebe, die Lebensmittel und Gebrauchsgüter herstellen. – *BSP:* (1983, geschätzt) 3090 Mill. US-$ (220 US-$ je E). – Anteil der Landwirtschaft am *BSP:* (1984) 82%, der Industrie: 4%. – *Öffentliche Auslandsverschuldung:* (1984) 13,5% des BSP. – *Inflationsrate:* (Durchschnitt 1973–84) 64,5%. – *Export:* (1980) 345 Mill. US-$, v.a. Kaffee, Tee, Baumwolle, Kupfer, Ölsaaten, Häute, Zinnerz. – *Import:* (1980) 293 Mill. US-$, v.a. Maschinen und Fahrzeuge, Getreide. – *Handelspartner:* Kenia, Großbritannien, USA, Bundesrep. D., Japan, Spanien, Italien, Frankreich, Brasilien.

Verkehr: Entebbe ist wichtiger *Flughafen* auf der Ostafrika-Route.

Mitgliedschaften: UNO, AKP, CCC, OAU, OIC, UNCTAD u.a.; Commonwealth.

Währung: 1 Uganda-Schilling (U.Sh.) = 100 Cents (Ct.).

UIT, Union Internationale de Télécommunication, →ITU.

UITP, Abk. für →Union Internationale des Transports Publics.

UK-Stellung, →Unabkömmlichstellung.

ULA, Abk. für →Union der Leitenden Angestellten.

ÜLG, Abk. für Abkommen über die Assoziation der überseeischen Länder und Gebiete (vgl. im einzelnen →EWG I 13a).

ULSI, ultra large seale integration, Bezeichnung für eine Integrationsdichte von 100000 bis 500000 →Gattern auf einem →Chip.

ultima-ratio-Prinzip, →Streik, →Aussperrung.

Ultimatum, aus dem Völkerrecht in den kaufmännischen Sprachgebrauch übernommene Bezeichnung für eine letzte Mahnung, oft mit Friststellung, auf einen Verhandlungsvorschlag zur Vermeidung streitiger Auseinandersetzungen einzugehen.

Ultimo, der letzte Tag (im Geld- und Börsenverkehr: der letzte Börsentag) des Monats. – Vgl. auch →Medio.

Ultimogeld, Leihgeld, das am Geldmarkt der Börse zur festen Rückzahlung am →Ultimo ohne vorherige Kündigung ausgeliehen wird.

Ultimogeschäft, das per ultimo, zur Erfüllung →Ultimo, abgeschlossene →Termingeschäft an der Börse.

Ultra-Vires-Theorie, im englisch-amerikanischen Recht Bindung der Handelsgesellschaf-

ten an den in ihren Statuten festgelegten Geschäftszweck. Um die Geschäftsführung nicht übermäßig in ihrer Handlungsfreiheit zu beschränken, wird der Geschäftszweck bei der Gründung so weit wie möglich gefaßt.

Umbrella-Effekt, (i.d.R.) positiver →Spillover-Effekt. Das gute Image bereits eingeführter Marken wird genutzt, um anderen (meist neuen) Produkten die Marktdurchdringung zu erleichtern, in dem alle Marken zu Markenfamilien zusammengefügt werden. – Vgl. auch →Kannibalismus-Effekt.

Umbuchungen, Buchungen schon einmal gebuchter Beträge auf andere Konten. U. entstehen durch die vorbereitenden Abschlußbuchungen, durch die einzelne Konten erst abschlußreif gemacht werden. – *Beispiele:* Übertrag der Warenbezugskosten auf Wareneinkaufskonto; Übertrag des Einkaufswerts der verkauften Waren vom Wareneinkaufskonto auf Warenverkaufskonto; Übertrag der Entnahmen vom Privatkonto auf Kapitalkonto; Buchung von Rechnungsabgrenzungen u.a. Wechsel des Bilanzpostens durch U., ferner wegen Zweckänderung (z.B. Wertpapiere des Anlagevermögens in Wertpapiere des Umlaufvermögens) und Korrektur, →Stornobuchung. – In der →*Hauptabschlußübersicht* (vgl. dort auch Abbildung) ist eine besondere Spalte für Berichtigungen und U. vorgesehen.

Umformen, →Produktionstechnik II 3 (2).

Umfrage. 1. *Begriff:* Statistisches Verfahren zur →Repräsentativerhebung für die Markt- und Meinungsforschung mittels Fragebogen (→Befragung). – 2. *Voraussetzungen:* a) *Auswahl der Befragten:* Zahl der auszugebenden →Fragebogen und Bestimmung etwaiger Ersatzbefragten für „not-at-homes", d.h. bei mehrfacher Rückfrage nicht Antwortende (→Non-response-Problem), gemäß →Genauigkeitstafeln und →Zufallstafeln. – b) *Scharf umrissenes Frageprogramm:* Mit Ausnahme von →Eisbrechern und →Kontrollfragen keine Frage, die nicht eindeutig in Beziehung zum Untersuchungsziel steht. Beantwortung vereinheitlicht durch Vorgaben, d.h. Angabe einer Auswahl möglicher Antworten, kann zu einer Beeinflussung führen; Antworten auf offene Fragen sind dagegen schwerer in das Tabellenprogramm einzubeziehen. – 3. *Auswertung:* Erfolgt durch Anwendung statistischer Methoden.

Umgebungseinflüsse, →Anforderungsmerkmale bezüglich der Arbeitsschwierigkeit im Rahmen der Arbeitsbewertung, z.B.: a) Temperaturbeeinflussung: Einwirkung ungewöhnlicher Temperaturschwankungen auf den Arbeiter während der Arbeit; b) Öl-, Fett-, Schmutz-, Staub-, Säure- und Wasserbelästigungen, soweit sie arbeitshindernd oder gesundheitsschädlich sind; c) Gase u.ä., wenn

Beeinträchtigung durch die Anordnung des Arbeitsplatzes bedingt oder Tragen von Schutzmasken erforderlich ist; d) Unfallgefährdung, wenn keine Schutzmaßnahmen möglich sind; e) Lärm, Lichtmangel, Blendung u.ä.

umgedrehter Wechsel, →Umkehrwechsel.

Umgehung, Vermeiden einer im Gesetz angedrohten Strafe oder einer Leistungsverpflichtung durch Inanspruchnahme mißbräuchlicher Gestaltungsmöglichkeiten des bürgerlichen Rechts. – *Beispiel:* →Steuerumgehung.

Umgründung. 1. *Begriff:* Änderung der Rechtsform eines Unternehmens im Wege der Gesamtrechtsnachfolge (→ *Umwandlung*) oder der Einzelrechtsnachfolge *(U. i.e.S.).* – Bei U. im Wege der Gesamtrechtsnachfolge gehen Vermögensgegenstände und Schulden im Ganzen ohne Abwicklung (Liquidation) auf das neue Unternehmen über (vgl. im einzelnen →Umwandlung). Im Fall der (wegen des hohen Aufwands an Zeit und Kosten kaum praktizierten) Einzelrechtsnachfolge wird jeder Vermögensgegenstand und jeder Schuldtitel nach den für ihn jeweils maßgebenden Übertragungsvorschriften des bürgerlichen Rechts einzeln auf das neue Unternehmen übertragen. – Vgl. auch untenstehende Abb. – 2. *Mögliche Zwecke:* Verminderung des Risikos durch Haftungsbeschränkung, Erleichterung der Verwertbarkeit der Kapitalanteile, Verbesserung der Kapitalbeschaffungsmöglichkeiten, Verbesserung der Kreditwürdigkeit, Verminderung der steuerlichen Belastung, Weiterführung des Unternehmens einer gekündigten Gesellschaft, Vorbereitung einer Verschmelzung, Beteiligung von Gläubigern im Falle der Sanierung, Unterschreitung einer Mindestkapitalausstattung, Verwirklichung (wirtschafts- oder sozial-politischer Ziele (z. B. Sozialisierung). – 3. *Besteuerung:* Dem Charakter der U. entsprechend wird der Vorgang steuerlich in eine →Liquidation und eine →Neugründung zerlegt. Die steuerlichen Konsequenzen sind daher von der Rechtsform abhängig.

Umgruppierung, Begriff des Arbeitsrechts. U. ist die Änderung der Zuordnung des Arbeit-

nehmers zu der für ihn maßgeblichen Lohn- bzw. Gehaltsgruppe. Änderung kann erfolgen aufgrund einer Versetzung durch den Arbeitgeber oder aufgrund einer neuen Lohn- bzw. Gehaltsgruppeneinteilung. U. kann Höher- oder Rückgruppierung sein. – In Betrieben mit mehr als 20 Arbeitnehmern besteht bei U. ein *Mitbestimmungsrecht* des Betriebsrats nach den §§ 99–101 BetrVG wie bei →Eingruppierungen.

Umkehrwechsel, *umgedrehter Wechsel, Scheck-Wechsel-Verfahren, Wechsel-Scheck-Verfahren.* 1. *Begriff:* Der Käufer bezahlt eine Warenlieferung sofort (bar oder bargeldlos) unter Abzug des →Skontos. Gleichzeitig läßt er vom Lieferanten einen Wechsel, den U., auf sich ziehen, akzeptiert ihn und läßt ihn von seiner Bank diskontieren. Dieses Verfahren verschafft dem Käufer einen sehr billigen Kredit; er nutzt den hohen Skonto aus und zahlt für den Kredit nur die niedrigen Diskontspesen. Der U. setzt eine starke Stellung des Käufers voraus, da der Lieferant mit der Ausstellung des U. ein Wechselobligo in voller Höhe der Rechnung eingehen muß. – 2. *Beurteilung:* a) U. gilt als →*Warenwechsel,* wenn der Zusammenhang mit einem Warenumsatzgeschäft dadurch gewahrt ist, daß der Diskontkredit zur Deckung des Kaufpreises dient und die Verfallzeit so bemessen ist, als wäre der Rechnungsbetrag auf ein bis drei Monate gestundet; ein solcher Wechsel ist auch rediskontfähig: b) U. gilt als →*Finanzwechsel,* wenn er allein zur Geldbeschaffung dient, d.h. kein Zusammenhang mit einem Warengeschäft besteht, insbes. mit offener Verfallzeit vordatiert oder nach Abwicklung des Kaufgeschäfts ausgestellt.

Umladeproblem, Verallgemeinerung des →klassischen Transportproblems, wobei im Gegensatz zu diesem die Vorratsorte nicht mehr direkt mit den Bedarfsorten, sondern nur indirekt über eine dritte Menge von Orten (Umladeorte) verbunden sind. D.h. von jedem Vorratsort führt genau ein Weg zu jedem Umladeort und von jedem Umladeort führt genau ein Weg zu jedem Bedarfsort. Zur Untersuchung derartiger Probleme lassen sich lineare Optimierungssysteme formulieren, die

Umgründung (i.w.S.)

Ohne Liquidation (= Umwandlung) = wirtschaftliche Identität der Betriebe	Mit Liquidation (= Umgründung i.e.S.) = wirtschaftliche und rechtliche Identität der Betriebe = Einzelrechtsnachfolge Einzelunternehmen → Personenges. Einzelunternehmen → Kapitalges. Personenges. → Kapitalges. Genossenschaft → Personenges. Genossenschaft → Einzeluntern.

Mit rechtlicher Identität = Formwechselnde Umwandlung durch Satzungsänderung, keine besondere Vermögensübertragung	Ohne rechtliche Identität (= übertragende Umwandlung) = Vermögensübertragung erforderlich, möglich im Wege der Gesamtrechtsnachfolge (nach Umwandlungsgesetz)

durch geeignete Umformungen in klassische Transportsysteme überführt werden können.

Umlagen, früher: *Matrikularbeiträge,* spezielle Form der →Zuweisungen, die von untergeordneten an übergeordnete öffentliche Aufgabenträger geleistet werden. Zum Teil handelt es sich bei den U. um →Lenkungszuweisungen, zum größeren Teil aber um →Ausgleichszuweisungen. U. zwischen den Gebietskörperschaften in der Bundesrep. D.: a) zwischen Gemeinden (Zwecksverbands-U., U. für zentralörtliche Einrichtungen), b) zwischen Gemeinden und Gemeindeverbänden (Kreis-U., ·Verbands-U.) und c) zwischen Gemeinden bzw. Gemeindeverbänden un Ländern (unterschiedlich in den einzelnen Ländern, z. B. Finanzierungsausgleichs-U., Krankenhaus-U.). An den Bund werden keine U. abgeführt (→Finanzausgleich, →Finanzverfassung).

Umlageschlüssel, →Gemeinkostenschlüsselung.

Umlageverfahren, Verfahren zur Aufbringung von Mitteln durch einen jeweils materiell interessierten Personenkreis.

I. Gesetzliche Sozialversicherung: (Krankenversicherung/Unfallversicherung): Das U. wird angewandt nach dem Grundsatz, die Einnahmen so zu bemessen, daß sie die innerhalb des betreffenden Zeitraums anfallenden Ausgaben decken. – Von einigen Trägern der Unfallversicherung durch Einbeziehung der kapitalisierten Renten in *qualifizierte U.* verwandelt.

II. Versicherungswesen: 1. *Individualversicherung:* Selten gewordenes Verfahren zur Erhebung der Prämien, nach dem Aufwendungen des Versicherers auf die Versicherungsnehmer umgelegt werden. – *Nachteil:* schwankende Prämien, bei schlechtem Geschäftsverlauf erhebliche Nachprämien (→Nachschußpflicht). – *Vorkommen:* →Hagelversicherung, →Tierversicherung, im übrigen nur bei meist kleineren →Versicherungsvereinen auf Gegenseitigkeit (VVaG). – *Gegensatz:* →Prämienverfahren. – 2. *Betriebliche Alters- und Hinterbliebenenversorgung:* Vgl. →betriebliche Ruhegeldverpflichtung II 1.

III. Kostenrechnung: Vgl. →innerbetriebliche Leistungsverrechnung II 3.

IV. Genossenschaftsrecht: Form der Verteilung von Nachschußbeträgen, die die einzelnen →Geschäftsanteile überschreiten, auf die Mitglieder (→Haftsumme).

Umlage von Gemeinkosten, →innerbetriebliche Leistungsverrechnung, →Gemeinkostenschlüsselung.

Umlauf, Zuleitung von Schriftstücken, Akten, Bekanntmachungen, Zeitschriften

usw. an mehrere Stellen des Betriebs mittels Hauspost oder mechanischer Fördermittel an die Bearbeiter. – Leitweg und Art der Behandlung sind durch Bearbeitungsstempel oder eine vorgedruckte Ordnungsleiste auf dem Schriftstück selbst oder auf einem angehefteten U.-Zettel (Leitzettel) anzugeben.

Umlaufgrenze, maximale Höhe, bis zu der Hypothekenbanken →Pfandbriefe und →Kommunalobligationen ausgeben dürfen. Die U. ist unabhängig vom Eigenkapital: Der Gesamtbetrag der im Umlauf befindlichen Pfandbriefe darf den 25fachen Betrag des eingezahlten Grundkapitals, der gesetzlichen Rücklage sowie anderer ausschließlich zur Deckung von Verlusten bestimmten Rücklagen nicht übersteigen; der Gesamtbetrag der im Umlauf befindlichen Kommunalschuldverschreibungen darf unter Berücksichtigung der im Umlauf befindlichen Pfandbriefe das 50fache des haftenden Eigenkapitals nicht übersteigen.

Umlaufmarkt, →Sekundärmarkt.

Umlaufrendite, Rendite festverzinslicher, im Umlauf befindlicher Wertpapiere. Die U. liegt meist geringfügig über der Rendite neu emittierter festverzinslicher Wertpapiere (→Emissionsrendite).

Umlaufpolice, früherer Begriff für →Einheitsversicherung.

Umlaufvermögen. 1. *Begriff:* Sammelbezeichnung für Vermögensgegenstände, die nicht dazu bestimmt sind, dauernd dem Geschäftsbetrieb zu dienen und nicht Posten der →Rechnungsabgrenzung sind. – *Gegensatz:* →Anlagevermögen. – 2. Zum U. *gehören:* Vorräte; Forderungen und sonstige Vermögensgegenstände; Wertpapiere; Schecks, Kassenbestände, Bundesbank- und Postgiroguthaben, Guthaben bei Kreditinstituten. Wertpapiere gehören nur zum U., wenn sie zur Veräußerung oder als kurzfristige Liquiditätsreserve bestimmt sind; andernfalls sind sie im Anlagevermögen auszuweisen. – *Bewertung der Posten des U.:* Vgl. →Niederstwertprinzip.

Umlegung, →Flurbereinigung.

UMPLIS, Umweltplanungsinformationssystem Informations- und Dokumentationssystem, dessen Aufbau und Führung durch Errichtungsgesetz von 1974 dem →Umweltbundesamt übertragen worden ist. – *Zweck:* Bereitstellung von Informationsdiensten und Planungshilfen im Umweltbereich; Erstellen von Informationshilfen für Koordinierung, Kooperation und Transparenz im Bereich umweltbezogener Forschung und Entwicklung; Anbieten benutzerfreundlicher, instrumenteller Hilfsmittel für Planung und Verwaltung. – Vgl. auch →Umweltinformationssystem.

Umrechnungsfaktor. 1. *Begriff:* Faktor zur Umrechnung der durch →Systeme vorbestimmter Zeichen (SvZ) erhaltenen →Grundzeiten auf Soll-Zeiten nach REFA, um Vergleichbarkeit herbeizuführen. – 2. *Ermittlung:* U. ergibt sich a) aus der unterschiedlichen Basisleistung und b) aus der divergierenden Analysenzeit. Die Definition des U. kann wie folgt heißen:

$$SvZ/REFA = \frac{\text{Normaltätigkeitszeit (REFA)}}{\text{Tabellenzeit (SvZ)}}$$

Tendenziell gilt: Vorgabezeit REFA > Vorgabezeit SvZ. – 3. *Beurteilung:* Der Vergleich der einzelnen SvZ mit den Zeitmeßverfahren nach REFA-Zeitstudie ist jedoch eng mit der Bezugsleistung der SvZ verbunden. U. in der Literatur häufig diskutiert und umstritten.

Umrechnungskurs, →Umrechnungssatz.

Umrechnungssatz, *Umrechnungskurs,* meist am Kopf des amtlichen →Kurszettels angegebene Sätze. Um den Kurswert von an deutschen Börsen notierten Auslandspapieren festzustellen, gelten feste U. Der im Kurszettel anbgegebene Prozentkurs bezieht sich immer auf den gemäß Umrechnungssatz in DM umgerechneten →Nennwert.

Umsatz, Summe der in einer Periode verkauften, mit ihren jeweiligen Verkaufspreisen bewerteten Leistungen; auch als →*Erlös* (v. a. im Rechnungswesen, vgl. auch dort) bezeichnet. – U. ist Grundlage für die Ermittlung des *Umsatzsteuer.* Dort werden unterschieden: Sollumsatz (vereinbarte Entgelte) und Istumsatz (vereinnahmte Entgelte); vgl. auch →Istversteuerung, →Sollversteuerung. – Vgl. auch →Absatz.

Umsatzanalyse, Teilgebiet des →Betriebsvergleichs, bei dem durch Bildung von Umsatzkennziffern und deren Vergleich mit früheren (innerbetrieblichen oder außerbetrieblichen) Zahlen Stand und Entwicklung der →Wirtschaftlichkeit und →Rentabilität des Umsatzes und der mit ihnen zusammenhängenden Faktoren aufgezeigt werden. – *Wichtigste Umsatzkennziffern* sind: (1) Bruttogewinn zum Umsatz = Bruttogewinnsatz; (2) Reingewinn zum Umsatz = Umsatzverdienstrate oder Umsatzgewinn; (3) Gesamtaufwand zum Umsatz = Umsatzbelastung; (4) Umsatz zu durchschnittlichem Warenbestand = →Umschlagshäufigkeit des Lagerbestandes; (5) Umsatz zu durchschnittlichem Debitorenbestand = Umsatzhäufigkeit der Forderungen; (6) Umsatz zu Umlaufvermögen = Umschlagsgeschwindigkeit des Umlaufvermögens; Umsatz zu Eigenkapital = Umschlagshäufigkeit des Eigenkapitals; (8) Umsatz zu Gesamtkapital = Umschlagshäufigkeit des Gesamtkapitals, (→Kapitalumschlag).

Umsatzausgleichsteuer, →Umsatzbesteuerung II 2.

Umsatzbeitrag, →Deckungsbeitrag, errechnet als Überschuß einer sachlich und zeitlich abzugrenzenden Teilmenge des Umsatzerlöses über die eindeutig zurechenbaren umsatzwert- und mengenabhängigen →Leistungskosten. Im U. sind keine →Bereitschaftskosten saldiert. Entsprechend den jeweiligen sachlichen Abgrenzungen kann zwischen Artikel-, Artikelgruppen-, Kunden-, Gebiets- usw. -Umsatzbeiträgen unterschieden werden. Die betrachtete Periode ist zusätzlich anzugeben.

Umsatzbesteuerung. I. C h a r a k t e r i s t i k / S t e u e r s y s t e m a t i k : Die U. ist eine grundlegende Besteuerungsweise, die auf der Einkommensverwendungsseite des Leistungskreislaufs einer Wirtschaft neben der →Verbrauchsbesteuerung durchgeführt wird. Je nach der Breite in der Ausgestaltung erfaßt die U. alle Einkommensverwendungsakte, die Verbrauchsbesteuerung nur einige (partieller Dualismus). Die U. erfaßt den „Markteintritt" von Gütern und Leistungen, die Verbrauchsbesteuerung die „Marktentnahme" (Stobbe). Beide Besteuerungsweisen sollen den „Verbrauch" belasten, indem ihnen unterstellt wird, daß sie vollständig überwälzt werden könnten. Sie stehen zueinander im Verhältnis eines allgemeinen zu den Sonderverbrauchsteuern; für die fiskalische und die belastungspolitische Zielsetzung und Wirkung von Bedeutung. – *Derzeitige U. in der Bundesrep. D.:* Vgl. →Umsatzsteuer.

II. S t e u e r t a t b e s t ä n d e d e s M a r k t e i n t r i t t s : 1. *Binnenländischer Markteintritt:* Wird von der Umsatzsteuer i. e. S. erfaßt. – 2. *Importe:* Soll die Steuerbelastung der importierten Güter und Leistungen der inländischen exakt angepaßt werden, müssen Ausgleichsteuern als →Ergänzungssteuern erhoben werden *(Umsatzausgleichsteuer).* Sind aus fiskalischen oder handels- und produktionswirtschaftlichen Gründen unterschiedliche Belastungen geplant, besteht die Möglichkeit, einen →Zoll (z. B. finanz- oder Schutzzoll) zu erheben; wird zumeist, wie bei den Verbrauchsteuern üblich, auf ausgewählte Güter erhoben.

III. E r h e b u n g s f o r m e n : 1. *Erhebungsstufen:* Umsatzsteuern können auf allen *(Allphasenumsatzsteuer),* wenigen *(Mehrphasensatzsteuer)* oder einer *(Einphasenumsatzsteuer)* Tausch- oder Handelsstufe(n) erhoben werden. Allphasenumsatzsteuer ist einfach zu erheben, niedriger Steuersatz möglich; Einphasenumsatzsteuern erfordern für dasselbe Aufkommen einen entsprechend höheren Steuersatz. – Bis 1967 wurde in der Bundesrep. D. eine Allphasenumsatzsteuer erhoben. – 2. *Erfassungsbreite:* a) *Bruttoumsatzsteuer:* Bemessungsgrundlage ist das auf jeder Tauschstufe gezahlte volle Entgelt, d. h. der kumulierte Umsatzwert (eigener Umsatz + Umsatz der Vorstufen); b) *Nettoumsatzsteuer (Mehrwertsteuer)*: Bemessungsgrundlage ist der um die Vorumsätze verminderte Umsatz, d. h. die jeweilige Wertschöpfung der Handelsstufe. – Die Nettoumsatzsteuer bzw. Nettoallphasenumsatzsteuer wird seit 1967 in der Bundesrep. D. und in vielen Ländern der EG erhoben; sie geht davon aus, daß sich die Leistungsfähigkeit einer Volkswirtschaft nicht durch ständige Tauschakte, sondern auch durch die Wertschöpfung darstellt. eine solche Steuer ließe sich auch einstufig (z. B. als Einzelhandelsteuer) erheben, brächte dann aber die Nachteile einer liquiditären Belastung nur der besteuerten Handelsstufe und die alleinige Belastung dieser Stufe mit dem Risiko der Nichtüberwälzung. – 3. *Erhebungs- oder Umsatzsteuertypen* (nach Breite der Bemessungsgrundlage): a) Mehrwertsteuer vom *Bruttosozialprodukttyp:* Es werden die gesamten Unternehmensbruttoeinnahmen abzüglich der Ausgaben für den Kauf von Produkten aus den Vorstufen erfaßt, liegt auf allen Konsum- und Investitionsgütern; umfassendster Typ. – b) Mehrwertsteuer vom *Nettosozialprodukttyp:* Die Bemessungsgrundlage wird um die Abschreibungen gekürzt; entspricht einer rohen Form der Einkommensbesteuerung (auch Mehrwertsteuer vom *Einkommenstyp* genannt). – c) Mehrwertsteuer vom *Konsumtyp:* Neben Abschreibungen werden Investitionsausgaben abgezogen, d. h. es verbleibt als Bemessungsgrundlage der Wert der produzierten Konsumgüter; erfordert gegenüber den anderen Typen einen höheren Steuersatz. Typ der seit 1968 in der Bundesrep. D. erhobenen Mehrwertsteuer.

IV. B e r e c h n u n g s m o d u s : Die Steuer läßt sich durch Besteuerung des um die Vorumsätze verminderten Umsatzes einer Unternehmung *(Mehrwertsteuer mit Vorumsatzabzug)* oder durch Kürzung der auf den Gesamtumsatz erhobenen Steuer um die an den Vorlieferanten gezahlte Umsatzsteuer *(Mehrwertsteuer mit Vorsteuerabzug)* berechnen. Letztere liegt der in der Bundesrep. D. erhobenen Mehrwertsteuer zugrunde. Beide Modalitäten sind subtraktive Verfahren; sie sind praktikabler als die Berechnung des Mehrwerts nach dem additiven Verfahren.

V. Z i e l e / W i r k u n g e n : 1. *Fiskalische Sicht:* Der steuerliche Dualismus einer zweimaligen Erfassung des Einkommensverwendungsstromes sowie einer Erfassung der Einkommensverwendung neben der Einkommensentstehung (vgl. I) hat Vorteile, da ein mehrmaliger Steuerzugriff an verschiedenen Steuerquellen mit niedrigeren Steuersätzen auskommt; in Anbetracht von Steuerwiderständen bei unverkürztem Aufkommen steuerpsychologisch geschickt. Durch die U. werden auch jene leistungsfähigen Bürger zur Steuer herangezogen, die der Einkommensbe-

steuerung entgehen konnten. – 2. *Verteilungspolitische Sicht:* Die U. ist eine objektive Besteuerungsweise, persönliche Verhältnisse werden nicht bedacht, entsprechend können sich Konflikte mit dem Verteilungsziel ergeben, v. a. wenn zusätzlich Einzelverbrauchsteuern erhoben werden. Der Konflikt läßt sich durch vernminderte Steuersätze für solche Güter, die im Budget der einkommensschwachen Gruppen einen hohen Anteil einnehmen (etwa für Nahrungsmittel) entschärfen; widerspricht jedoch dem „objektiven" Charakter der U. – Eine *Allphasenumsatzsteuer* beteiligt jeden Unternehmer an der Steuerzahllast, bei Nichtüberwälzung aber auch an der Traglast; sie beteiligt alle an der Liquiditätsbelastung durch Steuern. *Einphasenumsatzsteuern* lasten dies nur den Unternehmern dieser einen Besteuerungsstufe an, bürden nur ihnen das Risiko einer Nichtüberwälzung auf; Steuerwiderstände sind wahrscheinlich, da der Steuersatz höher als bei Allphasenumsatzsteuern. – 3. *Bruttoumsatzsteuern,* insbes. Bruttoallphasenumsatzsteuern führen zur →*Kumulativwirkung* und zur →*Kaskadenwirkung* (beide Wirkungen treten zusammen auf) mit ihren allokativen Nachteilen der Unternehmenskonzentration und Wettbewerbsbeeinträchtigung. – 4. Die Umsatzsteuer vom *„Konsumtyp"* kann, weil sie gegenüber den anderen Typen eine relativ schmale Bemessungsgrundlage aufweist und demzufolge bei Aufkommensneutralität einen höheren Steuersatz erfordert, verteilungspolitischen Zielen zuwiderlaufen oder nachteilige Verteilungswirkungen (regressive) haben. Der allokative Vorteil jedoch liegt in der steuerlichen Schonung der Investitionsgüter mit ihren Produktions- und Wachstumseffekten. Bei der Umstellung von der Bruttoallphasensteuer auf eine Steuer dieses Typs mit Investitionsgüterabzug kann wegen des Steuerausfalls das fiskalische Ziel verfehlt werden; Ausgleich erfolgte z. B. in der Bundesrep. D. mit der vorübergehenden Erhebung einer Investitionssteuer.

VI. G e s c h i c h t l i c h e   E n t w i c k l u n g : Ausgangspunkt einer Umsatzbesteuerung waren kriegsbedingte Finanznöte in Verbindung mit an der Grenze angelangter Belastung mit →direkten Steuern, je nach Staatsgesinnung und Steuermentalität der Bürger früher oder später: Deutschland 1916, Frankreich 1917, Italien 1919, Belgien 1921, Großbritannien 1940, Schweden und Schweiz 1941. Seither sind die kontinentalen U. tragendes Element neben den →Einkommensteuern. Anglo-skandinavische U. etwas milder und mit differenzierten Sätzen. – Die *deutsche* U. hat sich aus dem Warenumsatzstempelgesetz vom 26. 6. 1916 entwickelt. Besteuert wurden die gewerblichen Warenumsätze sowie Lieferungen aus Werkverträgen im Rahmen des Reichsstempelgesetzes; das Umsatzsteuergesetz vom 26.7.1918 erweiterte die Steuerpflicht auf Werkleistungen. – Durch Änderungen des Gesetzes und seiner Durchführungsbestimmungen (Änderung der Steuersätze und Erweiterung von Befreiungen) ist es ständig den jeweiligen Erfordernissen des Wirtschaftslebens angepaßt worden. Die weitaus wichtigste Änderung erfolgte am 1.1.1968 mit dem Übergang von der Allphasenbruttoumsatzsteuer zur -nettoumsatzsteuer *(Mehrwertsteuer);* sie erfolgte im Zuge der Steuerharmonisierung in der EWG und hatte eine Beseitigung der bisherigen Nachteile (wie Wettbewerbsverzerrung und ungenauer Grenzausgleich bei der Einfuhr und Ausfuhr) zur Folge. – *Entwicklung der Steuersätze in Deutschland:* Die allgemeinen deutschen *Umsatzsteuersätze* während der Geltung der Allphasenbruttobesteuerung: 1916 1%; 1918 0,5%, 1919 1,5%, 1922 2%, 1926 0,75%; 1930 0,85%; 1932 2%; 1946 3%; 1951 4%. Mit Übergang auf das *Mehrwertsteuersystem* am 1.1.1968 wurden die Sätze auf 10% (Regelsteuersatz) bzw. 5% (ermäßigter Steuersatz) angehoben. Zwischen dem 1.7.1968 und dem 1.1.1978 betrugen sie 11% bzw, 5,5% bis 30.6.1979 12% bzw. 6%, bis 30.6.1983 13% bzw. 6,5%, ab 1.7.1983 14% bzw. 7%.

Privatdozent Dr. Heinz D. Hessler

Umsatzbilanz, →Rohbilanz.

Umsatzdividende, Form der →Rückvergütung in Genossenschaften.

Umsatzerlös, erster Posten der →Gewinn- und Verlustrechnung nach §275 HGB (für Kapitalgesellschaften). Erlöse aus Verkauf, Vermietung oder Verpachtung von *typischen* Produkten, Waren und Dienstleistungen im Rahmen des *gewöhnlichen Geschäftsverkehrs* nach Abzug von →Erlösschmälerungen und →Umsatzsteuer. – *Beispiel:* Bei einem Handelsunternehmen sind U. die Erlöse aus Verkauf der Waren des Sortiments; Erlöse aus der Vermietung eines Lagerraums sind „sonstige betriebliche Erträge". – Vgl. auch →Erlös.

Umsatzgeschäfte, handelsrechtlicher Begriff: →Anschaffung *und* →Weiterveräußerung von beweglichen Sachen (Waren) und Wertpapieren. Die U. gehören zu den →Grundhandelsgeschäften (§1 II 1 HGB), die gewerblich betrieben zum →Mußkaufmann machen. Zwischen Anschaffung und Weiterveräußerung muß ein wirtschaftlicher Zusammenhang bestehen; die Reihenfolge ist belanglos. Ob die Waren nach →Bearbeitung bzw. →Verarbeitung oder unverändert weiterveräußert werden, ist gleichgültig. Die angeschaffte Sache muß Gegenstand der Arbeit sein, nicht nur bloße Zutat; keine U. betreiben daher die Lohnhandwerker im Gegensatz zu den Warenhandwerkern und den Fabrikanten.

Umsatzgeschwindigkeit, →Umschlagshäufigkeit, →Umschlagsdauer.

Umsatzhäufigkeit, →Umschlagshäufigkeit.

Umsatzkennziffern, →Umsatzanalyse.

Umsatzkostenverfahren. I. Begriff: Gestaltungsform der →Erfolgsrechnung, bei der die Kosten bzw. Aufwendungen der zur Erzielung der Umsatzerlöse erbrachten Leistungen (= Umsatzkosten) den Umsatzerlösen gegenübergestellt werden. Bei den einzelnen Kosten- bzw. Aufwandsarten müssen die Beträge, die für die Herstellung der Bestandsmehrungen an Halb- und Fertigfabrikaten und selbsterstellten Anlagen verwendet worden sind, ausgegrenzt werden (Nettoverfahren). – *Gegensatz:* →Gesamtkostenverfahren (Bruttoverfahren).

II. Kostenrechnung: Zweck ist die Ermittlung des „umgesetzten" Betriebsergebnisses (Umsatzergebnis) unter Ausschaltung derjenigen Faktoren, die Bestimmungsgrößen eines eventuell betriebsfremden oder neutralen Ergebnisses werden könnten.

Verfahrensschema:

> Bruttoumsatz
> ./. Erlösschmälerungen
>
> = Nettoerlöse
> ./. Selbstkosten der abgesetzten Erzeugnisse
>
> = Betriebsergebnis

III. Jahresabschluß: 1. *Anwendung:* Im Jahresabschluß von Kapitalgesellschaften ist das U. im Rahmen der nach der Staffelform aufzustellenden →Gewinn- und Verlustrechnung (§275 I HGB) ebenso zulässig wie das Gesamtkostenverfahren. Bei Anwendung des U. ergibt sich nach Abzug der Herstellungskosten der zur Erzielung der Umsatzerlöse erbrachten Leistungen von den Umsatzerlösen das Bruttoergebnis vom Umsatz, aus dem sich nach Abzug der →Vertriebskosten und der allgemeinen →Verwaltungskosten unter Berücksichtigung des Saldos den sonstigen betrieblichen Aufwendungen und Erträge ein „betriebliches Ergebnis" (anders: →Betriebsergebnis in der Kostenrechnung) entwickeln läßt. Zusammen mit dem Finanzergebnis (Saldo aus den Finanzaufwendungen und Finanzerträgen) ergibt sich das „Ergebnis aus der gewöhnlichen Geschäftstätigkeit." Unter Berücksichtigung des außerordentlichen Ergebnisses (Saldo aus →außerordentlichen Aufwendungen und →außerordentlichen Erträgen) sowie nach Abzug der nicht zurechenbaren Ertragssteuern und sonstigen Steuern wird der Jahresüberschuß/Jahresfehlbetrag als Unternehmensergebnis ausgewiesen. – 2. *Beurteilung:* Eine klare Erfolgsspaltung im betriebswirtschaftlichen Sinne bietet das U. nicht, da weder eine Trennung nach betrieblichen und betriebsfremden, einmaligen und regelmäßigen, periodeneigenen und perioden-fremden Aufwendungen und Erträgen noch nach Produktkarten möglich ist. Zur Aussage-fähigkeit vgl . →Bilanzanalyse.

Umsatzkredit,, →Betriebsmittelkredit.

Umsatzmessung, Aufgabe der Finanzbuch-haltung (Verkaufsabrechnung). – *Arten:* a) mengen- und wertmäßige Ermittlung des Umsatzes an Hand von Versandanzeigen, Rechnungen, Quittungen bei Barverkäufen, Kassenstreifen usw.; b) indirekte U. z. B. im Handelsbetrieb (Warenanfangsbestand + Zugang./. Enbestand = Abgang; Abgang mal Verkaufspreis = Umsatz. Laufende Verfol-gung des Umsatzprozesses unmöglich; außer-dem Fehler wegen Schwund, Diebstahl usw.

Umsatzprovision, im Bankgeschäft Entgelt für die mit der Kontenführung verbundenen Grundleistungen sowie für die Zurverfügung-stellung der Bankeinrichtungen. Bestandteil der →Kreditkosten. Statt U. kann eine →Bearbeitungsprovision gefordert werden.

Umsatzprozeß, Zeitspanne zwischen der Beschaffung der produktiven Faktoren und dem Eingang der Erlöse für die Erzeugnisse, die aus diesen produktiven Faktoren herge-stellt werden. Der U. umfaßt die Produktions- und Lagerdauer sowie das Zahlungsziel. – Vgl. auch →Kapitalbildung.

Umsatzrabatt, →Rabatt, →Mengenrabatt.

Umsatzrechnung, →Gewinn- und Verlust-rechnung.

Umsatzrentabilität, →Rentabilität 4.

Umsatzstatistik, I. B e t r i e b s w i r t s c h a f t - l i c h e S t a t i s t i k : Erscheinungsform der →Absatzstatistik.

II. A m t l i c h e S t a t i s t i k : Erfassung und Aufbewreitung der Umsätze a) gelegentlich von →Vollerhebungen wirtschaftlicher Ein-heiten (Unternehmen, Betriebe, Arbeitsstät-ten) für einen bestimmten Zeitabschnitt (i.d.R. Monat oder Jahr) als Merkmal zur Kennzeichnung der Struktur des Gewerbes durch Gliederung der Einheiten nach Umsatz-Größenklassen; b) als →Repräsentativerhe-bungen nach monatlichen oder jährlichen Meldungen des Produzierenden Gewerbes, des Groß- und Einzelhandels (jeweils entspre-chend den steuerpflichtigen Fakturenwerten, mit Sondervorschriften über Einbeziehung oder Absetzung von Verbrauchssteuern, Ver-packungs- und Transportkosten, Entgelten für Reparatur- und Lohnarbeiten) zur Ermitt-lung von Bruttoproduktionswerten oder zur Gewichtung der Groß- und Einzelhandels-preise (→Preisindex).

Umsatzsteuer, *Mehrwertsteuer,* Steuer, die alle Einkommensverwendungsakte erfaßt. – *Grundsätzliches:* Vgl. →Umsatzbesteuerung.

I. R e c h t s g r u n d l a g e n : Umsatzsteuerge-setz (UStG) vom 26.11.1979 (BGBl I 1953), zuletzt geändert durch Steuerbereinigungsge-setz 1986 vom 19.12.1985 (BGBl I 2436); Umsatzsteuer-Durchführungsverordnung (UStDV) vom 20.12.1979 (BGBl I 2359), zuletzt geändert durch Fünfte Verordnung zur Änderung der UStDV vom 19.12.1985 (BGBl I 2461); Einfuhrumsatzsteuer-Befreiungsver-ordnung (EUStBV), vgl. →Einfuhrumsatz-steuer.

II. S t e u e r b a r e V o r g ä n g e (§1 I UStG): 1. *Leistungen* (→Lieferungen und sonstige Leistungen), die ein Unternehmer im →Er-hebungsgebiet gegen →Entgelt im Rah-men seines Unternehmens ausführt; auch a) Umsätze aufgrund gesetzlicher oder behördli-cher Anordnung; b) Leistungen eines Unter-nehmers an seine Arbeitnehmer oder deren Angehörige aufgrund eines Dienstverhältnis-ses, wenn der Empfänger dieser Leistung kein besonders berechnetes Entgelt aufwendet und es sich nicht um eine →Aufmerksamkeit handelt. – 2. →*Eigenverbrauch* im Erhebungs-gebiet; dieser liegt vor bei Lieferungen und sonstigen Leistungen eines Unternehmers für Zwecke außerhalb des Unternehmens oder (Repräsentations-)Aufwendungen, die nach dem EStG nichtabziehbare Betriebsausgaben darstellen. – 3. →*Gesellschafterverbrauch* im Erhebungsgebiet; dieser liegt vor bei Leistun-gen von bestimmten Körperschaften und Per-sonenvereinigungen sowie Gemeinschaften im Rahmen ihres Unternehmens an Anteilseig-ner, Gesellschafter, Mitglieder, Teilhaber oder diesen nahestehende Personen, für die der Empfänger kein Entgelt aufwendet. – 4. *Ein-fuhr* von Gegenständen in das →Zollgebiet (→Einfuhrumsatzsteuer).

III. S t e u e r b e f r e i u n g e n : 1. *Mit Recht auf Vorsteuerabzug* (§4 Nr. 1–6 UStG): →Ausfuhrlieferungen und →Lohnverede-lungen an Gegenständen der Ausfuhr; Liefe-rung, Vermietung, Reparatur und Umbauten von Seeschiffen sowie internationaler Güter-transport; Vermittlung der vorgenannten Umsätze. – 2. *Ohne Recht auf Vorsteuerabzug* (§4 Nr. 8–28 UStG): a) Leistungen, die überwiegend Endverbrauchern zugute kom-men, z. B. soziale Tatbestände (u. a. Umsätze von Ärzten, Krankenanstalten und Sozialver-sicherungsträgern) und kulturelle Leistungen. b) Leistungen, für die u. U. auf die Steuerbe-freiung verzichtet und damit der Vorsteuerab-zug auf die entsprechenden Vorleistungen erlangt werden kann (→Verzicht auf Steuer-befreiungen): (1) Geld-, Kredit- und Wertpa-pierumsätze (→Bankumsätze); (2) der →Grunderwerbsteuer oder →Versicherung-steuer (speziellen →Verkehrsteuern) unterlie-gende Umsätze; (3) →Vermietung und Ver-pachtung von Grundstücken; (4) →Blinden-umsätze.

IV. Steuerberechnung: 1. *Bemessungsgrundlage* (§10 UStG): a) für Lieferungen und sonstige Leistungen: Grundsätzlich das vereinbarte →Entgelt ohne U.; b) bei Eigen- und Gesellschafterverbrauch in Form unentgeltlicher Gegenstandsentnahme bzw. -lieferung: →Teilwert (Regelfall) oder der →gemeine Wert des Gegenstandes; c) bei Eigen- und Gesellschafterverbrauch in Form sonstiger Leistungen: Die bei Leistungsausführung entstandenen *Kosten;* d) bei Eigenverbrauch in Form nichtabziehbarer Ausgaben: Die Aufwendungen. Die U. gehört nicht zur Bemessungsgrundlage. – In besonderen Fällen gilt eine →*Mindestbemessungsgrundlage.* – 2. a) *Allgemeiner Steuersatz:* 14% (§14 I UStG); b) *ermäßigter Steuersatz* für Lieferungen, Eigenverbrauch, Vermietung und Einfuhr der in der Liste der dem ermäßigten Steuersatz unterliegenden Gegenstände aufgeführten Gegenstände (überwiegend Produkte der Land- und Forstwirtschaft, Bücher und Zeitschriften, Kunstgegenstände usw.) sowie für gewisse andere Leistungen: 7% (§12 II UStG).

V. Vorsteuerabzug (§§15, 15a UStG): 1. *Abzugsfähig:* a) von anderen Unternehmern gesondert in Rechnung gestellte Steuern für Lieferungen und Leistungen; b) (entrichtete) →Einfuhrumsatzsteuer für →eingeführte Gegenstände; durch den Vorsteuerabzug wird die auf der Vorumsatzstufe eingetretene umsatzsteuerliche Belastung rückgängig gemacht und Steuerkumulierung vermieden. – 2. *Nicht abzugsfähig:* Steuerbeträge für Leistung und Einfuhr von Gegenständen sowie sonstige Leistungen, die zur Ausführung bestimmter steuerfreier Umsätze verwendet werden. – 3. Werden Gegenstände oder sonstige Leistungen nur *zum Teil* zur Ausführung von Umsätzen, die den Vorsteuerabzug ausschließen, verwendet, so ist nur der diesen Umsätzen wirtschaftlich zuzurechnende Teil der Vorsteuer *nicht abziehbar.* – 4. *Vorsteuerberichtigung* und weitere Einzelheiten: Vgl. →Vorsteuerabzug.

VI. Steuerschuldner: Bei Leistungen, Eigen- und Gesellschafterverbrauch der *Unternehmer* (§13 II UStG). – Die U. *entsteht* (§13 I UStG): a) bei Leistungen grundsätzlich mit Ablauf des →Voranmeldungszeitraums, in dem die Leistung ausgeführt (→*Sollversteuerung,* →*Mindestistbesteuerung*) bzw. das Entgelt vereinnahmt (→*Istversteuerung*) worden ist; b) beim Eigen- und Gesellschafterverbrauch mit Ablauf des Voranmeldungszeitraums seiner Ausführung bzw. Tätigung. Eine eventuelle Vorsteuer aus bezogenen Leistungen ist in dem Voranmeldungszeitraum abziehbar, in dem die Voraussetzungen für den Abzug (vgl. VII) erstmalig vorliegen.

VII. Verfahren (§16–18 UStG): 1. Spätestens am 10. Tag nach Ablauf eines Voranmeldungszeitraums (i. d. R. der Kalendermonat)

hat der Unternehmer eine →*Umsatzsteuervoranmeldung* abzugeben (vgl. auch →Dauerfristverlängerung); er berechnet selbst die im Voranmeldungszeitraum entstandene Steuer *(Vorauszahlung)* als Differenz (Saldo) zwischen entstandener U. und abziehbarer Vorsteuer. Bei Nichtabgabe oder falscher Berechnung der Vorauszahlung kann das zuständige Finanzamt die Vorauszahlung *festsetzen.* Bei einem positiven Saldo *(Zahllast)* ist die Vorauszahlung mit der Abgabe der Voranmeldung *fällig;* ein negativer Saldo (Guthaben) wird gutgeschrieben oder erstattet. – 2. Nach Ablauf eines Besteuerungszeitraumes (i. d. R. das Kalenderjahr) ist bis spätestens 31. 5. des Folgejahres eine *Steueranmeldung* (Jahresumsatzsteuererklärung) auf amtlich vorgeschriebenem Vordruck abzugeben; die zu entrichtende Steuer bzw. der Erstattungsbetrag wird berechnet. Besteht eine Differenz zu der Summe der laut Voranmeldungen angefallenen Vorauszahlungen (und Erstattungen) zugunsten des Finanzamtes, ist dieser einen Monat nach Eingang der Steueranmeldung *fällig,* zugunsten des Unternehmers zu erstatten. Das zuständige Finanzamt kann U. bzw. Erstattungsbetrag abweichend von der Steueranmeldung durch →*Steuerbescheid festsetzen;* einen Monat nach dessen Bekanntgabe ist eine eventuelle U. *fällig.* – 3. Hat sich die Bemessungsgrundlage für die U. oder die abziehbare Vorsteuer nachträglich geändert (z. B. durch Rabatte), so hat der leistende Unternehmer den für diesen Umsatz geschuldeten Steuerbetrag und der empfangende Unternehmer den dafür in Anspruch genommenen Vorsteuerabzug zu *berichtigen.* Gleiches gilt, wenn a) das vereinbarte Entgelt für eine Leistung uneinbringlich geworden ist, b) für eine vereinbarte, aber nicht ausgeführte Leistung ein Entgelt entrichtet worden ist oder c) eine steuerpflichtige Leistung rückgängig gemacht worden ist. – 4. Die U. für Leistungen von nicht im Erhebungsgebiet ansässigen Unternehmern wird u. U. im →*Abzugsverfahren* erhoben, die bei diesem angefallene Vorsteuer im →*Vergütungsverfahren* erstattet.

VIII. Besonderheiten: 1. *Abweichende Besteuerung* (u. U.) von: a) →*Kleinunternehmern,* deren Gesamtumsatz im Vorjahr nicht über 20000 DM lag; b) →*land- und forstwirtschaftlichen Umsätzen* (Durchschnittsätze für U. und Vorsteuer); c) bestimmten *Handwerkern, Einzelhändlern und Freiberuflern* (Durchschnittsätze für den Vorsteuerabzug); d) →*Reiseveranstaltern;* e) →*innerdeutschem Handel.* – 2. *Kürzungsbeträge:* a) an Kleinunternehmer, deren Gesamtumsatz im laufenden Jahr voraussichtlich nicht über 60000 DM betragen wird; b) im Rahmen der →*Förderung der Wirtschaft von Berlin (West).*

IX. Finanzwissenschaftliche Beurteilung: 1. *Kernpunkt* der *Reform von 1967* ist der Übergang von der Brutto- zur *Nettoall-*

phasensteuer (= Mehrwertsteuer), die durch den Vorsteuerabzug realisiert wird (zur Charakterisierung und Steuersystematik der Mehrwertsteuer vgl. →Umsatzbesteuerung). – 2. *Fiskalische Bedeutung und Ertragshoheit:* Zweitbedeutendste Steuereinnahme nach der Lohn- und Einkommensteuer; die U. erbrachte 1985 einschl. Einfuhrumsatzsteuer 110 Mrd. DM, 30% des Steueraufkommens von Bund und Ländern. 1985 entfallen 65,5% auf den Bund, 34,5% auf die Gesamtheit der Länder. Der Bund muß aus seinem Anteil die EG-Finanzierung (1,4% des Aufkommens ab 1986) abführen, außerdem z. T. Ergänzungszuweisungen in den →Länderfinanzausgleich. Die Aufteilung des Gesamtländeranteils auf die einzelnen Bundesländer erfolgt gemäß § 2 des Gesetzes über den Finanzausgleich zwischen Bund und Ländern (→Umsatzsteuerverteilung). Nach Abzug des EG-Anteils macht der dem Bund zustehende U. einen Anteil von 30% an seinem Gesamtsteueraufkommen aus; an dem Gesamtaufkommen der Länder hat die auf sie gemeinsam entfallende U. einen Anteil von 25%. – 3. *Ziele/ Wirkungen:* a) *Allokative Sicht:* Mit dem Übergang zur Nettoallphasen-U. wurde die konzentrationsfördernde und wettbewerbsbehindernde Wirkung der Bruttoallphasen-U. beseitigt. – Die Befreiung des Geld- und Kapitalverkehrs von der U. ist nicht eine Bevorzugung der Geld- und Kreditinstiute, sondern die Konsequenz aus der Absicht, allein die Wertschöpfung der Volkswirtschaft zu belasten, nicht aber die monetären Transaktionen, die der Wertschöpfung nur dienen. – Steuervergünstigungen für *Land- und Forstwirtschaft* und *Kleinunternehmer* sind struktureinkommens- und mittelstandspolitische Fremdkörper in der U.; sie sind mit einer „objektiven" Besteuerung nicht vereinbar. Eine Gleichbehandlung zwischen allen, die als „Unternehmer" Faktorkombinationen bewirken, Marktleistungen erbringen und Umsatzakte tätigen, wurde durch Heranziehung der *Freiberufler* zur vollen U. erreicht. – Mit dem für *Exporte* durchgeführten Grenzausgleich, die einer Steuerbefreiung gleichkommt, soll das für die EG-Mitgliedsländer geltende →Bestimmungslandprinzip realisiert werden; nicht die Begünstigung der Exportwirtschaft ist das Ziel, sondern die Herstellung einer Belastung für importierte Güter, die der der im Inland produzierten entspricht. – b) *Verteilungspolitische Sicht:* Die Einführung des halben U.satzes für eine große Zahl von Nahrungsmitteln nimmt der U. ihre regressive Wirkung; solche sozialpolitischen Maßnahmen sind jedoch ein Fremdkörper in einer „objektiven" Steuer. Andere Steuersatzermäßigungen, z. B. für die Land- und Forstwirtschaft, für Bücher und Kunstgegenstände, verfolgen struktur- und kulturpolitische Ziele. – 4. *EG-Steuerharmonisierung:* EG-Länder finanzieren zu äußerst unterschiedlichen

Anteilen ihre Staatsausgaben aus der U.; die Steuersätze reichen von 12% (Luxemburg) bis 23% (Irland), zudem zahlreiche ermäßigte Steuersätze. Nach Einführung des Mehrwertsteuersystems in fast allen EG-Ländern (Schonfristen für Portugal und Griechenland) gilt eine Angleichung der Steuersätzee in Struktur und Niveau als Fernziel der Harmonisierung.

X. A u f k o m m e n : 1986: 111,2 Mrd. DM (davon Einfuhrumsatzsteuer EUSt: 52,6 Mrd. DM); 1985: 109,9 Mrd. DM (davon EUSt: 58,4 Mrd. DM); 1980: 93,4 Mrd. DM (davon EUSt: 40,6 Mrd. DM); 1975: 54,1 Mrd. DM (davon EUSt: 18,4 Mrd. DM); 1970: 38,1 Mrd. DM (davon EUSt: 11,3 Mrd. DM); 1960: 16,1 Mrd. DM (davon Ausgleichsteuer: 1,3 Mrd. DM); 1950: 4,9 Mrd. DM (davon Ausgleichsteuer: 0,2 Mrd. DM).

Umsatzsteuer-Durchführungsverordnung (UStDV), Verordnung vom 20. 12. 1979 (BGBl I 2359) zuletzt geändert durch Fünfte Verordnung zur Änderung der UStDV vom 19. 12. 1985 (BGBl I 2461). – *Inhalt:* Die im Gesetz selbst vorgesehenen Ergänzungsbestimmungen, z. B. Erläuterung der im Umsatzsteuergesetz verwendeten Begriffe; ferner Angabe des Umfangs der zulässigen Erleichterungen bei den →Aufzeichnungspflichten, beim →Ausfuhrnachweis und →Buchnachweis.

Umsatzsteuerharmonisierung, der gegenwärtig am weitesten fortgeschrittene Teil der →Steuerharmonisierung in der EG. Aufgrund Art. 99 und 100 des EWG-Vertrages bisher ca. 30 →Umsatzsteuer-Richtlinien (einschl. Änderungsrichtlinien). – Vgl. auch →Umsatzsteuer X 4.

Umsatzsteuerkartei, *USt-Kartei,* Veröffentlichung der →Umsatzsteuer-Richtlinien sowie aller auf dem Gebiet der →Umsatzsteuer ergehenden Erlasse und Schreiben von allgemeiner Bedeutung, in denen laufend wichtige Zweifelsfragen geklärt werden.

Umsatzsteuerprüfung, Teil der allgemeinen →Außenprüfung. Grundsätzlich für die Jahre, für die die übrigen Steuerarten geprüft werden. – *Umsatzsteuer-Sonderprüfung* auf Anordnung der zuständigen Finanzbehörde möglich. §§ 5–12 Betriebsprüfungsordnung sind sinngemäß anzuwenden.

Umsatzsteuer-Richtlinien (UStR), Verwaltungsanordnung insbes. über Entscheidungen der →Finanzgerichte sowie Erörterungen von Zweifelsfragen zur Beachtung durch die →Finanzverwaltung. An die Auslegung in den UStR gebunden ist die Finanzverwaltung, aber nicht die Finanzgerichtsbarkeit. – *Rechtsmittel:* Gegen die Ausführungen in den UStR können Umsatzsteuerpflichtige im Rechtsmittelverfahren vorgehen. – *Derzeitige Fassung:* UStR 1985 vom 20. 11. 1984 (BStBl I Sondernr. 2).

Umsatzsteuer-Sonderprüfung, →Umsatz-
steuerprüfung.

Umsatzsteuerstatistik, zweijährliche Erhebung und Aufbereitung der von den Finanzämtern unter Wahrung des →Steuergeheim-
nisses bereitgestellten Angaben aus den
Umsatzsteuer-Überwachungsbogen. – *Erfassungstatbestände:* Steuerpflichtige, steuerbarer
Umsatz, Umsatzsteuer-Vorauszahlungssoll
nach Umsatzgrößenklassen, Wirtschaftszweigen (aufgrund der Systematik der Wirtschaftszweige, Ausgabe 1979, Fassung für die Steuerstatistiken) und für Rechtsformen Organ-
kreise.

Umsatzsteuersysteme, →Allphasenumsatz-
steuer, →Mehrphasenumsatzsteuer, →Ein-
phasenumsatzsteuer.

Umsatzsteuerverteilung, Aufteilung des
Aufkommens an der →Umsatzsteuer zwischen Bund und Ländern. Die U. ist Steue-
rungsparameter des vertikalen →Finanzaus-
gleichs zwischen Bund und Ländern zur Korrektur erheblicher und nachteiliger Veränderungen der →Deckungsrelationen von Bund
und Ländern. – Nach Art. 106 IV GG sind die
Anteile neu festzusetzen, wenn sich das Verhältnis zwischen den Einnahmen und Ausgaben des Bundes und der Länder wesentlich
anders entwickelt. – U. 1987 gem. VO zur
Durchführung des Gesetzes über den Finanzausgleich zwischen Bund und Ländern im
Ausgleichsjahr 1987 (BGBl I 887):

Baden-Württemberg	87,9 v. H.
Bayern	63,5 v. H.
Berlin	60,7 v. H.
Bremen *)	–
Hamburg	91,6 v. H.
Hessen	82,3 v. H.
Niedersachsen	10,4 v. H.
Nordrhein-Westfalen	67,8 v. H.
Rheinland-Pfalz	50,1 v. H.
Saarland *)	–
Schleswig-Holstein	13,5 v. H.

*) Saarland und Bremen leisten auf den Bundesanteil an der
durch Landesfinanzbehörden verwalteten Umsatzsteuer
keine Zahlungen; auf den durch den Bundesanteil nicht
gedeckten Teil ihrer Ansprüche aus der vorläufigen Umsatzsteuer und Finanzausgleich überweist der Bundesminister für
Finanzen monatlich DM 4 409 000 DM an das Saarland, DM
765 800 DM an Bremen.

Umsatzsteuervoranmeldung, →Steuererklä-
rung des umsatzsteuerpflichtigen Unternehmers nach amtlichen Muster über die der
→Umsatzsteuer unterliegenden Tatbestände
im →Voranmeldungszeitraum (regelmäßig
Kalendermonat, § 18 UStG). – 1. *Frist:* Spätestens zehn Tage nach Ablauf der Voranmeldungszeitraums ist die U. dem zuständigen
Finanzamt einzureichen und die →Umsatz-
steuerzahllast zu entrichten. Ggf. →*Dauer-*

fristverlängerung. – 2. *Inhalt* insbes.: a)
steuerpflichtige Umsätze (einschl. →Eigenver-
brauch und →Gesellschafterverbrauch),
getrennt nach Steuersätzen und die jeweils
darauf entfallende Umsatzsteuer; b) steuerfreie Umsätze mit und ohne Recht auf →Vor-
steuerabzug; c) abziehbare Vorsteuerbeträge
(einschl. →Einfuhrumsatzsteuer; d) Kürzungsbeträge der →Kleinunternehmer und
nach dem Gesetz zur →Förderung der Wirtschaft von Berlin (West). Aus diesen Angaben
hat der Unternehmer die Umsatzsteuerzahllast bzw. -erstattung selbst zu berechnen. – 3.
Besonderheiten: Werden Land- und Forstwirte
nach Durchschnittssätzen (→Vorsteuerabzug
III) besteuert, entfällt i. d. R. die U. Bei nicht
im →Erhebungsgebiet ansässigen Unternehmern kann an die Stelle der U. die Besteuerung im →Abzugsverfahren bzw. das →Ver-
gütungsverfahren treten. Zur Umrechnung
ausländischer Währungen vgl. →ausländische
Werte. – 4. *Umsatzsteuervoranlagung nach
Ablauf eines Kalenderjahres:* Vgl. →Umsatz-
steuer VII 2.

Umsatzsteuerzahllast, positive Differenz
zwischen der in einem →Voranmeldungs-
zeitraum bzw. Besteuerungszeitraum entstandenen →Umsatzsteuer (→Sollversteuerung)
und abziehbare Vorsteuer (→Vorsteuerab-
zug). – *Gegensatz:* Umsatzsteuererstattungs-
betrag (→Umsatzsteuer VII).

Umsatzzahlen, innerbetriebliche und
zwischenbetriebliche Werte (→Richtzahlen)
zur Kontrolle von Absatz (in der Praxis meist
nur diese als U. bezeichnet), Beschaffung
(Einkauf) und Lagerhaltung. Als grundsätzliche Maßstabszahl für zahlreiche Beziehungs-
oder Gliederungszahlen verwendbar
(→Umschlagskennzahlen), Gliederung nach
Erzeugnissen, Bezirken, Umsatzgröße,
Umsatz je Kopf eines Beschäftigten (→Pro-
duktivität).

Umschichtungsfinanzierung, finanzpoliti-
sche Maßnahme (→Finanzierung, →Finanz-
politik) innerhalb einer Unternehmung, bei
der kurzfristiges →Fremdkapital in langfristiges umgewandelt wird (selten umgekehrt),
z. B. Rückzahlung eines Bankkredits mit dem
Verkaufserlös emittierter Anleihen.

Umschlagen, im Verkehr das Ein-, Um- und
Ausladen von Gütern; meist nur ergänzender
Bestandteil von Transport- und Lagerungsvorgängen. Bei →gebrochenem Verkehr in
→Transportketten ist U. auch häufig Aufgabe
spezialisierter Umschlagsbetriebe und -abtei-
lungen (→Bahnhof, →Hafen, →Terminal).
Zeit- und kostensparende Umschlagsmethoden im Rahmen des →kombinierten Verkehrs
sind neben dem Umsetzen von →Ladeeinhei-
ten der →Roll on/Roll off-Verkehr und der
→Barge-Verkehr.

umschlagende Faktorintensitäten, Veränderung der Faktorkombination bzw. Rangfolge der Faktorintensitäten bei der Produktion eines Gutes. U.F. liegen z.B. vor, wenn bei steigendem Preis des Faktors Arbeit (relativ zum Faktor Kapital) ein Gut A, das zunächst mit relativ mehr Arbeit als ein Gut B erzeugt wurde, nach Überschreitung eines bestimmten Preisverhältnisses mit relativ mehr Kapital als Gut B produziert wird. U.F. können die Richtung des Handels beeinflussen. – Vgl. auch →Leontief-Paradoxon.

Umschlagsbetrieb, →Verkehrsbetrieb.

Umschlagsdauer, Kennzahl über die Zeitspanne, die von der Verfügbarkeit eines Produktes bis zur Umsatzerzielung benötigt wird.

$$U = \frac{\text{Tage des Berechnungszeitraums}}{\rightarrow \text{Umschlagshäufigkeit}}$$

Beispiel: Bei einem Jahr als Berechnungszeitraum und einer Umschlagshäufigkeit von 3 ergibt sich eine U. von $360:3 = 120$ Tage. – *U. eines Lagers:* Vgl. →Lagerdauer.

Umschlagsgeschwindigkeit, →Umschlagshäufigkeit.

Umschlagshäufigkeit, *Umschlagsgeschwindigkeit, Lagerumschlag,* zentrale →Kennzahl für die Steuerung der Warenwirtschaft in Handelsunternehmen. Die U. sagt aus, wie oft ein Artikel bzw. das gesamte Warenlager in einer Periode umgesetzt wird bzw. reziprok, wie lange die Ware(n) durchschnittlich lagert(n):

$$U = \frac{\text{Wareneinsatz (auch Ums. zu Einstandspr.)}}{\text{durchschnittl. Lagerbest. (zu Einstandspr.)}}$$

Ermittlung: Vgl. →Wareneinsatz, →Lagerbestand (durchschnittlicher). – *Anwendung:* Die gemäß der U. gefertigten Renner- und Penner-Listen dienen zur Ausmerzung von →Ladenhütern und zum Erkennen aller sich schnell umsatzenden Produkte. Daraus werden, je nach Zielsetzungen der Unternehmenspolitik, unterschiedliche Konsequenzen für die Sortimentspolitik (listen oder streichen), die Preispolitik (hohe oder niedrige Aufschläge) und die Kommunikationspolitik (werbliche Herausstellung in Medien oder im Regal) abgeleitet.

Umschlagskennzahlen, →Kennzahlen für viele Vorgänge des betrieblichen Arbeitsprozesses. Zum Umschlag gehören eine Abgangs-(Bewegungs-) bzw. Verbrauchszahl und eine

Bestandszahl. Das gilt für →Lagerumschlagszahlen (für alle Arten betrieblicher Lager, wie Rohlager, Werkzeuglager, Hilfsstofflager, Zwischenlager, Halb- und Fertigerzeugnislager, aber auch für das Abfall- und Schrottlager) wie für den →Kapitalumschlag. Es handelt sich immer um sog. Erneuerungsmassen, bei denen eine fortlaufende Erneuerung des Bestandes eintritt (Beispiel vgl. untenstehende Tabelle).

Umschlagskosten, →Kosten für den Güterumschlag (→Umschlagen) in Höhe der Zahlungen an umschlagende →Verkehrsbetriebe und/oder Kosten des Einrichtens, Unterhaltens und Verwaltens betriebseigener Umschlagsanlagen. – Vgl. auch →Logistik-Kosten.

Umschlagslager, Lager mit hoher Ein- und Auslagerungs- und relativ geringer Bestandshaltekapazität an bedeutenden Umschlagsorten (→Umschlagen) des Güterverkehrs in →Transportketten. – *Ggs.:* →Vorratslager.

Umschlagsnachlaß, *count-and recount allowance,* Maßnahme der →Verkaufsförderung. Zeitlich befristetes Angebot eines Herstellers, dem Großhandel für jede Verkaufseinheit, die innerhalb eines bestimmten Zeitraums sein Lager verläßt (die Ware „umschlägt"), einen Rückerstattungsbetrag (Nachlaß) zu gewähren. – *Ziel:* Schaffung freier Lagerkapazitäten im Handel für ein neues Folgeprodukt.

Umschlagsproblem, *transshipment problem,* elementares logistisches Optimierungsproblem (→Logisik). – 1. *Aufgabe:* An mehreren Versandorten ist eine Güterart in unterschiedlichen Mengen vorhanden, die an mehreren Empfangsorten in verschiedenen Mengen gebraucht wird. Die Güter sind über mehrere Umschlagsorte zu befördern, in denen die Mengen aus den Versandorten gesammelt und an die Empfangsorte verteilt werden. Es sind Transporte von einem oder mehreren Versandort(en) über einen oder mehrere Umschlagsort(e) zu einem oder mehreren Empfangsort(e) zulässig. Wegen ungleicher Transportentfernungen und/oder Transport- und Umschlagsmethoden unterscheiden sich die Kosten je Gütermengeneinheit für die Transporte auf den einzelnen Verbindungen. Gesucht werden die einzelnen Transportmengen von den Versand- über den Umschlags- zu den Empfangsorten mit der kleinsten Transport- und Umschlagskostensumme. – 2. *An-*

Umschlagskennzahlen

Erneuerungsmasse	Zugangsmasse	Abgangsmasse
1. Kassenbestand	Einzahlungen	Auszahlungen
2. Debitorenbestand	Verkäufe	Zahlungen d. Debitoren
3. Kreditorenbestand	Käufe	Zahlungen an Kreditoren
4. Auftragsbestand	erhaltene Aufträge	ausgeführte Aufträge
5. Lagerbestand	Lagerzugänge	Lagerabgänge
6. Belegschaftsbestand	Neueingestellte	Ausgeschiedene

wendungen: Gestaltung mehrstufiger Versorgungssysteme der →Absatzlogistik, →Fertigungslogistik und →Beschaffungslogistik. – 3. *Lösungsmethoden:* Verfahren der →linearen Optimierung (v. a. Simplex-Methode).

UmschlieBungen, Begriff des Zollrechts für äußere und innere Behältnisse, Aufmachungen, Umfüllungen und Unterlagen, die dazu dienen, die Waren während der Beförderung oder Aufbewahrung zu schützen. U. sind zollfrei. Das Gewicht der U. gehört jedoch bei Waren, die einem Rohgewichtszoll unterliegen, zum →Zollgewicht der Waren, und bei Waren, die einem →Wertzoll unterliegen, zum →Zollwert der Waren.

Umschulung, →berufliche Umschulung.

Umschwung, der höchste (niedrigste) Punkt eines →Konjunkturzyklus, der den Übergang von Auf- und Abschwung (vom Ab- zum Aufschwung) kennzeichnet.

Umsiedlung, *gewerbliche Umsiedlung,* →Gewerbebestandspflege, →Standortwahl.

Umstellungsgesetz, Drittes Gesetz zur Neuordnung des Geldwesens vom 27.6.1948 (MRG Nr. 63 bzw. MRVO Nr. 160), regelte die Durchführung der →Währungsreform in den Westzonen.

Umstellungsgrundschuld. 1. *Gesetzliche Grundlage:* Gesetz zur Sicherung von Forderungen für den Lastenausgleich vom 2.9.1948 (§1). Umstellung der →Grundpfandrechte erfolgte bei →Währungsreform wie die Umstellung der Forderungen, i.d.R. also 10:1. In Höhe von $^9/_{10}$ entstand in diesen Fällen bei Grundpfandrechten eine U. ohne Eintragung im Grundbuch für die öffentliche Hand. Entsprechende Bestimmungen für →Schiffspfandrechte. – 2. Die U. dienten dazu, etwaige Ansprüche aus Schuldnergewinnen unter Berücksichtigung des Lastenausgleichs sicherzustellen. – 3. *Gesamtbetrag der* U. per 31.3.1950: 13439 Mill., davon auf landwirtschaftlichen Grundstücken 1043 Mill. DM. – 4. Durch das Lastenausgleichsgesetz ist die U. in Form der Hypothekengewinnabgabe (z.T. auch als Kreditgewinnabgabe) in den →*Lastenausgleich* eingegliedert worden. – 5. *Grundbuchrecht:* U. brauchten nicht im →Grundbuch eingetragen zu werden. Durch das Gesetz vom 20.12.1963 (BGBl I 986) wurde die Übersichtlichkeit des Grundbuchs hinsichtlich der U. verbessert: Der Antrag, einen höheren Umstellungsbetrag als 10:1 oder den Übergang einer eingetragenen U. auf den Eigentümer in das Grundbuch einzutragen, konnte nur bis zum 31.12.1964 gestellt werden. Wurde der Übergang der U. auf den Eigentümer nicht rechtzeitig eingetragen, erlosch die höhere →Hypothek (nicht die persönliche Forderung) oder die U.

Umstellungsinvestition, →Investition zur Anpassung des Betriebs an ein geändertes Absatzprogramm, innerhalb dessen die Erzeugnisarten beibehalten, aber die Mengenrelationen der Produkte geändert werden. – Vgl. auch →Erweiterungsinvestition.

Umstellungsrechnung, im Zuge der →Währungsreform nach dem Zweiten Weltkrieg durch das →Umstellungsgesetz vom 27.6.1948 mit zahlreichen DVO geregeltes Verfahren, demzufolge die Geldinstitute, Bausparkassen und Versicherungsunternehmen in einer Sonderbilanz die Errechnung der ihnen zustehenden Ansprüche auf Ausgleichsforderungen gegen die öffentliche Hand vorzunehmen hatten.

Umstempelung, *Aktienumstempelung,* Stempelung von Wertpapieren bei Firmenänderungen infolge →Verschmelzung (Fusion). Die Aktionäre der aufzunehmenden Gesellschaft haben ihre Aktien bei Vermeidung der →Kraftloserklärung zum Umtausch in Aktien der übernehmenden Gesellschaft einzureichen. Diese läßt zwecks Kostenersparnis u.U. keine neuen Aktienurkunden für den Umtausch drucken, sondern versieht die eingereichten Stücke mit einem Stempelaufdruck, aus dem die neue Firmenbezeichnung hervorgeht. – Vgl. auch →Aktienabstempelung.

Umtausch, →Kauf auf Umtausch, →Aktienumtausch, →Wandelschuldverschreibung.

Umtauschverhältnis, →Verschmelzung IX 1.

Umtauschversicherung, →Risikoumtauschversicherung.

Umverteilung, Korrektur der →Einkommensverteilung und →Vermögensverteilung. Vgl. im einzelnen →Verteilungstheorie II 2.

Umwandlung. I. Handelsrecht: 1. *Begriff:* U. ist die Veränderung der Rechtsform eines Unternehmens ohne Liquidation im Wege der Gesamtrechtsnachfolge. – Vgl. auch →Umgründung.

2. *Mögliche Gründe:* Änderungen der Steuergesetze, Einführung von Publizitäts- und Prüfungspflichten, Mitbestimmungsregelungen, Erbfälle, Kapitalbeschaffungsprobleme, Interesse an einer Änderung der bestehenden Geschäftsführungs- und Haftungsregelungen. – Vgl. auch →Umgründung 2.

3. *Arten:* a) *Formwechselnde U.:* Es ändert sich lediglich die Rechtsform, nicht dagegen der Rechtsträger. Die rechtliche Identität des umzuwandelnden Unternehmens bleibt erhalten. Formwechselnde U. vollziehen sich folglich nur innerhalb der Gruppe der Kapitalgesellschaften wie innerhalb der Gruppe der Personenunternehmen. Im einzelnen (vgl. Vormbaum, Herbert, Finanzierung der Betriebe, 7. Aufl., Wiesbaden 1986, S. 466) vgl. Übersicht Sp. 2053/2054, Tab. A. – Formwechselnde U. von *Kapitalgesellschaften* bedürfen lediglich einer entsprechenden Sat-

A. Formwechselnde Umwandlung

Innerhalb der Personenunternehmen:

Rechtsform		Rechtsgrundlage
bisher	**künftig**	
OHG	KG	§ 139 HGB
OHG	Einzelunternehmen	§ 142 HGB
KG	Einzelunternehmen	§ 142 HGB

Innerhalb der Kapitalgesellschaften:

Rechtsform		Rechtsgrundlage
bisher	**künftig**	
Nach dem AktG		
AG	KGaA	§§ 362–365 AktG
AG	GmbH	§§ 369–375 AktG
KGaA	AG	§§ 366–368 AktG
KGaA	GmbH	§§ 386–388 AktG
GmbH	AG	§§ 376–383 AktG
GmbH	KGaA	§§ 389–392 AktG
Bergrechtl. Gewerkschaft	AG	§§ 384–385 AktG
Bergrechtl. Gewerkschaft	KGaA	§ 393 AktG
Körperschaft o. Anstalt d. öffentl. Rechts	AG	§§ 385a–c AktG
Versicherungsverein aG	AG	§§ 385d–l AktG
Genossenschaft	AG	§§ 385m–q AktG
Nach dem UmwG		
Körperschaft o. Anstalt d. öffentl. Rechts	GmbH	§ 59 UmwG
Bergrechtl. Gewerkschaft	GmbH	§§ 63–65 UmwG

B. Übertragende Umwandlungen

1. Verschmelzende Umwandlung:

Umzuwandelnde Gesellschaft	Übernehmende Gesellschaft	Rechtsgrundlage
AG	OHG	3–14 UmwG
AG	KG	20 UmwG
AG	Allein- o. Hauptaktionär	15 UmwG
KGaA	OHG	23 UmwG
KGaA	KG	23 UmwG
KGaA	Allein- o. Hauptgesellschafter	23 UmwG
	GmbH	22 KapErhG
GmbH	OHG	24 UmwG
GmbH	KG	24 UmwG
GmbH	Allein- o. Hauptgesellschafter	24 UmwG
Bergrechtl. Gewerkschaft	OHG	25–29 UmwG
Bergrechtl. Gewerkschaft	KG	25–29 UmwG
Bergrechtl. Gewerkschaft	Allein- o. Hauptgesellschafter	25–29 UmwG
	GmbH	35 KapErhG

2. Errichtende Umwandlung:

Umzuwandelnde Gesellschaft	Übernehmende Gesellschaft	Rechtsgrundlage
AG	OHG, KG	16–20 UmwG
AG	BGB-Ges.	21–22 UmwG
KGaA	OHG, KG	23 UmwG
KGaA	BGB-Ges.	23 UmwG
GmbH	OHG, KG	24 UmwG
GmbH	BGB-Ges.	24 UmwG
Bergrechtl. Gewerkschaft	OHG, KG, BGB-Ges.	25–29 UmwG
Gebietskörperschaften u. Gemeindeverbände	AG	57 UmwG
	GmbH	58 UmwG
Realgemeinden u. ä. Verbände	AG	60 UmwG
Kolonialgesellschaften	AG	61 UmwG
Wirtschaftliche Vereine	AG	62 UmwG
Personengesellschaften	AG, KGaA,	40–45 UmwG
	GmbH	46–49 UmwG
Einzelunternehmen	AG, KGaA	50–56 UmwG
	GmbH	56a–f UmwG

zungsänderung, nicht jedoch auch einer besonderen Vermögensübertragung. Für den Umwandlungsbeschluß ist grundsätzlich eine →qualifizierte Mehrheit des vertretenen Kapitals erforderlich. (Für U. einer AG in eine GmbH siehe Sonderregelung des § 369 AktG). U. in eine AG oder KGaA unterliegen den Vorschriften über die →Gründung, →Gründungsprüfung und →Nachgründung (§ 378 AktG). Bei U. in eine GmbH ist den Gläubigern Sicherheit zu leisten (§ 374 AktG). Überstimmte und widersprechende Aktionäre können gegen →Barabfindung ausscheiden (§ 375 AktG). Die U. wird erst mit der →Eintragung im Handelsregister wirksam.

b) *Übertragende U.:* (1) *Verschmelzende U.:* Übertragung der Vermögensgegenstände und Schulden ohne Liquidation im Wege der Gesamtrechtsnachfolge auf einen bereits bestehenden Rechtsträger. Im UmwG geregelte Möglichkeiten der verschmelzenden U. (vgl. ebenda) vgl. Übersicht Sp. 2053/2054, Tab. B 1. – Verschmelzende U. in eine *GmbH* regelt das Gesetz über die Kapitalerhöhung aus Gesellschaftsmitteln und über die Verschmelzung von Gesellschaften mit beschränkter Haftung §§ 19, 33, 35 KapErhG). Die verschmelzende U. von Kapitalgesellschaften auf einen Allein- oder Hauptgesellschafter, der ebenfalls eine Kapitalgesellschaft ist, ist nach der auf dem Verschmelzungsrichtlinien-Gesetz vom 25.10.1982 beruhenden Änderung des § 1 II UmwG nicht mehr möglich; insoweit bleibt nur noch der Weg der Verschmelzung (Fusion). Der Hauptgesellschafter muß aber mehr als 90% der Anteile an der umzuwandelnden Gesellschaft halten. Ausscheidenden Aktionären ist im beurkundungspflichtigen Umwandlungsbeschluß der →Barabfindung anzubieten (§ 12 UmwG). Den Gläubigern ist Sicherheit zu leisten (§ 7 UmwG). Der Umwandlungsbeschluß ist zur Eintragung im Handelsregister anzumelden. Der Anmeldung ist auch die zugrunde liegende →Umwandlungsbilanz beizufügen, die als Vermögensbilanz nicht den für die Jahresbilanz geltenden Bewertungsvorschriften unterliegt. Die U. wird erst mit der Eintragung wirksam. – (2) *Errichtende U.:* Bei der errichtenden U. entsteht der übernehmende Rechtsträger erst anläßlich der U. Im UmwG geregelte Möglichkeiten der errichteten U. (vgl. ebenda) vgl. Übersicht Sp. 2053/2054, Tab. B 2. – Der Umwandlungsbeschluß bedarf zu seiner Wirksamkeit in umzuwandelnden Per-

sonengesellschaften aller Stimmen, in umzuwandelnden Kapitalgesellschaften einer Mehrheit von mindestens 90%. Die U. eines Einzelunternehmens in eine Kapitalgesellschaft ist nur möglich, wenn das in die Kapitalgesellschaft einzubringende Vermögen nicht das gesamte bürgerlich-rechtliche Vermögen des Kaufmanns umfaßt. Für die U. einer Personengesellschaft in eine AG oder KGaA gelten die Vorschriften über die Gründungsprüfung, die sich für den Fall der Umwandlung eines Einzelunternehmens auch auf die Prüfung des Gründungsvorgangs und der Vermögensübersicht des Kaufmanns erstreckt. Im übrigen sind die Voraussetzungen und Vorschriften zur Gründung der jeweiligen neuen Rechtsform (Mindestkapital, Satzung, Organe) zu beachten. Bei U. einer Personengesellschaft in eine AG oder KGaA darf allerdings die Mindestzahl der Gründer (fünf) unterschritten werden. Ein Einzelunternehmer darf deshalb auch eine Ein-Mann-AG oder eine Ein-Mann-GmbH gründen. Für die Berechnung der Barabfindung, die Umwandlungsbilanz, die Anmeldung des Umwandlungsbeschlusses und seine Eintragung im Handelsregister gelten die Ausführungen zur verschmelzenden U. sinngemäß.

4. *U. und* →*Verschmelzung (Fusion):* a) *Verschmelzung i. S. d. AktG:* Vereinigung von zwei oder mehreren Unternehmen bestimmter Rechtsformen zu einer rechtlichen und wirtschaftlichen Einheit in der Rechtsform der AG oder KGaA. – b) *Umwandlung i.s.d. AktG:* Änderung der Rechtsform. – c) *Übertragende Umwandlung i. s. d. § 15 UmwG:* Verschmelzende U., die wirtschaftlich der aktienrechtlichen Verschmelzung durch Aufnahme entspricht. Dennoch bestehen zwischen beiden Unterschiede (vgl. untenstehende Tabelle).

II. Steuerrecht: 1. *Vorbemerkung:* Die folgnden Hinweise beschränken sich im wesentlichen auf die *ertragssteuerlichen Konsequenzen* der U. Umsatz- und andere verkehrsteuerliche Wirkungen, die die entgeltliche Übertragung bestimmter Wirtschaftsgüter ggf. auch im Rahmen einer U. auslöst, werden nicht erörtert.

2. *Umwandlungsbilanz und Umwandlungsstichtag:* Es ist eine Sonderbilanz, die →Umwandlungsbilanz, aufzustellen, deren Stichtag nicht mehr als sechs Monate vor der Anmeldung des Umwandlungsbeschlusses zur Eintragung im Handelsregister liegen darf (§ 2 III UmwStG). Steuerlich wird die Vermögensübertragung

Umwandlung und Verschmelzung

Kriterium	§ 15 UmwG	Aktienrechtliche Verschmelzung
Beteiligungsvoraussetzung	ja	nein
Art der Abfindung der Gesellschafter der übertragenden Gesellschaft	Barabfindung	Erwerb der Mitgliedschaft an der übernehmenden Gesellschaft
Rechtsformbeschränkungen	U. in inländ. AG, KGaA oder GmbH nicht (mehr) zulässig	Beschränkung der übernehmenden Gesellschaft auf AG und KGaA

auf diesen Stichtag zurückbezogen, desgleichen die Auflösung einer umzuwandelnden Kapitalgesellschaft. Damit endet die Körperschaftsteuer-, Vermögensteuer- und Gewerbesteuerpflicht einer umzuwandelnden Kapitalgesellschaft zum Umwandlungsstichtag. Für umzuwandelnde Personengesellschaften und für das umzuwandelnde Einzelunternehmen endet die Gewerbesteuerpflicht; einkommen- und vermögensteuerlich werden bei diesen Rechtsformen die Einzelpersonen erfaßt.

3. *Ertragsteuerliche Konsequenzen der Umwandlung einer Kapitalgesellschaft in eine Personengesellschaft oder in ein Einzelunternehmen:* a) Konsequenzen für die *übertragende Gesellschaft:* (1) *Übertragungswerte:* In der steuerlichen Schlußbilanz für das letzte Wirtschaftsjahr (Übertragungsbilanz) sind die Wirtschaftsgüter mit ihren Teilwerten anzusetzen. – (2) *Übertragungsgewinn:* Der Teil des Gewinns der übertragenden Gesellschaft, der sich infolge des Vermögensübergangs ergibt (Übertragungsgewinn), unterliegt nicht der Körperschaftsteuer (§ 4 UmwStG), wohl aber der Gewerbe(ertrag)steuer (§ 18 I UmwStG), mit der Möglichkeit der Stundung bis zu zehn Jahren gegen Sicherheitsleistung (§ 18 IV UmwStG). Die Bewertung der Wirtschaftsgüter zu Teilwerten führt zur Auflösung stiller Reserven. Der Ertrag aus dieser Auflösung ist Teil des Übertragungsgewinnes. – b) Konsequenzen für das *übernehmende Unternehmen bzw. seine(n) Gesellschafter (Inhaber):* (1) *Übernahmewerte:* Die Übernehmerin hat das Vermögen der Kapitalgesellschaft mit den in der Schlußbilanz nach § 3 angesetzten Teilwerten zu übernehmen (§ 5 Abs. 1 UmwStG). Aufgrund dieser zwingenden Vorschrift besteht eine Anlehnung der steuerlichen Übernahmewerte an die in der handelsrechtlichen Umwandlungsbilanz angesetzten Werte nicht. – (2) *Übernahmegewinn:* Falls das übernehmende Unternehmen an der übertragenden Kapitalgesellschaft beteiligt ist, entsteht ggf. in Höhe des Unterschiedsbetrages zwischen den zum Teilwert übernommenen Wirtschaftsgütern und dem Buchwert der Beteiligung ein Übernahmegewinn bzw. -verlust. – (3) *Anzurechnende Körperschaftsteuer:* Der Gewinn der Übernehmerin erhöhe sich weiterhin durch die Körperschaftsteuer, die auf den Teilbeträgen der verwendbaren Eigenkapitals der untergehenden Kapitalgesellschaft lastet. Im Gegensatz zur üblichen Vorgehensweise im →körperschaftsteuerlichen Anrechnungsverfahren erfolgt die Entlastung von Körperschaftsteuer in einem Schritt. Die anzurechnende Körperschaftsteuer ist bei der Übernehmerin Gewinnbestandteil und kann bei der Steuerschuld in Abzug gebracht werden. – (4) *Besteuerung:* Der Übernahmegewinn einschl. der anzurechnenden Körperschaftsteuer unterliegt bei der Übernehmerin der Einkommensteuer. Auf sie ist nach § 12 UmwStG

diejenige Körperschaftsteuer anzurechnen, die auf den Teilbeträgen des verwendbaren Eigenkapitals der untergehenden Kapitalgesellschaft lastet. Verbleibt dabei eine Einkommensteuerbelastung, so kann diese auf Antrag für einen Zeitraum von höchstens zehn Jahren seit Eintritt der ersten Fälligkeit gegen Sicherheitsleistung gestundet werden (§ 7 UmwStG). Ergibt sich bei der Übernehmerin durch den Zusammenfall von Forderungen und Verbindlichkeiten ein *Aufrechnungsgewinn,* so kann dieser in eine steuerfreie Rücklage eingestellt werden, die in den folgenden drei Wirtschaftsjahren mit mindestens je einem Drittel gewinnerhöhend aufzulösen ist (§ 8 II UmwStG). Bei der Gewerbeertragsteuer ist der Übernahmegewinn grundsätzlich nur mit einem Drittel anzusetzen, soweit er den Unterschiedsbetrag zwischen tatsächlichen Anschaffungskosten der Anteile und deren Buchwert übersteigt (§ 18 Abs. 2 UmwStG).

4. *Ertragsteuerliche Konsequenzen der Umwandlung einer Kapitalgesellschaft in eine andere Kapitalgesellschaft:* a) Konsequenzen für die *übertragende Kapitalgesellschaft:* (1) *Übertragungswerte:* In der steuerlichen Schlußbilanz für das letzte Wirtschaftsjahr (Übertragungsbilanz) sind die zu übertragenden Wirtschaftsgüter insgesamt mit dem Wert der für die Übertragung gewährten Gegenleistung anzusetzen (§ 14 I UmwStG). – (2) *Übertragungsgewinn:* Die Anwendung der Vorschrift des § 14 I UmwStG führt i. d. R. zum Ansatz höherer Teilwerte und damit zur Auflösung →stiller Reserven (→stille Rücklagen). Der Ertrag aus dieser Auflösung stiller Reserven gehört zu dem Teil des Gewinns, der sich infolge des Vermögensübergangs ergibt (Übertragungsgewinn). Der Übertragungsgewinn unterliegt im vollen Umfang der Körperschaft- und der Gewerbe(ertrag)steuer. Auf Antrag ist die diese Steuerwirkung ggf. auslösende Vorschrift des § 14 I UmwStG nicht anzuwenden, soweit sichergestellt ist, daß der bei ihrer Anwendung sich ergebende Gewinn später bei der übernehmenden Kapitalgesellschaft der Körperschaftsteuer unterliegt und eine Gegenleistung nicht gewährt wird oder in Gesellschaftsrechten besteht (§ 14 II UmwStG). – b) Konequenzen für die *übernehmende Kapitalgesellschaft:* (1) *Übernahmewerte:* Sowohl im Fall des § 14 I UmwStG (steuerpflichtige Auflösung stiller Reserven bei der übernehmenden Gesellschaft) als auch imn Fall des § 14 II UmwStG (Vermeidung dieser Folge) ist die übernehmende Kapitalgesellschaft an die Werte der Schlußbilanz der übertragenden gebunden (sog. Buchwertverknüpfung – nicht zu verwechseln mit der Übertragung zu Buchwertenn einer den Vorschriften zur Gewinnermittlung entsprechenden Bilanz – gem. § 15 I UmwStG). – (2) *Übernahmegewinn/Übernahmeverlust:* Bei der Ermittlung des Gewinns der übernehmenden

Kapitalgesellschaft bleibt, falls die übernehmende Gesellschaft an der übertragenden beteiligt ist, ein ggf. entstehender Übernahmegewinn bzw. Übernahmeverlust (Unterschied zwischen dem Buchwert der Anteile an der umzuwandelnden Kapitalgesellschaft und dem Wert, mit dem die übertragenen Wirtschaftsgüter zu übernehmen sind) sowohl bei der Ermittlung des körperschaftsteuerpflichtigen Einkommens als damit auch bei der Ermittlung des Gewerbeertrags außer Ansatz (§§ 15 II, 19 UmwStG). Übersteigen indessen die tatsächlichen Anschaffungskosten den Buchwert der Anteile an der übertragenden Kapitalgesellschaft (wie z. B. nach einer Teilwertabschreibung), so ist der Unterschiedsbetrag dem Gewinn der übernehmenden Kapitalgesellschaft hinzuzurechnen (§ 15 II UmwStG), der auch Einzelheiten der Berechnungen regelt). – (3) *Verwendbares Eigenkapital:* Das verwendbare Eigenkapital der übertragenden Kapitalgesellschaft wird – in seiner Höhe und in seiner Struktur unverändert – dem verwendbaren Eigenkapital der übernehmenden hinzugerechnet, bleibt also einschließlich der bei späteren Ausschüttungen anrechenbaren Körperschaftsteuer erhalten (§ 38 KStG).

5. *Ertragsteuerliche Konsequenzen der Umwandlung einer Personengesellschaft oder eines Einzelunternehmens in eine Kapitalgesellschaft:* a) Konsequenzen für das *übertragende Unternehmen bzw. seine(n) Gesellschafter (Inhaber):* (1) *Übertragungswerte:* Gem. § 20 II UmwStG dürfen die Wirtschaftsgüter des übertragenden Unternehmens in deren Übertragungsbilanz mit ihren Buchwerten (der den steuerrechtlichen Vorschriften über die Gewinnermittlung entsprechende Wert im Zeitpunkt der Sacheinlage), mit ihren Teilwerten (dann ggf. Vollauflösung der stillen Reserven) oder mit Zwischenwerten (insoweit Teilauflösung der stillen Reserven) angesetzt werden. – (2) *Veräußerungsgewinn aus der Einbringung:* Als Unterschied zwischen den bisherigen Buchwerten und den höheren Teil- oder Zwischenwerten unterliegt der Veräußerungsgewinn der Einkommensteuerpflicht, aber mit der Tarifbegünstigung gem. § 34 I EStG und unter Berücksichtigung des Freibetrags gem. § 16 IV EStG (§ 20 V UmwStG). Bis auf die Gewährung des Freibetrags gem. § 16 IV EStG treten diese Folgen auch beim Ansatz von Zwischenwerten ein. Der Veräußerungsgewinn unterliegt dem Prinzip auch der Gewerbe(ertrags)steuer, es sei denn, daß die gewerbesteuerrechtliche Voraussetzung des „stehenden gewerblichen Betriebs" nach Lage des Einzelfalles im Zeitpunkt der Umwandlung (Umwandlungsstichtag) nicht mehr gegeben ist. – (3) *Veräußerungsgewinn aus der späteren Veräußerung der Anteile an der Kapitalgesellschaft:* Unterliegt der Einkommensteuerpflicht, aber mit der Tarifbe-

günstigung gem. § 34 I EStG und unter Berücksichtigung des Freibetrags gem. § 16 IV EStG (§ 21 I UmwStG). Entrichtung der Einkommensteuer in fünf jährlichen Teilbeträgen möglich, wenn ihre Zahlung sichergestellt ist (§ 21 II UmwStG). – b) *Konsequenzen für die übernehmende Kapitalgesellschaft:* Sowohl im Fall der Übertragung zu Buchwerten als auch im Fall der Übertragung zu Teil- oder zu Zwischenwerten ist die übernehmende Kapitalgesellschaft an die Wertansätze der Schlußbilanz des übertragenden Unternehmens gebunden (sog. Buchwertverknüpfung – nicht zu verwechseln mit der Übertragung zu Buchwerten einer den Vorschriften zur Gewinnermittlung entsprechenden Bilanz – gem. § 20 II UmwStG).

III. Zollrecht: Be- oder Verarbeitung von drittländischen Einfuhrwaren, bestimmt zum Verbleib im Inland, zur Erlangung einer günstigeren Zollbehandlung. – *Beispiel:* U. von Gewebe als Meterware in zollfreie Musterabschnitte. – *Verfahren:* Analog aktivem →Veredelungsverkehr.

Umwandlungsbilanz, →Sonderbilanz aus Anlaß der Änderung der Rechtsform einer Unternehmung (→Umwandlung). Die U. unterliegt nicht den für die Jahresbilanz geltenden Vorschriften. Vermögensgegenstände und Schulden sind nach den Bewertungsgrundsätzen des Einkommensteuer- oder Bewertungsgesetzes zu bewerten; Vermögensgegenstände können ggf. mit ihren höheren Zeitwerten angesetzt werden. Die U. zeigt die Aktiven und Passiven der (des) übernehmenden Gesellschaft(ers) nach Übergang der Vermögensgegenstände und Schulden der (des) übertragenden Unternehmen(s). Ihr Stichtag darf nicht mehr als sechs Monate zur Anmeldung des Umwandlungsbeschlusses zur Eintragung in das Handelsregister liegen (§ 2 III UmwStG).

Umwandlungsgeschäft, das in der Mitwirkung bei der →Umgründung einer bisher von einem Einzelkaufmann, einer OHG, KG oder GmbH betriebenen Firma in eine andere Rechtsform, i. d. R. die der AG, bestehende Geschäft der Banken. Meist wird ein Vorgründungsvertrag abgeschlossen, in dem der Eigentümer sich verpflichtet, seine Betriebsanlagen in eine AG einzubringen, und die Bank sich bereit erklärt, einen Teil der Aktien fest zu übernehmen und für den anderen Teil dem Voreigentümer ein Recht auf →Option einzuräumen. Der letztere wird häufig, um seine Geschäftskenntnisse dem Unternehmen zu erhalten, auch in den Vorstand oder in den Aufsichtsrat der neuen AG eintreten.

Umwandlungsgewinn. 1. *Begriff:* Gewinn, der entsteht a) anläßlich einer verschmelzenden oder übertragenden Umwandlung anläßlich einer Verschmelzung als Übertragungsgewinn (Folge der Neubewertung von Wirt-

schaftsgütern in der Schlußbilanz des umzuwandelnden bzw. übertragenden Unternehmens) und/oder als Übernahmegewinn (falls
das übernehmende Unternehmen am umzuwandelnden bzw. übertragenden beteiligt ist
und der Buchwert seiner untergehenden Beteiligung geringer ist als der Wert des übernommenen (Rein-) Vermögens). – 2. *Steuerliche
Behandlung:* Vgl. →Umwandlung II 3–5,
→Verschmelzung X.

Umwandlungsprüfung,   →Wirtschaftsprü-
fung.

Umwelt, →natürliche Umwelt, →Umweltzu-
stand.

Umweltabgabe. I. B e g r i f f : Für die Nutzung der →natürlichen Umwelt und Ressourcen zu entrichtende →Abgabe; Instrument der
→Umweltpolitik. Die Verursacher umwelt-
schädigender Aktivitäten sollen zur Reduktion bzw. Vermeidung der Umweltbelastungen veranlaßt werden (→Internalisierung
sozialer Kosten, →Verursacherprinzip); nicht
der fiskalische Zweck der Einnahmeerhöhung,
sondern die Lenkungsfunktion steht im Vordergrund. – *Bemessungsgrundlage* können
Produktionsmengen, -verfahren, Inputs, Produkte, Emissionen (→Emissionsabgabe,
→Abwasserabgabe) sein. Durch die Wahl der
Bemessungsgrundlage wird die Reaktion der
Verursacher bestimmt: Es müssen Abgaben
gezahlt und/oder Maßnahmen in den betreffenden Bereichen ergriffen werden.

II. T h e o r e t i s c h e   A n s ä t z e : 1. *Wohlfahrtstheoretischer Ansatz (A. C. Pigou):*
Abweichungen vom wohlfahrtstheoretischen
Allokationsoptimum (Pareto-Optimum), die
auf nicht in den Nutzen- und Produktionsfunktionen der Wirtschaftssubjekte berück-
sichtigte →externe Effekte zurückzuführen
sind, können durch Auferlegung einer Steuer
(Pigou-Steuer) beseitigt werden. Die Höhe
der Steuer richtet sich nach den gesamten
volkswirtschaftlichen →Opportunitätskosten
der den externen Effekt verursachenden Aktivität im Allokationsoptimum. – 2. *Standard-
Preis-Ansatz (Baumol/Oates):* Von einem
politisch fixierten Umweltstandard ausgehend, wird in einem Trial-and-Error-Prozeß
die Abgabenhöhe bestimmt, bei der dieser
Standard realisiert wird. Bemessungsgrundlage für die Abgabenzahlung ist der Belas-
tungsbeitrag des einzelnen Wirtschaftssubjekts (Immissionsbeitrag). Die einzelnen Wirtschaftssubjekte passen sich der Abgabenerhe-
bung in der Art an, daß sie die Grenzkosten
einer Vermeidung von Umweltbelastungen
mit der Grenzbelastung durch die Abgabe
vergleichen und Vermeidungsleistungen bis zu
dem Punkt durchführen, in dem Grenzkosten
der Vermeidung und Abgabenzahlung für die
letzte nicht vermiedene Einheit gleich hoch
sind. – 3. *Abgabensansatz von Solow:* Dieser
Ansatz setzt auf der Rohstoffebene an. Roh-

stoffinputs werden mit einer Abgabe belegt,
deren Höhe sich an den Schadenskosten der
theoretisch schädlichsten Verwendungsalter-
native orientiert. Auf den nachfolgenden Produktionsstufen sind Rückerstattungen möglich, wenn der jeweilige Produzent nachweist,
daß die tatsächliche Umweltbelastung von der
veranschlagten Maximalbelastung abweicht.

III. B e u r t e i l u n g : 1. *Vorteile:* a) Sind die
Grenzkosten der Vermeidung von Umweltbelastungen geringer als die Grenzbelastung der
Abgabe, besteht ein *ökonomischer Anreiz* zur
→Internalisierung gemäß dem →Verursacher-
prinzip sowie zu einer weitergehenden Vermeidung als bei →Umweltauflagen. – b) Die
verursacherspezifischen Vermeidungskosten
werden berücksichtigt, d. h. das angestrebte
Ziel mit *minimalen volkswirtschaftlichen
Kosten* erreicht. – c) Der *administrative Aufwand* einer Abgabenlösung ist relativ gering.
d) Sie wird als *marktkonform* angesehen. – 2.
Nachteile: a) Die *ökologische Effektivität* ist
nicht gewährleistet, da Ausweichmöglichkeiten auf nicht durch Abgaben erfaßte Verfahren und Inputs und in andere Umweltmedien
bzw. durch Zahlung der Abgabe bestehen. – b)
Aufgrund inflationärer Entwicklungen oder
Änderungen der ökologischen Situation können *häufige Anpassungen der Abgabenhöhe*
notwendig werden. – c) Die Abgabenhöhe
wird aufgrund politischer Widerstände und
Einwänden von potentiellen Abgabenzahlern
und Bürokratie in der Realität oft *zu niedrig*
angesetzt bzw. die Abgabe wird nicht umfassend genug konzipiert, um die angestrebten
umweltpolitischen Ziele zu erreichen (als Beispiel wird häufig die Abwasserabgabe angeführt).

Umweltauflage. 1. *Begriff:* Erzwingbare
hoheitliche Anordnung (generelles oder
abstraktes Gebot, Verbot oder Verbot mit
Erlaubnisvorbehalt) oder Verfügung der
zuständigen Behörde im Interesse des
→Umweltschutzes. U. sind in der Bundesrep.
D. das bisher dominierende Instrument der
→Umweltpolitik. – 2. *Ansatzpunkte:* Stoff-
und Geräuschemissionen, Einsatzstoffe, Pro-
dukteigenschaften, Produktionsanlagen,
-verfahren und -mengen. – 3. *Begründung:* U.
veranlassen eine →Internalisierung sozialer
Kosten beim Verursacher von Umweltschäden und folgen somit dem →Verursacherprin-
zip; sie berücksichtigen aber nicht die unterschiedlichen Grenzkosten der Vermeidung bei
den Unternehmen. Daher gibt es z. B. in den
USA Ansätze, die umweltpolitisch effektiven
U. durch Effizienzgesichtspunkte ergänzen
(→Blasenpolitik). – 4. *Vorteile:* a) U. sind
praktikabel und relativ schnell wirksam, d. h.
ökologisch effektiv. – b) Die Wirkungen sind
sowohl eindeutig als auch einsichtig. – c) U.
entsprechen sowohl dem Verursacherprinzip,
indem sie eine Internalisierung sozialer
Kosten beim Verursacher von Umweltschä-

den veranlassen, als auch dem →Vorsorge-
prinzip, indem sie das Entstehen von Umweltbelastungen oberhalb der vorgegebenen
Grenze zu verhindern suchen. – 5. *Nachteile:*
a) Da unterschiedliche Grenzkosten der Vermeidung nicht berücksichtigt werden, sind U.
ökonomisch nicht effizient. – b) Sie bieten
keinen Anreiz, über die gesetzte Norm hinaus,
Leistungen für den Umweltschutz zu erbringen. – c) U. schränken die Entscheidungsfreiheit der Wirtschaftssubjekte ein, sind daher
weniger marktkonform als →Umweltabgaben
oder →Emissionszertifikate. – d) Probleme
der Kontrolle und Durchsetzbarkeit entstehen
ähnlich wie bei anderen umweltpolitischen
Instrumenten.

Umweltbelastung, Entnahme natürlicher
Ressourcen aus der →natürlichen Umwelt
sowie →Emissionen von stofflichen und ener-
getischen →Rückständen in die natürliche
Umwelt (→Immissionen). U. soll mit Hilfe des
→Vorsorgeprinzips möglichst vermieden werden. – *Formen:* Vgl. →Umweltverschmut-
zung. – U. kann zur *Umweltschädigung* führen: Raubbau an der biologischen Produktivität (Wald-, Fischbestände); ersatzlose Entnahmen (Abbau von Bodenschätzen); Störung
und Zerstörung von Ökozyklen; Gefährdung
menschlicher Gesundheit. Sie wiegen umso
schwerer, je stärker sie irreversibel sind. –
Messung durch →Umweltindikatoren, die
Teilaspekte der U. erfassen.

Umweltbericht, →Umweltprogramm.

Umweltbewußtsein, Einsicht in die Gefährdung der natürlichen Lebensgrundlagen des
Menschen durch diesen selbst, verbunden mit
der Bereitschaft zur Abhilfe (Rat von Sachverständigen für Umweltfragen 1978). – Dazu
gehört: Kenntnis von Konfliktmöglichkeiten
zwischen eigenem Handeln und →Umwelt-
schutz; Einsicht in die Gefährdung durch
Informationen an Produzenten und Verbraucher und die damit u. U. verbundene Bereitschaft zur Abhilfe, eventuell über den Marktmechanismus (Entwicklung, Gebrauch, Kauf
umweltfreundlicher Erzeugnisse und Verfahren); Ausgleich von Bequemlichkeits- und
Zeitverlusten sowie ökonomischen Nachteilen
gegenüber umweltschädlichem Tun (z. B. Ausbau des öffentlichen Nahverkehrs, Steuerbegünstigung schadstoffarmer Kraftfahrzeuge
und Treibstoffe.

Umweltbundesamt (UBA), →Bundesoberbe-
hörde im Geschäftsbereich des Bundesministers für Umwelt, Naturschutz und Reaktorsicherheit (BMU); Sitz in Berlin. Errichtet
durch Gesetz vom 22.7.1974 (BGBl I 1505),
geändert durch VO vom 26.11.1986 (BGBl I
2089). – *Aufgaben:* Wissenschaftl. Unterstützung des BMU in Angelegenheiten des
Immissionsschutzes, der Wasserwirtschaft
und der Abfallwirtschaft; Aufbau und Planung des Informationssystems zur Umwelt-

planung (→UMPLIS) und einer zentralen
Umweltdokumentation; Aufklärung der
Öffentlichkeit in Umweltfragen usw.

Umweltchemikalien, natürlich vorkommende oder synthetische (anthropogene)
Stoffe, die durch menschliches Zutun in die
→natürliche Umwelt gelangen und durch ihre
Eigenschaften Menschen oder andere Lebewesen gefährden. – *Gesetzliche Regelung:* Gesetz
zum Schutz vor gefährlichen Stoffen (→Che-
mikaliengesetz).

Umweltforschung, Forschung zur Erkenntnis ökologischer Zusammenhänge (→Ökolo-
gie) und zum Schutz der →natürlichen
Umwelt. – U. *umfaßt* (nach der Systematik des
Bundesministeriums für Forschung und Technologie): ökologische Forschungen (Forschungsgebiete: Boden- und Wasserhaushalt,
Waldschäden und Luftverunreinigungen,
atmosphärische Schadstoffkreisläufe,
Umweltchemikalien, Umwelt und Gesundheit, Ökosystemforschung, ökologische
Demonstrationsvorhaben, Natur und Landschaft); umweltschonende und Umweltschutztechnologien (Forschungsgebiete: Luftrein-
haltung, Lärmbekämpfung, →Abfallwirt-
schaft, emissionsarme Technologien und Produkte, Küstengewässer und Hohe See); Was-
serforschung (Forschungsgebiete: Wasserversorgung, Abwasserentsorgung einschl.
Schlammbehandlung). – *Aufwendungen* im
Bundeshaushalt 1986: ca. 518 Mill. DM).

Umweltforum, →Arbeitsgemeinschaft für
Umweltfragen.

umweltfreundliche Produkte, Produkte, die
die →natürliche Umwelt in ihrer Eigenschaft
als Lieferant natürlicher Ressourcen und als
Aufnahmemedium für →Abfälle aus Produktion und Konsum möglichst wenig belasten.
Quantifizierung der Belastung durch ein Produkt mit Hilfe der →ökologischen Buchhaltung. – *Kennzeichnung* durch →Umweltzei-
chen.

Umweltindikator, Kriterium zur eindeutigen
Beschreibung des regionalen Zustandes der
→natürlichen Umwelt bzw. eines →Umwelt-
mediums. U. sind Konzentrationen bestimmter →Schadstoffe aufgrund von →Emissionen
und →Immissionen und das Ausmaß der
Natur- und Landschaftszerstörung.

Umweltinformationssystem. 1. *Begriff:*
Betriebliches oder überbetriebliches →Infor-
mationssystem mit Angabe von Daten über
Umweltzustand und -entwicklung für umweltpolitische Maßnahmen. – 2. *Arten:* a) *Betriebliches U.:* Numerische und nichtnumerische
Daten über unternehmensexterne und -interne
Sachverhalte von ökologischem Einfluß sowie
über Umweltnormen; Bestandteile: Material-
und Energiebilanzen (→Materialbilanz);
→Umweltrechnungslegung. – b) *Überbetriebliches U.* (i. d. R. →Datenbanken): Informa-

tionen zur →Abfallwirtschaft (Abfallarten und -mengen, Abfallerzeuger, Abfallverwender, Verwendungsarten, Verwendungstechniken; (z. B. →Abfallbörsen, →AWIDAT, →UMPLIS, →DORIS, →EWADAT); Informationen zur regionalen bzw. globalen Umweltentwicklung (z. B. GLOBAL 2000).

Umweltkarte, Fahrkarte mit günstigem Tarif im öffentlichen Personennahverkehr mit dem Ziel, Autofahrer zur Nichtbenutzung ihres PKW's zu bewegen, um so die Abgasemission zu mindern und damit einen Beitrag zum Umweltschutz zu leisten.

Umweltlizenz, →Umweltzertifikat.

Umweltmedien, Elemente (Subsysteme) der →natürlichen Umwelt, die Lebensraum für Organismen abgeben (→Ökosystem): Atmosphäre (Luft), Hydrosphäre (Gewässer) und Lithosphäre (Boden). U. sind Objekt der →Umweltbelastung; →Umweltschutz ist daher weitgehend Schutz der U. vor →Umweltbelastung.

Umweltministerium. 1. Auf *Bundesebene:* 1986 (Tschernobyl) errichtete oberste Bundesbehörde *(Bundesministerium für Umwelt, Naturschutz und Reaktorsicherheit),* großenteils aus dem Bundesministerium des Innern hervorgegangen. – **2.** Auf *Länderebene:* Bereits länger existierende Landesbehörden. Zuständigkeit der Durchführung umweltpolitischer Gesetze liegt bei den Ländern, wobei umweltpolitisch relevante Entscheidungen auch in anderen Ministerien fallen (Landwirtschaft, Soziales und Gesundheit).

Umweltökonomik. 1. *Begriff:* Teilgebiet der Wirtschaftswissenschaften, das die Bewirtschaftung der →natürlichen Umwelt zum Gegenstand hat und ökologische Sachverhalte in sein Aussagensystem einbezieht. – **2.** *Teilbereiche:* a) *Volkswirtschaftliche U.* (vgl. auch →Umwelt- und Ressourcenökonomik, →umweltökonomische Theorie, →Umweltpolitik) befaßt sich mit dem gesellschaftlich gewünschten Maß an →Umweltqualität im Rahmen der gesamtwirtschaftlichen Wohlfahrt. Theoretische Erklärungsansätze wie die Konzepte der öffentlichen Güter (→Allmenderessourcen) und →externen Effekte sowie der Property Rights-Theorie (→Nutzungsrechte an natürlichen Ressourcen) führen zu unterschiedlichen Politikansätzen: Erstere zu einer eher staatlich orientierten (→Umweltauflage, →Umweltabgabe), letztere zu einer eher marktwirtschaftlich orientierten (→Emissionszertifikate) Umweltpolitik. – b) *Betriebswirtschaftliche U.* behandelt die Einflüsse volkswirtschaftlicher (gesellschaftlicher) Umweltpolitik auf die Entscheidungsfelder der einzelnen Unternehmung; auf die Zielsysteme und Instrumente unternehmerischer Umweltschutz sowie auf die umwelt-

politischen Entscheidungen der Betriebswirtschaft und ihre Informationsgrundlagen.

umweltökonomische Theorie, *ökonomische Theorie der Umwelt.* **1.** *Diagnose des Umweltproblems:* Kernstück der überwiegend neoklassisch-wohlfahrtsökonomisch orientierten u. T. ist die These, daß in einer Marktwirtschaft *ohne* umweltpolitisches Regulativ eine Fehlallokation von Ressourcen auftritt. Grund dieses Marktversagens: Umweltmedien als frei nutzbare →Allmenderessourcen können von allen Emittenten als Aufnahmemedium für Emissionen kostenlos genutzt werden; sind die emittierten Abfälle keine →Schadstoffe, ist ein Emittieren zum Nullpreis individuell und gesellschaftlich rational; beim Emittieren von Schadstoffen, d. h. von „Ungütern" mit negativem Effizienzpreis (Schattenpreis) zum Nullpreis verursacht der Emittent negative →externe Effekte. In seinem Eigeninteresse liegt die Emittierung, bis seine Grenzkosten der →Entsorgung oder Emissionsvermeidung gleich seiner Nutzeneinbußung aufgrund der durch ihn verursachten zusätzlichen Umweltbelastung sind. Ein unbeschränktes →Nutzungsrecht der Umwelt als Aufnahmebecken für Emissionen hat zur Folge, daß individuell rationales Verhalten →soziale Kosten verursacht. Nicht regulierte Allmenderessourcen machen nichtkooperatives Trittbrettfahrerverhalten individuell vorteilhaft. – **2.** *Intertemporale Allokationsproblematik:* Welche und wieviele Schadstoffemissionen langfristig möglich sind, ohne daß das ökologische System zusammenbricht, hängt von dessen Regenerierungsfähigkeit (Assimilationskapazität) ab, die von der Schadstoffart und den bereits in der Umwelt akkumulierten Schadstoffen bestimmt wird. Je kleiner diese Regenerierungsfähigkeit, umso größer die Gefahr irreversibler Umweltschäden bei fortgesetzter Emission.

Umweltplanung, umweltpolitisches Instrument, das über den punktuellen Ansatz einzelner Instrumente (→Umweltpolitik III 1 c) hinausgeht: U. versucht den Einsatz einzelner Instrumente zu koordinieren sowie umweltpolitische Aspekte in Planungen anderer Politikbereiche zu integrieren. Dieses kann erfolgen durch: a) Raumplanung, b) Einzelplanungen (z. B. Raumordnungs-, Landesentwicklungs-, Luftreinhalte-, Verkehrs-, Abfallbeseitigungs- oder Landschaftspläne) und c) →Umweltverträglichkeitsprüfungen.

Umweltplanungsinformationssystem, →UMPLIS.

Umweltpolitik. I. B e g r i f f : Die →natürliche Umwelt ist ein lebenswichtiges, aber auch knappes Gut und muß daher bewirtschaftet werden. U. ist der Inbegriff von Zielen, die man mit Umweltbewirtschaftung anstrebt sowie von Entscheidungen und Maßnahmen zur Zielrealisation. Diese Maßnahmen sind die umweltpolitischen Instrumente. U. ist letzten Endes gerichtet auf Art und Ausmaß des Abbaus →natürlicher Ressourcen, der Umweltbelastung durch Produktionsrückstände und der Regeneration der natürlichen Umwelt. U. ist somit *Umweltgestaltung durch den Menschen.*

II. Träger: U. ist gesellschaftliche bzw. gesamtwirtschaftliche Angelegenheit und damit Aufgabe politischer Instanzen (Bund, Länder, Gemeinden) und der öffentlichen Verwaltung *(gesellschaftliche U.).* U. ist aber auch Sache der Unternehmen und Haushalte, da diese durch ihr Verhalten bei Produktion und Konsum ebenfalls die Umwelt beanspruchen *(einzelwirtschaftliche U.).* Gesellschaftliche U. versucht, das umweltpolitische Verhalten der Unternehmen und Haushalte zu beeinflussen. Für die Wirkung gesellschaftlicher U. ist wesentlich, in welcher Form und mit welchem Gewicht ihre Ergebnisse in den Kalkül der Porduzenten und Konsumenten einfließen und wie diese Wirtschaftssubjekte darauf reagieren.

III. Arten: 1. *Gesellschaftliche U.:* a) *Grundsätzliches:* Auch in der U. stellt sich die Frage, ob der Marktmechanismus das gewünschte Ziel, hier die Einbeziehung der Knappheit von Umweltgütern und Ressourcen in die Entscheidungen der Wirtschaftssubjekte, erreicht oder ob imperative Maßnahmen des Staates notwendig sind. – Vgl. auch →Politische Ökonomie der Umwelt. – Der Charakter von Umweltgütern als öffentlichen Gütern läßt die gewünschte →Internalisierung sozialer Kosten aus einzelwirtschaftlicher Sicht zunächst nicht sinnvoll erscheinen: Es kommt zu einem *Marktversagen,* da die Preise die bestehenden Knappheitsverhältnisse nicht (rechtzeitig) anzeigen; der U. eigener des öffentlichen Gutes „Umwelt“ wäre eine theoretisch denkbare Lösung, scheitert jedoch an der praktischen Realisierung. Aufgabe der U. ist es folglich, das Instrumentarium zur *Simulation von Knappheitsverhältnissen für Umweltgüter* bereitzustellen. – In der *Bundesrep. D.* sind im Rahmen des *Grundgesetzes* nur Teilaspekte des Umweltschutzes erwähnt. Es lassen sich jedoch aus den Grundrechten (Leben und körperliche Unversehrtheit sowie Eigentum) Aussagen zum Umweltschutz treffen. Um eine Gleichstellung mit den Zielen des →Stabilitätsgesetzes zu schaffen, wird verstärkt gefordert, den Umweltschutz im Grundgesetz ausdrücklich als Staatsaufgabe festzuschreiben (Staatszielbestimmung). – In der bisherigen *Praxis* handelte staatliche U. nach bestimmten *Grundsätzen* (→Vorsorgeprinzip, →Verursacherprinzip, →Kooperationsprinzip), um Umweltschäden zu verhindern bzw. die Kosten der Umweltnutzung den Verursachern zuzurechnen. Nur in Ausnahmefällen sollte auf das →Gemeinlastprinzip zurückgegriffen werden. Diese Handlungsprinzipien

können auch als instrumentelle Ziele verstanden werden.

b) *Ziele:* Ziel im eigentlichen Sinn (inhaltliches Ziel der U.) ist die *Sicherung und Erhaltung elementarer Lebensgrundlagen* (→Umweltprogramm der Bundesregierung). Dieses unbestimmte Ziel erfordert als Grundlage politischen Handelns *Konkretisierungen,* die sich auf die Umweltqualität, Emissionen und Immissionen, Ressourcen, Produktion und Konsum beziehen können (in der Bundesrep. D. z. B. in der →TA Luft oder dem →Bundesimmissionsschutzgesetz): Die Konkretisierung kann in den Inhalten (Vorsorgeprinzip), den umweltpolitsichen Entscheidungsprozessen (Kooperationsprinzip) oder der Internalisierung der Kosten (Verursacherprinzip) der U. erfolgen.

c) *Maßnahmen: Umweltpolitische Instrumente* suchen Umweltschäden vor Produktion und Konsum zu vermeiden, einzuschränken, nachträglich zu heilen, zu kontrollieren und/oder Nachteile erfolgter Umweltbelastungen zwischen Schädiger und Geschädigtem monetär auszugleichen. Ihr Einsatz muß dem jeweiligen Umweltproblem angepaßt sein, d. h. es sind die ökologische Effektivität, die ökonomische Effizienz, die politische Realisierbarkeit sowie die Praktikabilität zu untersuchen und zu vergleichen. – Man kann folgende Instrumente *unterscheiden:* (1) →Umweltauflagen; (2) →Umweltabgaben, (3) →Umweltzertifikate; (4) Verhandlungs- und Kooperationslösungen; (5) staatlich bzw. öffentlich finanzierte Umweltschutzmaßnahmen; (6) Förderung des →Umweltbewußtseins; (7) Förderung umweltrelevanter Forschung und Entwicklung; (8) →Umweltplanung. Die Instrumente (1)–(4) genügen dabei dem →*Verursacherprinzip,* indem die Kosten der Umweltschäden denen für die Entstehung Verantwortlichen zugerechnet werden. Die Instrumente (5)–(8) entsprechen dem →*Gemeinlastprinzip,* falls nicht öffentliche Maßnahmen durch Gebühren oder Beiträge der Umweltverschmutzer finanziert werden. – Bis auf die Instrumente (1) und (4) sind i. d. R. alle mit *staatlichen Einnahmen bzw. Ausgaben* verbunden, wobei die Umweltabgaben und -lizenzen durchaus die Kosten der Institutionalisierung dieser Lösungen deren Einnahmen überwiegen können. – Als *ökologisch effektiv* werden Umweltauflagen (Ge- und Verbote) angesehen, da sie im Gegensatz zu Abgaben und Zertifikaten keine Ausweichmöglichkeiten lassen. Letztere sind dagegen *ökonomisch effizient,* da sie die Internalisierung sozialer Kosten beim Verursacher zu geringst möglichen Kosten gewährleisten und Anreize zu weiterer Verminderung der Umweltbelastungen bieten. Der Subventionscharakter staatlich geförderter bzw. durchgeführter Umweltschutzmaßnahmen läßt deren Einsatz nur bei der Notwendigkeit, das Gemeinlastprinzip anzuwenden sinnvoll erscheinen, wenngleich sie durchaus ökologisch effektiv sein können. – In der Praxis finden sich i. a. *Kombinationen der Instrumente*, wobei *Umweltplanung* sowohl als eigenständiges als auch als übergreifendes, die einzelnen Maßnahmen koordinierendes Instrument aufgefaßt werden kann.

2. *Betriebswirtschaftliche U.*: a) *Grundsätzliches:* Be- oder Entlastung der →natürlichen Umwelt durch die eigene Produktion. Da bei jedem Produktionsvorgang auch unerwünschte, aber im Interesse der Produktionsziele in Kauf genommene →Rückstände als →Kuppelprodukte entstehen, gibt es keine Produktion ohne Umweltbelastung. Umweltschutz als Ziel des Produzenten, kann daher nur im Sinne einer relativen Umweltschonung verstanden werden, also des Trachtens nach relativ besseren Alternativen zu anderen (schlechteren) umweltpolitischen Lösungen.

b) *Ziele:* Soweit umweltpolitische Instrumente schon einsatzbereit sind und nicht erst durch →Forschung und Entwicklung geschaffen werden müssen, kommen für die betrieblichen U. mehrere *Ziele* in Betracht. Wenn nicht bewußt auf „Umweltbelastung" gesetzt wird, – was angesichts einer zusehends restriktiver werdenden gesellschaftlichen U. nicht in Frage kommt, – bleibt das Ziel *„Umweltschutz"* (relative Umweltschonung). Es kann erreicht werden im Wege der →Eigenentsorgung (eigene Umweltschutzmaßnahmen) oder der Fremdentsorgung (Übernahme der umweltverträglichen Entsorgung durch andere, fremde Umweltschutzmaßnahmen). – Innerhalb von „Umweltschutz" lassen sich unterscheiden: (1) *Inputorientierte* Ziele und Maßnahmen, die bei Art und Menge des Inputs der Produktion ansetzen: Sie sind gerichtet auf Reduktion des Einsatzes an nicht reproduzierbaren Ressourcen (z. B. Bodenschätze, Energie) und auf Ersatz giftiger Substanzen und gefährlicher Energiearten: Sie umfassen Einsatzvermeidung bestimmter (z. B. umweltschädlicher) Ressourcen, Substitution umweltschädlicher durch umweltfreundliche Einsatzstoffe und -energiearten (z. B. giftiger Fettlöser durch ungiftige Substanzen) und Sparen von Einsatzstoffen und Energie. – (2) *Outputorientierte* Ziele und Maßnahmen, die Art und Menge unerwünschter Rückstände beeinflussen sollen: Es sind Rückstandvermeidung und -minderung, Rückstandsumwandlung (in weniger schädliche Substanzen und Energiearten), Rückstandsnutzung (Rückstandsverwertung) sowie Rückstandsdiffusion. Dies bedeutet konzentrierte Ablagerung von Rückständen (z. B. auf Deponien) oder Verteilung von Rückständen in Atmosphäre, Gewässern, Boden durch Emission und Immission, was nur unter engen Voraussetzungen noch unter „relative Umweltschonung" subsumiert werden darf.

c) *Maßnahmen zur Erfüllung umweltpolitischer Ziele der Betriebswirtschaft, die umweltpolitischen Instrumente:* (1) *Produkt- und Erzeugnisprogrammgestaltung:* Produktgestaltung ist ein wirksames Instrument der Umweltentlastung, weil Art und Umfang der Inanspruchnahme natürlicher Ressourcen, des Entstehens produktions- und produktbedingter Rückstände und die Recyclingfähigkeit dieser Rückstände durch die gewählte Produktgestalt weitgehend vorbestimmt sind. Voraussetzung ist allerdings die Kenntnis der ökologischen Wirkungen alternativer Produktgestaltung. Dazu gehören auch die Einflüsse der eigenen Produktgestaltung auf die Verfahrenswahl und die ökologischen Konsequenzen in den Vor- und Folgestufen der eigenen Produktion. Bei der Gestaltung des Erzeugnisprogramms, des Katalogs aller Produkte, die ein Betrieb aufgrund seiner Ausstattung mit personellen und sachlichen Potentialen und seines technischen Wissens herstellen kann und will, bietet sich v. a. die Möglichkeit, →umweltfreundliche Erzeugnisse und zugehörige Verfahren zu entwickeln und aufgrund entsprechender Produktentwicklungen in vermehrtem Umfang →Rückstände eigener oder fremder Produktion zu verarbeiten. – (2) *Produktionsmengen- und Fertigungsprogrammgestaltung:* Das Fertigungsprogramm (kurzfristiges Produktionsprogramm) legt fest, welche Erzeugnisse in welchen Mengen im Planungszeitraum tatsächlich hergestellt werden. Daraus ergibt sich die tatsächliche produktionsbedingte Umweltbelastung eines Fertigungsbetriebes. Eine Erzeugnisart gibt bei der Produktion bestimmte →Rückstände bzw. →Schadstoffe ab. Gibt es keine vollständige Rückstands- bzw. Schadstoffumwandlung oder -nutzung (→Recycling), so folgt daraus eine bestimmte Umweltbelastung durch Emission der verbliebenen Rückstände bzw. Schadstoffe. Emissionsmengen bzw. Deponiebedarf sinken, wenn man die produzierte Erzeugnismenge reduziert. Auch der Übergang zum Fremdbezug kann den Anteil an der Umweltbelastung vermindern. Sofern die Lieferanten umweltfreundlicher produzieren, wird dadurch die Umweltbelastung auch insgesamt geringer (wenn die absolut produzierte Menge nicht überproportional steigt). – (3) *Produktlebensdauergestaltung:* Produktlebensdauer ist die tatsächliche Gebrauchsdauer eines Erzeugnisses, evtl. in zweiter und dritter Hand (z. B. Gebrauchtwagen, Bauwerke) und in wechselnden Funktionen (z. B. Altreifen als Prellschutz). Bei gegebener Produktgestalt wird das Ausmaß der Umweltbelastung durch Produktion auch von ihr bestimmt. Je langlebiger das Erzeugnis ist, desto stärker wird die mit Produktion, Gebrauch und Beseitigung des Erzeugnisses verbundene Umweltbelastung zeitlich verteilt. Höhere Produktlebensdauer und damit selteneres Recycling verdienen somit aus ökologischer Sicht vielfach den

Vorzug. Lebensdauerverlängerung wirkt aber nicht immer umweltentlastend. So entstehen i. d. R. aus dem Gebrauch eines älteren Erzeugnisses Umweltbelastungen, die bei einer neueren Produkttechnologie nicht auftreten (ältere Kraftfahrzeuge, Gebäudeheizungen, Elektrogeräte). Die Produktlebensdauer ist auch abhängig von der gewählten Produktgestalt. Dies gilt für die wirtschaftliche Nutzungsdauer, wenn der Produktnutzen Modeeinflüssen unterliegt, aber auch für die technische Lebensdauer, denn das Erzeugnis wird duch die Produktgestaltung für eine bestimmte Haltbarkeitsdauer konzipiert. – (4) *Verfahrensgestaltung, Verfahrenswahl und Wahl der Einsatzstoffe:* Fertigungs- (einschl. Recycling-)Prozesse, aber auch Verfahren der Aufbewahrung, Lagerung und des Transports sind planmäßig mit Umweltbelastung verbunden oder enthalten die Gefahr unbeabsichtigter Umweltschäden durch ungeplantes Entstehen, Ausfließen, Ausströmen, Versickern usw. umweltschädlicher Substanzen. Dagegen stehen zahlreiche Verfahren, die unerwünschte Begleiterscheinung der Produktion, auch Lärm, Erschütterungen, Licht- und Strahleneinwirkungen, reduzieren und unkontrolliertes Entweichen von Rückständen in die Umwelt verhindern (Rückhaltetechnologien); diese führen aber andererseits zu weiterem Bedarf an Rückstandsbehandlung (z. B. feste Rückstände aus Abluft- und Abwasserreinigung). – (5) →*Recycling.*

3. *Hauswirtschaftliche U.:* Die privaten Haushalte können in bestimmtem Maße ebenfalls eine eigene U. verfolgen und auf entsprechende umweltpolitische Instrumente zurückgreifen. Auch Konsum ist stets mit Umweltbelastung durch Rückstände verbunden. Das Bekenntnis zum Umweltschutz ist beim Verbraucher zwar schon weit verbreitet, tatsächliches umweltfreundliches Verhalten wird allerdings oft durch damit verbundenen Nutzen-Verzicht sowie Mühen und Kosten, durch Unwissenheit sowie durch die Vermutung geringer Umweltwirkung eigenen Tuns gehemmt; es ist – außer durch Konsumverzicht – darüber hinaus insoweit nicht möglich, als die konsumierten Produkte bei Ge- und Verbrauch sowie bei ihrer Beseitigung als →Abfall auch bei sachgemäßer Behandlung und Pflege aufgrund ihrer vorgegebenen Produktgestalt umweltbelastende Wirkungen ausüben (z. B. Kraftfahrzeuge).

Literatur: Binswanger, H. Ch. Wirtschaft und Umwelt, Stuttgart-Berlin-Köln-Mainz 1981; BMI, Umweltprogramm der Bundesregierung, „betrifft 9", Bonn (1971); BMI, Abfallwirtschaftsprogramm der Bundesregierung, Umweltbrief 13, v. 12. 3. 1976, Bonn 1976; Braun, F., Rechenschaftslegung zur Umweltbelastung und zum Umweltschutz von Industrieunternehmen, Berlin 1974; Frey, B. S., Umweltökonomie, Göttingen 1972, Hartkopf, G./Bohne, E. Umweltpolitik, Bd. 1: Grundlagen, Analysen und Perspektiven, Opladen 1983; Kleinaltenkamp, M. Recycling-Strategien, Berlin, Bielefeld, München 1985; Lange, Ch., Umweltschutz in der Unternehmensplanung, Wiesbaden 1978; Der Rat von Sachverständigen für Umweltfragen, Umweltgutachten 1978, Stuttgart,

Mainz 1978; Möller, H., u. a. Umweltökonomik – Ein Überblick zur Einführung in die ökonomische Analyse von Umweltproblemen, Königstein /TS. 1981; Schultheiss, B., Umweltschutz und Rohstoffprobleme in der Unternehmensplanung, Berlin 1978; Siebert, H., Ökonomische Theorie der Umwelt, Tübingen 1978; ders., Analyse der Instrumente der Umweltpolitik, Göttingen 1976; Strebel, H., Umwelt und Betriebswirtschaft, Berlin 1980; ders., Industrie und Umwelt, 1987; Ullmann, A., Unternehmenspolitik in der Umweltkrise, Bern u. a. 1976; ders./Zimmermann, K., Umweltpolitik und Umweltschutzindustrie in der Bundesrepublik Deutschland, Berlin 1981; Wicke, L., Umweltökonomie, München 1982.

Prof. Dr. Heinz Strebel

Umweltproblem, *Problem der exzessiven Umweltbelastung,* Problem der Übernutzung der →natürlichen Umwelt als Aufnahmemedium für →Schadstoffe sowie die dadurch verursachten Beeinträchtigungen von Menschen, Sachgütern und Produktionsbedingungen einschließlich der für die Zukunft erwarteten schwerwiegenden →Umweltbelastung. – *Zu unterscheiden:* a) regionale U. (z. B. Grundwasserbelastung durch Gülle), b) nationale U., c) grenzüberschreitende uni-, bi- oder multilaterale U. (z. B. Schadstoffbelastung grenzüberschreitender Wassersysteme) und d) globale U. (z. B. saurer Regen; Fluorchlorkohlenwasserstoffe in der Ozonschicht der Atmosphäre).

Umweltprogramm herausgegeben von der Bundesregierung vor 1971 (Fortschreibung im Umweltbericht 1976); schriftliche Absichtserklärung zur künftigen öffentlichen →Umweltpolitik. – *Rahmenziele:* Umweltplanung auf lange Sicht; Durchsetzen des →Verursacherprinzips; Realisierung umweltfreundlicher Technik; Ausbilden eines →Umweltbewußtseins in der Bevölkerung; Verbesserung internationaler umweltpolitischer Zusammenarbeit. – Innerhalb der Rahmenziele *spezifische Vorgaben* zu: Gestaltung von Natur und Landschaft; Abfallbeseitigung, Umweltchemikalien und Biozide; Wasser/Binnengewässer; Hohe See und Küstengewässer; Luft; Lärm; diese sind als unmittelbare konkrete umweltpolitische Handlungsanweisungen und zur Kontrolle der Zielerfüllung zu allgemein. – Konkretisierung der Ziele durch die Bundesregierung in *speziellen Programmen* z. B. →Abfallwirtschaftsprogramm). – Ähnlichen Inhalts wie das U. der Bundesregierung sind die U. der Bundesländer.

Umweltprogramm der Vereinten Nationen, →UNEP.

Umweltqualität, regionale Beschaffenheit der →natürlichen Umwelt, definiert durch beobachtete Werte von →Umweltindikatoren oder subjektive Wertmaßstäbe. Die erwünschte U. ist daher eine politische Zielsetzung, die durch verbindliche Vorgabe maximal zulässiger Indikatorwerte (u. a. →TA Luft), Maßnahmen des Natur- und Landschaftsschutzes sowie durch ökonomische Anreize zum →Umweltschutz erreicht werden muß.

Umweltrechnungslegung, Bestandteil des betrieblichen →Rechnungswesens zum rechnerischen Nachweis gesellschaftlicher und darunter auch ökologischer Wirkungen der eigenen Tätigkeit. Nach deutschem Recht auf freiwilliger Basis. U. wird innerhalb der →Sozialbilanz teilweise veröffentlicht.

Umweltschutz Schutz der →natürlichen Umwelt vor →Emissionen und →Immissionen menschlicher, insbes. wirtschaftlicher Aktivität. Da menschliches Leben an Produktion und Konsum und die damit verbundenen →Umweltbelastungen gebunden ist, kann *vollkommener U.* niemals erreicht werden; Ziel ist daher nur *relative Umweltschonung,* d.h. möglichst geringe Umweltbelastung durch Produktion und Konsum. – U. verlangt Kenntnis und Realisation ökologisch günstiger (umweltschonender) Alternativen, am besten Verfahrensweisen, die wenig ökologisch knappe Ressourcen (→ökologische Knappheit) beanspruchen, das Entstehen von Rückständen vermeiden, da somit →Entsorgung entfällt. – U. ist Ziel der staatlichen sowie der betrieblichen →Umweltpolitik.

Umweltschutzindustrie, Industriezweig, der Produkte (Lösungen) für fremde Rückstandsvermeidungs- und Entsorgungsprobleme erstellt und anbietet. Unternehmen der U. gehören traditionellen Gewerbezweigen der amtlichen Statistik an. Schwerpunkt des größten Teils der U.: Wasser/Abwasser; des zweitgrößten: Luft; das Interesse an Lärmproblemen ist relativ gering.

Umweltstatistiken, amtliche Statistiken für Zwecke der Umweltplanung, die sich auf Daten über Umweltbelastungen und Umweltschutzmaßnahmen erstrecken; ein- bis vierteljährlich ermittelt. Im einzelnen: Statistiken a) der öffentlichen Abfallbeseitigung, b) der Abfallbeseitigung im Produzierenden Gewerbe und in Krankenhäusern, c) der öffentlichen Wasserversorgung und der öffentlichen Abwasserbeseitigung, d) der Wasserversorgung und der Abwasserbeseitigung im Bergbau und Verarbeitenden Gewerbe, e) der Wasserversorgung und der Abwasserbeseitigung bei Wärmekraftwerken für die öffentliche Versorgung, f) der Unfälle bei der Lagerung und beim Transport wassergefährdender Stoffe und g) der Investitionen für Umweltschutz im Produzierenden Gewerbe. – *Gesetzliche Grundlage:* Gesetz über U. i.d.F. vom 14.3.1980 (BGBl I 311) und Verordnung vom 30.4.1984 (BGBl I 669). – *Veröffentlicht* in mehreren Reihen der Fachserie 19 des Statistischen Bundesamtes.

Umwelt- und Ressourcenökonomik. I. Be griff: Teilgebiet der Wirtschaftswissenschaft, insbes. der Volkswirtschaftslehre, das mit wirtschaftswissenschaftlichen Methoden die Gesamtheit der Interdependenzen zwischen Umwelt und Wirtschaft analysiert.

Grundlegend ist der vom →Materialbilanzansatz betonte *Materialkreislauf:* Der Umwelt werden Materie und Energie entnommen und in veränderter Form, in gleichem Umfang aus der Ökonomie wieder zugeführt.

II. U m w e l t ö k o n o m i k : Teilgebiet der U-. u. R., das sich mit (approximativ) *nicht erschöpfbaren* →natürlichen Ressourcen beschäftigt, deren Qualität durch ökonomische Aktivitäten beeinträchtigt wird, sich aber auch durch natürliche Regenerationsprozesse verbessern kann (Umweltmedien). Die U. analysiert die →Emission von →Schadstoffen aus ökonomischen Aktivitäten und berücksichtigt, daß diese Emissionen auf dem Umweg der durch sie verursachten →Umweltbelastung als negative →externe Effekte auf Menschen (Gesundheitsbeeinträchtigung, Verringerung des Erholungswerts der Umwelt), Sachgüter (z. B. Zerstörung von Baudenkmälern) und Produktionsprozesse (z. B. Forstwirtschaft, Trinkwassergewinnung) wirken. – Aus der Sicht des *Materialbilanzansatzes* (→Materialbilanz) ist die U. eine Partialanalyse; sie thematisiert aus dem Materialkreislauf den Ausschnitt, Rücktransport von Materie und Energie aus der Ökonomie in die Umwelt. – *Gegenstand der U.:* Vgl. →Umweltproblem. – *Teilgebiete:* U. besteht aus der →umweltökonomischen Theorie und der →Umweltpolitik.

III. R e s s o u r c e n ö k o n o m i k : Teilgebiet der U-. u. R., das sich mit *erschöpfbaren natürlichen Ressourcen* beschäftigt, die erneuerbar oder nicht erneuerbar sein können, deren Nutzung in der Entnahme aus der Umwelt besteht und deren Qualität als gegeben unterstellt wird. – Aus der Sicht des *Materialbilanzansatzes* ist die R. ebenfalls eine Partialanalyse; sie thematisiert die Entnahme von Materie und Energie aus der Umwelt und ihre anschließende Verwendung in der Ökonomie. – *Gegenstand der R.:* Vgl. →Ressourcenproblem. – *Teilgebiete:* R. besteht aus der →Ressourcentheorie und der →Ressourcenpolitik.

IV. I n t e r d e p e n d e n z e n : Die isolierte, partialanalytische Behandlung des Umwelt- und Ressourcenproblems ist durch eine Analyse der Interdependenz zwischen beiden Problemen zu ergänzen. Veranschaulichung durch Bouldings *Paradigma vom geschlossenen Raumschiff Erde,* es betont die Zusammenhänge: 1. Schonender Ressourcenabbau entschärft das Ressourcenproblem und aufgrund der einhergehenden Verringerung des Materialdurchlaufs auch den Abfallstrom und damit das Umweltproblem. 2. Die Nutzung erschöpfbarer Ressourcen verursacht u. U. während des Abbaus negativer externer Effekte (z. B. Landschaftsverschandelung, Schadstoffemissionen beim Abbau). 3. Recycling verbindet Umwelt- und Ressourcenproblem; es verringert das Umweltproblem und vergrößert die Ressourcenbestände.

V. Zielkonflikte: 1. *Wirtschaftswachstum:* Die Verringerung der Entnahme natürlicher Ressourcen aus der Umwelt wie auch die Reduktion der Umweltbelastung verursachen Kosten in Form des Verzichts auf einen Teil des „Konsumgüterbergs" (materiellen Wohlstands) bzw. eines geringeren Wirtschaftswachstums, Wachstumsstopp („Nullwachstum"). Sog. *qualitatives Wachstum* ist unter Einhaltung der umwelt- und ressourcenpolitischen Ziele erreichbar: durch Entsorgung und Rezyklierung, durch technologische Innovationen und die dadurch gesenkten Kosten; durch Verbesserungen der Arbeits- und Ressourcenproduktivität (Elektronik, Dienstleistungen). – 2. *Beschäftigung:* Lösung des Umwelt- und Ressourcenproblems erfordert auf lange Sicht ständige Umstrukturierungen der Ökonomie. Je nach der Flexibilität, mit der die Ökonomie die Anpassung an steigende Rohstoffpreise und an steigende (einzelwirtschaftliche) Kosten der Schadstoffemission bewältigt, kommt es zu friktionellen Störungen mit kurz- und mittelfristigen Beschäftigungseinbrüchen; die Abfederung solch unerwünschter Nebenwirkungen läßt sich als Aufgabe des Staates ansehen; Beispiel: Staatliche Umweltschutzinvestitionen oder Subventionen sowie →Umweltauflagen können positive Beschäftigungseffekte hervorrufen.

Prof. Dr. Rüdiger Pethig

Umweltverschmutzung, →Umweltbelastung durch bestimmte stoffliche (feste, flüssige, gasförmige) →Rückstände, i.a. nicht durch energetische Rückstände (Strahlen, Lärm, Erschütterungen). Das regionale Ausmaß der U. kann anhand bestimmter →Umweltindikatoren gemessen werden.

Umweltverträglichkeitsprüfung, Planungsprozeß zur systematischen und vollständigen Ermittlung der ökologischen Folgen einer Maßnahme mit umweltbeeinflussenden Folgen (z. B. Bau und Betrieb einer Produktionsstätte). Für private Maßnahmen besteht keine Pflicht zur U.; Umweltwirkungen genehmigungsbedürftiger Vorhaben werden jedoch im Rahmen von Genehmigungsverfahren geprüft (→Bundes-Immissionsschutzgesetz). Bestimmte Spezialgesetze (z. B. Bundesbau-, Bundesfernstraßen-, Flurbereinigungs-, Bundeswaldgesetz) enthalten die Pflicht zur Beachtung von Umweltwirkungen; für öffentliche Maßnahmen gibt es zahlreiche Rechts- und Verwaltungsvorschriften zur U.

Umweltzeichen, seit 1977 bestehende Auszeichnung für →umweltfreundliche Produkte auf Initiative des Bundesministers des Innern und der Umweltminister der Länder. *Darstellung:* Umweltemblem der Vereinten Nationen („blauer Umweltengel") mit Begründung der Umweltfreundlichkeit des Erzeugnisses. Das U. dient der Förderung von →Umweltbe-

wußtsein und soll die Nachfrage nach umweltfreundlichen Produkten begünstigen.

Umweltzertifikat, *Umweltlizenz.* 1. *Begriff:* Verbriefte und übertragbare →Nutzungsrechte an natürlichen Ressourcen bzw. Recht zur →Emission einer vorgegebenen Menge eines →Schadstoffes in einer bestimmten Region. Bisher nur in der Theorie diskutiertes Instrument der →Umweltpolitik. – 2. *Theoretischer Ansatz:* Eine umweltpolitisch gewünschte Emissionshöchstgrenze, Emissionsnorm wird festgelegt. Entsprechend dieser Obergrenze werden U. durch Versteigerung *(Auktionsprinzip)* oder kostenlose Vergabe an Altemittenten *(Großvaterprinzip)* zugeteilt. Schadstoffe dürfen nur Besitzer von U. emittieren, d. h. wird weniger Zertifikate vorhanden als nachgefragt, bildet sich ein Preis und somit eine wirksame Verteilung des Umweltschuzes auf die am Markt beteiligten Unternehmen: a) Für Unternehmen ist es bei vorhandenen Umweltschutztechnologien günstiger, diese zu nutzen, sobald deren Preis unter dem der U. liegt; überflüssige U. können verkauft werden. Sind eigene Umweltschutzmaßnahmen teurer, müssen U. gekauft werden. Bei rationalem (kostenminimierendem) Verhalten *(Rationalitätsprinzip)* der Emittenten wird so der vorgegebenen Umweltstandard zu minimalen volkswirtschaftlichen Kosten erreicht. – 3. *Vorteile:* a) Zertifikatlösungen sind wirtschaftlich effizient. – b) Sie bieten Anreize zu weitergehenden Umweltschutzmaßnahmen, wobei c) der vorgegebene Umweltstandard nicht überschritten werden kann. d) U. sind marktkonform. – 4. *Nachteile:* a) Die Schaffung eines institutionellen Rahmens eines Marktes für U. erfordert einen relativ hohen staatlichen Aufwand und stellt damit die Marktkonformität in Frage. – b) Alle Arten von →Umweltverschmutzung, die nicht auf bestimmte Unternehmen zurückgeführt werden können oder sich aus mehreren Quellen ergeben, sind durch U. nicht zu regeln. Es sind also nur sehr wenige Schadstoffe zertifizierbar. – c) Wettbewerbspraktisch können U. zu Marktzugangsbeschränkungen führen (Horten von U.) – d) Verteilungspolitisch können sich Probleme der Erstausgabe ergeben. – e) Die emotionalen Einwände gegen einen „Verkauf von Umwelt" bzw. von „Verschmutzungsrechten" sind beträchtlich.

Umweltzustand, denkbare Konstellation relevanter Umweltfaktoren (äußerer Gegebenheiten) in einer Entscheidungssituation (→Entscheidungsfeld), die das Ergebnis einer →Aktion beeinflussen, ohne selbst von den Handlungen des →Entscheidungsträgers abhängig zu sein. Das Auffinden des in einer Entscheidungssituation relevanten U. ist Gegenstand der Informationsbeschaffung (→Suchphase). – In Abhängigkeit vom Sicherheitsgrad dieser gewonnenen Informationen lassen sich *unterschiedliche Entscheidungsprobleme* definieren: Entscheidungen unter Sicherheit, Risiko und Unsicherheit. – Vgl. auch →Zustandsraum, →Zustandsbaum.

Umzugskosten. 1. *Begriff:* Wird ein Arbeitnehmer aus dienstlichen Gründen an einen weit entfernten Ort versetzt (→Versetzung), hat er Anspruch auf Erstattung der ihm durch einen Umzug entstandenen Kosten. Entstehen U. dagegen bei Dienstantritt, brauchen diese vom Arbeitgeber nicht ersetzt zu werden, wenn sich dieser dazu nicht ausdrücklich verpflichtet hat. – 2. *Steuerliche Behandlung:* Die aus öffentlichen Kassen gezahlten Umzugskostenvergütungen sowie die Beträge, die den im privaten Bereich angestellten Personen für dienstlich veranlaßte U. gezahlt werden, soweit sie die durch den Umzug entstandenen Mehraufwendungen nicht übersteigen, sind einkommensteuerfrei (§ 3 Nr. 13 und Nr. 16 EStG).

UN, United Nations, *United Nations Organization (UNO),* Vereinte Nationen, Hauptsitz in New York.

I. E n t s t e h u n g : Die UN sind die Nachfolgeorganisation des 1919 gegründeten *Völkerbundes,* der seinen Sitz in Genf hatte und der 1946 formell aufgelöst wurde. – Der Name *United Nations* wurde in Anklang an United States vom damaligen amerikanischen Präsidenten Franklin D. Roosevelt angeregt; er erscheint erstmalig in der sog. „Erklärung der Vereinten Nationen" vom 1.1.1942, mit der sich 26 Nationen zur Fortsetzung des gemeinsamen Kampfes gegen die Achsenmächte verpflichteten. Vom 25.4. bis 26.6.1945 tagte in San Franzisco die *Gründungskonferenz.* Auf Grund von Vorschlägen, die auf vorangegangenen Konferenzen, vor allem auf der von August bis Oktober 1944 in Dumbarton Oaks, von Vertretern Chinas, Großbritanniens, der Sowjetunion und der Vereinigten Staaten von Amerika erarbeitet worden waren, konnte am Ende der San-Franzisco-Konferenz die Satzung der UN (*Charta der Vereinten Nationen*) von den teilnehmenden 50 Staaten einstimmig angenommen werden. Diese 50 Staaten nebst Polen, das auf dieser Konferenz nicht vertreten war, aber 1942 die o. g. „Erklärung" mitunterzeichnet hatte, gelten im Sinne der Satzung als „ursprüngliche Mitglieder". Als völkerrechtlicher Vertrag *rechtswirksam* wurde die Satzung nach Erfüllung der in ihr enthaltenen Verpflichtungen zur Ratifizierung am 24.10.1945.

II. M i t g l i e d e r : (1987) 159 Staaten. Nichtmitglieder sind außer einigen Klein- und Kleinststaaten die Schweiz, Nord- und Südkorea sowie Taiwan, letzteres mußte die Vertretung von China (Gründungsmitglied und Ständiges Mitglied im Sicherheitsrat) 1971 an die Volksrepublik China abgeben. – Die *Bundesrep. D.* wurde 1973 Mitglied.

III. Z i e l e : Die UN beruhen auf der Idee der *Erhaltung eines dauernden Friedens in der Welt.* – Die 111 Artikel umfassende *Charta der UN* beinhaltet die Grundsätze, nach denen dieses Ziel angestrebt werden soll. Die wesentlichen Zielsetzungen sind im einzelnen in Artikel 1 niedergelegt: Wahrung des Weltfriedens und der internationalen Sicherheit, Entwicklung freundschaftlicher Beziehungen zwischen den Staaten, Zusammenarbeit bei der Lösung internationaler wirtschaftlicher, sozialer, kultureller und humanitärer Aufgaben und Probleme sowie Durchsetzung der Menschenrechte. – Besondere Bedeutung kommt seit einigen Jahren den Bemühungen um einen *Interessenausgleich zwischen Nord und Süd* zu (Forderung auf Verwirklichung einer →Neuen Weltwirtschaftsordnung).

IV. O r g a n i s a t i o n : 1. *Hauptorgane:* a) *Vollversammlung (General Assembly of the United Nations, UNGA):* In der Generalversammlung sind alle Mitgliedstaaten vertreten und haben eine gleichberechtigte Stimme. Die Versammlung tritt regelmäßig im September zu Ordentlichen Jahrestagungen zusammen. Darüber hinaus können auf Antrag des Sicherheitsrates oder der Mehrheit der Mitglieder Sondertagungen *(Sondergeneralversammlungen)* und *außerordentliche Notstandstagungen* einberufen werden. – Die Generalversammlung übt während der Tagungen ihre Funktionen durch sieben *Hauptausschüsse* aus, in denen jeder Mitgliedstaat Vertretungs- und Stimmrecht hat: (1) Hauptausschuß für Politische und Sicherheitsfragen einschl. Rüstungsregulierung (soll sich nach dem Willen der Sondergeneralversammlung über Abrüstungsfragen von 1978 nur noch mit Abrüstung und internationaler Sicherheit befassen); (2) Politischer Sonderausschuß; (3) Hauptausschuß für Wirtschafts- und Finanzfragen; (4) Hauptausschuß für Soziale, Humanitäre und Kulturelle Fragen; (5) Hauptausschuß für Fragen der Treuhandgebiete und der Gebiete ohne Selbstregierung; (6) Hauptausschuß für Verwaltungs- und Haushaltsfragen; (7) Hauptausschuß für Rechtsfragen. Darüber hinaus gibt es noch zahlreiche regelmäßig und/oder unregelmäßig tagende *Sonderausschüsse.* – b) *Sicherheitsrat (Safety Council of the United Nations, UNSC):* Dieser besteht aus den fünf Ständigen Mitgliedern (VR China, Frankreich, Großbritannien, Sowjetunion, Vereinigte Staaten von Amerika) und weiteren zehn von der Generalversammlung auf zwei Jahre gewählten zeitweiligen Mitgliedern. Stimmt ein Ständiges Mitglied in einer Sachfrage gegen einen Antrag, so ist der Antrag auch dann abgelehnt, wenn er ansonsten die für die Annahme erforderlichen neun Ja-Stimmen erlangt hat (Veto-Recht der Ständigen Mitglieder). – *Hauptaufgaben:* Bemühungen um die Aufrechterhaltung des Weltfriedens und der internationalen Sicherheit;

Untersuchungen von Konflikten; Empfehlungen über die Beilegung von Streitfällen; Vorschläge für Rüstungsregelungen; Beschlüsse von Sanktionen; Empfehlungen für die Aufnahme neuer Mitglieder; Vorschläge für die Wahl des Generalsekretärs. 1977 und 1978 gehörte die *Bundesrep. D.* dem Sicherheitsrat an. – c) *Wirtschafts- und Sozialrat* (Economic and Social Council – ECOSOC): Der Wirtschafts- und Sozialrat setzt sich aus 54 Mitgliedern zusammen, von denen jeweils 18 jährlich von der Generalversammlung für drei Jahre gewählt werden. Der Rat ist für die wirtschaftlichen und sozialen Tätigkeiten der UN verantwortlich; er befaßt sich mit internationalen Fragen auf dem Gebiet der Wirtschaft, der Sozialpolitik, der Kultur, des Erziehungs- und Gesundheitswesens, der Achtung und Wahrung der Menschenrechte. Er ist die Koordinations- und Verbindungsstelle zu den →Sonderorganisationen der UN und den internationalen nichtstaatlichen Organisationen. Diese Tätigkeit übt er durch Fachkommissionen wie etwa durch die Kommissionen für Menschenrechte, für soziale Entwicklung, für Bevölkerungsfragen, für die Rechtsstellung der Frau, durch die Suchtstoff-Kommission u. a. aus. Darüber hinaus ist die ECOSOC das Führungsorgan der fünf regionalen, halbautonomen Wirtschaftskommissionen: für Europa (→ECE), für Westasien (ECWA), für Lateinamerika (ECLA), für Afrika (ECA) und für Asien und den Pazifik (ESCAP). Weitere Hilfsorgane sind die ständigen Ausschüsse (z. B. Kommission für transnationale Unternehmen) und Sachverständigengruppen. Enge Verbindungen von seiten des ECOSOC bestehen ferner zu Organen mit speziellen Aufgaben (vgl. 2.) und den Sonderorganisationen der UN. – d) *Treuhandrat (Trust Council of the United Nations, UNTC):* Der Treuhandrat geht in seiner Bedeutung infolge der fortschreitenden Entkolonisierung zurück. Ihm obliegt es, die von den UN verwaltungsmäßig übernommenen Treuhandgebiete sobald als möglich der Selbständigkeit zuzuführen. – e) *Internationaler Gerichtshof (International Court of Justice; ICJ):* Hauptorgan der Rechtsprechung der UN; Sitz in Den Haag. Seine Möglichkeiten sind jedoch durch das Statut beschränkt. – f) *Generalsekretariat:* Verwaltungsorgan der UN. An seiner Spitze steht der auf Vorschlag des Sicherheitsrats von der Generalversammlung ernannte Generalsekretär; er ist der oberste Verwaltungsbeamte der UN. Die bisherigen Generalsekretäre der UN: Trygve Lie (Norwegen) 1946–53, Dag Hammarskjöld (Schweden) 1953–61, U Thant (Birma) 1961–71, Kurt Waldheim (Österreich) 1972–81, Javier Pérez de Cuéllar 1982–91 (Mexiko)

2. *Spezielle Organe (related bodies):* a) *Sonderkörperschaften:* Die UN unterhalten eine Reihe großer, halbautonomer Sonderkör-

perschaften (Spezialorgane), teils mit selbständigen Haushalten und Mitgliedschaften. Die bekanntesten und bedeutendsten sind: Welthandelskonferenz (United Nations Conference on Trade and Development, →UNCTAD). Entwicklungsprogramm (United Nations Development Programme, →UNDP), Weltkinderhilfswerk (United Nations Children's Fund, →UNICEF), Hilfswerk der Vereinten Nationen für die Palästina-Flüchtlinge im Nahen Osten (United Nations Relief and Works Agency for Palestine Refugees in the Near East, UNRWA), Hohe Kommissar der Vereinten Nationen für Flüchtlinge (United Nations High Commissioner for Refugees, →UNHCR), und Umwelt-Programm (United Nation Environmental Programme, UNEP). – b) *Sonderorganisationen:* Vgl. →Sonderorganisationen der UN.

V. Beziehungen zu nichtamtlichen internationalen Organisationen (→NGO): Gem. Art. 71 der Charta der Vereinten Nationen unterhält der Wirtschafts- und Sozialrat der UN (ECOSOC) Konsultationsbeziehungen zu sehr zahlreichen NGOs. Die Regelungen des ECOSOC für den Konsultationsstatus der NGOs sieht drei Gruppen von Organisationen vor: a) Kategorie I: Organisationen, die ein grundlegendes Interesse an den meisten Aktivitäten des ECOSOC haben (ca. 40 NGOs); b) Kategorie II: Fachorganisationen, die sich an speziellen Aktivitäten des ECOSOC beteiligen (ca. 250 NGOs); c) Verzeichnis (Poster) der ad hoc zu konsultierenden NGOs: Dieses umfaßt gegenwärtig ca. 450 nichtamtliche internationale Organisationen, die keine ständigen Konsultationsbeziehungen zum ECOSOC unterhalten, sondern sich lediglich an speziellen Vorhaben des ECOSOC beteiligen bzw. zu Sitzungen über relevante Vorhaben hinzugezogen werden.

VI. Aufgaben und Arbeitsergebnisse: Die Tätigkeiten der UN erstrecken sich praktisch auf alle Gebiete des politischen, wirtschaftlichen, sozialen, kulturellen, wissenschaftlichen Lebens und sonstige Bereiche von politischer Relevanz. Die Ergebnisse dieser Aktivitäten sind in einem umfassenden System internationaler Publikationen und Dokumente der UN niedergelegt. Ein geschlossener Überblick über Aktivitäten und Arbeitsergebnisse wird in den „Yearbooks of the United Nations", Ausgaben 1946 ff. gegeben, gleichzeitig Rechenschaftsbericht des Generalsekretärs mit wörtlichem Abdruck einer Vielzahl von Resolutionen, Beschlüssen und Empfehlungen. – *Wichtige Veröffentlichungen:* Yearbook of the United Nations; UN Monthly Chronicle; UN Statistical Yearbook; Demographic Yearbook; Everyman's United Nations; Monthly Bulletin of Statistics; Monthly Sales Bulletin.

Unabdingbarkeit, →Tarifvertrag VI.

Unabhängige Kommission für Internationale Entwicklungsfragen, →Brandt-Kommission.

unabhängige Pufferzeit, →Ereignispuffer 2c), →Vorgangspuffer 2c).

unabhängiger Puffer, →Ereignispuffer 2c), →Vorgangspuffer 2c).

Unabkömmlichstellung, *UK-Stellung,* Stellung eines zum →Wehrdienst einberufenen Arbeitnehmers, die es erlaubt, daß der Arbeitgeber die Möglichkeit erhält, diesen für begrenzte oder ausnahmsweise unbegrenzte Zeit weiterbeschäftigen zu dürfen. Voraussetzung ist es, daß an der Weiterbeschäftigung ein Interesse der Allgemeinheit besteht und dieses bei Güterabwägung größer ist als diejenige der Wehrpflicht. Auch anerkannte Kriegsdienstverweigerer (→Zivildienst) können unabkömmlich gestellt werden.

unabwendbares Ereignis, Begriff des Haftpflichtgesetzes und des Straßenverkehrsrechts für ein bei Anwendung größter Sorgfalt nicht zu vermeidendes Ereignis. Als *unabwendbar* gilt ein Ereignis insbes. dann, wenn es auf das Verhalten des →Verletzten oder eines nicht bei dem Betrieb des Fahrzeugs beschäftigten Dritten oder eines Tieres zurückzuführen ist und sowohl der Bahnbetriebsunternehmer (oder Halter) als die beim Bahnbetrieb tätigen Personen (oder der Führer des Fahrzeuges) jede nach den Umständen des Falles gebotene Sorgfalt beobachtet haben, also der Unfall nicht zu vermeiden war. U. E. ist nicht gleichbedeutend mit →höherer Gewalt, sondern ist ein bei Anwendung äußerster, nach den Umständen möglicher Sorgfalt unvermeidbares Geschehen. – Ist im Unfall oder Verkehrsunfall durch ein u. E. verursacht worden, das weder auf einem Fehler in der Beschaffenheit der Schienenbahn oder des Kraftfahrzeugs, noch auf einem Versagen seiner Vorrichtungen beruht, wird die Ersatzpflicht *ausgeschlossen* (§§ 1 Haftpflichtgesetz, 7 II StVG). Die →Beweislast für die Voraussetzungen des Ausschlusses der Ersatzpflicht obliegt dem Bahnbetriebsunternehmer oder Halten (vgl. aber: →Beweis des ersten Anscheins).

Unanbringlichkeit von Postsendungen, Postsendungen, die weder dem Empfänger zugestellt (→Unzustellbarkeit von Postsendungen) noch an den Absender zurückgegeben werden können. Sind diese nach Prüfung durch die →Zentrale Ermittlungsstelle für Briefsendungen (Marburg) oder die →zentrale Ermittlungsstelle für Paketsendungen (Bamberg) nicht zu ermitteln, so werden die Sendungen ohne Verkaufswert nach drei Monaten vernichtet. Bei Sendungen mit Verkaufswert fordert das Einlieferunspostamt den Absender durch Aushang auf, sie innerhalb

vier Wochen abzuholen. Danach werden sie verkauft (Erlös für Postunterstützungskasse). Das gleiche gilt auch für die auf Postanweisungen und Zahlkarten eingezahlten Geldbeträge. – Im *Auslandsverkehr* bestehen Sonderbestimmungen.

unbarer Zahlungsverkehr, →bargeldloser Zahlungsverkehr.

unbebaute Grundstücke, Grundbesitz, der nicht mit Gebäuden besetzt ist. Baulichkeiten von untergeordneter Bedeutung (z. B. Baubuden) wandeln u. G. nicht in bebaute Grundstücke. – *Steuerliche Bewertung:* Vgl. →Bodenwert.

Unbedenklichkeitsbescheinigung. 1. Von dem Finanzamt aufgrund von Ministerialerlassen zur *Vergebung öffentlicher Aufträge* ausgestellte Bescheinigung. Sie besagt, daß der Steuerpflichtige seinen Steuerverpflichtungen nachgekommen ist. U. darf nur dem Steuerpflichtigen selbst oder mit seiner Zustimmung ausgestellt werden (→Steuergeheimnis). – 2. Im *Grundstücksverkehr* gebräuchliche Bezeichnung für Bescheinigung des Finanzamtes, daß bei Grundstückserwerb der Eintragung des neuen Eigentümers in das →Grundbuch steuerliche Bedenken nicht entgegenstehen (§ 22 GrEStG); mangels Vorlage der U. darf das Grundbuchamt nicht eintragen. – Dem Erfordernis der U: entspricht die →Anzeigepflicht der Gerichte und Notare an das Finanzamt über die Beurkundung steuerpflichtiger Vorgänge, insbes. wegen der zu zahlenden Grunderwerbsteuer.

unbefugter Firmengebrauch, ein nach Handelsrecht (§§ 18–24, 30 HGB, § 4, 279 AktG, § 4 GmbHG) nicht erlaubter Gebrauch einer Firma (z. B. auch einer →irreführenden Firma oder einer solchen, die →Verwechslungsgefahr begründet). Dem in seinen materiellen Rechten Verletzten steht ein →Abwehranspruch, bei Verschulden des Verletzers i. a. auch ein Schadenersatzanspruch zu; das Registergericht kann auch mit Ordnungsgeldern einschreiten (§ 37 HGB). U. F. verstößt i. d. R. auch gegen § 12 BGB (→Namensrecht) und gegen § 16 UWG (Schutz →geschäftlicher Bezeichnungen).

unbegrenzte (reine) Interessenversicherung, Form der Schadenversicherung, bei der die Entschädigung immer dem →Schaden entspricht, eine →Versicherungssumme also nicht vereinbart wird. – *Beispiele:* →Glasversicherung, →Kraftverkehrsversicherung, →Kaskoversicherung und (häufig) →Krankheitskostenversicherung.

unbeschränkter Zielwert, →primaler Simplexalgorithmus IV und V.

unbeschränkte Steuerpflicht, die sich auf das gesamte Einkommen und Vermögen, also auch auf Vermögen im Ausland und Einkommen aus dem Ausland erstreckende →Steuerpflicht. Einschränkung durch entsprechende →Doppelbesteuerungsabkommen. Regelung im einzelnen im EStG, KStG und VStG.

unbeschränkte Variable, im Zusammenhang mit Gleichungs-, Ungleichungs- und Optimierungssystemen eine Variable, die – in dem durch die übrigen Restriktionen gesetzten Rahmen – beliebige reelle Zahlen annehmen darf. – U. V. können durch →NN-Variablen ersetzt werden.

unbeschränkt Steuerpflichtiger, Bezeichnung des Steuerrechts für natürliche und juristische Personen (→Steuerpflichtiger), die im Geltungsbereich des Grundgesetzes ihren Wohnsitz oder ihren →gewöhnlichen Aufenthalt, Geschäftsleitung oder →Sitz haben (§§ 8– 11 AO) und nach den deutschen Steuergesetzen grundsätzlich mit ihrem Welteinkommen und ihrem →Gesamtvermögen der Besteuerung unterliegen.

unbestellte Waren, vom Empfänger weder ausdrücklich noch stillschweigend verlangte Gegenstände. – 1. *Zusendung* u. W. an den Verbraucher ist als →Anreißen unlauterer Wettbewerb im Sinne des § 1 UWG, wenn nicht mit freiem Entschluß des Empfängers gerechnet werden kann, sondern auf dessen Bequemlichkeit, geschäftliche Unerfahrenheit und Rechtsunkenntnis spekuliert wird. – 2. Der *Empfänger* ist *berechtigt,* die u. W. zurückzuweisen. Werden sie angenommen, dürfen sie nicht ohne weiteres dem Verderb überlassen, brauchen aber nicht zurückgeschickt zu werden. Die Zusendung ist als Antrag an den Adressaten anzusehen, einen →Kaufvertrag abzuschließen; der Absender ist an seinen Antrag gebunden, dem Empfänger erwachsen keine Verpflichtungen. Empfänger darf Umhüllung und Verpackung zum Zwecke der Besichtigung lösen, die Ware herausnehmen und besichtigen. Will er sie nicht behalten, kann er Absender auffordern, sie bei ihm abholen zu lassen, kann sie aber auch selbst zurückschicken und Ersatz aller Unkosten verlangen, dabei solange ein →Zurückbehaltungsrecht geltend machen, als der Ersatz dieser Kosten nicht gewährleistet ist. Aus dem Schweigen des Empfängers ist in der Regel keine die Annahme ersetzende Handlung zu erblicken, ausgenommen, wenn nach →Treu und Glauben Empfänger zu einer Erklärung verpflichtet ist (Empfänger hat z. B. laufend unbestellte Warenlieferungen der gleichen Firma angenommen und behalten. – 3. Im *Geschäftsverkehr unter Kaufleuten* kann bei bestehender Gechäftsverbindung Stillschweigen u. U. als Annahme gedeutet werden. – 4. Werden sie bestellten Waren auch *u. W. beigefügt* und ist Aussonderung der nicht bestellten Waren nicht zumutbar, kann Käufer die

gesamte Ware zur Verfügung stellen (§ 378 HGB).

Unbestimmtheitsmaß, in der →Regressionsanalyse die Differenz zwischen 1 und dem →Bestimmtheitsmaß. Das U. liegt zwischen O und 1. Ein realtiv hoher Wert des U., also ein niedriger Wert des Bestimmtheitsmaßes, bringt zum Ausdruck, daß ein erheblicher Teil der →Streuung der →endogenen Variablen nicht durch die →exogenen Variablen erklärt wird, sondern auf sonstige Einflüsse zurückzuführen ist.

UN-Bevölkerungsfonds, →UNFPA.

unbewegliches Vermögen, Grundstücke, Gebäude, technische Anlagen (z. B. Umspannwerke, Hochöfen, fest eingebaute Transportanlagen) und andere Anlagen (also nicht unmittelbar der Produktion dienende Anlagen wie Fernsprech- und Rohrpostanlagen. U. V. ist Teil des →Anlagevermögens.

unbezahlter Urlaub, →Urlaub IV.

unbillige Behinderung, Tatbestandsmerkmal des Diskriminierungsverbots. Vgl. im einzelnen →Kartellgesetz V.

Unbilligkeit, Rechtsbegriff, von Bedeutung u. a. beim →Steuererlaß.

Unbundling, getrennte Preisstellung für →Hardware und →Softwareprodukte; eingeführt nach einem Anti-Trust-Verfahren gegen IBM in den USA, danach Entstehung eines eigenständigen →Softwaremarkts seit Anfang der 70er Jahre.

UNCITRAL, United Nations Committee on International Trade Law, *Kommission der Vereinigten Nationen für Internationales Handelsrecht, UN-Kommission für Internationales Handelsrecht,* Unterorganisation der →UN; Sitz in Wien. Gegründet 1966. – *Aufgaben/ Arbeitsergebnisse:* Arbeitsgruppe über die Neue Internationale Wirtschaftsordnung (vgl. auch →Neue Weltwirtschaftsordnung); 1985 Vorlage eines Gesetzentwurfs über eine internationale Handelsschiedsgerichtsbarkeit.

UNCLOS, United Nations Conference on the Law of the Sea, *Seerechtskonferenz der Vereinten Nationen, UN-Seerechtskonferenz,* seit 1973 stattfindende Konferenzrunden, zuletzt 1982 (sog. UNCLOS III). An der letzten Konferenz nahmen 140 Staaten teil. – *Aufgabe/Arbeitsergebnisse:* Neuregelung der Rechts- und Nutzungsverhältnisse der Meere; die erarbeitete Seerechtskonvention wurde bisher von 159 Staaten (nicht von den USA, Großbritannien und Bundesrep. D.) ratifiziert.

UNCTAD, United Nations Conference on Trade and Development, *Handels- und Entwicklungskonferenz der Vereinten Nationen, UN-Handels- und Entwicklungskonferenz,* durch Beschluß der UN-Vollversammlung vom 30.12.1964 als ständiges Organ der →UN institutionalisierte Weltwirtschaftskonferenz; Sitz in Genf. – *Organe:* a) *Konferenz:* Mitglieder können nur Mitglieder der UN, der →Sonderorganisationen der UN und der →IAEA sein. Findet alle fünf Jahre statt; zuletzt 1987 in Genf (VII. UNCTAD). – b) *Rat* (Trade and Development Board): 128 Mitgliedstaaten; er nimmt Aufgaben der Konferenz bis zu deren nächstem Zusammentreten wahr, (u.a. Überwachung der Handels- und Entwicklungspolitik, Überprüfung der Verwirklichung der Konferenzempfehlungen). – c) *Hauptausschüsse* für Fragen der Rohstoffe, der Fertigwaren, der Schiffahrt, der unsichtbaren Transaktionen und der Finanzierung des Handels, Schiffahrtswesen, Technologietransfer und wirtschaftliche Zusammenarbeit zwischen den Entwicklungsländern. Generalsekretariat in Genf. Außerdem ein Sonderausschuß für Präferenzen. – *Zielsetzung und Aufgaben:* Hauptaufgabe ist, zur Formulierung der Entwicklungsstrategie der UN beizutragen und bei der Realisierung der Entwicklungsziele durch Vorschläge und praktische Maßnahmen auf dem Gebiet des Handels und der Weltrohstoffmärkte mitzuwirken. Schwergewicht der Tätigkeit liegt bei der Förderung der Handelsbeziehungen zwischen Industrie- und Entwicklungsländern. – *Maßnahmen:* u.a. *Verwirklichung des Integrierten Rohstoffprogramms* (Integrated Programme for Commodities, IPC) dessen Hauptziel eine Stabilisierung der Rohstoffpreise auf einem für die Lieferländer rentablem Niveau ist; wichtigster Bestandteil dieses Programms ist der Gemeinsame Fonds (Common Fund), der nach Ratifizierung durch 90 Mitgliedsländer in Kraft tritt (bisher nur von 77 Ländern ratifiziert; seine Realisierung wird voraussichtlich 1988 erfolgen). Abschluß von 18 internationalen *Rohstoffabkommen;* die Verhandlungen über diese Abkommen verlaufen sehr schleppend; Anwendung des Systems *allgemeiner Zollpräferenzen* (Generalized System of Preferences), das bis 1990 verlängert worden ist; Vorbereitung eines *internationalen Kodex für den Technologietransfer;* Ausarbeitung von Vorschlägen für einen *internationalen Exportkredit-Garantiefonds* mit einem Kapital von 800 Mill. US-$ durch Gewährung von Exportkreditgarantien an Entwicklungsländer für einen Warenwert von 8.4 Mrd. US-$, die jährlich vergeben werden sollen; Einrichtung eines *internationalen Handelszentrums in Genf* in enger Zusammenarbeit mit dem →GATT. Im Rahmen der →UNDP ist die UNCTAD u.a. aktiv um einen verstärkten Zufluß von Kapital und Ressourcen an die Entwicklungsländer bemüht. Die UNCTAD überprüft laufend die wirtschaftliche Lage der 36 ärmsten und am wenigsten entwickelten Länder der Welt (→least developed countries). Für diese Länder wurde 1981 ein Programm für die 80er

Jahre aufgestellt. Budget der UNCTAD im Rahmen des UN-Haushaltes für 1984/1985: 56,5 Mill. US-$. – Wichtige *Veröffentlichungen:* Proceedings of the UNCTAD; Reports of the Trade and Development Board and Technical Studies, Monthly Bulletin; International Trade Forum (vierteljährlich).

Underwriter. I. B ö r s e n w e s e n : Finanzinstitute, Makler usw. in Großbritannien, die sich bei der Gründung einer AG oder auch bei der Auflegung von Schuldverschreibungen (Industrieanleihen) verpflichten, einen bestimmten Teil der Emission selbst zu übernehmen, falls die volle Unterbringung durch Zeichnung des Publikums nicht gelingt. U. müssen *nicht identisch* sein mit der *selling group,* die den Verkauf der Papiere übernimmt. Bei großen internationalen Emissionen, z.B. am Euromarkt, agieren unter einem Konsortialführer *underwriting groups* (Übernahmekonsortien) mit z.T. mehr als 100 Mitgliedern. Jeder U. übernimmt die Plazierungsgarantie für eine im Konsortialvertrag *(underwriting agreement)* festgelegte Quote.

II. V e r s i c h e r u n g s w e s e n : Zur ⁊ːichnung von Risiken, d.h. zur verbindlichen Zusage von Versicherungsschutz Bevollmächtigter eines Versicherers; Vollmacht meist auf einzelne Versicherungszweige oder Versicherungsarten beschränkt.

Undkonto, Gemeinschaftskonto, bei dem die Verfügungsberechtigten nur gemeinsam über das Konto verfügen können. Die Mitgläubiger eines U. können u.U. Gesamtgläubiger sein (beim Gesellschaftsvermögen, §§ 718 ff. BGB; beim ungeteilten Nachlaß, §§ 2032 ff. BGB; beim Gesamtgut der ehelichen Gütergemeinschaft). Die Beteiligten der U. haften grundsätzlich nicht für Verbindlichkeiten des einen oder anderen Kontoinhabers (ausgenommen gemeinschaftliche Verbindlichkeiten). – *Gegensatz:* →Oderkonto.

UNDP, United Nations Development Programme, *Entwicklungsprogramm der Vereinten Nationen, UN-Entwicklungsprogramm,* Zentralorgan für technische Hilfeleistung, hervorgegangen 1965 aus einer Fusion des Erweiterten Programms der UN für technische Hilfeleistung (Expanded Programme of Technical Assistance) und des UN-Sonderfonds für technische Hilfe (United Nations Special Fund). Das UNDP ist ein Hilfsorgan des →ECOSOC, das den UN-Vollversammlung Bericht erstattet. – *Mitglieder:* 48 Mitgliedstaaten. – *Aufgaben:* UNDP finanziert mehr als 6500 förderungswürdige Projekte in über 150 Entwicklungsländern und Gebieten in den Bereichen Landwirtschaft, Industrie, Bildungswesen, Energieproduktion, Verkehr, Nachrichten, Gesundheitswesen, Öffentliche Verwaltung, Wohnungswesen und Handel und wendete dafür bisher ca. 3,9 Mrd. US-$ auf; das Jahresbudget betrug 1984 670 Mill.

US-$. Das Budget des UNDP wird durch freiwillige Leistungen der Mitgliedstaaten (bis 1985 8,5 Mrd. US-$) und den am Programm beteiligten internationalen Stellen finanziert. – *Organe:* Leitung durch Governing Council aus Vertretern von 48 Ländern (entwickelte und weniger entwickelte Länder). Als ausführende Organe fungieren die UN-Abteilung für technische Zusammenarbeit und Entwicklung, das Internationale Handelszentrum und 25 UN-Organe und Organisationen; ferner drei regionale Entwicklungsbanken, die fünf regionalen Wirtschaftskommissionen der UN sowie die Arabische Fonds für wirtschaftliche und soziale Entwicklung. Eine Inter-Agency Task Force koordiniert die Tätigkeiten dieser Stellen. – *Angeschlossene Organisationen:* Dem UNDP angeschlossen sind der UN-Kapitalentwicklungsfonds (United Nations Capital Development Fund, UNCDF), das UN-Finanzierungssystem für wissenschaftliche und technologische Entwicklung (United Nations Financing System for Science and Technology for Development, UNFSSTD), der UN-Fonds für die Erforschung der natürlichen Ressourcen (Revolving Fund für Natural Resources Exploration, RFNRE), der UN-Verband der freiwilligen Entwicklungshelfer (United Nations Volunteers, UNV) sowie das UN-Büro für den Sudan und Saheli (United Nations Sudano-Sahelian Office, UNSO). – Wichtige *Veröffentlichungen:* Annual Report of the Administrator to the Governing Council; Business Bulletin (Monatlich); Commitment (vierteljährlich); TCDC News (vierteljährlich).

unechte Einzelkosten, →Schein-Einzelkosten.

unechte Gemeinkosten, →Gemeinkosten, die theoretisch zwar direkt als →Einzelkosten auf die Kostenträger oder -stellen zugerechnet werden könnten, aber aus Wirtschaftlichkeitsgründen mit Hilfe von Schlüseln (→Gemeinkostenschlüsselung) verrechnet werden, z. B. Stromkosten, Schmiermittelkosten. U. G. sind wegen ihres variablen Charakters grundsätzlich bei der Berechnung der →Deckungsbeiträge zu berücksichtigen. – *Gegensatz:* →echte Gemeinkosten.

unechter Domizilwechsel, →Zahlstellenwechsel.

unechte Rentenanleihe, →Rentenanleihe.

unechter Werkverkehr, →Fuhrmannshandel.

uneheliches Kind, jetzt: →nichteheliches Kind.

uneigennützige Treuhandverhältnisse, Treuhandverhältnisse, die im Interesse des Treugebers begründet sind, z. B. Verwaltungstreuhand, Inkassozession. Wird von Gläubigern des Treuhänders in das Treugut voll-

streckt, kann der Treugeber →Drittwiderspruchsklage gem. §771 ZPO erheben; fällt der Treuhänder in Konkurs, steht dem Treugeber ein Recht auf →Aussonderung gem. §43 KO zu. Ist das Treugut noch im unmittelbaren Besitz des Treugebers, kann der Treuhänder einen Zugriff durch Gläubiger des Treugebers weder bei der Einzelvollstreckung noch beim Konkurs des Treugebers verhindern.

uneinbringliche Forderungen, Forderungen, die endgültig als verloren anzusehen sind. U. F. sind voll bzw. auf den →Erinnerungswert abzuschreiben: Gewinn- und Verlustkonto an Forderungen. – *Anders:* →zweifelhafte (dubiose) Forderungen.

uneingeschränktes Zufallsstichprobenverfahren, in der Statistik Verfahren der →Teilerhebung mit zufälliger Auswahl der →Untersuchungseinheiten (→Auswahlverfahren) gemäß einem der beiden einfachen →Urnenmodelle. Alle Elemente der →Grundgesamtheit haben die gleiche →Wahrscheinlichkeit, in die Stichprobe zu gelangen, und alle möglichen Stichproben die gleiche Wahrscheinlichkeit, realisiert zu werden. – *Gegensatz:* →höhere Zufallsstichprobenverfahren.

Unempfindlichkeit, →Robustheit.

unendliche Abschreibung, →Restwertabschreibung.

unentgeltliche Übertragung, →einseitige Übertragung.

unentgeltliche Warenabgabe, →Verschenken von Waren.

UN-Entwicklungsprogramm, →UNDP.

UNEP, United Nations Enviromental Programme, *Umweltprogramm der Vereinten Nationen, UN-Umweltprogramm,* →Sonderorganisation der UN; Sitz in Nairobi (Kenia). 1972 gegründet. – *Organe:* Verwaltungsrat, bestehend aus 58 Mitgliedern; Sekretariat. – *Aufgabe/Arbeitsergebnisse:* Koordinierung der umweltrelevanten Aktivitäten der UN-Unterorganisationen und -Sonderorganisationen (kaum eigene Programme). 1987 fand die Zweite Ozon-Konferenz in Wien (erste 1985) statt.

unerlaubte Handlung, *Delikt.* I. Begriff: I. S. des BGB enger als der im Sprachgebrauch mit ihm verbundene Sinn. U. H. ist nur eine solche schuldhafte, d. h. vorsätzliche oder fahrlässige Rechtsverletzung (im Gegensatz zur →Gefährdungshaftung), die außerhalb eines Vertragsverhältnisses begangen oder auch unabhängig von einem bestehenden Vertragsverhältnis rechtswidrig ist, z. B. Diebstahl, Unterschlagung, fahrlässige Verletzung der Wegeunterhaltungs- und Streupflicht, schuldhaft verursachte Kraftfahrzeugunfälle, Amtspflichtverletzungen. Nicht immer u. H. i. S. des BGB ist also die Verletzung vertraglicher Verpflichtungen und anderer Forderungsrechte (positive Vertragsverletzung). – *Verantwortlichkeit für u.H.:* Vgl. →Deliktsfähigkeit.

II. H a u p t f ä l l e : 1. Vorsätzliche oder fahrlässige Verletzung des Lebens, des Körpers, der Gesundheit, der Freiheit, des Eigentums oder eines sonstigen Rechts eines anderen (§ 823 I BGB). – 2. Verletzung eines →Schutzgesetztes (§ 823 II BGB). – 3. →Kreditgefährdung (§ 824 BGB). – 4. Sittenwidrige Schädigung (§ 826 BGB, →Sittenwidrigkeit). – 5. Verletzung einer Amtspflicht durch einen Beamten (§ 839 BGB; →Amtspflichtverletzung). – 6. Verletzung der Gebäudeunterhaltungspflicht durch den Besitzer des Gebäudes (§§ 836–838 BGB).

III. H a f t u n g : U.H. verpflichtet den Täter zum →Schadenersatz. Haben mehrere gemeinschaftlich eine u.H. begangen, oder sind aus einem anderen Grunde für den entstandenen Schaden mehrere verantwortlich, so haften sie als →Gesamtschuldner (§§ 830, 840). Der Geschäftsherr muß ggf. für u.H. seiner →Verrichtungsgehilfen einstehen; die juristische Person haftet für u.H. ihrer Organe: (→Organhaftung). Entsprechend haftet die OHG in vollem Umfang für u.H. eines vertretungsberechtigten Gesellschafters im Rahmen der ihm zustehenden Verrichtungen ohne Möglichkeit des Entlastungsbeweises in Anwendung des § 31 BGB. Gleiches gilt für die KG mit der Maßgabe, daß der Kommanditist nicht über die Kommanditeinlage hinaus haftet.

unerlaubtes Entfernen vom Unfallort, früher: *Unfallflucht,* →Vergehen (§ 142 StGB). Wer sich als Unfallbeteiligter nach einem Verkehrsunfall (Sachschaden genügt) vom Unfallort entfernt, bevor er a) zugunsten der anderen Unfallbeteiligten und der Geschädigten die Feststellung seiner Person, seines Fahrzeuges und der Art seiner Beteiligung durch seine Anwesenheit und durch die Angabe, daß er an dem Unfall beteiligt ist, ermöglicht hat oder b) eine nach den Umständen angemessene Zeit gewartet hat, ohne daß jemand bereit war, die Feststellungen zu treffen, wird mit Freiheitsstrafe bis zu drei Jahren oder mit Geldstraße und Entzug der Fahrerlaubnis bestraft. Gilt für jeden Verkehrsteilnehmer (auch Fußgänger). – Seiner Verpflichtung, die Feststellung *nachträglich* zu ermöglichen, genügt der Unfallbeteiligte, wenn er den Berechtigten oder einer nahe gelegenen Polizeidienststelle mitteilt, daß er an dem Unfall beteiligt gewesen ist, und wenn er seine Anschrift, seinen Aufenthalt sowie das Kennzeichen und den Standort seines Fahrzeuges angibt und diese zu unverzüglichen Feststellungen für eine ihm zumutbare Zeit zur Verfügung hält. – Wer als *Unbeteiligter* einen Kraftfahrer verfolgt, der u.E. v.U.

begeht, kann für die dadurch veranlaßten Schäden von dem Flüchtenden Schadenersatz fordern, wenn die Verfolgung im Hinblick auf die Schwere des Deliktes angemessen war.

UN-Erziehungs-, Wissenschafts- und Kulturorganisation, →UNESCO.

UNESCO, United Nations Educational, Scientific and Cultural Organization, *Erziehungs-, Wissenschafts- und Kulturorganisation der Vereinten Nationen, UN-Erziehungs-, Wissenschafts- und Kulturorganisation,* Organisation der Vereinten Nationen für Erziehung, Wissenschaft und Kultur; Sitz in Paris. Gegründet 1945; seit 1946 →Sonderorganisation der UN. – *Mitglieder* (Oktober 1984): 160 und mehrere assoziierte Staaten. Die USA sind 1985 u.a. aus Protest gegen das im Oktober 1980 von der Generalkonferenz angenommene Programm einer neuen Weltinformations- und -kommunikationsordnung (New World Information and Communication Order, NWICO) ausgetreten; 1984/85 lag der Beitrag der USA am UNESCO-Budgets bei ca. 25%. 1986 traten Großbritannien und Singapur aus. – *Organe:* a) *Generalkonferenz:* Vertretung der Mitgliedstaaten, tritt alle zwei Jahre zusammen; b) *Exekutivrat* aus 45 für vier Jahre gewählten Mitgliedern, bereitet Programme zur Vorlage bei der Generalkonferenz vor und überwacht die Durchführung der von dieser beschlossenen Politik; c) *Sekretariat;* d) *Nationale Kommissionen* zur Durchführung des Programms in den einzelnen Mitgliedstaaten (Deutsche UNESCO-Kommission, Köln) es – als universale Stätte der Kultur zu dienen. Im Sinne der Charta der UN soll sie einen wesentlichen Beitrag zur Erhaltung des Friedens leisten, indem sie den freien Gedankenaustausch und ein besseres gegenseitiges Verständnis der Völker anregt, den Sinn für Gerechtigkeit und Respektierung der Menschenrechte und der Grundrechte in weltweitem Rahmen ungeachtet von Rasse, Geschlecht, Sprache oder Religion weckt und fördert, die soziologischen und naturwissenschaftlichen Forschungen durch Zusammenarbeit auf allen Gebieten der Kultur anregt, die Voraussetzungen für eine Verbreitung allgemeiner und wissenschaftlicher Informationen verbessert und Fragen der Erziehung sowie der Ausweitung und Verbesserung der Schul- und Erwachsenenbildung ihre besondere Aufmerksamkeit schenkt. – *Aufgaben und Arbeitsergebnisse:* Umfassendes Programm, das als zweites mittelfristiges Programm für 1984–89 entwickelt wurde. – a) Grundlage für die Tätigkeiten der UNESCO auf dem Gebiet des Erziehungs- und des Bildungswesens, die auf eine Realisierung des Rechts auf Bildung abzielen, ist die *Weltdeklaration der Menschenrechte* (Universal Declaration of Human Rights). Weltweite Bekämpfung des Analphabetentums, Förderung der allgemeinen

Schulpflicht, Hebung des Bildungsniveaus und Intensivierung des Studentenaustauschs. – b) Auf dem Gebiet der *Naturwissenschaften und Technologie* internationale Programme für die wissenschaftliche Zusammenarbeit, vornehmlich mit dem Ziel einer verbesserten Kenntnis der Beziehung zwischen Mensch und Umwelt (z. B. Man and the Biosphere Programme, MAB). – c) Im Bereich der *Geisteswissenschaften* ist die UNESCO v. a. bemüht, die wissenschaftlichen Erkenntnisse für eine Verbesserung der zwischenmenschlichen Beziehungen auf nationaler und internationaler Ebene zu verwenden. Dies soll durch Bereitstellung internationaler Dokumentationen und Statistiken, durch internationale kulturelle Programme und durch aktive Unterstützung beim Aufbau von Bibliotheken, Museen sowie Einrichtungen auf allen Gebieten der Kunst, Musik, Presse, Film usw. erreicht werden. – d) Im Tätigkeitsbereich *Kultur und Kommunikation* Programme zur kulturellen Entwicklung, zum Aufbau von Kulturverwaltungen und zur Entwicklung von Organisationen für kulturelle Veranstaltungen in den Mitgliedstaaten, Programme zur Erhaltung von Kulturdenkmälern, zum Aufbau von Kommunikationssystemen in den Entwicklungsländern sowie zur weltweiten Förderung des Informationsaustausches und für Forschungen auf dem Gebiet der Kommunikation. Zu diesem Zweck Internationales Netz der Dokumentationszentren für Kommunikationsforschung und -politik (International Network of Documentation Centres on Communication Research and Policies). – e) Ein Schwerpunkt ist die *Beteiligung an der Entwicklungshilfe,* insbes. im Rahmen der →UNDP durch Entsendung von Experten, Vergabe von Stipendien und Bereitstellung von Einrichtungen auf den für sie relevanten Gebieten. Priorität im Programm der Entwicklungshilfe haben: Entwicklung kultureller Einrichtungen auf Gemeindeebene, Vermittlung von Fachausbildung, Schuldbildung, Schaffung allgemeiner Einrichtungen für Bildung und wissenschaftliche Beratung, wissenschaftliche Forschung und die wissenschaftliche Lehre. – *Eigenständige internationale Einrichtungen* der UNESCO sind u. a. International Institute for Educational Planning *(IIEP),* International Bureau of Education (IBE), Intergovernmental Committee for Physical Education and Sport (ICPES) und International Institute for Adult Literacy Methods (IIALM). – Wichtige *Veröffentlichungen:* UNESCO Courier (monatlich); Bulletin for Libraries (zweimonatlich); Impact of Science on Society (vierteljährlich); Museum (vierteljährlich); Cultures (vierteljährlich); International Social Science Journal (vierteljährlich); UNESCO-Chronicle (monatlich).

UNESCO-Coupons, Gutscheine, die auf US-$ ausgestellt sind und in allen Mitgliedstaaten

der →UNESCO beim Kauf von Publikationen, Filmen u. a. Materialien mit erzieherischem, wissenschaftlchem oder kulturellem Charakter als Zahlungsmittel verwendet werden können. Bevorzugt in Ländern verwendet, in denen der Transfer von Devisen schwer oder gar nicht möglich ist. Coupons in Werten von 1000, 100, 30, 10, 3 und 1 US-$ daneben Blanko-Coupons, die von der Verteilerstelle (für die Bundesrep. D.: UNESCO in Paris), zum Wert von 1 bis 99 US-Cents ausgestellt werden. Lieferfirmen und Institutionen, die UNESCO-C. als Zahlungsmittel akzeptieren, senden sie zum Rückkauf an die UNESCO, Coupon Office, Paris.

Unfähigkeit. 1. *Dauernde U. eines Arbeitnehmers zur Fortsetzung seiner Dienste:* Vgl. →personenbedingte Kündigung. – 2. *U. zur ordnungsmäßigen Geschäftsführung des Gesellschafters einer offenen Handelsgesellschaft:* →Wichtiger Grund für die Entziehung der Befugnis zur Geschäftsführung (→Abberufung I) und der Vertretungsmacht (Vertretung, §§ 117, 127 HGB). – Entsprechendes gilt für die →Abberufung (vgl. dort III) von *Vorstandsmitgliedern einer Aktiengesellschaft.*

unfairer Wettbewerb, →Protektionismus.

Unfallanzeige, Mitteilung eines →Arbeitsunfalls an die zuständigen Stellen durch Betriebsinhaber oder von einem Beauftragten binnen drei Tagen, nachdem er von dem Unfall erfahren hat.

Unfallflucht, jetzt: →unerlaubtes Entfernen vom Unfallort.

Unfallfluchtschäden, Personenschäden bei →unerlaubtem Entfernen vom Unfallort. U. werden seit 1955 nach einem Beschluß der westdeutschen Kraftfahrtversicherer von allen Versicherern freiwillig gemeinsam gedeckt durch den →Entschädigungsfonds für Schäden an Kraftfahrzeugunfällen.

Unfallforschung, Erforschung der Unfallursachen und -gründe, mit der Zunahme der Verkehrsunfälle besonders auch auf diesem speziellen Gebiet. Unterscheidung zwischen äußerem Anlaß und tieferer Ursache wird auf medizinischem, psychologischem und technischem Gebiet systematisch betrieben, von amtlicher Seite und sachlich zuständigen Organisationen (HUK-Verband, Berufsgenossenschaften, Deutsche Verkehrswacht) nachdrücklich gefördert. – U. hat u. a. gezeigt, daß es besonders unfallgefährdete Wochentage und Tageszeiten gibt. Die *Häufigkeitskurve* des Unfalls im Betrieb steigt am Wochenende und jeweils um die Zeit des Schichtwechsels. Im Straßenverkehr ist die Zahl der Unfälle ebenfalls am Wochenende am höchsten, Ursache liegt aber vorwiegend in der größeren Verkehrsdichte. – Besonders *anfällig* für Unfälle sind gewisse Altersstufen, in den Betrieben z. B. Jungarbeiter und Jahrgänge zwischen 50 und 60, im Straßenverkehr v. a. alte Leute, während die Zahl der verletzten und getöteten Schulkinder seit Jahren eine vergleichsweise günstige Entwicklung zeigt.

Unfallrente, →Verletztenrente, →Unfallversicherung.

Unfallstatistik, Teilgebiet der →amtlichen Statistik. Die Erfassung von Unfällen dient der Ursachenforschung und der Gewinnung von Anhaltspunkten über soziale, ökonomische und ökologische Folgen von Unfällen. Einheitliche U. gibt es nicht; Angaben über Unfälle werden jedoch in einer Vielzahl von Statistiken – meist auf sekundärstatistischem Weg – ermittelt. – 1. *Spezielle U.:* (1) Statistik der Bahnbetriebsunfälle, (2) →Straßenverkehrsunfall-Statistik, (3) Statistik der Unfälle auf Binnenwasserstraßen, (4) Seeunfallstatistik, (5) Statistik der Luftverkehrsunfälle, (6) Statistik der Unfälle bei der Lagerung und beim Tansport wassergefährdender Stoffe und (7) Statistik der gestzlichen Unfallversicherung (Arbeitsunfälle). – 2. *Weitere Statistiken mit Angaben über Unfälle:* (1) Krankheitsartenstatistik der gesetzlichen Krankenversicherung (Arbeitsunfähigkeitsfälle und -tage, Krankenhausfälle und -tage nach Krankheitsarten nach der Internationalen Klassifikation der Krankheiten, Verletzungen und Todesursachen-ICD), (2) Statistik der →Todesursachen, (3) Statistik der Behinderten (→Schwerbehinderte III), (4) →Rehabilitationsstatistik und (5) Befragungen über Krankheiten und Unfälle im Rahmen des →Mikrozensus.

Unfallverhütung. 1. *Aufgabe von* →Arbeitnehmer *und* →Arbeitgeber im Rahmen der von dern Berufsgenossenschaften herausgegebenen →Unfallverhütungsvorschriften. Die Versicherungsträger sind verpflichtet, durch fachlich vorgebildete und erfahrene technische Aufsichtsbeamte die Durchführung der Vorschriften zu überwachen (§ 546 RVO). – 2. Vielfältige Bemühungen zur Hebung der Sicherheit im *Straßenverkehr,* die von amtlicher Seite und zahlreichen Zweckorganisationen finanziell gefördert und in unmittelbarer Einflußnahme auf die Verkehrsteilnehmer, Erwachsene und Jugendliche, angestellt werden (→Deutsche Verkehrswacht, Landesverkehrswachten und örtliche Verkehrswachten, Berater für Schadensverhütung im HUK-Verband usw.).

Unfallverhütungsvorschriften. 1. *Begriff:* Rechtsverbindliche Vorschriften der →Berufsgenossenschaften (aufgrund § 708 RVO) als Träger der gesetzlichen →Unfallversicherung über geeignete vorbeugende Maßnahmen, die den Eintritt von Schäden durch Unfälle oder Berufskrankheiten vermeiden oder einschränken sollen. – 2. *Inhalt:* Die U. enthalten Bestimmungen über Einrichtungen und Anordnungen, die die Betriebe zu treffen haben, und Bestimmungen über das Verhalten

der Versicherten. – 3. Die *Durchführung* der U. in den Betrieben überwachen von den Berufsgenossenschaften eingesetzte technische Aufsichtsbeamte. Sie unterrichten und beraten die Betriebe und die Versicherten und sorgen bei Beanstandungen für Abhilfe. – 4. Bei *Nichteinhaltung* von U.: Ordnungsstrafen für Mitglieder und Versicherte bis zu 20000 DM, festgesetzt vom Vorstand der Berufsgenossenschaft. Die Straffestsetzung kann durch eine Klage vor den →Sozialgerichten angefochten werden.

Unfallversicherung. I. Gesetzliche U.: Besonderer Zweig der →Sozialversicherung. – 1. *Entwicklung:* Durch die gesetzliche U. wurde 1884 die zivilrechtliche Entschädigungspflicht des einzelnen Unternehmers für Betriebsunfälle in eine auf öffentlich-rechtlichem Zwang beruhende Gesamthaftung aller Unternehmer umgewandelt, zunächst auf einzelne gefährdete Zweige der Industrie beschränkt, später ausgedehnt auf Transport- und Verladungsbetriebe (1885), land- und forstwirtschaftliche Betriebe (1886) und Bau- und Seefahrtsunternehmen (1887). Mit der im Jahre 1942 vollzogenen Umwandlung der bisherigen Betriebsversicherung in eine Personenversicherung sind Entschädigungsansprüche der verletzten Versicherten geregelt und begrenzt. – 2. *Gesetzliche Grundlage:* Reichsversicherungsordnung (RVO) und Berufskrankheiten-VO. – 3. *Aufgaben:* Unfallverhütung und Erste Hilfe; Durchführung von Heilverfahren; →Berufshilfe und Gewährung einer Unfallentschädigung durch Geldleistungen (vgl. 6). – 4. *Arten:* allgemeine U. (§§ 643–773 RVO); →landwirtschaftliche Unfallversicherung (§§ 776–834 RVO); →See-Unfallversicherung (§§ 835–895 RVO). – 5. *Kreis der Versicherten:* Die allgemeine U. umfaßt alle Unternehmen und die in ihnen Tätigen gegen Arbeitsunfall Versicherten, soweit sie nicht der landwirtschaftlichen U. oder See-U. unterliegen. – a) *Pflichtversicherte* (§ 539 RVO): (1) die aufgrund eines Arbeits-, Dienst- oder Ausbildungsverhältnisses Beschäftigten; (2) →Heimarbeiter, →Zwischenmeister, →Hausgewerbetreibende und ihre im Unternehmen tätigen Ehegatten sowie die sonstigen mitarbeitenden Personen; (3) Personen, die zur Schaustellung oder Vorführung künstlerischer oder artistischer Leistungen vertraglich verpflichtet sind; (4) Personen, die als Arbeitslose oder im Vollzug des Bundessozialhilfegesetzes der Meldepflicht unterliegen; (5) die im Gesundheits- oder Veterinärwesen oder in der Wohlfahrtspflege Tätigen sowie die Teilnehmer an Ausbildungsveranstaltungen dieser Unternehmen einschließlich der Lehrenden; (6) Personen, die bei Unglücksfällen oder gemeiner Gefahr oder Not Hilfe leisten oder einen anderen aus gegenwärtiger Lebensgefahr (z. B. Ertrinken) oder erheblicher gegenwärtiger Gefahr für Körper und Gesundheit

(z. B. Mißhandlungen) zu retten unternehmen; (7) Personen, die einem öffentlichen Bediensteten, der sie zur Unterstützung einer Diensthandlung heranzieht, Hilfe leisten; (8) Personen, die sich bei Verfolgung oder Festnahme einer Person, die einer strafbaren Handlung verdächtig ist, oder zum Schutz eines widerrechtlich Angegriffenen persönlich einsetzen; (9) Blutspender und Spender körpereigener Gewebe; (10) Personen, die Luftschutzdienst leisten, freiwillige Helfer des Bundesluftschutzverbandes sowie Teilnehmer an den Ausbildungsveranstaltungen des Bundesamtes für zivilen Bevölkerungsschutz; (11) die für den Bund, ein Land, eine Gemeinde, einen Gemeindeverband oder eine andere Körperschaft, Anstalt oder Stiftung des öffentlichen Rechts ehrenamtlich Tätigen; (12) Kinder während des Besuchs von Kindergärten; (13) Schüler während des Besuchs allgemeinbildender Schulen; (14) Lernende während der beruflichen Aus- und Fortbildung und ehrenamtlich Lehrende in Betriebsstätten, Lehrwerkstätten, berufsbildenden Schulen, Schulungskursen und ähnlichen Einrichtungen; (15) Studierende während der Aus- und Fortbildung an Hochschulen; (16) Personen während der Durchführung berufsfördernder Maßnahmen und Maßnahmen zur Rehabilitation. – b) *Versicherung kraft Satzung* (§§ 543, 544 RVO): Unternehmer, die nicht schon kraft Gesetzes versichert sind; Personen, die nicht im Unternehmen beschäftigt sind, aber die Stätte des Unternehmens besuchen oder auf ihr verkehren; Mitglieder der Organe und Ausschüsse der Versicherungsträger. – c) *Freiwillige Versicherung* (§ 545 RVO): Unternehmer und ihre im Unternehmen tätigen Ehegatten, soweit nicht bereits kraft Gesetzes versichert. – d) *Versicherungsfrei* (§§ 541, 542 RVO) sind u. a.: (1) Personen, für die beamtenrechtliche Unfallfürsorgevorschriften oder entsprechende Grundsätze gelten, ausgenommen Ehrenbeamte und Ehrenrichter; (2) Personen hinsichtlich der Arbeitsunfälle, für die Versorgung nach dem →Bundesversorgungsgesetz gewährt wird; (3) Mitglieder geistlicher Genossenschaften, Diakonissen, Schwestern vom Deutschen Roten Kreuz und Angehörige ähnlicher Gemeinschaften, die sich aus überwiegend religiösen oder sittlichen Beweggründen mit Krankenpflege, Unterricht oder anderen gemeinnützigen Tätigkeiten beschäftigen, wenn ihnen lebenslange Versorgung gewährleistet ist; (4) Ärzte, Heilpraktiker, Zahnärzte, Dentisten, Apotheker, soweit sie eine selbständige Tätigkeit ausüben; (5) Eltern, Kinder und Geschwister des Haushaltsvorstandes oder seines Ehegatten bei unentgeltlicher Beschäftigung im Haushalt. – 6. *Leistungen:* →Abfindung (§§ 603 ff. RVO), →Berufshilfe (§ 567 RVO), →Heilbehandlung (§ 557 RVO), →Hinterbliebenenrente (§§ 590 ff. RVO), →Sterbegeld (§ 589 RVO), →Unfallverhütung (§ 546 RVO), →Übergangsgeld (§ 568 RVO),

→Verletztengeld (§§ 560 ff. RVO), →Verletztenrente (§§ 580 ff. RVO). – 7. *Träger* (§§ 646 ff. RVO): →Berufsgenossenschaften, Bund, Länder und Gemeinden mit über 500 000 Einwohnern (→Eigenunfallversicherung), →Bundesanstalt für Arbeit sowie →Gemeindeunfallversicherungsverbände. – 8. *Aufbringung der Mittel:* Die Beiträge der Berufsgenossenschaften werden allein von den Unternehmern aufgebracht. Sie werden so bemessen, daß sie den Gesamtaufwand des letzten Jahres decken. Für die Beitragshöhe des einzelnen Unternehmens sind neben dem Umlagebedarf der Berufsgenossenschaft die Größe des Unternehmens und seine Gefährlichkeit ausschlaggebend. – 9. *Haftungsausschluß:* a) Der *Unternehmer* ist dem in seinem Unternehmen tätigen Versicherten, deren Angehörigen und Hinterbliebenen nach anderen gesetzlichen Vorschriften zum Ersatz des Personenschadens, den ein Arbeitsunfall verursacht hat, nur dann verpflichtet, wenn er den Arbeitsunfall vorsätzlich herbeigeführt hat oder wenn der Arbeitsunfall bei der Teilnahme am allgemeinen Verkehr eingetreten ist. Auf den Schadenersatzanspruch sind stets die Leistungen eines Trägers der Sozialversicherung infolge des Arbeitsunfalls anzurechnen. Das gleiche gilt für Ersatzansprüche Versicherter, die Beschäftigte eines weiteren Unternehmers sind, sowie deren Angehörigen und Hinterbliebenen gegen diese Unternehmer. – b) *Mitbeschäftigter:* Der für Unternehmer geltende Haftungsausschluß gilt entsprechend für die Ersatzansprüche eines Versicherten, dessen Angehörigen und Hinterbliebenen gegen einen in demselben Betrieb tätigen Betriebsangehörigen, wenn dieser den Arbeitsunfall durch die betriebliche Tätigkeit verursacht.

II. P r i v a t e U.: 1. *Begriff:* Versicherung zum Ausgleich wirtschaftlicher Nachteile bei Unfällen. Leistungen sollen insbes. dazu dienen, dem Versicherten die Kosten im Zusammenhang mit dem Verlust der Arbeitsfähigkeit für Heilverfahren sicherzustellen und im Todesfall Renten- oder Kapitalzahlungen an Hinterbliebene zu gewährleisten. I. d. R. Versicherung für berufliche und außerberufliche Unfälle (24-Stundendeckung) mit Weltgeltung. Versicherbar sind grundsätzlich Personen jeden Alters. – 2. *Leistungsarten:* Leistungen im Todes- oder Invaliditätsfall (dauernde Beeinträchtigung der Arbeitsfähigkeit, →Invalidität und →Berufsunfähigkeit); Tagegeld; Krankenhaustagegeld; Genesungsgeld; Übergangsentschädigung (bei mindestens sechs Monate anhaltender dauernder Beeinträchtigung der Arbeitsfähigkeit); Heilkosten; Bergungskosten. – 3. *Formen: a) Einzel-U.:* Normaler Umfang des Versicherungsschutzes, i. d. R. Staffelung der Prämien nach Berufstätigkeit. – b) *Familien-U.:* Versicherung von mindestens zwei Personen einer Familie, oft günstigere

Prämie als bei Einzel-U. – c) *Kinder-U.*: Kann i. d. R. für Kinder bis 14 Jahre neu abgeschlossen werden. Für Kinder günstigere Prämien als für Erwachsene. Mitversicherung von Vergiftungen infolge versehentlicher Einnahme von schädlichen Stoffen (außer Nahrungsmittel) bis zum 10. Lebensjahr. – d) *Gruppen-U.*: Verträge, in denen durch einen Versicherungsnehmer und einen Versicherungsschein eine Mehrheit von Personen versichert wird. Abschluß erfolgt i. d. R. von Arbeitgebern zugunsten ihrer Mitarbeiter oder von Vereinen zugunsten ihrer Mitglieder. Evtl. Einschränkung des Versicherungsschutzes auf Berufs- oder Vereinstätigkeit. – e) *Sport-U.*: Beschränkung des Versicherungsschutzes auf die i. w. S. mit der Sportausübung zusammenhängenden Unfallgefahren. Wird i. d. R. als Gruppen-U. von Sportvereinen für die Vereinsmitglieder abgeschlossen. – f) *Volks-U.*: Veraltete Form einer Einzel- oder Familien-U. mit festen Summenkombinationen. – g) →*Luftfahrtunfallversicherung.* – h) *Insassen-U.* Vgl. →*Kraftverkehrsversicherung.* – i) *Strahlen-U.*: Versicherung für Personen, die beruflich mit strahlenerzeugenden Stoffen oder Geräten in Berührung kommen. – k) *U. mit Prämienrückgewähr:* Sonderform, bei der die eingezahlten Prämien nach vereinbarter Frist an den Versicherungsnehmer zurückgewährt werden, gleichgültig, ob und welche Schäden während des Bestehens der Versicherung vergütet werden mußten. Der Versicherer deckt das Risiko aus dem Zinsertrag. Die Prämie beträgt ein Vielfaches der Normalprämie. Der Versicherungsnehmer kann seinen Anspruch auf Prämienrückgewähr beleihen oder zurückkaufen, i. d. R. frühestens nach Zahlung der Prämie für mindestens drei Jahre. – 4. *Versicherungsfall:* a) Im Sinn der U. *gelten als Unfälle:* Plötzlich (unerwartet) von außen auf den Körper des Versicherten wirkende Ereignisse, die eine unfreiwillige Gesundheitsschädigung zur Folge haben, auch (1) durch plötzliche Kraftanstrengungen hervorgerufene Verrenkungen, Zerrungen und Zerreißungen sowie (2) Wundinfektionen (Blutvergiftungen), bei denen der Ansteckungsstoff durch eine Verletzung in den Körper gelangt (bei Angehörigen ärztlicher Berufe, Chemikern, Desinfektoren u. dgl. Erweiterung durch „Infektionsklausel"); *dagegen nicht* (1) Vergiftungen (durch feste oder flüssige Stoffe; Gasvergiftungen können u. U. unter die U. fallen), Berufs-, Gewerbe- und weitere Infektionskrankheiten (bei Desinfektoren können akute Infektionskrankheiten gegen Prämienzuschlag mitversichert werden); Erkrankung infolge psychischer Einwirkung; (2) Schäden durch Licht-, Temperatur- und Witterungseinflüsse (aber mitversichert, wenn der Versicherte diesen Einflüssen infolge eines Versicherungsfalles ausgesetzt war); (3) Schäden durch Röntgen-, Radium-, Höhensonnen- und ähnliche Strahlen. – b) *Ausgeschlossen*

sind Unfälle: (1) durch Kriegsereignisse; (2) bei Ausführung oder beim Versuch von Verbrechen oder Vergehen oder bei bürgerlichen Unruhen auf seiten der Unruhestifter; (3) bei Heilmaßnahmen und Eingriffen am Körper des Versicherten (soweit nicht durch einen Versicherungsfall bedingt); (4) infolge von Schlag-, Krampf-, Ohnmachts- und Schwindelanfällen, von Geistes- oder Bewußtseinsstörungen (soweit nicht durch einen Versicherungsfall hervorgerufen); (5) soweit sie Krampfadern und Unterschenkelgeschwüre herbeiführen oder verschlimmern. – c) Für *außergewöhnliche Gefahren* sind besondere Vereinbarungen erforderlich; z. B. für die Beteiligung an Fahrtveranstaltungen mit Kraftfahrzeugen, bei denen es auf die Erzielung von Höchstgeschwindigkeiten ankommt.

Unfall-Zusatzversicherung, Zusatzversicherung zu einer Kapitallebensversicherung, die gegen Prämienzuschlag eine höhere (häufig doppelte) Versicherungsleistung im Fall des Unfalltodes gewährleistet. (→Lebensversicherung II 6).

UN-Familie, →Sonderorganisation der UN.

unfertige Erzeugnisse, *Halberzeugnisse, Zwischenerzeugnisse.* 1. *Begriff:* Be- oder verarbeitete Stoffe, deren Produktionsprozeß noch nicht beendet ist. – 2. *Aufnahme und Bewertung von u. E.* bei der →Inventur können für die in Arbeit befindlichen u. E. schwierig sein: a) Der bestmöglichen Bewertung in der →Betriebsabrechnung zu →Herstellkosten dient die Führung reiner →Bestandskonten (Kontenklasse 7), die beim Abschluß mit den Salden der (in den Klassen 6 oder 7 geführten) Herstellkonten zu belasten sind und mit den Kosten der während des Abrechnungszeitraums fertiggestellten Erzeugnisse zu Lasten der ebenfalls in der Klasse 7 geführten Konten der →Fertigerzeugnisse zu erkennen sind. – b) In kleineren Betrieben werden mitunter keine Bestandskonten für u. E. geführt, sondern gemischte Konten, die gleichzeitig als Herstellkonten dienen (Klasse 7). Diese Konten nehmen die gesamten Herstellkosten auf; ihr Saldo zeigt den jeweiligen Bestand an u. E., u. U. einschl. des Bruttogewinns.

Unfolding-Technik, →Coombs-Skalierung.

UN-Fonds für bevölkerungspolitische Aktivitäten, →UNFPA.

UNFPA, United Nations Fund for Population Activities, *Fonds der Vereinten Nationen für bevölkerungspolitische Aktivitäten, UN-Fonds für bevölkerungspolitische Aktivitäten* 1967 gegründet. Treuhandfonds der →UN für bevölkerungspolitische Aktivitäten, 1972 umgewandelt in einen Fonds der UN-Vollversammlung, der 1979 die Eigenschaft eines Hilfsorgans der UN-Vollversammlung erhielt. Sitz in New York. – *Organe:* Die Funktion des

Verwaltungsrates wird vom Verwaltungsrat des UN-Entwicklungsprogramms (→UNDP) ausgeübt. Verwaltung des Fonds von einem Verwaltungsdirektor. Die Feldorganisation stützt sich weitgehend auf die UNDP-Organisation. – *Ziele:* Sammlung von Grunddaten; Untersuchung der Bevölkerungsdynamik; Formulierung und Auswertung bevölkerungspolitischer Maßnahmen; Durchführung bevölkerungspolitischer Maßnahmen; Familienplanung, Förderung von Kommunikation und Bildung; Entwicklung von Sonderprogrammen; Aufbau von Programmen für mehrere Bereiche umfassende Aktivitäten. – *Arbeitsergebnisse:* Als Ergebnis der unter maßgeblicher Beteiligung des UNFPA veranstalteten Weltbevölkerungskonferenz in Bukarest ist ein Weltbevölkerungsaktionsplan von 136 Mitgliedstaaten der UN angenommen worden, an dem sich die Aktivitäten des UNFPA orientieren. Ende 1982 finanzierte der Fonds im Rahmen seiner Feldarbeit ca. 1700 Projekte in mehr als 120 Ländern (Afrika; Asien und Pazifik; Lateinamerika und Karibik; Europa, Mittelmeer und Mittlerer Osten; ferner interregionale und globale Projekte). Größte Ausgabeposten bzgl. Familienplanung und Grunddatensammlung.

unfundierte Schulden, →schwebende Schulden.

unfundiertes Einkommen, Begriff der →Steuertheorie. Das nicht auf Vermögen beruhende, sondern aus Arbeit und Dienstleistungen stammende →Einkommen. – *Gegensatz:* →fundiertes Einkommen.

UNGA, United Nations General Assembly, →UN IV 1 a).

Ungarisches Verfahren, →lineares Zuordnungsproblem IV.

Ungarn, *Ungarische Volksrepublik,* Staat in Mitteleuropa, sozialistische Volksrepublik mit Parlament aus einer Kammer, im mittleren Donauraum gelegen. – *Fläche:* 93 032 km², eingeteilt in 19 Komitate, 5 Städte mit Komitatsrang. – *Einwohner* (E): (1986, geschätzt) 10,63 Mill. (114,3 E/km²; davon 96% Madjaren (Ungarn). – *Hauptstadt:* Budapest (1985: 2,07 Mill. E); weitere wichtige Städte: Miskolc (212 000 E), Debrecen (210 000 E), Szeged (181 000 E), Fünfkirchen/Pécs (175 000 E), Raab/Győr (129 000 E), Nyiregyháza (115 000 E), Stuhlweißenburg/Székesfehérvár (110 000 E). – *Amtssprache:* Ungarisch (Madjarisch).

Wirtschaft: *Landwirtschaft:* Anbauprodukte sind Weizen, Mais, Reis, Tabak, Paprika, Wein. Viehzucht: Rinder, Schweine, Schafe (Fleischproduktion 1982: 2,1 Mill. t). – *Bergbau:* Reiche Bauxitlagerstätten; ferner Steinkohle, Braunkohle, Erdöl; Eisen, Rohstahl, Aluminium. – *Industrie:* Wichtigster Standort ist Budapest; bedeutend sind v.a.

chemische Industrie und Maschinenbau. – *Reiseverkehr:* (1982) 9,832 Mill. ausländische Besucher. – *BSP:* (1985, geschätzt) 20 720 Mill. US-$ (1940 US-$ je E). – Anteil der Landwirtschaft am *BSP:* (1984) 13%, der Industrie: 32%. – *Öffentliche Auslandsverschuldung:* (1984) 37,5% des BSP. – *Inflationsrate:* (Durchschnitt 1973–84) 4,3%. – *Export:* (1985) 8542 Mill. US-$, v.a. industrielle Investitionsgüter (Maschinen, Verkehrsmittel), Eisen, Stahl, Bauxit, chemische Produkte, Fleisch, Getreide, Textilien. – *Import:* (1985) 8228 Mill. US-$, v.a. Rohstoffe und Halbfertigwaren, Maschinen und Fahrzeuge, Brennstoffe und Energie. – *Handelspartner:* UdSSR u.a. RGW-Mitgliedsländer (ČSSR, DDR, Polen), Bundesrep. D., Italien, Österreich, Frankreich, Großbritannien, USA.

Verkehr: 25 000 km *Straßen,* 11 400 km *Schienen.* Die Donau fließt in einer Länge von 500 km durch Ungarn. Eigene staatliche *Luftverkehrsgesellschaft:* Malév Hungarian Air Transport. Wichtigster *Flughafen:* Budapest.

Mitgliedschaften: UNO, BIZ, RGW, UNCTAD u.a.; Warschauer Vertrag.

Währung: 1 Forint (Ft) = 100 Filler (f).

ungedeckter Kredit, →Personalkredit.

ungelernter Arbeiter, →Arbeiter, der keine Berufsausbildung (→gelernter Arbeiter) sowie kein Anlernverhältnis (→angelernter Arbeiter) beendet hat.

UN-Generalsekretariat, →UN IV 1 f).

ungerechtfertigte Bereicherung. I. Begriff: Eine unmittelbare Vermögensverschiebung zwischen zwei Personen, deren Rechtsgrund von Anfang an gefehlt hat oder später weggefallen ist (§§ 812–822 BGB). – *Beispiele:* irrtümliche Zahlung einer bestehenden Schuld; jede Leistung aufgrund eines ungültigen Vertrages; irrtümliche Abgabe eines Anerkenntnisses für eine nicht bestehende Schuld; irrtümliche Anerkennung des Nichtbestehens einer Schuld durch den Gläubiger.

II. Ansprüche: 1. Der Bereicherte ist zur *Herausgabe der Bereicherung* verpflichtet (§§ 812–818 BGB), und zwar grundsätzlich in Natur oder soweit dies nicht möglich ist, durch Geldersatz. Besteht die Bereicherung in der Begründung einer Forderung (z.B. bei abstraktem Schuldanerkenntnis), so besteht Anspruch auf Befreiung von dieser Forderung. Fällt die Bereicherung nachträglich weg, so erlischt auch der Anspruch auf Herausgabe der U.B.; ein Wegfall wird i.a. auch dann angenommen, wenn der Bereicherte das durch die ungerechtfertigte Vermögensverschiebung Erlangte zum reinen Lebensunterhalt verwendet. – 2. Verstößt der Empfänger durch Annahme der Leistung *gegen ein gesetzliches Verbot* oder die guten Sitten, so ist er dann nicht zur Herausgabe verpflichtet, wenn auch dem Leistenden ein solcher Verstoß zur Last fällt (§ 817 BGB).

ungewisse Schulden, Schulden, die dem Bestehen, der Höhe und/oder Fälligkeit nach noch nicht feststehen, bei denen der Kaufmann aber mit einer Inanspruchnahme rechnet. U. Sch., die im abgelaufenen Geschäftsjahr begründet sind, sind durch eine →Rückstellung in der Bilanz zu berücksichtigen.

Ungewißheit, Ungewißheitsgrad, bei dem für das Eintreten zukünftiger Ereignisse zwar keine objektiven Wahrscheinlichkeiten vorliegen (→Risiko), aber subjektive Wahrscheinlichkeiten gebildet werden können. – Vgl. auch →Unsicherheit, →Sicherheit.

ungleicher Tausch, →Dependencia-Theorie III 1 c) (2) und IV. 3 a) (2)

Ungleichgewichtstheorien, seit Keynes' Kritik an der allgemeinen Gleichgewichtstheorie in der Wirtschaftstheorie entstandene zahlreiche Ansätze zur Erklärung von Entstehen und Beharrungstendenz von Ungleichgewichten. – Unterschieden werden mindestens drei verschiedene *Ausprägungen* von U.: a) *neoklassische* (→neue klassische Makroökonomik), b) *keynesianische* (→neue keynesianische Makroökonomik) und c) *postkeynesianische* (→Postkeynesianismus). Daneben werden noch *unorthodoxe Ansätze* (→Antigleichgewichtstheorie, →Chaostheorie) diskutiert.

Ungleichung, →Ungleichungsrestriktion.

Ungleichungsrestriktion, *Ungleichung.* 1. *Begriff:* →Restriktion eines der Typen:

(1) $f(x_1, x_2, \ldots, x_n) \leqq 0,$

(2) $f(x_1, x_2, \ldots, x_n) \geqq 0,$

(3) $f(x_1, x_2, \ldots, x_n) < 0,$

(4) $f(x_1, x_2, \ldots, x_n) > 0.$

U. des Typs (1) und (2) werden als *schwache U.,* die des Typs (3) und (4) als *starke U.* bezeichnet. – *Gegensatz:* →Gleichungsrestriktion. – 2. *Äquivalente Formulierungen:* a) In einem →Restriktionssystem läßt sich jede U. des Typs (1) bzw. (2) durch die U. ersetzen durch:

(1') $-f_i(x_1, x_2, \ldots, x_n) \geqq 0$ bzw.

(2') $-f_i(x_1, x_2, \ldots, x_n) \leqq 0;$

dadurch ändert sich die →Lösungsmenge des Restriktionssystems nicht. – b) U. des Typs (3) bzw. (4) lassen sich entsprechend ersetzen durch:

(3') $f_i(x_1, x_2, \ldots, x_n) + \varepsilon \leqq 0$ bzw.

(4') $f_i(x_1, x_2, \ldots, x_n) - \varepsilon \geqq 0;$

dabei kann ε im Rahmen der Rechengenauigkeit beliebig klein gewählt werden. – 3. *Son-*

derform: →lineare Ungleichungsrestriktion, →Nichtnegativitätsrestriktion. – Vgl. auch →Ungleichungsrestriktionssystem.

Ungleichungsrestriktionssystem, →Restriktionssystem, das ausschließlich aus →Ungleichungsrestriktionen besteht, d. h. keine →Gleichungsrestriktionen aufweist. – *Gegensatz:* →Gleichungsrestriktionssystem.

Ungleichungssystem, in den Wirtschaftswissenschaften häufig synonym für →Ungleichungsrestriktionssystem.

Unglück, frühere Bezeichnung des HGB für ein vom Arbeitnehmer nicht zu vertretendes Ereignis (z. B. Krankheit, eine richterliche oder polizeiliche Vorladung, Todesfall naher Angehöriger). Wird der →Handlungsgehilfe durch ein unverschuldetes U. an der Leistung der Dienste verhindert, so behält er seinen Anspruch auf Gehalt, jedoch nicht über die Dauer von sechs Wochen hinaus; eine Anrechnung der für die Zeit der Verhinderung von der Kranken- oder Unfallversicherung gezahlten Beträge findet nicht statt; eine abweichende Vereinbarung ist nichtig (§ 63 HGB).

UN-Handels- und Entwicklungskonferenz, →UNCTAD.

UNHCR, United Nations High Commissioner for Refugees, *Hoher Flüchtlingskommissar der Vereinten Nationen, Hochkommissar der Vereinten Nationen für Flüchtlinge,* Büro 1951 als Nachfolger der UNRRA (UN Relief and Rehabilitation Administration 1944–47) und der IRO (International Refugee Organisation, 1947–51) gegründet; Sitz in Genf. – *Aufgabe:* Betreuung und sinnvolle Ansiedlung politischer Flüchtlinge (displaced persons) und Ausgewiesener. 1984 wurden ca. 10,9 Mill. Flüchtlinge vom UNHCR betreut. Die Gesamtaufwendungen (1983) rd. 411 Mill US-$. – *Veröffentlichungen:* Refugees (monatlich); Press releases, reports.

UN-Hochkommissar für Flüchtlinge, →UNHCR.

UNICEF, United Nations Children's Fund, *Kinderhilfswerk der Vereinten Nationen, UN-Kinderhilfswerk, Weltkinderhilfswerk,* →Sonderorganisation der UN; Sitz in New York und Genf. Gegründet 1946 durch die Vollversammlung der UN. – *Organe:* Exekutivrat aus 41 Mitgliedern mit der Aufgabe der Aufstellung von Hilfsprogrammen und der Verwaltung der Hilfsfonds. Ausführendes Sekretariat in New York; unterhält ca. 90 Hilfsbüros (Field Offices) in den Ländern der Welt. – *Ziele:* Ursprünglich Betreuung notleidender Kinder im Nachkriegseuropa und in China; heute Verbesserung der Situation der Kinder in der Welt, insbes. in den Entwicklungsländern. – *Aktivitäten:* UNICEF fördert Hilfsprogramme in 113 Entwicklungsländern durch Lieferung von technischen Einrichtungen für den Aufbau von Kinderhilfsdiensten und von Finanzierungsmitteln für die Ausbildung von Fachpersonal; Grundprinzip ist das „basis services approach", Sicherstellung der Befriedigung der Grundbedürfnisse der Kinder in enger Zusammenarbeit mit öffentlich geförderten Hilfsdiensten in den betroffenen Ländern. Bereitstellung von Nothilfeprogrammen. Verbesserung der sanitären Verhältnisse, für 1981–90 proklamierte Internationale Dekade für Trinkwasser- und Sanitärversorgung (International Drinking Water Supply and Sanitation Decade). Das UNICEF-Budget wird aus freiwilligen Beiträgen von Regierungen, Organisationen und Personen finanziert; 1983 246 Mill US-$ (davon 25% aus privaten Quellen). – Wichtige *Veröffentlichungen:* UNICEF Report (jährlich); UNICEF News (vierteljährlich); Child Reference Bulletin; Assignment Children (vierteljährlich); State of the World's Children Report (jährlich).

UNIDO, United Nations Industrial Development Organization, *Organisation der Vereinten Nationen für industrielle Entwicklung, UN-Organisation für industrielle Entwicklung,* →Sonderorganisation der UN; Sitz in Wien. Gegründet durch Beschluß der UN-Vollversammlung vom 20.12.1965 und 17.11.1966; Beginn der Tätigkeit 1967. Nach Ratifizierung des UNIDO-Statuts durch mindestens 80 Signatarstaaten erlangte die UNIDO den Rang einer autonomen Sonderorganisation (bisher ist das Statut von 113 Ländern ratifiziert). – *Organe:* Rat für industrielle Entwicklung (gewählt von der UN-Vollversammlung) mit 45 Mitgliedern, tritt jährlich zusammen, Sekretariat, das als ausführendes Organ im Rahmen des →UNDP tätig ist. – *Ziele und Aufgaben:* Hauptziel ist die Förderung und Beschleunigung des industriellen Wachstums in den Entwicklungsländern und die Koordinierung der Tätigkeit der UN-Organisationen auf diesem Gebiet. Zu diesem Zweck berät und unterstützt die UNIDO mittels eines umfangreichen Expertenstabes die einzelnen Entwicklungsländer bei der Formulierung der nationalen Industriepolitik, der Programmplanung auf diesem Gebiet und der Vorbereitung und Verwirklichung von Einzelprojekten. Im Rahmen der UNIDO Kapitalhilfe und technologische Ressourcen an Entwicklungsländer. 1983 belief sich der Wert der von der UNIDO erbrachten technischen Hilfe auf 78 Mill. US-$. Insgesamt 1005 Experten waren weltweit im Rahmen von 1580 UNIDO-Projekten tätig. Weitere 509 Vorhaben im Gesamtwert von 70,5 Mill. US-$ wurden 1983 genehmigt. Gemäß Beschluß des UNIDO-Rates wird eine Datenbank für industrielle und technologische Informationen (Industrial and Technological Information Bank INTIB) errichtet, die u.a. die Auswahl der jeweils einzusetzenden Technologie

erleichtern soll. Richtungsweisend für die Tätigkeit der UNIDO ist die 1975 angenommene Lima-Deklaration und Aktionsplanung für industrielle Entwicklung und Zusammenarbeit *(Lima Declaration and Plan of Action on Industrial Development and Co-operation),* derzufolge die industrielle Entwicklung in den Entwicklungsländern der gesamten Welt bis 2000 um mindestens 25% gesteigert werden soll. Wichtiges Instrument der Entwicklungsförderung ist der im Dezember 1976 gemäß Beschluß der UN-Vollversammlung bei der UNIDO eingerichtete UN-Fonds für industrielle Entwicklung *(United Nations Industrial Development Fund UNIDF),* der mit insgesamt 50 Mill. US-$ jährlich ausgestattet wird. – Wichtige *Veröffentlichungen:* Industrialization and Productivity Bulletin; Industrial Research and Development News, UNIDO-Newsletter (monatlich); Industrial Development Survey (jährlich); Guide to Informations Sources (sechs Ausgaben jährlich).

Unifizierung, →Konsolidierung 3.

Union der Leitenden Angestellten (ULA), Spitzenverband der Führungskräfte in der deutschen Wirtschaft; Sitz in Essen. – *Aufgaben:* Vertretung der gemeinsamen gesellschaftspolitischen, rechtlichen, wirtschaftlichen und sozialen Interessen der in den Mitgliedsverbänden zusammengeschlossenen leitenden Angestellten.

Union der Sozialistischen Sowjetrepubliken, →Sowjetunion.

Union des Foires Internationales (UFI), *Union of International Fairs, Internationale Messe-Union,* Sitz in Paris. – *Aufgaben:* Gegenseitige Terminabstimmung, Information der internationalen Messen bzw. Messestädte untereinander. (In der Bundesrep. D.: Komitee für nationale Beteiligung an internationalen Messen, München). – *Mitglieder:* 131 Veranstalter mit 345 Messen in 54 Ländern.

Union Douanière Economique des Etäts de l'Afrique de l'Ouest, →UDEAO.

Union Douanière et Economique de l'Afrique Centrale, →UDEAC.

Union Européenne des Experts Comptables Economiques et Financiers (UEC), älteste der internationalen Berufsorganisationen der →Wirtschaftsprüfer; Sitz in Paris. – *Aufgaben:* Meinungsaustausch über alle Fragen, die den Berufsstand interessieren, über die Weiterentwicklung des betriebswirtschaftlichen Gedankenguts und über den Vergleich national unterschiedlicher Gegebenheiten; außerdem Empfehlungen in fachlichen und berufsrechtlichen Bereichen. – Das →Institut der Wirtschaftsprüfer in Deutschland e.V. vertritt den deutschen Berufsstand.

Union for the Coordination of the Production and Transport of Electric Power, →UCPTE.

Union für die Koordinierung der Erzeugung und des Transportes elektrischer Energie, →UCPTE.

Union Internationale des Transports Publics (UITP), 1885 gegründeter Internationaler Verein für öffentliches Verkehrswesen; Sitz in Brüssel.

Union pour la Coordination de la Production et du Transport de l'Électricité, →UCPTE.

union shop, in den USA seit dem Taft-Hartley-Act von 1947 verbreitete Vereinbarung zwischen Unternehmen und Gewerkschaften, nach der Arbeitnehmer innerhalb eines bestimmten Zeitraums nach ihrem Betriebseintritt der jeweils zuständigen Gewerkschaft beitreten müssen. – Vgl. auch →closed shop.

unique selling proposition (USP), Herausstellen einer einzigartigen Produkteigenschaft bei der Positionierung eines (neuen) Produkts; erstmals geprägt 1961 von R. Reeves. USP sollen durch Herausstellen eines einzigartigen Vorteils des Produkts den Konsumenten stärker als Konkurrenzprodukte beeindrucken und zum Kauf anregen. Durch Marktsättigung, hohen Ausreifungsgrad und geringe Qualitätsdifferenzen der Produkte wurde es notwendig, tatsächliche Produktvorteile durch „künstlich" geschaffene zu ersetzen. – Es ist sehr schwierig, erfolgreiche USP zu finden. In letzter Zeit verstärkter Trend zu *psychologischen USP* (Erlebnisorientierung).

United Nations, →UN.

United Nations Children's Fund, →UNICEF.

United Nations Committee on International Trade Law, →UNCITRAL.

United Nations Conference on the Law of the Sea, →UNCLOS.

United Nations Conference on Trade and Development, →UNCTAD.

United Nations Development Programme, →UNDP.

United Nations Educational, Scientific and Cultural Organization, →UNESCO.

United Nations Environmental Programme, →UNEP.

United Nations Fund for Population Activities, →UNFPA.

United Nations General Assembly (UNGA), →UN IV 1 a).

United Nations High Commissioner for Refuges, →UNHCR.

United Nations Industrial Development Organization, →UNIDO.

United Nations Safety Council (UNSC), →UN IV 1 b).

United Nations Trust Council (UNTC), →UN IV 1 d).

univariate Analysemethoden, Methoden der statistischen Datenanalyse, die nur eine Variable zum Gegenstand haben. Bezieht sich diese eine Variable nur auf einen *Zeitpunkt,* werden Häufigkeitsanalysen (absolute Häufigkeit, relative Häufigkeit, →Häufigkeitsverteilung) verwandt. – Erstreckt sich die Variable über einen *Zeitraum,* spricht man von →Zeitreihenanalyse. – *Gegensatz:* →multivariate Analysemethoden.

Universalbanken, →Banken, die mit jedermann Zahlungsverkehrs-, Plazierungs-, Finanzierungs- sowie Geld- und Kapitalanlagegeschäfte tätigen können. – *Gegensatz:* →Spezialbanken.

Universalismus, *neoromantische Schule, ganzheitliche Schule, Zweite Wiener Schule.*

I. Charakterisierung: Von dem österreichischen Soziologen und Nationalökonomen Spann u.a. in starker Anlehnung an Müller vertretene soziologische und nationalökonomische Richtung, die in Deutschland starken Anklang gefunden hat. Der U. setzt der atomistischen (nach Spann: individualistischen) Betrachtungsweise die ganzheitliche (nach Spann: universalistische, organische, organizistische) entgegen („die Wirtschaft ist ein Gefüge, das aus Ganzheiten besteht, die sich ihrerseits wieder in Unterganzheiten, Gliedern und Organen aufgliedern"); er erklärt das *Individuum* lediglich *als Glied der Gesellschaft* als sinnvoll existent. Dem einzelnen Gesellschaftsmitglied sind demzufolge Rechte und Pflichten auferlegt; befürwortet wird hierzu eine ständische Ordnung. Die unbeschränkte Handlungsfreiheit liberaler Prägung (→Liberalismus) wird als der Gesellschaft, dem Ganzen, schädlich bezeichnet. Die →Volkswirtschaft, wie auch die →Gesellschaft sind Ganzheiten, die wie Organismen nicht kausal erklärt, sondern lediglich teleologisch untersucht werden können.

II. Bedeutung: 1. Der U. wurde in der *Volkswirtschaftslehre* besonders weitgehend anerkannt seitens der katholischen sozialökonomischen Literatur. Von der modernen Wirtschaftstheorie kritisiert, da diese den Wirtschaftsablauf in der Zeit kausaltheoretisch zu erklären versucht. – 2. In der *Betriebswirtschaftslehre* blieb der Einfluß des U. gering, solange die Unternehmerwirtschaftslehre galt und Anerkennung fand. In der soziologischen Richtung der Betriebswirtschaftslehre sind Einflüsse des U. festzustellen, in betonter Abweichung vom →Kollektivismus. Die Auf-

fassung von einer natürlichen Unterschiedlichkeit der Gesellschaftsmitglieder (nicht
deren Gleichheit) und ihre organische Einordnung in das Ganze wird z. T. auf das betriebliche Arbeitsleben übertragen.

Universalität, *Allgemeinheit,* Merkmal der
→Softwarequalität. – *Inhalt:* Der Einsatzbe-
reich eines →Softwareprodukts sollte von
vornherein nicht auf eine einzige, ganz spezielle Aufgabe beschränkt werden, sondern
auch ähnliche Aufgaben umfassen *(Mehrfach-
verwendbarkeit).*

Universalpolice, früherer Begriff für →Ein-
heitsversicherung.

Universal Postal Union, →UPU.

Universalrechnung, →Rechnergruppen 2c).

Universalsukzession, Begriff des
→Erbrechts. U. bedeutet, daß jeder Verstorbene einen (oder mehrere) Gesamtnachfolger,
den →Erben, haben muß. Auf diesen gehen
mit dem →Erbfall (§ 1922 BGB) sein Vermögen und seine Verpflichtungen als Ganzes von
Rechts wegen über, ohne daß es einer besonderen Übertragung bedarf. – Vgl. auch
→Rechtsnachfolge.

universal time coordinated, →mitteleuropäi-
sche Zeit.

Universalversammlung, →Hauptversamm-
lung, an der alle →Aktionäre der AG teilnehmen. Auf diese Form- und Fristvorschriften
für die Einberufung der Hauptversammlung
wird die U., falls kein Teilnehmer widerspricht, verzichten können.

universeller Satz, →Allaussage.

Universität, älteste Form der Hochschule, auf
der die Gesamtheit der Wissenschaften, „uni-
versitas literarum", gelehrt wird. Verbindung
von Forschung und Lehre in der Person der
Professoren und durch Universitäts-Institute,
-Kliniken, -Laboratorien usw. Älteste U. im
deutschsprachigen Gebiet: Prag (1348), Wien
(1365), Heidelberg (1386). – *Bestehende U. im
Bundesgebiet:* a) *Baden-Württemberg:* Albert-
Ludwigs-Universität Freiburg; Universität
Heidelberg; Universität Hohenheim (Stutt-
gart); Universität Fridericiana Karlsruhe
(Technische Hochschule); Universität Kon-
stanz; Universität Mannheim; Universität
Stuttgart; Eberhard-Karls-Universität Tübin-
gen; Universität Ulm. – b) *Bayern:* Universität
Augsburg; Universität Bamberg; Universität
Bayreuth; Katholische Universität Eichstätt;
Friedrich-Alexander-Universität Erlangen-
Nürnberg; Ludwig-Maximilians-Universität
München; Technische Universität München;
Universität Passau; Universität Regensburg;
Julius-Maximilians-Universität Würzburg. –
c) *Bremen:* Universität Bremen. – d) *Ham-
burg:* Universität Hamburg. – e) *Hes-
sen:* Johann-Wolfgang-Goethe-Universität,

Frankfurt a. M.; Justus-Liebig-Universität
Gießen; Gesamthochschule Kassel (Universi-
tät des Landes Hessen); Philipps-Universität
Marburg. – f) *Niedersachsen:* Technische Uni-
versität Carolo-Wilhelmina zu Braunschweig;
Technische Universität Clausthal; Georg-
August-Universität Göttingen; Universität
Hannover; Universität Oldenburg; Universi-
tät Osnabrück. – g) *Nordrhein-Westfalen:*
Universität Bielefeld; Ruhr-Universität
Bochum; Rheinische Friedrich-Wilhelms-
Universität Bonn; Universität Dortmund;
Universität Düsseldorf; Universität-Gesamt-
hochschule-Duisburg; Universität-Gesamt-
hochschule-Essen; Fernuniversität-Gesamt-
hochschule Hagen; Universität zu Köln;
Westfälische Wilhelms-Universität Münster;
Universität-Gesamthochschule-Paderborn;
Universität-Gesamthochschule-Siegen; Bergi-
sche Universität-Gesamthochschule-Wupper-
tal. – h) *Rheinland-Pfalz:* Johannes-Guten-
berg-Universität Mainz; Universität Kaisers-
lautern; Universität Trier. – i) *Saarland:* Universität des Saarlandes (Saarbrücken). – k)
Schleswig-Holstein: Christian-Albrechts-Uni-
versität zu Kiel; Medizinische Universität zu
Lübeck. – In *Berlin (West):* Freie Universität Berlin, Technische Universität Berlin. –
Vgl. auch →Hochschule, →Technische Hochschule.

Unix, ein verbreitetes Betriebssystem für
→Mehrplatzrechner im Mini- und Mikrocom-
puterbereich; wird oft als →Industriestandard
für diese Rechnergruppen bezeichnet. U. ist in
der →Programmiersprache →C geschrieben
und aufgrund seiner Schichtenstruktur weitgehend hardwareunabhängig. – *Entwicklung:*
1969 in den Bell Laboratories des amerikanischen Konzerns AT & T für Minirechner für
→Betriebssysteme, für den Eigengebrauch bei
der →Softwareentwicklung entwickelt. Maßgeblich beteiligt an der Entwicklung war K.
Thompson. – Seit 1976 wird die U.-Lizenz von
AT & T angeboten. – Heute existieren eine
Vielzahl von *Varianten,* die sich v. a. in benut-
zernahen Komponenten unterscheiden;
bekannt sind neben den Versionen von AT &
T (z. B. Unix System V) die der University of
California in Berkeley (z. B. Unix 4.2 bsd) und
der Firma Microsoft (z. B. Xenix 5.0).

UN-Kinderhilfswerk, →UNICEF.

Unklarheitenregel, die im AGB-Gesetz enthaltene Regelung, wonach Zweifel bei der
→Auslegung zu Lasten des Verwenders
gehen.

**UN-Kommission für Internationales Han-
delsrecht,** →UNCITRAL.

unkompensierte Bankbilanz, →Bankbilanz,
in der keine Kompensationen (Aufrechnung
von Forderungen mit Verbindlichkeiten) vorgenommen worden sind. Es ist den Kreditinstituten jedoch in bestimmten Fällen vorge-

schrieben, einzelne Forderungsverhältnisse mit gleichwertigen Verbindlichkeiten oder ganze Aktivpositionen mit entsprechenden Passivpositionen aufzurechnen, so daß sie in der Bilanz nicht mehr erscheinen. – *Bedeutung:* Die u. B. ist für die →Zinsspannenrechnung von besonderer Bedeutung, da in ihr alle Forderungen und die Verpflichtungen ungekürzt in ihrer tatsächlichen Höhe, genau nach der Verzinslichkeit gegliedert, eingesetzt sind.

Unkorreliertheit, Begriff der →Korrelationsanalyse. U. zweier Variablen liegt vor, wenn ihre →Kovarianz und damit ihr (Maß)-→Korrelationskoeffizient Null ist. U. kann auch anhand des Spearman-Pearsonschen Rangkorrelationskoeffizienten festgelegt werden.

Unkosten, *Handlungsunkosten.* 1. Früher gebräuchliche Bezeichnung für die nicht einzeln je Auftrag erfaßbaren →Kosten. – 2. Umgangssprachlich häufig synonym für →Kosten verwendet. – In Kostenrechnung und -theorie als Begriff unüblich und abgelehnt.

Unland, Begriff des BewG. Land- und forstwirtschaftliche Betriebsflächen, die auch bei geordneter Bewirtschaftung keinen Ertrag abwerfen. Ein Wertansatz für U. entfällt. – Vgl. auch →land- und forstwirtschaftliches Vermögen.

unlautere Werbung, gem. UWG unzulässige Werbung (→unlauterer Wettbewerb). Zur Sicherung des Wettbewerbs sowie zum Schutze der Mitbewerber und Verbraucher werden Werbeaktivitäten Beschränkungen des UWG unterworfen. Besonders die Generalklausel des § 1 UWG (→sittenwidrige Werbung) sowie die §§ 3, 4 UWG (→irreführende Werbung) sind für die Werbung relevant. – Vgl. auch →Superlativ-Werbung, →vergleichende Werbung, →unterschwellige Werbung, →Werbebeschränkungen, →Werbeverbote.

unlauterer Wettbewerb. 1. *Rechtsgrundlage:* Gesetz gegen den unlauteren Wettbewerb (UWG) von 1909 (RGBl 499) mit späteren Änderungen sowie Ergänzungen durch Nebengesetze (u. a. →Zugabeverordnung, Rabattgesetz), rechtliche Regelung des Verhaltens von Unternehmen im Wettbewerb. – *Ziel des UWG:* Wahrung der Interessen der Mitbewerber, der Verbraucher und der Allgemeinheit; es sichert einen fairen Wettbewerb. *Anders:* →Kartellgesetz (Sicherung der Existenz des Wettbewerbs). – *Gesetzesentwicklung:* Durch die UWG-Novelle 1969 wurde u. a. das Verbot irreführender Werbung (§ 3; vgl. →irreführende Angaben) erweitert, der →Kaufscheinhandel eingeschränkt. Durch die UWG-Novelle 1986 wurde die →progressive Kundenwerbung (Schneeballsystem) verboten (§ 6 c), der Verbraucherschutz erweitert (u. a. Rücktrittsrecht bei irreführender Werbung)

und das Recht der →Sonderveranstaltungen verschärft. – 2. *Tatbestände:* a) *Generalklausel des § 1:* Im geschäftlichen Verkehr sind Handlungen, die gegen die guten Sitten verstoßen, zum Zwecke des Wettbewerbs verboten. Von der Rechtsprechung wurde ein differenziertes System von Verhaltensnormen entwickelt, zu unterscheiden in fünf *Fallgruppen* des u. W.: (1) Kundenfang; (2) Behinderung; (3) Ausbeutung; (4) Rechtsbruch; (5) Marktstörung. – b) *Generalklausel des § 3 (Irreführungsverbot),* ergänzend zu § 1: In der Werbung sind alle Angaben geschäftlicher Art zu unterlassen, die geeignet sind, irrezuführen, u. a. namentlich Angaben über Beschaffenheit, Ursprung, Herstellungsart und Preisbemessung der Ware (→irreführende Angaben). – c) *Sondertatbestände:* U. a. verschiedene Werbe- und Verkaufsaktionen (→Sonderveranstaltung, →Jubiläumsverkauf, →Räumungsverkauf, →Schlußverkauf), →Bestechung (vgl. dort II) von Beschäftigten, →Geheimnisverrat (vgl. dort I) und Schutz →geschäftlicher Bezeichnungen. – 3. *Rechtsfolgen:* Wer gegen die Bestimmungen des UWG verstößt, kann auf Unterlassung (Hauptanspruch, vgl. →Unterlassungsanspruch) →Widerruf (vgl. dort I) sowie bei Verschulden auf →Schadenersatz in Anspruch genommen werden. Einzelne Verstöße sind strafbar (u. a. →üble Nachrede, geschäftliche →Verleumdung). – 4. *Verfahren:* Der unmittelbar Verletzte sowie Mitbewerber, Interessenverbände zur Förderung gewerblicher Interessen und Verbraucherverbände können den Anspruch auf Unterlassung geltend machen, ausgenommen mißbräuchliche Geltendmachung (§ 13). – *Außergerichtlich* ist eine →Abmahnung mit strafbewehrter Unterwerfungserklärung üblich; die Kosten trägt der unlauter Handelnde.

unlösbares Restriktionssystem, →inkonsistentes Restriktionssystem.

unmittelbarer Besitzer, im Sinne des BGB derjenige, der die tatsächliche Gewalt über eine Sache selbst oder durch einen →Besitzdiener ausübt. – *Gegensatz:* →mittelbarer Besitzer.

unmittelbar kundenorientierte Produktion, *Auftragsproduktion, Bestellproduktion, Kontraktproduktion, Kundenproduktion, Vertragsproduktion,* Elementartyp der Produktion (→Produktionstypen), der sich aus dem Merkmal der Intensität der Beeinflussung der Produktgestaltung durch den Käufer ergibt. Bei u. k. P. werden Ausgestaltung bzw. Qualität und Lieferzeit der Produkte in erheblichem Maße von den Kunden unmittelbar beeinflußt. Die →Produktionsprogrammplanung und →Produktionsprozeßplanung wird hier i. d. R. erst nach dem Eingang der Kundenaufträge (→Kundenauftrag) durchgeführt, wenn man von standardisierten Vor-

und Zwischenprodukten absieht. – *Beispiele:*
Herstellung einer Stahlbrücke oder die Herstellung von Spezialrohren für den Primärkreislauf eines Kernkraftwerkes. – Vgl. auch →mittelbar kundenorientierte Produktion.

Unmöglichkeit, Begriff des BGB für ein Ereignis, das den Schuldner hindert, eine geschuldete Leistung zu erbringen. Die Folgen der U. einer vertraglich versprochenen oder sonstwie geschuldeten Leistung sind in den §§ 275 ff., 306 ff. und 323 ff. BGB geregelt. Die Rechtslage ist verschieden, je nachdem, ob es sich um eine →objektive Unmöglichkeit (i. a. nur als Unmöglichkeit bezeichnet) oder um →Unvermögen handelt. – In den *Allgemeinen Geschäftsbedingungen* sind Bestimmungen unwirksam, die für den Fall der vom Verwender zu vertretenden U. der Leistung das Recht des anderen Vertragsteils, sich vom Vertrag zu lösen, ausgeschlossen oder eingeschränkt oder das Recht des anderen Vertragsteils, Schadenersatz zu verlangen, ausgeschlossen oder eingeschränkt wird. Ähnlich bei einer Teilunmöglichkeit.

Unmöglichkeitstheorem. I. W i r t s c h a f t s -
o r d n u n g e n : 1. *Charakterisierung:* Erstmalig 1920 von L. von Mises aufgestellte Behauptung, daß in einer sozialistischen Wirtschaftsordnung mit Staatseigentum an den Produktionsmitteln eine rationale, knappheitsbezogene Güterallokation wegen fehlenden Marktverkehrs und daher wegen fehlender Marktpreise logisch zwingend unmöglich sei. Insbes. die unter Opportunitätskostengesichtspunkten durchzuführende Bestimmung des Investitionsvolumens und der Investitionsalternativen sei ohne Zugrundelegung knappheitsanzeigender Preise auf dem Kapital- und Bodenmarkt nicht rational durchführbar. – 2. In der Folgezeit wurde als Reaktion auf dieses logische U. eine Reihe von *Modellen* konzipiert, in denen bei Erfüllung der jeweils gesetzten Prämissen auch in einer sozialistischen (kollektivistischen) Wirtschaftsordnung eine rationale Güterallokation entweder durch staatlich-administrative Simulation der wettbewerblichen Preisfindung (→Konkurrenzsozialismus) oder auf Basis eines naturalen, alle Güterarten und -verwendungen umfassenden Bilanzierungsmodells (→Bilanzierungsmethode; K. P. Hensel) möglich ist. – 3. *Bedeutung der Modelle:* Die genannten Modelle lassen sich jedoch infolge unlösbar hoher Anforderungen an die Informationsgewinnungs- und -verarbeitungsmöglichkeiten der wirtschaftsleitenden Zentralinstanz und unrealistischer Verhaltensannahmen in bezug auf die in dem jeweiligen Wirtschaftssystem arbeitenden Menschen nicht verwirklichen, so daß zumindest das praktische U. (F. A. v. Hayek, W. Eucken) vertretbar erscheint.

II. F i n a n z w i s s e n s c h a f t / P o l i t i s c h e
Ö k o n o m i e : Vgl. →Arrow-Paradoxon.

unnotierte Anteile, →nichtnotierte Aktien und Anteile.

unnotierte Werte, Wertpapiere, die weder im amtlichen (→amtlicher Handel) noch im geregelten Börsenverkehr (→geregelter Markt; geregelter →Freiverkehr) notiert werden. Der Handel erfolgt nur im →ungeregelten Freiverkehr (Telefonverkehr). – Anders: →nichtnotierte Werte.

UNO, →UN.

UN-Organisation für industrielle Entwicklung, →UNIDO.

Unpfändbarkeit. I. B e g r i f f : U. bedeutet, daß bestimmte Gegenstände des Schuldners zur Vermeidung der →Kahlpfändung dem Zugriff der Gläubiger entzogen sind.

II. U n p f ä n d b a r e S a c h e n : 1. Dazu gehören v. a.: a) die dem persönlichen Gebrauch oder dem Haushalt dienenden Sachen, soweit der Schuldner ihrer zu einer seiner Berufstätigkeit und seiner Verschuldung angemessenen, bescheidenen Lebens- und Haushaltsführung bedarf, z. B. Kleider, Hausrat; b) Nahrungs- und Feuerungsvorräte für die nächsten vier Wochen oder der zur Beschaffung solcher Vorräte erforderliche Geldbetrag; c) bei Personen, die aus körperlicher oder geistiger Arbeit oder sonstigen persönlichen Leistungen ihren Erwerb ziehen, die zur Fortsetzung der Erwerbstätigkeit notwendigen Sachen, z. B. Handwerkszeug, Schreibmaschine, Bibliothek, Dienstkleidung; d) in Gebrauch genommene Geschäftsbücher, Trauringe usw.; e) nicht zur Veräußerung bestimmte und im häuslichen Bereich gehaltene Tiere mit einem Wert bis zu 500 DM (§ 811 ZPO). – 2. Der Schuldner kann bei der →Pfändung *auf die Geltendmachung der U.* verzichten; ein früherer Verzicht ist nichtig. – 3. *Gültigkeit der U.:* Die U. gilt nur für die →Zwangsvollstreckung wegen einer Geldforderung, nicht wenn der Titel auf Herausgabe lautet. Gerichtsvollzieher muß U. von Amts wegen beachten; bei Verstößen →Erinnerung (§ 766 ZPO). – 4. Der *U. wertvollerer Sachen* kann der Gläubiger mittels →Austauschpfändung entgegentreten.

III. B e s c h r ä n k u n g e n b e i P f ä n d u n g
v o n F o r d e r u n g e n : 1. Bei der *Lohnpfändung* sind bestimmte Beträge unpfändbar; einen ähnlichen Schutz genießen andere für persönlich geleistete Dienste oder Arbeiten zu zahlende Vergütungen (Einzelheiten vgl. →Lohnpfändung). – 2. Forderungen aus dem Verkauf *landwirtschaftlicher Erzeugnisse* sind unpfändbar, soweit die Einkünfte zur Aufrechterhaltung einer geordneten Wirtschaftsführung unentbehrlich sind (§ 851a ZPO). – 3. *Miet- und Pachtzinsen* werden insoweit geschützt, als die Einkünfte für den Schuldner zur laufenden Unterhaltung des Grundstücks, zur Vornahme notwendiger Instandsetzungsarbeiten unentbehrlich sind, und als sie zur

Befriedigung von Ansprüchen dienen, die bei einer Zwangsvollstreckung in das Grundstück dem Anspruch des Gläubigers nach § 10 ZVG vorgehen würden (z. B. regelmäßig Hypothekenzinsen, Tilgungsraten usw.). – 4. *Versorgungsbezüge* nach dem Bundesversorgungsgesetz sind auch für sieben Tage unpfändbar, wenn sie auf ein Konto überwiesen werden.

IV. G e r i c h t s b a r k e i t : Entscheidung über die U. obliegt auf →Erinnerung dem →Vollstreckungsgericht.

unproduktiver Lohn, irreführende, falsche Bezeichnung für →Hilfslöhne, d. h. für die nicht unmittelbar zur Produkterstellung anfallenden Löhne. – *Gegensatz:* →produktiver Lohn.

unrealisierte Gewinne, →nichtrealisierte Gewinne.

unrealisierte Verluste, →nichtrealisierte Verluste.

unregelmäßiger Verwahrungsvertrag, →Verwahrungsvertrag über bewegliche vertretbare Sachen, bei dem nach der Vereinbarung der Parteien das Eigentum an den Sachen auf den Verwahrer übergehen und dieser verpflichtet sein soll, Sachen von gleicher Art, Güte und Menge zurückzugewähren. Auf den u. V. finden die Vorschriften über das →Darlehen Anwendung (§ 700 BGB). – *Bedeutung:* Dem Depositengeschäft (→Einlagengeschäft) liegt der u. V. zugrunde.

unregelmäßige Verwahrung, →Summenverwahrung.

unrichtige Angaben, Aufstellung unwahrer Behauptungen. – 1. Vielfach *strafbar* und/oder zu *Schadenersatz* verpflichtend, je nach den Umständen als →Betriebsgefährdung, →Betrug, →Kreditgefährdung, →Verleumdung, →Urkundenfälschung u. a. – 2. *Werbung* unter Verwendung u. A. ist →unlauterer Wettbewerb, vgl. auch →unlautere Werbung. Wer in öffentlichen Bekanntmachungen oder anderen für einen größeren Personenkreis bestimmten Mitteilungen u. A. über *geschäftliche Verhältnisse* macht, die geeignet sind, den Anschein eines besonders günstigen Angebotes hervorzurufen, macht sich schadenersatzpflichtig, u. U. strafbar, und kann auf Unterlassung in Anspruch genommen werden (§§ 3, 4 UWG). Angaben über geschäftliche Verhältnisse sind insbesondere solche über Beschaffenheit, Ursprung, Herstellungsart oder Preisbemessung von Waren oder gewerblichen Leistungen, über die Art des Bezugs oder die Bezugsquellen von Waren, über den Besitz von Auszeichnungen, über Anlaß oder Zweck des Verkaufs oder über die Menge der Vorräte. – Vgl. auch →irreführende Angaben.

UNSC, United Nations Safety Council, →UN IV 1 b).

unscharfe Logik, →fuzzy logic.

unscharfe Menge, →fuzzy set.

UN-Seerechtskonferenz, →UNCLOS.

unselbständig Beschäftigte, →unselbständige Erwerbspersonen.

unselbständige Arbeit, Tätigkeit der →Arbeitnehmer; führt zu Einkünften aus u. A. (→Einkünfte IV).

unselbständige Erwerbspersonen, Begriff der →Arbeitsmarktstatistik für die in abhängiger Stellung in der Wirtschaft oder in Behörden und Instituten beschäftigte →Erwerbspersonen. – Zu den u. E. *gehören:* a) *Beschäftigte:* Arbeiter, Angestellte und Beamte; b) *Arbeitslose,* sofern sie arbeitsrechtlich zu den registrierten Arbeitsuchenden gehören (→Arbeitslosigkeit).

unsichere Forderung, →dubiose Forderung.

Unsicherheit, Ungewißheitsgrad, der auf der Unvorhersehbarkeit zukünftiger Ereignisse basiert. – *Zu unterscheiden:* a) *U. 1. Ordnung:* Es sind keine →Wahrscheinlichkeiten für den Eintritt zukünftiger Ereignisse bekannt, sondern nur, daß bestimmte Ereignisse eintreten können. – b) *U. 2. Ordnung:* Es ist unbekannt, welche Ereignisse in der Zukunft auftreten können. – Vgl. auch →Ungewißheit, →Risiko, →Sicherheit.

UN-Sicherheitsrat, →UN IV 1 b).

unsichtbare Hand, →Tatonnement.

unsichtbarer Handel, *invisibles,* Teil des grenzüberschreitenden Leistungsverkehrs, der weder Warenhandel noch →einseitige Übertragungen umfaßt, sondern Faktor- und Dienstleistungen (z. B. Zahlungen für Schiffsfracht, Hafen- und Kanalabgaben in ausländischen Häfen, Zahlungen im Reiseverkehr). U. H. wird in der →Dienstleistungsbilanz erfaßt.

unständig Beschäftigte, Personen, die nicht in einem auf Dauer gerichteten Arbeitsverhältnis stehen. – 1. *Arbeitsrecht:* Vgl. →befristetes Arbeitsverhältnis. – 2. *Sozialrecht* (§§ 441 ff. RVO): Personen, deren Beschäftigung der Natur der Sache nach (Hafenarbeiter, Arbeiter an Ladestraßen) bzw. durch Arbeitsvertrag beschränkt (Verkäufer im Inventurausverkauf) weniger als eine Woche dauert. U. B. gehören zu den Pflichtversicherten der gesetzlichen Kranken- und Rentenversicherung; sie sind für die Anmeldung selbst verantwortlich. – 3. *Lohnsteuerrecht:* Vgl. →Teilzeitbeschäftigte.

Untätigkeitsklage, →Verpflichtungsklage.

UNTC, United Nations Trust Council, →UN IV 1 d).

Unteragent, →Untervertreter.

unter Aufgabe (u. A.), Vermerk in Geschäftsbriefen, mit dem um Mitteilung an den Geschäftspartner gebeten wird. „Für die entstandenen Kosten bitten wir Sie, uns u. A. zu belasten" besagt, daß von der erfolgten Belastung des Kontos Mitteilung (Aufgabe) gegeben werden soll.

Unterbeschäftigung, durch konjunkturelle →Arbeitslosigkeit gekennzeichnetes Unterschreiten des normalen →Beschäftigungsgrades (Auslastungsgrades) des gesamtwirtschaftlichen Arbeitspotentials, dem durch eine Vollbeschäftigungspolitik (→Beschäftigungspolitik) entgegengewirkt werden soll. – *Gegensatz:* →Überbeschäftigung.

Unterbeteiligung, Beteiligung eines Dritten an einem Gesellschaftsanteil. – *Rechtlich* i. d. R. eine →Gesellschaft des bürgerlichen Rechts als bloße →Innengesellschaft. – *Steuerliche Behandlung:* a) *atypische U.:* Der Unterbeteiligte kann u. U. als →Mitunternehmer behandelt werden; b) *typische U.:* Der Anteil des Unterbeteiligten am Gewinnanteil des Hauptbeteiligten aus dessen Sicht ist entwder Sonderbetriebsausgabe oder nichtabzugsfähige Einkommensverwendung (§ 12 Nr. EStG; aus der Sicht des Unterbeteiligten stellt er entweder Einnahme aus Kapitalvermögen oder nichtsteuerpflichtige Vermögensvermehrung dar.

Unterbevölkerung, Spannungszustand zwischen ökonomischen Möglichkeiten und Bevölkerungszahl, dessen wesentliches Merkmal Menschenarmut ist; diese führt zur Unterauslastung der Produktionsmittel und zu einer wenig entwickelten, unrentablen Infrastruktur, weil die Absatzmöglichkeiten fehlen. – *Gegensatz:* →Überbevölkerung. – Vgl. auch →Bevölkerungsoptimum.

Unterbewertung, bilanzieller Wertansatz a) von Aktivposten mit einem niedrigeren oder b) von Passivposten mit einem höheren als dem rechtlich zulässigen Wert. Konsequenz der U. sind →stille Rücklagen. – Wird durch U. die Vermögens- und Ertragslage einer Aktiengesellschaft vorsätzlich unrichtig wiedergegeben oder verschleiert, so ist der Jahresabschluß nichtig (§ 256 V AktG, analoge Anwendung dieser Vorschrift auf GmbHs). Besteht der Verdacht einer unzulässigen U., so kann bereits eine Minderheit der Aktionäre, deren Anteile zusammen 5% des Grundkapitals oder den Nennbetrag von 1 Mill. DM erreichen, beim zuständigen Gericht eine Sonderprüfung gem. § 258 AktG beantragen. – Vorsätzliche unzulässige U. bei Kapitalgesellschaften wird mit Freiheitsstrafe bis zu drei Jahren oder mit Geldstrafe bestraft.

Unterbieten, →Preisunterbietung.

Unterbilanz, mit verschiedenen Inhalten verwendeter Begriff. – 1. Bei Kapitalgesellschaften ist U. gegeben, wenn nach Verrechnung mit den →offenen Rücklagen in der →Jahresbilanz oder in einer Zwischenbilanz (mindestens) ein Verlust in Höhe des halben →gezeichneten Kapitals vorliegt (vgl. § 92 I AktG, § 49 III GmbHG). Die Bewertung zur Ermittlung der U. erfolgt nach den Grundsätzen für die Jahresbilanz. Bei U. besteht die Verpflichtung des Vorstands bzw. der Geschäftsführer zur Verlustanzeige gegenüber Gesellschafterversammlung (ähnlich bei Genossenschaften). – 2. Bei Kapitalgesellschaften wird bei U. in der Jahresbilanz auf der Aktivseite ein Fehlbetrag gem. § 268 III HGB (buchmäßige Überschuldung) ausgewiesen. Bei Einzelfirmen und Personengesellschaften entspricht dem Fehlbetrag das →negative Kapital bzw. der negative Saldo aller Kapitalkonten. – 3. U. im Falle einer →Überschuldungsbilanz wegen mangelnder Deckung der Schulden durch das Vermögen.

Unterbrechen der Tätigkeit, →Ablaufabschnitte, in denen der Mensch nicht der Erfüllung der Arbeitsaufgabe (→Tätigkeit) dient. – *Arten:* a) ablaufbedingtes Unterbrechen (= planmäßiges Warten des Menschen auf das Ende von Ablaufabschnitten, bei der Betriebsmittel oder Arbeitsgegenstand zeitbestimmend sind, Bestandteil der →Grundzeit); b) störungsbedingtes Unterbrechen (= zusätzliches Warten infolge von technischen oder organisatorischen Störungen sowie Mangel an Informationen, Bestandteil der →sachlichen Verteilzeit); c) Erholen (→Erholungszeit); d) persönlich bedingtes Unterbrechen (Ursache für Nichttätigkeit beim Menschen, Bestandteil der →persönlichen Verteilzeit).

Unterbrechung. I. Z i v i l p r o z e ß : Besondere Form des Stillstandes eines Prozesses. – 1. *Eintritt:* Die U. tritt ein bei bestimmten Ereignissen, z. B. Tod einer Partei, Eröffnung des Konkursverfahrens, Eintritt der Nacherbfolge oder Nachlaßverwaltung, Wegfall des →gesetzlichen Vertreters, ferner bei Stillstand der Rechtspflege infolge Kriegs- oder anderer Ereignisse (§§ 239–250 ZPO). – 2. *Wirkung:* Lauf aller →Fristen (auch →Notfristen) hört auf und beginnt nach Beendigung der U. neu. Prozeßhandlungen (z. B. Zustellungen, Rechtsmitteleinlegung) sind der anderen Partei gegenüber ohne rechtliche Wirkung. – 3. *Ende:* Die U. endet, wenn der Rechtsstreit durch →Zustellung eines bei Gericht einzureichenden Schriftsatzes wiederaufgenommen wird. Aufnahmeberechtigt sind: bei Tod einer Partei deren Rechtsnachfolger (→Erbe); bei Verzögerung der Gegner (§ 239 ZPO); bei Konkurseröffnung und in den übrigen Fällen kann i. d. R. jede Partei die Fortsetzung des Rechtsstreits herbeiführen, wenn der Zweck des Verfahrensstillstands erreicht ist. – 4. *Anders:* →Ruhen des Zivilprozesses.

II. V e r s i c h e r u n g s w e s e n : Vorübergehende Einstellung des Herstellungsprozesses, durch die Schäden erwachsen. – Vgl. auch →Betriebsunterbrechungs-Versicherung.

III. Arbeitswissenschaft: Vgl. →Unterbrechen der Tätigkeit.

unterbrochene Renten, →Renten.

Unterdeckung der Kosten, →Kostenunterdeckung.

unter dem Strich, Angaben im Zusammenhang mit der Aufstellung einer →Bilanz, aber außerhalb von ihr, nämlich unterhalb der Bilanzsumme (ähnlich: Angaben in der Vorspalte). Angaben u. d. St. haben einen die Bilanz ergänzenden Charakter und sind in bestimmten Fällen gesetzlich vorgeschrieben (§ 251 HGB). – Vgl. auch →Eventualforderungen und -verbindlichkeiten.

unterentwickelte Länder, →Entwicklungsländer.

Untererfassung, in der Statistik der Fall, daß bei einer →Erhebung die Untersuchungsgesamtheit nur eine mehr oder minder große Teilmenge der →Grundgesamtheit ist, auf die die Untersuchung abzielt.

Untergesellschaft, →Organgesellschaft.

Untergruppe, →Gruppe II 2 b).

Unterhalt, Natural- oder Geldzuwendungen, die den Lebensbedarf des Berechtigten decken sollen. – 1. *Familienrechtliche* Verpflichtung: Vgl. →Unterhaltspflicht. – Zuwendungen unter Lebenden zum angemessenen U. unterliegen nicht der →Erbschaftsteuer (§ 13 Nr. 12 ErbStG). – Einkommensteuerlich können →Unterhaltsaufwendungen beim Geber unter gewissen Voraussetzungen als →außergewöhnliche Belastung oder →Sonderausgaben berücksichtigt werden (vgl. im einzelnen →Unterhaltsleistungen). – 2. Bestandteil des →*Arbeitslohns:* Vgl. →Sachbezüge.

Unterhaltsanspruch, →Unterhaltspflicht.

Unterhaltsgeld. 1. *Begriff:* Von den Dienststellen der →Bundesanstalt für Arbeit (Arbeitsämter) aus Mitteln der →Arbeitslosenversicherung gewährte Leistung an Teilnehmer an Maßnahmen zur beruflichen Fortbildung oder Umschulung mit ganztägigem Unterricht. Gesetzliche Verpflichtungen von anderen öffentlich-rechtlichen Stellen zur Gewährung gleichwertiger Leistungen (mit Ausnahme der Sozialhilfe) bleiben vorrangig. Das Arbeitsamt kann vorleisten. – 2. *Höhe:* a) Für Teilnehmer mit mindestens einem Kind oder dessen Ehegatte wegen Pflegebedürftigkeit keine Erwerbstätigkeit ausübt, 70%, für andere Teilnehmer 65% des um die gesetzlichen Abzüge, die bei Arbeitnehmern gewöhnlich anfallen, verminderten Arbeitsentgelts, vorausgesetzt, die Teilnahme an der Bildungsmaßnahme ist notwendig, damit ein Antragsteller, der (1) arbeitslos ist, beruflich einge-

gliedert wird, (2) von Arbeitslosigkeit unmittelbar bedroht ist, nicht arbeitslos wird oder (3) keinen beruflichen Abschluß hat, eine berufliche Qualifikation erwerben kann. – b) In allen anderen Fällen beträgt das U. 58% (nur als Darlehen). – c) Besteht nach Beendigung der Maßnahme Arbeitslosigkeit, wird ein *gekürztes U.* gewährt, das so hoch ist wie das entsprechende →Arbeitslosengeld. Hierzu jährlich Rechtsverordnung des Bundesministers für Arbeit und Sozialordnung mit Leistungssätzen (entsprechend wie beim Arbeitslosengeld).

Unterhaltskonzept, Begriff der Statistik der →Erwerbstätigkeit, bei der die Bevölkerung nach der Quelle ihres überwiegenden Lebensunterhalts gegliedert wird. Das sind Erwerbstätigkeit, Arbeitslosengeld/-hilfe, Rente u. dgl., Unterhalt durch Angehörige. – *Anders:* →Erwerbskonzept.

Unterhaltsleistungen. 1. *U. an bedürftige Angehörige:* Aufwendungen für den →Unterhalt sowie etwaige Berufsausbildung einer Person, für die kein →Kinderfreibetrag gewährt wird, können als →außergewöhnliche Belastungen berücksichtigt werden (§ 33 a I EStG). – 2. *U. an den geschiedenen oder dauernd getrennt lebenden Ehegatten* (→Unterhaltspflicht): Können beim Geber mit Zustimmung des Empfängers auf Antrag (bis zu 18000 DM im Kalenderjahr) als →Sonderausgaben vom →Gesamtbetrag der Einkünfte abgezogen werden (§ 10 I Nr. 1 EStG). Insoweit als die U. beim Geber als Sonderausgaben berücksichtigt werden, sind sie beim Empfänger als →sonstige Einkünfte zu versteuern (§ 22 Nr. 1 a EStG; →Realsplitting). Ist der geschiedene Ehegatte nicht unbeschränkt einkommensteuerpflichtig oder wird ein Antrag nicht gestellt, kommt ein Abzug als →außergewöhnliche Belastung gem. § 33 a I EStG (vgl. 1.) in Betracht. – 3. *U. in Form von Unterhaltsrenten:* Zur steuerlichen Behandlung vgl. →Rentenbesteuerung II 9.

Unterhaltspflegschaft, eine zur Wahrnehmung von Unterhaltsansprüchen (→Unterhaltspflicht), insbes. von minderjährigen Kindern gegen Eltern, angeordnete →Pflegschaft. Für die Geltendmachung von Unterhaltsansprüchen →nichtehelicher Kinder ist die U. durch das Gesetz angeordnet (§ 1706 BGB); Pfleger ist das Jugendamt.

Unterhaltspflicht, im →Familienrecht die Verpflichtung, für die Lebensbedürfnisse einer anderen Person sorgen zu müssen. – 1. *Berechtigter:* Unterhaltsanspruch besteht namentlich zwischen Ehegatten (§ 1360 BGB), zwischen Verwandten in gerader Linie (§§ 1601 ff. BGB), insbes. also zwischen Eltern und Kindern, wozu auch das →nichteheliche Kind zählt (§ 1589 BGB), zwischen einem für ehelich erklärten Kind und seinem Vater (§ 54 BGB), zwischen Adoptiveltern und Adoptivkind (§§ 1757, 1766 BGB), zwischen geschiedenen Ehegatten bei entsprechenden Bedürfnissen (§§ 1569 ff. BGB) (sog. Unterhaltsrente an geschiedene Ehefrau). – Dagegen besteht *keine* U. zwischen Geschwistern und Verschwägerten (vgl. →Verwandtschaft). – 2. *Voraussetzungen:* Bedürftigkeit des Unterhaltsberechtigten und Leistungsfähigkeit des Unterhaltspflichtigen. – a) Bedürftig ist, wer sich weder aus seinem Einkommen noch aus seinem Vermögen unterhalten kann. Ein minderjähriges unverheiratetes Kind oder ein Ehegatte gegen den anderen gelten jedoch trotz eigenen Vermögens schon als unterhaltsberechtigt, wenn die Vermögens- und Arbeitserträge zum Unterhalt nicht ausreichen. – b) Leistungsfähig ist für die Gewährung von Unterhalt nur, wer dazu bei Berücksichtigung seiner sonstigen Verpflichtungen und ohne Gefährdung des eigenen angemessenen Unterhalts imstande ist (§ 1603 BGB). – c) Bei der U. gegenüber einem nichtehelichen Kind spielt ebenfalls die Bedürftigkeit des Kindes und die Leistungsfähigkeit des Vaters eine Rolle, jedoch ist i. d. R. als Mindestunterhalt der durch VO festgesetzte Regelunterhalt zu zahlen. – 3. *Höhe:* a) Der Umfang der U. zwischen Verwandten bestimmt sich nach der Lebensstellung des Unterhaltsberechtigten (angemessener Unterhalt). Zum Unterhalt gehören auch die Kosten der Erziehung und einer angemessenen Vorbildung zu einem Beruf (§ 1610 II BGB). Für Kinder aus geschiedenen Ehen oder bei Getrenntleben der Eltern richtet sich der Mindestunterhalt nach den Grundsätzen des →Regelunterhaltes für nichteheliche Kinder (§ 1610 III BGB). – b) In bestimmten Fällen kann nur der notdürftige Unterhalt (also nicht der angemessene) verlangt werden, insbesondere, wenn jemand durch sittliches Verschulden bedürftig geworden ist oder sich einer die Entziehung des →Pflichtteils rechtfertigenden Verfehlung schuldig gemacht hat (§ 1611 BGB). – c) Vgl. auch →vereinfachte Abänderung von Unterhaltsrenten. – 4. *Form* des Unterhalts ist i. d. R. eine monatlich im voraus zu zahlende Geldrente (§§ 1612, 1615a BGB). Bei unverheirateten Kindern bestimmten die Eltern Art und Zeit des Unterhalts; aus besonderen Gründen kann das Vormundschaftsgericht auf Antrag des Kindes die Bestimmung der Eltern ändern (§ 1612 II BGB). – 5. *Verjährung des Anspruchs auf rückständige Unterhaltsbeiträge:* Die Verjährungsfrist beträgt vier Jahre (§ 197 BGB).

Unterhaltssicherung, Leistungen an die Familienangehörigen eines zum →Wehrdienst einberufenen Wehrpflichtigen, die es der Familie ermöglichen sollen, während dieser Zeit einen nach den bisherigen wirtschaftlichen Verhältnissen angemessenen Lebensstandard beizubehalten; geregelt im Gesetz über die Sicherung des Unterhalts der zum Wehr-

dienst einberufenen Wehrpflichtigen und ihrer Angehörigen (Unterhaltssicherungsgesetz – USG) i. d. F. vom 9. 9. 1980 (BGBl I 1685).

Unterhaltsverträge, →nichteheliches Kind 6.

Unterhaltsvorschuß, Anspruch eines Kindes bis zur Vollendung des 6. Lebensjahres im Rahmen der →Sozialhilfe nach dem Gesetz zur Sicherung des Unterhalts von Kindern alleinstehender Mütter und Väter durch Unterhaltsvorschüsse oder -ausfalleistungen vom 23. 7. 1979 (BGBl II 1184) in Höhe des →Regelbedarfes bei nichtehelichen Kindern (z. Zt. 228 DM monatlich) für längstens 36 Monate, wenn es bei einem ledigen, verwitweten, geschiedenen oder getrennt lebenden Elternteil ist und nicht oder nicht regelmäßig vom anderen Elternteil Unterhalt erhält oder die Waisenbezüge unter dem Regelbedarf liegen.

Unterkapitalisierung, Mischverhältnis zwischen Betriebs- bzw. Umsatzgröße und Kapitalhöhe infolge ungenügender Ausstattung bei der Gründung oder bei einem Anwachsen der Kapitalbedürfnisse oder bei starken Kapitalverlusten. I. d. R. ist das Anlagevermögen im Vergleich zu Eigen- bzw. langfristigem Fremdkapital zu groß. Es droht →Illiquidität. – *Gegensatz:* →Überkapitalisierung.

Unterkonsumtionstheorien. 1. *Begriff:* Sammelbezeichnung für diejenigen Theorien, die die Entscheidung von →Konjunkturen damit erklären, daß das zum Kauf von Konsumgütern verwendbare oder verwandte Einkommen unzulänglich sei, also mit einem Mißverhältnis zwischen dem Gesamtkonsum und der Netto-Investition. – *(Variante der U.:* Unterkonsumtion wird im Sinne von „Übersparen" verstanden. Dadurch, daß ein zu großer Teil des laufenden Einkommens gespart und ein zu kleiner Teil für Konsumgüter ausgegeben wird, entsteht Ungleichgewicht zwischen Produktion und Absatz. – 2. *Wichtigste Vertreter der U.:* Malthus, Sismondi, Hobson, Foster, Lederer, Preiser, Hayek. – 3. *Inhalt der U.:* Die Unterkonsumtion wird in zwei Versionen *erklärt:* a) Die Krise entsteht nicht durch plötzliches Steigen der Sparrate, d. h. durch Sinken der Nachfrage nach Konsumgütern, sondern durch ein schnelles Steigen des Angebots an Konsumgütern, das durch den Investitionsprozeß im Aufschwung ermöglicht wird. – b) Der Angebotsüberschuß wird durch den →Lohn-lag erklärt. Im Aufschwung steigen die Löhne langsamer als die Preise, was zu hohen Gewinnspannen bei den Unternehmern führt. Durch erhöhte Selbstfinanzierung und übersteigerte Gewinnerwartungen werden zusätzliche Investitionen durchgeführt, die zur Kreditinflation führen, da die Zinssätze angesichts der relativen hohen Selbstfinanzierungsrate vergleichsweise niedrig sind. – 4. *Folgerungen:* Wenn Version a) Gültigkeit besitzt, kann die Krise durch geeignete Geldpolitik und Fiskalpolitik vermieden werden, die geplante Ersparnis und die zu hohe geplante Investition in der Ausgangslage einander angepaßt werden. Bei Geltung der Version b) kann die Krise mit Maßnahmen der Verteilungspolitik, d. h. rechtzeitige Anpassung der Löhne an das Preisniveau und der damit verbundenen Umverteilung der Gewinne erzielt werden. – 5. *Kritik:* Es fehlt eine Erklärung des Aufschwungs; da nur eine Erklärung von Krisen bzw. Depressionen gegeben wird, bieten die U. keine abgerundete Zykluserklärung. – Vgl. auch →Überproduktionstheorie.

Unterkundengeschäft, →Kaufscheinhandel.

Unterkünfte, →Gemeinschaftsunterkünfte, die Gewerbeunternehmer den von ihnen beschäftigten Arbeitnehmern selbst oder aufgrund eines Rechtsverhältnisses mit einem Dritten durch diesen zum Gebrauch überlassen. Nach dem Gesetz über die Mindestanforderungen an U. für Arbeitnehmer vom 23.7.1973 (BGBl I 905) haben Unternehmer dafür zu sorgen, daß diese U. so beschaffen, ausgestaltet und belegt sind und so benutzt werden, daß die Gesundheit und das sittliche Empfinden der Arbeitnehmer nicht beeinträchtigt werden (§ 120c GewO). – Vgl. auch →Wohnung.

Unterlassungsanspruch, bei rechtswidrigen Eingriffen auch ohne →Verschulden des Verletzers stets gegebener Anspruch, und zwar in Form der →vorbeugenden Unterlassungsklage oder →wiederherstellenden Unterlassungsklage zur Verhinderung künftiger bzw. Beseitigung noch fortdauernder Beeinträchtigungen. – *Erzwingung der Unterlassung* nach vorausgegangener Strafandrohung durch Verurteilung des Schuldners zu Ordnungsgeld oder Ordnungshaft auf entsprechenden Antrag des Gläubigers beim Prozeßgericht des ersten Rechtszuges (§ 890 ZPO).

Unterlassungsklage, →Unterlassungsanspruch, →vorbeugende Unterlassungsklage, →wiederherstellende Unterlassungsklage.

Untermakler, *Zwischenmakler,* Beauftragter des →Handelsmaklers, der nicht persönlich tätig sein muß. Das Vertragsverhältnis zwischen Handelsmakler und U. ist kein →Dienstvertrag, sondern ein Vertrag eigener Art. Ein Anspruch des U. auf Vergütung, die er von dem Handelsmakler erhält, entsteht nur, wenn seine Tätigkeit für den Geschäftsabschluß mit ursächlich war.

Untermieter. I. Mietrecht: Mieter eines Teiles oder der ganzen Mietsache, die er vom Mieter (Hauptmieter) gemietet hat. Ein U. steht zum Vermieter des Hauptmieters nicht im Vertragsverhältnis; wegen der Mieterpflichten ist er dem Vermieter gegenüber →Erfüllungsgehilfe.

II. Amtliche Statistik: Haushalte, denen Teile einer →Wohnung vom Wohnungsinhaber (Gebäudeeigentümer, Wohnungseigentümer, Hauptmieter) überlassen wurden, unabhängig davon, ob Miete gezahlt wird oder nicht oder wie viele Räume dem U. überlassen wurden; außerdem die Haushalte in völlig untervermieteten Wohnungen (Wohnungen ohne Inhaber), die mit dem nicht selbst darin wohnenden Gebäude-, Wohnungseigentümer oder Hauptmieter über Teile der Wohnung einen Mietvertrag abgeschlossen haben.

Unternehmen, v. a. in Gesetzestexten und in der Wirtschaftszweigsystematik verwendete Bezeichnung für →Unternehmung.

Unternehmen..., →Unternehmung...

Unternehmensaufspaltung, →Betriebsaufspaltung.

Unternehmensberatung, →Managementberatung.

Unternehmensbesteuerung. I. Begriff: Besteuerung bestimmter, im wirtschaftlichen Organisationsgebilde →Unternehmung feststellender Tatbestände. U. erstreckt sich auf Unternehmungen jeglicher Rechtsform; sie erfaßt die Tätigkeit der Kombination von Produktionsfaktoren in Einzelunternehmungen, Personengesellschaften, Kapitalgesellschaften, in ihrer weitesten Ausdehnung auch in den „Unternehmen" der freiberuflichen Tätigkeit. – *Gegensatz:* →Haushaltsbesteuerung.

II. Theoretische Ansätze: 1. *Darstellung:* a) *Integrationstheorie:* Dieser Ansatz postuliert die Überflüssigkeit einer eigenen U., da letztlich alle Unternehmenserträge durch Entnahme oder Ausschüttung zu persönlichen Einkommen der Anteilseigner würden. Zur Verwirklichung ist die →comprehensive tax base erforderlich. Auch die nicht entnommenen bzw. nicht ausgeschütteten Gewinne müßten persönliches Einkommen sein, wie von der Teilhabersteuer gefordert. Soweit aber Gewinne von den Körperschaften einbehalten werden, würde die Integrationstheorie eine Körperschaftsteuer nur als zweitbeste Lösung akzeptieren, um diese Gewinne nicht der Besteuerung endgültig vorzuenthalten. – b) *Separationstheorie:* Dieser Ansatz fordert eine eigene Körperschaftsteuer, weil sie in den Körperschaften eigenständige Wirtschaftseinheiten, Macht- und Einflußfaktoren und Institutionen mit besonderer „Leistungsfähigkeit" sieht, die einer Sondersteuer bedürfen. – 2. *Kritik:* a) Die *Integrationstheorie* unterschlägt den Umstand, daß nach der wirtschaftstheoretischen Grundanschauung Einkommen nur natürliche Personen haben können, und daß dazu eine tatsächliche ökonomische Verfügungsgewalt über den Einkommenszugang vorliegen muß. Nicht in die Dispositionsgewalt der einzelnen Wirtschaftssubjekte gelangte Ertragsanteile können daher kein Einkommen sein. Von diesem Grundsatz her kann die Integrationstheorie nicht überzeugen. – b) Gegen die *Separationstheorie* läßt sich vorbringen, daß allein die Rechtsform und die besondere Ertragskraft einer Unternehmung nicht eine Sondersteuer rechtfertigen. Die hohe Ertragsfähigkeit hängt von vielen ökonomischen Faktoren ab, nicht allein von der Größe und der Rechtsform der Unternehmung. Schließlich ist das Leistungsfähigkeitsprinzip für die U. ungeeignet, da es auf die persönlichen Verhältnisse des Besteuerten Rücksicht nehmen soll; diese aber haben in einer objektiven auf die Ertragskraft abgestellten U. keinen Platz. – 3. *Folgerung:* Die U. fordert steuerliche *Allokationsneutralität.* Unter rationalem Aspekt soll eine Sonderbesteuerung einer höheren Ertragskraft unterbleiben, da sie die Motivation zur betrieblichen Leistung hemmt und höhere Erträge steuerlich bestraft. Daraus folgt, daß für die Besteuerung die allokative Sphäre des Wirtschaftens strikt zu trennen ist von der distributiven: Der letzteren, in der das Einkommen entsteht und verwendet wird, ist die →Einkommensbesteuerung zuzuordnen; der ersteren, in der Erträge entstehen und verwendet werden, ist die U. zuzuordnen. – Eine „reine" U. mit Allokationsneutralität ist eine objektivierte Form der Unternehmensteuer, rechtsformneutral, mit möglichst breiter Bemessungsgrundlage und ohne Zweifachbelastung der Gewinnausschüttungen bzw. -entnahmen. Die Konzepte der Unternehmensteuer nach Flume und der Betriebsteuer kommen ihr am nächsten. Die U. steht der persönlichen Besteuerung des Einkommens der Haushalte und Individuen diametral gegenüber, darf aber neben ihnen als ein Baustein des Steuersystems gelten. Solche Systemelemente sind in der Finanzwissenschaft und in der Steuerrechtswissenschaft immer wieder in die Diskussion gebracht worden, um die Personalbesteuerung von störenden Allokationszielen und -wirkungen freizuhalten und umgekehrt die U. nicht mit Verteilungszielen und -wirkungen zu befrachten.

III. K o n z e p t e (nach den steuerlichen Tatbeständen): 1. Auf die *Steuerzahllast* abstellendes Konzept: U. umfaßt alle von einer Unternehmung abzuführenden Steuern, d. h. Steuern aufgrund eigener wertschöpfender Tätigkeit, Steuern, die in den Preisen überwälzt werden sollen (Kostensteuern, z. B. Steuern auf Erwerb, Einsatz, Herstellung und Absatz) und Steuern, die im Quellenabzug für andere Steuerpflichtige einbehalten und abgeführt werden. – 2. Auf die *Steuerertragslast* abstellendes Konzept: Die →Quellensteuern (z. B. Lohnsteuer, körperschaftliche Anrechnungsteuer) werden ausgegrenzt; alle jene Steuern, die die Steuerertragslast für eine

Unternehmung bestimmen können, werden in Anbetracht nicht gelungener Überwälzung eingeschlossen, u. a. auch Umsatz- und Verbrauchsteuern auf Güter. – 3. Auf die *Wertschöpfung* abstellendes Konzept: Geht man davon aus, daß der Steuerdestinatar der Umsatz- und Verbrauchsteuern der Erwerber der Güter und Dienste des Unternehmens ist, gelangt man zum Konzept der U., das an die eigene wertschöpfende Tätigkeit der Unternehmung anknüpft, d. h. die Besteuerung des Ertrags, des Gewinns und des Kapitalbestands.

IV. R e a l i s i e r u n g d e s W e r t s c h ö p f u n g s k o n z e p t s : Unterschiedlich je nach Breite der Bemessungsgrundlage, nach der Rechtsformneutralität oder -aneutralität, und nach der Nichtanrechnung bzw. Anrechnung gezahlter Gewinnsteuern auf die persönliche Einkommensteuer des Anteilseigners denkbar. – 1. *Mehrwertsteuer:* Lediglich als Reformvorschlag gilt das völlige Ersetzen der U. in Form der Körperschaftsteuer durch die Mehrwertsteuer (aufgeführt, weil die teilweise Nichtüberwälzung dieser hohen Steuer nicht auszuschließen ist); Bemessungsgrundlage wäre die Wertschöpfung des Unternehmens. – 2. *Unternehmensteuer* (nach W. Flume): Sie ist rechtsformneutral, soll alle Unternehmen (außer den kleinsten) erfassen; Bemessungsgrundlage der Ertrag. Eine Betriebsvermögensteuer wird daneben erhoben; die Gewerbesteuer entfällt. Die U. stellt eine „objektivierte Realbesteuerung" dar. Da keine Steuer auf das Privatvermögen erhoben werden soll und auch die Gewinnausschüttungen der Einkommensteuer nicht unterliegen sollen, handelt es sich um eine „verabsolutierte" U. – 3. *Betriebsteuer* (nach Vorschlägen des Betriebsteuerausschusses von 1948–52): Sie gilt aus rechtsformneutral alle Betriebe umfassend; Bemessungsgrundlage allein der Gewinn (einbehaltener und ausgeschütteter Gewinn). Eine Variante war mit der Möglichkeit der Anrechnung der Steuern auf den ausgeschütteten Gewinn auf die Einkommensteuer der Anteilseigner ausgestattet und wies damit einen Personalisierungsgrad auf. – 4. *Körperschaftsteuer:* a) In der *Form vor 1977 in der Bundesrep. D.:* Sie ist rechtsformaneutral; belastet den gesamten Unternehmensgewinn, die Ausschüttungen mit einem geringeren Satz und war demnach ausgestattet mit der Zweifachbelastung der Ausschüttungen bei der juristischen Person und beim Anteilseigner. b) In der *Form ab 1977 in der Bundesrep. D.:* Sie ist rechtsformaneutral; belastet den thesaurierten Gewinn (die Ausschüttungsteuer ist vorweggezahlte Einkommensteuer des Anteilseigners), damit engste Gewinnsteuerbasis. Mit dem →körperschaftsteuerlichen Anrechnungsverfahren wurde die Zweifachbelastung der Ausschüttungen beseitigt; sie hat einen höheren Personalisierungsgrad erhalten. – Vgl. auch →Körperschaftsteuer. – 5. *Einkommensteuer auf nicht entnommene Gewinne* der Personengesellschaften und Einzelunternehmer: Realisiert von der hoch personalisierten →Einkommensteuer mit beschränkter Abzugsfähigkeit einer Mischsteuer für U. und Haushaltsbesteuerung. – 6. *Teilhabersteuer* (von Engels und Stützel): Eine Einkommensbesteuerung des gesamten, auch des einbehaltenen Gewinns für alle Unternehmungen, unabhängig von der Rechtsform, realisiert werden, d. h. keine Unternehmensgewinnbesteuerung im eigentlichen Sinne. Entgegen der wirtschaftswissenschaftlichen Grundanschauung wird auch der dem Anteilseigner nicht zur Verfügung stehende thesaurierte Gewinn als Einkommen definiert und besteuert.

V. Steuersystem der Bundesrep. D.: Es besteht mit der gleichzeitig erhobenen Einkommensteuer für die Einzel- und Personengesellschaftsunternehmen und der Körperschaftsteuer für Kapitalgesellschaften und andere juristische Personen ein „dualistische" U. (Tipke). Dadurch ist die U. rechtsformaneutral und in bestimmten Fällen wegen der Steuersatzunterschiede von Einkommen- und Körperschaftsteuer zwischen Unternehmen gleichen Ertrags oder Gewinns, jedoch unterschiedlicher Gesellschafterzahl nicht wettbewerbsneutral.

Privatdozent Dr. Heinz D. Hessler

Unternehmens-Beteiligungsgesellschaft, →Holding-Gesellschaft.

Unternehmensbewertung, →Unternehmungsbewertung.

Unternehmensbezeichnung, Bezeichnung, die auf das Unternehmen, nicht – wie die →Firma – auf den Träger des Unternehmens hinweist. U. genießt als solche keinen →Firmenschutz. Schutz nach anderen Vorschriften z. B. nach § 16 UWG (Schutz →geschäftlicher Bezeichnungen) ist möglich.

Unternehmenseinheit, Begriff des Umsatzsteuerrechts: Ein →Unternehmer i. S. d. UStG kann immer nur ein Unternehmen haben, gleichgültig wie viele „Betriebe", „Firmen", „Betriebsstätten" usw. er unterhält (§ 2 I 2 UStG). Leistungen, die im Innenverhältnis des umsatzsteuerlichen Unternehmens erbracht werden (Innenumsätze, z. B. bei Organschaften) sind umsatzsteuerrechtlich irrelevant. – Vgl. auch →Unternehmer IV. – *Anders:* →Unternehmereinheit.

Unternehmenseinkommen, *Einkommen aus Unternehmertätigkeit.* 1. Zusammenfassender *Begriff* für die von privaten Haushalten aus Unternehmen ohne eigene Rechtspersönlichkeit (einschl. der Wohnungsvermietung durch private Haushalte) entnommenen Gewinne und die nichtentnommenen Gewinne aller Unternehmen. – 2. *Ermittlung in den Volkswirtschaftlichen Gesamtrechnungen:*

Vom →Volkseinkommen werden abgesetzt die Einkommen aus unselbständiger Arbeit und von den verbleibenden Einkommen aus Unternehmertätigkeit und Vermögen (Unternehmens- und Vermögenseinkommen) die →Vermögenseinkommen. – 3. Zu unterscheiden sind die *Einkommen von Selbständigen* bzw. *Selbständigenhaushalten,* denen weitere Einkommensarten (Einkommen aus unselbständiger Arbeit, →Transfereinkommen, Vermögenseinkommen) zufließen und denen die nichtentnommenen Gewinne der Unternehmen mit eigener Rechtspersönlichkeit nicht zugerechnet werden können. – Vgl. auch →Einkommensprinzip.

Unternehmensentstehung, →Theorie der Unternehmung.

Unternehmensergebnis, →Unternehmungsergebnis.

Unternehmensethik. I. Praktische Notwendigkeit: 1. Die Betriebswirtschaftslehre orientiert sich in Theorie und Praxis bei ihren Überlegungen zur Steuerung der Unternehmung prinzipiell an *ökonomischen Prinzipien,* an Erlösen, Kosten und Gewinnen. Das kann in einer Geldwirtschaft, die zudem Wettbewerbswirtschaft ist, im Grundsatz auch nicht anders sein: Die Vernachlässigung ökonomischer Handlungsprinzipien würde rasch zum Konkurs führen. – Dessen ungeachtet geben viele aktuelle Geschehnisse Veranlassung für die Forderung, bei der Verfolgung des Gewinnzieles *ethische Gesichtspunkte* stärker zur Geltung zu bringen: Umweltschmutzung, Lebensmittelskandale, unsolide Vermarktungspraktiken, Diskriminierung von Frauen und Produktion gesundheitsschädlicher Produkte sind einige solcher Anlässe, die die Öffentlichkeit immer wieder beunruhigen. Dabei geht es im Zeitalter großindustrieller Technik leider nicht mehr nur um Wirkungen im Nahbereich der Unternehmung, sondern um länderübergreifende, ja weltweite Konsequenzen (Tschernobyl).

2. Die Forderung nach ethischer Disziplinierung betriebswirtschaftlichen Handelns wäre leicht zu erfüllen, wenn Ethik sich immer auszahlen würde, also eine Zielharmonie mit dem Gewinnprinzip vorläge. Das ist aber i. d. R. nicht der Fall. – Der Markt registriert in seinen Preisen zeitlich entfernte Risiken katastrophaler Folgen nicht oder zu spät. Deshalb legen offenbar viele Unternehmungen bei ihren Entscheidungen nicht solche langfristigen Maßstäbe an, daß sie die potentiellen negativen ökonomischen Spät-Wirkungen unsozialen Verhaltens (durch z. B. Boykott der Käufer und Kritik der Öffentlichkeit) automatisch mit berücksichtigen. Gewinnprinzip und Ethik liegen auf Unternehmensebene also prinzipiell in einem Zielkonflikt. – Die seit vielen Jahren – insbes. auch in den USA – geforderte U. soll hier Abhilfe schaffen

und den angedeuteten Konflikt antizipativ (vor der Reaktion des Marktes) schon im unternehmerischen Entscheidungsprozeß im Sinne des moralisch Vertretbaren lösen helfen. Ob hiermit ein wirksames Mittel vorgeschlagen wird, mögen viele bezweifeln und auf die Notwendigkeit verstärkter rechtlicher Regelungen verweisen. Eine nähere Prüfung der Forderung macht jedoch deutlich, daß man auf eine U. in einer hochentwickelten Volkswirtschaft doch nicht wird ganz verzichten können. – Vgl. auch →gesellschaftliche Verantwortung der Unternehmensführung.

II. Begriff: 1. *Definition:* Der Begriff muß so gefaßt werden, daß er – wenn er als Handlungsorientierung in der Praxis dient – zu den gewünschten Wirkungen führt. Er muß also „aus der Praxis für die Praxis" entwickelt werden. In diesem Sinne haben wir (nach einer Verlaufsanalyse des bekannten Nestlé-Falles, bei dem es um den Konflikt über Vermarktungspraktiken für Muttermilch-Ersatzprodukte in der Dritten Welt zwischen der Firma und vielen gesellschaftlichen Gruppen einschließlich der Kirche ging und der letztlich friedlich beigelegt wurde) den folgenden Begriff vorgeschlagen: „U. umfaßt *alle durch dialogische Verständigung mit den Betroffenen begründeten bzw. begründbaren materiellen und prozessualen Normen,* die von einer Unternehmung *zum Zwecke der Selbstbindung* verbindlich in Kraft gesetzt werden, um die konfliktrelevanten Auswirkungen des Gewinnprinzips bei der Steuerung der konkreten Unternehmensaktivitäten zu begrenzen."

2. *Anmerkungen:* a) Die U. hat es mit *Normen* zu tun, d. h. mit Aufforderungen, in bestimmten gleichen Situationen bestimmte Handlungen auszuführen (oder zu unterlassen) oder – unter Freistellung der Handlungen als solche – bestimmte Wirkungen herbeizuführen (oder nicht herbeizuführen); →Verhaltenskodizes. Als materiale Normen sind sie unmittelbar auf die Steuerung ökonomischer Handlungen (z. B. im Marketing, in der Produktion, im Einkauf) gerichtet; als prozessuale Normen betreffen sie institutionelle Einrichtungen zur Gewinnung, Durchsetzung und Kontrolle unternehmensethischer Normen (z. B. einen Ausschuß zur Kontrolle der Einhaltung verabschiedeter Normen, wie er etwa bei der Firma Nestlé eingerichtet wurde). – b) Die U. sollte als rationale Diskursethik verstanden werden. In einem post-traditionalen Zeitalter gibt es keine andere Instanz als ins Menschen selber, um sich über die Bedingungen unseres Zusammenlebens begründet zu verständigen. Ziel ist der freie Konsens (aller Betroffenen) als Basis für eine (bis zur Änderung der Voraussetzungen) dauerhafte friedliche Konfliktlösung. U. (als Konfliktethik) sollte also nicht primär als eine monologische Individualethik angelegt werden. Nur soweit die Handlungssituation keine argumentative Verständi-

gung der Betroffenen zuläßt (z. B. Zeitdruck, fehlende Qualifikation) sollte die Unternehmensleitung stellvertretend im Sinne einer (dialogisch verstandenen) Verantwortungsethik handeln und später Rechenschaft geben. – c) U. darf nicht als ein Kanon ein für allemal geltender (inhaltlicher) Normen verstanden werden. Einen solchen Kanon kann es nicht geben, wenn man erreichen will, daß die Normen konkretes Handeln steuern; dann hängt nämlich zu viel von den konkreten Situationsbedingungen ab, auf die hin die Normen festgelegt werden müssen und die als Gründe für oder gegen bestimmte Normen angeführt werden können. Es geht also nicht (primär) um allgemeine Handlungsprinzipien, sondern um *konkrete Handlungsanweisungen,* wie sie in Form von situationsbezogenen Verhaltenskodizes in der Wirtschaft ja auch schon praktiziert werden. – d) Unternehmensethische Normen müssen der Absicht nach eine situationale Beschränkung des Gewinnprinzips beinhalten; das impliziert: (1) Das Gewinnprinzip muß als Handlungsmaxime der Wirtschaft für den Normalfall schon gerechtfertigt sein – diese Rechtfertigung wird man unter Hinweis auf die allgemeinen Vorteile einer Geld- und Wettbewerbswirtschaft (im Gegensatz zu einer naturalen Tauschwirtschaft und/oder zentralen Planwirtschaft) leisten können; (2) U. darf nicht von vornherein so angelegt werden, daß sie als Mittel zur Beförderung des Gewinnziels erscheint; U. ist also relativ zum Gewinnprinzip als Obernorm zu begreifen und grenzt sich damit gegen all diejenigen Normen in der Unternehmung ab, die bewußt als Mittel zur Beförderung des Gewinnzieles konzipiert werden (z. B. Führungsgrundsätze). – e) Unternehmensethische Normen sollten sich einem Akt der *Selbstverpflichtung* (formale Autorisierung und Verbindlichkeitserklärung durch die Unternehmensführung) verdanken, um sie gegen Rechtsnormen abzugrenzen, die ja mit der Chance zu obrigkeitlicher Durchsetzung ausgestattet sind. Auf diese Weise wird zwei Situationen Rechnung getragen: (1) In demokratischen Rechtsstaaten werden solche Normen als unternehmensethische qualifiziert, die im Sinne einer selbst auferlegten Verpflichtung über die gesetzlichen (Minimal-)Regelungen hinausgehen. (2) Unternehmensethische Normen können nun zum Recht für die Fälle in eine kritische Distanz gebracht werden, wo ethische und rechtliche Wertung derart auseinanderfallen, daß „legale Entscheidungen" als „unethisch" und „ethische" Entscheidungen als „illegal" zu qualifizieren sind (solche Situationen hat es z. B. im Nationalsozialismus gegeben, sie tauchen vielleicht aber auch im Rahmen der Apartheid-Politik in der Rep. Südafrika auf). – f) Unternehmensethische Normen sollen zur *Steuerung der ökonomischen Unternehmensaktivitäten* dienen und nicht zu allen möglichen Leistungen verpflichten, die zur Lösung allgemeiner gesellschaftlicher Konflikte erforderlich sind. Nur dann ist gewährleistet, daß Unternehmungen im Prinzip weiter nach dem „Gesetz" handeln können, nach dem sie angetreten sind, nämlich in Verfolgung des Gewinnprinzips zur gesellschaftlichen Bedarfsdeckung beizutragen. Unternehmungen dürfen nicht zu politischen Institutionen per se umfunktioniert werden. – Vgl. auch →Wirtschaftsethik.

III. Implementationsprobleme: Die Verwirklung einer so verstandenen U. wäre problemlos, wenn man es in der Wirtschaft mit einem einzelnen Aktor und nicht mit *(Groß-)Organisationen* zu tun hätte, *in denen Führungs- und Ausführungshandlungen stark arbeitsteilig organisiert sind.* Als Folge davon gibt es viele strukturelle Bedingungen, die die Realisierung von U. behindern können, sei es im Stadium der Entstehung, sei es im Stadium der Durchsetzung von Normen. Neben organisationsstrukturellen Bedingungen können auch persönliche Einstellungen und Verhaltensweisen der Organisationsmitglieder für unethisches Handeln von Organisationen verantwortlich sein. Die vielfältigen hier auftauchenden Probleme können nachfolgend nur angedeutet werden.

1. (Groß-)Unternehmungen sind regelmäßig *hierarchisch strukturiert.* Daraus ergeben sich im Innen- wie im Außenverhältnis Beschränkungen für ethisches Verhalten: Hierarchische Strukturen führen im *Binnenverhältnis* z. B. zu Ressortdenken mit der Folge, daß unethische Praktiken, obwohl als solche erkannt, nicht moniert oder verändert werden, weil sie (vermeintlich oder tatsächlich) nicht in den eigenen *Zuständigkeits- und Verantwortungsbereich* fallen. Die hierarchische Arbeitsteilung eröffnet ferner die Möglichkeit und kann als Vorwand dienen, Organisationszuständigkeiten so festzulegen, daß alle Positionen umgangen werden, die unerwünschte ethische Argumentationen geltend machen können. – Auch das *Expertentum* als Folge weit vorangetriebener Arbeitsteilung kann die Entwicklung und Durchsetzung unternehmensethischer Normen behindern. Das Erkennen, Akzeptieren und Verarbeiten ethisch relevanter betrieblicher Probleme kann an der Neigung von Experten scheitern, Gefahren, mit denen sie täglich umgehen, zu verniedlichen, die extreme Selektivität ihres eigenen Blickwinkels zu übersehen oder ihre Spezialkompetenz zu verallgemeinern. – Formale Organisationsstrukturen können ferner als *Filter dienen für bei ethischer Beurteilung als kritisch einzustufende Informationen.* Die immer drohende Sanktion durch übergeordnete Positionen kann zur Unterdrückung oder Beschönigung derartiger Informationen führen; oder Vorgesetzte überhören und filtern gezielt unliebsame Nachrichten aus dem vorgeschriebenen Informationsweg heraus. – Schließlich ist hinreichend bekannt, daß der Mechanismus von Befehl und Gehorsam eine *Barriere für ethische Reflexionen des eigenen Verhaltens* darstellt: Aufgrund der bestehenden Abhängigkeitsverhältnisse werden häufig die Weisungen von Vorgesetzten nicht hinterfragt. Extreme Belege für diesen Zusammenhang liefern die grausamen Verbrechen des nationalsozialistischen Regimes, deren individuelle Täter nach allen einschlägigen Untersuchungen sich durch „völlige Normalität" auszeichneten und sich trotzdem ohne weiteres den institutionellen Zwängen unterwarfen.

2. Neben derartigen binnenorganisatorischen Blockaden ergeben sich aus der notwendigen Selektivität jeder organisatorischen Struktur weitere *Restriktionen für die Einbindung der relevanten Umwelt* in unternehmensethische Prozesse: Organisationen als Mittel zur Verwirklichung der Unternehmensstrategie sind so gestaltet, daß sie ihre Aufmerksamkeit in erster Linie auf die strategierelevanten Umfelder konzentrieren und diese dann entsprechend selektiv beobachten. Die Konsequenz ist, daß die Interessen der von den unternehmerischen Handlungen Betroffenen oder etwa die Wirkungen von Unternehmensaktivitäten auf die natürliche und soziale Umwelt gar nicht in das Blickfeld der Entscheidungsträger sich geraten, daß die ethischen Problemstellungen also gar nicht bewußt werden können. – Aus diesen wenigen Hinweisen dürfte bereits deutlich werden, daß über eine *Veränderung von Organisationsstrukturen* nachgedacht werden muß, wenn die Entstehung und Durchsetzung unternehmensethischer Normen nicht gehemmt, sondern gefördert werden soll. Ansatzpunkte dafür lassen sich in Theorie und Praxis des Managements bereits finden, so z. B. für die binnenorganisatorische Problematik unter den Stichworten „Konsensus-Management", „Partizipative Führung", „organismische Organisationsstrukturen" mit flachen Hierarchien und horizontalen Kommunikationsmöglichkeiten, „teilautonome Arbeitsgruppen" usw. Was die externen Bezugsgruppen der Unternehmung angeht, so wird ganz sicherlich der *Unternehmenspublizität* in Zukunft eine zentrale Rolle für das ethische Sensibilisieren von Organisationen zufallen; sie ist einerseits notwendige Voraussetzung, um die Betroffenen mit ethisch relevanten Informationen zu konfrontieren und kann andererseits bewirken, daß der in der Unternehmensethik ja angelegte Begründungszwang im Verhältnis des Managements zu den Bezugsgruppen zur Geltung kommen kann.

3. Damit Organisationen ethisch sensibilisiert werden, müssen aber nicht nur die Strukturen selbst verändert werden, sondern auch die *Rollen der Organisationsmitglieder* stärker in Richtung eines *autonomen Handelns* geöffnet werden. Unternehmensethische Anforderungen lassen sich ja gerade nicht organisatorisch in Form

genereller Regelungen dauerhaft vorstrukturieren; weder sind im vorhinein relevante ethische Fragestellungen als solche identifizierbar, noch kann deren Bearbeitung vorgeplant werden. Die notwendig selektive Ordnung der Organisation stellt sich also als eine Restriktion für eine gelungene Verankerung von U. dar. Um diesen Mangel zu überwinden, sind Lösungen erforderlich, die jedes Organisationsmitglied nicht nur als Rollenträger, sondern gleichsam als *„ganzen Menschen"* zur Geltung bringen und ihn entsprechend entwickeln. – Zu fordern ist eine *individuelle Sensibilisierung für ethische Probleme* auf den Ebenen von Wissen, Fähigkeiten und Verhalten: a) Beim Wissen geht es um die Kenntnis der sachlichen Zusammenhänge (ohne das gleich jeder Betroffene auf allen Gebieten Experte sein könnte und müßte) und um die Bewertung der Konsequenzen von Handlungen im Kontext der Lebenswelt (wobei für derartige Wertungen niemand einen Expertenstatus beanspruchen kann oder – anders formuliert – jeder Experte ist). b) Bezüglich der *Fähigkeiten* ist u.a. an die Ausbildung sprachlicher Kompetenz als Grundlage für jede kommunikative Ethik zu denken. c) Geforderte *Verhaltensweisen* betreffen schließlich etwa das Kooperationsvermögen, den Mut, die für richtig erkannten Einsichten auch gegen Widerstand zur Geltung zu bringen und die Autonomie, um sich von eingefahrenen eigenen und fremden Zwängen, Meinungen und Begründungen distanzieren zu können. Das Fehlen dieser individuellen Qualitäten stellt ersichtlich gravierende Hindernisse für die Verwirklichung von U. dar. – Es muß also darum gehen, entsprechende Bildungs- und Entwicklungsprozesse bei den Organisationsmitgliedern anzustoßen. Hier ist nicht nur die klassische Weiterbildung gefragt, sondern ganz generell der *Aufbau einer offenen argumentationsfördernden* → *Unternehmenskultur* im Sinne reflexiver Sozialisationsprozesse. Derartige Prozesse dürfen sich selbstverständlich nicht auf die Führungskräfte beschränken, sondern müssen die ganze Organisation erfassen. Entsprechende Ansätze lassen sich bereits – was die Führungskräfte anbetrifft – in der Praxis bei einigen Firmen registrieren. Auch die universitäre und außeruniversitäre Führungsausbildung bietet, etwa in den USA, in Kurse zur Einübung in die „praktische Urteilsfähigkeit" an.

4. Diese knappen Hinweise zu den organisatorischen und personellen Hemmnissen für die Verwirklichung von U. dürfen natürlich nicht darüber hinwegtäuschen, daß deren Beseitigung ein lang andauernder *Kampf gegen die „Macht der Fakten"* sein wird, der im Unternehmensalltag sicherlich häufig zu Fehlschlägen führen kann.

Literatur: De George, R. T., Business Ethics, New York/London 1982; Oppenrieder, B., Implementationsprobleme

einer Unternehmensethik, Heft 34 der Diskussionsbeiträge des Lehrstuhls für Allgemeine Betriebswirtschaftslehre und Unternehmensführung der Universität Erlangen-Nürnberg, Nürnberg 1986; Steinmann, H./Oppenrieder, B., Brauchen wir eine Unternehmensethik?, in: Die Betriebswirtschaft 45 (1982), S. 170–183 (weitere Literatur vgl. dort).

Prof. Dr. Horst Steinmann

Unternehmensfixkosten, Fixkostenschicht der →stufenweisen Fixkostendeckungsrechnung. U. umfassen als Restgröße alle →fixen Kosten, die sich nicht Produkten, Produktsparten, einzelnen Kostenstellen oder Unternehmensbereichen zuordnen lassen, z. B. Kosten von Imagewerbung.

Unternehmensforschung, →Operations Research.

Unternehmensfortführung, →Bewertung.

Unternehmensführung, →strategisches Management.

Unternehmensgeheimnis, →Betriebs- und Geschäftsgeheimnis.

Unternehmensgeschichte, →Unternehmungsgeschichte.

Unternehmensgliederung, →Organisationsstruktur.

Unternehmensgründung, →Gründung.

Unternehmenskauf (-verkauf), →Akquisition, →Takeover.

Unternehmenskonzentration, →Konzentration.

Unternehmenskonzept, →Unternehmensleitbild.

Unternehmenskrise, →Unternehmungskrise.

Unternehmenskultur. I. U. als Ausdruck sozialer Unternehmensentwicklung: Unter *Kultur* läßt sich allgemein ein System von Wertvorstellungen, Verhaltensnormen und Denk- und Handlungsweisen verstehen, das von einem Kollektiv von Menschen erlernt und akzeptiert worden ist und bewirkt, daß diese soziale Gruppe deutlich von anderen Gruppen unterscheidet. – Der Begriff der *Unternehmenskultur* projiziert die Vorstellung des Entstehens von Werten und Normen und ihres Einflusses auf menschliche Verhaltensweisen auf die „produktiven sozialen Systeme", die durch sie ihre soziale Identität finden. In ihnen bewirkt die U. eine *informale Integration vergangenheitsgeprägter Tradition und Gegenwart des Systems* und schafft damit die *Grundlage für zukünftige* →*Innovationen:* Erfahrungen, die eine Unternehmung in der Vergangenheit mit gelungenen und mißlungenen Problemlösungen gesammelt hat *(kognitive Dimension der Kultur)* werden in ungeschriebenen Gesetzen in die Gegenwart übertragen; hinzu treten Werte und Einstellungen, die das Verhalten der Systemmitglieder prägen *(affektive Dimension der Kultur)*. Dieses grundlegende Muster von nicht mehr hinterfragten, selbstverständlichen Voraussetzungen des Verhaltens und Handelns in einem Unternehmen führt letztlich zu einer „kollektiven Programmierung des menschlichen Denkens" (G. Hofstede), die über ein System von Symbolen, Mythen, Zeremonien, Ritualen und Erzählungen kommuniziert und sichtbar wird. – Dabei ist es nicht einfach, hinter die „Oberflächenstruktur" einer kulturellen Prägung von Unternehmen zu schauen. Zwar enthüllen sich dem kritischen Beobachter sehr schnell greifbare Unterschiede etwa zwischen Unternehmen gleicher Branche, er gewinnt Eindrücke über Äußerlichkeiten (Artefakte), dennoch bleibt das Ausloten der hinter ihnen stehenden Werte und Normen und erst recht der sie begründenden grundlegenden Anahmen (E. Schein) einer oberflächlichen Beurteilung weitgehend verschlossen, weil sie von den Beteiligten meist als selbstverständlich vorausgesetzt werden.

II. Werden einer U.: Vor dem Hintergrund einer nationalen Umkultur prägt das *unmittelbare persönliche Erleben vorbildhafter Führer* und die *mittelbare Vermittlung ihrer Werte in vielfältigen Geschichten,* die – nicht selten ihres Realitätsgehaltes beraubt – auch nach dem Ausscheiden der Akteure in einem Unternehmen weiterleben, das Werden einer U. Dies gilt offensichtlich besonders im Hinblick auf die Prägung einer U. durch den *Gründer.* Th. Peters und R. Waterman behaupten, daß der Aufbau eines klaren Wertesystems eine der größten Leistungen ist, die ein Unternehmen überhaupt zu vollbringen vermag. Mitarbeiter glauben an die subtil vermittelten Werte und richten implizit ihr Verhalten an ihnen aus. Verstöße gegen sie finden eine Ahndung bei anderen Mitarbeitern. Neu eingetretene bekommen solche Werte von älteren Mitarbeitern übermittelt, adoptieren sie und geben diese ihrerseits weiter. – *Rituale* sind jene Schauspiele und Zeremonien, in denen die Werte verstärkt, eventuell langsam und behutsam verschoben werden. – Unternehmen durchwandern ihre Geschichte mit durchaus unterschiedlichen situativen Ereignissen, auf die sie in jeweils anderer Weise reagieren. Erfolg und Mißerfolg der Ereignisbewältigung werden von den Systemmitgliedern zudem verschiedenartig erlebt. *Gemeinsamkeiten des Erlebens besonderer Situationen* sind geeignet, das Werden einer U. wesentlich zu prägen. – E. Schein hat in diesem Zusammenhang darauf aufmerksam gemacht, daß sich das Werden einer U. dann besonders intensiv vollzieht, wenn sie von großer *Homogenität und Dauer der Gruppenzugehörigkeit* getragen wird. Die Interaktionsdichte in der Zeit scheint neben der *Intensität des persönlichen Erlebens von Situationen* eine Hauptdeterminante von U. zu sein. Aus dieser Erkenntnis lassen sich zugleich evolutorische Ansatzpunkte zur Entwicklung geprägter U. entnehmen, wie die, daß (1) kleinere räumlich zusammenhängende Organisationseinheiten, (2) kontinuierlich zusammenarbeitende Gruppen mit geringer Fluktuation, (3) Beförderung aus den eigenen Reihen und (4) Kontinuität starker Führerschaft einer Formierung von starken Unternehmens- bzw. Subkulturen *förderlich* sind. – Innerhalb eines Unternehmens gliedert sich das, was als identitätsbestimmende Kultur erkennbar wird, in *vielfältige Teilkulturen* mehr organisationsgeprägter einzelner Bereiche, Abteilungen und Arbeitsteams, informaler sozialer Neigungsgruppen und örtlich bedingter Interaktionsgemeinschaften an einzelnen Standorten. Im Spannungsverhältnis von diesen Unternehmens- und Subkulturen lassen sich die unterschiedlichsten Verhältnisse einer Differenzierung oder Harmonisation mit funktionalen oder dysfunktionalen Wirkungen auf die Unternehmensentwicklung denken.

III. Unterschiedliche Prägung von U.: Kulturen einzelner Unternehmen unterscheiden sich *formal* im Hinblick auf ihre Differenziertheit bzw. Homogenität, Klarheit und Transparenz, Mehrdeutigkeit und Undurchsichtigkeit und ihre Funktionalität im Hinblick auf die Unterstützung unternehmenspolitischen Wollens. – Die *Stärke einer U.* läßt sich als Funktion der Ereignisdramatik, Interaktionsdichte, Konnektivität des Systems sowie Werttransparenz begreifen. – Als strategisch besonders bedeutsame Elemente der Stärke einer U. erscheinen dabei *inhaltlich:* die Kundenorientierung, die Mitarbeiterorientierung, die Innovationsorientierung, die Qualitätsorientierung sowie die Resultats- und Leistungsorientierung (Meritokratie). – Eine starke U. wirkt gleichsam als Fundament der erstrebten *strategischen Stoßrichtung in der Unternehmensentwicklung,* indem sie als „Autopilot" für die implizite Lenkung des Mitarbeiterverhaltens dient. Bedeutsam ist dabei v.a. die Möglichkeit, die in einem langfristigen Prozeß erreichte Kulturstärke nachhaltig – als arteigene, unternehmensspezifische Kulturprofilierung – gegenüber dem Wettbewerb abzuschirmen und als Nutzungspotential allein dem sie generierenden Unternehmen zugänglich zu machen.

Literatur: Bate, P., The Impact of Organizational Culture on Approaches to Organizational Problem Solving, in: Organization Studies, 5/1984, S. 43–66; Bleicher, K., Strukturen und Kulturen der Organisationen im Umbruch, Herausforderung für den Organisator, zfo 55 (2/1986), S. 97–108; Bleicher, K., Unternehmungskultur und strategische Unternehmungsführung, in: Hahn, D./Taylor, B. (Hrsg.), Strategische Unternehmungsplanung – Stand und Entwicklungstendenzen, 4. Aufl., Heidelberg/Wien 1986, S. 757–797; Deal, T. E./Kennedy, A. A., Corporate Cultures, The Rites and Rituals of Corporate Life, Reading/Mass. 1982; Hofstede, G., Kultur und Organisation, in: Grochla, E. (Hrsg.), Handwörterbuch der Organisation, 2. Aufl., Stuttgart 1980, Sp. 1168–1182;

Keller, E. von, Management in fremden Kulturen, Bern, Stuttgart 1982; Matenaar, D., Organisationskultur und organisatorische Gestaltung, Berlin (West) 1983; Martin, J./Siehl, C., Organization Culture and Counte Culture. An Uneasy Symbiosis, in: Organizational Dynamics, Autumn 1983, S. 52–64; Ogburn, W. F., On Culture and Social Change – Selected Papers, edited and with an Introduction by O. D. Duncan, Chicago, London 1964; Peters, T. J./Waterman, R. H., Auf der Suche nach Spitzenleistungen. Was man von den bestgeführten US-Unternehmen lernen kann, 10. Aufl., Landsberg 1984; Pettigrew, A. M., On Studying Organizational Cultures, in: Administrative Science Quartely, Vol. 24 (1979), S. 570–581; Puempin, C./Kobi, J.-M./Wuethrich, H. A., Unternehmenskultur – Basis strategischer Profilierung erfolgreicher Unternehmen, in: Schweizerische Volksbank (Hrsg.), Die Orientierung, Bern 1985; Sathe, V., Implications of Corporate Culture: A Manager's Guide to Action, in: Organizational Dynamics, Autumn 1983, S. 5–23; Schein, E., Organizational Culture and Leadership, San Francisco-Washington-London 1985; Schein, E. H., Coming to a New Awarness of Organizational Culture, in: Sloan Management Review, Winter 1984, S. 3–16; Scheuss, R., Strategische Anpassung in der Unternehmung, Diss., St. Gallen 1985; Schuster, L./Widmer, A. W., Theorie und Praxis der Unternehmungskultur, in: Zeitschrift Führung und Organisation, Heft 8, 1984, S. 489–493.

Prof. Dr. Knut Bleicher

Unternehmensleitbild, *Unternehmenskonzept.* 1. *Charakterisierung:* Instrument der unternehmenspolitischen Rahmenplanung (→Unternehmensplanung II), das Unternehmensgrundsätze, Policies usw. in expliziter Weise formulieren soll. Es kann dabei primär nach innen oder nach außen gerichtet sein, rational oder emotional ansprechen wollen: a) Ein *nach außen gerichtetes* U. wird – insbes. wenn es eine primär emotionale Ansprache versucht – weitgehend Funktionen von →Public Relations erfüllen. – b) Ein *nach innen gerichtetes* U. wird – sofern sich nicht eine charismatische Unternehmerpersönlichkeit etabliert hat – i. a. eine rationale Ansprache versuchen. Im letzten Fall kann ein U. ein langfristig orientiertes und entwicklungsfähiges Konzept für die →Unternehmenspolitik (vgl. auch →strategisches Management) darstellen, das für die Mitarbeiter anspruchsvolle Funktionen (vgl. 2) erfüllen soll. – 2. *Funktionen:* a) *Orientierungsfunktion:* In expliziter Form wird die Soll-Identität des Unternehmens zum Ausdruck gebracht. – b) *Motivationsfunktion:* Die Identifikation der Mitarbeiter mit dem Unternehmen wird verstärkt; eine anspruchsvolle, zugleich aber konsensfähige (und realistische) Zielvorstellung wird formuliert. – c) *Legitimationsfunktion:* Die verschiedenen Interessenten werden über die handlungsleitenden Grundsätze aufgeklärt und diese zugleich begründet. Inwieweit diese Funktionen tatsächlich erfüllt werden können, ist davon abhängig, auf welche Weise die Mitarbeiter in den Prozeß der Leitbilderstellung integriert sind und in welchem Umfang das Leitbild im Unternehmen diffundiert.

Unternehmensleitung, →Unternehmungsleitung.

Unternehmensmorphologie, *Betriebsmorphologie, Unternehmungsmorphologie,* Lehre von den Strukturen der Betriebe (→Unternehmungstypen) und ihre Wandlungen.

Unternehmensphilosophie, Unternehmensleitbild, →corporate identity.

Unternehmensplanung, *Unternehmungsplanung.* I. Begriff: Unternehmerische Tätigkeiten bedürfen einer Planung, damit ihre möglichen Auswirkungen überschaubar und ihr zukünftiger Erfolg so weit als möglich erkennbar gemacht werden kann. Unter U. i. e. S. versteht man die Institutionalisierung und Formalisierung der Planungsfunktion im Unternehmen. Darauf wird man um so weniger verzichten können, je komplexer die Umwelten werden und je mehr aufgrund der internen Aufgabenkomplexität eine Abstimmung der Teilsysteme notwendig ist. – *Begriffsauffassungen:* 1. *Ergebnisorientierter Planungsbegriff:* Planung ist die Produktion von Plänen, d. h. vereinfachter, symbolischer Modelle zukünftiger realer Systeme. Mit den Plänen soll ein Commitment geschaffen werden, innerhalb einer angegebenen Zeit bestimmte Systemzustände zu erreichen. Häufig werden dabei auch Strategien und Maßnahmen vorgegeben, mit deren Hilfe das möglich sein soll. – 2. *Prozeßorientierter Planungsbegriff:* Planung ist eine Phase im „Ongoing Process" der Problemhandhabung von Unternehmen, die v. a. mit Entwurf, Bewertung und Auswahl von Zielprojektionen und Maßnahmen in Zusammenhang steht. Dabei wird auch die Planungsphase selbst als ein komplexer Entscheidungsprozeß, bestehend aus Exploration, Analyse, Planung und Steuerung, interpretiert. Die Problemhandhabung erscheint als mehrfach verschachtelter, iterativer Prozeß. – 3. *Institutioneller Planungsbegriff:* Planung stellt ein organisatorisches Subsystem dar, das bestimmte Funktionen für die Unternehmung erfüllt. – Diese Planungsbegriffe können auch kombiniert werden. – In der Literatur werden häufig als weitere (eher empirische) *Merkmale* des Planungsbegriffs genannt: u. a. Rationalität und Formalisierung des Prozesses, enge Beziehung zur →Prognose, Charakter als Führungsaufgabe. – 4. Aufzählung bestimmter *Planungsfunktionen:* z. B. Unsicherheitsabsorbtion, Leistungsmotivation, Kreativitätsförderung, Koordination und Umweltanpassung. Welche Funktionen die Planung tatsächlich erfüllt, hängt von dem Unternehmen ab, in dem sie vorkommt. Man kann *unterscheiden:* a) *Manifeste Funktionen* sind solche, die von den an den Planungsprozessen Beteiligten bzw. von den diese Prozesse strukturierenden Entscheidungsträgern selbst damit verbunden werden; b) *Latente Funktionen* können dagegen nur aus der Außenperspektive der Unternehmung wahrgenommen werden. – Das Begriffsverständnis durch die Nähe des Planungs- zum (komplementären) Kontrollbegriff *(→Kontrolle, →Controlling)* bzw. zum Begriff des →*strategischen Managements* erschwert.

II. Planungsebenen: 1. Als Planungsebenen lassen sich unternehmenspolitische Rahmenplanung, strategische und operative Planung differenzieren; häufig wird als vierte Ebene die *taktische Planung,* die unterhalb der operativen Planung oder zwischen operativer und strategischer Planung lokalisiert wird, ergänzend angeführt. – a) *Unternehmenspolitische Rahmenplanung:* Es geht um die allgemeinen Grundsätze der →Unternehmenspolitik, d. h. die Mission des Unternehmens, das Verhältnis zu den Beteiligungsgesellschaften, Grundsätze der Mitarbeiterführung usw. Diese Grundsätze werden häufig in einem →Unternehmensleitbild festgelegt. – b) *Strategische Planung* bezieht sich auf den Aufbau von Erfolgspotentialen, die das langfristige Überleben bzw. den Fortschritt der Unternehmung sichern. – c) →*Operative Planung* (vgl. auch dort) ist auf das Ausschöpfen vorhandener Erfolgspotentiale gerichtet (statt „Doing the right things" „Doing the things right"). – 2. *Abgrenzungskriterien:* a) *Umfang des geplanten Wandels:* Bei der Rahmenplanung geht es um die geplante Evolution der gesamten Unternehmung. Die operative Planung ist mehr auf den inkrementalen Wandel einzelner Planungsfelder gerichtet. Die strategische Planung erfüllt unter diesem Aspekt eine Art „Brückenfunktion". – b) *Zeithorizonte:* Die Bezugszeit eines Planes gibt an, inwieweit sich die Beschreibungen des angestrebten realen Systems in die Zukunft erstrecken. Rahmen- und strategische Planung haben tendenziell langfristigen (fünf bis zehn Jahre), operative Planung kurz- bis mittelfristigen Charakter. Dabei dürfte auch die zeitliche Reichweite der damit verbundenen Erwartungsbildung variieren. – Die *zeitliche Geltungsdauer* (→Planungsperiode) i. a. unterscheidet ebenso: Bei der operativen Planung sind die Abstände von Planungsrunde zu Planungsrunde geringer als bei den anderen Planungen. Es besteht allerdings eine starke Abhängigkeit vom Grad der Institutionalisierung der verschiedenen Planungssysteme. – c) *Umweltorientierung:* Bei Rahmen- und strategischer Planung haben externe, umweltorientierte Informationen ein wesentlich höheres Gewicht als bei operativer Planung, bei der unternehmensinterne Informationen überwiegen. – d) *Kontexte und Denkhaltungen:* Insbes. zwischen strategischer und operativer Planung bestehen weitreichende Unterschiede in den von den beteiligten Führungskräften verwendeten Kategoriensystemen. Die strategische Planung beinhaltet ein Denken in Erfolgspotentialen; eine abstrakt-analytische, aber auch ganzheitlich-intuitive Sichtweise überwiegt. Die operative Planung ist dagegen durch ein Denken in den klassischen Erfolgsgrößen (Gewinn, Ertrag, Liquidität usw.) geprägt, das die kurzfristige Effizienz in den Mittelpunkt stellt; eine analytisch-praktische Sichtweise mit hohem Detailwissen überwiegt. – 3. Die Unterschiedlichkeit

der Kontexte und Denkhaltungen in den verschiedenen Planungssystemen kann als eines der zentralen *Probleme der gegenwärtigen Planungspraxis* angesehen werden: Die operativen Pläne lassen sich nicht einfach aus den strategischen Plänen ableiten, eine „Übersetzung" ist erforderlich. Gerade daran aber scheitert die Praxis oftmals: Das Resultat sind strategische Pläne, die mit viel Aufwand erstellt, aber niemals in das operative Tagesgeschäft umgesetzt werden. Die Bemühungen um eine *„strategische Steuerung"* setzen hier an.

III. Planungskategorien: Neben den Ebenen lassen sich drei Arten von Planungskategorien nennen: Ziele, Maßnahmen und Ressourcen, gelegentlich zusätzlich Zeit (Terminplanung). Da diese Zeitkomponente jedoch bei den übrigen Planungskategorien mit berücksichtigt wird, kann auf eine eigenständige Abhandlung der Terminplanung verzichtet werden. Die genannte Unterscheidung kann noch verfeinert werden (u. a. durch Steuer; vgl. →Planungselement). – Je nach Planungsebene haben Ziel-, Maßnahmen- und Ressourcenplanung unterschiedliche *Inhalte* (Überschneidungen sind möglich): 1. *Strategische Planung:* a) Als typische *Ziele* können z. B. Marktanteil, Umsatzwachstum oder Return on Investment angesehen werden. – b) Die *Maßnahmenplanung* umfaßt die Bestimmung der →Strategien für das gesamte Unternehmen (z. B. Wachstums-, Stabilisierungs- und Schrumpfungsstrategien) und für die einzelnen Geschäftsfelder (z. B. Kostenführerschaft und Differenzierung) sowie die Festlegung der Aktivitäten, mit denen diese Strategien realisiert werden können. Maßnahmen i. e. S. sind z. B. Aufbau neuer Vertriebskanäle durch den Einsatz von Handelsvertretern oder Verstärkung der Werbeaktivitäten durch Auswahl anderer Medienträger. – c) Die *Ressourcenplanung* ist zunächst v. a. auf ein langfristiges Gleichgewicht zwischen Kapitalbedarf und -freisetzung gerichtet; sie hat gegenüber den marktbezogenen Strategien einen derivativen Charakter. Dies ändert sich in dem Maße, in dem die Bedeutung der Ressourcenausstattung (und der Technologieposition) als eigenständiger strategischer Erfolgsfaktor erkannt wird (→Technologiemanagement). – 2. *Operative Planung:* a) Sie wird unter dem *Zielaspekt* v. a. als Wirtschaftsplanung betrieben, die sich auf die betrieblichen Kennzahlensysteme und die Vorgaben des klassischen Rechnungswesens stützt. Von großer Bedeutung ist der Begriff des →Budgets, der geplante Eckwerte (Gewinn-, Umsatzbudget usw.) und die Allokation materieller und personeller Ressourcen umfaßt; Ziel- und Ressourcenplanung stehen also in einem engen Zusammenhang. – b) Die *Maßnahmenplanung* ist im operativen Bereich (soweit es sich nicht um projektbezogene Aktivitäten

Übersicht: Unternehmensplanung – Instrumente

Zielbildung

Teilschritte	Methoden/Instrumente
• Suche, Analyse und Ordnung von Zielen • Operationalisierung und Prüfung auf Realisierbarkeit • Prüfung auf Konsistenz bzw. Konflikte • Setzung von Prioritäten • Festlegung von Nebenbedingungen • Operationalisierung der Ziele nach Erreichungsgrad, Zeitraum, Zuständigkeiten • Zielauswahl und -revision	– Relevanz- oder Entscheidungsbäume – Kennzahlensysteme – Kompatibilitäts- und Konfliktanalyse – Pattern

Problemanalyse

Teilschritte	Methoden/Instrumente
• Erkenntnis und Analyse des Problems nach Ursachen und Ausmaß durch Diagnose/Prognose und Vergleich mit den Zielen • Beschreibung und Auflösung des Gesamtproblems in einzelne Elemente und Feststellung ihrer Abhängigkeitsbeziehungen • Abgrenzung des Problems und Ordnung (Strukturierung) nach Gegenständen, Zeitbezug, Schwierigkeitsgrad und Zielrelevanz • Detailanalyse der Ursachen und systematische Gliederung nach Ansatzpunkten zur Problemlösung bzw. Ursachenbehebung	– Lagediagnose und -prognose – Scenario-writing – Strukturanalyse – Systemanalyse – Kausalanalyse – SOFT-Analyse – Life-Cycle-Analyse – Produkt-Status-Analyse – Gap-Projektion – Checklisten – Wertanalyse – Kepner-Tregoe-Technik

Alternativensuche

Teilschritte	Methoden/Instrumente

• Auffinden und Gliedern möglicher Ansatzpunkte für die Problemlösung
• Suche nach Handlungsmöglichkeiten (Lösungsideen)
• Gliederung und Ordnung der Einzelvorschläge
• Konkretisierung und Strukturierung der Alternativen
• Vollständigkeits- und Zulässigkeitsprüfung (Negativauswahl nicht realisierbarer Alternativen)
	– Kreativitätstechniken
	  – Brainstorming
	  – Methode 635
	  – Synektik
	  – morphologische Methode
	  – Funktionsanalyse
	  – progressive Abstraktion
	  – Bionik
	– Zustandsbäume
	– Entscheidungsbäume
	– Systemanalyse
	– Checklisten
	– Produkt-Status-Analyse

Prognose

Teilschritte	Methoden/Instrumente

• Abgrenzung des Prognoseproblems
• Bestimmung der erforderlichen Prognosen nach Inhalt, Präzision und zeitlicher Reichweite usw.
• Analyse des Wirkungszusammenhangs zwischen zu prognostizierender Größe und Bestimmungsursachen bzw. Indikatoren
• Aufstellung des Prognosemodells bzw. Aufwendung des Auswahlverfahrens
• Gewinnung der Prognose(n)
• Angabe der Bedingungen, unter denen sie gilt
• Abschätzung der Prognosesicherheit (wenn möglich: Wahrscheinlichkeit) und Beurteilung nach weiteren Gütekriterien
• Auswahl einer Prognose
• Konsistenzprüfung
	– mathematisch-statistische Prognosemodelle
	  – Trendmodelle
	  – Exponential Smoothing
	  – Wachstums- und Sättigungsfunktionen
	  – Regressionsmodelle
	  – ökonometrische Modelle
	  – Simulationsmodelle
	  – Netzplantechnik
	– intuitive Prognoseverfahren
	  – Relevanzbäume
	  – Szenario-writing
	  – morphologische Analyse
	  – Kausalanalyse
	  – Systemanalyse
	– Argumentatives Auswahlverfahren
	– Bewertungsmethoden

Bewertung

Teilschritte	Methoden/Instrumente
• Bestimmung der Bewertungsobjekte und der Ziele, an denen sie beurteilt werden sollten • Festlegung der Bewertungskriterien und ihrer (Kriterien-)Gewichte • Festlegung der Maßstäbe und Skalen (-niveaus) • Bestimmung der Kriterienwerte bzw. Aufstellung von Teil-Werturteilen • Wertsynthese zwecks Ermittlung der Gesamtbewertung durch Zusammenfassung der Teilurteile • Prüfung der Konsistenz der Werturteile	– Kosten-Nutzen-Analyse – Kosten-Wirksamkeits-Analyse – Nutzwert-Analyse – Investitionsrechnung – F/E-Bewertungsverfahren – Produktbewertungsprofile – Break-even-Analyse – Kennzahlensysteme – Relevanzbäume – Bewertungsregeln – Bewertungsprofile

Entscheidung

Teilschritte	Methoden/Instrumente
• Entscheidungsziel u. -kriterien festlegen • evtl. Entscheidungsmodell aufstellen • Vorauswahl zulässiger Entscheidungsalternativen bzw. Festlegung von Restriktionen • Auswahl der optimalen Alternative bzw. Bestimmung mehrstufiger E-folgen • Prüfung auf Konsistenz mit anderen Entscheidungen • evtl. Ressourcenzuordnung und Zuständigkeitsfestlegung (Durchführungsträger)	– mathematische Entscheidungsmodelle – Entscheidungsbäume – Entscheidungstabellen – Entscheidungskriterien bzw. -regeln – Entscheidungsfunktionen

Quelle: Wild, J., Grundlagen der Unternehmensplanung, Reinbeck b. Hamburg 1981.

handelt) oftmals als Optimalitätsplanung (Berechnung von optimalen Bestellmengen, Losgrößen, Kapazitätsauslastungen usw.) konzipiert.

IV. P l a n u n g s o b j e k t e : Strategische und operative Planung können sich auf unterschiedliche Planungsobjekte beziehen: 1. Die strategische Planung baut auf einer *Abgrenzung* →*strategischer Geschäftsfelder* auf, für die →strategische Programme geplant werden. Das strategische Programm eines Geschäftsfeldes umfaßt sämtliche auf dieses Feld bezogenen Ziele und strategischen Stoßrichtungen sowie deren Aufgliederung in Unterziele, Unterstrategien und Maßnahmen (mit ersten robusten Schritten). – 2. Die operative Planung ist dagegen zunächst eine *Bereichsplanung*, z. B. Beschaffungs-, Produktions- und Absatzplanung (→Bereichsplanung und -kontrolle). – 3. Programm- und Bereichsplanung passen aber nicht ohne weiteres zusammen. Als Ausweg bietet sich an, auch auf der operativen Ebene eine die Bereichsplanung überlagernde *operative Programmplanung* einzuführen. Kernstück dieser Planung sind die verschiedenen Projekte, mit denen das strategisch Gewollte realisiert werden soll, dazu gehören auch nicht projektgebundene Basisaktivitäten der Verantwortungsbereiche und zusätzliche Aktivitäten der strategischen Steuerung, mit denen der Prozeß der Strategieumsetzung in Gang gehalten, vorangetrieben und gesteuert wird. Diese als Programm zusammengefaßten Aktivitäten sind noch nicht ganz auf die Bereichsplanung abgestimmt, aber die Kategorien dieser Programmplanung gegenüber der strategischen sind stärker auf operative Erfordernisse zugeschnitten (insbes. im Hinblick auf Quantifizierung). – 4. Als weitere operative Planungssysteme sind insbes. auch denkbar: a) *Investitionsobjektplanung* (→Investitionsobjektplanung und -kontrolle): Diese legt für diejenigen Investitionsobjekte, für die sich eine eigene Projektplanung nicht lohnt, bestimmte Prozeduren, Methoden usw. fest, nach denen diese Objekte beantragt, ausgewählt und beschafft werden. – b) *Mitarbeiterbezogene Planung* (→mitarbeiterbezogene Planung und Kontrolle): Längsschnittorientierte Planung, die darauf ausgerichtet ist, unter Einbeziehung der Zielvorstellungen der Mitarbeiter auch längerfristig den „richtigen Mann am richtigen Platz" zu haben. Die Personalbereichsplanung (→Personalplanung) ist dagegen querschnittsorientiert und befaßt sich mit der Beschaffung, Bedarfsermittlung, dem Einsatz und der Freisetzung von Personal, ohne dabei den einzelnen Mitarbeiter im Auge zu haben.

V. P l a n u n g s p r o z e ß , -p h a s e n u n d -i n s t r u m e n t e : 1. Unter dem zeitlichen Aspekt kann zwischen dem *Planungsprozeß* (Willensbildung) und *Entscheidungsprozeß*

(Willensdurchsetzung) unterschieden werden. Beide können in mehrere (iterierende) Phasen aufgeteilt werden. Mögliche Planungsphasen sind Zielbildung, Problemanalyse, Alternativensuche, Prognose, Bewertung und Entscheidung; in einer erweiterten Fassung kann auch noch eine Durchsetzungs-, Realisations- und Abweichungsanalysephase hinzugerechnet werden. – 2. Die Planung kann in jeder Phase durch eine Vielzahl von *Planungsinstrumenten* unterstützt werden. Sie reichen von einfachen Methoden der Visualisierung (z. B. Metaplan-Technik) über relativ unstrukturierte →Kreativitätstechniken (Brainstorming, Synektik, morphologische Methoden usw.) bis zu systematisch-analytischen Bewertungsmethoden (klassische Investitionsrechnungsverfahren, →Nutzwertanalyse, →Portfolio-Analysen usw.); eine →computergestützte Unternehmensplanung ist möglich Auch die quantitativen und qualitativen Verfahren der Unsicherheitshandhabung (z. B. →Sensitivitätsanalyse) können hierzu gerechnet werden. Vgl. Übersicht Sp. 2139 bis 2142. – Diese Instrumente haben nicht nur je nach Planungsphase, sondern auch je nach Planungsebene und -objekt zweifellos eine unterschiedliche Bedeutung. – a) Bei der *strategischen Planung* wird es v. a. darauf ankommen, die *Kreativität* der Beteiligten zu fördern: Die systematisch-analytischen Methoden haben zwar hier ebenfalls ihren Wert, ihre Anwendung birgt aber auch Gefahren, daß der Versuch der Quantifizierung zu einem falschen Sicherheitsgefühl führen kann. – b) Im *operativen Bereich* wird man dagegen auf eine *Quantifizierung* geradezu angewiesen sein. Soweit man allerdings davon ausgeht, daß strategisches Denken eine Linienfunktion und insofern auch eine Sache der operativen Führungskräfte ist, können auch hier die Gefahren einer allumfassenden Quantifizierung nicht geleugnet werden.

VI. P l a n u n g s - u n d K o n t r o l l s y s t e m e : 1. Die vorgestellten Systeme können als Teile eines *umfassenden Planungs- und Kontrollsystems (PuK)* der Unternehmung interpretiert werden. Ein solches PuK ist eine zusätzliche Organisation, die die Organisation des laufenden Geschäftsbetriebs überlagert. Es dient der Produktion und Kontrolle von Plänen. Soweit dieses in der Wissenschaft konzipiert wird, kann man von einem Denkmodell eines Planungssystems sprechen. – Zu unterscheiden von *Betriebsmodellen* (als Bsp. vgl. Abbildung, Sp. 2145/2146, die in der Unternehmenspraxis angewendet werden. Solche Betriebsmodelle sind allerdings meist nur unzureichend dokumentiert. – Eine Möglichkeit, bestehende Planungssysteme zu rekonstruieren oder neue zu konzipieren, ist die Entwicklung eines →*Planungsrahmens* (vgl. im einzelnen dort), der eine Klassifikation der zu erstellenden Pläne und die Festlegung der Adressaten enthält.

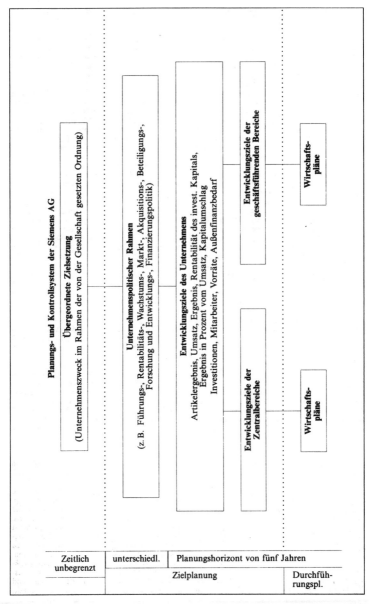

2. Die *Integration des Planungssystems* (vgl. auch →Plankoordination) wird in der Literatur häufig als Forderung formuliert. a) Die *technische Integration* bezieht sich auf eine Vielzahl von Teilsystemen und Komponenten, die es im Interesse eines funktionierenden Ganzen aufeinander abzustimmen gilt. Im Mittelpunkt steht dabei die Kompatibilität aller Input/Output-Beziehungen. In Denk- und Betriebsmodellen von Planungs- und Kontrollsystemen wird dieser Aspekt i.d.R. durch Pfeilbeziehungen zum Ausdruck gebracht. – b) *Integration im soziologischen Sinn* meint dagegen die Art und Weise, wie Handlungen koordiniert werden. Geschieht das über eine funktionale Vernetzung von Handlungsfolgen, so spricht man von *Systemintegration;* geschieht das über eine gemeinsame Definition der Situation (hier kommt es auf die Kooperationsbereitschaft der Aktoren selbst an), von *Sozialintegration.* – Bei der Frage nach der Integration eines Planungssystems geht es v.a. um die technische Integration, die beiden anderen Integrationsbegriffe werden relevant, wenn Fragen der Organisation der Planung (vgl. VII) im Mittelpunkt stehen. – 3. Die Vorteile einer möglichst hohen technischen Integration liegen in der *Erleichterung einer strategischen Steuerung.* Ein abgestimmtes konsistentes System von Plänen verhindert eine allzu große Diskrepanz zwischen dem strategisch Gewollten und den operativ vollzogenen Aktivitäten. Es werden Doppelarbeiten vermieden und Synergieeffekte erzeugt. Das bedeutet allerdings nicht notwendig, daß damit auch höchstmögliche Planungseffizienz erzielt wird. Hohe Integration führt zu *Bürokratisierungstendenzen* (→Bürokratismus), die das System schwerfällig machen und die Kreativität der Aktoren behindern können. Die Vielzahl von Teilplanungssystemen, die in Denkmodellen häufig postuliert und für die zahlreiche Interdependenzrelationen definiert werden, überfordert oftmals die *Komplexitätsverarbeitungsmöglichkeiten* der Unternehmenspraxis. Es bietet sich daher an, die Denkmodelle prinzipiell offen zu gestalten: Das kann dadurch geschehen, daß man für die verschiedenen Teilplanungssysteme Module für einzelne Planungsaktivitäten und für Koordinationsfunktionen anbietet, die flexibel eingesetzt und kombiniert werden können. – Bei einer Rekonstruktion von Betriebsmodellen sollte umgekehrt die Feststellung mangelhafter Integration nicht vornherein zu Änderungen des Planungssystems in Richtung auf „mehr Integration" führen; Vor- und Nachteile sind im Einzelfall sorgsam abzuwägen. Generell sollte der systemkoppelnde gegenüber dem systemintegrierenden Aspekt betont werden.

VII. Organisation der Planung: 1. Unter organisatorischen Aspekten steckt die U. in einem doppelten *Dilemma.* Einerseits soll sie möglichst weit vom Tagesgeschäft entfernt sein (um eine bloße Planfortschreibung zu vermeiden) und doch engstens mit dem Tagesgeschäft verbunden sein (denn nur so kann Identifikationsproblemen der Ausführenden entgegengewirkt werden). Andererseits soll sie möglichst hoch in der Unternehmenshierarchie aufgehängt sein, um die Übereinstimmung sämtlicher Pläne mit den Unternehmungsgrundsätzen und den verfolgten Strategien zu gewährleisten; dies kann leicht zu einer allzu großen Abgehobenheit vom Tagesgeschäft führen. – 2. Beide Spannungsfelder tauchen bei den Optionen der organisatorischen Verankerung der Planung wieder auf, können dort aber (wenigstens tendenziell) entschärft werden. Planung kann als *Stabs-* oder als *Linienfunktion* (→Stab-Linienorganisation) aufgefaßt werden, wobei man eine Vielzahl spezifischer Varianten (v.a. aus der US-amerikanischen Planungspraxis) kennt, vgl. hierzu →planning (coordination) department, →planning review boards, →task force. – 3. Weiter ist innerhalb der U. zu entscheiden, von wo die *Planvorgaben* kommen. – a) Arbeiten z.B. eigens geschaffene Stabsabteilungen der Unternehmensführung die Pläne aus, so werden diese i.d.R. „*von oben*" in die Linie gegeben *(Top-down-Ansatz, retrograde Planung).* Das kann, wie angedeutet, bei den Ausführenden zu Identifikationsproblemen führen. – b) Es bietet sich daher an, die Pläne von Aktoren auch mittlerer Managementebenen erstellen zu lassen, die auch für die Umsetzung in das Tagesgeschäft zuständig sind. Planung ist dann eine Linienfunktion. Die Pläne kommen dann „von unten" nach oben *(Bottom-up-Ansatz, progressive Planung).* Die Planungsabteilung dient nur noch als eine „Methodenunterstützungsabteilung", die allenfalls noch Funktionen eines Prozeßmanagements übernimmt. Sie sollte dennoch in der Nähe der Unternehmensleitung angesiedelt sein, um deren Commitment zur Planung insgesamt zum Ausdruck zu bringen und zu gewährleisten. – c) Eine Kombination beider Ansätze ist das →*Gegenstromverfahren.* – 4. An der *Verabschiedung der Pläne* werden i.a. mehrere Entscheidungsebenen beteiligt. Der Prozeß kann durch das Konzept des →management by objectives beschrieben werden. – a) In einer *autoritären Variante* werden durch die Unternehmensführung Schlüsselkennzahlen und Maßnahmepakete vorgegeben, die dann von den unteren Ebenen nur noch übernommen werden. Da es hier v.a. auf die Macht der oberen Entscheidungsebene ankommt, handelt es sich um eine „Systemintegration". – b) In einer *liberalen Variante* werden dagegen die Schlüsselkennzahlen der Unternehmensführung als „targets" den „goals" der unteren Entscheidungsebene gegenübergestellt. Hier erfolgt eine Diskussion, die auch mögliche (Grob-)Maßnahmen mit einbezieht. Am Ende dieses Prozesses steht die

Zielvereinbarung (mit einzelnen „objecti-ves"), die als Grundlage für die weitere Detailplanung verbindlich ist. Soweit dabei eine gemeinsame Definition der Situation zustande kommt, kann man hier auch von einer „Sozialintegration" sprechen. – Ob diese Art der Integration effizienter ist, muß für den Einzelfall differenziert und nach einzelnen Planungsfunktionen beurteilt werden. Die bisher vorliegenden empirischen Untersuchungen geben hier noch wenig Aufschluß.

Literatur: Bircher, B., Langfristige Unternehmungsplanung, Bern-Stuttgart 1976; Gälweiler, A., Unternehmensplanung, Grundlagen und Praxis, Frankfurt-New York 1974; Hahn, D., Planungs- und Kontrollrechnung – PuK –, Wiesbaden 1986; Hammer, R. M., Unternehmungsplanung, München-Wien 1985; Hentze, J./Brose, P., Unternehmungsplanung, Bern-Stuttgart 1985; Hill, W., Unternehmungsplanung, Stuttgart 1966; Kirsch, W., Planung, Kapitel eine Einführung, München 1975; Koch, H., Integrierte Unternehmungsplanung, Wiesbaden 1982; Pfohl, H.-C., Planung und Kontrolle, Stuttgart usw. 1981; Trux, W./Müller, G./Kirsch, W., Das Management Strategischer Programme, 2 Bd., München 1985; Welge, M. K., Unternehmensführung, Band 1: Planung, Stuttgart 1985; Wild, J., Grundlagen der Unternehmungsplanung, Reinbeck b. Hamburg 1981.

Prof. Dr. Günter Müller-Stewens
Dipl-Kfm. Dodo zu Knyphausen

Unternehmenspolitik, *Unternehmungspolitik.*
I. P r o b l e m e i n f ü h r u n g : Bei der Entwicklung einer strategischen Unternehmensführung wurde bislang der Gestaltung eines strategischen Managementsystems Vorrang eingeräumt (→strategisches Management). Seit geraumer Zeit richtet sich aber auch ein verstärktes Interesse auf die Erforschung des tatsächlichen Ablaufs strategischer Prozesse und der Faktoren, die sie beeinflussen. Hierbei kommt oftmals politischen Faktoren eine entscheidende Bedeutung zu. Die Auseinandersetzung mit ihnen läßt uns die Unternehmensführung nicht zuletzt auch als politische Führung begreifen. Dies wirft die Frage auf, inwieweit Planungs- oder andere Managementsysteme politisch zu konzipieren sind? – Genauso ungeklärt wie diese Frage ist der Zweck, der mit einer Auseinandersetzung mit dem Phänomen U. verbunden sein soll. Auch besteht eine große Meinungsvielfalt zu dem, was unter U. verstanden werden soll.

II. P o l i t i k b e g r i f f e : „ P o l i t i c s " v e r-s u s „ p o l i c y m a k i n g " . Die Ansätze zur U. können anhand der Unterscheidung von Sternberger in zwei Politikbegriffe kategorisiert werden: Je nach Weltbild wird Politik eher gesehen als *„politics",* als bewußtes Durchsetzen eines bestimmten Willens oder als *„policy making",* als geschicktes Lavieren angesichts der Herausforderungen der Umwelt, die das Handeln relativ weitgehend bedingen. Differenzierungsmerkmal ist also der Voluntarismusgrad: Auf der einen Seite die willentliche Gestaltung von Organisationen, auf der anderen Seite die Anpassung an faktische Zwänge.

III. A n s ä t z e z u r U . : Die Entstehung der U. als betriebswirtschaftliches Forschungsge-

biet kann auf das Jahr 1951 datiert werden. Zu diesem Zeitpunkt erschienen die ersten Veröffentlichungen von Melerowicz und Sandig zur Entwicklung einer *wissenschaftlichen Betriebs-(wirtschafts)politik.* – Dlugos und Dorow haben zu einer Kategorisierung der Ansätze zur U. die obigen Politikbegriffe aufgegriffen: Danach lassen sich zwei Konzeptionen einer U. analytisch unterscheiden: *Grundzielsetzungs-Konzeption* (als Merkmal des Business-Policy-Ansätze) und *Sicherungsziel-Konzeption* (als Merkmal des Politics-Ansatzes). In der Realität können sicherlich auch beide Konzeptionen *gleichzeitig angetroffen* werden. So kennt man eine Führungskraft meist als eine Person, die sowohl bewußt ihren Willen durchzusetzen versucht, als auch – angesichts relativ deterministischer Restriktionen – geschickt zu Lavieren verstehen muß. Dieses Wechselspiel und Nebeneinanderher der beiden Verhaltensformen bezeichnet Kirsch als Position eines „gemäßigten Voluntarismus".

1. *Die Grundzielsetzungskonzeption – Politik als „policy":* Bei der Verwendung des Politikbegriffs als Grundzielsetzungskonzeption haben sich fünf *Varianten* herauskristallisiert: a) *Mellerowicz* definiert U. als „das Treffen von Entscheidungen grundsätzlicher Art und das Aufstellen von Grundsätzen, die das Finden optimaler Entscheidungen erleichtern". Als Instrumente zur Zielerreichung dienen ihr Organisation, Information, Planung, Koordination einschl. der Abstimmungsproblematik der Teilgebiete sowie Kontrolle. Wesentliches Merkmal ist die Entscheidungsbezogenheit sowohl bei der Konzernführung als auch bei der Behandlung operativer Teilpolitiken. – b) Da Führungsentscheidungen und darauf folgende Handlungen zu Auswirkungen auf andere Menschen führen, kommt es *Sandig* in seiner Auffassung von U. darauf an, daß die Aktionen und Reaktionen dieser Menschen in die Entscheidung miteinbezogen werden müßten. – c) Abweichend von den beiden ersten Auffassungen ist es nach *Rühli* möglich, U. nicht als Element, sondern als Inhalt eines Problemlösungsprozesses zu verstehen. Sie umfaßt die Gesamtheit spezieller Probleme, mit denen sich die Geschäftsführung planend, entscheidend, anordnend und kontrollierend zu befassen hat. Dabei können drei Grundfragen der U. herauskristallisiert werden: wie eine Lagebeurteilung vorgenommen werden kann; wie die Ziele in einer Unternehmung festgelegt werden und wie die Handlungsalternativen oder Planungsstrategien; welche zur Erreichung der Ziele notwendig sind, entwickelt, beurteilt, ausgewählt und durchgeführt werden können. – d) Nach *Ulrich* ist unter der U. die Gesamtheit grundsätzlicher Entscheide zu verstehen, welche die Grundlinien der Organisation auf längere Sicht bestimmen. Er interpretiert die U. als der bewußte Versuch einer umfassenden langfri-

stigen Planung des zukünftigen Unternehmungsgeschehens. Die U. stellt hier die höchste Stufe langfristigen Planens dar. Als spezielle Stufe des Führungsprozesses ist sie der →Unternehmensphilosophie im Sinne allgemeiner Zielvorstellungen nachgelagert. Vorgelagert ist sie der →Unternehmensplanung, in der operationale Zielsetzungen und Maßnahmen erstellt werden. U. kann somit aufgefaßt werden als das oberste Teilsystem der Führung, in welchem Unternehmens- und Umweltsituation zu Entscheidungen verarbeitet werden, welche das zukünftige Unternehmensgeschehen in den großen Linien und auf lange Sicht festlegen sollen. Die unternehmenspolitischen Entscheide werden in den nachgelagerten Stufen „Planung" und „Disposition" weiter aufgegliedert und konkretisiert. Sie lenken also den Handlungsvollzug nur indirekt. – e) Kirsch greift die Sichtweise Sandigs auf und verbindet sie mit dem Politikansatz von Easton, den er jedoch seinerseits im Lichte der organisations-theoretischen Konzeption einer fortschrittsfähigen Organisation weiterentwickelt. Er definiert U. als autoritative Beeinflussung der Allokation von Anreizen und Belastungen der von den Unternehmenstätigkeit durch Entscheidungen des Führungssystems Betroffenen, bei denen die einfließenden Wertprämissen im System noch nicht verbindlich autorisiert, sondern noch subjektiver Natur sind. – Weiter sieht Kirsch die U. im Zentrum der Gestaltung des unternehmenspolitischen Rahmens, der vereinfacht über die Komponenten „Identität", „Image" und „sozio-ökonomisches Feld" beschrieben werden kann. Output einer unternehmenspolitischen (bzw. normativen) Rahmenplanung als politischem Prozeß kann dann die Formulierung, Verabschiedung und Durchsetzung grundlegender Maximen (Ziele, Grundsätze, Strategien) sein. U. kann sich aber auch in einer Serie alltäglicher, eher taktischer politischer Entscheidungen formieren, ohne daß sie unmittelbar Gegenstand und Output dieser politischen Prozesse sind. – Über die unternehmenspolitische Rahmenplanung soll versucht werden, die Evolution des Rahmens zumindest teilweise zu steuern und „Misfits" zwischen den Komponenten des Rahmens aufzuheben. Die U. wird damit zu einer Art →Unternehmensleitbild oder Rahmenkonzept für die Evolution dieses unternehmenspolitischen Rahmens. Damit nähert sich Kirsch einem prozessualen Politikverständnis im Sinne eines „policy planning" an.

2. Die Sicherungszielkonzeption – Politik als „politics": Gegenstand der Sicherungszielsetzungskonzeption sind ausschließlich Sicherungsziele mit gleichartigen Alternativen- und Konsequenzenfeldern ohne Begrenzung auf Führungsentscheidungen. Untersuchungsgegenstand sind Macht, Herrschaft, Konfliktentstehung und -handhabung. Politik kann

hier als das Streben nach mehr Macht oder nach Beeinflussung der Machtverteilung definiert werden. Ziel ist die Sicherung der Realisation von Grundzielen der Institutionen, der Gruppe oder des Individuums. Dies kann durch Aktivitäten erreicht werden, die unter Einsatz von Macht kollidierende Handlungsspielräume determinieren. Dieses Sicherungshandeln besteht einerseits unternehmensintern zwischen den Unternehmensmitgliedern und andererseits unternehmungsextern gegenüber den Kontrahenten und Konkurrenten der Unternehmung.

Literatur: Behrens, H., Politische Entscheidungsprozesse, Opladen 1980; Dlugos, G., Die Lehre von der Unternehmungspolitik – eine vergleichende Analyse der Konzeptionen, in: Die Betriebswirtschaft 1984, Nr. 2, S. 287–305; Dorow, W., Unternehmungspolitik, Stuttgart usw. 1982; Girgensohn, T., Unternehmenspolitische Entscheidungen, Frankfurt und Bern 1979; Heinen, E., Zum betriebswirtschaftlichen Politikbegriff – das Begriffsverständnis der entscheidungsorientierten Betriebswirtschaftslehre, in: Geist, M. N./Köhler, R. (Hrsg.), Die Führung des Betriebes, Stuttgart 1981; Hinder, W., Strategische Unternehmensführung in der Stagnation, München 1986; Kirsch, W., Unternehmenspolitik: Von der Zielforschung zum Strategischen Management, München 1981; ders. Wissenschaftliche Unternehmensführung oder Freiheit vor der Wissenschaft, München 1984; Mellerowicz, K., Unternehmenspolitik, Band I: Grundlagen, Freiburg 1976, Band II: Funktionsbezogene Teilpolitiken, Freiburg 1977, Band III: Operative Teilpolitiken und Konzernführung, Freiburg 1978; Remer, A., Instrumente unternehmenspolitischer Steuerung, Berlin und New York 1982; Rühli, E., Unternehmungsführung und Unternehmungspolitik, Band 1, Bern und Stuttgart 1974, Band 2, Bern und Stuttgart 1978; Sandig, C., Betriebswirtschaftspolitik, Stuttgart 1966; Stadler, K., Innovative Unternehmungspolitik, Diessenhofen 1978; Sternberger, D., Drei Wurzeln der Politik, Frankfurt 1978; Thommen, J.-P., Die Lehre der Unternehmungsführung, Bern und Stuttgart 1983; Ulrich, H., Unternehmungspolitik, Bern und Stuttgart 1978.

Prof. Dr. Günter Müller-Stewens

unternehmenspolitische Rahmenplanung, →Unternehmensplanung II, →strategisches Management, →Unternehmenspolitik III 1 e)

Unternehmensspiele, →Planspiele für Unternehmensführung.

Unternehmenstarifvertrag, →Firmentarifvertrag.

Unternehmensteuer, →Unternehmensbesteuerung III 2.

Unternehmenstheorie, →Theorie der Unternehmung.

Unternehmenstypen, →Unternehmungstypen.

Unternehmenstypologie, →Unternehmungstypen.

Unternehmensverfassung. I. Begriff: Unter U. kann die Gesamtheit der konstitutiven und langfristig angelegten Regelungen für Unternehmen verstanden werden. Der Begriff ist seit Ende der 60er Jahre insbes. im Zusammenhang mit der Diskussion um die Mitbestimmung und um die Weiterentwicklung des geltenden Gesellschaftsrechts zu einem Unternehmensrecht aktuell geworden. Die U. ergibt sich aus gesetzlichen Regelungen, insbes. dem

Wettbewerbs-, Kapitalmarkt-, Verbraucherschutz-, Gesellschafts-, Arbeits- und Mitbestimmungsrecht, aus *kollektivvertraglichen Vereinbarungen* wie Firmentarifverträgen und Betriebsvereinbarungen sowie *privatautonomen Rechtssetzungen* wie dem Gesellschaftsvertrag, der Satzung, den Geschäftsordnungen oder Unternehmensverträgen. Konkretisierend können *höchstrichterliche Entscheidungen* hinzutreten. U. umfaßt also die *interne* formale Machtverteilung zwischen den involvierten Interessengruppen (U. i. e. S.) und die sie ergänzenden *extern* ansetzenden Regelungen zum Schutz von verfassungsrelevanten Interessen (U. i. w. S.). Scharf davon zu trennen ist die *faktische Einflußverteilung* in U. (Modell und Wirklichkeit), wenngleich dieses insbes. für die Entwicklung und Reform der U. von höchster Bedeutung ist.

II. G r u n d f r a g e n : Bei Analyse, Vergleich oder Gestaltung von U. stehen immer zwei grundlegende Fragen zur Diskussion: 1. Welche *Interessen* sollen die Zielsetzung und Politik der Unternehmung bestimmen bzw. bestimmen sie? Bei der Beantwortung dieser Frage geht es darum, welche Interessen aus dem Kreis der prinzipiell verfassungs*relevanten* Interessengruppen der Konsumenten, der Arbeitnehmer, der Kapitaleigner und dem öffentlichen Interesse die U. konstituieren bzw. konstituieren sollen (verfassungs*konstituierende* Interessen). Rein formal kann man dann zwischen interessenmonistischen, interessendualistischen und interessenpluralistischen U. unterscheiden. Interessenmonistische Varianten bilden die →kapitalistische Unternehmensverfassung, wie sie in den handelsrechtlichen Kodifikationen des 19. Jahrhunderts ihren Niederschlag gefunden hat und noch heute die ökonomische Realität der westlichen Industrienationen prägt, und die →laboristische Unternehmensverfassung Jugoslawiens, die als Modell der Arbeiterselbstverwaltung allein auf den Arbeitnehmerinteressen gründet. Als interessendualistisch darf die Mitbestimmte Unternehmung gelten. Interessenpluralistische Verfassungen ergeben sich, wenn zusätzlich das öffentliche Interesse und/oder (partiell) Interessen der Konsumenten Verfassungsrang erhalten. – 2. Welche *institutionellen Vorkehrungen* sind geeignet bzw. getroffen, die Unternehmensaktivitäten auf die verfassungskonstituierenden Interessen auszurichten? Bei der institutionellen Ausgestaltung *(→Organisationsverfassung)* müssen Regelungen über Entscheidungsgremien (Art, Zusammensetzung, Wahl, Kompetenzen), über den Ablauf der Entscheidungsprozesse in den Gremien (Vorsitz, Ausschüsse, Teilnahme und Beschlußmodalitäten) und über ihre Information im Rahmen der Entscheidungsvorbereitung (Planungsinformationen) und zur Kontrolle der Resultate der getroffenen Entscheidungen (Kontrollinfor-

mation) getroffen werden. Zur Debatte stehen hier (für Großunternehmen) i. d. R. die dreigliedrige Verfassungsstruktur mit Hauptversammlung, Aufsichtsrat und Vorstand oder die zweistufige Lösung mit Hauptversammlung und Verwaltungsrat bzw. Board.

III. W i r t s c h a f t s o r d n u n g und U n t e r n e h m e n s v e r f a s s u n g : Sowohl für das Verständnis von existierenden Verfassungen als auch für ihre Reform ist von zentraler Bedeutung, wie das Verhältnis von →Wirtschaftsordnung und U. interpretiert wird. – 1. In der Sicht der klassischen *liberalen Wirtschaftstheorie determiniert* die Wirtschaftsordnung bzw. der Markt die U. (→kapitalistische Unternehmensverfassung). Nach diesem Modell vollzieht sich der Interessenausgleich grundsätzlich im Markt. Das Unternehmen reduziert sich auf ein System von Vertragsbeziehungen zwischen den Produktionsmitteleigentümern und Abnehmern, Lieferanten, Arbeitnehmern und Fremdkapitalgebern. Übrig bleibt die Gesellschaft als Vertragsverbund der Kapitaleigner, die dann folgerichtig interessenmonistisch sein muß. Die Auszeichnung der Kapitaleignerinteressen ist insofern nicht willkürlich, sondern funktional für die Wohlfahrt aller. Die theoretische Begründung für diesen Zweck-Mittel-Zusammenhang lieferte die mikroökonomische →allgemeine Gleichgewichtstheorie mit dem Marktmodell der vollkommenen Konkurrenz. – 2. Im Lichte der neueren →Industrieökonomik erscheint diese Interpretation des Verhältnisses von Markt und U. jedoch fragwürdig. Insbes. Großunternehmen verfügen über (nicht-triviale) Handlungsspielräume im Wettbewerbsprozeß und vermögen durch unternehmensstrategisches Handeln die Marktstruktur selbst erfolgreich zu beeinflussen. Daraus folgt, daß die Unternehmung neben dem Markt ein eigenständiges Entscheidungs- und Interessenkoordinationszentrum darstellt und in ihrer verfassungsmäßigen Ausgestaltung nicht dem blanken Marktdiktat unterliegt. Die Dependenz zwischen Wirtschaftsordnung und U. hat sich so zu einer *Interdependenz* gewandelt. Genau an diesen Handlungsspielraum und Sachverhalt knüpft die Diskussion um die Weiterentwicklung der U. an. – 3. Vgl. auch →Arbeiterselbstverwaltung.

IV. I n t e r n a t i o n a l e U n t e r n e h m u n g e n (I. U.): 1. *Problematik* (Spannungsfeld): Für →internationale Unternehmungen ist die Entfaltung von Geschäftsaktivitäten in mehreren Ländern, unter globalen Gesichtspunkten und über nationale Grenzen und alle Unternehmensteile hinweg *(keine ökonomische Einheit)*. Rechtlich existieren nur nationale Gesellschaften. Wegen der *Vielfalt der nationalen Rechtskreise* existiert eine U. typischerweise *nicht*. Internationale Gesellschaften bzw. Unternehmen mit Internationaler U. sind eine atypische Rarität; sie kommen durch

Staatsverträge zustande und stehen auf internationaler Rechtsgrundlage. – 2. *Rechtliche Voraussetzungen* von I.U.: Zum Aufbau und zur Lenkung von I.U. müssen gewährleistet sein: a) *Niederlassungsfreiheit* und *wechselseitige Anerkennung* juristischer Personen (innerhalb der EG: Art. 52, 58, 220 EWG-Vertrag). – b) *Rechtliche Möglichkeiten zentraler Leitung:* (1) Leitungsbefugnis aus *Eigentum,* wenn die Zentrale der I.U. selbst Eigentümer eines Unternehmensteils im Ausland ist (Niederlassungen): im Rahmen des Gastlandrechts kann die Zentrale von ihrer Weisungsbefugnis Gebrauch machen. (2) Leitungsbefugnis durch direkte oder indirekte (mehrheitliche) *Beteiligung* (faktischer Konzern) an einer ausländischen Gesellschaft. Instrumente zur Durchsetzung der einheitlichen Leitung: Beschlüsse der Gesellschaftermehrheit in zentralen wirtschaftlichen Belangen mit Bindungswirkung für das Management; Recht zur Auswahl und Abberufung der Mitglieder der Geschäftsführung (Personalhoheit); Entsendung von Stammhausdelegierten; entsprechende Gestaltung der Unternehmensstatuten (Geschäftsordnung, Geschäftsverteilungsplan, Bestellung des Vorsitzenden der Geschäftsführung). (3) Leitungsbefugnis aus *Vertrag:* →Unternehmensverträge (§§ 291, 292 AktG) zwischen Mutter- und Tochtergesellschaften: (a) Beherrschungsvertrag: Die Konzernmutter kann dem Vorstand der Tochter direkt Weisungen erteilen, auch gegen Widerstand durchsetzen (§ 308 AktG). (b) Konsortialverträge: Vertragliche Abmachungen zwischen den Gesellschaftern eines Unternehmens, um den Einfluß auf Unternehmenspolitik, Geschäftsführung und personelle Zusammensetzung zu sichern. Vgl. auch →Joint Venture. (4) *Schranken der Leitungsmacht:* durch nationale Rechte zum Schutz von Tochtergesellschaften, aus divergenten nationalen Rechnungslegungsvorschriften und aus der Vielfalt der nationalen Steuersysteme. – 3. *Entwicklungstendenzen:* Konflikte mit den Interessen der Arbeitnehmer, Gläubiger, Aktionäre, Verbraucher oder sonstigen öffentlichen Interessen in Herkunfts- und Gastländern bestimmen die Diskussion über die U. von I.U. Ansätze zur Überbrückung der Diskrepanz zwischen internationaler Wirtschaftstätigkeit von I.U. und nationaler Interessenkoordination und Konfliktregelung: (1) →Internationale Unternehmensverfassung; (2) Angleichung der nationalen verfassungsrelevanten Rechtsgebiete (→Europäisches Gesellschaftsrecht); (3) Vereinbarung internationaler →Verhaltenskodizes für I.U.

V. Entwicklungsperspektiven: 1. Als grundsätzliche *Strategiealternativen* zur Weiterentwicklung der U. werden sowohl der gesetzliche als auch der vertragliche Weg verfolgt. Neben der *Gesetzesstrategie,* wie sie insbes. in der Bundesrep. D. mit der Mitbestimmungsgesetzgebung verfolgt wurde und in EG-Richtlinien zu verfassungsrelevanten Rechtsgebieten ihren Ausdruck findet, gewinnt die *Vertragsstrategie,* nicht nur im europäischen Ausland, zunehmend an Bedeutung. Beispiele hierfür sind die tarifvertragliche Vereinbarung von Mitbestimmungsregelungen in Schweden, Dänemark, Belgien und der Schweiz sowie entsprechende rechtspolitische Vorschläge im Entwurf der 5. EG-Richtlinie zur Struktur der Aktiengesellschaft und im DGB-Entwurf eines Mitbestimmungsgesetzes von 1982. Vertragliche Entwürfe zur U. bilden weiter die Partnerschaftsmodelle. Als weiteres für die Zukunft prägendes Entwicklungsmuster darf die *„Internationalisierung"* der U. durch Rechtsangleichung gelten, wie sie insbes. im Rahmen der Europäischen Gemeinschaft betrieben wird (Europäische Aktiengesellschaft, Europäische Wirtschaftliche Interessenvereinigung, EG-Richtlinien). – Vgl. auch →Internationale Unternehmensverfassung. – 2. Hinsichtlich der *Interessenbezüge* der U. läßt sich ein klarer Trend hin zu *pluralistischen Strukturen* erkennen. Zahlreiche europäische U. erfuhren eine interessendualistische Öffnung durch die Einführung der Mitbestimmung der Arbeitnehmer in Großunternehmen, die jedoch nach Intensität, Rechtsquelle und organisatorischer Ausformung eine erhebliche Bandbreite aufweist. Außer den Interessen von Kapitaleignern und Arbeitnehmern ist in einzelnen nationalen U. (Schweden, Montan-Mitbestimmung) das öffentliche Interesse als eigenständiger Einflußfaktor vertreten. Auf faktischer Ebene hat sich seit Ende der 60er Jahre auch in den USA durch die selektive Repräsentanz von ethnischen Minoritäten, Konsumenten, Frauen und vereinzelt von Arbeitnehmern als Outside-Directors im Board eine interessenpluralistische U. in Ansätzen herausgebildet. – 3. Ein zentraler Diskussionspunkt zur *Organisationsverfassung* bildet die Frage, ob sie wie bisher nach Rechtsformen ausdifferenziert werden soll, oder ob nicht eine einheitliche, für alle Großunternehmen *rechtsformunabhängige* Lösung wünschenswert ist. Die deutsche Mitbestimmungsgesetzgebung hat an der Rechtsformabhängigkeit festgehalten, obwohl Bedenken bestehen, ob so ein produktives Interessen-Clearing zustande kommt und eine effiziente Führungsorganisation für Großunternehmen zur Verfügung steht. Bei *Rechnungslegung und Publizität* hingegen scheint der deutsche Gesetzgeber auf eine rechtsformunabhängige Lösung zuzusteuern (Bilanzrichtlinien-Gesetz). Für die klassische Frage der *Organisation von Geschäftsführung und Kontrolle* werden weiterhin das →Board-System und das →Aufsichtsratssystem als Alternative diskutiert. Ausgehend von den Problemen beider Modelle scheint sich hier eine gewisse Konvergenz anzubahnen. Für das

Board-System wird eine binnenorganisatorische Aufspaltung in einen „Management-Board" und einen „Supervisory-Board" empfohlen. Die Vorschläge zum Aufsichtsratssystem hingegen favorisieren Ansätze (Pflichtkatalog zustimmungspflichtiger Geschäfte), die auf eine verstärkte interessen- und sachbezogene Interaktion zwischen Vorstand und Aufsichtsrat hinauslaufen. Schließlich gewinnen Fragen des *Konzerns* durch die immer weiter fortschreitende kapitalmäßige Verflechtung der Unternehmen und der zunehmenden Zahl und Bedeutung von international tätigen Firmen an Bedeutung. Der Trend – zumindest in Europa – geht dahin, nach deutschem Vorbild die nationalen Aktienrechte durch konzernrechtliche Regelungen zu erweitern, wobei zusätzlich der Schutz der abhängigen Gesellschaft deutlich verstärkt werden soll. – 4. Neben den strategischen, interessenmäßigen und organisatorischen Überlegungen zur Weiterentwicklung der U. wurde in letzter Zeit die Forderung nach einer Ergänzung der U. durch eine →*Unternehmensethik* (Geschäftsmoral) erhoben. Der Sinn dieser Forderung ergibt sich aus der →gesellschaftlichen Verantwortung der Unternehmensführung sowie aus der Einsicht, daß nicht alle interessenrelevanten Problemfälle verfassungsmäßig vorregelbar sind und insofern →Verhaltenskodizes für Manager und Unternehmen entwickelt werden müssen, die zu einer Selbstbindung des Handelns führen. Besondere Bedeutung haben in diesem Zusammenhang die Verhaltenskodizes für multinationale Unternehmen erhalten.

Literatur: Boettcher u.a., Unternehmensverfassung als gesellschaftspolitische Forderung, Berlin 1968; Bohr u.a. (Hrsg.), Unternehmensverfassung als Problem der Betriebswirtschaftslehre, Berlin 1981; Bundesministerium der Justiz (Hrsg.), Bericht über die Verhandlungen der Unternehmensrechtskommission, Köln 1980; Chmielewicz u.a. (Hrsg.), Unternehmensverfassung, Stuttgart 1981; Gerum/Steinmann, Unternehmensordnung und tarifvertragliche Mitbestimmung, Berlin 1984; Hopt/Teubner (Hrsg.), Corporate Governance and Directors' Liabilities, Berlin-New York 1985; Kirsch/Scholl/Paul, Mitbestimmung in den Unternehmenspraxis, München 1984; Lutter, Europäisches Gesellschaftsrecht, 2. Aufl., Berlin-New York 1984; Mitbestimmungskommission, Mitbestimmung im Unternehmen, VI/334; Steinmann, Das Großunternehmen im Interessenkonflikt, Stuttgart 1969; Steinmann/Gerum, Reform der Unternehmensverfassung, Köln-Berlin-Bonn-München 1978.

Prof. Dr. Elmar Gerum

Unternehmensverträge. 1. *Begriff:* Zusammenfassende Bezeichnung des Konzernrechts für →Beherrschungsverträge, →Gewinnabführungsverträge, →Gewinngemeinschaften, →Teilgewinnabführungsverträge, →Betriebspachtverträge und →Betriebsüberlassungsverträge (§§ 291, 292 AktG). – 2. *Abschluß* und *Änderung* von U. bedürfen der Zustimmung der →Hauptversammlung mit mindestens Drei-Viertel-Mehrheit des vertretenen Grundkapitals und der →Eintragung im Handelsregister (§§ 293–299 AktG).

Unternehmenswert, →Unternehmungswert.

Unternehmensziele, →Unternehmungsziele.

Unternehmenszusammenschluß, →Unternehmungszusammenschluß.

Unternehmer, *Entrepreneur,* Persönlichkeit, die eine →Unternehmung plant, mit Erfolg gründet und/oder selbständig und verantwortlich mit Initiative leitet, wobei sie persönliches Risiko oder Kapitalrisiko übernimmt. – *Anders:* →Betriebsleiter.

I. Wirtschaftswissenschaften (eng verbunden mit der →Theorie der Unternehmung): 1. Nach Auffassung der *Klassik* und des *wissenschaftlichen Sozialismus,* insbes. des Marxismus, ist der U. identisch mit dem Kapitalisten, dem Eigentümer an produzierten →Produktionsmitteln, die ihm nach der marxistischen Lehre vom →Mehrwert die →Ausbeutung der Lohnarbeiter ermöglichen. – 2. Nach *Schumpeter* gilt als U. der „Träger der verkehrswirtschaftlichen Tauschakte". – a) *Funktionaler U.begriff:* Das eigentliche Wesen des U. beruht auf der von ihm ausgeübten Funktion eines Wirtschaftsführers, der „neue Kombinationen", d.h. eine andersartige Verwendung der begrenzten Produktionsmittel durchsetzt und damit die dynamische Wirtschaft erst in Gang setzt (Stimulans wirtschaftlicher Entwicklung); der U. ist also die Kraft, die das Erreichen des Gleichgewichtszustands der Wirtschaft ständig verhindert. Die Funktion des U. umfaßt: (1) Erzeugung und Durchsetzung neuer Produkte oder neuer Qualitäten von Produkten; (2) Einführung neuer Produktionsmethoden; (3) Einführung neuer Organisationen der Industrie (z.B. von Unternehmungszusammenschlüssen); (4) Erschließung neuer Absatzmärkte; (5) Erschließung neuer Bezugsquellen. – b) *Statischer U.begriff:* Der (statische) „Betriebsleiter", die Masse der in der Statik Traditionsgebundenen und in der Dynamik immer nur Folgenden (nicht Führenden). Je nach dem Grade des Eigentums an den Produktionsmitteln: (1) Fabrikherr oder Kaufmann, bei dem Eigentum an der Unternehmung und Unternehmerfunktion zusammenfallen; (2) Industriekapitän der im Besitz von oder Verfügungsmacht über Aktienmajoritäten charakteristisch ist; (3) Direktor (Manager), der als Geschäftsführer im Anstellungsvertrag mit der Unternehmung steht; (4) Gründer (Promotor), der oft nur ein Vermittler ist. – 3. Nach *moderner Auffassung* (Gutenberg) ist der U. eine Gestalt in der kapitalistisch-liberalistischen Verkehrswirtschaft, der „Repräsentant einer ganzen ökonomischen Epoche und damit einer einmaligen historisch-soziologisch-politischen Kategorie", also keine Funktion. – Zu *unterscheiden:* a) Der U.-Typ, der leitende Tätigkeit und Eigentum an der Unternehmung in sich vereinigt. b) Die spezifisch-unternehmerische Persönlichkeit, die ganz besondere technische, organisatorische oder kommerzielle, insbes. akquisitorische Fähigkeiten entfaltet, deren „Reaktion auf

Vorgänge im Betrieb und auf den Märkten zugleich auch immer schon Aktion ist", die aber nicht notwendig Eigentum an den Produktionsmitteln haben muß. c) Der Nicht-U., der nicht mit Eigentum und auch nicht mit überdurchschnittlichen Begabungen ausgestattete Direktor einer AG usw. – 4. *J. M. Kirzner* (Wettbewerb und Unternehmertum, Tübingen 1978) betont in seinen Ausführungen über das Unternehmertum die entscheidende Rolle des Unternehmers *im Marktprozeß.* Er geht davon aus, daß menschliches Handeln ein Element, das U.element, enthält, das mit den Kategorien des Ökonomisierens, des Maximierens oder der Effizienzkriterien nicht analysiert werden kann, sondern es geht jetzt um die Festlegung des Zweck-Mittel-Rahmens. Die Betrachtung eines solchen Elementes wird möglich und notwendig in einer Welt mit unvollkommenem Wissen. – In einem solchen Rahmen können die Wirtschaftsteilnehmer ständig nach neuen sich lohnenden Zielen und neuen verfügbaren Ressourcen Ausschau halten (nach *Kirzner* sog. *unternehmerische Findigkeit);* verbunden mit den Implikationen: a) Alle Marktteilnehmer reagieren nicht nur auf gegebene Marktdaten, sondern entfalten im Hinblick auf mögliche *Veränderungen der Daten* eine unternehmerische Findigkeit. b) Ein Typ von Marktteilnehmer kann nun als *reiner U.* bezeichnet werden, wenn dessen *gesamte* Rolle ausschließlich in seiner Findigkeit bezüglich bisher unbekannter Gelegenheiten besteht; dieser beginnt ohne irgendwelche Mittel und entdeckt und nutzt Gewinngelegenheiten (Arbitragemöglichkeiten), die sich aus der Unwissenheit der Marktteilnehmer ergeben (d.h. der U. entdeckt Verkäufer, die zu einem niedrigeren Preis bereit sind zu verkaufen, als Käufer bereit sind, das betreffende Gut zu kaufen; die Preisdifferenz kann der U. als Gewinn einbehalten). Über diese „einfache Händlertätigkeit" hinaus ordnet Kirzner dem Produzenten ebenfalls das unternehmerische Element der Findigkeit zu: Der U. entdeckt das Vorhandensein von Preisunterschieden zwischen Faktoreinsatz und Produktausstoß und erzielt somit Arbitragen.

II. Handelsrecht: U. (in älteren, noch geltenden Vorschriften als „Prinzipal" bezeichnet) kann eine →natürliche Person, eine →Personengesellschaft oder eine →juristische Person des privaten oder öffentlichen Rechts, die einen Gewerbebetrieb unterhält, sein. – Zum Begriff des U. gehört nicht notwendig die *Kaufmannseigenschaft.* Betreibt der U. ein →Handelsgewerbe, so ist er stets →Kaufmann. Nur ein solcher U. kann →Handlungsgehilfen haben; →Handelsvertreter können auch für nichtkaufmännische U. tätig sein.

III. Bürgerliches Recht: U. ist beim →Werkvertrag der Vertragspartner, der sich

gegenüber dem Besteller zur Herstellung des Werkes gegen Vergütung verpflichtet.

IV. Umsatzsteuerrecht (§2 UStG): U. ist derjenige, der eine berufliche oder gewerbliche Tätigkeit selbständig ausübt; es kann eine →natürliche Person, →juristische Person, →Gemeinschaft zur gesamten Hand oder ein anderer Personenzusammenschluß sein. Das *Unternehmen* umfaßt die gesamte berufliche und gewerbliche Tätigkeit; →Unternehmenseinheit. – 1. *Gewerblich* und *beruflich* ist jede nachhaltige Tätigkeit zur Erzielung von Einnahmen, auch ohne Gewinnerzielungsabsicht und auch wenn eine Personenvereinigung nur gegenüber ihren Mitgliedern (vgl. →Gesellschaftsleistungen, →Mitgliederbeiträge) tätig wird. D.h.: a) es müssen Leistungen im wirtschaftlichen Sinne erbracht werden; b) es muß sich um ein wiederholtes Tätigwerden oder eine einmalige Tätigkeit mit Wiederholungsabsicht handeln; c) die Tätigkeit muß auf Einnahmeerzielung gerichtet sein (Leistungsaustausch). Bei Ausübung öffentlicher Gewalt wird regelmäßig keine gewerbliche oder berufliche Tätigkeit ausgeübt. – 2. *Selbständig* ist eine Tätigkeit, wenn sie auf eigene Rechnung und Verantwortung ausgeführt wird; *nicht selbständig,* wenn a) einzelne oder zusammengeschlossene natürliche Personen den Weisungen eines U. zu folgen verpflichtet sind oder b) juristische Personen Organe eines Unternehmens sind (→Organschaft, →Organgesellschaft). Bei →Unternehmenszusammenschlüssen, wie Personenvereinigungen, →Arbeitsgemeinschaften und →Kartellen, ist maßgebend, ob sie nach außen selbständig als U. auftreten. – Interessengemeinschaften sind keine U. – 3. *Bedeutung:* Nur ein umsatzsteuerlicher U. kann umsatzsteuerbare Vorgänge realisieren (Ausnahme: →Einfuhrumsatzsteuer), schuldet →Umsatzsteuer (Ausnahme: →Rechnungen), kann den Vorsteuerabzug geltend machen und wird zur Umsatzsteuer veranlagt.

Unternehmerbiographie, wissenschaftlich-biographische Erforschung und Darstellung des Lebens führender Persönlichkeiten der Wirtschaft. Enge Verbindung zur →Unternehmungsgeschichte, da auch die U. das Werk, die Unternehmung, die Firma untersuchen und beschreiben muß, um den persönlichen Entwicklung und Leistung gerecht zu werden.

Unternehmereinheit, nach BFH-Rechtsprechung nicht mehr gebrauchter Begriff des Umsatzsteuerrechts zur einer Zusammenfassung einander nebengeordneter Unternehmen zu einem Unternehmen. – *Gegensatz:* Unterordnung bei der Organschaft. – *Anders:* →Unternehmenseinheit.

Unternehmereinkommen, Differenz zwischen dem am Markt erzielten Gesamterlös und den für den Einsatz fremder Produktionsfaktoren aufzuwendenden Gesamtkosten. Durch Abzug des →Unternehmerlohnes vom U. erhält man den →Unternehmergewinn. – Nach Ansicht der Klassiker war das U. gleich dem Profit im klassischen Sinne, umfaßte also auch den Zins für das Eigenkapital; dabei wurde von Identität zwischen Unternehmer und Kapitaleigner ausgegangen.

Unternehmergemeinschaft. 1. *Begriff:* Zusammenschluß, insbes. im Baugewerbe, zur Durchführung größerer Aufträge. – Vgl. auch →Arbeitsgemeinschaften. – 2. *Gewerbesteuer:* U. sind als gewerbesteuerpflichtige →Personengesellschaften zu behandeln, wenn sie für eine gewisse Dauer bestehen (§ 2a GewStG).

Unternehmergewinn, *Profit.* 1. *Begriff:* Dynamisches Einkommen des →Unternehmers; ergibt sich aus der Differenz zwischen →Unternehmereinkommen und →Unternehmerlohn und enthält damit den Zins für das Eigenkapital sowie darüber hinausgehende Gewinne. – 2. *Entstehungsursachen* (nach E. Preiser): a) *Pioniergewinn* (nach Schumpeter): Beruht auf dem „Prozeß der schöpferischen Zerstörung", der alte Produktions- und Arbeitsverfahren durch neue ersetzt, neue Produkte auf den Markt bringt usw. – b) *Marktlagengewinn (Quasimonopolgewinn, Q-Gewinn, windfall profits):* Entsteht bei einer positiven Differenz zwischen Nettoinvestition und -ersparnis. Bei steigender →Nachfrage und kurzfristig unelastischem →Angebot treten Preissteigerungen auf, die die Erlöse der Unternehmer erhöhen, während der Aufwand zunächst konstant bleibt. Im Laufe des Multiplikatorprozesses (d.h. bei der Bewegung zu einem neuen Gleichgewicht hin) werden die Q-Gewinne immer kleiner, bis im Gleichgewicht schließlich ganz verschwinden.

unternehmerisches Zielsystem, →Unternehmungsziele.

Unternehmerlohn, statisches Einkommen des Unternehmers, das sich ein (Mit-)Inhaber von Anteilen am Eigenkapital der Unternehmung (soweit dieser zugleich →Unternehmer ist) für seine Tätigkeit anrechnet. Dieser U. steht demnach dem Einzelkaufmann, Gesellschafter-Geschäftsführer und solchen Angehörigen des Unternehmers zu, die ohne festes →Arbeitsentgelt (vgl. volkswirtschaftlich gesehen →Arbeitseinkommen) mitarbeiten. – *Höhe:* Die Höhe des U. richtet sich i.a. nach der vergleichsweisen Vergütung für die Tätigkeit, die ein angestellter Unternehmer, z.B. Vorstandsmitglied einer Kapitalgesellschaft, erhielte. Vgl. auch →Seifenformel. – *Verrechnung in der Kostenrechnung:* U. ist nach den →Leitsätzen für die Preisermittlung auf der Grundlage von Selbstkosten zulässig. – Vgl. auch →kalkulatorischer Unternehmerlohn, →Unternehmergewinn, →Unternehmereinkommen.

Unternehmerpfandrecht, beim →Werkvertrag dem Unternehmer zustehendes →gesetzliches Pfandrecht, das wegen aller Forderungen aus dem Werkvertrag an den vom Unternehmer hergestellten oder ausgebesserten beweglichen Sachen des Bestellers besteht, falls sie im Besitz des Unternehmers sind (§ 647 BGB). – Das U. *erlischt,* wenn der Unternehmer die Sache dem Besteller zurückgibt (§§ 1253, 1257 BGB).

Unternehmerprivileg, Beschränkung der Haftung von Unternehmen für Personenschäden aus Arbeitsunfällen. Vgl. im einzelnen →Haftung IV 1.

Unternehmerverbände, durch Zusammenschluß von Unternehmen gebildete Vereinigungen mit unterschiedlicher Zielsetzung (anders: →Unternehmungszusammenschluß, →Interessengemeinschaft). – *Arten:* a) *Berufsverbände* zur Pflege beruflicher Interessen und Weiterbildung der Mitglieder. – b) *Fach- und Unternehmungsverbände* zur Förderung der Zusammenarbeit zwischen Unternehmungen eines Wirtschaftszweiges nach innen und der geschlossenen Vertretung seiner fachlichen und wirtschaftspolitischen Ziele nach außen, z.B.: Wirtschaftsvereinigung der Eisen- und Stahlindustrie, Unternehmerverband Ruhrbergbau, Verband der Chemischen Industrie e.V. – c) *Arbeitgeberverbände* als Gegenspieler der →Gewerkschaften; diese U. verfolgen wirtschafts- und gesellschaftspolitische Ziele; z.B. Bundesverband der deutschen Industrie, Bundesvereinigung der deutschen Arbeitgeber-Verbände e.V. – Vgl. auch →Verbände, →Organisation der gewerblichen Wirtschaft.

Unternehmerwagnis. 1. *Begriff:* Allgemeines, unvorhersehbares und nicht berechenbares persönliches oder Kapitalrisiko, das der →Unternehmer zu tragen hat. – 2. *Ursachen:* a) Die allgemeine wirtschaftliche Entwicklung, z.B. grundlegende Bedarfsumschichtungen, langanhaltende Depressionen, neue Gesetzgebungen (Sozialisierung), Revolutionen, Kriege, unversicherte Katastrophenfälle wie Explosionen, Überflutungen usw. b) Besonderheiten der Branche z.B. starke Modeschwankungen (Textilindustrie, Möbelindustrie), Hinzutreten neuer Konkurrenzbetriebe. c) Falsche Dispositionen der angestellten Unternehmensleiter (Risiko der Entlassung). – 3. *Kostenrechnung:* U. ist nicht einzubeziehen; es wird durch den →Unternehmergewinn abgegolten. – *Gegensatz:* kalkulatorisches →Wagnis.

Unternehmerwechsel. 1. *Begriff:* Wechsel in der Person des Unternehmers. Vgl. im einzelnen →Veräußerung. – 2. *Gewerbesteuerrecht:* U. bedeutet regelmäßig Neugründung des Unternehmens (§ 5 II GewStG). Ein →Gewerbebetrieb, der im ganzen auf einen anderen Unternehmer übergeht, gilt nämlich als durch den bisherigen Unternehmer eingestellt und durch den anderen Unternehmer neu gegründet. Maßgebend ist der Zeitpunkt des U. Von diesem Zeitpunkt ab ist Steuerschuldner der neue Unternehmer. – U. liegt auch dann vor, wenn eine Personengesellschaft in Form eines Einzelunternehmens fortgesetzt wird oder wenn umgekehrt ein Einzelunternehmer einen Teilhaber als →Mitunternehmer aufnimmt. Steuergegenstand ist bei der Gewerbesteuer der Gewebebetrieb als solcher. U. liegt deshalb nicht vor, wenn eine KG in eine OHG umgewandelt wird, oder bei Wechsel im Gesellschafterbestand einer alsdann weiterbestehenden Personengesellschaft (Eintritt, Austritt, Veräußerung eines Kapitalanteils an einen Dritten). Durch einen solchen Wechsel ändert sich weder das Unternehmen noch der Unternehmer.

Unternehmung, *Unternehmen.* I. B e g r i f f : Wirtschaftlich-rechtlich organisiertes Gebilde, in dem auf nachhaltig ertragbringende Leistung gezielt wird, je nach der Art der U. nach dem Prinzip der →Gewinnmaximierung oder dem →Angemessenheitsprinzip. Das Gewinnstreben richtet sich zumindest auf angemessene Verzinsung des →betriebsnotwendigen Kapitals. – In diesem Sinne kann eine U. aus mehreren bzw. keinem →Betrieb (im technischen Sinne) bestehen (z. B. Holding-Gesellschaft).

II. A b g r e n z u n g : 1. *U. als untergeordneter Begriff:* Zunehmend wird „Betrieb" als übergeordneter Begriff verwendet, um auch die Arbeitsstätten der Behörden-Verwaltungen (im eigentlichen Sinne kein U.) einordnen zu können sowie zur besseren Rechtfertigung des Begriffs Betriebswirtschaftslehre. – 2. *U. als Synonym für Betrieb* (häufig verwendet). – 3. *U. als Synonym für Unternehmen:* Inhaltlich gleich sind die Begriffe U. und Unternehmen; letzterer wird z. T. in Gesetzestexten und in der →Wirtschaftszweigsystematik verwendet.

III. C h a r a k t e r i s i e r u n g : Die U. ist eine selbständige, vom Haushalt des oder der Unternehmer losgelöste Einzelwirtschaft, die sich vom Betrieb dadurch unterscheidet, daß sie eine örtlich nicht gebundene, wirtschaftlich-finanzielle und rechtliche Einheit darstellt. – 1. *Örtlich nicht gebundene Einheit:* Standort und räumliche Ausdehnung der U. werden sich zwar in vielen Fällen mit denen des Betriebes decken (z. B. bei Ein-Betriebs-U.): die U. kann aber auch aus mehreren Betrieben bestehen, die sich an verschiedenen, voneinander entfernten Orten befinden. – 2. *Wirtschaftlich-finanzielle Einheit:* Wesensnotwendig ist die Tätigkeit eines →Unternehmers (bzw. Unternehmensleiters), der aufgrund erwerbswirtschaftlicher Erwartungen die Geschäftspolitik der U. einheitlich nach dem Prinzip der Gewinnmaximierung bzw. größtmöglicher Rentabilität ausrichtet und entweder sein privates Eigentum an Produktions-

mitteln oder das ihm anvertraute Kapital der Unternehmung etwaigem →Unternehmerwagnis aussetzt. – Für ihr Fortbestehen muß die U. im finanziellen Gleichgewicht bleiben: die U. muß langfristig Gewinne machen, da sonst das →Eigenkapital aufgezehrt würde (→Konkurs); es muß gewährleistet sein, daß die Einnahmen und Auszahlungen so koordiniert werden, daß die U. zu jedem Zeitpunkt liquide ist (→Liquidität). – Die finanzielle Einheit wird durch eine kaufmännische Unternehmungsrechnung hergestellt, die im Gegensatz zur Betriebsrechnung (Kosten- und Leistungsrechnung) eine Aufwands- und Ertragsrechnung ist. So kann die U. auch aus betriebsfremden Vermögensteilen (z. B. Beteiligungen, Wertpapieren) und betriebsfremden Tätigkeiten (z. B. Spekulationen) und Marktveränderungen (z. B. Preissteigerungen infolge politischer Ereignisse) Wertzugänge haben. Der hierdurch bewirkte ständige Wertefluß wird chronologisch und systematisch in der →Buchführung erfaßt. – 3. *Rechtliche Einheit:* Sie wird durch den Handelsnamen des Kaufmanns (→Firma) und die Rechtsform charakterisiert.

IV. A r t e n : 1. *Nach dem Träger des Eigentums:* a) private U., b) gemischt-wirtschaftliche U., d. h. U., die der Staat oder eine öffentlich-rechtliche Körperschaft unter Beteiligung privaten Kapitals betreibt und c) öffentliche U. (→öffentliche Unternehmen). – 2. *Nach der Rechtsform:* a) →Einzelkaufmann, b) →Personengesellschaft, nämlich →offene Handelsgesellschaft, →Kommanditgesellschaft, c) →Kapitalgesellschaft, nämlich →Aktiengesellschaft, →Kommanditgesellschaft auf Aktien, →Gesellschaft mit beschränkter Haftung, →bergrechtliche Gewerkschaft, d) →Genossenschaft mit beschränkter Haftpflicht und mit unbeschränkter Haftpflicht und e) →Stiftung.

V. W i r t s c h a f t s r e c h t : 1. Zu den *Vermögenswerten* einer U. gehören nicht nur die →beweglichen Sachen und →Grundstücke, sondern auch die Rechte, z. B. Firmenrechte, Warenzeichenrechte, Forderungsrechte, Nutzungsrechte, Patent- und Urheberrechte, Mitgliedschaftsrechte an anderen Gesellschaften usw., aber auch die immateriellen Rechte, z. B. Kundenstamm, der gute Ruf des Geschäftes, eine besonders eingeführte und bekannte Firmen- oder Warenbezeichnung usw. Das angelsächsische Recht hat für letztere die Bezeichnung Goodwill (→Firmenwert) geschaffen, die sich allmählich auch in der deutschen Rechtsprechung durchsetzt. – 2. Die *Rechtsnatur* der U. ist streitig, überwiegend wird es als Sondervermögen bezeichnet: Der Unternehmer hat, unabhängig von den ggf. vorhandenen Rechten an den einzelnen Gegenständen, ein besonderes Recht an der U. Dieses Recht kann nach allgemeiner Meinung mit dem →Abwehranspruch aus § 1004 BGB gegen fremde Eingriffe und durch das →Wettbewerbsrecht geschützt werden. Das U. als solches wird nicht als „sonstiges Recht" im Sinne des §823 BGB angesehen, wohl aber wird in gewissen Grenzen ein Recht am „eingerichteten und ausgeübten →Gewerbebetrieb anerkannt und gegen unmittelbare Eingriffe gem. §823 I BGB geschützt. – 3. Das Vorhandensein eines U. läßt erst die →*Firma* entstehen; mit Wegfall des U. erlischt die Firma. – 4. Das U. *erlischt,* wenn die dauernd auf Gewinn gerichtete Tätigkeit nicht fortgesetzt werden soll oder kann. Entscheidend ist die Fortdauer der ‚Beziehungen". Ein vorübergehendes Nicht-Fortsetzen-Wollen führt nicht zum Erlöschen, andererseits kann das Vorhandenbleiben der Einrichtung auf längere Zeit allein nicht genügen. Tod beendet die U., wenn nicht in angemessener Zeit ein Rechtsnachfolger den Betrieb wiederaufnimmt. – 5. Die U. als Ganzes kann Gegenstand eines schuldrechtlichen Grundgeschäftes sein, z. B. Kauf, Tausch, Pacht usw., kann aber nur durch *Übertragung* der einzelnen Gegenstände veräußert werden; entsprechendes gilt bei →Pfändung. Sondervorschriften gelten bei Veräußerung des U. eines →Vollkaufmanns für Schuldenhaftung und Forderungsübergang gegenüber Dritten. (vgl. →Veräußerung II und III).

VI. A r b e i t s r e c h t: Das Arbeitsrecht (z. B. BetrVG oder KSchG) kennt keinen eigenen U.begriff, sondern setzt ihn voraus. Er wird weitgehend durch die in den Gesetzen für die U. vorgesehenen Rechts- und Organisationsformen bestimmt, die durchweg zwingend sind. Die U. läßt sich durch die organisatorische Einheit des dahinterstehenden wirtschaftlichen oder ideellen Zwecks kennzeichnen. – *Anders:* →Betrieb. – Eine U. kann aus mehreren Betrieben bestehen, wenn der mit der U. verfolgte Zweck durch mehrere organisatorisch verselbständigte Zweckeinheiten erstrebt wird. In diesem Fall hat der Begriff der U. neben dem des Betriebs eine eigenständige betriebsverfassungsrechtliche Bedeutung, da er Anknüpfungspunkt für die Bildung des →Gesamtbetriebsrats ist. Andererseits ist es möglich, daß arbeitsrechtlich mehrere Unternehmen einen (gemeinsamen) Betrieb bilden.

Unternehmung..., →Unternehmen...

Unternehmungsaufspaltung,   →Betriebsaufspaltung.

Unternehmungsbewertung, *Unternehmensbewertung.* I. B e g r i f f   u n d   A u f g a b e n: U. ist die Bewertung einer Unternehmung als Ganzes zur Erlangung des →Unternehmungswertes. U. bereitet i. d. R. besondere Probleme, weil Marktpreise fehlen oder nur schwer auf ihre Berechtigung hin zu überprüfen sind. Wertdefinition und Wertermittlungsverfahren müssen aufgabenbezogen sein. Vernachlässigt

man steuerliche Bewertungszwecke (→Bewertungsgesetz), so liegen die wichtigsten *Funktionen* einer U. darin, (1) zur Entscheidungsvorbereitung oder Beratung einen Grenzpreis bzw. →Entscheidungswert und (2) zur Auseinandersetzung oder Vermittlung einen fairen Einigungspreis bzw. →Arbitriumwert (Schiedsspruchwert)zu berechnen. Weitere Funktionen sind denkbar; sie sind jedoch i. d. R. mit den genannten Aufgaben mehr oder minder direkt verbunden. – Der *Grenzpreis (Entscheidungswert)* stellt die gerade noch akzeptable Preisgrenze für den Käufer oder Verkäufer einer Unternehmung dar und wird durch Alternativenvergleich nach dem Opportunitätskostenprinzip ermittelt. Er ist der potentielle Preis, den den ökonomischen Stand des zukünftigen oder gegenwärtigen Eigentümers nicht verändert. Da Schadenersatzleistungen den Geschädigten so stellen sollen, wie er gestanden hätte, wenn das Schadensereignis nicht eingetreten wäre, begründet der Grenzpreis auch Schadenersatzforderungen. – Faire *Einigungspreise (Arbitrium-* oder *Schieds(spruch)werte)* müssen zwischen den bekannten oder vermuteten Grenzpreisen der Kontrahenten liegen, die sich auseinandersetzen oder um eine Einigung bemühen. Zentral ist deshalb für beide Bewertungsaufgaben die Ermittlung zweckadäquater Grenzpreise.

II. E r m i t t l u n g   v o n   B e w e r t u n g s -
g r u n d l a g e n: Da Grenzpreise potentielle Preise darstellen, die den ökonomischen Stand von zukünftigen oder gegenwärtigen Eigentümern unberührt lassen, muß dieser gemessen werden. Dies geschieht zweckmäßigerweise mit Hilfe der erwarteten zukünftigen Entnahmen aus dem Unternehmen, d. h. dem Beitrag der Unternehmung zum Ziel der Deckung der Konsumausgaben des Eigentümers. Die zukünftigen Entnahmen haben die Eigenschaft dispositionsabhängig und unsicher zu sein. Hinzu kommt, daß sie nur selten von Periode zu Periode gleich sind. Zweckgerechte Bewertungskalküle sollten deshalb die *Dispositionsabhängigkeit* und *Unsicherheit* der mehrperiodigen Entnahmen sowohl bei der Grenzpreisermittlung als auch bei der darauf aufbauenden Ermittlung von fairen Einigungspreisen nicht vernachlässigen. – Um die maßgeblichen, der Bewertung zugrunde zu legenden Entnahmen zu ermitteln, ist aus der Sicht von rationalen Entscheidern ein *Optimierungskalkül* notwendig. Dieser muß auf einem Unternehmensgesamtmodell aufbauen und die bei der prognostizierten Entwicklung von Umweltbedingungen und den geplanten Verhaltensweisen der Unternehmensleitung bestmöglichen Wahrscheinlichkeitsverteilungen von Entnahmen im Zeitablauf zu berechnen erlauben. Dieser Optimierungskalkül begegnet den Schwierigkeiten, daß komplexe Unternehmensgesamtmodelle weitge-

hend fehlen, daß beachtliche Probleme bei der Prognose von zukünftigen Umweltbedingungen entstehen und daß selbst bei Erfüllung der beiden zuerst genannten Bedingungen brauchbare Optimierungskalküle kaum vorhanden sind. Dies zwingt Unternehmensbewerter dazu, Komplexität zu reduzieren, insbes. von nicht optimalen Wahrscheinlichkeitsverteilungen von Entnahmen im Zeitablauf auszugehen. – Üblich ist es, zur Schätzung zukünftiger Entnahmen mit der *Analyse zurückliegender Gewinn- und Verlustrechnungen* mehrerer Jahre zu beginnen, um die maßgeblichen Faktoren der vergangenen Entnahmen herauszuarbeiten. Hierzu sind die Zugriffsmöglichkeiten auf diese Unterlagen Voraussetzung, und Korrekturen handels- oder steuerrechtlicher Gewinn- und Verlustrechnungen sind für den Bewertungszweck nötig. Die aus einer solchen Vergangenheitsanalyse zu gewinnenden Informationen sind unerläßlich. Sie dürfen aber nicht überschätzt werden, denn Unternehmen werden oft veräußert, oder Minderheitseigentümer werden oft abgefunden, weil die Zukunft andere Umweltbedingungen erwarten läßt als die Vergangenheit bewies oder weil die Unternehmenspläne strikt geändert werden sollen. Die Extrapolation von Vergangenheitstrends in die Zukunft wird unter diesen Umständen besonders fragwürdig, und ihre Zulässigkeit kann nur im Einzelfall geprüft werden. – Der Vergangenheitsanalyse folgen sollte deshalb eine *Lageanalyse* und *Strategieentwicklung*. Die *Lageanalyse* dient der Aufnahme des Istzustandes der Unternehmung, wobei man sich z. B. des Konzeptes der Portfolio-Matrizen bedienen kann. Die derart gewonnenen Informationen sind aber lediglich qualitativer Art. Sie erlauben noch keine konkrete Aussage über die Höhe und Unsicherheitsstruktur der Entnahmen aus dem Unternehmen in der Zukunft. Anhaltspunkte hierfür könnten unter der Prämisse unveränderter Fortführung der Unternehmung durch eine Letztjahrsgewinnermittlung und eine Trägheitsprojektion gewonnen werden. Der Letztjahrsgewinn ist derjenige entnahmefähige Betrag, der sich in Zukunft durchschnittlich ergeben würde, wenn von den Letztjahrsbedingungen auch weiterhin ausgegangen werden könnte. Die Trägheitsprojektion soll die Schätzung der Entnahmen darstellen, die sich ergeben, wenn die Eigentümer bei sich ändernden Umweltbedingungen dieselbe Politik wie in der Vergangenheit verfolgen. Beide Analysearten führen zu (wichtigen) Referenzergebnissen für die eigentlich interessierenden Entnahmeschätzungen, die auf der *Entwicklung einer* veränderten (nicht notwendigerweise optimierten) *Strategie* basieren. Sie machen deutlich, welche Entnahmeveränderungen durch geplante Strategieänderungen ausgelöst werden sollen, und erlauben es insofern, geplante Entnahmen grob auf ihre Plausibilität hin zu überprüfen.

III. Bewertungsmethode: Die Orientierung am Ziel der Deckung der Konsumausgaben des Eigentümers ist mit einer Bewertung mit Hilfe der *Substanzwertmethode* unvereinbar, weil die in den Substanzwert eingehenden Wiederbeschaffungswerte von einzelverkehrsfähigen Wirtschaftsgütern nichts zuverlässiges über deren Beiträge zu den zukünftigen Entnahmen aussagen. Der Substanzwert taugt auch nicht zur Berücksichtigung der Unsicherheit. Statt der Einzelbewertung ist eine Gesamtbewertung vorzunehmen, wobei sich die *Ertragswertmethode* anbietet. – Bei der Berechnung des →Ertragswerts besteht ein wichtiges Problem in der Ermittlung des zweckgerechten *Kalkulationszinsfußes*. Hat man die Wahrscheinlichkeitsverteilungen von Entnahmen prognostiziert, sollte man sie zu *Sicherheitsäquivalenzen* aggregieren und diese mit dem →landesüblichen Zinsfuß diskontieren. Das Sicherheitsäquivalent ist der Entnahmebetrag, der einer Wahrscheinlichkeitsverteilung nutzenmäßig gleichgeschätzt wird. Für risikoscheue Bewerter liegt es unter dem →Erwartungswert der Entnahmen. Da man zur genauen Ermittlung von Sicherheitsäquivalenten auf individuelle Risikonutzenfunktionen zurückgreifen muß, die Gutachtern oder Gerichten unbekannt sind, werden in der Praxis zumeist *Risikozuschläge* zum landesüblichen Zinsfuß addiert, und mit diesem erhöhten Zinsfuß wird z. B. der Erwartungswert der periodendurchschnittlichen Entnahmen diskontiert. Die Risikozuschlagsmethode ist in der Theorie seit langem und neuerdings auch in der Rechtsprechung umstritten. Die neuere Literatur zeigt aber, wie man begründbare von unbegründbaren Zuschlägen durch eine generelle Orientierung an Sicherheitsäquivalenten auch ohne genaue Kenntnis von Risikonutzenfunktionen unterscheiden kann.

IV. Nachprüfbarkeit des Bewertungsergebnisses: Wegen der mit der Ertragswertmethode verbundenen Subjektivismen hat man oft Zuflucht bei vermeintlich objektiven Verfahren, wie der Substanzwertmethode, gesucht. Übersehen wurde dabei, daß die Objektivierung im Sinne einer Nachprüfbarkeit der Bewertungsergebnisses durch sachverständige Dritte ebenfalls nur teilweise gegeben war und daß sie zu Lasten der ökonomischen Brauchbarkeit des Ergebnisses für die beschriebenen Aufgaben ging. Die Literatur hat mittlerweile →*Grundsätze ordnungsmäßiger Unternehmensbewertung* entwickelt, die ähnlich wie Grundsätze ordnungsmäßiger Buchführung Verhaltenskriterien für Gutachter darstellen, die ihre Sorgfaltspflicht beachten, und die darüber hinaus dem Erfordernis der Nachprüfbarkeit des Bewertungsergebnisses auch bei der Ertragswertmethode, soweit es irgend geht, genügen.

Literatur: Busse von Colbe, W., Der Zukunftserfolg, Wiesbaden 1957; Sieben, G., Der Substanzwert der Unternehmung,

Wiesbaden 1963; Münstermann, H., Wert und Bewertung der Unternehmung, 3. Auflage, Wiesbaden 1970; Bretzke, W.-R., Das Prognoseproblem bei der Unternehmungsbewertung, Düsseldorf 1975; Matschke, M. J., Der Entscheidungswert der Unternehmung, Wiesbaden 1975; ders., Funktionale Unternehmungsbewertung, Teil 2: Der Arbitriumswert der Unternehmung, Wiesbaden 1979; Kraus-Grünewald, M., Ertragsermittlung bei Unternehmensbewertung, Wiesbaden 1982; Ballwieser W., Unternehmensbewertung und Komplexitätsreduktion, Wiesbaden 1983; Moxter, A., Grundsätze ordnungsmäßiger Unternehmensbewertung, 2. Aufl., Wiesbaden 1983; Ballwieser, W./Leuthier, R., Grundprinzipien, Verfahren und Probleme der Unternehmensbewertung, DStR 1986, S. 545–551 und S. 604–610.

Prof. Dr. Wolfgang Ballwieser

Unternehmungsergebnis, *Unternehmenser- gebnis,* Differenz zwischen →Aufwendungen und →Erträgen einer Unternehmung. – 1. U. *umfaßt:* a) In der *Unternehmens- und Verlustrechnung* (§ 275 HGB) das Ergebnis der gewöhnlichen Geschäftstätigkeit und das außerordentliche Ergebnis (→außerordentliche Aufwendungen, →außerordentliche Erträge) minus Steuern. – b) In der *Kostenrechnung* das →Betriebsergebnis und das →neutrale Ergebnis. – 2. *Zu unterscheiden:* a) *Positives U. (Unterneh- mungsgewinn):* Es liegt →Gewinn (HGB: Jahresüberschuß) vor. *Negatives U. (Unterneh- mungsverlust):* Es ist →Verlust (HGB: Jahresfehlbetrag) eingetreten. – b) *Totalergebnis:* U. bezogen auf die gesamte Lebenszeit einer Unternehmung; *Periodenergebnis:* U. bezogen auf einen Teilabschnitt, es kann ein Jahresergebnis (zu ermitteln durch jährliche →Gewinn- und Verlustrechnung) oder kurzfristiges Ergebnis (zu ermitteln durch die →kurzfristige Erfolgsrechnung) sein.

Unternehmungsforschung,   →Operations Research.

Unternehmungsgeschichte, *Firmenge- schichte, Unternehmensgeschichte,* ein insbes. seit etwa 1890 zuerst in Deutschland, dann auch in den USA, Frankreich und Großbritannien gepflegter, aus der →Wirtschaftsgeschichte erwachsener *Zweig der Geschichtswis- senschaft,* von den Wissenschaftlern wie Ehrenberg, Kuske, Daebritz, Redlich, Treue, Milkereit, Seidenzahl, Zorn scharf abgegrenzt von dem umfangreichen Propagandaschriftgut der Wirtschaft, aus dem im allgemeinen wissenschaftliche Erkenntnisse nicht zu gewinnen sind. – Der *Wert* der U. liegt darin, daß sie, aus dem Archivmaterial der Firmen geschrieben, die Geschichte gewissermaßen „von unten her", vom Einzelunternehmen aus, betrachtet und damit die vorwiegend „von oben her", aus den Archiven der Staaten und Kommunen geschriebene allgemeine Wirtschaftsgeschichte ergänzt. So stellt die U. wichtiges Material nicht allein zur Wirtschaftsgeschichte, sondern auch zur Gesellschaftsgeschichte im weitesten Sinne zur Verfügung; mit der Geschichte von Politik und Kultur ist die U. vielfach verknüpft. – Eine wichtige *Voraussetzung* für die wissenschaftliche Firmengeschichte ist die Existenz gut

geordneter und möglichst von wissenschaftlich gebildeten Archivaren geleiteter Firmen-, Werks-, Haus- oder Betriebsarchive (Vereinigung deutscher Werks- und Wirtschaftsarchivare). Dabei spielen neben geschriebenen und gedruckten Quellen auch Bilder, Pläne, Diagramme eine wichtige Rolle. Staats- und regionale Wirtschaftsarchive enthalten gleichfalls häufig wertvolles Material für die U. Auch die Technik-Geschichte beginnt neuerdings im Rahmen der U. eine stärkere Rolle zu spielen. Auch im Bereich des Marxismus – Leninismus gibt es zahlreiche U., stets ideologisch festgelegt, häufig mit erheblichem Informationsgehalt.

Unternehmungsgliederung,   →Organisationsstruktur.

Unternehmungsgründung, →Gründung.

Unternehmungskauf (-verkauf), →Akquisition, →Takeover.

Unternehmungskonzentration, →Konzentration.

Unternehmungskrise, *Unternehmenskrise.* I. Begriff: Der Begriff der U. umschließt im aktuellen Sprachgebrauch unterschiedlichste Phänomene im Leben einer Unternehmung, von der bloßen Störung im Betriebsablauf über Konflikte bis hin zur Vernichtung der Unternehmung, die zumindest aus Sicht der betroffenen Unternehmung als Katastrophe zu bezeichnen ist. – In der neueren Literatur werden U. übereinstimmend als ungeplante und ungewollte, zeitlich begrenzte Prozesse verstanden, die in der Lage sind, den Fortbestand der Unternehmung substanziell zu gefährden oder sogar unmöglich zu machen. Dies geschieht durch Beeinträchtigung bestimmter Ziele, deren Gefährdung oder gar Nichterreichung gleichbedeutend ist mit einer Existenzgefährdung oder -vernichtung der Unternehmung. Solche Ziele (z. B. die Aufrechterhaltung einer jederzeitigen Zahlungsfähigkeit oder die (langfristige) Erreichung eines Mindestgewinns) sind als überlebensrelevante (dominante) Ziele zu bezeichnen. – U. müssen demnach nicht zwingend mit dem Untergang der Unternehmung enden. In der dem Begriff der U. enthaltene *Chance zur positiven Wende* – u. U. auch noch im Falle der Insolvenz – ist wesensbestimmend für den Begriff und macht die Ambivalenz ihrer Entwicklungsmöglichkeiten (Untergang o. Sanierung) deutlich.

II. Verlauf: U. stellen extern und/oder intern generierte Prozesse dar, die in begrenzten Zeiträumen ablaufen. Ihr Verlauf ist in charakteristische Phasen unterteilbar (vgl. Abb. Sp. 2171/2172), die unterschiedliche Ansätze für ein umfassendes →Krisenmanagement im Hinblick auf eine Krisenvermeidung oder -bewältigung bieten.

Unternehmungskrise – Prozeßphasen (Denkmodell)

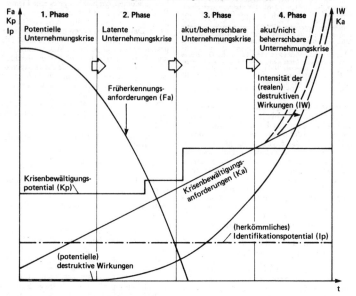

1. Phase: Potentielle U. Der generelle Krisenprozeß findet bei umfassender Betrachtungsweise seinen Anfang in der Phase der potentiellen, d. h. lediglich möglichen und noch nicht realen U. Diese wegen der Abwesenheit von wahrnehmbaren Krisensymptomen als Quasi-Normalzustand der Unternehmung zu bezeichnende Phase, in der sich die Unternehmung praktisch ständig befindet, markiert den (zumindest gedanklichen) Entstehungszeitraum von U. Unter dem Merkmal der Steuerbarkeit kommt dieser Phase besondere Bedeutung zu. Hier kann durch gedankliche Vorwegnahme möglicher U. und eine darauf aufbauende Ableitung von Strategien und/oder Maßnahmen für den Fall ihres Eintritts ein wesentlicher Beitrag zur Reduktion der Krisenbewältigungsanforderungen in zeitlicher und sachlicher Hinsicht geleistet werden. Schwierigkeiten bereitet jedoch vor allem die Identifikation unternehmungsindividuell relevanter, potentieller U.

2. Phase: Latente U. Diese Phase des Krisenprozesses ist geprägt durch die verdeckt bereits vorhandene oder mit hoher Wahrscheinlichkeit bald eintretende U., die in ihren Wirkungen für die betroffene Unternehmung mit dem ihr zur Verfügung stehenden, her-

kömmlichen Instrumentarium noch nicht wahrnehmbar ist. Bei Anwendung geeigneter Methoden der Früherkennung (→operative Frühaufklärung, →strategische Frühaufklärung) erlaubt diese Phase jedoch eine aktive Beeinflussung latent vorhandener Krisenprozesse durch präventive Strategien/Maßnahmen. Solche Aktionen werden begünstigt durch eine in dieser Phase noch in relativ großem Umfang bestehende Bandbreite von Handlungsmöglichkeiten und das Nichtvorhandensein akuter Entscheidungs- und Handlungszwänge.

3. Phase: Akut/beherrschbare U. Diese Phase des Krisenprozesses beginnt mit der unmittelbaren Wahrnehmung der von der Krise ausgehenden destruktiven Wirkungen durch die Unternehmung, womit die in den vorangegangenen Phasen relevante Identifikations-/Früherkennungsproblematik weitgehend entfällt. Dabei verstärkt sich laufend die Intensität der realen (destruktiven) Wirkungen, was erhöhten Zeitdruck und Entscheidungszwang induziert und die (qualitativen) Anforderungen an das Auffinden wirksamer Problemlösungen (Krisenbewältigungsanforderungen) drastisch erhöht. Das Krisenbewältigungspotential bindet in dieser Phase immer mehr Kräfte der

Unternehmung und schöpft alle für die Krisenbewältigung mobilisierbaren Reserven aus. Die Kumulation der zur Krisenbewältigung herangezogenen Potentiale/Aktionen kann in einer solchen Situation Signalwirkungen haben, wodurch die Intensität der gegen die Unternehmung gerichteten Wirkungen zusätzlich verstärkt und der Krisenprozeß weiter beschleunigt wird. Dennoch ist in dieser Phase eine Bewältigung (Beherrschung) der akuten U. anzunehmen, da das zur Verfügung stehende Krisenbewältigungspotential noch ausreichend für die Zurückschlagung der eingetretenen Krise ist.

4. Phase: Akut/nicht beherrschbare U. Gelingt es nicht, die akute U. zu beherrschen, tritt der Krisenprozeß in seine letzte Phase. Aus der Sicht der betroffenen Unternehmung wird damit die akute U. zur *Katastrophe,* die sich in der manifesten Nichterreichung überlebensrelevanter Ziele dokumentiert. In dieser Phase übersteigen die Krisenbewältigungsanforderungen das verfügbare Krisenbewältigungspotential. Die Steuerung des Krisenprozesses mit dem Ziel seiner Beherrschung wird insbes. wegen des fortlaufenden Wegfalls von Handlungsmöglichkeiten, des extremen Zeitdrucks und der zunehmenden Intensität der (destruktiven) Wirkungen unmöglich. An die Stelle der Steuerung des Krisenprozesses tritt der Versuch seiner (oft improvisierten) Beeinflussung, womit die spezifisch destruktiven Wirkungen der unausweichlich gewordenen Katastrophe gemildert werden sollen.

III. U r s a c h e n : Bemühungen um die Erforschung von Krisenursachen sind im Rahmen der Betriebswirtschaftslehre keineswegs neu und reichen mehr als 70 Jahre zurück. Dennoch kann bisher nicht von einer geschlossenen Theorie der Krisenursachen gesprochen werden; gleichwohl lassen sich zwei hauptsächliche Forschungsrichtungen erkennen. – Beide Forschungsrichtungen beschäftigen sich überwiegend mit der Erforschung von Insolvenzursachen, wobei Insolvenzen (gerichtlicher Vergleich, Konkurs) als Extremform von Krisen mit häufig unternehmungsvernichtendem Ausgang zu betrachten sind.

1. Quantitative Krisenursachenforschung: a) *Charakterisierung:* Anhand statistisch erfaßter Daten, wie Branchenzugehörigkeit, Rechtsform, Unternehmungsgröße und -alter, wird versucht, Hinweise auf die Ursachen von Krisen zu geben. Sie impliziert damit einen Zusammenhang zwischen solchen Daten und den Ursachen für das Scheitern von Unternehmung im Sinne eines Ursachen-Wirkungs-Zusammenhangs. – b) *Ergebnisse:* Übereinstimmend wurde eine hohe statistische Häufigkeit folgender Merkmalsausprägung insolventer Unternehmungen festgestellt, die als Ursachen für Unternehmungszusammenbrüche interpretiert werden können: (1) *Branchenzugehörigkeit:* Die Insolvenzanfälligkeit einzelner Branchen

ist erheblich unterschiedlich, wobei der Branchenverbund Baugewerbe mit mehr als einem Drittel aller Insolvenzen eine besonders starke Insolvenzgefährdung aufweist. – (2) *Rechtsform:* Mit zunehmender, rechtsformbedingter Haftungsbeschränkung wächst die Insolvenzanfälligkeit von Unternehmungen und weist für die GmbH und die GmbH & Co KG die höchsten Insolvenzgefährdungen auf. AGs sind dagegen dem Anschein nach wesentlich weniger insolvenzgefährdet. – (3) *Unternehmungsgröße:* Gemessen an der Mitarbeiterzahl steigt die unternehmungsgrößenbedingte Insolvenzgefährdung bis zu etwa 500 Beschäftigten pro Unternehmung stetig an, sinkt allerdings bei darüber hinausgehenden Mitarbeiterzahlen wieder stark ab. – (4) Im Zeitablauf ihres *Bestehens* nimmt die Insolvenzanfälligkeit von Unternehmungen tendenziell ab; als besonders insolvenzgefährdet gelten junge Unternehmungen.

2. Qualitative Krisenursachenforschung: a) *Charakterisierung:* Durch Auswertung von Umfragen, z. B. bei Konkursverwaltern und Unternehmungsberatern sowie durch Interpretation von Berichten über U. wird versucht, generell gültige Hinweise auf Krisenursachen abzuleiten. – b) *Ergebnisse:* Überwiegend wird eine Trennung zwischen endogenen, der Einflußsphäre der Unternehmung unterliegenden, und exogenen, von ihr nicht beeinflußbaren Krisenursachen, vorgenommen. – (1) *Häufigste endogene Krisenursachen:* (a) *Führungsfehler* (Mißmanagement, Fehler der Betriebsleitung): Führungsfehler als krisenverursachende Faktoren meinen Fehler der Führung als Institution und Prozeß. Ingeamt können Führungsfehler als die zentrale insolvenzverursachenden Faktoren nach den Erkenntnissen der bisher vorliegenden Untersuchungen dahingehend interpretiert werden, daß die Führung die ihrer Entscheidungsgewalt bzw. Einflußnahme unterliegenden Abläufe und Strukturen in der Unternehmung nicht den Handlungserfordernissen entsprechend plant, steuert und kontrolliert. Deutlich wird dabei neben Mängeln in der kurzfristigen Planung und Kontrolle auch das Fehlen oder die mangelnde Effizienz strategischer Planungen. – (b) *Unzureichende Eigenkapitalausstattung:* Die Eigenkapitalausstattung von Unternehmungen in der Bundesrep. D. hat sich seit Jahren beständig verschlechtert, wobei zwischen den einzelnen Wirtschaftszweigen und Rechtsformen erhebliche Unterschiede bestehen. Eine zu geringe Eigenkapitalausstattung bedeutet dabei den Verzicht auf ein wesentliches „Krisenpolster" und setzt unterkapitalisierte Unternehmungen einem erhöhten *Verschuldungsdruck* aus. Indes ist eine zu geringe Eigenkapitalausstattung als Insolvenzursache trotz der zunächst plausibel erscheinenden Verknüpfung zwischen Insolvenz und Finanzierungsproblematik kritisch zu beurteilen, da nachweisbar selbst eine gute Eigenkapitalausstattung keineswegs vor U. schützen muß. – (2) *Häufigste exogene Krisenursachen:* (a) *Konjunkturelle (Fehl-Entwicklungen:* Zweifellos wirken konjunkturell bedingte Rezessionen krisenauslösend, wie statistisch belegt werden kann. Dennoch bleibt die Frage offen, ob konjunkturelle Fehlentwicklungen nicht lediglich als Symptome von U. zu werten sind. Schließlich wird Krisen auch in Phasen günstiger konjunktureller Entwicklungen anzutreffen, und ebenso überstehen ansonsten „gesunde" Unternehmungen i. a. auch konjunkturelle Rezessionen. – (b) *Strukturelle Veränderungen* im gesamtwirtschaftlichen Umfeld der Unternehmung erscheinen bedeutsamer, die allerdings als solche weniger in den jeweiligen Untersuchungen genannt werden, dennoch aber inhaltlich große Bedeutung haben. Strukturelle Veränderungen meinen dabei hauptsächlich (diskontinuierliche) technologische Entwicklungen, die strukturverändernd wirken, wie z. B. der Übergang von der Mechanik auf die Elektronik im Bereich der Uhrenindustrie, der diesen Industriezweig im europäischen Raum in krisenhafte Entwicklungen führte. – (3) *Zusammenwirkung endogener und exogener Faktoren der Krisenverursachung:* Endogene und exogene Faktoren der Krisenverursachung sind – anders als dies in vielen Untersuchungen den Anschein erweckt – nur schwer voneinander zu trennen. Sie bilden vermutlich gemeinsam die zwei Elemente individueller Krisenverursachung, die mit jeweils unterschiedlichen Anteilen zu überlebenskritischen Prozessen der Unternehmung beitragen.

IV. W i r k u n g e n : Wirkungen von U. werden allgemein als destruktive empfunden, daneben sind jedoch auch konstruktive Wirkungen von Unternehmungskrisen zu erkennen.

1. *Destruktive Wirkungen:* a) *Unternehmungsinterne Wirkungen:* Diese lassen sich anhand der Ziele derjenigen Personen/-gruppen skizzieren, die den Unternehmungsprozeß tragen und den Bestand der Unternehmung ermöglichen. – (1) *Arbeitskräfte* (Arbeitnehmer) muß als elementares Ziel die Erhaltung ihrer Arbeitsplätze gelten. Zu den typischen destruktiven Wirkungen von U., insbes. im Spezialfall des Insolvenz, zählt jedoch gerade der *Verlust von Arbeitsplätzen* (nach Expertenschätzungen etwa 25000 Arbeitsplätze p. a.). Weitere kriseninduzierte Beeinträchtigungen von arbeitnehmerrelevanten Zielen ergeben sich aus der Hinnahme von *Kurzarbeit* sowie dem *Abbau von üblichen Überstunden.* Der *Abbau freiwilliger sozialer Leistungen* ist ebenfalls zu den arbeitnehmerrelevanten destruktiven Folgen zu zählen. Von Bedeutung sind ferner die *nicht quantifizierbaren destruktiven Wirkungen,* z. B. das durch Unternehmungskrisen beeinträchtigte berufliche Vorwärtskommen der Mitarbeiter, der

Verlust sozialer Bindung sowie spezifische Krankheitssymptome; ihre Ursache liegen u. a. in krisenbedingten Streßsituationen. – (2) *Eigenkapitalgeber:* Als typisch destruktive Wirkung für Eigenkapitalgeber gilt zunächst der vollständige oder teilweise *Verzicht auf Gewinn* aus dem eingesetzten Kapital. Des weiteren sind krisenbedingte Kursverluste erworbener Aktien zu nennen, ferner auch Denominationen von Aktien als eine Form der finanziellen Sanierung krisenbefallener Unternehmungen. Daneben ist der vollständige oder teilweise *Verlust des eingesetzten Kapitals* von Bedeutung. Rechtsformbedingt kann sich dieser Verlust durch das Institut der unbeschränkten Haftung sogar auf das *Privatvermögen* der Eigenkapitalgeber erweitern. Darüber hinaus können sich auch bei Eigenkapitalgebern *nicht quantifizierbare destruktive Wirkungen* (vergleichbar denen bei Arbeitnehmern) ergeben. – b) *Unternehmungsexterne Wirkungen:* (1) Mit der krisenbefallenen Unternehmung *verbundene Unternehmungen* können durch bestehende finanz- und/ oder leistungswirtschaftliche Verflechtungen selbst in überlebenskritische Situationen geraten. Häufig führt die Krise einer zu einem Konzernverbund gehörenden Unternehmung zur Krise weiterer Konzernglieder, der Konzernmuttergesellschaft und/oder sogar des Gesamtkonzerns. – (2) Für *Fremdkapitalgeber* sind die gegenüber der krisenbefallenen Unternehmung bestehenden Geldforderungen in Abhängigkeit vom Ausmaß der Krise in unterschiedlicher Schärfe bedroht. Sie können grundsätzlich von einer nicht fristgerechten Zahlung vereinbarter Zinsen und Kredittilgungssummen bis zu einer endgültigen Einstellung der Zins-/Tilgungszahlungen durch die krisenbefallene Unternehmung reichen. Im Extremfall ist so für den Fremdkapitalgeber der teilweise oder sogar völlige Verlust des gewährten Kredits einschließlich der darauf entfallenen Zinsen zu befürchten. – (3) Bei *Lieferanten* reicht die Skala destruktiver Wirkungen von einer nicht termingerecht geleisteten Zahlung des Leistungsgegenwertes bis hin zu einem Verlust der gelieferten Ware/Dienstleistungen bzw. Forderung. Sind Lieferanten in ihrer Abnehmerstruktur einseitig auf die krisenbefallene Unternehmung ausgerichtet, so können die destruktiven Wirkungen für den Lieferanten selbst zur Ursache einer U. werden. – (4) Selbst *Konkurrenten* krisenbefallener Unternehmungen können (insbes. im Falle von Unternehmungszusammenbrüchen) in Mitleidenschaft gezogen werden; z. B. kann die Kreditwürdigkeit einer ganzen Branche durch einen spektakulären Unternehmungszusammenbruch beeinträchtigt werden, da Kapitalgeber u. a. Ursachen für den Unternehmungszusammenbruch in branchenspezifischen Problemen vermuten. Schließlich können neben Lieferanten und Konkurrenten alle weitere, mit der krisenbefallenen Unternehmung in keiner Verbindung stehende Unternehmen in Mitleidenschaft geraten, z. B. durch die Erhöhung von Beiträgen zum Pensionssicherungsverein bei Insolvenz einer Mitgliedsfirma. – (5) Der *Staat* kann mit seinen unterschiedlichen Insitutionen in erheblichem Maße durch U. in der Erreichung seiner Ziele beeinträchtigt werden. Zu den für ihn relevanten destruktiven Wirkungen zählen insbes. der Verzicht auf gewinnabhängige Steuern sowie aus Steuerstundungen resultierende Mindereinnahmen. Zu den für ihn mit U. verbundenen Ausgaben gehören v. a. die Zahlungen von Arbeitslosenunterstützungen, Konkursausfallgeldern, Kurzarbeitergeldern sowie Zahlungen für Umschulungsprogramme. Besonders problematisch ist die Gewährung von staatlichen Bürgschaften, die auch unter politischen Aspekten zunehmend an Bedeutung gewinnt und in der Gefahr steht, zu einer faktischen Bestandsgarantie insolventer Großunternehmungen zu denaturieren.

2. *Konstruktive Wirkungen:* Wenn sich auch mit U. häufig schwerwiegende soziale und ökonomische Nachteile verbinden, so darf dennoch die ihnen immanente Kraft zur konstruktiven Wandlung nicht verkannt werden. U. bieten auch die Möglichkeit, tiefgreifende Änderungen vorzunehmen, neue zukunftsorientierte Konzeptionen zu entwickeln und überkommene Strukturen aufzubrechen sowie Widerstände gegen die Einführung notwendiger Veränderungen abzubauen. Hierbei wird von einem optimistischen Krisenbegriff ausgegangen, der Krise auch als *Chance* versteht (ähnlich wie in der chinesischen Zeichenschrift, die für Krise und Chance dasselbe Symbol verwendet).

Literatur: Albach, H./Bock, K./Warnke, T., Wachstumskrisen von Unternehmen, in: ZfbF 1984, S. 779 ff.; Berg, C. C./ Treffert, J. C., Die Unternehmenskrise – Organisatorische Probleme und Ansätze zu ihrer Lösung, in: ZfB 1979, S. 459 ff.; Bratschitsch, R./Schnellinger, W. (Hrsg.), Unternehmenskrisen – Ursachen, Frühwarnung, Bewältigung, Stuttgart 1981; Fleege-Althoff, F., Die notleidende Unternehmung, Bd. I: Krankheitserscheinungen und Krankheitsursachen, Stuttgart 1930; Gantzel, K./Kress, G./Rittberger, V. (Hrsg.), Konflikt – Eskalation – Krise, Düsseldorf 1972; Höhn, R., Das Unternehmen in der Krise. Krisenmanagement und Krisenstab, Bad Harzburg 1974; Jänicke, M. (Hrsg.), Herrschaft und Krise, Opladen 1973; Krystek, U., Unternehmungskrisen. Beschreibung, Vermeidung und Bewältigung überlebenskritischer Prozesse in Unternehmungen, Wiesbaden 1987; Lay, A., Krisen und Konflikte: Ursachen, Ablauf, Überwindung, München 1980; Luneburg, W. V., The Role of Management in an Atmosphere of Crisis, in: MSU Business Topics 4/1970, S. 7 ff.; Oechsler, W. A., Unternehmungskrisen und strategisches Krisenmanagement, in: Blum, R./Steiner, H. (Hrsg.), Aktuelle Probleme der Marktwirtschaft in gesamt- und einzelwirtschaftlicher Sicht, Festgabe zum 65. Geburtstag von Louis Peridon, Berlin 1984, S. 345 ff.; Pfohl, H., Krisen in Organisationen. Eine explorative Untersuchung mit Hilfe empirischer Fallstudien, Diss., Mannheim 1977; Staehle, W. H./Stoll, E. (Hrsg.), Betriebswirtschaftslehre und ökonomische Krise. Kontroverse Beiträge zur betriebswirtschaftlichen Krisenbewältigung, Wiesbaden 1984.

Prof. Dr. Ulrich Krystek

Unternehmungsleitung, *Unternehmensleitung,* →organisatorische Einheit an der Spitze der →Hierarchie einer Unternehmung.

Unternehmungsmehrwert, →Firmenwert.

Unternehmungsmorphologie, →Unternehmensmorphologie.

Unternehmungsplanung, →Unternehmensplanung.

Unternehmungspolitik, →Unternehmenspolitik.

Unternehmungsteuer, Besteuerungsform, bei der die Unternehmung als solche einer einheitlichen Abgabe unterliegt. *Nicht gegeben* in der Bundesrep. D. und allen anderen marktwirtschaftlichen Industriestaaten. Vgl. im einzelnen →Unternehmensbesteuerung.

Unternehmungstypen, *Unternehmenstypen, Betriebstypen, Einzelwirtschaftstypen.*
I. Begriff: 1. *Definition:* Ordnungs-(Relations-) und Klassen-(Gattungs-)begriffe, aber auch viele auf diesen Begriffen aufbauende, empirische, empirisch-theoretische und normative Aussagen bzw. Sätze, die in der →Betriebswirtschaftslehre als der Wissenschaft von den Betrieben, Unternehmen und anderen Einzelwirtschaften primär zur detaillierten Erforschung der Strukturen dieser verschiedenen Einzelwirtschaften, daneben aber auch zur näheren Analyse von Funktionen sowie – nicht zuletzt – von Struktur- und Funktionswandlungen entwickelt wurden oder werden. – 2. *Bedeutung für die BWL:* Mit Hilfe von U., die teilweise dem Schwerpunktgebiet →Unternehmensmorphologie entstammen, verbreitert, differenziert und vertieft die zeitgenössische Betriebswirtschaftslehre in kritischer Weiterführung älterer Ansätze interdisziplinär aufgeschlossen die Fundamente und Aufbauten des Fachs. Sie geht dabei von den methodologischen Leitmaximen der Mehrzahl beachtenswerter Aspekte, der Vielfalt der Gestaltungen und der Herausbildung übersummativer Gestalt- und Systemeinheiten aus, wobei letztere nicht schlechthin ganzheitlich sein können. – 3. *Zentrale Leitmaxime:* Für den Typologen bzw. Morphologen ist *ein Betrieb nicht ohne weiteres gleich einem anderen Betrieb* bzw. Unternehmen nicht gleich Unternehmen, überhaupt Einzelwirtschaft nicht gleich Einzelwirtschaft. In dieser Leitmaxime drückt sich Skepsis gegenüber der „Isomorphie-Annahme" aus, wie sie besonders bei einfach konstruierten Modellen der wirtschaftswissenschaftlichen Analyse katallaktischer Prozesse unterstellt wird. Es wird bestritten, daß die Modellkonstruktionen i. d. R. als „homomorphe Abbilder" realer Systeme gelten können, ohne ihnen deshalb aber Eignung als Gedankenexperimente im Zusammenhang der Definition reiner Abläufe und der bloß analytischen (entscheidungslogischen) Klärung optimaler Entscheidungen abzusprechen (W.-R. Brezke).

II. Gegenstand: 1. Die den Typologen bzw. Morphologen grundsätzlich interessie-

renden Einzelwirtschaften sind in der Haupt-
sache die „abgeleiteten", weniger die
„ursprünglichen Betriebe" (H. Nicklisch) aller
Wirtschafts- und Gesellschaftsordnungen.
Einbezogen sind damit die *historischen* sowie
besonders die *gegenwärtigen Betriebe* und
Unternehmungen aller Rechts- und anderen
Organisationsformen, einschließlich der sach-
lich-räumlich-zeitlichen Übergänge, des
Wachstums und der Institutionalisierung, der
Entwicklung und Transformation, sonstiger
Trends. Von zunehmender Bedeutung erweisen sich die *intermediären Organisationen und
Beziehungsgefüge*, d. h. die hilfswirtschaftlich-
kooperativen, kartellarischen, verbund- und
konzernartigen sowie verbandlichen Verflech-
tungsformen zwischen Einzel- und Gesamt-
wirtschaften (G. Weisser, E. Grochla, P.
Scharz u. a.). – 2. Alle diese – und gegebenenfalls weitere – Einzel- und intermediäre
Zwischenwirtschaften mit Organisations- oder
Institutionscharakter interessieren in morpho-
logisch-typologischen Untersuchungen (mindestens zunächst weniger nach ihren Funktionen und den in ihnen bei entscheidungslogi-
scher Betrachtungsweise katallaktisch modell-
gerecht ablaufenden Prozessen, als vielmehr)
in ihrem *strukturellen bzw. stiladäquaten Sein*
(G. Weisser), das sich allerdings verändern
kann und dann als Struktur- und Funktions-
bzw. Stilwandel häufig ebenfalls einbezogen
wird. – Im einzelnen beschäftigen gegenwärtig
besonders „innengeleitete" und „außengelei-
tete" Merkmale des Handelns von Personen
und der daran anknüpfenden Merkmalsbezie-
hungen von Einzelwirtschaften. Sie können
näher nach Sinn- und Umwelteigenschaften in
(1) subjektiver Sinn einzelwirtschaftlichen
Handelns, (2) institutioneller Sinn desselben,
(3) mitwirkende objektive Umwelteinflüsse,
(4) Verhaltensweisen der verschiedenen
Gestalter, (5) Verhaltensauswirkungen gegliedert werden (W. W. Engelhardt). – 3. Der
grundlegende Begriff der *Struktur* meint in
Übereinstimmung mit K. R. Popper bei aller
Vieldimensionalität einbezogener Aspekte,
Gestaltungen und Einheiten selektierte, nicht
schlechthin ganzheitliche („totale") Bezie-
hungsnetze. Es sind Komplexe von typologisch im einzelnen erörterbaren Merkmalen
und Merkmalsrelationen, deren organisierter
Ordnungs- bzw. Gestaltcharakter auch dann
im wesentlichen erhalten bleibt, wenn
bestimmte Einzelmerkmale variieren. – Ihre
Anlayse und die Ableitung von Zustands-
(„Konkomitanz"-) oder Wandlungs-(„Entste-
hungs"- und „Entwicklungs"-)Hypothesen
(nicht zu verwechseln mit den immer proble-
matischen singulären „Entwicklungsgeset-
zen" i. S. von K. R. Popper, H. Haller u. a.) im
Rahmen reduzierter Merkmalsordnungen
steht weithin im Einklang mit Strukturfor-
schungen in anderen Disziplinen. Allerdings
berücksichtigt sie in ihren typenbegrifflichen
und den vergleichend-registrierenden sowie

-interpretierenden Aussagen jeweils neben
dem Gleichartigen auch das Unterscheidende,
ja das abweichende Besondere bis hin zum
Individuellen.

III. Typenbildung und -begriffe: 1.
Die Typenbildung kann im einzelnen jeweils
nur ein Merkmal bzw. eine Merkmalsgruppe
(eindimensionale Typen) oder zahlreiche
Merkmale bzw. Merkmalsgruppen *(mehrdimensionale Typen)* einbeziehen. Häufig wird
daneben die Abstufungs- bzw. Ausprägungs-
vielfalt der Einzelmerkmale gesondert berücksichtigt. Zu unterscheiden sind: a) *Typen auf
der Basis der klassischen (aristotelischen)
Logik* b) *Typen auf der Grundlage der neuen
(relationalen) Logik* (Ordnungs-Logik). Diese
haben der verbreiteten Einführung von
„Idealtypen" (M. Weber) zunächst in der
Soziologie, Psychologie und Geschichtswissenschaft ihren Anfang genommen, wobei hier
verstehende Interpretation von Sinn eine
große Rolle spielte. Auch für die einzelwirtschaftliche Typenbildung haben und behalten
Idealtypen und mit diesen verbundene spezifische Verfahren ihren Wert, selbst wenn sie
allein nicht ausreichend sind. – 2. a) *Typenbegriffe i. S. von Gattungs- oder Klassenbegriffen:*
Durch Gattungsbildung und Klassifikation
einerseits und Typisierung in verschiedenen
Formen andererseits lassen sich Betriebe und
andere Einzelwirtschaften morphologisch sehr
unterschiedlich gliedern oder zusammenfassen. Zu diesem Zweck legt man entweder
durch Gattungsbegriffe ein oder mehrere
Merkmale oder aber durch Klassenbegriffe
umfangmäßig unterschiedliche Teilklassen
fest. Häufig werden bereits die auf diese Weise
resultierenden konstruierten Betriebsarten
bzw. -klassen auch Betriebstypen genannt. –
b) Spezifischer ist aber ein Sprachgebrauch,
der unter diesem Ausdruck v. a. *Ordnungsbe-
griffe* (einschl. der erwähnten Idealtypen als
Übergangsformen zwischen den Art- bzw.
Klassenbildungen im Sinne der klassischen
Logik und den Relationierungen gemäß der
neuen Logik) versteht. – 3. Die *Typenbegriffe
i. S. von Ordnungsbegriffen (relationale Typenbegriffe)* eignen sich als operationalisierbare
Begriffe besser für empirische und empirisch-
theoretische Forschungen. Im einzelnen können a) *Typenbegriffe i. e. S.* (C. G. Hempel/P.
Oppenheim), b) *Gestaltbegriffe* (K. Grelling/
P. Oppenheim) oder c) *Wirkungssystembegriffe* (J. von Kempski) gemeint sein. Neben
den Gestaltbegriffen, die zur Struktur- und
Utopienforschung unabdingbar sind, erweisen
sich gegenwärtig unter Gesichtspunkten empirischer Theorie im Rahmen von „Idealisierun-
gen" mittels idealtypischer Erklärungsskizzen
(H. Albert) v. a. Wirkungssystembegriffe von
zunehmender Bedeutung, z. B. in der Organi-
sationstheorie.

IV. Entwicklung und Bereiche der
Forschung: 1. Die Entwicklung typologi-

scher Forschung in der Betriebswirtschaftslehre ist so verlaufen, daß am Anfang (wie ähnlich in der Volkswirtschaftslehre) eine *Loslösung von den rein rechtlichen Klassifikationen* erfolgte. Stand z. B. bei R. Liefmann noch die juristische Einheit des Unternehmens (die „Unternehmensform" oder Firma) im Mittelpunkt des Interesses, so hat F. Lehmann als einer der ersten „Wirtschaftstypen" der privaten Unternehmung unterschieden, woran M. Palay und K. Rössle, später E. Gutenberg und E. Grochla mit ihren Lehren von den „systembezogenen" Determinanten der Betriebstypen und von den „Betriebsverbindungen" angeknüpft haben. In neuerer Zeit sind besonders wirtschafts- bzw. betriebssoziologische und -psychologische Forschungen für die einzelwirtschaftliche Morphologie und -typologie von Bedeutung, die auf diese Weise neue Aspekte aufnahm und sich vollends aus einem Randgebiet der Betriebswirtschaftslehre zu einem interdisziplinären Forschungsgebiet speziell von Führungs- und Gestaltungs-(Marketing-)problemen (u. a. J. Bidlingmeier, H. Raffée, G. Specht) zu entwickeln beginnt. – 2. *Gutenberg* hat sich v. a. darauf konzentriert, „systemindifferente Substanz" betrieblichen Vollzugs, die in allen Wirtschafts- und Gesellschaftsordnungen vorhanden ist, herauszuarbeiten. Gleichwohl war er typologisch und gestalttheoretisch interessiert: Er hat systembezogene Tatbestände v. a. der „kapitalistischen Unternehmung" näher untersucht; z. B. unterschied er Willensbildungszentren unter dem Einfluß des Privateigentums an Produktionsmitteln und präzisierte Betriebstypen der „Unternehmer-Unternehmungen" und der „Geschäftsführer-Unternehmungen". – 3. *Grochla* hat die Frage des Verhältnisses der Betriebe zur jeweiligen volkswirtschaftlichen Ordnung weiter vertieft und systematisiert. Als Betriebsverbindungen unterschied er im Hinblick auf den Umfang der gemeinsamen Aufgabenerfüllung die Grundkategorien „Betriebsverband" und „Verbundbetrieb". In den späteren Arbeiten des Autors und seiner Mitarbeiter haben Wirkungssystembegriffe an Bedeutung gewonnen. – 4. Über *öffentliche Betriebe bzw. Unternehmen und Verwaltungen* (vgl. auch →öffentliche Unternehmen) haben im Anschluß an die klassische deutsche Gemeinwirtschaftstheorie (A. Wagner, E. Sax, A. Schäffle) früh M. Lohmann und W. Mahlberg geforscht; später H. Ritschl, G. Rittig, G. von Eynern und A. Schnettler. In neuerer Zeit erschienen wichtige Arbeiten u. a. von G. Weisser, Th. Thiemeyer, K. Oettle und P. Eichhorn. – Bei letzteren stehen institutionelle Sinnmerkmale gemeinwirtschaftlicher Unternehmen und öffentlicher Verwaltungen im Mittelpunkt mehr oder weniger „kritizistischer Gemeinwohlkonzeptionen": öffentliche bzw. kommunale Betriebe, gemeinnützige Krankenhäuser und Wohnungsbauunterneh-

men sowie andere „freigemeinwirtschaftliche" Einzelwirtschaften erfüllen danach nicht nur aus dem subjektiven Sinn ihrer Gestalter heraus, sondern im festgelegten „öffentlichen Interesse" Aufgaben, die Private nicht erfüllen. Was bei Staatsbetrieben als im öffentlichen Interesse liegend gilt oder bei Privatbetrieben Gegenstand der Regulierung bzw. „öffentlicher Bindung" (G. von Eynern) sein kann, wird immer politisch umstritten bleiben, ist aber gleichwohl konkretisierbar. Privat- und Gemeinwirtschaft erscheinen trotz sensationeller Transformationsfälle (z. B. „Neue Heimat") auch heute als einander ergänzende Teile funktionsfähiger Wirtschaftsordnungen (Th. Thiemeyer). – 5. →*Genossenschaften und diesen verwandte Einzelwirtschaften* (G. Weisser, G. Draheim, R. Henzler, E. Dülfer, E. B. Blümle, P. Schwarz, W. W. Engelhardt u. a.): Bezüglich früher Transformationen bei produktivgenossenschaften (die sich z. T. heute bei anderen Genossenschaftsarten wiederholen) erhielt dieser Forschungszweig entscheidende Anregungen von Politischen Ökonomen, insbes. B. Webb und F. Oppenheimer. – *Gliederung:* a) Typologien der Widmungsinhalte (in manchem verwandt der Grundtypeneinteilung von Organisationen aller Art durch P. Schwarz in Erwerbs-, Gemein-, Kooperations-, Karitativ- und Konsumwirtschaften) speziell bei Kooperationen bzw. „Kooperativen" (E. Dülfer) gemein-, förderungs-, gruppen-, stiftungs-, erwerbs- und verwaltungswirtschaftliche Widmungsinhalte als verwirklichte Genossenschaftszwecke (W. W. Engelhardt); b) *Typologien der Kooperationsstrategien:* Koordinations-, Vertretungs-, Ökonomisierungskooperationen, bei zusätzlicher Berücksichtigung der Einzelaufgabe als Leitmerkmal von vierunddreißig Kriterien her insgesamt neun Typen, darunter auch Interessenverbände und Kartelle (P. Schwarz); c) *Struktur- bzw. Strukturentwicklungstypen* industriezeitlicher westlicher Genossenschaften: heute oft von mehreren Merkmalen her unterschieden; nach E. Dülfer Organwirtschaftliche Kooperative, Marktbeziehungs-Kooperative und Integrierte Kooperative. Unter den zahlreichen Typologien der Genossenschaften und anderer Kooperationen spielen gegenwärtig neben Typologien der Widmungsinhalte und der Kooperationsstrategien vermutlich nicht grundlegende solche der Struktur bzw. Strukturentwicklung industriezeitlicher, vorzugsweise westlicher Genossenschaften eine vorrangige Rolle, wobei Wirkungssystembegriffe auch hier mehr und mehr neben konstruierte Idealtypen traten. – 6. *Betriebswirtschaftliche Beiträge* zur typologischen und morphologischen Methodenlehre wurden von E. Castan vor ca. zweieinhalb Jahrzehnten in einer Art Zwischenbilanz über die bis dahin veröffentlichten Beiträge die folgenden Namen genannt: G. Weisser, W. Kalveram, C. Eisfeld, H. Petersen, H. Buddeberg, P. Nowak, K. Mellerowicz, B. Tietz; unerwähnt blieb H. Haller. Inzwischen sind zu Grundlagenfragen der Typologie und Morphologie von Betrieben und anderen Einzelwirtschaften (aber auch von zwischenwirtschaftlichen Organisationen formalisierter oder nur prozessualer Art und von Nicht-Organisationen) u. a. hinzugekommen Beiträge von H. Cox, W. Endres, W. W. Engelhardt, H. Lehmann, E. Leitherer, G. Ropohl, W. Risse, P. Schwarz, G. Specht, Th. Thiemeyer, F. Zwicky. – Der *Trend* dürfte (zunehmend empirisch-theoretisch oder normativorganisationsentwicklungs- bzw. aktivitätsforschungsorientiert) auf eine möglichst methodologisch sauberere Einbeziehung unterschiedlichen subjektiven Sinns der gewollt eingetretenen oder ungewollt erreichten Auswirkungen voneinander abweichender Verhaltensweisen gerichtet sein. – 7. *Gliederung der bisherigen Ergebnisse* (E. Castan): a) *Stiltypologien,* die auf G. Weisser und die Stilgenealogien von A. Müller-Armack zurückgehen; b) *Leistungstypologien,* die insbes. auf E. Gutenberg und E. Schäfer zurückzuführen sind. Castan merkte an, daß Bemühungen, die Betriebe in einer Art Vorstufe typologischen Forschens sämtlich nach ihren Leistungen zu klassifizieren, schon seit Beginn der betriebswirtschaftlichen Erkenntnisgewinnung unternommen wurden. Von diesen Ansätzen zur Gliederung aller Betriebe – meist in der →Allgemeinen Betriebswirtschaftslehre unternommen – unterschied er besondere Leistungstypologien der Produktions-, Handels-, Bank-, Verkehrs-, Versicherungs- und Dienstleistungsbetriebe, die regelmäßig in speziellen – institutionellen – Betriebslehren entwickelt wurden. Von heute her gesehen lassen sich darüber hinaus verstärkt Typologien finden, die quer zu den Branchen- und Wirtschaftszweiggliederungen verlaufen (O. Hahn, P. Schwarz); z. B. die Genossenschaftstypologien, Kunden-, Verbraucherselbsthilfe- und z. T. auch Warentypologien.

V. A b g r e n z u n g : Die Erforschung der Betriebstypen und anderen Einzelwirtschaftstypen ist – wie aus den bisherigen Darlegungen abgeleitet werden kann – deutlich sowohl von der Analyse katallaktischer Abläufe und anderer *genereller Theorien des BWL,* als auch von der Erforschung individueller Tatsachen im Rahmen der →*Unternehmerbiographien* und der →*Unternehmungsgeschichte (Firmengeschichte)* unterschieden, auch wenn es Berührungs- und Überschneidungspunkte besonders zu den letzteren Forschungsschwerpunkten gibt. – Wesentlich engere Verbindungen liegen zum →*Betriebsvergleich* vor, da die Erarbeitung deskriptiv-empirischer und empirisch-theoretischer typologischer Aussagen neben der begrifflichen immer eine vergleichende (und in deren Zusammenhang auch interpretierende) Seite

hat. Entsprechend verhält es sich mit der →*Unternehmenspolitik,* soweit sie differenzierende technologische oder normative Aussagen erstrebt.

VI. B e d e u t u n g   f ü r   d i e   P r a x i s : Vorliegende typologische Erkenntnisse haben nicht nur für differenzierende technologische und normative Aussagen der →Unternehmenspolitik, sondern darüber hinaus für die unmittelbare *Praxis in Politik und Wirtschaft* erhebliche Bedeutung gewonnen, z. B. bei Reformen zur Umgestaltung des Aktien- und Genossenschaftsrechts (E. Dülfer, G. Draheim u. a.), für die Beurteilung von Unternehmungsverflechtungen im Rahmen jeder Wettbewerbsgesetzgebung und ihrer Anwendung, auch vor Erlaß von Steuergesetzen und deren Veränderung. Eine große Rolle spielen sie auch bei den Diskussionen um den weiteren Ausbau des Revisionswesens privater, öffentlicher und genossenschaftlicher Unternehmen; Hauptrichtungen der Bemühungen richteten sich hier primär auf die „gemeinwirtschaftliche" und „gesellschaftsbezogene" Erfolgsermittlung öffentlicher und privater Betriebe (Th. Thiemeyer, A. von Loesch, P. Eichhorn u. a.). Bei den Genossenschaften und Verbänden wurde über Förderungsbilanzen bzw. -berichte und eine verbesserte Erfassung von „instrumenteller" und „sozio-emotionaler" Rationalität von Genossenschafts- und Verbändepolitik positiv und kritisch nachgedacht (E. Boettcher, E.-B. Blümle, P. Schwarz, H. W. Jenkis u. a.).

Literatur: Albert, H. (Hrsg.), Theorie und Realität, 2. Aufl., Tübingen 1972; Castan, E., Typologie der Betriebe, Stuttgart 1963; Atewell, K. (Hrsg.), Betriebswirtschaftliche Strukturfragen, Wiesbaden 1967; Dülfer, E., Betriebswirtschaftliche Lehre der Kooperative, Göttingen 1984; Engelhardt, W. W., Grundprobleme der Einzelwirtschaftstypologie, Arch. f. ö. u. f. U., Bd. 6, 1962/63; ders., Die Unternehmens- und Betriebsmorphologie als Teildisziplin der Allgemeinen Betriebswirtschaftslehre, Jb. f. Absatz- u. Verbrauchsforschung, 19. Jg., 1973; ders., Morphologie der Absatzwirtschaft, HdA, 1974; ders., Die öffentlichen Unternehmen und Verwaltungen als Gegenstand der Einzelwirtschaftsmorphologie und -typologie, ZfB, 44. Jg., 1974; ders., Allgemeine Ideengeschichte des Genossenschaftswesens, Darmstadt 1985; ders., Typologie der Genossenschaften und anderer Kooperationen, WiSu, 16. Jg., 1987; ders., Über die Bedeutung morphologisch-typologischer Theorieansätze für die Betriebswirtschaftslehre, in: Beyer, H. T. u. a. (Hrsg.), Neuere Entwicklungen in Betriebswirtschaftslehre und Praxis, Frankfurt a. M. 1987; Laurinkari, J. (Hrsg.), Die Prinzipien des Genossenschaftswesens in der Gegenwart, Nürnberg 1986; Lehmann, H., Typologie und Morphologie der Betriebswirtschaftslehre, HdB, 4. Aufl., 1976; Patera, M. (Hrsg.), Perspektiven der Genossenschaftsrevision, Wien 1986; Schwarz, P., Morphologie von Kooperationen und Verbänden, Tübingen 1979; Thiemeyer, Th., Unternehmensmorphologie. Methodische Vorbemerkung zur Bildung praxisbezogener Betriebstypen, Arch. f. ö. u. f. U., Bd. 10, 1972/74; ders., Wirtschaftslehre öffentlicher Betriebe, Reinbek 1975; Tietz, B., Bildung und Verwendung von Typen in der Betriebswirtschaftslehre, Köln/Opladen 1960; Weisser, G. (Hrsg.), Die Morphologie der einzelwirtschaftlichen Gebilde und ihre Bedeutung für die Einzelwirtschaftspolitik, Göttingen 1957; ders., Wirtschaftstypen HdSW, 12. Bd., 1965; ders., Die Unternehmensmorphologie – nur Randgebiet? Arch. f. ö. u. f. U., Bd. 8, 1967/68; Zerche, J. (Hrsg.), Aspekte genossenschaftlicher Forschung und Praxis, Düsseldorf 1981.

Prof. Dr. Werner Wilhelm Engelhardt

Unternehmungswert, *Unternehmenswert,*
Wert einer Unternehmung als Ganzes, ermittelt durch →Unternehmungsbewertung. – 1.
Wesen: Anlässe zur Feststellung des U. sind
z. B. Kauf und Verkauf, Umwandlung,
Fusion, Ein- und Austritt von Gesellschaftern,
Abfindung u. ä. m. Der U. wird inhaltlich
geprägt von der Aufgabe (oder Funktion) der
Wertermittlung und ist im allg. abhängig von
den Zielen und Entscheidungsalternativen
derjenigen, für die der Wert ermittelt wird
(Ausnahme: Besteuerung); insofern stets relativ. Spezifiziert man als wesentliche *Aufgaben
der Wertermittlung:* a) die Beratung von
Eigentümern, so resultiert *der Grenzpreis* oder
→*Entscheidungswert;* b) die Vermittlung bei
sich nicht einigenden Parteien, so resultiert der
faire *Einigungspreis* oder →*Arbitriumwert*
bzw. *Schiedsspruchwert* (auch *Schiedspreis*). –
2. *Grundlagen :* a) Gemeinsame Grundlage der
genannten U. ist heute in der Regel die
Gesamtbewertung, d. h. der U. ergibt sich aus
dem Preis, der alternativ von einem Eigentümer für die aus dem zu bewertenden Unternehmen herausholbaren Entnahmen zur Kon-
sumausgabendeckung gezahlt werden muß
(→Reproduktionswert). – b) Der Gegensatz
dazu ist die *Einzelbewertung,* die an der
Reproduktion eines Unternehmens in seiner
bilanziellen Gestalt (mit aktivierbaren Vermögensgegenständen und passivierungspflichti-
gen Schulden) ansetzt (→Substanzwert); sie
spielt eine bedeutsame Rolle nur für die
Vermögensbesteuerung (Bewertung nichtno-
tierter Aktien und Anteile an Kapitalgesellschaften nach dem →Stuttgarter Verfahren,
vgl. insb. Abschn. 76–79 VStR 1986).

Unternehmungsziele, *Unternehmensziele,*
unternehmerisches Zielsystem, die der unternehmerischen Betätigung zugrunde liegenden
Zielsetzungen, Grundlage der Analyse und
Erklärung unternehmerischer Verhaltensweisen. Die betriebswirtschaftliche Forschung
hat deshalb die U. und den sie formenden
Zielbildungsprozeß zum Gegenstand ihrer
Untersuchungen erhoben.

I. Bildung der U.: 1. Soll die Darstellung
der U. in weitgehender Übereinstimmung mit
den Verhältnissen der Realität erfolgen, so
sind die aus der Organisation, "Unternehmung" stammenden Einflüsse ausdrücklich in
die Untersuchung einzubeziehen. Diese Einflüsse ergeben sich aus der Verteilung von
Entscheidungsbefugnissen auf viele Stellen
innerhalb der Organisation und den unterschiedlichen Zielen der Organisationsteilnehmer. Aufgrund dieser Tatsache sind U. letztlich als *Ergebnisse von "Verhandlungsprozes-
sen" verschiedener Gruppen* aufzufassen, die
zur Willensbildung berechtigt oder befähigt
sind.

2. *Berechtigung zur Zielbildung:* In der Marktwirtschaft leitet sich die formale Berechtigung

grundsätzlich aus dem *Eigentum* und der sich
aus ihm ergebenden sozialen Verpflichtung ab
(soziale Verpflichtung des Eigentums, Art. 14
II GG). Begrenzungen des Entscheidungs-
spielraumes treten dabei in den Fällen des
Miteigentums auf, bei denen der Eigentümer
nicht gleichzeitig zur Geschäftsführung befugt
ist, z. B. bei der KG, insbes. bei der AG. Hier
tritt ein durch Vertrag oder kraft Gesetzes
legitimiertes →Management an die Stelle des
Eigentümers. Eigentümer, Vorstand bzw.
Geschäftsführer und deren Kontrollorgane
dominieren im Prozeß der Zielbildung und
können daher als Kerngruppe bezeichnet werden. – Die übrigen Gruppen, die als weitere
Zentren der Willensbildung anzusehen sind,
z. B. Belegschaft, aber auch Lieferanten, Kunden, Kreditgeber, Banken und staatliche
Organe bilden Satellitengruppen. Sie üben
direkten Einfluß auf die Bildung der U. aus,
wenn zwischen der Kerngruppe und den
Satellitengruppen eine Koalition oder eine
Kooptation besteht. Gesetzlich geregelt ist die
Einflußnahme der Satellitengruppen im *Aktien-
und Mitbestimmungsgesetz* (vgl. auch →Mit-
bestimmung). Häufig ist der Einfluß jedoch
nur mittelbar. Er kann sich z. B. aus der
Ausnutzung von *Informationsvorteilen* von
Mitgliedern der Satellitengruppen gegenüber
der Kerngruppe oder anderen *informalen
Machtgrundlagen* ergeben. – Die Vielfalt der
Gruppierungen, mit ihren unterschiedlichen
Interessen und Machtbeziehungen im Prozeß
der Zielbildung, erschweren die Ableitung
allgemeingültiger Aussagen über das Zielsystem einer Unternehmung.

3. Zwischen diesen Gruppen ausgehandelte
Ziele können nur bedingt als Folge von
→Entscheidungsprozessen gesehen werden.
Da mit Zielfestlegungen die Machtstruktur
einer Organisation beeinflußt wird, kann die
Zielfestlegung als "Quasilösung von Macht-
kämpfen" betrachtet werden. Die Zustimmung von Organisationsteilnehmern bei der
Zielformulierung wird erreicht, indem eine
pragmatische Zielformulierung, die vage und
semantisch vieldeutig ist, gefunden wird. Pragmatisch deshalb, weil die Verhandlungspart-
ner trotz Vorhandenseins eines Ziels sich die
Möglichkeit offenhalten, den möglichen Inter-
pretationsspielraum bei Lösung ihres Ent-
scheidungsproblems zugunsten individueller
Zielvorstellungen auszunutzen. Die Existenz
von U. ermöglicht dem Unternehmungsmit-
glied dann, alle Beteiligten davon zu überzeugen, daß seine Problemdefinition und -lösun-
gen im Einklang mit den offiziellen Zielen der
Unternehmung stehen.

II. Erfassung und Ordnung
betriebswirtschaftlicher Ziele: 1.
Eine Unternehmung verfolgt grundsätzlich
mehrere Ziele, zwischen denen Beziehungen
bestehen. Diese Beziehungen erweisen sich
dabei als Ansatzpunkte eines Ordnungssche-

mas. Die begriffliche Bestimmung der U. erfolgt über die *Dimensionen:* a) *Inhalt:* eine Zieldimension, die die BWL bislang am ausführlichsten erörtert hat. Seine Erklärung muß zu einer operationalen Zielformulierung führen. Begriffe wie Gewinn, Umsatz, Kosten, Liquidität, Substanzerhaltung usw. geben den Inhalt typischer betriebswirtschaftlicher Ziele wieder. – b) *Angestrebtes Ausmaß der Zielerreichung:* Der Entscheidende kann einerseits versuchen, eine Alternative zu ermitteln, die einen höchstmöglichen Zielerreichungsgrad erwarten läßt. Er kann aber auch von einem bestimmten Anspruchsniveau ausgehen und die Suche nach Alternativen abbrechen, sobald er auf eine Lösung stößt, die einen bestimmten, als befriedigend angesehenen Wert erreicht oder übersteigt. – c) *Zeitlicher Bezug:* Wesentliche Zieldimension, da der Zeitaspekt zu einem beträchtlichen Teil für die Zusammensetzung des →Entscheidungsfeldes maßgeblich ist. Er beeinflußt die zur Verfügung stehenden Handlungsmöglichkeiten und die begrenzenden Daten sowie die in den Erklärungsgleichungen zu erfassenden Einflußgrößen. Eine zeitbezogene Zielformulierung würde z. B. lauten: „Erstrebe einen jährlichen Umsatzzuwachs von 25% des Vorjahresergebnisses."

2. *Determinanten der Beziehungen zwischen den U.:* a) *Entscheidungssituation (entscheidungsfeldbedingte Beziehungen):* Die Erklärung ist über die Verwendung des Zielerfüllungsgrades möglich. Danach lassen sich *komplementäre, konfliktäre und indifferente Ziele* unterscheiden. Bei Komplementarität trägt die Erfüllung eines Zieles zur Erfüllung eines anderen bei, bei Konkurrenz vermindert sie diese. Zwei Ziele verhalten sich zueinander indifferent oder neutral, wenn die Erfüllung des Zieles Z_1 auf die Erfüllung des Zieles Z_2 keinen Einfluß ausübt. Konkurrenz- bzw. Komplementaritätsbeziehungen wechseln oft von Alternative zu Alternative (partielle Konkurrenz bzw. Komplementarität). – b) *Subjektive Zielvorstellung des Entscheidenden (entscheidungsträgerbedingte Beziehung):* Diese stellt die Zielgewichtung dar, die der Unternehmer bei konkurrierenden Zielen vornehmen muß. Eine Entscheidungsfindung ist nur möglich, wenn feststeht, welche Ziele als Hauptziele und welche als Nebenziele zu betrachten sind. In den meisten Fällen wird es den zu Entscheidungen berechtigten Instanzen in der Unternehmung nicht möglich sein, aufgrund der von der Geschäftsleitung verfolgten Ziele die Konsequenzen ihres Handelns zu überprüfen. Es müssen diesen Instanzen Ziele vorgegeben werden, die einerseits überprüfbar sind, andererseits aber unmittelbar der Erfüllung der Unternehmerziele dienen. Diese Zielvorgabe erfordert die Suche nach Zielen, die zu den Unternehmungszielen (Oberzielen) in einem Mittel-Zweck-Verhält-

nis stehen. Für die zu findenden Zwischen- und Unterziele muß grundsätzlich die Komplementaritätsbeziehung gelten, was partielle Konkurrenz jedoch nicht ausschließt (z. B. Unterziel: Stückkostensenkung; Zwischenziel: Verbesserung der Wirtschaftlichkeit; Oberziel: Gewinnerhöhung).

3. *Problem der Auswahl der i. S. der U. besten Alternative* (→*Aktion):* Zwischen den nach Inhalt, Zeit und Ausmaß präzisierten Zielelementen bestehen unterschiedliche Beziehungen. Daraus ergibt sich das Problem, welche der möglichen Alternativen als die i. S. eines so komplexen Zielsystems beste anzusehen ist. Dies gilt um so mehr, als die Konsequenzen der Alternativen hinsichtlich der Erreichung dieser Ziele meist nur unvollkommen vorausgesehen werden können. – a) Erweist sich bei *vollkommener Information* über die Konsequenzen der Alternativen die Entscheidungsfindung bei komplementären Zielen durch die Möglichkeit der Suboptimierung noch relativ einfach, so bedarf es bei konfliktären Zielen der Einführung von →Entscheidungsregeln, die eine Lösung des Konfliktes durch Zieldominanz, Zielschutz oder Zielkompromisse ermöglichen. – b) Liegen dem Unternehmer lediglich *mehrdeutige Informationen* über die Zielerfüllungsgrade der Alternativen vor, müssen die Entscheidungsregeln angeben, wie diese mehrwertigen Erwartungen in den Entscheidungsmodellen verarbeitet werden sollen. Das Entscheidungsproblem kann bei Vorliegen von Wahrscheinlichkeitsvorstellungen durch die Anwendung von Sicherheitsäquivalenten oder statistischer Kenngrößen (z. B. Erwartungswert, Varianz) gelöst werden. Fehlen auch Wahrscheinlichkeitsvorstellungen (Entscheidungen unter Unsicherheit), so können bei meßbaren Zielgrößen z. B. die Minimax-Regel, die Minimax-Risiko-Regel, die Regel des kleinsten Risikos, oder die Pessimismus-Optimismus-Regel zur „besten" Alternative führen. – Bei unterschiedlicher Risikoeignung des Entscheidenden kann jede dieser Entscheidungsregeln eine andere Alternative als die beste erweisen. Ihre Anwendung hängt daher vom Typ des Unternehmers und von der Art des betrachteten Wahlproblems ab. – Eine umfassende und allgemeingültige, für sämtliche Entscheidungsprozesse unter Unsicherheit geeignete Entscheidungsregel konnte bisher nicht entwickelt werden.

III. E r w e r b s w i r t s c h a f t l i c h e   Z i e l e   d e r   U n t e r n e h m u n g : 1. Bei der Untersuchung der konkreten Inhalte von U. soll von der Unternehmung als einer in Privateigentum befindlichen, nach dem →*erwerbswirtschaftlichen Prinzip* handelnden Betriebswirtschaft ausgegangen werden. Dieses Handeln findet seinen Ausdruck im Gewinn- oder Rentabilitätsstreben, das nach der neueren →*Theorie der Unternehmung* zwar nicht als die einzige, aber als die bedeutendste Zielsetzung anzusehen ist. – a) Der *Gewinnbegriff* ist durch die Differenz der sowohl nach Begriffsinhalt wie -umfang unterschiedlichen Komponenten Einnahmen, Ertrag oder Leistung und Ausgaben, Aufwand oder Kosten definiert. Es besteht daher über den Inhalt des Gewinnbegriffs weitgehende Unklarheit. – b) Die absolut zu messende Gewinngröße wird durch die →*Rentabilität* als relativer Gewinn ergänzt. Als Bezugsgsgröße kann dabei das gesamte eingesetzte Kapital oder nur das eingesetzte Eigenkapital dienen. – c) Die positiven und negativen Gewinnkomponenten lassen sich zur Formulierung geeigneter Unterziele verwenden. Solche Unterziele sind das *Umsatz- und Wirtschaftlichkeitsstreben*. Zwischen dem Gewinnstreben und dem Wirtschaftlichkeitsstreben ergibt sich bei geschwungenem Kostenverlauf zwischen dem Stückkostenminimum und dem Gewinnmaximum ein Bereich partieller Konkurrenz.

2. Den mit beträchtlichen Unsicherheiten belasteten Unternehmerentscheidungen tragen verschiedene *Sicherungsziele* Rechnung. Sie drücken sich vor allem in den Zielen „Sicherung des Unternehmungspotentials" und „Sicherung der Liquidität" aus. – a) Dem Streben nach *Sicherung des Unternehmungspotentials* liegt der Gedanke zugrunde, die Leistungskraft der Unternehmung, ausgedrückt durch das investierte Kapital, für die Zukunft zu erhalten: (1) Bei *geldlicher Interpretation* wird dieses Ziel als Kapitalerhaltung bezeichnet. – (2) Bei *güterwirtschaftlicher Interpretation* als Substanzerhaltung; es kann durch die Ziele Produktivität und Flexibilität verdeutlicht werden: Unter *Produktivität* wird das günstige Verhältnis von Ausbringungsergebnis zu Mitteleinsatz während einer Periode mit überwiegend gleichbleibenden Produktionsbedingungen verstanden. Dieses Kriterium ist Ausfluß des Rationalprinzips, welches besagt, daß ein gegebenes Leistungsziel mit möglichst geringem Mitteleinsatz bzw. bei gegebenem Mitteleinsatz ein möglichst hohes Leistungsergebnis erzielt werden soll. – *Flexibilität* ist die Fähigkeit des Systems Unternehmung, sich an veränderte Umweltbedingungen anzupassen. In dieser Zielsetzung kommt der Gedanke zum Ausdruck, daß das System Unternehmung in der Lage sein soll, seine Produktivität für längere Zeiträume aufrechtzuerhalten. – b) Inhalt des *Liquiditätssicherungszieles* ist die Aufrechterhaltung des finanziellen Gleichgewichts, d.h. die Fähigkeit, in jedem Zeitpunkt den fälligen Zahlungsverpflichtungen uneingeschränkt nachkommen zu können (dispositive Liquidität). Einnahmen und Ausgaben sind nur für relativ kurze Zeiträume hinreichend genau vorhersehbar. Die Praxis behilft sich bei der Beurteilung langfristiger Entscheidungen im Hinblick auf die Zahlungsfähigkeit mit den →*Finanzierungsregeln*. Diese fordern die Einhaltung

gewisser Relationen innerhalb der Vermögens- und Kapitalstruktur einer Unternehmung (strukturelle Liquidität). – Vgl. auch →Liquidität.

IV. Weitere Ziele: Eine wirklichkeitsnahe Auffassung unternehmerischer Zielsysteme darf neben den genannten eine Reihe weiterer Ziele nicht vernachlässigen, z.B. das Unabhängigkeits- bzw. Vereinigungsstreben, das Streben nach Ansehen und Macht sowie sittliche und soziale Ziele. Ihre Bedeutung wird zwar heute kaum noch bestritten, eine genaue Fassung dieser Ziele bereitet jedoch erhebliche Schwierigkeiten, da die theoretische Grundlage für die Erklärung solcher Zielinhalte bislang noch fehlt.

V. Zielsysteme aus organisationstheoretischer Sicht: Ergebnisse neuerer empirischer Untersuchungen haben die Existenz eines konsistenten, operationalen und verbindlichen Zielsystems in Frage gestellt. Ziele als Ergebnis von Interessendurchsetzungsprozessen der Kern- und Satellitengruppen stellen demgemäß nur vorübergehende Kompromißlösungen der dem Zielbildungsprozeß zugrunde liegenden Interessenkonflikte dar. Dieser Kompromiß kommt um so eher zustande, je vager das Zielsystem formuliert wird und je mehr Interpretationsmöglichkeiten den Beteiligten verbleiben. Darüber hinaus sind Zweifel aufgekommen, inwieweit die aus solchen Zielbildungsprozessen resultierenden Kompromisse überhaupt den Mittelentscheidungen als Maximen zugrunde gelegt werden. Insbes. bei Führungsentscheidungen werden die Alternativen aus der Sicht der Individualziele der Beteiligten bewertet; erst im nachhinein erfolgt eine Einigung auf ein gemeinsames Zielsystem, das dann in erster Linie der Rechtfertigung gegenüber Dritten dient.

Literatur: Bidlingmaier, J., Unternehmerziele und Unternehmerstrategien, Wiesbaden 1973; ders., Zielkonflikte und Zielkompromsse im unternehmerischen Entscheidungsprozeß, Wiesbaden 1968; Heinen, E., Betriebswirtschaftliche Kostenlehre, Kostentheorie und Kostenentscheidungen, 6. Aufl., Wiesbaden 1983; ders., Zum Charakter der Unternehmung, Grundlagen betriebswirtschaftlicher Entscheidungen, 3. Aufl., Wiesbaden 1976; ders., Die Zielfunktion der Unternehmung, in: Zur Theorie der Unternehmung, Festschrift zum 65. Geburtstag von E. Gutenberg, hrsg. von H. Koch, Wiesbaden 1962, S. 11ff.; ders., Einführung in die Betriebswirtschaftslehre, 9. Aufl., Wiesbaden 1985; ders. (Hrsg.), Betriebswirtschaftliche Führungslehre Grundlagen – Strategien – Modelle, ein entscheidungsorientierter Ansatz, 2. Aufl., Wiesbaden 1984; ders. (Hrsg.), Industriebetriebslehre als Entscheidungslehre, in: Industriebetriebslehre – Entscheidungen im Industriebetrieb, 8. Aufl., Wiesbaden 1985, S. 1–75; ders., Hrsg., Wiesbaden 1971; Kirsch, W., Gewinn und Rentabilität – Ein Beitrag zur Theorie der Unternehmungsziele, Wiesbaden 1968; ders., Entscheidungsprozesse, 3 Bände, Wiesbaden 1971; ders., Die Unternehmungsziele aus organisationstheoretischer Sicht, ZfbF 1969, S. 665ff.; Oettle, K., Über den Charakter öffentlich-wirtschaftlicher Zielsetzungen, ZfbF 1966, S. 241ff.; Perrow, C., Organizations: Organizational Goals, in: Still, D. L. (Hrsg.), International

Encyclopedia of the Social Sciences, 1968, Vol. 11, S. 305 ff.; Rühli, E., Unternehmungsführung und Unternehmungspolitik, Bd. 1 u. 2, 2. Aufl., Bern 1985 u. 1978; Schmidt, R. B., Die Kapitalerhaltung als Gegenstand zielsetzender und zielerreichender Entscheidungen, in: Organisation und Rechnungswesen, Festschrift für E. Kosiol, Hrsg. E. Grochla, Berlin 1964, S. 415 ff.; Schmidt-Sudhoff, U., Unternehmerziele und unternehmerisches Zielsystem, Wiesbaden 1967. Wenger, E., Unternehmenserhaltung und Gewinnbegriff, Wiesbaden 1981.

Prof. Dr. Dr. h. c. mult. Edmund Heinen

Unternehmungszusammenschluß. *Unternehmenszusammenschluß*: I. Allgemein:
1. *Begriff:* Eine freiwillige Vereinigung von Unternehmungen im Vertragswege: a) zum Zwecke der *Marktbeherrschung* durch Regelung von Absatzbedingungen oder sogar auch der Absatzmengen und Preise (Formen dieser U.: →Kartell und →Trust); b) zum Zweck *gegenseitiger* wirtschaftlicher *Unterstützung* durch Rationalisierung der Produktion bzw. Vereinheitlichung des Fertigungsprogramms sowie schließlich für wirtschaftlich-finanzielle Unterstützung auf dem Gebiete der Finanzierung (Formen dieser U.: →Trust und →Konzern). – 2. Die *begriffliche Abgrenzung* zwischen den Formen ist fließend; bei Konzernen und Trusts kann jeweils die Verflechtung der Unternehmen enger oder weiter sein; beide können sowohl die Marktbeherrschung als auch die Produktionsplanung in den Vordergrund stellen. Beim Konzern bleibt in allen Fällen der rechtliche Selbständigkeit der als AG oder GmbH gegründeten Unternehmungen erhalten. – 3. Nach der Konzernierung oder Vertrustung folgt gelegentlich die *Fusion* (→Verschmelzung), bei der dann stets die Beherrschung des Fertigungsablaufes und des Marktes erstrebt bzw. erreicht wird. – 4. U. für *besondere Zwecke:* a) →*Interessengemeinschaft:* Zwischen mehreren selbständig bleibenden Unternehmungen werden Arbeitsaufgaben insbes. z. B. Entwicklungsaufgaben, aufgeteilt; aus Interessengemeinschaften entstehen häufig Konzerne. Im Unterschied zu diesen steht bei der Interessengemeinschaft die Gewinnverteilung im Vordergrund. – b) →*Konsortium:* insbes. beim Effektengeschäft. – c) *Ringe:* Spezialabreden zur Ausschließung der Konkurrenz, wie z. B. als Vorläufer des Kartells, mit Ausschließungsverträgen gegen Außenseiter. – 5. Sämtliche U. stellen innerhalb einer *Volkswirtschaft* gewichtige Machtfaktoren dar und werden infolgedessen nicht nur in der politischen Polemik kritisiert (Marxismus, Leninismus), sondern auch bei entsprechender staatlicher Wirtschaftspolitik in ihrer Machtausübung beschränkt.

II. Wettbewerbsrecht: U. unterliegen nach dem →Kartellgesetz unter bestimmten Voraussetzungen einer Anmeldepflicht und einer Kontrolle (vgl. →Kartellgesetz III a). 1. Als *Zusammenschluß* gelten a) →Verschmelzung mit anderen Unternehmen, b) Erwerb des Vermögens anderer Unternehmen, c) Erwerb des Eigentums an Betriebsstätten ande-

rer Unternehmen, d) →Betriebsüberlassungsverträge und Betriebsführungsverträge (→Gewinnabführungsvertrag) über →Betriebsstätten anderer Unternehmen und e) Erwerb von Anteilsrechten jeder Art an anderen Unternehmen, sofern diese Anteilsrechte allein oder zusammen mit anderen dem Unternehmen selbst oder einem Konzernunternehmen bereits zustehenden Anteilsrechten 25 v. H. des stimmberechtigten Kapitals des anderen Unternehmens erreichen. – 2. *Anzeigepflicht* besteht, wenn die beteiligten Unternehmen a) durch den Zusammenschluß für eine bestimmte Art von Waren oder gewerblichen Leistungen im gesamten Geltungsbereich des Kartellgesetzes oder in einem wesentlichen Teil derselben einen Marktanteil von 20 v. H. oder mehr erreichen oder ein beteiligtes Unternehmen einen solchen Marktanteil bereits hat oder b) insgesamt zu einem Zeitpunkt innerhalb der letzten zwölf Monate vor dem Zusammenschluß 10 000 Beschäftigte oder mehr in diesem Zeitraum einen Umsatz von 500 Mill. DM oder mehr hatten. – 3. *Anzeigepflicht:* Anzeigepflichtig sind: a) im Falle der Verschmelzung die Inhaber des aufnehmenden oder des neugebildeten Unternehmens oder deren Vertreter sowie bei →juristischen Personen die gesetzlich oder satzungsmäßig berufenen Vertreter; b) im übrigen die Inhaber der am Zusammenschluß beteiligten Unternehmen oder Vertreter bzw. bei juristischen Personen und Gesellschaften die gesetzlich oder satzungsmäßig berufenen Vertreter. – 4. *Inhalt der Anzeige:* Die Anzeige muß Angaben enthalten über a) →Firma oder sonstige Bezeichnungen, Ort der →Niederlassung oder →Sitz, b) Art des Geschäftsbetriebes, c) Marktanteil einschließlich der Marktanteile der Konzernunternehmen, d) Bilanzsumme, Zahl der Beschäftigten und Umsatz, und e) Form des Zusammenschlusses. – 5. Nach Eingang der Anzeige kann die *Kartellbehörde* die Beteiligten zu einer öffentlichen mündlichen Verhandlung oder einer schriftlichen Äußerung über den Zusammenschluß auffordern, wenn zu erwarten ist, daß die beteiligten Unternehmen durch den Zusammenschluß die Stellung eines marktbeherrschenden Unternehmens erlangen, oder wenn durch den Zusammenschluß eine marktbeherrschende Stellung verstärkt wird. Sie kann weiter die Fusionskontrolle einleiten und einen Zusammenschluß untersagen und auflösen (§§ 23 ff. KartellG). – 6. Die *Anmeldung von Zusammenschlußvorhaben* ist dann zwingend, wenn mindestens 2 der am Zusammenschluß beteiligten Unternehmen im letzten abgeschlossenen Geschäftsjahr Umsatzerlöse von jeweils 1 Mrd. DM oder mehr hatten oder wenn der Zusammenschluß durch einen staatlichen Hoheitsakt bewirkt werden soll (§ 24a KartellG). Unabhängig hiervon können Zusammenschlußvorhaben zur Prüfung beim →Bundeskartellamt angemeldet werden.

Unterorganisation, eine Unterschreitung des wirtschaftlich Notwendigen und Zweckmäßigen in der Vorordnung und laufenden Gestaltung der Betriebsstruktur und des Betriebsprozesses, mit der Folge, daß kostspieligen →Improvisationen ein unökonomisch weiter Spielraum gegeben wird. – Vgl. auch →Organisationsgrad. – *Gegensatz:* →Überorganisation.

Unter-Pari-Emission, →Emission von Wertpapieren zu einem unter dem →Nennwert liegenden Kurs. Bei *Anleihen* ist die U.-P.E. die Regel außer bei einem sehr aufnahmefähigen Kapitalmarkt; bei *Aktien* ist die U.-P.-E. durch §9 AktG verboten. – *Gegensatz:* →Über-Pari-Emission.

Unterprogramm, *Subroutine.* 1. *Begriff:* →Programm, das einen Teil einer größeren Gesamtaufgabe löst. Ein U. wird durch einen →Befehl in einem anderen Programm aufgerufen, wenn es ausgeführt werden soll. – 2. *Auftreten:* U. werden bei der →Codierung gebildet aufgrund a) der →Modularisierung eines →Softwaresystems oder b) der →schrittweisen Verfeinerung eines →Algorithmus. – 3. *Arten:* a) Funktionsunterprogramm (→Funktion); b) U. i. e. S. (→Prozedur).

unterproportionale Kosten, →degressive Kosten.

Untersagung des Gewerbebetriebs, →Gewerbeuntersagung, →Betriebsschließung.

Unterscheidungskraft, Begriff des Warenzeichenrechts. U. eines Zeichens (→Marke II) ist Grundvoraussetzung für seinen Schutz, da das Zeichen gerade den Zweck hat, Waren des Zeicheninhabers von Waren anderer zu unterscheiden. Entscheidung über U. nach Lage des Einzelfalls unter maßgebender Berücksichtigung der Verkehrsauffassung. – Vgl. auch →Warenzeichenrecht.

Unterschiedsreaktion, →Reaktionszeit.

Unterschlagung, *Defraudation.* I. B e g r i f f : Die vorsätzliche, rechtswidrige Zueignung einer fremden (d. h. nicht im Alleineigentum des Täters stehenden) beweglichen Sache, die der Täter in Besitz oder Gewahrsam hat (Abgrenzung zum →Diebstahl, dem rechtswidrigen, in Zueignungsabsicht erfolgenden Wegnahme einer Sache, die sich im fremden Gewahrsam befindet sowie zu →Untreue und →Betrug mitunter schwierig). Die U. wird gemäß §246 StGB mit Freiheitsstrafe bis zu drei Jahren oder mit Geldstrafe, wenn die Sache dem Täter anvertraut ist mit Freiheitsstrafe bis zu fünf Jahren oder mit Geldstrafe bestraft. Auch der →Versuch ist strafbar. – *Sonderfälle:* z. B. →Depotunterschlagung, →Haus- und Familien-Diebstahl. – Als U. sind ggf. auch zu ahnden die Zueignung von Waren, die unter →Eigentumsvorbehalt gelie-

fert wurden, und die Zueignung von Sachen, an denen das Eigentum im Wege der →Sicherungsübereignung auf einen anderen übertragen ist. – *Keine* U., wenn die Weiterveräußerung der Vorbehaltsware ausdrücklich oder stillschweigend gestattet ist, weil bei Einwilligung des Eigentümers die Rechtswidrigkeit des Handelns entfällt.

II. U. im U n t e r n e h m e n : Kommt in den verschiedensten Formen vor und wird meist durch Mängel in der Betriebsorganisation begünstigt. In der Praxis überwiegt v. a. die sog. *verdeckte U.,* bei der der Täter durch eine oder mehrere Verdeckungshandlungen die Entdeckung der U. zu verhindern sucht. – Zu *unterscheiden* sind zwei große Gruppen von Unterschlagungsarten: 1. Bei der einen Gruppe lassen sich die Veruntreuungen auf die fahrlässige oder vorsätzliche *Verletzung der Grundsätze ordnungsmäßiger Buchführung,* Inventarisierung und Bilanzierung, sowie auf die Ausnutzung von *Mängeln des Kontrollsystems* zurückführen: a) Vorwegunterschlagung, b) Ausnutzung von Unordnung oder Arbeitsrückständen, c) Ausnutzung von Organisationsmängeln bei der Verwaltung von Beständen, d) Nichtverbuchung oder nicht rechtzeitige Verbuchung von Belegen. – 2. Bei der anderen Gruppe liegen *Fälschungen* unterschiedlicher Arten vor: a) Belegfälschungen, b) Buchfälschungen, c) Falschbuchungen auf Bestandskonten, d) Falschbuchungen auf Aufwandkonten, e) Fälschungen von Abschlußunterlagen. – 3. Schließlich ist als selbständige Methode das *Einschalten von Mithelfern* zu erwähnen.

Unterschlagungsrevision, besondere Form der →Revision, bei der nicht nur die ordnungsmäßige Buchung bestimmter Vorgänge zu prüfen ist, sondern auch die rechtmäßige oder unrechtmäßige Verwendung entnommener Gelder, Wertpapiere oder sonstiger anvertrauter Gegenstände. U. ist Sammelbegriff für Prüfungen bei Verfehlungen verschiedener Art, wie Betrug, Diebstahl, Unterschlagung, sowie allgemein bei unsolider und unkorrekter Geschäftsführung zum Vorteil des Handelnden, also Arten von Verfehlungen, mit denen häufig ein strafrechtliches Delikt verbunden ist.

Unterschrift, handschriftliche →Zeichnung mit Namen, Firma usw. Unterschriftsleistung ist i. d. R. zur Gültigkeit von →Rechtsgeschäften, die der →Schriftform bedürfen, erforderlich. →Faksimilestempel steht nicht gleich. – Die U. braucht nach der Rechtsprechung nicht lesbar zu sein, das Schriftbild muß jedoch wenigstens noch einen individuellen Charakter aufweisen. – U. des wirksam →Bevollmächtigten mit dem Namen des Vollmachtgebers zulässig. – Unterschrift mit *Pseudonym* reicht i. a. aus, insbes. wenn es in weiteren Kreisen bekannt ist.

Unterschriftsblatt, Formular für Unterschriftsproben von den zeichnungsberechtigten Personen eines Kontos im →Postgiroverkehr, ebenso für Vermerke zur Einschränkung der Verfügungsbefugnis bzw. zur gemeinsamen Zeichnungsberechtigung mehrerer Personen. – *Widerruf der Zeichnungsbefugnis* kann durch den Postgiroteilnehmer, nach seinem Tod durch die Erben erfolgen.

Unterschriftskarte, im Bankbetrieb Karteikarte mit eigenhändigen Unterschriften der Personen, die über ein Bankkonto verfügungsberechtigt sind. Die U. wird bei Eröffnung des Kontos angelegt. Sie dient zur Festlegung verfügungsberechtigter Personen und zur Verhütung von Verfügungen Unberechtigter und von Unterschriftenfälschungen.

unterschwellige Werbung, Werbung, die dadurch gekennzeichnet ist, daß Werbetexte, Slogans u.ä. so kurzzeitig (z.B. 1/3000 Sekunde) eingeblendet werden, daß sie die Wahrnehmungsschwelle nicht übersteigen (→Wahrnehmung) mit dem Ziel, auf das Unterbewußtsein des Werbesubjekts einzuwirken, um es dadurch zu manipulieren („geheim zu verführen" i.S.v. V. Packard). Neuere Erkenntnisse der Werbeforschung relativieren die Aussagen zur beliebigen Verführbarkeit des Konsumenten. – Zur *rechtlichen Beurteilung* wird die Generalklausel des § 1 UWG herangezogen: U.W. ist sittenwidrig (→sittenwidrige Werbung, →unlautere Werbung).

Unterstützungsbeihilfen, *Notstandsbeihilfen.* 1. *Begriff:* Dem Arbeitnehmer in Notfällen gewährte Beihilfen. – 2. *Steuerliche Behandlung:* Steuerfrei sind: a) *U. aus öffentlichen Kassen;* b) *U. von einem privaten Arbeitgeber* bis 1000 DM unter den folgenden Voraussetzungen, die jedoch bei einem Betrieb mit weniger als fünf Arbeitnehmern nicht vorzuliegen brauchen: (1) aus einer mit seinen Mitteln geschaffenen, von ihm aber unabhängigen Unterstützungs- oder Hilfskasse, (2) von Kassen ohne eigene Rechtspersönlichkeit, auf deren Verwaltung er keinen maßgeblichen Einfluß hat, (3) aus Beträgen, die der Arbeitgeber dem Betriebsrat oder Vertretern der Arbeiterschaft zu einem Zweck überweist, daraus nach eigenem Ermessen Unterstützungen zu zahlen, und (4) nach Anhörung des Betriebsrats oder sonstiger Vertreter der Arbeitnehmer. – Der 1000 DM übersteigende Betrag gehört nur dann nicht zum steuerpflichtigen Arbeitslohn, wenn er aus Anlaß eines *besonderen* Notfalls gewährt wird. Bei der Beurteilung, ob ein solcher Notfall vorliegt, sind auch die Einkommensverhältnisse und der Familienstand des Arbeitnehmers zu berücksichtigen. – Andere Beihilfen, z.B. Erholungsbeihilfen und Überbrückungsgelder, sind steuerpflichtig; ausgenommen →Heiratsbeihilfen und →Geburtsbeihilfen.

Unterstützungskasse. 1. *Charakterisierung:* Gestaltungsform der →betrieblichen Altersversorgung. Mit einem Sondervermögen ausgestattete, rechtlich selbständige Einrichtung, die laufende oder einmalige Versorgungsleistungen gewährt. Träger der U. ist entweder ein einzelnes Unternehmen *(Einzelkasse)* oder mehrere verbundene oder nicht verbundene Unternehmen *(Konzern- bzw. Gruppenkasse).* – *Rechtsform* meist eingetragener Verein, größere Kassen auch GmbH, selten Stiftung. – Im Gegensatz zur →Pensionskasse ist *Rechtsanspruch auf Leistungen* ausgeschlossen; nach der Rechtsprechung bedeutet Ausschluß des Rechtsanspruchs nur ein Widerrufsrecht, das an Treu und Glauben, d.h. an billiges Ermessen und sachliche Gründe gebunden ist. – *Gleichbehandlungsgrundsatz* ist zu beachten. – U. fällt *nicht unter die* →*Versicherungsaufsicht.* – *Mitbestimmung* des Betriebsrats nach § 87 I Nr. 8 BetrVG (→Sozialeinrichtung). – 2. *Finanzierung:* Durch Zuwendungen des Trägerunternehmens und durch die Erträge der Vermögensanlage. Die Höhe der beim Trägerunternehmen als →Betriebsausgaben abzugsfähigen Zuwendungen ist begrenzt. Mögliche Zuwendungen und höchstzulässiges Kassenvermögen unterschiedlich bei U., die lebenslänglich laufende Leistungen gewähren, und solchen, die keine lebenslänglich laufenden Leistungen gewähren. Es kommt dabei nicht darauf an, ob die U. steuerbefreit (vgl. unten 3.) oder partiell bzw. insgesamt steuerpflichtig ist. – a) An U., die *lebenslänglich laufende Leistungen* gewähren, können zugewendet werden: (1) Das Deckungskapital für die laufenden Leistungen; für die Berechnung ist dem EStG (§ 4d (1) 1 a) eine Tabelle beigefügt. – (2) Für jeden Leistungsanwärter, wenn die U. Altersversorgung mit oder ohne Einschluß von Invaliditäts- oder Hinterbliebenenversorgung gewährt, jährlich 25 v.H., wenn sie nur Invaliditätsversorgung oder Hinterbliebenenversorgung gewährt, jährlich jeweils 6 v.H. des Durchschnittsbetrags für von der U. im Wirtschaftsjahr gewährten Leistungen. Hat die U. noch keine Leistungen gewährt, so wird die Bezugsgröße anders ermittelt. Die abzugsfähigen Zuwendungen werden insgesamt durch die Festlegung eines zulässigen Kassenvermögens begrenzt, das sich aus dem Deckungskapital für laufende Leistungen und dem achtfachen der für Leistungsanwärter jährlich zulässigen Zuwendungen zusammensetzt. (3) Schließlich können die Versicherungsprämien (jedoch keine Einmalprämien) zugewendet werden, wenn die U. für ihre Leistungen eine Rückdeckungsversicherung (→Lebensversicherung VIII 2) abgeschlossen hat. Die normalen Zuwendungen vermindern sich in diesem Fall verhältnismäßig. – b) Dasselbe gilt für Kassen mit *nicht lebenslänglich laufenden Leistungen:* Hier beschränkt sich die steuerlich abzugsfähige Zuwendung im Normalfall auf jährlich 0,2 v. H. der Lohn- und Gehaltssumme des Trägerunternehmens, bis insgesamt 1 v. H. dieser Summe als Kassenvermögen erreicht ist. – c) Der Systematik der Zuwendungen entspricht es, daß bei U. die *sowohl lebenslänglich laufende Leistungen als auch nicht lebenslänglich laufende Leistungen* gewähren, sich Zuwendungen und zulässige Kassenvermögen addieren. – d) *Beurteilung:* Vorausfinanzierung der Leistungen ist erheblich eingeschränkt. Neben der Kapitaldeckung bereits laufender Leistungen (→Kapitaldeckungsverfahren) nur bescheidenes ,,Reservepolster", damit die U. auch bei einer vorübergehenden Einschränkung der Dotierung durch das Trägerunternehmen nicht sofort leistungsunfähig wird. Ausnahme davon ist für U. mit lebenslänglich laufenden Leistungen die Möglichkeit der Finanzierung der Jahresprämien für Rückdeckungsversicherungen, wodurch auch schon Finanzmittel für die Anwartschaften angesammelt werden (→Anwartschaftsdeckungsverfahren). – 3. *Steuerpflicht:* Übersteigt das tatsächliche Kassenvermögen das zulässige um mehr als 25 v. H., so wird die U. insoweit partiell steuerpflichtig. Damit eine U. *nicht steuerpflichtig* wird, müssen folgende Voraussetzungen erfüllt sein: a) Rechtsfähigkeit der U., b) keine Verpflichtung der Leistungsempfänger zu laufenden Beiträgen und sonstigen Zuschüssen und c) Beschränkung auf derzeitige oder/ und frühere Zugehörige (einschl. der Angehörigen) eines bzw. mehrerer Betriebe, d) U. ist soziale Einrichtung, (§ 1 KStDV). – 4. *Besteuerung beim Leistungsberechtigten:* Im Zeitpunkt der Leistungsgewährung als nachträglicher →Arbeitslohn (wie Leistungen aus →betrieblichen Ruhegeldverpflichtungen; vgl. dort). – 5. Für die *Kapitalanlage* des Vermögens der U. keine Vorschriften, jedoch darf sich die U. keinen neuen Zweck setzen. Anlage im Trägerunternehmen ist möglich, wenn angemessene Verzinsung erfolgt. – 6. *Vorteile:* ,,Handlichkeit" der U., Kapitalanlagen, Prüfung der Geschäftsführung und der Rechnungslegung sind keinen besonderen Zwängen unterworfen. Weitgehende Gestaltungsmöglichkeit für die Leistungsgewährung, Einmalleistungen von Fall zu Fall. Flexibilität in der Finanzierung, kein Nachholverbot, sofern die jährlichen Höchstbeträge nicht überschritten werden. Keine Haftung des Trägerunternehmens für die Kassenleistungen. Die rückgedeckte U. ist eine echte Finanzierungsalternative zur →Direktversicherung und →Pensionskasse, da volle Anwartschaftsdeckung möglich ist, ohne die bei der Direktversicherung und der Pensionskasse evtl. anfallenden Lohnsteuerproblematik während der Zeit der ,,Aktivität". – 7. *Nachteile:* Vorausfinanzierung gegenüber früher erheblich eingeschränkt, somit nur noch in geringem Maße Hilfe bei der Finanzierung des Trägerunternehmens. Formelle Ungewißheit des Leistungsempfängers,

ob und in welchem Umfang ihm Leistungen zufließen, obwohl nach Rechsprechung und sozialpolitischen Grundsätzen Einschränkung kaum möglich, eine gewisse Verknüpfung mit der wirtschaftlichen Entwicklung des Trägerunternehmens jedoch nicht zu leugnen ist.

Unterstützungstarife, Teil der →Ausnahmetarife im Eisenbahnverkehr.

Untersuchungsanstalt, im Zollverkehr Institutionen für Warenuntersuchungen. U. sind die Zolltechnischen Prüfungs- und Lehranstalten der Zollverwaltung oder an deren Stelle eine öffentliche U. oder ein öffentlich bestellter Sachverständiger.

Untersuchungsausschuß, parlamentarisches Gremium zur Aufklärung von Vorgängen, die für das Parlament von Bedeutung sind; U. sind befugt, die erforderlichen →Beweise zu erheben. Bildung nach Art. 44 GG auf Antrag eines Viertels der Mitglieder des Bundestags oder nach entsprechenden Bestimmungen der Landesverfassungen.

Untersuchungseinheit, in der Statistik ein Element der →Grundgesamtheit, das für die →Erhebung ausgewählt wurde und an dem die →Ausprägungen aller interessierenden →Merkmale festgehalten werden. – Vgl. auch →Erhebungseinheit.

Untersuchunghaft, die im strafrechtlichen Ermittlungsverfahren gegen eine der Tat dringend verdächtige Person richterlich angeordnete Freiheitsentziehung. →Verhaftung erfolgt aufgrund eines schriftlichen Haftbefehls des Richters, der nur bei Fluchtverdacht, Verdunklungs- oder Wiederholungsgefahr ergehen darf. – *Einschränkung:* Ist die Tat nur mit Freiheitsstrafe bis zu sechs Monaten oder Geldstrafe bedroht, ist die Anordnung der U. eingeschränkt.

Untersuchungsmaxime, →Offizialmaxime.

Untersuchungsmerkmal, →Merkmal.

Untersuchungsvariable, →Merkmal.

Untersuchung von Zollgut, die zur Ermittlung des Zollanspruchs erforderliche Prüfung der Waren (Zollbeschau; § 16 ZG). Der Zollbeteiligte muß die U. v. Z. und in dem dafür unerläßlichen Umfang auch die Entnahme von Mustern und Proben ohne Entschädigung dulden, auch wenn dadurch Schäden und Verluste entstehen; z. B. das Öffnen luftdichter Behältnisse, das Freilegen lichtempfindlicher Waren, das Einritzen, Anschneiden, Zerfasern, chemische Untersuchungen. Der Zollbeteiligte hat selbst oder durch andere auf seine Kosten und Gefahr die erforderliche Hilfe nach zollamtlicher Anweisung zu leisten. – Das gleiche gilt für *Untersuchungen von Marktordnungswaren (Freigut),* für die bei der Ausfuhr in Drittländer Abschöpfungen oder

Abgaben zu entrichten sind oder Erstattungen beansprucht werden.

Unterunternehmer, →Generalunternehmer.

Untervermächtnis, →Vermächtnis, das nicht den Erben beschwert, sondern von einem Vermächtnisnehmer zu erfüllen ist.

Unterversicherung, Tatbestand der →Schadenversicherung, wenn die →Versicherungssumme niedriger ist als der Wert der versicherten Gegenstände zur Zeit des Eintritts des Versicherungsfalles (→Versicherungswert, →Ersatzwert). – Berechnung der *Entschädigungsleistung* nach der Formel

$$\frac{\text{Schaden} \times \text{Versicherungssumme}}{\text{Versicherungswert}}$$

wobei sich als zusätzliche Obergrenze der Entschädigung der Schaden (→Bereicherungsverbot) oder die Versicherungssumme ergeben. In bestimmten Fällen (z. B. →verbundene Hausratversicherung) verzichten die Versicherer darauf, daß U. geltend zu machen. – *Gegensatz:* →Überversicherung.

Unterversorgung, *regionale Unterversorgung,* im Handel Bezeichnung für ein unzureichendes Angebot von Produkten des kurzfristigen, lebensnotwendigen Bedarfs an einem bestimmten Ort, z. B. in einem Dorf, einer Vorstadtsiedlung. U. kann auftreten, wenn die regionale Kaufkraft für die Existenz eines Einzelhandelsgeschäfts nicht ausreicht (z. B. wegen zu geringer Einwohnerzahl oder zu großer Abwanderung der Kaufkraft). – *Messung* von U. mittels objektiver (z. B. Vorhandensein von Läden, Entfernung zum nächstliegenden Geschäft, alternative Versorgungsmöglichkeiten; →Fahrverkauf) und subjektiver Kriterien (Anspruchsniveau hinsichtlich des Warenangebots und der Wegezeiten). – *Gegensatz:* →Übersetzung.

Untervertreter, Vertreter, dessen „Unternehmer" ein →Handelsvertreter ist (§ 84 III HGB). Soweit der U. selbständiger Gewerbetreibender ist, hat er die Stellung eines Handelsvertreters, sonst ist er →Handlungsgehilfe. Ein Vertragsverhältnis besteht nur zwischen →Generalvertreter und U. im Verhältnis Unternehmer-Generalvertreter ist er →Erfüllungsgehilfe des letzteren.

Unterverkerung, Spannungszustand zwischen Nahrungsspielraum und Menschenzahl, dessen wesentliches Merkmal Menschenarmut, insbes. Mangel an Arbeits- und an Fachkräften ist; diese führt zu Überproduktion an Gütern und Dienstleistungen, weil die Absatzmöglichkeiten fehlen. – *Gegensatz:* →Übervölkerung. – Vgl. auch →Tragfähigkeit.

Untreue. 1. *Allgemein:* Strafrechtliches →Vergehen (§ 266 StGB). U. begeht, wer vorsätzlich die ihm durch Gesetz, behördlichen Auftrag oder Rechtsgeschäft einge-

räumte Befugnis, über fremdes Vermögen zu verfügen oder einen anderen zu verpflichten, mißbraucht *(Mißbrauch)* oder die ihm kraft Gesetzes, behördlichen Auftrag, Rechtsgeschäfts oder eines Treueverhältnisses obliegende Pflicht, fremde Vermögensinteressen wahrzunehmen, verletzt *(Treuebruch)* und dadurch dem, dessen Vermögensinteressen er zu betreuen hat, Nachteile zufügt. U. können danach begehen kraft Gesetzes z. B. der Vater bei Verfügung über das Vermögen des Kindes, kraft behördlichen Auftrags z. B. der Vormund, der Konkursverwalter oder kraft Rechtsgeschäfts z. B. der Bevollmächtigte, die Gesellschafter einer bürgerlich-rechtlichen Gesellschaft, einer OHG, Vorstandsmitglieder von juristischen Personen des privaten und öffentlichen Rechts. – *Strafe:* Freiheitsstrafe bis zu fünf Jahren und Geldstrafe; in besonders →schweren Fällen Freiheitsstrafe von ein bis zehn Jahren und Geldstrafe. – **2.** *Sonderfälle* der U. regeln § 89 BörsG (→Kommissionsbetrug), § 34 DepG (→Depotunterschlagung), ferner § 266a StGB für das Vorenthalten und Veruntreuen von Arbeitsentgelt durch den Arbeitgeber und § 266b StGB für den Mißbrauch von Scheck- und Kreditkarten.

UN-Treuhandrat, →UN IV 1 d).

UN-Umweltprogramm, →UNEP.

unverbindliche Preisempfehlung, →Preisempfehlung.

Unfallbarkeit. 1. *Lebensversicherung:* U. tritt bei den meisten Versicherungsarten nach Ablauf einer gewissen Zeit auch bei Einstellung der Prämienzahlung ein. Die Versicherung wird in →prämienfreie Lebensversicherung umgewandelt, sofern die Versicherungsnehmer nicht innerhalb einer Nachfrist den Prämienrückstand begleicht. Der Wert der Versicherung wird durch das →Deckungskapital dargestellt. – **2.** *Betriebliche Altersversorgung:* Vgl. →Betriebsrentengesetz II 1.

unverlangte Warensendung, →unbestellte Waren.

Unvermögen. 1. *Begriff:* U. besteht, wenn eine Leistung zwar i. a. oder von einem anderen erbracht werden kann, der Schuldner aber hierzu nicht in der Lage ist (z. B. weil er nicht Eigentümer der zu übereignenden Sache ist). – **2.** *Haftung:* a) Lag das U. bereits *bei Entstehung* des →Schuldverhältnisses vor, haftet der Schuldner auf →Schadenersatz wegen Nichterfüllung. – b) Tritt das U. erst später ein *(nachträgliches Unvermögen),* haftet Schuldner nur, wenn das U. durch sein oder seiner →Erfüllungsgehilfen →Verschulden herbeigeführt ist, nach den für die objektiv unmögliche Leistung geltenden Regeln (§ 275 II BGB; →objektive Unmöglichkeit). – c) Bei *Gattungsschulden* haftet der Schuldner, solange die Leistung aus der Gattung noch möglich ist, auch ohne Verschulden (§ 279 BGB). – Stets als vom Schuldner zu vertretende nachträgliche objektive Unmöglichkeit wird also behandelt (1) das anfängliche U., (2) das U. bei Gattungsschulden und (3) das nach Vertragsschluß verschuldete U. bei Speziesschulden. – Sonderregeln für →gegenseitige Verträge.

unvertretbare Handlung, Handlung, die durch einen Dritten nicht vorgenommen werden kann (Aufstellung einer Bilanz, Ausstellung eines Zeugnisses oder eines Wechsels u. ä.). – *Erfüllt der Schuldner* nach Verurteilung zur Vornahme einer u. H. *nicht,* so wird er auf Antrag des Gläubigers vom Prozeßgericht des ersten Rechtszuges durch Zwangsgeld (bis 50 000 DM) oder Zwangshaft (bis zu sechs Monaten) dazu angehalten (§ 888 I ZPO); jedoch nicht zur Eingehung einer Ehe oder zur Leistung von Arbeiten aufgrund eines Arbeitsverhältnisses (§ 888 II ZPO). – *Anders:* →vertretbare Handlung.

Unverzerrtheit, →Erwartungstreue.

unverzinsliche Anleihe, →zero bond.

unverzinsliche Obligation, →zero bond.

unverzinsliche Schatzanweisung, →Schatzanweisung 2 b).

unverzinsliche Schuldverschreibung, →zero bond.

unverzinsliches Darlehen, →Arbeitgeberdarlehen.

unverzinsliche Wertpapiere, →Abzinsungspapiere.

unverzüglich, im Sinne des Zivilrechts nicht „sofort", sondern „ohne schuldhaftes Zögern" (§ 121 BGB); beläßt gewisse Überlegungsfrist.

unvollkommene Information, tatsächlicher Informationsgrad eines Wirtschaftssubjekts, der durch den Mangel an der Gesamtheit aller für eine Entscheidung notwendigen Informationen gekennzeichnet und durch Unvorhersehbarkeit zukünftiger Ereignisse bedingt ist. – *Komponenten der Unvollkommenheit:* Unvollständigkeit, Unbestimmtheit und Unsicherheit (Ungewißheit). – *Ursachen:* Informationen können nicht kostenlos erworben werden (→Informationskosten); Individuen haben nur eine begrenzte Informationsverarbeitungskapazität. – *Gegensatz:* →vollkommene Information.

unvollkommener Markt, →Marktform, die in Gegensatz zum →vollkommenen Markt dadurch gekennzeichnet ist, daß eine der folgenden Bedingungen erfüllt ist: (1) Güter sind nicht homogen, (2) Präferenzen der Marktteilnehmer sind voneinander abhängig, (3)

Marktteilnehmern sind räumlich voneinander getrennt.

unvollständige Konkurrenz, Begriff der Marktformenlehre und Preistheorie für eine Markterscheinung, bei der entweder wegen Fehlens eines →vollkommenen Marktes oder/ und weil die Anzahl der Marktteilnehmer beschränkt ist (→Monopol, →Oligopol) und der einzelne Marktteilnehmer einen unmittelbaren Einfluß auf die Preisgestaltung nehmen kann.

UN-Vollversammlung, →UN IV 1 a).

unwiderrufliches Bezugsrecht, →Bezugsberechtigung.

UN-Wirtschafts- und Sozialrat, →UN IV 1c).

unzulässige kanonische Form, im Zusammenhang mit einem →linearen NN-Gleichungssystem jede →kanonische Form dieses Systems, bei der mindestens eine der rechten Seiten $b_1, b_2, \ldots, b_m$ kleiner als Null ist. – *Gegensatz:* →zulässige kanonische Form.

unzulässige Lösung, im Zusammenhang mit einem →NN-Restriktionssystem Vektor $(x_1^*, x_2^*, \ldots, x_n^*)$ von Zahlen $x_1^*, x_2^*, \ldots, x_n^*$, der zwar sämtlichen →Strukturrestriktionen, aber nicht allen Nichtnegativitätsrestriktionen genügt. – *Gegensatz:* →zulässige Lösung.

unzulässige Rechtsausübung, Ausübung eines formell bestehenden Rechts, die dem Grundsatz von →Treu und Glauben zuwiderläuft. U. R. genießt keinen Rechtsschutz. Vorliegen einer u. R. selbst im Einzelfall oft schwer und nur nach den besonderen Umständen des Falles zu beurteilen. Bloße Unbilligkeit genügt nicht. – *Wettbewerbsrecht:* Bedeutsam auch im Wettbewerbsrecht, wenn der Verletzte die Rechtsverletzungen durch langes passives Verhalten geduldet hat und seine plötzliche Klageerhebung gegen sein eigenes früheres Verhalten verstößt. – *Sonderfälle:* →Verwirkung und →Wegfall der Geschäftsgrundlage.

Unzuständigkeit, →Zuständigkeit.

Unzustellbarkeit von Postsendungen. 1. *Begriff:* a) Empfangsberechtigter ist nicht zu ermitteln, und Nachsendung ist nicht möglich; b) Empfänger usw. verweigert Annahme; c) Behörde, juristische Person, Gesellschaft oder Gemeinschaft haben keine Bevollmächtigung bestellt; d) für die Empfänger in Gemeinschaftsunterkünften, Behörden oder Unternehmen ist kein Postempfangsbeauftragter benannt worden; e) Abholfrist ist verstrichen; f) nachträglich wird festgestellt, daß die Sendung von der Postbeförderung ausgeschlossen ist. – 2. *Folgen:* Sendungen werden an den Absender zurückgesandt. – *Ausnahmen:* a) Sendungen, die von der Postbeförderung ausgeschlossen sind; b) Drucksachen und Massendrucksachen, wenn Rücksendung durch Absender nicht vorausverfügt wurde; c) →Wurfsendungen; d) →Pakete, wenn der Absender vorausverfügt hat, Sendung einem bestimmten anderen Empfänger auszuliefern oder auf seine Rechnung und Gefahr zu verkaufen oder sie der Post preiszugeben. Absender kann beantragen, Unzustellbarkeit anzuzeigen. Rücksendungsgebühren bei bestimmten Sendungsarten. – *Anders:* →Unanbringlichkeit von Postsendungen.

Update. 1. Erweiterte und/oder verbesserte *Version eines →Softwareprodukts.* – 2. *Anpassung des Inhalts von gespeicherten Daten* (z. B. eines Datenbanksystems) an stattgefundene Veränderungen; vgl. auch →Dateifortschreibung.

Upgrade. 1. *Aufrüstung der →Hardware* eines Computersystems zu höherer Leistungsfähigkeit, ohne daß ein neues Modell erworben werden muß (Aufrüstung „im Feld"). – 2. *Erweiterung des Leistungsumfangs* eines →Softwareprodukts; das U. ersetzt dann eine frühere Version des Produkts.

Upload. 1. *Elektronische Datenverarbeitung:* Übertragung von Daten (→Datenübertragung) oder Programmen von einem Rechner zu einem übergeordneten, z. B. von einem Mikrorechner zu einem →Mainframe. – 2. *Bürokommunikation:* Übertragung von Informationen von einer →Datenstation zu einer Mailbox (→Schwarzes Brett) und die Übernahme dieser Informationen in die von der Mailbox abrufbaren Meldungen. – *Gegensatz:* →Download.

Upper-bounding-Technik. 1. *Begriff:* Variante der →Simplexmethode, bei der Obergrenzen von Variablen nicht explizit durch →Restriktionen, sondern implizit durch entsprechende Modifikationen des Lösungsverfahrens berücksichtigt werden. – *Ähnlich:* →verallgemeinerte Upper-bounding-Technik. – 2. *Bedeutung:* Im Vergleich zum klassischen Simplexalgorithmus wird beim Einsatz der U.-b.-T. die Anzahl der Restriktionen und der →Schlupfvariablen vermindert. Dadurch ergeben sich bei der EDV-technischen Realisierung von Verfahren zur Lösung von linearen Optimierungsproblemen i. d. R. positive Auswirkungen auf Speicherplatzbedarf und Rechenzeiten.

UPU, Universal Postal Union, *Weltpostverein,* gegründet 1874 aufgrund eines allgemeinen internationalen Abkommens „Allgemeiner Postvereinsvertrag", später *Weltpostvertrag* genannt. Seit 1948 →Sonderorganisation der UN mit Sitz in Bern – 1986 mit 168 *Mitgliedstaaten* (Bundesrep. D. seit 1952). – *Gesetzliche Grundlage* ist der Weltpostvertrag, der die Verfassung und die Aufgaben der UPU sowie die Verpflichtungen der Mitglieder verbindlich festlegt und periodisch revi-

diert wird. Die Verträge der UPU sind Rechtsgrundlge des weltweiten Postverkehrs. – *Grundsätze:* Schaffung eines einheitlichen internationalen Postgebiets, Regelung der Freiheit des Durchgangs von Postsendungen und der Gebührenfrage, besonders des Briefverkehrs. Förderung der Zusammenarbeit auf kulturellem, sozialem und wirtschaftlichem Gebiet. – *Aufgaben und Arbeitsergebnisse:* Durchführung und Vervollkommung der internationalen Postdienste. Bei Unstimmigkeiten zwischen den Mitgliedsländern Schiedsgericht. Spezieller Ausschuß für die Vereinfachung der Zollformalitäten. Beitrag zur internationalen Entwicklungshilfe im Rahmen des →UNDP, insbes. durch Entstehung von Expertenteams in Entwicklungsländern. – *Organe:* Weltpostkongreß, tritt alle fünf Jahre zusammen, als oberste, legislative Behörde. Hauptaufgabe: Revision des Weltpostvertrages und seiner Einzelbestimmungen (detailed regulations); Exekutivrat, bestehend aus 40 Mitgliedern, tagt jährlich; Konsultativrat für Poststudien (CCPS) erarbeitet Empfehlungen zu technischen, organisatorischen und wirtschaftlichen Fragen im Zusammenhang mit dem Postdienst; alle Mitgliedstaaten sind vertreten, Lenkungsausschuß mit 35 Mitgliedern; Internationales Büro, Sitz: Bern, erledigt die laufenden Verwaltungsarbeiten und dient als zentrale Auskunfts- und Beratungsstelle der nationalen Postverwaltungen. – Wichtige Veröffentlichungen: Union Postale (zweimonatlich, auch in deutsch); Congress and Council Reports; Statistique complète des services postaux.

Urabstimmung, geheime Abstimmung derjenigen Mitglieder einer Gewerkschaft, die für eine Teilnahme am →Streik in Betracht kommen. Ob es Voraussetzung eines rechtmäßigen Streiks ist, daß die Gewerkschaft das satzungsmäßig vorgesehene Verfahren eingehalten, insbes. eine U. durchgeführt und die erforderliche Mehrheit erzielt haben muß, ist umstritten.

urbelegidentische Grundrechnung, Form der →Grundrechnung. Zur Wahrung eines Maximums an vielfältiger Auswertbarkeit werden die Informationen der Urbelege (Ureingaben) individuell für jedes Ereignis unverdichtet gespeichert. – Vgl. auch →urbelegnahe Grundrechnung.

urbelegnahe Grundrechnung, Form der →Grundrechnung. Im Rahmen einer geringfügigen Verdichtung der Informationen der Urbelege (Ureingaben) werden nur solche Einzelereignisse zusammengefaßt und Merkmale unterdrückt, die für spätere Auswertungen unwichtig zu sein scheinen. – Vgl. auch →urbelegidentische Grundrechnung.

Urformen, →Produktionstechnik II 3 (1).

Urheber. I. Begriff: Schöpfer eines Werkes der Literatur, Wissenschaft und Kunst, der hierfür den Schutz des Urheberrechtsgesetzes vom 9.9.1965 (BGBl I 1273) mit späteren Änderungen genießt. Wer auf den Vervielfältigungsstücken eines erschienenen Werkes oder auf dem Original eines Werkes der bildenden Künste in der üblichen Weise als U. bezeichnet ist, wird bis zum Beweis des Gegenteils als U. des Werkes angesehen, ersatzweise wird der Herausgeber als ermächtigt angesehen, die Rechte des U. geltend zu machen, bei Fehlen der Angabe des Herausgebers, der →Verleger (§ 10 UrhG). – Vgl. auch →Miturheber, →Bearbeitung, →freie Benutzung.

II. Gegenstand: Der U. wird in seinen geistigen und persönlichen Beziehungen zum Werk (→Urheberpersönlichkeitsrecht) und in der Nutzung des Werkes (→Nutzungsrechte) geschützt. – 1. Zu den geschützten Werken gehören insbes.: Sprachwerke wie Schriftwerke sowie Programme für die Datenverarbeitung (Computerprogramme), Reden, Werke der Musik; pantomimische Werke einschl. Werken der Tanzkunst; Werke der bildenden Künste einschl. Baukunst und angewandter Kunst sowie Entwürfe solcher Werke; →Lichtbildwerke; →Filmwerke; Darstellungen wissenschaftlicher oder technischer Art (Zeichnung, Pläne, Karten, Skizzen, Tabellen usw.). – 2. Auch Ausgaben urheberrechtlich nicht geschützter Werke oder Texte werden geschützt, wenn sie das Ergebnis wissenschaftlich sichtender Tätigkeit darstellen und sich wesentlich von den bisher bekannten Ausgaben der Werke oder Texte unterscheiden (§ 70 UrhG). – 3. Gesetze, Verordnungen, amtliche Erlasse und Bekanntmachungen sowie Entscheidungen und amtlich verfaßte Leitsätze zu Entscheidungen genießen keinen urheberrechtlichen Schutz; entsprechendes gilt für andere amtliche Werke, die im amtlichen Interesse zur allgemeinen Kenntnisnahme veröffentlicht worden sind (§ 5 UrhG).

III. Verletzung des Urheberrechts: 1. Ansprüche: Bei widerrechtlicher Verletzung des Urheberrechts →Unterlassungsanspruch; wenn dem Verletzer Vorsatz oder Fahrlässigkeit zur Last fällt, auch →Schadenersatz; anstelle des Schadenersatzes kann Herausgabe des Gewinns und →Rechnungslegung verlangt werden. Auch wegen des Schadens, der nicht Vermögensschaden ist, kann im allgemeinen eine Entschädigung in Geld verlangt werden, wenn und soweit es der Billigkeit entspricht (§ 97 UrhG). – Der Anspruch verjährt in drei Jahren von dem Zeitpunkt an, in welchem der Verletzte vom Schaden und der Person des Ersatzpflichtigen Kenntnis hatte, stets in 30 Jahren von der Begehung der Handlung an (§ 102 UrhG). – 2. Vernichtung: Der Verletzte kann verlangen, daß alle rechtswidrig hergestellten, verbreiteten und zur rechtswidrigen Verbreitung bestimmten Ver-

vielfältigungsstücke vernichtet werden; ferner, daß die ausschließlich zur rechtswidrigen Herstellung von Vervielfältigungsstücken bestimmten Vorrichtungen unbrauchbar gemacht oder vernichtet werden. Statt dessen kann die Überlassung der Vervielfältigungsstücke und Vorrichtungen ganz oder teilweise gegen Vergütung gefordert werden (§§ 98, 99 UrhG). – 3. Richten sich diese Ansprüche gegen eine Person, der weder Vorsatz noch Fahrlässigkeit zur Last fällt, kann diese zur Abwendung der Ansprüche den Verletzten in Geld entschädigen, wenn ihr durch die Erfüllung der Ansprüche ein unverhältnismäßig großer Schaden entstehen würde und dem Verletzten die Abfindung zuzumuten ist (§ 101 UrhG). – 4. Ist eine Klage erhoben, so kann im Urteil der obsiegenden Partei bei berechtigtem Interesse die Befugnis zur öffentlichen Bekanntmachung des Urteils auf Kosten der unterliegenden Partei zuerkannt werden (§ 103 UrhG). – 5. Die vorsätzliche Verletzung des U. ist weitgehend unter Strafe gestellt; die Tat wird nur auf Strafantrag verfolgt. Veröffentlichungsbefugnis wie III 4 (§§ 106 ff. UrhG).

IV. Zwangsvollstreckung: Zwangsvollstreckung in ein Urheberrecht richtet sich nach den allgemeinen Vorschriften. Einige Einschränkungen, die sich aus dem Urheberpersönlichkeitsrecht ergeben, enthalten die §§ 113 bis 119 UrhG. Danach ist u. a. gegen den U. die Zwangsvollstreckung wegen Geldforderungen a) in das Urheberrecht nur mit seiner →Einwilligung und nur insoweit zulässig, als er →Nutzungsrechte einräumen kann; b) in die ihm gehörenden Originale seiner Werke nur mit seiner Einwilligung zulässig.

V. Persönlicher Umfang: Deutsche Staatsangehörige (→Staatsangehörigkeit) genießen den urheberrechtlichen Schutz für alle ihre Werke, gleichviel, ob und wo die Werke erschienen sind. Entsprechendes gilt für →Staatenlose mit gewöhnlichem Aufenthalt im Bundesgebiet sowie Ausländer, die als Flüchtlinge gelten. Andere ausländische Staatsangehörige genießen den urheberrechtlichen Schutz grundsätzlich nur für ihre im Bundesgebiet erschienenen Werke. Internationale Verträge räumen oft einen weitergehenden Schutz ein (§§ 120–123 UrhG).

Urheberpersönlichkeitsrecht, neben den →Verwertungsrechten wichtigster Teil des →Urheberrechts. – Inhalt: 1. Der →Urheber hat das Recht zu bestimmen, ob und wie sein Werk zu veröffentlichen ist; ihm ist es vorbehalten, vor Veröffentlichung des Werkes, seiner Beschreibung oder seines wesentlichen Inhalts den Inhalt öffentlich mitzuteilen (§ 12 UrhG). – 2. Recht auf Anerkennung der Urheberschaft am Werk (§ 13 UrhG). – 3. Bestimmung, ob und mit welcher Urheberbezeichnung das Werk zu versehen ist (§ 13 UrhG). – 4. Recht, Entstellung oder andere

Beeinträchtigung des Werkes zu verbieten, die geeignet ist, seine berechtigten geistigen oder persönlichen Interessen am Werk zu gefährden (§ 14 UrhG). – 5. *Zugang zu Werkstücken* zur Herstellung von Vervielfältigungsstücken oder Bearbeitung des Werkes (§ 25 UrhG). – Vgl. auch →Folgerecht, →Rückruf, →droit moral.

Urheberrecht. I. B e g r i f f : 1. Summe der *Rechtsnormen,* die den →Urheber in seinen geistigen und persönlichen Beziehungen zum →Werk und in der Nutzung des Werkes schützen; insbes. Urheberrechtsgesetz vom 9. 9. 1965 (BGBl I 1273) mit späteren Änderungen. – 2. Gesamtheit *der dem Urheber an seinem Werk zustehenden Rechte* (→Urheberpersönlichkeitsrecht, →Verwertungsrecht): a) *Dauer* (§§ 64 b ff. UrhG): Das U. erlischt grundsätzlich 70 Jahre nach dem Todes des Urhebers; ist der Name oder das →Pseudonym des Urhebers nicht angegeben, erlischt das U. 70 Jahre nach der Veröffentlichung des Werkes (→Urheberrolle). Bei Lieferungswerken ist für die Berechnung der Schutzfrist der Zeitpunkt der Veröffentlichung der letzten Lieferung maßgebend. Das U. an Lichtbildwerken erlischt 25 Jahre nach dem Erscheinen des Werkes. – Die Fristen beginnen mit dem Ablauf des Kalenderjahres, in dem das für den Beginn der Frist maßgebende Ereignis eingetreten ist. – b) *Übertragung:* Das U. ist vererblich. Rechtsgeschäftlich kann es grundsätzlich nicht übertragen werden (→Leistungsschutzrechte, →Nutzungsrechte.) – c) *Internationales U.:* Vgl. →Welt-Urheberrechts-Abkommen, →Berner Übereinkunft, →Copyright.

III . B i l a n z i e r u n g / B e s t e u e r u n g : 1. *Handelsbilanz:* U. als immaterielle Vermögensgegenstände des *Anlagevermögens* müssen bei entgeltlichem Erwerb aktiviert werden, bei Fehlen des entgeltlichen Erwerbs besteht gemäß § 248 II HGB Aktivierungsverbot. Für U. des *Umlaufvermögens* gilt ein Aktivierungsgebot. – 2. *Steuerbilanz:* U. ist als →immaterielles Wirtschaftsgut (i. d. R.) des abnutzbaren →Anlagevermögens mit den →Anschaffungskosten zu aktivieren. Ist ein U. nicht entgeltlich erworben worden, sondern originär entstanden, so darf es nicht aktiviert werden (§ 5 II EStG). – Die →Absetzungen für Abnutzung (AfA) richten sich weniger nach den gesetzlichen Schutzfristen als vielmehr nach der tatsächlichen Abnutzung und Entwertung. – 3. *Bewertungsgesetz:* a) U. sowie die Originale (nicht die Vervielfältigungsstücke) urheberrechtlich geschützter Werke gehören *nicht zum* →Betriebsvermögen des unbeschränkt steuerpflichtigen Urhebers (§ 101 Nr. 2 BewG), sofern sie außerhalb des Betriebsvermögens nicht zum sonstigen Vermögen gehören würden (vgl. b)). Soweit zu berücksichtigen, sind die U. im Rahmen des Betriebsvermögens mit dem →Teilwert anzu-

setzen. – b) U. zählen grundsätzlich zum →*sonstigen Vermögen* (§ 110 I Nr. 5 BewG). Sie bleiben jedoch – wenn unbeschränkt steuerpflichtig – bei dem Urheber selbst sowie nach dessen Tod bei seinem Ehegatten oder seinen Kindern außer Ansatz, wenn U. auf diese übergegangen sind. Soweit U. beim sonstigen Vermögen zu berücksichtigen, sind sie mit dem gemeinen Wert (kapitalisierte Gegenleistung) anzusetzen.

Urheberrolle, beim →Patentamt nach § 138 UrhG geführtes Register. Eingetragen wird die Anmeldung des wahren Namens des →Urhebers eines Werkes, bei dessen öffentlicher Wiedergabe (oder auf dessen Vervielfältigungsstücken oder bei einem Werk der bildenden Künste auf dem Original) weder der wahre Name noch der bekannte →Deckname des Urhebers angegeben ist. Durch diese Anmeldung erlischt das U. nicht schon 70 Jahre nach Erscheinen des Werkes, sondern erst 70 Jahre nach dem Tod des Urhebers. Die Eintragungen werden im →Bundesanzeiger öffentlich bekannt gemacht. Die Einsicht in die U. ist jedem gestattet. Wird die Eintragung abgelehnt, so kann der Antragsteller gerichtliche Entscheidung bei dem für den Sitz des Patentamts zuständigen Oberlandesgericht beantragen. Ergänzend VO über die U. vom 18. 12. 1965 (BGBl I 2105).

Urheberschutz, Schutz der schöpferisch gestalteten Einzelperson unter gerechter Interessenabwägung zwischen dem Einzelinteresse des Urhebers und dem Kollektivinteresse der Gemeinschaft, vermittelt durch →Urheberrecht.

Urkunden. I. Z i v i l p r o z e ß r e c h t : Alle schriftlichen Gedankenäußerungen, gleich zu welchem Zweck, in welcher Sprache und vermittels welcher Schriftzeichen sie verfaßt sind und ohne Rücksicht darauf, ob sie unterschrieben sind. – Der *Beweiswert* der U. wird durch letzteres aber u. U. maßgeblich beeinflußt. Regeln über die Beweiskraft der öffentlichen und der Privat-U. (d. h. von einem privaten Aussteller herrührenden U.) enthalten §§ 415 ff. ZPO. Vgl. im einzelnen →öffentliche Urkunden, →Privaturkunden.

II. S t r a f r e c h t : I. a. engere Begriffdefinition, aber nicht auf schriftliche Gedankenäußerungen beschränkt; er umfaßt z. B. auch Zollplomben usw.

Urkundenfälschung, strafrechtliches Delikt (§ 267 StGB). – 1. *Formen:* U. kann begangen werden durch: a) *Fälschung:* Herstellung einer unechten Urkunde, d. h. Erwecken des Anscheins, als rühre diese von einem anderen als dem her, der sie tatsächlich ausgestellt hat. – b) *Verfälschung:* Nachträgliche Änderung des gedanklichen Inhalts einer an sich echten Urkunde. – c) *Gebrauchmachen von einer ge- oder verfälschten Urkunde:* Die Urkunde kann eine →öffentliche Urkunde oder →Privatur-kunde (z. B. Scheck) sein, muß aber zum Beweis von Rechten oder Rechtsverhältnissen von Erheblichkeit sein; der Täter muß zur Täuschung im Rechtsverkehr handeln, d. h. den zu Täuschenden zu einem rechtlich erheb-lichen Verhalten bestimmen wollen. – d) *Blankettfälschung:* Liegt vor, wenn jemand einem mit der Unterschrift eines anderen versehenen Papier gegen dessen Willen einen urkundlichen Inhalt gibt (z. B. Eintragung eines höheren Betrages als vereinbart im Blanko-Akzept). – 3. Die gleichen Tathandlungen der U. sind strafbar in Bezug auf *beweiserhebliche Daten* (§ 269 StGB). Der Täuschung im Rechtsverkehr steht die fälschliche Beeinflus-sung einer Datenverarbeitung im Rechtsver-kehr gleich (§ 270 StGB). – *Strafe:* Freiheits-strafe bis zu fünf Jahren, in →schweren Fällen nicht unter einem Jahr. Der →Versuch ist strafbar. Das gleiche gilt für die Fälschung von beweiserheblichen Daten.

Urkundenmahnbescheid, früher: *Urkunden-zahlungsbefehl,* Mahnbescheid, bei dem der Widerspruch des Schuldners das →Mahnver-fahren nicht in das ordentliche Verfahren, sondern in den →Urkundenprozeß überleitet (§ 703 a ZPO). Der Gläubiger muß den Mahn-bescheid als U. bezeichnen und soll dem Gesuch um Erlaß der U. die Urkunden in Urschrift oder Abschrift beifügen. – Der *Widerspruch* des Schuldners kann sich darauf beschränken, ihm die Ausführung seiner Rechte im →Nachverfahren vorzubehalten; es wird dann →Vollstreckungsbescheid mit ent-sprechendem Vorbehalt erlassen; das weitere Verfahren entspricht dem Nachverfahren des Urkundenprozesses.

Urkundenprozeß, besonderes Zivilprozeßver-fahren, das einer Partei, die ihre Rechte durch →Urkunden (→Beweismittel) nachweisen kann, nach beschränkter Sachprüfung einen vorläufigen gerichtlichen Schutz gibt, wäh-rend die endgültige Klärung einem →Nach-verfahren vorbehalten bleibt (§§ 592–605 a ZPO). – 1. *Zulässig* nur, wenn die →Klage auf Zahlung einer bestimmten Geldsumme oder Leistung einer bestimmten Menge vertretba-rer Sachen oder Wertpapiere gerichtet ist und alle zur Begründung des Anspruchs erforderli-chen Tatsachen durch Urkunden bewiesen werden können, die der Klageschrift in Urschrift oder Abschrift beigefügt sein müs-sen; zum Beweis anderer als klagebegründen-der Tatsachen können die Parteien außer der Vorlage von Urkunden nur Antrag auf Partei-vernehmung stellen; →Widerklage ist nicht statthaft. – 2. *Entscheidungen:* a) Kann der Kläger den Urkundenbeweis nicht führen, wird die Klage „als in der gewählten Prozeßart unzulässig" abgewiesen (neue Klage im ordentlichen Verfahren möglich). b) Ergibt

sich bereits im U., daß dem Kläger kein Anspruch zusteht, erfolgt Abweisung ohne die Möglichkeit einer neuen Klage. c) Wider-spricht der Beklagte dem Klageantrag, wird er zwar verurteilt, doch wird ihm die Geltendma-chung seiner Rechte im Nachverfahren, in dem alle Beweismittel zulässig sind, vorbehal-ten (→Vorbehaltsurteil). Wird das Vorbehalt-surteil aufgehoben, muß der Kläger aus etwai-ger Vollstreckung entstandenen Schaden ersetzen. – Vgl. auch →Scheckprozeß, →Wechselprozeß.

Urkundensteuer, bis 1940 erhobene →Stem-pelsteuer auf Rechtsgeschäfte im Werte von über 150 RM, über die eine Urkunde ausge-stellt war; ausgenommen anderer Besteuerung (u. a. Kapitalverkehr- und Wechselsteuer) unterlegene Rechtsgeschäfte.

Urkundenvorlegung, →Vorlegung von Urkunden.

Urkundenzahlungsbefehl, jetzt: →Urkun-denmahnbescheid.

Urlaub. I. E r h o l u n g s u r l a u b : 1. *Begriff:* Bezahlte Freizeit, die der Wiederherstellung und Erhaltung der Arbeitskraft des Arbeit-nehmers dienen soll. Während des U. darf der Arbeitnehmer deshalb keine dem Urlaubs-zweck widersprechende Erwerbstätigkeit lei-sten. – 2. *Rechtsgrundlage:* Bundesurlaubsge-setz (BUrlG) vom 8. 1. 1963 (BGBl I 2, zuletzt geändert 1974). a) *Geltungsbereich:* Das Gesetz gilt für →Arbeitnehmer, d. h. →Arbei-ter, →Angestellte, zu ihrer Berufsausbildung Beschäftigte und →arbeitnehmerähnliche Personen. – b) *Sonderregelungen:* (1) →Heim-arbeiter (§ 12 BUrlG; (2) nach dem Arbeits-platzschutzgesetz (→Arbeitsplatzschutz 5); (3) Seemannsgesetz; (4) für Schwerbehinderte (→Schwerbehindertenrecht II 2); (5) →Beamte; (6) Jugendliche (vgl. 7). – c) *Abwei-chungen* vom Bundesurlaubsgesetz mit Aus-nahme des Grundsatzes des Urlaubsan-spruchs und der Mindestdauer durch →Tarif-vertrag zugunsten des Arbeitnehmers zulässig. Für das Baugewerbe und sonstige Wirt-schaftszweige mit häufig kurzfristigen Arbeitsverhältnissen sind weitergehende tarif-vertragliche Änderungen zulässig. – 3. *Ur-laubsdauer:* Jährlich mindestens 18 Werk-tage. Als Werktage gelten alle Kalendertage, die nicht Sonntage oder →gesetzliche Feier-tage sind, also auch der Samstag bei 6-Tage-Woche. Durch Tarifverträge ist jedoch meist auf die 5-Tage-Woche umgestellt worden. Im öffentlichen Dienst durch Tarifvertrag für die Arbeiter und Angestellten; für die Beamten durch eine Ergänzung der Urlaubs-Verordnung. – 4. *Wartezeit:* a) *Voller Urlaubs-anspruch* erst nach sechsmonatigem Bestehen des Arbeitsverhältnisses (§ 4 BUrlG). – b) Anspruch auf $^1/_{12}$ *des Jahresurlaubs* für jeden vollen Monat des Bestehens des Arbeitsver-hältnisses hat jeder Arbeitnehmer (1) für

Zeiten eines Kalenderjahres, für die er wegen Nichterfüllung der Wartezeit in diesem Kalenderjahr keinen vollen Urlaubsanspruch erwirbt; (2) wenn er vor erfüllter Wartezeit aus dem Arbeitsverhältnis ausscheidet; (3) wenn er nach erfüllter Wartezeit in der ersten Hälfte eines Kalenderjahres aus dem Arbeitsverhältnis ausscheidet. – Bruchteile von Urlaubstagen, die mindestens einen halben Tag ergeben, sind auf volle Urlaubstage aufzurunden. – 5. *Gewährung des U.:* a) *Zeitliche Festlegung des U.:* Dabei sind die Urlaubswünsche der Arbeitnehmer zu berücksichtigen, wenn nicht dringende betriebliche Belange oder aus sozialen Gesichtspunkten vorrangige Urlaubswünsche anderer Arbeitnehmer entgegenstehen (vgl. auch →Betriebsferien). – b) Der U. ist *zusammenhängend zu gewähren,* wenn nicht betriebliche oder in der Person des Arbeitnehmers liegende Gründe eine *Urlaubsteilung* erfordern. – c) Der U. muß *im laufenden Kalenderjahr* gewährt und genommen werden. Nur aus dringenden betrieblichen oder in der Person des Arbeitnehmers liegenden Gründen ist eine Übertragung des U. auf das nächste Kalenderjahr statthaft; in diesem Fall muß der U. in den ersten drei Monaten des folgenden Kalenderjahrs gewährt und genommen werden. Hat der Arbeitnehmer im laufenden Urlaubsjahr nur einen Teilanspruch wegen nicht erfüllter Wartezeit (vgl. 4.), so ist dieser Urlaub auf Verlangen des Arbeitnehmers auf das ganze nächste Urlaubsjahr zu übertragen und mit dem Urlaub des folgenden Jahres zu gewähren. – Mit Ablauf des Übertragungszeitraums wird der Arbeitgeber von der Verpflichtung zur Urlaubsgewährung frei, soweit er nicht die Unmöglichkeit der Urlaubsgewährung zu vertreten hat. – d) Kann der U. bei *Beendigung des Arbeitsverhältnisses* ganz oder teilweise nicht mehr gewährt werden, so ist er abzugelten. Während des Bestehens des Arbeitsverhältnisses gilt ein Abgeltungsverbot. – e) *Erkrankt* ein Arbeitnehmer während des U., so werden die durch ärztliches Zeugnis nachgewiesenen Tage der Arbeitsunfähigkeit auf den Jahresurlaub nicht angerechnet. – f) *Kuren und Schonzeiten* dürfen nicht auf den Urlaub angerechnet werden, soweit ein Anspruch auf Entgeltfortzahlung im Krankheitsfall (→Lohnfortzahlung) besteht. – g) *Vereinbarungen über U. im Vorgriff* (Vorholen aus dem nächsten Jahr) sind unwirksam. – 6. *Vergütung:* Vgl. →Urlaubsentgelt, →Urlaubsgeld. – 7. *Mitbestimmung des Betriebsrats:* Nach § 87 I Nr. 5 BetrVG besitzt der Betriebsrat Mitbestimmungsrecht bei der Aufstellung allgemeiner Urlaubsgrundsätze (z. B. allgemeine Richtlinien über →Betriebsferien unter Schließung des Betriebs) und des →Urlaubsplans sowie der Festsetzung der zeitlichen Lage des U. für einzelne Arbeitnehmer, wenn zwischen dem Arbeitgeber und den beteiligten Arbeitnehmern kein Einverständnis erzielt wird. Im Falle der Nichteinigung

wird die →Einigungsstelle angerufen. – 8. *Sonderregelungen:* a) Bei *Jugendlichen,* die zu Beginn des Kalenderjahrs noch nicht 18 Jahre alt sind (§ 19 JArbSchG), beträgt die Urlaubsdauer mindestens 30 (bis 16 Jahre), 27 (bis 17 Jahre) und 25 (bis 18 Jahre) Werktage. – b) *Schwerbehinderte* haben Anspruch auf bezahlten Zusatzurlaub von sechs bzw. fünf Arbeitstagen (§ 44 SchwbG) (vgl. →Schwerbehindertenrecht).

II. Sonderformen: Vgl. →Bildungsurlaub, →Erziehungsurlaub.

III. Sonstige Freistellungen: Kurzfristige gesetzliche Freistellungsansprüche bestehen nach §§ 37, 65 BetrVG, § 23 SchwbG (→Betriebsräte und →Vertrauensleute der Schwerbehinderten), §§ 9, 43 JArbSchG (Berufsschulpflicht, ärztliche Untersuchungen), § 16 MuSchG (ärztliche Untersuchung), § 14 ArbPlSchG (Erfassung Wehrpflichtiger), § 629 BGB (Stellensuche), § 185c RVO (Betreuung erkrankter Kinder) und § 26 ArbGG, § 20 SGG (ehrenamtliche Richtertätigkeit). – Zu *Freizeitansprüchen auf Hausarbeitstage* vgl. →Hausarbeitstag, →Frauenschutz III.

IV. Unbezahlter Urlaub: Der gesetzliche, tarifliche oder einzelvertragliche U. kann um unbezahlten U. aufgestockt werden. – Dient der unbezahlte Sonderurlaub der Erholung, gilt § 9 BUrlG, d. h. im Falle der Erkrankung werden die durch ärztliches Zeugnis nachgewiesenen Tage der Arbeitsunfähigkeit auf den Jahresurlaub nicht angerechnet. Im Falle krankheitsbedingter Arbeitsunfähigkeit verliert der Arbeitnehmer nicht den gesetzlichen Anspruch auf Krankenvergütung (§ 616 II BGB, § 1 LohnfortzG). – Gewährt der Arbeitgeber *auf Wunsch des Arbeitnehmers* Sonderurlaub und wird zugleich vereinbart, daß das Arbeitsverhältnis in der Zeit des Sonderurlaubs ruht, so ist § 9 BUrlG abgedungen. Der Arbeitnehmer hat dann im Falle der Erkrankung keinen Anspruch auf Lohnfortzahlung.

Urlaubsarbeit, dem Urlaubszweck widersprechende Erwerbsarbeit während des gesetzlichen →Urlaubs (vgl. dort I). U. ist nach § 8 BUrlG verboten. Bei Zuwiderhandlung kann der Arbeitgeber nach der Rechtsprechung gezahltes →Urlaubsentgelte zurückverlangen.

Urlaubsbescheinigung, Bescheinigung des Arbeitgebers über den im laufenden Kalenderjahr gewährten oder abgegoltenen →Urlaub des Arbeitnehmers. U. ist bei Beendigung des Arbeitsverhältnisses dem Arbeitnehmer auszuhändigen (§ 6 II BUrlG). – Vgl. auch →Arbeitspapiere.

Urlaubsentgelt, *Urlaubslohn,* an Arbeitnehmer während ihres →Urlaubs (vgl. dort I 6) gezahltes →Arbeitsentgelt, nach Arbeitsrecht Teil des tariflichen Arbeitsentgelts. Das U.

bemißt sich nach dem durchschnittlichen Arbeitsverdienst, das der Arbeitnehmer in den letzten 13 Wochen vor dem Urlaubsbeginn erhalten hatte. – *Anders:* →Urlaubsgeld.

Urlaubsgeld. 1. *Begriff:* a) An den Arbeitnehmer während des Urlaubs weitergezahltes Arbeitsentgelt; auch *Urlaubslohn* (→Urlaubsentgelt). – b) Zusätzlich zum Urlaubsentgelt gewährtes U. oder eine Urlaubsgratifikation (→Gratifikation), z. T. tarifvertraglich festgelegt (z. B. die Hälfte eines ,,13. Gehalts"). – c) Bei Verzicht auf Urlaub dem Arbeitnehmer gewährte Entschädigung. – 2. *Lohnsteuerrecht:* Als U. i. S. des EStG werden alle unter 1 a)–c) genannten Begriffe angesehen. U. gem. a) ist als →laufender Arbeitslohn, U. gem. b) und c) als →sonstige Bezüge zu versteuern. – 3. Für den *öffentlichen Dienst* gilt das Urlaubsgeldgesetz vom 15. 11. 1977 (BGBl I 2120) mit späteren Änderungen.

Urlaubslohn, →Urlaubsentgelt.

Urlaubsplan, systematische Übersicht für die zeitliche Ordnung, in der den einzelnen Arbeitnehmern der →Urlaub im Laufe des Kalenderjahrs gewährt werden soll. Zum U. gehört auch der Plan der Vertretung der im Urlaub befindlichen Arbeitnehmer. – *Mitbestimmung:* Die Aufstellung der U. unterliegt der zwingenden Mitbestimmung des Betriebsrats in →sozialen Angelegenheiten (§ 87 I Nr. 5 BetrVG). Im Falle der Nichteinigung wird die →Einigungsstelle angerufen. – Vgl. auch →Betriebsferien.

Urliste, in der Statistik Bezeichnung für die Auflistung von Werten →qualitativer Merkmale und →quantitativer Merkmale gemäß →Erhebung. Insbes. bei quantitativen Merkmalen wird mit U. die Menge der originalen Beobachtungswerte vor Übergang zu einer →Häufigkeitsverteilung bezeichnet.

Urmaterial, die bei einer statistischen Untersuchung durch →Vollerhebung oder →Teilerhebung gewonnenen Originalunterlagen wie →Fragebogen, Interviewer-Berichte, Zählkarten, Urlisten u. ä.

Urnenmodell, in der Statistik Hilfsmittel zur Veranschaulichung eines elementaren →Zufallsvorganges. – 1. Entnahme einer →uneingeschränkten Zufallsstichprobe aus einer →Grundgesamtheit *(einfaches U.)*. – a) Beim einfachen U. *mit Zurücklegen* werden aus einer Urne, die die Grundgesamtheit darstellt, n Elemente zufällig derart entnommen, daß jedes Element nach Feststellung seiner Merkmalsausprägung sofort in die Urne zurückgelegt wird. Ein und dasselbe Element kann dann ggf. mehrfach in die →Stichprobe gelangen. – b) Beim einfachen U. *ohne Zurücklegen* unterbleibt die Rückgabe der Elemente in die Urne, so daß jedes Element der Grundgesamtheit höchstens einmal resultieren kann. – 2. Für den Spezialfall

eines →*dichotomen Merkmals* ist die Anzahl der Elemente der einen Sorte in der Stichprobe beim einfachen U. *mit Zurücklegen* binomialverteilt (→Binomialverteilung) und *ohne Zurücklegen* hypergeometrisch verteilt (→hypergeometrische Verteilung).

Urproduktenhandel, Handel mit Grundstoffen, die Rohwaren sind, insbes. Handel mit Erzeugnissen der Land- und Forstwirtschaft, der Fischerei und des Bergbaus. – Vgl. auch →Rohstoffhandel, →Produktionsverbindungshandel.

Urproduktion, volkswirtschaftliche Bezeichnung für die Nutzung des Bodens a) durch die Nutzung der Erdoberfläche als organisch mitwirkendem Produktionsfaktor (Landwirtschaft, Forstwirtschaft, Gartenbau, Fischerei) und b) durch den Abbau von Bodensubstanz (Bergbau, Erdölförderung).

Ursachenpolitik, →Verteilungspolitik.

Ursachenzusammenhang. 1. *Zivilrecht:* Vgl. →adäquate Verursachung). – 2. *Wissenschaftstheorie:* Vgl. →Kausalität.

ursprüngliche Kostenarten, →primäre Kostenarten.

Ursprungsbescheinigung, *Berlin-Beleg,* Bestätigung, daß in Berlin (West) ein Gegenstand hergestellt oder eine Werkleistung (→Lieferungen und sonstige Leistungen) ausgeführt worden ist. Die U. ist als Bestandteil des →Belegnachweises Voraussetzung für die Gewährung von umsatzsteuerlichen Kürzungsbeträgen zur →Förderung der Wirtschaft von Berlin (West) I.

Ursprungsbezeichnung, eine den Ursprung einer Ware aus einem bestimmten Land kennzeichnende Bezeichnung, z. B. Made in Germany. – Vgl. auch →Madrider Abkommen.

Ursprungsland, Land, in dem eine Ware gewonnen oder hergestellt worden ist. – 1. Nach der *in der Bundesrep. D.* geltenden EG-VO des EG-Rates Nr. 802/68 über die gemeinsame Begriffsbestimmung für den Warenursprung vom 27. 6. 1968 (Amtsbl. der EG Nr. L 148/68 S. 1), mit der die deutschen außenwirtschaftsrechtlichen Bestimmungen (Nr. 5 der Anwendungsvorschriften zur Einfuhrliste) übereinstimmen, ist der Ursprungs-Begriff auf das Land abgestellt, dessen Boden- oder Gewerbeerzeugnis eine Ware ist. Waren, an deren Herstellung mehrere Länder beteiligt sind, haben ihren Ursprung in demjenigen Land, in dem die letzte wesentliche und wirtschaftlich gerechtfertigte Be- oder Verarbeitung stattgefunden hat, die in einem dazu eingerichteten Unternehmen vorgenommen worden ist und zur Herstellung eines neuen Erzeugnisses geführt hat oder eine wichtige Herstellungsstufe darstellt. – 2. Für den Warenverkehr *zwischen der EG* und denjenigen Ländern, mit denen sie durch *Assoziie-*

rungs-, Freihandels- oder Präferenzabkommen verbunden ist (einschl. →EFTA), sowie für Erzeugnisse bestimmter Entwicklungsländer, für die eine Präferenzbehandlung vorgesehen ist, gilt ein von 1. abweichender Ursprungsbegriff: Waren, die unter Verwendung von Drittländererzeugnissen im jeweiligen Assoziations- bzw. Präferenzraum hergestellt worden sind, erwerben grundsätzlich nur dann den Ursprung des Be- oder Verarbeitungslandes, wenn die Be- oder Verarbeitung zu einem Wechsel der vierstelligen Tarifnummer des Brüsseler Zolltarifschemas für die betr. Ware geführt hat (→Gemeinsamer Zolltarif). Von dieser Grundregel zahlreiche Ausnahmen, z. B. daß neben dem Tarifsprung weitere Bedingungen erfüllt sein müssen, oder daß der Ursprung ohne Tarifsprung erworben wird. – 3. *Zollrechtliche, außenwirtschaftsrechtliche und statistische Bedeutung:* Bei der Einfuhr kann das U. Einfluß auf die Zollhöhe (z. B. bei →Zollkontingenten) haben, es kann von ihm die Befreiung von der Einfuhrgenehmigungspflicht abhängen. Bei der Ausfuhr ist das U. u. U. für die Zulassung zur Einfuhr oder die Möglichkeit zur Inanspruchnahme von Zollvorteilen im Bestimmungsland sowie bei Marktordnungswaren für die Inanspruchnahme von Erstattungen im Ausfuhrland entscheidend. – *Ursprungsnachweis* durch →Ursprungszeugnis oder →Warenverkehrsbescheinigung.

Ursprungslandprinzip, Prinzip der Besteuerung des grenzüberschreitenden Waren- und Leistungsverkehrs: Alle Erzeugnisse werden, ungeachtet ihrer Bestimmung, ausschließlich mit den Steuern des Landes belastet, in dem sie produziert werden (entsprechend dem Grundsatz, Steuern sollten wie andere Kosten auch, Kosten des Standortes sein). – Gegenwärtig wird das U. für fast alle allgemeinen Steuern mit Ausnahme der →Umsatzsteuer angewendet. – *Gegensatz:* →Bestimmungslandprinzip. – *Anders:* →Ursprungsprinzip.

Ursprungsnachweis. 1. U. bei der *Einfuhr* in die Bundesrep. D.: a) von Waren in Fällen, in denen vom Nachweis des Ursprungs ein Zollvorteil abhängt, durch Rechnungen, Beförderungsurkunden, Schriftwechsel oder Warenmerkmale; b) für verschiedene Waren aufgrund zolltarifrechtlicher oder außenwirtschaftlicher Vorschriften durch ein →Ursprungszeugnis (§ 22 I 1 AZO; Nr. 4 der Anwendungsvorschriften zur Einfuhrliste); c) für Waren aus Ländern, die mit der EG durch Assoziations-, Freihandels- oder Präferenzabkommen verbunden sind, sowie aus bestimmten Entwicklungsländern – sofern in einem EG-Mitgliedstaat Zollpräferenzen in Anspruch genommen werden – durch Warenverkehrsbescheinigungen, für Kleinsendungen durch Formblätter. – 2. Bei der *Ausfuhr* von Waren in Drittländer werden als U. →Ursprungszeugnisse i. a. durch die Indu-

strie- und Handelskammer ausgestellt. Soll die Ausfuhrware in bestimmten Drittländern vereinbarungsgemäß einer Zollpräferenz unterliegen, so dienen →Warenverkehrsbescheinigungen bzw. Formblätter als U.

Ursprungsprinzip, finanzwissenschaftliches Prinzip, um eine regionale →Doppelbesteuerung zu vermeiden, wobei die Steuererträge demjenigen Land zufließen, in dem das Steuerobjekt seinen Ursprung (Betriebsstätten, Arbeitgeber) hat. – *Gegensatz:* →Wohnsitzprinzip. – *Anders:* →Ursprungslandprinzip.

Ursprungsstaat, →Quellenstaat.

Ursprungszeugnis. 1. Bei der *Ausfuhr* eine von einer berechtigten Stelle des Ausstellungslandes (in der *Bundesrep. D.* Zollstelle, Industrie- und Handelskammer bzw. Handwerkskammer) schriftlich abgegebene Bescheinigung über den Ursprung einer Ware mit allen zur Feststellung der Identität der betreffenden Ware erforderlichen Angaben (Bezeichnung der Packstücke, Art und Gewicht) sowie Namen des Absenders und eindeutige Angabe des →Ursprungslandes (Art. 9 der EG-Ursprungs-VO). U. dienen als →Ursprungsnachweis. – 2. Die bei der *Einfuhr* aufgrund zolltariflicher oder außenwirtschaftsrechtlicher Vorschriften geforderten U. müssen von einer Stelle des Ursprungslandes ausgestellt sein, die vom Bundeswirtschaftsministerium bekanntgegeben ist.

Urteil, gerichtliche Entscheidung, insbes. im →Zivilprozeß, die in bestimmter Form i. d. R. aufgrund (notwendiger) mündlicher Verhandlung ergeht (§§ 300–328 ZPO). – 1. *Arten:* a) *Sachurteil,* entscheidet in der Sache selbst und ist entsprechend dem betreffenden →Klagen Leistungs-, Feststellungs- oder Gestaltungs-U.; b) *Prozeßurteil,* entscheidet nur über prozessuale Fragen; c) nach der äußeren Bedeutung: *Endurteil,* erledigt den Rechtsstreit für eine Instanz endgültig ganz oder teilweise; *Zwischenurteil,* entscheidet über einzelne, insbes. prozessuale Fragen vorab; (vgl. im einzelnen →Zwischenurteil); *Vorbehaltsurteil,* sein Bestand hängt von einer Entscheidung im →Nachverfahren ab (vgl. im einzelnen →Vorbehaltsurteil). – 2. Das U. *ergeht* „Im Namen des Volkes" und wird von den Richtern erlassen, die an der letzten mündlichen Verhandlung teilgenommen haben. – 3. *Wirksam* wird es i. d. R. mit Verkündigung. – 4. Die →*Zustellung* erfolgt von Amts wegen (wichtig für den Beginn der Rechtsmittelfrist und die Vollstreckungsmöglichkeit). – 5. Das U. *klärt* die strittige Frage endgültig zwischen den Parteien; *Abänderung* ist auch dem Gericht versagt (→Rechtskraft); Ergänzung oder Änderung nur möglich im Falle →offenbarer Unrichtigkeiten (§§ 319–321 ZPO). – 6. In dem Rechtsstreit eines Kaufmanns lautet das U. bei entsprechendem Klageantrag stets gegen die →*Firma.* Es hat dann Rechtskraft für und gegen den, der bei Eintritt der Rechtshängigkeit Inhaber des Unternehmens war, und seinen Rechtsnachfolger. Ein U. gegen eine Firma kann auch in das Privatvermögen des Kaufmanns vollstreckt werden, nicht nur in Geschäftsvermögen (anders aber wegen der Parteifähigkeit bei der OHG und KG). – 7. *Ausländische U.* werden im Inland nur anerkannt, wenn sie nicht gegen die guten Sitten oder den Zweck eines deutschen Gesetzes verstoßen, ferner muß die Gegenseitigkeit verbürgt sein (§ 328 ZPO); zur Vollstreckung bedarf es eines besonderen inländischen Vollstreckungsurteils.

Uruguay, Staat in Südamerika, seit 1825 unabhängig, präsidiale Republik mit Zweikammerparlament (Senat und Abgeordnetenhaus), seit 1973 Militärregierung, an der Mündung des Rio de la Plata gelegen. – *Fläche:* 177 508 km^2, eingeteilt in 19 Departementos. – *Einwohner* (E): (1985, geschätzt) 3,01 Mill. (17 E/km^2); meist Uruguayer europäischer Abstammung. – *Hauptstadt:* Montevideo (1,3 Mill. E); weitere wichtige Städte: Salto (83 000 E), Paysandú (81 000 E), Mercedes (53 000 E), Rivera (52 000 E). – *Amtssprache:* Spanisch.

Wirtschaft: *Landwirtschaft:* Meist Großgrundbesitz mit 50–1000 ha Betriebsfläche. Getreideanbau: Weizen, Mais, Gerste, Reis, Sorghum; Zuckerrüben, Kartoffeln, Sonnenblumen, Leinsamen. Viehzucht: Rinder, Pferde, Schweine, Schafe, Ziegen. – *Fischfang:* (1980) 120 400 t. – *Bergbau:* Wenig Bodenschätze (Steinkohle, Kupfererz, Gold, Uran). – *Industrie:* Agrar- und Lebensmittelindustrie; Zement-, Leicht-, chemische und Textilindustrie. – *Reiseverkehr:* (1980) 1,07 Mill. Touristen. – *BSP:* (1985, geschätzt) 4980 Mill. US-$ (1660 US-$ je E). – Anteil der Landwirtschaft am *BSP:* (1984) 8%, der Industrie: 33%. – *Öffentliche Auslandsverschuldung:* (1984) 51,9% des BSP. – *Inflationsrate:* (Durchschnitt 1973–84) 50,0%. – *Export:* (1985) 854 Mill US-$, v. a. Fleisch, Wolle, Textilien, Frischfisch, Häute, Felle, Reis, Weizen- und Pflanzenöle. – *Import:* (1985) 708 Mill. US-$, v. a. Maschinen und Fahrzeuge. – *Handelspartner:* Brasilien, USA, UdSSR, Bundesrep. D., Argentinien, Venezuela, Großbritannien, Italien, Kanada.

Verkehr: Bedeutende *Flußschiffahrt* auf dem Rio de la Plata und Rio Uruguay. *Haupthafen:* Montevideo. Bedeutender *Lufthafen:* Carrasco. Staatseigene *Eisenbahn* mit ca. 3000 km Schienen.

Mitgliedschaften: UNO, SELA, ALADI, CCC, UNCTAD u. a.

Währung: 1 Uruguayischer Neuer Peso (urugN$) = 100 Centesimos (cts).

Uruguay-Runde, achte Verhandlungsrunde im Rahmen des →GATT, die 1987 begonnen hat. Mit Spannung erwartet wegen des in Industrie- und Entwicklungsländern wieder zunehmenden Einsatzes protektionistischer Instrumente mit verschiedenen Begründungen (→Protektionismus). Eine GATT-Tagung auf Ministerebene beschloß deshalb im September 1986 in Uruguay die Eröffnung der U.-R., v. a. mit dem Ziel des Abbaus des Agrar- und Dienstleistungsprotektionismus.

Urundi, →Burundi.

Urwerte, in der Statistik Bezeichnung für die einzelnen →Ausprägungen der interessierenden, meist →metrischen Merkmale bei den Elementen der interessierenden →Gesamtheit (→Urliste). Oft werden die U. in eine →Häufigkeitsverteilung überführt.

USA, Abk. für United States of America, (→Vereinigte Staaten von Amerika).

USAID, Abk. für United States Agency for International Development (→World Fertility Survey).

Usance, →Handelsbrauch.

Usancetara, →Usotara.

U-Schätze, Kurzbezeichnung für unverzinsliche →Schatzanweisungen.

user costs, →Nutzungskosten einer natürlichen Ressource.

Usotara, *Usancetara, usuelle Tara.* 1. *Begriff:* Das von vornherein durch →Handelsbrauch festgelegte Verpackungsgewicht. – *Gegensatz:* →wirkliche Tara. – 2. *Arten:* a) *Stücktara:* Verpackungsgewicht ist je Verpackungseinheit (z. B. je Kollo) festgelegt; b) *Prozenttara:* Verpackungsgewicht ist als Prozentsatz des Bruttogewichts der Sendung festgelegt.

USP. 1. Abk. für →unique selling proposition. – 2. Abk. für United States Pharmacopöie (Sammlung von Reinheits- und Gütevorschriften für Arzneimittelrohstoffe und pharmazeutische Spezialitäten). Die USP ist wichtig bei der Ausfuhr deutscher Chemikalien und Pharmazeutika.

USt-Kartei, Abk. für →Umsatzsteuerkartei.

US-Trade Terms, *Revised American Foreign Trade Definition 1941, Revidierte amerikanische Außenhandelsdefinition 1941,* Handelsklauseln mit gleicher oder ähnlicher Bezeichnung wie die →Incoterms, beinhalten jedoch Unterschiede hinsichtlich Gefahrübergang und/oder der Versicherungsfrage. Im einzelnen vgl. unter den einzelnen Klauseln.

usuelle Tara, →Usotara.

UTC, universal time coordinated, →mitteleuropäische Zeit.

utopischer Sozialismus, auf Marx und Engels zurückgehende Bezeichnung für die *frühsozialistischen Konzepte* (→Sozialismus II 1) zur Abgrenzung von der eigenen theoretisch-methodischen Position (→wissenschaftlicher Sozialismus). Es soll ausgedrückt werden, daß Frühsozialisten zwar eine sozialistische Position (Kritik an der Gesellschaftsordnung des →Kapitalismus) einnehmen, ihre Zukunftskonzepte jedoch allein *idealistisch-utopische Entwürfe* sind; sie können nicht auf der Basis des →Dialektischen Materialismus und →Historischen Materialismus die allgemeingültigen Entwicklungsgesetze und damit die Natur der zwangsläufig kommenden kommunistischen Gesellschaftsordnung aufdekken.

V

vage Logik, →fuzzy logic.

Vakatstrich, →Buchhalternase.

Valenz, →Erwartungs-Wert-Theorie.

Validität, *Gültigkeit.* 1. *Begriff:* Eines der →Gütekriterien: Ausmaß, in dem eine Meßmethode tatsächlich das Konstrukt mißt, das gemessen werden soll (mißt z. B. die durch Befragung gemessene Kaufabsicht das tatsächliche Kaufverhalten). Besondere Relevanz bei der Messung von nicht direkt beobachtbaren theoretischen Konstruktionen (Motivation, Einstellung, Preisbereitschaft usw.). – 2. *Arten:* a) *Inhalts-V. (content validity):* Bezieht sich auf die Gültigkeit des Inferenz-/Induktionsschlusses und gibt an, inwieweit die beobachtete Wirkung auch für die relevante Grundgesamtheit gilt. – b) *Kriterien-V. (criterion validity):* Die V. wird durch einen Vergleich mit einem beobachtbaren Kriterium (z. B. Kaufverhalten) überprüft. Korreliert man beobachtetes Verhalten mit dem Verhalten, das aus der Messung von Einstellung prognostiziert wurde, spricht man von *Vorhersage-V. (predictive validity).* Werden Einstellung und Verhalten gleichzeitig gemessen, handelt es sich um *Übereinstimmungs-V. (concurrent validity).* – c) *Konstrukt-V. (construct validity):* Liegt vor, wenn man die Ergebnisse aus mehreren Messungen eines theoretischen Konstrukes bei Verwendung verschiedener Methoden korreliert *(convergent validity),* oder die Ergebnisse aus mehreren Messungen verschiedener Konstrukte korreliert *(discriminant validity).* – d) *Interne V.:* Maß für die Sicherheit, mit der die beobachtete Wirkung tatsächlich der experimentell veränderten Variablen zugeschrieben werden kann. – e) *Externe V.:* Zusammenfassung der Inhalts- und Vorhersage-V. – f) Im Unterschied zu den bisher behandelten wissenschaftlichen V. versteht man unter *Anschauungs-V. (face validity)* die Übereinstimmung der Ergebnisse mit den subjektiven Einschätzungen von Experten.

Valoren. 1. *Allgemein:* Wertsachen, Schmucksachen. – 2. *Bankwesen:* Alle →Wertpapiere i. w. S. einschl. Banknoten, Gold, Silber usw. – Vgl. auch →Valorenversicherung.

Valorenversicherung, →Transportversicherung für →Valoren. – Der Versicherer *haftet* grundsätzlich für die Gefahren des Trans-

ports, sofern sie nicht 'ausdrücklich in den →Allgemeinen Versicherungsbedingungen ausgeschlossen sind. – *Versicherungswert* ist der volle Wert der Valoren, der zur Sicherung gegen Kursschwankungen erhöht werden kann. – Empfehlenswert ist →Generalpolice, doch gibt es auch Einzelpolicen. Bei der Verwendung müssen umfangreiche Versand- und Verpackungsvorschriften (z. B. Siegelzwang) sowie Sendungs- und Tagesmaxima (Höchstsummen) beachtet werden, die sich nach Versandart, Ländergruppe und Art der Valoren richten. Höherwertige Sendungen sind dem Empfänger anzuzeigen. Für Transporte in Begleitung gelten besondere Allgemeine Versicherungsbedingungen. – Die *Prämien* richten sich nach dem Versicherungsobjekt, der Beförderungsart sowie dem Bestimmungsort des Transports. – Vgl. auch →Wertsachenversicherung.

Valorisation, staatliche Maßnahmen zur Beeinflussung des Preises einer Ware zugunsten der Erzeuger: Aufkäufe und Einlagerung größerer Mengen der betreffenden Ware mit dem Ziel, die Preise, z. B. für landwirtschaftliche Erzeugnisse, deren Ernten stark schwanken, durch die Angebotsverknappung stabil zu halten. – *Bekannteste Beispiele:* brasilianische Kaffee-V., griechische Korinthen-V.; auch die Preisstützungsmaßnahmen in den USA und in der EG sind zu den V. zu rechnen sowie andere gesetzliche Eingriffe zum Zwecke der Preisbeeinflussung, z. B. durch zwangsweise Einschränkung des Anbaus, durch Vernichtung eines Teils der Ernte.

value added, →Wertschöpfung.

value administration, →Gemeinkostenwertanalyse.

value analysis, Bezeichnung für die →Wertanalyse im Hinblick auf ein bereits in der Produktion befindliches Produkt mit dem Ziel der Kostensenkung.

value chain, →Wettbewerbsstrategie IV.

value engineering, Bezeichnung für die →Wertanalyse im Hinblick auf ein in der Entwicklung befindliches Produkt mit dem Ziel der Kostenvermeidung.

Valuta. 1. Ausdruck des internationalen Geldhandels: *Währungsgeld* (gesetzliches Zahlungsmittel) eines Landes, meist auf ausländische Währungen angewandt; aber auch „D-Markvaluta", „Inlandsvaluta" u. ä. – 2. Ausdruck für *Valutierung* (→Wertstellung).

Valuta-Akzept, der auf ausländische Währung lautende →Wechsel, in der Außenhandelsfinanzierung gebräuchlich.

Valutadumping, Erlangung von Absatzvorteilen auf Exportmärkten durch gezielte →Abwertung der eigenen Währung (→Beggar-my-neighbour-Politik). V. stellt kein →Dumping i. S. des GATT dar, da der Tatbestand der Preisdiskriminierung nicht erfüllt ist. – Vgl. auch →Sozial-Dumping.

Valutageschäft, *Geldwechselgeschäft,* Umtausch von inländischem Geld in ausländisches und umgekehrt. V. erstreckt sich auf Münzen und Noten.

Valutaklausel. I. W e c h s e l k l a u s e l : Ungebräuchlicher, wechselrechtlich überflüssiger Vermerk gegenüber dem Remittenten über die erhaltene Leistung: Barzahlung („Wert erhalten", „Wert bar empfangen"); Gutschrift („Wert in Rechnung"); Warenlieferung („Wert in Waren").

II. D e v i s e n k l a u s e l : 1. →Wertsicherungsklausel bei der zur Sicherung gegen Währungsverfall die Höhe der Forderung nicht in DM, sondern durch Bezugnahme auf eine ausländische Währung ausgedrückt wird. – 2. *Arten:* a) *Unechte V.:* Geschuldet wird der Preis einer bestimmten Summe ausländischen Geldes, zu zahlen ist also deutsches Geld, nur die Höhe hängt vom Devisenkurs ab. – b) *Echte V.:* Geschuldet wird ausländische Währung, der Schuldner kann sich aber durch Zahlung in deutscher Währung zum Kurswert befreien (§ 244 BGB, →Valutaschuld). – 3. V. bedarf in der *Bundesrep. D.* der Genehmigung der Deutschen Bundesbank (§ 3 WährG, § 49 AWG), soweit es sich nicht um Rechtsgeschäfte zwischen →Gebietsansässigen und →Gebietsfremden handelt.

Valuta kompensiert, Usance im Devisenhandel. Beim Kauf von telegrafischen Auszahlungen erfolgt die Abrechnung „Valuta kompensiert", wenn dem Käufer der Kaufbetrag erst an dem Tag belastet wird, an dem die Devise bei der Bank im Ausland zur Verfügung steht.

Valutakonto, →Währungskonto.

Valutakredit, in Auslandswährung gegebener Kredit, in der Außenhandelsfinanzierung häufig. I. d. R. erhält der Kreditnehmer durch Vermittlung einer inländischen Bank einen →Akzeptkredit bei einer ausländischen Bank, indem er selbst auf die ausländische Bank zieht (Valutatrassierungskredit) oder sein ausländischer Lieferant die Ziehung vornimmt (echter Rembours, nur für den Import). Belastung des Kreditnehmers durch

die einheimische Bank auf Währungs-Sonderkonto.

Valutakupon, ein in ausländischer Währung zahlbarer →Kupon.

Valutapapiere, ausländische bzw. auf ausländische Währung lautende →Wertpapiere, deren Zinsen- und Tilgungsdienst oder deren Dividendenzahlung in ausländischer Währung erfolgt. – Als *Valuten* werden →Zinsscheine der V. bezeichnet.

Valuta per..., →Wertstellung.

Valutapolitik, Maßnahmen der →Währungspolitik, die zur Aufrechterhaltung des Außenwertes des Geldes (Valuta) dienen. Von dem Versuch, die Wechselkurse mit Hilfe der →Goldwährung und ihren Grenzen (→Geldmengen-Preismechanismus) stabil zu halten, also von →Devisenpolitik i. e. S. und von Währungsausgleichsfonds, ist zugunsten beweglicher Wechselkurse abgegangen worden. Ist Ausgleich ohne schwere Erschütterungen der Währung nicht möglich, so muß im Zuge der V. zu →Abwertung oder Devisenzwangswirtschaft gegriffen werden, unterstützt durch Reglementierung des Außenhandels.

Valutaschuld, *Fremdwährungsschuld,* in fremder Währung ausgedrückte Geldschuld. I. d. R. kann der Schuldner in inländischer Währung zahlen (§ 244 BGB), solange nicht →Effektivklausel bedungen ist.

Valutaversicherung, →Fremdwährungsversicherung.

Valutazoll, →Abwehrzoll.

Valuten, →Valutapapiere.

Valutenkonto, →Konto in der Hauptbuchhaltung, auf dem die auf fremde Währung lautenden Buchungen festgehalten werden.

Valutierung, →Wertstellung.

Vanuatu, Inselstaat im Süd-Pazifik (Ozeanien), besteht aus 12 größeren und 60 kleineren Vulkaninseln. – *Fläche:* 14 763 km^2, davon die Hauptinsel Espiritu Santo (3845 km^2. – *Einwohner* (E): (1985, geschätzt) 140 000 (9,5 E/km^2); meist Melanesier, Polynesier, Franzosen, Briten, Chinesen. – *Hauptstadt:* Port Vila auf der Insel Efate (15 759 E); weitere wichtige Stadt: Santa (ca. 5220 E). – *Amtssprachen:* Englisch und Französisch; *Umgangssprache:* Bislama (Pidgin-Englisch). – Unabhängig seit 1980.

W i r t s c h a f t : *Landwirtschaft:* Anbau von Kokosnüssen, Kopra, Kakao und Kaffee. Viehzucht: Rinder, Ziegen, Schweine, Pferde. – *Fischfang:* (1980) 10 000 t. – *Bergbau:* Förderung von Manganerz für den Export. – *Fremdenverkehr:* (1981) 22 092 Touristen. – *BSP:* (1984, geschätzt) 95 Mill. US-$ (630 US-$ je E). – Anteil der Landwirtschaft am BSP:

(1984) 25%, Erwerbstätige in der Landwirtschaft: (1984) ca. 80%. – *Export:* (1985) 31 Mill. US-\$, v.a. Kopra, Fisch, Muscheln, Mangan, Holz, Kakao, Kaffee. – *Import:* (1985) 71 Mill. US-\$. – *Handelspartner:* Australien, Frankreich, Japan, USA, Neuseeland, Belgien, Luxemburg, Neukaledonien, Fidschi, Niederlande.

M i t g l i e d s c h a f t e n : UNO, AKP, ESCAP, UNCTAD u.a.; Commonwealth.

W ä h r u n g : 1 Vatu (VT); Zahlungsmittel ist auch der Australische Dollar.

Var (var), →gesetzliche Einheiten, Tabelle 1.

Variabilität, →Streuung.

Variable, *Veränderliche,* Größe, die unterschiedliche Werte annehmen kann. – *Gegensatz:* →Konstante.

I. M a t h e m a t i k / O p e r a t i o n s R e s e a r c h : In mathematischen Termen, Gleichungen, Ungleichungen oder Funktionen auftretende Zeichen für mit verschiedenen Zahlen zu besetzende Leerstellen („Platzhalter"). So tritt z. B. x als V. auf im Term $3x^2 + 1$, in der quadratischen Gleichung $x^2 - 5x + 6 = 0$ und in der Funktionsgleichung $y = x^2$.

II. S t a t i s t i k : V. wird synonym für →Merkmal verwendet. Die Werte der V. heißen →Ausprägungen oder bei Zufallsvariablen →Realisationen.

III. B e t r i e b s i n f o r m a t i k : In der Programmentwicklung ein →Datenelement oder eine →Datenstruktur, die bei der Ausführung des →Programms verschiedene Werte annehmen kann (analog zum mathematischen Begriff der V.). Eine V. besitzt einen →Datentyp.

variable Abschreibung, →Leistungsabschreibung.

variable Arbeitszeit, →Arbeitszeitmodelle.

variable costing, →direct costing.

variable Gemeinkosten, Form der →Gemeinkosten, die z. B. bei Prozessen der Kuppelproduktion (→Kuppelprodukte) auftritt. Die Kosten des Spaltprozesses (z. B. des Rohöls und des Raffinierungsvorgangs) lassen sich zwar – mit Ausnahme willkürlicher Schlüsselung (→Gemeinkostenschlüsselung) – nicht auf die einzelnen Spaltprodukte aufteilen, verändern sich aber mit Dauer und Intensität des Produktionsvorgangs.

variable gross margin, →Deckungsbeitrag.

variable Kosten, *veränderliche Kosten, direct costs,* Bezeichnung für den Teil der →Gesamtkosten, dessen Höhe vom →Beschäftigungsgrad des Betriebes abhängig ist, z. B. Einzelmaterialkosten, Fertigungslöhne usw. – *Zu unterscheiden* sind: a) →proportionale Kosten; b) →degressive Kosten (unterpropor-

tionale Kosten); c) →progressive Kosten (überproportionale Kosten); d) →regressive Kosten. – *Gegensatz:* →fixe Kosten. – *Anders:* →Einzelkosten, →Leistungskosten.

Variablenkontrolle, *messende Prüfung,*Verfahren der Qualitätskontrolle (→Qualitätssicherung). Form der →Partialkontrolle; von der →Attributenkontrolle unterscheidet sich die V. nach der Art der Erfassung des Qualitätsmerkmales. Bei der V. erfolgt die Beurteilung der →Ausführungsqualität aufgrund von Meßergebnissen selbst oder anhand von aus ihnen ermittelten Kennzahlen.

Variablentransformation *Transformation, Merkmalstransformation,* in der Statistik Übergang von einem →metrischen Merkmal zu einer bestimmten Funktion desselben, wodurch eine neue →Variable entsteht; die einzelnen →Ausprägungen werden nach Maßgabe dieser Funktion in Ausprägungen der neuen Variablen übergeführt. Z. B. ergibt die *lineare V.* $y_i = 1000(x_i - 5)$ der Werte x_i des Füllgewichts (in kg) von Waschmittelpaketen die Ausprägungen der Variablen: Abweichung des Füllgewichts vom Sollgewicht 5 kg in g. – In der →Ökonometrie werden *nichtlineare V.,* z. B. die logarithmische V., eingesetzt, um einen Modellansatz zu linearisieren.

variabler Kurs, →Kurs 2a) (2).

variabler Markt, Markt derjenigen Papiere, für die fortlaufende bzw. variable Kurse (→Kurs 2a) (2)) der jeweils getätigten Abschlüsse notiert werden. Für die variable Kursfestsetzung ist eine besondere Zulassung der Papiere durch den Börsenvorstand erforderlich, die nur für Wertpapiere mit lebhaftem und großem Umsatz erfolgt. Der Kursmakler stellt Anfangs-, Kassa- und Schlußkurse fest, sowie alle sonstigen Kurse, zu den Umsätze getätigt werden. Für den Handel zu variablen Kursen sind Mindestnennbeträge in Höhe von nominal 3000 DM bei Prozentnotierung und 50 Stück bei Stücknotierung vorgeschrieben. Alle unter dem Mindestnennbetrag liegenden Börsenaufträge werden zu dem auch für jedes variable Papier täglich ermittelten Einheitskurs ausgeführt. – *Gegensatz:* →Einheitsmarkt.

variables Kapital, Bezeichnung der Wirtschaftstheorie des Marxismus für die Lohnkosten der Produktion. Im Gegensatz zum →konstanten Kapital erbringe es durch die ausschließliche Produktivität der Arbeitskraft eine zusätzliche Wertschöpfung (→Mehrwerttheorie, →Ausbeutung).

Varianten. 1. *Begriff:* →Teile, insbes. Endprodukte, die sich zwar in untergeordneten Merkmalen, aber nicht oder nur wenig in ihrer Grundstruktur unterscheiden, werden als V. eines Grundtyps bezeichnet. Aufgrund der Kombinationsvielfalt der Unterscheidungsmerkmale können extrem viele V. eines Teils existieren. – 2. *Beispiel* (Unterscheidungsmerkmale bei einem bestimmten PKW-Typ): Farbe, Polsterung, Motorleistung, Art der Verglasung, Schiebedach, Anzahl der Außenspiegel, der Gänge, der Haltegriffe u.a. – 3. *Anwendung:* In der Produktionsplanung und -steuerung werden die Erzeugnisstrukturen aller möglichen V. eines Teils zur Beschränkung der Datenbestände und Vermeidung von →Datenredundanz i.d.R. nicht einzeln geführt, sondern zusammengefaßt in *Variantenstücklisten* (→Stückliste) dargestellt. – 4. *Grundformen:* a) →Mengenvarianten; b) →Strukturvarianten.

Varianz, gebräuchlichste Maßzahl zur Charakterisierung der →Streuung einer theoretischen oder empirischen →Verteilung. Die V. ist ein nicht relativiertes →Streuungsmaß mit der Benennung: Quadrat des Merkmalswertes. – 1. Ist X eine →*Zufallsvariable,* so bezeichnet var X = E(X – EX)² = EX² – (EX)² deren V. Bei einer diskreten Zufallsvariablen mit den Ausprägungen x_i, der →Wahrscheinlichkeitsfunktion f(x) und dem →Erwartungswert EX ist die V. gemäß

$$var\,X = \sum (x_i - EX)^2 f(x_i)$$
$$= \sum x_i^2 f(x_i) - (EX)^2$$

zu ermitteln; analog ist bei stetigen Zufallsvariablen zu verfahren. – 2. Liegen in Ausprägungen x_i eines →*metrischen Merkmals* vor, so ist deren V., berechnet aus den →Urwerten,

$$s^2 = \frac{1}{n} \sum (x_i - \bar{x})^2 = \frac{1}{n} \sum x_i^2 - \bar{x}^2$$

wobei x̄ das →arithmetische Mittel bezeichnet. – 3. Ist eine →*klassierte Verteilung* gegeben, dann ist die V. exakt als Summe der →internen Varianz (Binnenklassenvarianz) und der externen V. (Zwischenklassenvarianz) zu bestimmen (→Varianzzerlegung). Stehen die interne und externe V. nicht zur Verfügung, so wird die V. oft unter Verwendung der Klassenmittel x'_j und der →relativen Häufigkeiten p_j gemäß

$$s'^2 = \sum (x'_j - \bar{x}')^2 p_j = \sum x'^2_j p_j - \bar{x}'^2$$

approximativ bestimmt, wobei x̄' der analoge Näherungswert für das arithmetische Mittel ist. Diese Näherung tendiert zu einem zu niedrigen Ausweis der V., da die interne V. mit O unterstellt wird. – 4. Liegt ein Befund aus einem →uneingeschränkten Zufallsstichprobenverfahren vor, dann wird die *Stichproben-V.*

$$s^2_{St} = \frac{1}{n-1} \sum (x_i - \bar{x})^2 = \frac{n}{n-1} s^2 \quad als$$

→Schätzwert für die V. der →Grundgesamtheit verwendet, weil sie bessere Schätzeigenschaften als s² aufweist (insbes. →Erwartungstreue). Zur einfacheren Berechnung der V. wird der →Verschiebungssatz angewendet, der oben jeweils die zweite Formel ergibt.

Varianzanalyse. 1. *Begriff:* Gruppe von statistischen Analyse-, insbes. Testverfahren zum Mehr-Stichproben-Fall. V. wird in erster Linie in der experimentellen naturwissenschaftlichen Forschung auf der Grundlage verschiedener Versuchspläne eingesetzt. – 2. *Methode:* Bei der V. sind drei Gruppen von →Variablen zu unterscheiden: die abhängigen Variablen, also die Untersuchungsmerkmale; die unabhängigen Variablen ("Faktoren") und Störvariablen (→Störgröße). Im Unterschied zur →Regressionsanalyse, die eine analoge Fragestellung betrifft, sind in der V. die Faktoren nicht metrisch skaliert (→Kardinalskala), sondern kategorial. Ggf. werden die Kategorien durch →Klassenbildung eigens gewonnen. Die einfachste Fragestellung der V. ist die Prüfung der →Nullhypothese, die Faktoren hätten keinen Einfluß auf die abhängigen Variablen, speziell etwa: Die →Lokalisationen der →Grundgesamtheiten, aus denen die →Stichproben stammen, seien gleich. Unter gewissen Voraussetzungen kann diese Prüfung mit Hilfe der →F-Verteilung als Prüfverteilung durchgeführt werden; die Gesamtvarianz der beobachteten Werte wird in die →externe Varianz und die →interne Varianz aufgeteilt; als →Prüfvariable dient der (leicht variierte) Quotient dieser beiden Varianzbestandteile. – 3. *Voraussetzungen:* Die *klassische V.* beruht auf der Annahme normalverteilter Untersuchungsvariablen. Neuerdings wurden auch verteilungsungebundene Verfahren für die V. entwickelt, etwa die *Rang-V.*

Varianzzerlegung, Aufteilung der gesamten →Varianz s² einer →klassierten Verteilung in die →interne Varianz s^2_w und die →externe Varianz s^2_b gemäß der Identität $s^2 = s^2_w + s^2_b$. Die interne Varianz ist i.d.R. sehr klein gegenüber der externen Varianz. Deshalb wird s^2_w gelegentlich approximativ mit Null angesetzt.

Variation, Begriff der Kombinatorik für eine Folge von n Elementen aus einer Grundmenge von N Elementen (n < N; n = N) mit Berücksichtigung der Reihenfolge dieser Elemente, ohne daß die Elemente in der Folge mehrfach auftreten dürfen. Für eine Grundmenge von N Elementen gibt es $\frac{N!}{(N-n)!}$ Möglichkeiten der V. – *Beispiel:* Drei Personen können auf sechs verschiedene Arten auf zwei Plätzen angeordnet werden:

$$P_1P_2, P_1P_3, P_2P_3, P_2P_1, P_3P_1, P_3P_2;$$

$$\frac{N!}{(N-n)} = \frac{3!}{(3-2)} = \frac{1 \cdot 2 \cdot 3}{1} = 6.$$

Anders: →Permutation.

Variationskoeffizient, relatives →Streuungsmaß, das als Quotient aus →Standardabweichung und →arithmetischem Mittel definiert ist.

Variator, in der Plankostenrechnung auf Vollkostenbasis (→Verbrauchsplanung) eine Zahl, die angibt, um wieviel sich bei sonst gleichen Umständen der Betrag einer →Kostenart in den →Sollkosten ändert, wenn sich die Beschäftigung um 10% ändert (ab- oder zunimmt).

$$V. = \frac{\text{Variabler Kostenanteil in DM} \cdot 10}{\text{Gesamtkosten}}$$

Verwendet werden die V. von 0 bis 10. Der V. 0 bezeichnet vollständig →fixe Kosten, der V. 10 bezeichnet vollständig →variable Kosten. Der V. 8 besagt z.B., daß eine Kostenart sich um 8% ändert, wenn die Beschäftigung um 10% ab- oder zunimmt. V. entfällt bei →Grenzplankostenrechnung.

Vater-Sohn-Prinzip, organisatorisches Prinzip für die →Datensicherung, bei dem nach →Fortschreibung einer →Stammdatei neben der →Bewegungsdatei und der neuen →Stammdatei („Sohn") auch die alte Stammdatei („Vater") aufbewahrt wird. Geht die neue Stammdatei verloren, so kann sie mit Hilfe der beiden anderen Dateien rekonstruiert werden. – Vgl. auch →Drei-Generationen-Prinzip.

Vatikanstadt, souveräner Staat; umfaßt das Gebiet um die Basilika St. Peter sowie einige Kirchen und Paläste in Rom, außerdem den päpstlichen Sommersitz in Castel Gandolfo. – *Fläche:* 0,44 km². – *Einwohner:* rund 1000. – *Amtssprachen:* Latein und Italienisch. – V. ist Teil des italienischen Wirtschaftsgebietes.

W ä h r u n g : 1 Vatikanische Lira (Parität zur italienischen Lira) = 100 Centesimi; italienische Zahlungsmittel sind gültig.

VBL, Abk. für →Versorgungsanstalt des Bundes und der Länder.

VBLV, Abk. für →Versorgungsverband bundes- und landesgeförderter Unternehmen e.V.

VCI, Abk. für →Verband der Chemischen Industrie e.V.

VDA, Abk. für →Verband der Automobilindustrie e.V.

VdAK, Abk. für →Verband der Angestellten-Krankenkassen e.V.

VDI, Abk. für →Verein Deutscher Ingenieure.

VDMA, Abk. für →Verband Deutscher Maschinen- und Anlagenbau e.V.

VDP, Abk. für →Verband Deutscher Papierfabriken e.V.

VDR, Abk. für →Verband Deutscher Rentenversicherungsträger e.V.

VdS, Abk. für →Verband der Sachversicherer e.V.

VEB, Abk. für →volkseigener Betrieb.

Vebleneffekt, →externer Konsumeffekt 3.

Vehicle-dispatching-Problem, →Vehicle-routing-Problem.

Vehicle-routing-Problem, *Lieferantenproblem, Vehicle-dispatching-Problem, Vehicle-scheduling-Problem, Delivery-Problem,* Standardproblem des →Operations Research; spezielle Variante des Grundproblems der →Tourenplanung, bei dem sämtliche Kunden und das Depot an den Orten konzentriert sind (Problem der knotenorientierten Tourenplanung).

Vehicle-scheduling-Problem, →Vehicle-routing-Problem.

Veiling, Methode der →Versteigerung von Fischen, Blumen, Obst, Gemüse u.a. rasch verderblichen Erzeugnissen: Auf einer Versteigerungsuhr läuft ein Zeiger langsam über eine fallende Preisskala, bis er durch das erste (somit höchste) Käuferangebot angehalten wird *(Versteigerung auf Abschlag oder Abstrich).*

Vektor. 1. *Physik:* Gerichtete Größe. – 2. *Mathematik:* Element eines →Vektorraums.

Vektorraum, Menge mit bestimmten kennzeichnenden Eigenschaften. Insbes. muß innerhalb dieser Menge eine Addition definiert sein und eine Multiplikation der Elemente mit →reellen Zahlen. – *Beispiel:* Die Zahlenpaare $\begin{pmatrix} a \\ b \end{pmatrix}$ mit reellen Zahlen a und b,

$$\begin{pmatrix} 2 \\ 3 \end{pmatrix} + \begin{pmatrix} 10 \\ 11 \end{pmatrix} = \begin{pmatrix} 12 \\ 14 \end{pmatrix}, \quad 7 \cdot \begin{pmatrix} 2 \\ 3 \end{pmatrix} = \begin{pmatrix} 14 \\ 21 \end{pmatrix};$$

entsprechend die Zahlentripel $\begin{pmatrix} a \\ b \\ c \end{pmatrix}$, usw.

Vektorrechner, *Arrayrechner,* Rechner mit einem →Zentralprozessor, der über einen speziellen Satz von →Maschinenbefehlen verfügt; diese operieren mit Daten fixer Länge (Vektoren) in der Weise, daß mehrere Elemente eines Vektors oder ein ganzer Vektor parallel (→Parallelverarbeitung) bearbeitet werden. – V. arbeiten i.d.R. nach dem *Pipelining-Prinzip* (→Pipelining). – *Einsatzgebiete* liegen v.a. im technisch-naturwissenschaftlichen Bereich, da dort häufig große Vektoren verarbeitet werden müssen.

Venda, →Südafrika.

Venezuela, *República de Venezuela,* nördlichster Staat Südamerikas, präsidiale föderative Republik mit Zweikammerparlament aus Senat und Abgeordnetenhaus, Proklamation der Unabhängigkeit 1811, endgültig 1830; am

Karibischen Meer, mit vorwiegend tropisch-wechselfeuchtem Klima. – *Fläche:* 912050 km^2; eingeteilt in 20 Bundesstaaten, Bundesdistrict der Hauptstadt, 2 Bundesterritorien und den 72 Inseln der Antillen. – *Einwohner* (E): (1984) 15,26 Mill. (16,7 E/km^2); ⅔ davon sind Mestizen und Mulatten, ca. 20% Weiße, 9% Schwarze, ca. 2% Indianer. – *Hauptstadt:* Caracas (1981: ca. 4 Mill. E); weitere wichtige Städte: Maracaibo (874000 E), Valencia (488000 E), Barquisimento (474000 E), Maracay (345000 E), Puerto La Cruz (267000 E), San Cristóbal (264000 E). – *Amtssprache:* Spanisch.

Wirtschaft: *Landwirtschaft:* Anbau von Getreide, (Mais, Reis, Sorghum), Zuckerrohr, Kaffee, Maniok, Gemüse, Obst, Baumwolle, Tabak. Viehzucht: Rinder, Schweine, Schafe, Ziegen. – *Fischfang:* (1980) 171800 t, vor der Küste Perlenfischerei; 1984 waren 15% der Erwerbspersonen in der Landwirtschaft tätig. – *Bergbau:* Bedeutende Erdöl- und Erdgasförderung, reiche Vorkommen an Eisenerz, Steinkohleabbau, Gold, Industriediamanten, Schmuckdiamanten, Salzgewinnung. – *Industrie:* Zement-, Eisen- und Stahl-, Aluminiumindustrie; Düngemittelherstellung; Nahrungsmittel-, Textilindustrie; große Erdölraffinerien; 27% der Erwerbspersonen hier tätig. – *Reiseverkehr:* (1980) ca. 1 Mill. Touristen. – *BSP:* (1985, geschätzt) 53800 Mill. US-$ (3110 US-$ je E). – Anteil der Landwirtschaft am *BSP:* (1984) 6%, der Industrie: 42%. – *Öffentliche Auslandsverschuldung:* (1984) 38,3% des BSP. – *Inflationsrate:* (Durchschnitt 1973–84) 11,7%. – *Export:* (1985) 12272 Mill. US-$, v.a. Erdöl und Erdölprodukte, Eisenerz, Zucker, Kaffee, Kakao, Holz, Häute. – *Import:* (1985) 7559 Mill. US-$, v.a. Maschinen und Fahrzeuge, Investitionsbedarf, industrielle Fertiggüter. – *Handelspartner:* USA, Bundesrep. D. u.a. EG-Länder, Japan, Kanada, Italien, Brasilien, Niederländische Antillen.

Verkehr: Wichtig sind das *Inlandsflugnetz* und die *Küsten- und Binnenschiffahrt; Eisenbahn-* und *Straßennetz* sind nur weitmaschig ausgebaut; wichtige *Häfen:* Maracaibo, La Guaira, Puerto Cabello; wichtigster *Flughafen:* Caracas; eigene staatliche *Fluggesellschaft* LAV (Linea Aeropostal Venezolana).

Mitgliedschaften: UNO, ALADI, OPEC, SELA, UNCTAD u.a.; Anden-Parlament, Contadora-Gruppe, Amazonas-Vertrag.

Währung: 1 Bolivar (Bs) = 100 Céntimos.

Vent-for-surplus-Theorie, Erklärung der positiven Wirkung des Außenhandels auf die Beschäftigung unbeschäftigter Faktoren bzw. die Mobilisierung brachliegender Ressourcen und nicht genutzter Produktionskapaziäten als Folge handelsbedingter Nachfrageausweitung. Die betreffenden positiven Wirkungen insbes. für →Entwicklungsländer werden hervorgehoben. – Die *Argumentation* im Rahmen der V.-f.-s.-T. stellt im wesentlichen darauf ab, daß bei nicht genügend entwickelten Binnenmärkten eine mögliche Ausdehnung der Produktion wegen fehlender Nachfrage vielfach unterlassen wird. Eine Umlenkung der Produktion in Richtungen, für die eine Nachfrage besteht oder entstehen kann, ist u.a. wegen der beschränkten Teil-, Kombinier- und Substituierbarkeit der Produktionsfaktoren nicht immer möglich. Hinzu kommt, daß in Entwicklungländern z.B. überschüssige Arbeitskräfte schon oft unbeschäftigt sind, weil die Flexibilität der Löhne nach unten durch eine positive Bewertung der Muße beschränkt wird. Die Nachfrageausdehnung durch den Außenhandel ist umso mehr beschäftigungswirksam, je mehr diese mit einer Verschiebung der Nachfragestruktur zugunsten arbeitsintensiver Produkte gekoppelt ist.

venture capital, *Risikokapital, Wagniskapital.*

I. Begriff: Zurverfügungstellung von haftendem Kapital über einen bestimmten Zeitraum, verbunden mit unternehmerischer Beratung des kapitalnehmenden Unternehmens. Die Bereitstellung des Kapitals wird im Gegensatz zur Kreditvergabe (→Kredit) nicht vom Vorhandensein beleihungsfähiger →Kreditsicherheiten abhängig gemacht, sondern allein von den geschätzten Ertragschancen des zu finnzierenden Objekts.

II. Kapitalnehmer/-geber: 1. *Kapitalnehmer:* Unternehmen, die Investitionsobjekte mit hohen Ertragschancen, aber auch hohem Verlustrisiko realisieren. Meist handelt es sich um kleine Unternehmen, die an →Innovationen auf dem technischen Sektor arbeiten; wegen des hohen Verlustrisikos der Investition, mangelnder Sicherheit und der Unmöglichkeit für den Kreditgeber, die Chancen und Risiken des zu finanzierenden Objekts richtig einzuschätzen, erhalten sie i.d.R. keine Kredite. Die Beschaffung von Eigenkapital scheitert oft am fehlenden Kapitalmarktzugang und der mangelnden Risikobereitschaft von Investoren. Die Möglichkeiten der →Selbstfinanzierung sind wegen der in der Anlaufphase geringen Gewinne nicht ausreichend, um das in der Expansionsphase stark steigende Investitionsvolumen zu finanzieren. – 2. *Kapitalgeber:* Spezielle Beteiligungsfonds. Um das Risiko durch →Diversifikation zu vermindern, sind diese an mehreren verschiedenen innovativen Projekten aus unterschiedlichen Branchen beteiligt. Durch das technische Wissen ihrer Mitarbeiter ist die V.-c.-Gesellschaft in der Lage, die Ertragschancen von innovativen Produkten gut einzuschätzen; betriebswirtschaftliche Kenntnisse ermöglichen es, die wichtige Beratungsfunktion gegenüber dem Kapitalnehmer zu erfüllen (insbes. bei Unternehmensneugründungen und in der Expansionsphase besteht i. d. R. ein intensiver Beratungsbedarf bezüglich der Vermarktung der Innovation). – *Refinanzierung:* In den USA wird ein Großteil des Kapitals von Versicherungen und Pensionsfonds aufgebracht. In der Bundesrep. D. ist Versicherungsunternehmen die Mittelanlage in Anteilen von Wagnisfonds untersagt; hier werden die Mittel von anderen institutionellen und privaten Anlegern, z. T. auch vom Staat aufgebracht oder über die Börse refinanziert.

III. Form der Beteiligung: In der Bundesrep. D. häufig die →stille Gesellschaft. Sie räumt der V.-c.-Gesellschaft im Konkurs des Kapitalnehmers Gläubigerrechte ein und eröffnet die Möglichkeit der vertraglichen Vereinbarung eines Ausschlusses der Verlustbeteiligung. – Eine direkte Beteiligung am kapitalnehmenden Unternehmen wird bei Personengesellschaften durch Haftungsvorschriften unmöglich gemacht, stößt bei GmbHs und KGs wegen der damit verbundenen stärkeren Mitentscheidungsrechte auf mangelnde Akzeptanz durch die Eigentümer.

IV. Beendigung des Beteiligungsverhältnisses: 1. Dem Kapitalnehmer kann die Möglichkeit des Rückkaufs des Kapitalanteils nach Ablauf einer bestimmten Frist gegeben werden. – 2. Eine Veräußerung der Beteiligung, z. B. an ein interessiertes Großunternehmen ist möglich. Nach einer eventuell erforderlichen Rechtsumwandlung kann die V.-c.-Gesellschaft die Beteiligungsgesellschaft an die Börse führen und dort veräußern.

V. Beurteilung: 1. *Vorteile:* Bereitstellung von Kapital für technische Innovationen; auf anderem Weg wäre die Kapitalbeschaffung kompliziert oder gar unmöglich, so daß Innovationsobjekte wegen Kapitalmangel nicht realisiert werden könnten. Die betriebswirtschaftliche und technische Beratung durch die V.-c.-Gesellschaft verringert die Gefahr eines frühzeitigen Konkurses des Kapitalnehmers. – Beide Aspekte sorgen auf volkswirtschaftlicher Ebene für eine verbesserte wirtschaftliche Nutzung des Innovationspotentials. – 2. *Problem:* Ausstattung der V.-c.-Gesellschaften mit technisch und betriebswirtschaftlich entsprechend geschulten Mitarbeitern; Abschätzung von zukünftigen Ertragschancen technischer Innovationen bergen die Gefahr einer Rückkehr zur „bankenmäßigen" Bonitätsbeurteilung über Sicherheiten und damit zu hohen Anforderungen. Die Refinanzierungsmöglichkeiten bei nicht börsennotierten V.-c.-Gesellschaften werden als beteiligungswürdig betrachtet. – 3. In der Literatur wird eine *Lockerung der Anlagevorschriften des VAG* diskutiert, nach der sich Versicherungsunternehmen innerhalb gewisser Grenzen an V.-c.-

Gesellschaften beteiligen können. – 4. *Bedeutung:* In den USA große Bedeutung; ca. 600 venture funds haben ca. 12 Mrd. US-$ in Objekte investiert. – In der *Bundesrep. D.* geringe Anzahl von V.-c.-Gesellschaften; 1981 Gründung der →Deutschen Gesellschaft für Wagniskapital mbH durch 29 Banken; 1985 Börseneinführung der Deutschen Beteiligungs-AG.

verallgemeinerte Upper-bounding-Technik, Variante der →Simplexmethode, bei der Obergrenzen für Summen gewisser Variablen implizit durch Modifikation der Lösungsverfahren und nicht explizit durch →Restriktionen berücksichtigt werden. – Vgl. auch →Upper-bounding-Technik.

Veralterung, →Obsoleszenz.

Veränderliche, →Variable.

veränderliche Kosten, →variable Kosten.

Veränderungssperre, amtliche Bezeichnung für →Bausperren nach dem Baugesetzbuch. Eine V. kann von der Gemeinde zur Sicherung der Bauplanung für längstens vier Jahre beschlossen werden mit folgendem Inhalt: a) Verbot erheblicher oder wesentlich wertsteigernder Veränderungen der Grundstücke; b) Verbot der Errichtung wertsteigernder baulicher Anlagen oder wertsteigernder Änderungen daran.

veranlagte Steuern, →Veranlagungssteuern.

Veranlagung, formgerechte →Steuerfestsetzung. V. ist dort vorzunehmen, wo es nach Art der Steuer einer eingehenden Erforschung des Sachverhalts bedarf, z. B. bei den Steuern vom Einkommen und Vermögen. Die V. erfolgt jeweils für den →Veranlagungszeitraum.

I. Einkommensteuer: 1. *Begriff:* V. nach Ablauf des Veranlagungszeitraums (Kalenderjahr) nach dem Einkommen, das der Steuerpflichtige in diesem Zeitraum bezogen hat, soweit nicht §§ 46, 46 a EStG unterbleibt (§ 25 I EStG). Der Steuerpflichtige ist verpflichtet an einer V. mitzuwirken (§ 90 AO) durch Abgabe einer →Steuererklärung (§ 25 III EStG, ausführlich §§ 56–60 EStDV). Das Finanzamt ist verpflichtet, die Steuererklärung zu überprüfen und über die durchgeführte V. einen →Steuerbescheid zu erteilen (§§ 155, 157 AO). – 2. *Formen:* Einzelveranlagung und V. von Ehegatten. Alle Personen, die nicht die Voraussetzungen der Ehegattenveranlagung erfüllen (vgl. 4), werden einzeln veranlagt, d. h., die Einkommensteuer wird für jede einzelne Person aufgrund ihrer individuellen Verhältnisse und ihres →zu versteuernden Einkommens festgesetzt. – 3. *V. in bestimmten Fällen:* a) Bei *Lohnsteuerpflichtigen* erfolgt gem. § 46 EStG V., wenn ihr Einkommen 24 000 DM (bei →Zusammenveranlagung 48 000 DM) übersteigt. Bei Einkommen bis zu den genannten Beträgen wird V. nur durchgeführt, wenn (1) die nicht der →Lohnsteuer unterliegenden Einkünfte mehr als 800 DM betragen, (2) bei mehreren Arbeitsverhältnissen eines Steuerpflichtigen das zu versteuernde Einkommen 18 000 DM (bei Zusammenveranlagung 36 000 DM) übersteigt, (3) bei zusammenveranlagten Ehegatten beide Arbeitslohn bezogen haben und ein Ehegatte nach der Lohnsteuerklasse V oder VI (vgl. →Lohnsteuerkarte III) besteuert wurde und das zu versteuernde Einkommen 36 000 DM übersteigt, (4) die →Versorgungsbezüge aus mehreren früheren Dienstverhältnissen im Veranlagungszeitraum 12 000 DM übersteigen, (5) der Steuerpflichtige älter als 64 Jahre ist und von mehreren Arbeitgebern Arbeitslohn aus aktiver Tätigkeit von insgesamt mehr als 7500 DM bezogen hat, (6) auf der Lohnsteuerkarte des Steuerpflichtigen ein →Freibetrag zur Berücksichtigung bestimmter negativer →Einkünfte aus Vermietung und Verpachtung eingetragen worden ist, (7) der Steuerpflichtige Kurzarbeiter- oder Schlechtwettergeld bezogen hat und kein →Lohnsteuer-Jahresausgleich durchzuführen ist, (8) bei Eheschließung im Veranlagungszeitraum bestimmte weitere Voraussetzungen (§ 46 II Nr. 5 EStG) erfüllt werden, (9) bei Auflösung der Ehe durch Tod, Scheidung usw. einer der Ehegatten im Veranlagungszeitraum wieder geheiratet hat, (10) von einem der Ehegatten →getrennte Veranlagung bzw. von beiden die →besondere Veranlagung beantragt wird oder wenn (11) die V. zur Erreichung bestimmter Steuervergünstigungen, zur Berücksichtigung von Verlusten oder zur Geltendmachung von Anrechnungsansprüchen beantragt wird. – b) *Keine V.* für Zinsen aus bestimmten festverzinslichen Wertpapieren, die einer →Kapitalertragsteuer von 30% (§ 43 a I Nr. 2 EStG, sog. →Kuponsteuer alter Art) unterliegen. Mit ihrer Einbehaltung ist die Einkommensteuer abgegolten (§ 46 a EStG). – 4. *V. von Ehegatten:* Ehegatten, die beide unbeschränkt einkommensteuerpflichtig sind und nicht dauernd getrennt leben, können wählen zwischen →Zusammenveranlagung und →getrennter Veranlagung; für den Veranlagungszeitraum der Eheschließung können sie statt dessen die →besondere Veranlagung wählen. – a) Bei der *Zusammenveranlagung* (§ 26 b EStG) werden die Einkünfte der Ehegatten getrennt ermittelt, dann addiert und das gemeinsame zu versteuernde Einkommen errechnet (→Einkünfteermittlung). Besteuerung unter Anwendung des →Splitting-Verfahrens. – b) Bei *getrennter Veranlagung* (§ 26 a EStG) gemeinsame Ermittlung der →Sonderausgaben und →außergewöhnliche Belastungen. – c) Bei der *besonderen Veranlagung* für den Veranlagungszeitraum der Eheschließung werden die Ehegatten so behandelt, als ob sie unverheiratet wären (§ 26 c I EStG).

II. K ö r p e r s c h a f t s t e u e r : V. erfolgt gem. § 49 KStG nach den Vorschriften für die Einkommensteuer. Nicht anwendbar sind die Vorschriften des EStG, die ihrer Natur nach nicht für die Körperschaftsteuer in Frage kommen, wie z. B. der Steuerabzug vom Arbeitslohn.

III. U m s a t z s t e u e r : Vgl. →Umsatzsteuervoranmeldung, →Umsatzsteuer VII.

IV. V e r m ö g e n s t e u e r : Vgl. →Vermögensteuer IV.

V. G e w e r b e s t e u e r : V. aufgrund der →Gewerbesteuererklärung.

Veranlagungsteuern, *veranlagte Steuern,* Steuern, bei denen Bemessungsgrundlagen, endgültige Höhe der Steuerschuld usw. durch →Veranlagung festgestellt werden, z. B. →Einkommensteuer, →Körperschaftsteuer, →Vermögensteuer. – *Anders:* →Fälligkeitsteuern.

Veranlagungsverfahren, Verfahren zur →Steuerfestsetzung bei periodischen Steuern.

Veranlagungszeitraum (VZ), Kalenderzeit, für die steuerliche →Veranlagung vorgenommen wird. Kalenderjahr bei Einkommen-, Körperschaft-, Umsatz-, Gewerbesteuer; grundsätzlich drei Jahre bei Vermögensteuer.

Veranlassungsverbot, besondere Ausprägung des Diskriminierungsverbots; vgl. →Kartellgesetz V 2.

Verantwortlichkeit, →Verantwortung.

Verantwortlichkeitsklausel, bei Versicherungsverträgen Vereinbarung (Klausel), die sicherstellt, daß der Versicherungsnehmer für Verstöße seiner Repräsentanten gegen vereinbarte →Sicherheitsvorschriften nicht verantwortlich gemacht wird, soweit er sie ordnungsgemäß bekanntgegeben hat und die Verstöße wider sein Wissen und seinen Willen erfolgen. Ohne V. fallen dem Versicherungsteilnehmer u. U. Verletzungen der →Obliegenheiten der Personen zur Last, die aufgrund eines Vertretungs- oder ähnlichen Verhältnisses an die Stelle des Versicherten getreten sind.

Verantwortung. I. O r g a n i s a t i o n : 1. *Begriff:* Verpflichtung und Berechtigung, zum Zwecke der Erfüllung eines übernommenen Auftrags oder in einem eingegrenzten Funktionsbereich selbständig zu handeln. Mit der Chance zum selbständigen Handeln verknüpft sich das Einstehenmüssen für Erfolg und Mißerfolg gegenüber derjenigen →Instanz, von der die →Kompetenz für Aufgabe oder Funktionsbereich gegeben wurde. – Häufig Synonym für *Verantwortlichkeit,* dem Einstehen für ein Tun und Lassen (vgl. auch →Eigenverantwortlichkeit). – 2. *Arten:* a) *Eigen-V.:* Einstehenmüssen für eigenes Handeln; b) *Fremd-V.:* Einstehenmüssen für das

Handeln hierarchisch nachgeordneter Handlungsträger.

II. A r b e i t s b e w e r t u n g : Häufig verwendetes →Anforderungsmerkmal, meist untergliedert nach V. für Betriebsmittel und Erzeugnisse, V. für die Arbeit anderer und V. für die Gesundheit anderer. Die Komplexität des betrieblichen Leistungsprozesses, die hohe Anlagenintensität und die Abhängigkeit des Betriebserfolges von einer friktionsfreien Kooperation verlangen sowohl von Führungskräften als auch von nachgeordneten Mitarbeitern die Bereitschaft zur V. Notwendig sind eindeutige Aufgabenzuordnungen und entsprechende Zuweisung von Kompetenzen, auf die sich die V. bezieht.

Verantwortungskostenstelle, im →verantwortungsorientierten Rechnungswesen →Kostenstelle, in der Entscheidungen getroffen werden und zu verantworten sind. – *Gegensatz:* →Erfassungskostenstelle.

verantwortungsorientiertes Rechnungswesen, *responsibility accounting.*

I. B e g r i f f / Z w e c k : Neuere noch wenig dokumentierte Entwicklung, die v.a. darauf abstellt, die (Selbst-)Kontrolle der im Rechnungswesen abgebildeten Tatbestände bei den primär verantwortlichen Entscheidungsträgern vorzunehmen. Die Differenzierung nach Funktionen, Prozessen usw. und Produkten ist untergeordnet. Ergänzung zum →entscheidungsorientierten Rechnungswesen.

II. A n f o r d e r u n g e n : 1. Generell sind nur solche Tatbestände und Rechengrößen kontrollierbar, die der betrachtete Verantwortungsträger für den betrachteten Zeitraum disponiert hat oder in diesem im wesentlichen beeinflussen kann. – 2. Neben den Erfordernissen des entscheidungsorientierten Rechnungswesens sind die Regeln und Voraussetzungen der →Kontrollierbarkeit zu beachten. – 3. Weitere Anforderungen ergeben sich aus den folgenden durch die personell-zeitliche Teilung des Entscheidungsfeldes bedingten Gestaltungsproblemen.

III. G e s t a l t u n g s p r o b l e m e u n d -r e g e l n : Die „Orte" der Entscheidungsverantwortung und des Auftretens der Wirkungen oder ihrer Erfaßbarkeit fallen oft auseinander, denn i.d.R. überwiegen „gemischte" organisatorische Einheiten. →Verantwortungskostenstellen und →Erfassungskostenstellen sind folglich in diesen Fällen nicht identisch. Daher sind: a) die von einem Verantwortungsträger getroffenen Maßnahmen danach zu gliedern, ob die Auswirkungen (1) in der eigenen „Stelle" oder (2) in über-, unter oder nebengeordneten Stellen desselben Zweigs der Verantwortungshierarchie oder in zu ganz anderen Zweigen gehörenden „Stellen" auftreten; b) es ist nach den Zeitpunkten oder

-räumen, in denen diese Wirkungen (oder ihre Komponenten) in Erscheinung treten, zu differenzieren. – Die im Rahmen der bisherigen Abrechnung an einer Stelle, bei einem Auftrag usw. erfaßten Wirkungen sind nach Trägern und Zeitpunkten der Entscheidung, auf die sie zurückgehen, zu kennzeichnen und entsprechend den Verantwortungsträgern zuzuordnen. Beispiel: Die Entscheidung eines Verkaufsverantwortlichen, einen Eilauftrag anzunehmen, kann sich in zusätzlichen Kosten bei anderen Produkten in einer Fertigungsstelle und in einer späteren Periode auswirken. – Die Teilung der Entscheidung über Produktgestaltung, Materialeinkauf, Programmplanung und Verfahrenswahl sowie die Mitbeeinflussung durch die Ausführenden erfordert zumindestens eine Trennung zwischen Preis- und Mengenkomponente bzw. Entgelt- und Verbrauchsfunktionen sowie eine Differenzierung nach Bezugsgrößen und -objekten, die den Verantwortungsbeziehungen entspricht. Allerdings sind nicht alle bereichsexternen Effekte quantifizierbar. – Besondere Probleme werden durch →Verrechnungspreise, die von den relevanten Kosten usw. abweichen, aufgeworfen (→konsolidierte Deckungsbeitragsrechnung) sowie durch die →Budgetierung. Hier sind v.a. die positiven und negativen Anreizwirkungen auf das Verhalten der Verantwortlichen zu beachten.

IV. B e d e u t u n g / R e a l i s i e r u n g : Das v.R. läßt sich am ehesten auf Basis einer ereignisorientierten relationalen Datenbank als erweitertes Konzept der (relativen) Einzelkosten- und Deckungsbeitragsrechnung verwirklichen.

Literatur: Horngren, Ch. T./Foster, G., Cost Accounting, A Managerial Emphasis, 6th ed., Englewood Cliffs, New Jersey, 1987.

Prof. Dr. Paul Riebel

Verantwortungsträger, Person, die die →Verantwortung für die sach- und zeitgerechte Erfüllung einer Aufgabe hat. – Grundsätzlich kann jede Person, unabhängig von ihrer hierarchischen Einordnung, V. sein. – Vgl. auch →Handlungsträger.

Verarbeitendes Gewerbe, Gewerbezweige, die Rohstoffe be- und verarbeiten, verbessern, umwandeln, veredeln usw. Wichtig in der Bundesrep. D.: U.a. Eisen- und Metallverarbeitung, Holz-, Papier-, Textilbe- und -verarbeitung. Im Gesamtbereich des →Produzierenden Gewerbes abgegrenzt gegen Elektrizitäts-, Gas-, Fernwärme- und Wasserversorgung, →Bergbau und →Baugewerbe. – *Unterscheidung* nach der Verbrauchsreife der erzeugten Güter bzw. nach der Wirtschaftsstufe der erzeugenden Betriebe in: (1) →Grundstoff- und Produktionsgütergewerbe: Erzeugnisse zur weiteren Be- oder Verarbeitung in der gewerblichen Wirtschaft oder in der Bauwirtschaft; (2) →Investitionsgüter produzierendes Gewerbe: Zur Anlage in anderen Wirtschaftsbereichen oder -zweigen bestimmte Maschinen, Geräte, Fahrzeuge und sonstige Produktionsmittel; (3) →Verbrauchsgüter produzierendes Gewerbe: Zum Gebrauch oder Verbrauch außerhalb des Produktionsbereiches im Haushalt bestimmt; (4) →Nahrungs- und Genußmittelgewerbe: Verzehrgüter gewerblicher Herkunft. – Vgl. Tabelle.

Verarbeitendes Gewerbe

Jahr	Beschäftigte in 1000	Lohn- und Gehaltssumme	darunter Gehälter	Umsatz gesamt	darunter Auslandsumsatz	Nettoproduktionsindex 1980 = 100
				in Mill. DM		
1970	8 576	122 803	40 031	575 650	104 527	–
1971	8 519	134 962	45 797	613 549	112 816	–
1972	8 345	144 666	50 618	650 245	123 048	–
1973	8 402	163 594	57 699	729 038	148 642	–
1974	8 181	178 657	64 999	816 409	188 288	–
1975	7 633	179 165	68 547	800 578	178 687	–
1976	7 452	190 374	72 200	896 409	207 956	90,6
1977	7 392	205 163	78 410	941 072	223 756	92,6
1978	7 351	215 796	83 486	976 843	235 605	95,2
1979	7 378	230 711	89 518	1 078 461	260 343	99,9
1980	7 428	248 564	97 445	1 167 303	285 531	100
1981	7 254	256 219	103 682	1 223 391	322 089	98,3
1982	6 992	258 036	107 249	1 251 151	343 575	95,4
1983	6 700	257 255	108 803	1 280 388	351 025	96,3
1984	6 636	264 173	112 176	1 363 581	397 418	99,5
1985	6 730	278 885	118 130	1 450 692	438 371	105,1
1986	6 853	295 869	125 688	1 435 102	432 527	107,7

Verarbeitung. I. Volkswirtschaftslehre: Umgestaltung von Zwischenprodukten zum Endprodukt.

II. Handelsrecht: Herstellung einer neuen →Sache aus altem Stoff. Eine stoffliche Veränderung ist nicht notwendig, es genügt Einwirkung auf die Gebrauchsfähigkeit. – 1. Die V. von Waren nach Anschaffung des Grundstoffes zum Zwecke der →Weiterveräußerung oder die nicht handwerksmäßige V. fremder Waren ist ein →Grundhandelsgeschäft (§ 1 Nr. 1 und 2 HGB). Entsprechendes gilt bei →Bearbeitung. – 2. Wer durch V. oder Umbildung von Stoffen eine neue →bewegliche Sache (z. B. Brot aus Mehl) herstellt, erwirbt daran Eigentum, sofern nicht der Wert der V. oder Umbildung erheblich geringer ist als der Wert des Stoffes (§ 950 BGB). – 3. Wer für einen anderen eine Sache verarbeitet (z. B. als Fabrikarbeiter), erwirbt das Eigentum nicht für sich selbst, sondern für seinen Arbeitgeber. Durch V. kann insbes. auch das Eigentum an der unter →Eigentumsvorbehalt gelieferten Sache untergehen; Schutz dagegen: Vereinbarung des →verlängerten Eigentumsvorbehalts. – 4. Wer durch die V. eines Stoffes einen Rechtsverlust erleidet, kann von dem neuen Eigentümer nach Maßgabe der Vorschriften über die →ungerechtfertigte Bereicherung Entschädigung in Geld, i. d. R. aber nicht Wiederherstellung des früheren Zustandes, verlangen (§ 951 BGB).

Verarbeitungsbetrieb, ein auf die Verarbeitung oder Verwertung der Erzeugnisse eines land- oder forstwirtschaftlichen Betriebs gerichteter →Nebenbetrieb. – Gegensatz: →Substanzbetrieb.

Verarbeitungsprozessor, →Zentralprozessor.

Veräußerung. I. Allgemein: Unmittelbar rechtsändernde rechtsgeschäftliche Übertragung von Gegenständen, im Gegensatz zu der dem nur eine Verpflichtung zur V. begründenden schuldrechtlichen Geschäft, z. B. dem Kaufvertrag. – Form der V. je nach dem Gegenstand unterschiedlich: a) Sachen werden durch →Übereignung, b) Forderungen durch →Forderungsabtretung veräußert. – Sondervorschriften gelten für die Übertragung von Grundpfandrechten (Hypotheken usw.) und von in Wertpapieren verbrieften Forderungen sowie für die V. im Wege der Zwangsvollstreckung.

II. V. eines Unternehmens: Dies erfolgt nach den allgemeinen Vorschriften durch Übertragung der einzelnen zu dem Unternehmen gehörenden Gegenstände. – 1. Allgemeines: a) Das Unternehmen als Ganzes kann Gegenstand eines einheitlichen schuldrechtlichen Grundgeschäftes (→Verpflichtungsgeschäft) sein, z. B. Kauf, Tausch usw. Einzelverträge über die einzelnen Unternehmensbestandteile sind nicht erforderlich. Es genügt also, ein „Geschäft zum Preise von 30 000 DM zu verkaufen". Besondere Form ist nicht vorgeschrieben, soweit es sich bei dem Unternehmen nicht um das ganze Vermögen des Veräußerers (§ 311 BGB) handelt oder das Verpflichtungsgeschäft aus anderen Gründen besondere Form erfordert, z. B. weil Grundstücke veräußert werden sollen (§ 313 BGB). Für die →Gewährleistung beim →Kaufvertrag gelten die Vorschriften für Sach- und Rechtskauf entsprechend, da bei V. eines Unternehmens Kaufgegenstand eine Vereinigung von Sachen, Rechten und immateriellen Werten ist. Der Veräußerer haftet für die Betriebsfähigkeit des Unternehmens und ggf. für Zusicherungen über Ertrag, Betriebsvermögen usw. Da auch die Kundschaft auf den Erwerber mit V. des Unternehmens übergeht, wird eine Unterlassungspflicht des Veräußerers, nicht selbst in unmittelbarer Nähe ein gleichartiges Geschäft zu eröffnen, anzunehmen sein; Schutz jedenfalls bei entsprechender →Wettbewerbsklausel. – b) Ein einheitliches Verfügungsgeschäft (die eigentliche V.) über das Unternehmen gibt es nicht. Übertragung der einzelnen Bestandteile ist nur nach den für jeden einzelnen Gegenstand geltenden Vorschriften möglich. Grundstücke bedürfen der →Auflassung und Eintragung in →Grundbuch (§§ 873, 925 BGB), bewegliche Sachen der →Einigung und →Übergabe (§ 929 BGB) oder den Übergabesurrogaten (§§ 930, 931

BGB), Forderungen der Forderungsabtretung (§ 398 BGB) usw. – Ein Unternehmen als Ganzes ist weder *pfändbar* noch verpfändbar und unterliegt damit nicht der →Zwangsvollstreckung. →Pfändung einzelner Gegenstände ist dagegen, soweit nicht Bestimmungen über →Unpfändbarkeit entgegenstehen, unbeschränkt möglich. – Vgl. auch →Betriebsnachfolge. – **2.** *V. eines Unternehmens eines Vollkaufmanns:* a) *Besondere Rechtsfolgen:* Für die *Schulden* des veräußerten Unternehmens haftet grundsätzlich der Veräußerer weiter, möglich aber wie auch sonst private Schuldübernahme durch den Erwerber, der aber der Gläubiger zustimmen muß (§ 415 BGB). – (1) Bei →Firmenfortführung, gleichgültig ob mit oder ohne Einwilligung des Veräußerers, haftet der Erwerber neben dem Veräußerer als →Gesamtschuldner. Höchstdauer der →Verjährung gegenüber dem Veräußerer in diesem Falle fünf Jahre (§ 26 HGB). Der Erwerber kann aber die Mithaftung ausschließen, wenn eine dahingehende Vereinbarung mit dem Veräußerer im →Handelsregister eingetragen *und* bekanntgemacht oder vom Erwerber oder Veräußerer dem Dritten mitgeteilt worden ist (§ 25 II HGB). – (2) Führt der Erwerber die frühere Firma nicht weiter, kann er trotzdem haften, (a) wenn er sich zur Übernahme besonders verpflichtet hat, (b) wenn das übernommenen Unternehmen das gesamte Vermögen des Veräußerers darstellt (§ 419 BGB), (c) wenn die Übernahme der Verbindlichkeiten in handelsüblicher Weise bekanntgemacht worden ist (§ 25 III HGB). – b) Die im Betrieb begründeten *Forderungen,* die durch →Forderungsabtretung übertragen werden können, gelten gegenüber Dritten als übergegangen, wenn der Erwerber die Firma *mit* Einwilligung des Veräußerers oder seiner Erben fortführt (§ 25 I 2 HGB). Zahlt der Schuldner an den Veräußerer, gelten für ihn die Schutzbestimmungen der §§ 406 ff. BGB (→Forderungsabtretung), ausgenommen § 410 BGB, *nach* Eintragung und Bekanntmachung der Geschäftsübernahme aber nur bei nachweislich schuldloser Unkenntnis (§ 15 II HGB). – Ausschluß des Forderungsübergangs wie bei Schuldenhaftung möglich; notwendig: Eintragung im Handelsregister *und* Bekanntmachung oder besondere Mitteilung an Schuldner. – **3.** *V. eines Unternehmens eines Minderkaufmanns:* Veräußert ein →Minderkaufmann sein Unternehmen und gestattet er die Fortführung unter seinem Namen, so haftet er i. a. für die Verbindlichkeiten des Erwerbers, solange er die Veräußerung nicht bekanntgibt und der Dritte sie nicht kennt (→Scheinkaufmann). – **4.** Die handelsrechtlichen Vorschriften gelten entsprechend bei der Überlassung des Unternehmens an einen *Pächter,* Nießbraucher usw. – **5.** *Steuerliche Behandlung:* V. eines Unternehmens führt zur Haftung des Erwerbers neben dem früheren Unternehmer für die

Betriebsteuern und Steuerabzugsbeträge aus der Zeit seit Beginn des letzten vor der V. liegenden Steuerabschnitts (§ 75 AO).

III. V. von Zollgut: Dies ist durch die Zollstelle zulässig, wenn den Waren Verderb oder Wertminderung droht oder deren Aufbewahrung, Pflege oder Erhaltung unverhältnismäßige Kosten verursacht. Die V. wird, wenn möglich, den Beteiligten rechtzeitig vorher bekanntgegeben. Wenn eine Zollstelle →Zollgut unter →Zollabfertigung zum →freien Verkehr veräußert, werden aus dem Erlös zuerst der Zoll und dann die Kosten vor allen anderen Ansprüchen gedeckt. Zollgut darf i. a. zollamtlich nur dann zum freien Verkehr veräußert werden, wenn die Zollschuld aus dem Erlös getilgt werden kann. Bei der Veräußerung wertzollbarer Waren gilt als Zollwert der Veräußerungserlös.

IV. V. von versicherten Gegenständen: Bei versicherten Gegenständen tritt der Erwerber einer versicherten Sache in die Rechte und Pflichten aus dem Versicherungsvertrag ein. Schuldner der Versicherungsprämie sind der Veräußerer und der Erwerber, für beide besteht die →Obliegenheit der unverzüglichen Anzeige an den Versicherer; Erwerber und Versicherer können den Versicherungsvertrag innerhalb eines Monats kündigen.

Veräußerungsgewinn. 1. *Begriff:* Der bei der Veräußerung eines land- und forstwirtschaftlichen, gewerblichen oder freiberuflichen Betriebs, →Teilbetriebs, Anteils an einer →Mitunternehmerschaft oder bei der Veräußerung von →wesentlicher Beteiligung erzielte Gewinn. V. ist der Betrag, um den der Veräußerungspreis nach Abzug der Veräußerungskosten den buchmäßigen Wert des →Betriebsvermögens oder des Anteils am Betriebsvermögen bzw. die →Anschaffungskosten übersteigt. – **2.** *Steuerliche Behandlung:* a) *Einkommensteuer:* V. wird zur Einkommensteuer herangezogen, soweit er bei Veräußerung des ganzen Gewerbebetriebes 30 000 DM und bei der Veräußerung eines Teilbetriebs oder Anteils am Betriebsvermögen den entsprechenden Teil von 30 000 DM übersteigt. Der →Freibetrag ermäßigt sich um den Betrag, um den der V. 100 000 DM oder den entsprechenden Teil von 100 000 DM übersteigt (§ 16 IV EStG). Entsprechendes gilt für V. aus →Land- und Forstwirtschaft (§§ 14, 14a EStG) und →selbständiger Arbeit (§ 18 III EStG); b) bei Veräußerung wesentlicher Beteiligungen wird nur ein anteiliger Freibetrag von 20 000 DM gewährt; dieser ermäßigt sich um den 80 000 DM hinausgehenden V. (§ 17 III EStG). – Steuerpflichtige V. können auf Antrag als →außerordentliche Einkünfte mit einem ermäßigten Steuersatz versteuert werden (§ 34 EStG). – b) *Gewerbe-*

steuer: Bei der Ermittlung des →Gewerbeertrags bleiben V. i. d. R. außer Betracht.

Veräußerungsverbote, gesetzliche oder behördliche, insbes. gerichtliche Anordnungen, die die →Veräußerung bestimmter Gegenstände verbieten. – 1. *Absolute V.:* Aus Gründen des öffentlichen Interesses verhängte V. Sie haben zur Folge, daß verbotswidrig abgeschlossene Rechtsgeschäfte nichtig sind (§ 134 BGB). – 2. *Relative V.:* Verbote, die den Schutz bestimmter Personen oder eines bestimmten Personenkreises bezwecken, z. B. Verfügungsbeschränkungen des Gemeinschuldners, V. durch Einstweilige Verfügung, das im →Pfändungs- und Überweisungsbeschluß ausgesprochene Verbot, an den Schuldner zu zahlen. Folge: Das verbotswidrig abgeschlossene Rechtsgeschäft ist gültig, wird aber den geschützten Personen gegenüber i. d. R. als unwirksam behandelt (§§ 135, 136 BGB); so wird der entgegen dem Verbot des Pfändungs- und Überweisungsbeschlusses an seinen Gläubiger (den Schuldner des Zwangsvollstreckungsverfahrens) zahlende →Drittschuldner im Verhältnis zu diesem von seiner Schuld befreit, kann sich aber darauf gegenüber dem pfändenden Gläubiger nicht berufen, muß also nochmals an diesen zahlen. – 3. *Vertragliche V.* können wirksam vereinbart werden, aber bei Verstößen nur zu Schadenersatzansprüchen führen; die verbotswidrige Veräußerung ist wirksam (§ 137 BGB).

Veräußerungswert, *Realisationswert,* Preis, zu dem ein Gut verkauft wird. Ansatz von Gütern zum V. insbes. in der →Abwicklungsbilanz, bei Kapitalgesellschaften mit den Einschränkungen gem. § 270 II AktG, § 71 II GmbHG. – Vgl. im einzelnen →Abwicklungsbilanz.

verbale Spezifikation, →informale Spezifikation.

Verband, →Record, →Verbände.

Verband der Angestellten-Krankenkassen e. V. (VdAK), Sitz in Siegburg. – *Aufgaben:* Beratung und Betreuung der Mitgliedskassen des Verbandes sowie Vertretung ihrer gemeinsamen Interessen; Abschluß von Verträgen zur Sicherung der Leistungen an die Versicherten sowie die Gewährleistung der Durchführung dieser Verträge, soweit die Mitgliedskassen diesen beigetreten sind.

Verband der Arbeiter-Ersatzkassen e. V., Sitz in Frankfurt a. M. – *Aufgaben:* Beratung und Betreuung der Mitgliedskassen des Verbandes sowie Vertretung der gemeinsamen Interessen; Abschluß von Verträgen zur Sicherung der Leistungen an die Versicherten sowie die Gewährleistung der Durchführung der Verträge, soweit die Mitgliedskassen diesen beigetreten sind.

Verband der Automobilindustrie e. V. (VDA), Sitz in Frankfurt a. M. – *Aufgaben:* Schutz und Förderung der Interessen der gesamten Kraftfahrzeugindustrie, insbes. die gemeinsamen Interessen seiner Mitglieder auf allen Gebieten der Kraftverkehrswirtschaft; Förderung eines gegenseitigen Erfahrungsaustauschs; Betreuung von Ausschüssen und Arbeitstagungen zu Fragen auf dem Gebiet der Kraftverkehrswirtschaft; Organisator der Internationalen Automobilausstellung (IAA) in Frankfurt a. M.

Verband der Chemischen Industrie e. V. (VCI), Sitz in Frankfurt a. M. – *Aufgaben:* Vertretung der wirtschaftlichen Interessen seiner Mitglieder; Beratung; Mitwirkung an wirtschafts-, wissenschafts- und gesellschaftspolitischen Entscheidungen; Information der Mitgliedsfirmen.

Verband der Cigarettenindustrie e. V., Sitz in Hamburg. – *Aufgaben:* Wahrnehmung der gemeinsamen Interessen der Gesamtheit seiner Mitglieder gegenüber Dritten.

Verband der Deutschen Feinmechanischen und Optischen Industrie e. V., Sitz in Köln. – *Aufgaben:* Vertretung der Mitglieder in den Bereichen Augenoptik, Optik und Labortechnik, Phototechnik, Feinmechanik, Meß- und Automatisierungstechnik, Medizintechnik, Optronik und Sonderinstrumente.

Verband der Deutschen Freien Öffentlichen Sparkassen e. V., Interessenverband der deutschen freien Sparkassen; Sitz in Bremen. – *Aufgaben:* Interessenvertretung der Mitglieder; Förderung von Kooperationen mit ausländischen freien Sparkassen. – *Mitgliedschaft:* Mitglied des →Deutschen Sparkassen- und Giroverband e. V.

Verband der Deutschen Lederindustrie e. V., Sitz in Frankfurt a. M., – *Aufgaben:* Vertretung der berufsständischen, wirtschaftspolitischen und sozialpolitischen Interessen der deutschen ledererzeugenden Industrie.

Verband der Deutschen Spielwarenindustrie e. V., Sitz in Nürnberg. – *Aufgaben:* Förderung der gemeinsamen Belange der in ihm zusammengeschlossenen Industrie, Pflege des Gedankenaustauschs unter den beteiligten Organisationen; Förderung der Spielwarenindustrie, insbes. auch des Exports.

Verband der Fahrrad- und Motorrad-Industrie e. V. Sitz in Bad Soden. – *Aufgaben:* Wahrung gemeinschaftlicher Interessen, Betreuung der Mitglieder in Fachgelegenheiten und Bearbeitung allgemeiner Rechts- und Wirtschaftsfragen.

Verband der gemeinwirtschaftlichen Geschäftsbanken e. V., Sitz in Bonn. – *Aufgaben:* Vertretung der gemeinsamen wirtschaftlichen und wirtschaftspolitischen Belange seiner Mitglieder gegenüber den Parlamenten, Regierungen, Behörden und anderen Verbänden.

Verband der Haftpflicht-, Unfall- Auto- und Rechtsschutzversicherer e. V., *HUK-Verband,* Sitz in Hamburg, Verband zur Wahrnehmung der gemeinsamen Belange der deutschen privaten und öffentlich-rechtlichen Versicherer, die die Haftpflicht-, Unfall-, Kraftverkehrsversicherung und Rechtsschutzversicherung betreiben. Die praktische Arbeit wird in vier Fachausschüssen geleistet. Von wesentlicher Bedeutung sind umfassende Schadenbedarfsstatistiken. Mitwirkung bei der Regelung von →Unfallfluchtschäden. In Köln Außenstelle „Der Berater für Schadenverhütung".

Verband der Hochschullehrer für Betriebswirtschaft e. V., Sitz in Köln. – *Aufgaben:* Entwicklung der Betriebswirtschaftslehre als Universitätsdisziplin insbes. durch Förderung der Lehre und Forschung, durch Pflege der wissenschaftlichen Kontakte zwischen den Mitgliedern; durch Vertretung des Faches an wissenschaftlichen Hochschulen im deutschsprachigen Raum.

Verband der Katholiken in Wirtschaft und Verwaltung e. V. (KKV), Sitz in Essen. – *Aufgaben:* Förderung der religiösen, wirtschafts-, sozial- und kulturpolitischen Interessen der Mitglieder (Seminare und sonstige Veranstaltungen).

Verband der Lebensversicherungs-Unternehmen e. V., Sitz in Bonn. – *Aufgaben:* Vertretung und Förderung des deutschen Lebensversicherungswesens; Wahrung der gemeinsamen Interessen seiner Mitgliedsunternehmen.

Verband der Materialprüfungsämter e. V. (VMPA), Sitz in Hannover; – *Aufgaben:* Mitarbeit in Normenausschüssen und Fachgremien, Information von Behörden und Verbänden, Erfahrungsaustausch zwischen den Mitgliedern und Koordinierung gemeinsamer Aktivitäten, Förderung der Einheitlichkeit von Prüfverfahren sowie der Vergleichbarkeit von Prüfungsergebnissen, Erarbeitung und Festlegung gemeinsamer Richtlinien, Sammeln und Auswerten des technischen Fachwissens.

Verband der Postbenutzer e. V., Sitz in Bad Homburg. – *Aufgaben:* Vertretung der Postkunden gegenüber der Deutschen Bundespost und ihr nahestehender Unternehmen (z. B. Fernmeldeindustrie) und anderer Behörden.

Verband der privaten Bausparkassen e. V., Sitz in Bonn. – *Aufgaben:* Vertretung der Interessen der Mitglieder; Abgabe von gutachtlichen Äußerungen, Erteilen von Ratschlägen gegenüber den Regierungsstellen; Austausch von wirtschaftlichen und bauspar-

technischen Informationen unter den privaten Bausparkassen.

Verband der privaten Krankenversicherung e. V., Sitz in Köln. – *Aufgaben:* Vertretung und Förderung der allgemeinen Interessen der privaten Krankenversicherung und seiner Mitgliedsunternehmen.

Verband der Sachversicherer e. V. (VdS), Sachverband, Sitz in Köln. – *Aufgaben:* Vertretung der berufsständischen Interessen der Mitglieder; Erarbeitung Allgemeiner Versicherungsbedingungen; Gestaltung und Konzeption neuer Produkte bzw. Deckungsformen; Schadensverhütung.

Verband Deutscher Diplom-Kaufleute e. V., Zusammenschluß der deutschen Diplom-Kaufleute, gegründet 1905; Sitz in Berlin (West). – *Aufgaben:* Förderung der Wirtschaftswissenschaften durch die Verbreitung betriebswirtschaftliche Erkenntnisse und Erfahrungen in steter Verbindung mit Wirtschaftspraxis und Wirtschaftslehre, fachliche Förderung des Diplom-Kaufmannes, unabhängig von Beruf und Berufsstellung des einzelnen auf der ihnen gemeinsamen Grundlage wirtschaftswissenschaftlicher Ausbildung und die Wahrung und Förderung der gemeinsamen Berufs- und Standesinteressen der Diplom-Kaufleute.

Verband Deutscher Hypothekenbanken e. V., Sitz in Bonn. – *Aufgaben:* Wahrnehmung der Interessen der Mitgliedsinstitute auf dem Gebiet der Wirtschafts-, Kapitalmarkt- und Steuerpolitik; Unterstützung der Behörden in allen, das private Hypothekenbankgewerbe betreffenden Angelegenheiten.

Verband Deutscher Maschinen- und Anlagenbau e. V. (VDMA), Wirtschaftsverband der in der Bundesrep. D. ansässigen Maschinenfabriken, Sitz Frankfurt a. M. Gegründet 1892 in Köln, 1914 Sitzverlegung nach Berlin. 1949 neu gegründet. Der VDMA vertritt die gemeinsamen wirtschaftlichen, technischen und wissenschaftlichen Interessen seiner Mitglieder gegenüber der Öffentlichkeit, insbes. gegenüber dem Staat. Freiwillige Mitgliedschaft; umfaßt mit ca. 2700 Firmen jedoch nahezu alle als Mitglieder in Frage kommenden Maschinen-, Apparate- und Anlagenbauer.

Verband Deutscher Papierfabriken e. V. (VDP), Sitz in Bonn. – *Aufgaben:* Wahrung und Förderung der gemeinsamen Interessen seiner Mitglieder, insbes. mit dem Ziel, die Leistungs- und Wettbewerbsfähigkeit des Faches zu stärken.

Verband Deutscher Reeder e. V., Sitz in Hamburg. – *Aufgaben:* Fachliche Beratung, Betreuung und Vertretung der gemeinschaftliçhen Interessen; Abschluss von Tarifverträgen.

Verband Deutscher Rentenversicherungsträger e. V. (VDR), Sitz in Frankfurt a. M. – *Aufgaben:* Wahrnehmung aller gemeinsamen Angelegenheiten der Träger der gesetzlichen Rentenversicherungen.

Verband Deutscher Wirtschaftsingenieure, e. V., Sitz in Berlin. – *Aufgaben:* Wissenschaftliche Auseinandersetzung mit dem Grenzgebiet von Technik und Wirtschaft; Förderung der in diesem Feld tätigen Berufe, insbes. die des Wirtschaftsingenieurs durch Forschung und Information.

Verbände. I. Begriff/Charakterisierung: „Eine nach außen regulierend beschränkte oder geschlossene soziale Beziehung, wenn die Innehaltung ihrer Ordnung garantiert wird durch das eigens auf deren Durchführung eingestellte Verhalten bestimmter Menschen" (M. Weber). Die Einstellung der Mitglieder zum V. kann traditional, emotional oder zweckrational bestimmt sein. Im sozialen Prozeß der Verbandbildung erblickt Herbert Spencer einen durch vorwiegend objektiv-sachliche oder durch vorwiegend subjektiv-persönliche Momente bestimmten Fall der →Integration.

II. Geschichtliche Entwicklung: Gekennzeichnet durch die wechselnde Auffassung zur Frage der zwischen Individuum und Staat liegenden Verbandssphäre: Das auf individualistischer Grundlage basierende *Naturrecht des 18. Jh.* bekämpfte die Auswüchse und den Zwangscharakter der Zünfte und Gilden. Rousseau hatte die These aufgestellt, daß der überindividuelle Gesamtwille des Volkes (la volonté générale) am besten zum Ausdruck komme, wenn der Bürger dem Staate unmittelbar – also ohne Zwischenschaltung der Verbände (associations partielles) – gegenübertrete. In diesem Sinne erging während der *Französischen Revolution* (1791) ein Koalitionsverbot. Obgleich in der Folgezeit Vertreter der organischen Staatslehre und Verfechter des berufsständischen Gedankens die Notwendigkeit von Zusammenschlüssen weiterhin betonten, kam es erst um die *Mitte des 19. Jh.* wieder zur Verbandsbildung. Die Folgeerscheinungen des →Kapitalismus führten zur Gründung von Genossenschaften, Gewerkschaften, Arbeitgeberverbänden und berufsständischen Vertretungen. Im *Hoch- und Spätkapitalismus* ist das Verbandswesen vornehmlich zweckrationalistisch und erwerbswirtschaftlich orientiert. Dem suchen die Vertreter der *universalistischen und solidaristischen Sozialphilosophie und Weltanschauung* entgegenzuwirken. Nach ihrer Forderung sollen die Zielsetzungen der V. an denen des sozialen Ganzen ausgerichtet werden, so daß sie – ideal gesehen – als Bindeglied zwischen den Interessen des einzelnen und den

politischen, sozialen und wirtschaftlichen Belangen der Gemeinschaft dienen können.

III. Rechtsform: 1. *Formen:* (1) rechtsfähige oder nichtrechtsfähige auf freiwilliger Mitgliedschaft beruhende privatrechtliche →*Vereine* (§§ 21 ff., 54, 705 ff. BGB); Regelfall. Für sie gilt der Grundsatz der Vereinigungsfreiheit (Art. 9 I GG). (2) →*Körperschaften des öffentlichen Rechts*, auf der Grundlage einer gesetzlich statuierten Pflichtzugehörigkeit errichtet. (3) *Öffentlich anerkannte (Wirtschafts-)V.*, die kraft Gesetzes mit bestimmten Aufgaben und Befugnissen ausgestattet sind. – 2. Außerhalb des Gesetzesrechts und des Rechts über Vereine und V. hat sich im Laufe der Zeit ein umfangreiches *Verbandsrecht* (in Form von Satzungen, Ordnungen, Allgemeinen Geschäftsbedingungen usw.) entwickelt. Dieses erfaßt nicht allein Tatbestände, die der Gesetzgeber nicht geregelt hat, sondern es rückt nicht selten verbandsrechtliche Vorschriften an Stelle (abdingbaren) Rechts.

IV. Aufbau/Organisation: Unterschiedlich. Bisweilen *umfaßt* ein großer Verband natürliche und juristische Personen (selbst solche öffentlichen Rechts). Zwischen Zweigvereinen und Zentralverband können als Zwischenglieder Unterverbände mit geographischer (Orts-, Kreis-, Landesverband) oder sachlicher Gliederung geschaltet sein. Spitzenverbände (lose Zusammenfassung mehrerer großer V.) werden gebildet, um in wichtigen Fragen schnell und ohne großen Apparat Stellung nehmen zu können. – Große V. verfügen gewöhnlich über *Präsidium, Vorstand und (Haupt-)Geschäftsführung.* Bei manchen V. wechselt die Verbandsleitung zwischen den einzelnen Verbandsvereinen; die Leitung führt dann der jeweils bestimmte (gewählte) „Vorort".

V. Gliederung der V.: 1. *Politische V.:* a) *Politische Parteien.* – b) *Vereinigungen* mit allgemein politischen oder bestimmten sonderpolitischen Zielen, die u. U. auch Einfluß auf das staatspolitische Geschehen anstreben. – 2. *Kultur-V.:* Die V. für Volksbildung, Kunst und Wissenschaft, Weltanschauung und Idealismus, darunter nach Aufbau, Organisation und Auswirkung bedeutend die religiös-kirchlichen V., wissenschaftliche V. (z. B. Verein für Sozialpolitik, Deutsche Statistische Gesellschaft), V. der Volksbildung und Organisationen des Sports. – 3. *Berufs-V.:* Vgl. →Berufsverbände. – 4. *Wirtschafts-V.:* Vereinigungen von Unternehmern (und Unternehmen) des gleichen fachlichen Wirtschaftszweigs, die die gemeinsamen wirtschaftlichen Interessen ihrer Mitglieder fördern und insbes. gegenüber der Öffentlichkeit, gegenüber den staatlichen Regierungs-, Verwaltungs- und Gesetzgebungsorganen und gegenüber anderen Wirtschaftszweigen vertreten. – I. d. R. sind Wirtschafts-V. *fachlich und regional stark differen-*

ziert. Bei privatrechtlicher Organisation können konkurrierende V. für das gleiche fachliche oder regionale Gebiet entstehen (so gibt es vielfach für Klein-, Mittel- und Großbetriebe des gleichen Wirtschaftszweiges und -bezirkes getrennte V.). Regional- oder fachlich getrennte V. können sich zu *Dachverbänden* (loserer Zusammenschluß als beim Spitzenverband) zusammenschließen. Für Hauptzweige der Wirtschaft entstehen *Spitzenverbände* (z. B. auf dem Gebiete der Industrie, des Verkehrsgewerbes, der Energiewirtschaft usw.). Es gibt internationale V. und Arbeitsgemeinschaften fachlicher Art. – Privatrechtliche Wirtschafts-V. sind i. d. R. *Vereine.* – Die Wirtschafts-V. *unterscheiden sich* von den (1) öffentlichen Markt-V.: Sie üben keine marktregelnden Funktionen aus (öffentlich-rechtliche Markt V. sind körperschaftlich organisierte V., denen zur Erfüllung ihrer Funktionen hoheitliche Funktionen anvertraut sind; öffentlich anerkannte Markt V. nehmen bestimmte nichthoheitliche Funktionen wahr); (2) berufsständischen Kammern (→Industrie- und Handelskammern, →Handwerkskammern, Landwirtschaftskammern), die innerhalb des Kammerbereiches die regionalen Interessen des von ihnen repräsentierten Hauptzweiges der Wirtschaft wahrnehmen. *Beispiel:* Auf der Fahrplankonferenz, bei der Behandlung von Verkehrstarifen, im Rahmen der Landesplanung usw.; (3) Arbeitgeber V., die mit der Wahrnehmung der sozialen Interessen ihrer Mitglieder gegenüber den Arbeitnehmer V. betraut sind (kombinierte V., die auch spezifische Unternehmerinteressen – als Wirtschaftsverband – vertreten, sind möglich); (4) wissenschaftlichen, technischen und sozialen Wirtschaftsvereinigungen, die vornehmlich der Forschung, der Unterrichtung und verwandten Aufgaben dienen (auch hier sind kombinierte V. denkbar). – Vgl. auch →Organisation der gewerblichen Wirtschaft.

Verband für Schiffbau und Meerestechnik e. V., Sitz in Hamburg. – *Aufgaben:* Fachliche Beratung und Unterstützung der Mitglieder; Vertretung der Mitgliedsinteressen gegenüber der Öffentlichkeit sowie Förderung der technischen und wirtschaftlichen Entwicklung der Branche.

Verband öffentlicher Banken e. V., Sitz in Bonn. – *Aufgaben:* Förderung der gemeinsamen Interessen seiner Mitglieder durch Beratung und Unterstützung; Vertretung der Interessen in der Öffentlichkeit und bei den zuständigen Behörden.

Verband öffentlicher Feuerversicherer, Körperschaft des öffentlichen Rechts; Sitz in Düsseldorf. – *Aufgaben:* Förderung der öffentlich-rechtlichen Feuer- und Sachversicherung; Rückversicherung der Mitglieder; Schadensverhütung.

Verband öffentlicher Lebens- und Haftpflichtversicherer, Körperschaft des öffentlichen Rechts; Sitz in Düsseldorf. – *Aufgaben:* Förderung der öffentlich-rechtlichen Individualversicherung; Rückversicherung der Mitglieder.

Verband öffentlicher Verkehrsbetriebe (VÖV), Sitz in Köln. Zusammenschluß von Unternehmen des Nahverkehrs, die in Städten und Ballungsgebieten Stadtschnellbahnen, Straßenbahnen, Omnibusse und O-Busse betreiben; hervorgegangen 1949 aus dem 1895 gegründeten Verein Deutscher Straßenbahn- und Kleinbahnverwaltungen. – *Aufgaben:* Beratung und Vertretung der Mitgliedsunternehmen gegenüber Dritten (z. B. Ministerien und Behörden auf Bundes- und Landesebene).

Verband reisender Kaufleute Deutschlands e. V., paritätischer Berufsverband, Sitz in Coesfeld. – *Aufgaben:* Vertretung der berufsbezogenen Interessen von Handelsvertretern, Handelsreisenden und Unternehmern, die Reisende beschäftigen; Vermittlung von Vertretungen aus In- und Ausland sowie Rechtsberatung.

Verbandsaustritt, →Tarifgebundenheit

Verband Selbständiger und Gewerbetreibender, Schutz- und Selbsthilfeorganisation der Selbständigen Interessengemeinschaft mittelständischer Verbände e. V. (VSG), Sitz in Bonn. – *Aufgaben:* Interessenvertretung der Mitglieder in allen Bereichen; praxisbezogene Beratung und Hilfeleistung nach Maßgabe der Satzungen; Förderung der Zusammenarbeit der Selbständigen; Bekämpfung von Wettbewerbsverstößen und unlauterem Wettbewerb.

Verbands-Gruppenversicherung, →Vereins-Gruppenversicherung 3.

Verbandsprüfung, *Verbandsrevision,* Prüfung der →Genossenschaft durch den zuständigen →Prüfungsverband. Mindestens in jedem zweiten Jahr, bei Genossenschaften mit Bilanzsumme von mehr als 2 Mill. DM jährlich. – *V. erstreckt sich* auf formelle und materielle Komponenten, d. h. neben den wirtschaftlichen Verhältnissen und der Vermögenslage der Genossenschaft wird auch die Ordnungsmäßigkeit der Geschäftsführung etwa im Hinblick auf die Zweckmäßigkeit der Organisation oder die Beseitigung festgestellter Mängel geprüft. V. ist demzufolge eine Beratungs- und Betreuungsprüfung, die u. U. wesentlichen Einfluß auf die Unternehmenspolitik der Genossenschaft gewinnt. – Im Anschluß an die Prüfung findet gemeinsame Sitzung von Vorstand und Aufsichtsrat statt, mit Bericht des Prüfers über das voraussichtliche Prüfungsergebnis. Das endgültige *Ergebnis* wird der Genossenschaft vom Verband schriftlich mitgeteilt und ist der nächsten Generalversammlung vorzulegen.

Verbandsrevision, →Verbandsprüfung.

Verbandsstatistik, die von den Handwerkskammern, Industrie- und Handelskammern, berufsständischen, fachlichen oder regionalen Verbänden durchgeführten statistischen Arbeiten: a) →Betriebsvergleiche zur Information der Mitgliedsfirmen über innerbetriebliche Sturkturdaten und über Richtzahlen für die Marktleistung des eigenen Werks im Verhältnis zum Branchendurchschnitt; b) Auswertung deutscher und ausländischer Statistiken im Dienste der Marktinformation der Verbandsmitglieder.

Verbandstarifvertrag, →Tarifvertrag, bei dem als Vertragspartei auf Arbeitgeberseite ein Verband (→Berufsverband, →Tariffähigkeit) auftritt (§ 2 I TVG). Die Verbände können auch einen Tarifvertrag abschließen, dessen Geltungsbereich sich auf einen Betrieb oder ein Unternehmen beschränkt (→betriebsbezogener Verbandstarifvertrag).

Verbandszeichen, besondere Art der →Marke. V. steht einem rechtsfähigen Verband zu und wird von dessen Mitgliedern benutzt (§ 17 WZG). Der Anmeldung beizufügen ist Zeichensatzung (§ 18 WZG) über die Benutzung des V. Das V. und die Rechte daran können nicht übertragen werden (§ 20 WZG).

Verband unabhängig beratender Ingenieurfirmen e.V., Sitz in Bonn. – *Aufgaben:* Wahrung der gemeinsamen Belange der Mitglieder; Förderung der Betätigung der unabhängig beratenden Ingenieurfirmen; Unterrichtung der Mitglieder über die die deutschen Ingenieurfirmen betreffenden Entwicklungen in In- und Ausland.

Verbesserungsvorschlag, →Arbeitnehmererfindung, →betriebliches Vorschlagswesen.

verbindliche Zolltarifauskunft, von bestimmten →Oberfinanzdirektionen auf Antrg schriftlich erteilte Auskunft über die Tarifstelle des Zolltarifs, zu der eine Ware gehört. Der Antrag ist nach vorgeschriebenem Muster bei der OFD zu stellen. Zuständig ist die in § 28 AZO für die jeweils aufgeführten Waren des Zolltarifs genannte OFD. Dem Antrag sind von jeder Ware drei Proben oder, wenn dies wegen der Beschaffenheit der Ware nicht möglich ist, drei Abbildungen oder genaue Beschreibungen beizufügen. Durch die v. Z. werden die jeweils benannten Zollstellen gebunden, die entsprechende Ware der Antragstellers der genannten Tarifstelle zuzuweisen. Die Bindung gilt nur gegenüber dem Antragsteller. Wird die Auskunft geändert oder aufgehoben, so kann der Antragsteller noch drei Monate danach die Anwendung der v. Z. auf Waren verlangen, für die er nachweis-

lich im Vertrauen auf deren Richtigkeit Kaufverträge abgeschlossen hat. Dies gilt nicht, wenn die v. Z. auf unrichten Angaben beruht. Kein Anspruch auf weitere Anwendung einer v. Z., wenn die dieser zugrunde liegenden Rechtsvorschriften geändert werden, im übrigen tritt sie nach sechs Jahren außer Kraft. Die v. Z. gibt dem Antragsteller eine feste Kalkulationsgrundlage und schützt ihn gegen Zollnachforderungen wegen unrichtiger Tarifierung (§ 23 ZG, §§ 28–31 AZO). – *Rechtsbehelf:* →Einspruch (§ 348 AO).

Verbindlichkeiten. 1. *Begriff des Bilanzwesens:* Alle am Bilanzstichtag dem Grunde, der Höhe und der Fälligkeit nach feststehenden →Schulden einer Unternehmung. Zu den V. gehören Anleihen, V. gegenüber Kreditinstituten, Anzahlungen von Kunden, V. aus Lieferungen und Leistungen (→Warenschulden), Schuldwechsel, V. gegenüber verbundenen und gegenüber Unternehmen, mit denen ein Beteiligungsverhältnis besteht, sonstige V. insbes. aus Steuern und im Rahmen der sozialen Sicherheit. – Nach §§ 242 und 246 HGB ist Passivierung erforderlich. *Aufrechnung* zwischen Warenforderungen und V. ist unstatthaft (§ 246 II HGB). V. sind im Schema der Bilanzgliederung von Kapitalgesellschaften (→Bilanzgliederung II) im § 266 III HGB unter C. der Passivseite aufgeführt. Sie sind zu ihrem Rückzahlungsbetrag anzusetzen (bei Anleihen dürfen Agio und Disagio als Rechnungsabgrenzungsposten aktiviert werden); V. in fremder Währung sind nach dem →Höchstwertprinzip zu bewerten. – 2. *Eventualverbindlichkeiten* (wie Haftungsverhältnisse aus Wechselobligo, Bürgschaften, Gewährleistungen) sind nicht bilanzierungsfähig; sie sind aber →„unter dem Strich" (§ 251 HGB) zu vermerken (vgl. auch →Eventualforderungen und -verbindlichkeiten). – 3. *V. eines Kreditinstituts (Kreditoren)* sind insbes. →Einlagen bzw. Deposites, →aufgenommene Gelder, aufgenommene langfristige Darlehen, →eigene Akzepte, →Anleihen.

Verbindlichkeiten aus Bürgschaften, Wechsel- und Scheckbürgschaften sowie aus Gewährleistungsverträgen, Position unter dem Strich der Bankbilanz (Eventualverbindlichkeiten). Sie enthält zumeist die von der Bank gewährten →Aval-Kredite. Die Verbindlichkeiten sind stets in voller Höhe einzusetzen, auch wenn eine Inanspruchnahme der Bank aus der Eventualverpflichtung nicht wahrscheinlich ist. Ist mit einer Inanspruchnahme zu rechnen, so muß der Betrag unter die →Rückstellungen der Bilanz aufgenommen werden. – Vgl. auch →Eventualforderungen und -verbindlichkeiten.

Verbindlichkeiten Gebietsansässiger bei Gebietsfremden, →Forderungen Gebietsansässiger an Gebietsfremde.

Verbindung. I. Bürgerliches Recht:
1. Die V. mehrerer →Sachen miteinander
bewirkt grundsätzlich noch keinen Untergang
des →*Eigentums* an den bisher getrennten
Sachen, es sei denn, die bisher getrennten
Sachen werden →wesentliche Bestandteile
einer einheitlichen Sache. – 2. Werden
→*bewegliche Sachen* zu einer einheitlichen
Sache miteinander verbunden, erwerben die
bisheriger Eigentümer der Teile das Miteigentum
an der neuen Sache; die Anteile
bestimmen sich nach dem Verhältnis des
Wertes der verbundenen Sachen im Zeitpunkt
der V. Ist jedoch eine der Sachen als Hauptsache
anzusehen, erwirbt ihr Eigentümer Alleineigentum.
– 3. Ebenso, wenn bewegliche
Sachen durch die V. wesentliche Bestandteile
eines →*Grundstücks* werden. – 4. *Ausgleich*
für den Rechtsverlust wie bei der →Verarbeitung
(§§ 946, 947, 949, 951 BGB).

II: Urheberrecht: 1. Wird ein Schriftwerk
mit einem Werk der Tonkunst oder mit
Abbildungen verbunden, so bleiben die Verfasser
weiterhin Urheber (§ 5 LUG). –
2. Haben mehrere ein Werk gemeinsam verfaßt
und lassen sich die Arbeiten nicht trennen,
so entsteht unter den Verfassern eine
→Gemeinschaft nach Bruchteilen.

Verbösserung, Begriff des Steuerrechts. V.
bedeutet, daß die Rechtsbehelfsentscheidung
auch zum Nachteil dessen geändert werden
kann, der den →Rechtsbehelf eingelegt hat
(→reformatio in peius). Die V. ist nach der
Finanzgerichtsordnung nur noch im Verfahren
über den →Einspruch zulässig (§ 367 AO,
sog. *Gesamtaufrollung*), nicht jedoch im Verfahren
vor den Finanzgerichten (§ 96 I FGO).
Das Verbot der V. gilt nicht für die Berichtigung
→offenbarer Unrichtigkeiten und außerhalb
eines Rechtsbehelfsverfahrens (→Verfügung
I 2).

Verbot, eine Unterlassen fordernde Anordnung
des Gesetzgebers oder einer Behörde, die
sich allgemein an jedermann oder an einen
einzelnen richten kann. Für Zuwiderhandlungen
können ggf. →Strafen festgesetzt werden.
– V. nach Vorschriften des öffentlichen
Rechts berühren die Kaufmannseigenschaft
einer natürlichen oder juristischen Person
nicht (§ 7 HGB).

verbotene Aktienausgabe, Ausgabe von: a)
→Namensaktien, in denen der Betrag der nur
teilweise geleisteten Einlage nicht angegeben
ist; b) →Inhaberaktien, bevor auf sie der
Nennbetrag oder der höhere Ausgabebetrag
voll geleistet ist; c) →Aktien oder →Zwischenscheinen,
bevor die Gesellschaft bzw. die
Kapitalerhöhung oder der Beschluß über die
bedingte Kapitalerhöhung in das Handelsregister
eingetragen ist; d) Aktien oder Zwischenscheine,
die auf einen niedrigeren als den
gesetzlichen Mindestbetrag lauten. – *Strafe:*

Die Mitglieder des Vorstands oder des Aufsichtsrats
oder die Abwickler können in diesen
Fällen wegen Ordnungswidrigkeit mit Geldbuße
bis 50000 DM belegt werden (§ 405
AktG).

verbotene Eigenmacht, zivilrechtlicher
Begriff; besondere Form der widerrechtlichen
Besitzentziehung. V.E. begeht, wer dem
unmittelbaren Besitzer einer →Sache ohne
dessen Willen den →Besitz entzieht. Wer v.E.
verübt, handelt auch dann widerrechtlich,
wenn er an sich zum Besitz berechtigt ist (z. B.
weil er Eigentümer ist und der unmittelbare
Besitzer die Sache an ihn herauszugeben
verpflichtet ist, § 858 BGB). Der durch v.E.
erlangte Besitz ist →fehlerhafter Besitz. – Vgl.
auch →Besitzschutz.

Verbotsirrtum, strafrechtlicher Begriff: →Irrtum
über die →Rechtswidrigkeit eines Tuns
oder Unterlassens. Ist der V. unvermeidbar,
entfällt eine Strafbarkeit. Bei Vermeidbarkeit
des V. kann die Strafe gemildert werden (§ 17
StGB).

Verbotskunde, beim Speditionsauftrag der
Auftraggeber des Spediteurs (Versender), der
die nach § 39a ADSp bestehende Pflicht zum
Abschluß von →Spedititions- und Rollfuhrversicherungsschein
sowie →Spedititions-Police
wirksam verboten hat. Für die Haftung des
Spediteurs gelten dann die ADSp. – *Formen:*
a) *Generelles Verbot (Vollverbotskunde):* Der
Spediteur darf für diesen Auftraggeber überhaupt
keine Spedititionsversicherung nehmen.
– b) *Partielles Verbot (Teilverbotskunde):* Der
Auftraggeber verbietet die Spedititionsversicherung
für Güterschäden, für sonstige Schäden
wird sie genommen. – c) *Verbot der →Güterschaden-Europa-Deckung.*

Verbrauch. I. Wirtschaftstheorie: Verzehr
von Gütern und Dienstleistungen zur
unmittelbaren oder mittelbaren Befriedigung
menschlicher Bedürfnisse. – 1. V. für *private
Bedürfnisbefriedigung:* Vgl. →Konsum, →privater
Verbrauch. – 2. V. als Verwendung von
Gütern und Dienstleistungen für *Produktionszwecke,*
z. B. Einsatz von Rohmaterial zur
Herstellung eines Endproduktes: Vgl. →Produktion,
→Investition.

II. Wirtschaftspraxis: 1. Der *private* V.
des Unternehmers einer Einzelunternehmung
oder des persönlich haftenden Gesellschafters
einer Personengesellschaft. V. wird auf →Privatkonto
als →Entnahme verbucht. – 2. In der
Industriebuchführung die in die Produktion
gegebenen Rohstoffe.

III. Finanzwissenschaft: Einsatz von
Gütern und Diensten sowie die Nutzung von
Gebrauchsgütern in (privaten und öffentlichen)
Haushalten und Unternehmungen. –
Als *Bemessungsgrundlage der Besteuerung* vgl.

→Verbrauchsbesteuerung,　→Verbrauchsteuern.

verbrauchbare Sachen, →bewegliche Sachen, deren bestimmungsmäßiger Gebrauch im Verbrauch oder in der Veräußerung besteht (§ 92 BGB), z. B. Lebensmittel, Geld. Als verbrauchbar gelten auch bewegliche Sachen, die zu einem Warenlager oder sonstigen Sachinbegriff gehören, dessen bestimmungsmäßiger Gebrauch in der Veräußerung der einzelnen Sachen besteht, z. B. Bücher beim Buchhändler.

Verbraucher. I. W i r t s c h a f t s w i s s e n s c h a f t e n : Vgl. →Konsument (Endverbraucher); vgl. auch →Verbrauch, →Verbrauchsgüter, →Verbrauchsforschung.

II. L e b e n s m i t t e l - u n d B e d a r f s g e g e n s t ä n d e g e s e t z : Derjenige, an den Lebensmittel, Tabakerzeugnisse, kosmetische Mittel oder Bedarfsgegenstände zur persönlichen Verwendung oder zur Verwendung im eigenen Haushalt abgegeben werden. Dem V. stehen gleich Gaststätten, Einrichtungen zur Gemeinschaftsverpflegung und Gewerbetreibende, soweit sie die genannten Erzeugnisse zum Verbrauch innerhalb ihrer Betriebsstätte beziehen (§ 6 LMBGG).

Verbraucherausschuß, Beratungsorgan für das Bundesernährungsministerium, 1965 neu konstituiert. 13 Mitglieder, dazu jeweils drei unabhängige sachkundige Persönlichkeiten. Der V. entscheidet selbständig über seine Tagungstermine und Tagungsordnungspunkte.

Verbraucherbefragung, →Abnehmerbefragung.

Verbrauchergeldparität, statistische Größe, die aussagt, wie viele Einheiten der Währung eines Staates ein Inländer aufzuwenden hätte, der im Land X seine Verbrauchsgewohnheiten beibehielte, oder zumindest gleichwertige Erzeugnisse zur Befriedigung seiner Lebenshaltung erwerben möchte. – *Amtliche Statistik:* Ergebnisse von Preisvergleichen für Waren und Dienstleistungen der Lebenshaltung zwischen ausländischen Staaten und Gebieten und der Bundesrep. D. Den Berechnungen werden eine repräsentative Güterauswahl und (bei der Parität nach deutschem Scheme) die Struktur der Verbrauchsausgaben der privaten Haushalte in der Bundesrep. D. zugrunde gelegt. Eine Parität nach ausländischem Schema wird nur dann berechnet, wenn detaillierte Angaben über die Struktur der Ausgaben von Haushalten vorliegen, deren Lebensstandard in etwa dem europäischen entspricht. – Der Versuch, einen (etwa nach Kalorien u. ä.) für zwei Länder gleichwertigen, typischen Warenkorb zu konstruieren, führt zum →*Reallohnvergleich.*

Verbrauchergenossenschaft, →Konsumgenossenschaft.

Verbraucherjurymethode, →consumer jury method.

Verbrauchermarkt, *SB-center,* →Betriebsform des Handels (Einzelhandels): Angebot eines breiten Sortiments an Nahrungs- und Genußmitteln sowie weiteren Non-food-Artikeln des Haushalts- und Freizeitbedarfs auf einer Verkaufsfläche von 1000 bis 4000 qm in →Selbstbedienung. – *Kennzeichen:* V. verzichten auf aufwendige Ladenausstattung und Warenpräsentation, beschränken Beratung und sonstige Serviceleistungen auf ein Mindestmaß, bevorzugen kostengünstige Stadtrandlagen, so daß eine niedrige Kalkulation der Preise möglich ist. Wöchentliche →Sonderangebote mit herausragend niedrigen Preisen bestimmen die Medienwerbung. – *Hauptkonkurrenten* sind →Selbstbedienungswarenhäuser sowie →Discountgeschäfte und →Supermärkte.

Verbraucherpanel, →Panel aufgrund regelmäßiger Befragung von Einzelpersonen (Einzelpersonen- oder Individual-Panel) oder Haushalten (→Haushaltspanel). V. bezieht sich z. B. speziell auf Auto- und Hausbesitzer.

Verbraucherpolitik. I. G r u n d l a g e n : Verbraucherpolitische Zielvorstellungen können regelmäßig darauf zurückgeführt werden, daß entgegen marktwirtschaftlichen Idealvorstellungen Verbraucher eine schwächere Position gegenüber der Anbieter- bzw. Produzentenseite besitzen. V. hat das *Ziel,* eine bessere Durchsetzung von Verbrauchsinteressen zu ermöglichen, soll also zu einer Verbesserung der Bedürfnisbefriedigung von Konsumenten beitragen. Kontrovers sind die *Ansätze,* die zur Legitimation und Konkretisierung der Ziele der V. diskutiert werden und verschiedene Konzeptionen der V. kennzeichnen: ordnungspolitisch begründete Ziele, die auf die (Wieder-)Herstellung funktonsfähigen Wettbewerbs abstellen; erst begründete Ziele, die Marktversagen als Faktum hinnehmen und auf normative Leitbilder wie z. B. ,,Lebensqualität", ,,Selbstverwirklichung" usw. rekurrieren: partizipatorisch-emanzipatorische Zielbegründung, bezieht sich auf den Prozeß einer aktiven Teilhabe der Verbraucher an der Artikulation und Durchsetzung ihrer Bedürfnisse in gesellschaftlich verantwortlicher Weise.

II. K o n z e p t i o n e n : 1. *Wettbewerbsmodell:* Verbraucherpolitische Probleme treten im marktwirtschaftlichen Modell lediglich als Randerscheinung auf, weil klassischer Theorie zufolge der alleinige Zweck von Produktionsakten der Konsum darstellt (Adam Smith). Mit ihren rationalen Kaufentscheidungen steuern die Verbraucher entsprechend ihrer individuellen Präferenzordnung die Produktions- und Anbieterentscheidungen (prinzipielle Konsumentensouveränität): Informationsdefizite bei Verbrauchern und Wettbewerbsbeschränkungen durch Anbieter (Marktkonzentration; Marktmacht) sollen systemkonform durch eine aktive staatliche Wettbewerbspolitik beseitigt werden; dazu zählt auch eine Verbesserung der Markttransparenz durch verbrauchergerichtete Informationspolitik. – 2. *Schutz- und Gegenmachtmodell:* Eine prinzipielle asymmetrische Machtverteilung zwischen Anbietern des privaten und öffentlichen Gütersektors wird unterstellt; diese strukturelle Dominanz der Anbieterinteressen kann durch Wettbewerbspolitik alleine nicht neutralisiert werden. Aufgabe der V. ist es, zwischen Verbraucher- und Anbieterinteressen zu vermitteln. Einerseits sollen Verbraucher durch Einsatz des Instrumentes *Verbrauchererziehung* dazu gebracht werden, ihre Rolle im Markt aktiver, bewußter wahrzunehmen; dazu gehört auch die kritische Reflexion der individuellen Bedürfnisstruktur. Andererseits werden, wegen der prinzipiellen Machtvorteile der Anbieter, *Rechtsnormen* benötigt, die auf den Schutz der Verbraucher gerichtet sind, um Handlungsmöglichkeiten der Anbieter einzuschränken (Schutz vor irreführender Werbung; Schutz vor gefährlichen Produkten usw.). Marktungleichgewichten soll weiterhin durch eine kollektive Vertretung von Verbraucherinteressen, also durch organisatorische *Gegenmachtbildung,* begegnet werden. – 3. *Partizipationsmodell:* Der auf das Marktparadigma bezogene Bedürfnisbegriff wird wegen seines rein ökonomischen Gehaltes als verkürzt kritisiert. Gefordert wird die Berücksichtigung der Entstehung und des Wandels von Verbraucherbedürfnissen sowie die Antizipation deren Folgen (ausdrückliche Beachtung externer Effekte). Dazu ist eine institutionelle Absicherung partizipativer Einflußnahmen von Verbrauchern auf die Entscheidungsprozesse öffentlicher und privater Anbieter notwendig. Die traditionelle, rein reaktive V. soll durch eine „ex ante"-V. abgelöst werden, die eine frühzeitige, direkte Einflußnahme von Verbrauchern bzw. legitimierten Verbrauchervertretern auf das Güterangebot erlaubt.

III. Handlungsbereiche der V.: Die am Wettbewerbsmodell ausgerichtete V. in der Bundesrep. D. weist in ihren prinzipiellen Handlungsbereichen kaum Abweichungen zu anderen marktwirtschaftlich verfaßten Ländern auf: Im Vordergrund stehen Maßnahmen der Verbraucherinformation, des Rechtsschutzes und der Verbrauchererziehung. – 1. *Verbraucherinformation:* Der Verbraucher soll möglichst aktuelle Informationen über das Güterangebot (Konsummöglichkeiten) über möglichst verschiedene Kommunikationskanäle erhalten. Dadurch sollen einseitige, verzerrte Anbieterinformationen ergänzt und richtiggestellt werden. Herstel-

lung eines höheren Grades von Markttransparenz ist das Ziel. Wichtige Informationskanäle sind: Produktbegleitende Informationen (Gebrauchsanleitung; Dosierung; Zusammensetzung), Verbraucherberatung, Einsatz von Massenmedien (Zeitschrift „test" der Stiftung Warentest, Berlin). Von der staatlichen V. werden v. a. die Verbraucherberatung und die Arbeit der Stiftung Warentest finanziell unterstützt. – 2. *Rechtsschutz:* Eine Fülle von Ge- und Verboten, fixiert in zivil- und öffentlichrechtlichen Regelungen, sollen die Stellung des Verbrauchers gegenüber den Marketing-Praktiken von Anbietern stärken. Ihrem Regelungsbereich nach lassen sie sich wie folgt untergliedern: a) Reglementierung des Anbieterhandelns auf Konsumgütermärkten (Bsp.: LMBG-Gesetz; UWG; GWB; AbzG; AGB-Gesetz, Mietrecht); b) Reglementierung des Handelns öffentlicher Anbieter (Bsp.: Informationsrechte bei der Planung öffentlicher Güter); c) Schutz individueller Rechtsgüter vor Verletzungen durch Anbieter (Bsp.: Produzentenhaftung; Haftung für Planungsfehler; Entschädigungsrecht). – Offen bleibt, ob im Einzelfall der Verbraucher zur *Rechtsdurchsetzung* in der Lage ist. – 3. *Verbrauchererziehung:* Bereits in der Schule sollen Menschen auch auf die Rolle des Konsumenten vorbereitet werden. Inhalte einer jeweils lebenszyklus-spezifischen Verbrauchererziehung könnten sein: Sozioökonomische Zusammenhänge eines Wirtschaftssystems; Struktur von Haushaltbudgetentscheidungen; Genese von Bedürfnissen; materielle und immaterielle Konsummöglichkeiten; Möglichkeiten zur Artikulation und Durchsetzung von Verbraucherinteressen.

IV. Organisationsformen der V.: In der V. der Bundesrep. D. dominiert die Fremdorganisation; d. h. Verbraucherinteressen werden repräsentativ wahrgenommen, eine direkte, unmittelbare Einflußmöglichkeit durch einzelne Verbraucher besteht nur ansatzweise. – 1. Die wichtigsten *Organisationen,* die Verbraucherinteressen repräsentieren oder aber verbraucherrelevante Informatonen produzieren, sind: Arbeitsgemeinschaft der Verbraucherverbände (AgV); elf Verbraucherzentralen; Stiftung Warentest; Verein zum Schutz der Verbraucher gegen unlauteren Wettbewerb; Stiftung Verbraucherinstitut. Die Fremdorganisation von Verbrauchern wirft Legitimations- und Kontrollprobleme auf: In wessen Namen handeln solche Organisationen eigentlich, wenn sie dem direkten Einfluß von Verbrauchern entzogen sind? – 2. Ergänzend zu diesen Selbsthilfe-Organisationen kommen *Dienststellen* des Bundes und der Länder, die sich speziell der V. widmen: Verbraucherreferate bei den Wirtschaftsministerien, Verbraucherbeirat beim Bundesminister für Wirtschaft, Verbraucherausschuß beim Bundesminister für Ernährung, Landwirtschaft und Forsten usw. – 3. Eine Rückbindung der V. an die Basis sollen Formen der *Selbstorganisation* gewährleisten: Direkte Zusammenschlüsse von Verbrauchern in dauerhafter Form (Verbrauchervereine), fallweise (punktuelle Streik- und Boykottaktionen) oder zum Zwecke des kollektiven Konsums von Gütern (Nutzungsgemeinschaften, Tauschorganisationen).

Literatur: Scherhorn et al., Verbraucherinteressse und Verbraucherpolitik, Göttingen 1975; Simitis, K., Verbraucherschutz. Schlagwort oder Rechtsprinzip, Baden-Baden 1976; Biervert, B./Fischer-Winkelmann, W. F./Rock, R., Grundlagen der Verbraucherpolitik, Reinbek 1977; dies. (Hrsg.), Verbraucherpolitik in der Marktwirtschaft, Reinbek 1978.

Prof. Dr. Dr. habil. Ulli Arnold

Verbraucherpreisempfehlung, →Preisempfehlung.

Verbraucherschutz, →Verbraucherpolitik.

Verbraucherschutzverein e. V., Sitz in Berlin. – *Aufgabe:* Interessenförderung und -vertretung der Verbraucher durch Aufklärung und Beratung (kein wirtschaftlicher Geschäftsbetrieb); Eintreten gegen unlauteren Wettbewerb.

Verbraucherverbände, →Verbände, zu deren satzungsgemäßen Aufgaben es gehört, die Interessen der Verbraucher durch Aufklärung und Beratung wahrzunehmen. Sie sind, soweit sie die →Parteifähigkeit besitzen, neben Gewerbetreibenden und Verbänden zur Förderung gewerblicher Interessen (§ 13 I UWG) berechtigt, im Wege der Unterlassungsklage namentlich gegen irreführende oder unrichtige Angaben oder gegen bestimmte andere Wettbewerbshandlungen vorzugehen, durch die die Verbraucher benachteiligt werden (§ 13 I a UWG).

Verbrauchsabweichung, →Abweichungen I 2 c) (2).

verbrauchsbedingte Abschreibung, →Mengenabschreibung.

Verbrauchsbesteuerung. I. **C h a r a k t e r i s i e r u n g :** 1. *Begriff:* Grundlegende Besteuerungsweise, die neben der →Einkommensbesteuerung und der →Ertragsbesteuerung durchgeführt wird; sie belastet die Einkommensverwendung (→Verbrauch III). Historisch älteste Form der Besteuerung. – 2. Die V. kann – außer bei der Mehrwertsteuer (die lebensnotwendige Güter entlastet) – *die persönliche Leistungsfähigkeit* des Steuerpflichtigen *nicht* erfassen, da die Sätze der jeweiligen Verbrauchsteuern unterschiedslos für alle Einkommensschichten gelten und für besonders hohe Mengen an Verbrauchsgütern, z. B. in kinderreichen Familien, Entlastungen nicht eingerichtet werden können. Eine Veranlagung findet in der V. nicht statt. – 3. Eine *,,aufwendige Lebensweise"* kann besonders steuerlich belastet werden, z. B. durch Schaumwein-, Getränke-, Vergnügungs- und

Glücksspielbesteuerung; tendieren zur →Luxusbesteuerung. Es existieren aber auch Steuern auf Massengenußmittel (Bier, Kaffee, Tee usw.), die mitunter regressiv wirken (insbes. Salz- und Zuckersteuer).

II. **A b g r e n z u n g :** Die V. muß gegenüber den Begriffen *,,allgemeine Verkehrsteuer"* und *,,allgemeine Verbrauchsteuer"*, die der Steuerrechtswissenschaft zur Kennzeichnung der Umsatzsteuer dienen, abgegrenzt werden. – *Umsatzsteuer* anläßlich des *,,Markteintritts"* von Gütern (Stobbe), beim Verlassen der Produktionssphäre, beim Einspeisen in den Kreislauf also, erhoben. Soweit Güter dort zirkulieren, kommt es zum Eigentümerwechsel; letzterer ist für das ökonomische Verständnis von Verkehrsteuern wesentlich. Die steuerrechtliche Kennzeichnung der Umsatzsteuer als allgemeine Verkehrsteuer macht diesen Unterschied zwischen Einspeisung und Zirkulation nicht deutlich. – b) Nach ökonomischer Auffassung werden *Verbrauchsteuern* anläßlich der *,,Marktentnahme"* von Gütern (Stobbe) erhoben; Güter gehen in den Produktionsprozeß der Unternehmung bzw. den Rekreationsprozeß des Haushaltes körperlich ein, Gebrauchsgüter werden mit ihrem zeitverteilten Nutzungsanteil zu Verbrauch, Dienstleistungen gehen mit ihrem unwiederbringlichen Zeitaufwand unter. Aus der ökonomischen Sicht ist demnach eine Verbrauchsteuer etwas grundlegend anderes als eine Umsatz- und Verkehrsteuer. – Aufgrund des unpräzisen Verkehrsteuerbegriffs der Steuerrechtswissenschaft aus finanzwissenschaftlicher Sicht sowie der zuvor dargestellten Abgrenzung nach ökonomischer Auffassung wird neuerdings in *finanzwissenschaftlicher* Sicht *Verkehrsteuern* als Steuern auf den Kapital- und Zahlungsverkehr aufgefaßt (vgl. näher →Verkehrsteuern 2); dazu zählen: Grunderwerb-, Gesellschaft-, Börsenumsatz- und Wechselsteuer; die (von der Steuerrechtswissenschaft zu den Verkehrsteuern gezählten) Feuerschutzsteuer und Versicherungsteuer werden den *Verbrauchsteuern* zugeordnet. In beiden letzteren Fällen wird das Gut ,,Versicherungsschutz" gegen Prämienzahlung erworben; als Kapitalverkehrsteuer ließe sich die Versicherungsteuer dann vertreten, wenn Lebensversicherungen (Kapitalansammlungscharakter) gerade nicht von der Besteuerung ausgenommen wären, bei der Feuerschutzsteuer wird das Gut ,,Versicherungsschutz" jenseits aller Kapitalansammlungen und Verkehrsakte besonders deutlich. – Von Hansmeyer wird aufgrund der Begriffsverwirrungen und der unterschiedlichen Steuertatbestände (vgl. III) für den Begriff Verbrauchsteuern *,,Steuern auf spezielle Güter"* vorgeschlagen.

III. **S t e u e r t a t b e s t ä n d e :** 1. *Verbrauchsbestände im privaten Haushalt:* z. B. Genuß und Verzehr von Tabak, Kaffee, Tee, Bier,

Branntwein, Schaumwein, Zucker, Salz. Bestimmte *Einsatzgüter in Haushalt und Produktion:* z. B. Mineralöl, elektrischer Strom, Leuchtmittel. – Diese Güter gehen beim Verbrauch „unter". – 2. *Nutzung von Gebrauchsgütern,* z. B. bei Kraftfahrzeugen, Hunden, Umwelt (Abwasserabgaben). – 3. *Dienstleistungen und Rechtsausübungen,* z. B. in Form der Versicherung-, Feuerschutz-, Vergnügung-, Rennwett- und Lotterie-, Schankerlaubnis- sowie Jagd- und Fischereisteuer. – 4. *Zwischenstaatlicher Warenverkehr:* belastet durch Zölle und Abschöpfungsabgaben. – 5. Steuerpolitische Motivation und steuerliche Klassifikation sind so vielfältig, der Katalog der Steuertatbestände so heterogen und lükkenhaft, daß in der neuesten Terminologie von nur eklektischen „*Steuern auf spezielle Güter"* gesprochen wird (Hansmeyer).

IV. Z i e l e / W i r k u n g e n : 1. Die *Ziele* der V. sind trotz wiederholter Bekenntnisse zur Gesundheitspolitik (Branntwein-, Tabak- und auch Zuckersteuer) oder andere Ziele (Heizölsteuer aufgrund der Wettbewerbsstützung der Kohle) überwiegend fiskalische. – Aufgrund entwicklungspolitischer Ziele müßten Kaffee- und Teesteuer entfallen. Dem fiskalischen Ziel kommt zugute, daß viele Verbrauchsteuern an Güter anknüpfen, deren Einkommenselastizität der Nachfrage mittlerweile unter eins gesunken ist. – 2. In den →Abschöpfungen der EG läßt sich dagegen ein *einkommenspolitisches* Ziel für die Landwirtschaft ausmachen. – 3. Daneben dient die Stromabgabe „Kohlepfennig" der Förderung der Kohleverstromung und damit der →Energiepolitik. – 4. In der Zweckbindung mancher Verbrauchsteuern liegt die Möglichkeit zu einer direkten Zielorientierung (Kraftfahrzeug-, Mineralöl-, Feuerschutz-, Rennwett- und Lotteriesteuer), vgl. auch →Verwendungszwecksteuern. – 5. Soweit die Verbrauchsteuern in den Preisen *überwälzt* werden, womit überwiegend zu rechnen ist, trägt der Verbraucher die Last der Wirtschaftspolitik. Isoliert betrachtet, ist die V. weithin mit einem *Verzicht beim Verteilungsziel* verbunden. Die Effektivität der V. muß daher im Zusammenwirken mit der Einkommensbesteuerung beurteilt werden.

V. E r h e b u n g s f o r m e n / T a r i f g e s t a l t u n g : Die Verbrauchsteuern werden zumeist nicht am Ort des Verbrauchs, sondern aus Gründen der besseren Erhebungstechnik, der leichteren Kontrolle und der höheren Nettoergiebigkeit am Ort der Produktion, der Einfuhr, seltener der Nutzung oder des Erwerbs eines Gebrauchsgutes erhoben. Dadurch ist die V. i. d. R. eine unmerkliche, verbrauchsferne Besteuerung, außer bei der Kraftfahrzeug-, Hunde- sowie Jagd- und Fischereisteuer. – 1. *Ansatzpunkte:* a) *Ort* der Herstellung, der Einfuhr, der Nutzung oder des Erwerbs. b) Im Bereich der Herstellung werden Verbrauchsteuern nach dem jeweils

erreichten Stadium oder Ort des *Prozesses* erhoben: (1) *Material- oder Rohstoffsteuer:* Alte Form der Erhebung; z. B. Zuckerrübensteuer bis 1887; (2) *Fabrikations- oder Produktionssteuer:* z. B. die alte „Gerätesteuer" als Maischbottichsteuer; (3) *Fabrikatesteuer oder Gütersteuer:* Heute gebräuchliche Besteuerung. – 2. *Bemessungsgrundlage:* Die Bemessungsgrundlage ist zumeist die Menge (Mengensteuer) ausgedrückt als Geldbetrag pro Mengeneinheit (Liter, Kilo, Stück, ccm), daneben der Wert (Wertsteuer), ausgedrückt im Prozentsatz des Verkaufspreises eines Gutes, schließlich äußerst selten eine Kombination von Menge und Wert. Mit Wertsteuern erreicht man bei steigenden Preisen eine Aufkommenssteigerung. – 3. Das →*Finanzmonopol* als Erhebungsform von Verbrauchsteuern hat trotz seiner vorteilhaften Möglichkeiten bei der Versorgungspolitik und Steuerkontrolle heute in den westlichen Industrieländern kaum noch die Bedeutung wie früher (vgl. auch →Branntweinmonopol).

VI. S t e u e r s y s t e m a t i k : 1. *Einzelverbrauchsteuern:* Für das Steuersystem der Bundesrep. D. vgl. →Verbrauchsteuern. Es gibt über 20 Einzelverbrauchsteuern, daneben zahlreiche Zölle und EG-Agrarabschöpfungen. Nicht alle denkbaren Verbrauchstatbestände werden steuerlich belastet, so daß ein „System" in der V. nicht zu erkennen ist. – 2. →*Kaskadenwirkung:* Da die Verbrauchsteuern bei der Berechnung der Wertschöpfung je Tauschstufe in die Bemessungsgrundlage der Mehrwertsteuer eingehen, wird „Mehrwertsteuer von der Verbrauchsteuer" erhoben. – 3. *Steuerlicher Dualismus:* Die V. belastet das persönliche Einkommen des Steuerpflichtigen neben der Einkommensteuer auch noch anläßlich seiner Verwendung. Das erlaubt einerseits, das durch den Einkommensteuertarif hergestellte Belastungsniveau niedriger zu halten, als es eine „ergänzende" V. möglich wäre; steuerpsychisch ein Vorteil, da stark progressive Einkommensteuersätze leistungslähmend und steuervermeidend wirken können. Andererseits gelingt es mit Hilfe der V., solche Personen zu besteuern, die trotz vorhandener Leistungsfähigkeit von der Einkommensteuer legal nicht erfaßt werden oder sich ihr illegal entziehen konnten. – 4. *Ausgabensteuer:* a) Eine völlige Abkehr vom Dualismus wäre die Erhebung einer Ausgabensteuer (→Ausgabensteuer 2). Ausgestaltung und Wirkungsweise werden in der Finanzwissenschaft unter dem Aspekt diskutiert, ob Ausgaben nicht der bessere Indikator der Leitungsfähigkeit eines Menschen sind als sein Einkommen. Dann aber müßte die Ausgabensteuer als „*allgemeine persönliche"* eingerichtet werden mit Freibeträgen (und evtl. vergleichbarer Progression) wie bei der Einkommensteuer. Mehrwert- und Verbrauchsteuern könnten entfallen, was eine Vereinfachung des

Steuersystems wäre. – b) Einen anderen Sinn erhält der Begriff Ausgabensteuer unter dem Aspekt der *Steuerklassifikation* nach der Richtung von *Zahlungsströmen* aus dem bzw. in das Budget eines Steuerpflichtigen (→Ausgabensteuer 1): Ausgabensteuern sind Verbrauchsteuer, Mehrwertsteuer, Grunderwerbsteuer, Börsenumsatzsteuer usw., Einnahmensteuern sind Einkommensteuer, Kirchensteuer, die Ertragsteuern usw. – 5. Die V. erfüllt zugleich die Funktion einer *,,Alternativbesteuerung"*, die anstelle der ,,Normalbesteuerung" für den Fall erhoben wird, daß die Einkommensbesteuerung nicht angewendet wird, weil ein offentsichtliches Mißverhältnis zwischen dem Verbrauch und dem Einkommen besteht. Anhand der Höhe des Verbrauchs wird eine steuerliche Leistungsfähigkeit und das entsprechende Einkommen unterstellt. Die Höhe des tatsächlichen Einkommens wird indirekt erfaßt. Es handelt sich um eine →Verbrauchsbesteuerung des Einkommens, die bis 1981 nach §48 EStG als *,,Besteuerung nach dem Verbrauch"* durchgeführt wurde.

VII. S t e u e r h a r m o n i s i e r u n g i n d e r E G : Art. 9 EWG-Vertrag sieht die Harmonisierung der Verbrauchsteuern vor. Steuerverursachte Wettbewerbsverzerrungen sollen verhindert werden. Gegenwärtig gilt die Einführung des →Bestimmungslandprinzips beim grenzüberschreitenden Warenverkehr für die V. als die systemgerechte Regel. Eine weitergehende Harmonisierung, den den völligen Abbau der Steuergrenzen wie bei den Zöllen und den Verzicht auf nationale Eigenheiten bei den Einzelverbrauchsteuern bedeuten würde, ist gegenwärtig nicht in Sicht, weil die nationalen Steuersyteme den jeweiligen Steuermentalitäten entsprechen und demzufolge auch die direkten Steuern, die gegenwärtig noch dem →Ursprungslandprinzip gehorchen, einander angeglichen werden müßten. Vorerst bleibt es bei der inzwischen erreichten Harmonisierung in der Mehrwertbesteuerung.

Privatdozent Dr. Heinz-Dieter Hessler

Verbrauchsbesteuerung des Einkommens, Besteuerung, d.h. Erhebung der Einkommensteuer nach dem Verbrauch. In der Bundesrep. D. bis 1980 gem. §48 EStG unter bestimmten Voraussetzungen vorgesehen; wurde aufgrund fehlender praktischer Bedeutung aufgehoben.

Verbrauchsermittlung, →Erfassungstechnik der Kostenrechnung.

Verbrauchsfaktoren, auf E. Gutenberg zurückgehender Begriff für →Produktionsfaktoren, die während einer Periode restlos in die Produktion eingehen (z.B. Werkstoffe). – *Gegensatz:* →Potentialfaktoren.

Verbrauchsfolgeverfahren, →Bewertungsvereinfachungsverfahren.

Verbrauchsforschung. 1. *Begriff:* Wissenschaftliche Disziplin, die das Verhalten der Haushalte am Markt (als Verbraucher) zum Gegenstand hat. – 2. *Arten:* a) *Theoretische* V., die als Teildisziplin der Wirtschaftstheorie zu generellen Aussagen über die Verhaltensweisen und Einstellungen der Verbraucher gelangen möchte. – b) *Praktische* V., von Bedeutung u.a. im Hinblick auf ihre Nutzanwendung. Sie kann sowohl gesamtwirtschaftlichen als auch einzelwirtschaftlichen Zwecken dienen; in letzterem Fall ist die V. ein Bereich der →Marktforschung, nämlich die systematische Untersuchung des Verbrauchs bzw. absatzrelevanter Daten über die Verbraucher. V. in diesem Sinne umfaßt: Die Untersuchung der Bedürfnisse der Konsumenten und deren Neigung zur Bedürfnisbefriedigung sowie die Motive zur Aufnahme oder Ablehnung eines bestimmten Angebots, Feststelung der Kauf- und →Verbrauchsgewohnheiten; Untersuchungen über Marktgerechtigkeit der Fabrikate, Angemessenheit der Preise, Aufnahmefähigkeit des Marktes für ein bestimmtes Produkt; Erforschung der Reaktion der Konsumenten auf bestimmte Werbemittel und auf verschiedene Verkaufsmethoden (Bedienung, Selbstbedienung usw.) und sonstige absatzpolitische Maßnahmen.

Verbrauchsfunktion, Kernstück der von E. Gutenberg entwickelten Produktionstheorie. Sie gibt die funktionalen, technisch bedingten Beziehungen wieder, die zwischen den Leistungsgraden (→Intensität) einer Maschine j und dem Verbrauch an Produktionsfaktoren i je Leistungseinheit bei sonst kosntanten technischen Daten bestehen. – *Allgemeine Grundgleichung:*

$$P_{ij} = \frac{r_{ij}}{b_j} = f_{ij}(d_j)$$

r_{ij} = Faktorverbrauch i am Aggregat j,
b_j = Ausbringungseinheit am Aggregat j,
$d_j = \dfrac{b_j}{t} = \text{Intensität} = \dfrac{\text{Ausbringung}}{\text{Zeiteinheit}}$,
f = Funktionssymbol

Für jedes Aggregat entspricht die Zahl der V. der Zahl der eingesetzten Faktorarten. Da durch die Gesamtheit der V. die einzelnen Verbrauchsmengen aller notwendigen Faktorarten für jede realisierbare Intensität bestimmt werden, handelt es sich um limitationale Prozesse, entsprechend ist die auf V. aufbauende Produktionsfunktion (→Gutenberg-Produktionsfunktion) eine limitationale Produktionsfunktion. – *Grundformen* (graphische Darstellung vgl. Sp. 2265): *Typ a):* Faktorverbrauch ist für unterschiedliche Intensitäten konstant. – *Typ b):* Faktorverbrauch für unterschiedliche Intensitäten zunächst konstant; bei überhöhten Intensitäten progressiv ansteigend. – *Typ c):* Faktorverbrauch fällt zunächst mit zunehmender Intensität bis zu einem Optimum (Optimalintensität),

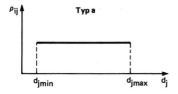

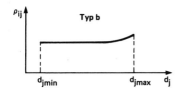

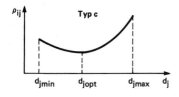

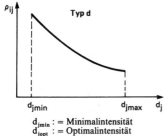

d_{jmin} : = Minimalintensität
d_{jopt} : = Optimalintensität
d_{jmax} : = Maximalintensität

um dann mit zunehmender Intensität progressiv anzusteigen. – *Typ d):* Faktorverbrauch fällt degressiv. – *Weitere Typen* sind denkbar. – *Anders:* →Konsumfunktion.

verbrauchsgesteuerte Disposition, →PPS-System II 3 b).

Verbrauchsgewohnheiten, *Konsumgewohnheiten,* Verhalten des Verbrauchers (→Konsumenten) in bezug auf ein am Markt angebotenes Erzeugnis, Gegenstand der →Marktanalyse. Die *eigentlichen* bzw. *ursprünglichen* V. sind: der besondere Verwendungszweck, die

Eigenart der Handhabung bei Ge- und Verbrauch; daraus leiten sich die *mittelbaren* V. ab: Häufigkeit und Menge des Verbrauchs sowie die Vorliebe für bestimmte Qualitäten; diese bestimmten zusammen mit anderen Faktoren die am Markt wirksam werdenden, empirisch beobachteten Kaufgewohnheiten. Entsprechend können unterschieden werden: →convenience goods, →shopping goods und →speciality goods.

Verbrauchsgüter. 1. Bei *produktionsorientierter Betrachtung:* Güter, die (abgesehen von Rest- und Abfallstoffen) in andere Güter eingehen bzw. in qualitativ andere Substanzen übergehen (z. B. bei chemischen Umwandlungsprozessen) oder zum Prozeßablauf beitragen (z. B. Antriebsenergie). – 2. Bei *konsumorientierter Betrachtung:* Güter, die durch den Konsumakt vernichtet werden (z. B. Nahrungsmittel). – *Gegensatz:* →Gebrauchsgüter.

Verbrauchsgüterindex, *Index der Bruttoproduktion für Verbrauchsgüter,* ein spezieller →Produktionsindex der amtlichen Statistik, Basis 1980 = 100. Zusätzlicher Indikator für die kurzfristige Konjunkturanalyse, bei dem die Waren nach ihrem vermutlichen Verwendungszweck gruppiert sind. Der V. hat die *Aufgabe,* monatlich die Entwicklung des Ausstoßes der vom produzierenden Gewerbe hergestellten verbrauchsreifen Waren unter Ausschaltung der Preisveränderungen zu messen. Als Gewichtung dient der Bruttoproduktionswert (→Bruttoproduktion 2) des Jahres 1980.

Verbrauchsgüter produzierendes Gewerbe, *Konsumgütergewerbe,* Bereich des →Verarbeitenden Gewerbes, in dem die verbrauchsreifen Güter (→Verbrauchsgüter) für den privaten Haushalt und den Haushalt des Staates erzeugt und bereitgestellt werden. Ein Überblick über den volkswirtschaftlichen Verwendungszweck der industriellen Güter in der Wirtschaftsstatistik ist nur schätzungsweise zu gewinnen, weil die Verwendung der Verbrauchsgüter geschehen kann als Investitionsgüter, als →Gebrauchsgüter von langdauernder Nutzung, als Gegenstände des Verzehrs und sonstigen kurzfristigen Verbrauchs. Vgl. Tabelle Sp. 2267.

Verbrauchs-lag, →Robertson-lag.

Verbrauchsland, Begriff der Außenhandelsstatistik und des Außenwirtschaftsrechts für Länder, in denen die Waren ge- oder verbraucht oder be- oder verarbeitet werden sollen. Ist dieses Land nicht bekannt, so gilt als V. das letzte bekannte Land, in das die Waren verbracht werden sollen. Das V. braucht nicht identisch mit dem Absatzgebiet zu sein; sehr häufig muß wegen fehlender →Konvertibilität der Währungen an ausländische Importeure geliefert werden, die die Ware nicht im eigenen Land verwerten. Die Auswertung der Außenhandelsstatistik erfolgt

Verbrauchsgüter produzierendes Gewerbe

Jahr	Be-schäf-tigte in 1000	Lohn- und Gehalts-summe	darun-ter Ge-hälter	Um-satz ge-samt	darun-ter Aus-lands-umsatz	Netto-produk-tions-index 1980 =100
		in Mill. DM				
1970	2 008	23 657	6 163	94 229	9 686	–
1971	1 948	25 962	6 967	102 528	10 629	–
1972	1 953	28 307	7 742	111 461	11 503	–
1973	1 926	31 182	8 703	119 604	13 771	–
1974	1 795	32 260	9 359	126 729	16 221	–
1975	1 649	31 890	9 636	123 462	14 887	–
1976	1 608	33 991	10 083	135 765	18 482	91,5
1977	1 592	36 180	10 787	144 992	19 817	96,1
1978	1 585	38 468	11 590	148 949	20 431	98,4
1979	1 593	41 013	12 554	161 951	23 034	101,6
1980	1 583	43 446	13 487	172 936	25 158	100
1981	1 512	43 751	14 089	172 500	27 506	94,9
1982	1 418	42 931	14 267	172 185	29 715	90,3
1983	1 341	42 632	14 295	176 770	30 766	91,5
1984	1 327	43 765	14 646	187 606	35 031	94,0
1985	1 317	44 913	15 319	194 698	39 087	95,1
1986	1 314	46 571	15 676	200 499	40 272	97,0

deshalb a) nach Herstellungs- und V. sowie b) nach Einkaufs- und Käuferland.

Verbrauchsplanung, Teil der →Plankosten-rechnung: Die Ermittlung der Kosten für die Erstellung von den in der →Kapazitätsplanung festgelegten Leistungsmengen in der geplanten Arbeitszeit (→Soll-Zeit). – Die V. *vollzieht sich* durch Ermittlung von Mengenstandards: a) der für die Leistungserstellung erforderlichen Mengen (Stunden, kg, m, hl, usw.); b) der verschiedenen →Kostenarten (Löhne, Roh-stoffe, Dampf, Kraft, usw.); c) der diesen zuzuordnenden Werte (→fester Verrechnungs-preis oder →Planpreis). – Aus abrechnungs-technischen Gründen können die je Erzeug-nis eingesetzten *Rohstoffe,* die i. d. R. mehrere →Kostenstellen bis zur Erreichung der absatz-fähigen Produktreife durchlaufen, in einer sog. *Stoffkostenplanung* behandelt werden, getrennt von den →Plankosten für die Roh-stoffbearbeitung in den einzelnen Kostenstel-len.

Verbrauchsstichprobe, →Einkommens- und Verbrauchsstichprobe.

Verbrauchsteuergefährdung, →Steuerord-nungswidrigkeit nach §381 AO. V. begeht, wer vorsätzlich oder leichtfertig Vorschriften der Verbrauchsteuergesetze oder der dazu erlassenen Rechtsverordnungen zuwiderhan-delt, soweit die Verbrauchsteuergesetze oder die dazu erlassenen Rechtsverordnungen für einen bestimmten Tatbestand auf §381 AO verweisen, und zwar: a) die zur Verbreitung, Sicherung oder Nachprüfung der Besteuerung auferlegten Erklärungs- oder Anzeige-pflichten; b) Verpackung oder Kennzeichnung verbrauchsteuerpflichtiger Erzeugnisse oder Waren, die solche Erzeugnisse enthalten oder über Verkehrs- oder Verwendungsbeschrän-kungen für solche Erzeugnisse oder Waren; c) den Verbrauch unversteuerter Waren in den Freihäfen. – *Strafe:* Geldbuße wegen Ord-

nungswidrigkeit bis zu 10 000 DM; ggf. liegt leichtfertige →Steuerverkürzung vor.

Verbrauchsteuern. I. Begriff: Steuern, die an die Einkommensverwendung durch →Ver-brauch anknüpfen (vgl. dort III).

II. Arten: (nach dem Steuermaß): 1. *Men-gensteuern:* (in der Rangfolge des Aufkom-mens) Mineralöl-, Branntwein- und Essig-säure-, Bier-, Kaffee-, Zucker-, Schaumwein-, Salz-, Leuchtmittel-, Tee-, Spielkartensteuer. – 2. *Wertsteuern:* Vergnügung-, Rennwett- und Lotterie-, Getränke-, Versicherung-, Feuer-schutz-, Jagd- und Fischereisteuer. – 3. *Kombi-nierte Mengen- und Wertsteuer:* Tabaksteuer. – 4. Eine *besondere Bemessungsgrundlage* mit eigenen Steuermaßen haben die Hundesteuer (nach Zahl der Hunde, progressiv mit zuneh-mender Zahl) die Schankerlaubnissteuer (je nach örtlicher Steuerordnung Betriebsvermö-gen, Jahresertrag oder Umsatz) und die Spiel-bankabgabe (Bruttospielertrag = Saldo aus Einsätzen der Spieler ./. Gewinnauszahlungen der Bank).

III. Ertragshoheit (Art. 106 GG): 1. *Gemeindesteuern* i. w. S.: Getränke-, Hunde-, Schankerlaubnis-, Jagd- und Fischerei-, Ver-gnügungsteuer als „örtliche Verbrauch- und Aufwandsteuern". – 2. *Landessteuern* i. w. S.: Bier-, Kraftfahrzeug- und Feuerschutzsteuern (die größtenteils den Gemeinden zufließt). – 3. *Bundessteuern* i. w. S. sind alle übrigen V. – 4. *EG-Steuern:* Zölle, Abschöpfungen (für Getreide, Reis, Milcherzeugnisse, Zucker, Oli-ven, Eier, Geflügel, Schweine-, Rind- und Kalbfleisch) und Marktordnungsabgaben (für Milch, Zucker, Wein, Mühlenstruktur).

IV. Grundzüge: 1. *Steuerobjekt* der bun-desgesetzlich geregelten besonderen V. ist grundsätzlich die Überführung der belasteten Güter aus dem Herstellungsbetrieb in den Verkehr, ihr Verbrauch im Herstellungsbe-trieb oder ihre Einfuhr und die Überführung in andere Herstellungsbetriebe zum Zwecke der Weiterverarbeitung. – 2. Mit Ausnahme der Branntweinsteuer und der Biersteuer ist *Steuerschuldner* der Inhaber des Herstellungs-betriebes. – 3. Die *Fälligkeit* für die einzelnen V. wurde aus kassentechnischen Gründen für verschiedene Zahltage festgesetzt. Zahlungs-aufschub wird i. d. R. nicht gewährt. – 4. Um eine *Mehrfachbelastung* zu vermeiden, kann die Steuer unter bestimmten Voraussetzungen erlassen oder erstattet werden, wenn die Waren in den Herstellungsbetrieb zurückge-führt werden. – 5. Die Herstellerbetriebe unterliegen der →Steueraufsicht. Sie müssen ihren Betrieb der zuständigen Zollstelle anmelden, bedarfs besondere Aufzeichnungs-pflichten und i. d. R. monatlich eine Steueran-meldung der zuständigen Zollstelle abzu-geben. – 6. Verbrauchsteuerpflichtige Waren dienen ohne Rücksicht auf die Rechte Dritter als *Sicherheit* für die darauf ruhenden Steuern (Sachhaftung nach § 76 AO). – Vgl. auch →Verbrauchsbesteuerung.

V. Aufkommen der wichtigsten V.:

Arten	Mill. DM			
	1970	1976	1981	1986
Umsatzsteuer (vgl. dort)				
Tabaksteuer	6 536	9 379	11 253	14 480
Mineralölsteuer	11 512	18 121	22 180	25 644
Branntwein- steuer	2 228	3 367	4 473	4 065
Kaffeesteuer	1 057	1 293	1 548	1 657
Zuckersteuer	125	136	140	144
Biersteuer	1 175	1 316	1 262	1 261
Schaumwein- steuer	233	419	569	698
Leuchtmittel- steuer	104	104	119	134

Verbrauchsverlust, Begriff der Plankostenrechnung für einen Mehrverbrauch gegenüber den →Sollkosten. – Vgl. auch →Abweichungen I.

Verbrechen, eine mit Freiheitsstrafe im Mindestmaß von einem Jahr oder darüber bedrohte →Straftat (§ 12 I StBG). Die Strafe ist eine lebenslange oder eine zeitige zwischen einem und 15 Jahren (§ 38 StGB).

Verbreitungsrecht, Form des →Verwertungsrechts des Urhebers an seinem Werk: Recht, das Original oder Vervielfältigungsstück des Werkes der Öffentlichkeit anzubieten oder in Verkehr zu bringen. Sind das Original oder Vervielfältigungsstücke rechtmäßig durch Veräußerung in Verkehr gebracht, so ist ihre Weiterverbreitung (insbes. Weiterveräußerung) zulässig (§ 17 UrhRG). – Entgegen dem früheren Recht hat jedoch der Vermieter eines Vervielfältigungsstückes, der zu Erwerbszwecken handelt (Leihbücherei, Lesezirkel; z. B. aber nicht öffentliche Bibliothek, Volksbücherei), dem Urheber eine angemessene Vergütung zu zahlen; die Vergütungspflicht gilt für alle Arten von Vervielfältigungsstücken, z. B. Bücher, Zeitschriften, Schallplatten, Noten, nicht jedoch für Werke, die ausschließlich zum Zwecke der Vermietung erschienen sind (§ 27 UrhRG).

Verbringungsverbot, Verbot, Gegenstände unter Verstoß gegen ein Strafgesetz, das ihre Einfuhr oder Verbreitung aus Gründen des Staatsschutzes verbietet (§ 86 StGB), in den Bereich der Bundesrep. D. zu verbringen, z. B. staatsgefährdende Schriften. Einzelheiten regelt das Gesetz zur Überwachung strafrechtlicher und anderer V. vom 24. 5. 1961 (BGBl I 607).

Verbuchung, →Buchung.

Verbund, →Record.

verbundene Hausratversicherung, Versicherungsschutz gegen eine Mehrzahl von Gefahren (Brand, Blitzschlag, Explosion, Flugzeugabsturz und -anprall, Einbruchdiebstahl, Raub, Leitungswasser, Sturm). Einschluß weiterer Gefahren wie Hagel oder Glasbruch möglich. – *Versicherungsumfang:* Versichert ist der gesamte Hausrat, d. h. alle Sachen, die einem Haushalt zur Einrichtung, zum Gebrauch oder zum Verbrauch dienen, außerdem Bargeld sowie zahlreiche weitere in den Bedingungen aufgeführte Sachen, wie Arbeitsgeräte und Einrichtungsgegenstände, die dem Beruf oder Gewerbe dienen. Fremdes Eigentum ist mitversichert. Für Wertsachen einschl. Bargeld gelten Entschädigungsgrenzen. Versicherungsort ist die Wohnung, doch können Sachen innerhalb Europas in bestimmten Wertgrenzen vorübergehend auch außerhalb aufbewahrt werden (→Außenversicherung). Die v.H. besteht überwiegend als →Neuwertversicherung. – Vgl. auch →VHB.

verbundene Kosten, →Gemeinkosten.

verbundene Lebensversicherung, Lebensversicherung, deren Fälligkeit vom Ableben einer von mehreren Personen abhängt. Der Versicherer leistet bei den gebräuchlichsten Tarifen, wenn die erste der versicherten Personen stirbt. Vgl. im einzelnen →Lebensversicherung II 7 b.

verbundene Leistung, →Kuppelprodukt.

verbundene Produktion, →technisch verbundene Produktion.

verbundener Verbrauch, →Gemeinverbrauch.

verbundene Unternehmen. 1. *Begriff:* Rechtlich selbständige Unternehmen, die im Verhältnis zueinander sind: a) In Mehrheitsbesitz stehende und Unternehmen mit →Mehrheitsbeteiligung (§ 16 AktG); b) →abhängige und →herrschende Unternehmen (§ 17 AktG); c) →Konzernunternehmen (§ 18 AktG); d) →wechselseitig beteiligte Unternehmen (§ 19 AktG); e) Vertragsteile eines →Unternehmensvertrags (§§ 291 f. AktG). – 2. *Sondervorschriften des Aktiengesetzes:* Insbes. über die Sicherung der Gesellschaft und der Gläubiger, Sicherung der außenstehenden Aktionäre, Leitungsmacht und Verantwortlichkeit bei Abhängigkeit von Unternehmen, Eingliederung sowie Sondervorschriften über die Rechnungslegung im Konzern (§§ 291–337 AktG).

verbundene Wohngebäudeversicherung, gegen eine Mehrzahl von Gefahren (Brand, Blitzschlag, Explosion, Absturz und Anprall von Flugkörpern, Leitungswasser, Rohrbruch, Sturm) an Wohngebäuden auf Grundlage eines Antrages und einheitlicher →Allgemeiner Versicherungsbedingungen (→kombinierte Versicherung). – Bei *Miethäusern* auch

Ersatz des →Mietverlusts infolge eines Versicherungsfalls.

Verbundkosten, →Gemeinkosten.

Verbundleistungen, Begriff der amtlichen Statistik (Sozialstatistik) für verschiedene, an *einen* Leistungsempfänger (Mehrfachbezieher) gezahlte →Sozialleistungen.

Verbundmessung, →conjoint measurement.

Verbundquote, →Steuerverbundquote.

Verbundsystem. I. F i n a n z w i s s e n - s c h a f t : Regelungsform der →Ertragshoheit zwischen öffentlichen Aufgabenträgern im aktiven Finanzausgleich; Form des →Mischsystems. Beim V. werden die Gesamteinnahmen einer Einnahmequelle *(Einzelverbund)* oder mehrerer Einnahmequellen *(Gesamtverbund)* als Anteilsätze (Quoten) zwischen mehreren Aufgabenträgern aufgeteilt. – In der *Bundesrep. D.* werden nach diesem Prinzip die →Gemeinschaftssteuern verteilt, z. B. die Einkommensteuer im Verhältnis 42,5% : 42,5% : 15% auf Bund, Länder und Gemeinden, die Umsatzsteuer (→Umsatzsteuerverteilung) im Verhältnis 65% : 35% auf Bund und Länder (1987). – Vgl. auch →Steuerverbund.

II. E l e k t r o n i s c h e D a t e n v e r a r b e i - t u n g : Gesamtheit von jeweils autonom funktionsfähigen Datenverarbeitungssystemen zur permanenten oder fallweisen Übertragung gemeinsam zu bearbeitender Aufgaben (vgl. im einzelnen →Computerverbund(system)).

Verbundverträge, Verträge zwischen Unternehmen der Energieversorgung, wonach Lieferungen von Energie oder Wasser über feste Versorgungswege ausschließlich einem oder mehreren Vertragspartnern zur Verfügung gestellt werden. – *Wettbewerbsrechtliche Zulässigkeit:* Vgl. →Kartellgesetz IX.

Verbundwerbung, →kooperative Werbung.

Verdachtskündigung, →außerordentliche Kündigung aus wichtigem Grund wegen des Verdachts einer strafbaren Handlung oder einer sonstigen schwerwiegenden Verfehlung des Arbeitnehmers. Zulässigkeit umstritten, i. a. zu verneinen. Zulässigkeit, wenn der Verdacht besonders schwerwiegend ist und der Arbeitnehmer durch schuldhaftes Verhalten erhebliche Gründe für den Verdacht gegeben hat, trotz Aufforderung nicht zur Aufklärung beiträgt und auch dem Arbeitgeber die Aufklärung des Sachverhalts nicht möglich ist. – Auch wenn sich in einem späteren Strafverfahren der Verdacht als unbegründet erweist, bleibt V. wirksam. Wird die Unschuld des Arbeitnehmers erst nach Abschluß eines zu seinen Ungunsten ausgelaufenen Kündigungsprozesses festgestellt, so kann ihm nach den Grundsätzen von →Treu und Glauben ein Wiedereinstellungsanspruch zustehen. – In der

Praxis ist bei Fällen schwerwiegenden Verdachts die *Suspendierung des Arbeitsverhältnisses* vorzuziehen (→Beschäftigungspflicht).

Verdachtsnachschau, →Nachschau.

verdeckte Arbeitslosigkeit, →versteckte Arbeitslosigkeit.

verdeckte Einlage. 1. *Begriff:* Zuwendung eines einlagefähigen Vermögensvorteils an eine →Kapitalgesellschaft durch einen Gesellschafter oder eine ihm nahestehende Person, wenn diese Zuwendung ihre Ursache im Gesellschaftsverhältnis hat. Ursächlichkeit ist gegeben, wenn ein Nichtgesellschafter bei Anwendung der Sorgfalt eines ordentlichen Kaufmanns der Gesellschaft diesen Vermögensvorteil nicht eingeräumt hätte (Abschn. 36a I KStR). – 2. *Körperschaftsteuer:* Die v.E. ist bei der Gesellschaft dem →verwendbaren Eigenkapital i. S. d. 30 II Nr. 4 KStG (EK 04) zuzuführen. Sie erhöht wie alle →Einlagen das →Einkommen der Gesellschaft nicht. – Überläßt der Gesellschafter der Gesellschaft ein →Wirtschaftsgut zur *Nutzung* oder zum *Gebrauch,* so kann dies *nicht* Gegenstand einer Einlage sein.

verdeckte Gewinnausschüttung. 1. *Begriff:* a) Jede Zuwendung von Vermögensvorteilen an einen Gesellschafter oder eine ihm nahestehende Person außerhalb der gesellschaftsrechtlichen Gewinnverteilung, wenn diese ihre Ursache im Gesellschaftsverhältnis haben. Ursächlichkeit ist gegeben, wenn ein ordentlicher oder gewissenhafter Geschäftsleiter die Zuwendung einem Nichtgesellschafter nicht gewährt hätte (Abschn. 31 III KStG). Als v.G. können angesehen werden z. B. Hingabe von un- oder unterverzinslichen Darlehen an Gesellschafter (→Gesellschafterdarlehen), Unterpreislieferung an Gesellschafter. – b) Eine v.G. liegt auch vor, wenn im Verhältnis zwischen Gesellschaft und beherrschendem Gesellschafter nicht von vornherein klare und eindeutige Vereinbarungen getroffen wurden (Abschn. 31 V KStG). – 2. *Körperschaftsteuer:* a) V.G. dürfen das →Einkommen der Gesellschaft nicht mindern und sind diesem ggf. hinzuzurechnen (§ 8 III KStG). Daneben sind v.G. mit dem gegliederten →verwendbaren Eigenkapital zu verrechnen (→körperschaftsteuerliches Anrechnungsverfahren). – b) Beim begünstigten Anteilseigner unterliegt die v.G. einschl. des Anrechnungsanspruchs als Einnahme aus Kapitalvermögen (→Einkünfte II) der →Einkommensteuer. Die anrechenbare Körperschaftsteuer kann von der Einkommensteuerschuld gekürzt werden.

verdecktes Abzahlungsgeschäft, Betonung der Selbständigkeit des bei der Finanzierungsgesellschaft durch den Abzahlungskäufer beanspruchten Kredits zur Vermeidung von Konsequenzen des Abzahlungsgesetzes (→Abzahlungsgeschäfte). Der Charakter ei-

Finanzierungs-Teilzahlungen als verschleierte Ratenzahlungen wird geleugnet, um dem Abzahlungskäufer den durch das Abzahlungsgesetz gegebenen Schutz zu entziehen; z. B. Rücknahme des betreffenden Gutes durch das Handelsunternehmen bei Nichtzahlung von Raten durch den Käufer, aber Bestehen auf der uneingeschränkten Rückzahlung des als selbständig fingierten Kredits, den der Abzahlungskäufer bei der Finanzierungsgesellschaft in Anspruch genommen hat. – Ebenso liegt ein v.A. vor, wenn der Zweck des Abzahlungsgeschäfts in einer anderen Rechtsform, insbes. durch mietweise Überlassung der Sache, erreicht werden soll, gleichgültig ob dem Empfänger der Sache ein Recht eingeräumt ist, später deren Eigentum zu erwerben oder nicht (§ 6 AbzG). – *Rechtlich* werden v.A. wie echte behandelt; die Normen des Abzahlungsgesetzes werden angewandt: Betonung der Einheit von Kaufvertrag und Finanzierungsgeschäft durch den Bundesgerichtshof.

verdecktes Stammkapital. 1. *Begriff:* Darlehen und ähnliche Forderungen von Gesellschaftern einer Gesellschaft mit beschränkter Haftung (→Gesellschafterdarlehen), die an Stelle einer Erhöhung des →Stammkapitals gegeben werden. – 2. *Zweck:* Durch Zuführung von Gesellschafterdarlehen an Stelle von →Einlagen werden der Gesellschaft Mittel zugeführt, die ihr einerseits ähnlich wie →Eigenkapital zur Verfügung stehen, die andererseits aber die steuerlichen Vorteile des →Fremdkapitals vermitteln (keine →Gesellschaftsteuer, Darlehen ist bei der →Vermögensteuer als Schuld absetzbar, Darlehenszinsen sind →Betriebsausgabe). – 3. *Steuerliche Anerkennung:* Die von den Gesellschaftern gewählte Gestaltung wird im Körperschaftsteuerrecht praktisch nur in Ausnahmefällen steuerlich nicht anerkannt und eine verdeckte Einlage angenommen.

verdeckte Stellvertretung, →Stellvertretung, bei der der Vertreter ein Geschäft zwar für fremde Rechnung, aber in *eigenem Namen* abschließt. Nur der Vertreter wird aus dem Geschäft berechtigt oder verpflichtet (§ 164 II BGB). U. U. kann er als →Schadenersatz aber den dem Vertretenen erwachsenen Schaden (→Drittschaden) fordern.

Verdienst, →Arbeitsentgelt.

Verdienstbescheinigung, vom Arbeitgeber zusätzlich zur →Lohnsteuerbescheinigung zu erteilende Bescheinigung in Form einer Eintragung in die →Versicherungskarte des Arbeitnehmers nach Beendigung des Beschäftigungsverhältnisses, spätestens aber nach Ablauf jedes Kalenderjahres. Die Eintragung erstreckt sich auf Beschäftigungszeit und Arbeitsverdienst, sie enthält sämtliche sozialversicherungspflichtigen Einkünfte des entsprechenden Zeitraumes.

Verdiensterhebungen, →Lohnstatistik 1.

Verdienstorden, →Ehrenzeichen.

Verdienststatistik, →Lohnstatistik.

Verdingung, →Ausschreibung.

Verdingungskartell, →Kartell höherer Ordnung, bei dem die angeschlossenen Unternehmungen von einer Zentralstelle aus verpflichtet werden können, bestimmte Aufträge im Rahmen des Verdingungsvertrages (Lieferungsvertrages) auszuführen. V. ähnelt im Prinzip dem Kartell mit Auftragsverteilung. Beim V. können aber Verträge durch die zentrale Stelle mit Rechtswirkung für und gegen die einzelne Unternehmung abgeschlossen werden.

Verdingungsordnungen, Zusammenfassungen der Grundsätze für die Vergabe öffentlicher Aufträge, und zwar das Verfahren für die Vergabe der öffentlichen Aufträge (Teil A) und die allgemeinen Vertragsbedingungen für die Ausführung der Leistungen (Teil B). Die V. sind von Parlament und Regierung entwickelt worden; ihre Beachtung ist durch Verwaltungserlasse sichergestellt. – Es *gelten:* a) die „Verdingungsordnung für Leistungen – ausgenommen Bauleistungen – (VOL)", herausgegeben vom Reichsfinanzministerium 1936, jetzt i. d. F. vom 11. 5. 1960 (BAnz Nr. 105); b) die „Verdingungsordnung für Bauleistungen (VOB)" i. d. F. vom 1. 10. 1973 (BAnz Nr. 216), aufgestellt vom Deutschen Verdingungsausschuß für Bauleistungen.

Veredelung. I. Begriff: 1. *I. e. S.:* Produktveredelung, bewirkt durch eine substantiell meist unerhebliche technische Veränderung, Form und (oder) Qualitätsverbesserung, die nicht zu einer eigentlichen Stoffumwandlung führen, die aber für eine zweckmäßige Weiterverarbeitung oder, bei Fertigerzeugnissen, für einen individuell verfeinerten Geschmack wirtschaftlich bedeutungsvoll sind. – 2. *I. w. S.:* Jede Aufbereitung eines Produkts zum Zwischenprodukt; mißverständlich.

II. Umsatzsteuerrecht: Jede Bearbeitung oder Verarbeitung, die die Wesensart des Gegenstandes ändert. Der Lohnveredelungsverkehr für ausländische Rechnung ist unter bestimmten Voraussetzungen umsatzsteuerfrei. – Vgl. →Lohnveredelung II.

III. Außenwirtschaftsrecht: Vgl. →Lohnveredelung.

IV. Zollrecht: Vgl. →Veredelungsverkehr.

Veredelungsbedingungen, Bedingungen, unter denen die Zollbehörden einen →Veredelungsverkehr genehmigen können.

Veredelungskalkulation, Form einer →Divisionskalkulation, in der ein Teil der Kosten (insbes. →Materialkosten) den einzelnen Produkten direkt belastet, (nur) der verbleibende

Teil nach den Prinzipien der Divisionskalkulation aufgeteilt wird.

Veredelungskosten. 1. Kosten *auswärtiger Bearbeitung bzw. → Veredelung:* V. werden i.d.R. als Materialkosten (Material-Einzelkosten) verrechnet, da mit der Bearbeitung eine Werterhöhung des Einsatzstoffes verbunden ist. Beispiel: Textilien werden imprägniert; als Fertigungsmaterial wird der Wert des imprägnierten Stoffes verrechnet. – 2. Kosten der *innerbetrieblichen Bearbeitung:* V. werden auf einer besonderen → Kostenstelle gesammelt und als Veredelungszuschlag den veredelten Stoffen zugeschlagen.

Veredelungspolice, früherer Begriff für → Einheitsversicherung.

Veredelungsverkehr, im Sinne des Zollrechts die zollbegünstigte Be- oder Verarbeitung bzw. Ausbesserung von Waren. – *Arten:* 1. *Aktiver V.:* Dieser dient der Veredelung von aus einem Drittland eingeführten Waren, die in veredeltem Zustand wieder in ein Drittland ausgeführt werden sollen. Er wird bewilligt, wenn er dazu beiträgt, die günstigsten Voraussetzungen für die Ausfuhr der veredelten Waren zu schaffen, ohne daß wesentliche Interessen der durch den Zoll geschützten Hersteller beeinträchtigt werden. Der aktive V. ist ein Freigutverkehr; die im V. eingeführten Waren werden dem Veredeler als Freigut zollfrei überlassen. Wird der V. ordnungsgemäß innerhalb der gesetzten Frist abgewickelt, d.h., wird die gesamte Einfuhrmenge als veredelte Ware unter zollamtlicher Überwachung wieder ausgeführt, so entsteht eine Zollschuld nur für Nebenerzeugnisse und Abfälle, die bei der Veredelung anfallen und nicht ausgeführt werden. Wird nur ein Teil ausgeführt, so entsteht für den in der EG verbliebenen Teil eine Zollschuld, die sich nach Beschaffenheit und Wert der unveredelten Ware bemißt. Nach der Art des Veredelungsgeschäftes unterscheidet man zwischen → Lohnveredelung (Veredelungsarbeiten werden für eine außerhalb des Zollgebiets ansässige Person auf deren Rechnung oder unentgeltlich ausgeführt) oder *Eigenveredelung* (Durchführung der Arbeiten auf eigene Rechnung). Bei Eigenveredelung ist nachzuweisen, aus welchen Gründen der Antragsteller für das Ausfuhrgeschäft auf ausländische Waren angewiesen ist, z.B. Beschaffenheit, Preis, Liefermöglichkeit (§ 104 ff. AZO). Bei aktiven V. werden die Zollvorschriften sinngemäß auf die Einfuhrumsatzsteuer angewendet. V. mit Waren, die nur der Einfuhrumsatzsteuer unterliegen, werden vorsteuerabzugsberechtigten Firmen nicht bewilligt. – Vgl. auch → Freigutveredelung. – 2. *Passiver V.:* Dieser dient der Veredelung von Waren, die ohne Erlaß, Erstattung oder Vergütung von Zoll aus dem → freien Verkehr des Zollgebiets in das Zollausland ausgeführt und veredelt wie-

der eingeführt werden. Die unveredelten Waren sind zollamtlich zu gestellen mit dem Antrag, sie zur Ausfuhr im passiven V. abzufertigen. Dabei wird die Nämlichkeit der Waren festgehalten. Den Waren dürfen im Ausland bei der Veredelung Zutaten zugefügt werden. Für die Einfuhr werden den Bedürfnissen entsprechende Fristen gesetzt. Bei der Einfuhr wird der für die veredelten Waren zu entrichtende Zoll um den Betrag gemindert, der als Zoll für die unveredelten Waren zu erheben wäre, wenn sie unter den gleichen Umständen zum freien Verkehr abgefertigt würden (Differenzveredelung). Die Wiedereinfuhr kann auch in ein anderes Mitgliedsland der EG erfolgen. Vorsteuerabzugsberechtigte Veredeler müssen für die wieder eingeführten Waren die volle Einfuhrumsatzsteuer entrichten, so daß sich passive V. für diesen Personenkreis erübrigen, sofern es sich um Waren handelt, die nur der Einfuhrumsatzsteuer unterliegen. – Vgl. auch → Ausbesserungsverkehr. – 3. *Freihafen-V.:* Dieser dient der Veredelung von Waren, die ohne Erlaß, Erstattung oder Vergütung von Zoll aus dem freien Verkehr des Zollgebiets in einen → Freihafen ausgeführt und veredelt wieder eingeführt werden. An Stelle der ausgeführten Waren können im Freihafen auch Waren veredelt werden, die unveredelt den ausgeführten Waren nach Menge und Beschaffenheit entsprechen (→ Ersatzgut). Ein Freihafen-V. kann dem Inhaber eines Freihafenbetriebes bewilligt werden, wenn der Freihafen dadurch seinem Zweck nicht entfremdet wird. Die unveredelten Waren sind bei der Ausfuhr zollamtlich zu gestellen. Die veredelten Waren sind bei ihrer Einfuhr zoll- und einfuhrumsatzsteuerfrei. – Nähere Bestimmungen über V. vgl. §§ 4–53 ZG und §§ 114–115 AZO; Durchführungsbestimmungen VSF Z 1501–1701. – *Sonderbestimmungen des Außenwirtschaftsrechts* für die Wiedereinfuhr nach → passiver Lohnveredelung (§ 33 b AWV).

vereidigter Buchprüfer. 1. *Begriff:* V.B. ist, wer nach den Vorschriften der WPO als solcher anerkannt oder bestellt ist. Freier Beruf. Im beruflichen Verkehr ist die Bezeichnung „vereidigter Buchprüfer" zu führen. Der *Berufszugang* wurde mit dem BiRiLiG neu geöffnet; seit 1961 war er geschlossen. Neben der Dauerregelung wurde eine Übergangsregelung getroffen. – 2. *Aufgaben und Tätigkeiten:* V.B. haben die Aufgabe, → Prüfungen auf dem Gebiet des betrieblichen Rechnungswesens, insbes. Buch- und Bilanzprüfungen, durchzuführen. Über das Ergebnis ihrer Prüfungen können sie → Prüfungsvermerke erteilen; dazu gehören auch Bestätigungen und Feststellungen, die sie aufgrund gesetzlicher Vorschrift vornehmen. Insbes. können v.B. Jahresabschlüsse von mittelgroßen GmbHs mit den in § 267 II HGB festgelegten Kriterien nach § 316 I 1 HGB prüfen (→ Jahresabschluß-

prüfung). V.B. sind außerdem befugt, ihre Auftraggeber in steuerlichen Angelegenheiten
nach Maßgabe der bestehenden Vorschriften
zu beraten und zu vertreten. Sie können unter
Berufung auf ihren Amtseid auf den Gebieten
des betrieblichen Rechnungswesens als Sachverständige auftreten. – 3. *Zulassungsvoraussetzungen:* a) *Dauerregelung:* Bewerber müssen nach § 131 I WPO zum Zeitpunkt der
Antragstellung Steuerberater oder Rechtsanwalt sein und ihren Beruf oder den des
Steuerbevollmächtigten mindestens fünf Jahre
ausgeübt haben. Nachweis dreijähriger Prüfungstätigkeit; Tätigkeit als Steuerberater
oder Revisor in einer größeren Unternehmung
kann bis zu einem Jahr angerechnet werden.
Kann der Bewerber keine Prüfungstätigkeit
nachweisen, muß er 15 Jahre als Steuerberater
tätig gewesen sein, wobei 10 Jahre Steuerbevollmächtigtentätigkeit anrechenbar sind. –
b) *Übergangsregelung:* Bis zum 31.12.1989
können auch Bewerber den Antrag stellen, die
keine Prüfungstätigkeit vorzuweisen haben,
bei Antragstellung Steuerberater oder Rechtsanwalt sind und fünf Jahre als Steuerberater,
Steuerbevollmächtigter oder Rechtsanwalt
tätig waren. Frist für die Antragstellung in
besonderen Fällen bis zum 31.12.1992. –
4. *Prüfung:* Schriftlicher und mündlicher Teil;
schriftlicher Teil entfällt für Bewerber, die
nach der Übergangsregelung zugelassen werden. – 5. *Bestellung:* Bestellung nach Dauerregelung entsprechend den Vorschriften für die
Bestellung von →Wirtschaftsprüfern. Übergangsweise (zunächst bis 1990) vorläufige
Bestellung, wenn v.B. einen Prüfungsauftrag
für eine prüfungspflichtige Kapitalgesellschaft
nachweist (§ 131 b II WPO); im beruflichen
Verkehr Zusatz „Zur Abschlußprüfung nach
§ 319 Abs. 1 Satz 2 des Handelsgesetzbuchs
vorläufig berechtigt". – 6. V.B. sind *Mitglieder
in der →Wirtschaftsprüferkammer* und werden
im Berufsregister geführt. Vorläufig bestellte
v.B. sind in der Wirtschaftsprüferversammlung nicht stimmberechtigt. – 7. Auf v.B.
finden die *Vorschriften* über die freie Berufsausübung, die berufliche Niederlassung, die
Eintragung und Löschung in →Berufsregister, die Rechte und Pflichten und die Berufsgerichtsbarkeit für Wirtschaftsprüfer entsprechende Anwendung.

Verein, im Sinne des BGB eine auf gewisse
Dauer berechnete Personenvereinigung mit
körperschaftlicher Verfassung, die als einheitliches Ganzes gedacht wird, daher einen
Gesamtnamen führt und im Bestand vom
Wechsel der Mitglieder unabhängig ist. –
1. Die *Bildung* eines V. unterliegt, soweit er
keinen verbotenen Zweck verfolgt, keinen
Beschränkungen, – 2. →*Rechtsfähigkeit* kann
ein V. erlangen: a) wenn sein Zweck auf einen
wirtschaftlichen Geschäftsbetrieb gerichtet ist,
durch staatliche Verleihung (§ 22 BGB,
→wirtschaftlicher Verein), – b) im übrigen

durch Eintragung im Vereinsregister (§ 21
BGB, →eingetragener Verein). – 3. Auf einen
V. *ohne Rechtsfähigkeit* findet das Recht der
→Gesellschaft des bürgerlichen Rechts mit
verschiedenen Abweichungen, die sich aus der
körperschaftlichen Verfassung ergeben, entspechende Anwendung (§ 54 BGB). –
4. *Besteuerung:* V. unterliegen ohne Rücksicht
auf ihre Rechtsform der Körperschaftsteuer,
wirtschaftliche V. auch der Gewerbesteuer. V.
unterliegen mit ihrem unternehmerischen
Bereich (→Mitgliederbeiträge) der Umsatzsteuer.

vereinbarte Entgelte, umsatzsteuerlicher
Begriff: Die für →Lieferungen und (sonstige)
Leistungen vertraglich festgelegten Gegenleistungen (→Entgelte) ohne Rücksicht auf
deren Vereinnahmung. – *Gegensatz:* →vereinnahmte Entgelte. – Vgl. auch →Sollversteuerung.

Vereinbarungen im Besteuerungsverfahren, Abreden des Steuerpflichtigen mit der
Finanzbehörde über die Höhe der zu entrichtenden Steuer. V. i. B. sind grundsätzlich unzulässig. Zulässig und bindend jedoch, sofern sie
den Charakter von →Zusagen über zukünftige Sachverhalte haben oder Schätzungsgrundlagen betreffen.

Vereinbarungsdarlehen, →Darlehen, das
nicht durch Hingabe der Darlehenssumme
zustande kommt, sondern durch nachträgliche Umwandlung einer auf einem anderen
Rechtsgrunde beruhenden Forderung (z.B.
Kaufpreisforderung) in ein Darlehen (§ 607 II
BGB). – Soweit ein *Schuldabänderung* vorliegt
(z.B. wenn die Kaufpreisforderung bestehen
bleibt, aber künftig nach Darlehensgrundsätzen behandelt werden soll), bleiben →Pfandrechte und →Bürgschaften unverändert; bei
→Schuldumwandlung (z.B. wenn die
Kaufpreisforderung erlöschen und an ihrer
Stelle ein Darlehen begründet werden soll)
erlöschen sie.

Verein Bremer Seeversicherer, traditionsreicher, an den Versicherungsplatz Bremen
gebundener Zusammenschluß örtlich tätiger
Versicherer zur Förderung der →Transportversicherung. Mitsprache bei Risikoprüfung
und Prämienfestlegung. Unterhält mit dem
→Verein Hamburger Assecuradeure ein weltweites Netz von →Havariekommissaren.

Verein Deutscher Ingenieure (VDI), gegründet 1856; Sitz in Düsseldorf. – *Aufgaben:*
Pflege der Beziehungen zu den maßgeblichen
Einflußbereichen der Technik mit dem Ziel,
ein positives Zusammenwirken aller geistigen
Kräfte zu erreichen; Förderung der technischen
Forschung und Entwicklung; Beratung
zuständiger Ministerien und der Öffentlichen
Hand; Förderung des fachlichen Erfahrungsaustausches und des allgemeinen technischen
Fortschritts (Tagungen, Arbeitskreis- und

Vortragsveranstaltungen); Mitwirkung am Bildungswesen, insbes. bei der Ausbildung und Fortbildung der Ingenieure (VDI-Bildungswerk GmbH); Hebung des Ansehens des Ingenieurstandes in Wirtschaft, Staat und Gesellschaft; Erarbeitung von überbetrieblichen Regeln und Arbeitsblättern durch Ausschüsse der verschiedenen Gliederungen des VDI, die mit Fachleuten aus Wissenschaft, Industrie und Wirtschaft und Staat besetzt sind: VDI-Richtlinien, VDI-Handbücher. – *Struktur:* regional: 38 VDI-Bezirksvereine (in Regionen zusammengefaßt); technisch-wissenschaftlich: 16 VDI-Fachgliederungen; berufspolitisch: VDI-Hauptgruppe ,,Der Ingenieur in Beruf und Gesellschaft", dazu: VDI-Verlag GmbH, VDI-Bildungswerk GmbH, VDI-Dienstleistungen GmbH, VDI-Versicherungsdienst GmbH, VDI-Technologiezentrum in Berlin, VDI-Ingenieurhilfe e.V. – *Veröffentlichungen:* VDI-Nachrichten (wöchentlich), VDI-Z (Zeitschrift für Entwicklung, Konstruktion, Produktion), Zeitschriften Meerestechnik und Umwelt sowie eine Reihe von Fachzeitschriften, Fachberichten, Forschungsberichten und Fachbüchern.

vereinfachte Abänderung von Unterhaltsrenten, eine gegenüber der →Abänderungsklage vereinfachte Anpassung von Unterhaltsansprüchen (→Unterhaltspflicht) Minderjähriger an steigende Lohn- und Preisverhältnisse. Im Gegensatz zum →Regelunterhalt nichtehelicher Kinder Anpassung nicht durch Festsetzung eines bestimmten Unterhaltssatzes bewirkt, sondern durch Verkündung des jeweiligen Teuerungssatzes in einem Vomhundertsatz, um den sämtliche Unterhaltsrenten sich erhöhen oder zu erhöhen sind (§ 1612 a BGB). Mit dem Verlangen des Berechtigten wird die Erhöhung wirksam. In einem vereinfachten und dem →Rechtspfleger übertragenen Verfahren (§§ 641 eff. ZPO) kann auf Antrag der Unterhaltstitel abgeändert werden.

vereinfachte Kapitalherabsetzung, →Kapitalherabsetzung I 2.

Verein für Kommunalwirtschaft und Kommunalpolitik e.V., Sitz in Düsseldorf. – *Aufgaben:* Förderung und Zusammenfassung der wissenschaftlichen und praktischen Arbeit auf dem Gebiet der Kommunalwirtschaft und -politik; Erfahrungsaustausch auf diesem Gebiet zwischen Vertretern der Selbstverwaltung, der Staatsverwaltung, der Wirtschaft und der Wissenschaft; Veröffentlichung von Schriften.

Verein für Socialpolitik, jetzt: →Gesellschaft für Wirtschafts- und Sozialwissenschaften.

Verein Hamburger Assecuradeure, traditionsreicher, an den Versicherungsplatz Hamburg gebundener Zusammenschluß örtlich tätiger Versicherer zur Förderung der →Trans-

portversicherung, insbes. zur Abwicklung von Schadenfällen, an denen die Mitglieder beteiligt sind. Unterhält mit dem →Verein Bremer Seeversicherer ein weltweites Netz von →Havariekommissaren.

Vereinheitlichung, →Standardisierung.

Vereinigte Arabische Emirate (VAE), Föderation im O der Arabischen Halbinsel am Persischen Golf, bestehend aus sieben Scheichtümern (Einwohner = E): Abu Dhabi (516 000 E), Dubai (296 000 E), Asch-Schardsha (184 000 E), Adshman, Umm Al-Keiwein, Al-Fudsheira, Ras Al-Cheima. – *Fläche:* 83 600 km². – *Einwohner:* (1985, geschätzt) 1,27 Mill. (14 E/km²). – *Hauptstadt:* Abu Dhabi über 92 000 E, Agglomeration ca. 250 000 E); neue Hauptstadt geplant; weitere wichtige Städte: Dubai (86 000 E), Schardsha (43 000 E). – *Amtssprache:* Arabisch (Verkehrssprache Englisch).

W i r t s c h a f t : Vor der Entdeckung der umfangreichen Erdölvorkommen und dem Export bedeutender Mengen gehörten die VAE zu den rückständigsten Gebieten der Erde. Perlenfischerei, Handel und Landwirtschaft waren die wichtigsten wirtschaftlichen Aktivitäten. Die derzeitig erschlossenen Erdölvorkommen sind ungleichmäßig verteilt (75% der Förderung entfallen auf Abu Dhabi). Maximum der Erdölförderung (1977) 96,7 Mill. t (1985: 60,1 Mill. t). Zunehmende Nutzung der Erdgasvorkommen. – *BSP:* (1985, geschätzt) 26 400 Mill. US-$ (19 120 US-$ je E). – *Export:* (1982) 17 257 Mill. US-$, v. a. Erdöl, Datteln, Fische. – *Import:* (1982) 9419 Mill. US-$, v. a. Konsum- und Industriegüter, Maschinen. – *Handelspartner:* Japan, Großbritannien, USA, Frankreich, Bundesrep. D.

V e r k e h r : Gut entwickeltes *Straßennetz* zwischen den wichtigsten Städten und den Nachbarstaaten. – *Fluggesellschaft* GULF AIR ist ein Gemeinschaftsunternehmen von VAE, Oman, Bahrein und Katar.

M i t g l i e d s t a a t e n : UNO, CCC, OAPEC, OIC, OPEC, UNCTAD u. a.; Arabische Liga.

W ä h r u n g : 1 Dirham (DH) = 100 Fils.

Vereinigte Staaten von Amerika, *United States of America (USA),* Staat in Nordamerika, präsidiale Republik mit bundesstaatlicher Verfassung, Parlament aus zwei Kammern (Senat und Repräsentantenhaus), ein Bundesstaat mit 50 Einzelstaaten und dem District of Columbia sowie den Außengebieten Jungfern-Inseln und Panama-Kanal-Zone; jeder Bundesstaat hat eine eigene Verfassung, ein eigenes Parlament aus zwei Kammern und eine eigene direkt gewählten Gouverneur; Verfassung seit 1788 in Kraft, beinhaltet Souveränität des Volkes, Gewaltentrennung, Föderalismus; Proklamation der Unabhängigkeit 1776; der Nordteil der USA hat mehr gemäßigtes Klima, der Südteil eher subtropisches; im Westen vorwiegend Hochgebirgsklima; Alaska vorwiegend subpolar; Hawaii tropisch-feucht. – *Fläche:* 9363123 km²; eingeteilt in die folgenden 50 Bundesstaaten: Alabama, Alaska, Arizona, Arkansas, California, Colorado, Connecticut, Delaware, Florida, Georgia, Hawaii, Idaho, Illinois, Indiana, Iowa, Kansas, Kentucky, Louisiana, Maine, Maryland, Massachusetts, Michigan, Minnesota, Mississippi, Missouri, Montana, Nebraska, Nevada, New Hampshire, New Jersey, New Mexiko, New York, North Carolina, North Dakota, Ohio, Oklahoma, Oregon, Pennsylvania, Rhode-Island, South Carolina, South Dakota, Tennessee, Texas, Utah, Vermont, Virginia, Washington, West Virginia, Wisconsin, Wyoming. – *Einwohner* (E): (1985) 238,7 Mill. (25,5 E/km²); davon 83% Weiße, ca. 12% Schwarze und Mulatten, ca 5% andere Rassen (Indianer, Japaner, Chinesen), daneben Lateinamerikaner und Flüchtlinge (ca. 16 Mill.). – *Hauptstadt:* Washington (683 000 E); weitere wichtige Städte: New York (7 Mill. E), Chicago (3 Mill. E), Los Angeles (ca. 3 Mill. E), Philadelphia (1,7 Mill. E), Houston (1,6 Mill. E), Detroit (1,2 Mill. E), Dallas 900 000 E), San Diego (876 000 E), Baltimore (787 000 E), San Antonio (785 000 E), San Francisco (678 000 E). – *Amtssprache:* Englisch (Amerikanisch).

W i r t s c h a f t : *Landwirtschaft:* Hoch spezialisiert, an erster Stelle der Weltproduktion bei Mais-, Sojabohnen-, Zitrusfrüchten und Sorghumanbau, an zweiter Stelle bei Weizen, Hafer und Tabak, an dritter Stelle bei Kartoffeln, Zuckerrüben, Baumwolle, Mandarinen, Ananas; sonstiger Anbau von: Gerste, Reis, Wein, Zuckerrohr, Sonnenblumenkernen, Erdnüssen, Roggen. Große Viehbestände an Schweinen, Schafen, Rindern. Ein Viertel der Fläche ist mit Wald bedeckt (Rocky Mountains, Appalachen). – *Fischfang:* (1980) 3,63 Mill. t; insbes. Kabeljau, Makrelen, Sardinen, Austern, Lachse, Fanggebiete am Atlantik, Pazifik, Golfküste; in der Landwirtschaft waren 1984 nur 3,3% der Erwerbspersonen beschäftigt. – *Bergbau:* Bedeutende Vorkommen an Bodenschätzen: Insbes. Steinkohle, Erdgas, Uran, Molybdän, Phosphat, Erdöl, Blei, Kupfer, Eisenerz, Wolfram, Silber, Bauxit, Zink, Gold, Nickel, Braunkohle, Mangan; die USA gehören neben der UdSSR zu den führenden Bergbauproduzenten der Erde. – *Industrie:* Die USA besitzen die bestentwickelte, modernste und umfangreichste Industrie der Erde, mit der ihre Wirtschaftskraft dank der breiten Rohstoffbasis die aller übrigen Staaten übertrifft; Industriebranchen: Maschinenbau (hauptsächlich Büromaschinen, Computer, Anlagen), Transportmittel (Autos, Flugzeuge),elektrische Geräte, chemische Produkte, Papier- und Druckerzeugnisse,

Nahrungs- und Genußmittel, Eisen- und Stahlerzeugung, Textilindustrie; Beschäftigte in der Industrie: 28,5% der Erwerbspersonen, Beschäftigte im Dienstleistungssektor: 67,6%; Arbeitslosenquote: (1986) 7,2%; umfassender Ausbau und Nutzung der Wasserkräfte besonders am Tennessee und in Columbia. – *Reiseverkehr:* (1982) 20,9 Mill. Touristen, hautpsächlich aus Kanada, Lateinamerika, Japan, Großbritannien, Bundesrep. D.; Deviseneinnahmen: 11,39 Mrd. US-$. – *BSP:* (1985, geschätzt) 3915350 Mill. US-$ (16 400 US-$ je E). – Anteil der Landwirtschaft am *BSP:* (1984) 3%, der Industrie: 63%. – *Inflationsrate:* (Durchschnitt 1973–84) 7,4%. – *Export:* (1985) 213146 Mill. US-$, v. a. Maschinen, Verkehrsmittel, chemische und pharmazeutische Produkte, Papier, Gummi, landwirtschaftliche Produkte wie: Baumwolle, Getreide, Tabak, Gemüse, Fleisch. – *Import:* (1985) 361 626 Mill. US-$, v. a. Erdöl und Erdölprodukte, Konsumgüter. – *Handelspartner:* (Import) Japan, Kanada, Saudi-Arabien, Mexiko, Bundesrep. D., Taiwan, Großbritannien, Süd-Korea, EG-Länder, Hongkong; (Export) Kanada, Japan, Mexiko, Saudi-Arabien, Großbritannien, Bundesrep. D., Niederlande, Süd-korea, Frankreich, EG-Länder; kommunistische Länder haben einen Anteil von ca. 3% am gesamten Export.

V e r k e h r : Sehr gut ausgebautes Verkehrsnetz, 4,6 Mill. km befestigte *Straßen, Schienen:* 360000 km; größte *Luftverkehrsgesellschaften* der Welt; etwa 42 000 km schiffbare *Wasserstraßen; Haupthäfen:* New York, Washington, Los Angeles, New Orleans, San Francisco; an den großen Seen: Duluth-Superior, Sankt Marie; die *Handelsflotte* umfaßt mit über 18 Mill. BRT rund ein Achtel der Welttonnage.

M i t g l i e d s c h a f t e n : UNO, BIZ, CCC, IEA, NATO, OECD u. a.; Colombo-Plan.

W ä h r u n g : 1 US-Dollar (US-$) = 100 Cents.

Vereinigung, Begriff der Mengenlehre. Zu zwei vorgegebenen Mengen M_1 und M_2 die Menge derjenigen Elemente, die zu M_1 oder auch zu M_2 gehören. Zeichen: $M_1 \cup M_2$. – *Beispiel:* $[1, 2, 3, 4] \cup [2, 4, 5] = [1, 2, 3, 4, 5]$.

Vereinigung der kommunalen Arbeitgeberverbände e. V. (VKA), Sitz in Köln. – *Aufgaben:* Interessenvertretung der Mitglieder auf arbeits- und tarifrechtlichem Gebiet; Erarbeitung und Bekanntgabe von Richtlinien für den Abschluß von Tarifverträgen.

Vereinigung Deutscher Elektrizitätswerke e. V. Sitz in Frankfurt a. M. – *Aufgaben:* Förderung der Elektrizitätswirtschaft mit dem Ziel einer möglichst sicheren, preiswerten und wirtschaftlichen Versorgung der Allgemeinheit mit elektrischer Energie; Rationalisierung und Qualitätssicherung elektrischer Anlagen.

Vereinigung Deutscher Sägewerksverbände e.V. Sitz in Wiesbaden. – *Aufgaben:* Vertretung der Interessen der Säge- und holzverarbeitenden Industrie in wirtschaftspolitischen, sozialpolitischen und fachlichen Fragen; Herausarbeitung der gemeinsamen Richtlinien der Wirtschafts- und Sozialpolitik sowie Herbeiführung eines Erfahrungsaustausches unter den angeschlossenen Verbänden.

Vereinigung Deutscher Schutzgemeinschaften für allgemeine Kreditsicherung e.V. (Bundes-SCHUFA), →Schutzgemeinschaft für allgemeine Kreditsicherung e.V. (SCHUFA).

Vereinigung Deutscher Wissenschaftler e.V., Sitz in Bochum. – *Aufgaben:* Bewußtmachung der Probleme, die sich aus der fortschreitenden Entwicklung von Wissenschaft und Technik ergeben; Förderung der Berufs- und Volksbildung; dem Mißbrauch wissenschaftlich-technischer Ergebnisse entgegenzutreten; eintreten für die Freiheit der Forschung sowie Förderung des freien Austauschs der wissenschaftlichen Ergebnisse.

Vereinigung Industrielle Kraftwirtschaft e.V., Sitz in Essen. – *Aufgaben:* Förderung der industriellen Energiewirtschaft in der Bundesp. D. bei Fremdbezug von Energie und/oder Eigenerzeugung.

Vereinigung mittelständischer Unternehmer e.V. (VMU), Zusammenschluß des industriellen Mittelstandes; Sitz in München. – *Aufgaben:* Interessenvertretung und -wahrnehmung bezüglich ideeller und standespolitischer Belange in der Öffentlichkeit sowie gegenüber Regierung und Behörden.

vereinnahmte Entgelte, umsatzsteuerlicher Begriff: Die dem Unternehmer tatsächlich zugeflossenen →Entgelte. – *Gegensatz:* →vereinbarte Entgelte. – Vgl. auch →Istversteuerung.

Vereinsfreiheit, das durch Art. 9 I, II GG verfassungsmäßig garantierte Grundrecht, →Vereine und →Gesellschaften zu bilden, deren Zweck oder deren Tätigkeit nicht den Strafgesetzen zuwiderläuft und sich nicht gegen die verfassungsmäßige Ordnung oder gegen den Gedanken der Völkerverständigung richtet. Gegen Vereine, die die V. mißbrauchen, kann nach dem Vereinsgesetz vom 5.8.1964 (BGBl I 593) mit späteren Änderungen zur Wahrung der öffentlichen Sicherheit und Ordnung eingeschritten werden. – *Sonderform:* →Koalitionsfreiheit.

Vereins-Gruppenversicherung, →Lebensversicherung für die Mitglieder von →Vereinen. – 1. *Charakterisierung:* Vertrag (Rahmenvertrag) zwischen Versicherer und Verein, in dem die Bedingungen für den Geschäftsab-

lauf und für die einzelnen Versicherungsverträge festgelegt werden. Der überwiegende Zweck der Vereinigung darf nicht in der Versicherungsnahme bestehen. Ehegatten der Mitglieder können einbezogen werden. Bei Erreichen einer bestimmten Mindestbeteiligung (Versicherungen auf das Leben von 100 Mitgliedern) und einer bestimmten Mindestquote (Versicherung von mindestens 50% – bei 5000 Personen 40% – des festumschriebenen Personenkreises) können die aufsichtsrechtlich festgesetzten Begünstigungen eingeräumt werden (erlaubte Begünstigungsverträge). – 2. *Vorteile* (vorausgesetzt, daß die Prämien für alle versicherten Mitglieder als Sammelzahlung provisions- und kostenfrei an den Versicherer abgeführt werden): Prämiennachlaß, niedrige Zuschläge bei Ratenzahlung, Wegfall der Aufnahmegebühr u.a. Werden mindestens 90% des in Betracht kommenden Personenkreises versichert (qualifizierte Gruppe), Sondertarife (Gruppentarife). Gesundheitsprüfung kann vereinfacht werden oder entfallen. – 3. *Höchstversicherungssumme:* Im Gegensatz zur →Firmen-Gruppenversicherung begrenzte Versicherungssumme für den einzelnen Lebensversicherungsvertrag; zur Zeit maximal 10000 DM. Ausnahme für Berufsverbände (Versicherungen, deren überwiegender Zweck darin besteht, die mit dem Beruf zusammenhängenden Interessen ihrer Mitglieder zu vertreten). – 4. *Verwendung:* Neben Verbands-Gruppenversicherung fast ausschließlich für die Versicherung eines Sterbegeldes; daher auch als *Vereins-Sterbegeldversicherung* bezeichnet.

Vereinsregister, beim →Amtsgericht geführtes Register, in das alle nicht einen wirtschaftlichen Geschäftsbetrieb bezweckenden →Vereine mit mindestens sieben Mitgliedern eingetragen werden können. Vor der Eintragung muß die Satzung vorgelegt werden, die gewissen Mindestforderungen (§§ 57, 58 BGB) genügen muß. Durch die Eintragung erlangt der Verein →Rechtsfähigkeit.

Vereins-Sterbegeldversicherung, →Vereins-Gruppenversicherung.

Vereinte Nationen, →UN.

Verelendung. 1. *Begriff* der Wirtschaftstheorie des →Marxismus. Der Grundwiderspruch des →Kapitalismus (→historischer Materialismus) äußert sich u.a. in einer fortgesetzten V. der Arbeiterklasse, durch die sich die Klassenauseinandersetzungen stetig verschärfen (→Klassentheorie). – 2. Diese These wurde von Marx und Engels unter dem Eindruck der Verarmung der Arbeiterfamilien während der Industriellen Revolution folgendermaßen begründet: Der →technische Fortschritt führe zum →tendenziellen Fall der Profitrate. Um dem entgegenzuwirken, investierten die Unternehmer in größtmöglichem Umfang unter Einsatz der augenblicklich modernsten Technologie (→Akkumulation). Dies bewirke einen Produktivitätsfortschritt bei der Herstellung der Güter, die zur Existenzsicherung der Arbeiter notwendig sind. Hierdurch könne der Arbeitslohn entsprechend gesenkt werden, um die →Ausbeutung zu verstärken. Da der technische Fortschritt gleichzeitig *Arbeitskräfte spare*, bewirke dies ein stetiges Anwachsen der →industriellen Reservearmee, was zu einem zusätzlichen Druck auf die Löhne führe. – 3. *Bedeutung:* Marx und Engels haben sich jedoch widersprüchlich dazu geäußert, ob es sich bei der V. um eine absolute (permanentes Sinken des Lebensstandards) oder eine relative (langsameres Wachstum der Löhne als das der Gewinneinkommen) handele. In den westlichen Industriestaaten ließ sich weder eine absolute noch eine relative V. im Zeitverlauf empirisch belegen.

Verelendungstheorie, →Verelendung.

Verelendungswachstum, *immiserizing growth,* Konstellation, bei der eine Produktionssteigerung (z. B. infolge einer Verbesserung der Faktorausstattung oder einer Produktivitätszunahme) beim →Freihandel nicht zur Steigerung, sondern Senkung der gesellschaftlichen Wohlfahrt führt. Diese *Wohlfahrtssenkung* kann nach Bhagwati, auf den die Theorie des V. zurückzuführen ist, durch eine Verschlechterung der →terms of trade, die durch wachstumsbedingte Steigerung des Exportangebots ergibt, verursacht werden. – *Beurteilung:* Es wird hier *keine* Konstellation aufgezeigt, bei der der Außenhandel zu einer Wohlfahrtsverschlechterung im Vergleich zum Autarkiezustand führt, sondern eine, in der die →Handelsgewinne durch Verschlechterung der terms of trade schrumpfen. Zu beachten ist auch, daß die betreffende Konstellation auf strengen Annahmen basiert, deren Realitätsnähe zu bezweifeln ist, z. B. daß das betrachtete Land eine beherrschende Marktposition hat, seine potentielle Marktmacht jedoch nicht ausnuzt, sowie daß die Einkommens- und Preiselastizitäten der Nachfrage nach den Exportgütern und nichtimportierten Produkten in diesem Land allgemein niedrig sind.

Verfahren, →Produktionstechnik, →Produktionstypen.

Verfahren der vollständigen Elimination, →modifizierter Gauss-Algorithmus.

Verfahrensabweichung, →Abweichungen I 2 d) (1).

Verfahrensauswahl, →Verfahrensplanung.

Verfahrenslizenz, →Produktionslizenz.

Verfahrensplanung, Planung des kostengünstigsten Produktionsverfahrens (→Produktionstechnik, →Produktionstypen). V. ist durchzuführen bei Änderungen in der Pro-

duktionsplanung, z. B. Einführung eines neuen Produktes, und bei Änderungen der Verfahrensparameter, ferner bei der Bestimmung optimaler Produktionsverfahren. Die V. bildet eine Grundlage für die Produktionsprogrammplanung und die Produktionsprozeßplanung.

Verfahrenstechnik, →Produktionstechnik.

Verfahrensvergleich, eine →Auswertungsrechnung der Kostenrechnung, in der für zur Auswahl anstehende Verfahren der Leistungserstellung (neben Produktions- auch Beschaffungs- und Vertriebsverfahren) die relevanten, d. h. von den einzelnen Verfahrensalternativen jeweils zusätzlich ausgelösten Kosten (→relevante Kosten) ermittelt und einander gegenübergestellt werden.

Verfall, Fälligwerden insbes. eines Wechsels oder Schecks. – Vgl. auch →Verfalltag.

Verfallerklärung, Anordnung durch Gericht im Strafverfahren, wenn der Täter oder Teilnehmer aus der rechtswidrigen Tat für diese oder aus ihr einen Vermögensvorteil erlangt hat (§§ 73 ff. StGB), zwecks Abschöpfung dieses Vermögensvorteils. Eingehende Regelung zur Sicherung des Verfalls und Ansprüche der Geschädigten in §§ 111 b ff. StPO.

Verfallklausel, Klausel in Verträgen, die die ratenweise Tilgung einer Geldschuld zum Gegenstand hat. Die V. besagt, daß bei nicht rechtzeitiger Zahlung der Raten die gesamte Restschuld fällig wird. Üblich insbes. bei →Abzahlungsgeschäften und in →Prozeßvergleichen. – Gem. § 4 II des Gesetzes betreffend die Abzahlungsgeschäfte kann bei *Abzahlungsgeschäften* eine V. nur für den Fall vereinbart werden, daß der Käufer mit mindestens zwei aufeinander folgenden Teilzahlungen ganz oder teilweise in →Verzug ist mit einem Betrag, der mindestens den zehnten Teil des Kaufpreises ausmacht.

Verfalltag. 1. *Wechselrecht:* Tag, an dem der →Wechsel fällig ist. Ein Wechsel kann gezogen werden: a) auf Sicht (→Sichtwechsel); b) auf eine bestimmte Zeit nach Sicht (→Nachsichtwechsel); c) auf eine bestimmte Zeit nach der Ausstellung (→Dato-Wechsel); d) auf einen bestimmten Tag (→Tagwechsel). Wechsel mit anderen oder mehreren aufeinanderfolgenden Verfallzeiten sind nichtig (Art. 33 WG). – 2. *Scheckrecht:* Tag, an dem der →Scheck zahlbar ist. Schecks sind bei Sicht zahlbar; jede gegenteilige Angabe gilt als nicht geschrieben; auch →Vordatierung ist rechtlich wirkungslos (Art. 28 ScheckG).

Verfallzeit, Zeit, nach der eine Schuld fällig wird. Bei mehreren, zu verschiedenen Terminen ausgeliehenen Beträgen kann als V. die Zeitspanne vom Tag der Ausleihung bis zum mittleren Zinstermin genommen werden. Der

mittlere Zinstermin gibt an, in welcher Zeit die
Gesamtsumme der einzelnen Beträge zum
gleichen Zinserträg führt wie die einzelnen
Beträge mit ihren verschiedenen Laufzeiten. –
Vgl. auch →mittlere Verfallzeit.

Verfasser, der →Urheber (Rechte vgl. im
einzelnen dort) eines Manuskripts.

Verfassung, Gesamtheit der geschriebenen
und ungeschriebenen Grundregeln über den
staatsrechtlichen Aufbau eines Staates, nach
denen sich das Verhältnis zwischen den einzelnen Trägern der Staatsgewalt (Exekutive,
Legislative, Justiz, bzw. Bund, Länder und
Gemeinden) bestimmt. – Die V. der *Bundesrep. D.* ist im →Grundgesetz geregelt.

Verfassungsänderung, Änderung der
geschriebenen →Verfassung. Die V. ist grundsätzlich an strenge Voraussetzungen geknüpft.
So ist eine Änderung des →Grundgesetzes nur
mit der Zustimmung von zwei Dritteln der
Mitglieder des →Bundestags und zwei Dritteln der Stimmen des →Bundesrats möglich
(Art. 79 II GG). Eine Reihe von Verfassungs-
bestimmungen kann durch V. nicht geändert
werden (Art. 79 III GG).

Verfassungsbeschwerde, besondere verfassungsrechtliche, beim →Bundesverfassungs-
gericht anzubringende Beschwerde (§§ 90 ff.
Bundesverfassungsgerichtsgesetz). V. kann
jedermann mit der Behauptung erheben, er sei
durch die öffentliche Gewalt in einem seiner
→Grundrechte oder in einem seiner in Art. 20
IV, 33, 38, 101, 103 und 104 GG enthaltenen
Rechte verletzt. V. können auch Gemeinden
und Gemeindeverbände wegen Verletzung des
Rechts auf Selbstverwaltung nach Art. 28 GG
durch ein Gesetz erheben. – 1. Die V. ist.
i. d. R. erst nach *Erschöpfung des Rechtswegs*
zulässig, d. h., daß zunächst die zur Beurteilung der Rechtmäßigkeit des in Frage stehenden staatlichen Eingriffs zuständigen Gerichte
angerufen werden müssen. Glaubt sich ein
Staatsbürger z. B. durch einen Steuerbescheid
in seinen Grundrechten beeinträchtigt, so muß
er also zuerst die nach der Abgabeordnung
zulässigen Rechtsmittel einlegen. – 2. In *Ausnahmefällen* kann das Bundesverfassungsgericht auch ohne vorherige Erschöpfung
des Rechtsmittelzuges entscheiden, wenn die
V. von *allgemeiner Bedeutung* ist oder wenn
dem Beschwerdeführer durch die Verweisung
auf den Rechtsweg ein schwerer und unabwendbarer Nachteil entstünde. Beschreitung
des Rechtsweges ist nicht nötig, wenn der
einzelne *unmittelbar durch ein Gesetz* in seinen
Grundrechten verletzt zu sein behauptet. Dies
ist. z. B. der Fall, wenn der Beschwerdeführer
durch ein Steuergesetz zur Aufbringung eines
sich aus dem Gesetz ergebenden Betrages verpflichtet wird, ohne daß es noch des Erlasses
eines Steuerbescheides bedarf (z. B. durch
Anordnung einer Vorauszahlungspflicht im
Umsatzsteuerrecht). – 3. Die V. bedarf

der *Annahme zur Entscheidung,* über die ein
aus drei Richtern bestehender Ausschuß vor-
entscheidet. Der Ausschuß kann die Annahme
ablehnen, wenn die V. formwidrig unzulässig, verspätet oder offensichtlich unbegründet
oder von einem offensichtlich Nichtberechtigten erhoben ist. Andernfalls entscheidet der
Senat über die Annahme, die voraussetzt, daß
von der Entscheidung die Klärung einer ver-
fassungsrechtlichen Frage zu erwarten ist oder
dem Beschwerdeführer durch die Versagung
der Entscheidung zur Sache ein schwerer und
unabwendbarer Nachteil entsteht (§ 93 a
BVerfGG). – 4. Wird die Annahme einer V.
verworfen, so kann eine *Gebühr* bis 1000 DM
und bei einem Mißbrauch eine solche bis 5000
DM verhängt werden.

Verfassungsgericht, →Gericht, dessen
wesentliche Aufgabe die Entscheidung von
Rechtsstreitigkeiten aus dem Bereich des
→Verfassungsrechts ist. Auf Bundesebene
nimmt diese Aufgabe das *Bundesverfassungsgericht* wahr, in den Ländern ein Verfassungsgericht des Landes *(Staats- oder Verfassungs-
gerichtshof).*

Verfassungsrecht, die grundsätzlichen, die
Struktur und Organisation eines Staates und
die Grundrechte der einzelnen Staatsbürger
regelnden Rechtsvorschriften. – In der *Bundesrep. D.* das →Grundgesetz.

Verfeinerungskonstrukt, →schrittweise Verfeinerung 3.

Verfilmung, filmische Wiedergabe eines
→Werkes (z. B. Romans, Theaterstücks). Das
Recht zur V. ist in der ausschließlichen Verfügungsbefugnis des →Urhebers über sein Werk
enthalten. Gestattet der Urheber die V., so
liegt darin die Einräumung einer Reihe von
→Nutzungsrechten, insbes. das Werk unverändert oder unter →Bearbeitung oder Umgestaltung zur Herstellung eines Filmwerks zu
benutzen und das Recht der →Vervielfälti-
gung und Verbreitung des Filmwerks, der
öffentlichen Vorführung und der Funksendung. Auch die Mitwirkenden bei der Film-
herstellung räumen im Zweifel dem Hersteller
ihr etwa bestehendes →Urheberrecht am Film
ein. – Für das durch V. entstandene Filmwerk
genießt der Hersteller ein →Leistungsschutz-
recht: Er hat u. a. das ausschließliche Recht,
den Bild- oder Tonträger, auf dem das Filmwerk aufgenommen ist, zu vervielfältigen, zu
vertreiben und zur öffentlichen Vorführung
der Funksendung zu benutzen. Der Urheber
ist im Zweifel berechtigt, zehn Jahre nach
Vertragsabschluß sein Werk anderweitig fil-
misch zu verwerten (§§ 88 ff. UrhG).

Verflechtung, →Unternehmungszusammen-
schluß.

Verfolgte, *Verfolgte des Nationalsozialismus,*
Personen, die wegen ihrer politischen Haltung, ihres Glaubens, ihrer Weltanschauung,

ihrer Rasse oder ihrer Nationalität durch den Nationalsozialismus Schaden erlitten haben. Der Personenkreis ist in dem Bundesentschädigungsgesetz i. d. F. vom 29. 6. 1956 (BGBl I 559) bundeseinheitlich festgelegt. – *Steuerliche Vergünstigungen* wie bei Vertriebenen. – Vgl. auch →Wiedergutmachung.

Verfolgungsrecht, im Konkursrecht das Recht des Verkäufers oder Einkaufskommissionärs, an den →Gemeinschuldner abgesandte, noch nicht vollbezahlte Waren zurückzufordern, auch wenn dieser ausnahmsweise schon vor der Übergabe Eigentümer geworden ist (z. B. bei Übertragung mittels →Traditionspapiers oder Abtretung des Herausgabeanspruchs, § 931 BGB), sofern sie vor der Eröffnung des →Konkursverfahrens noch nicht in dessen Gewahrsam gelangt sind (§ 44 KO).

Verfrachter, →Frachtführer.

verfügbares Einkommen. 1. *Begriff/Charakterisierung:* Einkommensbetrag, der Wirtschaftseinheiten nach der Verteilung der Erwerbs- und →Vermögenseinkommen und nach der Umverteilung über empfangene und geleistete →Transfereinkommen für den letzten Verbrauch und die →Ersparnis zur Verfügung steht. – *Ermittlung* für die Gesamtwirtschaft durch Abzug der per saldo an die übrige Welt geleisteten laufenden Übertragungen vom Nettosozialprodukt zu Marktpreisen. Das v.E. umfaßt in dieser Abgrenzung die von Inländern empfangenen Bruttoeinkommen aus unselbständiger Arbeit sowie aus Unternehmertätigkeit und Vermögen zuzüglich der empfangenen und abzüglich der geleisteten laufenden Übertragungen (Transfers). – **2.** *Bedeutung:* Insbes. im Sektor der privaten Haushalte, in dem der größte Teil der Einkommensverwendung entschieden und vorgenommen wird. In der Betrachtung nach Nettoeinkommensarten setzt sich das v.E. der privaten Haushalte zusammen aus der Nettolohn- und -gehaltssumme, den entnommenen Gewinnen und Vermögenseinkommen sowie den netto empfangenen laufenden Übertragungen unter Abzug der Zinsen auf Konsumentenschulden und der nichtzurechenbaren

geleisteten laufenden Übertragungen. – **3.** *Neuere Ansätze* zielen ab auf aussagefähigere Abgrenzungen für das v.E. der privaten Haushalte: a) *Engere Definition* ohne die Einkommensbestandteile, über deren Verwendung der Haushalt nicht wirklich frei entscheiden kann (z. B. Sachbezüge). – b) *Weitergehende Definition* einschl. aller Realtransfers an die Haushalte (z. B. Bildungs- und Gesundheitsleistungen des Staates) zwecks besserer Analysemöglichkeiten in bezug auf die Messung des Lebensstandards. – **4.** V.E. in der *Bundesrep. D.:* Vgl. untenstehende Tabelle.

Verfügbarkeit, begriffliche Voraussetzung eines Arbeitnehmers für den Anspruch auf →Arbeitslosengeld, Arbeitslosenhilfe und →Arbeitslosenbeihilfe. V. ist gegeben, wenn eine Beschäftigung unter den üblichen Bedingungen des allgemeinen Arbeitsmarktes ausgeübt werden kann und darf sowie Bereitschaft für jede zumutbare Tätigkeit besteht. Ist ein Antragsteller auf Arbeitslosengeld nur noch bis maximal *weniger als 20 Stunden* wöchentlich erwerbsfähig, besteht Anspruch auf Arbeitslosengeld bis zur Feststellung von Berufsunfähigkeit durch den zuständigen Rentenversicherungsträger. Anspruch auf Arbeitslosenhilfe ist ausgeschlossen, wenn Einschränkungen hinsichtlich der Dauer der Arbeitszeit bestehen.

Verfügung. I. Öffentliches Recht: →Verwaltungsakt, der sich als Gebot, Verbot oder Erlaubnis an eine oder mehrere bestimmte oder individuell bestimmbare Einzelpersonen richtet. – *Gegensatz:* →Verordnung.

II. Bürgerliches Recht: →Rechtsgeschäft, durch das ein Recht unmittelbar aufgehoben, übertragen, seinem Inhalt nach verändert oder belastet wird, z. B. Übereignung, Verpfändung einer Sache, Abtretung einer Forderung. – *Keine V.* sind die →Verpflichtungsgeschäfte, die aber oft zu einer V. verpflichten. – *V. eines Nichtberechtigten,* z. B. Veräußerung einer Sache durch einen Nichteigentümer, Abtretung einer Forderung durch eine andere Person als den Gläubiger ist grundsätzlich unwirksam (*Ausnahme:* →gut-

Verfügbares Einkommen der privaten Haushalte [1]) in der Bundesrep. D.
(in Mrd. DM)

Jahr	insgesamt [2])	Nettolohn- und -gehaltssumme	entnommene Gewinne und Vermögenseinkommen	empfangene laufende Übertragungen	abzüglich	
					Zinsen auf Konsumentenschulden	nichtzurechenbare geleistete laufende Übertragungen
1950[3])	65,3	34,9	18,5	12,6	0,1	0,6
1960	188,0	104,9	47,6	39,2	0,9	2,9
1970	428,0	238,6	114,9	90,6	32,3	2,9
1975	689,3	355,4	180,5	182,1	6,8	22,0
1980	364,0	487,2	269,3	250,0	13,9	28,6
1985	1 176,1	534,8	397,1	297,3	18,3	34,8

[1]) einschl. privater Organisationen ohne Erwerbszweck; [2]) ohne nichtentnommene Gewinne der Unternehmen ohne eigene Rechtspersönlichkeit; [3]) ohne Saarland und Berlin.

gläubiger Erwerb). Die von einem Nichtberechtigten vorgenommene V. wird unwirksam durch nachträgliche →Genehmigung des Berechtigten (§ 185 BGB), die nicht der für das Rechtsgeschäft vorgeschriebenen Form bedarf (§ 182 II BGB); sie wirkt i. d. R. auf den Zeitpunkt der Verfügung zurück (§ 184 BGB); der Nichtberechtigte muß das aus der V. Erlangte als →ungerechtfertigte Bereicherung an den Berechtigten herausgeben (§ 816 BGB).

Verfügungsermächtigung,   →Wertpapierverwahrung III 2.

Verfügungsrechte,   →Property Rights-Theorie II 1.

Verfügungssumme,   →Dispositionsfonds.

Verfügung von Todes wegen,   →Willenserklärung einer natürlichen Person, durch die sie über das Schicksal ihres Vermögens nach ihrem Tode bestimmt. Die V. kann einseitige (→letztwillige Verfügung oder →Testament) oder vertragsmäßige Erklärung (→Erbvertrag) sein. – Als *zulässigen Inhalt* bezeichnen §§ 1937 ff. BGB →Erbeinsetzungen, Ausschluß von der gesetzlichen →Erbfolge, →Vermächtnisse und →Auflagen. Die V. kann auch andere erbrechtliche Bestimmungen, wie die Ernennung eines →Testamentsvollstreckers, Teilungsanordnungen usw. enthalten.

Vergabeverfahren,   →öffentliche Auftragsvergabe.

Vergehen, eine mit Freiheitsstrafe oder mit Geldstrafe bedrohte →Straftat (§ 12 II StGB). Das Mindestmaß der Freiheitsstrafe muß unter einem Jahr liegen. – Vgl. auch →Verbrechen.

Vergleich. I. Begriff/Charakterisierung: Vertrag, durch den der Streit oder die Ungewißheit der Parteien über ein Rechtsverhältnis im Wege gegenseitigen Nachgebens beseitigt wird (§ 779 BGB). V. kann sowohl *außergerichtlich* (→außergerichtlicher Vergleich) als auch vor Gericht (*gerichtlich*) geschlossen werden (→Prozeßvergleich, →Schiedsvergleich). – Der V. ist *unwirksam,* wenn der von den Parteien als feststehend zugrunde gelegte Sachverhalt der Wirklichkeit nicht entspricht und der Streit oder die Ungewißheit bei Kenntnis der Sachlage nicht entstanden wäre. – V. kann als Maßnahme zur *Abwendung eines Konkurses* eingesetzt werden.

II. Formen: 1. →*Erlaßvergleich:* Gläubiger erlassen Teil der Schulden. – 2. →*Liquidationsvergleich (Treuhandvergleich):* Schuldner überläßt sein Vermögen einem Treuhänder zur Verwertung für Gläubiger, oder zur Verpachtung an eine „Sanierungsgesellschaft", von Gläubigern oder Treuhändern gebildet, wobei Gläubiger aus den Gewinnen der Gesellschaft befriedigt werden. – 3. *Stundungsvergleich* (Moratorium): Gläubiger stunden die Schulden für bestimmte Zeit, damit

Schuldner Vermögensteile verflüssigen oder Bestände und Debitoren abbauen kann. – 4. Der *Außergerichtliche V.* bildet Vereinbarung zwischen Schuldner und Gläubigern kommt i. d. R. zustande, wenn nur wenige und große Gläubiger vorhanden sind. Vorteilhaft ist für den Schuldner, daß die Öffentlichkeit über den Vergleich nicht informiert wird.

III. Umfang in der Bundesrep. D.: Vgl. →Konkurs.

vergleichendes Verfahren,   →land- und forstwirtschaftliches Vermögen III.

vergleichende Werbung, *Komparativwerbung.* 1. *Begriff:* Form der →bezugnehmenden Werbung, bei der Waren von Mitbewerbern mit den eigenen Waren verglichen werden (*anders:* →anlehnende Werbung). Es wird in konkret erkennbarer Weise auf die Leistung eines Mitbewerbers explizit Bezug genommen: a) Die eigene Leistung wird in Relation zu diesem als vorzugswürdig herausgestellt (kritisierend); b) die Werbung lehnt sich „parasitär" an, indem sie dessen Vorzüge für die eigene Leistung nutzbar macht. – 2. *Wettbewerbsrechtliche Zulässigkeit:* Früher grundsätzlich als →unlauterer Wettbewerb angesehen; nach heutiger Rechtsprechung ist v.W. erlaubt, wenn ein hinreichender Anlaß besteht und sie sich im Rahmen des Erforderlichen hält (z. B. rechtswidriger Angriff eines Mitbewerbers, Auskunftsverlangen eines Kunden). – a) Sind die Vergleichsangaben *objektiv richtig,* greift § 1 UWG und die Sittenwidrigkeit muß geprüft werden (→sittenwidrige Werbung, →Superlativ-Werbung). – b) Sind die Vergleichsangaben unwahr, greift § 3 UWG (→irreführende Werbung) oder § 14 UWG (Anschwärzung; →üble Nachrede 2).

Vergleichsantrag, Antrag des Schuldners auf Eröffnung des gerichtlichen →Vergleichsverfahrens. – 1. *Form:* Wenn ein →Konkursgrund vorliegt (→Zahlungsunfähigkeit, in einzelnen Fällen auch →Überschuldung), kann der Schuldner V. bei dem Amtsgericht stellen, bei dem er seine gewerbliche Niederlassung oder seinen allgemeinen Gerichtsstand hat, in zwei (möglichst aber drei) Exemplaren. Der V. soll dem Gericht, dem →vorläufigen Verwalter und der Berufsvertretung eine Prüfung hinsichtlich der Vergleichswürdigkeit und wirtschaftlichen Vergleichsdurchführung ermöglichen. – 2. *Inhalt:* a) Bestimmter *Vergleichsvorschlag:* (1) Den Vergleichsgläubigern muß eine Mindestquote von 35% bei Zahlung innerhalb eines Jahres nach Bestätigung des Vergleichs, 40% bei Zahlung innerhalb von 18 Monaten, mehr als 40% bei noch längerer Zahlungsfrist in bar geboten werden (§ 7 VerglO); Besonderheit bei →Liquidationsvergleich. (2) Der Vergleich muß allen Gläubigern gleiche Rechte gewähren; eine Bevorzugung z. B. der kleinen Gläubiger erfordert die Zustimmung der Mehrheit und gleichzeitig eine qualifizierte Forderungssummenmehrheit der zurückgesetzten, anwesenden stimmberechtigten Gläubiger (§ 8 VerglO). – b) (1) Genaue Angaben über *Sicherung der Erfüllung:* Die →Vergleichsquote muß der Vermögenslage des Schuldners entsprechen, andernfalls ist ein zwingender Ablehnungsgrund gegeben (§ 18 Nr. 3 VerglO). (2) Kann eine Sicherheit geleistet werden, so ist diese anzugeben, eine Bürgschaftserklärung ist mit einzureichen (§§ 5, 6 VerglO). – c) *Weitere Unterlagen:* (1) Aufstellung der Gläubiger und Schuldner mit Angabe des Schuldgrundes, Betrages und genauer Anschrift. Die am Vergleich nicht teilnehmenden Gläubiger sind von den übrigen gesondert aufzuführen. (2) Übersicht des Vermögensstandes (→Vergleichsstatus) zum Tage der Zahlungseinstellung und bei Vollkaufleuten und Handelsgesellschaften die Bilanzen und Gewinn- und Verlustrechnungen der letzten drei Jahre. (3) Verschiedene Erklärungen (§§ 3, 4 VerglO), z. B. über einen →außergerichtlichen Vergleich, Bereitschaft zur Abgabe der →eidesstattlichen Versicherung im →Vergleichstermin, Vermögensauseinandersetzungen mit nahen Angehörigen und Verfügungen zu deren Gunsten. (4) Ratsam ist Angabe der Gründe, die zu Zahlungsunfähigkeit bzw. Überschuldung geführt haben, sowie Erklärung, wie das Geschäft weitergeführt werden soll. – 3. Bewilligung einer *Nachfrist* von zwei, in schwierigen Fällen bis zu vier Wochen durch das Gericht möglich, wenn der Antragsteler entschuldbar noch nicht alle erforderlichen Unterlagen vorgelegt hat; andernfalls ist sofort über die Eröffnung des →Anschlußkonkurses zu entscheiden (§§ 10, 17 VerglO). – 4. Das Vergleichsgericht wird auf den V. i. d. R. erst tätig (Entscheidung über Vergleichseröffnung) nach Einzahlung eines *Kostenvorschusses,* dessen Höhe sich nach dem Wert der Aktivmasse richtet. – 5. Sollte etwa gleichzeitig mit dem V. von Gläubigerseite →Konkursantrag gestellt werden, so ist zunächst über den V. zu entscheiden (§ 46 VerglO).

Vergleichsbetriebe,   →Bewertungsstützpunkte.

Vergleichsbilanz, →Vergleichsstatus.

Vergleichseröffnung,   →Vergleichsverfahren III.

Vergleichsgebühr, →Rechtsanwalt II 1e).

Vergleichsgericht, das für die Eröffnung, Überwachung und Durchführung des →Vergleichsverfahrens zuständige Gericht. – 1. Die *örtliche Zuständigkeit* entspricht der des →Konkursgerichts. – 2. *Aufgaben:* Entscheidung über Eröffnung, Ablehnung, Aufhebung und Einstellung des Vergleichsverfahrens sowie Bestätigung des Vergleichs. Durchführung aller das Verfahren betreffenden Ermittlungen, z. B. Einberufung einer →Gläubiger-

versammlung, Anhörung von Zeugen und →Sachverständigen. Das V. bestellt und beaufsichtigt den →vorläufigen Verwalter und →Vergleichsverwalter sowie in größeren Verfahren einen →Gläubigerbeirat.– 3. Die *Beschlüsse* des V. sind grundsätzlich unanfechtbar; →sofortige Beschwerde (binnen einer Woche nach Zustellung oder Verkündung der Entscheidung) nur zulässig, wenn dies in der VerglO ausdrücklich vorgesehen ist, z. B. bei Ablehnung der Vergleichseröffnung, Einstellung des Verfahrens (→Einstellung V 2), Versagung der Bestätigung (§ 121 VerglO).

Vergleichsgläubiger. 1. *Begriff:* a) Die am →Vergleichsverfahren beteiligten Gläubiger, die z. Z. der Vergleichseröffnung einen begründeten vermögensrechtlichen *Anspruch* gegen den →Vergleichsschuldner haben (§§ 25–37 VerglO). – b) Gläubiger, die durch eine *Zwangsvollstreckungsmaßnahme* innerhalb der letzten dreißig Tage vor Stellung des Antrags Sicherung erlangt haben oder befriedigt sind (→Sperrfrist). – c) Der Wert von Forderungen, die nicht auf einen *bestimmten inländischen Geldbetrag* gerichtet sind, ist für die Zeit der Eröffnung des Verfahrens zu schätzen. – d) *Noch nicht fällige* Forderungen gelten als fällig, *bedingte* werden als unbedingte behandelt. – 2. *Nicht* zu den V. gehören v. a.: a) Gläubiger, denen im Konkurs ein Recht auf →*Aussonderung,* →*Ersatzaussonderung* oder ein →*Verfolgungsrecht* zustünde oder deren Anspruch durch →*Vormerkung* gesichert ist (§ 26 VerglO). – b) Gläubiger, die im Konkurs *absonderungsberechtigt* wären; sie sind mit dem mutmaßlichen Ausfall als V. zu berücksichtigen (§ 27 VglO). – c) Gläubiger, die im Konkurs →*bevorrechtigte Gläubiger* wären. – d) Gläubiger aus →*gegenseitigen Verträgen,* die beiderseits noch nicht voll erfüllt sind (§ 36 VerglO). – 3. *Rechte der V.:* a) Nur für die V. tritt die *Vergleichswirkung* ein, nur sie sind im Vergleichstermin *stimmberechtigt.* – b) Die V. können aus dem bestätigten Vergleich mit einem →Auszug aus dem *berichtigten* →Gläubigerverzeichnis gegen den Schuldner nach Maßgabe des Vergleichsinhalts, bei →Wiederauflebensklausel (§ 9 VerglO) auch wegen des Restbetrages die →Zwangsvollstreckung betreiben.

Vergleichsmarktkonzept, Methode zür Bestimmung des Mißbrauchs in der Mißbrauchsaufsicht (→Kartellgesetz IV).

Vergleichsordnung (VerglO), Verordnung vom 26. 2. 1935 (RGBl I 321) mit späteren Änderungen. Die VerglO ist Grundlage des Vergleichsrechts, das mit dem →Vergleichsverfahren dem vertrauenswürdigen Schuldner die Möglichkeit gibt, die Abwendung des →Konkurses zu versuchen.

Vergleichsquote, Prozentsatz, den der →Vergleichsschuldner den →Vergleichsgläubigern auf ihre Forderungen anbietet. – *Mindest-sätze*: Vgl. →Vergleichsantrag. – Sie müssen bar geboten werden (§ 7 VerglO) und für alle Vergleichsgläubiger gleich sein. Ausnahme nur zulässig, wenn die Mehrzahl der zurückge-setzten Gläubiger mit einer ¾-Forderungs-mehrheit die Zurücksetzung billigt. – Auch beim →*Liquidatiationsvergleich* muß die V. wertung eine V. von mindestens 35% erwarten lassen.

Vergleichsschuldner. 1. *Begriff:* Derjenige, über dessen Vermögen das →Vergleichsver-fahren eröffnet ist. V. kann sein, wer *konkurs-fähig* ist (→Gemeinschuldner, →Konkurs-grund), also jede natürliche oder juristische Person und Personengesellschaft. – 2. Der V. behält grundsätzlich die *Verfügungsgewalt* über sein Vermögen. Das →Vergleichsgericht kann ihm jedoch (auch schon vor Vergleichs-eröffnung nach Antragstellung) Verfügungs-beschränkungen und Veräußerungsverbote in bezug auf das ganze Vermögen oder einzelne Gegenstände auferlegen. – 3. *Verbindlichkei-ten*, die nicht zum gewöhnlichen Geschäftsbe-trieb gehören, soll er nur mit Zustimmung des →Vergleichsverwalters eingehen; auch die Eingehung von Geschäftsverbindlichkeiten soll er unterlassen, wenn der Vergleichsver-walter Einspruch erhebt (§§ 57–63 VerglO). – 4. Bis zur Bestätigung des Vergleichs können die →Vergleichsgläubiger gegen den V. nicht die →Zwangsvollstreckung betreiben; ein →Konkursverfahren kann nicht beantragt werden (§§ 46, 47 VerglO).

Vergleichsstatus, *Vergleichsbilanz,* eine Ver-mögensübersicht insolvent gewordener Schuldner am Tag der Zahlungseinstellung. V. wird entwickelt aus der letzten →Handelsbi-lanz und stellt das Vermögen unter Berück-sichtigung seiner Belastung durch die Schul-den dar. Bewertung zu →Tageswerten unter Beachtung der Tatsache, daß i. d. R. das Unternehmen weitergeführt werden soll, also keine →Liquidationswerte; aber Auflösung stiller Rücklagen. – In dem dargestellten *Beispiel* (vgl. nebenstehende Tabelle) beträgt die Vergleichsquote: 140 000 : 361 500 (Ver-gleichsmasse : ungesicherte Schulden) = knapp 39%, mithin noch über der Mindest-quote von 35%. Die durch Hypothek, Übereig-nung oder Eigentumsvorbehalt gesicherten Gläubiger sind durch das mit fremden Rech-ten belastete Vermögen gedeckt.

Vergleichstermin. 1. *Begriff:* Der vom →Ver-gleichsgericht bei Eröffnung des →Vergleichs-verfahrens nicht über einen Monat hinaus anzuberaumende Termin zur Verhandlung und Abstimmung über den Vergleichsvor-schlag des Schuldners (§§ 66–81 VerglO). – 2. a) *Anwesenheitspflicht* für Vergleichsverwal-ter und Schuldner (bei Ausbleiben des Schuld-ners droht Einstellung des Verfahrens, sofern er sich nicht binnen zwei Tagen nach dem V.

Vergleichsstatus

Vermögen	ins-gesamt DM	mit fremden Rechten belastet DM	frei verfügbar DM
Grundstück und Ge-bäude	125 000	125 000	
Maschinen u. Werk-zeuge ...	132 700	93 000	39 700
Betriebsausstattung ...	10 200	1 500	8 700
Geschäftsausstattung	6 300	1 300	5 000
Fahrzeuge	26 000	12 000	14 000
Roh-, Hilfs- und Be-triebsstoffe	52 800	29 400	23 400
Unfert. und fert. Er-zeugnisse	80 600	22 100	58 500
Forderungen	80 600	22 100	58 500
Kasse, Bank, Postgiro	47 500	14 200	33 000
	2 900		2 900
	484 000	298 500	185 500

Verbindlichkeiten	vom Verfahren nicht betroffen			am Ver-fahren beteiligt (unge-sichert) DM
	ins-gesamt DM	ge-sichert DM	bevor-rechtigt DM	
Hypotheken	125 000	125 000		
gegenüber Banken	178 000	95 800		82 200
aus Warenbezügen	255 300	65 700		189 600
Sonstige einschl.				
Kosten des Ver-fahrens	147 200	12 000	45 500	89 700
	705 500	298 500	45 500	361 500

Überschuldung: Verbindlichkeiten	705 500
abzügl. Vermögen	484 000
	221 500

Vergleichsmasse:	
Frei verfügbares Vermögen	185 500
abzügl. bevorrechtigte Gläubiger ...	45 500
	140 000

hinreichend entschuldigt; § 100 I Nr. 6 Verg-lO). – b) *Anwesenheitsberechtigt* sind →Ver-gleichsgläubiger und nichtbeteiligte Gläubiger sowie die Mitglieder des →Gläubigerbeirats. – 3. *Ablauf der Verhandlung:* a) Beginn mit Verlesung des *Vergleichsvorschlages* sowie der Erklärung des Schuldners, ob er den Vor-schlag aufrechterhalte. Er kann diesen zugun-sten, nicht aber zum Nachteil der Gläubiger ändern (Ausnahme § 76 VerglO). – b) Etwaige Erklärungen der *Bürgen* können zur Nieder-schrift des Gerichts erklärt werden. – c) *Berichterstattung* des Vergleichsverwalters, insbes. über die Ursachen des Zusammen-bruchs des Schuldners, Angemessenheit des Vergleichsvorschlages und seine Erfüllungs-aussichten, mit anschließender Bekanntgabe der gutachtlichen Stellungnahme der Berufs-vertretung. – d) *Auskunftserteilung* des Schuldners auf Verlangen des Gerichts, Ver-gleichsverwalters oder der Vergleichsgläubi-ger, ggf. Abgabe der Auskunft unter →eides-stattlicher Versicherung. – e) *Prüfung der Forderungen* und Feststellung des *Stimm-rechts;* das Ergebnis wird in das →Gläubigerverzeichnis eingetragen. Stimmberechtigt ist jede nicht bestrittene Forderung. Bei bestrittenen Forderungen entscheidet die Einigung der Anwesenden, andernfalls das Vergleichsgericht. Kein Stimmrecht haben Vergleichsgläubiger, deren Forderungen nach dem Vergleichsvorschlag nicht beeinträchtigt werden. – f) Bei der Abstimmung über die Annahme des Vergleichsvorschlages ist einfache Mehrheit der erschienen Vergleichsgläubiger (einschl. derjenigen, die schriftlich zugestimmt haben) und eine Summenmehrheit von 75% aller stimmberechtigten Forderungen notwendig (80%, falls der Vergleichsvorschlag eine geringere Quote als die Hälfte der Forderungen bietet). Nach der Abstimmung können Einwendungen gegen die Bestätigung des Vergleichs erhoben werden. – g) Der *Bestätigungsbeschluß* wird i.d.R. im V. verkündet; bei Vorliegen bestimmter Voraussetzungen ist das Vergleichsverfahren mit der Bestätigung aufzuheben (→Aufhebung des Konkurs- und Vergleichsverfahrens).

Vergleichsverfahren. I. B e g r i f f : Gerichtliches Verfahren zur Abwendung eines Konkurses (→Vergleich) unverschuldet in Not geratener würdiger Schuldner, wenn die wirtschaftlichen Verhältnisse die Erfüllung einer Mindestquote und die Erhaltung des Unternehmens erwarten lassen. Möglich als Stundungsvergleich, →Erlaßvergleich oder →Liquidationsvergleich. – *Rechtsgrundlage:* Vergleichsordnung (VerglO) vom 26.2.1935 (RGBl I 321) mit späteren Änderungen. – *Neuorganisation* geplant durch →Insolvenzrechtsreform. – *Anders:* →außergerichtlicher Vergleich.

II. E i n l e i t u n g : 1. *Voraussetzungen:* →Vergleichsantrag des Vergleichsschuldners und Vorliegen eines →Konkursgrundes. – 2. Nach Eingang des Antrages *bestellt* das Vergleichsgericht einen →vorläufigen Verwalter und *prüft* anhand der eingereichten Unterlagen, eines Berichtes des Verwalters und eines Gutachtens der zuständigen Berufsvertretung (für Kaufleute die Industrie- und Handelskammer), ob das V. eröffnet werden kann. Zwingende Ablehnungsgründe enthalten §§ 17, 18 VerglO. Dem Schuldner können Verfügungsbeschränkungen auferlegt werden; Zwangsvollstreckungsmaßnahmen, die innerhalb der letzten 30 Tage vor Antragstellung vorgenommen wurden, können auf Antrag eingestellt werden.

III. V e r g l e i c h s e r ö f f n u n g : Erfolgt durch gerichtlichen Beschluß, der u.a. die Stunde der Eröffnung, Bestimmung des →Vergleichsverwalters und die Anberaumung eines →Vergleichstermins enthält. Die Eröffnung des V. ist von Amts wegen in das →Handelsregister einzutragen, auf die mangelnde Eintragung kann sich niemand berufen; § 15 HGB ist unanwendbar. – Ein *Firmen-*

zusatz „*im V.*" oder ähnlich ist unnötig. Andere als →Vergleichsgläubiger werden durch das V. nicht berührt. – Den Vergleichsgläubigern ist es unbenommen, *gegen den Schuldner zu klagen,* die Vollstreckung ist jedoch unzulässig; über einen Konkursantrag kann nicht entschieden werden (§§ 46, 47 VerglO).

IV. A b l e h n u n g d e s V e r g l e i c h s a n t r a g e s : Durch das Vergleichsgericht zwingend: 1. Wenn die *allgemeinen Voraussetzungen* nicht gegeben sind (z.B. örtliche Unzuständigkeit, mangelnde Vergleichsfähigkeit des Schuldners, Fehlen eines Konkursgrundes). – 2. Wenn *gesetzliche Ablehnungsgründe* vorliegen (§§ 17, 18 VerglO; bei einer Personengesellschaft genügt das Vorliegen eines Ablehnungsgrundes in der Person eines persönlich haftenden Gesellschafters), z.B. wenn: a) der Vergleichsantrag den Erfordernissen der §§ 3–7 VerglO nicht entspricht (erforderliche Unterlagen und abzugebende Erklärungen), nicht innerhalb der vom Gericht gesetzten Nachfrist beseitigt wird; b) der Schuldner flüchtig ist, wenn er des →Bankrotts verdächtig oder deshalb verurteilt ist; c) innerhalb der letzten fünf Jahre ein Vergleichs- oder Konkursverfahren über das Vermögen des Schuldners eröffnet oder mangels Masse abgelehnt ist; d) der Schuldner innerhalb dieser Frist im Zwangsvollstreckungsverfahren die eidesstattliche Versicherung abgegeben oder grundlos verweigert hat oder seiner Auskunftspflicht nicht nachkommt; e) die geschäftlichen Aufzeichnungen einen hinreichenden Überblick über die Vermögenslage nicht ermöglichen; f) der Vermögensverfall auf Unredlichkeit, Preisschleuderei oder Leichtsinn des Schuldners zurückzuführen ist; g) die Antragstellung schuldhaft verzögert ist, der Vergleichsvorschlag der Vermögenslage des Schuldners nicht entspricht, indem er eine zu hohe oder zu geringe Quote bietet; h) im Falle der Fortführung des Unternehmens seine Erhaltung durch den Vergleich offenbar nicht zu erwarten ist. – 3. Folge: Bei Ablehnung des V. hat das Gericht von Amts wegen über die Eröffnung des →Anschlußkonkurses zu entscheiden (§ 19 VerglO).

V. V e r g l e i c h s t e r m i n : Nach Feststellung des Stimmrechts und Erörterung des Vergleichsvorschlages wird über dessen Annahme abgestimmt. Der Vergleich bedarf zu seiner Wirksamkeit der →Bestätigung des Gerichts durch zu verkündenden unanfechtbaren Beschluß. Vgl. im einzelnen →Vergleichstermin.

VI. R e c h t s f o l g e n : 1. Der wirksam gewordene Vergleich verändert die Forderungen der Vergleichsgläubiger, auch derjenigen, die sich am V. nicht beteiligt haben, entsprechend dem

Vergleichsvorschlag. – Mit →Rechtskraft der →Bestätigung des Vergleichs wird der Vergleichsvorschlag des Schuldners für und gegen alle →Vergleichsgläubiger verbindlich, unabhängig davon, ob sie sich am →Vergleichsverfahren beteiligt und für oder gegen den Vergleichsvorschlag gestimmt haben (§§ 82–89 VerglO). – Bei *Erlaßvergleich* besteht für den erlassenen Forderungsteil eine zwar noch erfüllbare, aber nicht mehr erzwingbare Verbindlichkeit fort. Die Rechte der Gläubiger gegen Mitschuldner und Bürgen und etwaige Sicherheiten bleiben uneingeschränkt bestehen. – Bei dem *Gesellschaftsvergleich* einer OHG, KG und KGaA wird auch der Umfang der persönlichen Haftung der Gesellschafter entsprechend begrenzt (§ 109 Ziff. 3 VerglO). – 2. Das V. wird mit Bestätigung *aufgehoben,* wenn die Schuldsumme 20 000 DM nicht übersteigt oder der Schuldner sich im Vergleich der Überwachung durch einen oder mehrere →Sachverwalter unterworfen hat (§§ 91 ff. VerglO). Andernfalls wird das Verfahren zwecks Überwachung der Vergleichserfüllung fortgeführt (sog. →Nachverfahren). Das V. wird aufgehoben, wenn der Vergleichsverwalter die Erfüllung anzeigt oder der Schuldner sie glaubhaft macht. Zeigt der Vergleichsverwalter an, daß der Vergleich nicht erfüllt werden kann, wird über die Eröffnung des →Anschlußkonkurses entschieden. – 3. Aus dem bestätigten Vergleich in Verbindung mit einem Auszug aus dem →Gläubigerverzeichnis kann der Gläubiger gegen den Schuldner in gleicher Weise wie aus einem vollstreckbaren Titel vollstrecken, sofern weder der Vergleichsverwalter noch der Schuldner die Forderung im →Vergleichstermin bestritten haben. Die Vollstreckungsklausel wird vom Vergleichsgericht auf Antrag erteilt. Im Falle des Verzuges des Schuldners kann der Gläubiger – wenn er Mahnung und Ablauf der Nachfrist glaubhaft macht – eine erweiterte Vollstreckungsklausel in Höhe des ursprünglichen Forderungsbetrages erhalten und daraus vollstrecken (§ 85 VerglO). – 4. Der Vergleich wird *hinfällig:* a) für denjenigen Gläubiger, demgegenüber der Schuldner trotz Setzung einer Nachfrist mit der Erfüllung in Verzug gerät (§ 9 VerglO: →Wiederauflebensklausel); b) wenn der Vergleich angefochten wird, weil er durch arglistige Täuschung zustande gekommen ist und der Gläubiger außerstande war, den Anfechtungsgrund früher geltend zu machen (§ 89 VerglO); möglich auch noch nach vollständiger Erfüllung des Vergleichs; c) gegenüber allen Gläubigern, wenn der Schuldner wegen betrügerischen →Bankrotts oder deshalb verurteilt wird, weil er im Zusammenhang mit dem V. vorsätzlich eine falsche →eidesstattliche Versicherung abgegeben hat oder wenn vor vollständiger Erfüllung Konkurs oder Anschlußkonkurs eröffnet wird. – 5. Bei der Eröffnung des *Anschlußkonkurses* bleiben verschiedene

Rechtswirkungen des V. im Interesse der Gläubiger bestehen (§§ 102 ff. VerglO).

VII. Bekanntmachung: Über die wichtigsten gerichtlichen Entscheidungen erfolgt im →Bundesanzeiger und dem Amtsblatt (Staatsanzeiger) →öffentliche Bekanntmachung, die als Zustellung an alle Beteiligten gilt.

VIII. Rechtsmittel: Gegen die Entscheidung des Vergleichsgerichts nur insoweit gegeben, wie es in der VerglO besonders zugelassen ist (§ 121 VerglO), z. B. bei Ablehnung des Vergleichsantrages, →Einstellung oder →Aufhebung des V., Eröffnung des Anschlußkonkurses. Die Beschwerdefrist beträgt eine Woche nach Verkündung oder Zustellung der Entscheidung.

Vergleichsvertrag, Begriff des Verwaltungsverfahrens: Ein →öffentlich-rechtlicher Vertrag, durch den bei verständiger Würdigung des Sachverhalts oder der Rechtslage bestehende Ungewißheit durch gegenseitiges Nachgeben beseitigt wird (§ 55 VwVfG).

Vergleichsverwalter, eine vom →Vergleichsgericht bei Vergleichseröffnung ernannte Vertrauensperson, die von den →Vergleichsgläubigern und dem →Vergleichsschuldner unabhängig sein muß (§§ 38–43 VerglO). – 1. *Aufgaben:* a) Der V. hat weitgehende Überwachungs- und Antragsrechte, jedoch nicht (wie der →Konkursverwalter) das Recht der Verwaltung und Verwertung des Schuldnervermögens. Er hat die wirtschaftliche Lage des Schuldners zu prüfen, insbes. die Ursachen des Vermögensverfalls, Angemessenheit des Vergleichsvorschlages, Aussichten der Erfüllung, und darüber dem Vergleichsgericht und im Vergleichstermin zu berichten. Er hat die Lebens- und Geschäftsführung des Schuldners zu prüfen und muß erforderlichenfalls Sicherungsmaßnahmen beim Gericht beantragen. b) Im Vergleichstermin muß der V. anwesend sein. c) Im Verfahren nach Bestätigung des Vergleichs bis zur seiner Erfüllung (→Nachverfahren) hat er die Erfüllung zu überwachen und dem Gericht von der Erfüllung oder Nichterfüllbarkeit Mitteilung zu machen (§ 96 VerglO). d) Steuerliche Pflichten: Vgl. →Nachlaßverwaltung. – 2. Der V. steht unter der *Aufsicht* des Vergleichsgerichts und haftet allen Beteiligten für die Erfüllung seiner Pflichten. – 3. Die ihm vom Vergleichsschuldner zu zahlende *Vergütung* und zu erstattenden Barauslagen werden vom Gericht festgesetzt; VO vom 25. 5. 1960 (BGBl I 329) mit Änderungen vom 22. 12. 1967 (BGBl I 1366). – 4. Eine →*juristische Person* kann nicht V. sein.

Vergleichswert. 1. *Begriff des BewG:* Der für landwirtschaftliche, weinbauliche und gärtnerische Nutzungen oder Nutzungsteile in den einzelnen Betrieben mit Hilfe der →Vergleichszahlen abgeleitete Ertragswert, der sich unter Berücksichtigung des 100 Vergleichs-zahlen entsprechenden Ertragswerts ergibt (→land- und forstwirtschaftliches Vermögen). Letztere werden zu jeder →Hauptfeststellung durch besonderes Gesetz festgestellt. – *Höhe der V.:* Sie betrugen für die Hauptfeststellung 1964, bezogen auf 1 Ar (bzw. 1 qm bei Gemüse- und Obstanbau) nach §40 II BewG bei

der landwirtschaftlichen Nutzung	
ohne Hopfen und Spargel	37,26 DM
Hopfen	254,— DM
Spargel	76,50 DM
der weinbaulichen Nutzung	200,— DM
den gärtnerischen Nutzungsteilen	
Gemüse-, Blumen- und Zier-	
pflanzenanbau	108,— DM
Obstbau	72,— DM
Baumschulen	221,40 DM

2. *Besonderheiten der forstwirtschaftlichen Nutzung:* a) Ein vergleichendes Bewertungs-verfahren gilt nur für den Nutzungsteil Hoch-wald, dessen Ertragsfähigkeit wird vorweg für Nachhaltebetriebe ermittelt und durch Normal-werte ausgedrückt. Die Anteile der einzel-nen Alters- und Vorratsklassen an den Nor-malwerten werden entsprechend dem Abtriebswert durch Hundertsätze bezeichnet. Diese werden für alle Bewertungsgebiete durch Rechtsverordnung festgesetzt. Sie betragen für die Hauptfeststellung 1964 höchstens 260% der Normalwerte. Unter Anwendung der Hundertsätze wird von den Normalwerten der V. (= Ertragswert für die forstwirtschaftliche Nutzung des einzelnen Betriebs) abgeleitet. Der V. ist zur Berücksich-tigung der rückläufigen Reinerträge um 40% zu vermindern. – b) *Mittel- und Niederwald* sind mit 50 DM je Hektar anzusetzen; der Mindestwert der einzelnen Alters- und Vor-ratsklasse beträgt 50 DM je Hektar. – 3. Die *sonstigen land- und forstwirtschaftlichen Nut-zungen* (Binnenfischerei, Teichwirtschaft, Saatzucht usw.) sind nach dem vergleichenden Verfahren zu bewerten, jedoch werden die V. unmittelbar (ohne Vergleichszahlen) festge-stellt.

Vergleichszahlen. 1. *Begriff des BewG:* Zah-len, die bei der Bewertung des →land- und forstwirtschaftlichen Vermögens die Unter-schiede der Ertragsfähigkeit gleicher Nutzun-gen ausdrücken, beurteilt in den verschiede-nen Betrieben durch Vergleich der Ertragsbe-dingungen. – 2. *Vergleichsgrundlagen:* a) *Tat-sächliche Verhältnisse:* (1) *natürliche Ertrags-bedingungen* (Bodenbeschaffenheit, Gelände-gestaltung, klimatische Verhältnisse); bei ihrer Bewertung ist von den Ergebnissen (Ertrags-meßzahlen) der Bodenschätzung nach dem Bodenschätzungsgesetz vom 16.10.1934 (RGBl I 1050) auszugehen; (2) *wirtschaftliche Ertragsbedingungen:* innere Verkehrslage (Lage

für die Bewirtschaftung der Betriebsfläche), äußere Verkehrslage (Lage für Anfuhr und Betriebsmittel und die Abfuhr der Betriebser-zeugnisse) und Betriebsgröße. – b) In der Gegend als *regelmäßig anzusehende wirtschaft-liche Ertragsbedingungen:* Preise und Löhne, Betriebsorganisation und -mittel. – 3. Zur Sicherung einer gleichmäßigen Bewertung des land- und forstwirtschaftlichen Vermögens werden V. für typische Betriebe mit gegendüb-lichen Ertragsbedingungen (Vergleichsbe-triebe) als *Haupt-→Bewertungsstützpunkte* ermittelt, vom →Bewertungsbeirat vorge-schlagen und durch Rechtsverordnung festge-setzt. – 4. *Ausnahmen:* Für forstwirtschaftliche sowie sonstige land- und forstwirtschaftliche Nutzungen werden keine V., sondern unmit-telbar →Vergleichswerte ermittelt.

Vergnügungsteuer. 1. *Charakterisierung:* →Gemeindesteuer, die zum Kreis der →Ver-brauchsteuern gerechnet wird; wird in Berlin (West), Baden-Württemberg und Bayern nicht erhoben. Begründet im 19. Jh. als Mittel zur Eindämmung von überhandnehmenden Lust-barkeiten („Lustbarkeitssteuer"), heute vor-wiegend fiskalisch, wenn auch als →Bagatell-steuer angesehen. Die V. vermag nicht alle Vergnügungen zu erfassen und folgt nicht dem veränderten Freizeitverhalten (Fernsehen, Reisen). – 2. *Rechtsgrundlage:* Vergnügung-steuergesetze der Bundesländer. – 3. *Steuerge-genstand* sind die im Gemeindegebiet veran-stalteten entspannenden, unterhaltenden und belustigenden Vergnügungen wie Tanz, Schaustellungen, Feuerwerke, Zirkus, Thea-ter. Umfangreicher Katalog von *Befreiungen* für Opern, Konzerte, Kirchenmusik, Veran-staltungen der Ausbildung und des Unter-richts, für als künstlerisch wertvoll eingestufte Filme usw. – 4. *Erhebungsformen:* Zumeist als *Kartensteuer* (i.a. 20% des Eintrittspreises, aber auch Sätze zwischen 10% und 40%) oder als *Pauschalsteuer* (bemessen nach Räumen, Zahl der Mitwirkenden usw.). – Soweit erho-ben, hat gerade die *Kinosteuer* Gewicht gegen-über anderen Vergnügungen, was zu einer besonderen Belastung dieses Wirtschaftszwei-ges führt und eine Reihe von Folgesubventio-nen (gewissermaßen unausweichlich) nach sich zieht (Bundesgarantien und -subventio-nen).

Vergünstigungsmerkmale, bisherige Be-zeichnung für die gesundheitlichen Merkmale im Schwerbehindertenrecht, die zur Inan-spruchnahme einer Vergünstigung berechti-gen; seit 1.8.1986: →Nachteilsausgleich.

Vergütung. 1. Synonym für →*Arbeitsentgelt.* – 2. *Rückgewährung einer gezahlten Steuer* an den Exporteur.

Vergütungsgruppe, →Eingruppierung, →Ta-riflohn.

Vergütungsordnung, →Eingruppierung, →Tariflohn.

Vergütungsverfahren, Begriff des Umsatzsteuerrechts. Unternehmern, die nicht im →Erhebungsgebiet ansässig sind und dort auch keine Umsätze ausführen, die sie zur Abgabe von Umsatzsteuer-Erklärungen veranlassen, wird die ihnen in Rechnung gestellte Vorsteuer unter bestimmten Voraussetzungen vom →Bundesamt für Finanzen auf Antrag in einem besonderen Verfahren vergütet (§§ 59–61 UStDV); →Vorsteuerabzug.

Verhaftung, nur aufgrund richterlicher Anordnung zulässige Maßnahme zur Verbringung einer Person in →Haft. – 1. *Zivilprozeß:* a) →Strafe; b) Zwangsmittel zur Herbeiführung einer Handlung, z.B. Leistung einer eidesstattlichen Versicherung. – 2. *Strafrecht:* a) Strafe; b) →Untersuchungshaft.

Verhalten im Betrieb, →Ordnung des Betriebs.

verhaltensbedingte Kündigung, →ordentliche Kündigung des Arbeitsverhältnisses, die aus Gründen, die in dem Verhalten des Arbeitnehmers liegen, sozial gerechtfertigt sein kann (§ 1 II KSchG). Gründe im Verhalten des Arbeitnehmers sind v.a. Pflichtverletzungen des Arbeitsvertrags (→Vertragsbruch II) wie z.B. Unpünktlichkeit, mangelhafte Arbeitsleistung, Nichtbeachtung erteilter Anweisungen. Einmalige und geringfügige Vertragsverstöße können eine v.K. nicht rechtfertigen. Bei der v.K. ist u.U. eine vorherige →Abmahnung erforderlich.

Verhaltensforschung, interdisziplinäre Forschungsrichtung; der Methodik nach Naturwissenschaft, inhaltlich aber Symbiose aus Natur- und Geisteswissenschaften. Die V. befaßt sich mit der Erforschung des menschlichen Verhaltens; Forschungsgrundlage ist das beobachtbare Verhalten, das bis auf physiologische insbes. neurophysiologische Basiselemente analysiert wird. – *Teildisziplinen:* Psychologie, Soziologie, vergleichende Verhaltensforschung/Verhaltensbiologie, physiologische Verhaltensforschung, Anthropologie, Arbeitswissenschaft u.a. – *Strömungen:* a) *Biologische Ansätze:* Erfassung biologischer und physiologischer Gesetzmäßigkeiten des menschlichen Verhaltens mit objektiven Meßmethoden (z.B. →Blickregistrierung, Beobachtung nonverbalen Verhaltens). – b) *Kognitive Ansätze:* Messung menschlicher Intelligenz, Lerntheorien. – c) *Motivationale/emotionale Ansätze:* Einbeziehung kaum bewußter und kognitiv wenig kontrollierter Verhaltensweisen.

Verhaltensgitter, →managerial grid.

Verhaltenskodizes, freiwillige Selbstverpflichtung von Managern und Unternehmen (→Unternehmensverfassung). – 1. Für *Manager:* Bekannt das sog. „Davoser Manifest"; berufliche Aufgabe der Unternehmensführung ist es, Kunden, Mitarbeitern, Geldgebern und der Gesellschaft zu dienen und deren widerstreitende Interessen zum Ausgleich zu bringen (→gesellschaftliche Verantwortung der Unternehmensführung). – 2. Für *internationale Unternehmungen:* Richtlinien von internationalen Organisationen (UN, OECD, EG-Kommission, ILO, UNCTAD) verabschiedet oder diskutiert (→internationale Unternehmensverfassung). Gelten subsidiär zu internationalen oder nationalen gesetzlichen Regelungen der Unternehmensverfassung (Überbrückung des Entstehungsprozesses internationalen Rechts); sind i.a. nicht sanktionsbewehrt. Nicht alle konfliktrelevanten Sachverhalte sind gesetzlich vorregelbar; Wirtschafts- und Sozialethik als regulatives Element zusätzlich erforderlich. – Vgl. auch →Unternehmensethik.

verhaltensorientiertes Rechnungswesen, *behavioral accounting,* interdisziplinärer Gestaltungsansatz des →Rechnungswesens, der über die Gewinnung, Bereitstellung und Bereithaltung unternehmenszielbezogener Informationen hinaus auch die Wirkung bzw. Verwendung der Informationen auf den bzw. von dem Informationsempfänger einbezieht. Die Verhaltensorientierung hat durch das →Controlling stark an Bedeutung gewonnen. Es besteht aber noch immer ein erhebliches Forschungsdefizit.

verhaltenstheoretische Betriebswirtschaftslehre. 1. Bezeichnung für ein Wissenschaftsprogramm, das die *systematische Anwendung verhaltenstheoretischer Erkenntnisse* auf betriebswirtschaftlich relevante Probleme vorsieht (Leistungsmotivation, Führung, Arbeitszufriedenheit, Konsumentenverhalten usw.). Angestrebt wird ferner ein Beitrag zur Integration des Fachs in die Sozialwissenschaft. – *Vertreter:* Schanz. – 2. Als *methodisches Leitprinzip* fungiert der →methodologische Individualismus. *Inhaltlichen Ausgangspunkt* bildet das Streben nach Bedürfnisbefriedigung; in Abkehr vom Menschenbild des →Homo oeconomicus wird von einer in sich differenzierten Motivstruktur und von der verhaltenslenkenden Wirkung individueller Erwartungen ausgegangen. – 3. *Praktische Bedeutung:* Konkrete Hinweise für die Gestaltung von Anreizsystemen, den Führungsstils, von organisatorischen Regelungen, von Planungs- und Kontrollsystemen usw. Gestaltungsanregungen ergeben sich ferner aus der Analyse des →Konsumentenverhaltens (Einflüsse von Bezugspersonen bzw. Bezugsgruppen, Meinungsführern, der Zugehörigkeit zu sozialen Schichten usw.). – Vgl. auch →Betriebswirtschaftslehre.

Verhaltensüberwachung, →technische Überwachungseinrichtung.

Verhaltens- und Leistungsbeobachtung, →Charakterologie.

Verhaltensweise. I. Soziologie/Psychologie: Subjektives Verhalten einzelner Menschen. – *Markt-/Meinungsforschung:* Kenntnis über die V. wird gewonnen, indem durch repräsentative Erhebungen die typische V. der befragten Verbraucher (→Verbrauchsgewohnheiten, →Käuferverhalten) ermittelt werden.

II. Wirtschaftstheorie (Marktformenlehre): 1. *Begriff:* Mögliche Aktionen und Reaktionen der Wirtschaftssubjekte im Wirtschaftsprozeß im Hinblick auf die Marktgegenseite bzw. auf die Konkurrenten. – 2. *Arten* (nach Schneider): a) *Wirtschaftsfriedliche V.:* (1) *Anpassung:* Diese V. liegt dann vor, wenn ein Marktteilnehmer seine Aktionsparameter auf der Grundlage von Größen fixiert, die seiner Beeinflussung entzogen sind. Formen der Anpassung sind *Mengenanpassung* (Preis ist Datum, Menge ist Aktionsparameter) und der *Optionsempfang,* bei dem dem Marktteilnehmer Preis und Menge diktiert werden. – (2) *Strategie:* Diese V. liegt dann vor, wenn zwischen Aktions- und Erwartungsparametern eine funktionale Beziehung besteht. Kriterium der Einteilung der Strategien ist der Grad der Berücksichtigung der Aktionsparameter der übrigen Marktteilnehmer bei der Festlegung des eigenen Wirtschaftsplans: (a) *Isoliert-autonome Strategie:* Aktionsparameter der übrigen Partner werden nicht berücksichtigt. Ein Spezialfall ist hierbei die Optionsfixierung, bei der Preis und Menge fixiert werden; sie ist das Pendant zum Optionsempfang. (b) *Autonome Strategie:* Diese Strategie betreibt ein Marktteilnehemr, wenn er die Aktionsparameter seiner Konkurrenten bei seiner eigenen Entscheidung zwar berücksichtigt, jedoch glaubt, daß jene mit ihren Parametern nicht reagieren. (c) *Konjekturale Strategie:* Mögliche Reaktionsweisen der Konkurrenten werden ins eigene Kalkül einbezogen. (d) *Korrespektive Strategie:* Bezieht sich auf das Verhalten der Marktgegenseite und entspricht dabei der autonomen bzw. der konjekturalen Strategie. (e) *Überlegenheitsstrategie:* V., bei der nach erfolgter Reaktion autonom handelnder Wirtschaftssubjekte die Position maximalen Gewinns eingenommen wird. – b) *Kampf- und Verhandlungsstrategie* zielen auf eine Umwandlung der Marktform bzw. auf eine Unterbrechung des Marktprozesses ab. – 3. Umstritten ist die Frage, ob der Marktmorphologie (Einteilungskriterium ist die Zahl der Marktteilnehmer auf beiden Marktseiten) oder der V. die dominierende Rolle im *Preisbildungsprozeß* zufällt. a) Im *absoluten Monopol* ist nur die isoliert-autonome Strategie denkbar. Die Marktform zwingt zu einer bestimmten V. b) Im *Oligopol* sind verschiedene Strategien möglich; je nach dem Grad der Marktunvollkommenheit wird sich der Oligopolist konjektural bzw. autonom verhalten. c) Bei *monopolistischer Konkurrenz* ist mit autonomer Strategie zu rechnen. d) Bei *vollkommenener Konkurrenz* ist nur eine V. der Mengenanpassung möglich. e) Im *bilateralen Monopol* hängt die V. von der Stärke der Marktpartner ab; möglich sind sämtliche Strategien und der Optionsempfang. – I. a. besteht keine strenge Zuordnungsmöglichkeit von Marktformen und V., aber eine enge Korrelation.

verhältnisgleich, →proportional.

Verhältnismäßigkeitsgrundsatz, aus dem in Art. 20 GG normierten Rechtsstaatsprinzip abgeleiteter Grundsatz. Der V. besagt, daß ein Eingriff erforderlich, geeignet und verhältnismäßig sein muß. Er gilt für alle Eingriffe der öffentlichen Hand in verfassungsmäßig geschützte Rechte der Betroffenen.

Verhältnisschätzung, bei →Stichprobenverfahren eine Art der →Hochrechnung, gekennzeichnet durch die zusätzliche Auswertung von Informationen, die eine Basisvariable betreffen. Ist z. B. der →Gesamtmerkmalsbetrag Y in einer →Grundgesamtheit aufgrund des Resultats aus einer aktuellen →uneingeschränkten Zufallsstichprobe zu schätzen und kennt man den Gesamtmerkmalsbetrag X aus einer früheren Totalerhebung, so wird bei der V. der Wert $X \cdot \bar{y}/\bar{x}$ als →Schätzwert angesetzt. Dabei ist $\bar{y}$ der Durchschnitt der aktuellen, $\bar{x}$ der Durchschnitt der früherern Werte in einer Stichprobe. – *Bedeutung:* Meistens wird mittels V. eine deutliche Verkleinerung der Varianz einer Schätzung (→Wirksamkeit) bewirkt, weil die Basisvariable und die Untersuchungsvariable hoch korreliert (→Korrelation) sind. Allerdings erfüllt die V. nicht exakt das Kriterium der →Erwartungstreue.

Verhältnisskala, →Skala, auf der alternative →Ausprägungen neben Verschiedenheit, Rangordnung und Abstand auch ein Verhältnis zum Ausdruck bringen; *Beispiele:* Länge, Einkommen, Einwohnerzahl.

Verhältnisverfahren. 1. *Verteilung nach Köpfen:* Das zur Verteilung anstehende Kontingent wird durch die Zahl der Antragsteller geteilt. Jeder Antragsteller erhält somit einen gleichen Anteil. – 2. *Verteilung im Verhältnis zur beantragten Menge:* Berechnung der individuellen Quote nach $GK \cdot \dfrac{E_b}{E_g}$ (GK = Gesamtkontingent, E_b = beantragte Einzelmenge, E_g = beantragte Gesamtmenge). Dies Verfahren wird häufig bei Handelsgeschäften mit Staatshandelsländern angewandt. – Vgl. auch →Verteilungsverfahren.

Verhältniswahl. 1. *Charakterisierung:* Wahlverfahren, das die Wahl der Angeordneten eines Parlaments so ordnet, daß in einem

Wahlkreis mehrere Abgeordnete gewählt werden und dabei das Verhältnis der für die einzelnen Parteien abgegebenen Stimmen über die Verteilung der Mandate entscheidet, also nicht – wie bei der Mehrheitswahl – die absolute Mehrheit. Überschüssige Stimmen aus den Wahlkreisen werden zusammengezählt und ergeben weitere Mandate für die Landesliste. – 2. *Politische Bedeutung:* V. gibt auch solchen Parteien eine Chance, die keine Aussicht haben, in einem Wahlkreis die absolute Mehrheit zu erringen. Damit Hebung des allgemeinen Interesses an den Wahlen, aber auch Begünstigung der Parteienzersplitterung und Erschwerung der Mehrheitsbildung im Parlament. – 3. *Entwicklung:* Nach dem ersten Weltkrieg wurde die V. in fast ganz Europa eingeführt, auch in Deutschland. – Seit dem zweiten Weltkrieg werden in Deutschland die Landtage z. T. nach dem V.-System gewählt, für den →Bundestag gilt ein gemischtes Wahlverfahren.

Verhältniszahl, Quotient zweier statistischer Größen (→Gesamtmerkmalsbeträge, Umfänge von →Gesamtheiten, Merkmalswerte). – *Arten:* →Meßzahlen, →Beziehungszahlen und →Gliederungszahlen.

Verhandlungsanspruch tariffähiger Verbände, Anspruch jeder →Koalition (Gewerkschaft) auf Beteiligung am Tarifabschluß oder Anspruch darauf, daß auch mit ihm verhandelt wird, im ⌐alle mehrerer konkurrierender Gewerkschaften. Nach deutschem Tarif- und Arbeitskampfrecht besteht nach der Rechtsprechung des BAG ein solcher Anspruch nicht; der Abschluß von Tarifverträgen ist dem freien Spiel der Kräfte überlassen.

Verhandlungsgebühr, →Rechtsanwaltsgebührenordnung.

Verhandlungsmaxime, ein i. a. den Zivilprozeß beherrschender prozessualer Grundsatz, der besagt, daß es Sache der Prozeßparteien ist, die Tatsachen und die Beweise, die die Grundlage für die Entscheidung des Gerichts werden sollen, in den Prozeß einzuführen. – *Gegensatz:* →Offizialmaxime.

Verhandlungstermin, →Termin.

Verifikation, im induktionslogischen Sinn (→Induktion) Nachweis der Wahrheit einer empirisch-wissenschaftlichen Aussage durch deren Bestätigung anhand von Erfahrungstatsachen. – *Gegensatz:* →Falsifikation.

verifizierte Tara, →wirkliche Tara a).

Verjährung. I. Allgemeines: Der V. unterliegen alle →Ansprüche (also nicht nur Geldforderungen, sondern z. B. auch Herausgabe- und Unterlassungsansprüche) mit Ausnahme gewisser familienrechtlicher Ansprüche und der Ansprüche aus im →Grundbuch eingetragenen Grundstücksrechten. – *Rechts-*

wirkungen: Die V. bewirkt keinen Untergang des Anspruchs; der Schuldner ist nur berechtigt, die →Erfüllung zu verweigern (Einrede der Verjährung). Erfüllt er eine verjährte Forderung, kann er das Geleistete auch dann nicht zurückfordern, wenn er in Unkenntnis der V. geleistet hat (§ 222 BGB). Ist für die Forderung ein →Pfandrecht oder eine →Hypothek bestellt, kann sich der Gläubiger i. d. R. auch nach Eintritt der V. aus dem Pfandobjekt befriedigen (§ 222 BGB), ebenso bei →Eigentumsvorbehalt und →Sicherungsübereignung.

II. Fristen: 1. Die *regelmäßige V.-Frist* beträgt *30 Jahre* (§ 195 BGB). – **2.** *In zwei Jahren* verjähren u. a. die Ansprüche: a) die Kaufleute, Fabrikanten und Handwerker für Lieferung von Waren, Ausführung von Arbeiten und Besorgung fremder Geschäfte, mit Einschluß der Auslagen, es sei denn, daß die Leistung für den Gewerbebetrieb des Schuldners erfolgt; b) derjenigen, welche Land- und Forstwirtschaft betreiben, für Lieferung von land- und forstwirtschaftlichen Erzeugnissen, sofern die Lieferung zur Verwendung im Haushalt des Schuldners erfolgt; c) der Eisenbahnunternehmungen, Frachtfuhrleute, Schiffer, Lohnkutscher und Boten wegen des Fahrgeldes, der Fracht, des Fuhr- und Botenlohnes, mit Einschluß der Auslagen (gem. § 94 EVO u. § 40 KVO aber i. d. R. ein Jahr); d) der Gastwirte und derjenigen, welche Speisen und Getränke gewerbsmäßig verabreichen, für Gewährung von Wohnung und Beköstigung sowie für andere, den Gästen zur Befriedigung ihrer Bedürfnisse gewährte Leistungen, mit Einschluß der Auslagen; e) derjenigen, welche bewegliche Sachen gewerbsmäßig vermieten, wegen des Mietzinses; f) derjenigen, welche ohne zu den in a) bezeichneten Personen zu gehören, die Besorgung fremder Geschäfte oder die Leistung von Diensten gewerbsmäßig betreiben, wegen der ihnen aus dem Gewerbebetrieb gebührenden Vergütungen, mit Einschluß der Auslagen; g) derjenigen, welche im Privatdienst stehen, wegen des Gehalts, Lohnes oder anderer Dienstbezüge, mit Einschluß der Auslagen sowie der Dienstberechtigten wegen der auf solche Ansprüche gewährten Vorschüsse; h) der gewerblichen Arbeiter, Gesellen, Gehilfen, Lehrlinge, Fabrikarbeiter, der Tagelöhner und Handarbeiter wegen des Lohns und anderer an Stelle oder als Teil des Lohns vereinbarter Leistungen, mit Einschluß der Auslagen, sowie der Arbeitgeber wegen der auf solche Ansprüche gewährten Vorschüsse; i) der Ärzte, Zahnärzte und Tierärzte für ihre Dienstleistungen, mit Einschluß der Auslagen; k) der Rechtsanwälte, Notare und Gerichtsvollzieher sowie aller Personen, die zur Besorgung gewisser Geschäfte öffentlich bestellt oder zugelassen sind, wegen ihrer Gebühren und Auslagen, soweit diese nicht zur Staatskasse fließen; l) der Parteien wegen der ihren Rechtsanwälten geleisteten Vorschüsse; m) der Zeugen und Sachverständigen wegen ihrer Gebühren und Auslagen (§ 196 I BGB). – 3. *In vier Jahren* verjähren die Ansprüche: a) derjenigen unter 2., a) und b), soweit sie nicht in zwei Jahren verjähren (§ 196 II BGB); b) die Ansprüche auf Rückstände von Zinsen, mit Einschluß der als Zuschlag zu den Zinsen zu zahlenden Amortisationsraten, die Ansprüche auf Rückstände von Miet- und Pachtzinsen, soweit sie nicht in zwei Jahren verjähren (s. oben e), und die Ansprüche auf Rückstände von Renten, Auszugsleistungen, Besoldungen, Wartegeldern, Ruhegehältern, Unterhaltsbeiträgen und anderen regelmäßig wiederkehrenden Leistungen (§ 197 BGB). – 4. Der Anspruch auf → Wandlung oder → Minderung und der Schadenersatzanspruch beim → *Kaufvertrag* (→ Sachmängelhaftung) verjähren bei beweglichen Sachen in *sechs Monaten* von der Ablieferung, bei Grundstücken innerhalb *eines Jahres* von der → Übergabe an (§ 477 BGB). – 5. Beim → *Werkvertrag* verjähren der Anspruch des Bestellers auf Nachbesserung (→ Nachbesserungspflicht) und die Ansprüche des Bestellers auf Wandlung, Minderung und Schadenersatz wegen eines Mangels des Werks in *sechs Monaten*, bei Arbeiten an einem Grundstück in *einem Jahr*, bei Bauwerken in *fünf Jahren*, und zwar jeweils seit → Abnahme des Werks (§ 638 BGB). Ist beim Kauf- oder Werkvertrag ein Mangel arglistig verschwiegen worden, so verjähren die Mängelansprüche erst in *dreißig Jahren*. – 6. Bei Wechseln verjähren die Ansprüche gegen den Akzeptanten in *drei Jahren* vom Verfalltag an, die Ansprüche des Inhabers gegen die Indossanten und gegen die Aussteller in *einem Jahr* vom Tag des rechtzeitig erhobenen Wechselprotestes, die Ansprüche eines Indossanten gegen einen anderen Indossanten und gegen den Aussteller in *sechs Monaten* seit Einlösung der klageweiser Geltendmachung des Rückgriffsanspruchs (Art. 70 WG). – Rückgriffsansprüche aus *Schecks* verjähren entsprechend; die Frist beträgt *drei Monate* (Art. 52 ScheckG). – 7. Schadenersatzansprüche aus → *unerlaubten Handlungen* verjähren in *drei Jahren* von dem Zeitpunkt an, in dem der Verletzte von dem Schaden und der Person des Ersatzpflichtigen Kenntnis erlangt, spätestens aber in 30 Jahren von der Begehung der Tat an; solange zwischen den Beteiligten Verhandlungen über den zu leistenden Schadenersatz schweben, ist die Verjährung gehemmt, bis ein Teil die Fortsetzung der Verhandlungen verweigert (§ 852 BGB). – 8. Die Ansprüche aus dem *Haftpflichtgesetz, Ansprüche gegen Eisenbahnen und Straßenbahnen* wegen eines unverschuldet verursachten Sachsschadens und die *Ansprüche aus dem Straßenverkehrsgesetz* verjähren in *drei Jahren*, und zwar vom Zeitpunkt der Kenntnis an, spätestens aber in 30 Jahren von der Begehung der Handlung an. – 9. Ansprüche aus *Versi-*

cherungsverträgen verjähren i. a. nach *zwei Jahren*, bei Lebensversicherungen nach *fünf Jahren*. Ist ein Anspruch des Versicherungsnehmers beim Versicherer angemeldet, so ist die V. bis zum Eingang der schriftlichen Entscheidung des Versicherers gehemmt. – 10. Im *unlauteren Wettbewerb* verjährt der Anspruch auf Unterlassung oder Schadenersatz i. d. R. innerhalb *sechs Monaten* vom Zeitpunkt der Kenntnis der Handlung und der Person des Verpflichteten ab, ohne Rücksicht auf diese Kenntnis *drei Jahre* von der Begehung der Handlung an; Beginn der V. für Ansprüche auf Schadenersatz nicht vor dem Zeitpunkt der Schadensentstehung (§ 21 UWG). Geldbuße (§ 26 UWG) verjährt zusammen mit dem Schadenersatzanspruch. – 11. Besondere *handelsrechtliche V.*: a) V. für *die Schuldenhaftung des Veräußerers bei → Veräußerung eines Unternehmens* beträgt i. a. *fünf Jahre* (§§ 25, 26 HGB); b) verkürzte V. von *drei Monaten* bzw. *fünf Jahren* für die Ansprüche des Unternehmers oder der OHG oder KG aus *Verletzung des → Wettbewerbsverbotes* (§§ 61, 82a, 113, 165 HGB); c) V. *aller Ansprüche* sowohl des Handelsvertreters als auch des Unternehmers nach *vier Jahren*, (§ 88 HGB) d) V. der *Ansprüche gegen einen Gesellschafter* aus Verbindlichkeiten der OHG spätestens in *fünf Jahren*, § 159 HGB. – 12. *Ersatzansprüche gegen die Deutsche Bundespost:* a) wegen *Ansprüchen bei postordnungsmäßig eingelieferten Postsendungen*, einschließl. Reisegepäck, Zahlkarten und Zahlungsanweisungen nach Ablauf von *zwölf Monaten* vom Tage der Einlieferung an; b) im *Postgiroverkehr* bei nicht ordnungsmäßiger Ausführung im Scheck- und Überweisungsverkehr nach *vier Jahren* vom Schluß des Jahres an, in dem der Auftrag dem zuständigen Postscheckamt zugegangen ist; c) für die Haftung sowie die Verjährung im *Postreisedienst* der Post gelten die Vorschriften des Gesetzes über das Postwesen vom 28. 7. 1969 (BGBl I 1006); d) wegen ordnungswidriger Ausführung eines *Postprotestauftrags* nach *drei Jahren*, beginnend vom Eingangstag bei der für die Protesterhebung zuständigen Postanstalt. Im *Auslandsdienst* können Ersatzansprüche innerhalb eines Jahres vom Tage nach der Einlieferung der Sendung an geltend gemacht werden. – 13. Im *Steuerrecht* wird in bezug auf den Steueranspruch zwischen → *Festsetzungsverjährung* und → *Zahlungsverjährung* unterschieden (vgl. im einzelnen dort). Für die Verfolgung von → *Steuerstraftaten* und *Steuerordnungswidrigkeiten* gilt Verjährungsfrist von *fünf Jahren* (§ 78 StGB, § 384 AO). – 14. Durch → *Urteil*, → *Vollstreckungsbescheid*, → *Kostenfestsetzungsbeschluß* rechtskräftig festgestellte *Ansprüche* verjähren auch dann in 30 Jahren, wenn der Anspruch an sich einer kürzeren V. unterliegen würde. Ebenso verjähren in 30 Jahren Ansprüche aus einem → *Prozeßvergleich*, aus einer → vollstreckbaren Urkunde sowie diejenigen

Ansprüche, die durch Feststellung zur →Konkurstabelle vollstreckbar geworden sind.

III. Beginn der V.: Grundsätzlich mit der Entstehung und →Fälligkeit des Anspruchs, bei Unterlassungsansprüchen mit der Zuwiderhandlung. Die zwei- und vierjährigen V.-Fristen der §§ 196/197 BGB beginnen erst mit dem Schluß des Jahres zu laufen, in dem der Anspruch entsteht oder fällig wird (§ 201 BGB).

IV. Unterbrechung/Hemmung der V.: 1. *Hemmung der V.:* Wird die V. nur gehemmt, so läuft die begonnene V.-Frist nach Fortfall der Hemmung weiter, nur wird die Zeit nicht mitgerechnet, während der die V. gehemmt war (§ 205 BGB). Die V. ist gehemmt: a) zwischen Ehegatten während der Dauer der Ehe; b) zwischen Eltern und ihren minderjährigen Kindern sowie zwischen Vormund und Mündel (§ 204 BGB); c) solange der Schuldner berechtigt ist, die Erfüllung zu verweigern, insbes. solange die Forderung gestundet ist (§ 202 BGB); d) wenn der Berechtigte während der letzten sechs Monate der V.-Frist durch Stillstand der Rechtspflege oder höhere Gewalt (nach herrschender Meinung auch Vermögenskontrolle nach MRG 52) an der Rechtsverfolgung gehindert war (§ 203 BGB). – 2. *Unterbrechung der V.:* Wird die V. unterbrochen, hört der Lauf der V.-Frist auf. Nach Beendigung der Unterbrechung beginnt eine neue Frist zu laufen, auf die die vor der Unterbrechung verstrichene Zeit nicht angerechnet wird (§ 217 BGB). Die V. wird unterbrochen durch: a) Anerkenntnis des Schuldners, z. B. auch durch Abschlagszahlung, Zinszahlung und →Sicherheitsleistung (§ 208 BGB); b) →Klageerhebung (§ 209 BGB); c) Anmeldung im Konkurs (§ 209 II Nr. 2 BGB); d) Geltendmachung der →Aufrechnung im Prozeß (§ 209 II Nr. 3 BGB); e) →Streitverkündung (§ 209 II Nr. 4 BGB); f) Vornahme einer Vollstreckungshandlung, auch wenn sie fruchtlos bleibt; g) einen an ein Gericht oder an eine andere zuständige Behörde gerichteten Antrag auf →Zwangsvollstreckung (§ 209 II Nr. 5 BGB); h) Zustellung eines Mahnbescheids (→Mahnverfahren; § 209 II Nr. 1 BGB). – Die Unterbrechung durch Klageerhebung und Mahnbescheid dauert bis zur Beendigung des Prozesses, die durch Konkursanmeldung bis zur Beendigung des Konkurses fort; wird die Klage oder Konkursanmeldung zurückgenommen oder der Mahnbescheid wegen Nichtbeantragung des →Vollstreckungsbescheids kraftlos, gilt die Unterbrechung als nicht erfolgt (§§ 211–214 BGB).

V. Vereinbarungen über die V.: Vereinbarungen mit dem Ziel einer Abkürzung, nicht dagegen Verlängerung der V.-Fristen, sind zulässig (§ 222 BGB). Nur bezüglich der Sachmängelansprüche bei Kauf- und Werkvertrag ist Verlängerung der V.-Fristen,

jedoch nicht über 30 Jahre hinaus, möglich (§ 477 BGB).

VI. Strafrechtliche V.: Diese vernichtet den Strafanspruch des Staates und bildet Verfahrenshindernis. Entsprechendes gilt für die Ahndung der →Ordnungswidrigkeiten. – 1. *Verfolgungsverjährung* (§§ 78 ff. StGB, 31 OWiG): Die Strafverfolgung mit Ausnahme von Völkermord (§ 220a StGB) und Mord (§ 211 StGB) verjährt mit Ablauf einer bestimmten Zeit nach Begehung der Straftat. Die Verjährungsfristen sind verschieden je nach der Höhe der angedrohten Strafe. Je schwerer die Straftat ist, um so länger ist die Verjährungsfrist (bis zu 30 Jahren bei Verbrechen, die mit lebenslanger Freiheitsstrafe bedroht sind). Ordnungswidrigkeiten verjähren in sechs Monaten. Beträgt die angedrohte Geldbuße mehr als 1000 DM, beträgt die V. ein bis drei Jahre. Durch richterliche Handlung, bei Ordnungswidrigkeiten durch die Handlung eines zur Unterzeichnung des Bußgeldbescheides Befugten, gegen den Täter wird die Verjährungsfrist mit der Wirkung unterbrochen, daß sie neu zu laufen beginnt. – 2. *Vollstreckungsverjährung* (§§ 79 ff. StGB, 34 OWiG): Die Vollstreckung bereits erkannter Strafen oder Geldbußen verjährt mit Ausnahme bei Völkermord und bei lebenslangen Freiheitsstrafen innerhalb von 3 bis 25 Jahren je nach Art und Höhe der erkannten Strafe. Jede auf Vollstreckung gerichtete Handlung der Vollstreckungsbehörde unterbricht die Verjährung. – 3. *Keine V. bei Mord.*

Verkauf, →Vertrieb, →Absatzpolitik, →Marketing, →Kaufvertrag.

Verkäufermarkt, Marktsituation steigender Preise. Ursache eines V. ist ein Angebotsdefizit, das sich bei sinkendem Angebot und konstanter Nachfrage ergibt, bzw. ein Nachfrageüberschuß, der sich bei steigender Nachfrage und konstantem Angebot ergibt. Generell kann man formulieren: Ein Nachfrageüberschuß (Angebotsdefizit) und damit ein V. entsteht, wenn die Nachfrage langsamer wächst (schneller sinkt) als die Nachfrage. – *Gegensatz:* →Käufermarkt.

Verkäuferschulung, →Verkaufsgespräch.

Verkaufsabteilung, →Vertriebsabteilung.

Verkaufsagent, →Handelsvertreter, dessen Tätigkeit in der Vermittlung oder im Abschließen von Verkäufen besteht. – Vgl. auch →Kommissionsagent.

Verkaufsanalyse, →Marketingforschung, →Absatzstatistik.

Verkaufsbedingungen, →Lieferungsbedingungen.

Verkaufsbezirke, nach der Absatzmöglichkeit angemessen abgegrenzte Bereiche, denen ein bestimmtes Umsatzziel (Absatzsoll) zugewiesen wird. Dadurch wird u.a. die Leistungskontrolle von Verkaufskräften ermöglicht.

Verkaufsbüro, räumlich ausgegliederte →Vertriebsabteilung.

Verkaufsfläche, zum Warenverkauf genutzte Fläche eines Handelsbetriebs einschl. Gängen, Treppen, Standflächen für Einrichtungsgegenstände, Schaufenster sowie Freiflächen. V. ist ein Teil der →Geschäftsfläche. – V. werden oft als *Basis* für die Bildung von →Kennzahlen im Handel genutzt.

Verkaufsförderung, *sales promotion,* Maßnahmen zur Steigerung des Umsatzes. Je nach Markttyp und Zielgruppe(n) bzw. Marktsegmenten (→Marktsegmentierung) lassen sich unterscheiden: (1) Handels-/Absatzmittlerorientierung (→Absatzmittler), (2) Verkaufspersonalorientierung (eigenes Verkaufspersonal oder/und das der Absatzmittler) und (3) Endnachfragerorientierung (Konsumenten, Produzenten usw.).

I. Handels-/Absatzmittlerorientierte V.-Maßnahmen: 1. *Konferenzen mit Absatzmittlern* (Händlerkonferenzen), die eingesetzt werden, u.a. mit den Inhalten: Informations- und Erfahrungsaustausch, gezielte Informationsvermittlung; Besprechung von Strategien und von Möglichkeiten zu deren gemeinsamen Umsetzung; Vorstellung neuer Produkte und V.-Konzeptionen. – 2. *Messen, Verkaufsausstellungen, Musterschau-Veranstaltungen u.ä.* (evtl. in Kooperation mit anderen Herstellerfirmen, Großhandels-, Import-/Exportunternehmen), z.B. zwecks Vororder, Produktvorstellung, Akquisition von Kunden usw. – 3. *Schulungsmaßnahmen* (Fort- und Weiterbildung von Absatzmittlern, die zum/im Auslandsmarkt eingeschaltet werden, und deren relevanten Mitarbeiterstab). – 4. *Beratungsangebot für Wiederverkäufer* in bezug auf verschiedene geschäftliche Problembereiche, einschließlich der Hilfestellung bei Neugründung, Erweiterung und Nachfolgesicherung. – 5. *Ladenbau- und Dekorationshilfen.* – 6. *Gemeinschaftswerbung* mit einzelnen Absatzmittlern auf der Basis eines gemeinsamen Budgets (z.B. bei Franchising oder sonstigen Vertriebshändlersystemen; →kooperative Werbung). – 7. *Rack jobbing,* evtl. unter Einschaltung einer hierauf spezialisierten Vertriebsgesellschaft (Großhandelsfirma, Dienstleistungsunternehmen u.ä.). – 8. Entwicklung und Umsetzung von *Merchandising-Systemen* (→merchandising). – 9. →*Zentralregulierungsgeschäfte* und →*Streckengeschäfte* in Zusammenarbeit mit Absatzmittlern. – 10. *Unterkundengeschäfte.* – 11. *Erweiterung/Verbesserung der Bestell- und Beschaffungsmöglichkeiten für Absatzmittler,* einschl. der Zusendung von Proben, Auswahlsendungen u.ä. – 12. *Preisempfehlungen/Kalkulationshilfen für den Handel.* – 13. *Zurverfügung-*

stellung von Displaymaterial und sonstigen Verkaufshilfen, z.B. Dekorations- und Präsentationsmaterial, Informationsmittel (Plakate, Dia-Bildreihen, Prospektmaterial, Video-Clips, Preisschilder usw.) u.ä. – 14. *Aktions-Angebote* mit Werbe- und V.-Material und Umsetzungshilfen, evtl. in Verbindung mit anderen Aktivitäten. – 15. →*Self liquidating offers* (self liquidators). – 16. →*Banded pack.* – 17. →*Kostenlose Produkte* (free goods): Naturalrabatt bei Überschreiten einer vorgegebenen Bestellmenge (Einkaufseinheit). – 18. →*Einkaufsprämie* (dealer loader). – 19. →*Kaufnachlaß* (buying allowance). – 20. →*Händlernachlaß* (merchandise allowance) in den Formen Werbenachlaß (advertising allowance) und Display-Nachlaß (display allowance). – 21. →*Umschlagsnachlaß* (count- and recount allowance). – 22. →*Wiederverkaufsnachlaß* (buy-back allowance). – 23. →*Kooperative Werbung* (cooperative advertising). – 24. →*Händlerlisten-Förderung* (dealer-listed promotion). – 25. →Push-money-Förderung. – 26. →*Verkaufswettbewerbe* (sales contents). – 27. →*Werbegeschenke* (free speciality advertising items). – 28. Permanente *Information der Absatzmittler:* Zusendung eines regelmäßig erscheinenden Informationsdienstes, u.a. mit folgenden Inhalten: wichtige Termine (Musterschau, Sonderverkäufe, Ausstellungen, Händlerkonferenzen usw.); interne Ereignisse, z.B. Bekanntgabe der Gewinner einer Verlosung oder eines Preisausschreibens; Angebote aus Schulungskursen (mit der Bitte um Interessenten-Rückantwort); Angebote an Beratungsdiensten; Möglichkeiten der Zusammenarbeit in den Bereichen Unterkunden-Geschäft, Zentralregulierung, rack jobbing, merchandising, Vordisposition; Erweiterung der Bestell- und Einkaufsmöglichkeiten; Branchen-Neuigkeiten (Blick durch die Branchen-Fachzeitschriften u.a.); Angebot des Monats; Hinweis auf Aktionen usw. – 29. Spezielle Maßnahmen des Herstellers zur *Förderung des eigenen Lagerverkaufs oder des der eingeschalteten Absatzmittler* (Großhandel, Importeure mit Lager o.ä.), z.B. Preisnachlässe (→Rabatt); Durchführung von Werbe- und Sonderverkäufen am Lager; Veranstaltung von Ausstellungen, Hausmessen u.ä.; Warenpräsentation/ Kaufatmosphäre beeinflussende Maßnahmen; direkte Beeinflussung der Kunden am point of purchase (POP) bzw. point of sale (POS); Erweiterung der Einkaufsmöglichkeiten (Öffnungszeiten, Zustelldienst usw.).

II. Verkaufspersonalorientierte V.-Maßnahmen: 1. *Schulungsmaßnahmen* (herstellereigenes oder/und Verkaufspersonal der eingeschalteten Absatzorgane bzw. -mittler): Innendienst (Abwicklung u.ä.) und/oder Außendienst (einschl. Service-Teams). – 2. *Verkaufswettbewerbe* (sales-forces contests). – 3. *Bonus- und Prämiensystem,* über das besondere Verkaufsleistungen honoriert werden (→Bonus; →Prämie). – 4. *Kostenlose Proben* (meist für Verkaufspersonal der Absatzmittler, um die Produktidentifikation und damit die erforderliche Verkaufsmotivation zu bewirken). – 5. *Verkaufstreffen* haben eine ähnliche Funktion wie die bereits weiter oben unter Punkt I 1. behandelten Händlerkonferenzen. Sie können mit 1. und 6. gekoppelt sein und z. B. als Start- und Abschluß-Aktion für 2. gedacht sein oder zur Einführung von 3. dienen. – 6. *Permanente Information über wesentliche Vorgänge in relevanten (Teil-) Märkten:* Dies kann einmal schriftlich erfolgen oder/und mündlich (telefonisch, im regelmäßigen persönlichen Gespräch, anläßlich von regionalen/nationalen sales meetings, usw.

III. Endnachfrageorientierte V.-Maßnahmen: Zu unterscheiden sind V.-Maßnahmen, die von einem Hersteller bzw. Produzenten (a) direkt auf die Endnachfrager-Zielgruppe(n) gerichtet sind, z. B. im Fall von Direktexport, oder (b) unter Einschaltung von Absatzmitteln, also indirekte umgesetzt werden, z. B. indirekter Export, wobei jedoch zu beachten ist, daß mit zunehmender (abnehmender) Stufigkeit der Distribution die kontrollierte Beeinflussungsmöglichkeit der Endnachfrager reduziert (erhöht) wird. – 1. *Konsumentenorientierte V.-Maßnahmen:* a) →*Kostenlose Proben (samples).* – b) →*Gutscheine* (Coupons). – c) →*Rückerstattungsangebot.* – d) →*Sonderpreisaktionen* (price-off promotion) in unterschiedlichen Ausgestaltungsformen (reduced-price pack, multiple pack, banded pack bzw. self-liquidating offer). – e) →*Prämien.* – f) →*Sammelmarken* oder →*Rabattmarken.* – g) *Wettbewerbe:* Der Teilnehmer muß eine bestimmte Leistung; z. B. Erfindung eines Werbeslogans, erbringen, die von einer Jury beurteilt und prämiert wird. – h) *Verlosung:* Die teilnehmenden Konsumenten müssen auf einer Rückantwortkarte (mit Gewinn-Nummer) ihre Personalien eintragen, um an einer Verlosung teilzunehmen. Diese Maßnahme kann z. B. sehr leicht mit einem Wettbewerb bzw. mit einer Meinungsbefragung in bezug auf ein neues Produkt verbunden werden. – i) *Spiele:* Die Endverbraucher erhalten bei jedem Besuch der in die V.-Aktion einbezogenen Einzelhändler Spielelemente (z. B. Buchstaben, Spielmarken, Zahlen), die gesammelt werden müssen. Bei Erfüllung einer bestimmten Gewinnauflage (z. B. Zahlen- oder Buchstabenkombination) muß der Konsument die beweisführenden Teilnahmeunterlagen dem Einzelhändler vorlegen oder direkt an den Hersteller senden, um seinen Gewinn zu erhalten. – j) *Vorführungen:* Möglichkeit zur V. z. B. in den zuvor genannten beschriebenen Formen von Verkaufsveranstaltungen, Verprobungen, Modeschauen usw. – k) *Rack jobbing* beim

Einzelhandel (→*rack jobber*). – l) *Unterkunden-Geschäft.* – m) *Erweiterung/Verbesserung der Bestell- und Einkaufsmöglichkeiten für Endverbraucher* – über den Handel oder/und direkt. – n) →*Self-liquidating offer.* – o) →*Banded pack.* – p) *Werbegeschenke,* die durch den Einzelhandel verteilt werden. – q) *Endverbraucherinformationen* ("Kunden-Post"), die über den Einzelhandel verteilt werden. – r) *Display-Einsatz am Verkaufs-/Kaufpunkt* (point of purchase displays). – s) *Entwicklung von Merchandising-Systemen,* die am point of sale (POS) des einzelnen Händlers umgesetzt werden, um dort den Endverbraucher im Hinblick auf das eigene Produkt nachhaltiger zu beeinflussen (→*merchandising*). – 2. *Auf gewerbliche Ge- und Verbraucher gerichtete V.-Maßnahmen:* a) Teilnahme an *Messen* und *(Verkaufs-) Ausstellungen,* Durchführung von regionalen bzw. nationalen Informationsveranstaltungen. – b) *Produktdemonstrationen* bei Interessenten "vor Ort" oder in der eigenen Auslandsniederlassung oder bei Referenz-Kunden (z. B. bei größeren Maschinen und maschinellen Anlagen). Sollte eine Original-Präsentation des Produktes bei interessierten Firmen bzw. Institutionen nicht möglich sein, müssen für diesen Fall entsprechende Präsentationsunterlagen erstellt werden. Gedacht ist hier insbes. neben den üblicherweise eingesetzten Prospekten, Katalogen und sonst. Bildmaterialien an Videofilme, Dias, Pläne, Zeichnungen u. ä. – c) *Herausstellung der Vorteile des After-sales-Services* (Qualität, Zuverlässigkeit, Kosten usw.). – d) *Erweiterung/Verbesserung der Bestell- und Beschaffungsmöglichkeiten für gewerbliche Ge- und Verbraucher,* einschl. der Zusendung von Mustern bzw. Proben, Auswahlsendungen u. ä. und speziellem Zuliefer- bzw. Zustellservice. – e) *Sorgfältige Beachtung der für Ausschreibungen geltenden Formalitäten und spezifischer Auflagen.* – f) Zusendung von *Händlerlisten* zwecks Demonstration des umfassenden Lieferanten- und Service-Präsenz auf dem betreffenden Markt. – g) Zusendung eines regelmäßig erscheinenden *Informationsdienstes* mit Inhalten, die sich speziell für die damit anzusprechenden Zielgruppen eignen. – h) Spezielle Maßnahmen des Herstellers zur *Förderung des eigenen Lagerverkaufs oder des der eingeschalteten Absatzmittler* (Großhandel, Importeure mit Lager u. ä.). – i) *Angebot von Probe-/ Testmöglichkeiten,* insbes. bei (Klein-)Investitionsgütern, z. B. Schreibmaschinen, Kopiergeräten, Kfz. – j) Analoge zielgruppenspezifische Anwendung der unter III 1. genannten V.-Maßnahmen. – k) *Gezielte Einschaltung und Motivation des Zwischenhandels und dessen Verkaufspersonals* bei der Erschließung und Bearbeitung der gewerblichen Ge- und Verbraucher als Endzielgruppe; die unter I und II angeführten V.-Möglichkeiten lassen sich fallweise bzw. zielgruppenorientiert auf diese Ebene übertragen.

Verkaufsgespräch, vom Verkäufer mit Kunden geführtes Gespräch, in dem dieser Vorteile des angebotenen Produkts unter Einsatz von Verkaufshilfen (→Verkaufsförderung), z. B. salesfolder, Prospekte, Videofilme o. ä., erläutert und den Interessenten zum Kauf zu bewegen sucht. Das V. unterscheidet sich vom reinen Beratungsgespräch durch seine Orientierung am Abschluß. – *Verkäuferschulung* soll dem V. durch psychologische und soziologische Unterrichtung der Verkäufer zu besonderer Wirksamkeit verhelfen. – Vgl. auch →persönlicher Verkauf.

Verkaufskartell, →Absatzkartell.

Verkaufskommission, →Kommissionsgeschäft, bei dem der Kommissionär mit dem Verkauf von Waren oder Wertpapieren beauftragt ist.

Verkaufskonto, →Warenverkaufskonto.

Verkaufskontor. 1. Eine rechtlich *selbständige Vertriebsabteilung* zur Durchführung des →direkten Vertriebes für Industriebetriebe (→Werkhandelsgesellschaft). – 2. Vertriebsorgan von →*Syndikaten,* das im Eigentum aller Syndikatsmitglieder steht und deren Vertriebsabteilung ersetzt, wobei es zugleich die Mengenkontingente durchführt. – *Vorstufe* des V.: „abhängiger Handel", eine Vertriebsform, bei der gegen die Verpflichtung, ausschließlich oder in bestimmten Gebieten nur Kartellware zu verkaufen, günstige Bezugs- und Preisbedingungen eingeräumt werden.

Verkaufskosten, →Vertriebskosten.

Verkaufsmethode, der →Absatzmethode industrieller Hersteller entsprechendes Marketinginstrument der Handelsbetriebe. – Vgl. auch →Bedienungsformen.

Verkaufsmusterlager, →Musterlager, →Exportmusterlager.

Verkaufsniederlassungen, regionale oder nationale Zweigbetriebe von Hersteller- oder Handelsbetrieben im In- oder Ausland, geführt in Form von dezentralen →Vertriebsabteilungen oder →Tochtergesellschaften. V. dienen der Verbesserung der Kundennähe (Beratung und Betreuung), der Marktbearbeitung und des →Lieferservice.

Verkaufsorganisation, →Vertriebsorganisation.

Verkaufspreis, *Verkaufsrechnungspreis,* der dem Abnehmer in Rechnung gestellte Preis. Preisstellungsklauseln (z. B. „ab Lager des Lieferanten", „frei Lager des Abnehmers" und „frei Haus") werden ausdrücklich oder stillschweigend mit einbezogen.

Verkaufspreisklausel, Klausel in Sachversicherungs-Verträgen, nach der in Abänderung der Allgemeinen Versicherungsbedingungen für lieferungsfertige, ganz oder teilweise selbst hergestellte Erzeugnisse und/oder Handelswaren, die fest verkauft worden sind, als →Ersatz-

wert im Schadenfall der vereinbarte Verkaufspreis einschl. des →entgangenen Gewinns, aber unter Abzug ersparter Kosten, gilt. Ausdehnung auf lieferungsfertige, aber noch nicht fest verkaufte Erzeugnisse möglich. Ersatzwert ist dann der erzielbare Verkaufspreis.

Verkaufsprogramm, die aufgrund des Fabrikationsprogramms und des Zukaufs von Handelsware dem Vertrieb verfügbaren Produktarten und -varianten, ggf. einschl. der marktgängigen Vor- und Zwischenprodukte. V. wird bestimmt durch →Programmbreite und →Programmtiefe.

Verkaufspsychologie, Teilgebiet der →Marktpsychologie. Die V. umfaßt psychologische Voraussetzungen und Methoden einer wirksamen Verkaufstätigkeit, beschäftigt sich u. a. mit den Eigenarten, Wünschen, Gewohnheiten und Verhaltensweisen der verschiedenen Käufertypen, Schulung des Verkaufspersonals nach verkaufspsychologischen Gesichtspunkten (Beschreibung von Kundentypen und deren richtige Behandlung sowie allgemeine Richtlinien für den Umgang mit Menschen bzw. Kunden) ist Bestandteil einer sinnvollen →Verkaufsförderung.

Verkaufsrechnungspreis, →Verkaufspreis.

Verkaufsrundfahrt, Form des →Fahrverkaufs. Die potentiellen Kunden (meist ältere Personen) werden zu Ausflugsfahrten eingeladen, auf denen im Bus oder in Ausflugslokalen ausgewählte Produkte (Massageduschen, Wärmedecken, Spezialunterwäsche, Naturheilmittel u. a.) angeboten werden. – *Spezielle Formen:* 1. *Butterfahrten,* bei denen den Kunden auf hoher See Waren (Spirituosen, Kosmetika, Lebensmittel) zollfrei angeboten werden. Die zeitweise großzügigen Einfuhrmöglichkeiten werden z. Zt. durch detaillierte Mengenbegrenzungen stark eingeschränkt. – 2. *Gruppenreisen in Feriengebiete* (Italien, Spanien) mit (oft kostenloser) Unterbringung in Ferienwohnungen, die gleichzeitig zum Kauf angeboten werden.

Verkaufssonderveranstaltungen, →Sonderveranstaltungen.

Verkaufswagen, beim →Fahrverkauf eingesetzte Fahrzeuge *(rollende Läden).*

Verkaufswert, →Veräußerungswert eines Gutes.

Verkaufswettbewerb, *sales-force contest,* Maßnahme zur →Verkaufsförderung; sie stellen einen Anreiz für Einzelhändler und deren Verkäufer dar. Durch entsprechende Gewinnchancen wird eine große Teilnahme erreicht, was zu einer Umsatzsteigerung führt. Diese deckt die Kosten für den Wettbewerb und erbringt u. U. Gewinn.

Verkaufszeit, *Ladenöffnungszeit,* Zeitspanne, in der die Ladengeschäfte v. a. des →Einzelhandels dem Konsumenten zum Einkauf offenstehen. – In der *Bundesrep. D.* gesetzlich geregelt durch →Ladenschlußgesetz (vgl. im einzelnen →Ladenschlußzeiten).

Verkaufszentrale, gemeinsame Verkaufsstelle (Verkaufssyndikat) von Kartellunternehmungen.

Verkauf unter Einstandspreis, Verkauf von Produkten durch Handelsbetriebe unter dem →Wareneinstandspreis. – 1. Seit Jahren äußerst *kontroverse Diskussion* darüber: a) *Argumente der Gegner:* Irreführung der Verbraucher, da diese von der Preisgünstigkeit eines →Sonderangebots (Lockvogelangebot) auf die Vorteilhaftigkeit des gesamten Sortiments schließen. Wegen der angewandten →Mischkalkulation sei das übrige Sortiment jedoch normal, teils sogar überhöht kalkuliert. Massierte Sonderangebote seien ein Ausdruck von Marktmacht großer Handelsbetriebe. Mittelständische Einzelhandelsbetriebe seien vor dem ruinösen Preiswettbewerb, und die immer mehr in Abhängigkeit geratenden Hersteller seien vor Forderungen des Handels, beruhend auf wettbewerbswidriger →Nachfragemacht, zu schützen. – b) *Argumente der Befürworter:* Angebote, auch unter dem Einstandspreis, müßten zulässig sein, um zur Verlustminimierung veraltete oder von alsbaldigem Verderb bedrohte Produkte absetzen zu können. Wenn der Händler in seiner Werbung auf die Einmaligkeit und den Sondercharakter der speziellen Preisstellung deutlich hinweise, könne jeder Verbraucher ein Sonderangebot als solches erkennen. Er werde folglich auch nicht irregeführt, denn die in der Praxis des Einzelhandels übliche Mischkalkulation sei den Konsumenten vertraut. Schließlich sei ein unzulässiges →Anlocken von Kunden dann nicht gegeben, wenn der Einzelhändler über einen ausreichenden Vorrat an Schlagerartikeln, d.h. für mindestens drei Tage erhöhter Nachfrage, verfüge. – 2. Um zu einer raschen, tragfähigen *Lösung* dieser wettbewerbspolitischen Frage zu kommen, haben sich die Beteiligten zusammengefunden und in der →Berliner Erklärung entsprechende Verhaltensregeln vereinbart. – 3. Ähnlich für die *Industrie:* Verkauf unter →Herstellungskosten, z.B. bei Dumpingpreisen im internationalen Handel (→Dumping).

Verkehr. I. Soziologie: Alle Formen und Arten sozialer Kontakte (daher z.B. Verkehrssitte, verkehrsüblich, Geschäftsverkehr).

II. Wirtschaftstheorie: Austausch ökonomischer Sach- und Dienstleistungen zwischen Marktteilnehmern (daher z.B. Handelsverkehr, Verkehrsteuern).

III. Verkehrswissenschaft: 1. *Begriff:* Die ökonomisch relevante Veränderung der Eigenschaft von Personen und Gütern, zu einer Zeit an einem Ort zu sein. – *I.w.S.* auch die Übermittlung von Information im Nachrichtenverkehr. – 2. *Ursachen:* a) Der Perso-

nenverkehr ist eine Folge von Unterschieden zwischen Orten und/oder Zeiten des Wohnens, der Arbeit, des Einkaufs, der Bildung, der Unterhaltung, der Erholung u.a. Aktivitäten und Bedürfnisse der Menschen. – b) Der *Güterverkehr* beruht auf der fehlenden Übereinstimmung zwischen Orten und/oder Zeiten der Entstehung und Verwendung von Gütern sowie Spezialisierungen auf Massenproduktionen zur Stückkostensenkung, die räumlich ausgedehnte Verkehrsaktivitäten beim Sammeln von Einsatzgütern und Verteilen von Ausbringungsgütern unter Beachtung des zeitlichen Anfalls von Angebot und Nachfrage erfordern. – 3. *Abgrenzung:* Das äußere Erscheinungsbild des V. ist durch Fahrzeuge und Wege für den Personen- und Gütertransport geprägt. Das unterstreicht die Bedeutung des *Transports* für den V. und führt nicht selten zur Gleichsetzung beider Begriffe. Ökonomisch relevante Ortsveränderungen enthalten i.d.R. jedoch auch Ein-, Aus- und Umsteige- bzw. Umladevorgänge sowie Aufenthalte bzw. Lagerungen, die oft einen erheblichen Aufwand verursachen, in vielen Fällen aber auch Transportvorgänge ersetzen können. – Vgl. auch →Verkehrswirtschaft, →Verkehrsmittel, →Verkehrswege, →Verkehrsbetriebslehre, →Logistik, →europäische Verkehrspolitik, →staatliche Verkehrspolitik.

Verkehrsaffinität. 1. *Begriff:* Anforderungsprofil der zu transportierenden Güter, Personen und Nachrichten im Hinblick auf die technisch-ökonomische Qualität des Verkehrsangebots. – 2. *Kriterien:* Die Anforderungsmerkmale der Verkehrsobjekte korrespondieren mit den Kriterien der →Verkehrswertigkeit (→Schnelligkeit der Verkehrsleistung, →Massenleistungsfähigkeit, →Netzbildungsfähigkeit, →Berechenbarkeit, →Häufigkeit, →Sicherheit, →Bequemlichkeit). – 3. *Transportkosten:* Höhe bestimmt in Abhängigkeit von der Art der Verkehrsobjekte und den Umständen des Einzelfalles das Anforderungsprofil bezüglich der technisch-ökonomischen Qualität des Verkehrsangebots.

Verkehrsanschauung, *Verkehrsauffassung,* die Auffassung und Anschauung bestimmter beteiligter Kreise (z.B. der Großhändler, der Endverbraucher usw.). Nach der V. sind u.a. die Verwechslungsgefahr und die Irreführung im Firmen- und Wettbewerbsrecht zu beurteilen. Neben der →Geschäftsbezeichnung werden auch solche Geschäftsabzeichen und sonstige zur Unterscheidung des Geschäfts bestimmte Einrichtungen gegen Nachahmungen und Verwechslungen geschützt, die nach der V. (innerhalb beteiligter Verkehrskreise) als besondere Kennzeichen eines bestimmten Unternehmens gelten (§ 16 UWG). Oft entspricht die V. auch einer →Verkehrssitte bzw. einem →Handelsbrauch. – Auf die V. greifen die *Zollstellen* und in Streitverfahren die *Finanzgerichte* zurück, wenn z.B. bei der

Einordnung einer Ware in den Zolltarif ein Warenbegriff durch zollamtliche Vorschriften nicht bestimmt werden kann.

Verkehrsaufkommen. 1. *Begriff:* Verkehrsmenge, ausgedrückt als Zahl der beförderten Personen bzw. der beförderten Gütertonnen; vgl. nachstehende Tabellen. – 2. *Entwicklung:* Die Zahl der beförderten Personen belief sich 1960 auf 23,0 Mrd., 1985 auf 34,9 Mrd. Im binnenländischen Güterverkehr einschl. Straßengüternahverkehr wurden 1960 1,7 Mrd. t befördert, 1985 2,9 Mrd. t. – 3. *Struktur:* Hinsichtlich der Struktur des Personenverkehrs zeigte sich von 1960 bis 1985 ein deutlicher Anstieg des Individualverkehrs von 67% auf 79%; diese Entwicklung ging v. a. zu Lasten des öffentlichen Personennahverkehrs, dessen Anteil am Personenverkehr von (1960) 32% auf (1985) 19% sank. Im binnenländischen Güterverkehr einschl. Straßengüternahverkehr stieg der Anteil des Straßengüterverkehrs von (1960) 70% auf (1985) 79%, getragen v. a. vom Werkverkehr und vom Verkehr mit ausländischen Lastkraftwagen. Marktanteilseinbußen mußten die Eisenbahnen hinnehmen.

Verkehrsaufkommen im Personenverkehr
(beförderte Personen in Mill.)

	1960	1985
Eisenbahnen	1 400	1 135
Schienenverkehr	1 270	995
darunter Berufsverkehr	614	342
Schülerverkehr	230	227
Schienenfernverkehr	130	140
Öffentlicher Straßenpersonenverkehr	6 156	5 809
Linienverkehr	6 092	5 732
Gelegenheitsverkehr	64	77
Luftverkehr	4,9	41,7
Linienverkehr	4,4	28,9
Gelegenheitsverkehr	0,5	12,8
darunter Pauschalflugreiseverkehr	–	10,3
Öffentlicher Verkehr	7 561	6 986
darunter öffentl. Personennahverkehr	7 362	6 727
Taxi- und Mietwagenverkehr	123	335
Individualverkehr	15300	27 605
Verkehr, insgesamt	22 984	34 926

Quelle: BMV (Hrsg.): Verkehr in Zahlen 1986, Bonn 1986, S. 172 f.

verkehrsberuhigte Bereiche, Einrichtung im Straßenverkehrsrecht zur Verbesserung des Wohnumfeldes mit einem besonderen Verkehrsstatut. Es herrscht – im Gegensatz zu →Fußgängerbereichen – Mischverkehr; der v. B. darf in seiner gesamten Breite durch Fußgänger benutzt werden. Fahrzeugverkehr in Schrittgeschwindigkeit.

Verkehrsbetrieb, *logistischer Betrieb.* 1. *Begriff:* Organisierte Wirtschaftseinheit, deren ökonomische Leistungen überwiegend →Verkehrsleistungen sind. – 2. *Arten* (je nach vorherrschender Funktion): a) *Transportbetriebe* bilden die zahlenmäßig größte Gruppe mit dem Tätigkeitsschwerpunkt der unmittel-

Verkehrsaufkommen im Güterverkehr
(in Mill. t)

	1960	1985
Eisenbahnen	317,1	324,4
Wagenladungsverkehr	309,3	321,3
Stückgut-und Expressgutverkehr	7,8	3,1
Binnenschiffahrt	172,0	222,4
Schiffe der Bundesrep. D.	103,4	105,3
Ausländische Schiffe	68,6	117,1
Straßengüterfernverkehr	99,2	335,7
Gewerblicher Verkehr	71,3	146,8
Werkverkehr	23,5	119,1
Ausländische Lastkraftfahrzeuge	4,4	69,8
Rohrfernleitungen	13,3	69,2
Luftverkehr (in 1000 t)	81,0	873,0
Binnenländischer Verkehr ohne		
Straßengüternahverkehr	601,7	952,6
Straßengüternahverkehr	1 090,0	1 965,0
Gewerblicher Verkehr	470,0	795,0
Werkverkehr	620,0	1 170,0
Binnenländischer Verkehr einschl.		
Straßengüternahverkehr	1 691,7	2 917,6
Seeschiffahrt	77,2	138,9
Schiffe der Bundesrep. D.	30,6	22,6
Ausländische Schiffe	46,6	116,3
außerdem: Dienstgutverkehr der		
Eisenbahnen	28,7	10,6
Grenzüberschreitender		
Straßengüternahverkehr	10,4	37,8

Quelle: BMV (Hrsg.): Verkehr in Zahlen 1986, Bonn 1986, S. 194 f.

Struktur des Verkehrsaufkommens im Personenverkehr
(in %)

	1960	1985
Eisenbahnen	6,1	3,3
Öffentlicher Straßenpersonenverkehr	26,8	16,6
Luftverkehr	0,0	0,1
Öffentlicher Verkehr	32,9	20,0
darunter öffentlicher Personennahverkehr	32,0	19,3
Taxi- und Mietwagenverkehr	0,5	1,0
Individualverkehr	66,6	79,0
Verkehr, insgesamt	100,0	100,0

Quelle: BMV (Hrsg.): Verkehr in Zahlen 1986, Bonn 1986, S. 178 f.

Struktur des Verkehrsaufkommens im Güterverkehr
(in %)

	1960	1985
Binnenländischer Verkehr		
einschließlich Straßengüternahverkehr	100,0	100,0
Eisenbahnen	18,7	11,1
Binnenschiffahrt	10,2	7,6
Straßenverkehr	70,3	78,9
Straßengüternahverkehr	64,4	67,4
Gewerblicher Verkehr	27,8	27,3
Werkverkehr	36,6	40,1
Straßengüterfernverkehr	5,9	11,5
Gewerblicher Verkehr	4,2	5,0
Werkverkehr	1,4	4,1
Ausländische Lastkraftfahrzeuge	0,3	2,4
Rohrfernleitungen	0,8	2,4

Quelle: BMV (Hrsg.): Verkehr in Zahlen 1986, Bonn 1986, S. 196 f.

baren physischen Ortsveränderung von Personen und Gütern im Straßen-, Schienen-, Leitungs-, Schiffs- und Luftverkehr. – b) *Weg- und Stationsbetriebe* bieten die häufig zugehörigen Dienstleistungen, indem sie Straßen, Wasserstraßen und Luftstraßen sowie Autohöfe, Omnibusbahnhöfe, Bahnhöfe, Häfen und Flughäfen unterhalten und/oder den Verkehr sichern. – c) *Lager- und Umschlagsbetriebe* betreiben die Lagerei und/oder das Umschlagen und häufig auch das Verpacken und Stauen von Gütern. – d) *Verkehrsmittlerbetriebe*, z.B. als Spediteure oder Reiseveranstalter, wählen Dienstleistungen anderer V. für ihre Kunden aus und koordinieren sie. – 3. *Zuordnung* eines bestimmten V. zu einer der genannten Gruppen ist jedoch nur bei kleineren Betrieben möglich, da die Integration verschiedener Tätigkeitsbereiche eine typische Begleiterscheinung des Wachstums von V. ist. – 4. *Zusammenschlüsse:* a) →*Querverbund:* Zusammenschluß mit →Versorgungsbetrieben; b) →*Verkehrsverbund:* Zusammenschluß von verschiedenen Trägern (z.B. Deutsche Bundesbahn und kommunale V.), um die jeweiligen Räume wirtschaftlicher erschließen und bedienen zu können. – 5. *Pflichten:* Für V. gilt die →Tarifpflicht, →Beförderungspflicht, →Betriebspflicht und →Fahrplanpflicht. – 6. Der größte Teil der V. ist *konzessioniert* (→Konzession, →Konzessionsvertrag). – 7. *Interessenvertretung* der öffentlichen V.: →Verband der öffentlichen V. (VÖV).

Verkehrsbetriebslehre, *Verkehrsbetriebswirtschaftslehre.* I. Begriff und Aufgabe: 1. *Charakterisierung:* Die V. ist eine Teildisziplin der →Betriebswirtschaftslehre, in der auf der Grundlage allgemeiner betriebswirtschaftlicher Theorien wissenschaftliche Erkenntnisse über ökonomisch relevante Sachverhalte, Probleme und Gestaltungsmöglichkeiten der Betriebe des Verkehrssektors der Wirtschaft (→Verkehr) gewonnen und vermittelt werden. – 2. *Ziele:* Die V. dient der Förderung rationaler Betriebsführung durch die Verbesserung des Wissens über (1) die Erscheinungsformen und Existenzbedingungen von →Verkehrsbetrieben in ihrer Umwelt *(Morphologie)*, (2) die Ziele und Rahmenbedingungen bei der Gestaltung von Aktionen und Reaktionen zur Sicherung des erfolgreichen Tätigkeit der Betriebe *(Strategie)*, und (3) die Eignung von Verfahren der Planung, Informaion, Entscheidung, Realisation und Kontrolle der verkehrsbetrieblichen Aktionen und Reaktionen *(Methodik)*.

II. Forschung und Lehre: 1. *Gegenstand:* Verkehrsbetriebe unterscheiden sich von anderen Betrieben grundsätzlich dadurch, daß sie immaterielle ökonomische Güter (Dienstleistungen) als →Verkehrsleistungen auftragsabhängig produzieren und ihnen während der Produktionsprozesse die Kunden selbst (beim Personenverkehr) oder deren

Eigentum (beim Güterverkehr) vorübergehend zur Verfügung stehen müssen. Sie bilden deshalb eine homogenere Gruppe von Erkenntnisobjekten, als es der alllgemeinen Betriebswirtschaftslehre sind. Die Untersuchung der ökonomischen Probleme dieser Betriebe kann daher den Abstraktionsgrad wissenschaftlicher Ergebnisse reduzieren und ihre praktische Nutzung erleichtern. – 2. *Stätten:* a) Die Forschung und Lehre an Universitäten u.a. Hochschulen erfolgt in einigen Fällen im Rahmen einer selbständigen speziellen Betriebswirtschaftslehre mit der Bezeichnung „Verkehrsbetriebslehre" als Wirtschaftszweiglehre oder mit der Fachbezeichnung „Betriebswirtschaftslehre des Verkehrs", unter der auch eine angemessene Behandlung der Transport-, Lagerungs- und anderen Verkehrsprobleme von Betrieben möglich ist, die nicht Verkehrsbetriebe sind (→Logistik, →Tourismus). – b) In anderen Fällen ist die V. der institutionell orientierte Bestandteil eines Faches „Betriebswirtschaftliche Logistik" oder der einzelwirtschaftlich orientierte Bestandteil eines Faches „Verkehrswirtschaft".

III. Nachbardisziplinen: Neben den Beziehungen zu allen anderen betriebswirtschaftlichen Teildisziplinen sind für die V. sowohl die Beziehungen zur volkswirtschaftlichen Verkehrstheorie und -politik und zur Rechtswissenschaft als auch die zu den Ingenieurwissenschaften und zur Informatik besonders eng. Unter ihnen hat wegen der technischen Entwicklungen im Datenverarbeitungs- und Kommunikationswesen die *Verkehrsinformatik* eine hervorragende Bedeutung erlangt. Die verkehrstypische räumliche Standortstrukturierung und die Abwicklung wesentlicher Produktionsprozesse (Transportvorgänge) außerhalb eigener Gebäude und Areale begründen eine zunehmende Abhängigkeit der Verkehrsbetriebe von Instrumenten zur laufenden Information über Markt- und Betriebszustände und zur Steuerung der Betriebsteile über weite Entfernungen.

Literatur: Brauer, K. M., Betriebswirtschaftslehre des Verkehrs, Berlin (West) 1979/86; Diederich, H., Verkehrsbetriebslehre, Wiesbaden 1977; Jehle, C.-U./Teichmann, St., Kombinierter Verkehr, Berlin (West) 1980/86; Peters, S., Betriebswirtschaftslehre des öffentlichen Personennahverkehrs, Berlin (West) 1985.

Prof. Dr. Karl M. Brauer

Verkehrsbetriebswirtschaftslehre, →Verkehrsbetriebslehre.

Verkehrsdichte, effektives Verkehrsaufkommen eines begrenzten Bezirks (beförderte Personen oder Gütermengen) im Straßenverkehr oder im Gesamtverkehr eines Gebietes. – Vgl. auch →Fahrzeugdichte.

Verkehrseffizienz, aus dem Zusammenwirken von →Verkehrswertigkeit und →Verkehrsaffinität unter Berücksichtigung der Transportkosten resultierende volkswirtschaftliche

Leistungsfähigkeit eines Verkehrssystems in einem bestimmten Raum-Zeit-Gebiet.

Verkehrseinrichtungen, amtliche Einrichtungen und Lichtsignalanlagen der Straßenverkehrsordnung, wie Schranken, Parkuhren, Geländer, Leiteinrichtungen (z. B. Leitplanken, -pfähle), Lichtzeichenanlagen (Verkehrsampeln). V. gehen den allgmeinen Verkehrsregeln vor (§ 43 StVO).

Verkehrserzeugungsmodelle, der Ermittlung des →Verkehrsaufkommens einer →Verkehrszelle im Rahmen der →Verkehrsplanung als →Quellverkehr oder →Zielverkehr dienendes →Verkehrsmodell. – Vgl. auch →Vier-Stufen-Algorithmus, →Wachstumsfaktorenmodelle, →Kreuzklassifikationsmodelle, →Regressionsmodelle.

Verkehrsfinanzierung, →Verkehrsinfrastruktur V.

Verkehrsführer, →Sammelladungsverkehr.

Verkehrsfunktionen, →Verkehrswirtschaft II.

Verkehrsgefährdung, →Straßenverkehrsgefährdung, →Transportgefährdung.

Verkehrsgemeinschaft, Zusammenschluß von Unternehmen des öffentlichen Personennahverkehrs, der über die →Tarifgemeinschaft hinausgeht und eine weitergehende verkehrliche Kooperation bezüglich Netz- und Fahrplangestaltung beinhaltet, jedoch ohne eine übergeordnete Organisation zu gründen, wie beim →Verkehrsverbund.

Verkehrsgenossenschaft. 1. *Begriff:* Zusammenschluß mittelständischer Verkehrsunternehmen zur gegenseitigen wirtschaftlichen Förderung in der Rechtsform der →Genossenschaft. – V. in der *Bundesrep. D.:* 12 Binnenschiffahrtsgenossenschaften und 63 Straßenverkehrsgenossenschaften (Güterfernverkehr, Güternahverkehr, Spedition, Funktaxigenossenschaften, sonstige einschl. zwei Zentralgenossenschaften). – 2. *Aufgaben:* Durchführung, Vermittlung und Abrechnung von Frachten; Durchführung der gesetzlich vorgeschriebenen Frachtenprüfung nach Güterkraftverkehrsgesetz; vorwiegend vermittelnde Tätigkeit auf dem Gebiet des Personenverkehrs; Versorung der Mitgliederbetriebe mit Betriebsstoffen; sonstige Dienste, wie Vermittlung von Versicherungen. – 3. *Zusammenschluß:* Die V. sind zusammengeschlossen im „Prüfungsverband der Deutschen Verkehrsgenossenschaften e. V. Hamburg" (gegründet 1929). – Vgl. auch →Straßenverkehrsgenossenschaft.

Verkehrsgewerbe, →Verkehrsstatistik, →Verkehrswirtschaft.

Verkehrsgleichung, →Quantitätsgleichung.

Verkehrshaftungsversicherung, auf gesetzlicher oder vertraglicher Grundlage beruhende Versicherung, die von Spediteuren (→Speditions- und Rollfuhrversicherungsschein), Frachtführern u. a. mit der Beförderung von von Gütern befaßten Kaufleuten zugunsten ihrer Auftraggeber (wobei diesen i. d. R. die Prämie in Rechnung gestellt wird) abgeschlossen wird. Häufig unabdingbare Voraussetzung für die in den Beförderungsbedingungen vorgesehenen weitgehenden Haftungsbegrenzungen.

Verkehrshypothek, übliche, mangels besonderer Vereinbarung gesetzlich vorgesehene Form der →Hypothek. – *Gegensatz:* →Sicherungshypothek.

Verkehrsinformatik, →Verkehrsbetriebslehre.

Verkehrsinfrastruktur. I. Begriff: Die V. umfaßt i. e. S. das Anlagevermögen im Bereich der Verkehrswege und der Umschlagplätze, i. w. S. auch den Bestand an Fahrzeugen und an sonstigen Ausrüstungen der verschiedenen Verkehrsbereiche.

II. Entwicklung der V.: Das gesamte Brutto-Anlagevermögen im Bereich der V. belief sich 1960 auf 261,3 Mrd. DM (zu Preisen von 1980), das Netto-Anlagevermögen belief sich entsprechend auf 190,7 Mrd. DM. Bis 1985 stieg das Brutto-Anlagevermögen auf 746,3 Mrd. DM und das Netto-Anlagevermögen auf 554,1 Mrd. DM an. Der Modernitätsgrad der Verkehrsinfrastruktur (Netto-Anlagevermpögen in % des Brutto-Anlagevermögens) veränderte sich in diesem Zeitraum von 73,0% auf 74,3%.

Verkehrsinfrastruktur
(in Mrd. DM, in Preisen von 1980)

	1960	1985
Brutto-Anlagevermögen	261,32	746,31
Verkehrswege	221,46	674,84
Eisenbahnen, S-Bahn	66,64	119,94
Stadtschnell-, Straßenbahn	8,79	35,10
Straßen und Brücken	123,33	477,20
darunter Bundesfernstraßen	39,61	168,50
Wasserstraßen	21,82	38,27
Rohrfernleitungen	0,88	4,33
Umschlagplätze	39,86	71,47
Eisenbahnen, S-Bahn	21,07	33,14
Binnenhäfen	7,73	8,74
Seehäfen	8,63	18,94
Flughäfen	2,43	10,65
Netto-Anlagevermögen	190,70	554,14
Verkehrswege	164,65	510,64
Eisenbahnen, S-Bahn	45,72	81,00
Stadtschnell-, Straßenbahn	6,30	30,99
Straßen und Brücken	95,41	369,15
darunter Bundesfernstraßen	33,02	136,29
Wasserstraßen	16,39	27,41
Rohrfernleitungen	0,83	2,09
Umschlagplätze	26,09	43,50
Eisenbahnen, S-Bahn	13,05	18,94
Binnenhäfen	5,15	5,14
Seehäfen	6,28	13,00
Flughäfen	1,61	6,42

Quelle: BMV (Hrsg.): Verkehr in Zahlen 1986, Bonn 1986, S. 32 f.

III. ökonomisch-technische Merkmale der V.: 1. *Outputunteilbarkeiten:* a) *Begriff:* Der Output eines Verkehrsinfrastrukturprojektes wird durch seine Kapazität determiniert und ist daher nach seiner Fertigstellung eindeutig bestimmt; er hängt nicht vom Grad der Inanspruchnahme des Projektes seitens der Verkehrsnachfrager ab; allerdings wird mit zunehmender Nutzung der gesellschaftliche Wert eines Verkehrsinfrastrukturprojektes i. a. größer. – b) *Unteilbarkeitstypen:* (1) *Vollständige Unteilbarkeit:* Output physisch überhaupt nicht teilbar; kein Individuum kann von der Inanspruchnahme ausgeschlossen werden, ohne daß gleichzeitig alle ausgeschlossen werden. – (2) *Nicht beliebige Teilbarkeit:* Technisch-organisatorische Faktoren erzwingen eine nicht unterschreitbare Mindestgröße des Projektes; bis zur Kapazitätsgrenze kann das Projekt von vielen Verkehrsnachfragern gleichzeitig genutzt werden, ohne daß die Leistungsabgabe an ein Wirtschaftssubjekt die Projektnutzung durch ein anderes Wirtschaftssubjekt einschränkt. In diesem Sinn ist *Nutzendiffusion* im engeren (1) oder weiteren (2) Sinn gegeben. – c) *Folgen:* Je nach dem Grad der Nutzendiffusion ist die Anwendung des Ausschlußprinzips unmöglich oder nur noch eingeschränkt möglich. Markt- und Preismechanismen funktionieren nicht oder nur noch begrenzt. Staatliche bzw. quasistaatliche Güterbereitstellung mit Finanzierung aus öffentlichen Mitteln via kollektivem Finanzierungszwang sowie mit zentraler Planung und Betriebsführung sind die Folge. – d) *Beispiele:* (1) Ausstrahlung eines Radio- oder Fernsehprogramms: Output physisch überhaupt nicht teilbar, hohes Maß an Nutzendiffusion; Output nicht marktfähig, keine Märkte und Preise, Ausschlußprinzip funktioniert nicht. Staatliche Bereitstellung, zentrale Planung und Betriebsführung sowie kollektive Finanzierung sind die Folge; private Bereitstellung nur dann, wenn Finanzierung etwa durch Werbeeinnahmen sichergestellt werden kann. (2) Straße: Nicht beliebige Teilbarkeit wegen technisch-organistorischer Faktoren, hohes Maß an Nutzendiffusion, da gleichzeitige Nutzung durch viele Wirtschaftssubjekte möglich. Anwendung des Ausschlußprinzips zwar technisch möglich, aber gesamtwirtschaftlich nicht unbedingt sinnvoll. Anwendung des Ausschlußprinzips mit hohen Kosten und unteroptimaler Nutzung verbunden, gesellschaftlicher Wert des Projekts wird reduziert, daher staatliche Bereitstellung mit Finanzierung aus öffentlichen Mitteln sowie zentraler Planung und Betriebsführung. Private Bereitstellung und Finanzierung nur bei Einzelprojekten sinnvoll und denkbar, zu denen keine technisch-ökonomische (Ausweich-)Alternative im vorhandenen Netz existiert.

2. *Inputunteilbarkeiten:* a) *Begriff:* Inputunteilbarkeiten liegen bei Verkehrsinfrastrukturinvestitionen vor, wenn mindestens ein benötigter Produktionsfaktor aus technologischen Gründen nur in einer bestimmten Mindest-

größe oder einem Vielfachen davon einsetzbar ist und/oder die Wahlmöglichkeit zwischen verschiedenen Produktionsverfahren in dem Sinn eingeschränkt sind, daß rationellere Produktionsverfahren erst bei höheren Outputmengen anwendbar werden. Die Verkehrsinfrastrukturinvestition hat in diesen Fällen stets eine gewisse Mindestgröße; die Kapazität kann nicht beliebig verringert oder nur um ganzzahlige Vielfache vergrößert werden. – b) *Beispiele:* Die meisten Verkehrsinfrastrukturprojekte haben eine bestimmte, nicht unterschreitbare Mindestgröße, etwa eine zweispurige Fahrbahn, eine eingleisige Bahnstrecke oder ein Kanal von bestimmter Mindestbreite und -tiefe. – c) *Auslastungseffekte:* Die ökonomische Bedeutung derartiger Inputunteilbarkeiten ist in ihren Auslastungseffekten begründet; über den gesamten relevanten Outputbereich des Verkehrsinfrastrukturprojektes sinken (bis zur Kapazitätsgrenze) die totalen Durchschnittskosten und liegen (zumindest bis zur Kapazitätsgrenze) über den Grenzkosten. Vielfach existiert auch kein Schnittpunkt von Durchschnittskosten- und Nachfragekurve für die Projektleistungen. – d) *Folgen:* Bei über den Grenzkosten liegenden Durchschnittskosten führt eine (pareto-optimale) Grenzkostenpreisbildung zu negativen Kapitalwerten; in Einzelfällen ist auch eine Durchschnittskostenpreisbildung nicht möglich (fehlender Schnittpunkt von Durchschnittskosten- und Nachfragekurve) oder gesellschaftlich nicht wünschenswert (unteroptimale Projektnutzung). Bereitstellung der Verkehrsinfrastrukturprojekte in diesen Fällen seitens privater Unternehmen kaum denkbar, Angebot ersatzweise von einer staatlichen oder quasistaatlichen Institution; Defizitdeckung aus öffentlichen Mitteln via kollektivem Finanzierungszwang.

3. *Externe Effekte:* a) *Begriff:* (1) *Technologische externe Effekte* stellen nicht über den Preismechanismus gesteuerte, direkte Einflüsse der ökonomischen Aktivitäten einer Entscheidungseinheit (Haushalte oder Unternehmen) auf die Aktivitäten einer oder mehrerer anderer Entscheidungseinheiten dar; sie erhöhen oder verringern das Niveau des Gesamtoutputs bzw. Gesamtnutzens der betroffenen Wirtschaftseinheiten, ohne daß dafür ein Preis oder zumindest ein gleichgewichtiger Preis gezahlt oder erhalten wird. (2) Pekuniäre externe Effekte: Treten auf, wenn ökonomische Aktivitäten einer Wirtschaftseinheit unmittelbar die relativen Preise ändern (→externe Effekte). – b) *Folgen:* Im Fall von externen Effekten ist das Preissystem nicht funktionsunfähig, sondern nur in seiner Steuerungsfunktion eingeschränkt. Antwort auf die Frage, ob Verkehrsinfrastrukturprojekte mit ausgeprägten externen Effekten privat oder staatlich bereitgestellt werden sollten, abhängig von der Effizienz von Internalisie-

rungsstrategien. Bisher diskutierte Konzepte zur Neutralisierung externer Effekte sind wenig operational; staatliche Eingriffe in die Allokation von Verkehrsinfrastrukturprojekten sind die notwendige Folge.

IV. P l a n u n g d e r V. : 1. *Begriff:* Teilbereich der →Verkehrsplanung, der sich insbesondere auf die Verkehrswege und die Umschlagsplätze bezieht. →Staatliche Verkehrspolitik.

2. *Planungsnotwendigkeit:* Die Kosten- und Ertragsströme der Verkehrsinfrastruktur weisen ein höchst ungleiches Zeitprofil auf; die Investitionsausgaben fallen vor allem im Zeitpunkt der Durchführung des Projektes an, teilweise auch später, aber diskretionär, während sich die Projekteinnahmen relativ gleichmäßig über die gesamte Betriebsphase erstrekken. Lange Lebensdauer und hoher Kapitalkoeffizient sowie ausgeprägte Unteilbarkeiten und Systemeffekte führen zu erheblichen Unsicherheiten und Risiken für die Entscheidungsfindung über Verkehrsinfrastrukturprojekte. Fehlinvestitionen sind als solche erst spät erkennbar und dann kaum korrigierbar. Eine systematische und vorausschauende Planung der Verkehrsinfrastruktur ist von daher unabdingbar.

3. *Planungsablauf:* a) *Planungsanstöße:* Planungsprozesse für V.investitionen werden durch aktuelle oder für die Zukunft erwartete Mängel des Verkehrssystems und der Verkehrsleistungsproduktion ausgelöst. Erste Phase der Mängelanalyse: Sammlung von Mängelhinweisen und Aufstellung eines Mängelkatalogs. Zweite Phase: Bestimmung der Planungsrelevanz der Mängelangaben durch Vergleich der verkehrlichen Wirklichkeit mit dem verkehrspolitischen Leitbild der Effizienzsteigerung der Transportabläufe bei gleichzeitiger Berücksichtigung außerverkehrlicher Restriktionen. Wird die Beseitigung der Diskrepanzen zwischen Ist- und Soll-Zuständen des Verkehrs in ihren technischen, ökonomischen und budgetären Realisierungsmöglichkeiten strukturiert, so ergeben sich konkrete Planungsanstöße. – b) *Objektsystem:* Planungsanstöße können gerichtet sein auf Veränderungen bestehender Verkehrssysteme oder auf die Realisierung neuer technisch-ökonomischer Systeme. Entsprechend unterschiedlich ist das Objektsystem der Planung (Maßnahmenkatalog, Katalog der Projektalternativen) im einzelnen Planungsfall gestaltet. – c) *Wertsystem:* Parallel zur Bestimmung der Planungsvorhaben sind die Planungsziele festzulegen, die aus der Konkretisierung von Leitbildvorstellungen folgen und Elemente der Beschreibung eines Soll-Zustandes des Verkehrssystems und der Verkehrsleistungsproduktion sind. Formulierung von Planungszielen aufgrund deduktiver und induktiver Vorgehensweisen mit wechselseitigen

Kontrollen; in jedem Fall systematische Gliederung der Einzelziele im Sinn des Aufbaus baumförmig strukturierter Zielsysteme. Sinnvoll erscheint eine hierarchische Gliederung der Zielsysteme mit einer Ordnung der Einzelziele nach Zielträgergruppen und innerhalb derselben nach Zielbereichen. Den Einzelzielen sind Indikatoren zuzuordnen; diese sind Meßgrößen, anhand derer die Wirkungen der Projektalternativen auf die Zielrealisierung ermittelt werden sollen. – d) *Analysen:* Für den gesamten nach →Verkehrszellen untergliederten Planungsraum werden Analysen der Wirtschafts- und Siedlungsstruktur sowie des Verkehrssystems und der Verkehrsströme durchgeführt. Die Ergebnisse dieser Analysen werden im Rahmen von →Verkehrsmodellen zwecks Erklärung des Verkehrsgeschehens miteinander verknüpft. – e) *Prognosen:* Die im Planungsprozeß durchzuführenden Prognosen beziehen sich auf die Erklärungsvariablen der →Verkehrsmodelle und damit auf die die Verkehrsnachfrage bestimmenden Elemente der Wirtschafts- und Siedlungsstruktur sowie des Verkehrssystems und der Verkehrsleistungsproduktion. Ferner sind Wirkungsprognosen für die verschiedenen Projektalternativen nach Maßgabe der vorliegenden Ziel- und Indikatorensysteme nach dem With-and-without-Prinzip zu erstellen. Sämtliche Prognosen beziehen sich auf den gesamten Planungshorizont (Lebensdauer des Projektes ab Realisierung) oder auf ein mittleres Prognosejahr innerhalb des Planungshorizontes. – f) *Projektbewertung:* Die Projektalternativen werden anhand der Ergebnisse der Wirkungsprognosen und der dabei ermittelten Meßwerte der Indikatoren des Zielsystems der Planung bewertet. Eine eindimensionale monetäre Bewertung im Sinn der →Kosten-Nutzen-Analyse ist wegen unterschiedlichen Skalenniveaus und unterschiedlichen Dimensionen der Meßwerte der Indikatoren meist nicht direkt möglich. I. d. R. erfolgt eine multidimensionale Bewertung der Projekte im Sinn der Nutzwert- bzw. Kostenwirksamkeitsanalyse, wobei die Gesamtbewertung zunächst in eine große Zahl eindimensionaler Bewertungen aufgespalten wird, die schließlich im Rahmen einer Wertsynthese wieder zusammengeführt werden. Dabei sind Probleme der Skalentransformation sowie Gewichtungsprobleme zu lösen; ferner werden i. d. R. Sensitivitätsanalysen mit Zugrundelegung unterschiedlicher Transformationsfunktionen und unterschiedlicher Gewichtungssysteme durchgeführt. Die Projektbewertung schließt mit der Erstellung einer Rangfolge der technisch, ökonomisch und finanziell möglichen Investitionsprojekte. – g) *Planungsentscheidung:* Die ökonomisch-technische Systemanalyse bereitet die Planungsentscheidung vor. Diese ist stets eine politische Entscheidung, die politische Bewertung der Projekte voraussetzt. Dabei kann sich die Zahl der zulässigen

Projekte oder aber die Rangfolge der Investitionen verändern (Primat der Politik).

4. *Planimplementation:* Die Planrealisierung vollzieht sich in verschiedenen Schritten, beginnend mit der offiziellen Bestimmung der Linienführung, sodann Aufstellung der bautechnischen Entwürfe und Ermittlung der Grunderwerbs- und Baukosten sowie der Kosten von Immissionsschutzmaßnahmen und von Entschädigungen, schließlich Erstellung der Ausschreibungsunterlagen, Festlegung der Bauzeit und des Bauablaufs sowie der jährlich erforderlichen Finanzierungsmittel. Voraussetzung für die Inangriffnahme des Bauvorhabens ist die gesetzlich vorgeschriebene Planfeststellung, durch die eine einheitliche Regelung der vielfältigen öffentlich-rechtlichen Rechtsverhältnisse in einem Verwaltungsakt erfolgt.

5. *Plankontrolle:* Die Plankontrolle bildet den Abschluß der Planungsprozesse für V.investitionen. Sie soll mögliche Abweichungen zwischen den tatsächlichen und den erwarteten Zielwirkungen durchgeführter Projekte (Wirkungskontrolle), aber auch mögliche Projektveränderungen während der Planrealisierung (Vollzugskontrolle) erkennbar werden lassen.

V. Finanzierung: 1. *Straßen:* a) Gem. dem Grundsatz der Identität von Ausgabenkompetenz und Finanzverantwortung (Art. 106 III Nr. 1 GG) haben Bund, Länder, Gemeinden und Gemeindeverbände die ihnen obliegenden Straßenbauaufgaben zu finanzieren. Entsprechend dem *Budgetgrundsatz* der Nonaffektation (d. h. alle Einnahmen dienen zur Deckung aller Ausgaben), stehen für die Deckung der Straßenbauausgaben grundsätzlich alle Einnahmen der einzelnen Gebietskörperschaften nach Maßgabe des Haushaltsplanes zur Verfügung, es sei denn durch Gesetz ist etwas anderes bestimmt. Neben den allgemeinen Deckungsmitteln stehen zur Finanzierung von Straßenbauausgaben besondere Deckungsmittel bereit. Diese Mittel stammen aus Finanzierungsquellen, die an die Nutzung öffentlicher Straßen und Wege anknüpfen und entweder zweckgebunden unmittelbar zur Deckung von Straßenbauausgaben dienen sollen oder wegen ihrer Verbindung mit dem Straßenwesen diesen als mittelbare Deckungsmittel gegenübergestellt werden. Hierzu zählen z. B. die Gebühren und Entgelte für Sondernutzungen und Gestattungen, die Vermietung und Verpachtung von Straßenland, die Anlieger- und Erschließungsbeiträge sowie die den Ländern zustehende → *Kraftfahrzeugsteuer* und die dem Bund zufließende → *Mineralölsteuer.* In den 50er Jahren vorhandene Bestrebungen, sämtliche vom Kraftverkehr aufgebrachten öffentlichen Abgaben ausschließlich für Straßenzwecke zu verwenden und das Straßenwesen nach betriebswirtschaftlichen Gesichtspunkten gleichsam als „Straßenwirtschaft" zu führen, konnten sich allerdings nicht durchsetzen. Immerhin jedoch wurden seit 1955 verschiedene Gesetze erlassen, deren primärer Zweck darin bestand, die steigenden, für Straßenbaumaßnahmen erforderlichen Mittel zu finanzieren, wobei im Falle der Mineralölsteuer sogar vom Grundsatz der Nichtzweckbindung der Haushaltseinnahmen abgegangen wurde. – b) *Einzelne Finanzierungsgesetze:* Der durch das *Verkehrsfinanzgesetz* 1955 vom 6. April 1955 infolge der Anhebung der Mineralölsteuer (2 Pfg/l bei Benzin/10 Pfg/l bei Diesel) erzielte Mehrertrag wurde – nach Abzug der Betriebsbeihilfen – im wesentlichen für den Bundesfernstraßenbau, ins. für den Weiterbau der Autobahnen verwandt. Nach Art., 1 des *Straßenbaufinanzierungsgesetzes* vom 28. März 1960 (BGBl. III, Glied.-Nr. 912–3, zuletzt geänd. d. Art. 23 des Gesetzes vom 22.12.1981) und Art. 3 des *Verkehrsfinanzgesetzes 1971* vom 28. Februar 1972 (BGBl I 201, zuletzt geänd. d. Art. 3 des Gesetzes vom 26.4.1981) ist der auf den Kraftverkehr entfallende Teil des Aufkommens an Mineralölsteuer für Zwecke des Straßenwesens zu verwenden. Nachdem ursprünglich ein allgemeiner Abgeltungsbetrag in Höhe von 600 Mill. DM jährlich (neben bestimmten Beihilfen sowie Finanzierungshilfen für die Eisenbahn) davon abgezogen wurde, brachte das Gesetz vom 20. Dezember 1963 (BGBl I 955) die Ersetzung des Abgeltungsbetrages durch eine prozentuale Zweckbindung von 46% der Mineralölsteuer (ohne Heizölsteuer, aber erhöht um den bis Ende 1963 erhobenen Zoll) im Jahre 1964, 48% in 1965 und 50% ab 1966. Seit 1973 wird in den jeweiligen Bundeshaushaltsgesetzen die Zweckbindung regelmäßig auf sonstige verkehrspolitische Zwecke im Bereich des Bundesministers für Verkehr ausgedehnt. Daneben steht gem. § 10 Abs. 1 des *Gemeindeverkehrsfinanzierungsgesetzes* (GVFG) i. d. F. vom 13. März 1972 (BGBl I 501, zuletzt geänd. d. Art. 35 des Haushaltsstrukturgesetzes vom 18.12.1975) 90% des Mehraufkommens an Mineralölsteuer, das sich aufgrund von Art. 8 § 1 des Steueränderungsgesetzes 1966 vom 23. Dezember 1966 (BGBl I 702) sowie 90% des Mehraufkommens an Mineralölsteuer, das sich aufgrund von Art. 1 § 1 des Verkehrsfinanzgesetzes 1971 vom 28. Februar 1972 (BGBl I 201) ergibt, soweit es nach Art. 3 des Verkehrsfinanzgesetzes 1971 für Zwecke dieses Gesetzes zur Verfügung steht, für Vorhaben zur Verbesserung der Verkehrsverhältnisse der Gemeinden zu verwenden. Das auf diese Weise erzielte Mehraufkommen steht z. Zt. (nach Abzug von 0,25% für zweckgebundene Forschungsvorhaben) je zur Hälfte für Maßnahmen des Kommunalen Straßenbaus sowie für Verkehrswege des öffentlichen Personennahverkehrs zur Verfügung. Förderungswürdige Projekte können i. a. bis zu 60%

aus GVFG-Mitteln gefördert werden, sofern die Länder die Restfinanzierung übernehmen. Finanzhilfen nach § 2 GVFG i. d. F. des Verkehrsfinanzgesetzes 1971 sind u. a. möglich für den Bau und Ausbau von innerörtlichen Hauptverkehrsstraßen, besonderen Fahrspuren für Omnibusse, verkehrswichtigen Zubringerstraßen zum überörtlichen Verkehrsnetz (Bereich kommunaler Straßenbau) sowie für den Bau und Ausbau von Straßen-, Hoch- und Untergrundbahnen, zentralen Omnibusbahnhöfen, Park + Ride-Anlagen, Kreuzungsmaßnahmen und Vorhaben der DB zur Verbesserung der Verkehrsverhältnisse der Gemeinden (Bereich öPNV).

2. *Wasserstraßen:* Nach Art. 89 I GG ist der Bund Eigentümer der bisherigen Reichswasserstraßen; entsprechend dem Bundeswasserstraßengesetz gehört der Ausbau und Neubau der Bundeswasserstraßen als Verkehrsweg zu den Hoheitsaufgaben des Bundes. Die Finanzierung erfolgt hier ganz überwiegend aus allgemeinen Steuermitteln, wobei die meisten der langfristig ausgerichteten Ausbauprogramme aufgrund von Regierungsabkommen unter finanzieller Beteiligung der jeweils interessierten Bundesländer durchgeführt werden (z. B. beschlossen der Bund und die Länder Schleswig-Holstein, Hamburg, Bremen, Niedersachsen und Nordrhein-Westfalen zur Erneuerung und zum Ausbau der nord- und westdeutschen Schiffskanäle am 14. September 1965 in ein Regierungsabkommen ein Bauprogramm, dessen finanzielle Mittel vom Bund und den Ländern im Verhältnis 2:1 getragen werden; den Ausbau der Bundeswasserstraße Saar regelt eine Verwaltungsvereinbarung vom 28. März 1974). Anders als bei den Straßen werden Wasserstraßen teilweise jedoch auch von privaten Unternehmen gebaut und finanziert. Nach dem Neckar-Donau-Staatsvertrag hat der Neckar AG den Bau der Neckarwasserstraße aus den Überschüssen des Kraftwerksbetriebes finanziert. Soweit diese Überschüsse nicht ausreichten, erhielt sie als Vorleistung zinslose Darlehen vom Bund und dem Land Baden-Württemberg im Verhältnis 2:1. Die Neckar AG ist verpflichtet, ihre zukünftigen Überschüsse zur Tilgung dieser Darlehen zu verwenden. Ebenfalls einem privaten Unternehmen, der 1921 gegründeten Rhein-Main-Donau AG sind der Bau und die Finanzierung des Main-Donau-Kanals übertragen. Allerdings haben der Bund und Bayern im Duisburger Vertrag vom 16. September 1966 vereinbart, den Weiterbau südlich von Nürnberg durch unverzinsliche – aus Bilanzgewinnen der Gesellschaft rückzahlbare – Darlehen mitzufinanzieren (Verhältnis Bund:Bayern = 2:1). Die Benutzer von Wasserstraßen tragen insoweit zur Finanzierung bei, als für das Befahren von Binnenwasserstraßen (Ausnahme Oberelbe, Oberweser, Rhein, Donau von Regensburg bis Jochen-

stein) durch die Wasser- und Schiffahrtsverwaltungen Schiffahrtsabgaben erhoben werden. Diese Einnahmen dienen allerdings vornehmlich dazu, die laufenden Ausgaben zu decken.

3. *Luftfahrt:* In diesem Bereich werden die Infrastruktureinrichtungen – Flugsicherungsanlagen bzw. Start- und Landebahnen der Flughäfen – zum einen durch die Bundesanstalt für Flugsicherung, zum anderen durch die Flughafengesellschaften bereitgestellt und finanziert. Für die Nutzung dieser Infrastruktureinrichtungen haben die Luftverkehrsunternehmen u. a. Gebühren für die Navigationseinrichtungen und -dienste im Streckenbereich an die Bundesanstalt für Flugsicherung sowie Start- und Landegebühren an die Flughafengesellschaften zu entrichten. Während die Ausgaben der Bundesanstalt für Flugsicherung im Bereich der Flugsicherungsdienste vom Bund aus Haushaltsmitteln vorfinanziert werden, wird der Bau von Flughafenanlagen durch die privatwirtschaftlich strukturierten Flughafengesellschaften (mit umfangreichen Beteiligungen öffentlicher Gebietskörperschaften) getragen, wobei für die Finanzierung derartiger Projekte neben Eigenmitteln auf Fremdkapital zurückgegriffen wird. Um die Finanzierung umfangreicherer Investitionen im Bereich langfristiger Bauanlagen (Neubau oder Erweiterung von Start- und Landebahnen) zu erleichtern, wird vielfach die Eigenkapitalbasis der Gesellschaften in Form von Kapitalerhöhungen verstärkt.

4. *V. von Bundesbahn und Bundespost:* Als wirtschaftlich eigenständige Unternehmen haben Bundesbahn und Bundespost ihre Infrastruktur grundsätzlich selbst zu finanzieren, d. h. unter Einsatz von eigenen Mitteln und besorgtem Fremdkapital. So erfolgt die Fremdmittelaufnahme der DB beispielsweise z. Zt. in Form von Kassenobligationen, Schatzanweisungen, Schuldscheindarlehen sowie sonstigen Krediten. In Anbetracht der finanziellen Lage der DB ist allerdings prinzipiell vorgesehen, der DB zur Durchführung ihres Streckenbauprogramms Investitionszuschüsse aus dem Bundeshaushalt zur Verfügung zu stellen. Langfristig abgedeckt werden sollen die in Infrastrukturanlagen investierten Fremdmittel (einschl. einer angemessenen Verzinsung des Eigenkapitals) durch die aus den angebotenen Leistungen erwarteten Erträge (Gebühreneinnahmen der Post, Beförderungsentgelte und Frachteinnahmen bei der Bahn).

5. *Wegekosten:* Die unterschiedliche Form der Bereitstellung von Verkehrsinfrastruktureinrichtungen sowie die ungleiche Belastung der Benutzer von Verkehrswegen löst seit Jahren heftige Diskussionen aus. Unter Hinweis auf die wettbewerbliche Gleichbehandlung der einzelnen Verkehrsträger wird u. a. die Forde-

rung erhoben, daß die Verkehrsunternehmen die ihnen anzulastenden Wegekosten tragen und Kostendeckungsgrade in den einzelnen Bereichen einander angenähert werden sollten. Zu diesem Zweck werden seit Mitte der 60er Jahre sog. Wegekostenrechnungen durchgeführt, die allerdings zahlreiche methodische Schwächen aufweisen und sehr umstritten sind, insbesondere da sie die volkswirtschaftlichen Kosten einzelner Verkehrswege nicht berücksichtigen. In der z. Zt. umfangreichsten Wegekostenrechnung (durchgeführt vom DIW) ergibt sich die Summe der ermittelten Kosten aus dem Wertverlust der Anlagen, den Zinsen für das investierte Geld sowie den Kosten für Unterhalt, Betrieb und Verwaltung der Infrastruktur. Dagegen bleiben unberücksichtigt die finanziellen Auswirkungen der Belastungen von Mensch und Umwelt, die durch die auf bestimmten Verkehrswegen eingesetzten Verkehrsmittel entstehen.

Literatur: Aberle, G., Vergleichende Wegerechnungen und Verkehrsmittelinfrastrukturpolitik, Frankfurt (M.) 1984; ders., Infrastruktur, in: Herders Staatslexikon, 7. Aufl., Bd. 3, Freiburg-Basel-Wien 1987, S. 78–81; Bundesminister für Verkehr (Hrsg.), Bundesverkehrswegeplan 1985, Bonn o. J.; Engler, D., Stufen der Verkehrswegeplanung – Mängelanalyse – Maßnahmenauswahl – Bewertungsverfahren, in: Zeitschrift für Verkehrswissenschaft, 55 (1984) 1/2, S. 49–57; Enderlein, H., Berechnung der Kosten für die Wege des Eisenbahn-, Straßen-, Binnenschiffahrts- und Luftverkehrs in der Bundesrepublik Deutschland für das Jahr 1981, DIW-Sonderheft 137, Berlin 1983; Frerich, J., Raumwirtschaftliche Wirkungsanalysen und Erfolgskontrollen in der Verkehrsplanung, in: Wirkungsanalyse und Erfolgskontrolle in der Raumordnung, Forschungs- und Sitzungsberichte der Akademie für Raumforschung und Landesplanung, Bd. 154, Hannover 1984, S. 101–134; ders. Verkehrsinvestitionen und raumwirtschaftliche Entwicklung. Zum Wandel verkehrspolitischer Planungsstrategien, in: S. Klatt (Hrsg.), Perspektiven verkehrswissenschaftlicher Forschung, Berlin 1985, S. 347–378; Frey, R. L., Infrastruktur, in: Handwörterbuch der Wirtschaftswissenschaften, Bd. 4, Stuttgart-Tübingen-Göttingen-Zürich-New York 1978, S. 201–215; Hamm, W., Verkehr, in: Handwörterbuch der Wirtschaftswissenschaften, Bd. 8, 1980, S. 238–257; Hogrebe, P., Platz, H., Rieken, P., Gesamtwirtschaftliche Bewertung von Verkehrswegeinvestitionen. Bewertungsverfahren für den Bundesverkehrswegeplan 1985, hrsg. vom Bundesminister für Verkehr, Schriftenreihe, Heft 69/1986; Interplan Consult GmbH/Heimerl, G., Anleitung für die Standardisierte Bewertung von Verkehrswegeinvestitionen des ÖPNV, München-Stuttgart 1982; Klaus, J. (Hrsg.), Entscheidungshilfen für die Infrastrukturplanung, Baden-Baden 1984; Schemel, H. J., Die Umweltverträglichkeitsprüfung (UVP) von Großprojekten, Berlin 1985; Willeke, R., Verkehrswege für den Verkehr von morgen. Thesen zur Verkehrsinfrastrukturpolitik, Frankfurt (M.) 1985; ders., Zur Krise der Gemeindeverkehrsfinanzierungsgesetzes, in: Zeitschrift für Verkehrswissenschaft, 58 (1987) 3, S. 154–166. – Statistiken und Periodika: Verkehr in Zahlen (jährl.), hrsg. vom Bundesminister für Verkehr; Forschung Straßenbau und Straßenverkehrstechnik (unregelm.), hrsg. vom Bundesminister für Verkehr; Der Nahverkehr (zweimonatl.), hrsg. vom Verband öffentlicher Verkehrsbetriebe und dem Bundesverband Deutscher Eisenbahnen; Internationales Verkehrswesen (zweimonatl.), hrsg. von der Deutschen Verkehrswissenschaftlichen Gesellschaft e. V.; Zeitschrift für Verkehrswissenschaft (zweimonatl.), hrsg. vom Institut für Verkehrswissenschaft an der Universität Köln.

Prof. Dr. Johannes Frerich

Verkehrsinfrastrukturfinanzierung, →Verkehrsinfrastruktur V.

Verkehrsinfrastrukturplanung, →Verkehrsinfrastruktur IV.

Verkehrskette, →Transportkette.

Verkehrskoordination, Aufgabe der →staatlichen Verkehrspolitik. – 1. *National:* Die Aufgabe, das Zusammenspiel der →Verkehrsträger (vgl. auch →Verkehrsmittel) zu sichern; in der Bundesrep. D. noch nicht erfüllt. Z. Zt. ist zwar a) durch das Allgemeine Eisenbahngesetz, das Binnenschiffsrecht und das Güterkraftverkehrsgesetz ein Ordnungsrahmen innerhalb der einzelnen Verkehrsträger geschaffen sowie b) dem Bundesminister für Verkehr eine Einwirkungsmöglichkeit auf die Verkehrsträger im Interesse der V. gegeben; eine koordinierende Maßnahme steht jedoch noch aus. – 2. *International:* Auf internationalem Gebiet ist die Koordination der Eisenbahndienste am weitesten fortgeschritten. Im Binnenschiffsverkehr wird eine internationale Koordinierung dadurch erschwert, daß die nationalen Systeme ihr inneres Verkehrsgleichgewicht teils konkurrenzwirtschaftlich (Niederlande, Schweiz), teils interventionalistisch (Bundesrep. D.) zu erreichen suchten. Durch Hinzutreten weiterer (ausländischer) Verkehrskapazitäten würde zumindest das interventionistisch erreichte Gleichgewicht gestört.

Verkehrsleistung. 1. *Begriff:* Verkehrsmenge, ausgedrückt als Zahl der Personenkilometer (Pkm) bzw. der (Güter-)Tonnenkilometer (tkm). – Vgl. auch →Verkehrsaufkommen. – 2. *Entwicklung:* Die V. im Personenverkehr 1960 253,5 Mrd. Pkm, 1985 601,7 Mrd. Pkm. Im binnenländischen Güterverkehr einschließl. Straßengüternahverkehr V. 1960 142,0 Mrd. tkm; 1985 255,2 Mrd. tkm. Vgl. Tabellen Sp. 2337. – 3. *Struktur:* Im Personenverkehr von 1960 bis 1985 deutlicher Anstieg des Individualverkehrs von 64% auf 80%; diese Entwicklung ging v. a. zu Lasten des öffentlichen Personennahverkehrs, dessen Verkehrsleistungsanteil von (1960) 23% auf (1985) knapp 10% absank. Im binnenländischen Güterverkehr einschl. Straßengüternahverkehr stieg der Anteil des Straßengüterverkehrs an der V. von (1960) 32% auf (1985) 52%, v. a. durch Straßengüterfernverkehr bestimmt; Marktanteilseinbußen bei Eisenbahnen und Binnenschiffahrt. Vgl. untenstehende Tabelle und Tabelle Sp. 2337. – 4. *Qualität:* Vgl. →Schnelligkeit der Verkehrsleistung.

**Struktur der Verkehrsleistung
im Personenverkehr
(in %)**

	1960	1985
Eisenbahnen	16,1	7,2
Öffentlicher Straßenpersonenverkehr	19,2	10,3
Luftverkehr	0,6	2,1
Öffentlicher Verkehr	35,9	19,6
darunter öffentlicher Personennahverkehr	22,6	9,6
Taxi- und Mietwagenverkehr	0,3	0,3
Individualverkehr	63,8	80,1
Verkehr, insgesamt	100,0	100,0

Struktur der Verkehrsleistung im Güterverkehr
Anteile der Verkehrsbereiche (tkm) in %

	1960	1985
Binnenländischer Verkehr		
einschl. Straßengüternahverkehr	100,0	100,0
Eisenbahnen	37,4	25,1
Binnenschiffahrt	28,5	18,9
Straßenverkehr	32,0	51,9
Straßengüternahverkehr	15,3	15,9
Gewerblicher Verkehr	7,1	7,7
Werkverkehr	8,2	8,2
Straßengüterfernverkehr	16,7	36,0
Gewerblicher Verkehr	13,0	17,2
Werkverkehr	2,8	8,3
Ausländische Lastkraftfahrzeuge	0,9	10,5
Rohrfernleitungen	2,1	4,1

Quelle: Bundesministerium für Verkehr (Hrsg.), Verkehr in Zahlen 1986, Bonn 1986, S. 178 f. und 200 f.

Verkehrsleistung im Personenverkehr
(in Mrd. Pkm)

	1960	1985
Eisenbahnen	40,9	43,5
Schienennahverkehr	19,3	15,8
darunter Berufsverkehr	9,8	5,8
Schülerverkehr	3,4	3,6
Schienenfernverkehr	21,7	27,7
Öffentlicher Straßenpersonenverkehr	48,5	61,9
Linienverkehr	38,1	41,7
Gelegenheitsverkehr	10,4	20,2
Luftverkehr	1,6	12,7
Linienverkehr	1,5	9,2
Gelegenheitsverkehr	0,1	3,5
Öffentlicher Verkehr	91,0	118,1
darunter öffentlicher Personennahverkehr	57,4	57,5
Taxi- und Mietwagenverkehr	0,8	2,0
Individualverkehr	161,7	481,6
Verkehr, insgesamt	253,5	601,7

Verkehrsleistung im Güterverkehr
(in Mrd. tkm)

	1960	1985
Eisenbahnen	53,1	64,0
Wagenladungsverkehr	51,5	63,0
Stückgut- und Expressgutverkehr	1,6	1,0
Binnenschiffahrt	40,4	48,2
darunter auf dem Rhein	27,4	39,1
Schiffe der Bundesrep. D.	24,1	23,5
Ausländische Schiffe	16,3	24,7
Straßengüterfernverkehr	23,7	91,6
Gewerblicher Verkehr	18,5	43,8
Werkverkehr	3,9	21,0
Ausländische Lastkraftfahrzeuge	1,3	26,8
Rohrfernleitungen	3,0	10,5
Luftverkehr in Mill. tkm	30,6	314,3
Binnenländischer Verkehr ohne		
Straßengüternahverkehr	120,2	214,6
Straßengüternahverkehr	21,8	40,6
Gewerblicher Verkehr	10,1	19,6
Werkverkehr	11,7	21,0
Binnenländischer Verkehr einschl.		
Straßengüternahverkehr	142,0	255,2
Seeschiffahrt	515,7	815,0
Schiffe der Bundesrep. D.	140,9	56,0
Ausländische Schiffe	374,8	759,0
außerdem: Dienstgutverkehr der		
Eisenbahnen	3,9	1,6
Grenzüberschreitender Straßen-		
güternahverkehr	–	1,9

Quelle: Bundesministerium für Verkehr (Hrsg.), Verkehr in Zahlen 1986, Bonn 1986, S. 174 f. und 198 f.

Verkehrsmarkt. 1. *Begriff:* Der ökonomische Ort des Zusammentreffens von Verkehrsangebot und Verkehrsnachfrage. Typischer unvollkommener Markt mit den Merkmalen: Heterogenität der Güter, mangelnde Markttransparenz, Reaktionsgeschwindigkeit der Marktteilnehmer kleiner als unendlich, weitreichende staatliche Markteingriffe. – 2. *Teilmärkte:* Unübersehbare Zahl von Teilmärkten nach Verkehrsbereichen, -arten und -relationen. Markttransparenz deshalb gering. Auf den Teilmärkten werden heterogene Verkehrsleistungen mit differenzierten Substitutionsmöglichkeiten und beträchtlichen Substitutionslücken angeboten. Dadurch Konkurrenzbeziehungen, daneben auch (heute weniger bedeutende) Komplementaritätsbeziehungen, z. B. ist die ursprüngliche Komplementarität von Eisenbahn und Straße weitgehend der Substitutivität gewichen. Nur punktuell entstehen neue Formen der Komplementarität verkehrsbetrieblicher Leistungserstellung (z. B. kombinierter Verkehr). – 3. *Angebotselastizität:* I. a. relativ gering, als Folge der betriebs- und kostenstrukturellen Besonderheiten der Verkehrswirtschaft. (→Verkehrswirtschaft). Die vergleichsweise hohe Starrheit des Angebots an Verkehrsleistungen bei sinkenden Transportpreisen kann sogar in eine inverse Angebotselastizität umschlagen (Vergrößerung des Angebots zum Ausgleich von Einkommensverlusten). – 4. *Nachfrageelastizität:* Geringe Preiselastizität der Nachfrage nach Verkehrsleistungen, insbes. im produktiven Verkehr (Güterverkehr, Teile des Personenverkehrs); Verkehrsnachfrage ist hier von Umfang und Struktur sowie räumlicher und zeitlicher Verteilung der Produktion abgeleitete Nachfrage; der Transportpreis ist ein Kostenfaktor unter vielen. Preiselastischer ist die konsumtive Verkehrsnachfrage. Die Nachfrageschwankungen auf den V. werden v. a. durch saisonale und konjunkturelle Schwankungen der Wirtschaftstätigkeit geprägt. – 5. *Marktgleichgewicht:* Die relativ preisunelastische Verkehrsnachfrage mit ihren typischen saisonalen und konjunkturellen Schwankungen trifft nur in Ausnahmefällen auf den einzelnen Teilmärkten auf ein entsprechend strukturiertes und dimensioniertes Verkehrsangebot. Die einzelnen V. sind zumindest der Tendenz nach gleichgewichtslose Märkte; die Überschätzung dieser Besonderheit führte zu weitreichenden regulierenden Staatseingriffen, wie Marktzutritts-, Marktaustritts-, Tarifniveau- und Tarifstrukturregulierungen. Die Verkehrswirtschaft ist auch heute noch weitgehend als wettbewerbspolitischer Ausnahmebereich in das Rechtssystem eingeordnet.

Verkehrsmittel. I. Begriff: 1. *I. e. S.:* Bewegliche Fahrzeuge, die je nach dem von ihnen benutzten →Verkehrsweg und den an

sie gestellten Anforderungen (Zweckbestimmung, Tragfähigkeit) unterschiedlich kon-
struiert sind und die Eigenschaft haben, daß
mit ihnen Personen oder Güter über räumliche
Distanzen befördert werden können. – 2.
I.w.S.: Bestimmte Anlagen und Einrichtungen, die die Abwicklung des Verkehrs ermöglichen, z. B. Schleusen, Flugsicherungseinrich-
tungen. Als V. anzusehen sind außerdem die
Endgeräte beim Nachrichtenverkehr (z. B.
Telephone, Telegraphieanlagen, Fernschrei-
ber, Rundfunk, Fernsehen, Satelliten) sowie
die Pumpstationen, die für die Beförderung
von Gütern durch Röhrenwege erforderlich
sind. – 3. *Abgrenzung zum Begriff Verkehrswege:* Bei V. i. w. S. sind die Grenzen zwischen
V. und →Verkehrswegen z. T. fließend.

II. Einzelne Verkehrsbereiche: 1. *V.
der Straße:* a) I. w. S. *Menschen* als Nachrich-
tenübermittler (Boten) und als Lastträger
(Kuli) sowie *Tiere* zum Tragen von Lasten
oder Ziehen von Fuhrwerken. – b) *Straßenbahnen* als schienengebundene Personen-V.;
unterschieden werden (1) Straßenbahnen her-
kömmlicher Bauart, die den Verkehrsraum
öffentlicher Straßen benutzen und sich in der
Betriebsweise der Eigenart des Straßenver-
kehrs anpassen und (2) Stadtbahnen mit
überwiegend vom →Individualverkehr unabhängiger Gleisführung und Einrichtungen zur
automatischen Zugsteuerung (z. B. Hochbahnen, U-Bahnen, Schwebebahnen). – c)
Obusse: Elektrisch angetriebene Straßenfahr-
zeuge, die ihre Antriebsenergie einer -Fahrlei-
tung entnehmen und nicht schienengebunden
sind. – d) *Kraftomnibusse:* Kraftfahrzeuge, die
nach ihrer Bauart und Ausstattung zur Beförderung von mehr als neun Personen (einschl.
Führer) geeignet und bestimmt sind. – e)
Krafträder und -roller: Durch Motorkraft
bewegte, spurfreie auf nicht mehr als zwei
Rädern laufende Fahrzeuge. – f) *Fahrräder:*
Maschinen, die durch Ausnutzung menschlicher Kraft eine selbständige Fortbewegung
ermöglichen. – g) *Mopeds und Mofas:* Mit
Hilfsmotoren ausgestattete Fahrräder. – h)
Personenkraftwagen: Mehrspurige Kraftfahrzeuge, die nach ihrer Bauart und Ausstattung
für nicht mehr als neun Personen bestimmt
sind. – i) *Lastkraftwagen:* Oberbegriff für
Kraftfahrzeuge, die nach Bauart und Ausstattung zur Beförderung von Gütern auf Straßen
bestimmt sind; unterschieden werden u. a. (1)
Kleinlaster, (2) Lieferkraftwagen, (3) Schnell-
lastkraftwagen, (4) Schwerlastkraftwagen und
(5) Lastkraftwagen mit Normal- und Spezial-
aufbau. – j) *Zugmaschinen:* Kraftfahrzeuge
ohne eigene Ladefläche, die zum Ziehen von
Anhängern geeignet und bestimmt sind. – k)
Sattelschlepper: Zugmaschinen, die besonders
konstruierte aufsattelbare Anhänger mit sich
führen können, deren Gewicht zu einem
wesentlichen Teil auf dem ziehenden Fahrzeug
ruht. – l) *Kraftfahrzeuganhänger:* Ein- oder

mehrachsige Fahrzeuge ohne eigene Lenkvor-
richtung und ohne eigenen Antrieb, die von
Kraftfahrzeugen mitgeführt werden.

Bestand an Kraftfahrzeugen und Kraftfahr-zeuganhängern [1]) in der Bundesrep. D.

	1960	1970	1986
Kraftfahrzeuge [2])	8 003 654	16 7834 227	31 367 153
Personen- und Kombinationskraftwagen	4 489 407	13 941 079	26 917 423
Krafträder [3])	1 383 365	141 047	1 354 819
Kraftroller	509 114	87 557	56 895
Kraftomnibusse und Obusse	33 198	47 253	63 345
Lastkraftwagen	680 726	1 028 116	1 294 774
dar. mit Spezialaufbau	10 939	37 627	90 203
Landwirtschaftl. Zugmaschinen	797 596	1 334 593	1 478 616
Sonstige Zugmaschinen	70 637	112 362	242 542
Sonderkraftfahrzeuge [4])	39 611	91 220	333 843
Kraftfahrzeuganhänger [2])	358 320	632 822	1 854 735
dar. zur Lastenbeförderung	321 506	462 242	1 302 000
Mopeds, Mofas und Mockicks [5])	2 213 133	1 054 203	1 276 991
Leicht- und Kleinkrafträder [6])	–	160 000	368 515

[1]) Einschl. der vorübergehend abgemeldeten Fahrzeuge;
Stand: 1. Juli; [2]) Zulassungspflichtige Fahrzeuge; [3]) ohne
Leicht- und Kleinkrafträder mit amtlichen Kennzeichen (bis
1980: bis 50 cm³ Hubraum, seit 1981 bis 80 cm³ Hubraum;
[4]) Krankenkraftwagen, Feuerwehrfahrzeuge, Straßenreini-
gungs- und Arbeitsmaschinen; [5]) Zulassungsfreie Fahrzeuge
mit Versicherungskennzeichen; [6]) Zulassungsfreie Fahrzeuge
mit amtlichen Kennzeichen.

Quellen: Statistisches Bundesamt: Fachserie H Verkehr, Reihe 5 Straßenverkehr, versch. Jahrgänge; Fachserie 8 Verkehr,
Reihe 3.3 Straßenverkehrsunfälle 1986.

Fahrzeugbestand der Unternehmen des öffentlichen Straßenpersonenverkehrs [1]) in der Bundesrep. D.

	1960	1970	1985
Stadtschnellbahnwagen [2]) [5])	1 420	1 628	2 997
Triebwagen	1 052	1 536	2 997
Anhänger	368	92	–
Straßenbahnwagen [2])	11 739	6 636	3 469
Triebwagen	6 228	4 315	2 723
Anhänger	5 511	2 321	746
Obusse [2])	1 022	204	101
Triebwagen	782	204	101
Anhänger	240	–	–
Kraftomnibusse [2]) [3])	26 522	34 000	66 113
Taxis und Mietwagen [4])	27 300	44 200	58 700

[1]) Kommunale und gemischtwirtschaftliche Unternehmen;
einschl. Taxis und Mietwagen. Ohne Kraftomnibusverkehr
der Deutschen Bahnen und der Deutschen Bundespost; [2]) 1960:
Stand 30.6.; 1970 und 1985: Stand 30.9.; [3]) Kommunale, gemischtwirtschaftliche und private Unternehmen; [4]) Stand:
1. März; [5]) U-Bahnen, Hoch- und Schwebebahnen.

Quellen: Bundesminister für Verkehr (Hrsg.): Verkehr in Zahlen 1986, Bonn September 1986; Statistische Jahrbücher für
die Bundesrepublik Deutschland, versch. Jge.

2. *V. der Eisenbahn:* Auf Eisenbahnschienen
bewegte Fahrzeuge. Zu unterscheiden: a)
Triebfahrzeuge, eingeteilt in (1) Lokomotiven,
Zugfahrzeuge mit unterschiedlichem Antrieb
(Dampf-, Diesel- und Elektrolokomotiven);
(2) Triebwagen, Fahrzeuge mit kombinierten
Antriebs- und Beförderungswagen (z. B. Schie-
nenomnibusse, S-Bahnen) und (3) Kleinloko-

motiven mit Dieselantrieb oder Akkus. – b) *Wagen*, eingeteilt in (1) Reisezugwagen (Personen-, Gepäck- und Postwagen) und (2) Güterzugwagen mit unterschiedlichen technischen Besonderheiten (z. B. Kühlwagen, offene Wagen, Klappdeckel-, Verschlag-, Rungen-, Großbehälter-Tragwagen).

Fahrzeugbestand der deutschen Eisenbahnen [1]

	1960	1970	1985
Lokomotiven	10 064	6 932	5 991
dar. Dampflokomotiven	7 642	1 653	5
Diesellokomotiven	1 352	2 983	3 349
Elektrolokomotiven	1 070	2 296	2 627
Kleinlokomotiven der DB [2]	1 237	1 606	1 021
Triebwagen [3]	1 900	1 953	2 477
Triebwagenanhänger	2 050	1 935	916
Personenwagen	21 846	18 406	13 651
Gepäckwagen [4]	5 574	2 938	1 002
Güterwagen [5]	272 716	282 505	258 236
Privatgüterwagen	42 409	42 724	50 341
Dienstgüterwagen	19 116	6 571	4 577

[1] jeweils am 31.12.; Einsatzbestand; Deutsche Bundesbahn und Nichtbundeseigene Eisenbahnen des öffentlichen Verkehrs; [2] nur Deutsche Bundesbahn; [3] 1960 Triebwageneinheiten, 1970 und 1985 Triebköpfe; [4] ohne Bahnpostwagen; [5] Eigentumsbestand.

Quellen: Bundesminister für Verkehr (Hrsg.): Verkehr in Zahlen 1986, Bonn September 1986; Statistische Jahrbücher für die Bundesrepublik Deutschland, versch. Jge.

3. V. der Luftfahrt: Luftfahrzeuge, Fahrzeuge, die von der Luft getragen werden (z. B. Flugzeuge, Drehflügler, Luftschiffe, Segelflugzeuge, Motorsegler, Frei- und Fesselballone, aber auch Raumfahrzeuge). – a) *Flugzeuge:* Luftfahrzeuge mit Kraftantrieb und schwerer als Luft, die ihren Auftrieb im Fluge wesentlich durch Kräfte an solchen Flächen erhalten, die unter gegebenen Flugbedingungen feststehend bleiben. Unterscheidung zwischen (1) ein- und mehrmotorigen Kolbenflugzeugen, (2) Turboprop-Flugzeugen mit Propeller-Turbinen als Antriebsaggregaten, (3) Düsenflugzeugen (Strahlenflugzeuge, Jets), deren Vortrieb mittels eines rückwärtig aus den Antriebsaggregaten austretenden Gasstrahls erfolgt

**Bestand an Luftfahrzeugen
in der Bundesrep. D. [1]**

	1960	1970	1986
Flugzeuge mit einem Startgewicht			
bis 2,0 t	975	2 907	5 669
über 2,0 bis 5,7 t	58	248	493
über 5,7 bis 14,0 t	15	38	78
über 14,0 bis 20,0 t	10	2	5
über 20,0 t	38	115	191
dar. mit Propellerturbinen	10	9	11
Strahlturbinen	4	100	180
Hubschrauber	15	126	4?5
Luftschiffe	2	1	2
Motorsegler	–	356	1 240
Segelflugzeuge	1 750 [2]	3 582	6 656
Insgesamt	2 863	7 375	14 770

[1] In die Luftfahrzeugrolle eingetragene Flugzeuge; ohne Berlin (West); jeweils am 31.12., [2] Stand: 1.1.1959

Quellen: Statistisches Jahrbuch für die Bundesrepublik Deutschland 1962, S. 379; Wirtschaft und Statistik 3/1987, S. 250.

und (4) Unterscheidung nach Reichweite und Kapazität (Kurz-, Mittel- und Langstreckenflugzeuge; Großraumflugzeuge). – b) *Drehflügler (Hubschrauber):* Flugzeuge, die ihren Auf- und Vortrieb durch eine oder mehrere Hubschrauben erhalten. – c) *Sonstige Luftfahrzeuge* (z. Zt. praktisch nurmehr für den Individualverkehr in Gebrauch).

4. V. in der Binnenschiffahrt: In bezug auf Größe und Manövrierfähigkeit für die Benutzung auf Binnengewässern konstruierte und zumeist nicht seetüchtige Wasserfahrzeuge. Zu unterscheiden: a) *Binnenschiffe mit eigenem Antrieb:* (1) Motorschiffe: Mit eigenem Antrieb und Transportraum ausgestattete Wasserfahrzeuge unterschiedlicher Abmessung, Laderaumgröße und Zweckbestimmung (z. B. Tankmotorschiffe); (2) Schubmotorschiffe: Zum Schieben von Leichtern in sog. Koppelverbänden ausgerüstete Motorschiffe; (3) Schubboote: Wasserfahrzeuge zum Schieben von starr angekoppelten unbesetzten Schubleichtern, ohne eigenen Laderaum; (4) Schlepper: Wasserfahrzeuge zum Schleppen anderer Schiffe; keine eigenen Transportmöglichkeiten; Einsatz als Zugfahrzeuge für Schleppzüge oder als Bugsierschiffe im Hafenbetrieb; (5) Fahrgastschiffe: Zur Personenbeförderung bestimmte Binnenwasserfahrzeuge (Ausflugsschiffe), (6) Fährschiffe: Wasserfahrzeuge zur Beförderung von Personen und

**Bestand an Binnenschiffen
in der Bundesrep. D. [1] [5]**

	1960	1970	1986
Anzahl			
Motorschiffe [2]	4 622	5 190	2 583
dar. Tanker	565	747	429
Schleppkähne	2 959	927	119
Schubkähne/-leichter	30	219	401
Güterschiffe insgesamt	7 611	6 336	3 103
Schlepper [4]	789	395	176
Schubboote, Schub-Schleppboote	5	53	107
Schuten und Leichter [3]	846	2 725	1 129
Fahrgastschiffe	565	515	591
Tragfähigkeit/Leistung			
Motorschiffe [2]	2 424 000	3 448 000	2 552 003
dar. Tanker	385 000	612 000	551 951
Schleppkähne (t)	2 448 000	766 000	84 658
Schubkähne/-leichter	30 000	310 000	628 410
Güterschiffe insgesamt (t)	4 902 000	4 524 000	3 265 071
Schlepper [4]	212 000	103 000	39 016
Schub-/Schleppboote (kW)	4 000	32 000	75 698
Schuten und Leichter [3] (t)	419 000	494 000	241 696
Fahrgastschiffe (Personen-Kap.)	135 000	146 000	168 624

[1] Stand: 31.'2.; in der Bundesrepublik registrierte Binnenschiffe; [2] Ohne Tanker-Bunkerboote (1985: 111 = 15 273 t Tragfähigkeit) sowie ohne Frachtschiffe mit einer Tragfähigkeit unter 20 t; [3] Ohne Trägerschiffsleichter (Lash) 1986: !22 Einheiten mit 87 562 t; [4] Ohne Hafenschlepper, 1986: 100 Einheiten mit 17 357 kW; [5] 1960 und 1970 ohne Schiffe auf geschlossenen Seen.

Quellen: Bundesminister für Verkehr (Hrsg.): Verkehr in Zahlen 1986; Wirtschaft und Statistik 8/1987, S. 654.

Fahrzeugen über Flüsse oder Seen. – b) *Binnenwasserfahrzeuge ohne eigenen Antrieb:* (1) Schleppkähne: Bemannte Schiffe, deren Fortbewegung durch Schlepper oder Treideln erfolgt; (2) Schubleichter: Kastenförmige, unbesetzte Transportgefäße zur Verwendung in Schubverbänden; (3) Trägerschiffs- oder Lash-Leichter: Schwimmende Container, die im Binnenverkehr in Schubverbänden bewegt und auf Seeschiffe verladen werden können.

5. *V. in der Seeschiffahrt:* Wasserfahrzeuge, die ihrer Bauart nach für den Verkehr auf Hoher See geeignet sind, Unterscheidung u. a. nach (1) der Konstruktionsart (Verdrängungs-, Gleit-, Unterwasser-, Tragflügel- oder Luftkissenschiff); (2) dem Einsatzgebiet (Küsten-, Hafen- und Seeschiff) und (3) nach dem Zweck (Fahrgastschiff, Frachtschiff, Massengutschiff (bulk carrier), Containerschiff, Tankschiff, Kühlschiff, Fischereischiff).

Bestand an Seeschiffen in der Bundesrep. D [1])

	1960	1970	1985
Anzahl			
Handelsschiffe	2 706	2 690	1 555
dar. Passagierschiffe [2])	169	178	262
Trockenfrachtschiffe	2 434	2 381	1 143 [4])
Tanker	103	131	150 [5])
Seefischereifahrzeuge	890	766	522
dar. Fischerei-MS und Fischdampfer	205	110	82
Andere Schiffe nicht für Handelszwecke [3])	385	686	684
Sportfahrzeuge (Yachten)	–	–	2 411
Tonnage (BRT)			
Handelsschiffe	4 761 964	8 440 802	5 299 000
dar. Passagierschiffe [2])	243 438	193 775	108 000
Trockenfrachtschiffe	3 885 839	6 422 434	4 191 000
Tanker	632 687	1 824 593	1 000 000
Seefischereifahrzeuge	170 438	150 383	54 000
Andere Schiffe nicht für Handelszwecke [3])	60 069	173 085	303 000

[1]) Schiffe mit mehr als 50 cbm = 17,65 BRT; jeweils am 31.12.; 1985 Schiffe unter der Flagge der Bundesrepublik einschl. ausländische Schiffe mit Flaggenschein (Bareboat-gechartert) gem. § 11 FIRG, jedoch ohne die bis 1972 enthaltenen Schiffe der Bundesrepublik unter fremder Flagge; [2]) einzelne Jahre wegen geänderter Erfassungskriterien nicht völlig vergleichbar; [3]) einschl. Tanker-Bunkerboote (1985: 32 = 4 900 BRT); [4]) dar. 74 Ro-Ro-Schiffe (319 040 BRT), 878 Stückgutfrachtschiffe (1 249 000 BRT), 150 Containerschiffe (2 107 000 BRT) und 13 Massengutschiffe (390 000 BRT); [5]) dar. 46 Mineralöltanker (1 000 000 BRT), 19 Gastanker (215 301 BRT) und 49 Chemikalientanker (156 709 BRT).

Quellen: Bundesminister für Verkehr (Hrsg.): Verkehr in Zahlen 1986; Statistische Jahrbücher für die Bundesrepublik Deutschland, versch. Jge.; Statistisches Bundesamt: Fachserie 8 Verkehr, Reihe 5 Seeschiffahrt 1985.

Verkehrsmittelwerbung, →Außenwerbung.

Verkehrsmittlerbetrieb, →Verkehrsbetrieb.

Verkehrsmodelle. 1. *Begriff:* Abbildung des Verhaltens der Verkehrsnachfrager, indem Wirtschafts-, Siedlungs-, Haushalts- und Verkehrsstrukturdaten einerseits und Informationen zum Verkehrsgeschehen andererseits mit Hilfe formalisierter Verhaltenshypothesen mathematisch miteinander verknüpft werden (→Vier-Stufen-Algorithmus, →Nutzenmaximierungsmodelle). V. sind Kern und Basis jeder →Verkehrsplanung. Sie dienen der Analyse und Prognose des Verkehrsgeschehens. – 2. *Einteilung:* a) *Nach dem Entscheidungsablauf:* (1) *Sequentielle Modelle* mit einer Kette von Submodellen, mit deren Hilfe schrittweise die Verkehrserzeugung, Verkehrsverteilung, Verkehrsmittelwahl und Verkehrswegewahl analysiert und prognostiziert werden (→Verkehrserzeugungsmodelle, →Verkehrsverteilungsmodelle, →Verkehrsteilungsmodelle, →Verkehrsumlegungsmodelle). – (2) *Simultane Modelle* fassen mehrere dieser Submodelle zusammen (→Direktnachfragemodelle). – b) *Nach der Aggregationsstufe der Datenbasis: (1) Aggregierte Modelle* gehen von verkehrsbestimmenden Strukturdaten der →Verkehrszellen als verkehrsverhaltensbestimmenden Einflußgrößen aus; i. a. wird eine Differenzierung der Modelle nach Fahrtzwecken (z. B. Berufs-, Ausbildungs-, Einkaufs-, Freizeit- und Erholungsverkehr) oder nach Wirtschaftsbereichen/Gütergruppen vorgenommen. – (2) *Disaggregierte Modelle* gehen von relativ homogenen Verkehrsteilnehmergruppen (z. B. Haushalte) als Datenbasiseinheiten aus; sie weisen demnach eine Differenzierung nach sozioökonomischen Gruppen innerhalb der Verkehrszellen auf. Die Gruppenbildung ist gegenwärtig noch durch theoretische, methodische und datenmäßige Probleme gekennzeichnet.

Verkehrsopferhilfe, →Entschädigungsfonds für Schäden aus Kraftfahrzeugunfällen.

Verkehrsordnungswidrigkeit, vorsätzliche oder fahrlässige Zuwiderhandlung gegen Bestimmungen des Straßenverkehrsrechts, die mit Geldbuße bedroht ist (§ 24 StVG). Unter gewissen Voraussetzungen ist →Verwarnung möglich. Bei schwereren Verstößen ist daneben Verhängen von →Fahrverbot möglich (§ 25 StVG).

Verkehrsorientierung, Begriff der →Standorttheorie zur Kennzeichnung von Gewerbe- und Industriebetrieben, die wegen ihrer starken Transportabhängigkeit und der dadurch relativ hohen Transportkostenbelastung (z. B. bei Massengütern) bei der Wahl ihres Standorts nach überwiegend verkehrswirtschaftlichen (und verkehrsgeographischen) Gesichtspunkten vorgehen; z. B. lassen sich Eisen- und Stahlwerke an der Küste nieder.

Verkehrsplanung. 1. *Begriff:* Systematische Vorbereitung und Durchführung von Entscheidungsprozessen zur Gestaltung des Verkehrs der Zukunft, v. a. durch staatliche oder quasi-staatliche Institutionen. – 2. *Ziel:* V. dient der Erhöhung der Effizienz der Raumüberwindung von Personen, Gütern und Nachrichten unter Beachtung finanz-, wachstums- und raumordnungspolitischer sowie energie-, umwelt- und sicherheitspolitischer Aspekte. – 3. *Inhalt:* a) *I. e. S.:* Planung der →Verkehrsinfrastruktur, insbes. der Verkehrswege (→Verkehrsinfrastrukturplanung). – b) *I. w. S.:* Regelung des Verkehrsflusses in räumlich-zeitlicher Hinsicht. – 4. *Arten:* a) *Nach der Größe des Planungsraumes:* Bundes-V., Landes-V., Bezirks-/Regional-V., Gemeinde-/Stadt-V. – b) *Nach dem Maßstab der V.:* General-V. (Rahmenplanung) und Detail-V. (Einzelplanung, Projektplanung). – c) *Nach dem Planungsinhalt:* Gesamt-V., (V. für alle Verkehrsträger) und Teil-V. (V. für einzelne Verkehrsträger, z. B. Straßen-V., Planung der Binnenwasserstraßen, Netzoptimierung bei der Deutschen Bundesbahn, Flughafenplanung). – d) *Nach dem Planungshorizont:* Kurzfrist- (z. B. V. für ein Jahr wie in der jeweils aktuellen Bauplanung), Mittelfrist- (z. B. für einen 5-Jahres-Zeitraum) und Langfristplanung (i. d. R. für 15 Jahre).

Verkehrspolitik, →europäische Verkehrspolitik, →staatliche Verkehrspolitik.

Verkehrspolizei, Zweig der Ordnungspolizei mit der Aufgabe, die Einhaltung der Straßenverkehrsvorschriften zu überwachen und die Sicherheit des →Straßenverkehrs zu gewährleisten.

Verkehrsrecht. 1. *Allgemeines:* Besonderer Teil der Rechtsordnung – überwiegend dem öffentlichen Recht zugehörig – zur Regelung der Rechte und Pflichten der Verkehrsträger und Verkehrsnutzer und ihrer Beziehungen zueinander. – 2. *Gesetzliche Grundlagen:* Bestimmungen des Verkehrsrechts in vielen Einzelgesetzen (s. u.) und in Einzelbestimmungen allgemeiner Gesetze (z. B. HGB, §§ 407 ff.). Allgmeiner Grundsatz der Vertragsfreiheit im Verkehrsrecht zum Teil eingeengt (z. B. Güter- und Personentarife). – 3. *Rechtsquellen:* →Grundgesetz, →Bundesgesetze und →Rechtsverordnungen des Bundes einschl. internationaler Übereinkommen, Länderverfassungen, Landesgesetze und Rechtsverordnungen der Länder, Allgemeine Geschäfts- und Beförderungsbedingungen (z. B. →Allgemeine Deutsche Spediteurbedingungen). – Die *wichtigsten Rechtsquellen nach Verkehrsbereichen:* a) *Eisenbahn:* →Eisenbahn-Verkehrs-Ordnung vom 1. 10. 1938 mit späteren Änderungen und →Eisenbahngesetze. – b) *Straßenverkehr:* →Straßenverkehrsrecht. – c) *Binnenschiffahrt:* →Binnenschiffahrt-Straßenordnung vom 19. 12. 1954 und →Binnenschiffsrecht. – d) *Luftverkehr:* →Luftrecht.

Verkehrsreform, *kleine Verkehrsreform,* Reform von 1961, Änderung grundlegender Gesetze (u. a. GüKG, BSchVG, BbG) des Verkehrswesens (Verkehrsänderungsgesetze) mit dem Ziel, den ordnungspolitischen Rahmen dieses Wirtschaftssektors den allgemeinen marktwirtschaftlichen Bedingungen anzupassen und dem Wettbewerb mehr Bedeutung zu geben.

Verkehrsschau früher: *Signalschau,* Überprüfung der Ordnungsmäßigkeit und Zweckmäßigkeit von Verkehrszeichen und -einrichtungen, ggf. die Feststellung von Ergänzungsbedürftigkeit. Vorzunehmen mindestens alle zwei Jahre unter Beteiligung der Polizei und der Straßenbaubehörden. Die Träger der Straßenbaulast, die am Straßenverkehr beteiligten öffentlichen Verkehrsunternehmen und ehrenamtlichen Sachverständigen aus Kreisen der Verkehrsteilnehmer (der Verkehrswacht) sind einzuladen. – Bei der Kontrolle der Verkehrszeichen und -einrichtungen an *Bahnübergängen* über Bundesbahnstrecken sind die Bundesbahnbetriebsämter, bei Bahnübergängen über andere Schienenbahnen die Bahnunternehmer und die für die technische Bahnaufsicht zuständigen Behörden hinzuzuziehen.

Verkehrssicherheittag, Tag, an dem Verkehrswachten, Berufsgenossenschaften und andere interessierte Organisationen mit Unterstützung der Polizei durch Plakate und besondere Veranstaltungen die Bevölkerung zu besonnenem Verhalten im Straßenverkehr aufrufen. Ein V. findet aufgrund internationaler Zusammenarbeit einmal jährlich in Westeuropa statt.

Verkehrssicherungspflicht. 1. *Begriff:* Pflicht, Dritte unter gewissen Voraussetzungen vor Schaden zu bewahren. Die V. trifft die Inhaber von Sachen, von denen eine Gefährdung ausgeht, u. U. auch denjenigen, der eine gefährliche Tätigkeit ausübt. Die V. kann sich aus öffentlichem Recht ergeben (z. B. Pflicht des Trägers der Straßenbaulast, die Straße in verkehrssicherem Zustand zu halten) oder aus bürgerlichem Recht (z. B. Pflicht des Hauseigentümers, Dritte vor Einsturzschäden zu schützen). – 2. *Besondere Arten* der V.: Reinigungspflicht (Schneeräumpflicht), Streupflicht, Pflicht zur Beschilderung (z. B. Aufstellung von Verkehrszeichen) u. a. – 3. Bei *schuldhafter Verletzung* der V. hat der Geschädigte Anspruch auf →Schadenersatz aus →Amtspflichtverletzung oder sonstiger →unerlaubter Handlung.

Verkehrssitte, eine im Verkehr der beteiligten Kreise herrschende tatsächliche Übung. Die V. hat nicht die Kraft eines →Gewohnheitsrechts; sie ist daher insbes. dann unbeachtlich, wenn sie gegen →zwingendes Recht verstößt. – *Bedeutung:* Von großer Bedeutung für die →Auslegung von Verträgen (§ 157 BGB) und die nähere Bestimmung von einem Schuldner zu erbringenden Leistung (§ 242 BGB). (vgl. auch →Treu und Glauben). Zur V. gehört auch die besondere kaufmännische V. (→Handelsbrauch). – Vgl. auch →Verkehrsanschauung.

Verkehrsstatistik, Gesamtheit der statistischen Nachweisungen über Leistungen und Leistungsfähigkeit der →Verkehrsträger.

I. Statistik über das Verkehrsnetz: 1. *Verkehrswege:* Straßen-, Binnenwasserstraßen, Rohrlänge der Mineralöl-Fernleitungen. – 2. *Betriebsstrecken bzw. -linien* der Deutschen Bundesbahn, der nichtbundeseigenen Eisenbahnen, der Hoch-, Untergrund-, Straßenbahnen und Obus-Unternehmen und der Kraftomnibus-Linien.

II. Statistik über den Bestand an Verkehrsmitteln: 1. *Einsatzbestände* an vollspurigen Fahrzeugen der *Deutschen Bundesbahn:* Lokomotiven, Triebwagen, Schienenomnibusse, Personenwagen sowie sämtliche auf dem Bundesbahnnetz verfügbaren deutschen und ausländischen Güterwagen einschl. Privatgüterwagen. – 2. Entsprechende Fahrzeugbestände der *nichtbundeseigenen Eisenbahnen.* – 3. In Betrieb befindliche Triebfahrzeuge und Anhänger von Straßenbahnen und *Stadtschnellbahnen.* – 4. Schleppkähne und Motorschiffe, Leichter, Fahrgastschiffe der *Binnenschiffahrt* nach Tragfähigkeit, Maschinenleistung und Baujahr sowie der Handelsschiffe der *Seeschiffahrt* nach Bruttoregistertonnen (BRT) sowie nach Alter, Schiffsarten, Verwendungsarten (Personenbeförderung, Trockenfracht, Tankschiffe) und nach Zugehörigkeit zu einem Wasserstraßengebiet bzw. Heimathafen. – 5. Gesamtbestand an Kraftfahrzeugen im *Straßenverkehr,* und zwar Personenkraftwagen, Kombinationskraftwagen, Kraftomnibusse, Krafträder (darunter gesondert Kraftroller), Lastkraftwagen (unterteilt nach der Nutzlast: bis 1999 kg, 2000 bis 4999 kg, 5000 kg und darüber), Zugmaschinen, Sonderkraftfahrzeuge einschl. Krankenkraftwagen, Tankkraftwagen für brennbare Flüssigkeiten, Kraftfahrzeuganhänger. – 6. Zahl der Fernsprechstellen und Fernschreibanschlüsse im *Nachrichtenwesen.* – 7. Bestand an Luftfahrzeugen, unterteilt in Flugzeuge (nach Startgewicht), Drehflügler (Hubschrauber) und Luftschiffe.

III. Erfassung und Messung der technischen Betriebsleistung: 1. *Bahnverkehr:* Der Einsatz von Fahrzeugen a) im Güterverkehr nach Zug-km, Wagenachskm und Brutto-Tonnen-km der Güterzüge sowie Netto-Tonnen-km der Güterwagen; b) im Personenverkehr nach Zug-km, Wagenachs-km. Platzangebot der Reisezüge sowie Gepäckversand in t. – 2. *Luftverkehr:* a) Ankunft und Abgang von Flugzeugen, Fluggästen, Fracht und Post auf den Flughäfen; b) Flug-km auf den einzelnen Teilstrecken über dem Bundesgebiet; c) geleistete Personen-km, Fracht- und Post-Tonnen-km im Inland- und Auslandsverkehr. – 3. *Straßenverkehrsunternehmen* (Straßenbahn und Kom-Linienverkehr): Gefahrene Wagen-km (Triebwagen-km

und Anhänger-km). Wagen-km im Orts- und Überlandverkehr. Schiffen – 4. *Deutsche Bundespost:* Zahl der Brief- und Paketsendungen, der Orts- und Ferngespräche im Fernsprechdienst sowie der übermittelten Telegramme.

IV. Statistik der wirtschaftlichen Verkehrsleistung: 1. *Güterverkehr:* a) *Binnenverkehr:* Die Verkehrsleistungen im Güterverkehr werden aufgegliedert: (1) im *Bahnverkehr* nach Stückgut, Expreßgut sowie in Wagenladungen (nach Wagenladungsklassen); (2) in der *Binnenschiffahrt* nach Hauptverkehrsbeziehungen (Verkehr innerhalb des Bundesgebietes, mit Häfen der DDR und dem Ausland), Tonnenkilometern, getrennt nach Verkehr auf deutschen einschl. in der DDR beheimateten Schiffen und ausländischen Schiffen; (3) in der *Seeschiffahrt:* Der Schiffsverkehr nach Ankunft und Abgang von Schiffen im Küsten- und Auslandsverkehr; der Güterverkehr nach dem Empfang aus und Versand nach Häfen der DDR und des Auslands sowie im Küstenverkehr.

Verkehrsträger	Güterverkehr 1985	
	in Mill. t	in Mrd. km
Eisenbahnverkehr	334,6	65,4
Fernverkehr mit Lkw	335,7	91,6
Binnenschiffahrtsverkehr	222,4	48,2
Seeverkehr	139,0	–
Luftverkehr	0,7	0,3
Rohrfernleitungen	56,8	8,7

2. *Personenverkehr:* a) Entwicklung des öffentlichen Personenverkehrs (in Mrd.):

Jahr	Beförderte Pers.	Personenkilometer
1936	2,6	31,9
....	...	...
1953	5,7	57,3
1954	6,1	60,2
1955	6,6	66,8
1956	7,0	72,0
1957	7,0	74,3
1958	6,8	72,2
1959	6,8	72,8
1960	7,6	78,1
1961	7,7	79,8
1962	7,7	80,9
1963	7,5	80,5
1964	7,4	80,6
1965	7,3	82,0
1966	7,3	90,9
1967	7,0	89,9
1968	6,7	92,3
1969	6,9	98,2
1970	7,2	103,1
1971	7,4	105,0
1972	7,5	110,1
1973	7,7	112,0
1974	7,8	114,7
1975	7,8	113,8
1976	7,6	112,9
1977	7,5	115,0
1978	7,6	117,0
1979	7,7	121,2
1980	7,9	123,7
1981	8,0	128,2
1982	7,7	125,9
1983	7,5	122,8
1984	7,1	118,6
1985	6,9	115,6

(2) Öffentlicher Personenverkehr im Jahre 1985 nach Verkehrszweigen (in Mill.):

Verkehrszweig *)	Beförderte Personen	Personen-kilometer
Eisenbahnverkehr	1 104	41 202
Straßenverkehr	5 786	61 791
Luftverkehr	42	12 656

*) Der Individualverkehr (mit Personenkraftwagen, Krafträdern und Mopeds) wird amtlich nicht ermittelt, aber jährlich vom Bundesministerium für Verkehr geschätzt. (Beförderte Personen 1985: 27,6 Mrd., Personenkilometer 1985: 481,6 Mrd.)

b) *Auslandsverkehr:* Die Erfassung der internationalen Verkehrsrelationen erfolgt aufgrund einer einheitlichen Gliederung (Wirtschaftskommission für Europa/Binnenverkehrsausschuß): Im Gegensatz zur →Außenhandelsstatistik werden aus der Statistik des internationalen Güterverkehrs auch die Verkehrswege und die eingesetzten Verkehrsmittel im zwischenstaatlichen Verkehr mit Massengütern des Welthandels ersichtlich.

V. Ergänzend gehören zur V. i.w.S. 1. *Statistik der Straßenverkehrsunfälle:* Vgl. →Straßenverkehrsunfall-Statistik. – 2. *Statistik des Fremdenverkehrs (Beherbergungsstatistik):* Vgl. →Reiseverkehrsstatistik, →Tourismus. – 3. →*Kostenstrukturstatistik:* Vgl. dort. – 4. *Rechnungsergebnisse der öffentlichen Haushalte für Verkehr und Nachrichtenwesen* (jährlich). – 5. *Preise für Verkehrsleistungen* im Rahmen der →Preisstatistik (jährlich).

Verkehrssünderkartei, →Verkehrszentralregister.

Verkehrstarife innerhalb der Montanunion, Tarifgestaltung für die Mitglieder der →EGKG unter Berücksichtigung des EGKS-Vertrags vom 18.4.1951, in dem Diskriminierungen hinsichtlich der Tarife für die Beförderung der in der Anlage I des Vertrags aufgeführten Erzeugnisse im Bereich der Montanunion untersagt sind: Wegen ihres Einflusses auf den Verkehrspreis sind solche Transporttarife zu praktizieren, die Verbrauchern in vergleichbarer Lage vergleichbare Preisbedingungen gewährleisten (Art. 70 EGKS-Vertrag); Frachttafeln, Frachten und Tarifbestimmungen im Binnentransport für Kohle und Stahl innerhalb eines Mitgliedstaates sind zu veröffentlichen oder der Hohen Behörde mitzuteilen; Harmonisierung der Frachten und Beförderungsbedingungen bei den verschiedenen Beförderungsarten ist vorzunehmen.

Verkehrsteilnehmer, Begriff des Verkehrsrechts: Jede natürliche Person, die sich befugt oder unbefugt auf öffentlichen Straßen und Wegen bewegt, aufstellt oder in irgendeiner Weise am Verkehr teilnimmt, also auch →Fußgänger, Beifahrer, →Insassen. Der V.

ist zur Beachtung der allgemeinen Verkehrssorgfalt verpflichtet und hat sich nach der Grundregel des § 1 StVO so zu verhalten, daß kein anderer gefährdet, geschädigt oder mehr als nach den Umständen unvermeidbar behindert oder belästigt wird.

Verkehrsteilung, →modal split.

Verkehrsteilungsmodelle, →Verkehrsmodelle, die im Rahmen der →Verkehrsplanung den →modal split bestimmen. – *Arten:* →Vier-Stufen-Algorithmus, →Trip-end-Modelle, →Trip-interchange-Modelle, →Kreuzklassifikationsmodelle, →Regressionsmodelle, →Diversionskurvenverfahren, →Entropie-Modelle, →Nutzenmaximierungsmodelle.

Verkehrsteuern. I. Steuerrecht: Zusammenfassende Bezeichnung für die Steuern, die an Vorgänge des Rechts- und Wirtschaftsverkehrs anknüpfen. Steuergegenstand ist ein Verkehrsakt, also ein Vorgang im Rahmen einer Tauschbeziehung. Im Gegensatz zu den Besitzsteuern ist für ihre Entstehung die Erfolgserzielung aus dem volkswirtschaftlichen Güter- und Leistungsverkehr ohne Bedeutung. – *Im einzelnen* rechnet man zu V.: →Umsatzsteuer („allgemeine V.") sowie die große Gruppe der „speziellen V.", z.B. Kapitalverkehrsteuern (Gesellschaftsteuer und Börsenumsatzsteuer), Wechselsteuer, Grunderwerbsteuer, Kraftfahrzeugbesteuerung, Beförderungsteuer, Rennwett- und Lotteriesteuer, Versicherungs- und Feuerschutzsteuer. – *Anders:* →Ertragsteuern, →Besitzsteuern →Verbrauchsteuern.

II. Finanzwissenschaft: 1. Benutzt einen anderen *Verkehrsteuerbegriff.* Der Finanzwissenschaft erscheint der Verkehrsbegriff der Steuerrechtswissenschaft unpräzise, da (1) wenn nach steuerrechtlicher Auffassung „Rechtsverkehrs- und Tauschakte" die Steuergegenstände der Verkehrsteuern sind, das Halten und Nutzen eines Gebrauchs- und Vermögensgegenstandes (z.B. des Kraftfahrzeugs) nicht zu den Verkehrsteuern gerechnet werden darf; (2) die Bezeichnung der seinerzeitigen Beförderungsteuer als Verkehrsteuer irreführend ist, es liegt kein Rechtsverkehrsakt, sondern ein ökonomischer Produktionsakt (Beförderungsleistung) zugrunde; (3) die Akte der Ertrags- und Einkommenserzielung, die von eigenen Steuern erfaßt werden, zugleich immer „Rechtsverkehrsakte" und somit alle Steuerarten als V. aus der rechtlichen Sicht zu verstehen sind. Grunderwerbsteuer fließt Ländern und Gemeinden zu; alle übrigen V. sind Bundessteuern. – 2. *Steuersystematisch* ist die gleichzeitige Existenz von Umsatzsteuer und V. von Interesse; das Problem ist dadurch gelöst, daß sämtliche V. von der Umsatzsteuer (Mehrwertsteuer) befreit sind. – 3. *Beurteilung:* Die speziellen V. werden negativ beurteilt, da sie in besonderen historischen Situationen aus fiskalischen Gründen eingeführt wurden, heute den ihnen damals beigelegten Nebenzweck verloren haben und außerdem den Kapital- und Güteraustausch behindern. Der Verkehrsteuerbegriff wird in finanzwissenschaftlicher Sicht daher neuerdings allenfalls für „Steuern auf den Kapital- und Zahlungsverkehr" verwendet, die eine eigene Gruppe in der →Steuerklassifikation außerhalb der V. darstellen. In allen Fällen des Kapital- uind Zahlungsverkehrs handelt es sich entweder um einen Eigentümerwechsel (Erwerb von Grundstücken oder Anteilen an Kapitalgesellschaften) oder um Zahlungsweisen bzw. Kreditaufnahme (Wechselfinanzierung). Demnach zählt die Finanzwissenschaft zu den V. nur Grundwerwerb-, Gesellschaft-, Börsenumsatz- und Wechselsteuer, nicht Feuerschutz- und Versicherungsteuer. Die nach ökonomischem und finanzwissenschaftlichem Verständnis als V. zu bezeichnenden Steuerarten kennzeichnen gleichermaßen eine „Gliedsteuerbeziehung" zur Umsatzsteuer (→mehrgliedrige Steuern); die ihnen zugrunde liegenden Tatbestände sind von der Umsatzsteuer befreit. – Vgl. auch →Verbrauchsbesteuerung.

Verkehrsträger, →Güterverkehr, →Personenverkehr, →Straßenverkehr, →Schienenverkehr, →Nachrichtenverkehr, Rohrleitungsverkehr, →Luftverkehr, →Schiffsverkehr, →Verkehrswirtschaft.

Verkehrsumlegungsmodelle, →Verkehrsmodelle, die im Rahmen der →Verkehrsplanung als Abschluß des →Vier-Stufen-Algorithmus die Verkehrswege (die Routen) bestimmen, auf denen die Raumüberwindung stattfindet. – *Arten:* →Bestweg-Umlegungsverfahren, →Mehrweg-Umlegungsverfahren, →Diversionskurvenverfahren, →Nutzenmaximierungsmodelle.

Verkehrsunfall, ein mit dem Straßenverkehr und seinen Gefahren zusammenhängendes Ereignis, das zur Tötung oder Verletzung des Körpers oder der Gesundheit eines Menschen oder zu einer nicht gänzlich belanglosen Sachbeschädigung führt. – *Umfang:* Vgl. →Staßenverkehrsunfall-Statistik.

Verkehrsunfallflucht, →unerlaubtes Entfernen vom Unfallort.

Verkehrsverbund, vertraglich geregelte Kooperation zwischen Trägern des öffentlichen Personennahverkehrs (→Verkehrsbetriebe) mit Fahrplanabstimmung, Verkehrs- und Tarifgemeinschaft sowie gemeinsamer Planung und betrieben werden. V. finden sich v. a. in Ballungsgebieten wie Hamburg, Rhein-Ruhrgebiet, Frankfurt und München.

Durch die Zusammenarbeit im V. sollen sich berührende und überlappende Verkehrsnetze und Bedienungssysteme wirtschaftlicher entwickelt und betrieben werden. V. finden sich v. a. in Ballungsgebieten wie Hamburg, Rhein-Ruhrgebiet, Frankfurt und München.

Verkehrsverteilungsmodelle, →Verkehrsmodelle, die im Rahmen der →Verkehrsplanung der Transformation des →Verkehrsaufkommens einer →Verkehrszelle i bzw. j $(i,j = 1,2...,n)$ als →Quellverkehr bzw. →Zielverkehr in Verkehrsströme zwischen den Verkehrszellen i und j dienen – Vgl. auch →Vier-Stufen-Algorithmus, →Wachstumsfaktorenmodelle, →Gravitationsmodelle, →Opportunity-Modelle, →Entropie-Modelle.

Verkehrswacht, gemeinnützige Selbsthilfeorganisationen in der juristischen Form eingetragener Vereine. – *Ziele:* Förderung des Verantwortungsbewußtseins und des korrekten und kameradschaftlichen Verhaltens aller Verkehrsteilnehmer im Straßenverkehr. – *Mittel:* Enge Zusammenarbeit mit den zuständigen Behörden, insbes. der Polizei, den Straßenverkehrsämtern und der Schulverwaltung (→Verkehrssicherheitstag, Verkehrserziehung als Schulfach). – *Aufbau:* Etwa 500 V. mit weiteren 500 Stützpunkten sind in der Bundesrep. D. in Landesverkehrswachten zusammengeschlossen, die als Arbeitsgemeinschaft die →Deutsche Verkehrswacht bilden.

Verkehrswege, I. V e r k e h r s w i r t s c h a f t : 1. *Begriff:* Natürliche (Luft, Flüsse, Meer) oder künstlich geschaffene bzw. unterhaltene Bahnen oder Verbindungslinien, auf denen sich die Beförderung von Personen, Gütern und Nachrichten vollzieht und aus denen sich durch Verbindung Netze bilden lassen.

2. *Einzelne Verkehrsbereiche:* a) *Spurgeführte V.:* (1) *Eisenbahnschienennetze:* Stahlschienenstränge mit besonderem, künstlich befestigtem Unterbau zur Fortbewegung von Eisenbahnfahrzeugen. – Zu unterscheiden nach: (a) der Spurweite: Normal- und Schmalspurbahnen; (b) den Eigentumsverhältnissen: bundeseigene und nichtbundeseigene Strecken; (c) der Gleiszahl: ein- und mehrgleisige Strecken; (d) der Verkehrszweck: Strecken des öffentlichen und des nichtöffentlichen Verkehrs sowie Strecken zur Personen- bzw. Güterbeförderung oder für beides; (e) den Betriebsmöglichkeiten: elektrifizierte und nichtelektrifizierte Strecken. – (2) *Straßenbahnnetze;* Gleisanlagen unterschiedlicher Spurweite im Straßenraum oder auf eigenem Bahnkörper für den Verkehr von Straßenbahnen. – (3) Unterirdische, ebenerdige oder hochgelegte gleisgetrennte Fahrbahnen für *Stadtbahnen* (z. B. U-Bahnen, Hochbahnen) mit Gleisanlagen auf eigener Trassierung. – (4) Systeme, bei denen die *Spurführung mittelbar* (schwebend) erfolgt (z. B. Klein/Großkabinenbahnen auf Tragbalken oder als Hängebahnen, Schleppglifte, Magnetschwebebahnen). – (5) I. w. S. die *Oberleitungsnetze für Obusse.* – b) *Spurfreie Land-V.:* Straßen, im technischen Sinne bauliche Anlagen, die dem nichtschienengebundenen Fahrverkehr als Bahn dienen; nach dem Bestimmungszweck und den Eigentums-

verhältnissen werden in der Bundesrep. D. unterschieden: (1) *Bundesfernstraßen:* Gliedern sich in (a) *Bundesautobahnen* (ausschließlich für den Schnellverkehr mit Kraftfahrzeugen, frei von höhengleichen Kreuzungen mit getrennten Fahrbahnen für den Richtungsverkehr) und (b) *Bundesstraßen* mit Ortsdurchfahrten (öffentliche Straßen des überörtlichen Verkehrs, die ein zusammenhängendes Verkehrsnetz bilden). – (2) *Landes-, Land- oder Staatsstraßen* sowie *Kreisstraßen,* die ebenfalls dem überörtlichen Verkehr dienen (sog. klassifizierte Straßen I. und II. Ordnung). – (3) *Gemeindestraßen* (Inner- und Außerortsstraßen der Städte und Gemeinden), die für den öffentlichen Verkehr bestimmt sind. – (4) *Wirtschafts-, Feld- und Waldwege* sowie *Privatwege* mit Beschränkungen des öffentlichen Verkehrs; außerdem sonstige Wege mit beschränkten Benutzungszwecken (Reit-, Fuß- und Fahrradwege). – c) *Wasser-V.:* (1) *Seestraßen* bzw. *Seeschiffahrtsstraßen:* Von Seeschiffen befahrenes Gewässer oder ein Schiffahrtsweg über das offene Meer. – (2) *Binnenwasserstraßen:* Oberirdische Gewässer (Seen, Flüsse, Kanäle), die ausreichend tief und breit sind und nicht zu enge Krümmungen haben, um mit Schiffen befahren zu werden. – (3) *Bundeswasserstraßen:* Vom Bund unterhaltene Wasserstraßen, die sich nach dem Wasserwegerecht in Binnen- und Seewasserstraßen gliedern. Seewasserstraßen sind die Flächen zwischen der Küstenlinie (d. i. die Uferlinie – MThw/MW-Linie an der Festlandsküste) oder der seewärtiger Begrenzung der Binnenwasserstraßen und der seewärtigen Begrenzung des Küstenmeeres. Außerdem schiffahrtsrechtliche Unterteilung nach der überwiegenden Verkehrsbenutzung in Binnen- und Seeschiffahrtsstraßen (einige der Binnenwasserstraßen sind Seeschiffahrtsstraßen). – (4) *Binnenwasserstraßen:* Zu unterteilen in (a) geregelte Flüsse (überwiegend natürliches Gewässerbett mit flußbaulichen Maßnahmen zur Verbesserung der Wasserstands- und Strömungsverhältnisse); (b) staugeregelte Flußabschnitte (zur Verbesserung der Wasserstandsverhältnisse mit Staustufen versehenes weitgehend natürliches Gewässer) und (c) Schiffahrtskanäle (Wasserstraßen mit überwiegend künstlichem Gewässerbett). Nach der Tragfähigkeit Unterteilung der Binnenwasserstraßen in sechs Klassen (CEMT-Empfehlung; z. B. Klasse V: Großes Rheinschiff, 1500–3000 t). – d) *Luft-V.:* (1) *I.w.S.:* Der gesamte Luftraum. – (2) *I.e.S.:* Luftstraßen (Airways); vom Luftverkehr regelmäßig benutzte und von den Flugsicherungsbehörden in der Form von Korridoren festgelegte Lufträume. Die mit allen in ihrem Bereich befindlichen Navigationshilfen durch Projektion in Karten dargestellten Luftstraßen dienen der Sicherung der Luftfahrzeuge, die für den Flug auf einer bestimmten Luftstraße bestimmte Höhen zugewiesen erhalten.

Straßennetz der Bundesrep. D. (in km [1]))

	1960	1970	1986
Bundesautobahnen	2 671	4 461	8 350
Bundesstraßen	25 230	32 616	331 372
Freie Strecken	19 496	25 362	24 533
Ortsdurchfahrten	5 734	7 254	6 838
Landesstraßen [2])	57 680	65 367	63 296
Freie Strecken	46 348	51 619	49 430
Ortsdurchfahrten	11 296	13 748	13 864
Kreisstraßen	50 687	62 025	70 222
Freie Strecken	41 700	50 206	55 710
Ortsdurchfahrten	8 987	11 819	14 511
Gemeindestraßen [3])	233 979	276 375	318 000 [4])
Außerortsstraßen	117 933	119 473	124 000 [4])
Innerortsstraßen	116 049	156 902	194 000 [4])
Privatstraßen des öffentlichen Verkehrs	8 039	3 938	3 131
Insgesamt	376 697	444 782	494 371

[1]) jeweils am 31.12.; 1985 ohne Fahrbahnäste (d. h. nur Betriebsstrecken; [2]) einschließlich der Landstraßen II. Ordnung im Saarland (Landstraßen) sowie der Staatsstraßen in Bayern; [3]) ohne Ortsdurchfahrten der Straßen des überörtlichen Verkehrs; [4]) Schätzungen.

Quellen: Statistisches Bundesamt: Fachserie H Verkehr. Reihe 5 Straßenverkehr, Sonderbeitrag: Gemeindestraßen, 1. Januar 1961; dass.: Fachserie H Verkehr. Reihe 5 Straßenverkehr I. Straßen, Brücken, Parkeinrichtungen 1. Januar 1971; Fachserie 8 Verkehr, Reihe 3.3 Straßenverkehrsunfälle 1986.

Streckenlänge der deutschen Eisenbahnen (in km)

	1960	1970	1985
Eigentumsstreckenlänge	36 017	33 010	30 568
dar. elektrifiziert	4 233	8 861	11 671
Betriebsstreckenlänge	35 974	33 123	30 751
dar. eingleisig	18 112 [1])	20 684	18 362 [2])
mehrgleisig	17 905 [1])	12 326	12 446 [2])
Gesamtgleislänge	–	72 549	68 082

[1]) nur DB; [2]) 1984

Quelle: Statistische Jahrbücher für die Bundesrepublik Deutschland, versch. Jge.

Länge der Wasserstraßen in der Bundesrep. D. (in km)

	1962	1972	1985
Bundeswasserstraßen			
davon: Seewasserstraßen	–	–	9 970 km²
Binnenwasserstraßen	4 713	4 756	4 901
1) für allgemein. Verkehr	–	4 267	4 490
2) nicht für allg. Verkehr	–	489	411
Binnenschiffahrtsstraßen	3 959	4 004	4 134
Seeschiffahrtsstraßen	754	752	700
Binnenwasserstraßen	4 713	4 756	4 901
davon: Regulierte Flüsse	2 057	1 972	1 903
Staugeregelte Flüsse	1 738	1 819	1 923
Schiffahrtskanäle	918	965	1 075
Abgabenpflichtige Wasserstraßen	–	2 197	2 339
Regelmäßig benutzte Wasserstraßen	4 489	4 369	4 336
Tragfähigkeitsklassen			
weniger als 250 t	737	291	216
250– 650 t	380	380	288
650–1 000 t	756	855	644
1 000–1 500 t	1 369	1 609	1 910
1 500–3 000 t	693	681	640
über 3 000 t	554	577	480

Quelle: Bundesministerium für Verkehr, Abt. Bundeswasserstraßen.

(3) *Luftwege:* Flugstrecken in einem Flugsicherungs-Informationsgebiet, für die ein beratender Flugsicherungs-Kontrolldienst besteht. – e) *Rohrwege:* Aus einzelnen Röhren zusammengesetzte, oberirdisch oder unterirdisch verlaufende Rohrleitungen, in denen mit Hilfe von Pumpanlagen oder aufgrund des natürlichen Gefälles flüssige oder gasförmige Stoffe transportiert werden können. Unterscheidung zwischen (a) Rohölleitungen, (b) Fertigproduktenleitungen und (c) Gasleitungen (werden i.a. nicht zum Verkehrsbereich gezählt). – f) *Drahtleitungen und Kabel:* Netze, die den leitungsgebundenen telephonischen und telegraphischen Nachrichtenverkehr ermöglichen; in Abhängigkeit von der Kapazität Unterscheidung zwischen (a) Breitbandnetzen und (b) Schmalbandnetzen.

II. Organisation: Mißverständliche Bezeichnung für →Kommunikationsbeziehungen zwischen den organisatorischen Einheiten bzw. Handlungsträgern. Die V. zur Übermittlung von →Weisungen können prinzipiell als →Einliniensystem oder als →Mehrliniensystem ausgestaltet werden.

Verkehrswert, der jederzeit erzielbare Verkaufspreis, insbes. von Grundstücken. *Ermittlung,* etwa zum Zweck der Beleihung, von einem Sachverständigen auf der Grundlage des →Sachwerts und des →Ertragswerts, korrigiert je nach den örtlichen Verhältnissen und der Lage am Grundstückmarkt; vgl. →Grundstückswert. – *Steuerrecht:* Vgl. →gemeiner Wert.

Verkehrswertigkeit. 1. *Begriff:* Technisch-ökonomische Qualität des Verkehrsangebots im Sinn der potentiellen Leistungsfähigkeit eines Verkehrssystems; bestimmt durch Merkmale der Verkehrswege, Verkehrsmittel sowie Organisation der Verkehrsleistungsproduktion. – 2. *Kriterien:* Qualitätsmerkmale eines Verkehrssystems sind Schnelligkeit, →Massenleistungsfähigkeit, →Netzbildungsfähigkeit, →Berechenbarkeit, →Häufigkeit, →Sicherheit und →Bequemlichkeit. Zwischen diesen Teilverkehrswertigkeiten bestehen bei vorgegebenem Stand der Technik komplementäre, aber auch substitutive Beziehungen. – 3. *Transportkosten:* Abhängig von der technisch-ökonomischen Qualität des Verkehrsangebots, insbes. führt Qualitätssteigerung – bei vorgegebenem Entwicklungsstand der Verkehrstechnik – i.d.R. zu höheren Transportkosten.

Verkehrswirtschaft. I. Begriff: Sektor der Gesamtwirtschaft, dessen Aktivitäten auf die Produktion von Verkehrsleistungen (→Personenverkehr, →Güterverkehr, →Nachrichtenverkehr) auf dem Lande (→Straßenverkehr, →Schienenverkehr), auf dem Wasser (→Binnenschiffahrt, →Seeschiffahrt), in der Luft (→Luftverkehr) sowie mittels Leitungssystemen (→Rohrleitungsverkehr) gerichtet sind.

Die betriebswirtschaftlichen Aspekte der V. sind Gegenstand der →Verkehrsbetriebslehre und der →Logistik, nationale und internationale Gestaltung der V. Gegenstand der →staatlichen Verkehrspolitik sowie der →europäischen Verkehrspolitik. – Vgl. auch →Verkehrsinfrastruktur.

II. Funktionen: 1. *Primärfunktion:* Verkehrsleistungen dienen der Ortsveränderung von Personen, Gütern und Nachrichten. – 2. *Sekundärfunktionen:* a) *Produktionsfunktion:* Verkehrsleistungen als notwendiger Bestandteil der Beschaffung von Produktionsfaktoren, der Durchführung der Produktion in den einzelnen Betrieben sowie des Absatzes der erstellten Produkte. Der Verkehr ermöglicht die Entstehung von Märkten. Qualität des Verkehrssystems und der Verkehrsleistungsproduktion formen die interregionalen und intersektoralen Wirtschaftsbeziehungen, prägen Ausmaß und Reichweite der ökonomischen Interdependenzen und bestimmen den Grad der Arbeitsteilung und Spezialisierung. Darüber hinaus ist der Verkehr Voraussetzung der Trennung von Wohnstätten und Arbeitsstätten; damit weitreichende Wirkungen auf die Entstehung typischer Siedlungsstrukturen. – b) *Konsumfunktion:* Verkehrsleistungen können den Charakter eines originären Konsumgutes haben: Unmittelbare Bedürfnisbefriedigung durch Raumüberwindung (Freude am Fahren), Mobilität als Statussymbol. Daneben Verkehrsleistungen als unerläßlicher Bestandteil anderer Konsumprozesse: Freizeit- und Erholungsverkehr sowie Einkaufsverkehr. – c) *Integrationsfunktion:* Qualität des Verkehrssystems und der Verkehrsleistungsproduktion prägen entscheidend den Grad der Integration eines Staatswesens; Voraussetzung für die Formung staatlichen Willens und seine Durchsetzung im gesamten Staatsgebiet; Ortsveränderung von Gütern, Personen und Nachrichten als wesentliche Vorbedingung für die staatliche Ordnung gerade in Flächenstaaten. Verkehrsleistungen sind außerdem wichtige Voraussetzung für den informellen und formellen Zusammenhalt gesellschaftlicher Gruppen (Familien, Parteien) und bestimmen damit den Grad der gesellschaftlichen Integration. Das Verkehrssystem erfüllt somit wesentliche Daseinsvorsorgefunktionen.

III. Unternehmens-, Betriebs- und Kostenstruktur: 1. *Unternehmensstruktur:* Die Unternehmensstrukturen reichen in der V. vom Monopol über das Oligopol bis zur polypolistischen Konkurrenz. Substitutionsbeziehungen zwischen den verschiedenen Verkehrsbereichen verändern die aus der Unternehmensmorphologie folgende Marktstellung einzelner Verkehrsunternehmen. Die Unternehmen der V. sind in unterschiedlicher Weise in das Rechtssystem eingeordnet.

a) *Eisenbahnverkehr:* Im Verkehrsbereich der Eisenbahnen besteht neben der →Deutschen Bundesbahn eine große Zahl →nichtbundeseigener Eisenbahnen mit enger technisch-organisatorischer und wirtschaftlicher Kooperation. Enge Substitutionsbeziehungen bestehen v. a. im Verhältnis zum Straßenverkehr und zur Binnenschiffahrt, teilweise auch zum Luftverkehr, mit einer deutlichen Differenzierung der Wettbewerbsintensität nach Verkehrsarten. Neben intermodalem Wettbewerb sind auch Ansätze intermodaler Kooperation (→kombinierter Verkehr) vorhanden. Die Eisenbahnen sind meist staatliche bzw. öffentliche Unternehmen.

b) *Straßengüterverkehr:* Im Verkehrsbereich des Straßengüterverkehrs sind neben einigen großen auch viele mittlere und kleine Unternehmen vertreten. Die Deutsche Bundesbahn ist der größte Straßengüterverkehrsunternehmer, daneben v. a. große Zahl mittelständischer Unternehmen, allerdings überwiegen Kleinstunternehmen der Zahl nach. Trotz konservierender Marktregulierung ist ein Konzentrationsprozeß mit deutlichem Unternehmensgrößenwachstum erkennbar, daneben begrenzte intramodale Kooperation technisch-organisatorischer und wirtschaftlicher Art (Straßenverkehrsgenossenschaften, Kooperationsbörse). In rechtlicher Hinsicht sind private Unternehmensformen vorherrschend.

c) *Straßenpersonenverkehr:* Im Verkehrsbereich des Straßenpersonenverkehrs sind (abgesehen vom →Individualverkehr) die Eisenbahnen von herausragender Bedeutung. Neben der Deutschen Bundesbahn und den nichtbundeseigenen Eisenbahnen ist auch die →Deutsche Bundespost im Straßenpersonenverkehr tätig. Daneben sind v. a. kommunale und gemischtwirtschaftliche sowie private Unternehmen mit sehr differenzierter Größenstruktur festzustellen. Die intramodale Kooperation in Verkehrsverbünden (→Verkehrsverbund) unterschiedlicher Art weist eine steigende Tendenz auf.

d) *Binnenschiffahrt:* In der Binnenschiffahrt sind einige große Reedereien (mit starken kapitalmäßigen Verflechtungen) und zahlreiche Kleinunternehmen (Partikuliere) als Transportanbieter tätig. Aus dieser Unternehmensstruktur wird regelmäßig die Notwendigkeit wettbewerbsbeschränkender Staatsinterventionen gefolgert. Die intramodale Kooperation ist sehr stark ausgeprägt (Partikuliergenossenschaften, langfristige Beschäftigungsverträge), gleichzeitig ist jedoch auch eine hohe Intensität der Unternehmenskonzentration zu beobachten. Private Unternehmen sind vorherrschend, aber auch erheblicher Staatseinfluß festzustellen.

e) *Seeschiffahrt:* Für die Seeschiffahrt ist gleichzeitiges Bestehen großer und kleiner Reedereien typisch. In der Linienschiffahrt herrschen große Unternehmen mit Kooperation in Linienkonferenzen (regionale Preis-

und Konditionenkartelle) vor. In der Tramp- sowie der Küstenschiffahrt sind neben größeren Reedereien auch viele Klein- und Kleinstunternehmen (häufig mit nur einem Schiff) tätig. Flaggenprotektionismus und Ladungslenkung sowie weitreichende Subventionspolitik prägen den Staatseinfluß in diesem Verkehrsbereich. Neben privaten Unternehmensformen sind auch Staatsreedereien festzustellen.

f) *Luftverkehr:* Im Linienluftverkehr ist für die meisten Länder nur ein staatliches Unternehmen tätig (mit wenigen Ausnahmen, z. B. USA). Im Charterverkehr haben sich auch kleinere Unternehmen behaupten können. Hoher Grad der staatlichen Regulierung des Luftverkehrs ist international festzustellen. Die internationale intramodale Kooperation ist stark ausgeprägt (internationale Luftverkehrsabkommen und Organisationen). Neben privaten Unternehmensformen sind auch Staatsunternehmen festzustellen.

g) *Rohrleitungsverkehr:* Im Rohrleitungsverkehr ist i. d. R. eine Gründung einer gemeinsamen Bau- und Betriebsgesellschaft seitens der an einer Pipeline interessierten Mineralölkonzerne festzustellen. Weitere am Mineralöl- und Produktentransport interessierte Unternehmen können die erstellten Pipelines i. a. zu nicht diskriminierenden Bedingungen nutzen (Abschwächung der Monopolsituation bestehender Pipeline-Gesellschaften).

h) *Nachrichtenverkehr:* Im Nachrichtenverkehr hat die Deutsche Bundespost die dominierende Stellung inne (Briefdienst, Postzeitungsdienst, Fernmeldewesen). Das Fernmeldenetzmonopol wird weitgehend als natürliches Monopol interpretiert (→Postmonopol); im Endgerätebereich wird das Fernmeldemonopol zunehmend in Frage gestellt.

2. *Betriebsstruktur:* a) Kennzeichnend für die Betriebsstrukturen der V. sind regelmäßig das Zusammentreffen eines *umfangreichen Anlagekapitals* (Verkehrswege, Verkehrsmittel) mit einem *hohen Personalbedarf*. Das umfangreiche Anlagekapital hat sich dabei nicht erst im Verlauf arbeitssparender technischer Fortschritte herausgebildet, sondern gehörte von vornherein zu den betriebsstrukturellen Besonderheiten des Verkehrs. Wenngleich auch durch neuartige Betriebssysteme (z. B. kombinierter Verkehr, Containerverkehr, Schub- und Koppelverbände) bei steigender Durchschnittsgröße der Verkehrsmittel Personal abgebaut werden konnte, so kennzeichnet doch nach wie vor ein hoher Personalbedarf viele Prozesse der verkehrsbetrieblichen Leistungserstellung. – b) Die *Kapitalintensität* der Verkehrsbetriebe ist dann besonders hoch, wenn neben den Verkehrsmitteln auch die Verkehrswege technisch bereitgestellt werden müssen. Dann ist i. d. R. die technische Einseitigkeit der Anlagen extrem hoch; sie sind i. a. für keinen anderen Produktionszweig ver-

wendbar. Der Zwang zur Auslastung der vorhandenen Kapazität ist von daher sehr groß. – c) Die V. gehört zum Dienstleistungsbereich; Dienstleistungen können nicht auf Vorrat produziert werden. Die Produktion von Verkehrsleistungen und ihr Absatz fallen zeitlich zusammen. Bei erheblichen zeitlichen Schwankungen (tageszeitlich, saisonal) der Nachfrage nach Verkehrsleistungen muß grundsätzlich eine Leistungskapazität mit *Spitzenlastorientierung* bereitgehalten werden (→Betriebspflicht, →Beförderungspflicht). Der Umfang der damit zu haltenden Leistungsreserven ist allerdings nach Verkehrsträgern und Verkehrsarten sehr unterschiedlich. – d) Eine weitere betriebsstrukturelle Besonderheit der V. liegt in der *Unpaarigkeit der Verkehrsströme* begründet. Leerbewegungen der Verkehrsmittel sind praktisch nicht vermeidbar, das Kuppelprodukt Rückfahrt läßt sich nicht immer verkaufen. Im Wettbewerbsprozeß können sich die damit verbundenen Probleme noch verschärfen. – e) Ferner ist auf die weitgehende *Abhängigkeit* des Verkehrs *von Natureinflüssen* hinzuweisen. So wirken sich Hoch- und Niedrigwasser, Nebel und Eis auf die Binnenschiffahrt erheblich aus; auch Seeschiffahrt, Luftfahrt und Straßenverkehr sind starken Einwirkungen der Natur ausgesetzt. Verhältnismäßig günstig ist die Situation der Eisenbahn; ihre Verkehrsleistungsproduktion wird nur bei außerordentlich starkem Frost gefährdet.

3. *Kostenstruktur:* a) Die betriebsstrukturellen Besonderheiten der V. bedingen *hohe Kosten der bloßen Betriebsbereitschaft.* Dies ist nicht nur eine Folge des umfangreichen Anlagekapitals, sondern auch des hohen Personalbedarfs, da angesichts der arbeits- und sozialrechtlichen Gegebenheiten die Personalkosten vielfach ausgesprochenen Fixkostencharakter angenommen haben. Die V. ist ein Wirtschaftsbereich mit ausgeprägter Fixkostenstruktur. – b) Die Fixkostenstruktur der Verkehrsbetriebe führt bei steigender Verkehrsleistung zu einem *degressiven Verlauf der Durchschnittskosten.* Bei allerdings erheblichen Kostenunterschieden zwischen den einzelnen Verkehrsträgern ist allgemein der Zwang zur Auslastung der vorhandenen Kapazität sehr groß (Vermeidung von Leerkosten).

IV. B r u t t o w e r t s c h ö p f u n g d e r V.: Die B. in der V. belief sich 1960 auf 28,4 Mrd. DM (zu Preisen von 1980) und stieg bis 1985 auf 55,5 Mrd. DM an. Der Anteil des Verkehrs an der gesamten Bruttowertschöpfung aller Wirtschaftsbereiche verminderte sich in demselben Zeitraum von 4,1% auf 3,6%. In dieser Entwicklung zeigt sich ein Absinken der globalen Transportintensität der Wirtschaft der Bundesrep. D., das wesentlich auf veränderten Produktionsstrukturen beruht (Vordringen weniger transportintensiver Produktionen im industriellen Bereich sowie des Dienstleistungssektors).

Bruttowertschöpfung im Verkehrssektor (in Mrd. DM)

	1960	1985
Deutsche Bundesbahn	12,1	12,3
Nichtbundeseig. Eisenbahn	0,5	0,5
Eisenbahnen	12,6	12,8
Binnenschiffahrt	0,9	1,1
Binnenhäfen	0,2	0,1
Seeschiffahrt	2,2	1,8
Seehäfen	0,8	1,4
Schiffahrt	4,1	4,4
Öff. Straßenpersonenverkehr	3,9	7,8
Güterkraftverkehr	7,2	22,1
Fluggesellschaften	0,5	6,7
Flughäfen	0,1	1,4
Rohrfernleitungen	0,1	0,4
Übriger Verkehr	11,7	38,3
Verkehr, insgesamt	28,4	55,5
Zum Vergleich:		
Bruttowertschöpfung aller Wirtschaftsbereiche – unbereinigt	691,9	1 529,7
Anteil des Verkehrs in vH	4,1	3,6
Bruttowertschöpfung aller Wirtschaftsbereiche – bereinigt	679,3	1 466,3

Quelle: BMV (Hrsg.), Verkehr in Zahlen 1986, Bonn, S. 48 f.

V. R e g u l i e r u n g d e r V.: 1. *Begriff:* Die Regulierung der V. umfaßt die Gesamtheit direkter und indirekter Kontrollen der Verkehrsunternehmen aufgrund gesetzlicher Vorschriften; der Wettbewerb wird mehr oder weniger durch ein System staatlicher Eingriffe ersetzt; der Spielraum der Unternehmen für eigene Wettbewerbsstrategien wird entsprechend eingeschränkt.

2. *Tarifregulierung in der V.:* a) *Eisenbahnverkehr:* Die DB unterliegt der →Tarifpflicht gem. § 6 EVO i. V. m. der →Betriebspflicht nach § 4 BbG und der →Beförderungspflicht nach § 2 EVO; der tariffreie Raum ist eng begrenzt (z. B. Sonderabmachungen nach § 7 EVO). Tarifbildungsorgan ist nach § 12 BbG der Verwaltungsrat der DB i. V. m. der →Ständigen Tarifkommission der deutschen Eisenbahnen. Rechtsgrundlage internationaler Tarife sind ferner das COTIF i. V. m. ER/CIM und ER/CIV sowie die EG-Ratsentscheidungen 82/529/EWG und 83/418/EWG. Die Tarife sind grundsätzlich genehmigungsbedürftig: Genehmigungsinstanz gem. §§ 6 AEG und 16 BbG; Genehmigungskriterien gem. §§ 6 und 8 AEG, 16 und 46 BbG sowie 6 EVO. Ausgleichsleistungen bei Genehmigungsversagung sind nach § 28a BbG vorgesehen. Allgemeiner Tarifgenehmigungsrahmen des Bundesministers für Verkehr (20% p. a., seit 1971 laufend fortgeschrieben), international außerdem teilweiser Verzicht auf Genehmigungsvorbehalt (im Güterverkehr weiterreichend im Personenverkehr.

b) *Straßengüterverkehr:* (1) *Tarifbildung:* Das Straßengüterverkehrsgewerbe (ohne Werkverkehr) unterliegt grundsätzlich der Tarifpflicht (aber: Sonderabmachungen nach §§ 22 a GüKG wie § 7 EVO). Tarifbildungsorgane sind die Tarifkommissionen für die verschiedenen Verkehrszweige: →Tarifkommission für den Güterfernverkehr nach § 21 GüKG, →Tarifkommission für den Umzugsverkehr nach § 40 GüKG, →Tarifkommissionen für den allgemeinen Güternahverkehr sowie →Tarifkommission für den Speditionsnahverkehr nach § 84 GüKG (unterschiedliche Zusammensetzung, unterschiedliches Tarifbildungsprocedere). International sind bilaterale Tarifvereinbarungen üblich, in der EG aufgrund der Ratsverordnung 83/3568/EWG. – (2) *Tarifgenehmigung:* Die Beschlüsse der Tarifkommissionen bedürfen grundsätzlich der Genehmigung des Bundesministers für Verkehr; dieser entscheidet im Einvernehmen mit dem Bundesminister für Wirtschaft. Die Genehmigungskriterien sind weitgehend mit denjenigen des Eisenbahnverkehrs vergleichbar. Vgl. §§ 7, 20 a, 22, 40, 84, 84 a, 84 e, 84 f GüKG. – (3) *Tarifüberwachung:* Die Überprüfung der Tarifeinhaltung gehört zu den Hauptaufgaben der →Bundesanstalt für den Güterfernverkehr gem. § 58 i. V. m. §§ 54 und 54 a GüKG; gegebenenfalls werden besondere Frachtenprüfstellen eingeschaltet. Einzelheiten der Tarifüberwachung sind durch Verordnung festgelegt. Tarifverstöße (Tarifunterbietung, Tarifüberbietung) sind Ordnungswidrigkeiten i. S. des Wirtschaftsstrafgesetzes und werden mit Bußgeld bedroht. Vgl. §§ 22, 87 und 98 GüKG.

c) *Straßenpersonenverkehr:* (1) *Linienverkehr:* Der öffentliche Straßenpersonenverkehr unterliegt grundsätzlich der Tarifpflicht. Für den Verkehr mit Stadtschnellbahnen, U-Bahnen, Straßenbahnen und Obussen unterliegen die Beförderungsentgelte dem Zustimmungsvorbehalt der für die Zulassung des Betriebs zuständigen Genehmigungsbehörde. Die Beförderungsentgelte des Linienverkehrs mit Kraftfahrzeugen der DB und vom Bundesminister für Verkehr zu genehmigen, die Beförderungsentgelte der DBP sind nach § 14 Post-VerwG festzusetzen; Genehmigung und Festsetzung der Beförderungsentgelte erfolgen im Einvernehmen mit dem Bundesminister für Wirtschaft. Im Falle der Sonderformen des Linienverkehrs mit Kraftfahrzeugen gem. § 43 PBefG kann auf die Einhaltung der Vorschriften über die Beförderungsentgelte verzichtet werden. Bei der Genehmigung bzw. Festsetzung der Beförderungsentgelte ist i. d. R. zu prüfen, ob die Entgelte unter Berücksichtigung der wirtschaftlichen Lage des Unternehmers, einer ausreichenden Verzinsung und Tilgung des Anlagekapitals und der notwendigen technischen Entwicklung angemessen sind und mit den öffentlichen Verkehrsinteressen und dem Gemeinwohl in Einklang stehen.

Vgl. §§ 8, 39, 41, 45 PBefG. – (2) *Gelegenheitsverkehr:* Nach § 51 PBefG ist die jeweilige Landesregierung ermächtigt, durch Rechtsverordnungen Beförderungsentgelte für den Gelegenheitsverkehr mit Taxen, sowie Zwecke des Krankentransports sowie mit Kraftomnibussen festzusetzen. Der Festsetzung der Entgelte geht ein Anhörverfahren voraus. Die DBP und die DB setzen im Gelegenheitsverkehr mit Kraftomnibussen die Beförderungsentgelte unter Beachtung etwaiger Rahmenvorschriften gem. § 58 PBefG fest; auf Verlangen des Bundesministers für Verkehr ist zu der Festsetzung sein Einvernehmen (bei gleichzeitiger Beteiligung des Bundesministers für Wirtschaft) einzuholen. – (3) *Sonstige Regelungen:* Aufsicht über die Unternehmen des Straßenpersonenverkehrs nach § 54 PBefG; Prüfungsbefugnisse gem. § 54 a PBefG; Bußgeldvorschriften bei Ordnungswidrigkeiten gem. § 61 PBefG.

d) *Schiffahrt:* (1) *Binnenschiffahrt:* Die Festsetzung der Tarife für den Verkehr auf Bundeswasserstraßen wird durch →Frachtenausschüsse vorgenommen; Frachtenausschüsse bestehen für die Strom- und Kanalgebiete Berlin, Bremen, Dortmund, Hamburg und Regensburg sowie für den Rhein; bundesweiter Frachtenausschuß für die Tankschiffahrt. Die von den Frachtenausschüssen, ermächtigten Frachtenausschüssen und erweiterten Frachtenausschüssen beschlossenen Entgelte für Verkehrsleistungen gelten als marktgerecht. Die Beschlüsse bedürfen der Genehmigung des Bundesministers für Verkehr; die genehmigten Beschlüsse werden als Rechtsverordnungen erlassen (§§ 21–29 BSchVG; Genehmigungskriterien gem. §§ 21, 33 BSchVG). Aufhebung oder Festsetzung von Entgelten für Verkehrsleistungen ist aus Gründen des allgemeinen Wohls möglich (§§ 29, 30 BSchVG). Die Tarifüberwachung sowie die Sanktionen bei festgestellten Tarifverstößen sind in §§ 31 a–31 d sowie 31 BschVG geregelt. Das weiteren ist die Verordnung über die Überwachung der festgesetzten Entgelte für Verkehrsleistungen in der Binnenschiffahrt zu beachten. Im Gegensatz zum Verkehr auf den Bundeswasserstraßen gilt für den grenzüberschreitenden Verkehr der Grundsatz der freien Preisbildung ohne behördliche Überprüfung bzw. Genehmigung. – (2) *Seeschiffahrt:* V. a. indirekter Staatseinfluß auf die Preisbildung in der Seeschiffahrt festzustellen. Linienkonferenzen als regionale Preis-, Rabatt- und Quotenkartelle in Form selbst-regulierter Konferenzen, staatlich regulierter Konferenzen mit direkten oder indirekten Kontrollen sowie quasi-staatlich kontrollierter Konferenzen. Starker Einfluß des Staates auf die Preisbildung mittels Subventionen, Flaggenprotektionismus und Ladungslenkung ist zu beobachten.

e) *Luftverkehr:* In der Bundesrep. D. findet eine staatliche Regulierung der Beförderungsentgelte im Fluglinienverkehr durch §§ 21, 21 a LuftVG statt, mit Folgewirkungen für den Charterverkehr gemäß § 22 LuftVG. Als Maßstab der Regulierung gilt das öffentliche Interesse bzw. Verkehrsinteresse. Daneben sind multilaterale Luftverkehrsabkommen (z. B. Chicagoer Abkommen, Straßburger Abkommen), mehr noch bilaterale Abkommen mit Tarifklauseln auf der Basis der Reziprozität von Bedeutung. Ferner ist auf die IATA mit ihren Tarif- und Provisionsabsprachen hinzuweisen. Gerade im Luftverkehr ist eine zunehmende Liberalisierung der Tarifbildung festzustellen.

f) *Nachrichtenverkehr:* Die Entgelte für die Nachrichtenverkehrsleistungen der DBP werden mittels Gebührenverordnungen hoheitlich festgesetzt. Der Bundesminister für das Post- und Fernmeldewesen erläßt nach Maßgabe der Beschlüsse des Verwaltungsrates oder (in Ausnahmefällen) der Bundesregierung die Rechtsverordnungen über die Gebühren für die Benutzung der Einrichtungen des Post- und Fernmeldewesens (Benutzungsverordnungen) im Einvernehmen mit dem Bundesminister für Wirtschaft. Die Benutzungsverordnungen bedürfen nicht der Zustimmung des Bundesrates.

3. *Marktzutritts-/Marktaustrittsregulierung in der V.:* a) *Eisenbahnverkehr:* Der Verwaltungsrat der DB beschließt gem. § 12 I Nr. 9 und 10 BbG über den Bau neuer Bahnen einschl. der Durchführung grundlegender Neuerungen oder Änderungen technischer Anlagen sowie über die dauernde Einstellung des Betriebs einer Bundesbahnstrecke oder eines weitigen Bahnhofs. Gem. §§ 44 und 49 BbG erfolgt die Beteiligung der Länder. Aus § 28 BbG folgt die Notwendigkeit der betriebswirtschaftlichen Überprüfung der Bauwürdigkeit des neuen Vorhabens oder der Erhaltungswürdigkeit einer vorhandenen Strecke. Die Durchführung von Kosten-Nutzen-Untersuchungen gem. §§ 6 II HGrG und 7 BHO für Neu- und Ausbaumaßnahmen kann sinngemäß auch auf Stillegungsmaßnahmen übertragen werden. Nach §§ 36 BbG und 4 ROG sind Planfeststellungs- und Raumordnungsverfahren vorgesehen. Neubau-, Ausbau und Stillegungsmaßnahmen unterliegen einem Genehmigungsvorbehalt des Bundesministers für Verkehr (§ 14 II c bzw. d BbG). Anschließend bau- und betriebstechnische Planung aufgrund Eisenbahn-Bau- und Betriebsordnung nach § 3 AEG bzw. Aufhebung der in § 4 BbG festgelegten Betriebspflicht.

b) *Straßengüterverkehr:* (1) *Freistellungen:* Nach § 4 GüKG sowie gem. besonderer Freistellungsverordnung sind verschiedene, jedoch nicht den Kern der Verkehrsleistungsproduktion des Straßengüterverkehrs darstellende Beförderungen aus dem System der staatlichen Regulierung herausgenommen. – (2) *Erlaubnis:* Dem Unternehmer für seine Per-

son, ohne Begrenzung der Fahrzeugzahl und zeitlich unbeschränkt erteilte Zulassung zum Güterkraftverkehrsgewerbe. Persönliche Zuverlässigkeit, fachliche Eignung der zur Führung der Geschäfte bestimmten Personen und finanzielle Leistungsfähigkeit des Betriebes sind Voraussetzungen der Erlaubniserteilung. Die Erlaubnis ist i. d. R. erforderlich im allgemeinen Güternahverkehr, im Güterliniennahverkehr (hier zusätzlich Genehmigung, aber ohne Kontingentierung) sowie im Umzugsgutverkehr. Rücknahme der Erlaubnis ist unter differenzierten Voraussetzungen möglich. Vgl. §§ 37–39, 80–83 GüKG. – (3) *Genehmigung:* Dem Unternehmer des gewerblichen Güterfernverkehrs sowie des Güterliniennahverkehrs erteilte Inhaberkonzession (im Güterlinienverkehr zeitlich unbegrenzt, sonst zeitlich begrenzt, regelmäßig auf acht Jahre). Genehmigungserteilung ist von persönlichen, fachlichen und finanziellen Voraussetzungen abhängig, außerdem im Güterfernverkehr von dem zur Verfügung stehenden Kontingent an Genehmigungen. Zu unterscheiden sind neben den Genehmigungen für den Güterliniennahverkehr solche für den allgemeinen Güterfernverkehr sowie für den Bezirksgüterfernverkehr; daneben Genehmigungen für den grenzüberschreitenden Verkehr (Genehmigungen aufgrund bilateraler Kontingente, ferner kontingentierte EG- und CEMT-Genehmigungen). Genehmigungshandel ist untersagt. Genehmigungsübertragung bei Veräußerung des Betriebes als Ganzes möglich. Genehmigungssplitting ist erlaubt. Genehmigungsrücknahme u. a. bei mangelnder Ausnutzung vorgesehen. Vgl. § 8–19, 90–93 GüKG. – (4) *Beförderungsbescheinigung:* Lizenz für die Durchführung des Werkfernverkehrs; wurde dem Unternehmer auf Antrag von der BAG auf Zeit (höchstens fünf Jahre) für ein bestimmtes Kraftfahrzeug (nicht übertragbar) erteilt. Vor Aufnahme des Werkfernverkehrs Prüfung der Möglichkeiten eines Ersatzes durch die gewerblichen Verkehrsträger; Erteilung der Beförderungsbescheinigung dann, wenn innerhalb der zwei Monaten kein annehmbares Angebot der Bahn vorlag. Diese Regelung der §§ 50a–50f GüKG wurde 1986 ersatzlos aufgehoben.

c) *Straßenpersonenverkehr:* Staatliche Regulierung basiert auf dem Personenbeförderungsgesetz. Der sachliche Geltungsbereich des PBefG reicht vom öffentlichen Straßenpersonenverkehr (Linienverkehr: Stadtschnellbahn, U-Bahn, Straßenbahn, Obus, Kraftomnibus; Gelegenheitsverkehr: Ausflugfahrten, Ferienziel-Reisen, Verkehr mit Mietomnibussen) bis zum Taxi- und Mietwagenverkehr. Sämtliche Verkehrsarten (sowohl ihre Aufnahme als auch jede Erweiterung, wesentliche Änderung oder Übertragung des Betriebs) sind genehmigungspflichtig. Die Genehmigung wird dem Unternehmer für einen bestimmten Verkehr und für seine Person mit unterschiedlicher zeitlicher Befristung erteilt; er unterliegt im Linienverkehr des öffentlichen Straßenpersonenverkehrs sowie im Taxiverkehr der Betriebs- und Beförderungspflicht. Der Erteilung der Genehmigung geht ein Anhörverfahren voraus. Genehmigungsvoraussetzungen sind die Sicherheit und Leistungsfähigkeit des Betriebs sowie die Zuverlässigkeit und fachliche Eignung des Unternehmers. Versagung der Genehmigung erfolgt bei Beeinträchtigung der öffentlichen Verkehrsinteressen, insbes. bei Bedrohung des bereits vorhandenen Unternehmen ohne wesentliche Verbesserung der Verkehrsbedienung. .

d) *Schiffahrt:* Eine ausgeprägte Marktzutrittsregulierung, die über die notwendigen persönlichen, fachlichen und technischen Voraussetzungen der Aufnahme des Schiffahrtsbetriebes hinausgeht, ist weder in der Binnen- noch in der Seeschiffahrt der Bundesrep. D. festzustellen. Jedoch besteht für das Befahren von Bundeswasserstraßen mit Binnenschiffen aus anderen Staaten eine allgemeine Erlaubnispflicht, von der Binnenschiffe aus EG-Mitgliedstaaten ausgenommen sind. Auf dem Rhein gilt Schiffahrtsfreiheit nach der Mannheimer Akte für die EG-Staaten und die Schweiz. Nach der geltenden Außenwirtschaftsverordnung ist der Wechselverkehr zwischen dem Rheinstromgebiet und den Häfen des westdeutschen Kanalgebietes bis Dortmund und Hamm für Binnenschiffe aus EG-Mitgliedstaaten durch Kabotagefreiheit gekennzeichnet. Für das übrige Netz der Bundeswasserstraßen ist die Kabotage prinzipiell ausgeschlossen; für Binnenschiffe aus EG-Staaten ist der reine Transit frei. In der Seeschiffahrt wird der Marktzutritt durch Flaggenprotektionismus und staatliche Ladungslenkung sowie durch Schiffahrtskartelle und Neubauhilfen geprägt. Nur in der Binnenschiffahrt ist eine staatliche Marktaustrittsbeeinflussung festzustellen, die mit dem Anreizsystem der Abwrackprämien arbeitet.

e) *Luftverkehr:* Luftfahrtunternehmen, die Güter oder Personen gewerbsmäßig befördern, unterliegen nach §§ 20–22 LuftVG einer generellen Genehmigungspflicht. Die Genehmigung kann mit Auflagen verbunden und befristet werden; sie ist zu versagen, wenn die öffentliche Sicherheit oder Ordnung gefährdet oder wenn öffentliche Interessen (generell Schutz der DB, im besonderen Schutz der Deutschen Lufthansa) beeinträchtigt werden. Nach § 23 LuftVG ist ein Kabotageverbot möglich. Wegen der vorherrschenden internationalen Ausrichtung des Luftverkehrs starke Prägung durch multilaterale und bilaterale Abkommen; letztere werden i. d. R. auf der Basis der Reziprozität hinsichtlich der Gewährung von Landerechten sowie der Kapazitäten und Frequenzen abgeschlossen.

f) *Nachrichtenverkehr:* Marktzutritt ist nur in den vom Post- und Fernmeldemonopol nicht erfaßten Bereichen des Nachrichtenverkehrs möglich. Nach § 2 PostG ist das Errichten und Betreiben von Einrichtungen zur entgeltlichen Beförderung von Sendungen mit schriftlichen Mitteilungen oder mit sonstigen Nachrichten von Person zu Person ausschließlich der Deutschen Bundespost vorbehalten; hierzu gehören nicht wiederkehrend erscheinende Druckschriften. Nach § 1 Gesetz über Fernmeldeanlagen liegt die Fernmeldehoheit bei der Deutschen Bundespost; mit Ausnahme der Verteidigungsanlagen hat sie das ausschließliche Recht, Telegrafenanlagen für die Vermittlung von Nachrichten, ferner Fernsprechanlagen und Funkanlagen zu errichten und zu betreiben; dieses Recht wird über die eigentliche Netzhoheit hinaus auf die Zulassung, Bereitstellung und Wartung von Endgeräten ausgedehnt.

VI. K a r t e l l r e c h t l i c h e   A u s n a h m e r e g e l u n g e n: 1. Die kartellrechtlichen Ausnahmeregelungen für die V. (§ 99 GWB) wurzeln in der sog. *Besonderheitentheorie des Verkehrs.* Nach dieser weist die V. spezifische institutionelle, technische und ökonomische Merkmale (Unternehmensstruktur, Betriebsstruktur, Kostenstruktur im Verkehrssektor; vgl. auch Verkehrsmarkt) auf und erfüllt wichtige öffentliche Daseinsvorsorgefunktionen, die insgesamt staatliche Eingriffe in die Marktprozesse im Sinne einer kontrollierten Wettbewerbsordnung nahelegen (Tarifregulierung, Marktzutritts-/Marktaustrittsregulierung im Verkehr). Die staatliche Regulierung der V. schließt grundsätzlich die Anwendung des Kartellrechts nicht aus. Um jedoch ständige Widersprüche zwischen verkehrsrechtlichen und wettbewerbsrechtlichen Regelungen zu vermeiden, ist die V. als *wettbewerbspolitischer Ausnahmebereich* in das GWB einbezogen worden.

2. *Ausnahmeregelung nach § 99 I GWB:* a) *Freigestellte Bereiche:* Das GWB findet keine Anwendung auf Verträge, Beschlüsse und Empfehlungen der Verkehrsträger und des Verkehrshilfsgewerbes (einschl. ihrer Unternehmensvereinigungen) in den Bereichen des Güter-, Personen- und Nachrichtenverkehrs, soweit die hierauf beruhenden Entgelte oder Bedingungen durch Gesetz oder Rechtsverordnung (oder aufgrund eines Gesetzes oder einer Rechtsverordnung) festgesetzt oder genehmigt werden; das gleiche gilt, soweit Verträge und Beschlüsse, die einen kartellrechtlich bedeutsamen Inhalt haben, nach anderen Rechtsvorschriften einer besonderen Genehmigung bedürfen. – b) *Freistellungsumfang:* Der Vorrang des Verkehrsrechts gegenüber dem Kartellrecht führt zu einer Unanwendbarkeit des GWB insgesamt. Es findet auch keine Mißbrauchsaufsicht mehr statt. Allerdings reicht die Freistellung nur soweit, wie die hoheitliche Festsetzung oder Genehmigung der Entgelte und Bedingungen

verkehrsrechtlich erforderlich ist und auch tatsächlich erfolgt. Gewährt das Verkehrsrecht den Unternehmen Spielräume (z. B. im Falle von Höchst- oder Margentarifen) oder werden verkehrsrechtliche Festsetzungs- oder Genehmigungsbefugnisse nicht ausgeübt, so sind erneut kartellrechtlich relevante Tatbestände gegeben; das gleiche gilt für Verträge, Beschlüsse und Empfehlungen, die nicht verkehrsrechtlich abgedeckt sind. – c) *Freistellungsverfahren:* Ein besonderes kartellrechtliches Freistellungsverfahren findet nicht statt. Allerdings ist die Berücksichtigung kartellrechtlicher Grundsätze und Vorschriften in dem verkehrsrechtlichen Festsetzungs- oder Genehmigungsverfahren nicht ausgeschlossen.

3. *Ausnahmeregelung nach § 99 II GWB:* a) *Freigestellte Bereiche:* (1) *Internationaler Schiffs-* (See-, Küsten- und Binnenschiffahrt) *und Luftverkehr:* Verträge der Verkehrsunternehmen sowie Beschlüsse und Empfehlungen von Unternehmensvereinigungen, die internationale Transporte zum Gegenstand haben; ferner sonstige Verträge, Beschlüsse und Empfehlungen von Unternehmen und Unternehmensvereinigungen, wenn sie der unmittelbaren Durchführung internationaler Transporte dienen (Ent-, Um- und Verladevorgänge). – (2) *Kooperation von Personenbeförderungsunternehmen:* Verträge von Unternehmen sowie Beschlüsse/Empfehlungen von Unternehmensvereinigungen über die Personenbeförderung, wenn und soweit sie der aus öffentlichen Verkehrsinteressen erforderlichen Einrichtung und befriedigenden Bedienung, Erweiterung oder Änderung von Verkehrsverbindungen im Sinne des § 8 Abs. 3 PBefG dienen. – (3) *See- und Flughafenunternehmen:* Verträge von Unternehmen sowie Beschlüsse/Empfehlungen von Unternehmensvereinigungen über die Bedingungen und Entgelte für die Inanspruchnahme ihrer Dienste und Anlagen, soweit nicht verkehrsrechtlich genehmigt oder festgesetzt. – (4) *Hafenumschlagsbetriebe und Vermittler:* Verträge von Unternehmen sowie Beschlüsse/Empfehlungen von Unternehmensvereinigungen, die den Güterumschlag, die Güterbeförderung und die Güterlagerung in den Flug-, See- und Binnenhäfen sowie die damit verbundenen Nebenleistungen betreffen; entsprechendes gilt für die Vermittlung dieser Leistungen, die Vermittlung der Befrachtung und die Abfertigung von See- und Binnenschiffen einschl. der Schlepperhilfe. Die Festlegung von Preisen und Bedingungen sowie Aufteilung der Nachfrage auf die beteiligten Unternehmen sind freigestellt. – (5) *Küsten- und Binnenschiffahrt:* Freistellung von Verträgen von Unternehmen sowie Beschlüssen/Empfehlungen gegenüber anderen Regelungsbereichen deutlich eingeschränkt; sie dürfen sich nur auf die Festlegung der Beför-

derungsbedingungen und Fahrpläne von Fahrgastschiffen sowie die Verteilung von Fracht- und Schleppgut beziehen; für den internationalen Verkehr gilt die weitergehende Freistellungsmöglichkeit nach (1). – (6) *Spediteursammelgutverkehr:* Empfehlungen der Spediteurvereinigungen (sowie der Vereinigungen von Spediteurvereinigungen) über Bedingungen und Entgelte für die Versendung von Gütern im Spediteursammelgutverkehr mit Eisenbahn und Kraftwagen; nur Empfehlungen über Bedingungen und Entgelte sind erlaubt, nicht jedoch Absprachen über und Einflußnahmen auf die Verteilung des Verkehrsaufkommens. – b) *Freistellungsumfang:* Die Freistellung beschränkt sich auf die Nichtanwendbarkeit der §§ 1, 15 bis 18 GWB. Im übrigen bleibt das Kartellrecht anwendbar, also auch die Mißbrauchsaufsicht nach § 104 GWB. Mit Ausnahme von (1) gilt auch das Verbot abgestimmter Verhaltensweisen uneingeschränkt. – c) *Freistellungsverfahren:* Im Falle von (1) ist kein Freistellungsverfahren vorgesehen; eine Unterrichtung der Kartellbehörde ist nicht erforderlich; kartellrechtliche Freistellung tritt unmittelbar ein. Im Falle von (2) ist eine Meldung bei der nach dem PBefG zuständigen Genehmigungsbehörde vorgeschrieben. In den Fällen (3) bis (5) hat eine Anmeldung bei der Kartellbehörde zu erfolgen; hiervon sind die Empfehlungen jedoch ausgenommen; eine Eintragung ins Kartellregister wird nur für die unter (5) genannten Verträge und Beschlüsse vorgenommen. Die unter (6) fallenden Empfehlungen sind lediglich bei der Kartellbehörde anzumelden (unter Beifügung von Stellungnahmen der Verladerverbände).

4. *Perspektiven:* Die verkehrswirtschaftliche Besonderheitentheorie wird seit einigen Jahren zunehmend kritisiert. Einerseits wird der Gültigkeitsbereich der institutionellen, technischen und ökonomischen Besonderheiten des Verkehrs partiell in Frage gestellt, andererseits werden die hieraus gezogenen wettbewerbspolitischen Folgerungen teilweise als überzogen betrachtet. Hinzu kommt, daß die insbesondere von der EG ausgehenden Liberalisierungsbestrebungen die deutschen verkehrsrechtlichen Regelungen auf lange Sicht deutlich eingrenzen könnten. Geschieht dies, so wird die Verkehrswirtschaft ihre wettbewerbsrechtliche Ausnahmestellung zunehmend einbüßen müssen.

Literatur: Brauer. K. M, Betriebswirtschaftslehre des Verkehrs: Teil 1: Tätigkeitsbedingungen der Verkehrsbetriebe, Berlin 1979: Teil 2: Leistungsbereitschaft der Verkehrsbetriebe, Berlin 1980; Teil 3: Leistungserstellung der Verkehrsbetriebe, Berlin 1983; Teil 4: Informationswesen der Verkehrsbetriebe, Berlin-München 1986; DVWG (Hg.), Der Verkehrssektor bei geänderten Rahmenbedingungen, Reihe B 80, Bergisch Gladbach 1984; Frankfurter Institut für wirtschaftspolitische Forschung e. V. (Hg.), Mehr Markt im Verkehr. Reformen in der Verkehrspolitik, Bad Homburg 1984; Hamm, W., Verkehr, in: Handwörterbuch der Wirtschaftswissenschaften (HdWW), Bd. 8, Stuttgart-Tübingen-Göttingen-Zürich-New York 1980, S. 238–257; Hoener, W.,

Der Güterverkehr als wettbewerbspolitischer Ausnahmebereich, Opladen 1980; Langen-Niederleithinger-Ritter-Schmidt, Kommentar zum Kartellgesetz, 6. Aufl., Neuwied-Darmstadt 1982, S. 1359ff.; Niedersächsischer Minister für Wirtschaft und Verkehr (Hg.), Symposion Wettbewerb im binnenländischen Verkehr, Hannover 1981.
Statistiken und Periodika: Verkehr in Zahlen (jährl.), hrsg. vom Bundesminister für Verkehr; Fachserie 8 Verkehr, Reihe 1: Güterverkehr der Verkehrszweige (vierteljährl.), hrsg. vom Stat. Bundesamt; Preise und Preisindizes für Verkehrsleistungen (unregelm.), hrsg. vom Stat. Bundesamt; Internationales Verkehrswesen (zweimonatl.), hrsg. von der Deutschen Verkehrswissenschaftlichen Gesellschaft e. V.; Zeitschrift für Verkehrswissenschaft (zweimonatl.), hrsg. vom Institut für Verkehrswissenschaft an der Universität Köln; Der Nahverkehr (zweimonatl.), hrsg. vom Verband öffentlicher Verkehrsbetriebe und dem Bundesverband Deutscher Eisenbahnen.   Prof. Dr. Johannes Frerich

Verkehrswirtschaft, *freie V.* auf Eucken zurückgehende Bezeichnung für eine idealtypische →Wirtschaftsordnung mit dezentraler Planung und Koordination der einzelwirtschaftlichen Aktivitäten gleichberechtigter Planträger mittels des Markt-Preis-Mechanismus (,,pluralistisches Planen"), für eine →Marktwirtschaft. Dem verkehrswirtschaftlichen Idealtypus wird von Eucken derjenige der →zentralgeleiteten Wirtschaft bzw. der →Zentralverwaltungswirtschaft gegenübergestellt.

Verkehrszeichen. 1. *Begriff:* Amtliche Zeichen der Straßenverkehrsordnung nach Art, Maß, Schrift, Farbe und Werkstoff bestimmt. Mit Wirkung ab 1.3.1971 eine Vielzahl von Änderungen. – 2. *Arten:* a) *Gefahrzeichen* zur Mahnung, sich auf die angekündigte Gefahr einzurichten; stehen außerhalb geschlossener Ortschaften 150–250 m, innerhalb geschlossener Ortschaften kurz vor der Gefahrenstelle (§40 StVO), z. B. Gefahrenstelle, Kreuzung, Kurve, Gefälle, Steigung, Seitenwind, verengte Fahrbahn, Fußgängerüberweg. – b) *Vorschriftzeichen* zur Bekanntgabe behördlicher Anordnungen durch Schilder oder weiße Markierungen auf der Straßenoberfläche (§41 StVO), z. B. Vorfahrt achten, Haltverbot, eingeschränktes Haltverbot, Überholverbot, Geschwindigkeitsbeschränkung. – c) *Richtzeichen,* besondere Hinweise zur Erleichterung des Verkehrs; können auch Anordnungen enthalten (§42 StVO), z. B. Vorfahrtstraße, Ortstafeln, Parkplatz, Fußgängerüberweg, Sackgasse, Umleitung. – 3. *Rechtsvorschriften:* a) Die *Aufstellung* und Anbringung von V. wird i. d. R. durch die Straßenverkehrsbehörde angeordnet; Beschaffung und Unterhaltung obliegt i. a. dem Träger der →Straßenbaulast (§45 StVO). – b) *Nichtbeachtung* der V. wird als →Ordnungswidrigkeit nach §24 StVG geahndet (§49 StVO). Die Straßenverkehrsbehörde kann auch die Teilnahme am Verkehrsunterricht anordnen (§48 StVO).

Verkehrszelle, statistische Raumeinheit zur Analyse und Prognose des Verkehrs im Rahmen der →Verkehrsplanung. Abgrenzung der V. i. a. auf Grundlage wirtschafts- und siedlungsstruktureller, topographischer, raumordnerischer und verkehrsstruktureller sowie verwaltungs- und datenbeschaffungsmäßiger Gesichtspunkte. Größe der V. ist im Einzelfall bestimmt durch die Art der Verkehrsplanung (z. B. sehr kleine Raumeinheiten in der Projektplanung des Stadtverkehrs, sehr große V. in der Bundesverkehrswegeplanung.

Verkehrszentralregister. 1. *Begriff:* Beim →Kraftfahrtbundesamt eingerichtete Zentralkartei über Versagung und Entziehung der →Fahrerlaubnis, über Verbot des Führens von Kraftfahrzeugen, über Verurteilungen wegen Verkehrsstraftaten und über →Verkehrsordnungswidrigkeiten, die mit →Geldbuße von mehr als 80 DM geahndet wurden. – 2. *Tilgung* der Eintragung in zwei bis zehn Jahren. Bei →Ordnungswidrigkeiten beträgt die Frist zwei Jahre. Einzelheiten geregelt in §§28ff. StVG, §§13ff. StVZO. – 3. *Auskunft* nur an Behörden für Zwecke der Strafverfolgung oder der Verfolgung von Ordnungswidrigkeiten, für Verwaltungsmaßnahmen und die Vorbereitung von Rechts- und Verwaltungsvorschriften.

Verkündung. 1. Förmliche *Bekanntgabe* von →Gesetzen und →Rechtsverordnungen in den dafür besonders bestimmten Amtsblättern (→Publikationsorgane). Erst mit der V. werden Rechtsvorschriften für den einzelnen Staatsbürger verbindlich. – 2. Die im Prozeßverfahren (z. B. im Zivil- und Strafprozeß) regelmäßig vorgesehene Form der *Bekanntgabe gerichtlicher Entscheidungen,* insbes. der Urteile; Verlesung der Entscheidungsformel in öffentlicher Sitzung.

verladende Wirtschaft, →Verladerschaft.

Verlader. 1. *Belader:* Derjenige, für den Güter verfrachtet werden (*Befrachter*). – 2. *Ablader:* Derjenige, der das Gut einem Frachtunternehmer zur Beförderung übergibt und ggf. das →Konnossement erhält.

Verladerschaft, *verladende Wirtschaft,* Gesamtheit der Unternehmen, die Transportkapazitäten für den →Güterverkehr nachfragen, also Güter zu verladen haben.

Verlagerung, →Gewerbebestandspflege, →Standortwahl.

Verlagsgeschäfte, alle die Veröffentlichung und Verbreitung von Druckschriften betreffenden Rechtsgeschäfte. Die V. und die sonstigen Geschäfte des Buch- und Kunsthandels sind →Grundhandelsgeschäfte (§1 II Nr. 8 HGB).

Verlagsrecht. 1. *Im objektiven Sinn:* Im Verlagsgesetz vom 19.6.1901 enthaltene Rechtssätze. – 2. *Im subjektiven Sinn:* Das aus dem →Urheberrecht abgeleitete ausschließliche Recht des Verlegers zur Vervielfältigung und Verbreitung des ihm vom Verfasser aufgrund des →Verlagsvertrages überlassenen Verlagswerke, nämlich Werke der Literatur und der Tonkunst (§1 VerlG). – Schließt der Urheber einen Verlagsvertrag ab, verbleibt ihm grundsätzlich weiterhin die ausschließliche Befugnis u. a. zur Vervielfältigung und Verbreitung für Übersetzungen, Bearbeitungen eines Werkes der Tonkunst, Benutzung zum Zwecke der mechanischen Wiedergabe für das Gehör (§ 2 VerlG).

Verlagsvertrag, formfreier Vertrag im Sinn des Verlagsgesetzes vom 19. 6. 1901, der den Verfasser verpflichtet, sein Werk der Literatur oder der Tonkunst einem Verleger zur Vervielfältigung und Verbreitung auf eigene Rechnung zu überlassen. – 1. Der Verleger übernimmt die *Pflicht,* diese Vervielfältigung und Verbreitung durchzuführen (§ 1 VerlG). Der V. kann auch Abmachungen über weitere Werknutzungen wie Aufführungs- und Senderecht enthalten. – 2. Es ist auf seiten des Verlegers ein → *Handelsgeschäft* gemäß § 343 HGB. – 3. Ein *Verfasserhonorar* gilt, falls im V. nicht ausdrücklich erwähnt, als stillschweigend vereinbart (§ 22 I 2 VerlG); es kann auch in einer Absatz- oder Gewinnbeteiligung bestehen. – 3. *Beendigung* des V. durch Ablauf der Vertragszeit, Vergriffensein der Auflage, Ablauf der urheberrechtlichen Schutzfrist, Kündigung u. a. – 5. Vom Verlagsgesetzt *nicht erfaßt* werden Verträge über den Verlag einer Zeitung oder Zeitschrift.

verlängerter Eigentumsvorbehalt. 1. *Begriff:* Besondere Abrede beim → Kaufvertrag. Der einfache → Eigentumsvorbehalt bietet dem Verkäufer keine hinreichende Sicherheit, wenn die Ware zur Weiterveräußerung oder Verarbeitung geliefert wird, weil das Eigentum des Vekäufers durch → gutgläubigen Erwerb eines Dritten oder Verarbeitung untergeht. Dagegen Schutz durch die Vereinbarung des v. E. – 2. *Formen:* a) vorweggenommene → Übereignung der durch die Verarbeitung entstandenen neuen Sache; b) Abtretung (→ Forderungsabtretung) der durch die Weiterveräußerung erlangten Forderungen. Beide Abmachungen können allein und nebeneinander getroffen werden. – 3. *Begründung* des v. E. nur durch → Vertrag, nicht durch einseitige Erklärungen (z. B. durch Allgemeine Geschäftsbedingungen). – 4. Zur *Gültigkeit* bedarf die vorweggenommene Übereignung der Vereinbarung eines → Besitzkonstituts; abgetretene Forderungen müssen hinreichend bestimmt oder bestimmbar sein. – Gegen die Vereinbarung des v. E., die dem Käufer oft die Verfügungsberechtigung hinsichtlich seines Warenlagers entzieht, wenden sich insbes. die Kreditinstitute. – *Anders:* → erweiterter Eigentumsvorbehalt.

verlängertes Abladegeschäft, *kombiniertes Geschäft,* Kombination von → Abladegeschäft und Locogeschäft. Der Importeur bietet Ware an oder verkauft diese mit dem Zusatz „ab Kai" oder „ab Lager" und dem Zeitpunkt der Warenankunft, ohne daß die Ware bereits eingetroffen ist.

Verlaufsanalyse, Methode der Wirtschaftstheorie zur Untersuchung eines wirtschaftlichen Prozesses im Zeitablauf. – Vgl. auch → Sequenzanalyse.

Verlaufsstatistik, Zweig der Statistik, der die Untersuchung der Entwicklung und Veränderung von → Gesamtheiten im Zeitablauf durch Zu- und Abgänge zum Gegenstand hat. Hauptinstrumente der V. sind die zeitlich kumulierte → Zugangsfunktion und → Abgangsfunktion sowie die → Bestandsfunktion. Wesentlicher Teilbereich ist die Analyse von → Verweildauern. – *Bedeutung:* V. ist die methodische Grundlage der Bevölkerungsstatistik und wesentlicher Teilbereiche der betrieblichen Statistik (Lagerstatistik, Personalstatistik, Anlagenstatistik, Finanzstatistik).

Verleger, derjenige, der ein Werk der Literatur oder der Tonkunst vom Verfasser zur Vervielfältigung und Verbreitung auf eigene Rechnung in Verlag nimmt. Nicht notwendig ist Ausübung eines Gewerbebetriebes mit der Absicht dauernder Gewinnerzielung und daß der V. gelernter Fachmann ist. Das Gewerbe des V. und die sonstigen gewerblichen Betriebe des Buch- und Kunsthandels gehören handelsrechtlich zu den → Grundhandelsgewerben und Firmen, ohne Rücksicht auf die Größe des Unternehmens, zur Kaufmannseigenschaft in Sinne von § 1 I HGB. – Vgl. auch → Verlagsvertrag.

Verletztengeld, Leistung der gesetzlichen → Unfallversicherung, (§§ 560–562 RVO). – 1. *Anspruch* haben Arbeitnehmer, solange sie infolge → Arbeitsunfalles arbeitsunfähig sind und kein Arbeitsentgelt oder → Übergangsgeld erhalten, unerheblich ob sie krankenversichert sind oder nicht. Auch für Unternehmer grundsätzlich Anspruch auf V., der jedoch durch die Satzung des Unfallversicherungsträgers eingeschränkt werden kann (§ 634 RVO). – 2. *Höhe:* Wie das → Krankengeld; i. d. R. 80% des entgangenen regelmäßigen Entgelts (→ Regellohn), darf aber ebenfalls das entgangene Nettoarbeitsentgelt nicht übersteigen. – 3. *Beginn* vom dem Tag an, an dem die Arbeitsunfähigkeit ärztlich festgestellt wird (§ 560 RVO). – 4. *Wegfall* mit dem Tag, für den erstmalig → Verletztenrente gewährt wird (§ 562 RVO) oder der Verletzte wieder arbeitsfähig wird. – 5. *Ruhen,* soweit der Verletzte Arbeitsentgelt oder Arbeitseinkommen erhält und solange er Arbeitslosengeld, Arbeitslosenhilfe, Unterhaltsgeld, Kurzarbeitergeld oder Schlechtwettergeld bezieht (§ 560 RVO).

Verletztenrente, wichtigste Geldleistung der gesetzlichen → Unfallversicherung (§§ 580–587 RVO). Die V. soll den Unterhalt des Verletzten und seiner Angehörigen in dem Umfang sichern, in dem die Erwerbsfähigkeit durch Folgen eines → Arbeitsunfalls, → Wegeunfalls oder einer → Berufskrankheit verlorengegangen ist. – 1. Anspruch auf V. *beginnt* mit dem

Tag nach dem Wegfall der →Arbeitsunfähigkeit i. S. der Krankenversicherung oder mit dem Beginn der durch den Arbeitsunfall verursachten →Erwerbsunfähigkeit i. S. der Rentenversicherung, spätestens jedoch mit dem Beginn der 79. Woche nach dem Arbeitsunfall. – 2. *Voraussetzung* ist, daß die Erwerbsfähigkeit i. d. R. um mindestens 20% über die 13. Woche nach dem Unfall hinaus gemindert ist. Bei Wiedererkrankung an den Folgen eines Arbeitsunfalls ist die V. in voller Höhe weiterzuzahlen, daneben erhält der Berechtigte, wenn er arbeitsunfähig ist, →Verletztengeld oder →Übergangsgeld. – 3. *Höhe:* a) Bei völliger Erwerbsunfähigkeit beträgt die V. (→Vollrente) 2/3 des →Jahresarbeitsverdienstes (§ 581 I Nr. 1 RVO); b) bei einer Minderung der Erwerbsfähigkeit um wenigstens 1/5 wird der Teil der Vollrente (→Teilrente) gewährt, der dem Grad der Erwerbsminderung entspricht (§ 581 I Nr. 2 RVO); c) für Schwerverletzte, die infolge des Arbeitsunfalles einer Erwerbstätigkeit nicht mehr nachgehen können, erhöht sich die V. um 10%, wenn keine Rente von einem Träger der Rentenversicherung gezahlt wird (§ 582 RVO). Nach § 587 RVO hat der Unfallversicherungsträger, solange der Verletzte infolge des Arbeitsunfalls ohne Arbeitseinkommen ist, die Teilrente auf die Vollrente zu erhöhen. – 4. *Dauer:* Die V. kann für die Dauer von zwei Jahren als *vorläufige Rente* gewährt werden, wenn die Rente der Höhe nach noch nicht auf Dauer festgestellt werden kann. Spätestens mit Ablauf von zwei Jahren nach dem Unfall ist die Rente als *Dauerrente* grundsätzlich zeitlich unbegrenzt festzustellen. Von der vorläufigen Rente auch ohne Änderung der Verhältnisse zuungunsten des Versicherten abweichen (§ 580 RVO); der Versicherte ist jedoch vorher zu hören. Eine festgesetzte Dauerrente kann nur herabgesetzt oder entzogen werden, wenn im Vergleich zu den zur Rentengewährung maßgebenden Verhältnissen eine wesentliche Änderung (Besserung) eingetreten ist (§ 48 SGB 10).

Verletzter, Begriff des Haftpflichtrechts für denjenigen, der durch ein Unfallereignis körperlich verletzt oder geschädigt ist; auch die unterhaltsberechtigten Angehörigen eines Getöteten. – Der V. hat neben zivilrechtlichen *Ansprüchen* a) *Schadenersatz* das Recht zur strafrechtlichen →Privatklage oder →Nebenklage; ggf. rechtzeitige Stellung eines Strafantrages erforderlich.

Verletzungsartenverfahren, von den Versicherungsträgern der gesetzlichen →Unfallversicherung vorgeschriebene →Krankenbehandlung durch geeignete Ärzte und Heilanstalten an Stelle der sonst üblichen Krankenpflege nach den Bestimmungen der Krankenversicherung (vgl. § 6 der Bestimmungen über die Unterstützungspflicht der Krankenkassen und Unternehmer gegenüber den Trägern der

Unfallversicherung vom 19. 6. 1936 – AN S. 195).

Verleumdung. I. S t r a f r e c h t : →Vergehen gem. § 187 StGB; die wider besseres Wissen aufgestellte oder verbreitete, zur Herabsetzung oder Verächtlichmachung oder →Kreditgefährdung eines anderen geeignete unrichtige Tatsachenbehauptung. – *Strafe:* Freiheitsstrafe bis zu zwei Jahren oder Geldstrafe.

II. W e t t b e w e r b s r e c h t : Zur Geschäftsschädigung geeignete V. des Erwerbsgeschäftes eines anderen, seiner Person, Waren oder gewerblichen Leistungen; Vergehen nach § 15 UWG (→unlauterer Wettbewerb 3). – *Strafe:* Freiheitsstrafe bis zu einem Jahr oder Geldstrafe.

verlorene Verpackung, →Einwegverpackung.

verlorengegangene Wertpapiere, →abhanden gekommene Wertpapiere.

Verlosung, →Auslosung.

Verlosungsliste, →Ziehungsliste.

Verlust, Begriff des kaufmännischen Rechnungswesen. – 1. In der *Gewinn- und Verlustrechnung* der Betrag, der sich als Unterschied zwischen →Aufwendungen und →Erträgen als Jahresfehlbetrag am Ende (Saldo auf der Habenseite) ergibt. – 2. In der *Bilanz* der Überschuß des →Eigenkapitals am Anfang einer Periode über den Eigenkapitalbestand am Ende der Periode nach Abzug von Einlagen und zuzüglich Entnahmen. – a) Bei *Einzelunternehmen* und *Personengesellschaften* mindert der V. das Eigenkapital unmittelbar, er ist deshalb auf das Kapitalkonto bzw. die Kapitalkonten zu übertragen: Kapitalkonto an Gewinn- und Verlustkonto, oder: Privatkonto an Gewinn- und Verlustkonto, Kapitalkonto an Privatkonto. – b) Bei *Kapitalgesellschaften* ist der V. gesondert auszuweisen, getrennt vom vorjährigen →Gewinnvortrag bzw. →Verlustvortrag; es sei denn, die Bilanz wird unter Berücksichtigung der Verwendung des Jahresergebnisses aufgestellt; vgl. →Bilanzgewinn(-verlust) →Gewinnausschüttung, →Rücklagen.

Verlustabzug. 1. *Einkommensteuer:* Bezeichnung für die steuerrechtliche Bestimmung des § 10 d EStG, wonach bei Steuerpflichtige Verluste wie →Sonderausgaben vom →Gesamtbetrag der Einkünfte abgezogen werden dürfen, soweit ein →Verlustausgleich nicht möglich ist oder war. Der V. ist bis zu 10 Mill. DM zuerst im zweiten, dann im ersten dem Veranlagungszeitraum vorangegangenen Veranlagungszeitraum geltend zu machen *(Verlustrücktrag)*. Sind die Verluste höher oder ist ein Verlustrücktrag nicht möglich, sind die Verluste in den nächsten fünf Veranlagungszeiträumen zu berücksichtigen *(Ver-*

lustvortrag). Ab 1989 keine zeitliche Beschränkung. – 2. *Körperschaftsteuer:* Analog; Höhe vgl. § 8 IV KStG. – 3. *Gewerbesteuer:* Wie bei der Einkommen- und Körperschaftsteuer kann bei der Gewerbesteuer ein Verlust auf fünf Jahre vorgetragen werden, soweit er nicht in den vorangegangenen Jahren mit Gewerbeerträgen ausgeglichen werden konnte (*kein Verlustrücktrag* im GewStG). – *Errechnung des Gewerbeverlustes:* Vgl. →Gewerbeertrag.

Verlustantizipation, Wertansatz nach HGB. Nach dem Imparitätsprinzip müssen Verluste und Risiken, die am Bilanzstichtag zwar noch nicht realisiert sind, aber aufgrund veränderter Wertverhältnisse als entstanden gelten, durch →Abschreibungen oder Bildung von →Rückstellungen für drohende Verluste aus schwebenden Geschäften vorweggenommen werden (§ 252 I 4. HGB). Wegen des →Stichtagsprinzips sind nach dem Bilanzstichtag entstehende Verluste nicht zu berücksichtigen. Für die Handelsbilanz (nicht: Steuerbilanz) gilt jedoch das Wahlrecht, bei Vermögensgegenständen des →Umlaufvermögens die für die nächsten zwei Jahre erwarteten Wertminderungen in einer vernünftigem kaufmännischen Ermessen entsprechenden Höhe durch Abschreibungen ebenfalls zu antizipieren (§ 253 III 3 HGB).

Verlustausgleich. 1. *Begriff* des Einkommensteuerrechts, wonach bei Steuerpflichtigen, die →Einkünfte aus verschiedenen Quellen beziehen, Verluste einzelner Einkunftsarten mit positiven Einkünften anderer Einkunftsarten auszugleichen sind. – 2. *Rechtsgrundlage*: § 2 III EStG. – 3. *Ausnahmen:* a) Bei Verlusten, die als Einkünfte aus Leistungen entstehen, ist V. nicht zulässig (§ 23 IV EStG). – b) Bei Verlusten aus →Spekulationsgeschäften ist V. zulässig nur bis zur Höhe der im gleichen Kalenderjahr erzielten Spekulationsgewinne (§ 23 IV EStG). – c) Bei Verlusten bei beschränkter Haftung (§§ 13 V, 18 V, 21 I EStG; vgl. →negatives Kapitalkonto) wird der V. zeitlich verzögert und sachlich begrenzt auf Gewinne aus der Beteiligung an der Gesellschaft zugelassen. – d) Verluste aus gewerblicher Tierzucht und Tierhaltung sind nur mit entsprechenden Gewinnen früherer oder späterer →Wirtschaftsjahre auszugleichen (§ 15 IV EStG). – e) Ausländische Verluste aus nichtaktiven gewerblichen oder land- und forstwirtschaftlichen Betriebsstätten sowie aus bestimmten Kapitalanlagen und Vermietungs- und Verpachtungstätigkeit dürfen nur mit positiven ausländischen Einkünften derselben Art aus demselben Staat ausgeglichen werden (§ 2a EStG). – 4. *Beschränkt Steuerpflichtige* unterliegen hinsichtlich des V. Einschränkungen (§ 50 II EStG).

Verlustberechnung, Feststellung der auf die einzelnen Gesellschafter (insbes. einer Perso-

nengesellschaft) entfallenden Beteiligung an Verlusten. – 1. Die Verlustbeteiligung des Gesellschafters der *Gesellschaft des bürgerlichen Rechts* richtet sich in erster Linie nach dem Gesellschaftsvertrag. Mangels besonderer Vereinbarung hat jeder Gesellschafter den gleichen Anteil am Verlust ohne Rücksicht auf die Höhe seiner Beteiligung zu tragen; liegt eine Vereinbarung über Gewinne vor, gilt sie im Zweifel auch für Verluste (§ 722 BGB). – 2. Bei der *offenen Handelsgesellschaft* und *Kommanditgesellschaft* gilt Entsprechendes (§§ 105, 121, 168 HGB). Der auf den Gesellschafter entfallende Verlustanteil wird seinem →Kapitalanteil abgeschrieben; der Kommanditist nimmt am Verlust aber nur bis zum Betrag seines Kapitalanteils und seiner etwa noch rückständigen →Einlage teil, d. h., er hat keine Zuzahlungen zu leisten; ein passives Kaptialkonto ist aber nach überwiegender Ansicht ggf. bei später erzielten Gewinnen wieder aufzufüllen (§§ 120, 167 HGB). – 3. Die Beteiligung des *stillen Gesellschafters* am Verlust kann vertraglich ausgeschlosssen werden; fehlt jegliche diesbezügliche Vereinbarung (selten), so gilt ein den Umständen nach angemessener Anteil als bedungen (§ 231 HGB). Ist nur der Anteil aus Gewinn festgelegt, gilt der vorerwähnte § 722 BGB entsprechend. Der auf den Stillen entfallende Anteil am Verlust wird seinem →Einlagekonto abgeschrieben, jedoch nur bis zum Betrag seiner eingezahlten und der rückständigen Einlage; spätere Gewinne sind, soweit seine Einlage durch Verlust vermindert ist, zunächst zur Deckung dieses Verlustes zu verwenden (§ 232 HGB). – Vgl. auch →Gewinn- und Verlustbeteiligung.

Verlustrücktrag, →Verlustabzug.

Verlust- und Gewinnkonto, *Gewinn- und Verlustkonto,* Sammelkonto der doppelten Buchführung, auf dem die Aufwendungen und Erträge der →Erfolgskonten gebucht werden. Wie das Privatkonto ein Unterkonto des Kapitalkontos des/der Unternehmer(s). Der sich ergebende Gesamterfolg wird entweder an das Kapitalkonto abgegeben oder direkt an das Schlußbilanzkonto, um den Erfolg in der Bilanz gesondert auszuweisen. – V.- u. G. im Gegensatz zu ,,Gewinn- und Verlustkonto" oft deshalb genannt, weil Verluste (Aufwendungen) auf der linken Seite und Gewinne (Erträge) auf der rechten Seite des Kontos stehen. – Die Posten der V.- u. G. sind inhaltsgleich mit der →Gewinn- und Verlustrechnung.

Verlust von Wertpapieren, →abhanden gekommene Wertpapiere.

Verlustvortrag. 1. Besondere Form des →Verlustabzugs. – 2. Bei Kapitalgesellschaften der Bilanzverlust des Vorjahres (→Bilanzgewinn(-verlust)).

Verlustzeit, von Taylor zur Begründung der wissenschaftlichen Betriebsführung (→Taylorismus) geschaffener Begriff, mit dem er den unterschiedlichen Wirkungsgrad einer Arbeitsverrichtung kennzeichnete, je nachdem, wie stark die einzelnen Arbeitsoperationen von Mängeln der Arbeitstechnik befreit werden. Die V. wurde von ihm der im eigentlichen Sinn „produktiven Zeit" gegenübergestellt, wobei zugestanden wurde, daß für jede Arbeitsverrichtung eine gewisse V. unvermeidlich ist. – Dieser Gedanke wurde in der deutschen *REFA-Lehre* unter der Bezeichnung →Verteilzeit übernommen. Verteilzeit (Symbot t_v) ist Untergruppe der →Zeit je Einheit und betrifft Zeiten, die sich wegen ihres unregelmäßigen Vorkommens der Einheit nicht unmittelbar, sondern nur mittelbar in Prozent der →Grundzeit anrechnen lassen.

Verlustzuweisung, →Verlustzuweisungsgesellschaft.

Verlustzuweisungsgesellschaft, Personenvereinigung, deren Gesellschafter primär beabsichtigen, Vermögensvorteile durch Steuerersparnisse zu erreichen, v. a. ihre Kapitaleinlage ganz oder z. T. aus ersparter →Einkommensteuer zu finanzieren (→Kapitalanlagegesellschaft). – 1. *Konstruktion:* V. unterhalten entweder einen Gewerbebetrieb (vornehmlich Beteiligung an gewerblichen Kommanditgesellschaften oder an einer GmbH u. Co. KG) oder betreiben private Vermögensverwaltung (Wohnungseigentümergemeinschaft, Wohnungseigentum, Bruchteilsgemeinschaft oder Gesamthandsgemeinschaft in Form einer BGB-Gesellschaft oder der vermögensverwaltenden Kommanditgesellschaft, geschlossene Immobilienfonds). – 2. *Wirkung:* Ziel der V. ist es, in die ersten Jahre des Beteiligungsengagements möglichst viele →Betriebsausgaben bzw. →Werbungskosten zu verlagern, die die Einkommensteuer des Anlegers mindern und so zu einer temporären Steuerersparnis führen. Der Umfang der Steuerminderung ist abhängig von der Höhe des persönlichen Spitzensteuersatzes und der Verlustzuweisungsquote. Letztere wird i. d. R. in Prozent des eingezahlten Eigenkapitals ausgedrückt. Verluste entstehen bei gewerblichen Beteiligungen insbes. durch die Inanspruchnahme von erhöhten Abschreibungen, →Sonderabschreibungen und →Bewertungsabschlägen, Bildung steuerfreier Rücklagen (→Rücklagen I 3), Erwerb sofort abschreibungsfähiger →geringwertiger Wirtschaftsgüter, bei privaten Vermögensanlagen durch vorweggenommene und laufende Werbungskosten, z. B. Abschreibungsvergünstigungen und Finanzierungskosten. – 3. *Steuerliche Behandlung:* a) Bei *gewerblichen Beteiligungen* sind die Anleger →Mitunternehmer; er erzielt →Einkünfte aus Gewerbebetrieb. Gewinne und Verluste werden den Gesellschaften nach §§ 179, 180 AO anteilig zur Besteuerung zugewiesen. Verluste

unterliegen ggf. der Abzugsbeschränkung des § 15 a EStG (→negatives Kaptialkonto). – b) Bei *Vermögensverwaltung der V.* erzielt der Anleger →Einkünfte aus Vermietung und Verpachtung. Verluste unterliegen auch hier u. U. der Ausgleichsbeschränkung des § 15 a EStG.

Vermächtnis, Begriff des Erbrechts: Zuwendung einzelner Vermögensgegenstände (§§ 2147–2191 BGB). Die Zuwendung eines V. begründet im Gegensatz zur →Erbeinsetzung nur ein →Forderungsrecht des Bedachten gegen den Beschwerten (Erben oder anderen Vermächtnisnehmer), das V. durch Zuwendung des vermachten Vermögensvorteils zu vollziehen. – *Begünstigter* kann u. a. jeder sein, der rechtsfähig ist, er muß aber den Erbfall erleben, sonst ist das V. unwirksam; es kann auch ein Ersatzvermächtnisnehmer bestimmt werden. – V. kann von Bedingungen und Befristungen *abhängig gemacht* werden. – Der Vermächtnisnehmer kann das V. durch formlose, nicht fristgebundene Erklärung gegenüber dem Beschwerten *ausschlagen*. – Das V. gehört, wenn der Beschwerte Erbe ist, zu den →Nachlaßverbindlichkeiten. Es unterliegt als Erwerb von Todes wegen ggf. der →Erbschaftsteuer.

Vermarktung, häufig verwendeter Begriff für die Verwertung landwirtschaftlicher Erzeugnisse.

Vermeidungskostenansatz, →Verursacherprinzip 4.

Vermessungswesen, →Kataster.

Vermieterpfandrecht, dem Vermieter von Grundstücken wegen seiner Forderungen aus dem Mietverhältnis zustehendes →gesetzliches Pfandrecht an den eingebrachten pfändbaren Sachen des Mieters (§§ 559 ff. BGB). – *Geltendmachung* des V. *nicht* für künftige Entschädigungsforderungen oder den Mietzins für eine spätere Zeit als das laufende und folgende Mietjahr, bei Pfändung der Sache für einen anderen Gläubiger nicht für eine frühere Zeit als das letzte Jahr vor der Pfändung. – *Abwendung* durch →Sicherheitsleistung zulässig. – Das V. *erlischt* mit der Entfernung der Sachen, wenn sie nicht ohne Wissen oder gegen Widerspruch des Vermieters erfolgt. Soweit der Vermieter widersprechen kann, darf er die Entfernung mit Gewalt verhindern, ggf. auch binnen eines Monats seit Kenntnis im Klagewege Zurückschaffung bzw. Herausgabe verlangen. Kein Widerspruchsrecht, wenn die Entfernung im regelmäßigen Geschäftsbetrieb vorgenommen wird oder hinreichende Sicherung zurückbleibt.

Vermietung und Verpachtung. I. A l l g e m e i n e s: Vgl. →Miete, →Pacht.

II. S t e u e r r e c h t: 1. *Einkommensteuer:* Vgl. →Einkünfte VI. – 2. *Umsatzsteuer:* a) V. u. V.

von *Grundstücken* und ihrer Teile, z. B. von Wohnungen, einzelnen Räumen und Garagen, ist umsatzsteuerfrei. – b) Umsatzsteuerpflichtig ist jedoch die V.u.V. von *Maschinen* und Vorrichtungen aller Art, die zu einer Betriebsanlage gehören, auch wenn sie wesentliche Bestandteile eines Grundstücks sind, so daß z. B. das Entgelt für einen einschließl. Bestuhlung und Vorführeinrichtung vermieteten Saal in einen steuerfreien und einen steuerpflichtigen Teil zerlegt wird. – c) Wird *gleichzeitig* mit der Vermietung eines *Grundstücks ein Recht* eingeräumt, z. B. einer Straßenbahn zur Benutzung von Straßen und Plätzen unter Einräumung einer entsprechenden Konzession, so muß das Entgelt ebenfalls zerlegt werden. – d) Räumt der Vertrag *lediglich ein Recht* ein, z. B. Unterstellen eines Wagens in einer Großgarage, dann ist das hierfür gezahlte Entgelt voll umsatzsteuerpflichtig. – e) Die V.u.V. von Wohn- und Schlafräumen zur kurzfristigen *Beherbergung* (z. B. Gaststätten, Hotels) ist umsatzsteuerpflichtig. – f) Entgelte für die V.u.V. von *beweglichen Gegenständen* unterliegen stets der Steuerpflicht. – g) Die kurzfristige Vermietung von *Park- und Campingplätzen* ist stets steuerpflichtig. – h) Umsatzsteuerlich *schließt* die steuerfreie V.u.V. den →Vorsteuerabzug aus. Deshalb kann der Vermieter oder Verpächter gemäß § 9 UStG bei V.u.V. an Unternehmer auf die Steuerfreiheit verzichten und die Regelbesteuerung wählen, soweit das Grundstück weder zu Wohn- noch zu anderen nichtunternehmerischen Zwecken dient oder zu dienen bestimmt ist. Wurde das auf einem Grundstück errichtete, zu Wohnzwecken oder anderen nichtunternehmerischen Zwecken dienende Gebäude vor dem 1. 4. 1985 fertiggestellt und mit dessen Errichtung vor dem 1. 6. 1984 begonnen, so kann der Unternehmer ebenfalls optieren (§ 27 V UStG). Damit kann er den Vorsteuerabzug geltend machen.

Vermischung, Begriff des bürgerlichen Rechts. V. liegt vor, wenn →bewegliche Sachen, die verschiedenen Eigentümern gehören, derart miteinander vermischt oder vermengt werden, daß sie voneinander nicht mehr oder nur mit unverhältnismäßigen Kosten getrennt werden können, z. B. zwei Flüssigkeiten werden zusammengegossen. Durch V. erwerben die Eigentümer der bisher getrennten Sachen i. a. →Miteigentum an der Gesamtheit der vermischten Sachen; die Anteile bestimmen sich nach dem Verhältnis des Wertes der vermischten Sachen (§ 948 BGB).

Vermittlung. I. Bürgerliches Recht: Vorbereitung eines Vertragsverhältnisses bis auf den Abschluß des →Vertrages. Es genügt aber nicht allein der Nachweis für die Möglichkeit eines zukünftigen Abschlusses. – Wer die V. *gewerbsmäßig* und in bezug auf Verträge des Handelsverkehrs übernimmt, ist

→Handelsmakler, wenn er zu seinem Auftrag- -geber in keinem ständigen Vertragsverhältnis steht, oder →Handelsvertreter bei ständigem Vertragsverhältnis. – V. *anderer Geschäfte* oder gelegentliche V. wird durch die Vorschriften der §§ 652 ff. BGB für den →Zivilmakler erfaßt. – Die V. der →Annahme an Kindes Statt ist besonders gesetzlich geregelt (→Adoptionsvermittlung).

II. Elektronische Datenverarbeitung/Nachrichtentechnik: 1. *Begriff:* Verbindungsaufbau zwischen den Teilnehmern einer Sprach-, Text-, Bild- oder Datenkommunikation in einem Netz. In allen Übertragungsverfahren erforderlich. – 2. *Arten:* a) Schalttechnische V. im Fernsprechnetz; b) adreßgesteuerte V. in DATEX-Dienst; c) Ausnahme: festgeschaltete Verbindungen.

Vermittlungsagent, →Vermittlungsvertreter.

Vermittlungsausschuß, aus Mitgliedern des →Bundestages und des →Bundesrates für die gemeinsamen Beratungen von Gesetzesvorlagen gebildeter Ausschuß. Der V. ist auf Verlangen des Bundesrates, bei Gesetzen, die der Zustimmung des Bundesrates bedürfen, auch auf Verlangen des Bundestags oder der Bundesregierung einzuberufen. Schlägt der V. eine Änderung des Gesetzesbeschlusses vor, hat der Bundestag erneut zu beschließen (Art. 77 II GG).

Vermittlungsfähigkeit,   →Arbeitsvermittlungsfähigkeit.

Vermittlungsgehilfe,   →Handlungsgehilfe, der damit betraut ist, außerhalb des Betriebs des Unternehmers Geschäfte zu vermitteln. V. gelten als ermächtigt, Mängelanzeigen, Erklärung, daß Ware zur Verfügung gestellt werde, u. ä. Erklärungen entgegenzunehmen (§ 75 g HGB).

Vermittlungsgeschäft,   →Empfehlungsgeschäft.

Vermittlungsmakler, Makler, der anders als der →Nachweismakler den Abschluß von Geschäften vermittelt (→Vermittlung). Er ist, soweit das vermittelte Geschäft einen Gegenstand des Handelsverkehrs betrifft, →Handelsmakler, sonst →Zivilmakler.

Vermittlungsnetz, →Netz, das den gezielten Verbindungsaufbau zwischen zwei oder mehr Teilnehmern unter Ausschluß aller anderen potentiellen Teilnehmer ermöglicht. V. werden eingesetzt für die →Individualkommunikation. – *Beispiele:* Fernsprechnetz und Datex-P-Netz. – *Gegensatz:* →Verteilnetz.

Vermittlungsstelle, war im BetrVG 1952 vorgesehen, im BetrVG 1972 entfallen. Kommt bei Betriebsänderungen ein Interessenausgleich oder eine Einigung über den Sozialplan nicht zustande, so können der Arbeitgeber oder der Betriebsrat den Präsidenten des Landesarbeitsamts um Vermittlung ersuchen (§ 112 II BetrVG).

Vermittlungsverfahren, →Schlichtung II 1.

Vermittlungsvertreter, *Vermittlungsagent,* derjenige, der als →Handelsvertreter den Abschluß eines Geschäftes durch Einwirkung auf Dritte fördert. Er ist bevollmächtigt, Anträge und Anzeigen der Versicherungsnehmer entgegenzunehmen, Versicherungsurkunden auszuhändigen sowie Prämien usw. einzukassieren (§ 43 VVG); diese Vollmachten können erweitert und beschränkt werden. Bindende Erklärungen für den Versicherer darf der V. nicht abgeben. – Schließt V. trotz fehlender Abschlußvollmacht Verträge ab, so gilt das Geschäft gegenüber dem Dritten, dem der Mangel der Abschlußvollmacht nicht bekannt war, als vom Unternehmer genehmigt, wenn dieser nicht unverzüglich nach Kenntnis des Abschlusses und des wesentlichen Inhalts das Geschäft dem Dritten gegenüber ablehnt (§ 91 a HGB). – Vgl. auch →Versicherungsvertreter.

Vermittlungswucher, Form des →Wuchers (§ 302a I Nr. 4 StGB).

Vermögen. I. Bürgerliches Recht: Summe der einer Person zustehenden geldwerten Güter ohne Abzug der Schulden.

II. Rechnungswesen: Teil der Aktivseite der →Bilanz (→Vermögensgegenstand, →Anlagevermögen, →Umlaufvermögen). – *Anders:* →Reinvermögen (= Eigenkapital).

III. Mikroökonomik: →Gegenwartswert aller Dinge, die ein →Konsument besitzt einschl. seiner Forderungen und abzüglich seiner Schulden.

IV. Volkswirtschaftliche Gesamtrechnungen: Die Summe der bewerteten Vermögensgegenstände wird als *Bruttovermögen* bezeichnet, eingeteilt in Sachvermögen und Forderungen; die Differenz zwischen dem Bruttovermögen und den Verbindlichkeiten bzw. die Summe aus Sach- und Geldvermögen (Geldvermögen ist die Differenz von Forderungen und Verbindlichkeiten) als *Reinvermögen* bzw. *Nettovermögen* bezeichnet.

V. Einkommensteuerrecht: Vgl. →Geldvermögen.

VI. Vermögensteuerrecht: Vgl. →steuerpflichtiges Vermögen.

Vermögen der öffentlichen Hand, →Finanzvermögen, →Verwaltungsvermögen.

Vermögensabgabe, einmaliger staatlicher Zugriff auf die Substanz aller Vermögensbesitzer; häufig zur Beseitigung staatlicher Überschuldung (Reichsnotopfer) und sonstigen nationalen Notstands eingesetzt. Verwirklichung problematisch, da *Verflüssigung festen Vermögens* in Frage steht. Hinzu tritt Gefahr

des volkswirtschaftlichen Substanzverlustes, falls die Leistungen für V. aus den für Abschreibungen reservierten Mitteln aufgebracht werden müssen. Deshalb meistens Wandlung der V. in *laufende* →*Vermögensbesteuerung.*

Vermögensänderungen. I. Volkswirtschaftlich: Vermögensmehrungen/Vermögensminderungen der einzelnen Wirtschaftssubjekte.

II. Bewertungsgesetz: 1. *Gewerbliche Betriebe* mit kalenderjahrungleichem Geschäftsjahr: a) Ist zwischen →Abschlußzeitpunkt und →Feststellungszeitpunkt ein →*Betriebsgrundstück oder* →*Mineralgewinnungsrecht* veräußert und der Gegenwert dem Betrieb zugeführt worden, so ist der Gegenwert dem →Betriebsvermögen im Feststellungszeitpunkt hinzuzurechnen. Entsprechend im umgekehten Fall (§ 107 Nr. 1 BewG). – b) Werden *andere Wirtschaftsgüter* zwischen Abschluß- und Feststellungszeitpunkt aus dem Betriebsvermögen ausgeschieden und dem übrigen Vermögen des Betriebsinhabers zugeführt oder umgekehrt, sind derartige V. als nicht geschehen anzusehen (§ 107 Nr. 2 BewG). – c) Bei Ausscheiden einer *Beteiligung an einer Personengesellschaft* wird der für sie erhaltene Gegenwert dem Betriebsvermögen zugerechnet. Bei Erwerb einer solchen Beteiligung ist der dafür gegebene Gegenwert vom Betriebsvermögen abzuziehen. – d) Bestehen *Anteile an Kapitalgesellschaften und Wertpapiere* im Feststellungszeitpunkt nicht mehr, ist der für sie erhaltene Gegenwert dem Betriebsvermögen zuzurechnen. – 2. *Landwirtschaftliche Betriebe:* Maßgebende Bewertungsstichtage: (1) Der 1. 1. für die Größe des Betriebs und die stehenden Betriebsmittel; (2) Das Ende des dem Feststellungszeitpunkt vorausgehenden Wirtschaftsjahres für die umlaufenden Betriebsmittel (§ 35 BewG). Werden umlaufende Betriebsmittel bis zum 1. 1. veräußert, so ist eine doppelte Besteuerung möglich; daher dürfen Landwirte den Überschuß der laufenden Betriebseinnahmen über die laufenden Betriebsausgaben aus der Zeit vom Ende des Wirtschaftsjahres bis zum 1. 1. vom Rohvermögen abziehen (§ 118 I Nr. 3 BewG). Der Abzug erfolgt pauschal oder per Einzelrechnung.

Vermögensänderungskonten, →Volkswirtschaftliche Gesamtrechnungen II 2.

Vermögensarten, Begriff des BewG. – 1. Zu *unterscheiden* sind: a) →land- und forstwirtschaftliches Vermögen (§§ 33–67, § 31 BewG), b) →Grundvermögen (§§ 68–94, § 31 BewG), c) →Betriebsvermögen (§§ 95–109, § 31 BewG) und d) →sonstiges Vermögen (§§ 110–113 BewG). – 2. Die Abgrenzung hat *Bedeutung:* a) für die Frage, ob eine gesonderte Wertfeststellung, Einheitsbewertung (1 a)–c); vgl. →Einheitswert), erforderlich ist, oder ob der

Wert im Zuge des Steuerveranlagungsverfahrens (1 d)) ermittelt wird; b) für den Umfang einer →wirtschaftlichen Einheit, wobei Zusammenfassungen nur möglich sind, wenn die zugehörigen Wirtschaftsgüter zu derselben V. gehören; c) für die Anwendung der →Bewertungsmaßstäbe, die für die einzelnen V. unterschiedlich sind; d) für die →Gemeindesteuer, der das Wirtschaftsgut unterliegt (1 a) und 1 b) der Grundsteuer, 1 c) der Gewerbesteuer); e) für den Abzug von Schulden, die mit der V. im Zusammenhang stehen (→Betriebsschulden, →Schulden). – Beim →Grundbesitz kommt die Einordnung zur Land- und Forstwirtschaft, zum Grundvermögen oder zum Betriebsvermögen in Betracht; im letzten Fall wird das Grundstück →Betriebsgrundstück und Bewertungsgegenstand im Rahmen der Erfassung des →Betriebsvermögens.

Vermögensaufstellung, Aufstellung über die innerhalb eines Gewerbebetriebs am Stichtag vorhandenen Besitz- und Schuldposten unter Berücksichtigung der Vorschriften des BewG. Eine V. kommt nur für →wirtschaftliche Einheiten jedes →Betriebsvermögens zum Zuge und dient der Ermittlung des →Einheitswerts des gewerblichen Betriebs. – Die *Erfassung und Bewertung* der Besitz und Schuldposten erfolgt i.d.R. unmittelbar nach dem BewG, z.T. wird auf die ertragsteuerliche Behandlung zurückgegriffen (vgl. →Betriebsgrundstücke, →Betriebsschulden).

Vermögensbeschränkung, Ungleichung, die besagt, daß der →Gegenwartswert aller Nettoausgaben eines →Konsumenten sein →Vermögen nicht übersteigen darf.

Vermögensbesteuerung. I. G r u n d s ä t z l i c h e s : 1. *Charakterisierung:* Frühere Hauptsteuer, die in modernen Steuersystemen durchweg als Ergänzungssteuer neben der aufkommenden →Einkommensbesteuerung beibehalten ist. Konsequenterweise: relativ niedrige Sätze und Verzicht auf Progression. V. ist eine →direkte Steuer auf die Gesamtheit der im Eigentum einer natürlichen oder juristischen Person stehenden Sachgüter und wirtschaftlich bewertbaren Rechte, nämlich: a) Erwerbsvermögen (etwa: gewerbliche Anlagen, Mietshäuser, Wertpapiere), b) Gebrauchsvermögen (Wohnhaus, Park, Schmucksachen, Sammlung), c) Spekulationsvermögen (unbebaute Grundstücke), d) Schatzvermögen (horizontes Bargeld, Edelmetalle) und e) Verbrauchsvermögen (Wäsche, Möbel, Hausrat und dgl.). – 2. *Formen:* a) *Echte V. (reelle V.; Vermögenssubstanzsteuer):* Greift der Absicht nach oder faktisch die Substanz an. Schädlich: Lähmung von Sparwillen, Kapitalbildung und wirtschaftlicher Leistungsfähigkeit; daher nur als einmalige Notsteuer (→Vermögensabgabe) diskutabel. – b) *Nominelle V. (Vermögensertrag-*

steuer): Will in Wirklichkeit nur die Erträge treffen, die der Pflichtige aus dem Vermögen bezieht (Mehrbelastung →fundierten Einkommens); bei Ertragslosigkeit wird jedoch den Pflichtigen in der Mehrzahl der Fälle zugemutet, die Steuer aus dem Arbeitseinkommen zu entrichten, wobei die persönlichen Verhältnisse des Schuldners zu berücksichtigen sind. Problematisch ist die Bewertungsfrage. In Betracht kommen: →gemeiner Wert, →Ertragswert und →Teilwert; für Wertpapiere wird oft Durchschnittskurs über mehrere Jahre zugrunde gelegt um Wertschwankungen auszugleichen. – 3. *Rechtfertigung:* Die fortlaufende Erhebung einer →Vermögensteuer als zusätzliche Besteuerung des Vermögens wird durch folgende Argumente begründet: (1) laufende Vermögenserträge; (2) Wertsteigerungen (z.B. bei Kunstgegenständen und Grundstücken); (3) Förderung der Möglichkeiten wirtschaftlicher Betätigung. – 4. *Besondere Probleme:* a) In der V. wird diskutiert, inwieweit auch die →Wertzuwachsbesteuerung einzuschließen ist; es ist zu entscheiden, ob nur der realisierte oder auch der nicht realisierte Wertzuwachs der V. unterliegen soll. – b) *Allokative und distributive Probleme* werden aufgeworfen, wenn die V. die inflationsbedingte Aufblähung der Vermögenswerte mit erfaßt. – c) Sofern die V. als reine Besteuerung der Bestände an Vermögen ausgestaltet ist, kann es beim Ausbleiben von Erträgen zur →Substanzsteuer kommen. – d) Im Rahmen der V. ist ferner zu entscheiden, ob auch den Vermögensverkehr zu erfassen ist; beispielsweise kommt es im Jahr des Vermögenserwerbs zu einer mehrfachen Belastung desselben Vermögensgegenstandes dann, wenn eine Grunderwerbsteuer und die Erbschaft- und Schenkungsteuer neben der Vermögensteuer erhoben wird. – Vgl. auch →Reinvermögenszugangstheorie, →Einkommensbesteuerung, →Schanz-Haig-Simons-Ansatz.

II. V. in der Bundesrep. D.: Vgl. →Vermögensteuer.

Vermögensbilanz, die Vermögenslage einer Unternehmung darstellende →Bilanz, die auf der Passivseite die Vermögensquellen (Eigen- und Fremdkapital), auf der Aktivseite die Vermögensverwendung (Anlage- und Umlaufvermögen) zeigt. Die →statische Bilanz ist eine V. Die handelsrechtliche Jahresbilanz ist im Grundsatz eine V. – *Nicht zu verwechseln:* a) mit der von Sagoroff u.a. vorgeschlagenen Errechnung des →Volksvermögens in der äußeren Form einer →Bilanz; b) mit der steuerrechtlichen →Vermögensaufstellung für die Zwecke der Vermögensbesteuerung. – *Anders:* →Vermögensstatus.

Vermögensbildung der Arbeitnehmer. I. B e g r i f f : Vereinbarte vermögenswirksame Leistungen der Arbeitgeber an Arbeitnehmer, gefördert bis 31.12.1970 durch das Zweite Vermögensbildungsgesetz vom 1.7.1965 (BGBl I 585), bis 31.12.1983 durch das Dritte Vermögensbildungsgesetz vom 27.6.1970 (BGBl I 930), bis 31.12.1986 durch das Vierte Vermögensbildungsgesetz vom 6.2.1984 (BGBl I 201), geändert durch das →Steuersenkungsgesetz 1986/88 vom 26.6.1985 (BGBl I 1153), und seit 1.1.1987 durch das Fünfte Vermögensbildungsgesetz (5. VermBG) vom 19.2.1987 (BGBl I 631). Die Gesetze gelten für Arbeiter, Angestellte, zu ihrer Berufsausbildung Beschäftigte, in Heimarbeit Beschäftigte sowie für Beamte, Richter, Soldaten.

II. Arten: 1. *Sparbeiträge* des Arbeitnehmers aufgrund eines Sparvertrags mit einem Kreditinstitut, in dem sich der Arbeitnehmer verpflichtet, einmalig oder für die Dauer von sechs Jahren laufend vermögenswirksame Leistungen einzahlen zu lassen oder andere Beträge einzuzahlen. – 2. *Aufwendungen* des Arbeitnehmers *zur Förderung des Wohnungsbaus*, die nach dem →Wohnungsbau-Prämiengesetz angelegt werden. – 3. *Aufwendungen* des Arbeitnehmers für den *Bau, Erwerb* oder zur *Erweiterung eines Wohngebäudes* oder *einer Eigentumswohnung*, zum Erwerb eines Dauerwohnrechts i.S. des Wohnungseigentumsgesetzes, eines Grundstücks für Zwecke des Wohnungsbaus oder zur Entschuldung eines dieser Vorhaben. – 4. *Beiträge* des Arbeitnehmers zu *Kapitalversicherungen* gegen laufenden Beitrag auf den Erlebens- oder Todesfall aufgrund von nach dem 30.9.1970 abgeschlossenen Versicherungsverträgen. – *Voraussetzungen:* a) *Mindestvertragsdauer* von zwölf Jahren; in bestimmten Fällen ist jedoch eine Verfügung über die Versicherungssumme oder die eingezahlten Beträge vor Ablauf der Sperrfrist unschädlich: (1) wenn der Arbeitnehmer oder sein von ihm nicht dauernd getrennt lebender Ehegatte nach Vertragsabschluß verheiratet oder völlig erwerbsunfähig geworden ist; (2) im Falle einer Aussteuerversicherung für ein Kind des Arbeitnehmers i.S. des §32 I EStG (leibliche Kinder, Pflegekinder, Adoptivkinder, Stiefkinder), wenn das Kind nach Vertragsabschluß geheiratet hat; (3) wenn der Arbeitnehmer nach Vertragsabschluß arbeitslos geworden ist und die Arbeitslosigkeit mindestens ein Jahr ununterbrochen bestanden hat und im Zeitpunkt der vorzeitigen Verfügung noch besteht; (4) wenn der Arbeitnehmer der Staatsangehöriger eines Staates ist, mit dem die Bundesregierung Vereinbarungen über Anwerbung und Beschäftigung von Arbeitnehmern abgeschlossen hat und der nicht Mitglied der EG ist, den Geltungsbereich dieses Gesetzes auf Dauer verlassen hat. – b) Beiträge dürfen *keine Anteile für Zusatzleistungen* wie Unfall, Invalidität oder Krankheit enthalten. – c) Der Versicherungsvertrag muß schon im ersten Jahr zu einem *Sparanteil von mindestens 50%*

des Beitrags führen. – d) *Gewinnanteile* dürfen nur zur Erhöhung der Versicherungsleistung oder zur Verrechnung mit fälligen Beiträgen, wenn der Arbeitnehmer nach Vertragsabschluß arbeitslos geworden ist und der Arbeitslosigkeit mindestens ein Jahr ununterbrochen bestanden hat und im Zeitpunkt der Verrechnung noch andauert, dienen. – 5. *Sparbeiträge* des Arbeitnehmers aufgrund eines *Sparvertrags über Wertpapiere oder andere Vermögensbeteiligungen:* a) *zum Erwerb von Aktien*, die vom Arbeitgeber oder von Unternehmen mit Sitz und Geschäftsleitung im Geltungsbereich des 5. VermBG ausgegeben werden oder die an der deutschen Börse zum amtlichen Handel oder zum geregelten Freiverkehr einbezogen sind; b) *zum Erwerb von Kuxen, Wandel- und Gewinnschuldverschreibungen*, die von Unternehmen mit Sitz und Geschäftsleitung im Geltungsbereich des 5. VermBG ausgegeben werden; c) *zum Erwerb von Anteilscheinen an einem Wertpapier-* bzw. *Beteiligungs-Sondervermögen*, die von Kapitalanlagegesellschaften i.S.d. Gesetzes über Kapitalanlagegesellschaften ausgegeben werden, wenn bestimmte in §2 I Nr. 2 c) und d) 5. VermBG festgelegte Voraussetzungen erfüllt sind; d) *zum Erwerb von Anteilscheinen an einem ausländischen Recht unterstehenden Vermögen aus Wertpapieren*, das nach dem Grundsatz der Risikomischung angelegt ist (Voraussetzungen: s. §2 I Nr. 2 e 5. VermBG); e) *zum Erwerb von Genußscheinen*, die von Unternehmen mit Sitz und Geschäftsleitung im Geltungsbereich des 5. VermBG als Wertpapiere ausgegeben werden und mit denen das Recht am Gewinn eines Unternehmens verbunden ist, wenn der Arbeitnehmer nicht als Mitunternehmer i.S.d. §15 I Nr. 2 EStG anzusehen ist; f) *zur Begründung oder zum Erwerb eines Geschäftsguthabens bei einer Genossenschaft* mit Sitz und Geschäftleitung im Geltungsbereich des 5. VermBG; g) *zur Übernahme einer Stammeinlage oder zum Erwerb eines Geschäftsanteils an einer GmbH* mit Sitz und Geschäftsleitung im Geltungsbereich des 5. VermBG; h) *zur Begründung oder zum Erwerb einer Beteiligung als stiller Gesellschafter i.S.d. §230 HGB* an einem Unternehmen mit Sitz und Geschäftsleitung im Geltungsbereich des 5. VermBG, wenn der Arbeitnehmer nicht als Mitunternehmer i.S.d. §15 I Nr. 2 EStG anzusehen ist; i) *zur Begründung oder zum Erwerb einer Darlehensforderung gegen den Arbeitgeber*, wenn auf dessen Kosten die Ansprüche des Arbeitnehmers aus dem Darlehensvertrag durch ein Kreditinstitut verbürgt oder durch ein Versicherungsunternehmen privatrechtlich gesichert sind und das Kreditinstitut oder Versicherungsunternehmen im Geltungsbereich des 5. VermBG zum Geschäftsbetrieb befugt ist; k) *zur Begründung oder zum Erwerb eines Genußrechts am Unternehmen des Arbeitgebers* mit Sitz und Geschäftsleitung im Geltungsbereich des 5. VermBG, wenn damit das Recht am Gewinn dieses Unternehmens verbunden ist, der Arbeitnehmer nicht als Mitunternehmer i. S. d. § 15 I Nr. 2 EStG anzusehen ist und über das Genußrecht kein Genußschein i. S. d. Punktes 5 e ausgegeben wird. – 6. *Aufwendungen des Arbeitnehmers aufgrund eines Wertpapier-Kaufvertrags zum Erwerb von Wertpapieren* i. S. d. Punktes 5 a)–e). – 7. *Aufwendungen des Arbeitnehmers aufgrund eines Beteiligungs-Vertrages zur Begründung oder zum Erwerb von Rechten* i. S. d. Punktes 5 f)–k). – Voraussetzung für die Förderung der Aufwendungen ist, daß – von einigen wenigen Ausnahmen abgesehen – bis zum Ablauf einer Frist von sechs bzw. sieben Jahren über die mit den Aufwendungen begründeten Rechte oder erworbenen Rechte bzw. Wertpapiere nicht durch Rückzahlung, Abtretung, Beleihung oder in anderer Weise verfügt wird (Sperrfrist).

III. Vereinbarungsmöglichkeiten (§ 10 f. 5. VermBG): 1. *Einzelverträge* zwischen Arbeitgeber und Arbeitnehmer; der Arbeitgeber hat auf schriftliches Verlangen des Arbeitnehmers einen Vertrag über die vermögenswirksame Anlage von Teilen des Arbeitslohnes abzuschließen, wenn monatlich mindestens 25 DM und jährlich mindestens 75 DM angelegt werden sollen. – 2. →*Betriebsvereinbarung* zwischen Arbeitgeber und Betriebsrat. – 3. *Tarifverträge* zwischen Arbeitgeberverband und Gewerkschaft, die nicht die Möglichkeit vorsehen dürfen, daß eine Ablösung durch Barleistung erbracht wird; nimmt der Arbeitnehmer eine andere Leistung insbes. eine Barleistung an, so erlischt sein Anspruch gegen den Arbeitgeber nicht. Betriebliche Sozialleistungen, die dem Arbeitnehmer bisher schon im Kalenderjahr als vermögenswirksame Leistungen erbracht worden sind, können angerechnet werden, es sei denn, der Arbeitnehmer hatte ein Wahlrecht zwischen vermögenswirksamer und Barleistung. – Sofern die vermögenswirksamen Leistungen aufgrund einer →Ergebnisbeteiligung erbracht werden sollen, müssen die entsprechenden Verträge schriftlich abgefaßt sein und Bestimmungen hinsichtlich der Art der Ergebnisbeteiligung, der Bemessungsgrundlage, der Grundsätze der Berechnung und der Berechnungszeit enthalten.

IV. Voraussetzung: Voraussetzung der Förderung ist, daß der Arbeitnehmer die Art der vermögenswirksamen Anlage und das Unternehmen oder Institut, bei dem sie erfolgen soll, frei wählen kann. Bei Aufwendungen zur Begründung von Darlehensforderungen gegen den Arbeitgeber und des Erwerbs eigener Aktien muß der Arbeitgeber zustimmen.

V. Inhalt: 1. *Arbeitnehmer-Sparzulage,* wenn das zu versteuernde Einkommen im Kalenderjahr der vermögenswirksamen Lei-

stung 24 000 DM oder bei der Zusammenveranlagung von Ehegatten 48 000 DM nicht übersteigt; die Einkommensgrenze erhöht sich für jeden →Kinderfreibetrag von 1242 DM, der beim Arbeitnehmer abgezogen wird, um 900 DM für jeden Kinderfreibetrag von 2484 DM um 1800 DM. Die Arbeitnehmer-Sparzulage wird für vermögenswirksame Leistungen bis zu 624 DM im Kalenderjahr, sind vermögenswirksame Leistungen, bzw. mindestens der 624 DM übersteigende Teil in den unter den Punkten 5–7 genannten Arten angelegt, bis zu 936 DM im Kalenderjahr gewährt. Die Arbeitnehmer-Sparzulage beträgt 23% der vermögenswirksamen Leistungen, die i. S. d. Punkte 2, 3, 5–7 und 16% der vermögenswirksamen Leistungen, die i. S. d. Punkte 1 und 4 angelegt werden. Bei drei und mehr Kindern erhöht sich die Zulage auf 33% bzw. 26%. Die Sparzulage gilt weder als steuerpflichtige Einnahme i. S. des Einkommensteuergesetzes noch als Einkommen, Verdienst oder Arbeitsentgelt im Sinn der Sozialversicherung bzw. des Arbeitsförderungsgesetzes; sie gilt arbeitsrechtlich nicht als Bestandteil des Lohnes oder Gehalts. Der Arbeitgeber hat die Sparzulage jeweils zusammen mit dem Arbeitslohn, jedoch höchstens monatlich, an die Arbeitnehmer auszuzahlen. In der Lohnabrechnung ist die Sparzulage gesondert aufzuführen. Der auszuzahlende Betrag der Sparzulage ist dem einzubehaltenden Lohnsteuerbetrag zu entnehmen. – 2. Die vermögenswirksame Leistung selbst ist *steuerpflichtiges Einkommen* und Arbeitsentgelt im Sinn der Sozialversicherung; sie ist Bestandteil des Lohnes oder Gehalts. – 3. Erbringt der *Arbeitgeber* aufgrund Tarifvertrag oder Betriebsvereinbarung vermögenswirksame Leistungen, so ermäßigt sich die Einkommen- oder Körperschaftsteuer für den Veranlagungszeitraum um 15% der Summe der vermögenswirksamen Leistungen, höchstens um 3000 DM.

Vermögensbildungspolitik, →Vermögenspolitik 1.

Vermögensbildungsversicherung, →Lebensversicherung II 7 d).

Vermögenseffekte des Geldes, Begriff der Geldtheorie und der Makroökonomik. V.d.G. beschreiben die Auswirkungen von Mengen- und/oder Wertveränderungen der Geldbestände der Wirtschaftssubjekte des privaten Sektors auf die gesamtwirtschaftlichen Größen Produktion, Beschäftigung, Zins und Preisniveau. – Grundlage der theoretischen Ansätze über V.d.G. ist die *Annahme,* die Wirtschaftssubjekte ließen sich bei ihren Ausgabenentscheidungen vom Realwert ihrer Vermögensbestände leiten und damit auch vom Realwert ihrer Kassenbestände. Bei Preisniveausteigerungen wird der Realwert einzelner Vermögensbestandteile, in jedem Fall aber der Realwert der Kassenhaltung sinken. Um wieder ein Gleichgewicht zwischen den Vermögenskomponenten herzustellen, werden die Wirtschaftssubjekte versuchen, ihre Kassenhaltung zu Lasten der Nachfrage nach anderen Anlageformen und nach Gütern und Dienstleistungen zu vermindern (→Portfolio Selection). –Die Folge ist eine erhöhte Gesamtnachfrage am Gütermarkt und damit tendenziell erhöhte Produktion und/oder erhöhtes Preisniveau. – Am *bekanntesten:* →Pigou-Effekt, →Keynes-Effekt und →Realkassenhaltungseffekt.

Vermögenseinkommen, Entgelt für die zeitweise Überlassung von Finanzkapital, Boden und immateriellen Werten zur Nutzung durch andere Wirtschaftseinheiten. – In den *Volkswirtschaftlichen Gesamtrechnungen* umfassen die V. im einzelnen: Zinsen, Nettopachten sowie Einkommen aus immateriellen Werten sowie Dividenden und sonstige Ausschüttungen der Unternehmen mit eigener Rechtspersönlichkeit. Alle →Sektoren der Volkswirtschaft empfangen und leisten V., innerhalb der Sektoren der privaten Haushalte verteilen sich die V., wenn auch in unterschiedlichem Maße, auf alle Haushaltsgruppen. – Vgl. auch →Besitzeinkommen, →fundiertes Einkommen.

Vermögensendwertmethode, Investitionsrechnungsmethode (→Investitionsrechnung), bei der alle Einzahlungsüberschüsse auf den Endzeitpunkt der betrachteten Investition aufgezinst werden. – Vgl. auch →Kapitalwertmethode.

Vermögensertragsteuer, →Vermögensbesteuerung I 2 b).

Vermögensgegenstand. I. C h a r a k t e r i s i e r u n g : 1. *Begriff:* Auf der Aktivseite der →Jahresbilanz sind neben noch →ausstehenden Einlagen, →Bilanzierungshilfen, aktiven Posten der →Rechnungsabgrenzung und dem →Fehlbetrag gem. § 268 III HGB v.a. die V. auszuweisen. Der Begriff V. ist im HGB nicht definiert, eine einheitliche Auffassung hat sich bis heute nicht herausgebildet, – 2. Als *wesentliche Merkmale,* über die weitgehend Einigkeit besteht, können gelten: a) V. sind *Güter,* die Nutzungspotentiale (wirtschaftliche Werte) des Kaufmanns darstellen. Zu den V. gehören nicht nur Gegenstände im Sinn des BGB (Sachen und Rechte), sondern auch Güter, die keine Rechte sind (z.b. rechtlich ungeschützte Erfindungen). – b) Aus dem Prinzip der Einzelerfassung (→Grundsätze ordnungsmäßiger Buchführung) wird abgeleitet, daß V. *einzelveräußerbar* (verkehrsfähig) sein müssen. Daher sind Güter, die nur durch Gesamt- oder Teilbetriebsveräußerung zu Geld zu machen sind (z.B. →Firmenwert, Organisationsaufwendungen, →Aufwendungen für die Ingangsetzung und Erweiterung des Geschäftsbetriebs) keine V. Einzelveräußerbarkeit ist allerdings weit auszulegen und z.B. schon gegeben, wenn nur die Möglichkeit zur

Nutzungsüberlassung besteht. Bei immateriellen V. des Anlagevermögens wird die Einzelveräußerbarkeit nur dann angenommen, wenn die V. einer Marktbeurteilung ausgesetzt waren, d.h. wenn sie entgeltlich erworben wurden. Wegen der größeren Marktnähe von immateriellen V. des Umlaufvermögens wird für sie diese strenge Anforderung an die Einzelveräußerbarkeit nicht gefordert; sie sind daher bilanzierungspflichtige V. (z.B. selbst entwickeltes Know how, das als fertiges Erzeugnis für den Verkauf bestimmt ist). Einzelveräußerbarkeit ist die Voraussetzung dafür, daß ein V. selbständig bewertbar ist, daß also dem Grundsatz der Einzelbewertung (§ 252 I HGB; vgl. →Bewertung) entsprochen werden kann. Das geforderte Merkmal „Einzelveräußerbarkeit" führt zu einer gewissen Objektivierung des Sachverhalts V. und genügt damit dem Gläubigerschutzprinzip. – c) V. des Kaufmann (bilanzierungsfähige V.) sind nur solche Güter, die er, seinem *Geschäftsvermögen* zugeordnet hat, die also nicht seinem Privatvermögen angehören (§§ 242 I, 246 I HGB). – d) V. des Kaufmanns sind ferner nur solche Güter, über die er die tatsächliche Verfügungsmacht ausübt (→*wirtschaftliches Eigentum* = die Möglichkeit, Dritte auf Dauer von der Nutzung des V. auszuschließen zu können). Wirtschaftliches und rechtliches Eigentum können auseinanderfallen; wesentliche Beispiele: →Leasing, sicherungsübereignete (→Sicherungsübereignung) und unter →Eigentumsvorbehalt gelieferte V., vgl. Treuhandschaft. – 3. Bei der Abgrenzung des Begriffes V. ist v.a. *umstritten:* Die Konkretisierung der entgeltlich erworbenen immateriellen Anlagevermögensgegenstände, die Abgrenzung vom V. und unselbständigen (nicht bilanzierungsfähigem) Teil eines V. (vgl. →Betriebs- und Geschäftsausstattung), die Charakterisierung des Firmenwertes als Bilanzierungshilfe, das Verhältnis der V. zu den aktiven Rechnungsabgrenzungsposten, im Handelsrecht für den →Einzelkaufmann die Einbeziehung des Privatvermögens in die Jahresbilanz. – Vgl. auch →schwebende Geschäfte, →Schulden.

II. B i l a n z i e r u n g : 1. *Bilanzierbarkeit:* V. müssen aktiviert werden; vgl. im einzelnen →Aktivierungspflicht, →Aktivierungswahlrecht. – 2. *Bewertung:* Vgl. →Bewertung. – 3. *Bilanzausweis:* Vgl. →Bilanzgliederung, →Anlagevermögen, →Umlaufvermögen.

III. S t e u e r r e c h t : Anstelle des Begriffs V. wird häufig der nicht ganz deckungsgleiche Begriff →Wirtschaftsgut verwendet.

Vermögenshaushalt, Teil des →Haushaltsplans kommunaler Gebietskörperschaften, der alle das Vermögen oder die Schulden verändernden Ausgaben und Einnahmen enthält; auf der Ausgabenseite insbes. Investitionen, Rücklagenzuführungen, Kredittilgungen sowie etwaige Zuführungen zum →Verwaltungshaushalt, auf der Einnahmeseite insbes. Kreditaufnahmen, Rücklagenentnahmen, Zuschüsse und Zuweisungen Dritter für Investitionen, Erlöse aus Vermögensveräußerungen sowie etwaige Zuführung vom Verwaltungshaushalt. V. und Verwaltungshaushalt bilden den Haushaltsplan von Gemeinden und Gemeindeverbänden.

Vermögenspolitik, Gesamtheit der Maßnahmen, die auf Bildung und Umverteilung von →Vermögen gerichtet sind. – *Teilbereiche:* 1. *Vermögensbildungspolitik:* Staatliche Förderung des privaten Sparens (→Sparförderung) sozial schwächerer Schichten der Bevölkerung. – 2. *Vermögensverteilungspoltiik i.w.S.:* Umverteilung von vorhandenem Vermögen. Dies müßte sich auf Enteignung von Privatvermögen und ihrer anschließenden Neuverteilung bzw. ihrer Überführung in Staatseigentum bzw. ihrer Vergesellschaftung oder auf Privatisierung von Staatsvermögen richten. Art. 14 (Schutz des Eigentums) und 15 (Sozialisierung) des GG lassen eine Umverteilung i.d.S. zu, werden aber kontrovers interpretiert, die machtpolitische Kostellation bei Entstehung der Bundesrep. D. ließ de facto keine Chancen auf eine umfassende Umverteilung des vorhandenen Vermögens offen. Es blieb somit bei wenigen Ansätzen in der Gesetzgebung zum Lastenausgleich, in der Erbschaftsbesteuerung und bei der →Privatisierung von Unternehmen im Staatsbesitz. – 3. *Vermögensverteilungspolitik i.e.S.:* Umverteilung der Vermögen über den Vermögenszuwachs. Nicht nur die Sparbereitschaft, sondern auch die Sparfähigkeit der Arbeitnehmer soll gefördert werden. Mittel sind v.a. der →Investivlohn und die →Gewinnbeteiligung. Beide Formen sind bisher jedoch nicht durch staatliche Gesetzgebung, sondern lediglich auf freiwilliger Grundlage durch Unternehmen oder im Rahmen tarifvertraglicher Vereinbarungen geregelt worden. Jedoch wurden vermögenswirksame Leistungen durch die Arbeitgeber nach dem Vermögensbildungsgesetz vom Staat gefördert (→Vermögensbildung der Arbeitnehmer). – Vgl. auch →Verteilungspolitik.

Vermögensrückfall, erbschaftsteuerlicher Begriff für den Rückfall (Erwerb) durch Schenkung oder von Todes wegen von solchen Vermögensgegenständen, die Eltern, Großeltern oder entfernte Voreltern ihren Abkömmlingen durch Schenkung oder durch Übergabevertrag zugewandt hatten. – *Erbschaftsteuer:* Der V. an diese Personen ist erbschaftsteuerfrei.

Vermögensschadenhaftpflichtversicherung, →Haftpflichtversicherung.

Vermögensstatus, die Gegenüberstellung von Vermögen und Schulden auf einen bestimmten Stichtag. Bewertung zu →Tageswerten, je nach dem Grund der Aufstellung entweder unter dem Gesichtspunkt der Fortführung des Betriebes oder dem der Liquidierung. – Vgl. auch →Status, →Vergleichsstatus, →Liquidationsbilanz.

Vermögenssubstanzsteuer, →Vermögensbesteuerung I 2 a).

Vermögensteuer, Besteuerung des Vermögens (Gesamt- bzw. Inlandsvermögen). – *Grundsätzliches:* Vgl. →Vermögensbesteuerung.

I. R e c h t s q u e l l e n : a) *Vermögensteuergesetz* (VStG) i.d.F. vom 14.3.1985 (BGBl I 558) mit späteren Änderungen; regelt Steuerpflicht, -befreiung, -entrichtung und Veranlagung (vgl. IV). b) →*Bewertungsgesetz* (BewG) i.d.F. vom 30.5.1985 (BGBl I 845), verbunden mit der DVO zum BewG (BewDV) vom 2.2.1935 (RGBl I 81) mit späteren Änderungen; regelt Abgrenzung und Bewertung des →steuerpflichtigen Vermögens.

II. S t e u e r p f l i c h t : 1. *Unbeschränkte Steuerpflicht:* a) natürliche Personen, die im Inland ihren Wohnsitz oder gewöhnlichen Aufenthalt haben, b) bestimmte Körperschaften, Personenvereinigungen und Vermögensmassen, die im Inland ihre Geschäftsleitung oder ihren Sitz haben (§ 1 Nr. 2 VStG), z.B. Kaptialgesellschaften, Erwerbs- und Wirtschaftsgenossenschaften, Versicherungsvereine auf Gegenseitigkeit, sonstige juristische Personen des privaten Rechts, nicht rechtsfähige Vereine. – 2. *Beschränkte Steuerpflicht:* a) natürliche Personen, die im Inland weder Wohnsitz, noch gewöhnlichen Aufenthalt haben, b) Körperschaften, die im Inland weder Geschäftsleitung noch Sitz haben. – 3. *Steuerbefreiung* für eine festgelegte Reihe von staatswirtschaftlich, gemeinwirtschaftlich oder gemeinnützig tätigen Körperschaften (vgl. auch →Vermögensteuer-Befreiungen).

III. B e s t e u e r u n g s g r u n d l a g e : 1. Bei *unbeschränkter Steuerpflicht:* →Gesamtvermögen unter Berücksichtigung von →Freibeträgen. – 2. Bei *beschränkter Steuerpflicht:* →Inlandsvermögen.

IV. V e r a n l a g u n g : 1. Für *jeden Steuerpflichtigen* getrennt, ausgenommen →Haushaltsbesteuerung als Veranlagungsgemeinschaft; die Vermögenswerte werden zusammengerechnet, von Bedeutung hinsichtlich Freibetragsausnutzung. Wegen der proportionalen Belastung ist es unerheblich, ob Veranlagung für einzelne Gesellschaften oder zentralisiert für eine Konzernhauptgesellschaft erfolgt. – 2. Die *allgemeine Veranlagung* erfolgt turnusmäßig im Rahmen der →Hauptveranlagung. – 3. *Erklärungen* für die V. haben auf den →Hauptveranlagungszeitpunkt unbeschränkt Steuerpflichtige abzugeben, sofern das Gesamtvermögen bestimmte Wertgrenzen überschreitet (70000 DM bei natürlichen Personen, bei Haushaltsbesteuerung je zusammenveranlagter Person; 20 000 DM bei Körperschaften, Personenvereinigungen, Vermögensmassen). Beschränkt Steuerpflichtige dann, wenn das Inlandsvermögen mindestens 20 000 DM beträgt. – 4. *Veränderungen des Vermögens* (→ Vermögensänderung) können durch → Neuveranlagung berücksichtigt werden. Anzeigepflicht bei Vermögenserhöhung über die für Neuveranlagung gesetzten Wertgrenzen hinaus. Veränderungen hinsichtlich der persönlichen Verhältnisse des Steuerpflichtigen werden durch → Nachlaßveranlagung berücksichtigt.

V. S t e u e r s a t z : 1. Für natürliche Personen 0,5%, für die übrigen Vermögensteuerpflichtigen 0,6% des steuerpflichtigen Vermögens. – 2. Davon abweichend kann die Steuer bei *Zuzug aus dem Ausland* in einem Pauschbetrag (ohne Rücksicht auf das ausgewiesene Vermögen) festgesetzt werden (→ Pauschbesteuerung).

VI. F i n a n z w i s s e n s c h a f t l i c h e B e u r t e i l u n g : 1. *Begründung* (äußerst kontroverse Diskussion): a) Mit dem → *Äquivalenzprinzip* zu verbinden ist der Rechtfertigung der V. als Entgelt für den staatlichen Schutz der Vermögensgüter; nicht überzeugend, da auch andere Güter (Rechtsgüter, Leben usw.) geschützt werden. – b) Mit dem → *Leistungsfähigkeitsprinzip* werden die folgenden Argumente für eine V. verknüpft: (1) V. ist eine Sonderbelastung des fundierten Einkommens (→ Fundustheorie); dagegen spricht, daß bei Geldentwertung das Vermögenseinkommen nicht „fundiert" ist und daß die V. eine Sonderbelastung des Vermögenseinkommens gegenüber dem nicht belasteten Arbeitseinkommen darstellt. – (2) Soweit das größere Maß an *Freizeit* des Vermögenden als Indikator höherer Leistungsfähigkeit angeführt wird, betritt man den Boden der bloßen Möglichkeiten zur Leistungs- und Einkommenserzielung und liefert sich der Anschauung aus, daß auch die Welt jenseits der Arbeit von der Besteuerung beherrscht werden solle. – (3) Für eine V. spricht, daß0 im *Bestand* an Vermögen eine besondere ökonomische Dispositionskraft zu sehen ist, in der sich eine erhöhte Leistungsfähigkeit ausdrückt. – (4) Andere Rechtfertigungsversuche lassen allein die Besteuerung der *Vermögenswertzuwächse* zu (capital gains), da Vermögen aus bereits besteuertem Einkommen gebildet sei; doch Vermögen kann auch ohne eigene Akkumulation zugefallen sein und eine Wertsteigerung erfahren. – 2. Die V. ist eine → *Landessteuer.* Das Aufkommen betrug 1985 ca. 4,3 Mrd. DM, damit 2,8% der Landessteuern i. w. S., wegen mehrfacher Senkung der Steuersätze hat sich das Aufkommen in den letzten Jahren verringert. – 3. *Charakteristik der V.:* a) Die einzelnen Vermögensarten (→ Bewertungsgesetz) sind unterschiedlich stark belastet; demnach kann

die V. nicht als eine allgemeine, sondern eher als ein Bündel von *speziellen V.* bezeichnet werden. – b) Die *Bewertungs*größen und -verfahren sind heterogen und kompliziert (gemeiner Wert, Teilwert, Ertragswertverfahren, Sachwertverfahren). – 4. *Wirkungen:* a) Für den Einsatz des Faktors Kaptial ist die V. eine Verteuerung, die zudem ungleich gestaltet ist (0,5% für Einzelunternehmen, 0,6% für Kapitalgesellschaften); das sind *allokative* Verzerrungen (Wettbewerb, Faktoreinsatz). – b) Infolge der persönlichen Freibeträge (auch für Einzelunternehmer) und der Vermögenskonzentration bei Kapitalgesellschaften wird die V. zu fast 90% des Aufkommens von den Betriebsvermögen, Anteilen an Kapitalgesellschaften und Kapitalforderungern erbracht; damit ist sie vorwiegend eine „*Betriebsvermögensteuer*". – c) Allokationspolitisch nicht zu rechtfertigen ist die Wirkung der V. als → *Substanzsteuer,* wenn Vermögenserträge ausbleiben. – d) *Distributionspolitisch* läßt sich die V. dann einsetzen, wenn Umverteilungsmaßnahmen mit ihr finanziert werden sollen. Dann aber ist (1) ihr Aufkommen zu gering und (2) ihre Verteilungswirkung verfehlt, wenn die inflationsbedingte Wertaufblähung nicht beseitigt wird. – 5. *Steuersystematik:* a) Durch die Erhebung von V. kommt es zur *Zweifachbesteuerung* der Vermögens*erträge,* da sie auch durch die Einkommensteuer erfaßt werden. Ein Anrechnungsverfahren analog dem → *körperschaftsteuerlichen Anrechnungsverfahren* existiert nicht. Die Zweifachbelastung ist nur gerechtfertigt, wenn man den mikroökonomischen personalen → Einkommensbegriff der → Reinvermögenszugangstheorie und den → Schanz-Haig-Simons-Ansatz akzeptiert. Zur Zweifachbelastung kommt es dagegen nicht, wenn Vermögen besteuert wird, das nicht selbst akkumuliert wurde (Erbschaften, Schenkungen, Glücksgewinne usw.). – b) Im Rahmen der → steuerlichen Beziehungslehre bilt die V. als eine *Kontrollsteuer* zur Einkommensteuer. – c) Durch die Erhebung der Erbschaftsteuer vom selben Vermögens*bestand* kommt es im Jahr des Erbanfalls zu einer Zweifachbelastung, was die allokativen Nachteile der → Vermögensbesteuerung erhöht. – 6. *Reform:* a) Zumindest die Beseitigung der Zweifachbelastung durch V. bei Kapitalgesellschaft und V. beim Anteilseigner wird gefordert, entweder durch Befreiung oder Anrechnung der von der Kapitalgesellschaft gezahlten V. auf die persönliche V. des Anteilseigner. – b) Einige Reformkonzepte sehen die völlige Abschaffung der V. vor oder allein der Betriebsvermögensteuer; letzteres käme v.a. allokationspolitischen Zielen entgegen und würde die Funktion der Vermögensbesteuerung als Instrument der Besteuerung nach der persönlichen Leistungsfähigkeit erhalten. – c) Daneben besteht aber auch die Forderung nach einer Abschaffung allein der persönlichen V. (Konzept der „Unternehmungsteuer" nach Flume); damit jedoch würden sich wieder die Allokationsprobleme einer Belastung des Faktors Kapital einstellen.

VII. A u f k o m m e n : 1986: 4396 Mill DM (1985: 4287 Mill DM; 1983: 4992 Mill DM; 1981: 4687 Mill. DM; 1979: 4482 Mill DM; 1977: 4995 Mill. DM; 1973: 3232 Mill DM; 1970: 2877 Mill. DM; 1965: 1880 Mill DM; 1960: 1100 Mill. DM; 1955: 543 Mill. DM; 1950: 130 Mill. DM).

Vermögensteuer-Befreiungen. 1. *Persönliche Befreiungen:* Gemäß §3 VStG für Deutsche Bundespost, Deutsche Bundesbahn, Monopolverwaltungen des Bundes, staatlichen Lotterieunternehmen und Erdölbevorratungsverband, Staatsbanken und Sparkassen, gewisse Unternehmen der öffentlich-rechtlichen Körperschaften, Realgemeinden, gemeinnützige, mildtätige oder kirchlichen Zwecken dienende Körperschaften und Vermögensmassen, rechtsfähige Pensions-, Witwen- usw. Kassen, für Berufsverbände ohne öffentlich-rechtlichen Charakter, Vermögensverwaltungsgesellschaften, nicht rechtsfähige Berufsverbände, politische Parteien und politische Vereine. – 2. *Sachliche Befreiungen:* Befreiungen einzelner Wirtschaftsgüter. Diese bleiben bei der Feststellung des Vermögens außer Ansatz; sie zählen nicht zum steuerpflichtigen Vermögen.

Vermögensteuer-Richtlinien (VStR), Verwaltungsanordnung, die in der Hauptsache Entscheidungen der Finanzgericht, sowie Erörterungen von Zweifelsfragen zur Auslegung (im wesentlichen) des →Bewertungsgesetzes enthält. Die Finanzverwaltung ist im Gegensatz zu den Finanzgerichten an die Auslegung in den VStR gebunden. – Die Steuerpflichtigen können gegen die Ausführungen in den VStR im Rechtsmittelverfahren vorgehen. – *Derzeitige Fassung:* VStR 1986 vom 22.1.1986 (BStBl I Sonderm. 2).

Vermögensteuerstatistik, Teil der amtlichen Steuerstatistik (→Finanzstatistik II); dreijährlich anhand von Durchschriften der Vermögensteuerbescheide, die den Statistischen Landesämtern von den Finanzämtern zur Verfügung gestellt werden. – *Erfassungstatbestände:* a) bei unbeschränkt vermögensteuerpflichtigen natürlichen Personen: Vermögensarten, Rohvermögen, Schulden und sonstige Abzüge, Gesamtvermögen, Freibeträge – nur bei Steuerbelasteten: steuerpflichtiges Vermögen und Steuerschuld – nach sozialer Gliederung und Haushaltsgröße; b) bei unbeschränkt vermögensteuerpflichtigen nichtnatürlichen Personen: Betriebsvermögen, Abzüge, Gesamtvermögen, steuerpflichtiges Vermögen und Steuerschuld nach Vermögensgruppen und Rechtsformen; c) bei beschränkt vermögensteuerpflichtigen natürlichen und nichtnatürlichen Personen: Vermögensarten, Rohvermögen, Schulden und sonstige

Abzüge, Inlandsvermögen, steuerpflichtiges Vermögen und Steuerschuld nach Vermögensgruppen.

Vermögensübernahme, vertragliche Übernahme des gesamten gegenwärtigen Vermögens eines anderen. V. bedarf der →öffentlichen Beurkundung (§311 BGB). – Ein Vertrag, durch den sich eine Person verpflichtet, ihr *künftiges Vermögen* oder einen Bruchteil desselben zu übertragen oder mit einem Nießbrauch zu belasten, ist nichtig. – Wer durch Vertrag das Vermögen einer anderen Person übernimmt, *haftet* zwingend auch für deren Verbindlichkeiten, kann seine Haftung aber auf den Bestand des übernommenen Vermögens beschränken; die Haftung des bisherigen Schuldners bleibt daneben bestehen (§419 BGB).

Vermögensübersicht, →Vermögensbilanz, →Vermögensstatus, →Vermögensaufstellung.

Vermögensübertragung, →Verschmelzung.

Vermögensvergleich, Gegenstand des →Betriebsvergleichs, durchführbar als einbetrieblicher (Zeit-)Vergleich oder als zwischenbetrieblicher Vergleich sowie entsprechend kritische Betrachtung entweder a) der Änderungen der Vermögensstruktur, b) des Vermögensaufbaus der eigenen im Verhältnis zu vergleichbaren anderen Unternehmen. *Voraussetzung:* Um die einzelnen Vermögens- und Kapitalpositionen vergleichbar zu machen, ist Gliederung des Vermögensstatus nach einheitlichen Gesichtspunkten erforderlich.

Vermögensversicherung, *Vermögenswertversicherung,* Sammelbezeichnung für die Versicherung von Vermögensrechten wie →Haftpflichtversicherung, →Betriebsunterbrechungsversicherung. V. wird wie die Sachversicherung als →Schadenversicherung betrieben.

Vermögensverteilung, anteilige Zurechnung des Vermögens einer Volkswirtschaft auf die Bevölkerungsgruppen. Sie ist eng mit der →Einkommensverteilung verknüpft, denn ein angelegter Vermögensbestand stellt eine Einkommensquelle dar, und durch Sparen wird aus Einkommen Vermögen gebildet (→Vermögensbildung). – Eine Vermögensrechnung auf gesamtwirtschaftlicher Ebene wird in der Bundesrep. D. nicht erstellt. – *Theorien der V.:* Vgl. →Verteilungstheorie V.

Vermögensverteilungspolitik, →Vermögenspolitik 2 und 3.

Vermögensverwaltung. I. K r e d i t w e s e n : Die V. erfolgt durch besondere Abteilungen der *Kreditinstitute* oder *Vermögensverwaltungsgesellschaften,* die i.d.R. wiederum Tochtergesellschaften von Banken sind. Die V. beinhaltet die laufende Überwachung, Anlage und Verwaltung des Vermögens des Kunden (vorwiegend Wertpapiere und Geldvermögen, seltener Beteiligungen, Grundvermögen oder Testamentsvollstreckung). – Innerhalb vereinbarter Anlagegrundsätze trifft das Kreditinstitut oder die Vermögensverwaltungsgesellschaft selbständige Anlageentscheidungen. Die Gebühren richten sich je nach Vereinbarung nach dem Anlageerfolg und der Höhe und Art des verwalteten Vermögens. Bei juristischen Personen, insbes. Versicherungsunternehmen, berufsständischen Organisationen, Kirchen oder Stiftungen erfolgt die V. häufig in Form von →Spezialfonds.

II. F a m i l i e n r e c h t : 1. *V. für das Kind:* a) Sie *obliegt* den Eltern, die aufgrund der →elterlichen Sorge das Recht und die Pflicht haben, für das Vermögen des Kindes zu sorgen; auch die Befugnis, das Kind in vermögensrechtlichen Angelegenheiten zu vertreten, steht i. d. R. beiden Elternteilen gemeinsam zu, nachdem das Bundesverfassungsgericht § 1629 I BGB für nichtig erklärt hat. – b) Für einige Rechtsgeschäfte bedürfen die Eltern der *Genehmigung des Vormundschaftsgerichts,* z. B. für Grundstücksgeschäfte, für den entgeltlichen Erwerb oder die Veräußerung eines Erwerbsgeschäfts, für den Abschluß eines Gesellschaftsvertrages zum Betrieb eines Erwerbsgeschäfts, für die Aufnahme von Krediten, für den selbständigen Betrieb eines Erwerbsgeschäfts für das Kind (vgl. § 1643 BGB in Verb. mit § 1821 I Nr. 1–4, II, § 1822 Nr. 1, 3, 5, 8–11 BGB). – c) Das dem Kind gehörende Geld haben die Eltern *mündelsicher* (→Mündelsicherheit) und verzinslich anzulegen, soweit es nicht für Ausgaben bereitzuhalten ist (§ 1642 BGB). – d) Das Vormundschaftsgericht hat darüber zu wachen, daß die Eltern das Kindesvermögen *nicht gefährden,* und ggf. die zur Abwendung einer Gefahr erforderlichen Anordnungen zu treffen; kommen die Eltern diesem nicht nach, kann ihnen die V. entzogen werden (§ 1667, 1670 BGB). – e) Die V. *endet* i. d. R. mit der Beendigung der elterlichen Gewalt (z. B. bei Eintritt der Volljährigkeit des Kindes) oder bei Eröffnung des Konkursverfahrens über das Vermögen der Eltern; gerät nur ein Elternteil in Konkurs, endet nur dessen V. – f) Bei einer *Verhinderung* der Eltern an der V. wird diese durch einen vom Vormundschaftsgericht zu bestellenden Pfleger ausgeübt (→Pflegschaft). – 2. *V. bei den ehelichen Güterständen:* Vgl. →eheliches Güterrecht.

III. S t e u e r r e c h t : 1. *Einkommen- und Körperschaftsteuer:* Verwalter eines Vermögens unterliegen mit den ihnen zuzurechnenden Einkünften der Einkommen- bzw. Körperschaftsteuer. – 2. *Gewerbesteuer:* Die V. unterliegt der Gewerbesteuer nur, wenn sie im Rahmen eines →Gewerbebetriebs erfolgt. – a) Die *Verwaltung eigenen Vermögens* ist i. d. R. keine steuerpflichtige gewerbliche Tätigkeit. Die Nutzung des Vermögens kann aber als gewerbliche Tätigkeit angesehen werden, wenn mit Gewinnabsicht eine selbständige, nachhaltige und nach außen hin hervortretende Tätigkeit entfaltet wird. – b) Die *Vermietung und Verpachtung von Grundbesitz* stellt auch dann noch eine gewerbesteuerfreie Vermögensnutzung dar, wenn der vermietete Grundbesitz sehr umfangreich ist, der Verkehr mit vielen Mietparteien eine erhebliche Verwaltungsarbeit erforderlich macht oder die vermieteten Räume für gewerbliche Zwecke verwendet werden. Um der Tätigkeit des Grundstücksbesitzers gewerblichen Charakter zu geben, müssen noch besondere Umstände hinzutreten, z. B. daß die Verwaltung des Grundbesitzes wegen des ständigen und schnellen Wechsels der Mieter eine *fortgesetzte Tätigkeit* erfordert, die über das Maß der üblichen Vermietertätigkeit hinausgeht, oder daß der Grundstücksbesitzer den Mietern gegenüber besondere Verpflichtungen übernimmt, wie Herrichtung des Gebäudes für die besondere Art der Verwendung und Übernahme der Reinigung der vermieteten Räume.

Vermögenswertversicherung, →Vermögensversicherung.

vermögenswirksame Lebensversicherung, →Lebensversicherung II 7 d).

vermögenswirksame Leistungen, Geldleistungen i. S. d. § 2 5. VermBG, die der Arbeitgeber für den Arbeitnehmer anlegt. Vgl. im einzelnen →Vermögensbildung der Arbeitnehmer.

Vermögenszuwachsrechnung, steuerliches Verfahren zur Verprobung von Vermögensvergleich (→Verprobungsmethode 3); ggf. ausreichende Grundlage für Schätzung.

Vermögenszuwachssteuer, Steuer auf die Zunahme einer Bestandsgröße des Vermögens. In Deutschland in der Zeit des Ersten Weltkriegs erhoben. – Vgl. auch →Vermögensbesteuerung.

vermuteter Kaufmann, ein zu Unrecht im Handelsregister eingetragener Kaufmann. Wenn überhaupt ein Gewerbe betrieben wird und Firma im Handelsregister eingetragen ist, wird zugunsten eines jeden, der sich im Geschäftsverkehr auf die Eintragung beruft (auch zugunsten des Schlechtgläubigen und des Eingetragenen selbst), bis zur →Löschung vermutet, daß das Gewerbe ein Handelsgewerbe und der Unternehmer →Vollkaufmann ist; Gegenbeweis unzulässig (§ 5 HGB). Liegen diese Voraussetzungen nicht vor, können Gutgläubige durch die Lehre vom →Scheinkaufmann geschützt werden.

Veröffentlichung, im Urheberrecht der Zeitpunkt, zu dem ein Werk mit Zustimmung des Urhebers der Öffentlichkeit zugänglich gemacht worden ist (§ 6 I UrhRG). – Vgl. auch →Erscheinen.

Veröffentlichungsbefugnis, →öffentliche Bekanntmachung III–V.

Veröffentlichungspflicht, →Publikationspflicht.

Verordnung, Form des Tätigwerdens der öffentlichen Hand (einschl. der Regierung) insbes. gegenüber der Allgemeinheit oder einem Teil derselben. V. bedürfen einer besonderen Ermächtigung. Es gibt: a) →Rechtsverordnungen: allgemeinverbindliche Vorschriften mit Rechtscharakter, z. B. Polizeiverordnungen und die Durchführungsverordnungen auf dem Gebiet des Steuerrechts; b) Verwaltungsverordnungen: →Verwaltungsvorschriften, die nur verwaltungsinterne Verbindlichkeit besitzen, z. B. Richtlinien zu den einzelnen Steuergesetzen. – Anders: →Verfügung.

Verordnungsblattgebühr, Arzneikostengebühr, von dem Versicherten, der das 16. Lebensjahr vollendet hat, zu zahlender Anteil beim Erwerb von Arzneimitteln (§ 182a RVO). – Höhe: Die V. beträgt z. Z. (1987) bei Arznei- und Verbandmittel für jedes verordnete Mittel 2 DM, bei Heilmitteln und Brillen 4 DM. – Befreiung durch die Krankenkasse möglich in Fällen, in denen über einen längeren Zeitraum Arznei-, Verband- oder Heilmittel benötigt werden, wenn der Versicherte unzumutbar belastet würde (§ 182a, II RVO).

Verordnung über den Betrieb von Kraftfahrunternehmen im Personenverkehr (BOKraft), Verordnung i. d. F. vom 7.7.1960 (BGBl I 553). Enthält eingehende Sondervorschriften für Kraftfahrunternehmen, die den Bestimmungen des Personenbeförderungsgesetzes unterliegen, insbes. über Betriebsleitung, Fahrdienst, Benutzung der Fahrzeuge, Tarife, Ausrüstung und Beschaffenheit der Fahrzeuge und Sondervorschriften u. a. für Linienverkehr.

Verordnung über die Preise bei öffentlichen Aufträgen (VPöA), enthält bindende Vorschriften über die Preisstellungen bei Aufträgen des Bundes, der Länder, Gemeinden und Gemeindeverbände sowie sonstigen Körperschaften des öffentlichen Rechts. Preisgrenzen sind: a) bei marktgängigen Leistungen: Marktpreise; b) bei vergleichbaren Leistungen: von Marktpreisen hergeleitete Höchstpreise; c) ersatzweise (wenn a und b nicht zu ermitteln sind): Selbstkosten. – Vgl. auch →Leitsätze für die Preisermittlung aufgrund von Selbstkosten (LSP).

Verpächterpfandrecht, →gesetzliches Pfandrecht des Verpächters an den eingebrachten Sachen des Pächters für die Forderungen aus dem Pachtverhältnis. Die Vorschriften

über →Vermieterpfandrecht gelten entsprechend (§§ 581, 592 BGB).

Verpachtung, →Landpacht, →Pacht, →Vermietung und Verpachtung.

Verpackung. I. Allgemein: Lösbare Umhüllung von Gütern zu deren Schutz vor äußeren Einflüssen – in einigen Fällen auch zum Schutz vor den Gütern (z. B. bei →Gefahrgut) – bei Transport-, Umschlags- und Lagerungsvorgängen. Für Konsumgüter ist die V. zusätzlich ein Instrument der Produktpolitik. Als Mittel der V. dienen z. B. Kisten, Kartons, Flaschen und Dosen mit Schutzmaterial zur Aus- und Umkleidung. Zur Erlangung hoher Flächen- bzw. Raumnutzungsgrade ist der Beförderung verpackter Güter auf →Paletten, in →Containern u. a. →Ladeeinheiten werden im Verkehr rechteckige Versandverpackungen bevorzugt, deren Außenmaße ein ganzzahliger Teil/Vielfaches der Grundmaße 400 x 600 mm sind (Verpackungsmodul). – Mehrmalige Verwendung der V. sollte erfolgen, wenn die benutzungsfallanteiligen Einstands-, Rückhol- und Reinigungskosten niedriger sind als die Einstands- und Beseitigungskosten bei einmaliger Verwendung. Sinnvoll auch aus umweltpolitischen Gründen (→Umweltpolitik). – Arten: a) →Mehrwegverpackung (dauerhafte V.); b) →Einwegverpackung (verlorene V.).

II. Bahnfrachtverkehr: Bahngüter sind sicher zu verpacken, so daß sie gegen Verlust oder Beschädigung geschützt sind und Personen oder andere Güter nicht beschädigen können (§ 62 EVO). Art der V. i. d. R. nach Ermessen des Absenders, abgesehen von Gefahrgütern mit bestimmten in EVO Anlage II aufgeführten Gutarten (Eisenvitriol, Fässer mit Flüssigkeiten usw). – Annahme kann durch Güterabfertigung abgelehnt oder von Anerkennung eines Verpackungsmangels im Frachtbrief abhängig gemacht werden. – Im Stückgutverkehr Einheitsverpackungen sowie auf Antrag bahnamtliche Anerkennung von Spezialverpackung serienmäßig hergestellter Güter.

III. Postverkehr: Vgl. →Postsendungen.

IV. Versicherungswesen: Vom Standpunkt des Versicherers aus soll die V. den gewöhnlichen Ereignissen des Transportes, die vorauszusehen sind, widerstehen können, weshalb Schäden als Folge mangelhafter V. in den AVB i. a. ausgeschlossen werden (§ 86 ADS, § 2 ADB), es sei denn, die mangelhafte V. ist handelsüblich. Erstklassige (z. B. „seemäßige" oder „beanspruchungsgerechte") V. führt zu Prämiennachlässen. Für Wertsendungen (→Valorenversicherung), Kunstgegenstände, Umzugsgut und Maschinentransporte gelten Sonderbedingungen mit verschärften Anforderungen an die V.

Verpackungskosten, →Kosten der Güterverpackung in Höhe der Zahlungen an verpackende Verkehrs- oder andere Betriebe und/oder Kosten des →Verpackungsmaterials sowie des Einrichtens, Unterhaltens und Verwaltens betriebseigener Verpackungsstellen. – Vgl. auch →Logistik-Kosten.

Verpackungsmaterial, *Verpackungsmittel.* I. B e g r i f f : Die für →Verpackung erforderlichen Materialen.

II. K o s t e n r e c h n u n g : a) Bei Verbrauch größerer Mengen ist V. einem besonderen →Materialbestandskonto zu belasten und entsprechend dem jeweiligen Verbrauch während einer Periode in die Kostenrechnung zu übernehmen. – b) Bei mengenmäßig geringem oder zeitlich gleichmäßigem Verbrauch kann V. sofort bei Eingang als Verbrauch gebucht werden. – c) Innenverpackung (= V., durch das die Produkte erst verkaufsfähig werden): etwa bei Markenartikeln mit Standardverpackung (z. B. Packung für Nährmittel, Schokolade, Waschpulver) gehört V. als Materialeinzelkosten zu den →Herstellkosten des Erzeugnisses. – d) Außenverpackung (z. B. Kisten, Kartons): Verrechnung erfolgt als Sondereinzelkosten des Vertriebs oder als Gemeinkosten auf ein Konto der Kostenstelle des Vertriebs.

III. B i l a n z i e r u n g : a) Bestände an V. am Bilanzstichtag sind in der Bilanz als →Hilfsstoffe (Innenverpackung) oder →Betriebsstoffe (Außenverpackung) auszuweisen. – b) Bei der Ermittlung der →Herstellungskosten für unfertige und fertige Erzeugnisse, sind nur die Aufwendungen für Innenverpackung Bestandteil derselben. – c) In der Gewinn- und Verlustrechnung (→Gesamtkostenverfahren) gehören die Aufwendungen für Innenverpackung zum Materialverbrauch (§ 275 II Nr. 5 HGB), Aufwendungen für Außenverpackung i. d. R. zu den →sonstigen betrieblichen Aufwendungen (§ 275 II Nr. 8). Bei Anwendung des →Umsatzkostenverfahrens sind die Aufwendungen für Innenverpackung der verkauften Erzeugnisse Bestandteil der Herstellungskosten der zur Erzielung der Umsatzerlöse erbrachten Leistungen (§ 275 III Nr. 2). Buchung von *Erträgen aus Wiederverwendung* von zurückgesandtem V. sowie aus der Verwertung von V. als Altmaterial als sonstige betriebliche Erträge.

Verpackungsmittel, →Verpackungsmaterial.

Verpackungsmodul, →Verpackung.

Verpackungstest, *Packungstest,* Test der Anmutung der Verpackung (Packung) einer Ware. Auch Messung des assoziierten Preis-/Leistungsverhältnisses. – *Hilfsmittel zur Messung:* →Schnellgreifbühne, →Tachistoskop.

Verpfändung, die rechtsgeschäftliche Bestellung eines Pfandrechts im Gegensatz zum

Entstehen der →gesetzlichen Pfandrechte. – Vgl. in einzelnen →Pfandrecht.

Verpfändungsermächtigung, →Wertpapierverwahrung III 1.

Verpflichtungsermächtigung, Ausnahmeregelung für den Grundsatz der „zeitlichen Spezialität" (→Haushaltsgrundsätze) im Rahmen des Haushaltsplans, in der →Haushaltsreform von 1969 neu geregelt. V. sind die quantifizierte „Vorbelastung" einzelner Titel in künftigen Jahren. Begründet in der BHO. V. dürfen nur bei Verträgen über Bauten und größere Rüstungsaufträge erteilt werden, die im Laufe mehrerer Haushaltsjahre erfüllt werden. Der jeweils gesonderte Ausweis in den Ausgabeansätzen des Plans erleichtert die Kontrolle über die Vorausbelastung künftiger Haushaltsjahre. – *Vorteil:* Zeitlich durchgehende Baudurchführung und Finanzierung. – *Nachteil:* Einengung der finanziellen Bewegungsfreiheit der Haushaltsführung.

Verpflichtungsgeschäft, →Rechtsgeschäft, das eine Verbindlichkeit (Schuld) begründet und oft zu einer →Verfügung (z. B. der Kaufvertrag zur Übereignung der Kaufsache) verpflichtet, ohne aber die Verfügung unmittelbar, eine Rechtsänderung usw. zum Gegenstand zu haben.

Verpflichtungsklage, *Untätigkeitsklage, Vornahmeklage.* 1. *Verwaltungsgerichtsbarkeit:* →Klage auf Verurteilung zum Erlaß eines abgelehnten oder unterlassenen →Verwaltungsaktes (§ 42 VwGO). Soweit gesetzlich nicht anderes bestimmt ist, ist die Klage nur zulässig, wenn der Kläger geltend macht, durch die Ablehnung oder Unterlassung des Verwaltungsaktes in seinen Rechten verletzt zu sein. Das ist der Fall, wenn seine subjektiven privaten oder öffentlichen Rechte beeinträchtigt werden. Verstoß gegen →Reflexrechte oder die Rechtswidrigkeit von allgemeinen Verwaltungsvorschriften oder behördeninternen Weisungen reicht nicht aus. Soweit die Verwaltungsbehörde nach ihrem →Ermessen handeln kann, kann die Klage auch darauf gestützt werden, weil die gesetzlichen Grenzen des Ermessens überschritten sind (→Ermessensüberschreitung) oder von dem Ermessen in einer dem Zweck der Ermächtigung nicht entsprechenden Weise Gebrauch gemacht ist (→Ermessensmißbrauch). – 2. *Sozialgerichtsbarkeit:* Analog zur Verwaltungsgerichtsbarkeit. – 3. *Finanzgerichtsbarkeit:* Die V. richtet sich auf die Verurteilung zum Erlaß eines abgelehnten oder unterlassenen Verwaltungsaktes (§ 40 FGO); es gelten die gleichen Einschränkungen wie für die →Anfechtungsklage.

Verpflichtungsschein, →kaufmännischer Verpflichtungsschein.

verplanter Bestand, →Materialbestandsarten 1 c).

Verprobung. I. B u c h f ü h r u n g : Überprüfung der Richtigkeit der Buchführungsergebnisse mit Hilfe von prüfungstechnischen Formeln (→Verprobungsmethoden), insbes. im Verlauf der handelsrechtlichen →Abschlußprüfung und der steuerlichen →Außenprüfung.

II. R e v i s i o n : Vgl. →wirtschaftliche Verprobung.

Verprobungsmethoden, Prüfungsverfahren insbes. des Finanzamts zur Kontrolle der Richtigkeit der Buchführungsergebnisse, zum Zwecke des Betriebsvergleich und als Schätzungsunterlagen bei nicht ordnungsmäßiger Buchführung (→Verprobung). – *Gebräuchliche V.* sind u. a.: 1. *Wareneinsatzberechnung* (→Wareneinsatz). *Beispiele:*

a)   Warenanfangsbestand
   + Wareneingang
   − Warenendbestand

   = Wareneinsatz

b) Wareneinsatz bei einfacher Buchhaltung:
   Ausgaben für Wareneinkauf
   + Preisabzüge und Rabatte
   − Warenschulden am Anfang
   + Warenschulden am Schluß
   − Warenendbestand
   + Warenanfangsbestand
   − Eigenverbrauch
   − Naturalentnahmen für das Personal
   − für den Betrieb verbrauchte Waren

   = Wareneinsatz

c)   Wareneingang
   + Warenschulden am Anfang
   − Warenschulden am Schluß

   = Ausgaben für Wareneinkauf

Daneben andere Berechnungsarten für den Wareneinsatz. – 2. *Vermögenszuwachsrechnung* zum Zwecke der Verprobung des Gewinns. Das Vermögen kann durch Vermögensvergleich, der sich über einen längeren Zeitraum als über ein Jahr, oft über mehrere Jahre erstreckt, verprobt werden. Wenn möglich, sind zwei Vermögensteuerstichtage miteinander zu vergleichen. – *Beispiel:* Vgl. untenstehende Tabelle. – 3. *Rohgewinnaufschlagsprobe bei Handelsbetrieben* (→Handelsspanne): Rohgewinnaufschlag = Sollumsatz − Wareneinsatz. Der Sollumsatz entspricht dem Warenausgang, der aus der oben wiedergegebenen Debitorenprobe für die Istversteuerung des Umsatzes entwickelt werden kann. *Beispiel:*

Sollumsatz	33 600 DM
abzügl. Wareneins.	28 000 DM
Rohgewinn	5 600 DM

Rohgewinn mithin nach der Buchführung 20% vom Wareneinsatz (Rohgewinnaufschlag). – Rohgewinn abzüglich Kosten = Reingewinn. – 4. *Abstimmung der Einnahmen und der Ausgaben* unter Berücksichtigung der *Geld-, Bank- und Postscheckguthaben* (Geldverkehr). – *Beispiel:* Vgl. Tabelle Sp. 2405/2406.

Vermögenszuwachsrechnung zur Gewinnverprobung

	31.12.19... DM	31.12.19... DM	31.12.19... DM	31.12.19... DM
Unbebaute Grundstücke	10 000	10 000	10 000	10 000
Wohngrundstücke	15 000	14 850	14 700	14 550
Gartengrundstücke	–	2 000	2 000	2 000
Betriebsvermögen	55 000	58 000	60 000	65 000
Kasseguthaben I	40 000	45 150	50 300	55 450
Kasseguthaben II	–	3 000	8 000	8 000
Hypothekenforderung (Schenkung)	–	5 000	5 000	5 000
zusammen Rohvermögen	120 000	138 000	150 000	160 000
abzgl. Hypothekenschulden	10 000	5 000	2 000	–
bleibt Reinvermögen	110 000	133 000	148 000	160 000
abzgl. Anfangsvermögen	–	110 000	133 000	148 000
Vermögensvermehrung = Zuwachs	–	23 000	15 000	12 000
zuzgl. private Ausgaben	–	12 000	18 000	20 000
zusammen	–	35 000	33 000	32 000
abzgl. einkommensteuerfreie Schenkung	–	5 000	–	–
bleiben	–	30 000	33 000	32 000
Davon entfallen auf Einkünfte aus Kapitalvermögen und aus Vermietung und Verpachtung zusammen	–	3 000	3 600	4 000
bleibt Gewinn aus Gewerbebetrieb	–	27 000	29 000	28 000
versteuerter Gewinn	–	20 000	25 000	22 000
unversteuerter Gewinn	–	7 000	4 400	6 000

Abstimmung von Einnahmen und Ausgaben

		DM		DM
Kasse		100	Bankschulden am Beginn des Jahres	1 500
Bankguthaben	am Beginn	1 000	Ausgaben für den Betrieb	24 000
Postscheck	des Jahres	100	Ausgaben für Privat	3 000
Wechsel		500	Kasse	200
Schecks		300	Bankguthaben ⎫ am Schluß	800
Einnahmen		22 000	Postscheck ⎬ des Jahres	100
Bankschulden am Schluß des Jahres		1 000	Wechsel ⎭	300
Fehlbetrag		5 000	Schecks	100
		30 000		30 000

Verrat von Geheimnissen, →Betriebs- und Geschäftsgeheimnis.

Verrechnungsabweichung, →Abweichungen I 2 d) (3).

Verrechnungsdollar, bei →Handelsabkommen und →Zahlungsabkommen zwischen zwei Ländern häufig gewählte →Verrechnungseinheit, wenn die Vertragspartner ihrer zwischenstaatlichen Verrechnung eine dritte Währung zugrunde legen wollen.

Verrechnungseinheit (VE). I. I n t e r n a t i o - n a l e   W i r t s c h a f t s b e z i e h u n g e n : In →Zahlungsabkommen vereinbarte *Währungseinheit,* zu der unabhängig von ihren Kursschwankungen zwischen den am Zahlungsabkommen beteiligten Ländern abgerechnet wird (→Verrechnungsverkehr). – *Beispiel:* →Verrechnungsdollar.

II. A m t l i c h e   S t a t i s t i k : Recheneinheit als Generalnenner für den statistischen Vergleich qualitativ unterschiedlicher, wenn auch gattungsgleicher Güter, z. B. →Großvieheinheit und →Arbeitskräfte-Einheit.

Verrechnungsgeschäft, →Zentralregulierungsgeschäft.

Verrechnungsklausel, *Anrechnungsklausel,* Klausel im →Tarifvertrag, daß die neuen tariflichen Leistungen mit den bisher (freiwillig) vom Arbeitgeber bezahlten Leistungen verrechnet werden. V. sind nach der Rechtsprechung unwirksam, weil ein Tarifvertrag nur Mindestlöhne und keine Höchstlöhne (→Höchstarbeitsbedingungen) festsetzen kann. Hat sich der Arbeitgeber verpflichtet, bestimmte Leistungen zusätzlich zu dem jeweiligen Tariflohn zu gewähren (→übertarifliche Bezahlung, →Zulagen), kann eine solche Verpflichtung nicht durch eine Tarifklausel beseitigt werden.

Verrechnungskonten. I. F i n a n z b u c h - h a l t u n g : Konten, die keine eigentliche Abrechnungsstelle eines Bilanzpostens sind, die aber auch nicht als Unterkonten des Kapitalkontos zu den Erfolgskonten gerechnet werden können. V. sind Hilfskonten aus buchungstechnischen Gründen, die sich immer wieder ausgleichen.

II. K o s t e n r e c h n u n g : Die Konten der Klasse 5 des Gemeinschaftskontenrahmens der industriellen Verbände (GKR), die mit tatsächlich angefallenen →Gemeinkosten belastet und mit verrechneten Gemeinkosten erkannt werden. Verrechnungsunterschiede sollen sich über größere Zeitabstände (Jahr) möglichst ausgleichen, andernfalls Korrektur der →Normalzuschläge erforderlich. Differenzen werden über →Abgrenzungssammelkonto gebucht.

III. I n t e r n a t i o n a l e   W i r t s c h a f t s b e - z i e h u n g e n : Konten bei Zentralbanken und/oder Geschäftsbanken, die aufgrund eines zwischen zwei oder mehreren Ländern abgeschlossenen →Zahlungsabkommens geführt werden und auf denen der →Verrechnungsverkehr abgewickelt wird. V. können mit einem →Swing versehen sein, zu kann Abwicklung der Salden in harter Währung vereinbart sein usw. – Zu *unterscheiden:* 1. *Ein-Konten-System,* bei dem alle Verrechnungen über ein Konto des einen Vertragspartners bei der Zentralbank des anderen Vertragspartners laufen; 2. *Zwei-Konten-System,* bei dem jeder der Vertragspartner ein Verrechnungskonto bei der Zentralbank des anderen Vertragspartners unterhält.

Verrechnungsländer, Länder, mit denen ein Land ein →Zahlungsabkommen abgeschlossen hat und mit denen der Zahlungsverkehr über Verrechnungskonten vorgenommen wird (Beispiel: Bundesrep. D./DDR). – *Gegensatz:* Länder, mit denen freier Zahlungsverkehr besteht.

Verrechnungspreise. I. W i r t s c h a f t s - t h e o r i e : →Preise, die nicht durch Gütertausch auf Märkten entstehen, sondern in einem Optimierungsansatz berechnet werden. Auch als *Schattenpreise* bezeichnet. – Im →Marktgleichgewicht stimmen die V. mit den →Marktpreisen überein.

II. P l a n k o s t e n : Synonym für →Planpreise.

Verrechnungsscheck. 1. *Begriff:* →Scheck, bei dem durch den quer über die Vorderseite gesetzten Vermerk „nur zur Verrechnung" oder durch einen gleichbedeutenden Vermerk

(z. B. „nur zur Gutschrift") untersagt ist, daß der Scheck in bar bezahlt wird (Art. 39 ScheckG). Der Vermerk kann von dem Aussteller und jedem Inhaber des Schecks handschriftlich, mittels Stempel oder Druck angebracht werden. Der Vermerk ist in seinen Wirkungen nicht mehr zu beseitigen, auch eine Streichung des Verrechnungsvermerks gilt als nicht erfolgt. Das Wesen des Schecks als Orderpapier (→Orderscheck) oder als Inhaberpapier (→Inhaberscheck) wird durch die Verrechnungsklausel nicht beeinflußt. – 2. *Gutschrift:* Die bezogene Bank darf den Scheck nur im Wege der Gutschrift auf ein Konto des Inhabers, Überweisung des Betrages auf das Konto eines anderen Bankkunden oder Inhabers eines Postgirokontos, Ausgleichung im →Abrechnungsverkehr oder →Aufrechnung einlösen. Die Gutschrift in diesem Sinne gilt als Zahlung. Zahlt die bezogene Bank einen V. jedoch in bar aus, haftet sie für den dadurch entstehenden Schaden, aber nur bis zur Höhe der Schecksumme. Das bedeutet, daß sie das Risiko der Auszahlung an einen Nichtberechtigten trägt. – 3. Die *Übertragung* ist durch →Indossament oder bloße Einigung und Übergabe möglich. Der →*Scheckprotest* wird ggf. mangels Zahlung erhoben; ebenso geht der →*Rückgriff* auf Zahlung der Rückgriffssumme. – 4. Da das Verbot der Barauszahlung nur gegen den Bezogenen wirkt, kann ein *Zwischenerwerber* den Scheck auch in bar bezahlen. Er ist aber zu eingehender Prüfung der Persönlichkeit und der Berechtigung des Inhabers verpflichtet. Der Zentralverband des deutschen Bank- und Bankiergewerbes hat seinerzeit die Banken aufgefordert von einer Barauszahlung auf andere Banken gezogener V. grundsätzlich abzusehen, es sei denn, daß es sich bei dem Einlieferer um einen bekannten und vertrauenswürdigen Kunden handelt, der aus besonderen Gründen die Barauszahlung eines derartigen Schecks wünscht. – 5. *Wirkung/Bedeutung:* Durch dieses Verfahren wird der Mißbrauch von V. durch Nichtberechtigte erschwert, da jederzeit feststellbar ist, wem der Scheck gutgeschrieben wurde. Zugleich wird die v. a. bei kleineren Beträgen übliche Überweisung von V. durch einfachen Brief oder als Postkarte ermöglicht. Bei höherer Schecksumme ist sorgfältigere Behandlung empfehlenswert. In der Praxis wird der weitaus größte Teil der Schecks als V. ausgestellt.

Verrechnungsverbot, *Saldierungsverbot,* Grundsatz, nach dem in der Bilanz Posten der Aktivseite nicht mit Posten der Passivseite (namentlich Grundstücksrechte nicht mit Grundstückslasten) und Aufwendungen nicht mit Erträgen verrechnet werden sollen (§ 246 II HGB). Ausnahmen sind zulässig, wenn Forderungen und Verbindlichkeiten gegeneinander aufgerechnet werden könnten. In der Gewinn- und Verlustrechnung dürfen Bestandserhöhungen mit Bestandsminderun-

gen an fertigen und unfertigen Erzeugnissen, Erlösschmälerungen mit den Umsatzerlösen und bestimmte Steuererstattungen mit Steuernachzahlungen (vgl. auch →Abgrenzungsposten für aktive latente Steuern).

Verrechnungsverkehr, zwischenstaatlicher Ausgleich von Forderungen und Verpflichtungen auf dem Verrechnungsweg. Zahlungen erfolgen nicht in Devisen, sondern über →Verrechnungskonten durch Einzahlung seitens der Importeure in der Landeswährung bei der als Verrechnungsstelle fungierenden Zentralbank bzw. einer dazu geschaffenen besonderen Stelle *(Verrechnungskasse).* Häufig ist ein →*Swing* vereinbart. Aus den Einzahlungen der Importeure werden die Exporteure befriedigt. – Auch die sonstigen *außerhalb des Außenhandels* entstehenden Zahlungsverbindlichkeiten werden im V. reguliert. Überschüsse werden bisweilen zum Ausgleich von Zinsverpflichtungen oder zur Tilgung früherer Schulden verwendet. – *Bedeutung* im Außenhandel im Rahmen der internationalen Verrechnungsabkommen, ebenso im →*innerdeutschen Handel* (vgl. auch →Zahlungabkommen).

Verrechnung von Rechenzentrumsleistungen →job accounting.

Verrichten, Teil der →Tätigkeit. Vorwiegend muskelmäßige Tätigkeit im ergonomischer Sicht. Ausführen allgemein sichtbarer Bewegungen. Voll oder zumindest bedingt beeinflußbar. – *Gegensatz:* →Überwachen.

Verrichtungsgehilfe, im Sinne des BGB derjenige, der von einem anderen (dem Geschäftsherrn) zu einer Verrichtung bestellt ist. Der Geschäftsherr haftet für den Schaden, der V. in Ausführung (nicht gelegentlich) der Verrichtung einem anderen außerhalb eines Vertragsverhältnisses widerrechtlich zufügt, und zwar aus dem Gesichtspunkt der →unerlaubten Handlung wegen vermuteten eigenen →Verschuldens und ohne Rücksicht darauf, ob den V. ein Verschulden trifft oder nicht. Der Geschäftsherr kann sich jedoch durch den Nachweis der nötigen Sorgfalt bei der Auswahl und Überwachung des V. entlasten (Entlastungsbeweis: (§ 831 BGB). – Vgl. auch →Erfüllungsgehilfe.

Verrichtungsgliederung, →Verrichtungsprinzip.

Verrichtungsorganisation, →Funktionalorganisation.

Verrichtungsprinzip, *Funktionsprinzip.* 1. *Begriff:* Organisationsprinzip, bei dem die →Aufgabenanalyse und →Aufgabensynthese nach dem Verrichtungsmerkmal einer →Aufgabe erfolgt. – 2. *Charakterisierung:* Bei Anwendung des V. werden Aufgabenkomplexe in sich voneinander unterscheidende Tätigkeitsarten für gleiche Aufgabenobjekte zerlegt und gleichartige Tätigkeiten (für ggf. unterschiedliche Objekte) organisatorischen Einheiten übertragen (Objektgliederung). Das V. führt je nach der betroffenen Hierarchieebene und je nach dem Aggregationsgrad der betrachteten Aufgabe zu unterschiedlichen Ausprägungen der Teilaufgaben. Bei einer Ausformung des Organisationsmodells nach dem V. kann sich z. B. eine →Funktionalorganisation mit den Bereichen Beschaffung, Produktion, Absatz und Finanzen ergeben; bei →Segmentierung etwa des Absatzbereichs nach dem V. z. B. eine Untergliederung in Vertrieb, Marktforschung und Werbung; bei der organisatorischen Gestaltung des Produktionsbereichs die →Werkstattproduktion. – *Gegensatz:* →Objektprinzip.

Versagung, am häufigsten vorkommende Form der Weigerung einer Verwaltungsbehörde, einen von einem einzelnen beantragten →Verwaltungsakt zu erlassen. – *Beispiele:* Versagung der Bauerlaubnis, der Erteilung einer Reisegewerbekarte, der Entlassung aus dem Staatsverband. – *Anfechtung:* Anfechtung der V. erfolgt im Verwaltungsstreitverfahren. Das die Versagung aufhebende Urteil des Verwaltungsgerichts setzt nicht den beantragten Verwaltungsakt an die Stelle des V. Es spricht lediglich Verpflichtung der Verwaltungsbehörde zur Vornahme des Verwaltungsakts aus.

Versammlungsfreiheit, ein durch Art. 8 GG gewährleistetes →Grundrecht, nach dem sich alle Deutschen ohne Anmeldung und ohne Erlaubnis in geschlossenen Räumen friedlich und ohne Waffen versammeln dürfen; das Recht, sich unter freiem Himmel zu versammeln, kann durch Gesetz oder aufgrund eines Gesetzes *beschränkt* werden, z. B. durch Bannmeilengesetze, die Versammlungen unter freiem Himmel in einem gewissen Umkreis der Parlamentsgebäude verbieten oder beschränken, sowie bei Gefahr für die öffentliche Sicherheit. – *Rechtliche Grundlage:* Versammlungsgesetz i. d. F. vom 15.11.1978 (BGBl I 1789) mit späteren Änderungen.

Versandabfertigung, zollamtliche Behandlung einer zur Ausfuhr bestimmten Warensendung nach →Gestellung oder Anmeldung durch den Ausführer oder Versender bei der zuständigen Versandzollstelle. V. entfällt bei Ausfuhrsendungen unter 3000 DM Wert (§ 9 III AWV).

Versand-Ausfuhrerklärung (Versand-AE), im Ausfuhrverfahren an Stelle eines Ausfuhrscheins (→Ausfuhrerklärung) zugelassene Erklärung. Der Ausführer, der eine Versand-AE abgegeben hat, muß dann den Ausfuhrschein innerhalb von zehn Tagen nach Versand der Ware abgeben (§ 12 AWV).

Versanddokumente, Dokumente, die bei Außenhandelsgeschäften den Versand der Ware bescheinigen. Zu den V. gehören:

→Konnossement, →Orderlagerschein, →Frachtbriefdoppel, →Versicherungsschein, →Rechnung, evtl. →Ursprungszeugnis oder →Konsulatsfaktura. – Die V. werden je nach den vereinbarten Zahlungsbedingungen zwecks Inkasso über eine Außenhandelsbank der Bank des Käufers zugeleitet. Dieser übernimmt die Zahlung des Kaufpreises und erlangt damit die Rechte an der Ware.

Versandhandel. 1. *Begriff:* Betriebsform des Einzelhandels: Angebot von Waren nach dem Distanzprinzip (auch Versandprinzip). – 2. *Funktionsweise:* Kontakt zwischen Verkäufer und Käufer über unpersönliche Kommunikationsmittel, wie Anzeigen, Werbebriefe, Preislisten, Telefonanrufe, Kataloge oder Btx-Seiten. Käufer kann bequem in häuslicher Umgebung, ungestört und ohne zeitliche Begrenzung durch →Ladenschlußzeiten seine Warenauswahlentscheidungen treffen mit dem Nachteil, daß körperliche Inspektion und Prüfung der Waren nicht möglich ist. Es fehlen die Attraktionswirkung des Warenangebots im Laden und die damit verbundenen Anreize zu →Impulskäufen. Die →Warenpräsentation wird durch Fotos, Bilder, Filme und ausführliche Beschreibungen ersetzt. Manche Versandhändler haben deswegen Vertreter im Nebenberuf, die das Katalogangebot erläutern und Bestellungen entgegennehmen. Die Ware wird nach Bestellung möglichst kurzfristig angeliefert *(Bringprinzip).* Übergänge zum →Fahrverkauf sind fließend. – 3. *Formen:* Großversandhäuser mit einem überaus breiten Sortiment (Universalversender); Spezialversender mit schmalem Sortiment (Kaffee, Wein, Fisch, Textilien, Lederwaren, Jagdbedarf und -mode, Briefmarken, Kunstgegenstände usw.). Auch Kombinationen sind üblich: Universalversender haben zur genaueren Zielgruppenansprache und zur Reduzierung der Katalogkosten Fachversandabteilungen, z. B. für Fotoartikel, Fertighäuser oder preiswerte Sonderangebote. Weiter gibt es Versender mit stationären Servicestationen (eigenen Filialen, →Katalogschauräumen). – 4. Der *Marktanteil* des V. am Umsatz des gesamten Einzelhandels wird auf etwa 5% geschätzt.

Versandkosten, →Transportkosten.

Versandlager, *Absatzlager,* organisatorischer Behelf der →Lagerwirtschaft zur Sammlung und Zusammenstellung der Versandaufträge, bis die Verkaufsabteilung alle zu je einem Versandauftrag gehörenden Positionen von den Fertiglagern, aus der Produktion und von Zulieferern erhalten hat. – Vgl. auch →Lager.

Versandschein, Zollpapier, das dem Zollbeteiligten (Hauptverpflichteten) von der Abgangszollstelle bei der Überlassung von Gütern ausgehändigt wird, die zum gemeinschaftlichen Versandverfahren abgefertigt worden sind. Der V. begleitet die Ware und ist bei der erneuten →Gestellung der Zollstelle am Empfangsort vorzulegen. V. ist im externen (d. h. für unverzollte Drittlandswaren geltenden) gemeinschaftlichen Versandverfahren der EG die Versandanmeldung T 1, im internen (d. h. auf Gemeinschaftsgut angewendeten) gemeinschaftlichen Versandverfahren die Versandanmeldung T 2.

Versandspediteur, →Sammelladungsverkehr.

Versandzollstelle, Begriff des Außenwirtschaftsrechts: Die →Zollstelle, in deren Bezirk der →Ausführer seinen →Wohnsitz oder →Sitz, eine →Zweigniederlassung oder →Betriebsstätte hat. Ist der Ausführer Gebietsfremder, so ist V. jede Zollstelle, in deren Bezirk sich die Waren befinden (§ 10 AWV).

Versäumnisurteil, besondere Art eines →Urteils im Zivilprozeß. Ein V. ergeht auf Antrag einer Partei, wenn der Gegner zum Termin trotz ordnungsmäßiger Ladung ausbleibt oder nicht verhandelt (bei Säumnis des Klägers Klageabweisung, bei der des Beklagten Verurteilung nach dem Klageantrag, wenn das Vorbringen des Klägers den Antrag rechtfertigt). Zudem kann im →schriftlichen Vorverfahren ohne mündliche Verhandlung ein V. gegen den Beklagten ergehen, wenn dieser nicht rechtzeitig anzeigt, daß er sich gegen die Klage verteidigen will. – V. ist vorläufig *vollstreckbar* und ermöglicht *Zwangsvollstreckung*. – *Rechtsmittel:* →Einspruch, der binnen zwei Wochen nach Zustellung des Urteils beim Gericht eingegangen sein muß; er versetzt den Rechtsstreit in die Lage, in der er sich vor Erlaß des V. befand; aus dem V. kann aber weiter vollstreckt werden, wenn nicht das Gericht auf Antrag des Säumigen einstweilige Einstellung anordnet. – Die durch die Säumnis entstandenen *Kosten* hat stets der Säumige zu tragen. – Bleibt die säumige Partei im nächsten Termin *wiederum* aus, so ergeht auf Antrag ein zweites Versäumnisurteil, gegen das nur →Berufung mit der Begründung, es habe keine Säumnis vorgelegen, zulässig ist. – Vgl. auch →Versäumnisverfahren.

Versäumnisverfahren, besonderes Verfahren im Zivilprozeß, wenn eine Partei (oder im Anwaltsprozeß der Rechtsanwalt) trotz ordnungsmäßiger Ladung in einem zur mündlichen Verhandlung bestimmten Termin ausbleibt oder im →schriftlichen Vorverfahren der Beklagte nicht rechtzeitig anzeigt, daß er sich gegen die Klage verteidigen will (§§ 330–347 ZPO). – 1. *Vertagung* bei Vorliegen eines besonderen Grundes. – 2. *Entscheidung nach der Lage der Akten,* wenn der Prozeß entscheidungsreif ist und bereits eine mündliche Verhandlung stattgefunden hat, entsprechend dem beiderseits bisher Vorgetragenen. – 3. Erlaß eines *Versäumnisurteils;* das Gericht hat den Antrag zurückzuweisen, wenn

keine Säumnis vorliegt, eine →Prozeßvoraussetzung fehlt oder der säumigen Partei ein tatsächliches Vorbringen oder ein Antrag nicht rechtzeitig mitgeteilt war oder im schriftlichen Vorverfahren der Beklagte nicht belehrt oder ihm keine Frist gesetzt worden ist (§§ 335–337 ZPO).

Verschachtelung, →Schachtelgesellschaft, →Schachtelprivileg.

Verschaffungsvermächtnis, Form des →Vermächtnisses, bei der dem Bedachten ein erst von dem Beschwerten zu beschaffender, noch nicht zum Nachlaß gehörender Gegenstand zugewendet wird. Der Beschwerte hat den Gegenstand zu beschaffen, ist er dazu außerstande, den Wert zu entrichten, ist die Verschaffung nur mit unverhältnismäßigen Aufwendungen möglich, kann sich der Beschwerte durch Entrichtung des Wertes befreien (§§ 2169 ff. BGB).

Verschenken von Waren (zum Zwecke der Werbung), *Gratisangebot, unentgeltliche Warenabgabe.* 1. Das Verschenken von *Originalware* ist →unlauterer Wettbewerb, wenn es ständig oder massenhaft erfolgt. Die Beurteilung von Werbegeschenken richtet sich nach den Grundsätzen der →Wertreklame. – 2. Das Verschenken von →*Warenproben* ist i. a. zulässig.

Verschiebungssatz, Identität, die als Hilfe bei der Berechnung der →Varianz verwendet wird. Der V. besagt, daß z. B.

$$\frac{1}{n} \sum (x_i - \bar{x})^2 = \frac{1}{n} \sum x_i^2 - \bar{x}^2$$

(→Urliste von Werten eines →metrischen Merkmals) bzw. $E(X - EX)^2 = EX^2 - (EX)^2$ (bei einer →Zufallsvariablen X) gilt.

verschiedene Gemeinkosten, →Gemeinkosten, die im →Gemeinschaftskontenrahmen industrieller Verbände (GKR) in den Kontengruppen 46 und 47 zusammengefaßt werden, z. B. Kostensteuern, Beiträge, Gebühren und Abgaben, Post-, Reise- und Bewirtungs-, Werbe-, Versicherungskosten, Mieten.

verschleiertes Arbeitsverhältnis, →Lohnschiebung 2 b).

Verschleierung der Bilanz. 1. *Begriff:* Jede Form der Bilanzaufstellung mit wirtschaftlicher Täuschungsabsicht. Tatsachen werden undeutlich oder unkenntlich gemacht; mit der Absicht, die Lage der Unternehmung anders (besser oder schlechter) erscheinen zu lassen, als es der Wirklichkeit entspricht. V. d. B. sind ggf. durch den Abschlußprüfer aufzudecken und zu beanstanden. Bilanzverschleierung grenzt häufig an Bilanzfälschung und gilt bei wesentlichen Verstößen als →Bilanzdelikt. – 2. *Mittel der V. d. B.:* a) Verwendung irreführender Konten (Interimskonto, Interventionskonto); b) Verwendung verschiedener Ausdrücke für dieselbe Sache (wie Abschreibungskonto; Herabsetzungskonto; Erneuerungskonto; Erneuerungsfonds; Delkrederekonto, Delkrederefonds; Akzeptekonto, Tratten); c) Zusammenfassen verschiedenartiger Vermögenswerte unter einheitlichem Namen (unter Forderungen werden Buchforderungen und Hypothekenforderungen vereinigt); d) Zusammenfassen verschiedener Vermögenswerte zu einheitlichen Summen (Immobilien und Mobilien; Kasse, Effekten und Wechsel; Debitoren und Beteiligungen usw.); e) Zusammenfassen von Vermögenswerten verschiedener Qualität (Debitoren mit zweifelhaften Forderungen; Warenwechsel mit Gefälligkeitswechseln); f) Zerlegen von Posten, um den einzelnen nicht zu hoch erscheinen zu lassen (Effektenkonto und Konsortialeffekten); g) Aufrechnung von Aktiven und Passiven (Debitoren mit Kreditoren, Besitzwechsel mit Akzepten, Immobilienkonto mit Hypothekenkonto) u. a. m.

Verschleiß. 1. *Begriff:* Reduzierung des Nutzungspotentials von →Gebrauchsgütern. – 2. *Ursachen:* a) *V. durch Abnutzung im Gebrauch:* Der durch die fortlaufende Nutzung betrieblicher Anlagen eintretende Werteverzehr, der deren Leistungsfähigkeit mindert. Der V. wird durch die planmäßige bilanzielle oder kalkulatorische →Abschreibung erfaßt. – b) *V. durch Substanzverlust:* Wertminderung durch Abbau bei Bergwerken, Steinbrüchen, Zementfabriken, Ziegeleien. Die Höhe der erforderlichen Abschreibung richtet sich nach der Substanzverringerung (vgl. auch §7 VI EStG). – c) *V. durch Katastrophen* (z. B. Brand, Hagel, Wasser, Deichbruch, Zusammenstoß): Dieser V. wird nach Eintritt der Wertvernichtung erfaßt. Abschreibung der betroffenen Anlagen auf den niedrigeren →beizulegenden Wert (§ 253 II HGB) und steuerlich auf den niedrigeren →Teilwert (→Sonderabschreibungen). – Vgl. auch →Rücklagen. – In der Kostenrechnung wird derartiger außerordentlicher V. zumeist als →Wagnis erfaßt. – d) *V. durch Stilliegen von Anlagen:* Substanzverlust durch Verrosten, Verfaulen, Schwund, Verdunsten. Bisweilen ist der V. beim Ruhen der Anlagen größer als bei ihrer Nutzung (z. B. bei Eisenbahnschienen, Kranbahnen). Erfassung wie bei a). – 3. *Formen:* →Gebrauchsverschleiß; →Zeitverschleiß.

verschlossenes Depot, →Depotgeschäft III 2.

Verschlußanerkenntnis, zollamtliche Zulassung von zollsicher hergerichteten Beförderungsmitteln und Behältern zur Beförderung von Zollgut unter →Zollverschluß (§27 AZO). Das V. erleichtert und beschleunigt die zollamtliche →Überholung und die →Zollbehandlung.

Verschlußverletzung, Entfernung oder Beschädigung eines zollamtlichen Warenverschlusses, also eines zollamtlichen →Nämlichkeitsmittels, zu dessen Erhaltung allgemein der Zollbeteiligte, beim Zollgutversand ggf. der Warenführer, verpflichtet ist. V. ist unverzüglich der nächsten Zollstelle anzuzeigen. Wird diese Anzeigepflicht unterlassen, liegt eine Nichtbeachtung von Zollvorschriften mit den sich daraus ergebenden Folgen (Entstehung der Zollschuld, ggf. Bestrafung) vor.

Verschmelzung, *Fusion.* I. B e g r i f f (des Handels- und Steuerrechts): Vereinigung von zwei oder mehreren selbständigen Unternehmen zu einer rechtlichen und →wirtschaftlichen Einheit. Die rechtliche Einheit entsteht in jedem Fall erst im Zeitpunkt der Fusion. Die wirtschaftliche Einheit kann schon früher durch Bildung eines →Konzerns begründet worden sein.

II. Z w e c k e: 1. Realisierung beschaffungs- oder absatzpolitischer Vorteile (z. B. Marktbeeinflussung oder -beherrschung durch Ausschaltung des Wettbewerbs, Preisvorteile, Sicherung der Beschaffungsmöglichkeiten, Abbau von Lagerbeständen). – 2. Realisierung produktions- und personalwirtschaftlicher Vorteile (z. B. Nutzung der Vorteile einer Verbundwirtschaft durch Arbeitsteilung und →Rationalisierung ebenso wie die Zusammenarbeit z. B. auf den Gebieten Forschung und Entwicklung sowie der innerbetrieblichen Aus- und Weiterbildung. – 3. Realisierung finanzwirtschaftlicher Vorteile (z. B. Erhöhung der Kreditwürdigkeit, Erschließung neuer Kapitalbeschaffungsmöglichkeiten, Sanierung, Erhöhung der Rentabilität durch Ausgleich der Unterschiede in der Kapitalbindung und die Nutzung von Steuervorteilen).

III. A r t e n: 1. *Fusion durch Aufnahme:* Eines der sich vereinigenden Unternehmen bleibt bestehen. Die übrigen Unternehmen übertragen ihre Vermögen auf dieses eine fortzuführende Unternehmen. – 2. *Fusion durch Neubildung:* Die fusionierenden Unternehmen übertragen ihre Vermögen auf ein dazu neu gegründetes Unternehmen.

IV. F o r m e n: 1. *Horizontale V.:* Vereinigung von Unternehmen mit Leistungserstellung der gleichen Stufe. – 2. *Vertikale V.:* Vereinigung von Unternehmen, die auf unterschiedlichen (meist hintereinander geschalteten) Stufen der Leistungserstellung tätig sind (z. B. Zulieferer und Hersteller des Hauptprodukts). – 3. *Mischformen* der horizontalen und der vertikalen V.

V. W e g e d e r R e c h t s n a c h f o l g e: 1. *Gesamtrechtsnachfolge:* Das übertragende Unternehmen tritt nicht in →Liquidation. Die zu übertragenden Vermögensgegenstände und Schulden werden in diesem Fall nicht einzeln, sondern im Ganzen unter Ausschluß der →Abwicklung übertragen. – 2. *Einzelrechtsnachfolge:* Das übertragende Unternehmen tritt in Liquidation. Die Vermögensgegenstände und Schulden werden nach den jeweils in Betracht kommenden Vorschriften des bürgerlichen Rechts einzeln auf das übernehmende Unternehmen übertragen.

eine übertragende Gesellschaft Aktien der übernehmenden Gesellschaft besitzt, auf die der Nennbetrag oder der höhere Ausgabebetrag voll geleistet ist; f) Anmeldung der V. zur →Eintragung in das Handelsregister; g) Eintragung der V. in das Handelsregister. – 2. *Nach §§ 19–35 KapErhG:* Entspricht im wesentlichen den Regelungen des AktG mit

VI. Gesetzlich geregelte Arten (im Wege der Gesamtrechtsnachfolge):
1. *V. nach dem Aktiengesetz:*

Rechtsform des (der) übertragenden Unternehmen	Rechtsform der übernehmenden Gesellschaft	Verschmelzung durch	Gesetzliche Regelung (§§ des AktG)
AG	AG oder KGaA	Aufnahme o. Neubildung	340–352 bzw. 354 353 bzw. 354
KGaA	AG oder KGaA	Aufnahme o. Neubildung	354 354
GmbH	AG oder KGaA	Aufnahme o. Neubildung	355 bzw. 356 355 bzw. 356
Bergrechtl. Gewerkschaft	AG oder KGaA	Aufnahme o. Neubildung	357 bzw. 358 357 bzw. 358

2. *V. nach dem Gesetz über die Kapitalerhöhung aus Gesellschaftsmitteln und über die Verschmelzung von Gesellschaften mit beschränkter Haftung (KapErhG):*

Rechtsform des (der) übertragenden Unternehmen	Rechtsform der übernehmenden Gesellschaft	Verschmelzung durch	Gesetzliche Regelung (§§ des KapErhG)
GmbH	GmbH	Aufnahme o. Neubildung	20–31 32
AG	GmbH	Aufnahme	33
KGaA	GmbH	Aufnahme	34
Bergrechtl. Gewerkschaft	GmbH	Aufnahme	35

3. *V. nach dem Genossenschaftsgesetz:*

Rechtsform der übertragenden Gesellschaft(en)	Rechtsform der übernehmenden Gesellschaft	Verschmelzung durch	Gesetzliche Regelung (§§ des GenG)
Genossenschaft	Genossenschaft	Aufnahme o. Neubildung	93 a ff. 93 s

VII. Verfahren: 1. *Nach §§ 340–346 AktG:* a) Abschluß eines Verschmelzungsvertrags oder Abfassung eines entsprechenden Vertragsentwurfs b) Erstattung eines Verschmelzungsberichts durch den Vorstand jeder der an der V. beteiligten Gesellschaften; c) Prüfung der V. durch einen oder mehrere sachverständige Prüfer (Verschmelzungsprüfung); d) Zustimmung der Hauptversammlung jeder der zu verschmelzenden Gesellschaften; e) erforderlichenfalls Erhöhung des Grundkapitals der übernehmenden Gesellschaft (zur Abfindung der Aktionäre der übertragenden Gesellschaft(en)). Das Grundkapital darf nicht erhöht werden, soweit die übernehmende Gesellschaft Aktien der übertragenden Gesellschaft(en) besitzt, eine übertragende Gesellschaft über eigene Aktien verfügt oder Aktien der übernehmenden Gesellschaft hält, auf die der Nennbetrag oder der höhere Ausgabebetrag nicht voll geleistet ist. Von einer Erhöhung des Grundkapitals darf abgesehen werden, soweit die übernehmende Gesellschaft eigene Aktien besitzt oder soweit

Ausnahme der der Verschmelzungsprüfung. – 3. *Nach §§ 93 a–93 s GenG:* Entspricht im wesentlichen den Regelungen des AktG.

VIII. Allgemeine Wirkungen der V. nach dem AktG: 1. *Vermögensgegenstände und Verbindlichkeiten* der übertragenden Gesellschaft(en) gehen auf die übernehmende Gesellschaft über. – 2. Die *übertragenden Gesellschaften* erlöschen. – 3. Die *Gesellschafter* der übertragenden Gesellschaft(en) werden Aktionäre der übernehmenden Gesellschaft. Eine *Barabfindung* ist unzulässig. Nur Spitzenbeträge, die im Rahmen der gesetzlich vorgeschriebenen Abfindung in Aktien der übernehmenden Gesellschaft offen bleiben, dürfen in bar ausgeglichen werden. – 4. Den Gläubigern der an der V. beteiligten Gesellschaften ist unter bestimmten Voraussetzungen *Sicherheit* zu leisten.

IX. Sonderfragen der aktienrechtlichen V.: 1. *Ermittlung des Umtauschverhältnisses:* a) Das *Umtauschverhältnis* drückt aus, in welchem Verhältnis die Anteile an einer übertragenden Gesellschaft gegen Aktien der übernehmenden umzutauschen sind. Das Umtauschverhältnis wird von den Werten bestimmt, mit denen die Anteile an den Unternehmen zum Zweck der V. jeweils angesetzt werden. Die Relation zwischen diesem Wert und dem Grundkapital entspricht dem Kurswert der Aktien. Werden Börsenkurse zugrunde gelegt, steht der Kurswert bereits fest. Sollen dem Umtauschverhältnis die Ertragswertkurse oder →Bilanzkurse zugrunde gelegt werden, bedarf es einer vorhergehenden Ermittlung der →Ertragswerte bzw. der bilanziellen Eigenkapitalposten. Rein formal wird das Umtauschverhältnis in den beiden letzten Fällen wie folgt bestimmt (*Beispiel*):

Zugrunde gelegter Wert		Kurs-relation	Umtausch-verhältnis
für die über-nehmende Gesellschaft	für die über-tragende Gesellschaft		
200	100	2 : 1	1 : 2
200	400	1 : 2	2 : 1

Das Umtauschverhältnis entspricht demnach der Umkehrung der Kursrelation. – b) Die Verschmelzungsprüfer haben u. a. anzugeben (§ 340 b AktG), nach welchen *Methoden* das vorgeschlagene Umtauschverhältnis ermittelt worden, aus welchen Gründen die Anwendung dieser Methoden angemessen ist und welches Umtauschverhältnis sich bei der Anwendung verschiedener Methoden, sofern mehrere angewendet worden sind, jeweils ergeben würde, zugleich ist ggf. unter Hinweis auf besondere Schwierigkeiten bei der Bewertung der Unternehmen darzulegen, welches Gewicht den verschiedenen Methoden bei der Bestimmung des Umtauschverhältnisses beigemessen worden ist. Der Gesetzgeber hat indessen darauf verzichtet, die nach seiner Ansicht zulässigen Methoden der Ermittlung des Umtauschverhältnisses zu konkretisieren. Der Wortlaut legt die Vermutung nahe, daß sich das Umtauschverhältnis nach der Auffassung des Gesetzgebers nach mehreren Methoden ermitteln läßt und es nach dieser Auffassung auch möglich ist, durch Kombination mehrerer Methoden zu einem angemessenen Umtauschverhältnis zu gelangen. – c) *Vorschläge zur Ermittlung des Umtauschverhältnisses:* (1) *Börsenkurse:* Begründungen: Börsenkurse entsprechen dem →Objektivierungserfordernis. Der Börsenkurs ist geeigneter Maßstab zur Bestimmung der Untergrenze des subjektiven →Entscheidungswertes und zur Bewertung des Nutzenentgangs durch die Aufgabe des Dividendenrechts. Gegenargumente: Kursentwicklung kann im Hinblick auf die V. manipuliert sein. Spekulative und andere Markteinflüsse beeinträchtigen die Funktion des Börsenkurses, die Untergrenze des subjektiven Entscheidungswertes zu markieren. Zur Abfindung einer Vielzahl von Aktionären, deren Entscheidungswerte im einzelnen nicht bekannt sind, bedarf es zur

Ermittlung eines angemessenen Umtauschverhältnisses der Typisierung, der der Börsenkurs nicht zweifelsfrei gerecht werden kann. – (2) *Bilanzkurse:* Auch nach Auflösung *stiller* Rücklagen bieten Bilanzkurse nicht die Gewähr für die Bestimmung eines dem Abfindungsgedanken angemessenen Umtauschverhältnisses; denn der Wert eines Unternehmens (→Unternehmungswert, →Unternehmensbewertung) wird nicht durch eine auf Einzelbewertungsgrößen (ggf. zum Wiederbeschaffungswert) basierende Gegenüberstellung von Vermögensgegenständen, Schulden und bilanziellem Eigenkapital, sondern von den künftigen Ertragsaussichten (Konzept der zukunftsorientierten Gesamtbewertung) bestimmt. – (3) *Ertragswertkurse:* Dieser Vorschlag beruht auf der Annahme, daß der Wert eines Unternehmens sich nach dem finanziellen Nutzen bemißt, der künftig aus diesem Unternehmen zu erwarten ist. Der Ansatz entspricht den Erkenntnissen der modernen Unternehmensbewertungslehre und auch der neueren Rechtsprechung zur Ermittlung einer angemessenen Abfindung. In methodischer Hinsicht kann der Zukunftserfolg entweder durch Schätzung der zukünftigen Erfolge (prognoseorientiert) oder durch Ableitung eines nachhaltigen Reinertrags aus den Ergebnissen der zurückliegenden Geschäftsjahre (vergangenheitsorientiert) ermittelt werden. – (4) *Die älteren Verfahren* der Unternehmensbewertung wie das Mittelwertverfahren, das Verfahren der Geschäftsabschreibung, die Methode der Übergewinnkapitalisierung und die der Übergewinnabgeltung sind nach den Erkenntnissen der Unternehmensbewertungslehre nicht geeignet, den Wert eines Unternehmens und damit die Ausgangsdaten für die Ermittlung des Umtauschverhältnisses in methodisch einwandfreier Weise zweckentsprechend zu ermitteln.

2. *Übertragungsbilanz/Fusionsbilanz:* a) Jede der übertragenden Gesellschaften hat auf einen höchstens acht Monate vor der V. liegenden Stichtag eine →*Übertragungsbilanz* aufzustellen. – b) Die übernehmende Gesellschaft hat eine →*Fusionsbilanz*, die an die Wertansätze der Übertragungsbilanz anknüpft, aufzustellen. Der Gesetzgeber hat diese Buchwertverknüpfung nur für die V. von AG und KGaA vorgeschrieben, nicht für die Fälle der V. einer GmbH oder einer bergrechlichen Gewerkschaft mit einer AG oder KGaA.

3. *Verschmelzungsverlust/-gewinn:* Die Gegenleistung der übernehmenden Gesellschaft (Gewährung von Aktien, ggf. zuzüglich barer Zuzahlungen in den Grenzen des § 344 II AktG) kann dem Wert des bilanziellen →Reinvermögens der übertragenden Gesellschaft entsprechen, ihn überschreiten oder aber unterschreiten. Im ersten Fall vollzieht sich die V. erfolgsneutral, im zweiten Fall entsteht ein Verschmelzungsverlust und im

dritten ein Verschmelzungsgewinn. – a) Um der übernehmenden Gesellschaft die Möglichkeit zu geben, den Ausweis eines *Verschmelzungsverlustes* zu vermeiden, hat der Gesetzgeber ihr das Recht eingeräumt, den Unterschiedsbetrag als Verschmelzungsmehrwert (→Bilanzierungshilfe) unter die Posten des Anlagevermögens aufzunehmen und dort als (in jedem folgenden Geschäftsjahr zu mindestens einem Viertel durch Abschreibungen zu tilgenden) Geschäfts- oder Firmenwert gesondert auszuweisen, wenn sie zur Durchführung der V. ihr Grundkapital erhöht hat und ihrer Gegenleistung den Wert des Reinvermögens der Schlußbilanz der übertragenden Gesellschaft übersteigt (§ 348 II AktG). Soweit das Grundkapital nicht erhöht zu werden braucht (weil z. B. eine übertragende Gesellschaft Aktien der übernehmenden oder die übernehmende eigene Aktien besitzt, die für die Abfindung eingesetzt werden können), ist der Ansatz eines Verschmelzungsmehrwerts ausgeschlossen. Der Verschmelzungsverlust ist insoweit erfolgswirksam zu erfassen. – b) Ist der Wert der Gegenleistung, zu der die übernehmende Gesellschaft verpflichtet ist, niedriger als das Reinvermögen der Schlußbilanz der übertragenden, so entsteht ein *Verschmelzungsgewinn;* er ist gem. § 272 II 1 HGB in die →Kapitalrücklage einzustellen, falls die übernehmende Gesellschaft zur Durchführung der V. ihr Kapital erhöht und dementsprechend neue Aktien ausgibt. Soweit die übernehmende Gesellschaft jedoch zur Durchführung der V. eigene Aktien hingibt oder an der übertragenden beteiligt ist, ist der Verschmelzungsgewinn nicht in die Kapitalrücklage einzustellen, sondern als Ertrag auszuweisen. Nur die Ausschüttung dieses Ertrages kann nur durch entsprechende Entscheidungen und Beschlüsse im Rahmen der →Gewinnverwendung verhindert werden.

X. B u c h u n g : In der *Bilanz* der übertragenden Gesellschaft (A) wird das Eigenkapital wie ein Kontokorrentkonto „Eigentum der übernehmenden Gesellschaft" (Übergabekapital) geführt. Nach Erhöhung des Grundkapitals der übernehmenden Gesellschaft (B) und Bezahlung der Verschmelzungskosten ergibt sich in den Aktiven der B-Gesellschaft der gleiche Betrag wie in den Passiven der A-Gesellschaft (Eigentum der B-Gesellschaft; Übernahmekapital). Bei der Vereinigung beider Bilanzen fallen die auf gleich lautende Konten weg. – Die *Buchungen* zur Errichtung der Verschmelzungsbilanz lauten: Verschmelzungsbilanzkonto an Aktiven der übertragenden Gesellschaft A., an Aktivkonten der übernehmenden Gesellschaft B; Passivkonten der übertragenden Gesellschaft A, Passivkonten der übernehmenden Gesellschaft B an Verschmelzungsbilanzkonto.

XI. S t e u e r l i c h e B e h a n d l u n g : 1. Bei der *übertragenden Körperschaft:* a) *Wertan-*

sätze in der Übertragungsbilanz: Grundsätzlich sind in der steuerlichen Schlußbilanz der übertragenden Körperschaft die übergegangenen →Wirtschaftsgüter mit der Gegenleistung anzusetzen. Wird keine Gegenleistung gewährt, so ist der →Teilwert maßgebend (§ 14 I UmwStG). Auf Antrag kann auf eine Realisierung der stillen Reserven verzichtet werden, soweit ihre spätere Besteuerung bei der übernehmenden Körperschaft sichergestellt ist und eine Gegenleistung nicht gewährt wird oder in Gesellschaftsrechten besteht (§ 14 II UmwStG). Bei Barabfindungen zum Minderheitsgesellschafter kommt § 14 I UmwStG somit zwangsläufig zur Anwendung. – b) Soweit ein →*Übertragungsgewinn* anfällt, unterliegt er der Körperschaftsteuer und Gewerbeertragsteuer. Begünstigungsregelungen greifen nicht ein. – 2. Bei der *übernehmenden Körperschaft:* a) *Übernahmegewinn:* Die übernehmende Gesellschaft hat die auf sie übergegangenen Wirtschaftsgüter mit dem in der Übertragungsbilanz enthaltenen Werten zu übernehmen (§ 15 I UmwStG; Buchwertverknüpfung). Ein Übernahmegewinn kann bei der „reinen" V. nicht anfallen, sondern nur soweit die übernehmende Gesellschaft Anteile der übertragenden Gesellschaft hält (umwandelnde V.) in Höhe der Differenz zwischen dem Wert des übernommenen Vermögens und dem Buchwert der Anteile. Von Ausnahmefällen abgesehen, unterliegt der Übernahmegewinn weder der Körperschaftsteuer noch der Gewerbeertragsteuer (§§ 15 II, 19 UmwStG): Ein Übernahmegewinn bleibt bei der Ermittlung des steuerpflichtigen Einkommns der übernehmenden Gesellschaft außer Ansatz, wenn er auf der Bildung offener oder auf der Auflösung stiller Rücklagen der übertragenden Gesellschaft(en) beruht. Ist die übernehmende Gesellschaft an der übertragenden beteiligt und übersteigen die tatsächlichen Anschaffungskosten den Buchwert der Anteile an der übertragenden Gesellschaft (z. B. als Folge einer früheren Teilwertabschreibung), so ist der Unterschiedsbetrag dem Gewinn der übernehmenden Gesellschaft allerdings hinzuzurechnen. – b) Die auf dem →*verwendbaren Eigenkapital* der untergehenden Körperschaft lastende Körperschaftsteuer wird bei der übernehmenden Körperschaft im Rahmen des Verschmelzungsvorgangs nicht angerechnet. Vielmehr werden die Eigenkapitalteile der übertragenden Gesellschaft den entsprechenden Teilbeträgen der übernehmenden Körperschaft hinzugerechnet (§ 38 KStG). Soweit sich Unterschiede zum verwendbaren Eigenkapital aus der Steuerbilanz ergeben, greifen spezielle Anpassungsregelungen ein. – 3. Bei den *Gesellschaftern* (§ 16 UmwStG): Erhalten die Gesellschafter der übertragenden Gesellschaft für ihre durch die V. erloschenen Anteile neue Anteile der übernehmenden Gesellschaft, so gilt: a) Gehörden die Anteile an der übertragenden Gesellschaft im V.szeitpunkt zu einem →Betriebsvermögen, gelten sie als zum Buchwert veräußert und die neuen Anteile als mit diesem Wert angeschafft. – b) Handelt es sich dagegen um eine wesentliche Beteiligung (→wesentliche Beteiligte), so treten an die Stelle des Buchwertes die →Anschaffungskosten. Eine Realisierung der stillen Reserven ist somit ausgeschlossen.

Verschmelzungsmehrwert, *Fusionsverlust, Verschmelzungsverlust,* Differenz zwischen der von der übernehmenden Gesellschaft zu bewirkenden Gegenleistung (Gesamtausgabebetrag der Aktien dieser Gesellschaft zuzüglich barer Zuzahlungen) und der niedrigeren Summe der Bilanzwerte der übertragenden Gesellschaft (§ 348 AktG). Vgl. im einzelnen →Verschmelzung IX 3, XI.

Verschneiden, Begriff des Weingesetzes: Vermischen von Ausgangsstoffen und Erzeugnissen miteinander und untereinander. Das Weingesetz enthält Einschränkungen der Verschnittfreiheit.

Verschnittproblem. I. B e g r i f f : Variante des Grundproblems der →Zuschnittplanung mit folgenden *Spezifikationen:* a) Sämtliche potentielle Inputmaterialien besitzen die gleichen Abmessungen. b) Diejenigen Teile der tatsächlich eingesetzten Inputmaterialien, die jetzt nicht zur Auftragserfüllung verwendet werden können (Verschnitt), sind auch später nicht mehr einsetzbar und müssen als Abfall angesehen werden. c) Angestrebt wird deshalb eine Minimierung des Verschnitts. d) Sonstige Beschränkungen werden nicht wirksam.

II. M a t h m a t i s c h e   F o r m u l i e r u n g : Minimiere

$$(1) \quad x_0 = \sum_{j \in J} x_j$$

unter den Restriktionen:

$$(2) \quad \sum_{j \in J} a_{ij} x_j = b_i, \qquad i \in I;$$

$$(3) \quad x_j \geqq 0, \qquad j \in J;$$

$$(4) \quad x_j \text{ ganzzahlig}, \quad j \in J.$$

I = Indexmenge aller Auftragsformate; J = Indexmenge aller Schnittmuster, zu denen sich die Auftragsformate für den betrachteten Inputmaterialtyp kombinieren lassen; x_j = Anzahl der Inputmaterialien, die nach dem Schnittmuster j ($j \in J$) aufgeteilt werden soll; x_0 = insgesamt einzusetzende Anzahl von Inputmaterialien; a_{ij} = Häufigkeit, mit der das Auftragsformat i ($i \in I$) im Schnittmuster j ($j \in J$) vorkommt; b_i = gewünschte Liefermenge des Auftragsformates i ($i \in I$).

Die Minimierung der Anzahl x_0 der eingesetzten Materialien ist unter den gemachten Annahmen äquivalent zur Minimierung des Verschnitts.

III. L ö s u n g s v e r f a h r e n : Es handelt sich um ein ganzzahliges lineares Optimierungssystem, bei dem die Anzahl |J| der möglichen Schnittmuster sehr groß sein kann. Die durch die Ganzzahligkeitsforderungen hervorgerufenen Schwierigkeiten umgeht man in der Praxis häufig dadurch, daß man zunächst eine optimale Lösung des Problems ohne Berücksichtigung der Ganzzahligkeitsforderungen bestimmt und dann daraus eine ganzzahlige Lösung durch Runden entwickelt. – Als exaktes Lösungsverfahren für das V. eignet sich insbes. ein auf Gilmore und Gomory (1961) und (1963) zurückgehendes Verfahren, bei dem es sich um eine Variante der →revidierten Simplexmethode handelt und das geeignet ist, auch Probleme mit einer großen Anzahl möglicher Schnittmuster zu behandeln. Bei diesem Verfahren ist es nicht erforderlich, sofort das gesamte Optimierungsproblem aufzustellen, vielmehr konstruiert man sich die zur Durchführung eines Simplexschritts jeweils geeignete Koeffizientenspalte nach Bedarf, wobei jedoch jeweils ein →Rucksackproblem zu lösen ist. – Dieser Umstand kann zu unbefriedigenden Rechenzeiten führen, so daß man bei den V. der Praxis häufig auf den Einsatz von *Heuristiken* zurückgreift.

IV. Ö k o n o m i s c h e   B e d e u t u n g : V. bilden die Grundstruktur einer Vielzahl von Zuschneideproblemen der Praxis ab. Sie dienen in diesem Zusammenhang als Vorbild bei der Modellierung derartiger Probleme. Für den Einsatz in der Praxis ist das Modell insbes. im Hinblick auf die jeweils wirksamen Beschränkungen und Ziele zu modifizieren (vgl. im einzelnen →Zuschnittplanung).

Verschollenheit, Begriff des Verschollenheitsgesetzes i. d. F. vom 15. 1. 1951 (BGBl I 63). Eine Person ist verschollen, wenn ihr Aufenthalt während längerer Zeit unbekannt ist und keine Nachrichten darüber vorliegen, ob sie in dieser Zeit noch gelebt hat oder gestorben ist, sofern nach den Umständen hierdurch ernstliche Zweifel an ihrem Fortleben begründet werden. – Ein Verschollener kann nach Maßgabe des V.-Gesetzes für tot erklärt werden (→Todeserklärung). – Verschollen ist hingegen *nicht,* wessen Tod den Umständen nach unzweifelhaft ist.

verschreibungspflichtige   Arzneimittel, →Rezeptpflicht.

Verschulden, im Rechtssinn ein pflichtwidriges und zurechenbares Tun oder Unterlassen. V. erscheint in den Schuldformen →Vorsatz und →Fahrlässigkeit. – Ein vom Gesetz geschütztes Rechtsgut ist auch ohne V. des Verletzers gegen Wiederholung nur objektiv widerrechtlicher Eingriffe durch den →Unterlassungsanspruch, auch gegen Eingriffe auf dem Gebiet des unlauteren Wettbewerbs, geschützt.

Verschulden beim Vertragsschluß, *culpa in contrahendo,* ein nach bürgerlichem Recht die Pflicht zum →Schadenersatz begründender Tatbestand. Durch Anbahnung von Vertragsverhandlungen wird ein vertragsähnliches Vertrauensverhältnis begründet, das beide Teile zur Beobachtung der verkehrsüblichen Sorgfalt verpflichtet; insbes. zur Offenbarung von Umständen, die erkennbar für die Entschließung des anderen Teils von Bedeutung sein können. – *Bei Verletzung* dieser Sorgfaltspflichten Schadenersatzpflicht des schuldigen Teils (Verschulden der Erfüllungsgehilfen steht gleich), unabhängig davon, ob später ein Vertrag zustande kommt oder nicht.

Verschuldung im Ausland, →Auslandsverschuldung, →Auslandsverschuldung der Entwicklungsländer.

Verschuldungsbilanz, Bilanz, die den Grad der Verschuldung einer Unternehmung zwecks Einleitung von Sanierungsmaßnahmen oder zur Genehmigung des gerichtlichen Vergleichs erkennen läßt. Vorsichtige Bewertung der Aktiven, ungeschminkter Schuldennachweis. – Vgl. auch →Sanierungsbilanz, →Vergleichsstatus, →Unterbilanz.

Verschuldungsgrenzen. 1. *Ökonomische Grenzen:* Exakt definierbare V. ex ante nicht begründbar. I. d. R. zeigen sich die Grenzen erst in den Folgewirkungen der staatlichen Schuldenaufnahme auf den Geld- und Kapitalmärkten (→Quellentheorie) sowie an makroökonomischen Zielverletzungen; eine zu weitgehende Verschuldung kann das Konjunkturstabilisierungsziel (→crowded-out) und/oder das Preisniveaustabilisierungsziel (→deficit spending) gefährden. – Zur besseren Beschreibung und Beurteilung der Verschuldungssituation dienen verschiedene *Indikatoren:* (1) *Schuldenstand:* Veränderungen der Relation Schuldenstand/Bruttosozialprodukt; (2) *Zinsendienstkoeffizient:* Ausmaß der Zinszahlungen im Verhältnis zum Steueraufkommen; (3) *Zinsausgabenquote:* Belastung der Ausgabenseite des öffentlichen Haushalts durch den Zinsendienst. – **2.** *Juristische Grenzen:* a) *Kreditaufnahme des Bundes:* Die →Finanzverfassung (insbes. Art. 115 GG) beschränkt die Netto-Einnahmen aus Krediten im Normalfall auf die Summe der im Haushaltsplan veranschlagten Ausgaben für Investitionen. Ausnahmen sind nur zur Abwehr einer Störung des gesamtwirtschaftlichen Gleichgewichts zulässig. Die Anknüpfung an die Investitionen wird hinsichtlich der Unbestimmtheit des Investitionsbegriffs und mit Verweis auf die neueren, an antizyklischen Finanzpolitik ausgerichteten Verschuldungsregeln (→Deckungsgrundsätze, →deficit spending, →fiscal policy) kritisiert. – Einfachgesetzliche Vorschriften zu V. finden sich in: (1) § 20 Bundesbankgesetz. Eine Direktverschuldung von Bund, Ländern und Sonder-

vermögen bei der Bundesbank (Kassenkredite) ist auf einen relativ niedrigen Kreditplafonds begrenzt (derzeit 10 Mrd. DM). (2) § 6 III StabG: Der Bundesminister der Finanzen ist ermächtigt, über die im Haushaltsplan erteilten Kreditermächtigungen hinaus Kredite bis zur Höhe von 5 Mrd. DM aufzunehmen, wenn dies stabilisierungspolitisch notwendig ist; in §§ 19–25 StabG sind Begrenzungen der Schuldenaufnahme zur Dämpfung von Hochkonjunkturen geregelt (→Schuldendeckel). – b) *Kreditaufnahme der Kommunen:* Nach den Gemeindehaushaltsverordnungen der Länder durch die Höhe der Zuführungen aus dem Verwaltungshaushalt in den Vermögenshaushalt begrenzt; übersteigen diese Zuführungen den Schuldendienst für bereits aufgenommene Kredite, besteht Spielraum für eine Neuverschuldung. Verschuldung der Gemeinden erfolgt nur im Rahmen des Vermögenshaushalts und nur für Investitionen und Umschuldungen.

Verschuldungskoeffizient, Bilanzkennzahl zur Analyse der Kapitalstruktur von Unternehmungen. Quotient aus Fremdkapital und Eigenkapital.

Verschuldungsquote, Größe, die den Anteil des Schuldenstandes an den Gesamtausgaben des Staatshaushaltes bzw. am Bruttosozialprodukt mißt. – Vgl. auch →öffentliche Kreditaufnahme.

Verschuldungsregeln, →Deckungsgrundsätze.

Verschweigen eines Mangels (durch den Verkäufer), führt zu verschärfter →Sachmängelhaftung (vgl. im einzelnen dort).

Verschwendung, →Entmündigung.

Verschwiegenheit des Arbeitnehmers, →Schweigepflicht.

Versehrtenleibesübungen, Leistung nach dem Bundesversorgungsgesetz (§ 11a BVG) zur Wiedergewinnung und Erhaltung der körperlichen Leistungsfähigkeit Beschädigter. Die V. werden in Übungsgruppen unter ärztlicher Überwachung und fachkundiger Leitung von anerkannten Versehrtensportgemeinschaften durchgeführt. Die Verwaltungsbehörde soll sich zur Durchführung der V. einer geeigneten Sportorganisation bedienen, der die dadurch entstehenden Verwaltungskosten in angemessenem Umfang ersetzt werden.

Versender. I. Handelsrecht: Beim Speditionsgeschäft derjenige, für dessen Rechnung der Spediteur die Versendung durch Frachtführer oder durch Verfrachter im eigenen Namen besorgt (§ 407 HGB). Der Spediteur ist im Verhältnis zum Frachtführer Absender, im Verhältnis zum Verfrachter Befrachter.

II. Außenwirtschaftsrecht: V. ist, wer auf Veranlassung eines →Ausführers, dem er zur Lieferung verpflichtet ist, die Ware zur Erfüllung eines Liefervertrages des Ausführers an dessen gebietsfremden Abnehmer liefert. Der V. kann an Stelle des Ausführers die zollamtliche Behandlung vornehmen lassen; er hat dabei eine →Versand-Ausfuhrerklärung zu verwenden (§ 13 AWV).

Versendungskauf. 1. *Begriff:* Kauf, bei dem der Verkäufer die Sache auf Verlangen des Käufers nach einem anderen Ort als dem →Erfüllungsort versendet (§ 447 BGB). – 2. →*Gefahrenübergang* tritt bereits ein, wenn Verkäufer die Ware dem Spediteur, dem Frachtführer, der Post, der Bahn oder der sonst zur Versendung bestimmten Person oder Anstalt übergibt. – 3. Die *Versendungskosten* gehen i. a. zu Lasten des Käufers (§ 448 BGB). – 4. Weicht der Verkäufer ohne dringenden Grund von einer besonderen Anweisung des Käufers über die Versendungsart ab, muß er den daraus entstehenden *Schaden* ersetzen (§ 447 II BGB). – 5. Ist der V. ein *beiderseitiges Handelsgeschäft*, besteht bei Beanstandungen einstweilige Aufbewahrungspflicht des Käufers; ist die Ware dem Verderb ausgesetzt oder Gefahr im Verzug, Verkauf nach den Regeln des →Selbsthilfeverkaufs zulässig (§ 379 HGB).

Versendungskosten, →Transportkosten.

Versendungsland, Begriff des Außenwirtschaftsrechts: →fremdes Wirtschaftsgebiet, aus dem die Ware nach dem →Wirtschaftsgebiet versendet wird, ohne daß diese in Durchfuhrländern Rechtsgeschäften oder Aufenthalten unterworfen ist, die über die normale Beförderung hinausgehen.

Versetzung. I. A r b e i t s v e r t r a g s r e c h t: 1. *Begriff:* Jede nicht nur vorübergehende Änderung des Tätigkeitsbereichs des Arbeitnehmers nach Art, Ort und Umfang seiner Tätigkeit. Es hängt vom Inhalt des Arbeitsvertrags ab, ob der Arbeitgeber die V. einseitig kraft →Direktionsrechts anordnen kann, oder ob der Aufgabenbereich des Arbeitnehmers vertraglich so genau abgegrenzt ist, daß die V. nur mit Zustimmung des Arbeitnehmers (Änderungsvertrag) oder im Weg der →Änderungskündigung erfolgen kann. – 2. *Zulässigkeit:* a) Ist der Arbeitnehmer *für eine bestimmte Tätigkeit eingestellt,* so kann ihm nicht einseitig eine andere Beschäftigung zugewiesen werden. – b) Ist der Arbeitnehmer für *jede Tätigkeit* eingestellt worden, die bei Abschluß des Arbeitsvertrags voraussehbar war, ist eine V. möglich. – c) Grundsätzlich besteht ohne besondere Vereinbarung kein Recht zur V. auf einen *geringer entlohnten Arbeitsplatz.*

II. B e t r i e b s v e r f a s s u n g s r e c h t: 1. *Begriff:* Zuweisung eines anderen Arbeitsbereichs, die voraussichtlich die Dauer von einem Monat überschreitet oder die mit einer

erheblichen Änderung der Umstände verbunden ist, unter denen die Arbeit zu leisten ist (§ 95 III 1 BetrVG). Die Zuweisung eines anderen Arbeitsbereichs liegt dann vor, wenn dem Arbeitnehmer ein neuer Tätigkeitsbereich zugewiesen wird, so daß der Gegenstand der geschuldeten Arbeitsleistung, der Inhalt der Arbeitsaufgabe ein anderer wird und sich das Gesamtbild der Tätigkeit des Arbeitnehmers ändert. Keine V. ist die Umsetzung nicht ständig an einem Arbeitsplatz beschäftigter Arbeitnehmer (§ 95 III 2 BetrVG); dies ist etwa der Fall bei Montagearbeitern oder bei Arbeitnehmern im Baugewerbe. – 2. *Mitbestimmungsrecht des Betriebsrats* (§§ 99–101 BetrVG): In Betrieben mit mehr als zwanzig wahlberechtigten Arbeitnehmern hat der Betriebsrat ein Mitbestimmungsrecht bei V. Eine ohne Zustimmung des Betriebsrats erfolgte V. ist unwirksam. Umgekehrt ersetzt die Zustimmung des Betriebsrats nicht eine individualrechtlich erforderliche Zustimmung des Arbeitnehmers. Widerspricht der Betriebsrat der V. aus den im Gesetz (§ 99 II BetrVG) im einzelnen aufgezählten Gründen, so kann der Arbeitgeber dessen Zustimmung im Beschlußverfahren durch das →Arbeitsgericht ersetzen lassen (§ 99 IV BetrVG).

versicherbares Risiko. 1. Meßbares und genügend weit gestreutes →Risiko im Industrieunternehmen ist der Fremdversicherung zugänglich; ebenso im privaten Bereich. – 2. Gegen eng gestreute Risiken muß sich das Unternehmen durch Verrechnung kalkulatorischer →Wagnisse selbst versichern (→Selbstversicherung). – 3. Gar nicht meßbare Risiken gehören zum allgemeinen →Unternehmerwagnis.

Versicherer, Bezeichnung des Vertragspartners der →Versicherungsnehmers im →Versicherungsvertrag.

Versichertenälteste, bei den Rentenversicherungsträgern, (z. T. auch bei Krankenkassen) Mittler zwischen den Versicherten und dem Sozialversicherungsträger. – *Rechtsgrundlage:* § 39 SGB 4 und Satzungsrecht der Versicherungsträger. – *Aufgabe:* V. haben die Versicherten und die Leistungsberechtigten zu beraten und zu betreuen. – *Charakterisierung:* Sie werden gewählt, üben ein Ehrenamt aus, erhalten für ihre Tätigkeit eine Entschädigung und haften für Verschulden.

Versichertendividende, andere Bezeichnung für Überschußbeteiligung (→Lebensversicherung V).

Versicherter. 1. Bei *Versicherung für eigene Rechnung* decke der →Versicherungsnehmer sein eigenes Interesse auch durch V. – 2. Bei *Versicherung für fremde Rechnung* deckt der Versicherungsnehmer in eigenem Namen das Interesse eines anderen, des V. – 3. Bei der *Lebensversicherung* ist V. die Person, auf deren

Leben die Versicherung genommen wird, die Risikoperson. – 4. In der *Sozialversicherung* sind V. die Partner des öffentlich rechtlichen Versicherungsverhältnisses.

Versicherung. 1. *Begriff:* a) Im *Rechtssinn:* Gemeinschaft gleichartig Gefährdeter (→Gefahrengemeinschaft) mit selbständigen Rechtsansprüchen auf wechselseitige Bedarfsdeckung. – b) Im *wirtschaftlichen Sinn:* Absicherung der Wirtschaftsführung gegen Risiken, die auf unabwendbaren Gefahren beruhen, ermöglicht durch Verteilung der Versicherungsleistung auf einen Kreis gleichartig bedrohter Wirtschaften. – 2. *Rechtliche Behandlung:* a) Übernahme von V. gegen Prämien ist →*Grundhandelsgeschäft* (§ 1 II Nr. 3 HGB). Hierunter fallen alle privaten Prämien-V. (→Individualversicherungen) ohne Rücksicht auf die Art und den Gegenstand der V., z. B. Feuer-, Diebstahl-, private Unfall-, Aussteuer-, Lebens-V. – b) *Keine Grundhandelsgeschäfte* sind die gesetzlichen V., z. B. gesetzliche Kranken-, Unfall-, Renten-V.; Träger sind die Krankenkassen, Berufsgenossenschaften usw., die keine Kaufleute sind (→Sozialversicherung); die V. auf Gegenseitigkeit, weil hier Erwerbszweck fehlt. Außer den öffentlich-rechtlichen Anstalten dürfen diese Art der V. nur die →Versicherungsvereine auf Gegenseitigkeit (VVaG) mit behördlicher Erlaubnis betreiben.

Versicherung an Eides Statt, →eidesstattliche Versicherung.

Versicherung auf durchstehendes Risiko, Versicherung von Transportvorgängen, die mehrere aufeinander folgende unterschiedliche Transportabschnitte umschließen, z. B. Antransport zum Seehafen (Vorreise), Seetransport, Beförderung zum Empfänger im Binnenland (Nachreise), im Rahmen einer Police, i. d. R. nach →Allgemeinen Deutschen Seeversicherungsbedingungen.

Versicherung auf verbundene Leben, →verbundene Lebensversicherung.

Versicherung des Unternehmers, vielfältige Möglichkeiten, für den einzelnen Unternehmer nicht voraussehbare, mit der unternehmerischen Betätigung verbundene Risiken – außer den allgemeinen →Unternehmerwagnisses – durch entsprechende Prämienzahlung in kalkulierbare Kosten umzuwandeln mit der Folge weitgehend ungefährdeter und gleichmäßiger Betriebsführung. – *Wichtige Versicherungszweige:* 1. *Schadenversicherungen:* →Feuerversicherung, →Betriebsunterbrechungsversicherung, →Einbruchdiebstahlversicherung, →Raubversicherung. →Leitungswasserversicherung, →Sturmversicherung, →EC-Versicherung, →Maschinenbetriebsversicherung, →Maschinengarantieversicherung, →Montageversicherung, →Transportversicherung und Nebenzweige (z. B.

→Messe- und Ausstellungsversicherung, →Reisegepäckversicherung, →Reiselagerversicherung), →Valorenversicherung und →Wertsachenversicherung, →Glasversicherung und →Leuchtröhrenversicherung, Elektronikversicherung, →Einheitsversicherung, →Kraftverkehrsversicherung, →Hagelversicherung, →Bauwesenversicherung, →Mietverlustversicherung, →Tierversicherung. – 2. *Personenversicherungen:* →Lebensversicherung, auch als →betriebliche Altersversorgung, →Teilhaberversicherung, →Erbschaftsteuerversicherung, →Krankenversicherung, →Unfallversicherung. →Pflegekostenversicherung bzw. →Pflegerentenversicherung. – 3. *Versicherungen gegen sonstige Vermögensverluste:* (Betriebs-) →Haftpflichtversicherung, →Rechtsschutzversicherung, →Kreditversicherung und →Kautionsversicherung, →Computermißbrauchsversicherung, →Verkehrshaftungsversicherung, →Feuerhaftungsversicherung.

Versicherung für fremde Rechnung, *Fremdversicherung,* Versicherung für fremde Gefahr (nicht für fremde Kosten). Schadenversicherung, die der Versicherungsnehmer im eigenen Namen zugunsten eines oder mehrerer anderer (→Versicherter), denen die Rechte aus dem Versicherungsvertrag zustehen, abschließt. – *Rechtsgrundlagen:* §§ 74–80 VVG.

Versicherung für Rechnung „wen es angeht", Versicherung, bei der der →Versicherte bei Vertragsschluß nicht bezeichnet wird; im Schadenfall muß der Geschädigte seinen Anspruch nachweisen z. B. durch Vorlage des →Versicherungsscheins. – *Bedeutung:* Üblich in der Seetransportversicherung (→Akkreditiv).

Versicherungsagent, →Versicherungsvertreter.

Versicherungsamt, →Versicherungsbehörden.

Versicherungsanstalt, *öffentlich-rechtliche V.* 1. *Begriff:* →Versicherungsgesellschaft, die durch einen Hoheitsakt (Landesgesetz oder landesherrliche VO) oder mit Genehmigung des Hoheitsträgers von einer →Körperschaft des öffentlichen Rechts selbst oder unter ihrer maßgeblichen Mitwirkung von Zweckverbänden öffentlich-rechtlicher Körperschaften errichtet worden ist. Das Arbeitsgebiet der V. erstreckt sich i. d. R. nur auf einzelne Städte oder Länder. – 2. *Arten:* a) *Zwangsanstalten:* Zwang zur Versicherung, und zwar nur bei der V. kraft Zwangsrechts (z. B. Gebäude-Feuerversicherung in einzelnen Gebieten der Bundesrep. D.; bei einigen V. bestehen nur für bestimmte Versicherungszweige oder Versicherungsnehmergruppen Zwangsrechte. – b) *Monopolanstalten:* Kein Versicherungszwang, aber wenn, dann nur bei der öffentlich-rechtlichen V.; verfassungsrechtliche Zulässigkeit des Versicherungsmonopols (1 und 2) umstritten. – c) *Wettbewerbsanstalten:* Stehen im freien Wettbewerb mit den privaten Versicherungsunternehmen; bilden heute z.T. mit privaten Versicherern konzernähnliche Zusammenschlüsse. – 3. *Steuerliche Behandlung:* Vgl. →Versicherungsgesellschaft 2 a).

Versicherungsantrag, auf besonderem Vordruck zu stellender Antrag des potentiellen Versicherungsnehmers auf Abschluß einer Versicherung. Die Beantwortung der Fragen durch den Versicherungswilligen ermöglicht dem Versicherer die Einschätzung des Risikos und die Ausstellung des Versicherungsscheins. Mit der Stellung des V. besteht noch kein Versicherungsschutz; dieser setzt die Zahlung der ersten →Prämie oder eine →Deckungszusage voraus. – Vgl. auch →Obliegenheiten.

Versicherungsaufsicht, staatliche Beaufsichtigung der Geschäftstätigkeit von Versicherungsgesellschaften durch das →Bundesaufsichtsamt für das Versicherungswesen bzw. die zuständigen Landesaufsichtsämter zur Wahrnehmung der Schutzinteressen der Versicherungsnehmer; geregelt im Versicherungsaufsichtsgesetz (VAG) und Nebengesetzen.

Versicherungsaufsichtsgesetz (VAG), Gesetz über die Beaufsichtigung der Versicherungsunternehmen i.d.F. vom 13.10.1983 (BGBl I 1261) mit späteren Änderungen; dazugehörend Ergänzungs- und Ausführungsverordnungen (VO über die Rechnungslegung vom 30.1.1987 (BGBl I 530).

Versicherungsausweis, →Versicherungsnachweisheft.

Versicherungsbedingungen, →Allgemeine Versicherungsbedingungen (AVB).

Versicherungsbeginn, 1. *Formeller V.:* Zeitpunkt des Vertragsabschlusses. – 2. *Materieller V.:* Zeitpunkt des Inkrafttretens des Versicherungsschutzes durch Zahlung der →Erstprämie oder Abgabe einer →Deckungszusage. – 3. *Technischer V.:* Zeitpunkt des Beginns der Prämienberechnung (bei →Rückwärtsversicherungen liegt 2. vor 1., bei →Wartezeiten liegt 3. zeitlich vor 2.).

Versicherungsbehörden, Sammelbegriff für die Verwaltungs- und Aufsichtsbehörden der Sozialversicherung. – Als V. sind anzusehen: a) die bei den unteren Verwaltungsbehörden gebildeten *Versicherungsämter,* denen auch die Auskunftsteilung in Angelegenheiten der Sozialversicherung obliegt; b) die *Oberversicherungsämter,* sofern deren Aufgaben durch Landesgesetz nicht anderen Behörden übertragen worden sind; c) die für die Sozialversicherung zuständigen *obersten Verwaltungsbehörden der Länder* (früher Landesversiche-

rungsämter); d) das →Bundesaufsichtsamt für das Versicherungswesen.

Versicherungsberater, natürliche und juristische Person, die die Beratung von Versicherungsinteressen und Versicherungsnehmern gewerbsmäßig betreibt. Verknüpfung mit Vermittlertätigkeit aufsichtsbehördlich verboten. – Vgl. auch →Rechtsberatung.

Versicherungsberechtigung, →freiwillige Versicherung, →Selbstversicherung.

Versicherungsbestätigung, durch deren Erteilung wird in der Kraftfahrzeugversicherung der Versicherungsvertrag bereits endgültig abgeschlossen; sie ist Voraussetzung für die öffentlich-rechtliche Zulassung des Kraftfahrzeugs. – *Anders:* →Deckungszusage. – Vgl. auch →Kraftverkehrsversicherung II 5, IV 1.

Versicherungsbetriebslehre, Gebiet der speziellen Betriebswirtschaftslehre. Gegenstand der V. ist die Ökonomik des Versicherungsbetriebes, unabhängig von dessen Rechtsform. Die V. stützt sich sowohl auf die Grundsätze der allgemeinen Betriebswirtschaftslehre als auch auf die Versicherungstechnik. – Forschung und Lehre befassen sich v.a. mit folgenden *Aufgabenstellungen:* Innen- und Außenorganisation des Versicherungsbetriebes, Marketing, Tarifierung (Einschätzung des →Risikos), Prämienkalkulation, Wirtschaftsplanung, Buchhaltung und Bilanzierung, Kostenrechnung und Controlling, Statistik, Technik des Rückversicherungsverkehrs, Kapitalanlage und Vermögensverwaltung. – Weiter ist der Begriff →*Versicherungswissenschaft.*

Versicherungsbetrug. 1. *Allgemein:* →Betrug, bei dem ein Versicherer getäuscht wird, um die Versicherungssumme bzw. die (höhere) Entschädigungsleistung zu erlagen; wird als gewöhnlicher Betrug *bestraft* (§ 263 StGB). – 2. *Besonderer Tatbestand:* Strafbar ist, wer in betrügerischer Absicht eine gegen Feuergefahr versicherte Sache in Brand setzt oder ein Schiff, das als solches oder in seiner Ladung oder in seinem Frachtlohn versichert ist, zum Sinken oder Stranden bringt (§ 265 StGB). – 3. *Strafe:* Freiheitsstrafe von einem bis zu zehn Jahren; in minderschweren Fällen Freiheitsstrafen von sechs Monaten bis zu fünf Jahren.

Versicherungsbörse, →Börse III 2.

Versicherungsdauer, Laufzeit der Versicherung von Versicherungsbeginn bis Ablauf des Versicherungsvertrages. I.d.R. beginnen und enden Versicherungen jeweils um 12.00 Uhr (in der →Kraftverkehrsversicherung um 0.00 Uhr). Bei mehr als einjähriger V. gilt i.a. eine „Verlängerungsklausel", nach der sich die Versicherung automatisch um ein Jahr verlängert, wenn sie nicht mit einer bestimmten Frist – meist drei Monate vor Ablauf – gekündigt wird. Höchste Abschlußdauer i. a. zwölf Jahre. – *Wichtigste Ausnahme:* →Lebensversicherung.

Versicherungsfall, Zustand oder Ereignis, mit dessen Eintritt die Leistungspflicht des Versicherers bzw. des Versicherungsträgers ausgelöst wird. Festlegung in den →Allgemeinen Versicherungsbedingungen, dem →Versicherungsvertragsgesetz und den →Versicherungsverträgen. – 1. *V. in der Schadenversicherung:* U. a. Todesfall in der Lebensversicherung, Brandschaden in der Feuerversicherung. – 2. *V. in der Sozialversicherung:* U. a. Krankheit, Mutterschaft, Tod in der gesetzlichen Krankenversicherung; Arbeitsunfall, Berufskrankheit, Wegeunfall in der gesetzlichen Unfallversicherung; Berufsunfähigkeit, Erwerbsunfähigkeit, Erreichen der Altersgrenze, Tod in der gesetzlichen Rentenversicherung.

Versicherungsfreiheit, Nichtzugehörigkeit zum Kreis der Pflichtversicherten in der gesetzlichen →Sozialversicherung (§§ 168–174 und 1228–1231 RVO, §§ 4–8 AVG). – V. *umfaßt:* a) Personen, die *keinen Beruf* ausüben oder einen Beruf, der nach den Versicherungsgesetzen nicht der →Versicherungspflicht unterliegt; b) Personen, bei denen die Voraussetzungen der Versicherungspflicht vorliegen, die aber des Versicherungsschutzes *nicht bedürfen,* (1) weil diese Beschäftigung nicht in der Hauptsache dem Lebensunterhalt dient (z. B. Nebenbeschäftigung, Tätigkeit der Werkstudenten) oder (2) weil sie bereits anderweitig versorgt sind (z. B. ruhegehaltsberechtigte Beschäftigte des Bundes, der Länder, der Gemeinden und der Versicherungsträger); c) Angestellte, deren regelmäßiger →Jahresarbeitsverdienst in der gesetzlichen →Krankenversicherung die in § 165 RVO festgelegte Jahresarbeitsverdienstgrenze *übersteigt.* – In bestimmten Fällen besteht *auf Antrag* Möglichkeit zur Befreiung von der Versicherungspflicht. – Vgl. auch →Unfallversicherung IV 4.

Versicherungsgemeinschaft, →Pool III.

Versicherungsgesellschaft, *Versicherungsunternehmen, Versicherungsinstitut.* 1. *Charakterisierung:* Die *privaten V.* sind an die Rechtsformen AG und VVaG gebunden, da das Versicherungsgeschäft meist langfristig ist und eine gewisse Kapitalbasis erfordert. Freie Wahl haben die ausschließlich Vieh-, Glas-, Leitungswasser-, Kredit-, Transport- und Rückversicherung betreibenden Unternehmen. AG und VVag werden durch private wirtschaftliche Initiative gegründet, bedürfen aber der Zulassung durch das →Bundesaufsichtsamt für das Versicherungswesen. Versicherer aus anderen EG-Ländern, die in der Bundesrep. D. tätig werden wollen, müssen den EG-einheitlichen Vorschriften über →Solvabilität entsprechen. – b) Die *öffentlichrechtlichen Versicherungsanstalten* entstehen durch Hoheitsakt und sind als →Zwangsanstalt, →Monopolanstalt oder →Wettbewerbsanstalt tätig (vgl. im einzelnen →Versicherungsanstalt). – 2. *Steuerliche Behandlung:* a) *Versicherungsanstalten des öffentlichen Rechts:* Körperschaftsteuerpflichtig als Betriebe gewerblicher Art von juristischen Personen des öffentlichen Rechts nach § 1 I Nr. 6 KStG. – b) *Versicherungsvereine auf Gegenseitigkeit:* Körperschaftsteuerpflichtig nach § 1 I Nr. 3 KStG. – c) *Kapitalgesellschaften:* Körperschaftsteuerpflichtig nach § 1 I Nr. 1 KStG.

Versicherungsgrenze, →Versicherungsfreiheit, →Versicherungspflichtgrenze.

Versicherungsgrundstück, →Versicherungsort.

Versicherungsinformationssystem, →computergestütztes Versicherungsinformationssystem.

Versicherungsinstitut, →Versicherungsgesellschaft.

Versicherungskarte. I. S o z i a l v e r s i c h e r u n g : Im →Versicherungsnachweisheft enthaltener Vordruck. – 1. Die V. *dient* als: a) Entgeltbescheinigung für die Rentenversicherung; b) Nachweis über die Beitragsentrichtung; c) Abmeldung für Krankenkasse und Arbeitsamt; d) Abgabe der Jahresmeldung. – 2. Die V. werden bei den Rentenversicherungsträgern gesammelt und gespeichert und bilden die Unterlagen für spätere Leistungsgewährung. – 3. Feststellung von Leistungen bei *verlorenen, zerstörten oder unbrauchbar gewordenen oder nicht erreichbaren V.* oder anderen Versicherungsunterlagen regelt die VO vom 3. 3. 1960 (BGBl I 137).

II. K r a f t f a h r z e u g - H a f t p f l i c h t v e r s i c h e r u n g : Vom Versicherer der Kraftfahrzeug-Haftpflichtversicherung kostenfrei ausgestellte Bescheinigung zum Nachweis des bestehenden Versicherungsschutzes durch das deutsche Versicherungsunternehmen im Ausland. Auch als *Internationale V. für den Kraftverkehr* oder *Grüne Karte* bezeichnet. Z. Z. ist die V. in den meisten europäischen Ländern gültig. Bei Schäden im Ausland stehen örtliche Vertragsbüros zur Regulierung bereit. – V. hat *Höchstgeltungsdauer* (drei Jahre). – *Vorgeschriebene Ersatzleistungssummen:* Mindestens 1 Mill. DM für Personenschäden, 40 000 DM für Sachschäden, 400 000 DM für Vermögensschäden.

Versicherungskennzeichen, →Moped.

Versicherungskosten. 1. Auszahlungen einer Unternehmung für *Prämien bei Fremdversicherung:* Erfassung als gesonderte →Kostenart in der Kostenartenrechnung. – 2. Bei *Eigenversicherung* werden an Stelle von Versicherungsprämien entsprechende kalkulatorische Kosten (→Wagnisse) verrechnet, deren Höhe nach versicherungsmathematischen Grundsätzen zu ermitteln ist. – 3. *Verrechnung:* Nach der Art der Versicherung (Feuer, Diebstahl, Transport) sind mit V. die Material-, Gebäude-, Fertigungs- oder Vertriebskostenstellen zu belasten.

Versicherungsleistung, Geld- oder Naturalleistung des Versicherers aufgrund des eingetretenen →Versicherungsfalls, der Gegenstand des Versicherungsvertrags ist. – Der Versicherer muß auch leisten, wenn der Versicherungsnehmer einen *Ersatzanspruch gegen einen Dritten* wegen des von diesem zugefügten Schadens hat; er kann jedoch i.d.R. Rückgriff beim Schadenstifter nehmen. Gibt der Versicherungsnehmer seinen Anspruch gegen den Dritten auf, so wird insoweit auch der Versicherer von seiner Leistungspflicht befreit.

Versicherungsmakler, *Assekuranzmakler,* selbständiger, sachkundiger Mittler und Vermittler zwischen den Vertragspartnern, besonders an Seeplätzen und in Handelszentren. – *Aufgaben:* Beratung seiner Auftraggeber (Versicherungsnehmer) und Vermittlung geeigneten Versicherungsschutzes. – *Rechtsstellung:* Im *Gegensatz* zu dem →Versicherungsvertreter, der für eine oder mehrere Versicherungsgesellschaften tätig wird, ist der V. nicht →Handelsvertreter, sondern →*Handelsmakler,* allerdings mit durch Gewohnheitsrecht abgewandelter Rechtsstellung. – *Vergütung:* Für die einer Gesellschaft zugeführten Geschäfte erhält er i.d.R. von dieser eine Vermittlungsgebühr (Courtage). V. sind u.a. in der Seeversicherung und im Industriegeschäft tätig.

Versicherungsmathematik, spezielles Gebiet der angewandten Mathematik mit Problemstellungen aus dem Versicherungsbereich als Untersuchungsgegenstand. Methoden der V. vorwiegend aus der Wahrscheinlichkeitstheorie (→Wahrscheinlichkeitsrechnung) und →Finanzmathematik, aber auch aus anderen mathematischen Disziplinen. Besondere Bedeutung hat die Mathematik der Personenversicherung, insbes. der Lebensversicherung. Eine umfassende übergreifende Theorie der V. und Schwerpunkt der versicherungsmathematischen Forschung stellt die (kollektive) →Risikotheorie dar.

Versicherungnachweisheft, Formularsatz der Sozialversicherung für die Meldungen, die der Arbeitgeber über das Beschäftigungsverhältnis zur Kranken-, Renten- und Arbeitslosenversicherung abzugeben hat. Aufbewahrung beim Arbeitgeber. – *Inhalt:* a) Deckblatt mit Ausweis über die →Versicherungsnummer *(Versicherungsausweis);* b) sieben Entgeltbescheinigungen *(→Versicherungskarten);* c) drei Vordrucke „Anmeldung" für Krankenkasse und Arbeitsamt; d) ein Vordruck „Anforderung" von neuem V. – Die Belege

sind maschinell lesbar *auszufüllen.* Sie sollen eine Erfassung, Auswertung und Speicherung der Daten mittels EDV-Anlagen ermöglichen. – Statt der Belege sind auch Meldungen auf maschinell verwertbaren Datenträgern (z.B. Magnetbändern) zulässig (→Datenerfassungsverordnung).

Versicherungsnehmer, derjenige, der den →Versicherungsvertrag mit dem →Versicherer schließt. Der V. hat alle Rechte und Pflichten aus dem Vertrag, soweit er die Rechte nicht auf dritte Personen überträgt, z.B. durch Forderungsabtretung, Verpfändung, Bestimmung einer unwiderruflichen Bezugsberechtigung. – Vgl. auch →Versicherung für fremde Rechnung, →Versicherter.

Versicherungsnummer, Kennzeichen jedes Versicherten der gesetzlichen Rentenversicherung (→Versicherungsnachweisheft). Die V. hat zwölf Stellen und setzt sich zusammen aus: Bereichsnummer des Rentenversicherungsträgers (zwei Stellen), Geburtsdatum des Versicherten (sechs Stellen), Anfangsbuchstaben des Familiennamens oder des Geburtsnamens (eine Stelle), Seriennummer und Prüfziffer (drei Stellen).

Versicherungsort, *Versicherungsgrundstück,* vereinbarter räumlicher Geltungsbereich der Versicherung. Wichtig bei Versicherung beweglicher Sachen, die i.a. nur am V. gedeckt sind (vgl. auch →Außenversicherung). Bei vorübergehender Entfernung ruht, bei dauernder Entfernung erlischt der Versicherungsschutz. – *Vertragliche Abänderung* (Ausdehnung des V.) möglich; vgl. →Freizügigkeit.

Versicherungsperiode, Zeitraum, für den die →Prämie berechnet wird; allgmein ein Jahr, auch wenn eine nach vollen Jahren bemessene Prämie in Raten gezahlt wird, vorausgesetzt, daß die Prämie nicht nach kürzeren Zeitabschnitten bemessen ist, z.B. bei der Kleinlebensversicherung mit echten Monatsprämien.

Versicherungspflicht. I. Sozialversicherung: 1. Pflicht, der deutschen Sozialversicherung anzugehören; besteht für *alle* in abhängiger Beschäftigung stehenden Arbeitnehmer, für eine kleine Gruppe von Selbständigen sowie Rentner, außerdem unter bestimmten Voraussetzungen für Wehr- oder Ersatzdienstleistende (Ausnahmen: →Versicherungsfreiheit). V. ist unabhängig vom Willen der Beteiligten, von Meldungen und der Zahlung von Beiträgen. – 2. Die Mitgliedschaft versicherungspflichtig Beschäftigter *entsteht* mit Beginn des Tages des Eintritts in die Beschäftigung (§306 I RVO); sie *endet* mit der Aufgabe der Tätigkeit. In bestimmten Fällen bleibt der Versicherungsschutz über das Ende der V. hinaus erhalten (§§214, 311 RVO). – 3. Familienstand, Geschlecht und Staatsangehörigkeit sind ohne Einfluß auf die

V., i. a. auch Alter und Höhe des →Arbeits-
entgelts. Ausnahmen: z. T. auf Antrag, z. T.
kraft Gesetzes.

II. Individualversicherung: →Pflicht-
versicherung (Ausnahme), insbes. auf dem
Gebiet der →Haftpflichtversicherung und
→Feuerversicherung.

Versicherungspflichtgrenze, Arbeitsent-
geltgrenze, bis zu der für Angestellte →Versi-
cherungspflicht in der gesetzlichen →Kran-
kenversicherung besteht. Bei Überschreiten
der V. scheidet der Angestellte mit Ablauf des
Jahres aus der Pflichtversicherung aus, kann
dann aber der Krankenversicherung freiwillig
beitreten. Versicherungspflicht besteht, wenn
der regelmäßige →Jahresarbeitsverdient 75%
der für die Rentenversicherung der Arbeiter
geltenden →Beitragsbemessungsgrenze nicht
übersteigt. Mit der stetigen Anhebung der
Beitragsbemessungsgrenze ist somit auch die
V. in den letzten Jahren ständig gestiegen;
1987 lag sie bei 51 300 DM.

Versicherungspolice, →Versicherungs-
schein.

Versicherungspool, →Pool III.

Versicherungsprämie, →Prämie.

Versicherungsprinzip, Konzept v. a. der Privatversicherung. Versicherung bedeutet
immer Risikoausgleich, bei bestimmten Arten
der Versicherung verbunden mit einer Kapital-
ansammlung. Risikoausgleich durch Versicherung erfolgt durch Bildung von Gefahrenge-
meinschaften im Sinn eines Zusammenschlusses von Personen, die von gleichartigen Gefahren bedroht sind. Durch laufende Prämienzahlung seitens der Gesamtheit der Versicherten soll gewährleistet sein, daß bei Eintritt
eines Schadens der für den Schadensausgleich
notwendige Betrag bereitgestellt ist. Daraus
folgt, daß die Höhe der von einzelnen zu
leistenden Prämienzahlung grundsätzlich von
der Höhe des Risikos abhängt, mit dem sie die
Versicherten-Gemeinschaft belasten. Es dominiert somit hier die Idee der *gemeinsamen
Selbsthilfe* nach Maßgabe des →Äquivalenz-
prinzips im Sinn eines Gegenseitigkeitsver-
hältnisses. – Das *System der sozialen Sicherung in der Bundesrep. D.* ist durch eine starke
Verkopplung von V., →Versorgungsprinzip
und →Fürsorgeprinzip gekennzeichnet.

Versicherungsrecht. 1. *Begriff:* a) I. w. S.:
Rechtsvorschriften für →Sozialversicherung
und →Individualversicherung. – b) I. e. S.:
Rechtsordnung der Individualversicherung. –
2. *Spezielle Grundlagen* sind u. a.: a) für die
Sozialversicherung: →Reichsversicherungs-
ordnung und →Sozialgesetzbuch; b) für die
Individualversicherung: neben BGB, HGB
usw. →Versicherungsaufsichtsgesetz, →Allge-
meine Versicherungsbedingungen; c) Anord-

nungen des →Bundesaufsichtsamts für das
Kreditwesen.

Versicherungsschein, *Versicherungspolice,*
Urkunde über den Abschluß eines Versicherungsvertrags, zu dessen Ausstellung der Versicherer verpflichtet ist. Der V. ist, wenn er auf
den Inhaber ausgestellt ist, ein hinkendes
→Inhaberpapier gemäß § 808 BGB, der Versicherer kann an den Inhaber mit befreiender
Wirkung zahlen, es sei denn, er besäße Kenntnis von der Nichtberechtigung des Inhabers. –
Bei *Verlust des V.* ist auf Kosten des Versicherungsnehmers eine Ersatzurkunde anzuferti-
gen, bei Verlust eines Lebensversicherungs-
scheins ist Glaubhaftmachung oder Aufgebotsverfahren bzw. Kraftloserklärung nötig. –
Vgl. auch →Inhaberklausel.

Versicherungsschutz, →vorläufiger Versicherungsschutz.

Versicherungsschutzverbände, auf freiwilliger Mitgliedschaft beruhende wirtschaftliche
Interessenverbände von Versicherungsnehmern. – Der *Deutsche Versicherungsschutzver-
band* in Bonn vertritt satzungsgemäß die
Interessen der Versicherungsnehmer (versi-
cherungsnehmende Wirtschaft und einzelne)
gegenüber Regierungs- und gesetzgebenden
Stellen und Behörden sowie gegenüber den
Versicherungsverbänden und -unternehmen,
v. a. in bezug auf Gestaltung der Versicherungsbedingungen und -verträge, Festsetzung der Beiträge (Prämien) und Entschädigungen sowie Förderung des Brandschutzes,
Feuerlöschwesens und der Schaden- und
Unfallverhütung. – *Weitere Vₓ* sind meist für
bestimmte Interessengruppen, z. B. gewerbliche Versicherungsnehmer, tätig. Zusätzlich
befassen sich auch die allgemeinen Wirt-
schafts- und Verbraucherverbände mit Versi-
cherungsfragen.

Versicherungssumme, Betrag der Geldleistung, die der Versicherer vertragsgemäß im
→Versicherungsfall als →Versicherungslei-
stung (höchstens) zu zahlen hat. – 1. In der
→Schadenversicherung sollte die V., will man
Vollversicherung erreichen, dem →Versiche-
rungswert des versicherten Interessens entsprechen (→Ersatzwert, →Unterversicherung,
→Überversicherung, →Doppelversicherung).
Die Gegenüberstellung von V. und Versicherungswert ist Grundlage für die Berechnung
der Entschädigung. Darüber hinaus ist die V.
die Obergrenze der Entschädigung
(Höchsthaftungssumme); Ausnahme: gewisse
Rettungskosten. – 2. In der *Summenversi-
cherung* ist die V. die vereinbarte Versicherungsleistung.

versicherungstechnische Rückstellung,
→Rückstellung zur Berücksichtigung des zeitlichen Auseinanderfallens von Einnahmen
und Ausgaben der Versicherer. Die in der
→Versicherungsperiode vereinnahmten

→Prämien müssen, soweit sie nicht durch Schadenszahlungen und Kosten verbraucht wurden oder als Verbindlichkeiten feststehen, als v. R. ausgewiesen werden. →Schadensreserven, Beitragsüberträge, →Schwankungsrückstellungen und andere Rückstellungen dieser Art machen häufig bis zu 90% der Bilanzsumme aus.

Versicherungsteuer. 1. *Charakterisierung:* →Verbrauchsteuer (finanzwissenschaftliche Sicht) bzw. →Verkehrsteuer (steuerrechtswissenschaftliche Sicht) auf die entgeltliche Einräumung von Versicherungsschutz. Die V. wird zusammen mit der Prämie im wesentlichen in allen Zweigen der Sachversicherung von den Versicherungsgesellschaften im Abrechnungsverfahren erhoben und an die Bundeszollverwaltung, die sie verwaltet, abgeführt. – 2. *Rechtsgrundlagen:* Versicherungsteuergesetz vom 24. 7. 1959 (BGBl I 539) mit späteren Änderungen und Versicherungsteuerdurchführungsverordnung vom 20. 4. 1960 (BGBl I 279), geändert durch Steuerbereinigungsgesetz 1985 vom 14. 12. 1984 (BGBl I 1493). – 3. *Steuergegenstand:* Die Entgegennahme von Versicherungsentgelten (insbes. →Prämien), wenn der Versicherungsnehmer →Wohnsitz (Sitz) oder →gewöhnlichen Aufenthalt im Inland hat oder ein Gegenstand im Inland versichert wird. – 4. *Steuerbefreiungen:* Insbes. Rückversicherungen, Kranken-, Renten-, und Arbeitslosenversicherungen sowie Unfallversicherungen nach RVO. Haftpflicht- und sonstige Sachversicherungen sowie (freiwillige) private Unfallversicherungen sind *steuerpflichtig.* – 5. *Steuerberechnung: Bemessungsgrundlage* ist i. d. R. das Versicherungsentgelt; *Steuersatz:* 5 v.H. (ab 1. 1. 89 7 v. H.). – 6. *Steuerschuldner:* Versicherungs*nehmer.* Der Versicherer *haftet.* – 7. *Verfahren:* Der Versicherer hat i. d. R. am 15. eines Monats dem Finanzamt die auf Basis der im Vormonat eingenommenen Entgelte (Isteinnahmen; auf Antrag Solleinnahmen) berechnete Steuer *anzumelden* und zu *entrichten;* Überwälzung der V. auf den Versicherungsnehmer. – 8. *Finanzwissenschaftliche Beurteilung:* Die Beibehaltung der V. hat fiskalische Gründe, da sie mit einem Aufkommen von über 2 Mrd. DM einen Anteil von über 1% an den →Bundessteuern i. w. S. hat. Die ursprüngliche Begründung und die Kritik daran sind im ganzen wenig erheblich; die Begründung lag in der Vermutung einer besonderen Leistungs- oder Ertragsfähigkeit derer, die ihre Kapital- und Vermögenswerte sicherten durch die Risikoabwälzung auf Versicherungsträger, soweit dies das Vermögen der einkommensschwachen Gruppen betrifft (insbes. Hausrat), kann die Begründung nicht überzeugen; jedoch wird die Belastung gemildert durch zahlreiche sozial- und wirtschaftspolitisch motivierte Befreiungen und dadurch, daß Umsätze aus Versicherungen von

der Umsatzsteuer befreit sind. *Aufkommen:* 1986: 2578 Mill. DM (1985: 2476 Mill. DM (1980: 1799 Mill. DM, 1970: 617 Mill. DM, 1960: 217 Mill. DM, 1950: 68,3 Mill. DM).

Versicherungsträger, →Körperschaften des öffentlichen Rechts und →Anstalten des öffentlichen Rechts, die die Aufgaben der gesetzlichen →Sozialversicherung durchführen. Geleitet von Selbstverwaltungsorganen: Vorstand, der den V. gerichtlich und außergerichtlich vertritt, und Vertreterversammlung. Die laufenden Geschäfte werden von einem Geschäftsführer bzw. einer mehrköpfigen Geschäftsführung verantwortlich erledigt.

Versicherungsunternehmen, →Versicherungsgesellschaft.

Versicherungsverein auf Gegenseitigkeit (VVaG). I. C h a r a k t e r i s i e r u n g : Mit Rechtspersönlichkeit ausgestattete private →Versicherungsgesellschaft zum Zweck der Befriedigung von Versicherungsbedürfnissen unter den Mitgliedern, die zugleich Versicherungsnehmer und Versicherer sind (bei großen VVaG nur z. T.). Basiert auf dem Genossenschaftsgedanken. – *Rechtliche Grundlage:* Man unterscheidet aufsichtsrechtlich *größere* und *kleinere VVaG.* In der Geschäftspraxis unterscheiden sich die großen V. nur unwesentlich von den Versicherungs-AGs oder öffentlich-rechtlichen Wettbewerbsanstalten.

II. B e s t e u e r u n g : 1. *Körperschaftsteuer:* Ein inländischer VVaG ist unbeschränkt körperschaftsteuerpflichtig (§ 1 I Nr. 3 KStG). Für kleinere VVaGs Steuerbefreiung, wenn die Betragseinnahmen im Durchschnitt der letzten drei Wirtschaftsjahre bestimmte Höchstgrenzen (§ 4 KStDV) nicht überschritten haben oder sich der Geschäftsbetrieb auf die Sterbegeldversicherung beschränkt und für VVaGs soziale Einrichtungen sind (§ 5 I Nr. 4 KStG). Bei steuerpflichtigen VVaGs beträgt der Körperschaftsteuersatz 50% (§ 23 II KStG). – 2. VVaGs unterliegen ebenfalls der *Vermögen-, Gewerbe-* und *Umsatzsteuer.*

Versicherungsverlauf, in der gesetzlichen Rentenversicherung vom zuständigen Versicherungsträger erstellter Nachweis über die gespeicherten Daten. Der *erste* übersandte V. hat in zeitlicher Reihenfolge alle für den Versicherten gespeicherten Beitrags-, Ersatz- und Ausfallzeiten ohne Rücksicht auf ihre Anrechenbarkeit zu enthalten. Die *folgenden* V. können sich auf noch nicht mitgeteilte Daten beschränken. – Der V. ist vom Versicherten auf Richtigkeit und Vollständigkeit zu *überprüfen und aufzubewahren.* Nach Ablauf von zehn Jahren nach Ausstellung des V. können die darin enthaltenen Versicherungszeiten von den Trägern der Rentenversicherung nicht mehr beanstandet werden; Berichtigungen zugunsten des Versicherten sind nicht ausgeschlossen. – Der V. ist Versicherten nach

Vollendung des 45. Lebensjahrs mindestens *alle sechs Jahre* zu übersenden, soweit nicht innerhalb der letzten drei Jahre ein V. versandt worden ist. Vor Vollendung des 45. Lebensjahrs wird ein V. nur auf Antrag erteilt; ein erster V. war jedoch spätestens bis zum 31.12.1986 zu übersenden, frühestens jedoch nach Ablauf von fünf Kalenderjahren seit dem Eintritt in die Versicherung (§ 17 der 2. Datenerfassungs-VO – DEVO).

Versicherungsvermittler, Beauftragter (→Versicherungsmakler oder →Versicherungsvertreter) des →Versicherers oder des Antragstellers, gegen Provision ein Versicherungsgeschäft zwischen beiden Parteien zu vermitteln.

Versicherungsvertrag. I. A b s c h l u ß : V. kommt gemäß §§ 145 ff. BGB i. d. R. zustande durch die Stellung eines →Versicherungsantrags durch den →Versicherungsnehmer und die Annahme dieses Antrags durch den Versicherer (formeller →Versicherungsbeginn). Über den V. stellt der Versicherer einen →Versicherungsschein aus.

II. I n h a l t   u n d   R e c h t s g r u n d l a g e n : Der Versicherer ist verpflichtet, die Gefahr zu tragen und im Schadenfall die →Versicherungsleistung zu erbringen. Der Versicherungsnehmer ist verpflichtet, die →Prämie zu zahlen und insbes. die →Obliegenheiten zu erfüllen. – Vgl. auch →Versicherungsrecht, →Allgemeine Versicherungsbedingungen, →Versicherungsvertragsgesetz, →Klauseln.

III. A n f e c h t u n g : Durch Versicherungsnehmer und Versicherer möglich. – *Hauptgründe:* a) →Irrtum (beim Versicherungsnehmer z. B. über die Höhe der Prämie, Art der Versicherung, Inhalt der Versicherungsbedingungen), b) →arglistige Täuschung durch den Versicherungsnehmer (§ 22 VVG). – Vertrag ist von Anfang an nichtig. Versicherer darf Prämien behalten (§ 40 VVG).

IV. A n z e i g e p f l i c h t : Durch Antragsteller und Versicherungsnehmer. – 1. *Vorvertragliche Anzeige:* Vollständige und richtige Anzeige aller für die Gefahr erheblichen Umstände. – 2. *Veränderungsanzeige* über Veränderungen des Risikos. – 3. Im *Schadenfall:* Meldung über Ursache, Art und Umfang des →Schadens. – 4. *Veräußerungsanzeige:* Verpflichtung des Veräußerers und des Erwerbers (eine Anzeige genügt) bei Besitzwechsel. – Bei *Verletzung* der Anzeigepflicht ist der Versicherungsschutz gefährdet.

V. S i c h e r h e i t s v o r s c h r i f t e n : Umfassen gesetzliche, behördliche oder vereinbarte Vorkehrungen. Werden sie *verletzt* oder ihre Verletzung geduldet, kann der Versicherer den Versicherungsvertrag innerhalb eines Monats nach Kenntniserhalt von der Verletzung mit einmonatiger Frist kündigen. Außerdem ist er von der Leistungspflicht frei, wenn ein

Schaden nach einer auf Vorsatz oder grober Fahrlässigkeit des Versicherungsnehmers beruhenden Verletzung eintritt. Bei öffentlich-rechtlichen Versicherungsanstalten Rechtsfolgen der Verletzung z. T. abweichend (→Verantwortlichkeitsklausel bei Versicherungsverträgen).

Versicherungsvertragsgesetz (VVG), Gesetz über den Versicherungsvertrag vom 30. 5. 1908. – 1. *Gegenstand/Geltungsbereich:* Das VVG regelt als Spezialgesetz zum BGB die Beziehungen der Vertragspartner in der →Individualversicherung; es *gilt nicht* für die →Rückversicherung und die →Seeversicherung, die bei öffentlich-rechtlichen Versicherungsanstalten kraft Gesetzes entstehenden Versicherungsverhältnisse sowie für die Versicherungsverhältnisse bei von Innungen oder Innungsverbänden eingerichteten Unterstützungskassen: in gewissem Umfang entfallen Beschränkungen der Vertragsfreiheit bei der →Kreditversicherung und →Transportversicherung. – 2. *Gliederung:* a) Das VVG ist *eingeteilt* in für alle Versicherungsverträge geltende Vorschriften sowie in Bestimmungen für die Schaden-, Lebens- und Unfallversicherung (jedoch nicht die Krankenversicherung) und in Schlußvorschriften. – b) In *rechtlicher Hinsicht* lassen sich die Vorschriften einteilen in: (1) zwingende Vorschriften, (2) halbzwingende Vorschriften, von denen nur zugunsten des Versicherungsnehmers oder sonstiger geschützter Dritter abgewichen werden darf sowie (3) abdingbare Vorschriften, von denen auch zuungunsten des Versicherungsnehmers durch →Allgemeine Versicherungsbedingungen und Tarifbestimmungen Ausnahmen gemacht werden dürfen.

Versicherungsvertreter. 1. *Begriff:* Der für einen oder mehrere →Versicherer tätige selbständige Gewerbetreibende, der ständig damit betraut ist, Versicherungsverträge zu vermitteln oder abzuschließen (§ 92 HGB). – *Zu unterscheiden:* a) →Vermittlungsvertreter. b) →Abschlußvertreter. – Aus den von dem V. geführten *Titel* (Bezirksvertreter, Hauptvertreter, Generalagent, Subdirektor usw.) kann grundsätzlich nicht auf den Umfang der ihm erteilten Vollmachten, insbes. nicht darauf, ob Abschlußvollmacht vorliegt, geschlossen werden. – 2. Für den V. gelten die allgemeinen *Vorschriften* für den →Handelsvertreter mit folgenden Ausnahmen: a) Anspruch auf *Provision* hat der V. nur für Geschäfte, die auf seine Tätigkeit zurückzuführen sind; Bezirks- und Kundenschutz gibt es für V. nicht. Anspruch auf Provision entsteht erst, wenn der Versicherungsnehmer die Prämie zahlt, aus der sich die Provision nach dem Vertragsverhältnis berechnet (§ 92 III und IV HGB). – b) →*Ausgleichsanspruch* entsteht ohne Werbung neuer Kunden, nur Vermittlung eines neuen Versicherungsvertragen erforderlich: Höhe des Ausgleichsanspruchs kann bis drei

Jahresprovisionen betragen (§ 89 V HGB). – c) Zu *beachten* sind ferner u. a. §§ 43 ff. VVG. – 3. Für die *Gewerbesteuerpflicht* ist zu unterscheiden: a) V., die Versicherungsverträge *selbst vermitteln*, also werbend tätig sind, werden i. d. R. in vollem Umfang selbständig sein, und zwar sogar dann, wenn sie neben Provisionsbezügen ein mäßiges festes Gehalt bekommen. Sie unterliegen der Steuerpflicht. – b) Unselbständig sind dagegen überwiegend *organisatorisch*, verwaltend und beaufsichtigend tätige Personen (oft als Generalagenten bezeichnet). – c) Bei *Mischformen* erfolgt nach der neueren Rechtsprechung Beurteilung nach der Tätigkeit, die überwiegt.

Versicherungswert, Wert des versicherten Interesses, d. h. eine bewertete, konventionierte oder entscheidungsbestimmte Beziehung des Versicherungsnehmers zum versicherten →Risiko. Möglicher V. kann z. B. Anschaffungswert, Wiederbeschaffungswert, Verkaufspreis bzw. Neuwert oder Zeitwert sein. V. muß eindeutig festgelegt sein. Die →Versicherungssumme soll dem V. entsprechen. – Vgl. auch →Bruchteilversicherung, →Doppelversicherung, →Erstrisikoversicherung, →gleitende Neuwertversicherung, →Überversicherung, →Unterversicherung, →Vollversicherung, →Ersatzwert.

Versicherungswirtschaft, Wirtschaftszweig von erheblicher volkswirtschaftlicher Bedeutung, die weit über die Größenordnung der Beitragseinnahmen (1986: 114 Mrd. DM) und Beschäftigten (ca. 490 000 einschl. nebenberuflich Tätiger) hinausgeht. – Die V. *umfaßt* neben der Schadenregulierung insbes.: Kapitalsammlung (Vermögensanlagen 1986 ca. 505 Mrd. DM), Schadenverhütung, Ermöglichung risikoreicher Produktionen und des Ausfuhrhandels, Sicherung des Realkredits. – Nach dem Beitrags-(Prämien-)aufkommen sind die *wichtigsten Versicherungszweige* die Lebensvor der Kraftverkehrs-, der privaten Kranken-, der allgemeinen Haftpflicht- und der Feuerversicherung; sie erwirtschaften zusammen über Dreiviertel des Beitragsaufkommens.

Versicherungswissenschaft, spezielle Disziplin der Wirtschaftswissenschaften. – *Gegenstand*: Rechtliche, soziologische und medizinische sowie betriebswirtschaftliche (→Versicherungsbetriebslehre) und mathematische Aufgabenstellungen; in jüngster Zeit auch der Bereich Versicherungsinformatik. – *Forschung und Lehre* an den Universitäten Erlangen-Nürnberg, Frankfurt a. M., Göttingen, Hamburg, Köln, Mannheim, München und Passau mit versicherungswissenschaftlichen Instituten oder Seminaren.

Versicherungszertifikat. 1. *Transportversicherung:* Dokument über den einzelnen versicherten Transport im Rahmen einer →Generalpolice (→laufende Versicherung). Das V.

enthält im Gegensatz zur Generalpolice, die den Deckungsumfang allgemein festlegt, alle für die Transportbeteiligten wichtigen Informationen und ist Beweisurkunde für den bestehenden Versicherungsschutz des einzelnen Risikos. – 2. Gelegentlich auch Bezeichnung für →*Einzelpolice.*

Versicherungszusage, →Direktversicherung.

Versicherungszwang, →Versicherungspflicht, →Pflichtversicherung.

Versicherungszweig, Zusammenfassung großer Gruppen von Versicherungsverhältnissen, die sich nach ihren charakteristischen Merkmalen ähnlich sind, insbes. nach der Voraussetzung des Entschädigungsanspruchs (z. B. die versicherten Gefahren). Innerhalb der Hauptzweige erfolgt die Anpassung an den individuellen Bedarf durch *Versicherungsarten* (z. B. industrielle Feuerversicherung) und *Versicherungsformen* (z. B. →Bruchteilversicherung) mit eigenen Bedingungen und Klauseln. Aus kundenorientierten Gesichtspunkten *Zusammenfassung mehrerer V.* in einer →kombinierten Versicherung (z. B. →verbundene Hausratversicherung) oder →gebündelten Versicherung (z. B. →Familienversicherung, bestehend aus Hausrat-, Privathaftpflicht- und Unfallversicherung). – V. im *Jahresabschluß* des Versicherungsunternehmens muß jeder (Haupt-)V. gesondert ausgewiesen werden.

Versicherung und Steuer. I. Prämien: 1. *Feuerversicherung* (analog auch die *sonstigen Sachversicherungen*): a) Beim Betrieb als →Betriebsausgabe absetzbar. b) Als →Werbungskosten absetzbar, soweit sie mit einer bestimmten Einkunftsart im Zusammenhang stehen (z. B. die Prämien für die Gebäudeversicherung beim Hausbesitzer). c) Abgesehen von den Fällen a) und b) sind Versicherungsprämien →Kosten der Lebensführung; entsprechend nicht absetzbar. – 2. *Haftpflichtversicherung:* Als →Betriebsausgaben bzw. →Werbungskosten absetzbar, ansonsten als →Sonderausgaben. – 3. *Unfallversicherung:* a) Betriebsausgaben: (1) Betriebliche Unfallversicherung der Geschäftsinhaber, der Teilhaber bei →Personengesellschaften, der freiberuflich Tätigen usw. können als Betriebsausgabe behandelt werden, falls für sie erhöhte Berufsgefahren bestehen (z. B. die Bauunternehmern). (2) Unfallversicherung der Arbeitnehmer: von einem Arbeitgeber gezahlten Prämien gelten als zusätzliche Lohnzahlungen und sind als Betriebsausgaben abzugsfähig. Eine Pflicht zur Aktivierung entsteht nicht. – b) Werbungskosten: Wenn der Beruf des Steuerpflichtigen mit erheblichen Unfallgefahren verbunden ist, können die Prämien als Werbungskosten behandelt werden. – 4. *Lebensversicherung* und *Rentenversicherung:* Vgl. →Alters- und Hinterbliebenenversorgung, →Erbschaft-

steuerversicherung, →Gesellschafter-Geschäfts-
führer-Versicherung, →Teilhaberversiche-
rung. – 5. *Höhe des Abzugs:* Jeweils die
Gesamtzahlung ist absetzbar, also die →Prä-
mie zuzüglich →Nebengebühren und →Versi-
cherungsteuer.

II. Versicherungsleistungen: 1. *Feuerversicherung* (analog auch die sonstigen
Sachversicherungen): a) Wenn der beschädigte
Gegenstand dem →Betriebsvermögen zuzurechnen ist: Die Versicheungsleistungen, sind
die →Betriebseinnahmen, der Buchwert des
beschädigten (vernichteten) Gegenstandes ist
Betriebsausgabe. Dabei brauchen die stillen
Reserven nicht realisiert zu werden, soweit
Ersatz beschafft wird; vgl. →Ersatzbeschaf-
fungsrücklage. Der Empfang der Versicherungsleistung ist in keinem Fall umsatzsteuerpflichtig. – b) Wenn der beschädigte
Gegenstand dem Privatvermögen zuzurechnen ist, keine Einkommensteuerpflicht. –
2. *Unfallversicherung:* a) Wenn Prämien als
Betriebsausgaben behandelt werden, sind Versicherungsleistungen   Betriebseinnahmen.
Soweit die Versicherungsleistungen unmittelbar oder mittelbar an den Versicherten Arbeitnehmer oder dessen Hinterbliebenen fließen,
wird das Betriebsvermögen des Unternehmens
nicht berührt. – b) Wenn Prämien als Werbungskosten behandelt werden, sind Versicherungsleistungen steuerpflichtige Einnahmen. –
c) Wenn Prämien als Sonderausgaben behandelt werden, sind Kapitalzahlungen im Todes-
oder Invaliditätsfall, Tagegelder und Heilko-
stensatz einkommen- bzw. lohnsteuerfrei. –
3. →*Lebensversicherung:* Vgl. dort.

Versicherung „von Haus zu Haus", →von
Haus zu Haus-Klausel.

Versilberung, die bei →Abwicklung einer
aufgelösten Handelsgesellschaft zumeist erforderliche Umsetzung des gesamten Vermögens
der Gesellschaft in Geld (z. B. § 149 HGB). –
V. kann *erfolgen:* a) durch freihändigen Verkauf oder b) durch →Versteigerung; c) auch
→Veräußerung des Unternehmens als Ganzes
ist mit Zustimmung aller Beteiligten i. d. R.
möglich. – Nach V. und Befriedigung der
Gläubiger erfolgt Verteilung des Restvermögens.

Versilberungswert, →Liquidationswert.

Versorgung, in der Sozialpolitik der Empfang
von staatlichen Leistungen ohne Gegenleistung (Preisgabe des →Äquivalenzprinzips). –
Vgl. auch →Versorgungsprinzip.

Versorgungsamt, →Versorgungsbehörden.

**Versorgungsanstalt der Deutschen Bundes-
post,** Anstalt des öffentlichen Rechts; Sitz in
Stuttgart. – *Aufgabe:* Alters- und Hinterbliebenenversorgung durch privatrechtliche Versicherung.

**Versorgungsanstalt des Bundes und der
Länder (VBL),** rechtsfähige Anstalt des
öffentlichen Rechts, Sitz in Karlsruhe. Errichtet am 26.02.1929 als „Zusatzversorgungsanstalt des Reichs und der Länder" mit Sitz in
Berlin – *Träger:* Bundesrep. D. und die
Länder (ausgenommen: Hamburg und Saarland). – *Aufsichtsbehörde:* Bundesminister der
Finanzen (BMF). – *Aufgabe:* Durchführung
der zusätzlichen Alters- und Hinterbliebenenversorgung für Arbeitnehmer der an der
Anstalt beteiligten Arbeitgeber (außer den
genannten Trägern kommunale Gebietskörperschaften, Sozialversicherungsträger sowie
zahlreiche andere Einrichtungen und Unternehmen, an denen die öffentliche Hand maßgeblich beteiligt ist).

Versorgungsanwartschaften, →Pensions-
anwartschaften.

Versorgungsausgleich, Kern der Eherechts-
reform und ein Schritt zur eigenständigen
Sicherung der nichterwerbstätigen Frau.

I. Charakterisierung: 1. *Begriff:* Nach
§ 1587 BGB zwischen geschiedenen →Ehegat-
ten wegen künftiger Ausgleichsansprüche zu
zahlende Abfindung, sofern diese Zahlung
dem Verpflichteten nach seinen wirtschaftlichen Verhältnissen zumutbar ist. Der V.
umfaßt Anwartschaften aus Sozialversicherung, privater Kapital- oder Rentenversicherung und betrieblicher Altersversorgung. V.
ist unabhängig vom Güterstand. – 2. *Inhalt:*
Dem Ehegatten mit den wertniedrigeren
Anwartschaften oder Aussichten auf eine aus-
zugleichende Versorgung steht als Ausgleich
die Hälfte des Wertunterschiedes zu. Der
Ausgleich vollzieht sich primär öffentlich-
rechtlich als *Wertausgleich* (§§ 1587a–1587e
BGB und VO zur Ermittlung des Barwerts
einer auszugleichenden Versorgung vom
24.6.1977, BGBl I 1014, mit späteren Änderungen), so daß die Ehegatten im Zeitpunkt
der Scheidung auch sozialrechtlich voneinander getrennt sind. Für den Berechtigten wird
eine eigenständige Alters- und Invaliditätsver-
sicherung begründet. – 3. *Vereinbarungen:* a)
Durch →Ehevertrag kann der V. *ausgeschlossen* werden. Der Ausschluß ist dann unwirksam, wenn innerhalb eines Jahres nach Vertragsschluß Antrag auf Scheidung der Ehe
gestellt wird. – b) Mit Genehmigung des
→Familiengerichts können die Ehegatten bei
→notarieller Beurkundung im Zusammenhang mit der Scheidung den V. *abändern* oder
ausschließen. Ein abgeänderter V. hat nur
schuldrechtliche Wirkung und begründet einen unterhaltsähnlichen Anspruch auf eine
Geldrente (Ausgleichsrente) in Höhe der
Hälfte des Wertunterschiedes der von beiden
Ehegatten in der Ehezeit jeweils erworbenen
Versorgungsanwartschaften (§ 1587g BGB).
Die Rente kann erst dann verlangt werden,
wenn entweder beide Ehegatten eine Versor-

gung erlangt haben oder wenn der ausgleichspflichtige Ehegatte sie erlangt hat und der andere wegen Krankheit oder anderer Gebrechen oder Schwäche seiner körperlichen oder geistigen Kräfte auf nicht absehbare Zeit eine ihm nach Ausbildung und Fähigkeit zumutbare Erwerbstätigkeit nicht ausüben kann oder das 65. Lebensjahr vollendet hat. – Zum *Ausgleich bei Härten*, z. B. bei Tod des versorgungsberechtigten Ehegatten innerhalb von zwei Jahren nach Ehescheidung: Vgl. Gesetz über weitere Maßnahmen auf dem Gebiet des V. vom 8.12.1986 (BGBl I 2317), bis 31.12.1994 befristet.

Steuerliche Behandlung: Die steuerliche Behandlung ist abhängig von der Art des V. – a) Werden Rentenansprüche geteilt (Rentensplitting), ergeben sich zunächst keine einkommensteuerlichen Auswirkungen. Bei Zufluß stellen die Rentenzahlungen bei beiden Ehegatten →sonstige Einkünfte (§ 22 Nr. 1 EStG) dar. Freiwillige Zahlungen des Verpflichteten zur Abwendung der Rentenkürzung sind als →Sonderausgaben (§ 10 I Nr. 2 a EStG) abzugsfähig. – b) Erfolgt eine fiktive Nachversicherung des Ausgleichsberechtigten zu Lasten des Ausgleichsverpflichteten, so ergeben sich beim Berechtigten die gleichen steuerlichen Folgen wie im Fall a). Bezieht der Verpflichtete allerdings →Einkünfte aus nichtselbständiger Arbeit (§ 19 I Nr. 2 EStG), sind die Zahlungen nach herrschender Meinung als →Werbungskosten anzusehen. – c) Einzahlungen des Verpflichteten an die gesetzliche Rentenversicherung bleiben steuerlich unberücksichtigt. – d) V. in Form einer Ausgleichsrente ist beim Verpflichteten als dauernde Last in voller Höhe als →Sonderausgaben (§ 10 I Nr. 1a EStG) abzugsfähig. Der Empfänger versteuert die Ausgleichsrente in voller Höhe als →sonstige Einkünfte (§ 22 Nr. 1 EStG).

Versorgungsbehörden, Dienststellen der Versorgungsverwaltung, die mit der Durchführung v. a. des →*sozialen Entschädigungsrechts* betraut sind. V. sind zuständig für die Leistungen der Kriegsopferversorgung, nach dem Opferentschädigungsgesetz und bei Impfschäden sowie für die Ausstellung von Ausweisen für Schwerbehinderte. – Die V. sind gegliedert in *Versorgungsämter*, die den Landesversorgungsämtern unterstehen. – Die *Aufsicht* über die V. liegt bei den obersten Landesbehörden (Arbeitsminister oder -senatoren).

Versorgungsbetriebe, *Versorgungsunternehmen.* 1. *Charakterisierung:* Betriebe, die der Aufrechterhaltung des Lebens in modernen Gesellschaften dienen wie z. B. Betriebe der Wasser-, Elektrizitäts-, Fernwärme-, Gasversorgung. Häufig werden auch Einrichtungen der Gesundheitsversorgung wie Krankhäuser in V. einbezogen. Die V. sind in ihrer überwiegenden Mehrzahl in öffentlicher Trägerschaft,

insbes. kommunaler. – Es besteht →Anschluß- und Versorgungspflicht. – Die *kommunalen V.* werden als →Eigenbetrieb oder als →Eigengesellschaft geführt. Häufig bilden sie mit den kommunalen Verkehrsbetrieben einen →Querverbund und tragen die Bezeichnung „Stadtwerke". – 2. *Steuerliche Behandlung:* V. unterliegen als →Betriebe gewerblicher Art der Körperschaft- und Umsatzsteuer, der Gewerbesteuer nur, sofern Gewinnerzielungsabsicht vorliegt. – 3. *Interessenvertretung der V.:* Verband kommunaler Unternehmen.

Versorgungsbezüge, Begriff des Einkommensteuerrechts für Bezüge und Vorteile aus früheren Dienstleistungen, die als Ruhegehalt, Witwen- oder Waisengeld, Unterhaltsbeitrag oder als gleichartiger Bezug aufgrund beamtenrechtlicher Vorschriften oder in anderen Fällen wegen Erreichens einer Altersgrenze, Berufsunfähigkeit, Erwerbsunfähigkeit oder als Hinterbliebenenbezüge gewährt werden. V. sind grundsätzlich steuerpflichtiger →Arbeitslohn (§ 2 I LStDV). Steuerfrei in Höhe des →Versorgungsfreibetrags. Soweit es sich um bestimmte Hinterbliebenenbezüge handelt, wird auf Antrag ein Pauschbetrag von 720 DM als →außergewöhnliche Belastung berücksichtigt (§ 33 b IV EStG).

Versorgungsbilanz, Begriff der amtlichen Statistik für die behelfsmäßige Berechnung der Versorgung des Bundesgebietes einschl. Berlin (West) mit industriellen Gütern. Aus Produktion + Einfuhr – Ausfuhr berechnet sich die im Inland verfügbare Menge, die mit dem tatsächlichen Inslandsverbrauch nicht gleichzusetzen ist. Dieser ergibt sich erst bei Berücksichtigung der Vorratsveränderungen, für die keine Zahlen vorliegen. Für verschiedene Grundnahrungsmittel werden vom Bundesministerium für Ernährung, Landwirtschaft und Forsten ferner fundierte Schätzungen aufgrund der Inlandserzeugung, der Vorräte und der Ein- und Ausfuhr erstellt. Weitere Daten über den annähernden Verbrauch liegen aus den Verbrauchsteuerstatistiken vor.

Versorgungsfreibetrag. 1. *Erbschaftsteuer:* Im Fall des Todes eines Ehegatten steht dem überlebenden Ehegatten und den Kindern im Sinn der Steuerklasse I Nr. 2 (→Erbschaftsteuer VI) ein besonderer V. zu (§ 17 ErbStG). Vgl. im einzelnen →Erbschaftsteuer VII 3. – 2. *Einkommensteuer:* →Versorgungsbezüge bleiben in Höhe des V. steuerfrei. V. beträgt 40% der Bezüge, höchstens jedoch 4800 DM im Kalenderjahr (§ 19 II EStG).

Versorgungskasse, Oberbegriff für →Pensionskassen und →Unterstützungskassen.

Versorgungskonzept. 1. *Begriff:* Planung der Deckung des leitungsgebundenen Energiebedarfs auf kommunaler oder regionaler Ebene mit der Absicht, den Einsatz der einzelnen

Energieträger (Fernwärme, Gas, Strom) sinnvoll aufeinander sowie mit der Stadt- oder Regionalentwicklung abzustimmen und die allgemeinen Ziele der →Energiepolitik unter Berücksichtigung von Umweltschutzaspekten (→Umweltpolitik) zu realisieren. Die Aufstellung von V. wird im →Energieprogramm der Bundesregierung gefordert; Substitutionswettbewerb und freie Wahl der Energieträger durch die Verbraucher sollen durch V. möglichst nicht beeinträchtigt werden. – 2. *Ziele:* Die Vorstellungen, die sich mit V. verbinden, reichen von unternehmerischen Planungskonzepten, insbes. in Querverbundunternehmen (Angebot mehrerer leitungsgebundener Energien auf kommunaler Ebene in einer Hand) bis zu einer politischen Steuerung des Wärmemarktes als des größten energiewirtschaftlichen Teilmarktes.

Versorgungskrankengeld, Leistung im →sozialen Entschädigungsrecht. 1. *Bezugsberechtigte:* V. erhalten Beschädigte, wenn sie wegen einer als Schädigungsfolge anerkannten oder durch sie verursachten Gesundheitsstörung arbeitsunfähig im Sinn der gesetzlichen →Krankenversicherung oder wegen anderer Gesundheitsstörungen arbeitsunfähig werden, sofern ihnen dafür ein Heil- oder Krankenbehandlung zu gewähren ist. Witwen/Witwer, frühere Ehegatten mit Anspruch auf Hinterbliebenenrente, Waisen und versorgungsberechtigte Eltern erhalten ebenfalls V. bei →Arbeitsunfähigkeit, sofern ihnen Krankenbehandlung zu gewähren ist (§ 16 BVG). – 2. *Höhe:* Das V. beträgt 80% des entgangenen, regelmäßigen Entgeltes (Regellohn) und darf das entgangene Nettoarbeitsentgelt nicht überschreiten (§ 16 a BVG). – Die *Berechnung* folgt im wesentlichen den Bestimmungen über das →Krankengeld in der gesetzlichen Krankenversicherung. Das V. wird um etwa erzieltes Arbeitsentgelt, bestimmte Renten und andere Geldleistungen öffentlich-rechtlicher Träger gekürzt.

Versorgungspolitik, →finanzpolitische Distributionsfunktion II.

Versorgungsprinzip, sozialpolitisches Konzept. Das V. setzt im Sicherungssystem der Bundesrep. D. an dem Tatbestand (Ursache) eines Schadens oder Opfers, an den ein Mitglied der Gemeinschaft erleiden bzw. erdulden mußte (Kriegsverletzung, Heimatvertreibung). Versorgung erfolgt somit in Form einer vom *Staat anerkannten Ausgleichsleistung* für ein vorausgegangenes Opfer oder eine erlittene Benachteiligung. Sie ist das Ergebnis der Begründung eines Rechtsanspruchs auf Begünstigung durch den Zufluß öffentlicher Mittel. Versorgungsleistungen werden nicht durch Beiträge, sondern Steuern finanziert. – *Anders:* →Fürsorgeprinzip, →Versicherungsprinzip.

Versorgungsrente, →Alters- und Hinterbliebenenversorgung.

Versorgungssicherheit, angesichts der zentralen Bedeutung von Energieimporten für die Volkswirtschaften der Industrieländer ein wesentliches Ziel der →Energiepolitik. Die V. kann erhöht werden durch Diversifikation bei den in einer Volkswirtschaft eingesetzten Energieträgern, dadurch Streuung der Bezugsquellen und durch →Energiebevorratung. Die Auswirkungen von Versorgungsstörungen können durch gemeinsames Krisenmanagement der Industrieländer begrenzt werden (→IEA). In der Bundesrep. D. wird der Schutz der inländischen Steinkohlenförderung mit ihrem Sicherheitsbeitrag begründet. – Kritiker weisen darauf hin, daß das bestehende Schutz- und Subventionssystem dieser Zielsetzung nicht entspricht. Aus Sicherheitsgründen wird z. B. auch die Erdgaseinfuhr aus der Sowjetunion begrenzt.

Versorgungsunternehmen, →Versorgungsbetriebe.

Versorgungsverband bundes- und landesgeförderter Unternehmen e. V. (VBLU), Sitz in Bonn. 1964 im Rahmen der Neuregelung der Alters- und Hinterbliebenenversorgung der Arbeitnehmer des Bundes, der Länder und Kommunen gegründet. – *Aufgabe:* Zusätzliche Alters- und Hinterbliebenenversorgung an die im Vorfeld tätigen Arbeitnehmer von Einrichtungen und Unternehmen, die Zuwendungsempfänger i. S. von § 23 BHO sind und auf die die öffentliche Hand maßgeblichen Einfluß nimmt oder öffentliche Belange wahrnehmen, in Anlehnung an Regelungen im öffentlichen Dienst.

Versorgungszusage, →betriebliche Ruhegeldverpflichtungen.

Verspätungszuschlag, Druckmittel zur Sicherung des rechtzeitigen Eingangs der →Steuererklärung (§ 152 AO). – 1. *Tatbestand:* Gegen denjenigen, der seiner Verpflichtung zur Abgabe einer Steuererklärung nicht oder nicht fristgemäß nachkommt, können (→Ermessen) V. festgesetzt werden. V. sind →steuerliche Nebenleistungen. – 2. *Höhe:* Die V. dürfen 10% der festgesetzten Steuer oder des festgesetzten Meßbetrages nicht übersteigen und höchstens 10000 DM betragen. – 3. *Festsetzung:* V. entstehen durch die bekanntgegebene Ermessensentscheidung der Finanzbehörde; die Festsetzung schließt →Zwangsmittel nicht aus. – 4. *Rechtsbehelf:* Gegen die Festsetzung ist die →Beschwerde (§ 349 AO) gegeben.

Verstaatlichung. 1. *Begriff:* Formen der Vergesellschaftung von Unternehmungen, bei denen a) das Eigentum (ganz oder teilweise) und b) mit einem Teil des Eigentums die Dispositionsgewalt über Produktion und Vertrieb auf den Staat bzw. auf die öffentliche Hand übergeht. Unter V. wird sowohl die Sozialisierung von Privateigentum, als auch eine Nationalisierung von Verkehrs- und Versorgungsbetrieben in allen denkbaren Rechtsformen (z. B. Eisenbahnen, Bergbau in England) verstanden. Insbes. bezüglich der Grundstoffindustrie erhoben, aber auch aus staatspolitischen Gründen, z. B. um ausländischen Einfluß zu verdrängen. – →*Gemischtwirtschaftliche Unternehmungen* gelten als Zwischenlösung (z. B. Schweiz, Schweden). – 2. *Formen:* a) *Beteiligung des Staates an Betrieben in privatrechtlicher Form:* Einflußnahme auf die Geschäftsführung erfolgt über die Gesellschafterversammlung, u. U. auch mittels Delegierung von Behördenvertretern in den Aufsichtsrat, Vorstand usw. – b) *Eigene Organisationformen des öffentlichen Rechts,* z. B. Körperschaften, Anstalten, Stiftungen, die durch besonderes Gesetz entstehen bzw. durch Genehmigung ihrer Satzung. Einflußnahme der öffentlichen Hand als Eigentümerin: (1) durch Einwirkung auf die Gründung, (2) durch Mitbestimmung bei der Besetzung der Geschäftsführung. – c) →*Regiebetriebe:* Rechtlich und verwaltungsmäßig ausgesonderte und verselbständigte öffentliche Unternehmen; seit Erlaß der Eigenbetriebsverordnung (→Eigenbetrieb) 1938 sind diese Betriebe aus der Verwaltung des Gemeindeverbands oder der Gemeinde auszugliedern, bleiben rechtlich unselbständig, sind jedoch wirtschaftlich und organisatorisch selbständiger als früher. Ein Teil der kommunalen Betriebe, wie Krankenhäuser, Institute des Unterrichts und Bildungswesens u. ä., unterliegen der Eigenbetriebsverordnung nicht und bleiben also rechtlich und verwaltungsmäßig der behördlichen Apparatur eingegliedert.

Verständlichkeit. 1. *Begriff:* Merkmal der →Softwarequalität, das sich auf die strukturellen Zusammenhänge eines →Softwaresystems und auf die Lesbarkeit der Programmtexte (Quellprogramm) bezieht. – 2. *Aspekte:* Konzeptionell klare Kriterien für die Systemstrukturierung und →Modularisierung, beschränkte Größe der →Module, selbstdokumentierende, gut lesbare Programmtexte (→Programmierstil). – 3. *Bedeutung:* Sehr wichtiges Merkmal, die Voraussetzung für viele andere Softwarequalitätsmerkmale.

versteckte Arbeitslosigkeit, *verdeckte Arbeitslosigkeit,* Bezeichnung für eine nur zu schätzende Arbeitslosigkeit, die a) als nicht registrierte Teilarbeitslosigkeit von (Unter-) Beschäftigten oder b) als Vollarbeitslosigkeit von nicht registrierten Arbeitslosen *(stille Reserve)* vorliegen kann.

versteckte Progression, Tarifform, die dann vorliegt, wenn ein proportionaler Tarif durch Steuerabzüge (z. B. Grundfreibetrag), deren

Entlastungswirkung mit wachsender Bemessungsgrundlage relativ abnimmt, oder durch Zuschläge „versteckt" in einen Progressionstarif verwandelt wird. – Vgl. auch →Steuerprogression.

versteckter öffentlicher Bedarf, die von den privaten Stellen aufgrund gesetzlicher Bestimmungen und Verwaltungsverordnungen unentgeltlich zu erbringenden Leistungen, die zur Erfüllung öffentlicher Aufgaben benötigt werden. – *Beispiele:* Wehr- und Ersatzdienst, Schöffentätigkeit, Mitwirkung bei der Steuer- und Sozialabgabenermittlung und -entrichtung.

verstehende Methode, Vorstellung, daß in geistes- bzw. kulturwissenschaftlichen Bereichen (→Kulturwissenschaft) eine Methode erforderlich ist, die den Sinn der Phänomene durch einfühlsames Verstehen erfaßt. Die v. M. wird von ihren Anhängern (→Hermeneutik) als Alternative zum Ziel der →Erklärung mit Hilfe von allgemeinen →Gesetzesaussagen betrachtet. Keine nähere Charakterisierung der v.M.; insbes. fehlen Hinweise, wie die erzielten Erkenntnisse überprüft werden können.

Versteigerung. 1. *Begriff:* →Marktveranstaltung, die im Weg des öffentlichen Aufrufs durch den Versteigerer an bestimmten Orten und zu bestimmten Zeiten stattfindet und bei der nicht fungible (nicht vertretbare) Waren an den Meistbietenden verkauft werden. Zwecks Information der Teilnehmer muß die V.sware am V.sort oder zumindest in dessen Nähe präsent sein. – 2. *Freiwillige V.* (vgl. auch →Auktion): a) Das Gebot ist ein →Vertragsangebot, das durch Abgabe eines Übergebots oder Beendigung der V. ohne Erteilung des →Zuschlags erlischt. Vertragsabschluß kommt durch Zuschlag zustande (§ 156 BGB). – b) Dient die V. der Aufgabe des Geschäftsbetriebs, ist sie meist als →Ausverkauf anzusehen und vorher unter Beifügung eines Verzeichnisses der zu verkaufenden Waren bei der zuständigen Behörde anzumelden (§ 7 b UWG). – 3. Die *V. aufgrund gesetzlicher Vorschriften* zur Befriedigung Berechtigter: a) Öffentliche V. nach privatrechtlichen Grundsätzen (vgl. 2 a)), z. B. beim →Pfandverkauf, →Selbsthilfeverkauf. – b) Behördliche V.: →Zwangsvollstreckung; →Zwangsversteigerung. – 4. *Versteigerungsgewerbe:* Die gewerbsmäßige V. fremder Gegenstände bedarf der Erlaubnis, die bei Unzuverlässigkeit oder bei ungeordneten Vermögensverhältnissen des Versteigerers zu versagen ist. Bei der V. sind die Beschränkungen des § 34 b GewO zu beachten; Einzelheiten über das bei den V. einzuhaltende Verfahren und die V.sbedingungen regeln die V.svorschriften i. d. F. vom 1. 6. 1976 (BGBl I 1345) mit späteren Änderungen.

Versteigerungsbedingungen, im →Zwangsversteigerungsverfahren von Grundstücken durch das Gericht festgesetzte Bedingungen (§ 66 ZVG). – Vgl. auch →Deckungsgrundsatz, →geringstes Gebot.

Versteigerungsbeschluß, Anordnungsbeschluß des Amtsgerichts über die →Zwangsversteigerung eines Grundstücks.

Versteigerungstermin, im →Zwangsversteigerungsverfahren öffentliche Verhandlung des →Vollstreckungsgerichts, in der Grundstück oder Schiff zur Versteigerung gelangt. – 1. *Bestimmung* des V. durch das Gericht, wobei der Inhalt der Terminbestimmung z. T. zwingend vorgeschrieben ist (§ 376 ZVG). – 2. *Ablauf:* a) *Vorverhandlung:* Aufruf der Sache, Bekanntmachung von Grundstück, Gläubigern, Ansprüchen usw., Feststellung des →geringsten Gebots und der →Versteigerungsbedingungen; b) *Versteigerungsgeschäft:* Bestehend aus dem Ausbieten der zur Versteigerung gelangenden Objekte und der Abgabe von Geboten; Mindestdauer: eine Stunde; c) *Verhandlung über den Zuschlag an den Meistbietenden.*

Versteigerungsvermerk, von Amts wegen im Hinblick auf den öffentlichen Glauben des Grundbuchs einzutragender Vermerk, der ersichtlich macht, daß das betreffende Grundstück sich in der →Zwangsversteigerung befindet.

Verstrickung, die durch staatliche Beschlagnahme (z. B. Pfändung) eines Gegenstandes eintretende Bindung des Eigentümers, Besitzer usw. – *Strafrechtlicher Schutz:* Vgl. →Pfandentstrickung.

Verstrickungsbruch, →Pfandentstrickung.

Verstromungsgesetz, 3. Gesetz zur Förderung und Sicherung des Einsatzes heimischer Steinkohle bei der Elektrizitätserzeugung von 1974 (dreimal novelliert). Die im V. vorgesehene Subventionierung des Steinkohleneinsatzes wird finanziert aus dem Aufkommen der hierfür zweckgebundenen →Ausgleichsabgabe (Kohlepfennig). Im einzelnen gelten für die im Rahmen des →Jahrhundertvertrags zu verstromende Gesamtmenge folgende Regelungen: Für 22 Mill. t SKE/a (Grundmenge) wird der Preis heimischer Steinkohle auf einen rechnerischen Äquivalenzpreis für schweres Heizöl heruntersubventioniert; für 11 Mill. t SKE/a (Zusatzmenge) auf den Preis für Importkohle zuzüglich 6 DM je t SKE Selbstbehalt. Der darüber hinausgehende Kohleeinsatz (Neumenge) wird nicht direkt subventioniert; Kraftwerksbetreiber erhalten hierfür jedoch Importlizenzen für Drittlandskohle. Daneben werden Zuschüsse zu den Investitionskosten bestimmter Kohlekraftwerke gewährt. Die Effizienz der Regelungen ist umstritten. – Vgl. auch →Kohlepolitik, →Energiepolitik.

Versuch, begonnene, aber nicht zur Vollendung gelangte Verwirklichung eines strafrechtlichen Tatbestandes. – 1. *Zu ahnden* ist der V. immer bei →Verbrechen; bei →Vergehen und →Ordnungswidrigkeiten nur in den Fällen, in denen das Gesetz es ausdrücklich bestimmt (§ 23 I StGB, § 13 OWiG). – 2. *Strafe* kann bei V. niedriger als bei vollendetem Delikt bemessen werden (§ 23 II StGB). →Rücktritt kann u. U. Straffreiheit bewirken.

Versuchs- und Entwicklungskosten, →Entwicklungskosten, →Forschungskosten, →Konstruktionskosten, →Patentkosten.

Vertagung, im Zivilprozeß die Bestimmung eines neuen Termins nach Beginn der Verhandlung. Möglich durch unanfechtbaren →Beschluß aus erheblichen Gründen (§ 227 ZPO).

Verteidiger, im Rechtssinn Personen, die die Verteidigung eines Beschuldigten im Strafverfahren oder Bußgeldverfahren wahrnehmen. Zum V. können gewählt werden: bei einem deutschen Gericht zugelassene →Rechtsanwälte sowie Rechtslehrer an deutschen Hochschulen, andere Personen nur mit Zustimmung des Gerichts. Der Beschuldigte darf sich in jeder Lage des Verfahrens bis zu drei V. bedienen. Ein V. ist in bestimmten Fällen (z. B. bei dringendem Verdacht einer Tatbeteiligung, einer Begünstigung oder eines Mißbrauchs des Verkehrs) von der Mitwirkung in einem Verfahren auszuschließen. – *Einzelheiten:* §§ 137–149 ZPO.

Verteidigungsgut, im zollrechtlichen Sinn die zur üblichen Truppenausrüstung gehörenden Gegenstände, die von einer Truppeneinheit, auch von einem Schiff oder Luftfahrzeug, mitgeführt werden. V. ist zollfrei; auch das V., das zur Durchführung von zwischenstaatlichen Gemeinschaftsprogrammen verwendet wird (§§ 34 AZO).

Verteiler, betriebsinterne Vermerke auf Schriftstücken, die in mehrfacher Ausfertigung angefertigt werden und mehreren Empfängern zur Kenntnis gegeben werden sollen. Zur Vereinfachung können Zahlen- und Buchstabenschlüssel verwendet werden.

Verteilnetz, →Netz, das als Grundlage für die Massenkommunikation dient. Bei einem V. werden die Signale nur in eine Richtung, von einer Zentrale ausgehend, an viele Endpunkte verteilt. – *Beispiele:* Rundfunknetz, Fernsehnetz. – *Gegensatz:* →Vermittlungsnetz.

verteilte Datenverarbeitung, →distributed data processing.

verteiltes Datenbanksystem. 1. *Begriff:* →Datenbanksystem, bei dem die Daten der →Datenbank auf mehreren in einem →Netz verbundenen Rechnern (→Computerverbund) verteilt sind. – 2. *Vorteile:* Verringerung

des Aufwands für →Datenübertragung und
schnellerer Zugriff, da Daten an den Stellen
gespeichert werden können, an denen sie
hauptsächlich gebraucht werden; höhere
Zuverlässigkeit, da der Ausfall eines Rechners
nur begrenzte Auswirkungen hat; größere
Flexibilität, da ohne Nachteile für die →Per-
formance die Speicherkapazität durch Einfü-
gung weiterer (Rechner-) Knoten erweitert
werden kann. – 3. *Probleme:* Sehr komplexe
Koordinationsprobleme, z. B. bezüglich der
Datenverteilung, der Fehlerbehandlung und
der Transaktionssteuerung (→Transaktion),
die bisher für ein umfassendes System noch
nicht befriedigend gelöst werden konnten.

Verteilung. I. Statistik: (Unpräzise)
Bezeichnung für eine empirische →Häufig-
keitsverteilung oder →Summenfunktion oder
für eine →Verteilungsfunktion, →Dichte-
funktion oder →Wahrscheinlichkeitsfunktion
einer →Zufallsvariablen.

II. Volkswirtschaftslehre: Vgl.
→Distribution.

Verteilung der Arbeitszeit, →Arbeitszeit.

Verteilung des Restvermögens, Aufgabe der
→Abwickler bei Abwicklung einer Personengesellschaft, nach →Versilberung des Gesell-
schaftsvermögens und Befriedigung der Gläubiger. – V.d.R. an die Gesellschafter erfolgt
nach dem Verhältnis der in der Abwicklungs-
schlußbilanz festgestellten Kapitalanteile
(§ 155 HGB). Stehen alle Kapitalanteile auf
der Passivseite der Bilanz, so entspricht die
Summe aller dem Schlußvermögen; stehen
auch Anteile auf der Aktivseite, so ergeben die
nach Abzug dieser verbleibenden Kapitalanteile das Schlußvermögen; stehen alle Kapitalanteile unter Aktiva, so ist Gesellschaft über-
schuldet.

verteilungsfreie Testverfahren, →nichtpa-
rametrische Testverfahren.

Verteilungsfunktion, Funktion, die jeder
reellen Zahl x die →Wahrscheinlichkeit
$W(X \leq x) = F(x)$ dafür zuordnet, daß
→Zufallsvariable X einen Wert von höchstens
x annimmt. Die V. ist eine nichtfallende
Funktion, die nur Werte von 0 bis 1 annehmen
kann. Bei einer diskreten Zufallsvariablen mit
den Ausprägungen x_i kann man die V. aus der
→Wahrscheinlichkeitsfunktion $f(x)$ durch
→Kumulierung, also gemäß

$$F(x) = \sum_{x_i \leq x} f(x_i),$$

ermitteln. Bei einer stetigen Zufallsvariablen
ist die V. die Integralfunktion der →Dichte-
funktion. – Bei empirischen →Verteilungen
wird die relative →Summenfunktion gelegentlich als *empirische V.* bezeichnet.

Verteilungsfunktion des Preises, Begriff der
Preistheorie, der besagt, wie Änderungen von
Güter- und Faktorpreisen auf die Einkom-

mens- und Vermögensverteilung wirken.
Güterpreiserhöhungen ohne Erhöhung der
Faktorpreise verschlechtern z. B. die Einkom-
menverteilung für die Arbeitnehmer.

Verteilungsgesetz, Bezeichnung für eine
Klasse von →Verteilungen, die sich nur durch
ihre →Parameter unterscheiden, z. B. die
Klasse aller →Normalverteilungen.

Verteilungspolitik. 1. *Begriff/Ziel:* Teilbereich der Wirtschaftspolitik, der sich mit
Zielen der Verteilung des Einkommens
(→Einkommensverteilung) und des Vermögens (→Vermögensverteilung), den zur Verwirklichung dieser Ziele einzusetzenden Mitteln sowie der Zuordnung von Maßnahmen
auf entsprechende Träger beschäftigt. – Vgl.
auch →Verteilungstheorie, →Einkommens-
umverteilung. – Die *Zielproblematik* ist verknüpft mit der Frage nach einer gerechten
Verteilung (→gerechtes Einkommen). Als
grundsätzliche Bezugsgrößen einer gerechten
Verteilung werden →Bedarf und →Leistung
angesehen. Das Leistungsprinzip besagt, daß
jeder das Einkommen erhalten soll, das dem
Wert des von ihm erbrachten Beitrages innerhalb des Produktionsprozesses entspricht.
Das Bedarfsprinzip hingegen betont die Stellung der Wirtschaftssubjekte als Konsumenten. Sie bedürfen zu ihrer physischen und
kulturellen Existenz einer ausreichenden
Menge an Gütern. Es gibt jedoch keinen
Konsens über eine einheitliche Verteilungs-
norm nach dem Bedarfsprinzip (→Wohl-
fahrtstheorie). – 2. *Mittel:* a) Einflußnahme
auf die *funktionelle Einkommensverteilung
(Ursachenpolitik):* Die Beeinflussung des Verhältnisses von Lohn- und Profitquote setzt
meist bei den Löhnen an (→Lohnpolitik).
Über die Beeinflussung der Lohnsätze soll
eine Einwirkung auf die Lohnquote erfolgen.
– b) Einflußnahme auf die *personelle Einkommensverteilung (Neutralisierungspolitik):*
Durch Umverteilung kann die Primärverteilung verändert werden. Ansatzpunkte sind
Transferzahlungen (→Transfers), →Steuern
(speziell der personelle Einkommensteuer),
Sozialversicherungsbeiträge (→Sozialversiche-
rung), →Realtransfers und die Beeinflussung
der Preise privater Güter (→Preispolitik). – c)
Einflußnahme auf die *Faktorverteilung* durch
bildungspolitische Maßnahmen (→Bildungs-
politik). Durch Ausweitung des Bildungs-
gebots erhofft man sich via einer verbesserten
Arbeitsqualität ein höheres Sozialprodukt und
höhere Einkommen. – d) →Vermögenspolitik
kann die Umverteilung der Vermögensbestände
oder wie in der Bundesrep. D. vorrangig die
Vermögensbildung zum Gegenstand haben.
– 3. *Träger:* Bund, Länder, Gemeinden und
i. w. S. auch die Sozialversicherungsträger.
Sogar die Tarifpartner können zu den
Trägern gerechnet werden, denn Wirtschaftsverbände (Gewerkschaften, Arbeitgeberverbände) nehmen zwar nicht unmittelbar öffent-

liche Funktionen wahr, die →Tarifautonomie kann jedoch als ein vom Staat abgeleitetes Recht interpretiert werden.

Verteilungsprinzipien, →Kostenzuordnungsprinzipien.

Verteilungsproblem, →Transportproblem.

Verteilungsrechnung, im Rahmen der Berechnung des Sozialprodukts Darstellung des →Volkseinkommens nach Einkommensarten (Einkommen aus unselbständiger Arbeit, Einkommen aus Unternehmertätigkeit und Vermögen usw.). Vgl. im einzelnen →Sozialprodukt II 3.

Verteilungsschlüssel, →Gemeinkostenschlüsselung.

Verteilungstermin, im →Zwangsversteigerungsverfahren gerichtlicher Termin, in dem der Ersteher nach Zuschlag das →Bargebot zu zahlen hat. Dieser Betrag (Versteigerungserlös) tritt für die Anspruchsberechtigung an Stelle des Grundstücks. Maßgebend für die Verteilung ist →Rang der Rechte nach §§ 10 ff. ZVG; dazu Aufstellung des →Teilungsplans.

Verteilungstheorie, *Distributionstheorie.*
I. Charakterisierung: In einer arbeitsteiligen Volkswirtschaft (→Arbeitsteilung) entsteht das →Volkseinkommen aus dem Zusammenwirken der Gesellschaftsmitglieder. Der individuelle Anteil an diesem →Einkommen wird durch den Prozeß der →Preisbildung auf den Güter- und Faktormärkten im wesentlichen bestimmt. Als V. bezeichnet man jenes Teilgebiet der Volkswirtschaftslehre, das sich mit der Frage nach den Regeln der Verteilung des Volkseinkommens und des Vermögens beschäftigt. – 1. Die Aufteilung des Volkseinkommens auf Personen und Personengruppen ist ein Problem der *personellen Einkommensverteilung,* wobei man die Verteilung, wie sie aus dem Ablauf des Wirtschaftsprozesses hervorgeht *(Primärverteilung)* von derjenigen nach staatlichen Umverteilungsmaßnahmen *(Sekundärverteilung)* unterscheidet. – 2. Im Vordergrund der V. steht jedoch das Problem der *funktionellen Einkommensverteilung.* Hierbei werden die Einkommensbezieher zu Gruppen entsprechend ihrer Funktion im Produktionsprozeß aggregiert. Erklärungsgegenstand ist die Verteilung des Volkseinkommens auf die Produktionsfaktoren Arbeit (→Arbeitsentgeld), Kapital (→Zins), Boden (→Grundrente) sowie das Residuum Gewinn (→Profit), das den Unternehmern zufällt. Weitere Teilgebiete der V. sind Theorien zu den Problemen der sektoralen Einkommensverteilung (Gruppenbildung nach Wirtschaftszweigen und deren Anteil an der →Wertschöpfung), der regionalen und internationalen Einkommensverteilung. – Vgl. auch →Einkommensverteilung, →Einkommensumverteilung. – 3. In Theorien zur *Vermögensverteilung* wird analysiert, wie sich die Vermögensverteilung aufgrund des

Sparverhaltens der Wirtschaftssubjekte, der Vermögenstransmission zwischen Generationen und von Wertänderungen im Zeitablauf verschiebt und welche Verteilung des Einkommens und des Vermögens daraus letztlich resultiert. – 4. Die *Verteilungspolitik* schließlich beschäftigt sich mit den Notwendigkeiten und Möglichkeiten des Staates, in die persönliche Einkommensverteilung einzugreifen. – Für diesen Eingriff gibt es zwei *Ansätze:* a) *Korrektur der funktionellen Einkommensverteilung* (Ursachenpolitik) und damit direkter Eingriff in die Primärverteilung. – b) *Nachträgliche Korrektur der persönlichen Einkommensverteilung* (Neutralisierungspolitik, Sekundärverteilung) z. B. durch →Steuern oder Transferzahlungen (→Transfers). Vgl. im einzelnen →Verteilungspolitik.

II. Verteilungsmodi: Bei der Verteilung gemeinschaftlich erzeugter Güter kann man drei reine Typen von Verteilungssystemen unterscheiden: 1. *Reziprozität:* Der soziale Verhaltenskodex schreibt gegenseitige Hilfestellung, Geschenke oder Pflichten vor. – 2. *Redistribution (Umverteilung):* Die Gesellschaftsmitglieder müssen für ein Zentrum (z. B. eine Planungsbehörde) ökonomische Leistungen erbringen. Das Zentrum verteilt diese Leistungen auf die Individuen. – 3. *Tausch:* Den Gesellschaftsmitgliedern werden Eigentumsrechte und damit Verfügungsmacht über (z. B. selbst produzierte) Güter eingeräumt. Dann können sie diese Güter in freiwilliger Übereinkunft untereinander tauschen, was letztlich zu einer bestimmten Verteilung führt. – Die V. befaßt sich mit dem Verteilungsmodus Tausch. Untersucht wird die Einkommensverteilung in einem Marktsystem, in dem sich die Besitzer von Boden (Grundeigentümer), Kapital (Unternehmer) und Arbeit (Arbeiter) als Tauschpartner gegenüberstehen.

III. Theorien der funktionellen Einkommensverteilung: 1. Im *Verteilungsmodell von Ricardo* werden drei Produktionsfaktoren und drei Einkommensarten unterschieden. Pächter zahlen Grundrente an Bodenbesitzer, Lohn an Arbeiter und erhalten den Rest des Ertrages. – Die *Einkommensverteilung* resultiert aus der →Produktionsfunktion, dem →Lohnfonds und dem Arbeitsangebot (→Arbeitsmarkt). Die Produktionsfunktion gibt die Abhängigkeit der Produktionsmenge Y vom Arbeitseinsatz N an; $Y = F(N)$. Annahme: Bei zunehmendem Arbeitseinsatz sinkt die →Grenzproduktivität, $F'(N) > 0$, $F''(N) < 0$ (→Ertragsgesetz). Haben die Pächter einen Gütervorrat L (realer Lohnfonds), dann können sie bei einem

→Lohnsatz von w $N = \dfrac{L}{w}$ Arbeiter einstellen.

Dies kann als Nachfragefunktion nach Arbeit interpretiert werden. Als Gleichgewichtslohn wird sich $w = \dfrac{L}{N}$ einstellen. Die Differenz zwischen dem Ertrag und der Lohnsumme ist der Profit (Grundrente und reiner Profit). Die Einkommensverteilung ergibt sich letztlich wie folgt:

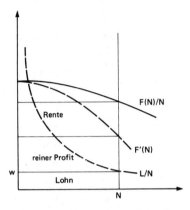

Nach Ricardo gibt es einen *natürlichen Preis der Arbeit*, einen Lohn, der den Arbeitern gerade das Existenzminimum (→Existenzminimumtheorie) sichert. Ist der tatsächliche Lohn höher (niedriger) als der →natürliche Lohn, steigt (sinkt) das Arbeitsangebot wegen der höheren (niedrigeren) Geburtenrate. Der tatsächliche Lohn bewegt sich in Richtung des natürlichen Lohns (→Bevölkerungsgesetz, →ehernes Lohngesetz). Langfristig werden nach Ricardo die Preise und die (Grund-) Renten steigen, die Profitrate wird fallen. – Die Wirtschaft geht in einen stationären Zustand über (→stationäre Wirtschaft), dies nenn man den *ricardianischen Wachstumspessimismus*.

2. In der *marxistischen V.* werden Grundeigentümer und Kapitalbesitzer zu der Klasse der Kapitalisten zusammengefaßt. Am Anfang der Produktionsperiode wird das Kapital C, das aus einem konstanten Teil c und dem variablen Teil v besteht, eingesetzt, um über die Warenproduktion *Mehrwert* m zu gewinnen. Mit c werden Rohstoffe und Arbeitsmittel eingekauft, mit v die Arbeitskraft. Am Ende der Produktionsperiode ist das Kapital um den Mehrwert erhöht: $C' = c + v + m$. Der Kapitalist kann den Mehrwert jedoch nicht ganz verbrauchen, sondern muß, um durch technische Neuerungen konkurrenzfähig zu bleiben, investieren. Die →organische Zusammensetzung des Kapitals $\dfrac{c}{v}$ steigt. Wenn die Mehrwertrate $\dfrac{m}{v}$

aufgrund gesellschaftlicher Machtverhältnisse konstant bleibt, muß die →Profitrate $\left(\dfrac{m}{c+v} = \dfrac{m/v}{c/v+1} \right)$ fallen. Das kapitalistische System wird nach dieser Theorie zusammenbrechen, wenn die Profitrate so niedrig wird, daß eine Kapitalakkumulation (→Akkumulation) unterbleibt.

3. In der →*Grenzproduktivitätstheorie* (vgl. auch dort) wird die Arbeit erst nach dem Produktionsprozeß entlohnt. Damit entfallen die Lohnfondsgesichtspunkte. Die Unternehmer i werden bei gegebenem Lohn w soviel Arbeit N_i einsetzen, daß der Gewinn G_i maximal wird: $G_i = p \cdot f(N_i) - w \cdot N_i$ (p = Güterpreis = konstant = 1). Aus der Maximierung folgt die Bedingung $f'(N_i) = w$. Gilt das Gesetz des abnehmenden Grenzertrags, gibt es eine eindeutige Lösung für N_i, und man erhält die Nachfrage einer Unternehmung nach Arbeit in Abhängigkeit vom Lohnsatz. Die Gesamtnachfrage ist $N = \sum_i N_i$ und die Nachfragefunktion $F'(N) = w$. Die Lohnsumme ergibt sich als $N \cdot F'(N)$ und der Profit als $F(N) - N \cdot F'(N)$. Der Lohnsatz legt also die Verteilung des Sozialprodukts auf Löhne und Profite fest. Nach der Grenzproduktivitätstheorie muß die →Lohnquote gleich der Produktionselastizität der Arbeit (→Elastizität) sein. Die Frage nach dem Zusammenhang zwischen der Produktionsfunktion und dem Einfluß von Faktorvariationen auf die Einkommensverteilung kann anhand der →Substitutionselastizität beantwortet werden. Eine →Cobb-Douglas-Funktion der Form $Y = N^\alpha K^\beta$ hat z. B. eine Substitutionselastizität von 1, die Produktionselastizität der Arbeit beträgt α. Eine solche Produktionsfunktion führt somit zu einer konstanten Verteilung. Bei konstanten →Skalenerträgen ($\alpha + \beta = 1$) wird das Produkt Y durch die Entlohnung nach der Grenzproduktivität der Arbeit und des Kapitals gerade ausgeschöpft (→Eulersches Theorem). Zum Vergleich von Grenzproduktivitäts- und Kreislauftheorie vgl. II 6.

4. In der *österreichischen V.* betrachtet *Böhm-Bawerk* Arbeit als originären Produktionsfaktor. Kapitalgüter als produzierte Produktionsmittel werden als Zwischenprodukte bei der Herstellung von Konsumgütern angesehen (derivative Produktionsfaktoren). Durch die Arbeit entsteht ein zeitlich verzögerter Konsumgüterstrom. Zu einem gegebenen Zeitpunkt liegt aufgrund der Arbeitseinsätze in der Vergangenheit die Konsumgüterproduktion fest. Bei einem Reallohn u und gegebenem Preisniveau p wird eine bestimmte Konsumgütermenge nachgefragt. Ist die Nachfrage größer (kleiner) als die Produktion, wird das Preisniveau p steigen (fallen) und der →Reallohn u fallen (steigen). Das Preisniveau

p wird sich so einstellen, daß Angebot = Nachfrage gilt und damit der Reallohn u bestimmt ist. Es gibt verschiedene Technologien, die durch Zeitprofile von Arbeitseinsatz und Konsumgüteroutput beschrieben werden. Ein Produktionsprozeß wird gestartet, wenn der →Kapitalwert des Prozesses (Kapitalwert der Konsumgüterproduktion abzüglich dem Kapitalwert der Lohnzahlungen) bei gegebenem Zinssatz r größer als Null ist. Gibt es positive Kapitalwerte, steigt die Nachfrage nach Krediten, somit steigt auch der Zins. Sind jedoch die Kapitalwerte aller verfügbaren Prozesse kleiner als Null, ist die Kreditvergabe vorteilhafter als das Starten eines neuen Prozesses. Es gibt ein zunehmendes Kreditangebot und der Zins sinkt. Bei gegebenem Reallohn wird sich schließlich ein Zins bilden, bei dem der Kapitalwert der neugestarteten Prozesse gerade Null wird. Der Kapitalstock V ist der Restwert aller angefangenen Prozesse (Maschinen und Zwischenprodukte; →Subsistenzmittelfondstheorie). Die Gewinnsumme der Volkswirtschaft ist $P = r \cdot V$. Damit ist das Volkseinkommen als Summe aus Lohn- und Gewinneinkommen bestimmt und die Einkommensverteilung festgelegt.

5. In den *Monopolgradtheorien* resultiert die Verteilung aus dem Grad der Moopolisierung einer Volkswirtschaft: a) In der *Monopolgradtheorie von Kalecki* bestimmen sich die Monopolmacht aus dem Verhältnis von den am Markt durchgesetzten Preisen und den entstandenen Kosten. Der gesamtwirtschaftliche Umsatz R ist die Summe der Unternehmergewinne Q, den fixen Kosten (Angestelltenlöhne) w_t, den variablen Kosten (Arbeiterlöhne und Materialkosten) $w_v + z$. Der Monopolgrad ist nach Kalecki das Verhältnis k $= \dfrac{R}{w_v + z}$. Beachtet man noch die Zusammensetzung der variablen Kosten $j = \dfrac{z}{w_v}$, so erhält man als Anteil λ_v der Arbeiterlöhne am Volkseinkommen $\lambda_v = \dfrac{1}{1 + (k-1) \cdot (j+1)}$. Mit zunehmender Monopolisierung sinkt λ_v. – b) Bei der *Monopolgradtheorie von Mitra* wird die Theorie der Monopolpreisbildung (→Cournotscher Punkt) berücksichtigt. Die einzelwirtschaftlichen Bedingungen für ein Gewinnmaximum werden aggregiert. In der sich so ergebenden Lohnquote zeigt sich der Monopolgrad in der Anzahl der konkurrierenden Unternehmen (je mehr Konkurrenz, desto größer die Lohnquote).

6. In der *Kreislauftheorie (Cambridge-Theorie)* leitet Kaldor die funktionelle Einkommensverteilung aus makroökonomischen Kreislaufbeziehungen her. Das Volkseinkommen Y teilt sich auf in Lohneinkommen W und Gewinneinkommen Q; $Y = W + Q$. Auf der Verwendungsseite gilt: Ersparnis (S) = Investition (I). Wenn für die Ersparnis die Verhaltensfunktion $S = s_w \cdot W + s_Q \cdot Q$ gilt (wobei die Sparquote der Arbeiter (s_w) geringer sei als die der Gewinnbezieher (s_Q), $Q < s_w < s_Q \leq 1$), so erhält man die Kaldorsche Verteilungsformel für die Gewinnquote $\dfrac{Q}{Y} = \dfrac{I/Y - s_w}{s_Q - s_w}$ und für die Lohnquote $\dfrac{W}{Y} = \dfrac{s_Q - I/Y}{s_Q - s_w}$. Die Lohnquote, die sich aus der Kreislauftheorie ergibt, wird im Gegensatz zur Grenzproduktivitätstheorie i.d.R. nicht gleich der Produktionselastizität der Arbeit sein. – Vgl. auch →Empfindlichkeitskoeffizient der Einkommensverteilung. – *Vergleich Kreislauf- und Grenzproduktivitätstheorie:* Nach der Grenzproduktivitätstheorie werden Unternehmer Arbeit gemäß $w = f'(N_i)$ nachfragen, wenn die Güternachfrage für die gewinnmaximale Menge groß genug ist. Ist dies nicht der Fall, so ergibt sich bei einem solchen →nachfragebeschränkten Gleichgewicht die kreislauftheoretische Lohnquote, im →angebotsbeschränkten Gleichgewicht dagegen die Lohnquote gemäß der Grenzproduktivitätstheorie. In der Grenzproduktivitätstheorie besteht die Hauptfunktion des Reallohns in der Räumung des Arbeitsmarktes, in der Kreislauftheorie in der Räumung des Gütermarktes.

IV. Theorien der personellen Einkommensverteilung: 1. *Darstellung:* a) *Pareto* erkannte, daß beim Vergleich der Einkommenspyramiden verschiedener Länder die Funktion $N = K \cdot y^{-\alpha}$, also $\log N = \log K - \alpha \cdot \log y$ (y = Einkommen; N = Einkommensbezieher, die ein Einkommen von y und darüber erzielen; K, α = Konstante) die Einkommensverteilungen gut wiedergibt; diese Funktion wird als *Pareto-Verteilungsfunktion* bezeichnet. α ist das Maß für die Gleichheit der Einkommensverteilung. Ist α

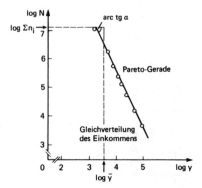

klein (die Pareto-Gerade ist dann sehr flach), dann ist das Einkommen ungleich verteilt. – b) *Gini* stellt log N als Funktion des Logarithmus des Gesamteinkommens A, das y übersteigt, dar; N = K · A$^\delta$, also log N = log K + δ · log A (K, δ = Konstante); diese funktionale Darstellung wird als *Gini-Verteilungsfunktion* bezeichnet. Der Vorteil gegenüber der Pareto-Verteilungsfunktion ist, daß die Gini-Gerade im Bereich kleinerer Einkommen bessere Ergebnisse erzielt und δ empfindlicher auf Einkommensänderungen reagiert als Paretos α. – c) Die →*Lorenzkurve* ist die gebräuchlichste Form der Darstellung der personellen Einkommensverteilung. Die Lorenz-Verteilungsfunktion lautet A* = f(N*) (N* = Zahl der Einkommensbezieher, die ein Einkommen von y und darunter erhalten; A* = Gesamteinkommen von y und darunter). Drückt man A* und N* als Prozentsätze des Gesamteinkommens $\sum \bar{y}$ · n bzw. der Gesamtzahl der Einkommensbezieher $\sum$ n aus:

$$\frac{A^*}{\sum \bar{y} \cdot n} \cdot 100 = f\left(\frac{N^*}{\sum n} \cdot 100\right),$$

erhält man folgende Kurve:

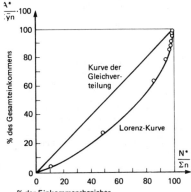

% der Einkommensbezieher
(von der untersten Einkommensstufe an gerechnet)

An der Kurve ist abzulesen, wieviel Prozent des Gesamteinkommens auf eine bestimmte Prozentzahl von Einkommensbeziehern (von der untersten Einkommensstufe an gerechnet) entfallen. Gleichverteilung wäre erreicht, wenn die Lorenz-Kurve identisch mit der 45"-Linie wäre. – d) *Gibrat* stützt seine Verteilungsfunktion auf empirische Ergebnisse, die die Vermutung nahelegen, daß die Einkommensverteilung eine verzerrte →Normalverteilung ist. Gibrat zeigt, daß die personelle Einkommensverteilung durch eine lognormale Verteilung wiedergegeben werden kann. – Vgl. näher →Gibrat-Verteilungsfunktion.

2. Im *Humankapitalkonzept* werden Ausbildung, Gesundheitsvorsorge u. ä. als Investitionen in das →Arbeitsvermögen interpretiert. Eine solche Investition wird durchgeführt, wenn der erwartete Kapitalwert positiv ist. Personelle Einkommensunterschiede erklären sich aus unterschiedlichen Humankapitalinvestitionen. – Vgl. auch →Humankapital.

3. Der *Risikoansatz* erklärt die Schiefe in der Einkommensverteilung aus unterschiedlicher Risikobereitschaft der Individuen. Höhere Risikofreudigkeit führe auch zu höheren Einkommen.

4. Betrachtet man *Arbeits- und Vermögenseinkommen*, so ergibt sich die personelle Einkommensverteilung aus der →Lohnstruktur und den →Vermögenseinkommen. Die Verteilung der Vermögenseinkommen wiederum resultiert aus der Vermögensverteilung, so daß Theorien der Vermögensverteilung für die Erklärung der personellen Einkommensverteilung relevant werden.

V. Theorien der Vermögensverteilung: Erklärungsansätze der Vermögensverteilung beziehen sich im wesentlichen auf Ursachen der individuellen →Vermögensbildung (vgl. auch →Vermögen).

1. *Vermögensbildung durch Ersparnis:* a) *Einzelwirtschaftliche Ansätze* beschäftigen sich mit der Frage, welche Vermögensbestände die Individuen während ihres Lebens zu halten wünschen (Intragenerationsproblem). Die →Lebenszyklus-Hypothese z. B. sieht das Vermögen als ein Instrument zur zeitlichen Verschiebung des Konsums. Danach planen die Individuen den Konsum über die Lebenszeit derart, daß eine intertemporale →Nutzenfunktion maximiert wird. In der modifizierten Version der Lebenszyklus-Hypothese beinhaltet diese Nutzenfunktion neben dem Konsumstrom über die Zeit auch das Vermögen am erwarteten Lebensende (Erbe) als Argument. – b) *Gesamtwirtschaftliche Ansätze:* Theorien auf der Grundlage neoklassischer Wachstumsmodelle (→Wachstumstheorie) erklären, wie sich die Vermögensverteilung aufgrund des Klassensparverhaltens und der Produktionstechnik im Zeitablauf ändert und welche Verteilung sich schließlich ergibt. Einen anderen Ansatz wählt man im kaldorianischen Modell. In der Kreislauftheorie der funktionellen Einkommensverteilung wird angenommen, daß die →Sparquote der Gewinnbezieher größer ist als die der Lohnempfänger. Zusammen mit der →Investitionsquote bestimmen die Sparquoten die Lohn- und Profitquote. Die resultierende Gleichgewichtsverteilung des Vermögens (→Wachstumstheorie) ist stabil und hängt nur von der Investitionsquote und den Sparquoten ab. Eine steigende Investitionquote führt ceteris paribus zu einem steigenden Vermögensanteil der Unternehmer.

2. *Vermögensbildung durch Übertragung:* Vermögensübertragung erfolgt zwischen den Generationen durch →Erbschaft und →Schenkungen (Intergenerationsproblem). Faktoren der Erbschaftsverteilung sind a) Regelungen der Erbteilung (Alleinerbe, Gleichverteilung), b) Besteuerung der Erbschaften sowie c) demographische Gegebenheiten (Bevölkerungsentwicklung, Altersaufbau, Geschlechterrelation u. a.).

3. *Vermögensbildung durch Wertänderung:* Durch technischen Fortschritt können die Faktorproportionen und die relative Knappheit der Faktoren variieren. Auch Nachfrageverschiebungen zwischen Gütern können zu Wertänderungen führen. Neben diesen strukturell bedingten Wertänderungen gibt es auch Auswirkungen der →Inflation auf die Vermögensobjekte. So besagt die Gläubiger-Schuldner-Hypothese, daß eine Inflation zu Vermögensumverteilungen von den Geldgläubigern zu den Geldschuldnern führt, weil der Realwert der Geldschulden bis zum Rückzahlungstermin sinkt. Auch sind Sachvermögensbesitzer gegenüber Geldvermögensbesitzern im Vorteil.

Literatur: Albers, W., Einkommensverteilung: II. Verteilungspolitik, in: HdWW Bd. 2, Stuttgart u. a. 1980; Folkers, C., Vermögen: I. Struktur und Verteilung, in HdWW Bd. 8, Stuttgart u. a. 1980; Krelle, W., Verteilungstheorie, Tübingen 1962; Külp, B., Verteilungstheorie, 2. Auflage, Stuttgart, New York 1981; Neumann, M., Theoretische Volkswirtschaftslehre III.: Wachstum, Wettbewerb und Verteilung, München 1982; Pen, J. Income Distribution, 2. Auflage, London 1973; Scheele, E., Einkommensverteilung: I. Theorie, in: HdWW Bd. 2., Stuttgart u. a. 1980; Schlicht, E., Einführung in die V., Reinbek 1976; Sen, A., Ökonomische Ungleichheit, Frankfurt a. M., New York 1975; Siebke, J., Verteilung: in: Vahlens Kompendium der Wirtschaftstheorie und Wirtschaftspolitik, München 1980; Tintbergen, J., Einkommensverteilung. Auf dem Weg zu einer neuen Einkommensgerechtigkeit, 2. Auflage, Wiesbaden 1976; Werner, J., Verteilungpolitik, Stuttgart, New York 1979

Diplom-Volksw. Gisela Kubon-Gilke

Verteilungsverfahren. I. Z w a n g s v e r s t e i g e r u n g s g e s e t z: Teil des →Zwangsversteigerungsverfahrens, der sich an →Versteigerungstermin mit →Zuschlag anschließt und die Aufgabe hat, den erzielten Versteigerungserlös nach Abzug der Verfahrenskosten gemäß dem →Teilungsplan zu verteilen (§§ 105 ff. ZVG).

II. A u ß e n w i r t s c h a f t s r e c h t: Verfahren zur Festlegung der Einfuhrquoten im Falle kontingentierter Einfuhr seitens der zuständigen Genehmigungsbehörden (§ 3 AWG, § 30 AWV): a) →Referenzverfahren (reines Referenzverfahren und Quotenreferenzverfahren); b) →Verhältnisverfahren; c) →Windhundverfahren (nur in Ausnahmefällen angewandt); d) Quotenversteigerungsverfahren (nicht üblich).

Verteilzeit (tv), neben der →Grundzeit und der →Erholungszeit Teil der →Zeit je Einheit (vgl. auch →Auftragszeit) und der →Rüstzeit.

Die V. umfaßt die Summe der Soll-Zeiten aller →Ablaufabschnitte, die zusätzlich zum planmäßigen →Ausführen eines →Arbeitsablaufs durch den Menschen erforderlich ist. Sie besteht aus zwei Zeitarten: →sachliche Verteilzeit t_s und →persönliche Verteilzeit t_p. Da die Ursachen der V. stochastisch auftreten, muß die Ermittlung der V. durch eine spezielle →Verteilzeitstudie erfolgen. Berücksichtigung der V. in der →Auftragszeit durch einen →Verteilzeitprozentsatz (Z_V) auf die Grundzeit:

$$t_v = \text{Grundzeit} \cdot \frac{z_v}{100}.$$

Bei *Betriebsmitteln:* Betriebsmittel-Verteilzeit t_{vB} (→Belegungszeit).

Verteilzeitprozentsatz (Zv), Grundlage zur Berücksichtigung der →Verteilzeit (→persönliche Verteilzeit) in der →Auftragszeit. Ergebnis der →Verteilzeitstudie. V. setzt sich zusammen aus der V. ($z_v = z_{sk} + z_{sv} + z_p$) für

a) *sachliche konstante Verteilzeit:*

$$z_{sk} = \frac{\text{sachliche konstante Verteilzeiten}}{\text{maximal mögliche Grundzeit}} \cdot 100$$

b) *sachliche variable Verteilzeit:*

$$z_{sv} = \frac{\text{sachliche variable Verteilzeiten}}{\text{beobachtete Grundzeit}} \cdot 100$$

c) *persönliche Verteilzeit:*

$$z_p = \frac{\text{persönliche Verteilzeiten}}{\text{maximal mögliche Grundzeit}} \cdot 100$$

Verteilzeitstudie, Verfahren zur Erfassung und Planung der →Verteilzeiten als: a) langandauernde Zeitaufnahme; b) geteilte Zeitaufnahme nach einem Zufallsplan; c) Multimoment-Zeitstudie.

vertikale Finanzierungsregel, →Finanzierungsregel II 1.

vertikale Liberalisierung, Bezug der →Liberalisierung auf Rohstoffe und Zwischenprodukte bis zum Endprodukt.

vertikale Preisbindung, →Preisbindung zweiter Hand.

vertikaler Unternehmungszusammenschluß, →Vertikalkonzern, →Trust.

vertikales Marketing, mehrstufige →Marketingpolitik, die sich auf alle Stufen der →Absatzkette bezieht und ein durchgängiges Konzept für alle Stufen bis zum Endabnehmer entwickelt.

vertikale Werbung, →kooperative Werbung.

Vertikalkonzern, →Unternehmungszusammenschluß, dessen Organisationsprinzip darin besteht, Werke verschiedener Produktionsstufen zu integrieren, z. B. Erzgruben und Kohlegruben, Hochofen, Stahlwerk, Walzwerk und stahlverarbeitende Betriebe wie Maschinenfabriken, Werften, Waggonbauanstalten usw. Die Vorteile der vertikalen Konzentration bestehen in der Sicherung des Absatzes für die Vorstufen und gleicher Rohstoffqualität für die verarbeitenden Stufen, ferner in den Möglichkeiten der →Verbundwirtschaft (z. B. Walzen in einer Hitze, wenn der Block noch warm aus dem Stahlwerk in die Tieföfen des Walzwerkes kommt). – *Gegensatz:* →Horizontalkonzern.

Vertikaltrust, →Trust.

Vertrag. I. B e g r i f f : Mittel zur rechtlichen Gestaltung des Wirtschaftslebens durch übereinstimmende →Willenserklärung zweier oder mehrerer Parteien. Die meisten kaufmännischen Geschäftsvorfälle stellen entweder selbst V. dar (Kauf, Tausch, Wechselbegebung, Stundung, Bürgschaft, Forderungsabtretung, Sicherungsübereignung) oder beruhen auf V. – *Sonderform:* →öffentlich-rechtlicher Vertrag.

II. G e s e t z l i c h e B e s t i m m u n g e n : In verschiedenen Bestimmungen enthalten. Die §§ 116–157 BGB enthalten allgemeine Vorschriften, die für alle Verträge gelten, insbes. über Vertragsschluß, →Nichtigkeit, →Anfechtung, →Willensmängel, →Irrtum, →arglistige Täuschung, →Drohung, →Bedingung. Besondere Vorschriften über schuldrechtliche V., insbes. auch →gegenseitige Verträge, in den §§ 305–361 BGB. Weitere Vorschriften in anderen Teilen des BGB und Sondervorschriften für handelsrechtliche Verträge im HGB.

III. R e c h t l i c h e B e d e u t u n g : Ein V. ist erforderlich zur Begründung, Änderung oder Aufhebung eines →Schuldverhältnisses (§ 305 BGB). Insbes. stellen auch die →Stundung, der →Erlaß, die Abtretung einer Forderung (→Forderungsabtretung) und die Übernahme einer fremden Schuld (→Schuldübernahme) einen V. dar. Eines V. bedarf es auch zur Übertragung des Eigentums an →Grundstücken (→Auflassung) und →beweglichen Sachen (→Übereignung), zur Begründung eines →Pfandrechts, eines →Nießbrauchs, einer →Hypothek, einer →Grundschuld sowie anderer →dinglicher Rechte (→Konsensprinzip). Weiterhin kennt das BGB →Eheverträge und →Erbverträge.

IV. V e r t r a g s a b s c h l u ß : Ein Vertrag kommt durch Angebot und Annahme zustande. – 1. *Angebot (Offerte):* An eine andere Person gerichtete empfangsbedürftige →Willenserklärung. Von dem Angebot ist die Aufforderung zur Abgabe von Angeboten (z. B. Versendung von Katalogen und Preislisten, Inserate, im allg. auch Ausstellung im Schaufenster) zu unterscheiden. Wer ein

Angebot macht, ist daran gebunden (§ 145 BGB); die Bindung erlischt, wenn es von dem anderen Teil abgelehnt oder nicht rechtzeitig angenommen wird (§ 146 BGB): a) Ein mündliches oder fernmündliches Angebot kann nur sofort angenommen werden; b) Bindung an ein schriftliches oder telegrafisches Angebot bis zu dem Zeitpunkt, in dem unter regelmäßigen Umständen mit dem Eingang der Antwort gerechnet werden kann (§ 147 II BGB), es sei denn, die Bindung ist durch entsprechenden Zusatz im Angebot (→freibleibend, →ohne Obligo) ausgeschlossen worden (§ 145 BGB). – Der Vertragsschluß wird nicht dadurch verhindert, daß der Antragende nach Abgabe des Angebots stirbt oder geschäftsunfähig wird; Ausnahme, wenn anderer Wille der Vertragschließenden anzunehmen ist, z. B. bei Bestellung eines Maßanzugs bei Tod des Antragenden (§ 153 BGB). – 2. *Annahme:* Das Angebot kann nur unverändert angenommen werden; eine Annahme unter Erweiterungen, Einschränkungen oder sonstigen Änderungen gilt als Ablehnung, verbunden mit einem neuen Angebot (§ 150 BGB). Ebenso gilt die Annahme eines bereits erloschenen Vertragsangebots als neues Angebot. Ist eine Annahmeerklärung nach der →Verkehrssitte nicht zu erwarten oder hat derjenige, der das Angebot gemacht hat, auf sie verzichtet, so kommt der Vertrag auch ohne die Erklärung der Annahme zustande; in diesem Falle muß aber der Annahmewille irgendwie erkennbar zum Ausdruck gekommen sein (§ 151 BGB; →konkludente Handlungen). – Solange sich die Parteien nicht über alle Punkte des Vertrages geeinigt haben, über die nach der Erklärung auch nur einer Partei eine Vereinbarung getroffen werden sollte, ist im Zweifel der Vertrag nicht geschlossen; Aufzeichnung einzelner Punkte bindet nicht (§ 154 I BGB). Soll der beabsichtigte Vertrag beurkundet werden, wird er, soweit kein anderer Parteiwille ersichtlich ist, mit der Beurkundung geschlossen (§ 154 II BGB). Haben sich die Parteien bei einem Vertrag, den sie als geschlossen ansehen, über einen Punkt, über den eine Vereinbarung getroffen werden sollte, versehentlich nicht geeinigt, ist das Vereinbarte gleichwohl gültig, wenn anzunehmen ist, daß der Vertrag auch ohne Einigung über diesen Punkt geschlossen worden wäre (§ 155 BGB). – 3. *Formen:* Eine besondere Form (→Formvorschriften) ist im Gesetz nur ausnahmsweise vorgeschrieben; i. d. R. kann ein V. in *jeder beliebigen Form* (schriftlich, mündlich, sogar stillschweigend) geschlossen werden. – a) Mündlich oder fernmündlich abgeschlossene V. pflegen meist schriftlich bestätigt zu werden (→Bestätigungsschreiben). – b) Im Wirtschaftsleben besonders häufig ist V.-Schluß durch Briefwechsel; soweit durch das Gesetz Schriftform vorgeschrieben ist, genügt Briefwechsel zur Wahrung der Form nicht (§ 126 BGB). Haben die Parteien Schriftform vereinbart, so kann der Vertrag auch durch Briefwechsel zustande kommen, wenn kein anderer Wille der Parteien ersichtlich ist (§ 127 BGB).

vertragliche Einheitsregelung, Begriff des Arbeitsrechts für eine mit einzelvertraglichen Mitteln in einem Betrieb einheitlich geltende Regelung. Vielfach werden freiwillige Sozialleistungen in allgemeiner Form (z. B. durch Richtlinien) zugesagt und gewährt: z. B. Gratifikationen, Deputate, betriebliche Versorgungsleistungen, Zulagen, Darlehen, Jubiläumszuwendungen. Durch eine solche v. E. wird der Arbeitgeber unstreitig zur Leistung verpflichtet. – Bei veränderten wirtschaftlichen Rahmenbedingungen stellt sich die Frage, ob solche v. E. durch *ablösende Betriebsvereinbarungen* gekürzt werden können. Nach der Entscheidung des Großen Senats des BAG vom 16. 9. 1986 (GS 1/82) ist es grundsätzlich nicht zulässig, die v. E. durch Betriebsvereinbarung insgesamt zu verschlechtern, da sonst das →Günstigkeitsprinzip verletzt wird. Zulässig sind aber *umstrukturierende Betriebsvereinbarungen,* die im Vergleich zu der vorangehenden v. E. bei kollektiver Betrachtungsweise insgesamt für die Belegschaft nicht ungünstiger sind, z. B. nur andere Verteilungsgrundsätze verwirklichen.

Vertragsanbahnung beim Arbeitsverhältnis, →Offenbarungspflicht, →Personalfragebogen, →Vorstellungsgespräch.

Vertragsangebot, *Offerte,* an eine andere Person gerichtete, empfangsbedürftige →Willenserklärung, die einer oder mehreren Personen den Abschluß eines Vertrages anträgt. Vgl. im einzelnen →Vertrag IV 1.

Vertragsbruch. I. A l l g e m e i n : 1. *Begriff:* Vertragswidriges Verhalten eines Vertragspartners. – 2. *Folge:* V. kann den geschädigten Vertragsteil nach allgemeinen Grundsätzen als →Schuldnerverzug, →Unmöglichkeit, →positive Vertragsverletzung zu →Schadenersatz, →Rücktritt usw. berechtigen.

II. A r b e i t s r e c h t : 1. *Nichtleistung der Arbeit* (z. B. vorzeitige Aufgabe der Stellung durch den Arbeitnehmer ohne vorherige ordentliche oder außerordentliche Kündigung): Verweigert der Arbeitnehmer schuldhaft die Arbeit, kann der Arbeitgeber den Lohn für die nicht geleistete Arbeit einbehalten (§ 325 BGB) und den vertragsbrüchigen Arbeitnehmer nach →Abmahnung ordentlich (→verhaltensbedingte Kündigung), bei Vorliegen eines wichtigen Grundes auch außerordentlich (→außerordentliche Kündigung) kündigen. Außerdem kann er bei Vorliegen eines Schadens Schadenersatzansprüche gegen den Arbeitnehmer geltend machen (z. B. Ersatz der Kosten der Stelleninzeigen, wenn diese Kosten bei ordnungsgemäßer Einhaltung der Kündigungsfristen durch den Arbeitnehmer vermeidbar gewesen wären). – Zur

Sicherung der Arbeitpflicht kann der Arbeitgeber auch eine →Vertragsstrafe mit dem Arbeitnehmer vereinbaren. Im Berufsausbildungsverhältnis sind Vertragsstrafen nicht erlaubt (§ 5 BBiG). – 2. *Schlechterfüllung der Arbeitpflicht (Schlechtleistung):* hat i. a. keine Minderung des Arbeitsentgelts zur Folge, da es Gewährleistungsrechte wie beim Kauf- oder Werkvertrag im Dienst- und Arbeitsvertragsrecht nicht gibt. Allenfalls eine Aufrechnung mit Schadenersatzansprüchen außerhalb der Pfändungsgrenzen kommt in Betracht. – Bei Leistungsentlohnung (z. B. Akkord) kann jedoch vereinbart sein, daß Leistungslohn nur für einwandfreie Arbeitsergebnisse gezahlt wird. – *Wiederholte Schlechtleistung* kann den Arbeitgeber u. U. zur Kündigung berechtigen (→personenbedingte Kündigung, →verhaltensbedingte Kündigung). – 3. Fügt der Arbeitnehmer bei Ausübung der ihm übertragenen Tätigkeiten dem Arbeitgeber einen *Sachschaden* zu, gelten die Besonderheiten über die Haftung im Arbeitsverhältnis (→Haftung).

III. W e t t b e w e r b s r e c h t : Verleitung zum V. ist eine sittenwidrige Handlungsweise, die dem gesunden Empfinden anständiger Kaufleute widerspricht (z. B. Händler verleitet Kunden, unter Bruch des Vertrages mit einem Konkurrenten, bei ihm zu bestellen). – *Folge:* Als →unlauterer Wettbewerb (§ 1 UWG) Anspruch auf Unterlassung und Schadenersatz.

Vertragserfüllungsgarantie, *performance bond,* Form der →Garantie. Die V. sichert den Besteller/Käufer für den Fall ab, daß der Verkäufer den vertraglich vereinbarten Pflichten nicht oder nur teilweise nachkommt. Im Unterschied zur →Lieferungs- und Leistungs-Garantie sowie zur →Gewährleistungsgarantie, durch die die Erfüllung einzelner spezieller Pflichten abgesichert wird, hat die V. die Gesamterfüllung eines Vertrages zum Gegenstand.

Vertragsfreiheit, →Recht der Schuldverhältnisse beherrschender Grundsatz, der besagt: a) daß jedermann frei darüber entscheiden kann, ob er einen ihm angetragenen Vertrag abschließen will oder nicht, und b) daß die Parteien den Inhalt der Verträge frei bestimmen können, ohne an die gesetzlichen Vertragstypen gebunden zu sein (→Vertrag sui generis). – *Ausnahmen:* a) für gewisse Unternehmen besteht →Kontrahierungszwang; b) der Inhalt der Verträge darf nicht gegen gesetzliche Verbote bzw. →zwingendes Recht verstoßen; c) im →Sachenrecht steht den Parteien nur eine beschränkte Anzahl von →dinglichen Rechten zur Verfügung, andere können sie nicht begründen.

Vertragshändler, durch Kooperation an einen Hersteller gebundene, rechtlich selbständige Händler. V. führen zumeist nur die

Produkte des Herstellers und sind zur Lagerhaltung (einschl. Ersatzteile), Wartung, Reparatur usw. verpflichtet. Die Hersteller räumen zumeist →Ausschließlichkeitsbindung und →Vorzugsrechte sowie →Gebietsschutz ein und gestatten das Auftreten unter Namen und Markenzeichen des Herstellers. – *Beispiele:* V. im Stahlabsatz, die allein (gegebenenfalls unter Zwischenschaltung von Verbandshändlern) berechtigt sind, bei den Werken bzw. Werkshandelsgesellschaften zu beziehen: V. im Automobilabsatz; ähnlich bei Tankstellen. – *Ähnlich:* →Werkshandelsunternehmen.

Vertragshändlerschaft, lizenzierter oder konzessionierter Handel. – Vgl. im einzelnen →Vertragshändler, →Kontraktmarketing.

Vertragshilfe, *richterliche Vertragshilfe,* Stundung, Ermäßigung oder Streichung von Verbindlichkeiten, die der Schuldner ohne eigenes Verschulden nicht erfüllen kann: a) aufgrund des Gesetzes über die richterliche V. *(Vertragshilfegesetz)* vom 26.3.1952 (BGBl I 198); b) nach dem →*Bundesvertriebenengesetz* (§§ 82–84 BVFG).

Vertragskonzern, →Konzern, bei dem die Konzernierung überwiegend oder ausschließlich auf vertraglicher Grundlage beruht, z.B. ist die finanzielle, wirtschaftliche und organisatorische Eingliederung durch Organschafts-, Interessengemeinschafts-, Betriebsüberlassungs- und Betriebsführungs-, Ergebnisübernahme-, Miet- und Pacht-, Gestions- oder andere Unternehmens- bzw. Konzernverträge teilweise oder vollkommen gesichert. Die vertraglichen Bindungen werden oft durch kapitalmäßige Interessennahme ergänzt. – *Gegensatz:* →Beteiligungskonzern.

vertragsmäßiges Güterrecht, →eheliches Güterrecht III.

Vertragspfandrecht, das durch vertragliche Vereinbarung zwischen Pfandgläubiger und Pfandschuldner begründete →Pfandrecht. V. verlangt i.d.R. Übergabe der Sache an den Pfandgläubiger (→Pfandbestellung); deshalb in der Wirtschaft wenig gebräuchlich, da ein Unternehmen selten Teile seines Betriebsvermögens dem Gläubigern übergeben kann. Das V. ist daher weitgehend durch die →Sicherungsübereignung verdrängt, bei der eine Übergabe der Sache nicht erforderlich ist. – *Praktische Verwendung* des V. insbes. beim Lombardgeschäft der Banken. – *Gegensatz:* →gesetzliches Pfandrecht.

Vertragsproduktion, →unmittelbar kundenorientierte Produktion.

Vertragsschluß, Zustandekommen eines Vertrages durch übereinstimmende →Willenserklärungen der Vertragspartner; Annahme eines Angebots. Vgl. im einzelnen →Vertrag IV.

Vertragsstrafe, *Konventionalstrafe.* I. Bürgerliches Recht/Handelsrecht: 1. *Begriff:* Geldsumme, deren Zahlung der Schuldner für den Fall, daß er seine vertraglichen Verbindlichkeiten oder oder nicht in gehöriger Weise erfüllt, dem Gläubiger verspricht (§§ 339 ff. BGB). – 2. Die Strafe ist *verwirkt,* wenn der Schuldner in →Schuldnerverzug kommt. Besteht die geschuldete Leistung in einem Unterlassen, tritt die Verwirkung mit der Zuwiderhandlung ein. – 3. Ist die verwirkte Strafe *unverhältnismäßig hoch,* so kann sie auf Antrag des Schuldners vom Richter angemessen herabgesetzt werden; nicht jedoch, wenn der Schuldner →Vollkaufmann und die Strafe im Betrieb seines Handelsgewerbes versprochen ist (§ 343 BGB, § 348 HGB). – 4. Hat der Käufer bei einem →*Abzahlungsgeschäft* wegen Nichterfüllung der ihm obliegenden Verpflichtungen eine V. verwirkt, so kann diese, wenn sie unverhältnismäßig hoch ist, auf Antrag des Käufers durch Urteil herabgesetzt werden (§ 41 AbzG). – 5. Hat der Schuldner die V. für den Fall versprochen, daß er seine Verbindlichkeit *nicht erfüllt,* kann der Gläubiger die verwirkte V. nur *statt* der Erfüllung verlangen; entsprechende Erklärung des Gläubigers schließt Anspruch auf Erfüllung aus (§ 340 I BGB). Hat der Schuldner die V. für den Fall versprochen, daß er seine Verbindlichkeit *nicht in gehöriger Weise,* insbesondere nicht zu der bestimmten Zeit erfüllt, kann der Gläubiger die verwirkte V. *neben* der Erfüllung verlangen; nimmt der Gläubiger die Erfüllung an, kann er die V. nur noch verlangen, wenn er sich das Recht dazu bei der Annahme vorbehält (§ 341 BGB). – 6. Steht dem Gläubiger ein Anspruch auf *Schadenersatz wegen Nichterfüllung* zu, kann er die verwirkte V. als Mindestbetrag des Schadens verlangen; Geltendmachung weiteren Schadens zulässig (§§ 340 II, 341 II BGB). – 7. Nach dem *AGB-Gesetz* ist in *Allgemeinen Geschäftsbedingungen* eine Bestimmung unwirksam, durch den der Verwender für den Fall der Nichtabnahme oder verspäteten Abnahme der Leistung, des Zahlungsverzugs oder für den Fall, daß der andere Vertragsteil sich vom Vertrag löst, Zahlung einer V. versprochen wird. – 8. Im *Außenhandel* dürfen nach den Bestimmungen des Ausfuhr- und Einfuhrverfahrens V. im Rahmen der Richtlinien für den aktiven und passiven Dienstleistungsverkehr mit dem Ausland vereinbart, gezahlt und Zahlungen hierfür entgegengenommen werden.

II. Arbeitsrecht: V. wird i.d.R. zur Sicherung eines →*Wettbewerbsverbots* des Arbeitnehmers (§ 75c HGB) oder zur Absicherung des Arbeitgebers gegen *Arbeitsvertragsbruch* (→*Vertragsbruch* II) abgeschlossen, um als Druckmittel zur Erfüllung der Hauptverbindlichkeit zu dienen oder im Falle ihrer Verwirkung dem Arbeitgeber den Nachweis des

Schadens zu erleichtern. Derartige V. sind wirksam. Unzulässig ist die V. für den Fall einer fristgemäßen →Kündigung des Arbeitnehmers. – Nichtig ist die Vereinbarung über V. im *Berufsausbildungsvertrag* (§ 5 II Nr. 2 BBiG).

Vertragstarif, →Vertragszollsatz.

Vertrag sui generis, im →Recht der Schuldverhältnisse die →Vertrag, der nicht den gesetzlich geregelten Vertragstypen entspricht. Nach dem Grundsatz der →Vertragsfreiheit zulässig und rechtsgültig, soweit er nicht gegen ein gesetzliches Verbot bzw. zwingendes Recht verstößt.

Vertragsverhältnis, aufgrund eines →Vertrages begründetes →Rechtsverhältnis. – *Gegensatz:* Die bei bestimmtem Sachverhalt unmittelbar zufolge gesetzlicher Vorschrift entstehenden Rechtsverhältnisse, z. B. aus ungerechtfertigter Bereicherung, unerlaubter Handlung, Kraftfahrzeughaftung usw.

Vertragsverletzung, Verletzung vertraglicher Verpflichtungen. – *Arten:* a) →Verzug bei nicht rechtzeitiger, aber weiterhin möglicher Leistung des Schuldners; b) →Unmöglichkeit infolge Verschuldens des Schuldners, und zwar entweder →objektive Unmöglichkeit der →Unvermögen; c) Schaden durch Nichtbeachten der Sorgfaltspflichten, ohne daß dabei die Hauptleistung verzögert oder unmöglich wird (→positive Vertragsverletzung).

Vertragsversicherung, →Individualversicherung.

Vertragszollsatz, *Vertragstarif,* aufgrund zwischenstaatlicher Vereinbarungen für bestimmte Waren, abweichend von den im →Zolltarif enthaltenen autonomen Zollsatz. V. werden gegenüber Ländern angewendet, denen die →Meistbegünstigung zusteht.

Vertrauensarzt, innerhalb der →Sozialversicherung ernannter Arzt. – 1. *Gesetzliche Grundlage:* § 369 b RVO. – 2. *Aufgaben:* Die Krankenkassen sind verpflichtet, a) die Verordnung von Versicherungsleistungen durch einen V. nachprüfen zu lassen und b) die Begutachtung der Arbeitsunfähigkeit der Versicherten durch einen V. zu veranlassen, wenn dies zur Sicherung des Heilerfolges oder zur Beseitigung von begründeten Zweifeln an der Arbeitsunfähigkeit erforderlich erscheint. Diese Verpflichtung zur Begutachtung ist davon unabhängig, ob →Krankengeld oder Entgeltfortzahlung (→Lohnfortzahlung) gewährt wird. Der V. ist nicht berechtigt, in die Behandlung des →Kassenarztes einzugreifen. Der V. hat dem Versicherten das Ergebnis der Begutachtung, dem Kassenarzt und der Krankenkasse auch die erforderlichen Angaben über den Befund mitzuteilen. – 3. *Organisatorisch* ist der V. bzw. die vertrauensärzt-

liche Dienst eine Dienststelle der Landesversicherungsanstalt.

Vertrauensbereich, →Konfidenzintervall.

Vertrauensentzug, kann →wichtiger Grund zur →Abberufung von Vorstandsmitgliedern sein. Erfolgt durch die Hauptversammlung.

Vertrauensinteresse, →negatives Interesse.

Vertrauensleute der Gewerkschaft, der jeweiligen →Gewerkschaft angehörende Arbeitnehmer, die Aufgaben der Gewerkschaft im Betrieb wahrzunehmen haben, die sich aus der Satzung und den Richtlinien der jeweiligen Einzelgewerkschaften ergeben. Sie sind keine Vertretungsorgane der Arbeitnehmer gegenüber dem Arbeitgeber i. S. des BetrVG. V. sind durch Art. 9 III GG (→Koalitionsfreiheit) geschützt; überwiegend wird es aber für bedenklich gehalten, wenn (z. B. durch Tarifverträge) den V. ähnliche Funktionen und ein ähnlicher Schutz wie Betriebsratsmitgliedern (→Betriebsrat) gesichert werden.

Vertrauensmann der Schwerbehinderten, →Schwerbehindertenrecht IV.

Vertrauensschaden, der durch das Vertrauen auf die Gültigkeit eines Vertrages einem Vertragspartner z. B. bei Anfechtung entstehende und ggf. zu ersetzende Schaden. – Vgl. auch →negatives Interesse.

Vertrauensschadenversicherung, *Veruntreuungsversicherung* (schweizerisch), Versicherung des Arbeitgebers gegen Schäden aus vorsätzlichen unerlaubten Handlungen seiner Mitarbeiter. – *Umfassender Deckungsumfang:* Erstreckt sich auf unmittelbare Vermögensschäden aller Art, sei es, daß diese durch Manipulation mit Hilfe der EDV, im Zahlungsverkehr, durch Entwendung von Geld oder Sachwerten u. a. herbeigeführt worden sind. – *Personell* erfaßt die V. im Normalfall alle Mitarbeiter der kaufmännischen Verwaltung ohne Nennung von Namen (→Betriebstreuhandversicherung). Im Bedarfsfall kann sie auch auf die gewerblichen Mitarbeiter ausgedehnt werden. – *Sonderform:* →Personengarantieversicherung.

vertrauensvolle Zusammenarbeit, →Betriebsrat, →Betriebsfrieden.

Vertreibungsschäden, →Lastenausgleich.

vertretbare Handlung, Handlung, deren Vornahme auch durch einen Dritten erfolgen kann (z. B. Niederreißen einer Mauer). Erfüllt der Schuldner nach Verurteilung zur Vornahme einer v. H. diese Verpflichtung nicht, wird der Gläubiger auf Antrag vom Prozeßgericht erster Instanz ermächtigt, die v. H. auf Kosten des Schuldners vornehmen zu lassen, und der Schuldner zur Vorauszahlung der Kosten verurteilt (§ 887 ZPO). – *Gegensatz:* →unvertretbare Handlung.

vertretbare Sachen, *Fungibilien,* →Sachen, die im Verkehr nach Maß, Zahl oder Gewicht bestimmt zu werden pflegen (§ 91 BGB), z. B. Geld, Getreide, Obst, Kohlen, Bier, Aktien, Schuldverschreibungen, unter Umständen auch Maschinen, die serienmäßig hergestellt und nach Preislisten gehandelt werden. – Nur v. S. können Gegenstand eines Darlehens, einer Anweisung, eines unregelmäßigen Verwahrungsvertrages oder eines Werklieferungsvertrages sein.

vertretbare Wertpapiere, →Wertpapiere, die entsprechend anderen →vertretbaren Sachen im Verkehr zahlenmäßig bestimmt zu werden pflegen, insbes. alle im Kurszettel aufgeführten Papiere, auch mit Blanko-Indossament versehene Namensaktien u. ä. – Zur Sammelverwahrung geeignet (§ 5 DepotG); vgl. →Wertpapierverwahrung. – Vertretbarkeit ist *Voraussetzung zum Börsenhandel.*

Vertretene, Personen, für die kraft Gesetzes oder Rechtsgeschäfts andere Personen mit verbindlicher Wirkung zu handeln befugt sind (z. B. gesetzliche Vertreter, Bevollmächtigte). – *Haftung:* V. haften für →Steuerhinterziehungen oder →Steuerverkürzungen, die ihre Vertreter bei Ausübung ihrer Obliegenheiten begehen (§ 111 AO); daneben haften i. d. R. die Vertreter.

Vertreter. 1. *Allgemein:* Personen, die befugt sind, für einen anderen rechtsverbindliche Erklärungen abzugeben und/oder entgegenzunehmen: a) aufgrund gesetzlichen Vorschrift: →gesetzliche Vertreter; b) zufolge der ihnen rechtsgeschäftlich erteilten Vollmacht: Stellvertreter (→Stellvertretung, →Vertretung). – *2. Berufsbezeichnung:* Personen, die ständig damit betraut sind, für einen anderen Geschäfte zu vermitteln und/oder in dessen Namen abzuschließen. Bei selbständiger Tätigkeit sind sie →Handelsvertreter, sonst Angestellte (§ 84 HGB).

Vertreter des öffentlichen Interesses, zur Wahrnehmung der Belange der öffentlichen Hand im verwaltungsgerichtlichen Verfahren bestellte Person. – 1. Beim →*Bundesverwaltungsgericht* ein Oberbundesanwalt, der sich zur Wahrung des öffentlichen Interesses an jedem Verfahren beteiligen kann; er ist an Weisungen der Bundesregierung gebunden (§ 35 VwGO). – 2. Bei den →*Oberverwaltungsgerichten* und →*Verwaltungsgerichten* kann nach Maßgabe einer Rechtsverordnung der Landesregierung ein V. d. ö. I. bestellt werden; ihm kann auch allgemein oder für bestimmte Fälle die Vertretung des Landes oder von Landesbehörden übertragen werden (§ 36 VwGO).

Vertreterkosten, Sammelbezeichnung für die durch Beschäftigung von Vertretern entstehenden Kosten. – 1. *Einzelkosten des Vertriebs* (→Sondereinzelkosten des Vertriebs): →Provisionen, die in Prozent vom Umsatz gezahlt werden, sowie bestimmte, mit einem Auftrag verbundene →Reisekosten. – 2. →*Vertriebsgemeinkosten:* Fixum, Gehälter sowie alle V., die sich nicht einwandfrei bestimmten Kostenträgern zurechnen lassen. In vielen Fällen ist an Hand statistischer Unterlagen (Bestellzettel) Aufteilung nach Erzeugnisgruppen möglich.

Vertreterprovision, →Provision.

Vertreterversammlung. I. Genossenschaftswesen: Vgl. →Genossenschaftsorgane 4.

II. Sozialversicherung: Selbstverwaltungsorgan der Sozialversicherungsträger (→Versicherungsträger). – 1. *Zusammensetzung* grundsätzlich je zur Hälfte aus Vertretern der Versicherten und der Arbeitgeber, bei den landwirtschaftlichen Berufsgenossenschaften je zu einem Drittel aus Vertretern der Versicherten, der Selbständigen und der Arbeitgeber, bei der Bundesknappschaft zu zwei Dritteln aus Vertretern der Versicherten, zu einem Drittel aus Vertretern der Arbeitgeber, bei den Ersatzkassen ganz aus Vertretern der Versicherten. Die Vertreter werden von den jeweiligen Gruppen aufgrund von Vorschlagslisten in den →Sozialversicherungswahlen *gewählt.* Bei der Mitgliedschaft in der V. handelt es sich um eine *ehrenamtliche* Tätigkeit. – 2. *Aufgaben:* Die V. beschließt die Satzung und sonstiges autonomes Recht des Versicherungsträgers sowie in den übrigen durch Gesetz oder sonstiges für den Versicherungsträger maßgebenden Recht vorgesehenen Fällen. Die V. vertritt den Versicherungsträger gegenüber dem Vorstand und dessen Mitgliedern.

Vertretung. I. Recht: 1. *Bürgerliches Recht/ Handelsrecht:* Vgl. →Vertreter. – 2. *Verwaltungsgerichtsbarkeit:* Vgl. →Vertreter des öffentlichen Interesses.

II. Offene Handelsgesellschaft: Befugnis zur V. der Gesellschaft ist von der Befugnis zur *Geschäftsführung* zu unterscheiden. – 1. *Umfang:* Sie umfaßt alle gerichtlichen und außergerichtlichen Geschäfte und Rechtshandlungen der Gesellschaft und geht über den Umfang der →Prokura hinaus, da sie sich auch auf die Veräußerung von Grundstücken und die Erteilung der Prokura erstreckt (§ 126 I HGB). Ob die Art des Handelsgewerbes der Gesellschaft das Geschäft oder die Handlungen gewöhnlich mit sich bringt oder ob sie ungewöhnlich mit sich bringt oder ob sie ungewöhnlich sind, ist kein Belang (anders bei Geschäftsführung). Ausgeschlossen sind jedoch solche Geschäfte, die in das Gesellschaftsverhältnis eingreifen, wie z. B. Aufnahme neuer Gesellschafter. Eine Beschränkung der V. ist Dritten gegenüber unwirksam (§ 126 II HGB). – 2. *Arten:* Für die OHG gilt der Grundsatz der Alleinvertretung

(§ 125 HGB); der →Gesellschaftsvertrag kann →Gesamtvertretung anordnen. Wirkt wie Ausschluß der V.-Befugnis einzelner Gesellschafter gegen Dritte nur bei entsprechender Eintragung im Handelsregister.

III. Kommanditgesellschaft: Befugnis des Komplementärs der KG ist analog zur Befugnis des Gesellschafters einer OHG geregelt.

Vertretung ohne Vertretungsmacht, Abschluß eines Vertrags erkennbar im Namen eines anderen, ohne von diesem bevollmächtigt (→Vollmacht) oder sonstwie (z. B. als Vater, Vormund, Geschäftsführer einer GmbH) zur →Vertretung befugt zu sein. Gültigkeit hängt von der Genehmigung des Vertretenen ab. Genehmigt der Vertretene nicht, so kann der andere Teil von dem vollmachtlosen Vertreter persönlich Erfüllung oder statt dessen Schadenersatz verlangen. Kannte der Vertreter den Mangel der Vertretungsmacht nicht, so ist er i. d. R. nur zum Ersatz des →negativen Interesses verpflichtet (§§ 177–179 BGB).

Vertretungsmacht, Befugnis zum rechtsgeschäftlichen Handeln im Namen eines anderen mit Wirkung für oder gegen diesen (→Stellvertretung, →Vertretung). V. beruht auf gesetzlicher Bestimmung (→gesetzlicher Vertreter) oder Rechtsgeschäft (→Vollmacht). – Vgl. auch →Vertretung ohne Vertretungsmacht.

Vertretungsordnung, Befugnis zur Vertretung des Fiskus vor den Gerichten regelnde Vorschriften. In den einzelnen Verwaltungszweigen entweder durch Verwaltungsanordnung (z. B. Vertretungsordnung für die Reichsfinanzverwaltung vom 18. 3. 1922) oder durch Rechtsverordnung (z. B. Verordnung über die Vertretung der Deutschen Bundespost vom 1. 8. 1953) geregelt.

Vertretungszwang, →Anwaltszwang.

Vertrieb, häufig synonym mit dem Begriff →Absatz verwendet. V. hebt insbes. auf Aspekte wie Verkauf, Warenverteilung (→Logistik), Steuerung der Außendienstorganisation und Pflege der Beziehungen eines Herstellers zum Handel bzw. beim Direktvertrieb (→direkter Vertrieb) zum Endkunden ab.

Vertriebene, →Bundesvertriebenengesetz.

Vertriebs..., →Absatz..., →Verkaufs...

Vertriebsabteilung, *Verkaufsabteilung,* die für den →Vertrieb zuständige Abteilung eines Industriebetriebes (Funktion des →Verkaufskontors von Syndikaten). – *Aufgaben:* Hereinnahme und Abwicklung von →Bestellungen, →Akquisition, →Kundendienst, Terminwesen, Versand und Verkaufsabrechnung u. a. m.

Vertriebsbindung. 1. *Begriff:* Vertragliche Begrenzung des Absatzes von Waren, die dem Bindenden (z. B. einem Hersteller) und dem Gebundenen (z. B. einem Großhändler) bestimmte Rechte und Pflichten auferlegt. – **2.** *Formen:* a) *V. räumlicher Art:* Den Abnehmern wird ein bestimmtes Gebiet zugewiesen, in dem sie die Ware vertreiben sollen (Gebietsbindungen oder Gebietsschutz-Klauseln; →Gebietsschutz). – (1) Im *Inland:* starre oder flexible Gebietsklauseln (oft mit Kompensationszahlungen). – (2) Im *Ausland:* Exportverbote für Inländer, Reimportverbote für inländische Exporteure, Reexportverbote für ausländische Abnehmer. – b) *V. personeller Art:* Der Absatz wird auf bestimmte Abnehmer beschränkt (Kundenbeschränkungsklauseln). Einschränkung des horizontalen Warenaustauschs durch Querlieferungsverbote. Einschränkung der vertikalen Warenbewegungen entweder auf bestimmte Absatzstufen (Direktlieferungs-, Rücklieferungsverbot, Vorbehaltsklauseln) oder auf bestimmte Abnehmer der nachfolgenden Stufe. Üblich sind hier Selektionsklauseln, nach denen nur Abnehmer beliefert werden, die den Anforderungen einer bestimmten Marketingkonzeption, z. B. hinsichtlich Größe und Ausstattung des Ladens, der Qualifikation des Personals, des Sortiments, des Kundendienstes entsprechen (→Vertragshändler). – c) *V. zeitlicher Art:* Der Warenabsatz wird zeitlich differenziert oder begrenzt, z. B. Klauseln über die Vertriebszeit neuer bzw. auslaufender Modelle, Beschränkungen über die maximale Lagerungsdauer verderblicher Waren (Arzneimittel, Lebensmittel). – **3.** V. können als →Absatzbindung und/oder als →Bezugsbindung *abgeschlossen* werden. – *Sonderform:* →Ausschließlichkeitsbindung. – **4.** *Wettbewerbsrechtliche Beurteilung:* V. sind nach §§ 15, 18, 25 und 26 GWB zu beurteilen (→Kartellgesetz VIII).

Vertriebseinzelkosten, →Sondereinzelkosten des Vertriebs, →Absatzeinzelkosten.

Vertriebsgemeinkosten, Kosten des Vertriebs, die sich nicht den Kostenträgern direkt zurechnen lassen (→Gemeinkosten), z. B. Gehälter der im Vertrieb tätigen Angestellten, allgemeines Verpackungsmaterial, Porti, Raumkosten, Kosten für nicht produktspezifische Werbung. V. werden auf speziellen →Vertriebskostenstellen gesammelt und in der Vollkostenrechnung den Produkten prozentual zu den →Herstellkosten zugerechnet (vgl. auch →Kalkulation). – Vgl. auch →Sondereinzelkosten des Vertriebs, →Vertriebskosten.

Vertriebsgesellschaft, →Betriebsaufspaltung.

Vertriebsinformationssystem, →Marketinginformationssystem.

Vertriebskartell, →Absatzkartell.

Vertriebskooperation, freiwillige Vereinbarung mindestens zweier Unternehmungen, in einzelnen oder mehreren Bereichen oder Teilbereichen ihrer Vertriebsaktivitäten zusammenzuarbeiten. – *Zweck:* Steigerung der Vertriebseffizienz und/oder Senkung der Vertriebskosten. – *Formen:* Z. B. Messegemeinschaften, Anschlußabsatz, Vertriebs- und Exportgemeinschaften.

Vertriebskosten, *Verkaufskosten.* 1. *I. e. S.:* Alle im Vertriebsbereich anfallenden →Kosten, z. B. Personalkosten, Provisionen, Frachten, Rollgeld, Werbeausgaben, Messe- und Reisekosten sowie Verpackungskosten. – Zu *unterscheiden* sind: →Sondereinzelkosten des Vertriebs und →Vertriebsgemeinkosten. – Vgl. auch →Absatzsegmentrechnung (Vertriebskostenrechnung). – Bei den →Herstellungskosten sind V. nicht einzubeziehen. – 2. *I. w. S.:* Vgl. →Distributionskosten.

Vertriebskostenrechnung, →Absatzsegmentrechnung.

Vertriebskostenstellen, alle Bereiche eines Produktionsbetriebes, die am Vertrieb der Erzeugnisse beteiligt sind. V. können (je nach Art und Umfang der Vertriebsorganisation des Unternehmens) *untergliedert* werden (Kostenstelleneinteilung; →Kostenstelle 4) nach Funktionen (Packerei, Versand, Werbung usw.) Märkten (z. B. Verkaufsbüros in den einzelnen Vertriebsgebieten) oder Erzeugnisgruppen. – Vgl. auch →Betriebsabrechnung.

Vertriebs-Lizenz, Art der →Lizenz. V.-L. können (je nach Inhalt bzw. Gegenstand) eine unterschiedlich starke Bindung zwischen Hersteller und Lizenzpartner (Handel, verarbeitendes Gewerbe) begründen. Erscheinungsformen sind v. a. Vertragsvertrieb und Vertriebshändler.

Vertriebsorganisation, *Absatzorganisation,* →Teilbereichsorganisation für den Teilbereich „Vertrieb" bzw. „Absatz". Die Hierarchieebene unterhalb der Vertriebs- bzw. Absatzleitung kann z. B. nach Absatzmärkten, -kanälen oder -produkten gegliedert werden. – Zu *unterscheiden:* a) *Innenorganisation:* Zweckmäßige Gliederung und Zuordnung der Tätigkeiten im Unternehmen zur Steuerung und Unterstützung der Außenorganisation im Hinblick auf die Auftragserlangung. – b) *Außenorganisation:* Alle →Absatzorgane einer Unternehmung, die im →direkten Vertrieb oder beim →indirekten Vertrieb der akquisitorischen und physischen →Distribution dienen. – Vgl. auch →Marketingorganisation.

Vertriebspolitik, →Absatzpolitik.

Vertriebssonderkosten, →Sondereinzelkosten des Vertriebs.

Veruntreuung, →Unterschlagung, →Untreue.

Veruntreuungsversicherung, →Vertrauensschadenversicherung.

Verursacherprinzip. 1. *Grundsatz* der →Umweltpolitik, nach dem die gesamten →volkswirtschaftlichen Kosten einer ökonomischen Aktivität von denjenigen Wirtschaftssubjekten zu tragen sind, die sie verursacht haben. V. fordert eine →Internalisierung sozialer Kosten: Im Falle einer mit sozialen Kosten verbundenen Nutzung ist das Nutzungsrecht von der Zahlung für den Umweltschaden abhängig *(polluter-pays-principle)*; die Zahlung muß nicht an den Geschädigten (Entschädigung) erfolgen. – 2. *Theoretische Begründung:* Aus allokations- und wohlfahrtstheoretischer Sicht ist eine Internalisierung der externen Effekte wirtschaftlicher Aktivitäten zur Realisierung des volkswirtschaftlichen Allokationsoptimums (→Pareto-Effizienz) erforderlich. – 3. Das V. ist nur *eingeschränkt realisierbar:* a) konzeptionelle und kontrolltechnische Schwierigkeiten, konkrete Umweltschäden einzelnen Verursachern zuzurechnen (synergetische und Schwelleneffekte); b) Durchsetzungsprobleme des Anspruchs auf Nichtbeeinträchtigung Dritter gemäß Haftungsrecht; c) Souveränität von Staaten (grenzüberschreitende Umweltbelastungen). – 4. Aufgrund der unter 3. angeführten Probleme erfolgte eine *pragmatische Umformierung* des V., nach dem dem Verursacher von Umweltbeeinträchtigungen diejenigen Vermeidungs- und Beseitigungskosten angelastet werden, die bei der Realisierung eines staatlich fixierten Beeinträchtigungsniveaus anfallen *(Vermeidungskostenansatz).* – *Gegensatz:* →Gemeinlastprinzip.

Verursachungsprinzip, *Kostenverursachungsprinzip,* in mehreren Varianten auftretendes →Kostenverteilungsprinzip: a) Kosten werden den Ausbringungsgütern bzw. Leistungen zugeordnet, welche als Zweckursache bewirkt haben (engere, auf Kosiol zurückführende Fassung). – b) Kosten sind den auf sie einwirkenden Einflußgrößen zuzurechnen. – Für Systeme *entscheidungsorientierter Kostenrechnung* gelten alle Zurechnungsregelvarianten des V. als zu unpräzise; dort wird auf das →Identitätsprinzip zurückgegriffen. – *Varianten:* (1) →Kosteneinwirkungsprinzip, (2) →Marginalprinzip, (3) →Finalprinzip, (4) →Kausalprinzip.

Vervielfältigung, Herstellung von originalgetreuen Wiedergaben für zahlreiche Zwecke, auch für Werbedrucke, die einen persönlichen Eindruck hervorrufen sollen. – *Verfahren:* a) manuelles und maschinelles Durchschreiben, b) Kopieren (z. B. fotographische V. wie Lichtpause, Fotokopie, Mikrokopie, Elektrokopie), c) Drucken (z. B. Schablonendruck, Kleinoffsetdruck) usw.

Vervielfältigungsgewerbe, →Druckereien und Vervielfältigungsgewerbe.

Vervielfältigungsrecht. I. Begriff: →Verwertungsrecht des Urhebers, Vervielfältigungsstücke des Werkes herzustellen ohne Rücksicht auf Zahl und Art (körperliche Festlegung, die geeignet ist, das Werk den menschlichen Sinnen auf irgendeine Weise unmittelbar oder mittelbar wahrnehmbar zu machen, z. B. Bücher, Noten, Nachbilden eines Kunstwerks, Nachbauen eines Werkes der Baukunst, Ausführen von Plänen). V. ist auch die Übertragung des Werkes auf Vorrichtungen zur wiederholbaren Wiedergabe von Bild- oder Tonfolgen, z. B. Tonträger (§ 16 UrhG).

II. Einschränkungen des V.: Die Vervielfältigung ist ohne Einwilligung des Urhebers zulässig: 1. Wenn das vervielfältigte Werk neben dem eigentlichen Gegenstand der Vervielfältigung, Verbreitung oder öffentlichen Wiedergabe als *unwesentliches Beiwerk* anzusehen ist (§ 57 UrhG). – 2. V. zum *persönlichen Gebrauch* (§ 53 UrhG): a) Zulässig ist es, einzelne Vervielfältigungsstücke eines Werkes zum persönlichen Gebrauch herzustellen. Die Vervielfältigungsstücke dürfen weder verbreitet noch zur öffentlichen Wiedergabe verwendet werden. Die Aufnahme öffentlicher Vorträge, Aufführungen oder Vorführungen auf Bild- oder Tonträger, die Ausführung von Plänen und Entwürfen zu Werken der bildenden Künste und der Nachbau eines Werkes der Baukunst sind aber stets nur mit Einwilligung des Berechtigten zulässig. – b) Der Urheber hat für die Vervielfältigungen zum persönlichen Gebrauch keinen Vergütungsanspruch gegen den privaten Benutzer. – c) Jedoch hat der Urheber eines Werkes, von dem zu erwarten ist, daß es durch Aufnahme von Funksendungen auf Bild- oder Tonträger usw. (z. B. Tonbandgeräte) zum persönlichen Gebrauch vervielfältigt wird, gegen den Hersteller (Importeur) von Geräten, die zur Vornahme solcher Vervielfältigungen geeignet sind, einen Anspruch auf Zahlung einer Vergütung. Dieser beruht auf der durch die Veräußerung des Gerätes geschaffenen Möglichkeit, solche Vervielfältigungen vorzunehmen. Der Anspruch kann nur durch eine →Verwertungsgesellschaft geltend gemacht werden und beträgt 5% des Veräußerungserlöses. – 3. Zulässig ist die Herstellung einzelner Vervielfältigungsstücke zum *sonstigen eigenen*, insbesondere wissenschaftlichen *Gebrauch*, Aufnahme in ein eigenes Archiv oder zur eigenen Unterrichtung über Tagesfragen; dient die Vervielfältigung *gewerblichen Zwecken*, so ist dem Urheber eine angemessene Vergütung zu zahlen (§ 54 UrhG). – 4. Einzelne Vervielfältigungsstücke können zur Verwendung im *Verfahren vor Gerichten*, Schiedsgerichten oder einer Behörde hergestellt werden; Behörden dürfen auch für Zwecke der Rechtspflege und der öffentlichen Sicherheit Bildnisse vervielfältigen lassen und ebenso verbreiten (§ 45

UrhG). – 5. Teile von Werken oder einzelne Werke der bildenden Künste oder Lichtbildwerke können nach Erscheinen in ein Sammelwerk für den *Kirchen-, Schul- oder Unterrichtsgebrauch* aufgenommen werden; dem Urheber ist die Absicht der Veröffentlichung vorher mitzuteilen (§ 46 UrhG). – 6. Das ausschließliche V. des Urhebers ist *weiter eingeschränkt* bei Schulfunksendungen (§ 47 UrhG), öffentlichen Reden, Zeitungsartikeln, Nachrichten, Zitaten, Katalogen, Zwangslizenz. – 7. Zur Bild- und Tonberichterstattung über Tagesereignisse dürfen Werke, die im Verlauf der Vorgänge, über die berichtet wird, wahrnehmbar werden, in einem durch den Zweck gebotenen Umfang vervielfältigt, verbreitet und öffentlich wiedergegeben werden (§ 50 UrhG; →Zitat). – 8. In *Geschäftsbetrieben*, die Bild- oder Tonträger usw. vertreiben oder instandsetzen, dürfen Werke auf Bild- oder Tonträger übertragen oder wiedergegeben werden, soweit dies notwendig ist, um Kunden die Geräte vorzuführen oder die Geräte instandzusetzen (§ 56 UrhG). – 9. Werke, die sich bleibend an öffentlichen Wegen usw. befinden, dürfen mit Mitteln der Malerei oder Grafik, durch Lichtbild oder Film vervielfältigt werden (§ 59 UrhG). – In den genannten Fällen der zulässigen Vervielfältigung ohne Einwilligung des Urhebers sind *Änderungen* am Werk grundsätzlich *nicht erlaubt* (§ 62 UrhG). – Vgl. auch →Quellenangabe, →freie Benutzung.

Verwahrung, Aufbewahrung →beweglicher Sachen für andere, z. B. Wertpapierverwahrung. – Vgl. auch →Verwahrungsvertrag.

Verwahrungsbuch, →Depotbuch.

Verwahrungsvertrag, →Vertrag, der den Verwahrer verpflichtet, eine ihm vom Hinterleger übergebene bewegliche Sache aufzuwahren (→Verwahrung) und sie jederzeit auf Verlangen des Hinterlegers zurückzugeben (§§ 688–700 BGB). Der V. kann entgeltlich oder unentgeltlich sein. Bei einem unentgeltlichen V. haftet der Verwahrer nur für →Sorgfalt in eigenen Angelegenheiten, sonst für jedes Verschulden. – *Besondere Vorschriften* gelten insbes. für die Verwahrung von Wertpapieren (vgl. →Wertpapierverwahrung). – *Sonderform:* →unregelmäßiger Verwahrungsvertrag.

Verwaltung. I. Betriebliche Verwaltung (häufig: *kaufmännische V.*): 1. *V. i. e. S.:* Grundfunktion der betrieblichen Organisation, die nur mittelbar den eigentlichen Zweckaufgaben des Betriebs (Beschaffung, Produktion, Absatz) dient, indem sie den reibungslosen Betriebsablauf durch Betreuung des ganzen Betriebs und seiner Teile zu gewährleisten hat. – *Aufgabenbereiche* (Regelfall): a) →Organisation, b) →Rechnungswesen, c) Finanzwirtschaft, d) Personalverwaltung und e) Sachverwaltung (Anlagenverwaltung und Materialverwaltung). – 2. *V. i. w. S.:* Alle Tätigkeitsbereiche innerhalb der Unternehmung, die nicht unmittelbar zum Produktionsbereich, also dem technischen Bereich gehören. – II. Öffentliche Verwaltung: 1. *Begriff:* Die im Rahmen der →Gewaltenteilung ausgeübte behördliche Tätigkeit, die weder →Gesetzgebung noch →Rechtsprechung ist, von beiden beeinflußt und auf beide rückwirkend. – 2. *Einteilung:* a) Nach ihrer *Auswirkung:* (1) *Eingriffsverwaltung (Ordnungsverwaltung):* Sie erfaßt die verwaltende Tätigkeit, durch die in die Rechts- und Freiheitssphäre des einzelnen eingegriffen wird (z. B. auf dem Gebiet der Polizei und des Steuerwesens); (2) *Leistungsverwaltung,* bei der die V. dem einzelnen Leistungen gewährt (Sozialhilfe, Wiedergutmachung). Da der einzelne heute auf viele lebenswichtige Leistungen (z. B. Wasser, Gas, Elektrizität) angewiesen ist, nimmt die leistungsgewährende V. immer größeren Raum ein (→Daseinsvorsorge). – b) Nach ihrer *Abhängigkeit von der Rechtsordnung:* (1) *gebundene V.,* bei der die Rechtsordnung zwingend vorschreibt, was ein Verwaltungsorgan in einem bestimmten Fall tun oder unterlassen muß; (2) *freie V.,* bei der dagegen ein freier Spielraum besteht (→Ermessen), der häufig sehr weit ist, insbes. im Bereich der leistungsgewährenden V. – 3. *Aufgabenverteilung zwischen Bund und Ländern:* a) *Landeseigene V.:* Die Länder vollziehen nach Art. 83 GG die Bundesgesetze grundsätzlich als eigene Angelegenheit. Das gilt nach Art. 30 GG auch für alle anderen Formen der V., soweit das GG nichts anderes bestimmt. Dabei ist unerheblich, um welche Art der V. (I) es sich handelt. Der Bund hat beim landeseigenen Vollzug von Bundesgesetzen nur die →Rechtsaufsicht. – b) *Auftragsverwaltung:* Auf bestimmten im GG ausdrücklich genannten Gebieten (z. B. Verwaltung der Bundesstraßen und der Bundeswasserstraßen) führen die Länder Gesetze im Auftrag des Bundes aus. Hier hat der Bund neben der Rechtsaufsicht auch die →Fachaufsicht. – c) *Bundeseigene V.:* Durch Mittel- und Unterbehörden des Bundes nur in wenigen Zweigen der V. (z. B. Auswärtiger Dienst, Bundesfinanzverwaltung, Deutsche Bundesbahn, Deutsche Bundespost, Bundesgrenzschutz, Bundeswehr) vom GG zugelassen; dagegen ist

in erheblich weiterem Umfang eine bundeseigene V. durch obere Bundesbehörden oder bundesunmittelbare Körperschaften zulässig. Von dieser Möglichkeit hat der Bund in vielen Fällen Gebrauch gemacht (z. B. Bundesanstalt für Arbeit, Bundeskartellamt, Bundeskriminalamt, Bundesversicherungsamt, Kraftfahrt-Bundesamt, Bundesluftschutzverband, Statistisches Bundesamt). – 4. *Aufgabenverteilung innerhalb der Länder:* Die landeseigene V. vollzieht sich auf verschiedenen Ebenen: a) *Örtliche V.* (durch Gemeinden und Landkreise): (1) Polizei- und Ordnungs-V. u. ä.; (2) Schulwesen, soweit nicht Landesaufgabe, also vornehmlich Grund- und Mittelschulen; (3) Sozialhilfe und Jugendhilfe; (4) Gesundheitswesen (Krankenhäuser, Heilanstalten) einschl. des Hygiene-Schutzes (Kanalisation, Müllabfuhr, Friedhofs-V.); (5) Straßenbau und Straßenunterhaltung; (6) Energieversorgung (Wasser, Gas, Elektrizität); (7) Pflege von Erholung, Spiel und Sport (Grünanlagen, Spiel- und Sportplätze, Badeanlagen, Turnhallen); (8) Kultur- und Heimatpflege usw. – b) *V. auf Landesebene:* (1) überörtliche Aufgaben der Polizei; (2) Bildungswesen (Universitäten, Hochschulen und Schulwesen, soweit Gemeinden und Landkreise nicht zuständig sind); (3) Wirtschaftsförderung durch Kultur- und Siedlungsämter (u. a. Flurbereinigung); (4) Tätigkeit der landwirtschaftlichen Vermessungsanstalten, der Forst- und Domänenverwaltung sowie der Berg- und Eichbehörden; (5) Aufgaben der Raumordnung und Landesplanung; (6) Steuerverwaltung durch die Finanzämter; (7) Bau und Unterhaltung von Straßen usw.

Personal der öffentlichen Verwaltungen ohne Bundesbahn und Bundespost am 30. 6. 1985

Personal-gruppe	Zahl der Vollbeschäftigten bei			
	Bund	Ländern	Gemeinden	Gebiets-körper-schaften insgesamt
Verwaltung	309 900	1 511 200	885 200	2 706 300
Rechtlich unselb-ständige wirt-schaftsunter-nehmen	3 000	60 500	67 200	130 700
	312 900	1 571 700	952 400	2 837 000

Personal nach Art des Dienstverhältnisses am 30. 6. 1985

Dienstverhältnis	Zahl der Vollbeschäftigten bei					
	Bund	Ländern	Gemeinden und Gemeinde-verbänden	Gebiets-körper-schaften insgesamt	Deutsche Bundes-bahn	Deutsche Bundes-post
Beamte und Richter	114 050	944 216	147 178	1 205 444	169 636	299 624
Angestellte	89 497	463 824	521 794	1 075 115	6 528	33 467
Arbeiter	109 281	163 693	283 429	556 403	118 559	106 749
Insgesamt	312 828	1 571 733	952 401	2 836 962	294 723	439 840

5. *Personalstand:* In der öffentlichen V. sind rund 3,82 (1985) Mill. Personen vollbeschäftigt; ein Viertel gehört nicht zum Bereich der Behörden und wirtschaftlichen Unternehmungen ohne eigene Rechtspersönlichkeit von Bund, Ländern und Gemeinden, sondern zu den Bediensteten der rechtlich selbständigen juristischen Personen (Bundesbahn, Bundespost, Sozialversicherungsträger).

Verwaltungsabkommen, Vereinbarung zwischen verschiedenen Trägern hoheitlicher Gewalt über die Aufgabenteilung bei Ausübung bestimmter Verwaltungsaufgaben.

Verwaltungsakademie, →Berufsakademie.

Verwaltungsakt. 1. *Begriff:* Jede →Verfügung, →Entscheidung oder andere hoheitliche Maßnahme, die eine Behörde zur Regelung eines Einzelfalles auf dem Gebiet des öffentlichen Rechts trifft und die auf unmittelbare Rechtswirkung nach außen gerichtet ist, sowie eine Allgemeinverfügung, die sich an einen nach allgemeinen Merkmalen bestimmten oder bestimmbaren Personenkreis richtet oder die öffentlich-rechtliche Eigenschaft einer Sache oder ihre Benutzung durch die Allgemeinheit betrifft (§ 35 VwVfG). – 2. Im Unterschied zu den Rechtsgeschäften des zivilen Rechts wird bei V. *Rechtsgültigkeit* grundsätzlich vermutet. Nichtig ist ein V. nur, soweit er an einem besonders schwerwiegenden Fehler leider und dies bei verständiger Würdigung aller in Betracht kommenden Umstände offenkundig ist (§ 4 VwVfG). – Beispiele: Eine Verwaltungsbehörde trifft eine Entscheidung, die von Gesetzes wegen den Gerichten vorbehalten ist; der Bürgermeister der Gemeinde A erläßt eine polizeiliche Anordnung mit Wirkung auf das Gebiet der Gemeinde B. – V. sind nur *anfechtbar;* sie gelten also als rechtswirksam, bis sie aufgrund eines →Widerspruchs oder einer →Beschwerde durch eine Verwaltungsbehörde oder aufgrund einer →Anfechtungsklage durch eine verwaltungsgerichtliche Entscheidung aufgehoben werden. Sonderregelung für die Anfechtung von →Justizverwaltungsakten. – 3. Für V. im Bereich des *Steuerrechts* enthält die →Abgabenordnung (AO) spezielle Regelungen zur Wirksamkeit und Bestandskraft, insbes. zur Korrektur von →Steuerbescheiden (§§ 118 ff. AO), die den Vorschriften des VwVfG als lex specialis vorgehen, soweit sie ihnen nicht entsprechen.

Verwaltungsaktien. 1. *Begriff:* →Aktien, die bei ihrer Emission von einem Dritten, meist einem Konsortium, übernommen und von diesem zur Verfügung der Verwaltung gehalten werden, die über ihre Verwendung entscheidet. – 2. *Arten* (nach der Zweckbestimmung): (1) →Schutzaktien und (2) Verwertungsaktien bzw. →Vorratsaktien für Angliederungs- oder Umtauschzwecke. – 3. *Zulässig-*

keit: Für diese Zwecke gibt das Aktiengesetz die Möglichkeit des →genehmigten Kapitals. Derartige Abreden sind deshalb nur noch im Rahmen zulässiger →Stimmrechtsbindung zulässig. Die Übernehmer der Aktien können sich nicht darauf berufen, daß sie die Aktien nicht für eigene Rechnung, sondern für die der Gesellschaft übernommen hätten (§ 56 AktG).

Verwaltungsanordnungen, →Richtlinien.

Verwaltungsbehörde, →Behörde.

Verwaltungsbeschwerde, →Beschwerde, →Dienstaufsichtsbeschwerde.

Verwaltungsgebühr, →Gebühr, die für die Amtshandlung einer Behörde erhoben wird, z. B. für die Ausstellung eines Reisepasses, für die Eichung von Maßen und Gewichten. – Vgl. auch →Benutzungsgebühr.

Verwaltungsgemeinkosten, →Verwaltungskosten II 1.

Verwaltungsgericht, unterste Stufe der Gerichtsorganisation in der →Verwaltungsgerichtsbarkeit. – 1. Die V. *entscheiden* durch Kammern, die mit drei Berufsrichtern und zwei ehrenamtlichen Verwaltungsrichtern besetzt sind. – 2. *Zuständigkeit:* Erster Rechtszug für alle Streitigkeiten, für die der →Verwaltungsrechtsweg offensteht, soweit nicht ausnahmsweise das →Oberverwaltungsgericht oder das →Bundesverwaltungsgericht zuständig sind. – 3. *Rechtsmittel:* Gegen Entscheidungen der V. gibt es →Berufung oder →Beschwerde an das Oberverwaltungsgericht, u. U. auch die →Sprungrevision.

Verwaltungsgerichtsbarkeit. I. Allgemein: Zweig der Gerichtsbarkeit; bundeseinheitlich geregelt durch die Verwaltungsgerichtsordnung (VwGO) vom 21. 1. 1960 (BGBl I 17) mit späteren Änderungen. Ergänzend sind GVG und ZPO anzuwenden sowie das Gesetz zur Entlastung der Gerichte in der Verwaltungs- und Finanzgerichtsbarkeit vom 31. 3. 1978 (BGBl I 446) und das Gesetz zur Beschleunigung verwaltungsgerichtlicher und finanzgerichtlicher Verfahren vom 4. 7. 1985 (BGBl I 1274).

II. Gerichtsverfassung (§§ 1–12 VwGO): Unabhängige, von den Verwaltungsbehörden getrennte →Gerichte. In den Ländern werden →Verwaltungsgerichte und →Oberverwaltungsgerichte (auch →Verwaltungsgerichtshöfe genannt) errichtet, als oberster Gerichtshof des Bundes das →Bundesverwaltungsgericht in Berlin. – →Vertreter des öffentlichen Interesses sind am Verfahren beteiligt.

III. Verwaltungsrechtsweg (§§ 40, 41 VwGO): In allen öffentlich-rechtlichen Streitigkeiten nichtverfassungsrechtlicher Art gegeben, soweit sie nicht durch Bundesgesetz einem anderen Gericht zugewiesen sind.

Öffentlich-rechtliche Streitigkeiten auf dem Gebiet des Landesrechts können einem anderen Gericht auch durch Landesgesetz zugewiesen werden. Für →Aufopferungsansprüche und vermögens-rechtliche Ansprüche aus öffentlich-rechtlicher →Verwahrung sowie für Ansprüche auf Schadenersatz wegen →Amtspflichtverletzung ist der →ordentliche Rechtsweg gegeben. – Die Gerichte der V. entscheiden über die Zulässigkeit des zu ihnen beschrittenen Rechtsweges und können auf Antrag an ein anderes Gericht erster Instanz verweisen.

IV. V e r f a h r e n : 1. *Klagearten:* a) →*Anfechtungsklage,* gerichtet auf die Aufhebung eines Verwaltungsaktes; b) →*Verpflichtungsklage,* gerichtet auf den Erlaß eines abgelehnten oder unterlassenen Verwaltungsaktes; c) →*Feststellungsklage,* gerichtet auf die Feststellung des Bestehens oder Nichtbestehens eines Rechtsverhältnisses, für das der Verwaltungsrechtsweg zulässig ist, oder auf Nichtigkeit eines Verwaltungsaktes. – d) Darüber hinaus kann schon vor Klageerhebung der Antrag auf Erlaß einer →einstweiligen Anordnung gestellt werden.

2. *Vorverfahren* (§§ 68 ff. VwGO): a) Vor Erhebung der *Anfechtungsklage* sind Rechtmäßigkeit und Zweckmäßigkeit des Verwaltungsaktes in einem Vorverfahren nachzuprüfen. Das Vorverfahren ist entbehrlich, wenn (1) es gesetzlich bestimmt ist, (2) der Verwaltungsakt von einer obersten Bundes- oder Landesbehörde erlassen ist oder (3) ein Dritter durch einen Widerspruchsbescheid erstmals beschwert wird. – b) Entsprechendes gilt für die *Verpflichtungsklage* bei Ablehnung eines beantragten Verwaltungsaktes. – c) Das Vorverfahren wird durch den →*Widerspruch* eingeleitet, der binnen eines Monats nach Erlaß des Verwaltungsaktes schriftlich bei der erlassenden Behörde einzulegen ist. Entweder hilft die Behörde dem Widerspruch ab oder es ergeht ein Widerspruchsbescheid.

3. *Gerichtliches Verfahren:* a) Die *Anfechtungsklage* muß binnen eines Monats nach Zustellung des Widerspruchsbescheides erhoben werden. Ist über einen Widerspruch oder einen Antrag auf Vornahme eines Verwaltungsaktes in angemessener Frist sachlich nicht entschieden, kann die Klage auch ohne Widerspruchsbescheid erhoben werden, und zwar frühestens nach drei Monaten und nicht mehr nach Ablauf eines Jahres seit Einlegung des Widerspruchs oder des Antrags auf Vornahme des Verwaltungsaktes (§§ 74–76 VwGO). – b) Die Klage ist *schriftlich* oder zur Niederschrift des Urkundsbeamten der Geschäftsstelle zu erheben. Sie muß den Kläger, den Beklagten und den Streitgegenstand bezeichnen und soll einen bestimmten Antrag enthalten. Die zur Begründung dienenden Tatsachen und Beweismittel sollen angegeben,

die angefochtene Verfügung und der Widerspruchsbescheid sollen in Urschrift oder Abschrift beigefügt werden (§§ 81 ff. VwGO). – c) *Beteiligt* am Verfahren sind Kläger, Beklagter, Beigeladener und der Vertreter des öffentlichen Interesses. – d) *Beklagter* ist der Bund, das Land oder die Körperschaft, deren Behörde den angefochtenen Verwaltungsakt erlassen oder den beantragten VA unterlassen hat; die Angabe der Behörde genügt als Bezeichnung des Beklagten. Das Landesrecht kann bestimmen, daß eine Behörde Beklagte ist (§ 78 VwGO). – e) *Gegenstand* der Anfechtungsklage ist der ursprüngliche Verwaltungsakt in der Form des Widerspruchsbescheides. – f) Die Klage hat *aufschiebende Wirkung* (§ 80 VwGO). Ausnahmen: (1) Anforderung von öffentlichen Abgaben und Kosten; (2) unaufschiebbare Polizeimaßnahmen; (3) besondere Anordnung der Vollziehung im öffentlichen Interesse; (4) in anderen bundesgesetzlich vorgesehenen Fällen. Das Gericht kann die aufschiebende Wirkung anordnen, auch schon vor der Klageerhebung. – g) Vor dem Bundesverwaltungsgericht muß sich jeder Beteiligte durch einen Rechtsanwalt oder Rechtslehrer an einer deutschen Hochschule *vertreten* lassen (→Anwaltszwang). Vor dem Verwaltungsgericht und dem Oberverwaltungsgericht kann mit schriftlicher Vollmacht jede Person als Bevollmächtigter auftreten, die zum sachgemäßen Vortrag fähig ist (§ 67 VwGO). – h) Das Gericht erforscht den *Sachverhalt* von Amts wegen. Über das Klagebegehren kann es nicht hinausgehen, ist aber an die Fassung der Anträge nicht gebunden. – i) *Entscheidung* durch →Urteil, u. U. →Beschluß oder →Vorbescheid.

4. *Zuständigkeit:* a) *Sachliche Zuständigkeit:* Im ersten Rechtszug entscheidet das Verwaltungsgericht über alle Rechtsstreitigkeiten, für die der Verwaltungsrechtsweg offensteht. Ausnahmsweise ist im ersten Rechtszug das Oberverwaltungsgericht (§ 48 VwGO) oder das Bundesverwaltungsgericht (§ 50 VwGO) zuständig. – b) *Örtliche Zuständigkeit* (§ 52 VwGO): Grundsätzlich ist das Verwaltungsgericht zuständig, in dessen Bezirk der Verwaltungsakt erlassen wurde. Erstreckt sich die Zuständigkeit der Behörde auf den Bezirk mehrerer Verwaltungsgerichte, dann ist dasjenige zuständig, in dessen Bezirk der Beschwerte seinen Sitz oder Wohnsitz hat. Ausnahmen: (1) bei unbeweglichen Vermögen oder ortsgebundenen Rechten das Gericht, in dessen Bezirk das Vermögen oder der Ort liegt; (2) bei Verwaltungsakten einer Bundesbehörde, bundesunmittelbaren Körperschaft, Anstalt oder Stiftung das Gericht, in dessen Bezirk die Behörde usw. ihren Sitz hat; (3) bei Beamten, Soldaten usw. das Verwaltungsgericht des dienstlichen Wohnsitzes; (4) ersatzweise stets das für den Wohnsitz (Sitz) des Beklagten zuständige Verwaltungsgericht.

5. *Rechtsmittel* (§§ 124 ff. VwGO): a) Gegen Urteile der *Verwaltungsgerichte* →Berufung oder, wo sie ausgeschlossen ist, →Revision, gegen Beschlüsse →Beschwerde, jeweils an das Oberverwaltungsgericht; u. U. →Sprungrevision an das Bundesverwaltungsgericht. – b) Gegen Urteile des *Oberverwaltungsgerichts* Revision, gegen einige Arten von Beschlüssen Beschwerde, jeweils an das Bundesverwaltungsgericht. – c) →*Wiederaufnahme* des Verfahrens möglich.

6. *Kosten:* Der unterliegende Teil trägt die Kosten, bei teilweisem Unterliegen und Obsiegen Kostenteilung (§§ 154 ff. VwGO). Eine einheitliche Regelung der Gerichtskosten besteht noch nicht, das seitherige Landesrecht gilt fort.

7. *Vollstreckung:* Die Vollstreckung der verwaltungsgerichtlichen Urteile richtet sich grundsätzlich nach der ZPO; Vollstreckungsgericht ist das Verwaltungsgericht des ersten Rechtszuges (§ 167 VwGO). Die Vollstreckung zugunsten des Bundes, eines Landes usw. richtet sich nach dem Verwaltungsvollstreckungsgesetz (§ 169 VwGO). Die Vollstreckung gegen den Bund usw. wegen einer Geldforderung verfügt auf Antrag des Gläubigers das Verwaltungsgericht (§ 170 VwGO). Es bestimmt die vorzunehmenden Vollstreckungsmaßnahmen und ersucht die zuständigen Stellen um die Vornahme. In Sachen, die der Erfüllung öffentlicher Aufgaben dienen oder deren Veräußerung ein öffentliches Interesse entgegensteht, ist die Vollstreckung unzulässig.

Verwaltungsgerichtshof (VGH), nach § 184 VwGO zugelassene landesrechtliche Bezeichnung für das →Oberverwaltungsgericht.

Verwaltungshaushalt, derjenige Teil des Haushaltsplans kommunaler Gebietskörperschaften, der die vermögensunwirksamen Posten enthält; auf der Einnahmenseite alle laufenden Einnahmen wie Steuern, Zuweisungen, Gebühren, Entgelte, auf der Ausgabenseite alle laufenden Ausgaben wie Personalausgaben, sachliche Verwaltungs- und Betriebskosten, Zinsen, Umlagen. Im Normalfall enthält der V. einen Überschuß der Einnahmen über die Ausgaben, der an den →Vermögenshaushalt überführt wird. V. und Vermögenshaushalt bilden den Haushaltsplan von Gemeinden und Gemeindeverbänden.

Verwaltungshoheit, Befugnis im Rahmen der →Finanzhoheit zur Durch-/Ausführung öffentlicher Aufgaben und zur Erhebung öffentlicher Einnahmen. – 1. *Aufgabenerfüllung:* Die V. obliegt grundsätzlich den Ländern (Art. 83 GG), daneben existiert jedoch auch eine bundeseigene Verwaltung (Art. 86, 87 GG). – 2. *Erhebung öffentlicher Einnahmen:* Die V. liegt grundsätzlich bei den Ländern; ausgenommen sind Zölle und Finanzmono-

pole, die bundesgesetzlich geregelten Verbrauchsteuern einschl. der Einfuhrumsatzsteuer und die Abgaben im Rahmen der EG (V. des Bundes gem. Art. 108 I GG; →Bundessteuern) sowie die →Gemeindesteuern, soweit die Länder den Gemeinden die Verwaltung übertragen haben (Art. 108 IV 2 GG).

Verwaltungskosten. I. B e g r i f f : Kosten für Verwaltungsleistungen. Dazu gehören u. a. Kosten des Verwaltungspersonals, Aufsichtsratsgehälter, Beleuchtung, Miete, Pacht, Heizung, Büroeinrichtung, -bedarf, Verbandsbeiträge, Prüfungskosten, Postgebühren sowie Reisekosten (soweit sie nicht zu den Vertriebskosten gehören).

II. K o s t e n r e c h n u n g : 1. *Allgemeine V. (Verwaltungsgemeinkosten)* betreffen die Kostenstellen des Verwaltungsbereichs (z. B. Unternehmensleitung, Einkaufswesen, Registratur, Post- und Telefonzentrale, auch Einkauf). Sie werden in der Kalkulation durch einen besonderen Zuschlag auf die →Herstellkosten berücksichtigt (→Zuschlagskalkulation). – 2. *Besondere V.* (können in die Herstellkosten einbezogen werden) entstehen durch die Verwaltung in den einzelnen Kostenbereichen, wie die der Materialverwaltung, der Verwaltung von Werkzeugen und von Zwischenlagern, Fertigungsstellen, sowie die V. des Vertriebs. – Bei Berücksichtigung einer solchen Unterteilung können die als Bestandteil der →Herstellungskosten akivierungsfähigen V. (V. der Herstellung und allgemeine V.; vgl. § 255 HGB) von den nicht aktivierungsfähigen (V. des Vertriebs) getrennt werden. Andernfalls ist eine Aufteilung in *V. der Herstellung und V. des Vertriebs* aufgrund sorgfältiger Schätzung empfehlenswert.

III. G e w i n n - u n d V e r l u s t r e c h n u n g : Bei Anwendung des →Gesamtkostenverfahrens gehören die V. zu den sonstigen betrieblichen Aufwendungen. Bei Anwendung des →Umsatzkostenverfahrens sind die umsatzbezogenen V., die nicht als Herstellungskosten aktiviert werden, als allgemeine V. oder Vertriebskosten auszuweisen.

Verwaltungskostengesetz, Gesetz vom 23. 6. 1970 (BGBl I 821), regelt die Erhebung von Gebühren und Auslagen für die öffentlich-rechtliche Verwaltungstätigkeit der Behörden des Bundes sowie der Länder, Gemeinden und Gemeindeverbände, wenn sie Bundesgesetze ausführen. Gebühren sind nach festen Sätzen, Rahmensätzen oder dem Wert des Gegenstandes zu bestimmen. – *Kostenermäßigung und -befreiung* ist möglich. Gebührenfreiheit besteht für mündliche und einfache schriftliche Auskünfte, Gnadensachen. Neben den Gebühren sind Auslagen zu ersetzen. – Die Kostenschuld entsteht mit der Antragstellung, sonst mit Beendigung der

Amtshandlung. Verjährung in drei Jahren nach Fälligkeit.

Verwaltungskostenstellen, *Verwaltungsstellen.* 1. *Begriff:* Organisatorische Einheiten innerhalb von Produktions- bzw. Handelsbetrieben. – 2. *Zweck:* a) Abgrenzung von →Zuständigkeiten; b) Sammlung aller durch die Verwaltung des Unternehmens entstehenden →Verwaltungskosten. – 3. *Gliederung:* Hauptverwaltung, Betriebsverwaltung, Lagerverwaltung; kann zweckmäßig sein, je nach Größe und Umfang des Betriebs. – Vgl. auch →Kostenstellen, →Kostenstelleneinteilung.

Verwaltungsprotektionismus, *administrativer Protektionismus,* Schutz inländischer Produzenten durch Behinderung der Einfuhr im Weg verwaltungsmäßiger Vorschriften, die auf eine Komplizierung des Verfahrens und Erhöhung der Kosten des Grenzübertritts der betreffenden Güter abstellen. – Vgl. auch →nicht-tarifäre Handelshemmnisse.

Verwaltungsrat, Organ zur Überwachung der Geschäftsführung bei →Körperschaften des öffentlichen Rechts oder →Anstalten des öffentlichen Rechts entsprechend dem →Aufsichtsrat bei Aktiengesellschaften. Gesetz oder Satzung bestimmen die Zusammensetzung und regeln die Befugnisse. – *Aufgabe:* Der V. vertritt die Körperschaft oder Anstalt bei Rechtsgeschäften mit dem Vorstand.

Verwaltungsrat der Deutschen Bundespost, nach Maßgabe des Postverwaltungsgesetzes vom 24.7.1953 (BGBl I 676) mit späteren Änderungen berufen und wirkt bei der Führung der →Deutschen Bundespost beschlußfassend oder beratend mit. – 1. *Zusammensetzung:* 24 Mitglieder: (je fünf Vertreter des Deutschen Bundestages, des Bundesrats, der Gesamtwirtschaft, sieben Vertreter des Postpersonals einschl. der bei der Post vertretenen Gewerkschaften und je ein Sachverständiger auf dem Gebiet des Nachrichten- und Finanzwesens. – 2. *Bestellung:* Die Mitglieder werden von ihren Körperschaften, den Spitzenverbänden der gewerblichen Wirtschaft, der Landwirtschaft und des Verkehrs sowie von den Gewerkschaften, dem Bundespostminister bzw. Bundesfinanzminister vorgeschlagen, von der Bundesregierung ausgewählt und von ihr ernannt, gleichzeitig mit je einem Stellvertreter für jedes Mitglied. Sämtliche Mitglieder werden für die Dauern einer Wahlperiode des Bundestages in den P. berufen; sie bestimmen den Vorsitzenden und dessen Stellvertreter. Die Wahl bedarf der Bestätigung durch den Bundespräsidenten. – 3. *Aufgabenbereich:* Die Mitglieder haben ihr Amt nach bestem Wissen und Gewissen auszuüben und sind an keine Weisungen gebunden. Die Sitzungen sind nicht-öffentlich. Der P. beschließt: (1) über Feststellung des Voranschlags und die zugehörige Entlastung, (2) über Genehmigung des Jahresabschlusses und

Verwendung eines Gewinns bzw. Deckung eines Verlustes, (3) über Bedingungen für die Benutzung der Einrichtungen der Post und des Fernmeldewesens einschl. der Festlegung von Gebühren, sowie (4) über die Übernahme neuer sowie die Änderung oder die Aufgabe bestehender Dienstzweige und Durchführung grundlegender Neuerungen oder Änderungen technischer Anlagen. – Der P. ist berechtigt, zu Fragen allgemeiner Bedeutung Anträge zu stellen oder zu ihnen Stellung zu nehmen. – Beschlüsse des Verwaltungsrates, denen der Bundespostminister im Interesse des Bundes nicht zustimmen kann, werden der Bundesregierung zur Entscheidung vorgelegt.

Verwaltungsratssystem, →Board-System, →Aufsichtsratssystem.

Verwaltungsrecht, Gesamtheit aller die staatliche →Verwaltung regelnden Rechtssätze. Das V. gehört zum →öffentlichen Recht. Es umfaßt insbes. Polizeirecht, Gewerberecht, Beamtenrecht, Steuerrecht, Kommunalrecht, Schulrecht, Sozialversicherungsrecht und Sozialhilferecht. Die Regelungen des V. finden sich in einer Vielzahl von Einzelgesetzen (z. B. Polizeigesetze, Gewerbeordnung, Beamtengesetze), eine →Kodifikation des gesamten V. gibt es nicht.

verwaltungsrechtlicher Vertrag, →öffentlich-rechtlicher Vertrag.

Verwaltungsrechtsweg, Begriff des Prozeßrechts für die sachliche Zuständigkeit der →Verwaltungsgerichte zur Entscheidung über öffentlich-rechtliche Streitigkeiten im Gegensatz zur sachlichen Zuständigkeit der ordentlichen Gerichte (→ordentlicher Rechtsweg). Im einzelnen vgl. →Verwaltungsgerichtsbarkeit III.

Verwaltungsrichtlinien, →Richtlinien.

Verwaltungsstellen, →Verwaltungskostenstellen.

Verwaltungsstreitverfahren, →Verwaltungsgerichtsbarkeit IV.

Verwaltungstreuhand, die treuhänderische Übertragung (→Treuhandschaft) des Eigentums oder anderer Rechte auf einen Verwalter, lediglich zu dem Zwecke, ihn zu den erforderlichen Verwaltungshandlungen zu legitimieren. Vgl. auch →uneigennützige Treuhandverhältnisse.

Verwaltungsverfahren. 1. *Begriff:* Die nach außen wirkende Tätigkeit der Behörden, die auf die Prüfung der Voraussetzungen, die Vorbereitung und den Erlaß eines →Verwaltungsaktes oder auf den Abschluß eines →öffentlich-rechtlichen Vertrages gerichtet ist. – 2. Geregelt im *Verwaltungsverfahrensgesetz* (VwVfG) vom 25.5.1976 (BGBl I 1253) mit späteren Änderungen, das erstmals nach einer hundertjährigen Epoche ungeschriebener allgemeiner Grundsätze allgemeine Vorschriften enthält sowohl über das V. wie auch über den Verwaltungsakt und den verwaltungsrechtlichen Vertrag; ferner allgemeine Regelungen über das →förmliche Verwaltungsverfahren, das Verfahren bei einer →Planfeststellung, das Rechtsbehelfsverfahren, die ehrenamtliche Tätigkeit im V. und über Ausschüsse im V. Es *gilt nicht* für Finanzverwaltung, Sozialverwaltung, Deutsche Bundespost, Lastenausgleich, Auslandsvertretungen des Bundes, Wiedergutmachung, Patentamt, Strafverfolgung, Verfolgung von Ordnungswidrigkeiten, Richterdienstrecht und teilweise die Justizverwaltung. – *Geplant* ist eine Überprüfung und Vereinheitlichung des in zahllosen Einzelgesetzen verstreuten besonderen Verwaltungsverfahrensrechtes.

Verwaltungsvermögen, der Teil des Vermögens der öffentlichen Hand, der die Grundlage für den Dienstbetrieb der Verwaltung bildet, z. B. die Dienstgebäude, Schulen, Kasernen, Krankenhäuser, das Dienstmobiliar, die Akten. Das V. unterscheidet sich vom →Finanzvermögen dadurch, daß es durch seinen unmittelbaren Gebrauchswert einem bestimmten öffentlichen Zweck dienen soll. – Das V. untersteht grundsätzlich dem *Privatrecht,* jedoch mit gewissen, sich aus der öffentlichen Zweckbestimmung ergebenden Abweichungen oder Einschränkungen, z. B. ist es nicht pfändbar und nicht der Vermögensteuer unterworfen.

Verwaltungsverordnungen, →Richtlinien, Verordnung.

Verwaltungs-Vollstreckungsgesetz, →Beitreibung.

Verwaltungsvorschriften, Vorschriften, die sich an die Verwaltung wenden und nur für die Verwaltung verbindlich sind, z. B. das von den Verwaltungsbehörden anzuwendende Verfahren, u. U. auch die Einrichtung der Verwaltungsbehörden betreffen. In der Verwaltungspraxis werden sie z. T. auch als Verwaltungsanordnung, Verwaltungsverordnung, Verwaltungsrichtlinien oder Durchführungsbestimmungen bezeichnet. V. können im Gegensatz zu den →Rechtsverordnungen vom einzelnen Staatsbürger i. a. nicht zum Gegenstand gerichtlicher Klagen gemacht werden; vgl. →Richtlinien.

Verwaltungszwangsverfahren, besonderes Zwangsvollstreckungsverfahren (→Zwangsvollstreckung) zur Beitreibung öffentlichrechtlicher Geldforderungen usw. durch Verwaltungsbehörden in eigener Zuständigkeit, i. d. R. ohne Inanspruchnahme der ordentlichen Gerichte. – *Beispiel:* Die Deutsche Bundespost ist nach §25 PostG und nach §9 Fernmeldeanlagengesetz berechtigt, Forderungen im V. beizutreiben, soweit es sich um

Postgebühren, Fernmeldebenutzungs- und Verleihungsgebühren, Fahrgeld oder um Forderungen aus rechtskräftigen Strafbescheiden wegen Postgebührenhinterziehung um Kosten des V. handelt. – Als *Rechtsgrundlage* kommen zahlreiche verschiedene Bestimmungen in Betracht. – Vgl. auch →Beitreibung.

verwandte Handwerke, nach der Handwerksordnung (HandwO) →Handwerke, die einander so nahestehen, daß die Beherrschung der wesentlichen Kenntnisse und Fertigkeiten des einen Handwerks die fachgerechte Ausübung des anderen Handwerks gewährleistet (§7 HandwO). (Vgl. auch →Befähigungsnachweis). – *Verzeichnis* der v. H. gemäß VO vom 18.12.1968 (BGBl I 1355).

verwandte Schutzrechte, →Leistungsschutzrecht.

Verwandtschaft, gemäß BGB die auf gemeinsamer Abstammung beruhende Blutsverwandtschaft (§1589 BGB). In *gerader* Linie sind verwandt diejenigen Personen, die voneinander abstammen (Vater-Sohn, Großvater-Enkel), in der *Seitenlinie* diejenigen, die von einem gemeinsamen Dritten abstammen (Geschwister, Onkel-Neffe). – Der *Grad* bestimmt sich nach der Zahl der sie vermittelnden Geburten (§1589 I 3 BGB). Vater und Sohn sind daher im ersten Grade, Großvater und Enkel im zweiten Grade verwandt. In der Seitenlinie gibt es keine V. ersten Grades: Geschwister sind daher im zweiten, Onkel und Nichte im dritten Grade in der Seitenlinie verwandt. – Das →nichteheliche Kind ist mit der Mutter und nach der Reform des Nichtehelichenrechts auch mit dem Vater und dessen Verwandten verwandt (§1589 BGB). – *Bedeutung* der V. im Erbrecht, bei der →Unterhaltspflicht usw. – Die Verwandten eines Ehegatten sind mit dem anderen Ehegatten nicht verwandt, sondern *verschwägert* (§1590 BGB). Die Linien und der Grad der Schwägerschaft bestimmen sich nach der Linie und dem Grade der sie vermittelnden V. Die Schwägerschaft dauert fort, auch wenn die Ehe, durch die sie begründet wurde, aufgelöst ist.

Verwarnung. I. Verwaltungsrecht: 1. *Begriff:* Bei Zuwiderhandlungen geringerer Bedeutung an Stelle von →Geldbuße mögliche Maßnahme. – 2. *Zulässig* bei: a) allgemeinen →Ordnungswidrigkeiten (§§56ff. OWiG); b) →Verkehrsordnungswidrigkeiten (§§24,27 StVG) in Verbindung mit der Allgemeinen Verwaltungsvorschrift für die Erteilung einer Verwarnung vom 12.6.1975 (BAnz Nr. 109). – 3. Die V. ist *gebührenpflichtig* (5 DM bis 75 DM). – 4. Der Betroffene muß nach *Belehrung* über sein Weigerungsrecht mit V. einverstanden sein und das Verwarnungsgeld sofort oder innerhalb einer Woche zahlen. – 5. Eine *Bescheinigung* ist über die V. und die Zahlung zu erteilen. – 6. *Kosten* werden nicht erhoben. – 7. *Nach Zahlung* kann die Tat nicht mehr als Ordnungswidrigkeit verfolgt werden.

II. Arbeitsrecht: Vgl. →Betriebsbuße.

Verwarnung mit Strafvorbehalt, Aussetzung der Vollstreckung einer →Geldstrafe bis zu 180 →Tagessätzen mit einer Verwarnung (§§ 59 ff. StGB). – Vgl. auch →Strafaussetzung zur Bewährung.

Verwechslungsgefahr, Begriff des Warenzeichenrechts bzw. des gesamten Kennzeichenrechts. Geschützt wird nicht das Kennzeichen in seiner äußeren Form, sondern in seiner *Funktion,* ein Unternehmen oder eine Ware als aus einem bestimmten Betrieb stammend zu individualisieren. Auszugehen ist von der Verwechslung der Kennzeichen als solcher (Irreführung über die Herkunft, Unternehmensidentität). Der Schutz von →Marken und →Ausstattungen gegen verwechslungsfähige Zeichen setzt nach § 31 WZG außerdem voraus, daß die beiderseitigen Waren gleich oder gleichartig sind.

Verweildauer, in der →Verlaufsstatistik die Länge der Zeitspanne, für die ein Element zur Beobachtungsgesamtheit gehört. – Zu *unterscheiden:* a) *bisherige V.* eines Elementes in einem Bestand zum Zeitpunkt t: Länge der Zeitspanne vom Eintritt in die Beobachtungsgesamtheit bis t; b) *Restverweildauer:* Länge der Zeitspanne ab t bis zum Abgang aus der Beobachtungsgesamtheit; c) *abgeschlossene V. (Gesamtverweildauer):* Summe von bisheriger und Restverweildauer. – Vgl. auch →durchschnittliche Verweildauer, →Verweilfläche. – *Anders:* →Verweilzeit.

Verweilfläche, in der →Verlaufsstatistik die Fläche V zwischen zeitlich kumulierter →Zugangsfunktion Z(t) und zeitlich kumulierter →Abgangsfunktion A(t) gemäß nachfolgendem Diagramm, das sich auf den Spezialfall eines Anfangs- und Endbestandes von 0 bezieht. Mit Hilfe der Maßzahl der V. können der →Durchschnittsbestand und die →durchschnittliche Verweildauer errechnet werden.

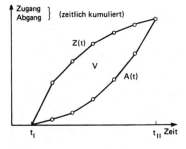

Verweilzeit, Zeitdauer, innerhalb derer ein Erzeugnis bei der Produktion den einwirkenden Produktionsfaktoren ausgesetzt wird. Insbes. bei chemischen Produktionsprozessen und bei Kuppelproduktion hängt die Ausbeute vielfach von der V. ab. Bei Ausbeuteprozessen ändert sich i. d. R. während der V. die mengenmäßige Ausbringung pro Zeiteinheit.

Verweis, →Betriebsbuße.

verwendbares Eigenkapital. 1. *Begriff* des →körperschaftsteuerlichen Anrechnungsverfahrens: Nach der Definition in § 29 KStG ist das v. E. ein Teil des in der →Steuerbilanz ausgewiesenen Eigenkapitals, und zwar der Teil, der das →Nominalkapital übersteigt. Das →Reinvermögen ist aus einer sog. „Steuer-Vorbilanz" abzuleiten, in der die →Körperschaftsteuer-Änderung (§ 27 KStG) nicht berücksichtigt sein darf; desgleichen die nicht auf einem Gewinnverteilungsbeschluß beruhenden Ausschüttungen für ein abgelaufenes Wirtschaftsjahr. Aus dem Nominalkapital sind Beträge, die durch eine →Kapitalerhöhung aus Gesellschaftsmitteln entstanden sind, abzuziehen und dem v. E. zuzuordnen, soweit die verwendete →Rücklage nach dem 31.12.1976 gebildet worden ist (§ 29 III KStG). – 2. *Funktion:* Das v. E. tritt zwischen die →Einkommensermittlung und -verwendung und speichert die Vermögensmehrungen in Abhängigkeit von ihrer körperschaftsteuerlichen Vorbelastung auf der Gesellschaftsebene. Es stellt somit einen intertemporalen Zusammenhang zwischen Ausschüttungen und Einkommensermittlung her und ermöglicht die exakte Entlastung derjenigen Einkommensteile, die für Ausschüttungen als verwendet gelten. – 3. *Gliederung:* Nach § 30 I KStG ist das v. E. zum Schluß jedes Wirtschaftsjahres entsprechend seiner →Tarifbelastung zu gliedern. Dabei sind die einzelnen Teilbeträge aus der Gliederung des Vorjahres abzuleiten. Das v. E. ist in folgende Teilbeträge aufzugliedern: EK 56 – ungemildert belastete Einkommensteile (Tarifbelastung 56%); EK 36 – ermäßigt belastete Einkommensteile (Tarifbelastung 36%); EK 01 – steuerfreie ausländische Einkünfte (keine Tarifbelastung); EK 02 – sonstige steuerfreie Vermögensmehrungen (keine Tarifbelastung); EK 03 – Altrücklagen, die in einem vor dem 1.1.1977 abgelaufenen Wirtschaftsjahr entstanden sind (keine Tarifbelastung); EK 04 – Einlagen der Anteilseigner, die nicht in Nennkapital bestehen (keine Tarifbelastung). – 4. *Zugänge:* Die Einkommensteile und die nicht der Körperschaftsteuer unterworfenen Vermögensmehrungen sind entsprechend ihrer Tarifbelastung in einzelnen Teilbeträgen des v. E. zuzuordnen. Ermäßigt belastete Einkommensteile sind gem. § 32 KStG auf zwei verschiedene Teilbeträge aufzuteilen, und zwar entweder auf EK 36 und EK 02 (Tarifbelastung niedriger als Ausschüttungsbelastung) oder auf EK 56 und EK 36 (Tarifbelastung höher als Ausschüttungsbelastung). Die Summe der fortgeschriebenen gegliederten Teilbeträge muß mit dem aus der Steuerbilanz abgeleiteten Betrag des v. E. übereinstimmen. – 5. *Abgänge:* Für Ausschüttungen gelten die belasteten Teilbeträge des Eigenkapitals in der Reihenfolge als verwendet, in der die Belastung abnimmt (§ 28 III KStG). Für die nicht belasteten Teilbeträge ist die in § 30 II KStG bezeichnete Reihenfolge seiner Unterteilung maßgebend. Der Ausschüttungsbetrag ist i. d. R. nicht identisch mit der ausschüttungsbedingten Veränderung des v. E., da mit der Ausschüttung eine Körperschaftsteuer-Änderung verbunden sein kann. Der Betrag der Körperschaftsteuer-Minderung gilt gem. § 28 IV KStG auch als für die Ausschüttung verwendet. Ausschüttungen, die auf einem Gewinnverteilungsbeschluß beruhen, sind mit dem e. V. zum Schluß des letzten vor dem Gewinnverteilungsbeschluß abgelaufenen Wirtschaftsjahres zu verrechnen. Andere Ausschüttungen sind mit dem v. E. zu verrechnen, das sich zum Schluß des Wirtschaftsjahres ergibt, in dem die Ausschüttung erfolgt (§ 28 II KStG). Nicht abziehbare Ausgaben sind grundsätzlich mit den Teilbeträgen oder Vermögensmehrungen zu verrechnen, mit denen sie in einem wirtschaftlichen Zusammenhang stehen (§ 31 I KStG). Sonstige nicht abziehbare Ausgaben (z. B. Vermögensteuer) dürfen nur mit den belasteten Teilbeträgen verrechnet werden, dabei ist die Reihenfolge maßgebend, in der die Tarifbelastung abnimmt (§ 31 II KStG). Auf diese Weise wird eine körperschaftsteuerliche Definitivbelastung der nicht abziehbaren Ausgaben sichergestellt. – 6. *Feststellung:* Über die Zusammensetzung der Teilbeträge des v. E. ergeht ein gesonderter Feststellungsbescheid (§ 47 I KStG), der Grundlagenbescheid für den späteren Körperschaftsteuerbescheid ist. Andererseits ist der Feststellungsbescheid zu ändern, wenn der Körperschaftsteuerbescheid geändert wird (§ 47 II KStG), der Körperschaftsteuerbescheid gilt insoweit als Grundlagenbescheid.

Verwender, bei einem →Vertrag diejenige Partei, die der anderen Vertragspartei für eine Vielzahl von Verträgen vorformulierte Vertragsbedingungen bei Vertragsabschluß stellt.

Verwendungen, im Sinne des bürgerlichen Rechts Aufwendungen zur Erhaltung oder Verbesserung einer Sache. Der Anspruch auf Ersatz von V., die ein Nichteigentümer auf eine Sache gemacht hat, regelt das BGB verschiedenartig hinsichtlich Voraussetzungen und Umfang je nach dem in Frage stehenden Rechtsverhältnis.

Verwendungsbeschränkung, →Ausschließlichkeitsbindung, →Kartellgesetz VIII.

Verwendungsklausel, Begriff des Eisenbahn-Tarifwesens. V. beschränkt die Anwendung von →Ausnahmetarifen auf die Bedingung, daß das Gut einem bestimmten Verwendungszweck zugeführt wird. Zwischenlagerung des Gutes im allg. nicht zulässig.

Verwendungsrechnung, Berechnung und Darstellung des Sozialprodukts nach Art der Verwendung der erzeugten Waren und Dienstleistungen. Vgl. im einzelnen →Sozialprodukt II 2.

Verwendungszwecksteuer, Steuer, die nicht in das allgemeine Steueraufkommen eingehen, sondern bestimmten Verwendungen zugeführt werden soll, um allokativen oder distributiven Zielen zu dienen. Durchbrechung des →Nonaffektationsprinzips.

Verwerfung der Buchführung, Versagen der Anerkennung einer →Buchführung seitens der Finanzverwaltung wegen formeller oder sachlicher Mängel, die so wesentlich sind, daß von ordnungsmäßiger Buchführung nicht mehr gesprochen werden kann. – *Folgen:* →Schätzung der Besteuerungsgrundlagen, Entzug derjenigen steuerlichen Vergünstigungen, die an das Vorliegen einer ordnungsmäßigen Buchführung geknüpft sind.

Verwertung (in der →Zwangsvollstreckung). 1. *Gepfändete Sachen:* V. geschieht regelmäßig durch den Gerichtsvollzieher im Wege der →Zwangsversteigerung (§§ 814–824 ZPO). – 2. *Gepfändete Geldforderungen und andere Vermögensrechte:* a) Geldforderungen sind dem Gläubiger auf seinen Antrag durch →Beschluß des Vollstreckungsgerichts zur Einziehung (Befriedigung erst nach Eingang des Geldes vom Drittschuldner) oder an Zahlungs Statt (gilt als Befriedigung) zu überweisen (§§ 829 ff. ZPO). Der Beschluß wird mit Zustellung an den Drittschuldner wirksam (→Pfändungs- und Überweisungsbeschluß). – b) Dies gilt i. d. R. auch für die V. eines gepfändeten Wechsels oder eines anderen Papiers, das durch →Indossament übertragen werden kann. Zur Überweisung einer gepfändeten →Hypothek, →Grundschuld oder →Rentenschuld genügt i. d. R. Aushändigung des Überweisungsbeschlusses an den Gläubiger (§ 837 ZPO). Das Gericht kann auf Antrag eine andere Art der V. zulassen (§ 825 ZPO). – 3. Dem Gläubiger kann ein von ihm gepfändeter *Anspruch des Schuldners gegen einen Dritten* auf Herausgabe oder Leistung einer Sache zur Einziehung überwiesen werden; eine herausgegebene *bewegliche Sache* wird vom Gerichtsvollzieher versteigert; bei einem *Grundstück* ist Herausgabe an einen →Sequester anzuordnen; es kann dann Zwangsversteigerung oder Zwangsverwaltung betrieben werden (§§ 846–849 ZPO). Bezüglich anderer Vermögensrechte gilt Entsprechendes (§ 857 ZPO).

Verwertungsaktien, →Vorratsaktien.

Verwertungsgenossenschaft, →landwirtschaftliche Waren- und Verwertungsgenossenschaft.

Verwertungsgesellschaft. I. Begriff: →Juristische Person oder Personengemeinschaft, die Nutzungsrechte, Einwilligungsrechte oder Vergütungsansprüche, die einem →Urheber zustehen, für Rechnung mehrerer Urheber oder Inhaber verwandter Schutzrechte (→Leistungsschutzrechte) zur gemeinsamen Auswertung wahrnimmt. – *Rechtsgrundlage:* Gesetz über die Wahrnehmung von Urheberrechten und verwandten Schutzrechten – Verwertungsgesellschaftsgesetz – vom 9.9.1965 (BGBl I S. 1294), mit späteren Änderungen. Für Einzelpersonen gelten die Bestimmungen entsprechend. – Die Tätigkeit *bedarf der Erlaubnis,* die nur bei Vorliegen gesetzlich normierter Tatbestände (§ 3) versagt werden darf.

II. Rechte und Pflichten: 1. *Wahrnehmung* der zu ihrem Tätigkeitsbereich gehörenden *Rechte* und Ansprüche auf Verlagen des Berechtigten zu angemessenen Bedingungen (§ 6). – 2. *Aufteilung der Einnahmen* aus ihrer Tätigkeit nach festen Regeln, ein willkürliches Vorgehen bei der Verteilung ausschließen; dabei sollen kulturell bedeutende Werke und Leistungen gefördert werden (§ 7). – 3. Einrichtung von *Vorsorge- und Unterstützungseinrichtungen* für die Inhaber der von ihr wahrgenommenen Rechte – 4. *Auskunftserteilung* gegenüber jedermann, ob die V. Nutzungsrechte an einem bestimmten Werk oder bestimmte Einwilligungsrechte oder Vergütungsansprüche für einen Urheber oder Inhaber eines verwandten Schutzrechts in Anspruch nimmt. – 5. Aufstellung einer *Aufwands- und Erfolgsrechnung* (Jahresabschluß) nebst Geschäftsbericht nach Schluß des Geschäftsjahres. Abschlußprüfung durch Wirtschaftsprüfer oder Wirtschaftsprüfungsgesellschaft. Veröffentlichung des Jahresabschlusses im Bundes-Anzeiger (§ 9). – 6. Die V. hat *Tarife* aufzustellen über die Vergütung, die sie aufgrund der von ihr wahrgenommenen Rechte und Ansprüche fordert. Die Tarife und ihre Änderungen sind im Bundes-Anzeiger zu veröffentlichen (§ 13). – 7. Die V. ist *verpflichtet,* aufgrund der von ihr wahrgenommenen Rechte jedermann auf Verlangen zu angemessenen Bedingungen *Nutzungsrechte einzuräumen* oder Einwilligungen zu erteilen (§ 13c). – 8. *Veranstalter* von öffentlichen Wiedergaben urheberrechtlich geschützter Werke haben vor der Veranstaltung die Einwilligung der V. einzuholen, welche die Nutzungsrechte an diesen Werken wahrnimmt. Nach der Veranstaltung hat der Veranstalter der V. eine Aufstellung über die bei der Veranstaltung benutzten Werke zu übersenden (§ 16). – 9. Für *Rechtsstreitigkeiten* über Ansprüche

einer V. wegen Verletzung eines von ihr wahrgenommenen Nutzungsrechts oder Einwilligungsrechts ist der →ordentliche Rechtsweg gegeben. Örtlich zuständig ist im allgemeinen das Gericht, in dessen Bezirk die Verletzungshandlung vorgenommen worden ist oder der Verletzer seinen allgemeinen Gerichtsstand hat. Bei Streitigkeiten über den Abschluß oder Änderung eines Gesamtvertrages oder eines Vertrages zwischen V. und einem Sendeunternehmen kann jedoch nur eine Schiedsstelle angerufen werden, die bei der Aufsichtsbehörde gebildet wird; gegen die Entscheidung der Schiedsstelle kann Antrag auf gerichtliche Entscheidung gestellt werden, über die das Oberlandesgericht endgültig entscheidet (§ 17).

III. Aufsicht: V. unterliegen im allgemeinen der Aufsicht des →Deutschen Patentamts (§ 18). Die Aufsichtsbehörde hat darauf zu achten, daß die V. den ihr nach dem Gesetz obliegenden Verpflichtungen ordnungsgemäß nachkommt. Zu diesem Zweck kann die Aufsichtsbehörde a) jederzeit Auskunft über die Geschäftsführung sowie die Vorlage der Geschäftsbücher und anderer geschäftlicher Unterlagen verlangen, b) an Mitgliederversammlungen und Aufsichtsratssitzungen teilnehmen, c) die Abberufung eines Vertretungsberechtigten verlangen. Der Aufsichtsbehörde ist jeder Wechsel der vertretungsberechtigten Personen, Satzungsänderung, Tarife und Tarifänderung, Beschlüsse der Mitgliederversammlung und eines Aufsichtsrats sowie der Jahresabschluß mitzuteilen (§ 20).

Verwertungsgesellschaft Bild-Kunst, Sitz in Bonn (Hauptgeschäftsstelle). – *Aufgabe:* Treuhänderische Wahrnehmung der Nutzungs- und Einwilligungsrechte sowie Vergütungsansprüche von Mitgliedern (bildende Künstler, Fotografen, Designer usw.) gemäß Urheberrecht (→Verwertungsgesellschaft).

Verwertungsgesellschaft Wissenschaft, →Verwertungsgesellschaft Wort – vereinigt mit der Verwertungsgesellschaft Wissenschaft.

Verwertungsgesellschaft Wort – vereinigt mit der Verwertungsgesellschaft Wissenschaft, Sitz in München. – *Aufgaben:* Treuhänderische Wahrnehmung der Urheberrechte und -ansprüche von Autoren und Verlagen (→Verwertungsgesellschaft).

Verwertungsrechte, neben dem →Urheberpersönlichkeitsrecht der wesentliche Inhalt des →Urheberrechts. Der Urheber hat das ausschließliche Recht, sein Werk in körperlicher Form zu verwerten (insbes. →Vervielfältigungsrecht, →Verbreitungsrecht und →Ausstellungsrecht) sowie zur →öffentlichen Wiedergabe seines Werkes (§§ 15ff. UrhG). – Vgl. auch →Folgerecht.

Verwirkung, gesetzlich nicht geregelter rechtlicher Begriff für einen Sonderfall der →unzulässigen Rechtsausübung. – 1. *Allgemein:* Ein

Anspruch auf Gestaltungsrecht (z. B. Rücktritts-, Kündigungsrecht) ist verwirkt, d. h. kann nicht geltend gemacht (ausgeübt) werden, wenn seit der Möglichkeit der Geltendmachung längere Zeit verstrichen ist und besondere Umstände hinzutreten, aufgrund derer die verspätete Geltendmachung als Verstoß gegen →Treu und Glauben empfunden wird. a) V. liegt insbes. dann vor, wenn der Schuldner aus dem Verhalten des Gläubigers entnehmen konnte und sich darauf eingerichtet hat, daß dieser sein Recht nicht mehr geltend machen werde. – b) Bloße Untätigkeit des Gläubigers während eines längeren Zeitraums genügt nicht. – c) V. kann bereits vor Ablauf der Verjährungsfrist (→Verjährung) eintreten. – d) Die Geltendmachung eines verwirkten Rechts ist unzulässige Rechtsausübung. – 2. *Besondere Bedeutung:* a) *Im Arbeitsrecht:* Nach §4 IV 2 TVG ist die V. tariflicher Rechte (→Tarifvertrag) ausgeschlossen. Auch die V. von Rechten aus einer →Betriebsvereinbarung ist nicht möglich (§ 77 IV 2 BetrVG). Der Einwand des Rechtsmißbrauchs oder der unzulässigen Rechtsausübung ist dem Arbeitgeber nicht abgeschnitten; es sind jedoch insoweit strenge Anforderungen zu erheben. – b) Im *Urheber-, Wettbewerbs- und Warenzeichenrecht.* – 3. *Anders:* V. von →Grundrechten (Verfassungsrecht).

Verzeichnis der Berufsausbildungsverhältnisse, von der zuständigen Stelle (→Industrie- und Handelskammer, →Handwerkskammer u. ä.) für anerkannte →Ausbildungsberufe einzurichtendes und zu führendes Verzeichnis, in das alle →Berufsausbildungsverträge einzutragen sind (§§ 31 ff. BBiG, §§ 28 ff.StandwO). Unverzüglich nach Abschluß des Berufsausbildungsvertrags ist die Eintragung vom →Ausbildenden unter Beifügung einer Vertragsniederschrift zu beantragen. Entsprechendes gilt bei Änderungen der wesentlichen Vertragsinhalte. Die Eintragung ist für den Auszubildenden gebührenfrei. Die Eintragung in das V. d. B. ist Voraussetzung für die Zulassung zur →Ausbildungsabschlußprüfung. – Im *Handwerk:* Vgl. →Lehrlingsrolle.

Verzicht, einseitige →Verfügung, insbes. Willenserklärung, durch die Rechte oder eine Rechtsstellung aufgegeben werden, ohne sie auf eine andere Person zu übertragen. Zulässiger V. führt zum Erlöschen des betroffenen Rechts usw.

I. A r b e i t s r e c h t: 1. *Arbeits-, Tarifvertrag und Betriebsvereinbarung:* Ein vertraglicher V. des Arbeitnehmers auf Ansprüche aus dem Arbeitsverhältnis ist in vielen arbeitsrechtlichen Gesetzen ausgeschlossen (z. B. § 13 BUrlG, § 9 LohnfortzG). Ebenso sind Ansprüche aus →Tarifverträgen und →Betriebsvereinbarungen unverzichtbar (§ 4 IV TVG, § 77 IV BetrVG), wenn Tarifvertrag

und Betriebsvereinbarung aufgrund normativer Wirkung gelten. – 2. *Gerichtliche Vergleiche:* In gerichtlichen Vergleichen kann von den Arbeitsvertragsparteien nicht ohne Zustimmung der Tarifvertragsparteien auf tarifliche Rechte verzichtet werden. Durch Vergleiche vor den Arbeitsgerichten wird aber vielfach nur der Streit über das tatsächliche Vorliegen von tariflichen Ansprüchen (z. B. Zahl der Arbeitsstunden) beigelegt. – 3. Auf tarifliche Ansprüche kann auch nicht durch →*Ausgleichsquittungen* verzichtet werden.

II. B ü r g e r l i c h e s   R e c h t: Dingliche Rechte können dagegen regelmäßig durch V. aufgegeben werden; bei V. auf die →Hypothek wird sie →Eigentümergrundschuld (§§ 1168, 1175 BGB), bei V. auf das →Eigentum einer Sache (bei beweglichen Sachen: →Dereliktion) entsteht eine →herrenlose Sache, die der →Aneignung unterliegt.

III. Z i v i l p r o z e ß: V. als prozessuale Erklärung ist vielfach möglich, so z. B. im Zivilprozeß auf den geltend gemachten Anspruch (→Verzichturteil), auf die durch →Pfändungs- und Überweisungsbeschluß erlangten Rechte (Erklärung gegenüber dem Schuldner, Zustellung an ihn und Drittschuldner, § 843 ZPO), oder als Rechtsmittelverzicht (Folge: Verlust des Rechtsmittels).

Verzicht auf Steuerbefreiungen, Begriff des Umsatzsteuerrechts. Die in § 4 Nr. 8 ff. UStG aufgeführten umsatzsteuerbaren Umsätze sind steuerfrei; sie schließen jedoch den →Vorsteuerabzug aus. Die somit zum Kostenbestandteil gewordene Vorsteuer wird i. d. R. im Nettopreis auf den Abnehmer überwälzt. Ist dieser ein Unternehmer, wird die Steuerfreiheit der Vorunternehmers zu einem Nachteil für beide. Deshalb sieht § 9 UStG die Möglichkeit vor, auf die Steuerfreiheit zu verzichten, um dadurch Vorsteuern abziehen zu können. Der Verzicht ist nur möglich für folgende *Umsätze, die an andere Unternehmer* für deren Unternehmen getätigt werden: die meisten →Bankumsätze (§ 4 Nr. 8 a–g UStG), die Umsätze, die unter das GrEStG fallen (§ 4 Nr. 9 a UStG), die →Vermietung und Verpachtung (von Grundstücken, die Wohnzwecken weder dienen noch zu dienen bestimmt sind) (§ 4 Nr. 12 UStG), die Leistungen der Wohnungseigentümergemeinschaften (§ 4 Nr. 13 UStG) und die →Blindenumsätze (§ 4 Nr. 19 UStG).

Verzichturteil, →Urteil, das auf Antrag des Beklagten ergeht, wenn der Kläger in der mündlichen Verhandlung auf den geltend gemachten Anspruch verzichtet. Die Klage wird auf Kosten des Klägers abgewiesen (§ 306 ZPO). Im Gegensatz zur →Klagerücknahme ist die Geltendmachung desselben Anspruchs nicht wieder zulässig.

Verzinsung, Zahlung von Teilbeträgen auf den Nennwert einer ausgeliehenen Summe von Geldkapital als Preis für dessen Bereitstellung (→Zins).

Verzollung, Erhebung des berechneten und von dem →Zollbeteiligten als Zollschuldner durch schriftlichen oder mündlichen →Zollbescheid geforderten und damit fällig gewordenen Zolles. Die Zollzahlung kann auf Antrag des Zollschuldners bei Sicherheitsleistung bis zum 15. des auf die Entstehung der Zollschuld folgenden Monats aufgeschoben werden (§§ 35, 37 ZG); vgl. →Zahlungsaufschub. V. kommt in Betracht bei der Abfertigung von →Zollgut zum →freien Verkehr, bei der Abfertigung zur →Zollgutverwendung mit ermäßigtem Zollsatz oder bei der Nichtbeachtung von Zollvorschriften.

Verzollungsmaßstäbe, die verschiedenen Größen, auf die ein →Zollsatz bezieht. Bei →Wertzöllen ist V. der Zollwert, bei →spezifischen Zöllen bestimmte Warenmengen z. B. 1000 kg Eigengewicht (Salz), 1 hl (Wein), 100 m (Filme), ein Stück (Flasche mit Quecksilber).

Verzug, bei Nichtannahme einer Leistung durch den Gläubiger *(Annahmeverzug)* oder nicht rechtzeitiger Leistung des Schuldners *(Schuldnerverzug)* eintretender, bestimmte Rechtsfolgen auslösender Rechtszustand. Vgl. im einzelnen →Annahmeverzug, →Schuldnerverzug. – In →*Allgemeinen Geschäftsbedingungen* sind Bestimmungen unwirksam, durch die für den Fall des V. des Verwenders das Recht des anderen Vertragsteils, sich vom Vertrag zu lösen, ausgeschlossen oder eingeschränkt oder das Recht des anderen Vertragsteils, Schadenersatz zu verlangen, ausgeschlossen oder eingeschränkt wird. Ähnliches gilt bei Teilverzug.

Verzugsschaden. 1. Schaden, den ein Gläubiger dadurch erleidet, daß der im →*Schuldnerverzug* befindliche Schuldner die ihm obliegende Leistung nicht rechtzeitig erbringt. Der V. ist vom Schuldner zu ersetzen (§ 286 I BGB); z. B. auch über die Verzugszinsen etwa hinausgehende Zinsen, Kredit- und Umsatzprovision, die der Gläubiger wegen Inanspruchnahme von Bankkredit entrichten muß, Kosten für Mahnschreiben, Inanspruchnahme eines Rechtsanwalts usw. – 2. Mehraufwendungen eines Schuldners bei →*Annahmeverzug* des Gläubigers für das erfolglose Angebot sowie für Aufbewahrung und Erhaltung des geschuldeten Gegenstandes. Erforderliche Mehraufwendungen sind vom Gläubiger zu ersetzen (§ 304 BGB).

Verzugszinsen. 1. *Begriff:* Die von einem im →*Schuldnerverzug* befindlichen Schuldner für eine (auch eine an sich unverzinsliche) Geldschuld zu entrichtenden Zinsen; →Zins. – 2. *Höhe:* 4 v. H., bei beiderseitigen Handelsge-

schäften 5 v. H. oder der vertragsgemäß zu entrichtende höhere Zinssatz (§ 288 BGB, § 352 HGB); jedoch i. a. keine →Zinseszinsen (§ 289 BGB). Eine die vorerwähnten Sätze übersteigende Zinsforderung kann aus dem Gesichtspunkt des →Verzugsschadens begründet sein. – 3. Den V. ähnlich sind die nach Klageerhebung ggf. von den Beklagten eines Zivilprozesses zu entrichtenden →*Prozeßzinsen*. – 4. Für *Steuern:* Vgl. →Säumniszuschläge.

VGA, Abk. für →Bundesverband der Geschäftsstellenleiter der Assekuranz e. V.

VGB, Kurzbezeichnung für Allgemeine Bedingungen für die Neuwertversicherung von Wohngebäuden gegen Feuer-, Leitungswasser- und Sturmschäden; vgl. →Feuerversicherung, →kombinierte Versicherung, →verbundene Wohngebäudeversicherung.

VGG, Abk. für →Verband der Gemeinwirtschaftlichen Geschäftsbanken e. V.

VGH, Abk. für →Verwaltungsgerichtshof.

VGR, Abk. für →Volkswirtschaftliche Gesamtrechnungen.

VHB. 1. Allgemeine Bedingungen für die Neuwertversicherung des Hausrats gegen Feuer-, Einbruchdiebstahl-, Beraubungs-, Leitungswasser-, Sturm- und Glasbruchschäden. Drei Fassungen: von 1942, 1966 und 1974. – 2. Allgemeine Hausratversicherungsbedingungen von 1984 (VHB 84); Versicherungsschutz gegen Feuer-, Einbruchdiebstahl-, Raub-, Leitungswasser- und Sturmschäden. – Vgl. auch →verbundene Hausratversicherung, →kombinierte Versicherung.

vice versa, im kaufmännischen Sprachgebrauch „auf dem umgekehrten Wege", z. B. „die Frachten gelten von Hamburg nach Antwerpen und vice versa".

Videokonferenz, →Telekonferenzsystem 2 a).

Videokonferenzdienst, Dienst der Deutschen Bundespost: Verbindung von Besprechungspartnern in Videokonferenzräumen an verschiedenen Orten durch Bild und Ton (→Telekonferenzsystem 2 a)).

Videometer, Gerät zur technischen Durchführung von →Identifikationstests für kombinierte Werbemittel (akustisch und optisch), das die Projektion von Werbefilmen usw. ermöglicht.

Vieheinheit, →Tierhaltung.

Viehkauf, Kaufvertrag über Pferde, Esel, Maulesel, Maultiere, Rindvieh, Schafe oder

Schweine (§ 481 BGB). Soweit die §§ 481 ff. BGB Sondervorschriften über die →Viehmängelhaftung enthalten, gehen diese eventuell abweichenden Bestimmungen des Kaufrechts (auch des →Handelskaufs) vor.

Viehmängelhaftung, von der allgemeinen →Sachmängelhaftung beim Kaufvertrag abweichende Regelung der Haftung für den →Viehkauf in §§ 481 ff. BGB. – 1. Es wird nur für Hauptmängel gehaftet und nur, wenn sie innerhalb der →Gewährfristen auftreten. – 2. Zeigt sich ein Hauptmangel innerhalb der Gewährsfrist, so wird vermutet, daß er bereits bei der Übergabe des Tieres vorhanden war. – 3. Der Käufer kann nur →Wandlung, nicht →Minderung verlangen. – 4. Der Mängelanspruch verjährt in sechs Wochen vom Ende der Gewährsfrist an.

Viehseuchengesetz, jetzt: →Tierseuchengesetz.

Viehversicherung, →Tierversicherung.

Viehzählung, Teilgebiet der →Landwirtschaftsstatistik – 1. *Allgemeine V.* erstreckt sich auf die wichtigsten in der Landwirtschaft gehaltenen Tierarten. Jährlich Anfang Dezember: Rinder, Schweine, Schafe, Pferde, Geflügel; bis 1979 jährlich total, ab 1980 jährlich wechselnd total und repräsentativ. Die Pferdebestände werden ab 1984 nur noch bei der totalen V. erhoben. – 2. *Repräsentative Viehzwischenzählungen* für Schweine jährlich Anfang April und Anfang August, für Rinder und Schafe Anfang Juni. – Ab 1980 vierjährlich Anfang Dezember Kleinsthaltungen an Schweinen und Legehennen. Bei den Viehzählungen im Dezember werden die Ergebnisse über die Viehbestände und ihre Halter jedes zweite Jahr, beginnend 1981, nach Bestandsgrößenklassen aufbereitet.

Viehbestand 1979 und 1985
in 1000

Viehart/Viehhalter	1979	1985
Pferde	379,7	370,2[1])
Pferdehalter	113,6	96,0[1])
Rindvieh	15049,5	15626,6
darunter:		
Milchkühe	5442,6	5451,5
Rindviehhalter	553,7	444,5
Schweine	22373,7	24282,1
darunter:		
Mastschweine	7793,8	8403,7
Schweinehalter	547,3	419,6
Schafe	1145,4	1295,8
Schafhalter	62,5	61,3
Hühner	84932,3	71057,1
darunter:		
Legehennen	45820,3	40404,1
Hühnerhalter	472,9	335,0
Gänse	304,0	346,4
Gänsehalter	23,1	21,7
Enten	1043,4	1382,5
Entenhalter	44,0	28,3
Truthühner	1582,0	2209,5
Truthühnerhalter	6,7	6,6

[1]) 1984.

Vielsteuer-System, →pluralistisches Steuersystem.

Vierphasenschema, eine von E. Gutenberg entwickelte Darstellung des →Ertragsgesetzes (vgl. untenstehende Abbildung).

Vier-Stufen-Algorithmus, traditionelle Methodik der →Verkehrsplanung mit sequen-

Vierphasenschema

	Gesamtertrag x	Durchschnittsertrag = $\frac{x}{r}$	Grenzertrag = $\frac{dx}{dr}$	Steigungsmaß der Grenzertragskurve	Endpunkte
Phase I	positiv steigend	positiv steigend	positiv steigend	positiv fallend	x Wendepunkt $\frac{dx}{dr}$ = max $\frac{d^2x}{dr^2}$ = 0
Phase II	positiv steigend	positiv steigend	positiv fallend $\frac{dx}{dr} > \frac{x}{r}$	negativ fallend	$\frac{x}{r}$ = max $\frac{dx}{dr} = \frac{x}{r}$
Phase III	positiv steigend	positiv fallend	positiv fallend $\frac{dx}{dr} < \frac{x}{r}$	negativ fallend	x = max $\frac{dx}{dr}$ = 0
Phase IV	positiv fallend	positiv fallend	negativ fallend	negativ fallend	–

Quelle: E. Autenberg, Grundlagen der Betriebswirtschaftslehre, 1. Band, Die Produktion, Berlin-Heidelberg-New York.

tiellem Entscheidungsablauf im Rahmen einer Modellkette von →Verkehrserzeugungsmodellen, →Verkehrsverteilungsmodellen, →Verkehrsteilungsmodellen und →Verkehrsumlegungsmodellen – Vgl. auch →Trip-end-Modelle, →Trip-interchange-Modelle.

Vierte EG-Richtlinie, *Bilanzrichtlinie, gesellschaftsrechtliche Richtlinie.* 1. *Rechtslage:* Verabschiedet am 25.7.1978. Umgesetzt in deutsches Recht durch →Bilanzrichtlinien-Gesetz vom 19.12.1985 (BGBl I S. 2355) und eingefügt in das HGB als Drittes Buch (§§ 238–339). – 2. *Bedeutung:* Versuch der →Harmonisierung der Vorschriften über den Jahresabschluß der Kapitalgesellschaft (AG, KGaA, GmbH) einschl. →Abschlußprüfung und Offenlegung in den Mitgliedstaaten der EG. Das Ziel der Harmonisierung wird dadurch eingeschränkt, daß die EG-Mitgliedstaaten durch in der Richtlinie vorgesehene sog. *nationale Wahlrechte* einen Gestaltungsspielraum bei der gesetzlichen Umsetzung haben. – 3. *Inhalt:* Die Vierte Richtlinie enthält Mindestvorschriften für Inhalt, Gliederung und Bewertung des *Jahresabschlusses,* der nicht nur Bilanz und Gewinn- und Verlustrechnung, sondern auch einen Anhang mit zahlreichen Erläuterungspflichten umfaßt. *Offenlegung und Prüfung* der Abschlüsse sind größenabhängig differenziert. – Vgl. auch →EG-Richtlinien.

Vierte Welt, Bezeichnung der →Entwicklungsländer ohne Rohstoffvorkommen (ärmste Länder der Erde).

Vietnam, Staat in Südostasien, Volksrepublik kommunistischer Prägung, 1976 Vereinigung der beiden Teilstaaten Nord- und Süd-V. unter kommunistischer Führung, seit 1978 Mitglied des RGW; am südchinesischen Meer gelegen, tropisches Klima. – *Fläche:* 329 556 km², eingeteilt in 35 Provinzen und Stadtregionen Hanoi, Haiphong, Ho-Tschi-Minh-Stadt. – *Einwohner* (E): (1985, geschätzt) 59,7 Mill. (179,5 E/km²); 83% Vietnamesen, insgesamt 60 Nationalitäten. – *Hauptstadt:* Hanoi (1979: 2,57 Mill. E); weitere wichtige Städte: Ho-Tschi-Minh-Stadt (früher Saigon), 3,4 Mill. E); Haipongh (1,3 Mill. E), Da Nang (492 000 E), Nha Trang (216 227 E). – *Amtssprache:* Vietnamesisch, als Handels- und Bildungssprache Russisch und Französisch, im S Englisch.

W i r t s c h a f t : *Landwirtschaft:* Reis, Zuckerrohr, Süßkartoffeln, Kautschuk, Bananen, Kokosnüsse, Kopra, Tee. Viehzucht: Schweine, Büffel, Rinder, Ziegen, Pferde. – *Fischfang:* (1982) 1 Mill. t. – *Industrie und Bergbau:* Eisen- und Stahlerzeugung und -verarbeitung, chemische und Textilindustrie. Steinkohlebergbau, Eisenerz, Blei, Zink, Wolfram, Phosphat. – *BSP:* (1983, geschätzt) 11 500 Mill. US-\$ (202 US-\$ je E): – *Anteil der Landwirtschaft am BSP:* (1984) 48%, der Industrie: 25%. – *Öffentliche Auslandsver-*

schuldung: (1982) 25% des BSP. – *Inflationsrate:* (1981) 100%. – *Export:* (1979) 535 Mill. US-\$, v. a. Produkte der Leichtindustrie, Kautschuk, Tee, Holz, Bergbauprodukte. – *Import:* (1979) 1225 Mill. US-\$. – *Handelspartner:* UdSSR u.a. RGW-Staaten, Japan, südostasiatische Länder.

V e r k e h r : Von dem *Straßennetz* sind nur ca. 15% ausgebaute Straßen; die alte ,,Mandarinstraße" verbindet Hanoi mit Ho-Tschi-Minh-Stadt. Die *Eisenbahnlinien* wurden ausgebaut. Wichtig ist die *Binnen- und Küstenschiffahrt. Flugverkehr* unbedeutend.

M i t g l i e d s c h a f t e n : UNO, RGW, IPU, UNCTAD.

W ä h r u n g : 1 Dong (D) = 10 Hào = 100 Xu.

view, →Datensicht.

Vigilanz, *Wachsamkeit,* durchschnittliche Wachheit des Bewußtseins. Die V. wird von einer Vielzahl von Einflußgrößen determiniert, z.B. Tagesrhythmus, Emotionen, Krankheiten, Alkohol, Reizüberflutung, Reizarmut usw. – Durch →Arbeitsgestaltung kann die V. *gefördert* werden, denn mit zunehmender Zahl der zu beantwortenden kritischen Signale steigt auch die Beobachtungsgüte: Bis ca. 120 bis 300 kritische Signale pro Stunde steigt die Beobachtungsgüte, danach fällt sie rapide ab. Durch die Arbeit oder die Arbeitssituation erzeugte Reizüberflutung oder -armut hat auf die Arbeitsleistung negativen Einfluß.

Vigilanztätigkeit, Tätigkeit, die eine konstant bleibende Aufmerksamkeit (z. B. gegenüber Anzeigegeräten) abverlangt. Aufgrund geringer äußerer Reize und geringer innerer Stimulierung von Denkprozessen kann die V. zur →Belastung werden.

Vinkulationsgeschäft. 1. *Begriff:* Besondere Form der Bevorschussung von Waren, die sich noch auf dem Eisenbahntransport befinden. Es dient hauptsächlich zur Finanzierung des Warenexports, aber auch des Imports. Das V. war v. a. im Verkehr mit den ost- und südosteuropäischen Ländern stark entwickelt. – 2. *Arten:* a) Dem *Exporteur* wird die verkaufte Ware von seiner Bank bevorschußt, die sich den →Frachtbrief aushändigen läßt oder ihrerseits die Ware an den ausländischen Käufer übersendet und diesen durch den Vinkulationsbrief benachrichtigt, daß er den vinkulierten Betrag (d. h. den Betrag, mit dem die Ware bevorschußt ist) an sie zu zahlen habe; häufig unter Mitwirkung einer Bank oder eines Lagerhauses am Sitze des Käufers. – b) Der *Importeur* erhält für den Wareneinkauf einen Vorschuß von seiner Bank. Der ausländische Verkäufer der Ware liefert diese nun nicht an den Importeur, sondern an die Bank, die sie an denjenigen weiterleitet, dem sie der Importeur weiterverkauft hat, und von diesem auch den Kaufpreis einzieht.

vinkulieren, ein Wertpapier dadurch binden, daß es ohne Genehmigung des Emittenten nicht auf einen Dritten übertragen werden kann. – Vgl. auch →vinkulierte Aktie.

vinkulierte Aktie, →Aktie, deren Übertragung bei entsprechender Bestimmung der Satzung von der Zustimmung der Gesellschaft abhängig ist. V.A. müssen immer →Namensaktien sein (§ 68 AktG); sie werden deshalb auch als *vinkulierte Namensaktien* bezeichnet. Nicht vollständig einbezahlte Aktien müssen vinkuliert sein. V.A. sind schwerer und mit höheren Kosten handelbar als →Inhaberaktien. Durch v.A. besitzt die Gesellschaft die Möglichkeit, unerwünschte Aktionäre fernzuhalten.

vinkulierte Namensaktie, →vinkulierte Aktie.

Vintage-Modelle, *Jahrgangs-Modelle,* Wachstumsmodelle mit investitionsgebundenem →technischen Fortschritt, der sich immer nur im jeweils jüngsten Kapitaljahrgang niederschlagen kann. Der Vintage-Ansatz geht von der Vorstellung aus, daß die Produktivität von Kapitalgütern bei gleich hohem Arbeitseinsatz umso geringer ist, je älter sie sind; die Kapitalgüter werden mithin als heterogen angesehen. Anders als in Modellen mit *homogenen Kapitalgütern* sind in V.M. weder die ökonomische Lebensdauer noch die Kapitalintensität bei den verschiedenen Kapitaljahrgängen notwendigerweise stets die gleichen, sondern nur im →gleichgewichtigen Wachstum. Da der technische Fortschritt immer an die zuletzt getätigten Investitionen gebunden ist, ist er von der Höhe der Bruttoinvestitionen abhängig. – Vgl. auch →Wachstumstheorie III 2c).

VIP-Modell (VIP = *Vergleichsindex für Preiswürdigkeit*), ein im Rahmen der Rangreihenverfahren (→Mediaselektionsmodelle) angesiedeltes Verfahren, entwickelt auf der Grundlage der Kosten pro 1000 Kontakte. – Vgl. auch →Tausenderpreis.

Virement, im öffentlichen Haushalt Bezeichnung für zeitliche oder sachliche Übertragung eines Etatpostens. Nur erlaubt, falls „gegenseitige Deckungsfähigkeit" ausdrücklich vorgesehen ist. – Das *grundsätzliche Verbot* des V. folgt aus dem Haushaltsbewilligungsrecht des Parlaments und will verhindern, daß die Exekutive Überschüsse oder bewilligte Mittel ins nächste Haushaltsjahr oder auf andere Titel überträgt, d.h. Eigenmächtigkeiten, die mit der ordnenden Funktion des →Haushaltsplans als Grundlage der Finanzwirtschaft nicht vereinbar wären.

Virgin Islands, →Großbritannien.

virtuelle Adresse, →Adresse in einem →virtuellen Speicher.

virtuelle Maschinen. 1. Begriff aus dem →*Software Engineering:* Struktur eines Softwaresystems nach →Abstraktionsebenen, ausgehend von dem Grundgedanken, daß die „reale" Maschine die →Hardware ist: Diese wird erst grundsätzlich funktionsfähig durch das →Betriebssystem *(1. v.M.).* Zur Problemlösung ist eine nächsthöhere Abstraktionsebene erforderlich, die →Programmiersprache *(2. v.M.);* man spricht dann z.B. von *Cobol-*Maschine, *Lisp-*Maschine. Mit dieser v.M. können nun spezielle Anwendungsprobleme bearbeitet werden, wobei der Abstraktionsgedanke weitergeführt wird. Z.B. könnte die nächsthöhere v.M. *(3. v.M.)* alle →Dateien des Softwaresystems verwalten. Die Module höherer Abstraktionsebenen, die ebenfalls zu v.M. gehören, benutzen dann die 2. und 3. v.M. – 2. *Begriff* aus dem *Betriebssystembereich* (→Betriebssystem): Bei Mehrbenutzerbetrieb, insbes. bei Teilnehmerbetrieb, wird durch das Betriebssystem für jeden einzelnen Teilnehmer eine eigene *Hardware-Umgebung* simuliert, eine „virtuelle Maschine". Diese enthält z.B. eigenen →Arbeitsspeicher, →Magnetplattenspeicher und →Drucker, individuell für den Teilnehmer. Prinzipiell kann jede v.M. mit einem anderen Betriebssystem betrieben werden. Die interne Realisierung der v.M. durch das Betriebssystem erfolgt natürlich auf den realen Geräten; z.B. wird der virtuelle Drucker eines Teilnehmers auf einem realen Drucker der EDVA abgebildet. – 3. *Abkürzung VM:* Name eines weitverbreiteten Betriebssystems für Universalrechner, das wie 2. arbeitet.

virtueller Adreßraum, Menge der →virtuellen Adressen eines (virtuellen) Speichers.

virtueller Speicher, in der elektronischen Datenverarbeitung Technik zur Vergrößerung des nutzbaren →Adreßraums über die Größe des →Arbeitsspeichers (in diesem Fall auch Realspeicher genannt) hinaus. Erreicht wird diese scheinbare Vergrößerung des Arbeitsspeichers durch eine funktionale Verschmelzung des Arbeitsspeichers mit schnellen peripheren (→Peripheriegeräte) Direktzugriffsspeichern zu einem einzigen homogenen →Speicher. Wenn der Platz im Realspeicher für Daten und Programme nicht ausreicht, werden Teile auf die Peripheriespeicher (in diesem Fall Hintergrundspeicher oder Seitenspeicher genannt) ausgelagert. Diese zwischen Real- und Hintergrundspeicher austauschbaren Teile sind von bestimmter Größe (z.B. 2 oder 4 Kilobyte) und werden als Seiten bezeichnet; die Verteilung der Seiten auf die beiden Speicher wird vom →Betriebssystem gesteuert und überwacht: falls der künftig vom →Zentralprozessor auszuführende →Maschinenbefehl oder benötigte Daten nicht in den momentan im Realspeicher stehenden Seiten enthalten sind, wird (bzw. werden) die benötigte(n) Seite(n) geladen und dafür nicht benötigte Seiten ausgelagert. – *Vorteil des Konzepts:* Weitgehende Beseitigung von Speicherbeschränkungen, wodurch wesentliche Einschränkungen bei der Programmierung entfallen.

Visa, →Sichtvermerk.

Vision, →Computervision.

visueller Vorstellungstyp, →Vorstellungstypen.

Visum, →Sichtvermerk.

VKA, Abk. für →Vereinigung der kommunalen Arbeitgeberverbände e.V.

VLSI, very large scale integration, Bezeichnung für eine Integrationsdichte von 10000 bis 100000 →Gattern auf einem →Chip.

VM, →virtuelle Maschine 3.

VMU, Abk. für →Vereinigung Mittelständischer Unternehmer e.V.

VÖB, Abk. für →Verband öffentlicher Banken e.V.

VOB, Abk. für Verdingungsordnung für Bauleistungen. (→Verdingungsordnungen).

Vogelsches Approximationsverfahren, →klassisches Transportproblem IV.

voice mail, System der →elektronischen Post, bei dem die Benutzer ihre zu versendenden Nachrichten nicht in Form schriftlicher Texte eingeben müssen, sondern über ein Telefon oder ein am →Terminal installiertes Mikrophon dem →Kommunikationsdienst übergeben können. Die gesprochene Nachricht wird von einem →Rechner in eine →digitale Darstellung überführt und gespeichert. Wenn der Empfänger die Nachricht abrufen will, wird ihm diese über sein Telefon oder einen Lautsprecher in sprachlicher Form übermittelt, wobei die Nachricht wieder in eine →analoge Darstellung überführt werden muß.

Völkerrecht, die zwischen den souveränen Staaten kraft Gewohnheits- oder Vertragsrecht bestehenden Rechtssätze, durch die ihre gegenseitigen Rechte und Pflichten in Friedens- und Kriegszeiten geregelt werden. Nach Art. 25 GG sind die allgemeinen Regeln des V. Bestandteil des Bundesrechts mit Vorrang gegenüber den innerdeutschen Rechtssätzen.

Volksabstimmung, *Volksbefragung,* nach dem Grundgesetz im Rahmen der →Neugliederung des Bundesgebiets nach Art. 29 GG vorgesehener Volksentscheid. In jedem Gebiet, dessen Landeszugehörigkeit geändert werden soll, ist der Teil des Neugliederungsgesetzes, der dieses Gebiet betrifft, zum Volksentscheid zu bringen (Art. 29 III GG). Es entscheidet die Mehrheit der abgegebenen Stimmen. Das Verfahren ist im Gesetz über das Verfahren bei Volksentscheid, Volksbegehren und Volksbefragung nach Art. 29 VI GG vom 30.7.1979 (BGBl I 1317 und in der NeugliederungsdurchführungsVO vom 12.11.1984 (BGBl I 1342) geregelt.

Volksaktien, im Zug der →Privatisierung des industriellen Bundesvermögens mit dem Ziel einer breiten Eigentumsstreuung ausgegebene →Aktien, die teilweise mit Preisnachlässen für niedrige Einkommensgruppen und Sperrfristen versehen waren.

Volksbank, Kreditinstitut in der Rechtsform einer Genossenschaft mit dem Zweck, die Mitglieder zu fördern. Als →Universalbank betreiben die V. alle üblichen Bankgeschäfte. Mitglieder und Kunden kommen aus allen Bevölkerungskreisen und Berufsgruppen. Abwicklung des gegenseitigen Zahlungsverkehrs sowie Liquiditätsausgleich zwischen den örtlichen Banken durch sieben regionale →Zentralbanken; Spitzeninstitut ist die →Deutsche Genossenschaftsbank (DG Bank). Die V. sind laut Genossenschaftsgesetz Mitglied eines regionalen →Prüfungsverbandes. Spitzenverband ist seit 1972 der →Bundesverband der →Deutschen Volksbanken und Raiffeisenbanken e.V. – Vgl. auch →Raiffeisenbanken, →Kreditgenossenschaften, →genossenschaftlicher Verbund.

Volksbefragung, →Volksabstimmung.

volkseigener Betrieb (VEB). 1. *Begriff:* In der DDR gebräuchliche Bezeichnung für die Betriebe im Industrie- und Dienstleistungssektor, die sich in Staatseigentum befinden. Seit Beginn der 80er Jahre sind nahezu alle VEBs in ca. 150 zentralgeleiteten und ca. 90 bezirksgeleiteten →Kombinaten zusammengefaßt. – 2. Der in der DDR realisierten Wirtschaftsordnung einer →staatssozialistischen Zentralplanwirtschaft entspricht, daß das gesamte betriebliche Geschehen durch die *zentralen Planziele* und die *Planauflagen der Kombinatsleitung* determiniert ist: Über Produktionsprofil und insbes. -plan, Zusammenlegung oder Liquidation, Investitionsvolumen und -struktur usw. entscheidet die Kombinatsleitung. Unternehmerisches Formalziel des VEB ist dabei die Planerfüllung (→Planerfüllungsprinzip). – 3. *Organisation:* Der *Betriebsdirektor* wird durch den Generaldirektor des Kombinats ernannt, ist an seine Weisungen gebunden und ihm gegenüber für die Aufgabenerfüllung verantwortlich; innerhalb des VEB hat er die ausschließliche Entscheidungsbefugnis. Die *Fachdirektoren* haben seine Entscheidungen vorzubereiten und durchzuführen. Bei diesen Dispositionsrechten des Direktors handelt es sich jedoch nur um „operative" Handlungsspielräume, deren Ausnutzung eine möglichst störungsfreie und effiziente Planaufstellung und -durchführung gewährleisten soll. – 4. *Kontrolle:* Sowohl durch staatliche Wirtschaftsleitungs- und Kontrollorgane (Ministerien, Staatliche Plankommission, Staatsbank, Bilanzinspektion u. a.) als auch durch die betrieblichen Partei- und Gewerkschaftseinheiten wird die Planausarbeitung und -durchführung im VEB überwacht und beeinflußt. – 5. In den Entscheidungsprozeß im Zusammenhang mit Planaufstellung und -durchführung werden auch die *Arbeitnehmer* über *Produktionskomitees* mit beratenden Funktionen einbezogen. Sozialpolitisch relevante, die Arbeitnehmerinteressen berührende Fragen werden in *Betriebskollektivverträgen* zwischen VEB-Leitung und Betriebsgewerkschaft geregelt (u. a. bezüglich Sozialeinrichtungen, Qualifizierungs-, Kultur- und Bildungsmaßnahmen, Aufteilungskriterien für die individuelle Prämierung, Förderungsmaßnahmen für Frauen und Jugendliche). – Die *Löhne* werden jedoch nicht durch diese Verträge vereinbart, sondern werden staatlich festgelegt (in der DDR durch das Staatssekretariat für Arbeit und Löhne). Die *Gewerkschaft* überwacht zudem die konkrete Anwendung der Entlohnungs- und Arbeitsschutzvorschriften. Nach dem Verständnis des →Marxismus-Leninismus sind Gewerkschaften primär „Transmissionsriemen" für die Ziele der herrschenden kommunistischen Partei und erst in zweiter Linie eine Interessenvertretung der Arbeitnehmer, da eine generelle Interessenübereinstimmung zwischen Arbeitnehmerschaft und Staat unterstellt wird.

Volkseinkommen, *Nettosozialprodukt zu Faktorkosten.* 1. *Begriff:* Eine der zentralen Größen der →Volkswirtschaftlichen Gesamtrechnungen, Ausgangsgröße für die Darstellung der Einkommensverteilung und -umverteilung. Das V. umfaßt die Summe aller Erwerbs- und Vermögenseinkommen, die Inländern (Institutionen und Personen, die ihren ständigen Sitz bzw. Wohnsitz im Inland haben) aus dem Inland oder aus der übrigen Welt zugeflossen sind. Unterschieden werden in *funktionaler Gliederung* Einkommen aus unselbständiger Arbeit und Einkommen aus Unternehmertätigkeit und Vermögen, in *sektoraler Gliederung* die Erwerbs- und Vermögenseinkommen der privaten Haushalte und privaten Organisationen ohne Erwerbszweck (nach Abzug der Zinsen auf Konsumentenschulden), die Vermögenseinkommen des Staates (nach Abzug der Zinsen auf Staatsschulden) sowie die unverteilten Gewinne der Unternehmen mit eigener Rechtspersönlichkeit als Anteile der Sektoren am Volkseinkommen. – 2. *Berechnung:* Das V. wird ermittelt durch Absetzen der indirekten Steuern (vermindert um die Subventionen) vom Bruttosozialprodukt zu Marktpreisen (→Sozialprodukt). Von den *funktional* abgegrenzten Komponenten des V. werden die Einkommen aus unselbständiger Arbeit originär aus verschiedenen statistischen Quellen

berechnet, die Einkommen aus Unternehmertätigkeit und Vermögen als Rest durch Abzug der Einkommen aus unselbständiger Arbeit vom V. ermittelt. Der *Anteil eines Sektors* am V. ergibt sich durch Abzug der an andere Sektoren geleisteten Erwerbs- und Vermögenseinkommen von der Summe aus der Nettowertschöpfung des Sektors und den von anderen Sektoren empfangenen Erwerbs- und Vermögenseinkommen. Das ·Ergebnis zeigt die nach Abschluß der *primären Einkommensverteilung* auf die Sektoren entfallenden *Faktoreinkommen*. Hieran schließt sich die *sekundäre Einkommensverteilung* an, in der die Einkommensumverteilung insbes. über den Staat durch den Nachweis der geleisteten und empfangenen →Transfereinkommen dargestellt wird. Resultat ist das →*verfügbare Einkommen* der Volkswirtschaft und der Sektoren, das entweder für Ausgaben für den letzten Verbrauch oder als →Ersparnis verwendet werden kann. – *V. in der Bundesrep. D.:* Vgl. untenstehende Tabelle. – 3. In *zentralplanwirtschaftlich geleiteten Ländern* entspricht dem V. das *Nationaleinkommen.* Da der Berechnung ein anderes System (→Volkswirtschaftliche Gesamtrechnungen) zugrunde liegt, ist ein Vergleich mit dem V. der marktwirtschaftlich orientierten Länder allerdings nur bedingt möglich.

Volkseinkommen in der Bundesrep. D

Jahr	insgesamt	davon Bruttoeinkommen aus		je Einwohner
		unselbständiger Arbeit	Unternehmertätigkeit und Vermögen	
	Mrd. DM			DM
1950[1])	78,51	45,71	32,80	1 674
1960	240,11	144,39	95,72	4 332
1970	530,40	360,64	169,76	8 745
1975	803,57	587,20	216,37	12 997
1980	1 148,60	844,41	304,19	18 656
1985	1 423,34	989,43	433,91	23 324

[1]) ohne Saarland und Berlin.

Volksentscheid, →Volksabstimmung.

Volksrente, →Grundrente II.

Volksvermögen. 1. *Begriff:* Summe der →Reinvermögen aller Wirtschaftseinheiten einer Volkswirtschaft bzw. – nach Konsolidierung der inländischen Forderungen und Verbindlichkeiten – Gesamtheit des in einer Volkswirtschaft zu einem Zeitpunkt vorhandenen Sachvermögens, immateriellen nichtfinanziellen Vermögens und der Nettoforderungen gegenüber Wirtschaftseinheiten in der übrigen Welt. – 2. *Berechnung:* Mangels kompletter Vermögensbilanzen aller Wirtschaftseinheiten bzw. aller →Sektoren der Volkswirtschaft Ermittlung durch Bewertung der einzelnen Vermögensarten zu Marktpreisen

(Tageswerte, Wiederbeschaffungspreise). Wegen erheblicher Erfassungs- und Bewertungsprobleme ist eine hinreichend genaue Wertermittlung einzelner Vermögensarten nicht möglich, z. B. Bodenschätze, Patente und Lizenzen, Arbeitsvermögen (→Humankapital) oder militärisch genutzte Bauten und Ausrüstungen. – 3. *Zusammensetzung:* Einzelne Bestandteile des V. werden laufend vom Statistischen Bundesamt (das reproduzierende Sachvermögen im Rahmen der →Volkswirtschaftlichen Gesamtrechnungen), die Forderungen und Verbindlichkeiten von der Deutschen Bundesbank (Darstellung nach Sektoren im Rahmen der gesamtwirtschaftlichen Finanzierungsrechung) ermittelt. Nach einer Schätzung belief sich Ende 1982 der Wert des Volksvermögens in der *Bundesrep. D.* auf mindestens 10 Billionen DM, berechnet zu Preisen von Ende 1982 (vgl. untenstehende Tabelle).

Volksvermögen in der Bundesrep. D.
Ende 1982 (in Mrd. DM)

1. Grund und Boden		3 574
a) bebaut	2 682	
b) unbebaut	892	
2. Bodenschätze		....
3. historische Bauwerke, Kunstwerke u. ä.		....
4. reproduzierbares Produktions-vermögen		5 722
a) Wohnbauten	2 244	
b) Nichtwohnbauten	2 179	
c) Ausrüstungen	868	
d) Vorräte	431	
5. Gebrauchsvermögen		....
a) privat	661	661
b) militärisch genutzt	....	
6. immaterielles nichtfinanzielles Vermögen		
a) Patente, Lizenzen	....	
b) Humanvermögen	....	
7. Auslandsforderungen		585
a) lang- und kurzfristige	485	
b) Wertpapiere (einschl. Aktien)	100	
c) Anteile an Unternehmen (o. Aktien)	....	
8. Auslandsverbindlichkeiten		530
a) lang- und kurzfristige	468	
b) Wertpapiere (einschl. Aktien)	62	
c) Anteile an Unternehmen (o. Aktien)	....	
9. Volksvermögen (1 bis 7 abzüglich 8)		10 012

Quelle: Schmidt, L., Integration der Vermögensbilanzen in die internationalen Systeme Volkswirtschaftlicher Gesamtrechnungen, in: „Internationale Systeme Volkswirtschaftlicher Gesamtrechnungen", hg. v. Statistischen Bundesamt, 1986, S. 111 ff.

Volksversicherung, Lebens- und Unfallversicherung mit niedrigen Summen und meist unterjähriger Beitragszahlung (→Lebensversicherung II 7e), →Kleinlebensversicherung).

Volkswagen AG (VAG), die im Zuge der →Privatisierung des industriellen Bundesvermögens gebildete AG. – 1. *Rechtsgrundlage:* Gesetz über die Überführung der Anteilsrechte an der Volkswagenwerk GmbH in die

private Hand vom 21.7.1960 (BGBl I 585). – 2. *Grundkapital:* 1985 1,5 Mrd. DM. – 3. *Gläubigerstruktur:* Die Aktionärsstrukturerhebung vom 30.9.1985 weist aus, daß die Bundesrep. D. mit 20% (der Verkauf der Anteile des Bundes ist geplant), das Land Niedersachsen mit 20%, Privatpersonen mit 30% und Banken, Versicherungen und Investmentfonds 18,6% an der V. VAG beteiligt sind. Ca. 20 % der Aktien befanden sich in ausländischem Besitz. – 4. *Aktien/Stimmrecht:* Die Aktien dürfen nicht auf einen höheren Nennwert als 100 DM und nicht auf Namen lauten (→Inhaberaktien). Sie gewähren nur ein beschränktes Stimmrecht: pro Aktionär höchstens bis zu einem Fünftel des Grundkapitals. – Eine Stimmrechtsvollmacht muß schriftlich erteilt werden und gilt jeweils nur für die nächste Hauptversammlung. Wer Aktionäre geschäftsmäßig vertritt, darf das Stimmrecht nur ausüben, wenn der Aktionär ihm gleichzeitig mit der Vollmacht schriftlich Weisungen zu den einzelnen Gegenständen der Tagesordnung erteilt hat. Bei Einholung der Vollmacht sind dem Aktionär Tagesordnung und Vorschläge der Verwaltung mitzuteilen. – 5. *Beschlüsse der Hauptversammlung,* für die nach dem AktG. eine Mehrheit von ¾ des vertretenen Grundkapitals erforderlich ist, bedürfen jeweils einer Mehrheit von mehr als ⁴/₅ des vertretenen Grundkapitals.

Volkswirtschaft, Gesamtheit aller mittelbar oder unmittelbar auf die Wirtschaft einwirkenden Kräfte, sämtliche Beziehungen und Verflechtungen der Einzelwirtschaften innerhalb eines durch Grenzen deutlich von anderen Gebieten abgegrenzten Gebietes (meist durch Staatsgrenzen) mit einheitlicher Währung.

volkswirtschaftliche Erträge, →soziale Erträge.

Volkswirtschaftliche Gesamtrechnungen (VGR), *Volkswirtschaftliches Rechnungswesen.* I. B e g r i f f : Die VGR sind die quantitative Darstellung des wirtschaftlichen Geschehens einer Volkswirtschaft in einer abgelaufenen Periode. – *Einbezogen* werden die zu Sektoren zusammengefaßten Wirtschaftseinheiten mit ihren für die Beschreibung des Wirtschaftsgeschehens wesentlichen Tätigkeiten und Transaktionen. – *Dargestellt* werden Entstehung, Verwendung und Verteilung (einschl. Umverteilung) des →Sozialprodukts bzw. →Volkseinkommens, ergänzt um Angaben über die Finanzierungsströme zwischen den Sektoren in der gesamtwirtschaftlichen Finanzierungsrechnung, die Produktionsverflechtung in den Input-Output-Tabellen sowie die Bestände an Sach- und Geldvermögen in der gesamtwirtschaftlichen Vermögensrechnung.

II. Z w e c k : Die VGR bilden als umfassendes statistisches Instrument der Wirtschaftsbeobachtung eine unentbehrliche Grundlage für *gesamtwirtschaftliche Analysen und Prognosen* und finden insbes. im Rahmen der Konjunktur-, Wachstums- und Strukturpolitik Verwendung. In steigendem Maße werden sie auch in der Einkommens- und Sozial-, Finanz- sowie Geld-, Kredit- und Zahlungsbilanzpolitik verwendet. Herangezogen werden sie ferner für internationale Vergleiche und für bestimmte Probleme der Regionalpolitik. *Eingeschränkten* Aussagewert besitzt die VGR allerdings für die Messung des wirtschaftlichen Wohlstands im umfassenden Sinne. – *Benutzer* der VGR sind u. a. Bundes- und Landesministerien, Deutsche Bundesbank, Sachverständigenrat zur Begutachtung der gesamtwirtschaftlichen Entwicklung, Sozialpartner und Wirtschaftsverbände, Wirtschaftsforschung, wirtschaftswissenschaftliche Institute, Unternehmen sowie internationale Organisationen.

III. I n h a l t. 1. *Inhaltliche Größen:* a) Um das in den VGR dargestellte Bild des Wirtschaftsgeschehens überschaubar zu halten, werden die *Wirtschaftseinheiten* nach der Art ihres wirtschaftlichen Verhaltens zu den Sektoren: Unternehmen, Staat, private Haushalte und private Organisationen ohne Erwerbszweck, zusammengefaßt. – b) Die einbezogenen *wirtschaftlichen Vorgänge:* Güter-, Einkommens- und Finanzierungsströme und daraus abgeleitete Größen werden so gruppiert, daß ein möglichst aussagefähiges Bild entsteht über (1) Produktion, Verteilung und Verwendung der Güter, (2) Entstehung, Verteilung, Umverteilung und Verwendung der Einkommen, (3) Vermögensbildung und ihre Finanzierung. – c) Die ebenfalls dargestellten *Bestandsgrößen* sollen Höhe, Zusammensetzung und Verteilung des Vermögens zeigen und mit Hilfe der Angaben über Erwerbstätige und das Sachvermögen Anhaltspunkte über den Einsatz der Produktionsfaktoren Arbeit und Kapital geben.

2. *Darstellung der Ergebnisse:* Die Ergebnisse der VGR können in Form von Konten, Tabellen, Kreislaufdiagrammen oder Gleichungssystemen dargestellt werden. Vom *Statistischen Bundesamt* werden die Ergebnisse der Sozialproduktsberechnung in Form eines geschlossenen Kontensystems mit doppelter Buchung aller gezeigten Vorgänge und in einer Reihe von Standardtabellen dargestellt. – a) Das *Kontensystem* umfaßt zwei sektoral zusammengefaßte Konten (das Güterkonto und das Konto der übrigen Welt) sowie sieben Konten (Produktions-, Einkommensentstehungs-, Einkommensverteilungs-, Einkommensumverteilungs-, Einkommensverwendungs-, Vermögensveränderungs- und Finanzierungskonten) für jeden Sektor. Im *Güterkonto* wird gezeigt, wie das gesamte Aufkommen an Gütern (Waren und Dienstleistungen) aus inländischer Produktion und aus der Einfuhr verwendet wird, und zwar entweder

als intermediäre Verwendung (Vorleistungen) oder als letzte Verwendung (privater Verbrauch, Staatsverbrauch, Investitionen und Ausfuhr von Waren und Dienstleistungen). – *Aus den Produktionskonten* geht hervor, wie sich der →Produktionswert der Sektoren auf Vorleistungen und Brutto-→Wertschöpfung aufteilt. – In den *Einkommensentstehungskonten* wird die Nettowertschöpfung (zu Faktorkosten) durch Abzug der Abschreibungen und der Produktionssteuern (abzüglich Subventionen) von der Bruttowertschöpfung ermittelt. – Das *Einkommensverteilungskonto* zeigt den Übergang von der Nettowertschöpfung zum Anteil der Sektoren am Volkseinkommen durch Addition der empfangenen und Subtraktion der geleisteten Einkommen aus unselbständiger Arbeit und aus Unternehmertätigkeit und Vermögen. – Im *Einkommensumverteilungskonto* werden dem Anteil am Volkseinkommen die empfangenen laufenden Übertragungen hinzugefügt und die geleisteten laufenden Übertragungen abgezogen. Als Saldo ergibt sich das →verfügbare Einkommen eines Sektors. – Nach Abzug der Ausgaben für den letzten Verbrauch (privater Verbrauch bzw. Staatsverbrauch) vom verfügbaren Einkommen weist das *Einkommensverwendungskonto* die →Ersparnis der Sektoren aus. – Die *Vermögensveränderungskonten* zeigen in zusammengefaßter Form die Vermögensbildung und ihre Finanzierung. Dabei werden den Bruttoinvestitionen und geleisteten Vermögensübertragungen der Sektoren die Ersparnis, die Abschreibungen auf das Anlagevermögen und die empfangenen Vermögensübertragungen gegenübergestellt; die Differenz ergibt den Finanzierungssaldo. In den *Finanzierungskonten* wird schließlich gezeigt, wie sich der Finanzierungssaldo eines Sektors aus der Veränderung der Forderungen und der Veränderung der Verbindlichkeiten zusammensetzt. – Das Kontensystem wird mit dem zusammengefaßten *Konto der übrigen Welt* abgeschlossen, in dem die wirtschaftlichen Vorgänge zwischen der übrigen Welt und der gesamten Volkswirtschaft erfaßt werden. Dargestellt werden die Käufe und Verkäufe von Waren und Dienstleistungen (Ein- und Ausfuhr), die geleisteten und empfangenen Erwerbs- und Vermögenseinkommen zwischen Inländern und der übrigen Welt. – b) Die Darstellung der Ergebnisse der VGR in den *Standardtabellen* ergänzt den Nachweis im Kontensystem insbes. durch tiefere Untergliederungen. So werden z. B. die Ergebnisse der Entstehungsrechnung des Sozialprodukts und Anlageinvestitionen in der Gliederung nach 58 Wirtschaftsbereichen, Angaben der Verwendungsrechnung nach Gütergruppen und Vorgänge der Einkommensverteilung und -umverteilung nach Art der Einkommen und Übertragungen dargestellt sowie der Übergang von Brutto- zu Nettoeinkommen gezeigt. Außerdem enthalten die Standardtabellen neben

Jahresangaben auch Halb- und Vierteljahresergebnisse der VGR. – c) Die *Input-Output-Tabellen* ergänzen den Nachweis in den Konten und Standardtabellen insbes. um eine tiefgegliederte Darstellung der Vorleistungsverflechtung zwischen den →Produktionsbereichen. In den Spalten wird für die einzelnen Produktionsbereiche gezeigt, wie sich ihre Vorleistungen nach Gütergruppen zusammensetzen und welche Einkommen bei der Produktion entstehen; für die Kategorien der letzten Verwendung wird ebenfalls die gütermäßige Zusammensetzung nachgewiesen. In den Zeilen der Input-Output-Tabellen wird dargestellt, wie das Güteraufkommen aus inländischer Produktion oder aus der Einfuhr verwendet wird, und zwar als Vorleistungen an einzelne Produktionsbereiche oder als letzte Verwendung für privaten Verbrauch, Staatsverbrauch, Investitionen oder Ausfuhr. Damit entsteht ein detailliertes quantitatives Bild der produktions- und gütermäßigen Verflechtung in der Volkswirtschaft und mit der übrigen Welt. – d) Die *gesamtwirtschaftliche Finanzierungsrechnung* greift den Nachweis in den Vermögensveränderungskonten und den Finanzierungskonten im Kontensystem auf und untergliedert die Veränderungen der Forderungen und der Verbindlichkeiten nach der Art der einzelnen Forderungen und Verbindlichkeiten. Außerdem wird der für die Darstellung der Finanzierungsströme besonders wichtige Teilsektor „Kreditinstitute" weiter nach der Art der finanziellen Institutionen disaggregiert. – e) In der *gesamtwirtschaftlichen Vermögensrechnung* werden, vergleichbar zu den Unternehmensbilanzen, Vermögensbilanzen für die volkswirtschaftlichen Sektoren aufgestellt. Nach Abzug der Verbindlichkeiten vom Gesamtvermögen eines Sektors (Wert des Grund und Bodens, der Bauten, Ausrüstung und der Vorräte sowie die Bestände an Forderungen) erhält man das →Reinvermögen der einzelnen Sektoren. Die Summe der Reinvermögen aller Sektoren ergibt das →Volksvermögen. Da die Forderungen und Verbindlichkeiten zwischen den inländischen Wirtschaftseinheiten konsolidiert werden können, entspricht das Volksvermögen auch dem gesamten Sachvermögen in einer Volkswirtschaft vermehrt um die Forderungen gegenüber der übrigen Welt und vermindert um die Verbindlichkeiten gegenüber der übrigen Welt. Die Angaben über die Bestände an Ausrüstungen und Bauten (Anlagevermögen) geben Anhaltspunkte über die Größe des →Kapitalstocks und werden vielfach für Produktionsanalysen und zur Ermittlung der Produktionsmöglichkeiten (Produktionspotential einer Volkswirtschaft bzw. einzelner Wirtschaftsbereiche) herangezogen.

IV. Aufstellung: 1. Die Berechnungen wichtiger Größen der VGR haben eine weit zurückreichende *Geschichte:* a) So sind Schätzungen des Volkseinkommens und des Volksvermögens *Englands* aus der Mitte des 17. Jahrhunderts bekannt. Der Gedanke, das Wirtschaftsgeschehen in der Form eines Kreislaufgeschehens darzustellen, wurde bereits um die Mitte des 18. Jahrhunderts von dem französischen Arzt *F. Quesnay* in einem *„Tableau économique"* ausgeführt. Dieser Vorschlag setzte sich dann vollends mit den Arbeiten von *J. M. Keynes* zur Kreislauftheorie seit etwa 1930 durch. Die Darstellung der gesamtwirtschaftlichen Produktionsverflechtung in Input-Output-Tabellen basiert wesentlich auf den Arbeiten von *W. Leontief,*. ebenfalls etwa ab 1930. Vermögensberechnungen im Rahmen der VGR wurden erst nach dem Zweiten Weltkrieg wieder verstärkt vorangetrieben (noch im vorigen Jahrhundert standen Volksvermögensschätzungen im Mittelpunkt des Interesses), wesentliche Anstöße gaben die Berechnungen von *R. W. Goldsmith* für die *USA* und andere Länder. – b) In *Deutschland* beschäftigten sich in den dreißiger Jahren insbes. *F. Grünig* und *C. Föhl* mit gesamtwirtschaftlichen Kreislaufdarstellungen. Das *statistische Reichsamt* in Berlin veröffentlichte erstmals 1932 Ergebnisse seiner Volkseinkommensberechnung.

2. *Gegenwärtige VGR und Veröffentlichungen:* Die derzeit aufgestellten VGR basieren im wesentlichen auf *Systemen der internationalen Organisationen.* – a) So liegt den VGR der *marktwirtschaftlich orientierten Länder* i. d. R. das *SNA* („A System of National Accounts", New York 1968) der Vereinten Nationen bzw. das hieraus abgeleitete *ESVG* („Europäisches System Volkswirtschaftlicher Gesamtrechnungen", 2. Aufl., Luxemburg 1984) zugrunde. – b) In den *zentralplanwirtschaftlich geleiteten Ländern* wird das *MPS* (Material Product System), von den Vereinten Nationen 1971 in „Basic Principles of the System of Balances of the National Economy" veröffentlicht, verwendet. – Die internationalen Organisationen sammeln und veröffentlichen auch Ergebnisse der VGR ihrer Mitgliedsländer, so die Vereinten Nationen im „Yearbook of National Accounts Statistics" Angaben für rd. 150 Länder. –c) In der *Bundesrep. D.* werden die *VGR* vom →*Statistischen Bundesamt* aufgestellt. Sie umfassen Jahres-, Halbjahres- und Vierteljahresergebnisse, ergänzt um Angaben über das Anlagevermögen, die Erwerbstätigen sowie um Input-Output-Tabellen. Veröffentlicht werden die Angaben regelmäßig in „Wirtschaft und Statistik" und in der Fachserie 18 „Volkswirtschaftliche Gesamtrechnungen", Reihe 1 „Konten und Standardtabellen" und Reihe 2 „Input-Output-Tabellen". Die *gesamtwirtschaftliche Finanzierungsrechnung* wird von der *Deutschen Bundesbank* aufgestellt und halbjährlich in →*Monatsberichte der Deutschen Bundesbank*

veröffentlicht. – *Länderergebnisse* und ausgewählte *Angaben für Kreise* werden, ausgehend von den Ergebnissen des Statistischen Bundesamtes, vom Arbeitskreis „Volkswirtschaftliche Gesamtrechnungen der Länder" der *Statistischen Landesämter* ermittelt und veröffentlicht. – Mit ergänzenden Berechnungen, wie tiefer gegliederten Vierteljahresangaben sowie Input-Output-Tabellen, befassen sich u. a. auch das Deutsche Institut für Wirtschaftsforschung in Berlin, das Ifo-Institut für Wirtschaftsforschung in München und das Rheinisch-Westfälische Institut für Wirtschaftsforschung in Essen.

V. B e u r t e i l u n g : Die VGR haben sich für die Beschreibung des Wirtschaftsablaufs und vor allem des Marktgeschehens gut *bewährt*, insbes. für die Analyse konjunktureller und struktureller Entwicklungen sowie für gesamtwirtschaftliche Vorausschätzungen. – Für andere Verwendungszwecke, z. B. für Wohlfahrtsuntersuchungen, ist ihr Aussagewert wegen der Nichtberücksichtigung wichtiger wohlfahrtsrelevanter Tatbestände *eingeschränkt* (→soziale Indikatoren). – Die Pläne zur *Weiterentwicklung* der VGR – u. a. bei den internationalen Organisationen – richten sich daher auf ergänzende Berechnungen, mit denen beispielsweise auch die unbezahlte Produktionsleistung im eigenen Haushalt, Auswirkungen der →Schattenwirtschaft, soziale Kosten etwa im Zusammenhang mit Umweltschäden und der Abbau von Bodenschätzen berücksichtigt werden. V. a. wegen der statistischen Erfassungsprobleme sind auf diesen Gebieten jedoch kurzfristige Lösungen kaum realisierbar.

volkswirtschaftliche Kosten, →soziale Kosten.

volkswirtschaftliche Lenkungsfunktion, Teilfunktion der →Haushaltsfunktionen. Da über die Ausgabenseite die gesamtwirtschaftliche Nachfrage direkt und über die Einnahmeseite indirekt beeinflußt werden kann, wird im Haushalt ein Instrument zur Realisation insbes. stabilisierungspolitischer Zielsetzungen (→fiscal policy) gesehen.

Volkswirtschaftliches Rechnungswesen, →Volkswirtschaftliche Gesamtrechnungen.

volkswirtschaftliche Steuerquote, →Steuerquote.

Volkswirtschaftslehre, →Volkswirtschaftstheorie.

Volkswirtschaftspolitik, →Wirtschaftspolitik.

Volkswirtschaftstheorie. I. D e f i n i t i o n / C h a r a k t e r i s t i k : Als V. (meist synonym mit *ökonomischer Theorie, Wirtschaftstheorie, Volkswirtschaftslehre*) wird jener Teil der umfassenderen →Wirtschaftswissenschaften

bezeichnet, der sich um fundamentale Erkenntnisse über Zusammenhänge und Abläufe volkswirtschaftlicher Art bemüht. Wie jede Theorie, versucht auch die V. logisch richtige Aussagen von allgemeiner Gültigkeit zu finden, die der erweiterten Einsicht in ökonomische Beziehungen dienen sollen. Da wirtschaftliche Prozesse historischer Natur und deshalb nicht unter völlig gleichartigen Bedingungen wiederholbar sind, muß die V. weitgehend ohne das in den Naturwissenschaften übliche Experiment unter jeweils gleichen Bedingungen auskommen. Von „Gesetzen" kann daher in den Wirtschaftswissenschaften nicht mit dem Anspruch objektiver Geltung, sondern, falls überhaupt, nur im Sinne von Tendenzen, Wahrscheinlichkeiten oder zwingender Logik gesprochen werden. Wegen der *historischen Einmaligkeit* wirtschaftlicher Prozesse ist es weder möglich, die Vielfalt der Realität vollständig in der Theorie zu berücksichtigen, noch künftige Entwicklungen sicher zu prognostizieren. Die Theorie kann nur das als wesentliche Erkennbare berücksichtigen und Wahrscheinliches beschreiben. Die V. muß notwendigerweise abstrahieren und sich auf modellartige Darstellung der Realität beschränken. Sie muß zwar im logischen Sinne richtig sein, kann daher nie absolut „richtig" im Sinne einer vollständigen Realitätsbeschreibung, sondern nur besser oder schlechter als eine andere Theorie sein. Dennoch kennt die V. einen Grundkanon fundamentaler, weitgehend als verbindlich geltender, elementarer Theorie (z. B. Angebots-, Nachfrage-, Kosten-, Preistheorie u. a. m.). Deren Aufwendung, Modifizierung und Verfeinerung unterliegen jedoch dem Urteils- und Beherrschungsvermögen des Benutzers.

II. G e g e n s t a n d , G r u n d p r o b l e m e u n d G e b i e t e : 1. *Gegenstand:* Die V. beruht auf der Annahme, daß über knappe Mittel bei alternativ möglichen Verwendungen in zweckmäßiger Weise disponiert werden soll; Überfluß macht Wirtschaften unnötig. Da sich die ökonomische Theorie nur mit wirtschaftlichen Erscheinungen befaßt – andere Handlungsmotive gehören in das Gebiet anderer Disziplinen – geht sie von einer ökonomisch motivierten Handlungsweise aus. Sie wird in extremer Vereinfachung als sogenanntes ökonomisches Prinzip formuliert. Es bedeutet: entweder mit gegebenen Mitteln ein maximal mögliches Resultat oder ein vorgegebenes Resultat mit einem Minimum an Mitteln zu erwirtschaften. Sobald zusätzliche Bedingungen oder Ziele hinzutreten, sind ökonomische Probleme nicht mehr nur durch einfache Extremwertbestimmung, durch Maxima oder Minima, zu lösen, sondern durch Optimalwerte. Optimale Lösungen sind dadurch charakterisiert, daß die Verbesserung eines Wertes nur noch zu Lasten eines anderen möglich wird.

2. *Grundprobleme:* Im Zentrum der V. stehen Antworten auf die Frage: was, wann, wie wofür (für wen) und wo soll produziert werden? Diese Grundprobleme treten in jeder Wirtschaftsordnung auf, in Planwirtschaften ebenso wie in Marktwirtschaften. Bei marktwirtschaftlicher Lösung regeln sich Produktionsziel, Produktionsmethode, Verteilung und Standorte mit Hilfe des Angebots- und Nachfragemechanismus über die Preisbewegungen, d. h. letztlich über freie Entscheidung der Konsumenten innerhalb eines adäquaten rechtlichen Rahmens. In Planwirtschaften sind diese Entscheidungen grundsätzlich durch Planbehörden zu treffen. Die real bestehenden Ordnungen enthalten jedoch Elemente beider Systeme.

3. *Gebiete:* Wie andere Wissenschaften hat sich auch die V. spezialisiert und in Teildisziplinen aufgefächert. Die gebräuchlichste, lehrbuchmäßige Einteilung trennt nach →Mikroökonomik und →Makroökonomik. – a) Die *mikroökonomische Theorie (Mikroökonomik, Mikrotheorie)* befaßt sich mit einzelwirtschaftlichen, die makroökonomische Theorie mit gesamtwirtschaftlichen Erscheinungen. Mikroökonomischer Natur sind die wirtschaftlichen Handlungen von Personen oder von Wirtschaftseinheiten (z. B. private Haushalte, Unternehmungen), die entweder nachfragend als Konsumenten oder anbietend als Produzenten bzw. als Anbieter von Arbeit auftreten. Haushalte werden dabei stets als konsumierende und arbeitsanbietende, Unternehmungen dagegen als produzierende Wirtschaftseinheiten behandelt. Ausgehend vom einzelwirtschaftlichen Interesse wurde für die privaten Haushalte die Theorie der Nachfrage, für die Unternehmungen die Kosten- und Produktionstheorie entwickelt. Beide Theorien werden in der Preistheorie und unter Berücksichtigung der Marktformenlehre miteinander verbunden. Dabei ist die Orientierung dieser Theorien an einem erzielbaren Gleichgewicht von beherrschender Bedeutung. – b) Die *makroökonomische Theorie (Makroökonomik, Makrotheorie)* kennt dagegen nur aggregierte, gedanklich zusammengefaßte Größen (z. B. Beschäftigung, Wachstum, Preisniveau, Geldmenge, Zahlungsbilanz, Volkseinkommen, Sozialprodukt, Investitionsvolumen, gesamtwirtschaftliche Sparquote). Aggregate sind keinesfalls nur als Summierung einzelwirtschaftlicher Erscheinungen zu begreifen. Beispielsweise hat es für eine Volkswirtschaft keinen Sinn, von einem Gewinn oder Verlust als Differenz zwischen Aufwand und Erlös aller Einzelwirtschaften zu sprechen. Grundlage der Makroökonomie bildet die sogenannte →Kreislauftheorie, durch welche die zwischen einzelnen Sektoren einer Volkswirtschaft fließenden Leistungs- und Zahlungsströme dargestellt und analysiert werden. Beispielsweise kann das jährliche Gesamtprodukt einer Volkswirtschaft, d. i. das zu Marktpreisen bewertete Sozialprodukt, sowohl als Summe der Wertschöpfungen der beteiligten Wirtschaftsbereiche (Bergbau, Landwirtschaft, Industrie, Handel usw.) wie als Summe der insgesamt entstandenen Faktorenentgelte (Löhne, Gewinne, Mieten, Pachten usw.) einschl. Abgaben (Steuern, Sozialversicherungsbeiträge) und schließlich auch als Ergebnis der marktmäßigen heimischen Nachfrage nach Konsumgütern, Investitionsgütern, sowie der Netto-Auslandsnachfrage (Export minus Import) dargestellt werden. Diese Beziehungen werden meist auch in die Form von Gleichungen gebracht und dazu verwendet, die gesamtwirtschaftliche Leistung und ihre Veränderung, das Wachstum, zu messen. Darüber hinaus können auf diese Weise wechselseitige Abhängigkeiten, die Bedingungen des Gleichgewichts, der Grad der Auslastung und Beschäftigung sowie das Ausmaß und die Art konjunktureller Eingriffe u. a. m. ermittelt werden. – c) Neben der Einteilung in Mikro- und Makroökonomik, die ihrerseits jeweils unterteilt sein können – die Mikroökonomik z. B. in Kosten-, Preis-, Nachfrage-, Haushalts-, Unternehmenstheorie; die Makroökonomik in Beschäftigungs- und Einkommenstheorie – wurde eine Reihe von *Einzeldisziplinen* ausgebildet. Sie sind entweder besonderen Wirtschaftsgebieten gewidmet, so z. B. die Außenhandels-, Geld- und Währungstheorie, oder sie befassen sich mit speziellen wirtschaftlichen Erscheinungen, wie die Konjunktur- und die Wachstumstheorie. Weitere Spezialdisziplinen dienen vorwiegend vertieften theoretischen Grundlegungen, so z. B. die Wohlfahrtstheorie, die im Gegensatz zu ihrer Bezeichnung nicht sozialpolitische sondern optimierungstheoretische Probleme behandelt. Überdies kennt die V. zahlreiche Einzeltheorien über spezielle Gegenstände, wie etwa die Lohn-, Zins-, Renten-, Verteilungs-, Standort-, Wettbewerbstheorien. – d) Eine auf Fundamenten der V. beruhende und insoweit zu ihr gehörende, gleichwohl eigenständige Disziplin ist die →*Finanzwissenschaft.* Als Lehre von der Staatswirtschaft hat sie jedoch neben den ökonomischen auch politische Elemente zu berücksichten. Analoges gilt für die Volkswirtschaftspolitik als spezielle V. Das Studienfach Volkswirtschaftslehre wird daher üblicherweise seit dem vorigen Jahrhundert in V., Volkswirtschaftspolitik und Finanzwissenschaft untergliedert, die jeweils als eigenständige Lehr- und Prüfungsfächer gelten.

III. T h e o r i e b i l d u n g , M e t h o d e n u n d P r ä s e n t a t i o n : 1. *Theoriebildung:* Obwohl die V. meist angewandte, realitätsorientierte Theorie ist, können sowohl hohe wie geringe Grade der Abstraktion sinnvoll sein. Soll beispielsweise ein theoretisch bestmöglicher ökonomischer Wert bestimmt werden, so sind rigorosere Annahmen denkbar (z. B. streng rational handelnde Wirtschaftssubjekte, vollkommene Information, Gewinnmaximierung) als unter weniger günstigen Annahmen (eingeschränkte Rationalität, begrenzte Information, Optimierung des Anspruchsniveaus).

2. *Methoden:* Realitätsorientierte Theorie geht von beobachteten Annahmen über Daten und Verhaltensweisen (sog. Prämissen) aus und formuliert mit Hilfe von geeigneten Beriffen ein System von Beziehungen (Hypothesen), aus denen sich Aussagen über Abhängigkeiten und über Reaktionsweisen gewinnen lassen (Deduktionen, Theorien). Eine Theorie gilt als akzeptabel, so lange ihre logische Richtigkeit nicht widerlegt und ihr Realitätsbezug nicht verworfen wird. Da vollkommene Übereinstimmung mit der Realität nicht möglich ist, hat jede Theorie vorläufigen Charakter, d. h. sie gilt als sinnvoll, so lange sie nicht durch eine überlegenere – i. d. R. eine realitätsgerechtere – ersetzt wird.

3. *Präsentation:* V. kann zwar auf verbale Erklärungen nicht verzichten, bedient sich aber bei der Präsentation häufig funktionaler Beziehungen, d. h. der Mathematik und graphischer Darstellungen. Mathematische Beweisführung dient der Kontrolle logischer Richtigkeit. Formalisierte mathematische Systeme ermöglichen die sichere Beherrschung vielfacher Abhängigkeiten und Beziehungen; zugleich wird empirische Anwendung der Theorie, sogenannte operationale Theorie, in meßbaren Größen ermöglicht oder erleichtert.

IV. Theoriegeschichte: Die V. hat sowohl philosophische wie juristische und naturwissenschaftliche Wurzeln. Die philosophische Herkunft ist schon bei Aristoteles im einzelnen nachweisbar, später bei *Smith, Marx, Mill* u. a. deutlich erkennbar. Die juristische Herkunft läßt sich besonders beim deutschen und österreichischen Kameralismus verfolgen. Naturwissenschaftlich-mathematische Grundlagen haben besonders in Frankreich, z. B. bei *Antoine Augustin Cournot, Arsène Jules Etienne Juvenal Dupuit, Marie Esprit Léon Walras,* eine Rolle gespielt. Eine *systematische Befassung mit ökonomischen Problemen* beginnt erst im siebzehnten und achtzehnten Jahrhundert durch die Merkantilisten und Kameralisten. Eine erste geschlossene makroökonomische Theorie liefert 1758 *François Quesnay* mit dem „Tableau èconomique", der damit die physiokratische Schule in Frankreich begründete. Das die einzelwirtschaftliche Theorie begründende Gegenstück lieferte *Adam Smith* 1776 mit dem „Wealth of Nations", der zugleich die Grundlage für die klassische Schule der Nationalökonomie legte. Diese mikroökonomische Theorie ging u. a. vom wirtschaftlichen Eigeninteresse und von der Arbeitswertlehre aus, auf der später *Karl Marx* u. v. a. ein sozialistisches Lehrgebäude

errichteten, während die Nachfolger von Smith darauf ihre marktwirtschaftlichen Lehren bauten *(David Ricardo, Thomas Robert Malthus, Jean Baptiste Say, John Stuart Mill* u. a.) Wegen der einseitig auf die Arbeitswertlehre gestützten Wert- und Preisbestimmung der Güter gab es jedoch noch keine Nachfragetheorie. Die klassische Schule dominierte hauptsächlich in den angelsächsischen Teilen der Welt und in Skandinavien, während auf dem europäischen Kontinent eine diversifizierende Entwicklung einsetzte, die in Deutschland zur fast hundertjährigen Herrschaft der historischen Schule führte (ca. 1850 bis 1950). Sie stand der klassischen Theorie und deren auf logischen Deduktionen beruhenden Lehrsätzen kritisch gegenüber, wobei sie eine betont deskriptive Methode betrieb. Dagegen bediente sich die heterogene Gruppe der wissenschaftlichen Sozialisten meist der klassischen Theorie, stand jedoch in Opposition bezüglich der Lehren von der Einkommens- und Besitzverteilung. Eine neue Ära-, die →Neoklassik, begann in den siebziger Jahren des vorigen Jahrhunderts mit der subjektivistischen Wertlehre (→Grenznutzentheorie) durch *William Stanley Jevon, Carl Menger und Marie Esprit Léon Walras* (Vorläufer: *Herman Heinrich Gossen).* Durch die nutzentheoretische Begründung des Güterwertes wurde die Theorie der Nachfrage und damit die Angebots-Nachfrage-Preistheorie ermöglicht. Damit war die Voraussetzung für die mikroökonomische Theorie geschaffen, die erstmals 1890 durch *Alfred Marshall* („Principles of Economics") vorgelegt wurde. Die moderne Makrotheorie entstand dagegen erst mit der 1936 veröffentlichten „General Theory" von *John Maynard Keynes.* Speziellere Theorien, Techniken und Verfahren (→Aktivitätsanalyse, →Input-Output-Rechnung, →Spieltheorie usw.) haben den Grundbestand der mikro- und makroökonomischen Theorie mehr ergänzt als verändert. Allerdings haben mathematische Ausformungen der Theorie mit dem Ziel praktischer Verfahren (→Ökonometrie) zunehmende Bedeutung gewonnen.

Prof. Dr. Karl Häuser

Volkszählung, statistische Erfassung der →Bevölkerung eines Staates.

I. Geschichte: V. waren Grundlage zu ersten statistischen →Erhebungen und ihre Ergebnisse zu Auswertungen (Wehrfähigkeit, Steuerkraft u. ä.); überliefert sind Methoden und Teilergebnisse von V. in Ägypten 3000 v. Chr., Griechenland 850 v. Chr., Rom 566 v. Chr. (seit Servius Tullius in fünfjährigem Abstand). Keine V. im deutschen Mittelalter, mit Ausnahme von einzelnen Kirchen-, Städte- und Zunftzählungen. Preußische Populationslisten (Ende 17. Jh.) über Geburten und Todesfälle der Bevölkerung. Seit 19. Jahrh. in den meisten deutschen Ländern regelmäßige Zählungen; 1871 erstmalig für alle Länder des Deutschen Reiches; im Bundesgebiet am 13. 9. 1950, 6. 6. 1961, 27. 5. 1970 und 25. 5. 1987 durchgeführt.

II. Methodische Abgrenzung der statistischen Masse: Bei gleichzeitiger Erfassung wurde die ortsanwesende Bevölkerung 1933 im Deutschen Reich + 117 400 (+0,18%), 1939 + 220 000 (+0,28%) höher ermittelt als die Wohnbevölkerung. Zusätzlich erfaßt: 1946 im Zusammenhang mit Evakuierung, Massenflucht und Vertreibung der Ort vorübergehenden Wohnens; 1950 im Zusammenhang mit den Rechtsansprüchen von Heimatvertriebenen sowie Flüchtlingen die Geburtsbevölkerung und der Heimatort am 1. 9. 1939. Im übrigen galt die Wohnbevölkerung als Grundlage statistischer Berechnungen. Durch Merkmalskombination läßt sich das Strukturbild der Bevölkerung (1961 und 1970) für die Wohnbevölkerung i. e. S. und für die wohnberechtigte Bevölkerung darstellen.

III. Technik: Die Zählung erfolgt mit →Stichtag um 0.00 Uhr (zur Ausschaltung bzw. Erfassung von Geburten und Sterbefällen) durch besonders geschulte Zähler für je einen Zählbezirk (je nach der Wohndichte für ca. 50 →Haushalte). – *Fehlerquellen* durch bewußt oder unbewußt falsche Ausfüllung (Verschweigen unehelicher Kinder, falsche Altersangabe u. ä.) werden weitgehend durch Kontrollfragen und Nachprüfungen ausgeschaltet. Die Nachprüfung erfolgt größtenteils maschinell durch Verwendung von Plausibilitätskontrollen.

IV. Durchführung der V. 1987: Die ursprünglich 1983 vorgesehene Volkszählung wurde wegen datenschutzrechtlicher Bedenken durch Urteil des Bundesverfassungsgerichts vom 15. 12. 1983 ausgesetzt. Auf der Grundlage eines neuen Volkszählungsgesetzes vom 8. 11. 1985 (BGBl I 2078), das den Auflagen des Bundesverfassungsgerichts Rechnung trägt, wurde die Zählung am 25. 5. 1987 (Stichtag) als Volks-, Berufs-, Gebäude-, Wohnungs- und Arbeitsstättenzählung durchgeführt. Die Verknüpfung mehrerer Zählungen in einer Erhebungsorganisation ermöglicht erhebliche Einsparungs- und Rationalisierungseffekte und garantiert abgestimmte Ergebnisse.

vollautomatisierte Produktion, Elementartyp der Produktion (→Produktionstypen), der sich aus dem Merkmal des Mechanisierungsgrades ergibt. Bei v.P. ist neben der Steuerung der einzelnen Maschinen auch die Kontrolle bzw. Korrektur nach dem Regelkreisprinzip mechanisiert. Es liegt ein entsprechender Grad der Selbsttätigkeit der Transportvorgänge vor. Die Arbeitskräfte beschränken sich auf Ingangsetzung, Rohstoffzufuhr und Produktentnahme sowie allgemeine Überwachungstätigkeiten einschließlich Instandhaltungsmaßnahmen. – *Beispiel:*

Abfüllung von Bier in Flaschen mit einem Abfüllautomaten. – Vgl. auch →manuelle Produktion, →maschinelle Produktion, →teilautomatisierte Produktion.

Vollautomatisierung, Ausprägungsform der →Automatisierung. Man spricht von V., wenn die Maschine neben Steuerungs- auch Überwachungsfunktionen mit Rückkopplungsfunktion übernimmt. D. h. bei V. arbeitet die Maschine nach dem Regelkreisprinzip. – *Gegensatz:* →Teilautomatisierung. – Vgl. auch →vollautomatisierte Produktion.

Vollbeendigung einer Gesellschaft, Bezeichnung für die Beendigung der nach →Auflösung insbes. einer Handelsgesellschaft i. a. noch erforderlichen →Abwicklung. Mit der V. endet auch die noch fortbestehende →Abwicklungsgesellschaft. Die Abwickler haben das Erlöschen der Firma zum Handelsregister anzumelden (z. B. § 157 I HGB).

Vollberechtigungstreuhandschaft, →Treuhandschaft.

Vollbeschäftigung. I. Volkswirtschaftstheorie: Grundsätzlich sollte V. im Sinne einer optimalen Beschäftigung für *alle Produktionsfaktoren* definiert werden; in der praktischen Wirtschaftspolitik wird V. allerdings nur auf den *Faktor Arbeit* bezogen. V. liegt vor, wenn für eine Beschäftigung geeignete Personen, die Beschäftigung zum herrschenden Lohnsatz suchen, diese ohne längeres Warten finden können. Die *quantitative Konkretisierung* der V. erfolgt traditionell durch die Arbeitslosenquote (Anteil der Arbeitslosen an den abhängig Beschäftigten) oder den Vergleich der Zahl der offenen Stellen und der Arbeitslosen (umstritten); neuerdings auch durch den →Beschäftigungsgrad (Auslastungsgrad) des Arbeitskräftepotentials (einschl. der stillen Reserve) oder den Auslastungsgrad des Arbeitspotentials (= Arbeitskräftepotential × potentielle durchschnittliche Jahresarbeitszeit). – Nach Ansicht der *Klassiker* ist in der →Marktwirtschaft die Tendenz zur V. durch Preis-, Lohn- und Zinsmechanismus vorgegeben (Saysches Theorem). – Nach *Keynes* dagegen ist Gleichgewicht auch bei Unterbeschäftigung, also bei Freisetzung von Arbeitskräften, möglich, im Gegenteil sei V. in der modernen Wirtschaft nur eine „seltene" und kurzlebige Erscheinung. Deshalb empfahl Keynes als Beschäftigungspolitik die Steuerung der gesamtwirtschaftlichen Nachfrage. Seit der Weltwirtschaftskrise wurden von vielen Staaten *beschäftigungspolitische Maßnahmen* ergriffen, da der Glaube an die Selbsterhaltungskräfte der Volkswirtschaft durch die damalige Depression weitgehend verlorengegangen ist. V. zählt in der Bundesrep. D. zum Zielkatalog des →Stabilitätsgesetzes; ähnlich verlangt das Arbeitsförderungsgesetz die Beseitigung dauerhafter Arbeitslosigkeit sowie eines anhaltenden Mangels an Arbeitskräften (→Magisches Vieleck). V. ist eine der zentralen Forderungen der Gewerkschaften („Recht auf Arbeit" im Rahmen der social security) und der UN.

II. Plankostenrechnung: Beschäftigungsstand (→Beschäftigung), bei dem ungeachtet einzelner noch vorhandener Spitzenleerläufe die Gesamtausbringung (unter der Voraussetzung gleichbleibender Anlagendimensionierung) auf die Dauer nicht mehr gesteigert werden kann.

Vollbeschäftigungsarbeitslosigkeit, →natürliche Arbeitslosigkeit.

Vollbeschäftigungsgrad, →Beschäftigungsgrad 4.

Vollcharter, →Charterverkehr.

vollduplex, →duplex.

volle Deckung, Deckungsform der ADS Güterversicherung 1973 i. d. F. 1984 (→Allgemeine Deutsche Seeversicherungsbedingungen), die eine Allgefahren-Deckung ist. Die v.D. versichert Verlust sowie Beschädigung als Folge aller Gefahren, außer den einzeln genannten vom Versicherungsschutz ausgeschlossenen Gefahren. Wesentlich ist die v.D. im Fall von Beschädigungen (z. B. Nässe, grobe Ladungsbehandlung) sowie Diebstahl; deshalb insbes. für empfindliche Transportgüter (z. B. hochtechnisierte) gewählt. Die v.D. entspricht im Versicherungsumfang der Deckungsform (A) der →Institute Cargo Clauses.

Vollerhebung, *Totalerhebung,* in der Statistik eine →Erhebung, in die sämtliche Elemente der →Grundgesamtheit einbezogen sind. Die Verfahren der Statistik beschränken sich in diesem Falle auf Deskription (→deskriptive Statistik); die →Inferenzstatistik steht im Hintergrund. In vielen Fällen sind V. nicht möglich oder aufwendig. V. sind insbes. die →Volkszählungen. – *Gegensatz:* →Teilerhebung.

voller Satz, →full set.

Vollerwerbsbetrieb, typisierende Bezugsgröße für die Ermittlung der Wirtschaftlichkeit von bäuerlichen Betrieben in der →Landwirtschaftsstatistik. Zuordnung der Betriebe zu gleichartigen Gruppen nach folgenden Merkmalen: Ertragsbedingungen nach →Bodennutzungssystem und geographischer Lage, abgestuft nach der Größe der →landwirtschaftlich genutzten Fläche, nach Verkehrslage und Marktferne sowie nach regionalen Unterschieden der Lebenshaltungskosten. Ziel ist es, die Zahl der „echten" landwirtschaftlichen Betriebe zu ermitteln, die ohne Zuerwerb der Haushaltsangehörigen auskömmliche Jahreseinkünfte ermöglichen. – Die V. sind damit gegen landwirtschaftliche

Nebenerwerbsbetriebe abgegrenzt, die den jeweiligen Schwellenwert nicht erreichen.

Vollfamilie, →Kernfamilie.

Vollhafter, Bezeichnung für die persönlich haftenden Gesellschafter einer →Personengesellschaft (→persönliche Haftung). Bei der OHG sind sämtliche Gesellschafter V., bei der KG nur die →Komplementäre (im Gegensatz zu den →Kommanditisten), bei der KGaA die Komplementäre (im Gegensatz zu den →Aktionären).

Voll-Indossament, →Indossament, das den Namen des Nachmannes und die Unterschrift des Indossamenten enthält. – *Gegensatz:* →Blanko-Indossament.

Volljährigkeit, Voraussetzung für →Geschäftsfähigkeit, tritt mit Vollendung des 18. Lebensjahres ein (§ 2 BGB); vgl. Gesetz zur Neuregelung des Volljährigkeitsalters vom 31. 7. 1974 (BGBl I 1713). – Bis zum 31. 12. 1974 trat die V. mit Vollendung des 21. Lebensjahres ein. Im Gegensatz zur früheren Regelung ist heute eine Volljährigkeitserklärung nicht mehr zulässig.

Vollkaufmann, Person, die alle Rechte und Pflichten eines →Kaufmanns hat. Für den V. gelten *alle* Vorschriften des HGB (nicht aber für den →Minderkaufmann). V. muß einen kaufmännisch eingerichteten Betrieb (u. a. also kaufmännische Buchführung) haben und ist verpflichtet, seine →Eintragung im →Handelsregister herbeizuführen. Der →Sollkaufmann und der →Kannkaufmann sind stets V. Daneben aber sind z. B. AG, GmbH, Genossenschaft usw. ohne Rücksicht auf den Umfang, selbst wenn sie überhaupt kein →Handelsgewerbe betreiben, als →Formkaufmann V. kraft Gesetzes (§ 6 II HGB). Der →Mußkaufmann kann V. oder Minderkaufmann sein, da diese Eigenschaft nicht durch den Umfang des Betriebes, sondern die Art der Geschäfte bedingt ist. Sinkt ein Großbetrieb dauernd zum Kleinbetrieb herab, so wird der V. Minderkaufmann und muß sich gegebenenfalls im Handelsregister löschen lassen.

vollkommene Information, vollständige Über- und Voraussicht eines Wirtschaftssubjekts über alle vergangenen, gegenwärtigen und zukünftigen Tatbestände und Ereignisse, die sein Handeln beeinflussen. V.I. ist eine Fiktion. – Findet in vielen Modellen der Wirtschaftstheorie *Anwendung als Axiom:* V.I. führt zum Gleichgewicht, dessen Analyse im Zentrum der neoklassischen Theorie (→Neoklassik) steht. – *Gegensatz:* →unvollkommene Information.

vollkommene Konkurrenz, *vollständige Konkurrenz.* **1.** *Begriff:* a) *Marktform,* die durch einen →*vollkommenen Markt* sowie *unendlich viele Anbieter und Nachfrager* gekennzeichnet

ist. Der Marktanteil des einzelnen Teilnehmers ist dabei so klein, daß er die →Markt-
preise nicht direkt beeinflussen kann, und als
gegeben nehmen muß. Daraus ergibt sich eine
alternative Definition (vgl. b)). – b) Marktform
bei der der *Preis ein Datum* für die Marktteilnehmer darstellt. Konsumenten und Produzenten verhalten sich als →Mengenanpasser. –
2. *Auswirkungen:* Gesamtwirtschaftlich führt
v.K. auf allen Märkten zu effizienter Produktion und Pareto-effizienter Allokation. Allerdings sind die Annahmen so unrealistisch, daß
das Konzept der v.K. nur als theoretischer
Referenzpunkt in der →allgemeinen Gleichgewichtstheorie, der →Wettbewerbstheorie und
→Wohlfahrtstheorie betrachtet werden kann.

vollkommener Markt, Begriff der Marktformenlehre für einen →Markt, auf dem die
folgenden Bedingungen gelten: (1) Homogenität der gehandelten Güter; (2) keine räumliche
Ausdehnung des Marktes; (3) unendliche
Anpassungsgeschwindigkeit der Marktteilnehmer auf Veränderungen von Mengen und
Preisen, (4) alle Marktteilnehmer handeln
nach dem Erwerbsprinzip. Auf einem v.M.
herrscht für *jedes Gut* zu *jedem Zeitpunkt* nur
ein →*Marktpreis.* Trotz v.M. kann jedoch
→unvollständige Konkurrenz vorliegen.

Vollkosten, Begriff der Kostenrechnung, v. a.
der Kalkulation. V. sind die einer Einheit eines
einzelnen →Kostenträgers zugerechneten
→Einzelkosten und anteiligen →Gemeinko-
sten bzw. →variablen Kosten und anteiligen
→fixen Kosten. Die Addition sämtlicher V.
der Produkteinheiten ergibt als Summe die
Gesamtkosten des Unternehmens. – Zur
Kritik der Bildung von V.: Vgl. →Vollkosten-
rechnung: – *Gegensatz:* →Teilkosten. – Vgl.
auch→Vollplankostenrechnung.

Vollkostenkalkulation, Sammelbegriff für
Formen der →Kalkulation, die die →Vollko-
sten auf die Kostenträger verrechnen. – *Wichtigste Form der V.:* →Zuschlagskalkulation. –
Gegensatz: →Teilkostenkalkulation. – Vgl.
auch →Vollkostenrechnung.

Vollkostenrechnung, in der Praxis (noch)
am häufigsten angewandtes Kostenrech-
nungssystem (→Kostenrechnung). – 1. *Grund-
prinzip/Zweck:* Die V. hat zum Ziel,
sämtliche im Unternehmen anfallenden
Kosten auf die →Kostenträger und deren
Einheiten zu verteilen. Sie soll insbes. der
Preiskalkulation und -beurteilung, daran
anknüpfend auch der Festlegung des Produk-
tions- und Absatzprogramms (→Produktions-
programmplanung) dienen. – 2. *Vorgehensweise:* Zur Erfüllung des Rechnungsziels sammelt die V. im ersten Schritt die Kosten in der
→Kostenartenrechnung, in der auch die Aufteilung in →Einzelkosten und →Gemeinko-
sten erfolgt. Im zweiten Schritt werden in der
→Kostenstellenrechnung die Gemeinkosten
den sie auslösenden →Kostenstellen zugeord-

net und im Rahmen der →innerbetrieblichen
Leistungsverrechnung sämtlich den →Endko-
stenstellen belastet. Im dritten Schritt erfolgt
in der →Kostenträgerrechnung die →Kalku-
lation der Produkte, indem die aus der Kostenartenrechnung transferierten Einzelkosten
mit anteiligen Gemeinkosten der Endkostenstellen zusammengefaßt werden. – 3. *Mängel:*
Die V. kennzeichnet eine Reihe gravierender
Mängel, die sie zur Fundierung und Kontrolle
unternehmerischer Entscheidungen ungeeignet werden lassen. Neben dem Verzicht auf die
Trennung von fixen und variablen Kosten
(→Kostenauflösung), der Vernachlässigung
betrieblicher Engpässe, der Beziehung von
→Zusatzkosten und der Beschränkung auf
Kostenstellen und -träger als Bezugsgrößen
(→Einzelkostenrechnung) zählt hierzu insbes.
die vielstufige →Gemeinkostenschlüsselung. –
Vgl. auch →Vollplankostenrechnung.

Vollmacht, durch →Rechtsgeschäft erteilte
→Vertretungsmacht. – 1. *Erteilung:* Erfolgt
sowohl durch Erklärung gegenüber dem zu
Bevollmächtigenden oder durch Erklärung
gegenüber dem Geschäftspartner. Die V. ist
einseitiges, empfangsbedürftiges Rechtsgeschäft; daher ist Zugang, nicht aber Annahme
der V. erforderlich. Die V. bedarf i. d. R. auch
dann keiner Form, wenn das Rechtsgeschäft,
für das sie bestimmt ist, einer Form bedarf
(§ 167 BGB); bei Grundstücksgeschäften ist
jedoch Nachweis der Bevollmächtigung in
öffentlich beglaubigter Form gegenüber dem
Grundbuchamt erforderlich. – 2. *Erlöschen:*
Das Erlöschen der V. durch Beendigung des
zugrunde liegenden Rechtsverhältnisses (z. B.
des Dienstvertrages) durch Widerruf und Tod
des Bevollmächtigten. Ob der Tod des Vollmachtgebers die V. beendet, hängt von dem
Inhalt der V., beim Fehlen besonderer Bestimmungen von den Umständen ab; im Zweifel
bleibt sie über den Tod des V.-Gebers hinaus
wirksam. Widerruflichkeit der V. kann durch
Vereinbarung zwischen V.-Geber und Bevollmächtigten ausgeschlossen werden. Ist die V.
durch Erklärung gegenüber einem Dritten
erteilt, so bleibt sie diesem gegenüber so lange
in Kraft, bis ihm das Erlöschen vom V.-Geber
angezeigt wird (§ 170 BGB). Bei V.-Erteilung
durch öffentliche Bekanntmachung bedarf
Widerruf derselben Form (§ 171 BGB). Ist
dem Bevollmächtigten eine besondere
Urkunde ausgehändigt, so bleibt die V. gegenüber gutgläubigen Dritten so lange bestehen,
bis die Urkunde zurückgegeben oder für
kraftlos erklärt worden ist (§ 172 BGB). –
Kraftloserklärung erfolgt auf Antrag durch
das →Amtsgericht durch öffentliche Bekanntmachung. – *Besondere Arten der V.:* →Hand-
lungsvollmacht; →Prokura.

Vollmachtsaktionär, Person, die im eigenen
Namen das →Stimmrecht für fremde Aktien
ausüben will. Betrag und Gattung dieser
Aktien sind in dem in der Hauptversammlung

aufzunehmenden Teilnehmerverzeichnis besonders kenntlich zu machen (§ 129 AktG). Der V. erhält seine Stellung i. a. durch →Legitimationsübertragung der Aktie.

Vollmachtsindossament, →Prokuraindossament.

Vollmacht-Spediteur, durch Empfänger Vollmacht gemäß § 77 V EVO zur Zuführung der Güter vom Bestimmungsbahnhof zum Empfänger legitimierter →Spediteur. Der V.-S. leistet Zahlung (als Vertreter des Empfängers) für die auf den Sendungen ruhenden Frachten und evtl. Nachnahme. Zwischen V.-S. und seinen Kunden gelten die ADSp, die Geschäfte werden deshalb auch durch den →Speditions- und Rollfuhrversicherungsschein versichert (anders beim bahnamtlichen →Rollfuhrdienst).

Vollmachtstreuhandschaft, →Treuhandschaft.

Vollperson, Ausdruck der →Sozialstatistik für eine Bevölkerungseinheit, die aus gleichmäßig und normal verbrauchenden erwachsenen Personen gedacht ist. Kinder, evtl. auch Frauen, werden nach einer Umrechnungsskala höher oder niedriger bewertet als erwachsene, erwerbstätige Männer, je nach der Zusammensetzung des Verbrauchs. – *Beispiel:* Nahrungsmittelbedarf einer fünfköpfigen Familie nach physiologischem Schlüssel je nach Lebensalter und Geschlecht umgerechnet auf Verbrauchseinheiten.

Vollplankostenrechnung, Form der →Plankostenrechnung (starr oder flexibel) auf der Basis von →Vollkosten. Die V. läßt in der Kostenträgerrechnung (→Vollkostenkalkulation) die für unternehmerische Entscheidungen relevanten →Grenzkosten nicht erkennen, daher Weiterentwicklung zur →Grenzplankostenrechnung. – Vgl. auch →Vollkostenrechnung.

Vollrausch, juristischer Tatbestand. V. ist gegeben, wenn jemand sich vorsätzlich oder fahrlässig durch alkoholische Getränke oder andere berauschende Mittel in einen die Zurechnungsfähigkeit ausschließenden Rausch versetzt und in diesem Zustand eine →Straftat oder eine →Ordnungswidrigkeit begeht. Die Strafe oder Geldbuße darf nicht höher sein als diejenige, die für im Rausch begangene Tat oder Ordnungswidrigkeit angedroht ist (§§ 323 a StGB, 122 OWiG). Ein V. beginnt etwa bei einem →Blutalkoholgehalt von 2,5 bis 3‰.

Vollrente, →Verletztenrente der gesetzlichen Unfallversicherung in Höhe von 66⅔% des →Jahresarbeitsverdienstes, die ein Erwerbsunfähiger (→Erwerbsunfähigkeit) erhält (§ 581 RVO). Für jedes Kind des Verletzten bis zum vollendeten 18. (beim Vorliegen besonderer Voraussetzungen bis zum 25.) Lebensjahr

wird eine *Kinderzulage* in Höhe von 10% der Rente gewährt. Die V. einschl. der Kinderzulagen darf den Jahresarbeitsverdienst nicht übersteigen. – Bei V. wegen eines Unfalls (einer →Berufskrankheit) aus der Zeit vor dem 1.1.1957 *Zulagen.*

vollständige Enumeration, Verfahren des Operations Research, das zur Lösung eines Optimierungsproblemes eingesetzt wird, wenn keine analytischen Lösungsalgorithmen existieren und der Lösungsraum endlich ist. Es werden alle zulässigen Lösungen ermittelt und durch Vergleich die optimale Lösung gefunden. Durch den hohen Rechenaufwand (bei n Variablen mit k möglichen Werten ergeben sich k^n Lösungen) ist dieses Verfahren nur bei sehr kleinen Problemen anwendbar. I.d.R. wird man zu →begrenzter Enumeration, →Branch-and-Bound-Verfahren oder →dynamischer Optimierung übergehen.

vollständige Konkurrenz, →vollkommene Konkurrenz.

vollständiger Graph, →Graph, bei dem jedes Paar von verschiedenen Knoten i und j durch eine Kante bzw. Pfeile (i, j) und (j, i) verbunden ist.

Vollständigkeit (der Präferenzordnung), →Ordnungsaxiome.

Vollständigkeitsgebot, →Grundsätze ordnungsmäßiger Buchführung.

vollstreckbare Ausfertigung, →vollstreckbare Urkunde.

vollstreckbarer Titel, →Vollstreckungstitel.

vollstreckbare Urkunde, Urkunde, aus der der Gläubiger unmittelbar die →Zwangsvollstreckung betreiben kann (§ 794 Nr. 5 ZPO). V.U. muß vor einem deutschen Gericht oder Notar innerhalb der dessen Zuständigkeit in der vorgeschriebenen *Form* aufgenommen werden und eine bestimmte Leistung (Zahlung einer Geldsumme oder Leistung einer bestimmten Menge vertretbarer Sachen oder Wertpapiere) zum *Gegenstand* haben; auch muß sich der Schuldner in der Urkunde der sofortigen Zwangsvollstreckung unterworfen haben. – *Vollstreckbare Ausfertigung* der v.U. wird von den Urkundsbeamten des Gerichts oder dem Notar erteilt (§ 797 ZPO); i.d.R. nur einmal.

Vollstreckung, Erzwingung insbes. einer richterlichen Anordnung. – 1. *Strafvollstreckung:* Zwangsweise Durchsetzung eines rechtskräftig erkannten Strafausspruchs. Vollstreckungsbehörde ist die →Staatsanwaltschaft. Die V. von →Bußgeldbescheiden ist in §§ 89 ff. OWiG besonders geregelt. – 2. *V. von zivilrechtlichen* →*Vollstreckungstiteln* erfolgt im Wege der →Zwangsvollstreckung. – 3. Im →*Verwaltungszwangsverfahren* werden öffentliche Forderungen eingezogen; vgl. →Beitreibung.

Vollstreckungsabwehrklage, →Vollstreckungsgegenklage.

Vollstreckungsbefehl, jetzt: →Vollstreckungsbescheid.

Vollstreckungsbehörden, →Beitreibung.

Vollstreckungsbescheid, früher: *Vollstreckungsbefehl,* für vollstreckbar erklärter Mahnbescheid, V. wird im Mahnverfahren auf Antrag des Antragstellers erteilt, wenn der Antragsgegner keinen →Widerspruch erhoben hat. V. steht einem →Versäumnisurteil gleich, deshalb kann der Antragsteller →*Zwangsvollstreckung* betreiben und der Antragsgegner binnen zwei Wochen seit Zustellung →Einspruch erheben. Wird kein Einspruch erhoben, erlangt V. Rechtskraft.

Vollstreckungsgegenklage, *Vollstreckungsabwehrklage,* →Klage zur Geltendmachung materiell-rechtlicher Einwendung (z. B. Zahlung) gegen einen →Vollstreckungstitel. Sie ist auf Unzulässigerklärung der Zwangsvollstreckung aus dem Titel gerichtet (§ 767 ZPO). – Es können grundsätzlich nur solche *Einwendungen* erhoben werden, die nach Schluß der letzten mündlichen Verhandlungen entstanden sind und die nicht mehr durch Einlegung eines →Rechtsmittels oder →Einspruchs geltend gemacht werden konnten (Ausnahme bei Prozeßvergleichen und vollstreckbaren Urkunden; §§ 797, 797 a ZPO). – *Zuständig* für die gegen den Gläubiger zu erhebende Klage ist i. d. R. das Gericht, bei dem der Prozeß in erster Instanz anhängig war; auf Antrag des Schuldners kann das Gericht die →*Einstellung* der Zwangsvollstreckung bis zur Entscheidung über die V. anordnen (§ 769 ZPO).

Vollstreckungsgericht. 1. Das →*Amtsgericht,* das zur Entscheidung in Zwangsvollstreckungssachen zuständig ist und selbst bestimmte Vollstreckungshandlungen vornehmen kann (§ 764 ZPO). Ausschließlich *zuständig* ist das Amtsgericht, in dessen Bezirk die Zwangsvollstreckung stattfindet, ausgenommen bei der →Pfändung von Geldforderungen und anderen Vermögensrechten, für die das Gericht des allgemeinen →Gerichtsstandes des Schuldners zuständig ist, sowie im Verfahren wegen Abgabe der →eidesstattlichen Versicherung, für das sich die Zuständigkeit nach dem →Wohnsitz des Schuldners bestimmt. – *Rechtsmittel:* Gegen Entscheidungen des V. ist →sofortige Beschwerde, u. U. auch zunächst →Erinnerung zulässig. – Auch im Zwangsvollstreckungsverfahren können gewisse Einwendungen nur durch Klage bei dem Prozeßgericht geltend gemacht werden: Vgl. →Drittwiderspruchsklage, →Vollstreckungsgegenklage. – 2. Soweit die ZPO bei einer Vollstreckung im Rahmen der Verwaltungsgerichtsbarkeit Anwendung findet, ist das →Verwaltungsgericht der ersten Rechtszuges (§ 167 I VwGO).

Vollstreckungskammern, bei den →Landgerichten gebildete Kammern, zuständig für gerichtliche Entscheidungen bei der Vollstreckung von →Freiheitsstrafen und freiheitsentziehenden Maßregeln (§§ 462 a ff. StPO).

Vollstreckungsklausel, die der Ausfertigung eines →Urteils beizufügende Erklärung, daß „vorstehende Ausfertigung zum Zwecke der →Zwangsvollstreckung erteilt wird" (§§ 724– 749 ZPO). Ihre Erteilung ist i. d. R. Voraussetzung für die Durchführung der Zwangsvollstreckung. Die V. soll die Organe der Zwangsvollstreckung einer Nachprüfung der Vollstreckbarkeit des Titels entheben. Sie wird auf Antrag des Gläubigers von dem Urkundsbeamten des Gerichts erteilt, bei dem der Prozeß zuletzt anhängig war.

Vollstreckungsschuldner, im Steuerrecht derjenige, der nach den Steuergesetzen zur Zahlung der Schuld verpflichtet ist oder neben dem Schuldner persönlich in Anspruch genommen werden kann (§§ 191, 253 AO). – Vgl. auch →Beitreibung, →Zwangsvollstreckung, →Haftung.

Vollstreckungsschutz. 1. *Begriff:* Schutz des Schuldners gegen unbillig hartes Vorgehen eines die →Zwangsvollstreckung betreibenden Gläubigers mit dem Ziel, dem schutzwürdigen Schuldner i. a. durch zeitweilige Aussetzung der Vollstreckung die Erhaltung seiner Existenz zu sichern. Im weiteren Sinne gehören dazu auch die Bestimmungen über die →Unpfändbarkeit gewisser Gegenstände, insbes. auch bei der →Lohnpfändung, und die Vorschriften über die richterliche →Vertragshilfe. – Die Gewährung oder Versagung des V. betreffenden Entscheidungen des Vollstreckungsgerichts sind regelmäßig mit der →sofortigen Beschwerde anfechtbar. – 2. *Generalklausel* (§ 765 a ZPO): Das Vollstreckungsgericht kann auf Antrag des Schuldners eine Vollstreckungsmaßnahme ganz oder teilweise aufheben, untersagen oder einstweilen einstellen, wenn die Maßnahme unter voller Würdigung des Schutzbedürfnisses des Gläubigers wegen ganz besonderer Umstände eine Härte bedeutet, die mit den guten Sitten nicht vereinbar ist. – 3. Die *Verwertung gepfändeter* →*beweglicher Sachen* kann auf Antrag des Schuldners (i. a. binnen zwei Wochen nach der →Pfändung anzubringen) unter Anordnung von Zahlungsfristen zeitweilig ausgesetzt werden, wenn dies nach der Persönlichkeit und den wirtschaftlichen Verhältnissen des Schuldners sowie nach der Art der Schuld angemessen erscheint und nicht überwiegende Belange des Gläubigers entgegenstehen. Die Verwertung darf unter derartigen Anordnungen nicht länger als ein Jahr nach der Pfändung hinausgeschoben werden. Dieser V. kann bei Wechselsachen nicht gewährt werden. Die Entscheidungen des Vollstreckungsgerichts aufgrund des § 813 a ZPO sind ausnahmsweise unanfechtbar. – 4. Die *Zwangs-versteigerung von Grundstücken* ist auf Antrag des Schuldners einstweilen auf die Dauer von höchstens sechs Monaten einzustellen, wenn Aussicht besteht, daß durch die Einstellung die Versteigerung vermieden wird und die Einstellung nach den persönlichen und wirtschaftlichen Verhältnissen des Schuldners sowie nach der Art der Schuld der Billigkeit entspricht. Einstellung kommt nicht in Betracht, wenn sie dem Gläubiger unter Berücksichtigung seiner wirtschaftlichen Verhältnisse nicht zuzumuten ist. Die Einstellung darf höchstens zweimal erfolgen. Der betreibende Gläubiger muß binnen sechs Monaten nach Ablauf der Einstellung Antrag auf Fortsetzung des Verfahrens stellen, sonst von Amts wegen Aufhebung des Zwangsversteigerungsverfahrens (§§ 30 a–32 ZVG). – 5. Sondervorschriften gelten für die *Zwangsvollstreckung zur Herausgabe von Wohnräumen:* Vgl. →Räumungsfrist. – 6. Vor *Eröffnung des Vergleichsverfahrens* kann das Vergleichsgericht auf Antrag des vorläufigen Verwalters unter gewissen Voraussetzungen anordnen, daß eine Zwangsvollstreckung, die gegen den Schuldner bei Eingang des Eröffnungsantrages anhängig ist oder später anhängig wurde, bis zur Entscheidung über den Eröffnungsantrag, längstens jedoch auf die Dauer von sechs Wochen, einstweilen eingestellt wird (§ 13 VerglO).

Vollstreckungstitel, die →Zwangsvollstreckung ermöglichende Urkunde. – *Wichtigste V.:* Rechtskräftiges oder für vorläufig vollstreckbar erklärtes →Urteil (→vorläufige Vollstreckbarkeit), →Arrest, →einstweilige Verfügung, →Vollstreckungsbescheid, →Schiedsspruch, →Prozeßvergleich, →Kostenfestsetzungsbeschluß, →vollstreckbare Urkunde, Zuschlagsbeschluß bei der Zwangsversteigerung von Grundstücken, Auszug aus der →Konkurstabelle oder dem →Gläubigerverzeichnis (§ 794 ZPO).

Vollstreckungsvereitelung, strafrechtlicher Tatbestand (§ 288 StGB). Wer bei einer ihm drohenden →Zwangsvollstreckung in der Absicht, die Befriedigung der Gläubiger zu vereiteln, Bestandteile seines Vermögens veräußert oder beiseite schafft, wird mit Freiheitsstrafe bis zu zwei Jahren oder Geldstrafe bestraft. Verfolgung nur auf Strafantrag des Gläubigers. – *Sondervorschriften für* →Konkursdelikte.

Vollversicherung, Versicherungsschutz, bei dem →Versicherungswert und →Versicherungssumme übereinstimmen, so daß die Entschädigung gleich dem →Schaden ist. – Bei *zu niedriger Versicherungssumme:* Vgl. →Unterversicherung. – *Anders:* →Vollwertversicherung.

Vollwertversicherung, Versicherungsform, bei der die Versicherungssumme nach dem vollen Wert des versicherten Interesses bemessen, also entsprechend den real vorhandenen Werten der versicherten Sachen festgelegt werden soll. Ist der →Versicherungswert am Schadentag höher als die vereinbarte →Versicherungssumme, liegt →Unterversicherung vor; in diesem Fall wird jeder Schaden nur nach dem Verhältnis von Versicherungssumme zu Versicherungswert entschädigt. –V. kommt für Versicherungen in Frage, bei denen die Höchstwerte der versicherten Interessen erheblich und unregelmäßig streuen, im einzelnen aber hinreichend bestimmbar sind. – V. ist die bei der →Sachversicherung dominierende Versicherungsform. – *Beispiele:* →Feuerversicherung, →verbundene Hausratversicherung und →verbundene Wohngebäudeversicherung. – *Anders:* →Vollversicherung.

Vollwinkel, →gesetzliche Einheiten, Tabelle 1.

Vollziehungsbeamter, mit der Durchführung von Vollstreckungsmaßnahmen im Verwaltungswege betrauter Beamter, entsprechend dem →Gerichtsvollzieher, z. B. der V. des Finanzamts (§ 334 AO).

Vollzugsbudget, Gliederung des →Budgets nach den Wirkungen des marktwirtschaftlichen Ablauf in kurzer und langer Sicht. Gegensatz zur bisherigen Handhabung in der Bundesrep. D., der Gliederung nach dem Ressortprinzip.

Vollzugsplanung, →Produktionsprozeßplanung, →Produktionsprozeßsteuerung.

Vollzugsziffernbudget, →Budget a).

Volontär. 1. *Begriff:* a) Nach *bisherigem Verständnis:* Person, die, ohne als →Auszubildender (Lehrling) angenommen zu sein, zum Zweck der Ausbildung unentgeltlich in den Diensten eines anderen beschäftigt wird (§ 82 a HGB). – b) Im *neueren Schrifttum:* Nach Inkrafttreten des Berufsbildungsgesetzes (BBiG) ist die rechtliche Stellung des V. stark umstritten. Wohl überwiegend wird angenommen, daß ein V.verhältnis im arbeitsrechtlichen Sinne dann anzunehmen ist, wenn den V. eine Arbeitspflicht trifft. Ist das vereinbart, ist § 19, BBiG anzuwenden. Im Widerspruch zu der insoweit überholten Vorschrift des § 82 a HGB hat der V. dann zwingend einen Anspruch auf angemessene Vergütung (§§ 19, 10 BBiG). Soweit keine Arbeitspflicht besteht und die Eigenschaft als Arbeitnehmer zu verneinen ist, ist nach umstrittener Auffassung § 19 BBiG auch nicht entsprechend anzuwenden. – 2. *Abgrenzung von V. und Praktikant:* Die Ausbildung des V. dient im Vergleich zum →Praktikanten mehr einer allgemeinen Orientierung im Betrieb, während das Praktikum Vorstufe einer weiteren Ausbildung ist.

Volt (V), →gesetzliche Einheiten, Tabelle 1.

Voluntarismus, →Marxismus-Leninismus.

von-Haus-zu-Haus-Klausel, in der Transportversicherung von Waren übliche Vereinbarung über die Versicherungsdauer. Die Versicherung beginnt mit der Entfernung der Güter vom bisherigen Aufbewahrungsort und endet mit dem Zeitpunkt, in dem die Güter beim Empfänger an die zur Aufbewahrung bestimmte Stelle gebracht werden, spätestens nach Ablauf bedingungsgemäßer Fristen (§ 124 Nr. 5 ADS 1984, § 5 ADB).– Vorteilhaft bei gemischten Reisen, bei denen nacheinander mehrere Unternehmen des Verkehrsgewerbes tätig werden.

von Neumann-Architektur, auf den Mathematiker J. von Neumann zurückgehende Rechnerarchitektur, bei der →Programme und zu verarbeitende →Daten in einem →Speicher gehalten werden. Grundlage für den weitaus größten Anteil der installierten Computer; erst im Rahmen der Entwicklung einer neuen Computergeneration in den 80er Jahren (→fifth generation computer project) begann man, von dieser Architektur abzugehen.

Voranmeldung. I. U m s a t z s t e u e r r e c h t : Vgl. →Umsatzsteuervoranmeldung.

II. P o s t w e s e n : Anmeldung eines Ferngesprächs als V.-Gespräch, d. h. mit vorheriger Anfrage, ob der gewünschte Gesprächspartner sprechbereit ist. Nur bei Handvermittlung möglich.

Voranmeldungszeitraum, bei der →Umsatzsteuer der Zeitraum, in dem die Umsatzsteuer auf steuerpflichtige Umsätze entstanden bzw. abziehbare Vorsteuer (→Vorsteuerabzug) angefallen ist und diese in der für diesen Zeitraum abzugebenden →Umsatzsteuervoranmeldung zu erfassen ist: a) regelmäßig *Kalendermonat* (§ 18 I UStG); b) *Kalendervierteljahr,* wenn die Steuer weniger als 6000 DM betrug; c) Befreiung von der Voranmeldungsabgabe- und der damit verbundenen Vorauszahlungspflicht (§ 18 II UStG) ist möglich, wenn die Steuer im vorangegangenen Kalenderjahr weniger als 600 DM betrug.

Voranschlag. I. F i n a n z p l a n u n g : Aufstellung über die innerhalb der zukünftigen Zeiträume zu leistenden Zahlungen, getrennt nach Monaten, in aufgerundeten Zahlen je Konto des →Zahlungsplans. V. vermittelt groben Überblick über die Zahlungsverpflichtungen des kommenden Planabschnittes. Im Zahlungsplan-Abschluß werden →Sollzahlen des V. mit →Istzahlen laut Buchhaltung verglichen und abgestimmt.

II. R e c h n u n g s w e s e n : Kurzbezeichnung für →Kostenvoranschlag.

Vorarbeiter, Vorgesetzter der untersten Stufe; Verbindungsmann zwischen Arbeiter und Meister. In kleinen Gruppen übernimmt er gelegentlich Meisterfunktion und ist direkt dem Betriebsleiter oder Bauingenieur unterstellt. – *Vergütung:* V. erhalten meist eine Funktionszulage zum Stundenlohn oder Wochenlohn.

Voraus, Begriff des Erbrechts für die zum ehelichen Haushalt gehörigen Gegenstände und die Hochzeitsgeschenke (§ 1932 BGB). Der V. gebührt i. d. R. dem überlebenden Ehegatten neben seinem Erbteil als →Vermächtnis bei gesetzlicher Erbfolge neben Verwandten der 2. Ordnung oder neben Großeltern des Erblassers.

Vorausabtretung, →Globalabtretung.

Vorausanmeldung, →Ausfuhrverfahren II.

Vorausklage, →Einrede der Vorausklage.

Vorausschau, →Zukunftsforschung V. 3.

Vorausvermächtnis, →Vermächtnis, das einem →Erben zugewendet wird. V. gilt aus insoweit als Vermächtnis, als es den Erben selbst beschwert (§ 2150 BGB).

Vorauszahlung. I. V e r s i c h e r u n g s w e s e n : 1. *Begriff:* Form der Darlehensgewährung durch den Versicherer gegen Zins. Auch als *Policendarlehen* und *Beleihung eigener Versicherungsscheine* bezeichnet. – 2. *Voraussetzungen:* Rückkaufsfähige Lebensversicherung (→Rückkauf von Versicherungen) oder Unfallversicherung mit Prämienrückgewähr, bei der die Prämien für mindestens drei Jahre gezahlt sind. – 3. *Höhe* der V. ist vom →Deckungskapital abhängig und oft auf einen Prozentsatz, z. B. 95% des Deckungskapitals (Rückkaufswert) begrenzt. – 4. *Angebracht* u. a. bei vorübergehender Geldschwierigkeit zur Bezahlung fälliger Prämien. V. mindert den Wert der Versicherung und gefährdet den Versorgungszweck, sollte deshalb nur Behelfsmittel sein.

II. S t e u e r r e c h t : Zahlung, die der Steuerpflichtige vor der →Steuerfestsetzung auf die voraussichtliche Steuerschuld leistet. Die Festsetzung einer V. ist stets eine Steuerfestsetzung unter Vorbehalt der Nachprüfung (§ 164 I AO). – 1. *Einkommensteuer-V.* am 10.3., 10.6., 10.9., und 10.12. eines Jahres in Höhe von jeweils einem Viertel der voraussichtlichen Jahressteuer, festgesetzt durch Vorauszahlungsbescheid. Sie bemessen sich grundsätzlich nach der →Einkommensteuer, die sich nach Abzug der Steuerabzugsbeträge und der anrechenbaren →Körperschaften bei der letzten →Veranlagung ergeben hat. V. können an die Einkommensteuer angepaßt werden, die sich für den Veranlagungszeitraum voraussichtlich ergeben wird (§ 37 EStG). – 2. *Körperschaftsteuer-V.* grundsätzlich nach gleicher Regelung. Bei vom Kalenderjahr abweichendem →Wirtschaftsjahr sind die V. auf die Körperschaftsteuer während des Wirtschaftsjahres zu entrichten, das im Veranlagungszeitraum endet (§ 49 III KStG). –

3. *Gewerbesteuer-V.* am 15.2., 15.5., 15.8.,
und 15.11. nach dem letzten Steuerbescheid zu
entrichten. Auch hier Anpassung bei Änderung des Gewerbeertrags oder -kapitals möglich (§ 19 GewStG). – 4. *Vermögensteuer-V.*
am 10.2., 10.5., 10.8., und 10.11., solange die
Jahressteuerschuld noch nicht bekanntgegeben ist (§ 21 VStG). – 5. *Umsatzsteuer-V.*
aufgrund der →Umsatzsteuervoranmeldung
i.d.R. am 10. jedes Monats oder bei Vierteljahreszahlern
am 10. des auf das abgelaufene
Quartal folgenden Monats zu entrichten (§ 18
UStG).

Vorauszahlungsfinanzierung, Finanzie-
rungsmaßnahme, bei der der Kunde vor Lieferung von Ware oder Dienstleistung eine Vorauszahlung leistet. – *Zweck:* a) Sicherheit für
den Lieferanten bei Bestellung hochwertiger
Spezialobjekte; b) Entlastung des Liefer- oder
Bauunternehmens, das mit geringem Eigenkapital arbeitet; c) bei Verkäufermarkt Sicherung des Warenbezugs durch Bindung des
Lieferanten. V. vermindert beim Lieferanten
den Bedarf an Eigen- und Fremdkapital.

Vorbehalt des Gesetzes, →Gesetzmäßigkeit
der Verwaltung.

Vorbehaltsfestsetzung, →Steuerfestsetzung
unter dem Vorbehalt der Nachprüfung (§ 164
AO).

Vorbehaltsgut, Begriff des Familienrechts;
vgl. im einzelnen →eheliches Güterrecht III 1.

Vorbehaltsurteil, →Urteil, das vorbehaltlich
der Aufhebung im Nachverfahren ergeht. –
1. V. ist *möglich:* a) wenn der Beklagte
gegenüber dem Klageanspruch mit einer
Gegenforderung aufrechnet (§ 302 ZPO;
→Aufrechnung), und zwar, wenn die Gegenforderung mit dem Klageanspruch nicht in
rechtlichem Zusammenhang steht und nur
letzterer zur Entscheidung reif ist und im
Nachverfahren über das Bestehen der Gegenforderung entschieden wird; b) im Urkunden-,
Wechsel- und Scheckprozeß, wenn der
Beklagte dem Klageanspruch widerspricht
und ihm deshalb die Geltendmachung seiner
Rechte im Nachverfahren vorbehalten bleibt
(§ 599 ZPO). – 2. Das V. kann mit den
gewöhnlichen →Rechtsmitteln *angefochten*
werden; der vollstreckende Kläger ist dem
Beklagten *schadenersatzpflichtig,* wenn das V.
im →Nachverfahren aufgehoben wird.

Vorbescheid. I. V e r w a l t u n g s g e r i c h t s -
b a r k e i t : Besondere Entscheidung, mit der
eine Klage ohne mündliche Verhandlung
abgewiesen werden kann (§ 84 VwGO). Zulässig, wenn die Klage unzulässig oder offenbar
unbegründet ist. Der V. ist zu begründen.
Binnen eines Monats nach Zustellung können
die Beteiligten mündliche Verhandlung
beantragen. Wird der Antrag rechtzeitig
gestellt, gilt der V. als nicht ergangen. Andernfalls wirkt der V. wie ein rechtskräftiges Urteil.

II. F i n a n z g e r i c h t s b a r k e i t : Das
Gericht kann ohne mündliche Verhandlung
durch V. entscheiden. Jeder der Beteiligten
kann innerhalb eines Monats nach Zustellung
des V. mündliche Verhandlung beantragen.
Wird der Antrag rechtzeitig gestellt, gilt der V.
als nicht ergangen, andernfalls wirkt er wie ein
→Urteil (§ 90 III FGO).

III. S o z i a l g e r i c h t s b a r k e i t : Im Verfahren vor dem *Sozialgericht* kann bis zur Anbe-
raumung der mündlichen Verhandlung der
Vorsitzende die Klage mit V. abweisen, wenn
die Klage unzulässig oder offenbar unbegrün-
det ist. Die Beteiligten können binnen eines
Monats nach Zustellung des V. mündliche
Verhandlung beantragen. Bei rechtzeitigem
Antrag gilt der V. als nicht ergangen; andern-
falls steht er einem Urteil gleich (§ 105 SGG). –
Im Berufungsverfahren vor dem *Landessozial-
gericht* kann der Vorsitzende des Senats die
Berufung ohne mündliche Verhandlung durch
V. als unzulässig verwerfen, wenn er mit dem
Berichterstatter darüber einig ist, daß die
Berufung unzulässig oder verspätet ist (§ 158
II SGG).

Vorbesichtigung von Zollgut, Besichtigung
von Zollgut unter Zollaufsicht zum Zwecke
der Vorbereitung der →Zollanmeldung und
des →Zollantrages. Im Zollrecht ist nicht
festgelegt, wer eine V.v.Z. vornehmen darf. Es
wird davon ausgegangen, daß nur der Berechtigte Zugang zu dem Zollgut hat. Proben
dürfen dabei in dem erforderlichen Umfang
entnommen werden (§ 14 ZG, § 23 AZO).

vorbeugende Instandhaltung, grundsätzliche
Vorgehensweise der Anlageninstandhaltung
(→Instandhaltungsplanung). Die v.I. umfaßt
Planung und Abwicklung von Instandhaltungsmaßnahmen grundsätzlich vor Eintritt
eines bestimmten schadensbedingten Anla-
genzustandes bzw. eines ungesteuerten Anla-
genausfalls. Zu den Maßnahmen der v.I.
zählen insbes. →Inspektion und →Wartung.
Aber auch vorbeugende Reparatur und vor-
beugender Austausch oder sonstige vorbeugende Maßnahmen, wie z.B. Schutzanstriche
oder Installation von Warneinrichtungen zählen zur v.I. – Vgl. auch →Instandsetzung.

vorbeugende Unterlassungsklage, →Klage,
zwecks Verhütung zukünftiger Rechtsverletzungen. Voraussetzung eine hinreichend kon-
kretisierte Gefahr eines objektiv widerrechtlichen Eingriffs in ein geschütztes Recht. Liegt
ein Eingriff bereits vor, so ist v.U. zulässig,
wenn die Besorgnis weiterer Eingriffe besteht.
Häufig in Fällen des unlauteren Wettbewerbs.
– In dringenden Fällen ist →einstweilige
Verfügung möglich.

Vorbörse, inoffizielle, unbeaufsichtigte *Bör-
senversammlung* vor der offziellen Börsen-
eröffnung. Häufig Handel in Wertpapieren, die

den Börsenanforderungen noch nicht genügen. – *Gegensatz:* →Nachbörse.

Vordatierung, Angabe eines mit dem Tag der Ausstellung usw. nicht übereinstimmenden späteren (zukünftigen) Datums, Jahres usw. – 1. *V. von Schecks:* Erfolgt i.d.R., weil der Aussteller zur Zeit der Ausstellung nicht über ein ausreichendes Guthaben verfügt. Um der mißbräuchlichen V. des Schecks als Kreditpapier entgegenzuwirken, ordnet Art 28 II ScheckG an, daß der vordatierte Scheck auch dann am Tage der Vorlegung zahlbar ist, wenn dieser Tag noch vor dem Ausstellungsdatum liegt. – 2. *V. von Druckwerken:* Vgl. →Impressum.

vordisponierte Ausgaben, →irreversibel vordisponierte Ausgaben.

Vordruck, →Formular.

Vorempfänge, erbrechtlicher Begriff für Zuwendungen zu Lebzeiten des Erblassers. Sie werden bei der →Erbauseinandersetzung unter gewissen Voraussetzungen berücksichtigt.

Vorerbe, erbrechtlicher Begriff des für denjenigen, der vor dem →Nacherben →Erbe geworden ist. Der V. ist wahrer Erbe mit auflösend bedingtem oder zeitlich durch Endtermin beschränktem Erbrecht. Der V. ist in der Verfügung und Verwaltung grundsätzlich selbständig. – Durch die ihm im Interesse des Nacherben auferlegten *Beschränkungen* ähnelt seine Stellung vielfach der eines Nießbrauchers; Verfügungsbeschränkungen bestehen hinsichtlich der Grundstücke, grundstücksgleichen Rechte sowie der Wertpapiere. – Der Erblasser kann den V. von den gesetzlichen Beschränkungen und Verpflichtungen in engerem oder weiterem Maße *befreien,* insbes. durch Entziehung des Nacherben „auf den Überrest". – *Gesetzlich geregelt* in §§2100–2146 BGB.

Vorfinanzierung, →Zwischenfinanzierung.

Vorführungsrecht, Recht des Urhebers (→Urheberrecht), ein Werk der bildenden Künste, ein Lichtbildwerk, ein Filmwerk oder Darstellungen wissenschaftlicher oder technischer Art durch technische Einrichtungen öffentlich wahrnehmbar zu machen – nicht jedoch Funksendungen solcher Werke (§19 UrhG). – Vgl. auch →Öffentliche Wiedergabe.

Vorgabe. I. Organisation: Teilweise Synonym für →Weisung.

II. Betriebsorganisation: Setzung eines Leistungszieles als integrierender Bestandteil der Planung, die in der Stufenfolge: Schätzung, Vorgabe, Kontrolle vorgeht. a) Zeitvorgabe im Zeitakkord; b) Ausbringungssätze, Energieverbrauchssätze usw.; c) im Rahmen der Planung und Budgetierung;

Ausgaben-, Einnahmen-, Kosten- und Erfolgswerte.

III. Markt- und Meinungsforschung (auch *Standardvorgabe* oder *check list*): Bei einer →Umfrage wird eine Auswahl möglicher Antworten in →Fragebogen numeriert aufgeführt. Die V. erübrigt die – bei der Auswertung der rücklaufenden Fragebogen sonst für die verschiedenen Antwortmerkmale notwendig werdende – →Klassenbildung. Andererseits entsteht die *Gefahr* der Beeinflussung des Befragten.

Vorgabeermittlung erfolgt für Zwecke der →Plankostenrechnung. – 1. Für →*Einzelkosten* aufgrund von Stücklisten, Zeichnungen, Rezeptvorschriften, Arbeitsablaufplänen, Zeitstudien usw. – 2. Für →*Gemeinkosten* unterschiedlich je nach einzelnen Kostenarten (Hilfslöhne, -material, Energiekosten usw.) aufgrund von Erfahrungen und Zahlen der Vergangenheit (Normalkostenrechnung) und aufgrund von exakten Analysen und technischen Berechnungen (Plankostenrechnung), die nach sowohl technischen wie kaufmännischen Überlegungen so variiert werden, daß die →Vorgabekosten bei wirtschaftlicher Arbeitsweise unter Berücksichtigung unvermeidlicher Leerlaufzeiten und Verluste erreicht werden können.

Vorgabekalkulation, *Vorgabezeitkalkulation,* Errechnung der →Vorgabezeit für einen Auftrag (→Auftragszeit). Kalkulationsschema beruht auf Zeitwerten, die mittels Arbeitszeitstudien ermittelt werden. – *Beispiel nach REFA:* Vgl. Tabelle Sp. 2543/2544.

Vorgabekosten, *Budgetkosten,* die im Rahmen einer →Plankostenrechnung den einzelnen Kostenstellen bzw. Kostenträgern des Betriebs aufgrund von →Kostenplanungen für einen bestimmten Zeitraum vorher berechneten →Sollkosten, die, soweit keine Änderung in der Kostenbewertung (z.B. wegen erheblicher Änderung der Marktpreise und des Beschäftigungsgrades eintreten, nicht überschritten werden sollen. Sie werden einem Kostenverantwortlichen vorgegeben. – Vgl. auch →Plankosten, →Sollkosten.

Vorgabezeit, →Soll-Zeit für die ordnungsgemäße Erfüllung eines Auftrages bei →Normalleistung in einem gegebenen Arbeitssystem und festgelegten Einflußgrößen. – Vgl. auch →Auftragszeit, →Belegungszeit.

Vorgabezeitkalkulation, →Vorgabekalkulation.

Vorgang. I. Arbeitswissenschaft: Abschnitt eines →Arbeitsablaufs, der in der Ausführung einer Mengeneinheit des Arbeitsauftrages besteht. Untergliedert in →Vorgangselemente.

Vorgabekalkulation (Beispiel nach REFA)

Vorgabekalkulation für Auftrag Nr. . . .

Zeitbegriff	Symbole	erwartete Ist-Zeit je		Soll-Zeit je Einheit	Soll-Zeit je Auftrag	Vorgabezeit des Auftrags
		Auftrag	Einheit			
Rüstgrundzeit	t_{rg}	18			20	
Rüstverteilzeit (Verteilprozentsatz 5%)	t_{rv}				+ 1	
Rüstzeit	t_r				= 21	
Tätigkeitszeit (beeinflußbar)	t_{bt}		20	22		
Tätigkeitszeit (unbeeinflußbar)	t_{tu}		21	+21		
Tätigkeitszeit	t_t			=43		
arbeitsablaufbedingte Wartezeit	t_w		1	+ 1		
Grundzeit	t_g			=44		
Verteilzeit (Verteilprozentsatz 5%)	t_v			+ 2		
Zeit je Einheit	t_e			=46		
Ausführungszeit (= m · t_e)	t_a				+ 460	
Auftragszeit (= $t_r + t_a$)	T				= 481	= 481

II. B ü r o o r g a n i s a t i o n : Bezeichnung der Büropraxis für die Zusammenfassung aller Teile des Schriftguts, die zu einer bestimmten Angelegenheit gehören.

III. P r o j e k t m a n a g e m e n t / N e t z p l a n - t e c h n i k : Zeiterforderndes Geschehen mit definiertem Anfang und Ende. – Vgl. auch →kritischer Vorgang.

Vorgänger, →Graph 2.

Vorgangselement, Teil eines →Vorgangs im Sinne des Arbeitswissenschaft, der weder in seiner Beschreibung noch in der zeitlichen Erfassung weiter unterteilt wird. – Vgl. auch →Bewegungsgrundelement.

Vorgangskette, betrieblicher Ablauf als eine Folge von Einzelschritten zur Bearbeitung eines Vorgangs; bei einer arbeitsteiligen →Aufbauorganisation nach dem Verrichtungsprinzip sind an einer V. oft viele Stellen beteiligt, daher hohe Durchlaufzeiten der Vorgänge (z. B. Liege-, Transportzeiten, mehrfache →Datenerfassung, u. U. →Bridge-Programme). – *Beispiel:* Auftragsabwicklung in einem Fertigungsbetrieb. Bei Einführung der Datenbankorganisation (→Datenorganisation IV) und durch →Datenintegration IV) können V. identifiziert und reorganisiert werden, so daß sich die Durchlaufzeiten von Vorgängen stark reduzieren lassen.

Vorgangsknotennetzplan, →Netzplan 2 c).

Vorgangspfeilnetzplan, →Netzplan 2 a).

Vorgangspuffer, *Vorgangspufferzeit,* z. T. auch nur *Puffer, Pufferzeit.* 1. *Begriff:* In der →Netzplantechnik derjenige Zeitraum, in dem (bei gewissen Annahmen über die Anfangszeitpunkte seiner Vorgänger und seiner Nachfolger) die Ausführungsdauer eines →Vorgangs maximal ausgedehnt *(Dehnungspuffer)* bzw. (bei konstanter Ausführungsdauer) sein Beginn hinausgezögert werden kann, ohne den geplanten bzw. den frühestmöglichen Beendigungstermin des →Projekts zu gefährden. – 2. *Arten:* a) *Gesamter Puffer (gesamte Pufferzeit, Gesamtpuffer, Gesamtpufferzeit):* Zeitraum, der für dessen zeitliche Verschiebung oder Ausdehnung zur Verfügung steht, wenn seine sämtlichen Vorgänger zu ihren frühestmöglichen und seine sämtlichen Nachfolger zu ihren spätesterlaubten Anfangszeitpunkten begonnen werden. – b) *Freier Puffer (freie Pufferzeit):* Puffer, der sich ergibt, wenn sämtliche Vorgänger und Nachfolger zu ihren frühestmöglichen Anfangszeitpunkten begonnen werden. – c) *Unabhängiger Puffer (unabhängige Pufferzeit):* Puffer, der sich unter der Annahme ergibt, daß – sofern möglich – alle Vorgänger des betrachteten Vorgangs zu ihren spätesterlaubten und die Nachfolger zu ihren frühestmöglichen Anfangszeitpunkten begonnen werden. – d) *Freier Rückwärtspuffer (freie Rückwärtspufferzeit):* Zeitraum, der für dessen zeitliche Verschiebung bzw. Ausdehnung zur Verfügung steht, wenn seine sämtlichen Vorgänger und Nachfolger zu ihren spätesterlaubten Anfangszeitpunkten begonnen werden. – 3. *Bedeutung:* V. geben bereits vor Projektbeginn Auskunft darüber, welche Tätigkeiten besonders sorgfältig zu überwachen sind (das sind insbes. Vorgänge ohne Pufferzeiten), damit sich keine Verzögerung des geplanten Beendigungstermins des Projekts ergibt. Während der Realisierung des Projekts zeigen V. an, welche Auswirkungen bereits eingetretene Verzögerungen von Vorgängen auf den Beginn und das Ende anderer Vorgänge sowie auf den geplanten Projektendtermin haben. Verschiebungen von Vorgängen im Rahmen ihrer Pufferzeiten lassen sich darüber hinaus zur Erzielung einer gleichmäßigen Kapazitätsauslastung nutzen. Vorgänge ohne Pufferzeit bilden schließlich Ansatzpunkte für Maßnahmen zur Verkürzung der Projektdauer.

Vorgangspufferzeit, →Vorgangspuffer.

vorgeschobene Zollstellen, Abfertigungsplätze außerhalb des →Zollgebiets (entweder auf fremdem Staatsgebiet oder in →Zollfreigebieten), auf denen dazu befugte deutsche oder ausländische Zollorgane Amtshandlungen nach deutschem Zollrecht vornehmen. Die Abfertigungsplätze und ihre Verbindungswege mit dem Zollgebiet, soweit auf ihnen einzuführende oder auszuführende Waren befördert werden, gelten insoweit als deutsches Zollgebiet.

Vorgesellschaft, *Gründergesellschaft, Vorgründungsgesellschaft,* ein nach Abschluß des →Gesellschaftsvertrages entstandener →nichtrechtsfähiger Verein, der bis zur handelsrechtlichen Errichtung einer Kapitalgesellschaft durch Eintragung in das Handelsregister besteht (§ 41 AktG, § 11 GmbHG). – *Buchführungspflicht:* V. ist buchführungspflichtig. – *Steuerrecht:* Die V. bildet mit der später eingetragenen Kapitalgesellschaft dasselbe Rechtssubjekt, wird also mit Abschluß des Gesellschaftsvertrages zur Körperschafts-, Vermögens- und Gewerbesteuer herangezogen, sofern auch die übrigen Voraussetzungen (Entfaltung einer nach außen hin in Erscheinung tretenden Geschäftigkeit bzw. Erwerb von Vermögen) erfüllt sind.

Vorgesetztenschulung, →Personalentwicklung.

Vorgesetzter, →Handlungsträger, der in der Führungshierarchie einer →Instanz zugeordnet ist und damit →Weisungsbefugnisse gegenüber seinen Mitarbeitern innehat. Erwerb und Vertiefung der erforderlichen Führunsqualifikation eines V. ggf. im Rahmen der →Personalentwicklung.

vorgezogene Altersgrenze, →Altersruhegeld 2.

Vorgriff, Vorwegnahme der Ausfuhr in einem aktiven →Veredelungsverkehr. Von zollamtlicher Seite zugelassen, um einem Veredler die Erfüllung termingebundener Ausfuhrgeschäfte zu ermöglichen. Die erst nachträglich eingeführten drittländischen Vorerzeugnisse bleiben in dem Ausmaß zollfrei, in dem für sie bei einer normalen Durchführung des Veredelungsverkehrs kein Zoll erhoben würde.

Vorgründungsgesellschaft, →Vorgesellschaft.

Vorkalkulation. 1. *Begriff:* Eine auf die Leistungseinheit bezogene →Kalkulation, die vor der Leistungserstellung erfolgt; v. a. in Betrieben mit Einzelfertigung Grundlage für die Preisstellung *(→Angebotskalkulation).* Bei V. wird an technische Unterlagen wie Stücklisten, Bearbeitungsnormzeiten usw. angeknüpft; andere Einflüsse wie Ausschußquoten, Preisschwankungen usw. werden durch Erfahrungs- oder Schätzwerte berücksichtigt. – 2. Nach Erstellung der betreffenden Leistung ist *Vergleich mit der* →*Nachkalkulation* erforderlich, um Schätzungsfehler und andere Fehlerquellen der V. sowie Unwirtschaftlichkeiten aufzuspüren und in Zukunft zu vermeiden. – 3. *Verfahren:* Vgl. →Kalkulation III.

Vorkaufsrecht, gesetzliches oder vertragliches Recht des Vorkäufers, in einen zwischen dem Eigentümer einer Sache und einem Dritten geschlossenen →Kaufvertrag an Stelle des Dritten einzutreten (§§ 504 ff. BGB). Übt der Vorkäufer sein V. durch Erklärung gegenüber dem Verpflichteten aus, so erlangt er zunächst nur einen Anspruch gegen den Verkäufer auf →Übereignung der verkauften Sache; ist diese bereits an den Dritten übereignet, kann der Vorkäufer von dem Dritten nicht Herausgabe verlangen. – Bei *Grundstücken* kann das V. durch Eintragung im Grundbuch als dingliches V. auch gegen Dritte wirken (§§ 1094 ff. BGB). – *Gesetzliche V.* dienen insbes. staatlich gelenkter Boden- und Siedlungspolitik (z. B. das V. der Gemeinden nach dem Baugesetzbuch).

Vorkostenstelle, →Kostenstelle, auf der in der →innerbetrieblichen Leistungsverrechnung gesammelte Beträge auf weitere Kostenstellen verrechnet werden. Sie werden nicht unmittelbar durch eigene Zuschläge in der Kalkulation (→Zuschlagskalkulation) berücksichtigt, sondern anteilmäßig auf →Endkostenstellen verrechnet. V. sind den Endkostenstellen vorgelagert.

Vorlagen, Pläne, Zeichnungen, Skizzen, Modelle, Manuskripte u. ä., die als Produktionsunterlage dienen. – *Zollrechtliche Behandlung:* Der in V. eines im Zollgebiet ansässigen Auftraggebers, nach denen im Ausland Waren angefertigt werden, verkörperte Wert geistiger Leistungen wird bei der →Verzollung der eingeführten Waren insofern berücksichtigt, als der Zoll lediglich auf der Grundlage des üblichen Entgelts für die Fertigung einschl. der Lieferungskosten berechnet wird. Die Zollermäßigung bedarf der vorherigen zollamtlichen Zusage (§ 26 ZG).

Vorlagenfreibeuterei, →Betriebs- und Geschäftsgeheimnis I.

Vorlagezinsen, →Vorschußzinsen.

Vorlauf, →Transportkette.

vorläufige Deckungszusage, →Deckungszusage.

vorläufiger Bescheid, im steuerlichen Berufungsverfahren zulässiger Bescheid des Vorsitzenden des Finanzgerichts. Ein v.B. kann ergehen, wenn sich der Vorsitzende dem schriftlichen Gutachten eines ehrenamtlichen Mitglieds des Gerichts anschließt. Er wirkt wie ein Urteil des Gerichts, wenn nicht binnen zwei Monaten nach Zustellung ein Beteiligter die Entscheidung des Gerichts beantragt; wird der Antrag rechtzeitig gestellt, gilt Bescheid als nicht ergangen (§ 271 AO).

vorläufige Rente, Form der →Verletztenrente (vgl. im einzelnen dort) in der gesetzlichen Unfallversicherung.

vorläufiger Versicherungsschutz, in der →Lebensversicherung besondere Leistung. Versicherungsschutz für den Antragsteller vor der Antragsannahme durch den Versicherer. Beginn des v.V. mit dem Tag des Eingangs des Versicherungsantrags in einer der Geschäftsstellen oder der Direktion, spätestens aber mit dem dritten Tag nach Antragsunterzeichnung (mit dem elften Tag beim Bestehen eines Widerrufsrechts), wenn die Zahlung des Einlösungsbeitrags sichergestellt ist. Ende des v.V. mit dem Beginn des Versicherungsschutzes aus er beantragten Versicherung bzw. der Ablehnung des Antrags, spätestens aber zwei Monate nach dem Antragsdatum. – Die *Leistungen* aus dem v.V. sind auf maximal 200000 DM im Todesfall bzw. auf eine Höchstrente von 24000 DM aus der →Berufsunfähigkeits-Zusatzversicherung beschränkt.

vorläufiger Verwalter, nach Eingang eines →Vergleichsantrags vom Gericht zu bestellender Verwalter. Die Vorschriften über den →Vergleichsverwalter gelten sinngemäß (§ 11 VerglO). Der v.V. kann die einstweilige Einstellung von Vollstreckungsmaßnahmen beantragen, soweit diese später als am 30. Tag vor Antragstellung durch Vergleichsgläubiger veranlaßt sind (§ 13 VerglO). – Die Bestellung eines v.V. unterbleibt, wenn die Vergleichseröffnung offensichtlich nicht möglich ist (§ 15 VerglO).

vorläufige Steuererklärung, Begriff der Praxis für eine Erklärung, wenn die Besteuerungsgrundlagen bis zum Ablauf der Erklärungsfrist noch nicht vollständig ermittelt werden konnten. Falls die v.St. hinreichende Angaben enthält, wird sie als Anregung des Steuerpflichtigen aufgefaßt, eine →vorläufige Steuerfestsetzung durchzuführen.

vorläufige Steuerfestsetzung, in Ausnahmefällen mögliche Maßnahme des Finanzamts. – *Zulässigkeit:* Zulässig, wenn vorübergehend ein objektiv gegebenes Hindernis der Sachverhaltsermittlung besteht, so daß die Tatbestandsverwirklichung bzw. ihr Ausmaß noch nicht abschließend beurteilt werden kann (§ 165 AO). – *Folge:* Erleichterte Korrekturmöglichkeiten (→Korrektur von Steuerverwaltungsakten).

vorläufige Vollstreckbarkeit, die in ein Zivilurteil aufzunehmende Erklärung des Gerichts, daß und unter welchen Bedingungen der obsiegende Gläubiger aus dem →Urteil bereits vor Rechtskraft vollstrecken kann (§§ 708 ff. ZPO). Die v.V. soll verhindern, daß Schuldner Rechtsmittel einlegen, nur um Zeit zu gewinnen. Der Gläubiger vollstreckt auf die Gefahr hin, bei späterer Änderung des Urteils schadenersatzpflichtig zu sein. – Grundsätzlich sind alle *Urteile von Amts wegen* für vorläufig vollstreckbar zu erklären, wobei die Vollstreckbarkeit von einer →Sicherheitsleistung abhängig gemacht werden kann oder muß. – Bei *Einlegung von Rechtsmitteln* (→Berufung oder →Einspruch) kann das Gericht durch unanfechtbaren Beschluß →Einstellung der Vollstreckung, u.U. gegen Sicherheitsleistung, anordnen (§§ 707–719 ZPO).

Vorlauf-Studie, →Pilot-Studie.

Vorlaufverschiebung, in der Produktionsplanung und -steuerung verwendete Maßnahme, um der deterministischen Bedarfsplanung, die primär eine Mengenplanung ist, ein grobes Termingerüst zu geben. →Sekundärbedarfe werden um eine Zeitspanne, die mindestens gleich der →Durchlaufzeit des übergeordneten →Fertigungsauftrags ist, aus dem sie abgeleitet wurden, in Richtung Gegenwart vorverschoben. Häufig wird die V. pauschal mit jeweils einer oder mehreren Perioden pro Fertigungsstufe angesetzt.

Vorlegung, →Vorlegung von Urkunden.

Vorlegungsanspruch, Anspruch auf Vorlegung einer in fremdem Besitz befindlichen Urkunde zur Einsichtnahme. Anspruchsberechtigt ist nach § 810 BGB derjenige, der ein rechtliches Interesse an der Vorlegung hat, wenn die Urkunde in seinem Interesse errichtet oder in der Urkunde ein zwischen ihm und einem anderen bestehendes Rechtsverhältnis beurkundet ist oder wenn die Urkunde Verhandlungen über ein Rechtsgeschäft enthält, die zwischen ihm und einem anderen gepflogen worden sind. – Die Vorlegung erfolgt dort, wo die Urkunde sich befindet. – Die *Kosten* hat der die Vorlegung Verlangende zu tragen (§ 811 BGB).

Vorlegungsfrist. 1. *V. beim Wechsel:* Zeitraum innerhalb dessen ein →Wechsel zur Annahme oder Zahlung vorgelegt werden muß. Auch als *Präsentationsfrist* bezeichnet. – Der Wechsel kann von dem Inhaber oder von jedem, der den Wechsel auch nur in Händen hat, bis zum Verfall dem Bezogenen an seinem Wohnort zur Annahme vorgelegt werden; Vorlegungsgebote und -verbote sind zulässig (Art. 21, 22 WG). – Über die *Vorlegung zur Zahlung:* Vgl. →Verfalltag. – 2. *V. beim Scheck:* Bei →Schecks beträgt die V. zur Zahlung acht Tage, bei Auslandsschecks 20

Tage, bei Schecks, die in einem anderen Erdteil zahlbar sind, 70 Tage.

Vorlegungsgebot, Anordnung des Ausstellers oder Indossanten eines →Wechsels über die Vorlegung zur Annahme (→Akzept). – *Gegensatz:* →Vorlegungsverbot.

Vorlegungsverbot, Anordnung des Ausstellers eines →Wechsels, die die Vorlegung zur Annahme untersagt (→Akzept). – *Gegensatz:* →Vorlegungsgebot.

Vorlegungsvermerk, die schriftliche datierte Erklärung des Bezogenen auf dem →Scheck, die den Tag der Vorlegung angibt oder die datierte Erklärung einer Abrechnungsstelle, daß der Scheck rechtzeitig eingeliefert und nicht bezahlt worden ist. Der V. stellt die Zahlungsverweigerung fest und hat gleiche Wirkung wie der →Protest (→Scheckprotest).

Vorlegung von Urkunden. I. Bürgerliches Recht: Erfolgt im Rahmen des →Vorlegungsanspruchs oder der gesellschaftsrechtlichen Befugnisse des Gesellschafters der OHG, KG usw.

II. Zivilprozeßordnung: 1. Der →Beweis muß durch Vorlage der Urkunde und, wenn sich die Urkunde in Händen des Gegners befindet, durch den Antrag, ihm die V. aufzugeben, angetreten werden. Der Gegner ist in den Grenzen der Nr. 1 zur V. verpflichtet (§§420ff. ZPO). – 2. *Weitergehende Vorlagepflicht* bei *Handelsbüchern* des →Vollkaufmanns: Das Gericht kann V. nach seinem Ermessen anordnen (§258 HGB). Bei V. ist nur in die von dem Gegner genau zu bezeichnenden Stellen, soweit sie den Streitpunkt betreffen, unter Zuziehung der Parteien (auch eines Sachverständigen) Einsicht zu nehmen und ggf. ein Auszug zu fertigen. Das Gericht (oder der Gegner) darf auch in den übrigen Inhalt der Bücher Einsicht nehmen, soweit es zur Prüfung der ordnungsmäßigen Führung notwendig ist (§259 HGB). Bei Vermögensauseinandersetzungen kann u.U. Offenlegung des gesamten Inhalts angeordnet werden (§260 HGB).

III. Finanzgerichtsordnung: Die Behörden sind zur Vorlage von Urkunden und Akten und zu Auskünften verpflichtet, soweit nicht durch das →Steuergeheimnis geschützte Verhältnisse Dritter unbefugt offenbart werden (§86 FGO).

Vorleistung. I. Kaufmännischer Sprachgebrauch: Eine entgegen dem Handelsbrauch im voraus erfolgende Lieferung oder Bezahlung, die den Handelspartner zur Einhaltung der vertraglichen Vereinbarungen verpflichten soll.

II. Volkswirtschaftslehre: Wert der während eines Zeitraums verkauften nicht dauerhaften Produktionsgüter, die im gleichen Zeitraum im Produktionsprozeß einge-

setzt werden und dabei untergehen, im Gegensatz zu Arbeit, dauerhaften Produktionsmitteln und Grundstücken.

Vormerkung, vorläufige Eintragung im →Grundbuch zur Sicherung einer künftigen Eintragung auf Bestellung, Übertragung oder Aufhebung eines Rechtes (§§883–888 BGB). – *Voraussetzungen:* a) *materiell:* Anspruch auf Änderung der Rechtslage eines Grundstücks, z.B. Übertragung des Eigentums aufgrund eines →Kaufvertrags (Auflassungs-V.), Bestellung einer Hypothek, Löschung eines Rechtes (→Löschungsvormerkung) usw.; b) *formell:* →Eintragungsbewilligung des Betroffenen (meist des Grundstückseigentümers) oder →einstweilige Verfügung. – *V. bewirkt,* daß nachträgliche Verfügungen unwirksam sind, soweit sie den gesicherten Anspruch beeinträchtigen.

Vormund, →Vormundschaft.

Vormundschaft. I. Begriff: Gesetzlich geregelte und staatlich beaufsichtigte Fürsorge für die Person und das Vermögen eines Menschen, der seine Angelegenheiten nicht selbst erledigen kann und daher schutzbedürftig ist. *(V. i.w.S.)* – Zu *unterscheiden:* 1. *V. i.e.S.:* V., die grundsätzlich die gesamte Sorge für die Person und das Vermögen des Schutzbedürftigen („Mündel") umfaßt (§§1773ff. BGB) und ausgeübt wird durch den „Vormund" (über diese V. vgl. die folgenden Ausführungen); 2. →*Pflegschaft* (vgl. dort), die nur einzelne Angelegenheiten des Schutzbedürftigen („Pflegling") oder eine Gruppe von solchen regelt (§§1909ff. BGB) und ausgeübt wird durch den „Pfleger".

II. Arten: 1. *V. über einen Minderjährigen,* vorausgesetzt, daß dieser nicht unter elterlicher Gewalt steht (Tod der Eltern) oder daß die Eltern weder in den die Person noch in den das Vermögen betreffenden Angelegenheiten zur Vertretung des Minderjährigen berechtigt sind (wegen Entziehung der Vertretung durch das Vormundschaftsgericht) oder wenn es sich um ein Findelkind handelt (§1773 BGB). – 2. *V. über einen Volljährigen* bei →Entmündigung wegen Geisteskrankheit, Geistesschwäche, Verschwendung, Rauschgiftsucht oder Trunksucht.

III. Charakterisierung: 1. *Anordnung* von Amts wegen durch das →Vormundschaftsgericht, das den Vormund auswählt und ernennt. Als Ausweis erhält der Vormund bei seiner Verpflichtung durch das Vormundschaftsgericht eine Urkunde, die „Bestallung". – 2. *Aufgaben des Vormunds:* Die Sorge für die Person (§1800 BGB) und das Vermögen (§§1802ff. BGB) des Mündels sowie dessen gesetzliche Vertretung. Die Verwaltung des Mündelvermögens ist entsprechend den gesetzlichen Vorschriften unter Aufsicht des Vormundschaftsgerichts zu führen, Geld ver-

zinslich und mündelsicher (→Mündelsicherheit) anzulegen (§§ 1806 ff. BGB). Für bestimmte Rechtsgeschäfte bedarf der Vormund der Genehmigung des Vormundschaftsgerichts, z. B. zur Veräußerung eines Grundstücks des Mündels, zu einem Vertrag, der zum Betrieb eines Erwerbsgeschäfts eingegangen wird, zum Abschluß eines mehr als einjährigen Lehr-, Dienst- oder Arbeitsvertrags des Mündels u. a. (§§ 1821, 1822 BGB). – 3. *Beendigung:* Beendigung der V. mit dem Eintritt der Volljährigkeit, dem Tod oder der Todeserklärung des Mündels (vgl. §§ 1882 ff. BGB). Nach der Beendigung seines Amtes hat der Vormund das verwaltete Vermögen herauszugeben und über die Verwaltung Rechenschaft abzulegen (§ 1890 BGB). – 4. *Vergütung:* Grundsätzlich übt der Vormund seine Tätigkeit unentgeltlich aus. Das Vormundschaftsgericht kann ihm jedoch beim Vorliegen besonderer Gründe, z. B. umfangreichen Verwaltungsarbeiten bei größeren Mündelvermögen, eine Vergütung bewilligen (§ 1836 BGB). Soweit dem Vormund durch seine Tätigkeit Auslagen erwachsen sind, kann er diese aus dem Mündelvermögen entnehmen oder vom Mündel ersetzt verlangen (§ 1835 BGB).
IV. Sonderarten: 1. *Mitvormundschaft:* Grundsätzlich soll das Vormundschaftsgericht nur einen Vormund bestellen (§ 1775 BGB); nur bei Vorliegen besonderer Gründe ist die Bestellung mehrerer Vormünder zulässig, z. B. bei getrennten und umfangreichen Vermögensverwaltungen. Mehrere Vormünder führen die V. grundsätzlich gemeinschaftlich; das Vormundschaftsgericht kann jedoch eine Aufteilung nach bestimmten Wirkungskreisen vornehmen (§ 1797 BGB). – 2. *Gegenvormundschaft:* Bei einer umfangreichen Vermögensverwaltung kann das Vormundschaftsgericht neben dem Vormund noch einen Gegenvormund bestellen mit der Aufgabe, die Geschäftsführung des Vormundes zu überwachen, das Vormundschaftsgericht von Pflichtwidrigkeiten des Vormundes zu unterrichten und bei verschiedenen Geschäften des Vormundes mitzuwirken (§§ 1799, 1802, 1810, 1812 BGB). – 3. *Befreite Vormundschaft:* Der Vormund ist von gewissen Beschränkungen freigestellt (§§ 1852 ff. BGB), z. B. kann Bestellung eines Gegenvormundes ausgeschlossen, die Beschränkungen für die Anlegung von Mündelgeld gemäß §§ 1809, 1810 BGB aufgehoben, die jährliche Rechnungslegungspflicht erlassen werden usw. Die Anordnung der Freistellung erfolgt durch den Vater oder die Mutter bei der Benennung des Vormundes.

Vormundschaftsgericht, das für die →Vormundschaft und ähnliche Maßnahmen zuständige →Amtsgericht. – Vgl. auch →Familiengericht.

Vornahmehandlung, *Vorsatz,* Begriff der Psychologie: Willenserlebnis, in dem eine grundsätzliche Entscheidung für bestimmte zukünftige Situationen gefällt wird.

Vornahmeklage, →Verpflichtungsklage.

Vorname, V. eines →Einzelkaufmannes gehört zum →Firmenkern. Nach § 18 I HGB hat die →Firma mindestens einen ausgeschriebenen V. (nicht notwendig den Rufnamen) zu enthalten. Die Ehefrau darf nur den eigenen, nicht den V. des Mannes in die Firma aufnehmen. Übliche Rufabkürzungen sind nicht erlaubt.

Vorpfändung, Benachrichtigung über bevorstehende Forderungspfändung (→Pfändung) mit vorläufiger Beschlagnahmewirkung. Die V. soll verhindern, daß der Schuldner bei drohender →Zwangsvollstreckung über eine ausstehende Forderung gegen einen Drittschuldner verfügt, bevor der Gläubiger in der Lage ist, einen →Pfändungs- und Überweisungsbeschluß zu erwirken und zuzustellen (§ 845 ZPO). Die V. ist zulässig, sobald der Gläubiger einen →Vollstreckungstitel in Händen hat, der dem Schuldner noch nicht zugestellt zu sein braucht. Sie geschieht durch Zustellung einer Benachrichtigung an Schuldner und Drittschuldner, daß die Pfändung einer bestimmten Forderung bevorstehe. – Die V. hat die *Wirkung* einer Forderungspfändung, aber nur, sofern die Zustellung des Pfändungsbeschlusses innerhalb von drei Wochen (nach Zustellung der V. an den Drittschuldner) nachgeholt wird; wiederholt der Gläubiger die V., so läuft die Frist von neuem.

Vorprämiengeschäft, →Prämiengeschäft III 1.

Vorproduktion, *Teilefertigung,* Produktion auf einer vorgelagerten Produktionsstufe eines Erzeugnisses bzw. Produktion von bestimmten Zubehörteilen des Endproduktes durch einen Dritten (Zulieferer) oder einen Betrieb, der zum Unternehmen gehört, aber nicht die Endmontage durchführt. Aus Kostengründen werden V. ggf. in sog. Billiglohnländern durchgeführt.

Vorprüfung, amtliche Bezeichnung für die der turnusmäßigen →Außenprüfung der Finanzbehörde vorausgegangene Prüfung.

Vorräteversicherung, →Stichtagsversicherung, →Verkaufspreisklausel.

Vorratsakquisition, →Akquisition von Aufträgen zur Erstellung von Verkehrsdiensten, die erst nach längerer Zeit auszuführen sind oder deren Ausführungszeit dem Verkehrsbetrieb nicht genau vorgeschrieben ist. V. kann die Folgen der Unmöglichkeit einer Vorratsproduktion verkehrsbetrieblicher Produkte teilweise dadurch kompensieren, daß die Erweiterung der Dispositionsspielräume eine gleichmäßigere Auslastung verkehrsbetrieblicher Kapazitäten erlaubt.

Vorratsaktien, *Verwertungsaktien.* 1. →Verwaltungsaktien, die von einem Konsortium oder einem anderen Dritten zur Verfügung der Verwaltung der AG gehalten werden. V. sind nicht unzulässig (→Stimmrechtsbindung), Erwerb als →eigene Aktien durch die Gesellschaft ist aber i. d. R. verboten (§ 71 AktG). Außerdem schränkt § 56 AktG die Wirksamkeit derartiger Abreden ein, weil die AG für gerechtfertigte Zwecke über das →genehmigte Kapital verfügen kann. – 2. Aktien, die im Interesse einer AG verwertet werden sollen, z. B. um sie der Belegschaft zum Erwerb (→Belegschaftsaktien) anzubieten.

Vorratsgrundstücke, bebaute oder unbebaute Grundstücke, die ein Unternehmen vorsorglich für spätere Erweiterungsbauten angekauft hat (im Anlagevermögen auszuweisen). Insbes. bei Bauunternehmen sind V. zum Absatz an die Käufer der Beileistungen bestimmt (daher Ausweis unter Vorräte).

Vorratslager, Lager mit hoher Bestandhalte- und relativ geringer Ein- und Auslagerungskapazität zur Aufbewahrung von kurzzeitig in großen Mengen anfallenden Gütern (z. B. Ernte-, Serien-, Massenprodukte) über längere Zeiträume und/oder von Sicherheitsbeständen bei schwer vorhersehbaren Bedarfsschwankungen. – *Gegensatz:* →Umschlagslager.

Vorratsproduktion, Produktion ohne unmittelbare Absatzmöglichkeit, angewandt (1) bei →mittelbar kundenorientierter Produktion, um jederzeit lieferbereit zu bleiben und um trotz Absatzschwankung eine gleichmäßige Auslastung der Kapazität zu sichern (→*Ausgleichsprinzip*); (2) bei →unmittelbar kundenorientierter Produktion, um hinsichtlich der Erzeugnisse bzw. einzelner Teile und Baugruppen die Vorteile der Auflagendegression wahrzunehmen.

Vorratsstellen, →Einfuhr- und Vorratsstellen.

Vorratsstellenwechsel, →Solawechsel der →Einfuhr- und Vorratsstellen; durch eingelagerte Waren gedeckt und vom Bund verbürgt.

Vorratsvermögen, Bezeichnung für die auf Lager befindlichen, für den Produktionsprozeß oder für den Absatz bestimmten Erzeugnisse, Leistungen, Waren und Stoffe, die in der Bilanz unter den Positionen Roh-, Hilfs- und Betriebsstoffe, unfertige Erzeugnisse, unfertige Leistungen, fertige Erzeugnisse und Waren als Teil des →Umlaufvermögens ausgewiesen werden. Geleistete Anzahlungen auf Lieferungen von Vermögensgegenständen des V. sind als gesonderter Posten zusammen mit diesen auszuweisen (§ 266 II HGB). – *Bewertung des V.:* Vgl. →Bewertung.

Vorratszeichen, Zeichen, das zur Zeit nicht benutzt wird, jedoch künftig (längstens in fünf

Jahren) benutzt werden soll. Unterliegt dem →Warenzeichenrecht.

Vorrechner, *Netzwerkvorrechner, Datenübertragungseinheit, Front-end-Prozessor, Front-end-Rechner,* →Computer, der zwischen →Netz und →Host geschaltet wird, um letzteren von der Netzkontrolle, der Koordination einer Anzahl von Übertragungsstrecken, von Fehlerbehandlungsroutinen etc. zu entlasten. Der V. steuert deshalb für den angeschlossenen Host den Verkehr über das Netzwerk und bereitet zusätzlich auch ankommende Daten auf.

Vorrechtsaktie, →Vorzugsaktie.

Vorrechtsgläubiger, Gläubiger, die im Konkurs- oder Vergleichsverfahren wegen ihrer Forderungen bevorrechtigte Befriedigung beanspruchen können (→Konkursgläubiger II).

Vorruhestand. 1. *Begriff:* Vorzeitiges Ausscheiden älterer Arbeitnehmer aus dem Arbeitsleben. Der V. ist ein Rechtsverhältnis eigener Art zwischen dem beendeten Arbeitsverhältnis und dem Eintritt in den Ruhestand. Das Vorruhestandsgeld, das mindestens 65 v. H. des Bruttoarbeitsentgelts betragen muß, wird grundsätzlich dem Bruttoarbeitsentgelt aus einer die Versicherungspflicht begründenden Beschäftigung gleichgestellt, löst also Lohnsteuer als auch Beiträge zur gesetzlichen Kranken- und Rentenversicherung aus. Die Zahlung endet mit dem 65. Lebensjahr bzw. mit dem Beginn eines →Altersruhegeldes. – 2. *Gesetzliche Grundlage:* Art. 1 des Gesetzes zur Erleichterung des Übergangs vom Arbeitsleben in den Ruhestand (→Vorruhestandsgesetz). – 3. *Zuschuß der Bundesanstalt für Arbeit:* a) *Höhe:* Der Zuschuß umfaßt die Aufwendungen für V. sowie den Arbeitgeberanteil zur Kranken- und Rentenversicherung. Der Zuschuß beträgt grundsätzlich 35 v. H. – b) *Voraussetzungen:* (1) Der Arbeitnehmer muß aus seinem Arbeitsleben in der Zeit vom 1. 5. 1984 bis 31. 12. 1988 nach Vollendung des 58. Lebensjahres ausscheiden. (2) Der ausgeschiedene Arbeitnehmer muß innerhalb der letzten Jahre vor Beendigung des Beschäftigungsverhältnisses mindestens 36 Monate in einer arbeitslosenversicherungspflichtigen Beschäftigung gestanden haben. (3) Das Arbeitsverhältnis muß aufgrund einer Vereinbarung zwischen Arbeitgeber und Arbeitnehmer beendet worden sein. (4) Der Arbeitgeber muß V.sgeld mindestens in der gesetzlich vorgeschriebenen Höhe zahlen. (5) Der Arbeitgeber muß nachweisen, daß der freigemachte Arbeitsplatz durch einen Arbeitslosen wieder besetzt wird. – 4. *Begrenzung der Zahl der Arbeitnehmer, die vom Vorruhestand Gebrauch machen können:* Bei einer tarifvertraglichen Einführung ist der Arbeitgeber u. a. in seiner Entscheidung frei, wenn mehr als 5 v. H. der Arbeitnehmer des Betriebs vom V.

Gebrauch machen wollen (sog. *Überforderungsklausel*). – 5. *Vertrag:* Die vertraglichen Vereinbarungen über den V., die den gesetzlichen Voraussetzungen entsprechen müssen, können sowohl auf →Tarifvertrag beruhen wie auch auf Einzelvereinbarung zwischen Arbeitgeber und Arbeitnehmer. – 6. *Verlängerung:* Die Regierungskoalition sprach sich im Januar 1988 gegen eine Verlängerung der Vorruhestandsregelung aus.

Vorruhestandsgesetz, Art. 1 des Gesetzes zur Erleichterung des Übergangs vom Arbeitsleben in den Ruhestand vom 13. 4. 1984 (BGBl I 601). Mit dem V. hat der Gesetzgeber die Voraussetzungen dafür geschaffen, daß ältere Arbeitnehmer vorzeitig aus dem Arbeitsleben ausscheiden können (→Vorruhestand). Das V. ist ein Zeitgesetz, es gilt nur für die Jahrgänge 1926 bis 1930.

Vorruhestandsleistungen, Leistungen aus einer Vereinbarung über →Vorruhestand. V. sind als →Abfindungen anzusehen, die wegen einer vom Arbeitgeber veranlaßten Auflösung des →Arbeitsverhältnisses gezahlt werden. V. sind steuerfrei, soweit sie 24 000 DM, bei mehr als 15-jähriger Betriebszugehörigkeit und Vollendung des 50. Lebensjahrs 30 000 DM und bei mehr als 20-jähriger Betriebszugehörigkeit und Vollendung des 55. Lebensjahrs 36 000 DM nicht übersteigen.

Vorsatz. I. Z i v i l r e c h t : Bewußtes Herbeiführen oder Vereiteln eines Erfolges; sog. *bedinger V.:* das Inkaufnehmen dieser Tatsache, d. h. Billigung für den Fall ihres (zwar unerwünschten) Eintretens (im Gegensatz zur bewußten →Fahrlässigkeit).

II. S t r a f r e c h t : Zum V. ist auch das Bewußtsein der →Rechtswidrigkeit des Handelns bzw. der Rechtspflicht zum Tun zu rechnen. Die Strafbarkeit ist aber ausgeschlossen, wenn dem Täter die Einsicht fehlte, Unrecht zu tun und er diesen →Irrtum nicht vermeiden konnte.

III. P s y c h o l o g i e : Vgl. →Vornahmehandlung.

Vorschaltgesetz, Bezeichnung für ein Gesetz, in dem ein Teil eines größeren Gesetzgebungsvorhabens vorweg geregelt wird, z. B. bei besonderer Dringlichkeit.

Vorschieben von Waren, Aufstocken des Warenbestandes vor der Anzeige eines →Räumungsverkaufs im Hinblick auf den geplanten Räumungsverkauf. Abgrenzung zur Warenaufstockung im Rahmen des regelmäßigen Geschäftsverkehrs problematisch. V.v.W. ist unzulässig, die § 8 V Nr. 2 UWG. Es löst →Unterlassungsanspruch aus. – *Gegensatz:* →Nachschieben von Waren.

Vorschlagswesen, →betriebliches Vorschlagswesen.

Vorschuß, Vorauszahlung, i. d. R. auf noch nicht fällige Forderungen. – 1. *Allgemeines:* Ein *Rechtsanspruch* auf V. für künftige Auslagen besteht, soweit es sich um eine Geschäftsbesorgung (→Geschäftsbesorgungsvertrag) und um gemäß §§ 675, 670 BGB zu ersetzende Auslagen (→Aufwendungsersatz) handelt, so z. B. für Arbeitnehmer, geschäftsführende Gesellschafter, Kommissionäre usw., die mit einer Geschäftsbesorgung betraut sind (§ 669 BGB). Der Kaufmann kann für V., Auslagen und andere Verwendungen vom Tage der Leistung an 5% Zinsen verlangen, soweit nicht →Verkehrssitte oder →Handelssitte entgegenstehen (§ 354 HGB). – 2. *V. für Arbeitnehmer:* V. werden insbes. aus besonderem Anlaß als Vorauszahlung auf den künftig fällig werdenden Arbeitslohn und, anders als bei vertraglich vorgesehenen →Abschlagszahlungen, ohne rechtliche Verpflichtung gewährt. Derartige V. können ohne die für die →Aufrechnung geltenden Beschränkungen bei der Lohnzahlung einbehalten werden. – 3. *V. im Zivilprozeß:* Soweit nicht →Prozeßkostenhilfe gewährt wird, ist i. d. R. vor Terminbestimmung ein V. für die →Gerichtskosten einzuzahlen, und zwar in Höhe einer Gebühr, nach dem →Streitwert zu berechnen (→Kostentabelle für Zivilprozesse). Weitere V. sollen für die mit Auslagen verbundenen gerichtlichen Maßnahmen, insbes. Beweiserhebungen, entrichtet werden. Vielfach wird auch dem *Rechtsanwalt* ein Gebührenvorschuß (z. B. in Höhe von zwei Gebühren) gezahlt.

Vorschußakkreditiv, Sonderform des →Akkreditivs, die mit besonderen Klauseln versehen sind und mit der Gewährung von Vorschüssen an den Exporteur gekoppelt sind.

Vorschußkasse, →Vorschuß- und Kreditverein.

Vorschuß- und Kreditverein, *Vorschußkasse,* frühere Bezeichnung für die Schulze-Delitzschen →Kreditgenossenschaften, die meist auch entsprechend firmierten. Für die Gesamtheit der V.-u. K. ist jetzt entsprechend dem erweiterten Aufgabenkreis die Bezeichnung →Volksbanken (oder Genossenschaftsbanken) gebräuchlich.

Vorschußzinsen, *Vorlagezinsen,* als Strafzinsen berechnet, wenn über →Spareinlagen ohne Einhaltung der Kündigungsfrist verfügt wird. Der noch nicht fällige Betrag wird als Vorschuß bzw. Kredit angesehen und mit Sollzinsen (→Aktivzinsen) verzinst, die mindestens um ein Viertel über den Habenzinsen (→Passivzinsen) liegen.

Vorsichtskasse, Zahlungsmittelmenge, die gehalten wird, um für unerwartete Ausgaben Vorsorge zu treffen; Komponente der Geldnachfrage (→monetäre Theorie und Politik IV) neben Spekulations- und Transaktions-

motiv (→Spekulationskasse, →Transaktions-
kasse).

Vorsichtsprinzip, als Prinzip kaufmännischer
Vorsicht allgemeiner Bilanzierungsgrundsatz
des Handelsrechts (→Grundsätze ordnungsmäßiger Buchführung), der durch das
→Bilanzrichtlinien-Gesetz erstmals kodifi-
ziert wurde (§ 252 I 4. HGB). Das V. gilt über
das →Maßgeblichkeitsprinzip (§ 5 I EStG)
grundsätzlich auch für die Steuerbilanz. –
Inhalt: Der Bilanzierende soll nur solche
→Vermögensgegenstände aktivieren, die sich
im Handelsverkehr konkretisiert und einen
Wert haben. Dies trifft für selbsthergestellte
→immaterielle Wirtschaftsgüter des Anlagevermögens im Zeitpunkt der Herstellung nicht
zu bzw. ist schwer oder gar nicht nachweisbar,
so daß für diese Vermögensgegenstände ein
Aktivierungsverbot gilt (§ 248 II HGB). Bei
der Bilanzierung der Höhe nach werden als
Ausprägungen des V. ausdrücklich genannt
das →Realisationsprinzip (Gewinne sind erst
bei Realisation durch Verkauf zu berücksichtigen) und das →Imparitätsprinzip (vorher-
sehbare Verluste und Risiken sind durch
Bildung von →Rückstellungen bzw. Abwertungen bereits vor ihrer Realisation zu berücksichtigen). Der Bilanzierende soll sich nicht
reicher rechnen als er ist, eher ärmer. Die
Berücksichtigung individueller Grade der
Vorsicht ist handelsrechtlich möglich durch
die Einräumung von →Aktivierungswahl-
rechten, →Passivierungswahlrechten und
Wahlrechten bei der →Bewertung. Bei Ein-
zelkaufleuten und Personengesellschaften ist
die Bildung →stiller Rücklagen nur dadurch
begrenzt, daß die über die auch bei Kapitalgesellschaften zulässigen Abschreibungen hinausgehenden „vernünftiger kaufmännischer
Beurteilung" entsprechen müssen. Dieses
Abwertungswahlrecht steht Kapitalgesellschaften nicht offen, weil das V. bei diesen
durch die Gewinnausschüttungsregelungen
(→Gewinnverwendung) in besonderem Maße
mit dem notwendigen Schutz der (Minder-
heits-)Gesellschafter kollidieren kann.

Vorsitzender, im Aktienrecht: 1. V. des *Vorstands* (Generaldirektor) einer AG kann von
dem →Aufsichtsrat bestellt werden. (§ 84 II
AktG). Der V. des Vorstands kann Meinungsverschiedenheiten im Vorstand nicht gegen die
Mehrheit der Vorstandsmitglieder entscheiden, bei Stimmengleichheit kann jedoch seine
Stimme den Ausschlag geben (§ 77 I AktG). –
2. V. des →*Aufsichtsrats* sind sein Stellvertreter sind aus seiner Mitte zu wählen (§ 107
AktG). Meinungsverschiedenheiten kann er
nicht entscheiden; bei entsprechender Sat-
zungsbestimmung kann aber seine Stimme bei
Stimmengleichheit den Ausschlag geben.

Vorsorgeaufwendungen. 1. *Begriff* des Einkommensteuerrechts für diejenigen →Sonder-

ausgaben, die sich als Versicherungsbeiträge
oder Bausparbeiträge darstellen. – 2. Zu den
berücksichtigungsfähigen *Versicherungsbei-
trägen* (§ 10 I Nr. 2 EStG) gehören: a) Beiträge
zur Kranken-, Unfall- und Haftpflichtversicherung, zur gesetzlichen Rentenversicherung
und an die Bundesanstalt für Arbeit; b)
Beiträge zu folgenden Versicherungen auf den
Erlebens- oder Todesfall: (1) Risikoversiche-
rungen, die nur für den Todesfall eine Leistung vorsehen, (2) Rentenversicherungen
ohne Kapitalwahlrecht, (3) Rentenversicherungen mit Kapitalwahlrecht gegen laufende
Beitragsleistung, wenn das Kapitalwahlrecht
nicht vor Ablauf von zwölf Jahren seit Vertragsabschluß ausgeübt werden kann, und (4)
Kapitalversicherungen gegen laufende Beitragsleistung mit Sparanteil, wenn der Vertrag
für die Dauer von mindestens zwölf Jahren
abgeschlossen worden ist. – 3. Zu den berücksichtigungsfähigen →*Bausparkassenbeiträgen*
(zur Beschränkung vgl dort) gehören alle Beiträge an Bausparkassen zur Erlangung von
Baudarlehen (§ 10 I Nr. 3 EStG). – 4. *Der Höhe
nach* unterliegt die Abzugsfähigkeit einer nach
Art und Höhe der Aufwendungen gestaffelten
Beschränkung: a) Versicherungsbeiträge können im Rahmen eines *besonderen Höchstbetrages* von 3000 DM (bei Zusammenveranlagung
von Ehegatten 6000 DM) berücksichtigt werden. Diese Beträge vermindern sich (1) bei
Arbeitnehmern um den Arbeitgeberanteil zur
gesetzlichen Rentenversicherung, (2) bei nicht
rentenversicherungspflichtigen Steuerpflichtigen um 9 v. H. der Einnahmen aus der
Beschäftigung oder Tätigkeit, höchstens des
Jahresbetrags der Beitragsbemessungsgrenze
in der gesetzlichen Rentenversicherung der
Angestellten (§ 10 III Nr. 2 EStG). – b) Die
über den besonderen Höchstbetrag hinausgehenden Versicherungsbeiträge und die Bausparbeiträge können ferner im Rahmen eines
Grundhöchstbetrages berücksichtigt werden.
Dieser beträgt gem. § 10 III Nr. 1 EStG 2340
DM (bei zusammenveranlagten Ehegatten
4680 DM). Er erhöht sich für jedes steuerlich
zu berücksichtigende Kind i. S. d. § 32 IV-VII
EStG um 600 DM; für jedes Kind des
Steuerpflichtigen i. S. d. §§ 32 IV 1, V-VII
EStG, das nach § 32 IV 2 und 3 EStG dem
anderen Elternteil zugeordnet wird und dem
gegenüber der Steuerpflichtige seiner Unter-
haltsverpflichtung nachkommt, um 300 DM.
– c) Soweit die V. auch den Grundhöchstbetrag übersteigen, können sie im Rahmen eines
zusätzlichen Höchstbetrages (§ 10 III Nr. 3
EStG) zur Hälfte, maximal jedoch bis zum
halben Grundhöchstbetrag berücksichtigt
werden, d. h. bis zur Höhe von 1170 DM (bei
zusammenveranlagten Ehegatten 2340 DM). –
5. *Pauschbeträge:* Für V. wird ein →Vorsorge-
Pauschbetrag gewährt, wenn keine höheren
Aufwendungen nachgewiesen werden (§ 10 c II
EStG). Bei Arbeitnehmern tritt an seine Stelle
eine →Vorsorgepauschale (§ 10 c III EStG).

Vorsorgepauschale. 1. *Begriff* des Einkommensteuerrechts für den festgesetzten Mindestbetrag, mit dem →Vorsorgeaufwendungen von Arbeitnehmern bei der →Einkommensermittlung abgezogen werden. Die V. kommt zur Anwendung, wenn keine höheren Aufwendungen nachgewiesen werden (§ 10c III EStG). Die V. ist in der Lohnsteuertabelle bereits berücksichtigt, in der allgemeinen Lohnsteuertabelle die ungekürzte, in der besonderen die gekürzte. – 2. *Höhe:* a) Bemessungsgrundlage der V. ist der →Arbeitslohn abzüglich →Altersentlastungsbetrag, →Versorgungs-Freibetrag und →Weihnachts-Freibetrag. – b) Die V. beträgt im Grundsatz 18 v. H. der Bemessungsgrundlage, allerdings unter Berücksichtigung der Höchstbeträge. Bei bestimmten nicht rentenversicherungspflichtigen Arbeitnehmern (z. B. Beamte, Richter, Berufssoldaten) werden die Höchstbeträge auf 1000 DM beschränkt. Danach ermittelt sich die V. wie folgt: (1) 9 v. H. der Bemessungsgrundlage, höchstens jedoch 2340 DM bzw. bei nicht rentenversicherungspflichtigen Arbeitnehmern 1000 DM (bei Zusammenveranlagung von Ehegatten 4680 DM bzw. 2000 DM) plus (2) 9 v. H. der Bemessungsgrundlage, höchstens jedoch 1170 DM bzw. bei nicht rentenversicherungspflichtigen Arbeitnehmern 1000 DM (bei zusammenveranlagten Ehegatten 2340 DM bzw. 2000 DM). Die V. ist auf den nächsten durch 54 ohne Rest teilbaren vollen DM-Betrag abzurunden.

Vorsorge-Pauschbetrag, Pauschbetrag für →Vorsorgeaufwendungen, wenn der Steuerpflichtige nicht höhere Aufwendungen nachweist. – *Höhe:* 300 DM pro Jahr (§ 10c II EStG); im Fall der Zusammenveranlagung von Ehegatten 600 DM pro Jahr (§ 10c IV Nr. 1 EStG). – Im Falle von *Arbeitnehmern:* →Vorsorgepauschale.

Vorsorgeprinzip. 1. *Begriff:* Grundsatz der staatlichen →Umweltpolitik zur Sicherung der Lebensgrundlagen der gegenwärtigen und künftigen Generationen. Das V. besagt, daß durch ökologisch wirksame Maßnahmen Umweltschäden von vornherein vermieden werden sollen bzw. bestimmte Stoffe und Energiearten bis zum Nachweis ihrer ökologischen Harmlosigkeit als möglicherweise gefährlich zu gelten haben. – 2. *Konzeptionelle Begründung* aus einer umfassenden intertemporalen →Kosten-Nutzen-Analyse; Das V. erfordert heutige umweltpolitische Eingriffe, wenn die Kosten einer vorsorglichen *heutigen* Vermeidung der (im Falle heutiger Inaktivität) *künftig* zu erwartenden Umweltbelastung geringer sind als die abdiskontierten künftigen Schäden bzw. Schadensbeseitigungskosten. Das „optimale" Ausmaß der Vorsorge ergibt sich formal aus einer entsprechenden Marginalbetrachtung. – 3. *Probleme* ergeben sich durch Schwierigkeiten bei der Operationalisie-

rung des V., insbes. der heutige Handlungsbedarf wird aufgrund Vorstellungen und Erwartungen über die künftig zu erwartende Umweltbelastung unterschiedlich eingeschätzt.

Vorsorgeuntersuchungen. 1. Leistungen der gesetzlichen *Krankenkassen* für Mitglieder und deren anspruchsberechtigte Familienangehörige: a) für Kinder bis zur Vollendung des 4. Lebensjahres zur Früherkennung von Krankheiten, die eine normale körperliche und geistige Entwicklung des Kindes in besonderem Maß gefährden; b) für Frauen vom Beginn des 20. Lebensjahres und für Männer vom Beginn des 45. Lebensjahres an einmal jährlich zur Früherkennung von Krebserkrankungen (§ 181 RVO). – 2. In gleichem Umfang sind *Sozialhilfeberechtigten* V. zu gewähren (§ 36 BSHG).

Vorsorgeversicherung. 1. *Haftpflichtversicherung:* V. schließt automatisch auch nach Abschluß der Versicherung entstehende neue Risiken ein. Der Versicherungsnehmer ist verpflichtet, auf Aufforderung des Versicherers (z. B. Beidruck auf der Prämienrechnung) binnen eines Monats jedes neue Risiko anzuzeigen. V. wird im allg. auf 500000 DM für Personen- und 150000 DM für Sachschaden begrenzt. – 2. *Sachversicherung:* Für den Fall, daß die Versicherungssummen sich bei einem Schaden als unzureichend herausstellen sollten, kann V. eingeschlossen werden. In bestimmten Fällen ist geringfügige V. automatisch inbegriffen, z. B. in der Feuerversicherung von Wohngebäuden bis zu 3% der Versicherungssumme.

Vorstand. I. V. **des** V e r e i n s: Notwendiges Organ eines jeden Vereins (auch des nichtrechtsfähigen) und dessen gesetzlicher Vertreter. Die *Berufung und Zusammensetzung* des Vorstands wird durch die Satzung bestimmt; mangels dieser Bestimmung wird der V. durch Beschluß der Mitgliederversammlung berufen (§ 27 BGB).

II. V. **der** A k t i e n g e s e l l s c h a f t: (§§ 76 – 94 AktG): 1. *Bestellung:* a) der V. wird vom →Aufsichtsrat (AR) bestellt. Amtszeit höchstens 5 Jahre, jedoch wiederholte Bestellung zulässig (§ 84 AktG). Bei mehrköpfigem Vorstand kann der AR ein Mitglied des Vorstandes zum →*Vorsitzenden* ernennen, der, wenn die →Satzung oder die Geschäftsordnung des Vorstands nichts anderes bestimmt, nur gleichberechtigtes Mitglied des Vorstands ist. – b) Bei den unter das →Mitbestimmungsgesetz oder das →Montan-Mitbestimmungsgesetz fallenden AG (sowie KGaG, GmbH; bergrechtl. Gewerkschaft, Erwerbs- u. Wirtschaftsgen. und teilweise KG) ist als gleichberechtigtes Mitglied neben den anderen V.-Mitgliedern ein →Arbeitsdirektor zu bestellen. – 2. *Pflichten:* a) Der V. leitet die AG mit eigener Verantwortung und vertritt sie gerichtlich und außergerichtlich. Vertretungs-

und Zeichnungsbefugnis regelt sich nach der Satzung, andernfalls können nur sämtliche Vorstandsmitglieder gemeinsam handeln und zeichnen. – b) Er hat mindestens vierteljährlich dem Vorsitzer des AR oder seinem Stellvertreter zu berichten. Er hat für ordnungsmäßige Buchführung zu sorgen, bei Verlust des halben →Aktienkapitals die →Hauptversammlung einzuberufen und bei der Geschäftsführung die →Sorgfaltspflicht eines ordentlichen und gewissenhaften Geschäftsleiters anzuwenden. – c) Bei Verletzung ihrer Pflichten sind die V.-Mitglieder der Gesellschaft gegenüber zum Ersatz des daraus entstehenden Schadens als →Gesamtschuldner verpflichtet. – Die Vorschriften für die V.-Mitglieder gelten auch für ihre Stellvertreter. – 3. *Rechte:* Für die →Tantiemen und die Bezüge der Vorstandsmitglieder Vorschriften in §§ 86 f. AktG. – 4. Die →*Abberufung* regelt § 84 AktG. – 5. *Kredite an V.-Mitglieder* (ebenso an gewisse leitende Angestellte) und deren Familienmitglieder, die ein Monatsgehalt übersteigen, bedürfen der ausdrücklichen Zustimmung des Aufsichtsrats.

III. V. der Genossenschaft: Vgl. →Genossenschaftsorgane 1.

Vorstellungsgespräch, wichtiger Teil der Vorverhandlungen hinsichtlich der Einstellung eines neuen Arbeitnehmers. Das V. dient v. a. der Abrundung des aus den schriftlichen Unterlagen (→Bewerbung) gewonnenen Gesamteindrucks von der Person des Bewerbers. – Vgl. auch →Vorstellungskosten, →Personalauswahl.

Vorstellungskosten, die dem zur persönlichen Vorstellung (→Vorstellungsgespräch) aufgeforderten Bewerber entstehenden Kosten. Berechtigte, tatsächlich gemachte Aufwendungen, insbes. Reisekosten und die für Übernachtung und Verpflegung entstandenen Auslagen in einer der vorgesehenen Position angemessenen Höhe sind dem Bewerber entsprechend § 670 BGB zu ersetzen, soweit Übernahme nicht bei Aufforderung zur Vorstellung ausdrücklich abgelehnt wird.

Vorstellungstypen, *Sinnestypen, Gedächtnistypen, Denktypen,* z. T. auch als *Auffassungstypen* bezeichnet, Begriff der Psychologie zur Unterscheidung von Menschen danach, welche Sinnesgebiete sie in ihren Vorstellungen bevorzugen: 1. *Optischer (visueller) V.,* der sich alles am liebsten in Bildern vorstellt; 2. (weniger häufig) *akustischer (auditiver V.,* der sich alles besser in Erinnerung an Gehörtes in Tönen, Wortklangbildungen vorstellt; 3. *motorischer (kinästhetischer) V.,* der sich alles lieber durch Gesten, Gebärden, Handbewegungen, Nachahmen von Vorgängen, lautloses Nachsprechen vorstellt. – Vgl. auch →Typenpsychologie.

Vorsteuer, →Vorsteuerabzug.

Vorsteuerabzug, Begriff des Umsatzsteuergesetzes (§§ 15, 15 a UStG) für das Recht eines Unternehmers, von seiner Umsatzsteuerschuld die an Vorunternehmer oder Eingangszollstellen entrichtete Umsatzsteuer *(Vorsteuer)* abzuziehen. Der V. bewirkt, daß Wirtschaftsgüter und Leistungen im Unternehmensbereich grundsätzlich frei von einer Umsatzsteuerbelastung bleiben und, da ein Unternehmer für die von ihm erbrachten Leistungen →Umsatzsteuer zu entrichten hat, im Ergebnis nur seine Wertschöpfung der Umsatzsteuer unterliegt. – 1. *Voraussetzungen:* a) Zum V. sind nur *Unternehmer* berechtigt. Bestimmte Körperschaften und juristische Personen des öffentlichen Rechts erhalten auf Antrag →Steuervergütung. – b) *Abzugsfähig:* (1) die in →Rechnungen ausgewiesene Steuer für →Lieferungen und sonstige Leistungen, die von einem anderen Unternehmer für das Unternehmen des vorsteuerabzugsberechtigten Unternehmers ausgeführt worden sind; (2) die entrichtete →Einfuhrumsatzsteuer für Gegenstände, die für das Unternehmen des Empfängers eingeführt worden sind. – c) *Zeitpunkt:* Der V. ist mit Ablauf des →Voranmeldungszeitraums vorzunehmen, in dem die vorstehenden Voraussetzungen erstmals erfüllt sind, d.h. (1) die Leistung ist erfolgt und eine Rechnung erteilt worden oder (2) die Einfuhrumsatzsteuer ist entrichtet worden. – 2. *Ausschluß:* a) *Vollständig* ausgeschlossen sind die nach 1. abziehbaren Vorsteuern, wenn die zugrunde liegenden Lieferungen und Einfuhren von Gegenständen sowie sonstige Leistungen zur Ausführung folgender Umsätze verwendet werden: (1) bestimmter steuerfreier Umsätze; (2) (nicht steuerbarer) Umsätze im →Außengebiet und der DDR, die steuerbar, aber steuerfrei wären, wenn sie im →Erhebungsgebiet ausgeführt würden; (3) (nicht steuerbarer) unentgeltlicher Lieferungen und sonstiger Leistungen, die gegen →Entgelt ausgeführt steuerbar, aber steuerfrei wären. – b) *Teilweise* ausgeschlossen ist der V., wenn der Unternehmer einen für sein Unternehmen gelieferten oder eingeführten Gegenstand oder eine bezogene sonstige Leistung zum Teil zu den unter a) genannten Umsätzen verwendet. Ausgeschlossen ist der Teil, der auf die vom V. ausgeschlossenen Umsätze entfällt. Dies kann nach der wirtschaftlichen Zurechnung oder nach einem Umsatzschlüssel erfolgen. – c) *Vorsteuerberichtigung:* Ändern sich bei einem Wirtschaftsgut, das mehrere Jahre nutzbar ist, die Verhältnisse, die im Kalenderjahr der erstmaligen Verwendung für den V. maßgebend waren, innerhalb von fünf Jahren (bei →Grundstükken, →wesentlichen Bestandteilen u. a.m: zehn Jahre), so ist für jedes Kalenderjahr der Änderung der ursprünglich geltend gemachte V. zu korrigieren, wenn bestimmte Mindestbeträge (§ 44 UStDV) überschritten werden. – 3. *Besonderheiten:* a) *Pauschalierter*

V. nach Durchschnittsätzen: (1) für Land- und Forstwirte (→land- und forstwirtschaftliche Umsätze); (2) für nicht buchführungspflichtige Unternehmer, deren Vorjahresumsatz nicht über 100 000 DM betrug (bestimmte Handwerker, Einzelhändler, Freiberufler); Voll- oder Teilpauschalierung des V. (§ 23 UStG, §§ 69, 70 UStDV); (3) für Geschäfts- oder Dienstreisen, sofern die damit zusammenhängenden Aufwendungen auch einkommensteuerlich nach Pauschsätzen geltend gemacht werden (§§ 36–38 UStDV). – b) Bei *Fahrausweisen* und →*Kleinbelegen* ist der V. unter erleichterten Anforderungen möglich (§ 35 UStDV). – c) Weitere *Besonderheiten:* Vgl. §§ 39–43 UStDV. – 4. *Verfahren:* Vgl. →Umsatzsteuer VII. – 5. *Erstattung von V. in EG-Staaten:* Aufgrund der 8. Richtlinie zur Harmonisierung der Umsatzsteuern vom 6. 12. 1979 sind die EG-Mitgliedsstaaten (Portugal ab 1. 1. 1989) verpflichtet, den in einem anderen Mitgliedsstaat ansässigen Unternehmern die V. zu erstatten. – *Zentrale Erstattungsbehörden in den einzelnen EG-Staaten:* Vgl. nebenstehende Tabelle.

Vorsteuerberichtigung, →Vorsteuerabzug 2c).

Vorsteuererstattung, →Vorsteuerabzug 5.

Vorstrafe. 1. *Begriff:* Die im →Bundeszentralregister eingetragene, noch nicht getilgte, gerichtliche Strafe einer Person. – 2. *Arbeitsrecht:* Die Offenbarungs- und Auskunftspflicht (→Offenbarungspflicht) des Arbeitnehmers gegenüber seinem zukünftigen Arbeitgeber ist nicht unumstritten: a) *Unaufgefordert* braucht der Arbeitnehmer V. nur ausnahmsweise anzugeben, wenn dies nach →Treu und Glauben erwartet werden muß, z. B. bei Bewerbung um besonders qualifizierte Vertrauensstellung. – b) *Auf Befragen* hat der Arbeitnehmer V. anzugeben, die für seine Verwendung im Betrieb von Bedeutung sein können (z. B. Kraftfahrer hinsichtlich V. wegen Verkehrsdelikte). Für die betriebliche Paxis empfiehlt es sich oft, die Befragung auf derartige Delikte zu beschränken. Wird nach V. gefragt, die für die Verwendung im Betrieb bedeutungslos sind, braucht im Verschweigen solcher V. keine →arglistige Täuschung zu liegen.

Vorteil, strafrechtlicher Begriff für jegliche Besserstellung; deshalb nicht nur auf materiellen V. beschränkt. Der Begriff findet sich sowohl im StGB (z. B. bei der Bestechung), als auch z. B. in der AO (bei der Steuerhinterziehung).

Vorteilsannahme, →Bestechung.

Vorteilsausgleichung, Berücksichtigung bei der Schadensberechnung, wenn eine zum →Schadenersatz verpflichtende Handlung dem Geschädigten nicht nur Nachteile, sondern auch Vorteile bringt: a) Beim *Geldersatz*

EG-Mitgliedstaat	Zentrale Erstattungsbehörde
Belgien	Bureau Central de T.V.A. pour assujettis étrangers rue Van Orley, 15 B-1000 Bruxelles
Dänemark	Distriktstoldkammer 6 (Nord) Skodsborgvej 303 Postboks 200 DK-21850 Naerum
Frankreich	Direction Générale des Impots Centre des Non-Résidents 9, rue d'Utés F-75084 Paris CEDEX 02
Großbritannien und Nordirland	The Assistant Secretary Value Added Tax Control Division C (Branch 6) The Triad Bootle GB-Merseyside L20 3NN
Irland	The Revenue Commissioners VAT Repayment Section Castle House South Great George's Street Dublin 2
Italien	Ufficio Provinciale dell' Imposta sul Valore Aggiunto IV Reparto Viale Tolstoi, 5 I-00144 Roma
Luxemburg	Administration de l'Enregistrement et des Domaines Service de remboursement TVA 1–3, Avenue Guillaume B.P. 31 L-2010 Luxembourg
Niederlande	De Inspecteur der invoerrechten en accijnzen Waldorpstraat 440 Postbus 30606 NL-2500 GP's-Gravenhage
Spanien	Delegación de Hacienda Especial de Madrid Sección de Regimes Especiales c/Guzmán el Bueno, 139 planta 2.ª E-28071 Madrid

ist nur der Saldo zwischen Vor- und Nachteilen zu ersetzen. – b) Bei der *Naturalherstellung* ist der Vorteil bei der Ersatzleistung irgendwie (z. B. durch Zuzahlung des Geschädigten) auszugleichen.

Vorteilsbegünstigung, →Steuerstraftat (§ 369 I 4 AO). Wegen V. wird bestraft, wer einem anderen, der eine Steuerstraftat begangen hat, in der Absicht Hilfe leistet, ihm die Vorteile der Tat zu sichern. – *Strafe:* Freiheitsstrafe bis zu fünf Jahren oder Geldstrafe (§ 257 StGB). – Vgl. auch →Begünstigung.

Vorteilsgewährung, →Bestechung.

Vortragsrecht, Recht des →Urhebers, ein Sprachwerk durch persönliche Darbietung öffentlich zu Gehör zu bringen (§ 19 UrhG). – Vgl. auch →öffentliche Wiedergabe.

vorübergehende Zollgutverwendung, die zollfreie Verwendung von eingeführten Waren im Zollgebiet, die wieder ausgeführt werden, unter zollamtlicher Überwachung. Die v. V. kommt in Betracht, soweit sie wesentliche Vorteile für den Verwenden erwarten läßt und Nachteile für andere durch den Zoll geschützte Wirtschaftskreise, auch nach Dauer der Verwendung, nicht zu befürchten sind oder soweit die Vorteile gegenüber den Nachteilen erheblich überwiegen.

Vorverfahren, →Verwaltungsgerichtsbarkeit II, →Finanzgerichtsbarkeit III.

Vorvertrag, zum späteren Abschluß eines Hauptvertrages verpflichtende Vereinbarung. Der V. muß Einigung über alle wesentlichen Punkte des Hauptvertrages enthalten und i. d. R. unter Beachtung der etwa für den Hauptvertrag bestehenden Formvorschriften abgeschlossen werden.

Vorwahl, →Selbstauswahl.

Vorwärtsterminierung, →PPS-System II 6.

Vorwärtsverkettung, *forward chaining, datengesteuerte Inferenz,* Vorgehensweise, bei der man von einer Anfangssituation auf die Endsituation schließt. V. ist eine mögliche →Inferenzstrategie bei einem →regelbasierten System. – *Gegensatz:* →Rückwärtsverkettung.

Vorwärtsversicherung, vorherrschende Form des Versicherungsschutzes, bei der vertragsgemäß der formelle →Versicherungsbeginn zeitlich vor dem materiellen Versicherungsbeginn liegt. – *Gegensatz:* →Rückwärtsversicherung.

vorzeitiger Erbausgleich. 1. *Begriff:* Anspruch des →nichtehelichen Kindes, das 21., aber noch nicht das 27. Lebensjahr vollendet hat, gegen seinen Vater. Der v. E. ist in Geld zu zahlen. – 2. *Höhe:* Der Ausgleichsbetrag beläuft sich auf das Dreifache des Unterhalts, den der Vater dem Kind im Durchschnitt der letzten fünf Jahre, in denen es voll unterhaltsbedürftig war, jährlich zu leisten hatte. Der Anspruch kann entsprechend den Vermögensverhältnissen bis auf den Einjahresbetrag herabgesetzt und bis auf den zwölffachen Jahresbetrag erhöht werden. Die Vereinbarung zwischen Vater und Kind bedarf der notariellen Beurkundung. – 3. Der Anspruch *verjährt* in drei Jahren ab Vollendung des 27. Lebensjahres (§ 1934 d BGB). – 4. Ist über den Erbausgleich eine wirksame Vereinbarung getroffen worden, so entfällt das *gesetzliche Erbrecht* des Kindes und seiner Abkömmlinge und das Erbrecht des Vaters. Ebenso entfällt der →Pflichtteilsanspruch (§ 1934 e BGB).

Vorzugsaktie, *Vorrechtsaktie, Prioritätsaktie, Stammpriorität, preference share, preferred stock.*

I. Begriff: →Aktien, die aufgrund der →Satzung gegenüber den →Stammaktien mit besonderen Vorrechten ausgestattet sind (§ 11 AktG). Die Vorrechte können sich erstrecken auf Gewinnbeteiligung (Dividendenvorrecht), Beteiligung am Liquidationserlös der Gesellschaft und →Stimmrecht.

II. Arten der Bevorrechtigung: 1. *Vorrechte bezüglich Gewinnbeteiligung:* a) Die V. erhalten vorweg eine nach oben begrenzte Ausschüttung; der Rest wird auf die Stammaktien verteilt *(limitierte Vorzugsdividende).* – Um die Inhaber von V. zu schützen, ist es möglich, die V. mit einem *Nachbezugsrecht* auszustatten: Ausfallende Dividenden aufgrund zu geringen Bilanzgewinns sind in den folgenden Jahren, in denen der Bilanzgewinn dies zuläßt, nachzuholen *(kumulative Vorzugsdividende).* – b) V. können auch mit einem *prioritätischen Dividendenanspruch* ausgestattet sein. Ist dieser verbunden mit einer Gleichverteilungsregel, so werden die Gewinne bis zu einem bestimmten Betrag nur an Vorzugsaktionäre ausgeschüttet. Ist dieser Betrag erreicht, so werden darüber hinaus Gewinne nur den Stammaktionären zugewiesen, bis diese die gleiche Dividende erhalten wie die Vorzugsaktionäre. Noch verbleibende Beträge des Bilanzgewinns werden auf alle Aktien verteilt. – c) Auch eine Verbindung des *prioritätischen Dividendenanspruchs mit genereller Überdividende* ist möglich. Hier wird, nachdem ein bestimmter Betrag nur an die Vorzugsaktionäre ausgeschüttet wurde, der darüberhinausgehende Bilanzgewinn sofort auf alle Aktien verteilt. – 2. *Vorrechte bezüglich Stimmrecht* (→Mehrstimmrechtsaktien) sind durch § 12 AktG allgemein verboten. – 3. Sonderform der V. ist die immer mehr an Bedeutung gewinnende *stimmrechtslose V.* Als Ausgleich für den Stimmrechtsverlust erhält der Aktionär i. d. R. eine höhere Dividende oder ein Nachbezugsrecht. Stimmrechtslose V. dürfen maximal bis zur Hälfte des Gesamtnennbetrags aller Aktien ausgegeben werden (§§ 139–141 AktG).

III. Bedeutung: 1. V. werden als *Mittel der* →Eigenfinanzierung angewendet, wenn aufgrund des zu geringen Kurses der Aktie (kleiner als der Nennwert) eine →Kapitalerhöhung nicht möglich ist (Verbot der →Unter-Pari-Emission). Um dennoch an das benötigte Eigenkapital zu gelangen, werden die V. mit den o. a. Vorrechten als zusätzlichen Kaufanreiz ausgestattet. – 2. Auch für AGs, deren Kapital sich in den Händen einer Familie befindet (→Familienaktiengesellschaften), ist die Ausgabe von V. ein bevorzugtes Mittel der Eigenfinanzierung: Durch die Ausgabe stimmrechtsloser V. kann der Kapitalbedarf gedeckt und die Mitsprache der neuen Kapitalgeber ausgeschlossen werden. Die Geschäftsführung bleibt so unter dem ausschließlichen Einfluß der Familienaktio-

näre. Wird das Stimmrecht der V. ausgeschlossen, so ist diese mit einem nachzuzahlen-
den Vorzug auszustatten.

Vorzugsdividende, der auf die Vorzugsaktie
entfallende Anteil am Reingewinn einer AG
(→Dividende). Vgl. im einzelnen →Vorzugs-
aktie II 1.

Vorzugskurs, ein unter dem Börsenkurs lie-
gender →Kurs. – Vgl. auch →Belegschaftsak-
tien.

Vorzugsobligation, *Prioritätsobligation,* mit
bestimmten Vorrechten ausgestattete
→Anleihe, z. B. →Wandelschuldverschrei-
bungen.

Vorzugszoll, →Präferenzzoll.

Vostrokonto, →Lorokonto.

VÖV, Abk. für →Verband öffentlicher Verkehrsbetriebe.

VPöA, →Verordnung über die Preise bei
öffentlichen Aufträgen.

Vredeling-Richtlinie, EG-Richtlinienentwurf
für international tätige Unternehmen zur
Sicherung einer speziellen *„Unterrichtung und
Anhörung der Arbeitnehmer"* (Geänderter
Vorschlag v. 8. 7. 1983; ABl EG Nr. C 217 v.
12. 8. 1983, S. 3 ff.). Die Konzernmutter soll
einmal jährlich durch die Leitung ihrer Tochtergesellschaften den Arbeitnehmervertretern
dieser Untergesellschaften Informationen zur
Verfügung stellen, die ein klares Bild der
Tätigkeit der Konzernmutter und ihrer Töch-
ter als Ganzes vermitteln; zudem Information
und Anhörung im Fall von Betriebsänderungen. – Vgl. auch →Unternehmensverfassung
V, →EG-Richtlinien.

VSAM, →Datenorganisation II 2 b) (2).

V-Serie, →V. 24-Schnittstelle.

VSG, Abk. für →Verband Selbständiger und
Gewerbetreibender, Schutz und Selbsthilfeorganisation im Bundesverband mittelständischer Wirtschaft e. V.

V-Steuern, →Veranlagungssteuern.

VVaG, Abk. für →Versicherungsverein auf
Gegenseitigkeit.

V. 24-Schnittstelle, von der →CCITT innerhalb der V-Serie (Datenübertragung über das
Fernsprechnetz) genormte, weit verbreitete
serielle →Schnittstelle. Seriell heißt in diesem
Zusammenhang, daß die Daten →Bit für Bit
nacheinander übertragen werden. – Entspricht
der Schnittstellendefinition *RS232C* der Elec-
tronic Industries Association (EIA).

VWL, übliche Abk. für Volkswirtschaftslehre
(→Volkswirtschaftstheorie).

VZ, im Steuerrecht gebräuchliche Abk. für
→Veranlagungszeitraum.

W

W.A., W.P.A., *With average, with particular average,* vom Institut of London Underwriters herausgegebene Standarddeckung der →Institute Cargo Clauses, die es aber in ihrer seit 1.1.1982 gültigen Revision nicht mehr gibt. Sie versicherte zuzüglich zum Umfang der Deckung →F.P.A. im Endergebnis noch Schwerwetter- und Seewasserschäden. Eine vergleichbare deutsche Deckungsform war nie vorhanden.

WABA-Police, Warenversicherung des Verkäufers bei Abzahlungsgeschäften gegen Schäden an den auf Abzahlung gekauften langlebigen Wirtschaftsgütern durch Feuer, Einbruchdiebstahl, Leitungswasser u. a. Gefahren; im Prinzip ähnlich der →Einheitsversicherungs. – Früher Rawa-Police.

Wabenspeicher, →Massenspeicherkassettensystem.

Wachsamkeit, →Vigilanz.

Wachstum. 1. Zahlenmäßige *Zunahme von Populationen* von Lebewesen, z. B. Bevölkerungswachstum. – **2.** Zunahme der *Ergebnisse des Wirtschaftens* von einer Periode zur nächsten. *Wirtschaftliches W.* wird kurzfristig als Zunahme des realen Sozialprodukts gegenüber dem Vorjahresergebnis, mittel- und langfristig am Zuwachs des Produktionspotentials einer Volkswirtschaft gemessen und in der →Wachstumstheorie auf den vermehrten Einsatz der Produktionsfaktoren Arbeit, Kapital und technischer Fortschritt zurückgeführt. Es soll nach dem →Stabilitätsgesetz angemessen hoch und in einem stetigen Prozeß erfolgen. In der Diskussion um die →Wachstumspolitik ist angesichts der →Grenzen des Wachstums umstritten, welches W. *angemessen* ist. Die *Stetigkeit* des W.prozesses ist u. a. beeinträchtigt durch Beschleunigungs- und Verzögerungswirkungen von Konjunkturzyklen sowie durch Schwankungen im der relativen Bedeutung des W.ziels im Zielsystem der Wirtschaftspolitik.

Wachstumsfaktorenmodelle, →Verkehrsmodelle, verwendet im Rahmen der →Verkehrsplanung als →Verkehrserzeugungsmodelle und →Verkehrsverteilungsmodelle. *Verkehrserzeugung:* Gegenwärtige Verkehrsmengen werden mit Hilfe von Zuwachsfaktoren relevanter Einflußgrößen in Prognoseverkehrsmengen transformiert. *Verkehrsverteilung:* Transformation der durch eine Erhebung ermittelten Analyseverkehrsverteilung in eine Prognoseverkehrsverteilung mit Hilfe von Zuwachsfaktoren, die aufgrund spezieller Verfahrensweisen aus den Zuwachsfaktoren der Verkehrserzeugung gewonnen werden. – Vgl. auch →Durchschnittsfaktormethode, →Detroit-Methode, →Fratar-Methode.

Wachstumsfonds, →Thesaurierungsfonds.

Wachstumsindustrien, Industriezweige, die besondere Wachstumschancen haben. *Ursachen* u. a.: neue Erfindungen und Techniken (z. B. derzeit Elektronik, Raumfahrt, neuartige Kunststoffe); dringend notwendige Umweltschutzmittel (z. B. Chemikalien zur Entgiftung der Gewässer, Kläranlagen, Filteranlagen zur Entgiftung der Abgase, Müllverbrennungsanlagen u. a.); auch steigender Wohlstand (z. B. Farbfernseher, Autos). In W. können leicht *Überkapazitäten* entstehen.

Wachstumsmodelle, formalisierte Darstellung von wesentlichen Wirkungszusammenhängen zwischen Einflußfaktoren des wirtschaftlichen →Wachstums in der →Wachstumstheorie. W. setzen Annahmen voraus über das Verhalten der Wirtschaftssubjekte (Unternehmen: →Investitionsfunktion, Haushalte: →Sparfunktion), über die Rate des Bevölkerungswachstums, über Gleichgewichtsbedingungen (→Vollbeschäftigung, Auslastung der Produktionskapazitäten) sowie über Art und Umfang des →technischen Fortschritts. Sie bilden den Hauptinhalt der modernen →Wachstumstheorie.

Wachstumspolitik, die wirtschaftspolitischen Maßnahmen zur Förderung und Sicherung des wirtschaftlichen →Wachstums. – **1.** *Ziele:* In den wirtschaftspolitischen Zielkatalogen aller Volkswirtschaften der Gegenwart nimmt das *Wachstumsziel* eine dominierende Rolle ein, in entwickelten und unterentwickelten kapitalistischen und sozialistischen Ländern. In der *Bundesrep. D.* ist das Ziel eines stetigen und angemessenen Wirtschaftswachstums im Gesetz zur Förderung der Stabilität und des Wachstums der Wirtschaft (→Stabilitätsgesetz) verankert. – **2.** *Instrumente:* a) Während sich die Konjunkturpolitik bemüht, Schwankungen im Auslastungsgrad des Produktionspotentials zu verringern, ist es Aufgabe der W., die Zunahme dieses Potentials selbst zu steuern. Dies geschieht durch Beeinflussung von Menge und Qualität der verfügbaren →Produktionsfaktoren und ihrer Ergiebigkeit. Im Vordergrund steht die Förderung der Investitionstätigkeit zur Vergrößerung und Verbesserung des Sachkapitals sowie die Förderung des →technischen Fortschritts. b) Außerdem wird ein hohes Ausbildungsniveau breiter Schichten durch Investitionen in den Faktor Arbeit angestrebt. c) Wirtschaftliches Wachstum bedingt einen ständigen →Strukturwandel. Dieser ist mit Hilfe der W. zu beschleunigen, wenn Beharrungskräfte den erforderlichen Anpassungsprozeß behindern. d) Die Umsetzung von Erfindungen (inventions) in praktische Neuerungen (→Innovation) erfordert im Regelfall einen hohen Kapitalbedarf, so daß der Kapitalbildung eine Schlüsselposition in der Steuerung des Wachstumsprozesses zufällt.

Wachstumsprogrammierung, Planung des wirtschaftlichen →Wachstums durch Bestimmung der Investitionsquote nach Maßgabe der marginalen →Kapitalkoeffizienten. – *Ziel:* Die Investitionen in den einzelnen Branchen, die zur Erreichung des angestrebten Wirtschaftswachstumsziels nötig sind, werden mittels Produktionskoeffizienten (Verhältnis der effizienten Inputmenge eines Gutes zum Output) und Branchenkapitalkoeffizienten ermittelt. – *Maßnahmen* zur Erreichung der branchenspezifischen Investitionsziele umfassen staatliche Investitionen, Investitionsge- und -verbote sowie Subventionen, Steuern und eine selektive Kreditvergabe. *Beispiel:* die „planification" in Frankreich 1963 bis 1969. – *Beurteilung:* Die angestrebten Wachstumsziele wurden oftmals verfehlt. Dies ist auch darin begründet, daß die Branchenkapitalkoeffizienten und die Produktionskoeffizienten, die die Verbindungsglieder zwischen Investition und Wachstum bilden, sich im Zeitablauf verändern und nicht mit ausreichender Sicherheit prognostiziert werden können. Selbst bei Erfüllung der Investitionspläne durch direkte und indirekte Investitionslenkung des Staates ist daher die Erfüllung des Wachstumsziels nicht gewährleistet.

Wachstumsprozeß, Begriff der Wirtschaftstheorie für die ständige Erweiterung des Produktionsertrags an Gütern und Diensten (des realen →Sozialprodukts) im Zeitablauf, hervorgerufen durch immer erneute Bildung von zusätzlichem Sachkapital und durch technologische Neuentwicklungen. Der W. ist Gegenstand der →Wachstumstheorie.

Wachstumsrate, bei einer →Zeitreihe von Beobachtungswerten x_t, x_{t+1}... einer →Variablen, etwa des Bruttosozialproduktes eines Landes, die auf den Wert der vorhergehenden Periode bezogene Änderung in der aktuellen Periode, also

$$r_t = \frac{x_t - x_{t-1}}{x_{t-1}}; \quad r_{t+1} = \frac{x_{t+1} - x_t}{x_t}; \ldots$$

Wird eine differenzierbare Funktion f(t) der Zeit betrachtet, dann wird als W. im Zeitpunkt t

$$\frac{d\,f(t)}{dt}\Big/f(t)$$

bezeichnet, also die auf den momentanen Funktionswert bezogene Steigung der Funktion f(t).

Wachstumsschwäche, Begriff zur Kennzeichnung des unbefriedigenden Wirtschaftswachstums seit der Mitte der 70er Jahre in den westeuropäischen Industriestaaten, das sich u.a. in zunehmenden oder auf hohem Niveau verharrenden Arbeitslosenzahlen niederschlägt. Ursachen der W. sind strittig. – *Erklärungen:* 1. Der Nachfrageausfall aus dem Auslaufen der Wiederaufbauphase, aus der Umlenkung der Nachfrage auf die erdölexportierenden Staaten seit dem ersten Erdölpreisschock (Herbst 1973) sowie aus der restriktiven Reaktion der →Geldpolitik und →Fiskalpolitik auf die durch diesen bedingte erhöhte Inflationstendenz. – 2. Mangelnde Flexibilität und Anpassungsfähigkeit der westeuropäischen Wirtschaft (insbes. im Vergleich zu den USA) an den notwendigen →Strukturwandel („Eurosklerose").

Wachstumsstrategie, →Marketingstrategie. Ausrichtung der →Absatzpolitik einer Unternehmung an einer bestimmten Produkt-/Marktkonstellation. Nach Kombination vorliegender gegenwärtiger und neuer (zu entwickelnder) Produkte und Märkte können vier *Grundrichtungen* einer W. unterschieden werden: (1) Strategie der *Marktdurchdringung:* Verstärkter Absatz der vorliegenden Produkte auf gegenwärtigen Märkten durch Anreiz zum Mehrverbrauch, z.B. über →Push- Strategien und →Pull-Strategien. (2) Strategie der *Marktentwicklung:* Absatz der gegenwärtigen Produkte auf national oder international neuen Märkten oder in neuen Verwender-/Käufergruppen (→Marktsegmente); Problematik der →Markteintrittsschranken. (3) Strategie der *Produktentwicklung:* Entwicklung neuer oder verbesserter Produkte für gleiche oder komplementäre Bedürfnisse auf den vorliegenden Märkten und Marktsegmenten (→Produktinnovation, →Innovation). (4) Strategie der →*Diversifikation:* Aufnahme neuer Produkte, die in mehr oder weniger engem Bezug zum bisherigen →Verkaufsprogramm stehen, um neue Märkte/Marktsegmente zu erschließen.

Wachstumstheorie. I. Begriff: Teil der volkswirtschaftlichen Theorie, in dem die Bestimmungsgründe für das wirtschaftliche →Wachstum analysiert werden, das sich im Wachstum des Produktionspotentials niederschlägt. (Mit den Schwankungen in der Auslastung des Produktionspotentials befaßt sich die →Konjunkturtheorie.)

II. Vorgehensweisen: In der W. lassen sich zwei Vorgehensweisen unterscheiden. – 1. Vorwiegend wird der →Wachstumsprozeß von der *Inputseite* her betrachtet: Das Wachstum basiert auf dem Einsatz der →Produktionsfaktoren →Arbeit, →Kapital und →technischer Fortschritt, und es wird untersucht (fast ausschließlich unter Verwendung von →Wachstumsmodellen), welche Wachstumspfade sich aus dem vermehrten Einsatz dieser Faktoren ergeben können, ob diese ein gleichgewichtiges Wachstum ermöglichen und ob die Gleichgewichtslösungen stabil oder instabil sind (vgl. unter III). – 2. Die andere Vorgehensweise sucht die *Triebkräfte des Wachstums* und versucht zu erklären, weshalb bestimmte Volkswirtschaften in bestimmten Phasen rascher als in anderen gewachsen sind. Die Versuche, die Triebkräfte des Wachstums zu ermitteln, finden statt: a) im Rahmen von *Theorien über Wachstumsstufen und -stadien*, die besonders die Übergänge von dem frühen Stadium der traditionalen Gesellschaft bis zum Stadium des wirtschaftlichen Aufstiegs betrachten; b) im Rahmen von *Theorien über die Faktoren*, die den Übergang von der stationären Wirtschaft des Feudalismus zu der evolutorischen Wirtschaft des →Kapitalismus oder des →Sozialismus ermöglicht, erleichert oder beschleunigt haben; c) im Rahmen von *Untersuchungen über die Wachstumsschwäche*, unter der nach Ansicht vieler Autoren die meisten westlichen Industriestaaten seit der Mitte der 70er Jahre leiden. In diesen Untersuchungen spielen häufig auch die Argumente aus der Diskussion über die →Grenzen des Wachstums und über das →Nullwachstum eine Rolle. Durch diese Diskussionen finden auch die wachstumstheoretischen Vorstellungen der Klassiker wieder Beachtung. Nach deren Ansicht ist der im Mittelpunkt ihres Interesses stehende Zustand einer →stationären Wirtschaft als das Ende eines wirtschaftlichen Wachstumsprozesses anzusehen, der durch steigende →Grundrenten, aber sinkende Profite gekennzeichnet ist, die schließlich zu einer Beendigung der Nettoinvestitionen führen, so daß der stationäre Zustand erreicht ist. – DIe sinkende Profitrate spielt eine entscheidende Rolle auch bei *Karl Marx*.

III. Moderne W.: Diese hat ihre Ansätze in *Wachstumsmodellen* formalisiert und präzisiert, wobei stets in realen Größen argumentiert wird. Es lassen sich zwei Hauptrichtungen unterscheiden: die postkeynesianische und die neoklassische W. Der Hauptgegensatz zwischen beiden liegt in den *Annahmen über die Stabilität des kurzfristigen* (Perioden-) *und des langfristigen* (säkularen) *Gleichgewichts:* In den postkeynesianischen Modellen ist das Periodengleichgewicht instabil (wird es gestört, gibt es keine Tendenz zu seiner Wiederherstellung); über das langfristige

Gleichgewicht findet man unterschiedliche Aussagen. In den neoklasischen Modellen sind beide Gleichgewichte stabil.

1. *Die postkeynesianische W.:* In ihr erfolgte die Erweiterung der kurzfristigen Keynesschen Theorie durch Beachtung des langfristigen Aspekts, und zwar zunächst durch Harrod (1939) und Domar (1946). Beide Theorien – oft auch als „Harrod-Domar-Wachstumstheorie" bezeichnet – berücksichtigen die *dualistische Wirkung von Investitionen*, d. h. sowohl ihren Einkommens- als auch ihren Kapazitätseffekt. – a) *Gleichgewichtiges Wachstum im Domar-Modell*. Das Modell setzt sich aus folgenden Bausteinen zusammen:

(1) $I = S$

(2) $S = s \cdot Y$

(3) $\Delta Y^K = \dfrac{1}{\beta} \cdot Y$

(4) $\Delta Y = \Delta Y^K$

Gleichung (1) stellt die kurzfristige Gleichgewichtsbedingung auf dem Gütermarkt dar, die die Übereinstimmung von geplanter Investition (I) und geplanter Ersparnis (S) erfordert. Gleichung (2) stellt die langfristige →Sparfunktion dar (s = marginale und durchschnittliche Sparquote). Gleichung (3) berücksichtigt die Tatsache, daß jede positive Nettoinvestition zu einer Erhöhung der Produktionskapazitäten (Y^K) führt. Dabei ist β der konstante marginale (= durchschnittliche) →Kapitalkoeffizient, also eine *technische Relation:* Gleichung (4) schließlich bringt die Annahme zum Ausdruck, daß die Unternehmen die zusätzlichen Kapazitäten auch zur Produktion ausnutzen. Setzt man nun (3) bis (4) in (1), erhält man:

$$s \cdot Y = \beta \cdot \Delta Y \quad \text{und} \quad \dfrac{\Delta Y}{Y} = w_g = \dfrac{s}{\beta}$$

Die gleichwertige Wachstumsrate (w_g) ist also durch den Quotienten aus Sparquote und Kapitalkoeffizient bestimmt. Mit dieser Rate wachsen (wegen des konstanten Kapitalkoeffizienten) die Produktion und der Kapitalbestand. Solange sowohl s als auch β konstant sind, ändert sich die gleichgewichtige Wachstumsrate ebenfalls nicht. – b) *Gleichgewichtiges Wachstum im Harrod-Modell:* Als Bausteine des Modells können die Gleichungen (1) – (2) unter a) übernommen werden. Außerdem baut Harrod eine *Verhaltensrelation*, den →Akzelerator, in sein Modell ein: $I = v \cdot \Delta Y =$ Akzelerator. Danach stellt die Nettokapitalbildung pro Periode ein von den Unternehmern *gewünschtes* Vielfaches (v) der Veränderung des Outputs – gleich Nachfrageveränderung – dieser Periode dar. Die Ableitung der gleichgewichtigen Wachstumsrate erfolgt analog der im Domar-Modell mit dem Ergebnis $w_g = s/v$. – c) *Das Harrod-Domar-Modell:*

Die Modelle von Harrod und Domar lassen sich zu einem Modell zusammenfassen; dieses enthält beide isoliert abgeleiteten Gleichgewichtsbedingungen, die gleichzeitig nur erfüllt sein können, wenn $v = \beta$, d. h. wenn die Unternehmen aufgrund von Änderungen der Nachfrage ihre Kapazitäten genau in dem aufgrund der Produktionstechnik erforderlichen Ausmaß ausweiten oder einschränken. – d) die *wichtigste Aussage* der drei Modelle besteht darin, daß eine höhere Investitions- und Sparquote ein höheres Wachstum erfordert, damit stets erneut genügend Investitionen induziert werden und das Gleichgewicht erhalten bleibt. – e) Das *Gleichgewicht* ist im Harrod- und im Harrod-Domar-Modell *kurz- und langfristig instabil*. Für die langfristige Instabilität ist die Gegenüberstellung von gleichgewichtiger (bei Harrod: ,,befriedigender'') und natürlicher Wachstumsrate (w_n) zentral. Letztere stellt die aufgrund von Bevölkerungswachstum und technischem Fortschritt in einer Volkswirtschaft höchstmögliche Wachstumsrate dar. Ist nun die natürliche Wachstumsrate größer als die gleichgewichtige ($w_n > w_g$), so bleibt zwar der Kapitalbestand ausgelastet ($w_g = w_K$!), nicht aber der Faktor Arbeit. Das die Unternehmer befriedigende Wachstum wird begleitet von zunehmender Arbeitslosigkeit, wobei es entscheidend ist, daß dem System keine Kräfte innewohnen, die zur Vollbeschäftigung führen. Es besteht also eine Tendenz zu säkularer Arbeitslosigkeit, ohne daß irgendein Mechanismus diesen Zustand beseitigt. Staatliche Maßnahmen müssen korrigierend eingreifen. Wächst umgekehrt der Kapitalstock stärker als das Arbeitskräftepotential, so treten dauernde Leerkapazitäten auf. – Die kurzfristige Instabilität ist das Kennzeichen des sog. ,,*Wachstums auf des Messers Schneide*'' (Knife-Edge-Problem). Der Gleichgewichtspfad wird verlassen, sobald gleichgewichtige und tatsächliche Wachstumsrate (w_t) auseinanderfallen: Gilt $w_t < w_g$, so entstehen, da die Nachfrage um weniger als der Kapitalstock (= potentielles Angebot) wächst, Leerkapazitäten, die die Unternehmer veranlassen, ihre Investitionen (gemäß →Akzelerator) einzuschränken, wodurch wiederum (gemäß →Multiplikator) das Einkommen sinkt usw. (zum Zusammenspiel von Akzelerator und Multiplikator vgl. →Konjunkturtheorie). Es besteht eine Tendenz zur Depression dieser sich kumulierenden Effekte. Umgekehrt produziert das System bei $w_t > w_g$ einen sich ständig verstärkenden →Boom. – Zusammenfassend ergibt das Ungleichgewichtsanalyse, daß die dem Harrod-Domar-Modell immanente Instabilität permanente stabilisierungspolitische Maßnahmen des Staates erfordert. Ansatzmöglichkeiten ergeben sich über s, v und w_n. – f) Das völlige Fehlen von Stabilisierungstendenzen wird im *Kaldor-Modell* zu überwinden versucht. Dazu kombiniert Kal-

dor die von ihm entwickelte →technische Fortschrittsfunktion, in der die produktionstheoretischen Zusammenhänge ohne die in der neoklassischen →Produktionstheorie übliche Trennung zwischen der Wanderung auf einer Produktionsfunktion und ihrer Verschiebung durch →technischen Fortschritt dargestellt werden, mit einer Investitionsfunktion, in der die Nettoinvestitionen nicht nur von der Nachfrageänderung, sondern auch von der Änderung der Profitrate (= Rendite des eingesetzten Kapitals) abhängen. Letztere wiederum wird durch die Kapitalproduktivität approximiert. Auf dem Gleichgewichtspfad ist, wie in allen Wachstumsmodellen, die →Kapitalproduktivität konstant. Wird nun die gleichgewichtige Wachstumsrate von Sozialprodukt und Kapitalbestand unterschritten, so werden diejenigen Investitionen unterlassen, deren Produktivität am wenigsten durch Verwendung neuer Produktionstechniken über das durchschnittliche Niveau der Kapitalproduktivität erhöht werden konnten. Die Kapitalproduktivität steigt daher an; dies interpretieren die Unternehmen als einen Anstieg der Profitrate und erhöhen ihre Investitionen mit der Folge, daß die tatsächliche Wachstumsrate des Kapitalbestands und der Produktion sich der gleichgewichtigen wieder annähert. – g) Für *weitere Entwicklungen* der postkeynesianischen Wachstumstheorie vgl. die angegebene Literatur.

2. *Neoklassische W.*: Pionier ihrer Entwicklung ist R. M. Solow (1956). Zur Überwindung der auf der Konstanz des Kapitalkoeffizienten basierenden säkularen Instabilität der postkeynesianischen W. unterstellt das *Solow-Modell* eine substitutionale makroökonomische Produktionsfunktion. Sein Ziel war es, mit Hilfe dieses Instrumentes den Nachweis *dauernder Stabilität* durch Einführung eines *variablen Kapitalkoeffizienten* zu erbringen. Der Einfachheit halber werden konstante →Skalenerträge unterstellt. – a) *Neoklassisches Grundmodell:* Ausgangspunkt des neokl. Wachstumsmodells ist die substitutionale Produktionsfunktion der allgemeinen Form $Y = (K, L, T)$, in der neben dem physischen Einsatz an Arbeit (L) und Kapital (K) als ,,Dritter Faktor'' (Solow, 1957) der →technische Fortschritt – die ,,große Entdeckung der neokl. W.'' – auf das Produkt (Y) einwirkt. Spezifiziert läßt sich diese Funktion z. B. als →Cobb-Douglas-Funktion (oder als →CES-Funktion) in das Modell einbauen: $Y = T(t) \cdot K^{\alpha} \cdot L^{1-\alpha}$, wobei $\alpha < 1$ die partielle Produktionselastizität des Kapitals, $1 - \alpha$ jene der Arbeit und T (t) den von der Zeit (t) abhängigen Stand der Technik darstellt. Schreibt man die Produktionsfunktion in Wachstumsraten, so ergibt sich: (1) $w_Y = F + \alpha w_K + (1 - \alpha) w_L$ (F = Rate des technischen Fortschritts). Als weitere Bausteine benötigt man die Gleichgewichtsbedingung für den

Gütermarkt: (2) $I - S$, wobei gilt: (3) $S = sY$; ferner muß für eine konstante langfristige Gleichgewichtsrate die Bedingung (4) $w_K = w_Y$ erfüllt sein. Aus den Gleichungen (2) bis (4) erhält man die aus dem H.-D.-Modell bekannte *gleichgewichtige* Wachstumsrate $w_g = s/\beta$, die sich der durch Einsetzen von (4) in (1) gewonnenen *natürlichen* Rate $w_n = w_L + F(1 - \alpha)^{-1}$ angleicht, da β variabel ist. Abweichungen der gleichgewichtigen von der natürlichen Wachstumsrate z. B. als Folge einer forcierten Ivnestitionspolitik führen durch einen dem Modell immanenten Mechanismus nach genügend langer Zeit zur Gleichgewichtsrate zurück. Verantwortlich dafür ist der variable Kapitalkoeffizient, der nach Erhöhung der Investitionsquote steigt, wodurch die tatsächliche Rate wegen der Beziehung $w_K = s/\beta$ so lange fällt, bis die gleichgewichtige Wachstumsrate wieder erreicht ist. Zwar kann durch eine Steigerung der Investitionsquote das *Niveau* des Sozialprodukts, nicht aber die (durch Bevölkerungswachstum und technischen Fortschritt exogen vorgegebene) Gleichgewichtswachstumsrate beeinfluß werden. Säkulare Instabilität kann also nicht auftreten. Die kurzfristige Instabilität wird durch die Annahme ausgeschlossen, der Lohn- und Zinsmechanismus sorge in jeder Periode für den Ausgleich von I und S. – b) *Einfluß der Investitionsquote auf den Konsum:* Während im H.-D.-Modell eine Erhöhung der Investitionsquote im Gleichgewicht langfristig auch immer zu einem höheren Pro-Kopf-Konsum führt, es also keine gesamtwirtschaftlich optimale Investitionsquote gibt, läßt sich in der neokl. W. eine bestimmte Investitionsquote feststellen, bei der der größtmögliche Pro-Kopf-Konsum erreicht wird (vgl. auch →*Ramsey-Modelle*). Dieser von der *Goldenen Regel der Akkumulation* beschriebene Wachstumspfad ist erreicht, wenn die Investitionsquote gleich der Produktionselastizität des Kapitals ist. – c) Die *wichtigste Erweiterung* des Grundmodells erfolgt durch Berücksichtigung zweier Faktoren: Erstens können viele bereits installierte Maschinen nicht mehr am technischen Fortschritt teilhaben (kapitalgebundener →technischer Fortschritt), dies können nur neue Maschinen (die Teil der jeweiligen Bruttoinvestitionen einer Periode sind). Die Produktivität der Maschinen hängt dann von ihrem Baujahr ab (→*Vintage-Modell*). Zweitens kann die Möglichkeit beschränkt sein, Arbeit durch Kapital zu substituieren. Wenn bei schon vorhandenen Maschinen nachträglich das Faktoreinsatzverhältnis verändert werden kann, liegt Substituierbarkeit ex post vor; muß dieses Verhältnis dagegen *vor* dem Bau festgelegt werden, ist nur Substituierbarkeit ex ante gegeben. Im ersten Fall ist das Sachkapital auch nachträglich verformbar, man spricht dann von *putty-putty-Modellen* (putty- = Lehm), im zweiten Fall liegt ein *putty-clay-Modell* vor (clay = Ton). Modelle ohne Substituierbarkeit sind *clay-clay-Modelle*. Durch diese Erweiterungen werden die Kernaussagen des Grundmodells nicht verändert; die Anpassungsprozesse benötigen jedoch im allg. mehr Zeit. – d) *Zusätzliche Erweiterungen* betreffen die Endogenisierung wichtiger exogener Größen (Sparquote, Vermögensverteilung, Bevölkerungsentwicklung, technischer Fortschritt), die Berücksichtigung von erschöpfbaren Ressourcen, Umwelt, Geld und Außenhandel sowie die Analyse von Mehrsektoren-Modellen.

3. *Lineare Wachstumsmodelle:* Während die bisher behandelte W. mit gesamtwirtschaftlichen Größen arbeitet, werden die linearen Wachstumsmodelle für eine Wirtschaft mit n Gütern und m Produktionsverfahren formuliert. Das derart strukturierte *von-Neumann-Modell* erlaubt es, die maximal mögliche Wachstumsrate zu ermitteln. Zu dieser Modellklasse gehören auch die *Leontief-Modelle*, in denen vereinfachend angenommen wird, zu jedem Gut gehöre nur ein Produktionsverfahren und vice versa (m = n). Untersucht wird vor allem, ob ein solches Modell zu einem Gleichgewichtszfad tendiert. In *Turnpike-Modellen* schließlich wird untersucht, welchen Pfad eine Wirtschaft einschlagen sollte, die von einer gegebenen Anfangsstruktur aus eine abweichende optimale Struktur im Endzustand anstrebt. Dabei zeigt sich, daß unter bestimmten Bedingungen nicht eine allmähliche Anpassung am günstigsten ist, sondern das Benutzen einer „Schnellstraße“ (Turnpike) mit anderen Strukturen, aber sehr hohem Wachstumstempo, und erst späterem Umschwenken in Richtung auf die optimalen Strukturen.

4. *Beurteilung:* Trotz der reichen Fülle von Modellen bleibt die Relevanz der modernen W. begrenzt, da sie sich mit Gleichgewichtspfaden und deren Eigenschaften befaßt und nicht mit der tatsächlichen Entwicklung und ihren Triebkräften.

Literatur: König, H. (Hrsg.), Wachstum und Entwicklung der Wirtschaft, 1968; Krelle, W., Theorie des wirtschaftlichen Wachstums unter Berücksichtigung von erschöpfbaren Ressourcen, Geld und Außenhandel, 1985; Kromphardt, J., Wachstum und Konjunktur, Grundlagen ihrer theoretischen Analyse und wirtschaftspolitischen Steuerung, 2. Aufl., 1977; Müller, K. W. u. Ströbele, W., Wachstumstheorie, 1985; Rose, K., Grundlagen der Wachstumstheorie. 2. Aufl., 1973.

Prof. Dr. Jürgen Kromphardt

Wachstumswerte, →Wuchsaktie.

Wachsuggestivtherapie, →Psychotherapie.

WAEC, West African Economic Community, →CEAO.

Waffengleichheit, →Arbeitskampf.

Waffenrecht, Regelung der gewerbsmäßigen Waffenherstellung, des Waffenhandels, der Prüfung und Zulassung von Handfeuerwaffen und Munition, der Einfuhr von Schußwaffen und Munition und das Erwerben und Überlassen sowie Führen von Waffen und Munition im Waffengesetz i. d. F. vom 8. 3. 1976 (BGBl I 432) mit späteren Änderungen nebst 1. bis 6. VO zum Waffengesetz.

Wagenachskilometer, Rechnungseinheit der Verkehrsstatistik für die technische Verkehrsleistung (Betriebsleistung) im Bahnverkehr, errechnet als Produkt aus der Zahl der Wagenachsen der in den Verkehr eingestellten Güter- oder Personenzüge und der von diesen Zügen zurückgelegten Kilometer.

Wagner, Adolph Heinrich Gotthilf, 1835–1917, bedeutender deutscher Sozialökonom und Finanzwissenschaftler. *Bedeutung:* W. gehört zu den Mitbegründern der Gesellschaft für Wirtschafts- und Sozialwissenschaften (1872) und war →Kathedersozialist. Von seinen Forschungsergebnissen sind wichtig: a) Prinzip der fiskalischen Kasseneinheit (die staatlichen Einnahmen und Ausgaben sollen zumindest ideell durch eine Kasse laufen); b) Gesetz der wachsenden Staatstätigkeit (und damit der wachsenden Staatsausgaben, →Wagnersches Gesetz); c) Unterscheidung von fiskalischem Hauptzweck (Einnahmengewinnung für den Staat) und sozialpolitischem Nebenzweck der Besteuerung (Umformung der Einkommensverteilung); d) Begriff der freien Konkurrenz. – *Hauptwerke:* „Beiträge zur Lehre von den Banken", 1857; „Lehr- und Handbuch der politischen Ökonomie", Bd. I Allgemeine oder theoretische Volkswirtschaftslehre, 1876; Bd. II Finanzwissenschaft, 1. Teil 1877, 2. Teil 1880, 3. Teil 1886–1889.

Wagnersches Gesetz, von A. H. G. →Wagner 1863 erstmals formuliertes „*Gesetz der wachsenden Staatsausgaben*", nach dem sich absolut und relativ zum Sozialprodukt eine deutliche Tendenz zur Ausdehnung der öffentlichen bzw. Staatstätigkeiten mit dem Fortschritt der Volkswirtschaft und Kultur zeige. – 1. *Gründe:* Superiorität staatlicher Aufgaben des „Rechts- und Machtzwecks" und des „Kultur- und Wohlfahrtszwecks"; weitere Gründe: eine wegen sozialer Krisen bewirkte Erhöhung des Staatsanteils infolge von Gewöhnungseffekten werde auch nach Ende der Krisenzeiten nicht auf die ursprüngliche Höhe zurückgeführt (displacement effect); verschiedene Lags, aufgrund derer bei einer Erhöhung des Wohlstands die staatlichen Ausgaben nur verzögert, aber überproportional anstiegen. – 2. *Beurteilung:* Ähnlich wie das →Popitzsche Gesetz beruht das W. G. auf Beobachtungen einer historischen Situation, aus der eine Allgemeingültigkeit i. S. eines „Gesetzes" nicht beansprucht werden kann; viele Gedanken des W. G. und aufbauenden Arbeiten sind plausibel und auch heute noch von praktischem Erklärungswert für den in

vielen Staaten beobachtbaren Anstieg der Staatsquote.

Wagnisfinanzierungsgesellschaft, →Deutsche Gesellschaft für Wagniskapital mbH.

Wagniskapital, →venture capital.

Wagniskosten, →Wagnisse.

Wagnisse. 1. *Begriff:* Verlustgefahren, die sich aus der Natur der Unternehmung ergeben, nämlich alle die wirtschaftlichen Handlungen der Unternehmung begleitenden Gefahren, Unsicherheits- und Zufälligkeitsfaktoren, häufig hervorgerufen durch allgemeine oder branchenbedingte Störungen des Marktes. – Vgl. auch →Risiko. – 2. *Arten:* a) *Allgemeines Unternehmerwagnis:* Wird als Gesamtrisiko durch den Unternehmergewinn abgegolten. – b) *Kalkulierbare W.:* Die verschiedenen Einzelwagnisse, deren Ursachen, Umfang und Höhe durch Untersuchung feststellbar sind. Sie werden häufig durch die Verrechnung kalkulatorischer W. in der Kostenrechnung erfaßt. – c) *Kalkulatorische W.* (*Einzelwagnisverluste*): v. a. (1) *Ausschußwagnis,* hervorgerufen durch Fehlarbeiten, fehlerhafte oder minderwertige Rohstofflieferungen; zu berechnen auf Grund von Erfahrungssätzen über die durchschnittlich anfallenden Verluste in v. H. vom Wareneinsatz; (2) *Beständewagnis* entstehend durch Schwund, Diebstahl, Verrosten, Veralten, Modeänderung, Güteminderung, Maßänderung, Inventur- und Kassendifferenzen; zu berechnen in v. H. des Warenumschlags; (3) *Debitoren- oder Vertriebswagnis,* ausgelöst durch Ausfälle an Forderungen aus Warenlieferungen und Leistungen; zu berechnen in v. H. des mittleren Forderungsbestandes; (4) *Entwicklungswagnis,* d. s. Aufwendungen für fehlgeschlagene Entwicklungsarbeiten, soweit nicht bereits als Gemeinkosten verrechnet; zu berechnen in v. H. der →Herstellkosten; (5) *Gewährleistungswagnis,* Aufwendungen für Nacharbeiten an nicht vertragsgemäß gelieferten Erzeugnissen, Minderung der Forderungen durch Gutschrift usw.; zu berechnen in v. H. der Herstellkosten. – Der Ansatz kalkulatorischer W. bedeutet eine Periodisierung in unregelmäßiger Höhe und zu unregelmäßigen Zeitpunkten anfallender Kosten. Diese wird von einigen Systemen →entscheidungsorientierter Kostenrechnung abgelehnt; sie erfassen W. zugrundeliegende Kosten in voller Höhe zum Zeitpunkt des Anfalls.

Wagnisverluste, →Wagnisse.

Wagnisverzehr, →Verschleiß von Anlagen und Reduzierung von Lagerbeständen durch unvorhersehbare Schadenereignisse. W. wird meist gedeckt durch →Sachversicherung. Die Versicherungskosten werden in der Kalkulation verrechnet. Über Versicherungsleistungen hinausgehende Verluste durch Katastro-

phen (→Katastrophenwagnis) gehen zu
Lasten des allgemeinen →Unternehmer-
wagnisses.

Wählanlagen, →Nebenstellenanlage.

Wahlen, in der Bundesrep. D. Europa-, Bun-
destags-, Landtags- und Kommunalwahlen. –
1. Die *Wahl zum Europäischen Parlament* ist
durch das Europawahlgesetz (EuWG) vom
16. 6. 1978 (BGBl I 709) und die VO über die
Vorbereitung und Durchführung der Wahl
der Abgeordneten des Europäischen Parlaments aus der Bundesrep. D. (Europawahl-
ordnung, EuWO) vom 23. 8. 1978 (BGBl I
1405) geregelt. Danach entfallen auf die Bundesrep. D. 81 Abgeordnete, die in allgemeiner,
unmittelbarer, freier, gleicher und geheimer
Wahl von den wahlberechtigten Deutschen für
fünf Jahre gewählt werden. Die Wahl erfolgt
nach den Grundsätzen der Verhältniswahl mit
Listenwahlvorschlägen. – 2. Die *Wahl zum
Bundestag* ist durch das Bundeswahlgesetz
i. d. F. vom 1. 9. 1975 (BGBl I 2325) mit
späteren Änderungen und die Bundeswahl-
ordnung vom 28. 8. 1985 (BGBl I 1769) und
die Bundeswahlgeräteverordnung vom
3. 9. 1975 (BGBl I 2459) geregelt. Danach
besteht der →Bundestag im allgemeinen aus
518 Abgeordneten, die in allgemeiner, unmittelbarer, freier, gleicher und geheimer Wahl
von den wahlberechtigten Deutschen nach den
Grundsätzen einer mit der Personenwahl verbundenen Verhältniswahl· gewählt werden.
Jeder Wähler hat zwei Stimmen. Insgesamt
259 Abgeordnete werden in den Wahlkreisen
mit der Mehrheit der abgegebenen *Erststim-
men* gewählt (Wahlkreisabgeordnete), die
Zweitstimmen entfallen nach den Grundsätzen
des Verhältniswahlsystems auf die Landesli-
sten, aus denen die restlichen Abgeordneten
nach einem bestimmten System entnommen
werden. – 3. *Wahlen zur Landtagen und
Kommunalvertretungen* sind landesrechtlich
geregelt. – Vgl. auch →Wahlrecht I.

Wählersouveränität, Begriff der Politischen
Ökonomie; bedeutet, daß wirtschaftliche
Pläne über ein Wahlverfahren festgelegt wer-
den. Jeder Haushalt eines Wirtschaftssystems
verfügt über eine Stimme, Produktions- und
Konsumpläne werden mit Mehrheit beschlos-
sen. I. d. R. sind Systeme mit W. solchen mit
→Konsumentensouveränität unterlegen.

Wahlgüterstand, →eheliches Güterrecht III.

Wahlmänner, Begriff im MitbestG. Bei
Unternehmen mit i. d. R. mehr als 8000
Arbeitnehmern sind von Arbeitern und Angestellten in getrennten Wahlgängen, geheim
und nach den Grundsätzen der Verhältniswahl, W. zu wählen, die die Aufsichtsratsmit-
glieder der Arbeitnehmer zu wählen haben. Je
60 wahlberechtigte Arbeitnehmer ein W.

Wahlparadoxon, →Arrow-Paradoxon.

Wahlpflicht, dem aktiven →Wahlrecht entsprechende, aber, im Gegensatz zu vereinzel-
ten Regelungen fremder Staaten, in der Bundesrep. D. nicht erzwingbare, jedoch sittliche
und moralische Verpflichtung jedes Staatsbür-
gers zur Beteiligung an →Wahlen.

Wahlreaktion, →Reaktionszeit.

Wahlrecht. I. V e r f a s s u n g s r e c h t : 1. Gesamtheit der *Regeln,* nach denen eine Wahl
(→Wahlen) zu vollziehen ist, so z. B. das seit
1918 in Deutschland geltende allgemeine,
gleiche, geheime und direkte W. im Gegensatz
zum früheren preußischen Dreiklassenwahl-
recht. – 2. Das *subjektive Recht des einzelnen,*
wählen zu dürfen (*aktives W.;* steht nach Art.
38 GG jedem Deutschen mit Vollendung des
18. Lebensjahres zu) oder gewählt zu werden
(*passives W.;* mit Eintritt der Volljährigkeit).
– *Verlust* des aktiven und passiven W. tritt bei
Verurteilung wegen →Verbrechens zu Freiheitsstrafe von mindestens einem Jahr ein.
Einzelheiten bzgl. der Dauer §§ 45 ff. StGB.

II. G e s e l l s c h a f t s r e c h t : Besondere Befugnis des *Erben* (auch →Miterben) *eines
OHG-Gesellschafters:* Die Möglichkeit, an
Stelle der in dem Gesellschaftsvertrag für ihn
vorgesehenen Stellung eines vollhaftenden
Gesellschafters die Einräumung der Stellung
eines →Kommanditisten zu verlangen (§ 139
HGB). Das W. ist *auszuüben* durch empfangs-
bedürftige →Willenserklärung gegenüber den
anderen Gesellschaftern binnen drei Monaten
nach Kenntnis von dem Anfall der Erbschaft.
Nehmen die anderen Gesellschafter *an,* wird
der Erbe Kommanditist (die OHG wird zur
KG), der auf ihn fallende Teil der Einlage des
Erblassers wird seine →Kommanditeinlage.
Bei *Ablehnung* kann der Erbe ohne Einhaltung
einer Kündigungsfrist sein Ausscheiden aus d.
Gesellschaft erklären.

III. S t e u e r r e c h t : Vgl. →Steuerpolitik II.

Wahlvermächtnis, →Vermächtnis, bei dem
der Bedachte einen oder Dritter die Wahl hat,
von mehreren Gegenständen nur den einen
oder den anderen auszuwählen (§ 2154 BGB).

wahrgenommene Instrumentalität, in der
Theorie des →Konsumentenverhaltens
Bezeichnung für das Image eines Produkts
(oder einer Unternehmung). Dies äußert sich
in der Hypothese, daß ein Objekt ein umso
besseres Image habe, je mehr dieses Objekt
dem Verbraucher geeignet erscheint, damit die
persönlich gesteckten Ziele zu erreichen. – Vgl.
auch →Einstellung.

Wahrnehmung. I. B e g r i f f s v a r i a n t e n :
1. *Behavioristisch-verhaltenspsychologischer
W.sbegriff:* Prozeß der →Informationsverar-
beitung, durch den aufgenommene Umwelt-
reize (→Informationsaufnahme) entschlüsselt
und gedeutet werden. In Kombination mit
anderen Informationen erfolgt Verarbeitung

zu subjektiven, inneren Bildern. – Wesentliche Kriterien sind (1) Subjektivität, (2) Aktivität (aktiver Prozeß der Infomrationsaufnahme und -verarbeitung) und (3) Selektivität (zur Vermeidung von →Informationsüberlastung).
– 2. *Dialektisch-bewußtseinspsychologischer W.sbegriff:* Prozeß der aktiven Bewußtwerdung, wobei die W. als Abbildung der objektiven Realität im Bewußtsein dargestellt wird. – 3. *Kognitiver W.sbegriff:* In der kognitiven Psychologie kein eigenständiger Begriff, sondern Teilbegriff der kognitiven Informationsverarbeitung.

II. M a r k e t i n g u n d W e r b u n g: Entscheidend ist die besondere Bedeutung von subjektiver Aktivität und Selektivität, da nicht das objektive Angebot, sondern die subjektive W. des Angebots das Verhalten der Konsumenten bestimmt. Objektive Leistungen allein reichen daher nicht aus, sie müssen erst vom den Konsumenten als solche wahrgenommen werden (→Aktivierung).

Wahrnehmungspsychologie, psychologische Theorie, die die Selektion, Organisation und Beurteilung von physischen Reizen der Umwelt auf ein Individuum zu erklären versucht. Als Reiz wird jede Einheit einer bestimmten Energie bezeichnet, die auf die Sinnesorgane einwirkt; im Zusammenhang mit der *Werbung* handelt es sich v.a. um →Werbemittel. – *Wahrnehmungspsychologische Theorien:* Vgl. →Gestaltpsychologie. – Vgl. auch →Wahrnehmung.

wahrscheinliche Lebensdauer, das nach →Sterbetafel zu berechnende Alter, bis zu dem die Hälfte der Ausgangsbevölkerung ausgestorben ist, wenn die Sterblichkeitsverhältnisse so fortbestehen, wie sie als →Sterbewahrscheinlichkeiten in die Sterbetafel eingingen.

Wahrscheinlichkeit, einem zufälligen →Ereignis A zugeordnete Zahl zwischen 0 und 1, die mit W(A) bezeichnet wird und die Chance des Eintretens dieses Ereignisses quantifiziert. Das Rechnen mit W. erfolgt im Rahmen der Axiome der →Wahrscheinlichkeitsrechnung; die numerische Festlegung von W. geschieht nach Maßgabe verschiedener →Wahrscheinlichkeitsauffassungen.

Wahrscheinlichkeitsauffassungen, verschiedene Konzeptionen zum Wesen einer →Wahrscheinlichkeit und in den verschiedenen Anwendungsfeldern der →Wahrscheinlichkeitsrechnung zur numerischen Konkretisierung von Wahrscheinlichkeitswerten herangezogen werden. – 1. Der *klassischen W.* *(Laplaceschen W.)* (Symmetrieprinzip) liegt die Vorstellung zugrunde, daß bei einem →Zufallsvorgang Elementarereignisse unterschieden werden können, die alle dieselbe Eintrittswahrscheinlichkeit besitzen (→Gleichmöglichkeit). Die Wahrschein-

lichkeit für das Eintreten eines Ereignisses ergibt sich als der Quotient aus der Anzahl der für dieses Ereignis günstigen und der Anzahl der in gleicher Weise möglichen Elementarereignisse. Etwa ist bei einem symmetrischen Würfel die Wahrscheinlichkeit, eine Augenzahl von mindestens 5 zu erhalten, $^2/_6 = ^1/_3$. – 2. Bei der *„statistischen"* W. (Häufigkeitsinterpretation der Wahrscheinlichkeit) wird als Wahrscheinlichkeit eines Ereignisses der „Grenzwert" der →relativen Häufigkeit des Eintretens dieses Ereignisses bei zunehmender Anzahl der Wiederholungen des Zufallsvorganges verstanden. Diese liegt etwa den Sterbewahrscheinlichkeiten einer →Sterbetafel zugrunde. – 3. Bei der *subjektivistischen W.* wird als Wahrscheinlichkeit des Eintretens eines zufälligen Ereignisses der subjektive Überzeugtheitsgrad einer Person, etwa eines Experten, angesetzt (→subjektive Wahrscheinlichkeit).

Wahrscheinlichkeitsaussage, Aussage über den Grad der Möglichkeit, mit der ein Ereignis Wirklichkeit wird.

Wahrscheinlichkeitsdichte, Ordinate der →Dichtefunktion einer stetigen →Zufallsvariablen X, die keine →Wahrscheinlichkeit ausdrückt, sondern nur eine Interpretation wie folgt zuläßt: Ist f(x) die W. an einer bestimmten Stelle x, dann ist $f(x) \cdot \Delta x$ bei kleinem Δx eine Näherung für die Wahrscheinlichkeit, daß X einen Wert im Intervall $(x; x + \Delta x)$ annimmt. W. können Werte über 1 annehmen.

Wahrscheinlichkeitsfunktion, bei einer diskreten →Zufallsvariablen X mit den Ausprägungen x_i die Funktion

$$f(x) = \begin{cases} W(X = x_i) & \text{für } x = x_i \\ 0 & \text{sonst} \end{cases}$$

die also jeder reellen Zahl die →Wahrscheinlichkeit dafür zuordnet, daß sie als Wert resultiert. Analog wird die W. einer mehrdimensionalen diskreten Zufallsvariablen definiert.

Wahrscheinlichkeitsnetz, Hilfsmittel zur schnellen (und nicht ganz objektiven) Prüfung der Hypothese, eine →Grundgesamtheit weise eine →Normalverteilung auf, sowie ggf. zur schnellen Ermittlung von →Schätzwerten $\hat{\mu}$ und $\hat{\sigma}$ für deren →Parameter μ und σ an Hand eines Stichprobenbefundes. – 1. *Konstruktion* des W.: W. entsteht dadurch, daß die Ordinateneinheiten in einem Koordinatensystem nach Maßgabe der →Transformation $y \to \Phi^{-1}(y)$ verändert werden, wobei Φ die →Verteilungsfunktion (Integralfunktion) einer (bezüglich ihrer Parameter beliebigen) Normalverteilung bezeichnet; damit wird die Verteilungsfunktion jeder Normalverteilung zu einer Geraden. – 2. *Prüfung einer Verteilungshypothese:* Werden über den Merkmals-

werten (nicht klassierte Daten) oder Klassen-
obergrenzen (klassierte Daten, →Klassenbil-
dung) die zugehörigen kumulierten →relativen
Häufigkeiten aus einer →Stichprobe im W.
abgetragen und ergibt sich eine ungefähr
lineare Anordnung der resultierenden Punkte,
so besteht Grund zu der Annahme, die Grundgesamtheit sei normalverteilt. – 3. *Parameter-
schätzung*. Gleicht man diese Punkte visuell
durch eine Gerade aus, so kann man mit ihrer
Hilfe Schätzwerte $\hat{\mu}$ und $\hat{\sigma}$ für die entsprechenden Parameter ermitteln. Hierzu geht man bei
den Ordinaten 50%, 15,87% und 84,13% in
das W. ein. Der zur Ordinate 50% gehörende
Abszissenwert ist $\hat{\mu}$; man subtrahiert die
Abszissenwerte, die zu den Ordinaten 84,13
bzw. 15,87 gehören, halbiert die Differenz und
hat damit $\hat{\sigma}$ ermittelt.

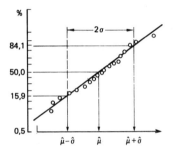

Wahrscheinlichkeitsrechnung, Teilgebiet
der Mathematik mit hoher Anwendungsbe-
deutung für die Wirtschaftswissenschaft.
Gegenstand sind die Gesetzmäßigkeiten unter
den zufälligen →Ereignissen. *Grundbegriff* ist
die →Wahrscheinlichkeit. Die W. ist auf *drei
Axiome* gegründet: 1. Jedem zufälligen Ereignis A ist eine bestimmte Zahl W (A), also eine
Wahrscheinlichkeit zugeordnet, die ≥ 0 ist; 2.
die Wahrscheinlichkeit des sicheren Ereignisses ist 1; 3. die Wahrscheinlichkeit dafür, daß
eines von endlich oder abzählbar unendlich
vielen unvereinbaren Ereignissen eintritt, ist
gleich der Summe der Wahrscheinlichkeiten
dieser Ereignisse, also

$$W(A_1 \cup A_2 \cup \ldots) = \sum W(A_i).$$

Auf diese Axiome lassen sich alle *Sätze der W.*
zurückführen. Die *konkrete Festlegung* von
Wahrscheinlichkeiten erfolgt gemäß der verschiedenen →Wahrscheinlichkeitsauffassun-
gen.

Wahrscheinlichkeitstabelle, tabellarische
Darstellung der möglichen →Ausprägungen
einer diskreten →Zufallsvariablen und der
zugehörigen Werte der →Wahrschein-
lichkeitsfunktion. Bei einer zweidimensiona-
len Zufallsvariablen ist die W. eine Tabelle mit

zweifachem Eingang und enthält die Wahr-
scheinlichkeiten für die möglichen Paare von
Ausprägungen der beiden Variablen. In der
Randzeile bzw. Randspalte sind dann die
Rand-Wahrscheinlichkeitsfunktionen der bei-
den Zufallsvariablen verzeichnet.

Wahrscheinlichkeitstheorie, →Wahrschein-
lichkeitsrechnung.

Währung. 1. *Verfassung des Geldwesens eines
Landes, Ordnung des gesamten Geldwesens*
hinsichtlich der Regelung des inländischen
Geld- und Zahlungsverkehrs sowie der Wert-
beziehungen und des Zahlungsverkehrs mit
den fremden Ländern. (Vgl. näher →Wäh-
rungssystem.) Maßnahmen zur Ordnung der
W.: →Währungspolitik. – 2. *Währungsgeld:*
Währungseinheit der verschiedenen Länder.

Währungsausgleich in der EG, Ausgleich
von Preisdifferenzen im Agrarsektor. Die
Preise für die einzelnen landwirtschaftlichen
Produkte werden für die gesamte EG einheitlich festgesetzt und in ECU ausgedrückt. Die
Umrechnungssätze für die Währungen der
einzelnen Mitgliedsländer richten sich jedoch
nicht exakt nach den offiziellen Paritäten des
EWS, sondern es bestehen für die Landwirtschaft abweichende Umrechnungssätze
(„Grüne ECU“). Um die Differenzen zu den
offiziellen Paritäten auszugleichen, sind Währungsausgleichssätze notwendig, die an der
Grenze zwischen den einzelnen Mitgliedlän-
dern erhoben oder erstattet werden. Während
einzelne Länder (z. B. Frankreich, Belgien,
Luxemburg, Irland, Dänemark) auf solche
Beträge verzichten (Stand 20.1.1986), bestehen derzeit positive Währungsausgleichssätze
zugunsten der Landwirte der Bundesrep. D.
(je nach Erzeugnissen $+1,8$ bis $+2,9\%$),
negative Sätze bei Italien ($-1,0$ bis $-4,5$),
Großbritannien ($-3,5\%$) und Griechenland
($-30,4$ bis $-33,9\%$). Im Falle positiver
Währungsausgleichsbeträge werden Produkte
beim „Import“ belastet, beim „Export“ durch
Gemeinschaftsbeiträge verbilligt. Die Bestrebungen gehen dahin, diese Währungsausgleichssätze (die den freien innergemeinschaft-
lichen Handel mit Agrargütern beeinträchtigen) abzubauen, d. h. die „Grünen Paritäten“
den offiziellen Paritäten anzupassen.

Währungsdumping, Unterbietung des
Inlandspreises durch ausländische Konkurrenten, die durch einen niedrigen Devisenkurs
der ausländischen Währung ermöglicht wird.
– Vgl. auch →Dumping.

Währungsgebiet, ein oder mehrere Länder
mit einheitlicher Währung, z. B. W. des belgi-
schen Franken, W. des Pfund Sterling, W. des
US-Dollar.

Währungsgeld, →Kurantgeld.

Währungskonto, *Fremdwährungskonto, Devi-
senkonto, Valutakonto,* ein auf fremde →Wäh-

rung lautendes Bankkonto. – 1. Nach den
Außenwirtschaftsbestimmungen können W.
von →*Gebietsansässigen* bei inländischen
Geldinstituten in beliebiger Währung unterhalten werden. Über die Konten dürfen alle
ein- und ausgehenden Zahlungen abgewickelt
werden. – 2. Auch für →*Gebietsfremde* können bei deutschen Geldinstituten neben Konten in Deutscher Mark Konten in ausländischer Währung ohne jede Einschränkung
geführt werden (→Ausländerkonten). Guthaben auf diesen Konten dürfen jedoch nur mit
Genehmigung der →Deutschen Bundesbank
verzinst werden. – 3. Jedem Gebietsansässigen
ist die Unterhaltung von →*Auslandskonten*,
d.h. von Konten bei Banken im Ausland in
fremder Währung und in DM gestattet; über
diese können Zahlungen unter Beachtung der
Meldevorschriften ohne Beschränkung geleistet und entgegengenommen werden.

Währungsordnung, →Währungssystem.

Währungsparität, der durch behördliche Entscheidung fixierte →Wechselkurs. – Vgl. auch
→fester Wechselkurs.

Währungspolitik, Gesamtheit der Maßnahmen des Staates, die darauf abzielen: a) Die
Volkswirtschaft mit den notwendigen Zahlungsmitteln, Geld und Kredit, zu versorgen,
um die Währung zu sichern; b) den monetären
Rahmen für die außenwirtschaftlichen Beziehungen zu setzen und den Außenwert der
Währung zu regulieren, z.B. Interventionen
zur Kursglättung oder →Aufwertungen und
→Abwertungen. Die W. ist Bestandteil der
staatlichen →Wirtschaftspolitik und kann
daher auch nur koordiniert mit den übrigen
wirtschaftspolitischen Maßnahmen eingesetzt
werden.

Währungsreform. I. Begriff: Neuordnung
des Geldwesens bei (zurückgestauter) →Infla-
tion durch gesetzgebende Maßnahmen der
Staatsgewalt.

II. W. nach dem Zweiten Weltkrieg
in Deutschland: Nach dem Zweiten
Weltkrieg wurden in zahlreichen Ländern W.
durchgeführt. Die schärfsten Eingriffe in das
Geldwesen erfolgten im Rahmen der deutschen W. am 21.6.1948.

1. W. in den westlichen Besatzungszonen: a)
Voraussetzungen: (1) Infolge der Besonderheiten der deutschen Kriegsfinanzierung hat die
„zurückgestaute" Inflation nicht nur zu einem
die funktionale Einheit der Volkswirtschaft
gefährdenden Geldüberhang geführt, sondern
auch zu bedeutenden Verhältnislosig-
keiten in der volkswirtschaftlichen Vermögensrechnung, die den Wiederaufbau sehr
stark hemmten. Dazu kam die räumliche und
persönliche Ballung der Vermögensschäden,
die beseitigt werden mußte, wenn man die
Möglichkeit gewinnen wollte, die Schäden
durch gemeinsame Arbeit zu beheben. – (2)
Die politischen Spannungen zwischen den

Besatzungsmächten machten eine einheitliche
Währungsreform in ganz Deutschland
unmöglich. Deshalb entschlossen sich die drei
wesentlichen Besatzungsmächte, mit Wirkung
vom 21.6.1948 in den drei Westzonen, die als
„Währungsgebiet" bezeichnet wurden, eine
neue Währung einzuführen. – b) *Durchführung:* (1) *Rechnerischer Anschluß an die
Reichsmarkwährung.* Die neue Recheneinheit
„Deutsche Mark", die in 100 Deutsche Pfen-
nige eingeteilt wird, ist im Gesetz Nr. 61, dem
Währungsgesetz, wertmäßig nicht definiert
worden. Bei der Anknüpfung an die frühere
Recheneinheit, die Reichsmark, ist ein Unterschied zwischen abgeschlossenen und laufenden, d.h. wiederkehrenden Verpflichtungen
gemacht worden. Bei den laufenden Verbindlichkeiten, den Löhnen, Gehältern und Mieten, trat 1 DM an die Stelle von 1 RM,
während abgeschlossene Forderungen und
Verpflichtungen grundsätzlich im Verhältnis
10:1 abgewertet wurden. Dabei wurde kein
Unterschied zwischen Kassenbeständen und
Vermögensansprüchen gemacht. Die Einführung der Deutschen Markt ist also nicht mit
einer echten Abwertung gleichzusetzen.
Falsch wäre es also, zu sagen, daß 1 DM den
zehnfachen Wert von 1 RM habe. – (2)
Durchführung des Geldumtauschs: Mit dem
Ablauf des 20.6.1948 verloren alle auf RM
lautenden Zahlungsmittel ihre gesetzliche
Zahlkraft. Für den Aufbau des Verkehrs mit
den neuen gesetzlichen Zahlungsmitteln wurden *drei* Wege vorgesehen: (a) Ausstattung
des *Konsumgeldkreislaufes:* Jeder Einwohner
des Währungsgebietes erhielt am 20.6.1948
bei Ablieferung von Altgeldnoten desselben
Nennbetrages den sog. „Kopfbetrag" von 60
DM, wovon 40 DM sofort, der Rest im Laufe
von zwei Monaten ausgezahlt wurden. – (b)
Ausstattung des *Geschäftsgeldkreislaufes:*
Juristische Personen, Personenvereinigungen,
ins Handelsregister eingetragene Kaufleute,
Gewerbetreibende, Landwirte und Angehörige freier Berufe erhielten auf Antrag den sog.
Geschäftsbetrag in Höhe von 60 DM je
beschäftigten Arbeitnehmer, höchstens jedoch
1 DM für 1 RM des Altgeldguthabens. – (c)
Ausstattung des *Geldkreislaufes der öffentlichen Wirtschaft:* Die Landeszentralbanken
wurden verpflichtet, die Länder und die anderen in ihren Bereichen liegenden Gebietskörperschaften mit Zahlungsmitteln in Höhe von
$^1/_6$ der Isteinnahmen der genannten Körperschaften in der Zeit vom 1.10.1947 bis
31.3.1948 zu versehen. Die Bahn- und Postverwaltungen des Währungsgebietes wurden
in der gleichen Weise unmittelbar durch die
→Bank deutscher Länder mit Zahlungsmitteln ausgestattet. – (3) *Abwicklung der Reichs-
markkonten:* Altgeldnoten und im Währungsgebiet gehaltene RM-Guthaben mußten bis
zum 26.6.1948 bei einer Abwicklungsbanken
eingezahlt oder angemeldet werden. Für die
Umwertung teilte das Dritte Gesetz zur Neu-

ordnung des Geldwesens die Altgeldguthaben in vier Gruppen. – (a) *Gruppe 1* umfaßte die nach §10 und §11, II und III des Währungsgesetzes angemeldeten RM-Guthaben mit Ausnahme der Guthaben bestimmter juristischer Personen und Personenvereinigungen, die zur Gruppe 3 gehörten. Guthaben dieser Gruppe sollten grundsätzlich 10:1 umgestellt werden, wobei die Hälfte des Betrages frei verfügbar war, während die andere Hälfte einem Festkonto gutgebracht wurde. Durch das 4. Gesetz zur Neuordnung des Geldwesens (VOBl B. Z. 1948, S. 304) wurden von je 10 DM dieser Festkontenbeträge 7 DM gestrichen, 2 DM dem Freikonto gutgeschrieben und 1 DM für die Anlage in mittel- und langfristigen Wertpapieren vorgesehen. Das Umstellungsverhältnis verschlechtere sich dadurch auf 10:0,65. Durch das Gesetz zur Milderung von Härten der Währungsreform (→Altsparergesetz) ist für Spareinlagen, Bausparguthaben und andere Kapitaltitel, die schon am 1. Januar 1940 dem Gläubiger zugestanden haben, eine Verbesserung des Umstellungsverhältnisses auf 10:2 durchgeführt worden. – (b) Die als *Gruppe 2* angesenen Altgeldguthaben der Geldinstitute erloschen mit Wirkung vom 10.7.1948. Infolgedessen ergab sich die Notwendigkeit, die Geldinstitute mit neuen Liquiditätsreserven auszustatten. – (c) Die in die *Gruppe 3* einbezogenen Altgeldguthaben der Gebietskörperschaften, der Bahn- und Postverwaltungen sowie aller von der Militärregierung aufgelösten Organisationen und bestimmter für Zwecke der Kriegsfinanzierung oder Kriegsführung errichteter Gesellschaften erloschen ebenfalls. – (d) Die in der *Gruppe 4* zusammengefaßten Altgeldguthaben aller Personen und Vereinigungen, die ihren Wohnsitz, Sitz oder Niederlassungsort nicht im Währungsgebiet hatten, konnten sofort im Verhältnis 10:1 in Neugeldguthaben umgewandelt werden. – (4) *Schuldverschreibungen, Hypotheken und andere Forderungen und Verpflichtungen* wurden im Verhältnis 10:1 umgestellt. Für den Altbesitz an diesen Kapitaltiteln hat das Altsparergesetz ebenfalls eine Verbesserung der Umstellungsquote auf 10:2 gebracht.

2. W. in Berlin (West): Durch Verordnung zur Neuordnung des Geldwesens vom 24.6.1948 (Währungsverordnung) sind die auf DM lautenden Noten und Münzen der Bank deutscher Länder als gesetzliche Zahlungsmittel in West-Berlin eingeführt worden. Die Währungsumstellung vollzog sich grundsätzlich in gleicher Weise wie in den westlichen Besatzungszonen.

3. W. in der sowjetischen Besatzungszone: a) *1. Stufe:* Der Geldumlauf sollte bei Beibehaltung der bisherigen Recheneinheit verringert werden. In der Zeit vom 24.6. bis 28.6.1948 wurden Reichsbanknoten und Rentenbank

scheine bisheriger Währung mit aufgeklebten Spezialkupons als gesetzliches Zahlungsmittel in Verkehr gegeben. Grundsätzlich wurde Bargeld gegen Bargeld getauscht, während die Konten in einem besonderen Verfahren umgestellt wurden. Von dem eingereichten Bargeld wurden 70 RM im Verhältnis 1:1, der überschießende Betrag im Verhältnis 10:1 in Geldzeichen mit Spezialkupons umgetauscht. Bei der Umwertung von Guthaben aller Art wurden bedeutende Unterschiede gemacht. – b) *2. Stufe:* Beginn mit dem Umtausch der im Umlauf befindlichen Reichsbanknoten mit aufgeklebten Spezialkupons in neue Noten der „Deutschen Notenbank" in der Zeit vom 25.7. bis 28.7.1948. An die Stelle der Reichsmarkrechnung trat gleichzeitig die Rechnung in „Deutscher Mark" der Deutschen Notenbank. Der Umtausch des Geldes vollzog sich im Verhältnis 1:1, wobei 70 DM sofort in bar ausgezahlt wurden, während der Rest zunächst einem Konto gutgebracht wurde. Am 13. Oktober 1957 wurden die umlaufenden Banknoten erneut zum Umtausch aufgerufen. (Vgl. VO über die Ausgabe neuer Banknoten und die Außerkraftsetzung bisher gültiger Banknoten der Deutschen Notenbank vom 13.10.1957, Ges. Bl. der DDR, Teil I, S. 603.)

Währungsreserve, →Devisenreserve.

Währungsrisiko, Risiko von durch Wechselkursveränderungen (→Wechselkurs) hervorgerufenen Währungsverlusten, oft auch bei →Termingeschäften. Das W. kann durch Kurssicherungsgeschäfte neutralisiert werden (→Hedging). – Vgl. auch →Erfolgsrisiko.

Währungsscheck, →Scheck, der auf fremde Währung lautet. Der W. wird dem Einreicher i. d. R. auf →Währungskonto gutgeschrieben oder in bar in Landes- oder Fremdwährung ausgezahlt.

Währungsschlange, *Währungsverbund,* Bezeichnung für das Wechselkurssystem in Ländern der EG 1972–79. – 1. *Zu unterscheiden:* a) *Schlange im Tunnel:* Im →Washingtoner Währungsabkommen vom 18.12.1971 wurde beschlossen, zur Rettung des Bretton-Woods-Systems die →Bandbreiten der Währungen der am →IMF beteiligten Länder gegenüber dem US-Dollar von ±1 auf ±2,25% zu erweitern. Da dies dem Ziel der EG einer stufenweisen Einengung der Bandbreiten widersprach, beschloß der Europäische Ministerrat 1972 eine Beschränkung der Bandbreiten innerhalb der EG auf ±1,125%. Schwankungen dieses Kursbandes nach oben und unten waren durch die größere IMF-Bandbreite (den Tunnel) begrenzt. – b) *Schlange ohne Tunnel:* Mit dem Übergang zu →flexiblen Wechselkursen der europäischen Währungen gegenüber dem Dollar 1973 verschwanden die *Tunnelränder,* zwischen EG-Währungen wurde das System →fester Wech selkurse mit Bandbreiten beibehalten *(Block-floating)*. – 2. *Entwicklung:* Einige Länder schieden zeitweise aus der W. aus (Frankreich, Großbritannien, Italien). In dem Bemühen um eine stärkere Integration innerhalb der EG wurde die W. 1979 durch das Europäische Währungssystem (→EWS) abgelöst.

Währungsschuld, →Valutaschuld.

Währungsstichtag, Tag der →Währungsreform von 1948, von dem ab die neue Währung galt: in den Westzonen der 21. 6. 1948, in den Berliner Westsektoren der 25. 6. 1948, in der sowjetisch besetzten Zone der 26. 6. 1948.

Währungsswap, →Swap II 1.

Währungssystem, Währungsordnung, Grundlage für die Ordnung der Währung eines Landes.

I. F o r m e n : 1. *Gebundene Währungen:* Die Recheneinheit ist dem Wert einer bestimmten Gewichtsmenge des Geldstoffes gleichgesetzt: a) *Monometallistisches W.:* Ein Edelmetall (Gold) ist Währungsmetall; einzuteilen nach dem Bezug der Recheneinheit auf das Währungsmetall: (1) *Goldwährungen:* Nur Gold ist Währungsmetall und (2) →*Silberwährungen:* Nur Silber ist Währungsmetall. – b) *Bimetallistisches W.:* Zwei Edelmetalle (Gold und Silber) sind Währungsmetalle: (1) *Parallelwährung* bzw. →*Konkurrenzwährung:* Beide Metalle sind frei ausprägbar und ihre Münzen gesetzliches Zahlungsmittel, ohne daß ein Wertverhältnis festgelegt ist, (2) *Doppelwährung:* Das Verhältnis wird festgelegt, doch bleiben beide Metalle noch frei ausprägbar und (3) *Hinkende Goldwährung:* Nur noch Gold ist frei ausprägbar; das Wertverhältnis wird durch Knapphaltung der umlaufenden Silbermünzen gesichert.

2. *Freie Währungen (manipulierte Währungen):* Diese versuchen die wirtschaftliche Bedeutung der Recheneinheit durch Knapphaltung des Zahlungsmittelumlaufs zu bestimmen: a) *Währungen mit gesperrter Prägung:* Durch Sperrung der freien Ausprägbarkeit der Münzen, nicht durch den Metallwert, sondern durch die Knappheit der Zahlungsmittel (Münzen) wird die Kaufkraft bestimmt, die meist über dem Metallwert liegt. – b) *Papierwährungen:* Zentral gelenkte Kreditschöpfung paßt den Zahlungsmittelbedarf und -umlauf an die wirtschaftlichen Notwendigkeiten an (Gefahr des Mißbrauchs). – c) →*Indexwährungen:* Standardisierung des Geldes wird durch Bindung an einen bestimmten Preisindex angestrebt.

II. I n t e r n a t i o n a l e s W .: Grundlage für die weltweite Ordnung der Währungen zum Zweck einer reibungslosen Abwicklung des internationalen Waren-, Dienstleistungs- und Kapitalverkehrs. – 1. *Vor dem Ersten Weltkrieg* waren internationale Vereinbarungen

unnötig, da alle wichtigen Handelsländer Goldumlauf- oder Goldkernwährungen (→internationaler Goldstandard) hatten. – 2. *Nach dem Ersten Weltkrieg* war dem System der Gold-Devisenwährung nur kurzer Erfolg beschieden. – 3. *Nach dem Zweiten Weltkrieg* erfolgte Neuordnung durch das →Bretton-Woods-Abkommen, das bis 1972 bestand (→Währungsschlange). – 4. Die *Freigabe der* →*Wechselkurse* durch wichtige Welthandelsländer 1973 bedeutete faktisch die endgültige Auflösung dieses Systems; die Wahl des Wechselkurssystems ist heute den einzelnen Ländern grundsätzlich freigestellt.

Währungsumstellung, →Währungsreform.

Währungsunion, →EWG II 6.

Währungsverbund, →Währungsschlange.

Waisenbeihilfe. I. G e s e t z l i c h e U n f a l l -v e r s i c h e r u n g : Einmalige Leistung in Höhe von $^2/_5$ des →Jahresarbeitsverdienstes, sofern ein Schwerverletzter (Unfallverletzter mit einer Erwerbsminderung von wenigstens 50%) nicht an den Folgen eines →Arbeitsunfalls oder einer →Berufskrankheit gestorben ist (§ 601 RVO). W. wird nur Vollwaisen gewährt. Sind mehrere Waisen vorhanden, so ist die W. gleichmäßig zu verteilen.

II. K r i e g s o p f e r v e r s o r g u n g : Monatlich wiederkehrende Rentenleistung an Stelle der →Waisenrente, wenn ein erwerbsunfähiger Rentner oder Pflegezulageempfänger nicht an den Folgen einer →Kriegsbeschädigung verstorben ist (§ 48 BVG).

Waisengeld. I. B e a m t e n v e r s o r g u n g s -g e s e t z : Bezüge der ehelichen Kinder sowie für ehelich erklärten oder an Kindes Statt angenommenen Kinder eines verstorbenen →Beamten, der zur Zeit seines Todes →Ruhegeld erhalten hat oder hätte erhalten können. – Das W. *beträgt* für Halbwaisen 12% und für Vollwaisen 20% des Ruhegehalts. – Der Anspruch *erlischt* normalerweise mit der Vollendung des 18. Lebensjahrs; *Ausnahmen* für ledige Waisen: bei Schul- und Berufsausbildung oder Ableistung des freiwilligen sozialen Jahres (27. Lebensjahr), bei körperlichen oder geistigen Gebrechen auch über das 27. Lebensjahr hinaus. Bei Verzögerung der Schul- oder Berufsausbildung durch Erfüllung der Wehrpflicht soll W. entsprechend länger gewährt werden (§ 61 BVG). – Vgl. auch →Besoldung.

II. →A l t e r s h i l f e f ü r L a n d w i r t e : W. beträgt bei Halbwaisen ¼ und bei Vollwaisen ½ des für einen unverheirateten Berechtigten genannten Betrages.

Waisenrente, Leistung der gesetzlichen Renten- und Unfallversicherung und Kriegsopferversorung, gezahlt nach dem Tode der Versicherten bzw. Beschädigten an deren eheliche, für ehelich erklärte, an Kindes Statt angenom-

mene und nichteheliche Kinder sowie Pflegekinder und Stiefkinder, i. d. R. bis zum vollendeten 18. Lebensjahr. Für Kinder, die in
Berufsausbildung stehen, ein freiwilliges
→soziales Jahr leisten oder sich wegen körperlicher oder geistiger Gebrechen nicht selbst
erhalten können, wird W. ggf. bis zum vollendeten 27. Lebensjahr weitergewährt (in der
Kriegsopferversorgung bei Gebrechen ohne
zeitliche Begrenzung). Bei Verzögerung der
Ausbildung durch Erfüllung der Wehrpflicht
entsprechend länger (§ 595, 1267 RVO; § 44
AVG; § 67 RKG; § 45 BVG).

I. Voraussetzung: 1. Für die Gewährung
der W. aus der *Unfallversicherung*, daß der
Verletzte durch den Unfall getötet oder
infolge des Unfalls oder der →Berufskrank-
heit verstorben oder verschollen ist. – 2. Für
die Gewährung der W. aus der *Kriegsopferversorgung*, daß der Beschädigte an der Kriegs-
schädigung verstorben bzw. infolge des Krieges verschollen ist. – 3. Für die Gewährung der
W. aus der gesetzlichen →*Rentenversicherung*,
daß der Versicherte verstorben und die
→Wartezeit erfüllt ist oder als erfüllt gilt und
der Rentenantrag gestellt wird.

II. Berechnung: 1. *Arbeiterrentenversiche-
rung, Angestelltenversicherung und knapp-
schaftliche Rentenversicherung:* $^1/_{10}$ der Versichertenrente wegen →Erwerbsunfähigkeit für
Halbwaisen, $^1/_5$ der Versichertenrente wegen
Erwerbsunfähigkeit für Vollwaisen zuzüglich
→Kinderzuschuß und etwaige Steigerungsbe-
träge aus der Höherversicherung (§ 1269
RVO, § 69 RKG). – 2. *Unfallversicherung:* $^1/_5$
des →Jahresarbeitsverdienstes des Versicherten für Halbwaisen; $^3/_{10}$ des Jahresarbeitsverdienstes des Versicherten für Vollwaisen (§ 595
RVO). – 3. *Kriegsopferversorgung:* Grundrente (§ 46 BVG) und eine von der Höhe des
Einkommens abhängige Ausgleichsrente (§ 47
BVG). – 4. Bei Zahlung *mehrerer* W. aus einer
Versicherung oder beim Zusammentreffen
mehrerer Ansprüche für eine Waise aus verschiedenen Versicherungen tritt Kürzung oder
teilweises Ruhen der Renten ein. Rentenbezug
aus der Renten- oder Unfallversicherung führt
zur Kürzung oder zum Fortfall der Ausgleichsrente.

waiting line theory, →Warteschlangentheo-
rie.

Walb, Ernst, 1880–1946, Dozent an der Han-
delshochschule Königsberg (1907 bis 1910);
Professor für Betriebswirtschaftslehre in
Stockholm (1910), Köln (1911 bis 1920),
Freiburg i. Br. (1920–1926) und wieder in
Köln (1926 bis zum Tode). – Bevorzugte
Arbeitsgebiete: Allgemeine Betriebswirt-
schaftslehre, Bankbetriebslehre (er war maß-
gebend an der →Bankenquete 1933 beteiligt),
Rechnungswesen, insbes. Kameralistik. Walb
hat vor allem die Lehre →Schmalenbachs
weiterentwickelt. Seine Arbeiten zeichnen sich

durch Systematik und durch breite (z. T.
philosophische, ethische und geschichtliche)
Fundierung seiner Gedanken aus. Infolgedessen haben die meisten seiner Arbeiten auch
heute noch Gültigkeit. – *Werke:* „Der Streit
um die Berechnung der Gewinnanteile bei der
AG" 1915; „Kaufmännische Betriebswirtschaftslehre" 1922 (in Rothschilds Taschen-
buch), letzte Aufl. 1938; „Erfolgsrechnung
privater und öffentlicher Betriebe" 1926;
„Kameralwissenschaft und vergleichende
Betriebswirtschaftslehre", in Kölner Universi-
tätsreden, 1917; „Der Diplomkaufmann"
1929; „Abschreibung und Steuer", Kölner
Industriehefte, H. 12, 1930; „Neuzeitliche
Entwicklungen in der deutschen Kreditwirt-
schaft", in „Die Deutsche Bankwirtschaft"
1935 bis 1938.

Waldbrandversicherung, Sonderform der
Feuerversicherung für stehenden und wachsenden Baumbestand sowie für geschlagenes
Holz. Häufig Teil einer auch andere Gefahren
(z. B. Überschwemmung, Erdrutsch) umfassenden →Elementarschadenversicherung.

Wald-Regel, →Minimax-Regel.

Waldsterben, bereits in den 60er Jahren als
umweltpolitisches und ökonomisches Problem erkannt. Als Hauptursachen gelten
Schwefeldioxid (SO_2)- und Stickoxid (NO_x)-
Emissionen von Kraftwerken, Industrie und
Autoverkehr. Maßnahmen zur Vermeidung
der auf ca. 9 Mrd. geschätzten Schäden der
Forstwirtschaft und auch an Gebäuden bisher
u. a. Novellierung der →TA-Luft und Förderung der Katalysatortechnik.

walk trough, *structured walk through,* im
→Software Engineering eine Methode zur
regelmäßigen Überprüfung der geleisteten
Arbeiten bei der →Softwareentwicklung; derjenige, der einen Arbeitsschritt durchgeführt
hat, erläutert anderen Projektmitgliedern
(oder Personen außerhalb des Projekts) seine
Vorgehensweise und seine Ergebnisse.

Wallis und Futuna, →Frankreich.

Wall Street, Straße im Südteil von Manhattan
(City of New York); berühmt als Hauptfi-
nanzzentrum der USA. In übertragenem
Sinne bezeichnet man mit W. St. auch die
Banksphäre in den USA allgemein (im Gegensatz zu mit *Main Street* bezeichneter Indu-
strie- und Handelssphäre).

Walras, Marie Esprit Léon, 1834–1919,
bedeutender französischer Nationalökonom
der Mathematischen Schule. W. entwickelte
gleichzeitig mit, aber unabhängig von
→Jevons und →Menger den Begriff des
→Grenznutzens. Sein größtes Verdienst ist die
elegante mathematische Darstellung der allgemeinen Interdependenz in einem simultanen
statischen Gleichungssystem (→Neoklassik
II), das dann von Pareto weiter ausgebaut
wurde. – *Hauptwerke:* „Eléments d'économie

politique pure", zwei Teile, 1984 und 1877; „Théorie de la monnaie" 1887; „Etudes d'économie politique appliquée" 1898.

Walras' Modell des allgemeinen Gleichgewichts, →Neoklassik II.

Walter-Eucken-Institut e. V., →Wirtschaftsforschungsinstitut; Sitz in Freiburg. – *Aufgabe:* Wirtschaftswissenschaftliche, -rechtliche und soziologische Forschung v. a. auf dem Gebiet der Wettbewerbsordnung und -recht, Ordnungstheorie und -politik sowie Geld-, Währungs- und Konjunkturtheorie und -politik.

WAN, wide area network, →Netz, das über einen geographisch größeren Raum verteilte →Datenstationen (v. a. Rechner) verbindet. Man unterscheidet öffentliche und nichtöffentliche WANs. In der Bundesrep. D. sind WANs aufgrund der Posthoheit darauf angewiesen, die Fernmeldewege der Post (i. d. R. Datex-P-Netz; →Datei-Dienste) zu nutzen.

Wandelanleihe, →Wandelschuldverschreibung.

Wandelgeschäft, ein Börsentermingeschäft, (→Termingeschäft), bei dem sich der eine Vertragspartner das Recht ausbedingt, auf seinen Wunsch Lieferung bzw. Abnahme der Ware vor dem Termin zu fordern. Die Abschlußformeln für derartige Geschäfte laufen „per ultimo täglich" oder„per ultimo auf Kündigung".

Wandelobligation, →Wandelschuldverschreibung.

Wandelschuldverschreibung, *Wandelobligation, Wandelanleihe, convertible bond.*
I. Begriff: Schuldverschreibung (→Anleihe) von Aktiengesellschaften bei der neben dem Anspruch auf Rückzahlung des Nennwerts und der geringen Zinsen ein Wandlungsrecht in eine bestimmte Anzahl von →Stammaktien der emittierenden Gesellschaft besteht. – Die W. bedarf der *staatlichen Genehmigung* (§§ 795, 808 a BGB).

II. Ausgabe: Erfordert einen Beschluß der →Hauptversammlung mit mindestens ¾ Mehrheit (§ 221 AktG). Den Aktionären steht ein →Bezugsrecht auf die W. zu, das jedoch durch Beschluß der Hauptversammlung mit mindestens ¾-Mehrheit ausgeschlossen werden kann (→bedingte Kapitalerhöhung). – Bei der Begebung von W. sind *anzugeben:* Zinssatz, Laufzeit, Zinstermine, Besicherung, Wandlungsverhältnis, Zuzahlung bei Wandlung und Umtauschfrist.

III. Vorteile: 1. Für die *ausgebende Unternehmung:* W. ermöglichen Unternehmen die Aufnahme von (zunächst) Fremdkapital zu *günstigeren Bedingungen* (z. B. niedrigerer Zinssatz als bei →Anleihen). Die Ausgabe von W. ist zunächst *steuerlich günstiger:* Um den gleichen Betrag als Dividende ausschütten zu können, müßte das Unternehmen unter Berücksichtigung von Körperschaftsteuer und der auf den Gewerbeertrag entfallenden Gewerbesteuer mehr aufbringen als bei Zahlung von Zinsen auf die Anleihe. Vorteile für den *Anleger:* Die W. eröffnet die Chance, an Kursgewinnen der Aktie teilzuhaben; bei steigenden Kursen realisiert der Anleger durch Ausübung des Wandelrechts und Verkauf der Aktien zusätzliche Gewinne. In Zeiten stagnierender oder fallender Kurse wird das Wandelrecht nicht ausgeübt, der Anleger erhält weiterhin die vertraglich fixierten Zinszahlungen und hat Anspruch auf Rückzahlung des Nennwerts. Den Zeitpunkt der Ausübung des Wandlungsrechts, also des Übergangs vom Gläubiger zum Eigentümer, kann der Anleger innerhalb der Umtauschfrist selbst bestimmen.

Wandergewerbe, Form des →ambulanten Handels, die durch Umherziehen von Ort zu Ort und Haus zu Haus ausgeübt wird. – *Erscheinungsformen:* Schaustellung, Schießbuden, Karussellbetriebe, Achterbahn u. a.

Wandergewerbeschein, jetzt: →Reisegewerbekarte.

Wandergewerbesteuer, jetzt: →Reisegewerbesteuer.

Wanderlager, vorübergehend errichtete, feste, offene Verkaufsstätte (Laden, Magazin usw.), meist zur Veräußerung einer größeren, oft aus Konkursen, Zwangsversteigerungen u. ä. übernommenen Warenmenge. Die Veranstaltung eines W., auf die durch öffentliche Ankündigung hingewiesen werden soll, ist zwei Wochen vor Beginn der für den Ort der Veranstaltung zuständigen unteren Verwaltungsbehörde anzuzeigen. Mit der Anzeige sind Wortlaut und Art der beabsichtigten öffentlichen Ankündigungen mitzuteilen. Bei nicht rechtzeitiger, nicht wahrheitsgemäßer oder nicht vollständiger Anzeige Untersagung (§ 56 a GewO).

Wanderung, *räumliche Mobilität.* 1. *Begriff:* Wohnsitzveränderung natürlicher Personen, i. a. für dauernd oder wenigstens für längere Zeit (→Mobilität). Die Bezeichnung „Wanderer" für die an den W. beteiligten Personen ist wenig gebräuchlich, anders als Wortverbindung (Zu-, Abwanderer; Ein-, Auswanderer; Rückwanderer). – 2. *Unterteilungen:* a) *Netto-W.,* *W.ssaldo:* Differenz der Zu- und Fortzüge; *Brutto-W.:* Zu- und Abgänge. – Ein Überwiegen der Zuzüge wird als *W.sverlust, negative W.sbilanz, W.sdefizit, Nettoabw.* bezeichnet. – b) *Binnen-W.:* W. innerhalb eines Gebiets; *Außen-W.:* Wanderungen über die Grenzen des Untersuchungsgebiets. – Für W. innerhalb einer Gemeinde hat sich die Bezeichnung „*Ortsumzüge*" eingebürgert. – c) *Nationale W.:* W. innerhalb nationaler Grenzen; *internationale W.:* W. über die nationalen Grenzen. Unter *W.sstrom* versteht man die W. zwischen bestimmten Herkunfts- und Zielgebieten. – d) *Nah- und Fern-W.*: je nach W.entfernung. – e) *Rück-W.*: Rückkehr zum früheren Wohnort. – 3. *Gründe*: W. kommen zustande, indem der Mensch oder eine Gruppe von Menschen ihre Lage am gegenwärtigen Wohnort mit ihrer voraussichtlichen Lage an möglichen Wanderungszielen vergleichen. Ausbildungs-, arbeits-, familien- oder wohnungsorientierte Motive am wichtigsten. – 4. *Statistische Erfassung*: Vgl. →Wanderungsstatistik. – *Maße des Umfangs der Mobilität*: Mobilitätsziffern (Verhältnis von W. zur Bevölkerung des Herkunftsgebiets). Unterscheidung nach zahlreichen Merkmalen der wandernden Personen, z. B. Geschlecht, Alter, Familienstand, Nationalität und Beteiligung am Erwerbsleben möglich, wenn die Einwohnerzahlen in dieser Gliederung zur Verfügung stehen. *Maße des Einflusses der W.* auf die Bevölkerungsentwicklung: Verhältnis des W.ssaldos zur Bevölkerung des Untersuchungsgebiets. – *Anders:* →Pendelwanderung.

Wanderungsbilanz, *Wanderungssaldo,* der für einen Zeitraum (Monat, Quartal, Jahr) gezogene statistische Vergleich über die Zu- oder Abnahme der Bevölkerung durch

Wanderungsbilanz im Bundesgebiet
seit 1947 (in 1000)

Jahr	Zuwanderungs-überschuß insgesamt	Zuwanderungs-überschuß gegenüber der DDR und Berlin (Ost)
1947	882	–
1948	851	–
1949	447	260
1950	410	243
1951	207	210
1952	148	167
1953	349	351
1954	221	233
1955	311	303
1956	340	325
1957	417	311
1958	329	176
1959	211	136
1960	364	181
1961	431	110
1962	285	8
1963	199	31
1964	278	25
1965	344	24
1966	132	20
1967	− 177	17
1968	278	16
1969	572	18
1970	574	19
1971	431	18
1972	331	18
1973	384	16
1974	− 9,4	14,6
1975	− 199,2	18,9
1976	− 72,2	15,8
1977	32,7	10,4
1978	115,4	13,2
1979	246,0	14,0
1980	311,9	14,2
1981	152,3	16,5
1982	− 75,4	14,0
1983	− 117,1	12,1
1984	− 151,1	40,7
1985	83,4	...

→Wanderung, gegliedert nach Ziel- und Herkunftsgebieten.

Wanderungssaldo, →Wanderungsbilanz.

Wanderungsstatistik, amtliche Statistik über die →Wanderungen. Die W. dient der →Bevölkerungsfortschreibung nach Geschlecht, Alter, Familienstand und Nationalität. Erkenntnisse aus der W. dienen der →Bevölkerungspolitik.

Wanderversicherung. 1. In der Rentenversicherung die Zusammenfassung der Leistungen für Versicherte, die im Laufe ihrer Versicherungszeit *bei verschiedenen Rentenversicherungsträgern* versichert waren (→Arbeiterrentenversicherung, →Angestelltenversicherung, →Knappschaftsversicherung). Für die Erfüllung der →Wartezeit werden die Versicherungszeiten zusammengerechnet. Die Leistung wird nur aus den Rentenversicherungszweigen gewährt, bei denen die Leistungsvoraussetzungen erfüllt sind. Die Leistung wird als *Gesamtleistung* von dem Rentenversicherungsträger berechnet und festgestellt, an den der letzte Beitrag entrichtet worden ist (§§ 1308 ff. RVO, §§ 87 ff. AVG, §§ 99 ff. RKG). Die Seekasse und die Bundesknappschaft sind außerdem auch zuständig, wenn für mindestens 60 Monate Beiträge entrichtet worden sind. – 2. Der Begriff W. ist inzwischen ausgedehnt worden auf die Zurücklegung von *Versicherungszeiten in mehreren Ländern der EG.* Zur Erfüllung der Anspruchsvoraussetzungen werden die mitgliedsstaatlichen Versicherungszeiten zusammengerechnet. Inwieweit Versicherungszeiten als anspruchsbegründend heranzuziehen sind, beurteilt sich nach den Rechtsvorschriften der jeweiligen Mitgliedsstaates, in dem die Versicherungszeiten zurückgelegt sind (vgl. Art. 45 der EWG-VO 1408/71 und Art. 15 der EWG-VO 574/72).

Wandlung, Rückgängigmachung eines →Kaufvertrages oder →Werkvertrages aus dem Gesichtspunkt der →Sachmängelhaftung. – 1. Die W. ist *vollzogen,* wenn sich auf Verlangen des Käufers der Verkäufer mit ihr einverstanden erklärt (§ 465 BGB), andernfalls braucht der Käufer nicht auf Einwilligung in die W. zu *klagen,* sondern kann die Klage auf Rückzahlung des Kaufpreises richten. – 2. *Behauptet der Käufer einen Mangel,* kann der Verkäufer ihm unter dem Erbieten zur W. angemessene Erklärungsfrist setzen; fruchtloser Fristablauf schließt W. (nicht →Minderung) aus (§ 466 BGB). – 3. Auf die W. finden die *Vorschriften über den →Rücktritt* entsprechend Anwendung, d. h. Ausübung durch einseitige empfangsbedürftige Willenserklärung des Käufers, Rückgewähr der beiderseitigen Leistungen. Durch Verarbeitung wird die W. nicht ausgeschlossen, wenn sich der Mangel erst bei ihr gezeigt hat. Vertragskosten sind vom Verkäufer zu ersetzen (§ 467 BGB). – *Sonderfälle* betreffen W. bei zugesicherter

Grundstücksgröße, Gesamtpreis, Haupt- und Nebensachen (§§ 468 ff. BGB).

Wandtafelmodell, →blackboard model.

Ware. I. H a n d e l s r e c h t : →Bewegliche Sache, die Gegenstand des Handelsverkehrs ist oder die nach der Anschauung des Verkehrs als Gegenstand des Warenumsatzes in Betracht kommen könnte (weite Auslegung; auch z. B. Elektrizität, nicht aber →Grundstücke). Nicht erforderlich ist, daß sie zum regelmäßigen Absatz durch Kaufleute bestimmt sind. Die →Anschaffung und →Weiterveräußerung von W. ist als sog. →Umsatzgeschäft, die Bearbeitung oder Verarbeitung fremder W. u. U. als →Lohnfabrikation →Grundhandelsgeschäft (§ 1 II Ziff. 1 u. 2 HGB). – *Irreführende Angaben* über Beschaffenheit, Ursprung, Herstellungsart oder Preisbemessung, Art des Bezugs oder der Bezugsquelle von W. können als →unlauterer Wettbewerb Unterlassungsklage und Bestrafung nach sich ziehen (§§ 3, 4 UWG).

II. Z o l l r e c h t : Alle →beweglichen Sachen (§ 1 II ZG). Das Zollrecht unterscheidet zwischen Waren des freien Verkehrs (→Freigut) und W. im zollrechtlich gebundenen Verkehr (→Zollgut).

III. A u ß e n w i r t s c h a f t s r e c h t : Alle beweglichen Sachen, die Gegenstand des Handelsverkehrs sein können und Elektrizität; ausgenommen sind Wertpapiere und Zahlungsmittel (§ 4 AWG).

IV. W i r t s c h a f t s t h e o r i e : 1. *Allgemein:* Gut, das auf dem →Markt angeboten und nachgefragt wird. Der Begriff W. wird damit durch die →Wirtschaftsordnung bestimmt, in der Bundesrep. D. durch Handelsrecht und Außenwirtschaftsgesetz. – 2. *Wirtschaftstheorie des Marxismus:* Güter, die für den Verkauf über Märkte zur Fremdbedarfsdeckung erzeugt werden. Ihr Preis entspreche dem →Tauschwert. Diese Definition impliziert, daß nur Arbeitsprodukte W. sein können. Im →Kapitalismus soll auch die Arbeitskraft eine W. sein (→Mehrwerttheorie, →Ausbeutung). – *Warenproduktion* ist im marxistischen Sprachgebrauch ein Synonym für die Koordination der betrieblichen Einzelpläne über Märkte.

Warehouse-location-Problem. I. C h a r a k t e r i s i e r u n g : Standardproblem des →Operations Research. – *Problembeschreibung:* a) Eine Unternehmung hat ihre Kunden in jeder Planungsperiode mit genau vorgegebenen, im Zeitablauf konstanten Mengen eines homogenen Gutes zu beliefern. b) Die Unternehmung möchte ihre Vertriebskosten senken, indem sie an geeigneten Orten Läger errichtet. c) Es stehen mehrere potentielle Lagerstandorte zur Verfügung. d) Die Betreibung eines Lagers

führt zu gewissen standortspezifischen fixen Kosten. e) Darüber hinaus entstehen für den Transport von den Lägern zu den Kunden gewissen mengenproportionale Kosten, deren Höhe davon abhängt, welcher Kunde von welchem Lager aus bedient wird. f) *Gesucht* ist die Anzahl der zu errichtenden Läger und ihre Standorte, wobei die Lager- und Transportkosten pro Planungsperiode zu minimieren sind. Manchmal auch synonym für die *mathematische Formulierung des Problems.*

II. M a t h e m a t i s c h e F o r m u l i e r u n g : (I = Indexmenge der potentiellen Lagerstandorte; J = Indexmenge der Kundenorte; b_j = Gütermenge, mit der der Kunde am Ort j ($j \in J$) zu beliefern ist; c_{ij} = Kosten des Transportes vom Lagerstandort i ($i \in I$) zum Kundenort j ($j \in J$); k_i = fixe Kosten der Lagerung am Lagerstandort i ($i \in I$); x_{ij} = Anteil der an den Kundenort j zu liefernden Gütermenge b_j ($j \in J$), der vom Lagerstandort i ($i \in I$) aus bereitgestellt wird; y_i = Binärvariable mit

$$y_i = \begin{cases} 1, \text{ wenn am potentielle Lagerstandort} \\ \quad i\,(\in I) \text{ ein Lager eingerichtet wird;} \\ 0 \text{ sonst;} \end{cases}$$

x_0 = Summe aus Lager- und Transportkosten pro Planungsperiode. Minimiere

$$(1) \quad x_0 = \sum_{i \in I} \sum_{j \in J} c_{ij} x_{ij} + \sum_{i \in I} k_i y_i$$

unter den Restriktionen:

$$(2) \quad \sum_{i \in I} x_{ij} = 1 \quad \text{für } j \in J;$$
$$(3) \quad x_{ij} - y_i \leqq 0 \text{ für } i \in I, j \in J;$$
$$(4) \quad y_i \in \{0, 1\} \quad \text{für } i \in I;$$
$$(5) \quad x_{ij} \geqq 0 \text{ für } i \in I, j \in J.$$

Die Bedingungen (3) stellen sicher, daß nur von solchen Lagerstandorten eine Kundenbelieferung stattfindet, an denen auch ein Lager errichtet wird.

III. V a r i a n t e n : 1. *Kapazitiertes W.l.P.:* Die Kapazität der Läger an den potentiellen Standorten ist beschränkt; *unkapazitiertes W.l.P.:* Die Kapazität ist unbeschränkt. – 2. *Einstufiges W.l.P.:* Nur eine Transportstufe tritt auf; *mehrstufiges W.l.P.:* Mindestens zwei Transportstufen treten auf, z. B. indem zusätzlich Transporte von den Produktionsstätten zu den Lagerstandorten berücksichtigt werden.

IV. L ö s u n g s v e r f a h r e n : Das System ist ein gemischt-binäres lineares Optimierungssystem, das grundsätzlich mit den Methoden der binären Optimierung gelöst werden kann (→binäres Optimierungsproblem). Für große Probleme der Praxis kommen in erster Linie spezielle heuristische Verfahren in Betracht.

Warenakkreditiv, →Akkreditiv II 1 b).

Warenannahme, organisatorische . Einheit mit den *Aufgaben:* a) Annahme der von außen gelieferten Waren. b) Feststellung, ob die gelieferten Mengen mit →Lieferschein und →Bestellung übereinstimmen. Anschließende Überprüfung der Brauchbarkeit in der „*Wareneingangsprüfung*", einer mit der W. verbundenen Abteilung, nahe bei Anlieferungswegen und Lager; bei →dezentralem Lager sind im allgemeinen auch W. und Wareneingangsprüfung dezentralisiert.

Warenausfuhr, →Ausfuhr, →Ausfuhrverfahren.

Warenausgang, die Veräußerung von Waren oder deren Entnahme. Buchungssatz bei Barverkauf: Kasse an Warenverkaufskonto und Umsatzsteuerschuld; bei Entnahme: Privatkonto an Warenverkauf (oder Konto Selbstverbrauch) und Umsatzsteuerschuld. Kundenskonti werden i. d. R. auf Skontokonto (vgl. →Erlösschmälerungen) gesammelt. Der W. ist im Rahmen der Buchführungspflicht (§ 238 HGB) aufzuzeichnen; die steuerlichen Aufzeichnungsanforderungen ergeben sich aus § 144 AO. – Vgl. →Warenausgangsbuch.

Warenausgangsbuch, durch § 144 AO für Großhändler vorgeschriebenes Nebenbuch der Buchführung; in einzelnen Fällen oder für bestimmte Gruppen kann von der Führung eines W. abgesehen werden (§ 148 AO). – *Einzutragen* sind Waren, die ein Großhändler an einen andern gewerblichen →Unternehmer zur gewerblichen Weiterveräußerung liefert, wenn die Lieferung auf Rechnung (Ziel, Kredit, Abrechnung, Gegenrechnung), als Tauschware oder gegen Zahlung bei Gewährung eines Preisnachlasses erfolgt, so daß der Verkaufspreis niedriger ist als der Preis für Verbraucher, also fast alle Großhandelsverkäufe. – *Nicht einzutragen* sind Warenlieferungen, die erkennbar nicht zur gewerblichen Weiterverwendung bestimmt sind. – *Aufzuzeichnende Daten:* Tag der Lieferung, Name (Firma) und Anschrift des Erwerbers, Art des Warenpostens, Preis und Hinweis auf den Beleg. – W. sind zehn Jahre *aufzubewahren* (§ 147 AO). – Vgl. auch →Wareneingangsbuch.

Warenausstattung, besondere Gestaltung und Aufmachung einer Ware (z. B. auch durch Verpackung, Umhüllung oder Kennzeichnung auf Ankündigungen und Preislisten). Die W. kann als →Ausstattung geschützt sein (§ 25 WZG).

Warenautomat, →automatisierter Absatz, →Automatenladen, →Automatenmißbrauch.

Warenbegleitschein, Dokument im →Innerdeutschen Handel, eingeführt nach dem letzten Weltkrieg für den Warenverkehr zwischen der Bundesrep. D. und West-Berlin sowie mit der DDR. Ausfertigung durch

Versender oder Spediteur, Genehmigung in der Bundesrep. D. durch die Landeswirtschaftsbehörden, in West-Berlin durch den Senator für Wirtschaft. – Im *Außenwirtschaftsrecht* ersetzt der W. für das Verbringen eine Ware aus dem Wirtschaftsgebiet die Ausfuhrgenehmigung (§ 21 AWV).

Warenbestandskonto, andere Bezeichnung für →Wareneinkaufskonto, dessen Saldo den Warenbestand angibt.

Warenbilanz, →Handelsbilanz II.

Warenbörse, →Börse III 1.

Warenbruttogewinn, →Warenrohgewinn.

Warendividende, →Warenrückvergütung.

Warendurchfuhr, Begriff des Außenwirtschaftsrechts für den →Transitverkehr. – 1. Die W. ist *verboten,* wenn die Waren a) nicht in ein Land der →Länderlisten A oder B als →Verbrauchsland verbracht werden sollen, b) aus einem in der Länderliste E aufgeführten Land oder für Rechnung einer dort ansässigen Person versandt worden sind, c) im →Wirtschaftsgebiet umgeladen oder gelagert worden sind und d) nicht von einer Bescheinigung des Versendungslandes, daß die Waren ausgeführt werden dürfen (Durchfuhrberechtigungsschein) oder im Falle der Versendung aus Schweden oder der Schweiz von einer beglaubigten Abschrift der Ausfuhrgenehmigung des Versendungslandes begleitet sind. – Abgesehen von diesem Verbot ist die W. nach Außenwirtschaftsrecht unbeschränkt *zulässig.* – 2. Die →Ausgangszollstelle *prüft* beim Ausgang der Waren aus dem Wirtschaftsgebiet die Zulässigkeit der Durchfuhr. Sie kann die erforderlichen Angaben und Beweismittel verlangen, im übrigen gelten die Zollvorschriften sinngemäß. Die Ausgangszollstelle vermerkt den Ausgang der Waren auf dem Durchfuhrberechtigungsschein oder der Abschrift der Ausfuhrgenehmigung (§§ 38, 39 AWV).

Wareneinfuhr. 1. Die →Einfuhr von Waren durch →Gebietsansässige ist nach Maßgabe der →Einfuhrliste *ohne Genehmigung* unbeschränkt zulässig (§ 10 I AWG). Es kann jedoch die Vereinbarung und Inanspruchnahme von Lieferfristen beschränkt werden (§ 11 AWG, § 22 AWV). – 2. Die Einfuhr von Waren, die nicht in der Einfuhrliste enthalten sind, bedarf der *Genehmigung* (§ 10 I AWG). Die →Einfuhrgenehmigungen sind unter Berücksichtigung des Handels- und sonstigen wirtschaftspolitischen Erfordernisse zu erteilen nach Richtlinien, die der Bundesminister für Wirtschaft und der Bundesminister für Ernährung, Landwirtschaft und Forsten gemeinsam mit der Bundesbank erlassen. Auf der Grundlage dieser Richtlinien sind die für die Erteilung von Einfuhrgenehmigungen zuständigen Stellen im →Bundesanzeiger die Einzelheiten bekanntgegeben, die bei den

Anträgen auf Erteilung der Genehmigung zu beachten sind (Ausschreibung). Die Einfuhr kann unter Voraussetzungen zugelassen oder unter Auflagen genehmigt werden, daß die Ware nur in bestimmter Weise verwendet werden darf; der Veräußerer hat diese Verwendungsbeschränkung bei der Veräußerung jedem Erwerber mitzuteilen; Einführer und Erwerber dürfen die Ware nur in der vorgeschriebenen Weise verwenden. Rechtsgeschäfte mit →Gebietsfremden über Waren, deren Bezug zur Deckung des lebenswichtigen Bedarfs im →Wirtschaftsgebiet oder in Teilen des Wirtschaftsgebietes zwischenstaatlich vereinbart worden ist, können beschränkt werden, um die Einfuhr dieser Waren und ihren Verbleib im Wirtschaftsgebiet zu sichern. Zu dem gleichen Zweck können Rechtsgeschäfte über die Bearbeitung und Verarbeitung solcher Waren im →fremden Wirtschaftsgebiet beschränkt werden (§§ 12–14 AWG). – Vgl. auch →Einfuhr, →Einfuhrliste, →Einfuhrverfahren, →Innerdeutscher Handel.

Wareneingang, der Einkauf von Waren, buchhalterisch in der Finanzbuchhaltung auf →Wareneinkaufskonto festzuhalten, wenn wirtschaftliches Eigentum (Verfügungsmacht) erlangt ist, also insbes. auch dann, wenn die Ware mit einfachem, verlängertem oder erweitertem →Eigentumsvorbehalt gekauft oder noch nicht bezahlt ist oder zur Verfügung des Käufers bei Dritten lagert.

Wareneingangs-Bescheinigung (WEB), *delivery verification,* Erklärung, in der eine Zoll- oder Regierungsstelle des Bestimmungslandes einer Ware bestätigt, daß diese in dem betreffenden Land eingetroffen ist.

Wareneingangsbuch, für gewerbliche Unternehmer obligatorisch für steuerliche Zwecke durch §§ 143, 148 AO vorgeschriebenes Nebenbuch der Buchführung. Gewerbliche Unternehmer, die schon nach anderen Vorschriften zur Führung von Handelsbüchern und von einem W. entsprechenden Büchern verpflichtet sind und diese ordnungsgemäß führen, bedürfen des W. nicht. Es gelten sinngemäß die Vorschriften für das →Warenausgangsbuch.

Wareneingangskontrolle, *Eingangskontrolle,* Verfahren der Qualitätskontrolle (→Qualitätssicherung). Die W. ist eine →Abnahmeprüfung, die das Ziel verfolgt, durch Materialfehler bedingte Störungen in den nachgeschalteten Produktionsprozessen zu vermeiden und die einsatzstoffbedingte Sollqualität der Produkte möglichst weitgehend zu gewährleisten. Die Prüfungen erfolgen außer bei kritischen Sicherheitsteilen (→Totalkontrolle) nach →Stichprobenprüfplänen, die zwischen dem Abnehmer und dem Lieferanten zu vereinbaren sind (→Partialkontrolle).

Wareneingangsprüfung, →Warenannahme.

Wareneinkaufskonto, ein Konto der doppelten Buchführung, das im Soll die Warenanfangsbestand, die Zugänge (beide zu Einkaufspreisen) und (meist über besonderes Unterkonto) die Bezugskosten, im Haben etwaige Rücksendungen an die Lieferer bzw. (meist über besonderes Unterkonto) →Nachlässe sowie Warenentnahmen für private Zwecke aufnimmt. Im Haben wird ferner der Einkaufswert der verkauften Waren gebucht, so daß der *Saldo* des W. den *Warenendbestand* angibt. – Die Warenverkäufe und der Warenerlös erscheinen auf →Warenverkaufskonto.

Wareneinsatz, zur Erzielung eines bestimmten Umsatzes erforderliche Menge an Waren, bewertet mit den →Einstandspreisen. – *Ermittlung der Warenmenge:*

	Warenanfangsbestand
+	Warenzugänge
./.	Warenendbestand

=	Wareneinsatzmenge
×	Einstandspreis(e)

=	Wareneinsatz

Wareneinstandspreis. 1. *Begriff:* →Einstandspreis in Unternehmungen des Warenhandels. – *Berechnung:*

	Bezugspreis einer Ware (ohne Vorsteuer)
./.	Preisnachlässe

=	Einkaufspreis
+	(direkt zurechenbare) Bezugs-Nebenkosten

=	Wareneinstandspreis

2. *Zurechnungs- und Bewertungsprobleme* bei der konkreten Umsetzung dieses Berechnungsmodells: a) Als *Bezugspreis* wird oft der Rechnungspreis angesehen, der vom Listenpreis um die eingeräumten Mengenrabatte gemindert ist. Werden gleiche Waren aufgrund unterschiedlicher Aufträge zu differierenden Preisen zu gleichen oder unterschiedlichen Zeitpunkten geliefert, sind einfache oder mit Mengen gewichtete Durchschnittspreise zu bilden. Werden W. nicht für einen Zeitpunkt, sondern für einen Zeitraum ermittelt, z. B. zur Errechnung der →Betriebshandelsspanne, sind Korrekturen um Wertminderungen und Schwund/Verderb vorzunehmen. – b) Unproblematisch ist die Zurechnung produkt- bzw. auftragsbezogener *Preisnachlässe* wie Skonti oder für einen Auftrag eingeräumter Gesamtumsatzrabatte bzw. die pro Auftrag aufgerechneten Warenrücknahmen. Wesentlich schwieriger ist die Verteilung aller einmaligen Preisnachlässe wie Jahresrückvergütungen, Jahrestreuebonî, Jahresgesamtumsatzrabatte, Steigerungsvergütungen und aller für einen Zeitraum gewährten Zuwendungen wie Verkaufsförderungsvergütungen (z. B. Werbe- und Aktionskostenzuschüsse). Diese umsatz-

bezogenen Vergütungen und zweckgebunde- nen Zahlungen sollen nach dem →Berliner Gelöbnis zur Ermittlung eines *„ständigen" W.* auf einen längeren Zeitraum verteilt werden. Unzulässig wäre danach eine Verteilung ledig- lich auf die Warenmengen, die in einer Aktion abgesetzt wurden. Dadurch würde der W. so stark gemindert, daß eine kartellrechtliche Prüfung wegen →Verkaufs unter Einstands- preis nahezu unmöglich würde. – c) Ähnliche Zurechnungsprobleme können bei der Ermitt- lung und Verteilung von *Bezugs-Nebenkosten* auftreten. Unberücksichtigt bleiben alle einem Produkt oder einem Auftrag nicht direkt zurechenbaren Beschaffungskosten wie Löhne der Einkäufer. Direkt zurechenbar sind Frachten und Lagerkosten, Maklergebühren, öffentliche Prüf- und Überwachungsgebüh- ren, Zölle usw., die ggf. nach Menge oder Gewicht innerhalb von Aufträgen, die meh- rere Produkte umfassen, aufzuteilen sind.

Warenführer, im Sinne des Zollrechts derje- nige, dem der →Zollbeteiligte zum →Zollgut- versand abgefertigtes →Zollgut zur Beförde- rung übergeben hat, und jeder weitere, der dieses Zollgut zur Beförderung übernimmt.

Warengattung, →Gattungsbezeichnung, →Gattungsschuld.

Warengeld, Zahlungsmittel in einer Wäh- rungsordnung, die in Waren Geldfunktion ausüben. Das können im Prinzip beliebige, lagerfähige Güter sein. Historisch waren ver- schiedene Edelmetalle, insbes. Gold beim W. vorherrschend. Gegenüber dem modernen Giralgeldsystem fallen beim Warengeldsystem höhere Produktions-, Lagerhaltungs- und Transportkosten an. Im Vergleich zur reinen Tauschwirtschaft bringt das W. bereits eine erhebliche Reduzierung des Informations- und Transaktionskosten. – Vgl. auch →Natu- ralgeld.

Warengruppenspanne, Zusammenfassung von →Stückspannen für eine Warengruppe, meist eine →Durchschnittsspanne.

Warenhandel, Hauptzweig des →Handels. Warenhandelsbetriebe erzielen ihren Umsatz mit beweglichen Gütern (Waren) im *Gegen- satz* zum Handel mit Grundstücken und Häusern (Immobilienhandel) und zum Handel mit Rechten und Dienstleistungen (z. B. Patentvermittler, Software-Büro).

Warenhandelsbetrieb, Betrieb des Einzel-, Groß- oder Außenhandels, der sich mit dem →Warenhandel befaßt.

Warenhandwerker, →Handwerker, der selbst Rohstoffe anschafft, um sie nach Be- oder Verarbeitung als bewegliche Sache zu veräußern. Der W. ist →Mußkaufmann (§ 1 II Ziff. 1 HGB), und zwar nach Art und Umfang des Betriebes meist als →Kleingewerbetrei- bender →Minderkaufmann (§ 4 HGB).

Warenhaus, *department store,* →Betriebs- form des Handels (Einzelhandels). Angebot eines *(anders:* →Kaufhaus) branchenüber- greifenden, breiten Sortiments einschl. Lebensmitteln („Alles unter einem Dach"). *Kennzeichen:* Überwiegend offene Warenre- präsentation, →partielle Selbstbedienung, Barzahlung, niedrige Preise. – *Entwicklung:* Langsames →trading up ließ aus manchen W. Einkaufspaläste werden mit äußerst reichhal- tigem, internationalem, aufwendig präsentier- tem Sortiment. Standort dieser Weltstadthäu- ser sind bevorzugte Plätze der City von Großstädten; daneben wurden Filialen in Vorstädten, →Einkaufszentren sowie in man- chen mittelgroßen Städten errichtet. W. sind starker Konkurrenz der →Selbstbedienungs- warenhäuser ausgesetzt: Neben gezielten Anpassungsmaßnahmen zur Erhöhung der standortspezifischen Attraktivität wurde auch die Schließung mancher Filiale erforderlich (→Dynamik der Betriebsformen im Handel).

Warenhausbesteuerung, zum Schutz mittle- rer und kleinerer Einzelhändler um 1900 eingeführte Sonderbelastung der Warenhäu- ser und sonstigen Großbetriebe des Einzelhan- dels. Seit 1951 in des Bundesrep. D. beseitigt.

Warenkalkulation, Ermittlung des Verkaufs- preises einer Ware im Handel mittels der →Selbstkosten und Gewinn umfassenden →Handelsspanne auf den →Einstandspreis und (im Einzelhandel) unter Beachtung der Angebotspreise der Konkurrenzunterneh- mungen. – *Formen:* 1. *Progressive W. (Absatz- kalkulation):* Ausgehend von einem vorgege- benen Einstandspreis wird der minimal zu erzielende Verkaufspreis bestimmt. – *Kalkula- tionsschema:*

```
  Bruttoeinkaufspreis
./.  Rechnungsabzüge
 +  Bezugskosten

 =  Einstandspreis
 +  Selbstkosten

 =  Selbstkostenpreis
 +  Gewinn

 =  Barverkaufspreis
 +  Skonto

 =  Zielverkaufspreis
 +  Rabatt

 =  Verkaufspreis
```

Vereinfachtes Kalkulationsschema bei Un- kenntnis einer genauen Kostenbelastung:

```
  Bruttoeinkaufspreis
./.  Rechnungsabzüge
 +  Bezugskosten

 =  Bezugs-, Einstands- oder Netto-
    einkaufspreis
 +  Bruttogewinnzuschlag

 =  effektiver oder Bruttoverkaufspreis
```

2. *Retrograde W. (Bezugskalkulation):* Ausgehend von einem vorgegebenen Verkaufspreis wird der maximal zu zahlende Bruttoeinkaufspreis bestimmt. Die oben angeführten Kalkulationsschemata können entsprechend verwandt werden. – Vgl. auch →Exportkalkulation, →Preiskalkulation, →Kalkulation.

Warenkennzeichnung, warenbegleitende Information über Eigenschaften von Produkten mit dem Ziel einer erhöhten Qualitätstransparenz. – *Formen:* 1. Klassifizierende W. mittels →Handelsklassen, DIN-Normen. – 2. W. mittels Güte- bzw. Sicherheitszeichen: RAL-Gütezeichen oder RAL-Testat (RAL = Ausschuß für LIeferbedingungen und Gütesicherung), VDE-Sicherheitszeichen (VDE = Verband Deutscher Elektroniker), TÜV-geprüft-Zeichen (TÜV = Technischer Überwachungsverein), GS-geprüfte Sicherheit der Trägergemeinschaft Sicherheitszeichen e.V., Wollsiegel, Weinsiegel. – 3. W. aufgrund gesetzlicher Normen: Lebensmittelkennzeichnungs-VO (z.B. →Mindesthaltbarkeitsdatum); Textilkennzeichnungs-VO.

Warenklasseneinteilung, Begriff des →Warenzeichenrechts.

Warenkonto, ursprünglich →gemischtes Konto als wichtigstes Konto in Unternehmungen des →Handels. Durch den →Kontenrahmen aufgelöst in →Wareneinkaufskonto (als Bilanzkonto) und →Warenverkaufskonto (als Erfolgskonto).

Warenkorb, Bezeichnung sämtlicher für die Berechnung des Preisindexes (→Preisindex der Lebenshaltung) ausgewählten Güter, d.h. Waren (Nahrungsmittel, Kleidung, Tabakwaren, Hausrat usw.), Leistungen (Versicherungen, Verkehrsleistungen u.a.) und Mietwohnungen, die als repräsentativ gelten und für die Wägungszahlen entsprechend der Ausgabenstruktur der betreffenden Haushalten ausgebildet werden. – *Zusammensetzung:* Der W. setzt sich aus Hauptgruppen zusammen (vgl. Übersicht Sp. 2609/2610). Menge und Qualität der bei durchschnittlicher Lebenshaltung und einem bestimmten Haushalts-Einkommen gekauften Güter werden im Wege einer Repräsentativerhebung nach der typischen Methode über →Wirtschaftsrechnungen und über →Einkommens- und Verbrauchsstichproben ermittelt. Wenn sich in den Verbrauchsgewohnheiten grundlegende *Änderungen* vollziehen, muß eine Überarbeitung der Indexgrundlage erfolgen: Dabei sind Güterauswahl und Wägungszahlen zu aktivieren, damit die Indexaussage weiterhin als realistisch gelten kann. Die Übersicht zeigt auch, wie sich die Wägungsanteile der Hauptgruppen der vier Preisindizes für Lebenshaltung bei der letzten Umstellung, von der Basis 1976 auf die Basis 1980, verändert haben.

Warenkredit. 1. Der durch Waren gesicherte Bankkredit (→Warenlombard, →Sicherungsübereignung von Waren). – 2. Synonym für →Lieferantenkredit.

Warenkreditbrief, in der Kundenfinanzierung dem Käufer von dem Teilfinanzierungsinstitut ausgestellter und von ihm in den angeschlossenen Einzelhandelsgeschäften wie Bargeld in Zahlung zu gebender Warenscheck oder Kaufscheck.

Warenkreditversicherung, *Delkredere-Versicherung,* Versicherung gegen den Ausfall durch Zahlungsunfähigkeit eines Kreditkunden; überwiegend bei Forderungen aus Warenlieferungen und Leistungen, die i.d.R. über einen Zeitraum von sechs Monaten hinausgehen. →Selbstbeteiligung des Versicherungsnehmers etwa ⅓ des Ausfalls. Es wird ein Mantelvertrag abgeschlossen, der sämtliche gewerblichen Kunden des Versicherungsnehmers oberhalb einer festgelegten Summe (meist 10000 DM) in den Vertrag einschließt. Absicherung von niedrigeren Forderungen unter bestimmten Bedingungen zusätzlich im Rahmen einer *Pauschaldeckung.* – Mit der Absicherung von mittelfristigen Warenkrediten, einschl. dem Leasinggeschäft, befaßt sich die *Investitionsgüterkreditversicherung.*

Warenlager, Sachgesamtheit von Waren (→Lager). – Ein W. ist ein *offenes W.* (vgl. § 56 HGB), wenn es für den Verkehr mit dem Publikum bestimmt ist. – Vgl. auch →Wanderlager, →Sicherungsübereignung.

Warenlombard, Kreditgewährung gegen →Verpfändung von Waren. Die verpfändeten Waren werden von der kreditgebenden Bank in Verwahrung genommen (wegen der dazu erforderlichen Lagerräume selten), beim Kreditnehmer unter Mitverschluß der Bank gelagert oder in einem Lagerhaus eingelagert, derart, daß nur unter Zustimmung der Bank darüber verfügt werden darf. – *Bedeutung:* Der W. hat stark abgenommen zugunsten der Kreditgewährung gegen →Sicherungsübereignung der Ware (kein W. im eigentlichen Sinn). – Vgl. auch →Lombardkredit.

Warenmarke, →Marke II.

Warenmuster. 1. *Begriff:* In Form, Art, Aussehen (also im Gesamtcharakter), selten aber in der Größe der angebotenen Ware entsprechende Gegenstände, die mögliche Käufer von der Beschaffenheit usw. der Ware überzeugen sollen. – Vgl. auch →Warenprobe. – 2. W. sind gewöhnlich so teuer, daß man sie als →*Werbemittel* nur in sorgfältiger →Streuung, also dort verwenden kann, wo starkes Kaufinteresse vermutet wird. W. von Stoffen, Papier, Leder und ähnlich folienartigen Stoffen lassen sich auch in Werbedrucke und Fachzeitschriften mit bestimmtem Leser-

Übersicht: Warenkorb –
Wägungsschema des Preisindex für die Lebenshaltung

Hauptgruppe	Alle privaten Haushalte			4-Personen-Haushalte von Angestellten und Beamten mit höherem Einkommen		
	1976	1980	Zu- (+) bzw. Abnahme (−) 1980 gegen 1976	1976	1980	Zu- (+) bzw. Abnahme (−) 1980 gegen 1976
	‰		%	‰		%
Nahrungs- und Genußmittel	266,72	249,33	− 6,5	228,54	211,59	− 7,4
Kleidung, Schuhe	86,35	81,93	− 5,1	90,81	87,72	− 6,7
Wohnungsmiete	133,27	148,15	+11,2	138,46	141,56	+ 2,2
Energie (ohne Kraftstoffe)	49,13	65,13	+32,6	42,51	49,28	+15,9
Übrige Waren und Dienstleistungen für die Haushaltsführung	87,80	93,64	+ 6,7	90,70	86,72	− 4,4
Waren und Dienstleistungen für: Verkehrszwecke, Nachrichtenübermittlung	147,13	142,63	− 3,1	170,09	139,69	−17,9
Körper- und Gesundheitspflege	42,64	40,50	− 5,0	56,07	55,64	− 0,8
Bildungs- und Unterhaltungszwecke	90,96	84,68	− 6,9	90,56	102,41	+13,1
Persönliche Ausstattung; sonstige Waren und Dienstleistungen	96,00	94,01	− 2,1	92,26	128,39	+39,2
Gesamtlebenshaltung	1000	1000	−	1000	1000	−

Hauptgruppe	4-Personen-Arbeitnehmerhaushalte mit mittlerem Einkommen			2-Personen-Haushalte von Renten- und Sozialhilfeempfängern		
	1976	1980	Zu- (+) bzw. Abnahme (−) 1980 gegen 1976	1976	1980	Zu- (+) bzw. Abnahme (−) 1980 gegen 1976
	‰		%	‰		%
Nahrungs- und Genußmittel	302,66	281,55	− 7,0	388,12	332,94	−14,2
Kleidung, Schuhe	86,01	88,00	+ 2,3	62,80	66,18	+ 5,4
Wohnungsmiete	149,44	155,53	+ 4,1	222,88	219,98	− 1,3
Energie (ohne Kraftstoffe)	49,90	61,68	+23,6	76,36	86,34	+13,1
Übrige Waren und Dienstleistungen für die Haushaltsführung	90,27	77,49	−14,2	89,09	75,19	−15,6
Waren und Dienstleistungen für: Verkehrszwecke, Nachrichtenübermittlung	136,46	132,47	− 2,9	54,17	70,75	+30,6
Körper- und Gesundheitspflege	28,41	27,65	− 2,7	34,95	47,15	+34,9
Bildungs- und Unterhaltungszwecke	90,31	93,38	+ 3,4	46,57	56,58	+21,5
Persönliche Ausstattung; sonstige Waren und Dienstleistungen	66,54	82,25	+23,6	25,06	44,89	+79,1
Gesamtlebenshaltung	1000	1000	−	1000	1000	−

kreis, einkleben oder einheften. – 3. Der *grenzüberschreitende Verkehr* von W. und Warenproben wird in allen Ländern begünstigt: a) In der Bundesrep. D. entfallen bei der *Ausfuhr* von W. →Ausfuhrgenehmigung und →Ausfuhrabfertigung, wenn die W. auf ein →Carnet A.T.A. abgefertigt worden sind (§ 19 I, 28 AWV). – b) Bei der *Einfuhr* sind W. von Waren der gewerblichen Wirtschaft im Wert bis zu 500 DM und von Agrarerzeugnissen (ausgenommen Saatgut) bis zu 100 DM genehmigungsfrei (§ 32 I, 4 AWV). Zollfrei sind W., die so beschaffen sind oder unter Zollaufsicht so hergerichtet werden, daß sie erkennbar nur zum Gebrauch als Muster oder Probe geeignet sind, und wenn sie nur in Mengen eingeführt werden, die für die Kennzeichnung oder Prüfung erforderlich sind. Bei anderen Waren ist nur je ein Muster oder eine Probe gleicher Art und Beschaffenheit bis zu einem Warenwert von 40 DM je Muster oder Probe zollfrei. Zollfreiheit für W. von Rohkaffee, Tee und alkoholischen Getränken auf bestimmte Mengen begrenzt. Für geröstete Kaffee, Auszüge oder Essenzen aus Kaffee oder Tee, Sprit, Tabakwaren und Zigarettenpapier ist Zollfreiheit ausgeschlossen (§ 35 AZO). – 4. Wird ein →*Kaufvertrag* nach dem W. abgeschlossen (→Kauf nach Probe), so gelten die Eigenschaften des W. als zugesichert (§ 494 BGB). →Beweislast für Probewidrigkeit trifft den Käufer, wenn er die Ware als →Erfüllung angenommen hat (→Sachmängelhaftung). Zur Aufbewahrung des W. sind die Vertragsschließenden nicht verpflichtet, ggf. aber der →Handelsmakler (§ 96 HGB). – Die Hingabe von W. (→Verschenken von Waren) ist i.a. kein →unlauterer Wettbewerb).

Warennebenkosten, →Beschaffungskosten.

Warenpapiere, Wertpapiere, die Rechte an Waren verleihen und deren Übertragung die zur Übereignung erforderliche Besitzübertragung ersetzt. – Vgl. auch →Dokumente. – *Anders:* →Warenwechsel.

Warenpräsentation, Bezeichnung für die Art, wie der Kontakt zwischen Ware und Käufer hergestellt wird. – 1. Bei der W. auf *materiellem* Weg kann der Konsument die Ware im Original oder anhand von Mustern oder Proben besichtigen. – 2. Bei der *immateriellen* W. werden die Waren mittels Abbildungen, Beschreibungen in Katalogen oder Anzeigen dem Konsumenten nahegebracht.

Warenpreisklausel, *Sachwertklausel,* →Wertsicherungsklausel, bei der die Höhe einer Geldforderung nicht ziffernmäßig, sondern durch Bezugnahme auf den Preis einer bestimmten Warenmenge ausgedrückt ist.

Warenprobe, kleine Menge einer Ware, die möglichen Käufern zu bestimmungsgemäßem

Gebrauch gegeben werden. W. sind häufig eingesetzte Werbemittel beim Absatz z. B. von Wein, Sekt, Spirituosen, Parfümeriewaren sowie bei der Einführung neuer Produkte (Marken). Auf die Verteilung von W. ist der Zugabeverordnung nicht anzuwenden (§ 1 II c ZugabeVO). – Vgl. auch →Warenmuster.

Warenproduktion, →Ware.

Warenrohgewinn, *Warenbruttogewinn, Rohgewinn,* im Handelsbetrieb durch Warenumsätze erzielte →Roherträge zur Deckung der →Handlungskosten und zur Erzielung eines Gewinns. Der W. wird durch Gegenüberstellung von →Sollspanne und Istspanne kontrolliert.

Warenrücksendungen, Buchung von W.: Vgl. →Abzüge I.

Warenrückvergütung, *Warendividende,* Gewinnverteilungsmethode bei Beschaffungsgenossenschaften in Form der →Rückvergütung. →Konsumgenossenschaften dürfen ihren Mitgliedern nur eine W. gewähren, die zusammen mit etwaigen Barzahlungsnachlässen (→Rabatt) im Geschäftsjahr 3% der mit den Mitgliedern erzielten Umsätze nicht übersteigt; ansonsten werden höhere Beträge als Preisnachlässe behandelt, die nicht mit der genossenschaftlichen Rückvergütung vereinbar sind. Nichtmitglieder dürfen keine W. erhalten. (§ 5 Rabattgesetz).

Warenschulden. 1. *Begriff:* →Verbindlichkeiten einer Unternehmung gegenüber ihren Lieferanten. →Lieferantenkredit, die in der Praxis weit verbreitete Form kurzfristigen Kredits (i. d. R. 1–3 Monate); teuer, wenn →Skonto nicht wahrgenommen wird (Zahlungsbedingung: 2% Skonto bei Zahlung innerhalb von 10 Tagen, 30 Tage netto Kasse, bedeutet 36,73% Zinsen pro anno). – 2. *Bilanzierung:* Nach dem für Kapitalgesellschaften nach neuem Handelsrecht geltenden Gliederungsschema (§ 266 HGB; →Bilanzgliederung) auszuweisen als „Verbindlichkeiten aus Lieferungen und Leistungen". – 3. *Gewerbesteuer:* Laufende W. und Bankschulden, die zur Bezahlung von W. aufgenommen werden, sind regelmäßig laufende Schulden und deshalb keine →Dauerschulden im Sinne der §§ 8 Nr. 1, 12 II Nr. 1 GewStG.

Warensendung. I. Z o l l r e c h t : Warenmenge, die gleichzeitig von demselben Absender auf demselben Beförderungsweg an denselben Empfänger abgesandt worden ist.

II. P o s t w e s e n : Verbilligter Versand von Proben, Mustern oder kleinen Gegenständen ohne briefliche Mitteilung sowie in offener Umhüllung. Die Aufschrift muß die Bezeichnung W. tragen. *Höchstgewicht:* 500 g.

Warensystematik, →Warentypologie.

Warenterminbörse, →Börse III 1 b).

Warenterminsgeschäfte, börsenmäßige Geschäfte mit Welthandelsgütern wie Getreide, Öl, Kaffee, Zucker oder Metalle, bei denen mittels standardisierter Kontrakte zu einem zum Abschlußtermin festgelegten Preis Geschäfte auf Basis späterer Erfüllung abgeschlossen werden (→Termingeschäfte). Die Abwicklung der W. erfolgt über Liquidationskassen. W. bieten Sicherungsmöglichkeiten gegen Preisschwankungen, werden jedoch auch sehr häufig aus Spekulationsmotiven ohne effektive Erfüllung durch Warenlieferung oder -abnahme abgeschlossen. Zudem übernehmen W. wichtige Preisbildungsfunktionen. Die weltweit bedeutendsten Warenterminbörsen befinden sich in New York (COMEX, NYMEX), Chicago (CBT, CME) und London (LME, LCE).

Warentest, Prüfung gleichartiger Waren auf ihre Beschaffenheit und Preiswürdigkeit. In der Bundesrep. D.: a) W., die zu angemessenen Bedingungen unter Verwendung ordnungsgemäßer Prüfungsmethoden und geeigneter Prüfer durchgeführt werden, sind nicht zu beanstanden (z. B. durch die →Stiftung Warentest); b) W. durch Mitbewerber ist unzulässig (→unlauterer Wettbewerb).

Warentypologie, *Warensystematik*, Einteilung der Waren nach Merkmalen, die der Ware selbst anhaften und ihre stoffliche Beschaffenheit und physische Gestaltung betreffen *(Eigenmerkmale)* sowie nach Merkmalen, die aus dem Verhalten von Personen im Umgang mit den Waren resultieren *(Relationsmerkmale)*. – *Beispiele:* gasförmige, flüssige, feste Waren; verderbliche, nicht verderbliche Waren oder markierte, anonyme Ware; preisgebundene, frei kalkulierbare Ware; neue, alteingeführte, unmoderne Produkte; problemlose, erklärungsbedürftige Produkte; Waren des täglichen, des aperiodischen Bedarfs usw. – Ein systematisch aufgestellter *Merkmalskatalog* ist Grundvoraussetzung für die *Anwendung* der W. als wichtigem methodischem Ansatz des →Handelsmarketing und der →Handelsbetriebslehre.

Warenumschließung, umsatzsteuerlicher Begriff für →Verpackung; abzugsfähiger Teil des →Entgelts, wenn der Lieferer die W. zurücknimmt und das Entgelt um den entsprechenden Betrag mindert. – Vgl. →Flaschenpfand.

Warenursprung, →Ursprungsland.

Warenverkaufskonto, Konto der doppelten Buchführung von Handelsbetrieben, das im Haben die Warenverkäufe (Umsätze zu Verkaufspreisen), im Soll (meist über Unterkonten) Warenrücksendungen und Nachlässe gegenüber Kunden sowie den Einkaufswert der verkauften Waren (→Wareneinkaufskonto) ausweist. Das W. ist ein reines Erfolgskonto. Als *Saldo* ergibt sich das Rohergebnis (Roh-

gewinn, Rohverlust). – Im Einzelhandelskontenrahmen und Großhandelskontenrahmen gehört das W. zu den →Erlöskonten.

Warenverkehrsbescheinigung, zollamtliche Bescheinigung über das Vorliegen der Voraussetzungen für die Anwendung einer Vorzugszollbehandlung für eingeführte Waren. Im Warenverkehr der EG, der ohne das gemeinschaftliche Versandverfahren vor sich geht, werden die W. D.D.3 (im gebrochenen Warenverkehr über Drittländer außer Österreich und Schweiz) und T2M (für Fischereierzeugnisse) verwendet. Im übrigen dient hier als Präferenznachweis das Versandpapier T2L. Im Verkehr zwischen der EG und Staaten, die mit der EG durch Assoziierungs-, Freihandels- oder Präferenzabkommen verbunden sind, sind W. erforderlich, sofern Waren Präferenzzollbehandlung haben sollen.

Warenverzeichnis, systematische Gliederung zur statistischen Erfassung a) der für den Markt bzw. die Weiterverarbeitung produzierten, b) der exportierten und importierten, c) der tranportierten Waren. – 1. *Güterverzeichnis für Produktionsstatistiken* (GP), Ausgabe 1982: Gemeinsame Systematik für Güter der Land- und Forstwirtschaft, Fischerei (5 Gütergruppen, 20 Güterzweige, 72 Güterklassen, 587 Güterarten) sowie des Produzierenden Gewerbes (36 Gütergruppen, 248 Güterzweige, 1032 Güterklassen, 5706 Güterarten). Das GP wird in teilweise abgewandelten Fassungen für die vierteljährliche Produktionserhebung, den Produktions-Eilbericht, die Statistiken des Warenverkehrs mit Berlin (West), des Warenverkehrs mit der DDR und Berlin (Ost), der Außenhandels- sowie der Erzeuger- und Großhandelsverkaufspreise verwendet. Ergänzend alphabetisches Verzeichnis und Kommentar zu einzelnen Warengruppen. – 2. *W. für den Material- und Wareneingang im Produzierenden Gewerbe* (WE), Ausgabe 1978: 40 Warengruppen, 154 Warenzweige, 346 Warenklassen, 584 Warenarten. – 3. *Systematik der Bauwerke* für die Gruppierung der →Bautätigkeitsstatistiken und der Statistik der Baupreise (2 Gruppen, 10 Untergruppen, 33 Klassen, 74 Unterklassen, 120 Arten). – 4. *W. für die Binnenhandelsstatistik* (WB), Ausgabe 1979: Einheitliche Warensystematik für die einzelnen Handelsstufen unter Berücksichtigung der Sortimentsstruktur (91 Warengruppen, 712 Warenklassen, 3861 Warenarten). – 5. *W. für den Außenhandel* (WA), Ausgabe 1986: 21 Abschnitte, 99 Kapitel, 1024 Tarifnummern, 9300 Warennummern. Die Warennummern entsprechen den ersten sieben Stellen der neunstelligen Codenummern des →Deutschen Gebrauchs-Zolltarifs, Als kleinste Bausteine der →Außenhandelsstatistik ermöglichen die Warennummern eine Zusammenfassung der Ergebnisse zu Warengruppen und -untergruppen der Ernährungswirtschaft und der gewerblichen Wirtschaft, zu den Positionen des Internationalen Warenverzeichnisses für den Außenhandel (→Standard International Trade Classification) und zu Warengruppen und -zweigen des Güterverzeichnisses für Produktionsstatistiken. Seit Januar 1975 bildet das →Warenverzeichnis für die Statistik des Außenhandels (NIMEXE) mit seinem sechsstelligen Kennziffern die Grundlage des WA. Weitergehende Unterteilungen sind durch Anfügen einer siebten Stelle verschlüsselt worden. Ergänzend alphabetisches Stichwortverzeichnis. – 6. *Güterverzeichnis für die Verkehrsstatistik* (10 Abteilungen, 52 Hauptgruppen, 175 Warengruppen) nach der Bedeutung der Waren für die Verkehrsstatistik und nach verkehrstechnischen Zusammenhängen. Ergänzend alphabetisches Güterverzeichnis mit etwa 15 000 Stichwörtern. Es entspricht in seiner Gliederung der NST. – 7. *Systematik der Einnahmen und Ausgaben der privaten Haushalte* (SEA), Ausgabe 1983: Hauptanwendungsgebiete sind die →Einkommens- und Verbrauchsstichproben, die laufenden →Wirtschaftsrechnungen, die Preisindizes für die Lebenshaltung (→Preisindex für die Lebenshaltung) sowie die →Volkswirtschaftlichen Gesamtrechnungen. Gliederung in 10 Hauptgruppen; Hauptgruppe: 0: Einnahmen der privaten Haushalte, 9 Gruppen, 35 Klassen, 92 Arten; Hauptgruppen 1–8: Einkommensverwendung für den privaten Verbrauch, 56 Gruppen, 274 Klassen, 901 Arten; Hauptgruppe 9: Ausgaben der privaten Haushalte (ohne privaten Verbrauch), 9 Gruppen, 36 Klassen, 81 Arten.

Warenverzeichnis für die Statistik des Außenhandels der Gemeinschaft und des Handels zwischen ihren Mitgliedstaaten, (NIMEXE), im Rahmen der EG anzuwendende Warensystematik für Zwecke der Außenhandelsstatistik. Die Mitgliedstaaten sind gemäß einer Verordnung des EG-Ministerrats verpflichtet, die NIMEXE seit 1.1.1978 in der nationalen Außenhandelsstatistik anzuwenden. – *Aufbau:* Die sechsstellige NIMEXE mit ca. 7800 Positionen auf der untersten Gliederungsstufe besteht aus den Positionen des →Gemeinsamen Zolltarifs der Europäischen Gemeinschaft (GZT) sowie weiteren statistischen Unterteilungen für Gemeinschaftszwecke; sie erscheint jährlich in einer aktualisierten Fassung. Die NIMEXE baut auf den Tarifpositionen der Nomenklatur des Rates für die Zusammenarbeit auf dem Gebiet des Zollwesens (NRZZ) auf und ist so gegliedert, daß eine Zusammenfassung der Ergebnisse nach dem Internationalen Warenverzeichnis für den Außenhandel, das mit der →Standard International Trade Classification (SITC) der UN weitgehend identisch ist, möglich ist. Über den Rahmen der NIMEXE hinausgehende nationale Unterteilungen werden durch Anfügen einer siebten Stelle

verschlüsselt. In der Außenhandelsstatistik der Bundesrep. D. wird die NIMEXE für nationale Zwecke mit einem Umfang von ca. 9300 Warennummern (Warenverzeichnis für Außenhandelsstatistik, Ausgabe 1986) als kleinste Bausteine angewendet. – Eine wesentliche *Modifizierung und Umstellung* der NIMEXE ergibt sich ab 1.1.1988 aus der vollständigen Übernahme der Positionen des inzwischen fertiggestellten →Harmonisierten Systems zur Beschreibung und Codierung der Waren (HS) des RZZ und aus der angestrebten Einbeziehung in das in Entwicklung befindliche Integrierte System der internationalen Wirtschaftszweig- und Gütersystematiken (ISCAP). – Nach der Umstellung der NIMEXE müssen die darauf aufbauenden nationalen Warenverzeichnisse für die Außenhandelsstatistik der Mitgliedstaaten ebenfalls neu gefaßt werden. Die NIMEXE wird laufend weiterentwickelt und auf der Basis von Verordnungen der EG-Kommission jeweils zum 1. Januar eines Jahres in der geänderten Fassung in die gemeinschaftliche Außenhandelsstatistik eingeführt. – Vgl. auch →internationale Waren- und Güterverzeichnisse.

Warenvorschüsse, die dem Warenhandel besonders im Auslandsgeschäft gegebenen Kredite von Banken: a) Remboursredite (→Remboursgeschäft), b) sonstige kurzfristige Kredite gegen Verpfändung bestimmt bezeichneter, marktgängiger Waren.

Warenwechsel, *Handelswechsel,* →Wechsel, die im Geschäftsverkehr für Warenlieferungen begeben werden. Die W. werden im Diskontgeschäft von den →Finanzwechseln angekauft und können ggf. bei der Notenbank (Deutsche Bundesbank) diskontiert werden. – *Sonderform:* →bankgirierte Warenwechsel. – *Anders:* →Warenpapiere.

Warenwert, Begriff des Außenwirtschaftsrechts: das dem Empfänger in Rechnung gestellte Entgelt, in Ermangelung eines Empfängers oder eines feststellbaren Entgelts der Grenzübergangswert (§ 8 VO zur Durchführung des Gesetzes über die Statistik des grenzüberschreitenden Warenverkehrs vom 27.7.1957). Stellt sich ein Rechtsgeschäft oder eine Handlung als Teil eines einheitlichen wirtschaftlichen Gesamtvorgangs dar, so ist bei Anwendung der Wertgrenzen dieser Verordnung der Wert des Gesamtvorganges zugrunde zu legen (§ 4 AWV).

Warenwirtschaftssystem, →computergestütztes Warenwirtschaftssystem.

Warenzeichen, →Warenzeichenrecht, →Marke II.

Warenzeichenrecht, rechtliche Regelung des Schutzes von →Marken (Waren- und Dienstleistungsmarken).

I. Nationales Warenzeichenrecht.
1. *Rechtsgrundlage:* Warenzeichengesetz
(WZG) i. d. F. vom 2.1.1968 (BGBl I 29) mit
späteren Änderungen. – *Gesetzesentwicklung:*
1967 Einführung des Benutzungszwangs für
eingetragene Zeichen (→Vorratszeichen,
→Defensivzeichen); 1979 Einführung des
Schutzes der Dienstleistungsmarke. – 2.
Inhalt: Warenzeichen dienen im geschäftlichen
Verkehr zur Kennzeichnung der Herkunft von
Waren oder Diensten aus einem bestimmten
Unternehmen (Unterscheidungs-, Güte-, Qua-
litäts-, Werbefunktion). Zwei Gruppen von
rechtlich anerkannten Zeichen sind zu unter-
scheiden: (1) eingetragene Zeichen: Schutz
entsteht ausschließlich aufgrund der erfolgten
Eintragung; (2) →Ausstattung: derselbe
Schutz, unabhängig von Anmeldung oder
Eintragung. – 3. *Eintragung:* Eintragungsfähig
sind Wort-, Bild- oder Kombinationszeichen:
a) *Voraussetzungen:* (1) Das Zeichen muß eine
einheitliche, sofort erfaßbare einprägsame
Form aufweisen; es darf nicht die Ware oder
Dienstleistung selbst darstellen. (2) →Unter-
scheidungskraft, d. h. es ist geeignet, die
Waren oder Dienste zu kennzeichnen und von
anderen zu unterscheiden (§ 4 WZG). (3) Der
Schutz kann nur solchen Geschäftsbetrieben
gewährt werden, die die Ware oder Dienstleistung bestimmungsgemäß verwenden (z. B. die
Ware herstellen, bearbeiten oder mit ihr Handel treiben). – b) Von Amts wegen *ausgeschlossen* ist die Eintragung in die →Zeichen-
rolle, wenn es sich um ein →Freizeichen
handelt oder sonst einer der Fälle des § 4 II
WZG vorliegt (z. B. irreführende oder notori-
sche Zeichen). – c) *Prüfung:* Gem. WZG keine
amtliche Neuheitsprüfung sowie keine Prüfung der zur Eintragung angemeldeten Zeichen auf Übereinstimmung mit einem für
gleiche oder gleichartige Waren oder Dienstleistungen früher angemeldeten oder eingetragenen Zeichen. Die Anmeldung neuer Warenzeichen wird bekanntgemacht; Möglichkeit
des →Widerspruchs (§ 5). – d) *Wirkung:* Mit
der Eintragung entsteht für den Zeicheninha-
ber die ausschließliche Befugnis, Waren der
angemeldeten Art oder ihre Verpackung oder
Umhüllung mit dem Warenzeichen zu versehen, die so Bezeichneten in Verkehr zu setzen
sowie auf Ankündigungen, Preislisten,
Geschäftsbriefen usw. das Zeichen anzubringen (§ 15 WZG). – e) *Übertragung* der Befugnis
ist ausgeschlossen; ausgenommen der
Geschäftsbetrieb oder Teil des Geschäftsbetriebes, zu dem das Warenzeichen gehört, wird
ebenfalls übertragen (§ 8 WZG). – f) *Verstöße:*
Bestimmte, insbes. vorsätzliche Verstöße sind
strafbar; zivilrechtlich bestehen Unterlassungsansprüche (§ 24 WZG), bei Verschulden
auch Schadenersatzansprüche (§ 24 WZG).
Neben einer Unterlassungsklage auch Klage
auf Löschung des Zeichens zulässig (§ 11
WZG). – 4. *Ausstattung:* Grundsätzlich entspricht der Schutz der Ausstattung dem

Schutz der eingetragenen Zeichen (§ 25 WZG).
Die zeichenrechtlichen Vorschriften sind weitgehend entsprechend anzuwenden; die auf die
Eintragung einer Marke bezogenen Vorschriften gelten nicht.

II. Internationales W.: 1. *Schutz* von
Marken: a) Sog. *Verbandsverträge:* (1) Pariser
Verbandsübereinkunft zum Schutze des
gewerblichen Eigentums (PVO) vom
20.3.1883, die im Verhältnis zu den meisten
Staaten in der Stockholmer Fassung vom
14.7.1967 (BGBl 1970 II 1073) gilt; sie enthält
programmatische Aussagen und unmittelbar
anwendbares Recht (Grundsatz der Inländer-
behandlung, Priorität der Erstanmeldung
auch in den anderen Verbandsstaaten,
→Telle-quelle-Marke); (2) Madrider Abkommen über die Unterdrückung falscher oder
irreführender Herkunftsangaben auf Waren
(MHA) vom 14.4.1891; (3) Madrider Abkommen über die internationale Registrierung von
Fabrik- oder Handelsmarken (MMA) vom
14.4.1891; (4) Nizzaer Abkommen über die
internationale Klassifikation von Waren und
Dienstleistungen für die Eintragung von Marken (NKA) vom 15.6.1957. – b) *Zweiseitige
Abkommen,* die die Bundesrep. D. mit einzelnen Staaten zusätzlich abgeschlossen hat. – 2.
Alle Abkommen beruhen auf dem *Territoriali-
tätsprinzip;* sie begründen kein einheitliches
übernationales Markenrecht. Geplant ist
daher die Schaffung eines *einheitlichen europäischen Markenrechts* mit dem Instrument
einer sog. *Gemeinschaftsmarke,* deren räumliche Wirkung sich auf das gesamte Gebiet der
EG erstreckt.

Warmstart, neuerlicher Systemstart einer
→elektronischen Datenverarbeitungsanlage
während des Betriebs, z. B. nach einem Fehler,
durch ein Betriebssystemkommando (vgl.
→job control language). – *Gegensatz:* →Kalt-
start.

Warneinrichtungen, Begriff des Straßenverkehrsrechts. Zur Sicherung haltender Fahrzeuge ist ein Warndreieck und bei Kraftfahrzeugen über 2,5 t zulässiges Gesamtgewicht
zusätzlich eine Warnleuchte amtlich geneh-
migter Bauart mitzuführen; mehrspurige
Fahrzeuge, die mit Fahrtrichtungsanzeigern
ausgerüstet sein müssen, benötigen eine Warn-
blinkanlage (§ 53a StVZO). Verstöße werden
als →Verkehrsordnungswidrigkeit mit Geldbuße geahndet.

Warnier/Orr-Methode. 1. *Begriff:* →Softwa-
reentwurfsmethode; von J. D. Warnier Anfang
der 70er Jahre in Frankreich entwickelt,
später von K. T. Orr in den USA weiterentwik-
kelt. Ähnlichkeiten mit der →Jackson-
Methode. – 2. *Grundidee:* →Algorithmus wird
aus der Struktur der Eingabedaten entwickelt.
– 3. *Vorgehensweise:* a) Ermittlung der Struktur der gewünschten Ausgabedaten *(logische
Ausgabedatei);* b) Beschreibung der Struktur

der Eingabedaten *(logische Eingabedatei)*; c) Entwicklung einer oder mehrerer *logischer Phasendateien* zur Verbindung von a) und b), wenn die Strukturen nicht von vornherein übereinstimmen; d) Ableitung der *Programmstruktur* (→Algorithmus) aus den logischen Phasendateien; e) Ermittlung der →*Befehle* des Programms und *Zuordnung* zu den Komponenten der Programmstruktur. – 4. *Darstellungsmittel:* a) *Klammerdiagramme* für die Anordnung zusammengehöriger Komponenten der „logischen" Dateien; b) konstrukte *Selektion* und *Iteration* für die Beziehungen der Komponenten (in Analogie zur →Steuerkonstrukten).

Warnstreik, kurzer und zeitlich befristeter Streik, zu dem die Gewerkschaft während laufender Tarifverhandlungen nach Ablauf der vertraglich vereinbarten →Friedenspflicht (→Tarifvertrag) aufruft („Neue Beweglichkeit"). W. sind nach der Rechtsprechung des Bundesarbeitsgerichts zulässig. – Vgl. auch →Streik II 2 f).

warrant, amerikanische Bezeichnung für →Optionsschein.

warrants into negotiable government securities (WINGS), im Euromarkt emittierte Optionsscheine auf Kauf bzw. Verkauf von US-treasury bonds (→domestic bonds).

Wartekosten, bewertete →Wartezeiten von Transaktionen in einer Warteschlange. Werden normalerweise als →Opportunitätskosten behandelt.

Warteschlange, *queue,* Beobachtungsgröße der →Warteschlangentheorie; eine Anhäufung (Stau) von →Transaktionen vor einer oder mehreren besetzten →Abfertigungseinheiten. – Vgl. auch →Wartekosten, →Wartesystem, →Wartezeit.

Warteschlangendisziplin, →Priorität.

Warteschlangentheorie, *Bedienungstheorie. queuing (theory), waiting line theory.*

I. Charakterisierung: Eines der Hauptgebiete des →Operations Research. Gegenstand sind Vorgänge, bei denen beliebige Einheiten (→Transaktionen) in unregelmäßigen und oft unkontrollierbaren Abständen auf Engpässe (→Abfertigungseinheit) zukommen, an denen sie abgefertigt werden wollen (→Warteschlange). →Zwischeneintrittszeiten und Bedienungszeiten sind zufälligen Schwankungen unterworfen. Als Folge können →Wartezeiten und Stauungen auftreten (→Wartesystem). – *Ziel* der W. ist es, Aussagen über die Länge der Wartezeit, die Anzahl Wartender, die Auslastung bzw. notwendige Anzahl der Bedienstationen zu machen. – *Geschichte:* Die Entstehung der W. geht zurück auf H. K. Erlang (1909), der sich mit Stauungserscheinungen innerhalb des Telefonnetzes der Stadt Kopenhagen beschäftigte.

Auch heute gilt dieses Gebiet noch nicht als abgeschlossen, da sich trotz der einfachen Grundstruktur wegen der Vielzahl von Ausprägungen eine große Anzahl von mathematisch unterschiedlichen Modellen ergibt.

II. Mathematisches Modell: 1. *Prämissen* über die Wahrscheinlichkeit für das zufällige Eintreffen von Transaktionen: a) In jedem sehr kurzen Zeitintervall ist (unabhängig vom Zeitpunkt) die Wahrscheinlichkeit für das Eintreffen einer Transaktion proportional zur Länge des Zeitintervalls; b) die Wahrscheinlichkeit für das Eintreffen von mehr als einer Transaktion in diesem Zeitintervall ist Null. – 2. *Ergebnisse:* Aufgrund der genannten Prämissen kann bewiesen werden (Differentialgleichungen), daß der so beschriebene Ankunftsprozeß einer Poisson-Verteilung unterliegt. Gilt diese Aussage auch für den Bedienungsprozeß, wobei in diesem Fall die Zwischeneintrittszeiten exponentialverteilt (→Exponentialverteilung) sind, kann mit Hilfe der Theorie der →Markov-Prozesse der stationäre Zustand des Wartesystems formelmäßig beschrieben werden. Sind die Verteilungsparameter α (Ankünfte), β (Abfertigung) und die Anzahl s der Bedienstationen bekannt, so können hieraus etwa die mittlere Warteschlangenlänge, Wartezeit, Aufenthaltszeit und Wahrscheinlichkeit der verschiedenen Schlangenlängen berechnet werden. Können aufgrund fehlender Verteilungsprämissen derartige analytische Lösungen nicht herbeigeführt werden, kommt die →Simulation zum Einsatz. – 3. Als *Optimierungsziel* wird i. d. R. die Minimierung der Gesamtkosten eines Wartesystems angenommen. Diese setzen sich aus Verweilkosten (Wartezeit und Bedienzeit), Verlustkosten (abgewiesene Transaktionen) und Kosten der Bedienstationen zusammen.

III. Schreibweise: Als Charakteristiken von Wartesystemen dienen Ausprägungen bzw. Anzahl von Ankunftsprozeß, Warteschlangen, Bedienstation, Bedienungsprozeß sowie Kapazitätsbeschränkungen. International hat sich die Kurzschreibweise in *3-Tupeln* bzw. *5-Tupeln* durchgesetzt: x/y/s bzw. x/y/s/a/b (mit x = Ankunftsprozeß, y = Bedienungsprozeß, s = Anzahl paralleler Bedienstationen, a = Warteschlangenkapazität, b = Anzahl Transaktionen). – *Beispiel: M/M/1* bedeutet Ankunfts- und Bedienungsprozeß Poisson-verteilt (Markovsch) mit einer Bedienstation.

IV. Beispiele:

Transaktionen	Warteschlange	Bedienstation
Patienten	Patienten im Wartezimmer	Arzt
Kunde	Kunden vor Kasse	Kasse
Telefonanruf	Gespräch in Leitung	Vermittlung
Maschinendefekt	defekte Maschinen	Reparatur

Wartesystem, *Bediensystem, Servicesystem,*
Anordnung und Eigenschaften von →Trans-
aktionen, →Abfertigungseinheiten und →War-
teschlangen in der Warteschlangentheorie.
Hierzu gehören auch die Verhaltensregeln im
dynamischen Ablauf (Beachtung von →Prio-
ritäten).

Wartetheorie, von Cassel vertretene →Zins-
theorie. Der Kapitalist ermöglicht durch sein
„Warten" die Kapitaldisposition. Da dieses
„Warten" knapp ist, wird ein Preis (→Zins)
erzielt. Von Schumpeter kritisiert. – *Ähnlich:*
→Abstinenztheorie.

Wartezeit. I. A r b e i t s z e i t s t u d i u m : Teil
der →Grundzeit. Planmäßiges Warten der
Menschen auf das Ende von →Ablaufab-
schnitten, bei denen Betriebsmittel oder
Arbeitsgegenstand zeitbestimmend sind.
Kurzzeichen nach REFA: t$_w$. Ist Anteil der W.
(unbeeinflußbare Zeit) hoch, ist →Akkord-
lohn als Lohnform nicht anwendbar.

II. N e t z p l a n t e c h n i k : Zeitdauer, die
nach dem Ende eines →Vorgangs mindestens
vergehen muß, bevor ein anderer Vorgang
begonnen werden kann.

III. O p e r a t i o n s R e s e a r c h : Zeit, die eine
→Transaktion vor einer besetzten →Abferti-
gungseinheit in einer →Warteschlange
zubringt oder Stillstandzeit einer Abferti-
gungseinheit, die auf zu bearbeitende Transaktionen wartet. Wichtiges Effektivitätsmaß
bei →Wartesystemen. – *Bewertete W.:* →War-
tekosten.

IV. A r b e i t s r e c h t : 1. *Urlaub:* Der volle
Urlaubsanspruch wird erstmalig nach sechsmonatigem Bestehen des Arbeitsverhältnisses
erworben (§ 4 BUrlG). – 2. *Ruhegeldzusagen:*
Diese werden oft nur unter der aufschiebenden Bedingung gewährt, daß eine bestimmte
W. erfüllt ist, d.h. daß der Arbeitnehmer bei
Eintritt des Versorgungsfalls eine bestimmte
Mindestzeit im Arbeitsverhältnis zurückgelegt
hat oder bis zu einem bestimmten Lebensalter
im Betrieb tätig wird. – 3. *Anders:* Unverfall-
barkeitsfristen (Begriff des Betriebsrentenge-
setzes). Vgl. →Pensionsanwartschaft).

V. S o z i a l v e r s i c h e r u n g : Die für die Entstehung eines Leistungsanspruchs erforderliche Mindestversicherungszeit (Anwart-
schaft).

1. *Gesetzliche Krankenversicherung:* a) für
Mutterschaftsgeld: zwölf Wochen Pflichtversicherung in der Zeit vom Beginn des 10. bis
zum Ende des 4. Monats vor der Entbindung
(§§ 200 Abs. 1, 200a RVO); b) bis zu sechs
Wochen für die Gewährung von Leistungen
an Mitglieder, die der Krankenkasse freiwillig
beigetreten sind (§ 207 RVO). Die Einführung

einer W. für die Gewährung von →Mehrlei-
stungen ist unzulässig.

2. *Gesetzliche Rentenversicherung:* a) für Berg-
mannsrente wegen Vollendung des 50.
Lebensjahres 300 Kalendermonate knapp-
schaftliche Versicherungszeit, davon mindestens 180 Monate Hauerarbeiten unter Tage
(§ 45 RKG). – b) Für *Altersruhegeld* bei
Vollendung des 65. Lebensjahres 60 Kalendermonate (seit 1.1.1984; früher 180 Monate),
für alle anderen Altersruhegelder 180 Kalendermonate bzw. 35 Versicherungsjahre (§ 1247
VII RVO, § 25 VII AVG, § 49 III RKG). – c)
Für *alle übrigen Rentenleistungen* 60 Kalendermonate. (Für erwerbsunfähige Behinderte
gilt für die Rente wegen →Erwerbsunfähigkeit
eine W. von 240 Kalendermonaten Versicherungszeit). – d) *Ohne diese Mindestwartezeiten*
gilt die W. als erfüllt, wenn der Versicherte
infolge eines Arbeitsunfalls (bzw. Berufskrankheit), einer Wehr- oder Ersatzdienstbe-
schädigung oder eines militärischen oder mili-
tärähnlichen Dienstes, während der Kriegsge-
fangenschaft, infolge unmittelbarer Kriegsein-
wirkung, als Verfolgter des Nationalsozialismus, während einer Internierung oder Ver-
schleppung oder als Vertriebener oder Sowjet-
zonenflüchtling berufs- oder erwerbsunfähig
geworden oder verstorben ist. Die W. gilt auch
als erfüllt, wenn der Versicherte vor Ablauf
von sechs Jahren nach einer Ausbildung
infolge eines Unfalls erwerbsunfähig geworden oder gestorben ist und in dem dem
Versicherungsfall vorausgegangenen 24
Monaten mindestens für sechs Monate
Pflichtbeiträge entrichtet hat (sog. *Wartezeitfiktion;* § 1252 RVO, § 29 AVG, § 52 RKG). –
e) Auf die W. werden als Versicherungszeiten
angerechnet: Beitragszeiten, Ersatzzeiten und
Kindererziehungszeiten vor dem 1.1.1986;
nicht dagegen Ausfallzeiten und Zurech-
nungszeiten.

VI. P r i v a t e V e r s i c h e r u n g : Zeitspanne
zwischen Versicherungsbeginn und An-
spruchsbeginn auf →Versicherungsleistungen,
während der bei einem →Schaden keine oder
nur gekürzte Leistungen gewährt werden. W.
bei →Individualversicherung *nicht üblich.* –
Wesentliche *Ausnahmen:* a) U.U. bei Lebensversicherungen ohne ärztliche Untersuchung
oder von nicht ganz gesunden Personen sowie
bei Kleinlebensversicherungen. – b) Bei Krankenversicherung allgemeine W. drei Monate
und für einzelne Fälle unterschiedlich gestaffelte besondere W. Bei Unfällen, einzelnen
akuten Infektionskrankheiten und dgl. entfällt
die W.

Wartezeitfiktion, →Wartezeit IV 2 d).

Wartezeitminimierung, →Durchlaufzeitmi-
nimierung.

Wartezimmerverfahren, Verfahren im internationalen Zahlungsverkehr, durch das die Transferierung in ein bestimmtes Land zeitweilig eingestellt wird. Für den Fall, daß der →Swing im →Verrechnungsverkehr mit einem anderen Land überschritten wird, kommen die zu transferierenden Beträge in ein „Wartezimmer", bis das verschuldete Land den Schuldensaldo abgedeckt hat.

Wartung, Maßnahme der →vorbeugenden Instandhaltung. Zur Wartung werden alle Pflegemaßnahmen von Produktionsanlagen gerechnet wie Reinigen, Abschmieren, Justieren, Nachfüllen von Betriebsstoffen und Katalysatoren sowie ähnliche Maßnahmen zur Verminderung bzw. Verhinderung von Verschleißerscheinungen.

Wartungsfreundlichkeit, Merkmal der →Softwarequalität. Ein →Softwareprodukt soll so aufgebaut sein, daß die →Softwarewartung möglichst einfach ist. Angesichts der durchschnittlichen Höhe der →Wartungskosten besonders wichtiges Merkmal; wesentliche Vorbedingung: →Verständlichkeit, da der →Wartungsprogrammierer als Voraussetzung für Korrekturen oder Änderungen zunächst in der Lage sein muß, das Softwareprodukt zu verstehen.

Wartungskosten. I. Allgemein: Kosten der Reinigung, Pflege und laufenden Instandhaltung (kleinere Reparaturen) von Geräten, Maschinen und maschinellen Anlagen aller Art; Teil der →Instandhaltungskosten (Erfassung und Verrechnung vgl. dort).

II. Betriebsinformatik: 1. *Allgemein:* in der elektronischen Datenverarbeitung Kosten der Wartung von Hardware und Software. – 2. Im *Software Engineering:* Kosten für →Softwarewartung; *Gegensatz:* →Entwicklungskosten.

Wartungsprogrammierer, →Programmierer, der vorrangig für →Softwarewartung eingesetzt wird.

Wäschereipolice, Form der →Einheitsversicherung, abgestellt auf die Gefahrenlage bei Wäschereien, Färbereien und chemischen Reinigungsanstalten, die das Kundeneigentum gegen alle wesentlichen Gefahren während des Transports und der Lagerung deckt.

Waschmittelgesetz, Gesetz i. d. F. vom 5. 3. 1987 (BGBl I 875), nach dem Wasch- und Reinigungsmittel nur so in den Verkehr gebracht werden dürfen, daß nach ihrem Gebrauch jede vermeidbare Beeinträchtigung der Beschaffenheit der Gewässer, insbes. im Hinblick auf die Trinkwasserversorgung, und eine Beeinträchtigung des Betriebs von Abwasseranlagen unterbleibt. – *Zuwiderhandlungen* werden als Ordnungswidrigkeit mit Geldbußen bis zu 100 000 DM geahndet.

Washingtoner Artenschutzübereinkommen (WA), →Artenschutzübereinkommen.

Washingtoner Währungsabkommen, *Smithsonian Agreement,* Abkommen vom 18. 12. 1971 zwischen den wichtigsten →Industrieländern. Es beinhaltet eine Neufestsetzung der →Paritäten (→Abwertung des US-Dollar, →Aufwertung von D-Mark, Schweizer Franken und japanischen Yen) sowie allgemeine Erweiterung der →Bandbreiten von ± 1 auf ± 2,25%. Mit diesem sog. Realignment sollten die Spannungen im internationalen Wechselkursgefüge eliminiert und die Grundprinzipien des Bretton-Woods-Systems (→Bretton-Woods-Abkommen) aufrechterhalten werden. Die Turbulenzen an den Devisenmärkten hielten jedoch an; 1973 gingen die wichtigsten Industrieländer zu →flexiblen Wechselkursen gegenüber dem US-Dollar über.

Wasser, lebensnotwendiges Gut. W. dient als Nahrungsmittel, als →Produktionsfaktor, als Transportmedium (Oberflächengewässer), zudem als Aufnahmemedium für Konsum- und Produktionsrückstände (der größte Teil der →Luftverunreinigungen gelangt ins W.). Durch Aufbereitung und →Recycling von →Abwasser in vielen Industriezweigen erhebliche Verringerung des Frischwasserverbrauchs und der →Wasserkosten sowie Verhinderung weiterer Belastung von Oberflächen- und Grundwasser (→Umweltschutz).

Wasserhaushaltsgesetz, →Wasserrecht.

Wasserkosten, Kosten des industriell genutzten Wassers. Erfassung i. d. R. in der Gruppe der →Energiekosten. Verrechnung als →Kostenstelleneinzelkosten, sofern der Wasserverbrauch der Abteilungen (Kostenstellen) mittels Wasseruhren zu erfassen ist, ansonsten häufig als Teil der →Raumkosten.

Wassernutzungsrechte, die in einem förmlichen Verfahren erteilte Erlaubnis, stehende oder fließende Gewässer oder Grundwasser zu benutzen durch Wasserkraftnutzung (z. B. Ausnutzung von Gefälle durch Wasserkraftmaschinen), durch Wasserversorgung (z. B. Entnahme von Trink- oder Nutzwasser) oder durch sonstige Wassernutzung (z. B. Einleitung gebrauchten Wassers). Vgl. näher das Wasserhaushaltsgesetz (→Wasserrecht). – Das W. ist nach *bürgerlichem Recht* als subjektiv-dingliches Recht Bestandteil des Grundstücks. – *Steuerrechtliche Behandlung* des W.: Vgl. →immaterielle Wirtschaftsgüter.

Wasserrecht, Regelung der Rechtsverhältnisse der Gewässer und ihrer Benutzung im (Rahmen-)Gesetz des Bundes zur Ordnung des Wasserhaushalts (Wasserhaushaltsgesetz) i. d. F. vom 23. 9. 1986 (BGBl I 1529), Abwasserabgabengesetz vom 13. 9. 1976 (BGBl I 2721) und den ausfüllenden und ergänzenden

Landeswassergesetzen. – Vgl. auch →Wassernutzungsrechte.

Wasserstraße. I. Begriff: Weg des →Schiffsverkehrs. Die durch Tonnen, Baken, Licht- oder Schallsignale gesicherten und durch Baggerung oder andere bauliche Maßnahmen zuständiger Behörden schiffbar gehaltenen Flüsse, Seen, Meerengen, Hafenzufahrten sowie Binnen-, Küsten- und Hochseeschiffahrtskanäle (z. B. Nord-Ostsee-Kanal, Panama-Kanal, Suez-Kanal) sind überwiegend für jeden zur kostenpflichtigen Nutzung unter Beachtung geltender Vorschriften freigegeben.

II. Das Gesetz zur R e i n h a l t u n g der Bundeswasserstraßen vom 17. 8. 1960 (BGBl I 724) ermächtigt zum Erlaß von Reinhalteordnungen für Bundeswasserstraßen, die in ihrer physikalischen, chemischen oder biologischen Beschaffenheit durch das Zuführen von Stoffen in erheblichem Maße schädlich verändert werden können. – Wasser darf den Bundeswasserstraßen nur im Rahmen des →Gemeingebrauchs entnommen werden. Gleiches gilt für die Zuführung von Stoffen. Außerdem dürfen Stoffe nur so gelagert werden, daß eine Verunreinigung des Wassers oder eine sonstige nachteilige Veränderung seiner Eigenschaften oder des Wasserabflusses nicht zu besorgen ist. Rohrleitungen, die eine Bundeswasserstraße kreuzen oder berühren, müssen so beschaffen sein, daß die in ihnen beförderten Stoffe eine Verunreinigung usw. des Wassers nicht hervorrufen können. – Eine über den Gemeingebrauch *hinausgehende* Entnahme von Wasser oder Zufügung bedarf der →Erlaubnis, die befristet und widerruflich erteilt werden kann. In besonderen Fällen kann ein Recht auf eine besondere Benutzung bewilligt werden. – *Verstöße* gegen die Reinhaltevorschriften usw. verpflichten zum →Schadenersatz. Eine unbefugte Verunreinigung oder nachteilige Veränderung eines Gewässers ist eine →Straftat, die mit Freiheitsstrafe bis zu fünf Jahren oder mit Geldstrafe geahndet wird (§ 324 StGB).

Wasser- und Bodenverbände, →Körperschaften des öffentlichen Rechts, die nach dem Wasserverbandgesetz vom 10. 2. 1937 (RGBl I 188) und der ersten Wasserverbandverordnung vom 3. 9. 1937 (RGBl I 933) mit späteren Änderungen zum Zwecke der Unterhaltung und des Ausbaues von Wasserläufen, der Unterhaltung der Ufer, der Reinhaltung von Gewässern, der Entwässerung und Bewässerung von Grundstücken, der Anlegung, Unterhaltung und Ausnutzung von Stauanlagen (Talsperren) und von Wasserversorgungsanlagen und zu ähnlichen Zwecken gebildet werden können.

Wasser- und Schiffahrtsamt, untere Behörde des Bundes, die der zuständigen Wasser- und Schiffahrtsdirektion untersteht. –

Aufgaben: Verwaltung, Unterhaltung und Sicherung des Fahrwassers und der Bauwerke der Wasserstraßen, Meldedienst bei Hochwasser und Eisgang, Wrackbeseitigung, Eisbrechdienst, Aufsicht über Strom- und Schiffahrt, Strom- und Wasserpolizeibehörde, Eichamt für Binnenschiffe, Betrieb und Unterhaltung der nötigen Fahrzeuge und Geräte.

Wasser- und Schiffahrtsdirektion, Mittelbehörde des Bundes, die dem Bundesverkehrsministerium untersteht. – *Aufgaben:* Planung, Bau, Unterhaltung der Bundeswasserstraßen sowie der bundeseigenen Häfen und Talsperren, Betrieb der zugehörigen Anlagen, Sicherung des Fahrwassers und der Vorflut der Bundeswasserstraßen, Betrieb und Unterhaltung der Seezeichen, Wahrung der Strom- und Schiffahrtshoheit (Strom- und Schiffahrtspolizei), Regelung des Verkehrs auf Bundeswasserstraßen und Seestraßen, Bearbeitung des nautischen Nachrichtenwesens, Rettungswesens, der internationalen Angelegenheiten der See- und Binnenschiffahrt sowie der See- und Binnenschiffahrtstatistik.

Wasserwirtschaftsverbände, häufig auf gemeinnütziger Basis (Wassergenossenschaften) errichtete →Verbände. – *Zweck:* Förderung der allgemeinen Wasserversorgung und -regulierung (z. B. Be- und Entwässerung, Talsperrenbau, Kanalbau, Flußkorrekturen u. a. m.). Zusätzliche Aufgaben erwachsen aus dem Anstieg des Wasserbedarfs infolge Entwicklung der Großstädte und aus zunehmendem Verbrauch an Nutzwasser in der Industrie bei gleichzeitigem Absinken des Grundwasserspiegels in weiten Bereichen sowie Minderung der mittleren Niederschlagsmenge.

Watt (W), →gesetzliche Einheiten, Tabelle 1.

WdK, Abk. für →Wirtschaftsverband der deutschen Kautschukindustrie e. V.

Wear-out-Effekt, →Abnutzungseffekt.

Weber (Wb), →gesetzliche Einheiten, Tabelle 1.

Weber, Alfred, 1868–1959, namhafter deutscher Volkswirt und Soziologe, Professor in Prag (1904) und Heidelberg (seit 1907), nach 1933 aus Protest gegen den Nationalsozialismus emeritiert. – Die *Bedeutung* von W. liegt auf dem Gebiet der Kultursoziologie und in den grundlegenden Arbeiten zu einer „reinen Theorie des Standorts" (→Standorttheorie). In „Kulturgeschichte als Kultursoziologie" faßt er die Erkenntnisse zeitgenössischer Denker (Burckardt, Nietzsche, Max Weber, Ortega y Gasset, Russel, Burnham, Jaspers) auf der Ebene seiner Grundgedanken zusammen und unterscheidet vier Menschentypen. – Zeitweilig aktive Mitwirkung in der Politik, auch hier kämpferisch und konzessionslos. *Werke:* „Über den Standort der Industrie", 1909. Über das Problem Deutschland und

Europa (gesellschaftlich und wirtschaftlich betrachtet): „Deutschland und die europäische Kulturkrise", „Deutschland und Europa 1848 und heute", „Die Krise des modernen Staatsgedankens". Kultursoziologisch (universalgeschichtlich und methodisch behandelt): „Ideen zur Staats- und Kultursoziologie", „Abschied von der bisherigen Geschichte", „Prinzipien der Geschichts- und Kultursoziologie".

Weber, Max, 1864–1920, bedeutender deutscher Nationalökonom, Jurist, Soziologe und Wirtschaftshistoriker. – Die Bedeutung von W. liegt in seinen methodologischen Untersuchungen (→Methodenstreit) sowie in seinen religionssoziologischen Arbeiten. W. wies Zusammenhänge zwischen protestantischer (puritanischer, calvinistischer) Ethik und der Entstehung des Kapitalismus nach. *Hauptwerke:* „Ges. Aufsätze zur Religionssoziologie" 1920/21; „Ges. politische Schriften" 1921; „Ges. Aufsätze zur Wissenschaftslehre" 1922; „Wirtschaft und Gesellschaft" im Grundriß der Sozialökonomie 1922; „Wirtschaftsgeschichte" 1923; „Ges. Aufsätze zur Soziologie und Sozialpolitik" 1924; „Ges. Aufsätze zur Sozial- und Wirtschaftsgeschichte" 1924.

Wechsel. I. B e g r i f f : 1. *Entwicklung:* Ein schon seit dem 12. Jh. in der kaufmännischen Praxis entwickeltes, den Bedürfnissen des Handelsverkehrs angepaßtes Papier. In seiner ursprünglichen Form von einem Geldwechsler ausgestelltes und an einem anderen Ort in der dort geltenden Währung einlösbares Zahlungsversprechen. Daher die Bezeichnung Wechsel. Im 14./15. Jahrhundert bildete sich dann die Tratte heraus, eine Anweisung, durch die der nun nicht mehr selbst am Zahlungsort zahlende Aussteller den Bezogenen (einen Geschäftsfreund) anwies, eine bestimmte Geldsumme zu zahlen. Im Messeverkehr entwickelte sich dann die Übung, daß die W. von dem Bezogenen durch Unterschrift akzeptiert wurden und daß eine Übertragung durch Indossament erfolgen konnte. Damit gewann der W. die Eigenschaft eines von dem ursprünglichen Rechtsgeschäft unabhängigen abstrakten Zahlungspapiers. Erst nach Abschluß dieser Entwicklung besondere gesetzliche Regelungen; älteste deutsche Wechselordnung: Hamburg (1603). Einheitliche Grundlage des Wechselrechts in Deutschland durch die Wechselordnung von 1847, die verschiedentlich abgeändert und ergänzt und dann durch das am 1.4.1934 in Kraft getretene, auf die internationale Vereinbarung von 1930 (→Wechselrecht) zurückgehende neue →Wechselgesetz (WG) ersetzt wurde. – 2. Die *wirtschaftliche Bedeutung* des W. liegt darin, daß dem Wechselkredit normalerweise wirkliche Produktions- oder Handelsumsätze zugrunde liegen, die Bezahlung des sog. →Warenwechsels also aus den Einnah-

men für die weiterverkauften Waren erfolgen kann, der Wechselkredit sich, wie man sagt, „selbst liquidiert". Durch Weitergabe, insbes. durch Verkauf an eine Bank, kann der W. in der Zeit bis zum Verfalltermin wieder in Zahlung gegeben oder zu Geld gemacht werden. Die ankaufende Bank hat ihrerseits die Möglichkeit, den W., wenn er die Erfordernisse (i.d.R. höchstens 90 Tage Laufzeit, drei gute Unterschriften, einwandfreier Handelswechsel) erfüllt, zum →Rediskont an die Notenbank weiterzugeben. Der W. hat ferner den großen Vorzug, daß die Forderung im →Wechselprozeß geltend gemacht und auf rasche und einfache Weise eingetrieben werden kann, ohne daß die Zusammenhänge mit dem zugrunde liegenden Handelsgeschäft dargetan zu werden brauchen. Diese Eigenschaften des Wechsels haben ihn auch zu einem ausgesprochenen Kreditinstrument (ohne zugrunde liegendes Warengeschäft) geeignet gemacht. Doch wird der Rediskont von →Finanzwechseln wie Bankakzepten und eigenen Ziehungen der Banken von den Notenbanken meist abgelehnt.

II. A r t e n : Der W. ist von Gesetzes wegen →Orderpapier. Ein entsprechender Vermerk ist nicht erforderlich. Dagegen ist Umwandlung in ein →Rektapapier durch Beifügung der negativen Orderklausel (→nicht an Order) möglich. – 1. In der Hauptsache kommt der →*gezogene Wechsel* (Tratte) vor. Die wesentlichen und notwendigen *formalen Erfordernisse* des gezogenen W. sind nach Art. 1 WG: Die Bezeichnung als „Wechsel" im Text der Urkunde, die unbedingte Anweisung, eine bestimmte Geldsumme zu zahlen, der Name dessen, der zahlen soll (Bezogener), Verfallzeit, Zahlungsort, Name dessen, an den oder an dessen Order gezahlt werden soll (Remittent), Ort und Datum der Ausstellung, Name des Ausstellers. Bei Fehlen dieser Angaben hat die Urkunde nicht die Eigenschaft und die Wirkungen des W., kann sie aber ggf. durch nachträgliche Ausfüllung erhalten (→Blanko-W.). – Der gezogene W. kann an die eigene Order des Ausstellers lauten (üblich, wenn der erste Nehmer noch nicht feststeht); er kann auch auf den Aussteller selbst gezogen werden (→trassiert-eigener Wechsel). – 2. Neben dem gezogenen W. ist der →*eigene Wechsel* oder →*Solawechsel* gebräuchlich, in dem der Aussteller verspricht, an einem bestimmten Tage oder bei Sicht eine bestimmte Summe zu zahlen. Der Solawechsel ist als Finanzwechsel anzusehen.

III. E i n z e l h e i t e n : Der gezogene W. kann *lauten:* auf Sicht (→Sichtwechsel) oder auf eine bestimmte Zeit nach Sicht (Nachsichtwechsel) oder nach Ausstellung (→Dato-Wechsel) oder ein bestimmtes Datum (→Tagwechsel). Bei Sicht- und Nachsichtwechsel sind Wechselzinsen unter entsprechender Angabe des Zinsfußes zulässig. Bei jedem anderen W. gilt der Vermerk als nicht geschrieben. – Die in Deutschland gebräuchlichen Wechselformulare sind auf die notwendigen Angaben beschränkt. *Zusätze,* z. B. Deckungsklauseln, Valutaklausel und dgl. sind überflüssig, wechselrechtlich bedeutungslos, wenn auch nicht unzulässig. – 2. Die *Übertragung* des W. erfolgt durch →Indossament. Jeder, dessen Indossament sich auf dem Wechsel befindet, ist außer im Falle der →Angstklausel wechselmäßig verpflichtet und haftet allen Nachmännern gegenüber. – 3. Die *Annahme* des W. (→Akzept) durch den Bezogenen erfolgt durch bloße Unterschrift oder unter Beifügung des Wortes „angenommen" oder dgl. meist quer auf der Vorderseite des W. – 4. Eine →*Bürgschaft* kann für die Wechselverpflichtungen in Form der wertpapierrechtlichen →Wechselbürgschaft übernommen werden. – 5. Der W. kann an einem anderen Ort als dem Wohnort des Bezogenen *zahlbar gestellt* werden (→Domizilwechsel). – 6. Der Inhaber hat den W. am Zahlungstage oder an einem der beiden folgenden Werktage zur *Zahlung* vorzulegen (→Vorlegungsfrist). Er darf →Teilzahlung nicht zurückweisen. Mangels Zahlung kann der Inhaber gegen den Indossanten, den Aussteller und die anderen Wechselverpflichteten bei Verfall des W. →*Rückgriff* nehmen; vor Verfall des W. hat er das Rückgriffsrecht mangels Annahme. Er braucht sich nicht an die Reihenfolge zu halten, sondern kann bei jedem beliebigen Indossanten oder dem Aussteller Rückgriff nehmen (Sprungregreß). Die Verweigerung der Annahme oder der Zahlung muß durch eine öffentliche Urkunde (→*Protest* mangels Annahme oder mangels Zahlung) festgestellt werden. Gegebenenfalls kann im Falle der Not →*Ehreneintritt* durch Ehrenannahme oder Ehrenzahlung seitens eines Dritten zugunsten eines jeden Wechselverpflichteten folgen. – 7. Ein W. kann in mehreren gleichen *Ausfertigungen* (→Wechselausfertigungen) ausgestellt werden (dann als Prima-, Secunda-, Tertia-W. bezeichnet), bedeutsam im Überseehandel; anders: →Wechselabschrift. – 8. *Verjährung der wechselmäßigen Ansprüche* gegen den Annehmer in drei Jahren vom Verfalltage, der Ansprüche des Inhabers gegen die Indossanten und den Aussteller in einem Jahr vom Tage des Protests oder im Fall des Vermerkes →„ohne Kosten" vom Verfalltage ab, der Ansprüche eines Indossanten gegen andere Indossanten und den Aussteller in sechs Monaten vom Tage der Einlösung durch den Indossanten. – 9. Die erste Begebung des W. unterliegt der →*Wechselsteuer.*

IV. U m s a t z s t e u e r : Umsatzsteuerpflichtig ist nur die Summe, die bei der *Einlösung* oder Weitergabe des W. vereinnahmt wird, abzüglich der Zwischenzinsen. Wird der W.-Diskont von dem Geber des W. dem W.-Empfänger erstattet, unterliegt der erstattete Betrag nach-

träglich der Umsatzsteuer. – Die sog. *W.-Umlaufkosten,* z. B. W.-Steuer, Porti und Bankprovision, mindern als Geschäftsunkosten das umsatzsteuerpflichtige →Entgelt nicht; werden sie vom W.-Geber erstattet, so gehören sie zum steuerpflichtigen Entgelt des W.-Nehmers. – Hat der Empfänger eines W. wegen des →Rückgriffs die vereinnahmten W.-Beträge zurückzuzahlen, dürfen diese als zurückgewährte Entgelte in dem Kalenderjahr, in dem sie zurückgewährt werden, von den Entgelten, die dem gleichen Steuersatz unterliegen, abgesetzt werden.

Wechselabschrift, *Wechselkopie,* begebbare Abschrift eines →Wechsels. Jeder Wechselinhaber (ausgenommen Aussteller) kann von dem Wechsel eine Abschrift anfertigen, v. a. wenn er die Urschrift zur Einholung des →Akzepts verwendet. – Die W. muß die Urschrift mit den Indossamenten und allen anderen darauf befindlichen Vermerken genau wiedergeben und mit der →Arretierungsklausel versehen werden. – Die W. kann auf dieselbe Weise und mit denselben Wirkungen indossiert und mit einer Bürgschaftserklärung versehen werden wie die Urschrift. Zur Zahlung muß aber die Urschrift vorgelegt werden. Händigt der in der W. angegebene Verwahrer der Urschrift diese dem rechtmäßigen Inhaber der W. nicht aus, kann der Inhaber Verweigerung durch Ausfolgerungsprotest feststellen lassen (Art. 67 ff. WG). – Die W. ist in der Bundesrep. D. selten. – *Anders:* →Wechselausfertigung.

Wechselagent, →Wechselmakler.

Wechselakzept, →Akzept 2 und 3.

Wechselaufbau, →Wechselbehälter.

Wechselausfertigung, *Wechselduplikat,* die zweite, dritte, vierte Ausfertigung eines →Wechsels, besonders im Überseeverkehr üblich, da während die erste Ausfertigung *(Prima)* zum Akzept versandt wird, zwischenzeitlich die zweite *(Secunda)* oder die dritte *(Tertia)* weitergegeben werden kann. Die Ausfertigungen müssen gleichlautend und im Text der Urkunde mit fortlaufenden Nummern (Prima-, Secunda-, Tertia-Wechsel) versehen sein, andernfalls gilt jede Ausfertigung als besonderer Wechsel. – Im Gegensatz zur →*Wechselabschrift* kann jede W. zur Zahlung vorgelegt werden. Wird eine W. bezahlt, erlöschen i. d. R. die Rechte aus allen W. (Art. 64 ff. WG).

Wechselaussteller, →Aussteller eines Wertpapiers.

Wechselbanken, →Diskontbanken.

Wechselbehälter, *Wechselpritsche, Wechselaufbau,* Güterbehälter als Laderaum von Lastkraftwagen, der mit Inhalt vom Fahrgestell getrennt, meist auf ausklappbaren Stützen abgestellt und als →Ladeeinheit auf andere Lastkraftwagen-Fahrgestelle oder Eisenbahnwagen wie ein →Container umgesetzt werden kann. Entsprechend ihrem Einsatz im Straßenverkehr betragen die Außenmaße der W. bei Höhe und Breite maximal 260 und 250 cm. Größte Verbreitung hat der nach DIN 70013 genormte Aufbau mit Plane, 715 cm Länge, zulässigem Gesamtgewicht von 13 000 kg und Eckbeschlägen.

Wechselbezogener, →Bezogener 2.

Wechselbuch, →Wechselkopierbuch.

Wechselbürgschaft, wechselmäßige →Bürgschaft für Zahlung der Wechselsumme durch Unterschrift des Bürgen unter Beifügung eines Vermerks (z. B. „als Bürge", „per aval") oder (auf der Vorderseite des Wechsels) – durch bloße Unterschrift (Art. 30–32 WG). Ist nicht angegeben, für wen die W. geleistet wird, gilt sie für den Aussteller. – *Haftung:* Der Bürge haftet wie der Hauptschuldner. Durch Einlösung erwirbt er alle Wechselrechte gegen den Hauptschuldner und gegen alle, die diesem wechselmäßig haften.

Wechseldiskont, →Diskont.

Wechseldiskontierung, →Diskontgeschäft.

Wechseldiskontkredit, →Diskontgeschäft.

Wechseldomizil, Ort, an dem ein →Wechsel zahlbar gestellt ist. Den Banken zum Diskont eingereichte Wechsel sollen möglichst an einem Zentralbankplatz und bei einem Kreditinstitut zahlbar gestellt sein, da nur solche Wechsel von den Landeszentralbanken rediskontiert werden.

Wechselduplikat, →Wechselausfertigung.

Wechseleinzug, →Inkassogeschäft.

Wechselfähigkeit, Fähigkeit, Träger von Wechselrechten und -verbindlichkeiten zu sein. Es bestehen keine anderen Beschränkungen als die im allgemeinen bürgerlichen Recht (→Rechtsfähigkeit). Nicht wechselrechtsfähig sind daher die →Gesellschaft des bürgerlichen Rechts und der nichteingetragene Verein. – *Wechselgeschäftsfähig* sind alle Personen, die →Geschäftsfähigkeit besitzen (§§ 104 ff. BGB).

Wechselfälschungen, →Fälschungen 3.

Wechselgeschäft, Geschäfte der Kreditinstitute: Ankauf von Wechseln für eigene Rechnung (→Diskontgeschäft), Wechselkommission (der auftragsweise Ankauf von Wechseln für fremde Rechnung), kommissionsweise Einziehung von Wechseln (→Inkasso), Einholung von Akzepten und die Funktion als Zahlstelle bei Domizilwechseln sowie Gewährung von →Akzeptkrediten und →Wechsellombard.

Wechselgesetz (WG) vom 21. 6. 1933, trat am 1. 4. 1934 in Kraft (RGBl I 399) an Stelle der

bis dahin in Deutschland geltenden Wechselordnung vom 3. 6. 1908. Vgl. →Wechselrecht.

Wechselgiro, →Indossament.

Wechselindossament, →Indossament.

Wechselinkasso, →Inkassogeschäft.

Wechselintervention, Eintreten des Notadressaten bei Nichtannahme oder Nichtzahlung des →Wechsels. – Vgl. auch →Ehreneintritt.

Wechselklage, →Wechselprozeß.

Wechselkommission, An- und Verkauf von →Wechseln für fremde Rechnung. W. gehört zum →Kommissionsgeschäft der Kreditinstitute.

Wechselkopie, →Wechselabschrift.

Wechselkopierbuch, *Besitzwechselbuch, Wechselbuch,* Hilfsbuch der Buchführung, in das die wesentlichen Merkmale aller eingehenden →Besitzwechsel eingetragen werden, insbes.: Verfalltag, Wechselsumme, Name und Anschrift des Ausstellers, Name und Anschrift des Vormannes (und evtl. früherer Inhaber), Zahlungsort, Name und Anschrift des Bezogenen, Diskontierung, evtl. besondere Merkmale (→Notadresse, →Angstklausel usw.). In der Praxis oft nur Kopien, Additionsstreifen u. ä. W. dient auch der Kontrolle des →Wechselobligos. – *Anders:* →Trattenbuch.

Wechselkredit, →Akzeptkredit.

Wechselkurs, *Devisenkurs,* Preis einer Währungseinheit. Zu unterscheiden: Preis einer ausländischen Währungseinheit, ausgedrückt in heimischer Währung *(Preisnotierung)* und Preis einer heimischen Währungseinheit, ausgedrückt in ausländischer Währung *(Mengennotierung).* Je nach Einfluß des Staates bzw. der Zentralbank auf die W.-Bildung ergeben sich: →fester Wechselkurs, →flexibler Wechselkurs, →gespaltener Wechselkurs. – Vgl. auch →Kurs, →Kursfeststellung, →Wechselkursdeterminanten, →Wechselkursmechanismus, →Wechselkursspekulation.

Wechselkursdeterminanten, Bestimmungsgründe der Kursbildung am Devisenmarkt bei →flexiblen Wechselkursen. – Folgende Faktoren treten i. d. R. simultan auf und verstärken sich gegenseitig, können sich aber auch kompensieren: 1. *Steigen die Preise im Inland stärker als im Ausland,* fragen die inländischen Wirtschaftssubjekte verstärkt ausländische Güter nach und Ausländer reduzieren ihre Nachfrage nach Inlandsgütern; →Leistungsbilanz passiviert sich. D. h., am Devisenmarkt entsteht ein Nachfrageüberhang nach ausländischer Währung, der durch →Abwertung der Inlandswährung abgebaut wird. Da hier auf die divergierende Kaufkraftentwicklung der Währungen abgestellt wird

(→Geldwert), spricht man von →Kaufkraftparitätentheorie. – 2. Bei einer *Erhöhung des Volkseinkommens* steigt die Nachfrage nach Importgütern (Einkommensabhängigkeit der Importnachfrage, →marginale Importquote), was bei konstanten Exporten ein Leistungsbilanzdefizit verursacht; die Devisennachfrage steigt, die Währung des betreffenden Landes wertet ab. – 3. Nach der *Zinsparitätentheorie* bewirkt eine Anhebung der Kapitalmarktzinsen im Inland einen Nettokapitalimport, die Inlandswährung wertet auf. Voraussetzung dafür ist, daß Finanzaktiva des In- und Auslands Substitute sind, der Zugang von Ausländern zum Kapitalmarkt nicht beschränkt ist und die Renditedivergenzen nicht durch behördliche Verteuerung des grenzüberschreitenden Kapitalverkehrs konterkariert werden. – 4. Nach der *Finanzmarkttheorie des Wechselkurses* (asset market approach) ist der Wechselkurs durch die Vorgänge auf den Märkten für Vermögenstitel (Geld, inländische Schuldtitel, Schuldtitel des Auslands) bestimmt. Änderungen z. B. der inländischen Geldmenge, des Bestandes inländischer Schuldtitel oder des Auslandszinssatzes induzieren Versuche der Vermögensbesitzer, ihr Portefeuille umzuschichten, um angesichts der geänderten Konstellation eine neue ertragsoptimierende Mischung der verschiedenen Vermögenstitel zu realisieren. – 5. Abweichende Einschätzung der wirtschaftlichen Leistungsfähigkeit verschiedener Länder kann durch den sog. *„relativen Marktwert des Sachkapitals"* ausgedrückt werden, der durch Gegenüberstellung der erwarteten Rendite von Investitionen und der Rendite bereits vorhandenen Sachkapitals ermittelt wird. Wird die Entwicklung dieser Größe im Inland positiver eingeschätzt als im Ausland, ist das Inland für Kapitalanleger attraktiver, die Inlandswährung wird stärker nachgefragt, sie wertet auf. – 6. Die *Erwartung hinsichtlich der zukünftigen Entwicklung* verschiedener einschlägiger Variablen in den betreffenden Ländern, was z. T. in den erwähnten Determinanten bereits zum Ausdruck kam. So läßt ein freier Zugang zum Devisenmarkt Spielraum für spekulative Devisentransaktionen, die sich nicht auf vergangene bzw. aktuelle Faktoren stützen, sondern auf bestimmte Erwartungen hinsichtlich der Zukunft.

Wechselkursgarantien und -bürgschaften, Abdeckung des Wechselkursrisikos durch den Bund auf Antrag (→Hermes Kreditversicherungs-AG) und gegen Entgelt bei längerfristigen Ausfuhrgeschäften für bestimmte Währungen. Einbezogen ist der gesamte Kursverlust, wenn dieser 3% übersteigt. – Vgl. auch →Ausfuhrgarantien und -bürgschaften.

Wechselkursmechanismus, Ansatz im Rahmen der →Zahlungsbilanzausgleichsmechanismen, nach dem autonome Ungleichgewichte der →Zahlungsbilanz Wechselkursva

riationen induzieren, die deren Abbau, d. h. die Wiedererlangung des Zahlungsbilanzausgleichs, gewährleisten. – *Ablauf:* Liegt z. B. ein Zahlungsbilanzdefizit vor, dann übersteigt die Devisennachfrage das -angebot, die Inlandswährung wertet ab. Durch diese Wechselkursveränderung werden die Auslandsgüter, ausgedrückt in Inlandswährung, teurer und die Inlandsgüter, ausgedrückt in Auslandswährung, billiger. Wenn die Voraussetzungen für eine *normale Reaktion* der →Leistungsbilanz erfüllt sind (→Marshall-Lerner-Bedingung, →Robinson-Bedingung), bewirkt die Abwertung der Inlandswährung eine Aktivierung der Leistungsbilanz, so daß der Ausgleich der Zahlungsbilanz wieder erreicht wird.

Wechselkursspekulation, Kauf (Verkauf) ausländischer Währung in der Erwartung, daß der →Wechselkurs (genauer: der Preis einer ausländischen Währungseinheit, ausgedrückt in Inlandwährung) steigt (sinkt), so daß diese – unter Berücksichtigung der Transaktionskosten – mit Gewinn wieder verkauft (zurückgekauft) werden kann.

Wechsellombard, Beleihung von →Wechseln durch eine Bank, im normalen Bankgeschäft von verhältnismäßig geringer Bedeutung. Die Landeszentralbanken stellen an die zum Lombard eingereichten Wechsel die gleichen Anforderungen wie beim →Rediskont. – Der W. ist *teurer* als der →Diskontkredit. – Vgl. auch →Lombardkreditgeschäft.

Wechselmahnbescheid, Sonderform des →Urkundenmahnbescheids. Das Mahnverfahren wird bei Widerspruch oder Einspruch des Schuldners in den Wechselprozeß übergeleitet (§ 703 a ZPO).

Wechselmakler, *Wechselagent,* mit der Vermittlung von Diskontkrediten befaßter →Makler. Insbes. in Großbritannien unter der Bezeichnung →bill brokers von Bedeutung.

Wechselmoratorium, gesetzlicher Zahlungsaufschub für Wechselfälligkeiten. Anordnung von W. nur unter ganz besonderen Umständen (z. B. Ausbruch eines Krieges, Naturkatastrophen). – Vgl. auch →Moratorium.

Wechselnehmer, *Remittent,* derjenige, an den oder an dessen →Order der Wechselbetrag gezahlt werden soll. Die Angabe des W. im Wechseltext ist unbedingtes Erfordernis für die Gültigkeit des →gezogenen Wechsels und des →Solawechsels (Art. 1, 75 WG).

Wechselobligo, Gesamtheit der bestehenden Wechselverpflichtungen (→Akzeptkredit) eines Unternehmers oder eines Kunden bei einer Bank. Meist wird ein bestimmter Höchstbetrag für das W. vereinbart oder intern von der Bank festgesetzt. Laufende

Kontrolle mittels eines Obligobuchs oder einer Kartei. – Vgl. auch →unter dem Strich.

Wechselpari, →Goldparität.

Wechselplatte, Magnetplatte (→Magnetplattenspeicher), die nicht fest im Laufwerk eingebaut ist, sondern ausgewechselt werden kann. – *Gegensatz:* →Festplatte.

Wechselportefeuille, →Portefeuille.

Wechselpritsche, →Wechselbehälter.

Wechselproduktion, Elementartyp der Produktion (→Produktionstypen), der sich aus dem Merkmal der zeitlichen Zuordnung der Produkte zu den Aktionsträgern ergibt. Werden in einer Betrachtungsperiode verschiedenartige Produktionsprozesse unter Einsatz im wesentlichen derselben Produktionsanlagen und Arbeitskräfte hintereinander vollzogen, so spricht man von W. Bei Prozeßwechsel sind Umstellvorgänge an den Produktionsanlagen zu vollziehen. – *Beispiel:* Montage mehrerer Typen von Fernsehgeräten sukzessiv auf einem Fließband. – *Gegensatz:* →Parallelproduktion.

Wechselprolongation, →Prolongation 2.

Wechselprotest. 1. *Begriff:* Amtliche Beurkundung insbes. der Nichtannahme oder Nichtzahlung eines →Wechsels, schafft die Voraussetzungen für den →Rückgriff gegen die Wechselverpflichteten. – 2. Zuständig sind *Protestbeamte,* d.h. Notare, Gerichtsbeamte oder bei inländischen Wechseln bis zu 1000 DM Postbeamte (Art. 44, 79 WG); Protesterhebung durch die Post. Derjenige, gegen den protestiert wird, der *Protestat,* ist der Bezogene, beim →Solawechsel der Aussteller. – 3. Der *P.* mangels Annahme muß spätestens am →Verfalltag erfolgen oder innerhalb der auf dem Wechsel vermerkten →Vorlegungsfrist. – 4. Der *P.* mangels Zahlung muß an einem der beiden auf den Zahlungstag folgenden Werktage erhoben werden; bei →Sichtwechseln innerhalb der Vorlegungsfrist (spätestens ein Jahr nach Ausstellung). – 5. Der *P.* mangels Sicherheit (bei →Zahlungseinstellung oder fruchtloser Zwangsvollstreckung in das Vermögen des Bezogenen) kann nach erfolgter Vorlegung erhoben werden. Nicht notwendig ist P. bei Eröffnung des Konkurses oder Vergleichsverfahren über das Vermögen des Bezogenen bzw. Ausstellers; Vorlage des Gerichtsbeschlusses genügt dann zur Ausübung des Rückgriffrechts. – 6. *Protestzeit:* die Zeit von 9–18 Uhr, doch kann der Protestat in andere Zeit einwilligen. – 7. *Protestort:* Geschäftsräume oder Wohnung des Bezogenen. Beim →Zahlstellenwechsel oder →Domizilwechsel die Zahlstelle. Ist die Zahlstelle (Bank) selbst Inhaber des Wechsels, muß sie ihn bei sich selbst protestieren lassen *(Deklarationsprotest).* Ist im Wechsel ein benachbarter Ort an-

gegeben, ist P. in Wohnung oder Geschäft des Bezogenen wirksam (Art. 88). – 8. Die *Protesturkunde* braucht nicht im Protestlokal, muß aber vor Ablauf der Protestfrist aufgenommen werden. – 9. *Form des P.* (Art. 80 WG): Der P. ist auf den Wechsel oder eine →Allonge zu setzen. Zu unterscheiden sind →Abwesenheitsprotest und →Nachforschungsprotest. – 10. *Protesterlaß:* Durch einen Vermerk auf dem Wechsel „ohne Kosten", „ohne Protest" oder ähnlich; der Inhaber kann ohne Protesterhebung Rückgriff nehmen. Der vom Aussteller unterschriebene Vermerk wirkt für alle Wechselverpflichteten; der von Indossanten oder Wechselbürgen unterschriebene aber nur diesem gegenüber.

Registrierte Wechselproteste bei Banken und Postanstalten im Bundesgebiet

Jahr	Zahl	Betrag	
	in 1000	in Mill. DM insges.	in DM je Wechsel
1955	546,9	296	541
1956	547,3	337	617
1957	499,1	326	654
1958	438,6	287	655
1959	412,4	255	619
1960	465,7	308	661
1961	477,5	369	778
1962	431,0	399	926
1963	442,6	458	1 034
1964	406,1	454	1 118
1965	330,4	461	1 394
1966	351,3	605	1 721
1967	382,1	658	1 721
1968	301,3	491	1 631
1969	264,8	518	1 956
1970	254,7	634	2 489
1971	229,4	680	2 964
1972	218,0	740	3 395
1973	246,7	1 007	4 081
1974	267,3	1 237	4 629
1975	217,0	1 020	4 701
1976	192,4	917	4 766
1977	168,4	780	4 632
1978	146,4	707	4 829
1979	140,6	851	6 053
1980	148,7	967	6 505
1981	169,1	1 279	7 562
1982	189,2	1 532	8 096
1983	163,0	1 511	9 271
1984	153,9	1 295	8 413
1985	152,3	1 410	9 258
1986	129,7	1 184	9 129

Wechselprozeß, Art des →Urkundenprozesses mit einigen Besonderheiten (§§ 602–605 ZPO): Der W. ist zulässig für alle Ansprüche aus einem →Wechsel; alle Wechselverpflichteten können gemeinschaftlich in dem →Gerichtsstand des Zahlungsortes oder dem allgemeinen Gerichtsstand eines Beteiligten verklagt werden; die →Klage muß die Erklärung enthalten, daß „im W." geklagt werden, die Ladungsfrist ist bei Zustellung der Klage an dem Ort des Prozeßgerichts auf 24 Stunden, sonst auf 3 Tage (statt einer Woche) bei Ladung innerhalb des Landgerichtsbezirks im Anwaltsprozeß abgekürzt; Nebenforderungen (Zinsen, Wechselprovision, -kosten) bedürfen keines →Beweises, sondern nur der →Glaubhaftmachung.

Wechselrechnung, *Diskontrechnung,* bei der Diskontierung von Wechseln die Berechnung des Gegenwertes oder Barwertes, da die Wechselsumme ein Zukunftswert ist, der bereits die Zinsen enthält. Der Zinsbetrag (→Diskont) muß deshalb von der Wechselsumme abgezogen werden. Nach kaufmännischem Brauch erfolgt die Berechnung des Diskonts so, daß die Wechselsumme (Zukunftswert) als Grundwert behandelt wird (nicht, wie es mathematisch „richtig" wäre, durch →Prozentrechnung mit dem Zukunftswert als vermehrtem Grundwert). – *Formel:*

$$\text{Tageszinssatz} = \frac{\text{Diskontsatz} \times \text{Tage}}{360}.$$

Wechselrecht, die Bestimmungen des →Wechselgesetzes sowie die einschlägigen ergänzenden Bestimmungen des BGB und die Vorschriften über den →Wechselprozeß (§§ 602 ff. ZPO). Durch die auf der Genfer Wechselrechtskonferenz von 1930 getroffenen Vereinbarungen vom 7. Juni 1930 ist das W. international vereinheitlicht worden. Die meisten beteiligten Staaten haben die drei Abkommen unterzeichnet und auch ratifiziert. Nicht beigetreten sind jedoch Großbritannien, die USA und die Sowjetunion. – Vgl. auch →Wechsel.

Wechselregreß, →Rückgriff.

Wechselreiterei, →Reitwechsel.

Wechselrembours, →Remboursgeschäft.

Wechselrückgriff, →Rückgriff.

Wechsel-Scheck-Verfahren,   →Umkehrwechsel.

Wechselschichtarbeit, Form der Schichtarbeit, bei der entweder ein Zwei-Schicht-System oder ein Drei-Schicht-System praktiziert wird. Die einzelnen Schichten umfassen meist eine achtstündige Arbeitszeit, die sich im Zwei-Schicht-System auf eine Frühschicht (von 6 bis 14 Uhr) und eine Spätschicht (von 14 bis 22 Uhr) aufteilt. Beim Drei-Schicht-Betrieb kommt eine Nachtschicht (von 22 bis 6 Uhr) hinzu. Beim Drei-Schicht-System muß der Wechselschichtarbeiter meist in stetiger Folge auf die Nachtruhe verzichten. Es treten auch weitere negative Auswirkungen auf (z. B. Verlust sozialer Bindungen, Appetitstörungen). Auch auf betrieblicher Seite ist W. nur bei kontinuierlicher Produktion oder Dienstleistung (z. B. Stahlwerk, Elektrizitätswerk) oder bei Bereitschaftsdiensten (Polizei, Feuerwehr, Krankenhaus) sinnvoll, da die Arbeitsleistung in den Nachtstunden erheblich unter der geringsten Leistung des Tages bleibt; vgl. →Leistungskurve.

wechselseitig beteiligte Unternehmen, Begriff des Konzernrechts für inländische →Kapitalgesellschaften oder →bergrechtliche Gewerkschaften, die dadurch verbunden sind, daß jedem Unternehmen mehr als 25% der Anteile des anderen Unternehmens gehören. Bei Bestehen einer →Mehrheitsbeteiligung oder entsprechendem Einfluß gelten die Unternehmen als →herrschende Unternehmen oder/und →abhängige Unternehmen (§ 19 AktG). Den W. b. U. obliegt eine →Mitteilungspflicht.

Wechselskontro, →Skontro.

Wechselsprechanlage, Sprechanlage mit wechselseitig gerichteter Übertragung zwischen zwei oder mehreren Teilnehmern. Angewandt z. B. bei innerbetrieblichen Sprechanlagen. – *Gegensatz:* →Gegensprechanlage.

Wechselsteuer, eine von der Landesfinanzverwaltung verwaltete Steuer auf den Kapital- und Zahlungsverkehr (→Verkehrsteuer), die dem Bund zufließt. Sie besteuert gezogene und eigene →Wechsel und gewisse wechselähnliche Urkunden. – 1. *Rechtsgrundlagen:* Wechselsteuergesetz vom 24. 7. 1959 (BGBl I 537) mit späteren Änderungen und Wechselsteuer-Durchführungsverordnung vom 20. 4. 1960 (BGBl I 274). – 2. *Steuergegenstand:* a) Die Aushändigung eines im Inland ausgestellten Wechsels durch den Aussteller; b) die Aushändigung eines im Ausland ausgestellten Wechsels durch den ersten inländischen Inhaber (ausgenommen Versendung oder Vorlegung eines noch nicht mit inländischen Indossamenten versehenen Wechsels zur Annahme im Inland); c) die Rückgabe oder anderweitige Aushändigung eines mit einem inländischen Indossament noch nicht versehenen Wechsel durch den inländischen Annehmer, dem der Wechsel lediglich zur Annahme übersandt oder vorgelegt war; d) die Aushändigung eines →Blanko-Akzepts durch den inländischen Annehmer. – 3. *Steuerbefreiungen:* U. a. die Aushändigung a) eines vom Ausland auf das Ausland gezogenen Wechsels und eines im Ausland ausgestellten eigenen Wechsels, wenn die Wechsel im Ausland zahlbar sind; b) eines vom Inland auf das Ausland gezogenen Wechsels, wenn er nur im Ausland, und zwar auf Sicht oder innerhalb zehn Tagen nach dem Ausstellungstag, zahlbar ist und vom Aussteller unmittelbar ins Ausland versendet wird. – c) Für *Außenhandelsgeschäfte* bestehen weitere Steuerbefreiungen und -vergünstigungen. – 4. *Steuerberechnung: Bemessungsgrundlage* ist die Wechselsumme; bei →Blanko-Wechseln wird bis zur vollständigen Auffüllung eine Summe von 10 000 DM zugrunde gelegt. *Steuersatz:* 15 Pf für je 100 DM oder einen Bruchteil dieses Betrages. Er ermäßigt sich auf die Hälfte bei Wechseln, a) die vom Inland auf das Ausland gezogen und im Ausland zahlbar sind, b) die vom Ausland auf das Inland gezogen im Inland zahlbar sind. – *Steuerschuldner:* I.d.R. der Aussteller, der erste inländische Inhaber oder der Abnehmer; es *haften* weitere am Wechselverkehr beteiligte Personen. Die W. *entsteht* mit Verwirklichung eines Steuergegenstandes (vgl. 2.). – 6. *Verfahren:* Mit der Entstehung *fällig;* durch Aufkleben von *Steuermarken* auf der Rückseite des Wechsels oder Verwendung eines zugelassenen *Steuerstemplers* zu entrichten. – 7. *Fiskalische Begründung:* Auf die fiskalische Motivation deutet die Begründung für die W., da in dieser Form der Kreditnahme und -gabe eine besondere Ertragsfähigkeit vermutet wird. Jedoch ist die Besteuerung eine Diskriminierung dieser Form kurzfristiger Kapitalbeschaffung gegenüber anderen. – *Aufkommen* (1986): 366 Mill. DM.

Wechselverkehr, im Bahnverkehr zwei aneinanderstoßende Bahnen. – *Tarifliche Abrechnung* von Frachten nach einem einheitlichen direkten Tarif.

Weg, Folge $p_1, \ldots, p_k$ von Pfeilen $p_i \in E$ in einem gerichteten →Graphen G (V, E), wenn eine Folge von Knoten $j_0, j_1, \ldots, j_k$ existieren, so daß $p_m = (j_{m-1}, j_m)$ für alle m = 1, \ldots, k ist. Bezeichnung: $w = (j_0, \ldots, j_k)$. – In einem →bewerteten Digraphen g (V, E, β) ist die *Länge* l eines Weges $w = (j_0, \ldots, j_k)$ gegeben durch:

$$l = \sum_{i=0}^{k-1} \beta_{j_i, j_{i+1}} .$$

Ein Weg w*, der unter allen Wegen von Konten j_0 zu Knoten j_k die geringste (größte) Länge besitzt, heißt *kürzester (längster) W.*

Wegbetrieb, →Verkehrsbetrieb.

Wegekostenproblem, →staatliche Verkehrspolitik II 2d).

Wegeunfall, Unfall auf einem mit einer unfallversicherten Tätigkeit zusammenhängenden Weg. W. gilt als →Arbeitsunfall. Versichert sind Hin- und Rückweg, wenn der Weg in einem rechtlich wesentlichen Zusammenhang mit der versicherten Tätigkeit steht. Nur der unmittelbare Weg zwischen der Wohnung und dem Ort der Tätigkeit ist versichert; allerdings ist die Versicherung nicht ausgeschlossen, wenn von dem unmittelbaren Weg abgewichen wird, weil wegen der eigenen oder der Berufstätigkeit des Ehegatten das im eigenen Haushalt lebende Kind fremder Obhut anvertraut ist oder der Versicherte mit anderen berufstätigen oder versicherten Personen gemeinsam ein Fahrzeug zur und von der Arbeit benutzt (§ 550 RVO). – Bei persönlich motivierten Umwegen oder längeren Unterbrechungen des Arbeitswegs entfällt der Versicherungsschutz. – Im einzelnen existiert eine umfangreiche Kasuistik der Rechtspre-

chung zur Abgrenzung von versichertem und nicht versichertem W.

Wegfall der Geschäftsgrundlage, nach Vertragsabschluß eintretende Änderung solcher Umstände, denen die Vertragschließenden erkennbar maßgebende Bedeutung beigemessen haben (→Geschäftsgrundlage). Der W.d.G. hat zur Folge, daß die Vertragspartner die Durchführung des Vertrages in der ursprünglichen Form nicht mehr verlangen können. Die beiderseitigen Verpflichtungen sind unter Berücksichtigung der Grundsätze von →Treu und Glauben an die veränderten Umstände *anzupassen;* u.U. können sie überhaupt wegfallen (§ 242 BGB).

Wegfolgeproblem, *chinese postman's problem, Briefträgerproblem,* elementares logistisches Optimierungsproblem (→Logistik). – 1. *Aufgabe:* In einem geschlossenen Wegenetz ist von einem Ort aus jeder Weg mindestens einmal zu begehen oder zu befahren und zum Ausgangsort zurückzukehren. Gesucht wird eine Wege-Reihenfolge, für die die Streckensumme eine oder mehrfach benutzter Wege minimal ist. – 2. *Anwendungen:* Z.B. Postverteilung, Müllabfuhr, Straßenreinigung, Kontrollfahrten. – 3. *Lösungsmethoden:* Verfahren der begrenzten Enumeration.

Weg-Ziel-Ansatz der Führung, speziell auf die Führungssituation angewandte Formulierung der →Erwartungs-Valenz-Theorie. Dieser Ansatz der Führungslehre stellt einen Zusammenhang her zwischen der Persönlichkeit des Geführten, der Aufgabenstruktur und dem Führungsstil. Ausgehend von der motivationstheoretischen Hypothese, daß für die Geführten dasjenige Verhalten mit dem größten Anreiz verbunden ist, das den größten subjektiven Gesamtnutzen verspricht, wobei neben den individuellen Bedürfnissen auch die Situationseinschätzungen mit in die Bewertung eingehen, wählt der Vorgesetzte seinen Führungsstil unter *Effizienzgesichtspunkten* aus: 1. *Direktiver* Führungsstil bei unstrukturierten Aufgaben und Mitarbeitern mit stark autoritärem Charakter. 2. *Unterstützender* Führungsstil bei stark strukturierten und einfachsten Aufgaben, da lediglich aus der sozialen Situation Befriedigung gezogen werden kann. 3. *Leistungsorientierter* Führungsstil bei unstrukturierten oder einmaligen Aufgaben und bei Mitarbeitern, die hoch leistungsmotiviert sind. 4. *Partizipativer* Führungsstil vermittelt bei unstrukturierten Aufgaben Kenntnisse über Zusammenhänge. – Vgl. auch →Führungsstil.

Wehrbeauftragter, Beauftragter des →Bundestags, dessen Aufgabe der Schutz der →Grundrechte der Soldaten ist. Der W. wird vom Bundestag ohne Aussprache in geheimer Wahl gewählt. Seine Amtszeit beträgt fünf Jahre. Die Rechtsstellung des W. ist im einzelnen in Art. 45b GG und im Gesetz über

den W. des Bundestags i. d. F. vom 16. 6. 1982
(BGBl I 677) geregelt.

Wehrdienst. 1. *Rechtsgrundlage:* Wehrpflicht-
gesetz in der Fassung vom 13. 6. 1986 (BGBl I
879). – 2. *Allgemeine Wehrpflicht* besteht für
alle deutschen Männer vom vollendeten 18.
Lebensjahr an und endet mit Ablauf des
Jahres, in dem der Wehrpflichtige das 45. (bei
Offizieren und Unteroffizieren das 60.), im
Verteidigungsfalle das 60. Lebensjahr vollendet hat. Die Allg. Wehrpflicht wird durch den
W. oder den →Zivildienst erfüllt. – 3. *Arten
des W.*: a) Grundwehrdienst von 15 Monaten
bis 31. 5. 1989 und ab 1. 6. 1989 18 Monate (§ 5
des Gesetzes) bis zur Vollendung des 28.
Lebensjahres, in Sonderfällen bis zur Vollendung des 32. Lebensjahres. Vorzeitige Heranziehung möglich; b) Wehrübungen bei Mann-
schaften von höchstens 9, bei Unteroffizieren
15 und bei Offizieren 18 Monaten, nach
Vollendung des 35. Lebensjahres für Mann-
schaften insgesamt 3 Monate und Unteroffi-
ziere insgesamt 6 Monate; c) Wehrdienst
während der Verfügungsbereitschaft bis zu
drei Monaten nach der Entlassung aus dem
Grundwehrdienst; d) unbefristeter Wehrdienst im Verteidigungsfalle. – 4. Der Wehrpflichtige unterliegt von der Musterung ab
der *Wehrüberwachung,* die bestimmte Mittei-
lungspflichten, z. B. Wohnsitzänderung, und
andere Pflichten begründet. – 5. *Während des
W.* erhält der Soldat Wehrsold, Entlassungs-
geld, Verpflegung, Unterkunft, Dienstbeklei-
dung und Heilfürsorge, die Familienangehörigen erhalten →Unterhaltssicherung. Er
genießt →Arbeitsplatzschutz und ist in der
→Sozialversicherung weiterversichert. – 6.
Befreiungen, Zurückstellungen, →Unab-
kömmlichstellung und Ausschluß vom W.
sind vorgesehen.

Wehrdienstbeschädigung, gesundheitliche
Schädigung, die ein Wehrdienstleistender
durch eine Wehrdienstverrichtung, durch einen während der Ausübung des →Wehrdien-
stes erlittenen Unfall oder durch die dem
Wehrdienst eigentümlichen Verhältnisse erlitten hat (§ 81 I SVG). Die Versorgung für die
gesundheitlichen und wirtschaftlichen Folgen
erfolgt in entsprechender Anwendung nach
dem →Bundesversorgungsgesetz (§ 890 I
SVG).

Wehrsteuer, in einer Reihe von Staaten mit
allgemeiner Dienstpflicht erhobene →Abgabe
der wehrpflichtigen Männer, die ihre
Dienstpflicht nicht oder nicht voll ableisten. –
In der *Schweiz* eine auf Bundesebene erhobene
Steuer von Einkommen der natürlichen und
juristischen Personen, die bei letzteren auch
von der Rendite und von der Höhe des
Kapitals abhängig ist.

Weibull-Verteilung, stetige theoretische
→Verteilung im Sinne der Statistik. Eine
stetige →Zufallsvariable X besitzt eine W. mit

den →Parametern α und β (α, β > 0), falls ihre
→Dichtefunktion

$$f_x(x) = \alpha \beta x^{\beta-1} e^{\alpha x^\beta}$$

für x > 0 ist. Speziell für β = 1 ergibt sich die
→Exponentialverteilung mit Parameter α. –
Bedeutung: Die W. spielt in der Praxis eine
Rolle bei der statistischen Analyse von →Ver-
weildauern und Lebensdauern insbes. solchen,
welche im Zusammenhang mit Materialermü-
dungserscheinungen stehen. Hat die Verweildauer eines Elementes in einer Gesamtheit
eine W. mit Parametern α und β, dann beträgt
seine Ausgangsrate nach einer bisherigen Verweildauer von x Zeiteinheiten gerade $\alpha \beta^{\beta-1}$.
Die →Wahrscheinlichkeit dafür, daß dieses
Element in dem kurzen Intervall [x; x + Δx)
ausscheidet, ist also ungefähr $\alpha \beta x^{\beta-1} \cdot \Delta x$.

weiche Währungen. 1. Synonym für *nicht frei
konvertible Währungen* (→Konvertierbarkeit).
– 2. Währungen, deren Kursentwicklung an
den Devisenmärkten *instabil* ist und einen
starken *Abwertungstrend* aufweist. – *Gegensatz:* →harte Währungen.

Weichwährungsländer, Länder mit →wei-
cher Währung, die wegen bestehender →Devi-
senbewirtschaftung nicht in jede beliebige
andere Währung konvertiert werden kann. –
Gegensatz: →Hartwährungsländer.

Weihnachts-Freibetrag, Begriff des Einkommensteuerrechts. Abzug von 600 DM vom
→Arbeitslohn, den der Arbeitnehmer aus
seinem ersten Dienstverhältnis in der Zeit vom
8. November bis 31. Dezember zufließt,
gleichgültig ob er eine Weihnachtsgratifikation (→Weihnachtszuwendungen) erhält oder
nicht. Bei einer Veranlagung zur Einkommensteuer und beim Lohnsteuer-Jahresausgleich
ist der W.-F. auch zu berücksichtigen, wenn
der Arbeitnehmr in der genannten Zeit keinen
Arbeitslohn bezogen hat. – *Entfällt* ab 1989.

Weihnachtsgratifikation, →Weihnachtszu-
wendung.

Weihnachtszuwendung, *Weihnachtsgratifikation.* 1. *Allgemein:* Vgl. →Gratifikation. – 2.
Lohnsteuer: Steuerpflichtiger →Arbeitslohn;
zu versteuern als →sonstige Bezüge. – Vgl.
auch →Weihnachts-Freibetrag. – 3. *Sozialversicherung:* RW. gehören zum →Arbeitsentgelt
und sind beitragspflichtig. Die darauf entfallenden Beiträge sind im Monat ihrer Auszahlung zu entrichten. Sie sind dem Lohnabrechnungszeitraum zuzuordnen, in dem sie ausgezahlt werden; d. h. die W. sind über die
monatliche Beitragsbemessungsgrenze hinaus
beitragspflichtig, da für die Beitragsberech-
nung nicht nur die Gesamteinnahme dieses
einen Monats von Bedeutung ist, sondern alle
bis zu diesem Monat beim gleichen Arbeitgeber erzielten Entgelte dieses Jahres. Beitragspflicht besteht, soweit die Beitragsbemessungsgrenze bei der Summe aller Einnahmen

im Gesamtzeitraum nicht überschritten wird. Beitragspflicht besteht entsprechend auch bei Zahlung der W. in an sich beitragsfreier Zeit oder bei Zahlung nach Beendigung des Beschäftigungsverhältnisses. Zuordnung erfolgt zu dem letzten Lohnabrechnungszeitraum im Kalenderjahr. – Seit 1984 ist der *frühere Freibetrag* von 100 DM ersatzlos gestrichen. – 4. Für *Beamte:* Vgl. →Besoldung.

Weilsches Verfahren, Bewertungsverfahren zur Ermittlung der →Einheitswerte für Fabrik-, Hotel- und Warenhausgrundstücke gemäß RdF-Erlaß vom 23.3.1935 (REtBl 350ff.). Das sog. W. V. ist durch die Änderung und Neufassung des →Bewertungsgesetzes durch das im wesentlichen gleiche →Sachwertverfahren ersetzt und gesetzlich geregelt worden.

Wein, Getränk aus dem Saft frischer Trauben, das infolge alkoholischer Gärung mindestens 55 Gramm tatsächlichen Alkohol im Liter enthält und dessen Kohlensäuredruck bei 20° Celsius 2,5 atü nicht übersteigt. Die alkoholische Gärung kann auf der Traubenmaische und auch nach Zusatz von Zucker und Traubenmostkonzentrat vor sich gegangen sein (§ 1 WeinG).

Weinbaukataster, →Kataster, in das die mit Reben bepflanzten Grundstücke einzutragen sind gem. Gesetz über Maßnahmen auf dem Gebiete der Weinwirtschaft i.d.F. vom 11.9.1980 (BGBl I 665). – Aus dem W. müssen Eigentümer und Größe des Grundstücks sowie die angepflanzten Rebsorten hervorgehen; Bewertungs- und Klimazahl der Rebfläche sollen ersichtlich sein. – 1964 Einrichtung des W., 1965/66 erste statistische Aufbereitung. Ab 1968 jährl. Fortführung. 1979/80 vollständige Neufeststellung der Rebflächen.

Weinbergsrolle, öffentliches Register, in das mit rechtsbegründender Wirkung Namen von Lagen und Bereichen des Weinbaus eingetragen werden, die nach der Eintragung zur Bezeichnung der Herkunft des Weins verwendet werden dürfen (§ 10 WeinG).

Weinbuchführung, Verpflichtung der Winzer, Weinkommissionäre, Hersteller von Weinessig und Branntwein nach der Wein-Überwachungsverordnung vom 15.7.1971 (BGBl I 951) mit späteren Änderungen, nach der Kellerbücher, Faßlagerbücher, Weinlagerbücher zu führen sind. *Einzutragen* sind insb. Herkunft, Rebstock, Lage, Jahrgang, Größe der abgeernteten Fläche, Zeitpunkt der Lese, etwaige Prüfnummer (→Weingesetz), Zucker-, Alkohol- und Säuregehalt, Zusatz- oder Entsäuerungsstoffe, Verschnitt.

Weingesetz, Gesetz i.d.F. vom 27.8.1982 (BGBl I 1196) mit späteren Änderungen nebst Ausführungsverordnungen, enthält die Neu-

ordnung des Weinrechts und dessen Anpassung an das Weinrecht der EG. – 1. Zur *Herstellung* inländischen →Weins dürfen nur inländische Trauben verwendet werden. Die Traubenlese darf erst nach Eintritt der erreichbaren Reife erfolgen, soweit nicht eine vorherige Lese dringend notwendig erscheint. →Verschneiden von Weißweintrauben, -mosten und -weinen mit Rotweintrauben, -mosten und -weinen ist unzulässig. Die verbessernde Behandlung des Weins ist nur in bestimmten Grenzen zulässig. – 2. Für die *Bezeichnung* des Weins besondere Regeln. Inländische Weine können als Tafelwein, Qualitätswein, Qualitätswein bestimmter Anbaugebiete (b.A.) oder als Qualitätswein mit Prädikat bezeichnet werden. Prädikate sind Kabinett, Spätlese, Auslese, Beerenauslese, Trockenbeerenauslese, Eiswein; sie dürfen nur nach Zuerkennung unter Erteilung einer Prüfnummer verwendet werden. Für andere als Tafelweine sind als geographische Herkunftsbezeichnungen nur in die →Weinbergsrolle eingetragene Namen von Lagen und Bereichen, Gemeinden, Ortsteilen, Anbaugebieten, Untergebieten zulässig. – 3. Mit *irreführenden Bezeichnungen,* Hinweisen, sonstigen Angaben oder Aufmachungen dürfen Erzeugnisse, die dem W. unterliegen, nicht in den Verkehr gebracht werden. Gesundheitsbezogene Angaben bedürfen der Zulassung. – 4. Winzer, Weinkommissionäre, Hersteller von Weinessig und Branntwein aus Wein sind zur →*Weinbuchführung* verpflichtet. – 5. Die *Einfuhr* von Wein, Traubenmost, Traubensaft, Likörwein, Branntwein, Weindestillat bedarf der Zulassung und unterliegt behördlicher Kontrolle (§§ 3–8 Wein-ÜberwachungsVO vom 15.7.1971). – 6. *Ausländischer Wein* darf nur eingeführt werden, wenn er nach den in seinem Herstellungsland gültigen Vorschriften hergestellt ist. Er bleibt ausl. Wein, auch wenn er im Inland behandelt oder verschnitten wird, und muß in deutscher Sprache mit dem Herstellungsland bezeichnet werden. – 7. Für *Likörwein, Schaumwein, weinhaltige Getränke* und *Branntwein* aus Wein gelten besondere Bestimmungen. – 8. *Verstöße* gegen das W. werden als Vergehen mit Geld- oder Freiheitsstrafen (§§ 67, 68) oder als Ordnungswidrigkeiten mit Geldbußen (§ 69) geahndet. Gegenstände, auf die sich derartige Verstöße beziehen, oder Tatwerkzeuge unterliegen der Einziehung (§ 70).

Weinwirtschaft, mit Rücksicht auf die Einbeziehung des deutschen Weinbaus in die →EG auf Teilgebieten geregelt durch das Gesetz über Maßnahmen auf dem Gebiete der Weinwirtschaft in der Fassung vom 11.9.1980 (BGBl I 1665). – 1. *Anbauregelung:* Die weinbergmäßige Neuanpflanzung von Weinreben sowie die Wiederanpflanzung von Weinreben in gerodeten Weinbergen bedarf der Genehmigung, die nur bei ungeeigneten

Grundstücken versagt werden kann. Einschränkungen sind bezüglich der Rebsorten
möglich (§ 4). Die mit Reben bepflanzten
sowie die neu bepflanzten Grundstücke sind in
ein →Weinbaukataster einzutragen. – 2. *Meldepflicht:* Weinbaubetriebe und Winzergenossenschaften usw. sind verpflichtet, einmal die
jeweils am 31.8. vorhandenen Bestände an
Traubenmaische, Traubenmost mit Ausnahme von Traubensaft, der zum unmittelbaren Genuß bestimmt ist, sowie Wein in- und
ausländischer Erzeugung sowie ihren Faß-
und Tankraum bis zum 7.9. der zuständigen
obersten Landesbehörde zu melden und zum
anderen bis zum 15.12. die jeweils am 1.9. des
gleichen Jahres erzeugten Mengen (VO i.d.F.
vom 2.8.1972, BGBl I 1368). – 3. *Stabilisierungsfonds:* Anstalt des öffentlichen Rechts
mit folgenden Aufgaben im Rahmen seiner
Mittel: a) Förderung der Qualität des Weins
und der Absatzwerbung; b) Verbilligung der
Kredite an Winzer, Winzergenossenschaften
usw., um insbesondere die vorübergehende
Lagerhaltung von Wein inländischer Erzeugung zu fördern; c) Lagerung oder Übernahme von Wein mindestens durchschnittlicher Güte inländischer Erzeugung, soweit dies
zur Entlastung des Marktes erforderlich ist,
und dessen Verwertung. – Organe sind Vorstand, Aufsichtsrat und Verwaltungsrat. Der
Stabilisierungsfonds darf zur Beschaffung der
erforderlichen Mittel eine jährliche Abgabe
von 0,70 DM je Ar der Weinbergsfläche,
sofern diese größer als 5 Ar ist, von Eigentümern oder Nutzungsberechtigten und von
Käufern und Verwertern erstmals in den
Handel gebrachten Mostes oder Weines inländischen Ursprungs 0,70 DM je 100 Liter und
0,70 DM je 133 kg bei Trauben oder Traubenmaische erheben. – 4. *Ordnungswidrigkeiten:*
Verstöße gegen das Weinwirtschaftsgesetz
werden als Ordnungswidrigkeiten mit Geldbuße geahndet.

weiße Produkte, →No-names-Produkte.

Weisung, *Anordnung.* I. O r g a n i s a t i o n :
Fallweise Einschränkung des Handlungsspiel-
raums einer hierarchisch untergeordneten
organisatorischen Einheit durch eine übergeordnete →Instanz. W. können die vorzunehmenden Handlungen mehr oder weniger
detailliert vorschreiben und damit die Ent-
scheidungsautonomie der weisungsempfan-
genden Einheit in unterschiedlichem Ausmaß
begrenzen (→Strukturierung). Die Erteilung
von W. ist mit der Übernahme von Fremd-
verantwortung (→Verantwortung) durch den
W.geber verbunden. – Vgl. auch →Weisungs-
befugnis.

II. A r b e i t s r e c h t : Anordnung des Arbeitgebers an den Arbeitnehmer im Rahmen des
→Direktionsrechts (Weisungsrecht).

Weisungsbefugnis, *Anordnungsbefugnis,
Leitungsbefugnis,* auch „Befehlsgewalt", im

Unterschied zum arbeitsvertraglich vermittelten →Direktionsrecht die im Rahmen der
Organisation durch →Strukturierung festgelegte Kompetenz einer Instanz, hierarchisch
untergeordneten organisatorischen Einheiten
→Weisungen zu erteilen.

Weisungsrecht, →Direktionsrecht.

Weisungsvertrag, →Organschaftsvertrag,
→Unternehmensvertrag.

Weiterbildung, →berufliche Fortbildung,
→Personalentwicklung.

Weiterbildungskosten, Aufwendungen für
die Weiterbildung in einem nicht ausgeübten
Beruf. W. sind wie →Berufsausbildungsko-
sten in beschränktem Umfang als →Sonder-
ausgaben abzugsfähig. Über W. in einem
erlernten und ausgeübten Beruf vgl. →Fort-
bildungskosten.

weitergeleiteter Eigentumsvorbehalt, Form
des →Eigentumsvorbehalts bei der Weiterveräußerung von Eigentumsvorbehaltsware:
Der Eigentumsvorbehaltskäufer, der die
Eigentumsvorbehaltsware weiterveräußert,
weist seinen Abnehmer auf den noch bestehenden Eigentumsvorbehalt des Erstlieferanten hin. – *Folge:* Der Eigentumsvorbehalt des
Erstlieferanten bleibt bestehen, wird weiterge-
leitet, da die Kenntnis des Abnehmers einen
→gutgläubigen Erwerb des Eigentums (Offenlegung und Kenntnis des Eigentumsvorbehalts) ausschließt.

Weiterveräußerung, handelsrechtlicher
Begriff: jedes auf Eigentumsübertragung
gerichtete, entgeltliche Rechtsgeschäft, z.B.
Verkauf, Tausch usw. (auch bei →Eigentums-
vorbehalt), nicht aber Schenkung, Verpfändung, Vermietung usw. – Vgl. auch →Umsatz-
geschäft.

Weiterversicherung, →freiwillige Versicherung.

welfare economics, →Wohlfahrtstheorie.

Weltabschluß, *Weltbilanz,* →Konzernab-
schluß, in den über die gesetzliche Verpflichtung zur Einbeziehung inländischer Konzernunternehmen hinaus auch die Konzernunternehmen mit Sitz im Ausland einbezogen sind.
Mit Umsetzung der Siebten EG-Richtlinie in
deutsches Recht wurde die Einbeziehung der
ausländischen Konzerntochterunternehmen
grundsätzlich zur Pflicht (§ 294 I HGB). Dies
trägt zu einer wesentlichen Verbesserung des
Einblicks in die Vermögens-, Finanz- und
Ertragslage des Konzerns (§ 297 II HGB) bei.

Weltbank, →IBRD.

Weltbilanz, →Weltabschluß.

Welternährungsorganisation, →FAO.

Weltgesundheitsorganisation, →WHO.

Welthandel, →Weltwirtschaft.

Welthandelsordnung, →GATT.

Welthandels- und Entwicklungskonferenz, →UNCTAD.

Welthungerhilfe, →FAO.

Weltkinderhilfswerk, →UNICEF.

Weltkonferenzen, seit 1946 jährliche Zusammenkünfte (in Caux/Schweiz) der Bewegung für Moralische Aufrüstung (Moral Rearmament, abgek. MRA), einer Bewegung zur sozialen und politischen Erneuerung der Welt im Geiste des Christentums, hervorgegangen aus der von Frank Buchmann gegründeten Oxford-Gruppen-Bewegung.

Weltmarkt, gedachter, nicht zu lokalisierender Markt für Welthandelsgüter, auf dem sich in gegenseitiger Abhängigkeit (Interdependenz) der volkswirtschaftlichen Binnenmärkte deren Verflechtung zu einer →Weltwirtschaft ergibt.

Weltmarktpreis, Preis für Welthandelsgüter, der sich am →Weltmarkt bildet. Der W. kann nach Ländern, Waren und Handelsstufen verschieden sein. – *Ermittlung* (1) durch Einsichtnahme in ausländische Konkurrenzofferten; (2) durch Marktanalyse; (3) durch Schaffung von Preisspiegeln der Auslandsmärkte bzw. internationalen Warenbörsen.

Weltnachrichtenverein, *Internationaler Fernmeldeverein*, gegründet 1932 in Madrid unter gleichzeitigem Abschluß des ersten Weltnachrichtenvertrags (jetzt: →Internationaler Fernmeldevertrag), hervorgegangen aus der 1865 geschaffenen internationalen Telegrafenunion. Der W. hat nach Umbildung seiner Struktur 1947 als →ITU den Status einer →Sonderorganisation der UN erhalten.

Weltorganisation für Meteorologie, →WMO.

Weltpostverein, →UPU.

Weltpostvertrag, auf dem 13. Weltpostkongreß in Brüssel am 11.7.1952 (1. Vertrag im Jahre 1874) unterzeichneter internationaler Vertrag mit Nebenabkommen und Vollzugsordnung, in Kraft seit 1.7.1953. Der W. *enthält:* (1) Verfassung des Weltpostvereins (→UPU), (2) allgemeine Grundsätze für den internationalen Postverkehr, (3) Berechnungsgrundlagen für die Durchgangskosten usw., (4) Regelung der Einrichtung des Internationalen Büros des Weltpostvereins in Bern.

Weltspartag, zur Förderung des Spargedankens in der ganzen Welt auf den 31. Oktober, in der Bundesrep. D. auf den 30. Oktober festgesetzter Tag. Erster W. 1925. Am W. wird von allen Bankengruppen auf Sinn und Zweck (Notwendigkeit und Vorteile) des Sparens hingewiesen.

Welttextilabkommen, *Multifaserabkommen*, Vereinbarung im Bereich des Textilhandels zwischen westlichen Industrieländern und einigen Entwicklungsländern, in der sich die Entwicklungsländer verpflichten, ihre Textilexporte auf die jeweils festgelegte Größenordnung zu beschränken. *Erstes W.*, dessen Ursprünge bis in die 60er Jahre zurückreichen, 1974; anschließend mehrfach verlängert und inhaltlich etwas modifiziert, im Kern aber unverändert. – *Ziele:* Fortschreitende Liberalisierung und Expansion des Welttextilhandels, Förderung der wirtschaftlichen und sozialen Entwicklung der betreffenden Länder der Dritten Welt durch stetige Zunahme ihrer Textilexporterlöse, geordnete Entwicklung dieses Handels und Vermeidung von Störungen in den Einfuhrländern. – *Beurteilung:* De facto stellt das W. eine protektionistische Beschränkung des →Freihandels zu Lasten der Entwicklungsländer dar. Untersuchungen zeigen aber auch, daß der Schutz nicht (mehr) wettbewerbsfähiger Unternehmungen des Textilsektors in Industrieländern auch für diese gesamtwirtschaftliche Verluste verursacht.

Welt-Urheberrechts-Abkommen, *Universal Copyright Convention,* von 59 Mitgliedstaaten der →UNESCO mit Einschluß der Bundesrep. D. am 6.9.1952 unterzeichnetes Abkommen, das den Werken fremder Autoren den gleichen Schutz gewähren soll wie denen der einheimischen. – *Inhalt:* Durch W. werden die Vertragsstaaten zur Schaffung eines ausreichenden und wirksamen Urheberschutzes bei gleicher Behandlung von In- und Ausländern verpflichtet. Weiter werden Formalitäten für die Entstehung des Urheberrechts festgelegt. Mindestschutzdauer grundsätzlich 25 Jahre nach Tod des Urhebers, jedoch verschiedene Ausnahmen. Ausschließliches Übersetzungsrecht des Urhebers, Möglichkeit der Übersetzungslizenz an Dritte, wenn bis zum Ablauf von sieben Jahren nach Veröffentlichung keine Übersetzung in eine bestimmte Sprache veröffentlicht. Durch Revisionskonferenzen ist Erweiterung der Mindestschutzbestimmungen vorgesehen. Das W. enthält nicht den weitgehenden Schutz der →Berner Übereinkunft; es schützt jedoch den deutschen Urheber auch in Staaten, die der Berner Übereinkunft nicht angehören und mit denen auch keine zweiseitigen Verträge bestehen. – Vgl. auch →Urheberrecht.

Weltwährungsfonds, →IMF.

Weltwährungsordnung, Gesamtheit aller Regelungen, auf denen der zwischenstaatliche Zahlungs- und Kreditverkehr basiert, u.a. die in den Abkommen über den IMF, die OECD, die Bank für Internationalen Zahlungsausgleich sowie die EG getroffenen Vereinbarungen. Vgl. auch →Internationale Wirtschaftsorganisationen.

Weltwährungssystem, Gesamtheit aller institutionellen und praktischen Regelungen zur möglichst reibungslosen Durchführung zwischenstaatlicher wirtschaftlicher Transaktionen, insbesondere des Zahlungs- und Kreditverkehrs. Hierzu zählen v.a. die in den Abkommen über den →IMF, die →OECD, die →BIZ sowie die →EG getroffenen Vereinbarungen über den intervalutarischen Zahlungsverkehr.

Weltwirtschaft, Bezeichnung für die durch den internationalen Handel sowie Bewegungen von Kapital und Arbeit zwischen den Volkswirtschaften entstehenden Beziehungen und Verflechtungen. – Vgl. auch →Weltwirtschaftsordnung.

weltwirtschaftliche Konjunktur, →Mondialreihen.

Weltwirtschaftsgipfel, seit 1975 jährlich stattfindende Konferenz. Es nehmen die Staats- bzw. Regierungschefs der sieben größten westlichen Industriestaaten (Bundesrep. D., Frankreich, Großbritannien, Italien, Japan, Kanada und USA) sowie der Präsident der EG-Komission (seit 1978) teil. Im einzelnen: a) 1975 W. in Rambouillet (Weltwirtschaftskrise; Arbeitslosigkeit, Inflation, Energieprobleme, Handelsliberalisierung, Wechselkursstabilität); b) 1976 W. in Puerto Rico (Arbeitslosigkeit, Inflation, Reformierung des Weltwährungssystems, Kredite für Entwicklungsländer); c) 1977 W. in London (Wirtschaftswachstum, Jugendarbeitslosigkeit, Nutzung der Kernenergie); d) 1978 W. in Bonn (stetiges Wirtschaftswachstum, Kohle- und Kernenergie-Nutzung zur Rohöleinsparung, Ausweitung des Welthandels); e) 1979 W. in Tokio (gemeinsame Energiepolitik, Nord-Süd-Beziehungen, Flugzeugentführungen/Terrorismus, Indochinaflüchtlinge); f) 1980 W. in Venedig (Afghanistan, Inflation, Terrorismus); g) 1981 W. in Ottawa (Nahost-Spannungen, Ost-West-Beziehungen, Terrorismus, Inflation/Wirtschaftswachstum, Arbeitslosigkeit, Handelsbilanzdefizite); h) 1982 W. in Versailles (Libanonkonflikt, Energiepolitik, Ost-West-Wirtschaftsbeziehungen); i) 1983 W. in Williamsburg (Geld- und Haushaltspolitik, Weltwährungssystem, Umweltschutz, Rüstungskontrolle); j) 1984 W. in London (Ost-West-Beziehungen, Krieg Iran-Irak, Begrenzung des Geldmengenwachstums, Auslandsverschuldung der Entwicklungsländer, Terrorismus); k) 1985 W. in Bonn (Wachstum und Beschäftigung, Währungssystem, Umweltschutz, internationale Zusammenarbeit in Wissenschaft und Technik; l) 1986 W. in Tokio (Koordination der Wirtschafts- und Währungspolitik, Arbeitslosigkeit, Reaktorunfall in Tschernobyl); m) 1987 W. in Venedig (Golfkrise, Ost-West-Beziehungen, Koordination der Wirtschafts- und Währungspolitik, Abbau der Agrarsubventionierung, Auslandsverschuldung, Umweltschutz, AIDS- und Drogenproblematik).

Weltwirtschaftskonferenzen, Konferenzen, die den multilateralen Handel zwischen den an der Weltwirtschaft beteiligten Ländern regeln sollen *(Genfer Weltwirtschaftskonferenz 1927, Londoner W.* 1933, *Konferenz von Havanna* 1947; →Havanna-Charta). Vom 23.3.1964 bis 16.6.1964 tagte in Genf die auf Beschluß der UN-Vollversammlung einberufene *Welthandelskonferenz (→UNCTAD);* weitere Vollversammlungen in Neu-Delhi 1968, Santiago de Chile 1972, Nairobi 1976, Manila 1979, Belgrad 1983.

Weltwirtschaftskrise. 1. *Begriff:* Bezeichnung für einen in seinen Ausmaßen und in seinen Auswirkungen umfassenden wirtschaftlichen Zusammenbruch in allen Teilen der Weltwirtschaft. – 2. *Ursachen* der Krise von 1929–1931 waren: a) das Zusammentreffen einer sog. „langen Welle" im Konjunkturablauf mit dem Abschwung des →Konjunkturzyklus in Deutschland und in den USA; b) die kriegs- und nachkriegsbedingten Störungen, die durch die einseitigen Reparationsleistungen von Deutschland an die USA ausgelöst wurden (→Konjunkturgeschichte), und die Zerschneidung der internationalen Wirtschaftsbeziehungen bei im ganzen intakt gebliebenem Produktionsapparat der Weltwirtschaft. – 3. *Folgen* der W.: Massenweise Zusammenbrüche von Unternehmungen; Unternehmungszusammenschlüsse; in deren Gefolge auch Stillegung und Zahlungseinstellung in Landwirtschaft und mittlerem Gewerbe; Massenarbeitslosigkeit; fallende Löhne; fallende Preise; →Deflation und sonstige Erscheinungen der →Depression.

Weltwirtschaftsordnung, System vertraglicher Regelungen der internationalen Wirtschaftsbeziehungen. – *Hauptelemente* der W. sind die Welthandelsordnung (→GATT) und die →Weltwährungsordnung, die allerdings nicht uneingeschränkt weltweit gelten, da einige Länder (insbes. Ostblockländer) nicht Mitglieder der Institutionen sind bzw. sich den Vereinbarungen nicht angeschlossen haben. – Von Entwicklungsländern wird eine →*Neue Weltwirtschaftsordnung* gefordert.

Weltzeit, →mitteleuropäische Zeit.

Wendepunkt, →Konjunkturphasen.

Werbeagentur. 1. *Begriff/Arten:* Dienstleistungsunternehmen, das gegen Entgelt im Kundenauftrag Beratungs-, Mittlungs- sowie Konzeptions-, Gestaltungs- und Realisationsleistungen vornimmt. – *Full-Service-W.* sind Dienstleistungsunternehmen, die sich neben den klassischen Agenturaufgaben noch mit Marketingproblemen der Kunden bzw. der →Werbeerfolgskontrolle (Feedback) beschäftigen. – 2. *Leistungen:* a) *Beratungsleistungen:* Beratung in Marketing-, Media-, Marktforschungs- und Werbeforschungsfragen u.a. – b) *Mittlungsleistungen:*

Mediaeinkauf- und -abwicklung, Produktionseinkauf und -abwicklung u. a. – c) *Konzeptions-, Gestaltungs- und Realisationsleistung: n:* Erstellung und Gestaltung von Werbe- und Verkaufsförderungsaktionen, ferner Entwicklung von Packungen, Erstellung von Public-Relations-Konzeptionen, neuerdings Ausarbeitung von aktuellen Bildschirmtextprogrammen u. a. – 3. *Hauptabteilungen:* a) *Werbevorbereitung:* Sekundärstatistisches Material erhält die W. von den Abteilungen Dokumentation, Archiv, Bibliothek und Information. Der Service-Abteilung ist die Markt- und Motivforschung zugeordnet, die hauptsächlich primärstatistische, qualitative und quantitative Untersuchungen durchführt (Marktforschung) sowie die Marketingberatung (Beratung von Kunden hinsichtlich der Marketing-Probleme in preis-, produkt- und absatzpolitischer Hinsicht) und die Personal-Marketingberatung (Aufgaben bezüglich des Personal-Beschaffungsmarkts der Auftraggeber). – b) *Kundenberatung:* Leitung durch mehrere Etatdirektoren (Account Supervisor); diesen sind mehrere Kontakter unterstellt, die Verbindung zum Auftraggeber haben. – Nach Auftragserteilung werden die einzelnen Stufen der →Werbekampagne vom Kontakter und der Marketing-Abteilung des Werbetreibenden diskutiert bzw. modifiziert. Außerdem überwacht der Kontakter die termin- und sachgerechte Durchführung der Kundenaufträge. – c) *Gestaltung* (Creativ-Abteilung, Creativ-Service; Leitung dieser Abteilung durch Creativ-Direktor: Hauptaufgaben sind die eigentlichen Gestaltungsfunktionen (Konzeption und Ausführung) sowie Durchführung der Produktionsfunktionen (Herstellung bzw. Herstellungsüberwachung der konzipierten Werbemittel bis zu ihrer Einsetzbarkeit). – d) *Media:* Die Abteilung untersteht einem Media-Direktor. Wichtigste Unterabteilungen sind die Media-Forschung bzw. →Streuplanung (Auswahl der Werbeträger, Erstellen der Media-Kosten- und →Streupläne), der Media-Einkauf und die Media-Abwicklung. – e) *Verwaltung:* Ihr obliegen alle üblichen administrativen Tätigkeiten (Buchhaltung, Registratur, usw.). – 4. *Berufliche Spezifikation:* Vgl. →Werbeberufe I.

Werbeantwort, besondere Versendungsform zur Erleichterung des Versands von Antwortsendungen (Bestellkarten usw.). Zugelassen als Standardbrief, -drucksache, -briefdrucksache (→Standard-Briefsendungen) und Postkarte. Kennzeichnung: „Werbeantwort" oder „Antwort"; außerdem Vermerk „Gebühr zahlt Empfänger" oder „freimachen, falls Briefmarke zur Hand". Die Gebühr (Beförderungsgebühr plus Zuschlag) wird vom Empfänger eingezogen.

Werbeaufwand, →Werbekosten.

Werbeberufe. I. In der Werbeagentur: Entsprechend den Hauptfunktionen einer

→Werbeagentur (Kundenberatung, Werbevorbereitung, Gestaltung und Media) vollkommen unterschiedlichen Berufe mit unterschiedlichen Aufgaben. – 1. *Kundenberatung* (Account-, Kontakt-Service): a) Der *Kundenberater (Kontakter, Account Manager)* ist mitverantwortlich für den materiellen Erfolg von Werbeprojekten. Aufgabenbereich: Als Vermittler zwischen Kunden und Agentur nimmt er die Kundenwünsche und -aufträge entgegen (Briefing) und leitet diese in der Agentur an die zuständige Stelle weiter; er koordiniert das gesamte Projekt bis zur Präsentation der Ergebnisse beim Kunden. – b) Vorstufe zum Kontakter ist der *Junior-Kontakter (Kontakt-Assistent)*, der wiederum dem *Kontaktgruppenleiter* oder dem *Etatdirektor (Account Supervisor)* organisatorisch unterstellt ist. – 2. *Werbevorbereitung* (Dienstleistungen für die anderen Abteilungen innerhalb einer Werbeagentur; kann als Stabsfunktion angesehen werden): a) Der *Marketingberater* berät den Kontakter bei allen kontinuierlich anfallenden Marketingfragen hinsichtlich Preis-, Produkt- und Vertriebspolitik; er unterstützt die Geschäftsleitung aufgrund seines Marketing-Know-how bei ihrer Neugeschäftsakquisition. – b) Der *Marktforscher* stellt seine speziellen Kenntnisse und Fähigkeiten (Beherrschen mathematisch-statistischer Methoden wie Faktoren-, Cluster- oder Diskriminanzanalyse) dem Kontakt- und dem Kreativbereich (Gestaltungsabteilung) zur Verfügung; er führt kleinere Untersuchungen (z. B. Packungstests, Pretest usw.) selbst durch, plant und überwacht die von Marktforschungsinstituten durchgeführten Feldprojekte. – 3. *Gestaltung* (Creativ-Abteilung, -Service): a) Der Zuständigkeitsbereich des *Art-Directors* umfaßt die gesamte bildliche, textliche sowie typographische Umsetzung der Werbekonzeption, die er mit dem Kontakter und Texter zusammen erarbeitet hat, in einzelne →Werbemittel (Anzeige, Funk-, Fernsehspot, Direct Mailing usw.); er entwickelt Gestaltungsvorschläge für Verkaufsförderungsaktionen (für Handel, Außendienst, Konsumenten, Messen und Ausstellungen). – b) Der *Texter* erarbeitet den Werbetext von der Headline über den Fließtext bis zur Baseline; seine Arbeit ergänzt den Gestaltungsteil des *Grafik-Designers*, der häufig auch freiberuflich (Free-Lander) tätig ist. Gemeinsam erstellen sie das Layout, bei dem Text und Bild zum Endprodukt zusammengefügt wird; vgl. auch Layouter. – c) Der *Produktioner (Producer)* sorgt für die Realisation (Produktion) von Werbemitteln; er veranlaßt über den Kontakt zu Reproanstalten und Druckereien die Herstellung von Druckvorlagen (Mater, Klischee, Lithographie) und nimmt Reinzeichnungen und Andrucke ab. – d) Der *Traffic Manager* unterstützt den Produktioner bei der Terminplanung und -überwachung (Timing) und sorgt des weiteren für die Rechnungslegung während bzw. nach Abschluß eines Auftrags. – 4. *Media:* Der *Medialeiter (Media-Director)* übernimmt den gesamten Mediaprozeß von der Mediaanalyse über die Mediaplanung, die Mediaselektion, den Einsatz bis zur Kontrolle der Media.

II. In Industrie- und Dienstleistungsunternehmen: 1. *Werbeabteilung:* Speziell im Investitionsgüter- und Dienstleistungssektor existiert der *Werbeleiter,* da in diesen Bereichen entweder kein →Produktmanagement besteht bzw. typische Werbeagenturaufgaben Free-Lancern (Freiberuflern) übertragen oder in Eigenregie durchgeführt werden. Unternehmungsbezogene (→institutionelle Werbung, →Corporate Indentity) wie produktbezogene Werbung fallen in sein Ressort. – *Produktmanagement:* V. a. in der Markenartikelindustrie wird der (klassische) Werbeleiter zunehmend aufgrund von Reorganisationsmaßnahmen durch den *Produktmanager* ersetzt. Seine Aufgabe ist dabei weiter gespannt als die des Werbeleiters, da er für die Planung, Koordination und Kontrolle aller seiner Produkte bzw. -gruppe betreffenden Marketing-Maßnahmen zuständig ist. Vgl. näher →Produktmanagement.

Werbebeschränkungen, Begrenzung der werblichen Handlungsmöglichkeiten durch Rechtsnormen und freiwillige Selbstkontrollen (z. B. der →Deutsche Werberat als Kontrollorgan) zwecks Sicherung des Wettbewerbs sowie zum Schutz der Mitbewerber und Verbraucher (vgl. auch →Verbraucherschutz). – *Beschränkungsformen:* a) *inhaltliche Auflagen,* die Werbeaussagen betreffend (→sittenwidrige Werbung, →unlautere Werbung, →irreführende Werbung, →unterschwellige Werbung, →vergleichende Werbung); b) Auflagen hinsichtlich der *Nutzung bestimmter Werbemedien* (z. B. Zigarettenwerbeverbot in Rundfunk und Fernsehen) bis zum c) *vollständigen Verbot* von Werbung (→Werbeverbot). – *Rechtsquellen* sind insbes. UWG (→unlauterer Wettbewerb), Zugabenverordnung, Rabattgesetz, GWB, Kartellgesetz; es gelten zudem Sondervorschriften für bestimmte Branchen (z. B. Lebensmittelrecht, Heilmittelwerbegesetz).

Werbebriefe, →direct mailing.

Werbebriefing, →Briefing.

Werbebudget, *Werbeetat,* die Summe der für einen bestimmten Zeitraum (i. d. R. Geschäftsjahr) oder für eine bestimmte Aktion im Rahmen der →Finanzplanung für die →Werbung zur Verfügung stehenden Mittel. Der W. bestimmt oder begrenzt die Selektion der →Werbemittel und Werbeträger (→Media) und damit deren →Streuung. Bestimmung und Aufteilung des W. wird sukzessiv oder iterativ bestimmt (Belegungsmodus). Die Probleme der Festlegung des W., d. h. der zulässi-

gen Werbekosten, entstehen primär durch die Schwierigkeiten in der Beurteilung von →Werbewirkungen und der Feststellung von Zielerreichungsgraden. – Vgl. auch →Werbebudgetierungsverfahren, →Mediaselektion, →Streuung, →Streuplan, →Tausenderpreis.

Werbebudgetierungsverfahren. 1. *Begriff:* Verfahren zur Festlegung des →Werbebudgets, das für die →Werbung während eines bestimmten Zeitraumes zur Verfügung steht. – 2. *Heuristische Verfahren:* a) *Umsatzbezogene Methoden:* Von der Marketingabteilung wird ein bestimmter Prozentsatz des Planumsatzes für Werbeaufwendungen zur Verfügung gestellt; in der Praxis die häufigste Methode. – b) *Prozent-vom-Gewinn-Methode:* Budgetbestimmung analog zur umsatzbezogenen Methode: als Bezugsbasis jedoch der Gewinn, z. B. nach handels- oder steuerrechtlichen Gesichtspunkten ermittelter Gewinn. – c) ,,*Waskönnen-wir-uns-leisten"-Methode:* Budgetbestimmung auf der Basis des zur Verfügung stehenden finanziellen Leistungspotentials. – d) *Wettbewerbs-Paritäts-Methode:* Die geplanten Werbeausgaben orientieren sich an den entsprechenden Aufwendungen der Konkurrenz. – e) *Werbeanteil-Marktanteils-Methode:* Festsetzung der Werbeausgaben in Beziehung zum Marktanteil; Voraussetzung sind umfangreiche Datensammlungen. – f) *Methode der Werbekosten je Verkaufseinheit:* Festsetzung des erforderlichen Werbevolumens je Produkteinheit; das Budget ergibt sich durch Multiplikation mit der Zahl der zu erstellenden Einheiten. Anwendung hauptsächlich in Unternehmen mit homogener Produktionsstruktur und stabilem Nachfrageverlauf. – *Beurteilung* der Verfahren: Keine Methode entspricht den Anforderungen der instrumentellen Marketingtheorie, bei der mittels modellanalytische Werbebudgetplanung optimal entschieden werden sollte. – 3. *Ansätze zu einer Theorie des optimalen Werbebudgets:* a) *Annahme:* Die Unternehmung verfügt über die drei Parameter Preis (p), Menge (x) und Werbekosten (S). – b) *Modellbeschreibung:* Bei den mit Hilfe der sog. Marginalanalysen durchgeführten mathematischen Ansätzen wird eine Aussage hinsichtlich der gewinnmaximalen Höhe des Werbebudgets gemacht. Dies geschieht durch die angenommene funktionale Beziehung der drei Parameter $x = k\,(p, S)$, wobei die Fixierung von zwei unabhängigen Variablen die dritte Größe automatisch festlegt. Wählt man z. B. die Absatzmenge und den Preis als Aktionsparameter, den Preis als Erwartungsparameter, lautet die Nachfragefunktion: $p = f\,(x, S)$; unterstellt man außerdem eine vereinfachte Kostenfunktion von der Form $C = g\,(x)$ und geht davon aus, daß der Gewinn (G) als Differenz zwischen dem Gesamterlös (G) als Differenz zwischen dem Gesamterlös und den gesamten Kosten determiniert ist, also: $G = p \cdot x - C - S$, so gilt unter Berücksichtigung aller obigen Funktonsbeziehungen: $G = f(x, S) \cdot x - g(x) - S$. Der Unternehmer wird nun Absatzmenge und Werbekosten so bestimmen, daß sein Gewinn ein Maximum ergibt. Die Gewinnfunktion hat aber an der Stelle ihr Maximum, wo die beiden partiellen Ableitungen nach x und S gleich Null und die zweiten Ableitungen negativ sind. – c) *Interpretation:* Der Unternehmer wird seine Werbeanstrengungen solange forcieren, wie die aufgrund der Werbeintensivierung erreichbare Umsatzerhöhung die Steigerung der zusätzlichen Werbekosten (über-)kompensiert.

Werbeerfolg, →Werbewirkung.

Werbeerfolgskontrolle, *Werbewirkungskontrolle,* Überprüfung der effektiven Durchsetzungskraft der eingesetzten →Werbemittel und →Media. Wird parallel zur laufenden Werbung oder nach Abluf einer →Werbekampagne durchgeführt (→Copytest). Der Werbeerfolg kann im Hinblick auf psychische und ökonomische Wirkungen (→Werbewirkung, →Werbeziele) kontrolliert werden. – *Methoden:* W. als →Posttest verwendet Methoden der Erinnerungsmessung (→Recall-Test) und Einstellungsmessung (→Einstellung) zur Erfassung der psychischen Werbewirkung. – Zur Erfassung der ökonomischen Werbewirkung werden Verbraucherpanels und Handelspanels eingesetzt. – *Gegensatz:* →Werbeerfolgsprognose.

Werbeerfolgsprognose, *Werbewirkungsprognose,* Überprüfung der potentiellen Durchsetzungskraft der geplanten Werbemittel (→Copytest). Im Rahmen der W. werden fast ausschließlich psychische →Werbewirkungen geprüft. W. hat vorwiegend diagnostischen Charakter. Formale und inhaltliche Mängel von Werbemitteln sollen entdeckt und beseitigt werden. Evaluatives Ziel ist die Prüfung der Beeinflussungswirkung der Werbemittel. – *Methoden:* Die W. wird immer als →Pretest durchgeführt, entweder als Labor- oder Feldtest. Vorwiegend werden Befragungsverfahren eingesetzt, gelegentlich auch apparative Verfahren (→Tachistoskop, →Blickregistrierung). – *Gegensatz:* →Werbeerfolgskontrolle.

Werbeetat, →Werbebudget.

Werbeforschung, Teilgebiet der →Marktforschung. – 1. *W. i. w. S.:* Ergründung von Bedingungen, unter denen Absatzwerbung quantitativ und qualitativ eingesetzt werden kann. – 2. *W. i. e. S.:* Werbewirkungsforschung (→Werbewirkungsfunktion) mit der Aufgabe, den Kommunikationsprozeß besser zu durchleuchten, um ihn effektiver planen, durchsetzen und kontrollieren zu können (→Werbeerfolgsprognose, →Werbeerfolgskontrolle). – 3. *Bedeutendes Teilgebiet der W.:* Werbeträgerforschung. Vgl. →Mediaanalyse, →Mediaplanung, →Mediaselektion.

Werbegabe, →Verschenken von Waren, →Wertreklame.

Werbegeschenk, *free specialy advertising item,* Schenkung im geschäftlichen Bereich, Maßnahme der →Verkaufsförderung. Der Hersteller überläßt dem Handel kostenlos W. mit seinem Werbeaufdruck zur Weitergabe an Kunden. Unterschied zur →Zugabe die Unentgeltlichkeit, zur →Warenprobe mangelnder Erprobungszweck. – *Zulässigkeit:* Durch Rechtsvorschriften eingeschränkt (Wettbewerbsrecht, →unlauterer Wettbewerb); zulässig sind geringwertige W., d. h. W. mit einem Verkehrswert zwischen 5 und 10 DM. – Vgl. auch →Wertwerbung.

Werbekampagne, Gesamtheit aller gestalteten →Werbemittel und deren Einsatz in ausgewählten Werbeträgern (→Media), Werbegebieten und in einem bestimmten Werbezeitraum. Die *inhaltlichen Ziele* einer W. sollen mit einer zielgruppengerechten Ansprache vereinbar sein. Nach Erreichen der Werbeziele oder nach Ablauf des geplanten Werbezeitraums ist die W. beendet. – *Mögliche Erscheinungsformen:* Plakate, Druckschriften, →Anzeigen, →Fernsehspots und Funkspots, →Werbegeschenke usw.

Werbekodex, von der Internationalen Handelskammer (ICC) 1979 festgelegte Verhaltensregeln für die Werbepraxis. – *Hauptgrundsätze:* (1) Vereinbarkeit mit guten Sitten, (2) Redlichkeit und (3) Wahrheit. Werbeaussagen sollen von sozialer Verantwortung geprägt und mit Wettbewerbsgesetzen vereinbar sein. Vgl. →unlautere Werbung.

Werbekonkurrenz, Art der Konkurrenz, die sich auf die →Werbung für die Produkte bezieht. – Vgl. auch →Preiskonkurrenz, →Qualitätskonkurrenz.

Werbekosten, *Werbeaufwand.* 1. *Begriff:* Aufwendungen für Planung, Einsatz und Kontrolle der →Werbung einschließlich der Personalkosten; Aufwendungen einer Unternehmung für werbliche Zwecke. Abgrenzung zu anderen Vertriebskosten mitunter schwierig und nicht exakt durchführbar. In vielen Fällen werden nur die im →Werbebudget enthaltenen Aufwendungen als W. definiert. – W. sind *nicht zu verwechseln* mit →„Werbungskosten" im Sinne des Einkommensteuerrechts. – 2. *Behandlung in der Gewinn- und Verlustrechnung:* W. sind als →sonstige betriebliche Aufwendungen (bei Anwendung des →Gesamtkostenverfahrens) oder als →Vertriebskosten (bei Anwendung des →Umsatzkostenverfahrens) auszuweisen. W. können als Vertriebskosten nicht Bestandteil der →Herstellungskosten sein (handelsrechtlich umstritten bezüglich W. als →Sondereinzelkosten des Vertriebs). – 3. *Erfassung in der Kostenrechnung:* Zumeist auf speziellen →Vertriebskostenstellen. Im Falle von Produktwerbung erfolgt eine direkte Kostenverrechnung auf das entsprechende Erzeugnis (→Sondereinzelkkosten des Vertriebs), ansonsten (in der Vollkostenrechnung) eine Verrechnung im Rahmen der →Vertriebsgemeinkosten. – 4. *Steuerliche Behandlung:* W. sind grundsätzlich →Betriebsausgaben; dgl. vorbereitende Aufwendungen (Organisationskosten). Aktivierungspflicht besteht für W. nur, wenn sie von einem Dritten, z. B. bei Übernahme eines ganzen Unternehmens, entgeltlich erworben werden (§ 5 II EStG); vgl. auch →immaterielle Wirtschaftsgüter.

Werbekostenzuschuß, Geldbetrag, der Handelsunternehmen von Seiten der Hersteller für Werbezwecke überlassen wird. Der W. dient dem Handel zur Finanzierung eigener Werbe- und Verkaufsförderungsmaßnahmen, bei denen die Produkte und Leistungen der betreffenden Hersteller besondere Beachtung finden (z. B. Präsentation der Herstellerprodukte innerhalb eines Handelsprospektes, Sonderplatzierungen, Deckenplakate). – Vgl. auch →Handelswerbung. – *Wettbewerbsrechtlich:* W. gilt als den Leistungswettbewerb im Handel gefährdende Praktik. Vgl. →Gemeinsame Erklärung.

Werbeleiter, →Werbeberufe II 1.

Werbemittel, Ausdrucksmittel der Werbung, in dem die aus den →Werbezielen abgeleitete Werbebotschaft gebündelt und dargestellt wird. – *Arten:* a) gedruckte W.: →Printwerbung; b) elektronische W.: →elektronische Werbung; c) sonstige W.: z. B. →Werbegeschenke, →Sponsoring.

Werbemittelanalyse, →Ad-rem-Verfahren, →Foldertest.

werbendes Vermögen, derjenige Teil des betrieblichen Vermögens, der der eigentlichen Leistungserstellung dient, im Gegensatz zum Sicherungs-, Überschuß- und Verwaltungsvermögen (le Coutre).

Werbeplanung, Planung des Einsatzes von →Werbemitteln und Werbeträgern (→Media), ausgerichtet an den in der Werbekonzeption niedergelegten →Werbezielen. – *Planungsschritte:* a) *Bestimmung des Werbeziels* nach umsatz- und erfolgspolitischen, wirkungsbezogenen und konkurrenzpolitischen Aspekten. – b) *Eigentliche W.:* (1) Werbekonzeption, die die Werbestrategie (→Copy-Strategie) enthält, sich mit den wesentlichen, werblichen Aussagen befaßt und Hinweise auf die kreative Umsetzung gibt. (2) Werbeträgerplanung (→Mediaplanung), die sich mit Auswahl und Einsatz der Werbeträger, der Werbeintensität und Werbefrequenz, dem Einsatzgebiet und -zeitraum befaßt; als Entscheidungshilfen dienen →Mediaanalysen (→Streuplan). – c) *Werbefinanzplanung:* Kalkulation der gesamten Kosten.

Werbepsychologie, Teilgebiet der →Marktpsychologie. 1. *Begriff:* Disziplin, die die Bedingungen und Konsequenzen von Kommunikationsstrategien sowie die Informationen darüber bereitstellt. Vorwiegend experimentell bzw. empirisch ausgerichtet. – 2. *Entwicklung:* In den USA begründet durch Scott (1903) mit seinem Werk „The Theory of Advertising". In der Anfangszeit vorwiegend Beschäftigung mit formalen Faktoren der Werbewirkung, z. B. Anzeigengröße, Wirkung von Farbe. Später Betrachtung der Faktoren komplexer →Werbewirkungen. Wichtige deutsche Vertreter: von Rosenstiel, Kroeber-Riel. – 3. *Fragestellungen:* Wesentliche Fragestellungen der W. lassen sich aus der →Lasswellschen Formel des Kommunikationsprozesses ableiten, z. B.: Welche Bedeutung hat die Glaubwürdigkeit des Sprechers in einem →Fernsehspot? Wie muß ein Text formuliert werden, um gut verständlich zu sein? Welche Motive sind in welchen Zielgruppen am stärksten ausgeprägt? usw. – Vgl. auch →Werbeforschung.

Werbestempel, im Postverkehr gebräuchliche Tagesstempel, die zusätzliche, besonderen Werbezwecken dienende Angaben enthalten. Anträge an die →Deutsche Postreklame GmbH.

Werbetexter, →Werbeberufe I 3 b).

Werbeträger, →Media.

Werbeträgeranalyse, →Mediaanalyse.

Werbe- und Abfertigungsvergütung, Leistungsvergütung, die dem bestellten Abfertigungsspediteur für seine Tätigkeit als eine Art „Ersatzgüterabfertigung" vom Unternehmer des gewerblichen Güterfernverkehrs zusteht; Festpreise.

Werbeverbot, Untersagung von Werbung durch Gesetz oder berufsständische Ordnung. – a) Einschneidende Beschränkungen für bestimmte *Berufsgruppen,* v.a. Angehörige freier Berufe, z. B. Ärzte, Anwälte, Architekten, Steuerberater, Wirtschaftsprüfer. – b) Bei *Gütern bzw. Dienstleistungen* sind insbes. solche von W. betroffen, deren öffentliche Anpreisung geeignet wäre, gesundheitsschädigende bzw. finanziell übermäßig riskante (Kauf-) Entscheidungen auszulösen oder das Schamgefühl der Bevölkerung zu verletzen, z. B. ist Zigarettenwerbung in Rundfunk und Fernsehen untersagt. – Vgl. auch →Werbebeschränkungen.

Werbewirkung, Werbeerfolg. 1. *Begriff:* a) *Ökonomische W.:* W., die an Absatz- und Umsatzgrößen gemessen wird. Problematisch ist die Zurechenbarkeit einer Werbemaßnahme auf diese Größen, da auch noch andere Einflußfaktoren wirksam werden (z. B. Aktivitäten der Konkurrenz, saisonale und konjunkturelle Einflüsse). – b) *Psychische W.:* W.

bezüglich der Indikatoren Markenbekanntheit, Erinnerung an Werbebotschaft, →Einstellung zu Marke/Unternehmen, Kaufabsicht usw.; kann relativ eindeutig auf bestimmte Werbemaßnahmen zurückgeführt werden. – 2. Als *Modell* hat die →AIDA-Regel Bedeutung; alle anderen Modelle konnten sich nicht durchsetzen.

Werbewirkungsfunktion, *Kontaktbewertungskurve, response function.* 1. *Begriff:* Formaler Zusammenhang zwischen Werbewirkung und Kontaktdosis (→Reichweite). Entspricht dem Verhältnis von Ziel- und Mitteleinsatz: Eine bestimmte Menge Geld (Mittel) soll bei der zu umwerbenden Zielgruppe soviel →Werbewirkung wie möglich (Ziel) erzeugen oder eine bestimmte Werbewirkung (z. B. die prozentuale Steigerung des Bekanntheitsgrades einer Marke) soll mit möglichst geringem Mitteleinsatz realisiert werden (ökonomisches Prinzip). – 2. *Darstellung:* Der Zusammenhang zwischen Kontaktdosis und Werbewirkung läßt sich mit Hilfe einer mathematischen Funktion (linear, konvex oder konvex-konkav) beschreiben. Da nur mit Annahmen gearbeitet werden kann, verzichtet die Praxis i. d. R. auf die Vorgabe einer bestimmten W. und unterstellt eine linear-funktionale Beziehung. – Die W. können an verschiedenen →Werbezielen ausgerichtet werden: a) an *außerökonomischen Werbezielen.* (z. B. am Erinnerungserfolg) im Sinne einer Lernfunktion als Gegenüberstellung der Zahl der Kontakte als Mittel dem Werbeerfolg als Ziel („erinnerte Werbebotschaft", →Recognition-Test), so daß man zu einer Darstellung aggregierter Lern- und Vergessenskurven gelangt (Problem: Heterogenität der individuellen Lernkurven, →Abnutzungseffekt); b) an *ökonomischen Werbezielen,* z. B. Marktanteil und Umsatz; das Adbudg-Modell von Little umschreibt die Beziehung zwischen Werbeausgaben und Marktanteil, wobei sich ein S-förmiger Verlauf einer W. ergibt. – 3. *Bedeutung:* W. finden Eingang in den →Streuplan; oben angesprochene stringente Annahmen sind jedoch zu bedenken. Eine „bessere" bzw. „richtigere" Relation zwischen den Variablen Kontaktdosis und Werbewirkung hat zum Ziel, eine wirtschaftlichere →Mediaplanung zu erreichen. Sobald eine empirisch abgesicherte und prognosefähige W. bei der Mediaplanung eingesetzt werden kann, wird diese der nur auf Annahmen zurückgreifenden Konzeption überlegen sein. – Vgl. auch →Media, →Mediaselektion, →Mediaselektionsmodelle, →Pretest, →Tausenderpreis, →VIP-Modell, →Werbeziele, →Tracking-Forschung.

Werbewirkungskontrolle, →Werbeerfolgskontrolle.

Werbewirkungsprognose, →Werbeerfolgsprognose.

Werbeziele. 1. *Begriff:* W. sind innerhalb des Marketingbereichs gesetzte Imperative (Vorzugszustände), die durch den Einsatz von Werbemaßnahmen erreicht werden sollen. Die W. sind über den Vorgang einer zunehmenden Präzisierung aus dem gesamtunternehmerischen Zielsystem (→Unternehmungsziele) über die Marketingziele (Bereichsziele wie Absatzmengen- oder Marktanteilsmaximierung) abzuleiten. – 2. *Arten:* a) *Generelle W.* können sich entsprechend dem Produktlebenszyklus auf die Einführung neuer Produkte (→Einführungswerbung), auf die Erweiterung von Umsatz, Absatz oder Marktanteilen (Expansionswerbung), Erhaltung und Sicherung des Absatzes (→Erhaltungswerbung), Erhaltung und Sicherung des Absatzes (→Erhaltungswerbung, →Erinnerungswerbung) sowie auf den gezielten Abbau von Umsatz beziehen (Reduktionswerbung); *spezielle W.* können sich z. B. auf die Bekanntmachung einer neuen Marke bei bestimmten Zielgruppen, die Modernisierung eines Markenimages (Relaunch) oder die Steigerung des Absatzes in verkaufsschwachen Gebieten richten. – b) *Ökonomische W.* sind solche Zielinhalte, die monetär wirtschaftliche Größen (z. B. Gewinn, Deckungsbeiträge, Umsatz) umfassen; *kommunikative, außerökonomische W.* (W. i. e. S.) beinhalten etwa Imageverbesserung, Werbekontakte (→Reichweite) oder Einstellungswandel (→Einstellung) u. ä., die ökonomischen Größen werden nicht unmittelbar, sondern mittelbar über die Einwirkung auf die Werbesubjekte beeinflußt. – 3. *Formulierung:* W. und ihre Umsetzung in Richtlinien für die Werbemittelgestaltung (→Werbemittel) werden i. d. R. durch Expertengremien formuliert (Screening), hierauf aufbauend sind der →Werbeetat (→Werbebudgetierungsverfahren) zu erstellen sowie die →Media auszuwählen (→Mediaplanung). – 4. *Operationalisierung:* Die Messung von Zielerreichungsgraden setzt operationale Ziele voraus, d. h. die W. sind in irgendeiner Form quantifiziert und besitzen einen Zeitbezug. Nur dadurch ist deren intersubjektive Nachprüfbarkeit gewährleistet, die für Planungen (verantwortbare Handlungsanweisungen) und Kontrollen notwendig ist. – 5. Das Hauptproblem operational-konkreter W. i. e. S. liegt darin, daß die angestrebte Werbewirkung erst über das Verhalten des Umworbenen zu wirtschaftlichem Werberfolg führt (→AIDA-Regel). Diese Beziehungen zwischen *ökonomischen und kommunikativen W.* wird über z. T. theoretisch und empirisch untermauerte Hypothesen (→Werbeforschung) z. T. aber auch (vorwiegend in der Praxis) über reine Plausibilitätsüberlegungen und -annahmen hergestellt.

Werbung. I. B e g r i f f u n d A r t e n : Unter W. versteht man die *versuchte Meinungsbeeinflussung durch besondere Kommunikations-*

mittel im Hinblick auf jeden beliebigen Gegenstand. Der Begriff → *Reklame* stand früher für W. ganz allgemein, heute wird er v. a. für schlechte, aufdringliche W. verwendet. W. wird nicht nur von Unternehmen genutzt, sondern in zunehmendem Maße auch von nicht erwerbsorientierten Organisationen, staatlichen Stellen. – 1. *Ziele:* Im Rahmen einer → *Werbekampagne* versucht der Werbetreibende, eine Werbebotschaft an eine oder mehrere → Zielgruppen zu übermitteln. Ziel vieler Werbekampagnen ist es, die → Einstellung der Zielgruppe gegenüber dem Werbeobjekt zu beeinflussen. Werbeobjekte können sowohl Produkte (→ Industriewerbung, → Handelswerbung), als auch Firmen (→ institutionelle Werbung, → *corporate identity*) sein. – 2. *Durchführung:* W. wird durch → Media (Werbeträger) übermittelt. Wird der Empfänger persönlich durch einen Brief o. ä. kontaktiert, so spricht man von → *Direktwerbung.* Im Gegensatz dazu steht die *Medienwerbung* als klassische Form mit als wichtigen Gruppen → Printwerbung und → elektronische Werbung.

II. W. in der Bundesrep. D.: 1. Die Werbewirtschaft befindet sich in der Bundesrep. D. derzeit im Aufwind. Während die Werbeumsätze im Jahre 1985 um 2,8% von 15,1 auf 15,5 Mrd. DM anstiegen, sind für 1986 Zuwächse bis 5%, d. h. auf über 16 Mrd. DM zu erwarten. – Die *Entwicklung der einzelnen Werbeträger* verläuft dabei unterschiedlich: Bei Direkt- und Fernsehwerbung sind Zuwächse zu verzeichnen, während die Hörfunkwerbung etwa zurückgeht; bei der Printwerbung ist eine Verschiebung von den Tageszeitungen zugunsten von Fach- und Wochenzeitschriften festzustellen. – 2. Die *ideologische Diskussion* über das Thema W. hat sich (vorübergehend?) beruhigt; wohl auch dank der systematischen aufklärenden Arbeit der Berufsverbände (→ Deutscher Kommunikationsverband) und des → Zentralausschusses der Werbewirtschaft e.V. sowie des → Deutschen Werberats. Es gelang, den Aspekt der → Manipulation des Verbrauchers durch die W. in den Hintergrund zu drängen. – 3. Die *Einstellung der Konsumenten zur W.* ist zur Zeit eher positiv: 53,6% der Bevölkerung empfinden W. als „durchaus ganz hilfreich“; 48.5% sehen sich „gern Anzeigen in Zeitschriften an“ (Verbraucher-Analyse 1986). – Andererseits zeigen die Verbraucher auch deutlich negative Reaktionen auf ein steigendes Werbeangebot. Für die Fernsehwerbung wird seit einiger Zeit das Problem des → Zapping diskutiert. Psychologisch könnte man hier von → Reaktanz der Verbraucher sprechen.

III. Entwicklung und Trends: 1. → *Direktwerbung:* a) In diesem Bereich wird in den nächsten Jahren mit *weiterem Wachstum* gerechnet. Direktwerbung erstreckt sich weitgehend auf durch die Post zugestellte Werbebriefe, Prospekte, Druckschriften usw. (→ direct mailing). An der Direktwerbung beteiligte Unternehmen sind u. a. → Adressenverlage und → Direktwerbeunternehmen. – b) Der Erfolg der Direktwerbung ist v. a. auf die *unmittelbare und gezielte Ansprache der Verbraucher* zurückzuführen. Jede Zielgruppe kann individuell angesprochen werden und hat, im Gegensatz zur Medienwerbung, die Möglichkeit zum herausgeforderten Respons. – c) Nach einer Umfrage der Bundespost sehen 89% der Verbraucher für sich besondere *Vorteile* in der Direktwerbung. Während bislang v. a. kleinere und mittlere Unternehmen Direktwerbung betrieben, nutzen inzwischen auch größere Unternehmen diese Form der W. – d) In Zukunft sind allerdings *Probleme im Bereich des Datenschutzes* zu erwarten. Bislang konnte noch keine Einigung der Datenschutzaufsichtsbehörden und der Werbewirtschaft über die Verwendung gesammelter Daten erzielt werden. – 2. *Hörfunk- und Fernsehwerbung:* a) Sie befindet sich in einem Umbruchsprozeß, der durch die Einführung von Privatsendern, Kabel- und Satellitentechnik ausgelöst wurde. Das Privatfernsehen und der private Hörfunk werden v. a. für lokale und regionale Werbetreibende zu interessanten Werbeträgern. Die zunehmende Zahl der Programmanbieter läßt für die nächsten Jahre eine Verbesserung der Preis-Leistungs-Verhältnisse in den Bereichen Fernsehen und Hörfunk erwarten. – b) Das *Problem des* → *Zapping* (Vermeidung) bei der → Fernsehwerbung führt zu ersten Reaktionen bei der Gestaltung von → Fernsehspots. Durch eine Erhöhung des Unterhaltungswertes der Spots wird versucht, dem Zapping entgegenzuwirken. Als weitere Maßnahmen gelten u. a. → Product Placement und → Sponsoring. – 3. In *anderen Bereichen der* → *elektronischen Werbung* sind durch die Einführung von Medien wie Btx, Disketten und Video neue Möglichkeiten für die W. eröffnet worden.

IV. Werbeentscheidungen: a) Bei der Ausarbeitung einer Werbekampagne befaßt sich die → *Werbeplanung* mit verschiedenen Entscheidungen hinsichtlich Werbebotschaft, → Werbeetat, → Werbemittel und Werbeträger (→ Media). Als Entscheidungshilfen stehen u. a. die verschiedenen Verfahren der → Werbeerfolgsprognose zur Verfügung. – b) Sind → Werbeziel, Werbeobjekt und → Zielgruppe festgelegt, werden *Form und Aussage der Werbebotschaft* nach kreativen und psychologischen Gesichtspunkten festgelegt. – c) Bei der Ermittlung des *Werbebudgets* stehen verschiedene → Werbebudgetierungsverfahren und → Werbewirkungsfunktionen zur Verfügung. Mit diesen Hilfsmitteln kann das Werbebudget nach rationalen Aspekten optimiert werden. – d) Zur Unterstützung der Entscheidung über die *Auswahl der einzusetzenden Werbemittel* (Anzeigen, Spots usw.) kommen verstärkt Tests zur Anwendung. Dazu werden verschiedene Gestaltungsalternativen im Labor/Studio bzw. im Feld getestet und das beste Konzept ausgewählt. – e) Werbemittel und Werbeträger stehen naturgemäß in einem engen Zusammenhang. Die Entscheidung über den zu verwendenden *Werbeträger* (→Mediaselektion) kann sich auf →Mediaselektionsmodelle stützen. Informationen über →Reichweite, →Tausenderpreis usw. liefern →Mediaanalysen. Anhand dieser Angben läßt sich das optimale Medium für eine geplante Werbekampagne auswählen. – f) →*Werbeerfolgsprognose und* →*Werbeerfolgskontrolle* dienen der Vorausschau bzw. Kontrolle des Erfolges einzelner Werbemittel oder ganzer Werbekampagnen. Dazu stehen verschiedene Testformen zur Verfügung, die nach Testzeitpunkt, -objekt und Methodik variieren (→Pretest, →Posttest). Diese Tests bedienen sich neben Probeläufen und der Methode der Befragung auch apparativer Verfahren, z. B. →Tachistoskop, →Hauptwiderstandsmessung und →Blickregistrierung.

V. Institutionelle Rahmenbedingungen: 1. W. ist durch eine Reihe *institutioneller Besonderheiten* gekennzeichnet. So wird ein großer Teil des Werbemanagement nicht von den Werbetreibenden selbst, sondern von →Werbeagenturen übernommen. Die einzelnen Berufsgruppen der W. (→Werbeberufe) sind in der Bundesrep. D. in verschiedenen Verbänden und Institutionen zusammengeschlossen. →Deutscher Kommunikationsverband, →Deutsche Werbewissenschaftliche Gesellschaft, →Zentralausschuß der Werbewirtschaft e. V. Eine wichtige Funktion im Hinblick auf Fehlentwicklungen in der Werbung übernimmt der →Deutsche Werberat als freiwilliges Kontrollorgan der Werbewirtschaft. – 2. Die Aktivitäten der Werbetreibenden sind einer Vielzahl *gesetzlicher Regelungen,* aber auch *freiwilliger Selbstbeschränkung* unterworfen. Zu unterscheiden sind →Werbeverbote und →Werbebeschränkungen. Gegenstand dieser Regelungen sind u. a. →unlautere Werbung, →Schleichwerbung, →irreführende Werbung, →vergleichende Werbung, →sittenwidrige Werbung.

Dr. Gundolf Meyer-Hentschel.

Werbung der Gewerkschaften, →Koalitionsfreiheit.

Werbungskosten. 1. *Begriff des Einkommensteuerrechts* für Aufwendungen zur Erwerbung, Sicherung und Erhaltung der Einnahmen (§ 9 I EStG). Sie umfassen die Aufwendungen, die bei Ermittlung der sog. Überschußeinkünfte (Einkünfte aus nichtselbständiger Arbeit, aus Kapitalvermögen, aus Vermietung und Verpachtung und sonstige Einkünfte) unmittelbar von den Einnahmen abgezogen

werden können (→Einkünfteermittlung). W. entsprechen somit den →Betriebsausgaben bei Gewinneinkünften (Einkünfte aus Land- und Forstwirtschaft, aus Gewerbebetrieb und aus selbständiger Arbeit). Aufwendungen zur Sicherung von steuerfreien Einnahmen können nicht W. sein (§ 3 c EStG). – 2. Als W. *werden u. a. anerkannt* (§ 9 EStG): a) →Schuldzinsen und →Renten, b) Beiträge zu Berufsständen und Berufsverbänden, c) Fahrtkosten zur Arbeitsstätte, d) Mehraufwendungen für →doppelte Haushaltsführung, e) Aufwendungen für Arbeitsmittel, f) →Absetzungen für Abnutzung (AfA) und →Absetzung für Substanzverringerung (AfS). – 3. W. sind in tatsächlicher Höhe bei entsprechendem Nachweis *abzugsfähig* oder in Höhe der →Pauschbeträge für Werbungskosten, wenn keine höheren W. nachgewiesen werden. – 4. Für *bestimmte Berufe* →Werbungskosten-Pauschsätze. – 5. *Lohnsteuer:* Im Lohnsteuertarif ist ein W.-Pauschbetrag von 564 DM eingearbeitet. Die diesen überschießenden W. können, bei Vorliegen der übrigen Voraussetzungen, als lohnsteuerfreie Beträge auf der →Lohnsteuerkarte eingetragen werden (→Lohnsteuer-Ermäßigungsverfahren).

Werbungskosten-Pauschsätze, Pauschsätze für →Werbungskosten, die für bestimmte Berufsgruppen zur Vereinfachung bei der Errechnung der Lohn- bzw. Einkommensteuer angesetzt werden können, sofern keine höheren Werbungskosten im einzelnen nachgewiesen oder glaubhaft gemacht werden. Gem. Abschnitt 23 LStR handelt es sich um folgende Berufsgruppen: (1) Artisten, (2) darstellende Künstler, (3) hauptberuflich tätige Musiker und (4) Journalisten, die ihre Tätigkeit in einem Dienstverhältnis hauptberuflich für Zeitungen oder Zeitschriften, bei Nachrichten- oder Korrespondenzbüros oder bei Rundfunkanstalten ausüben. Durch den jeweiligen Pauschsatz sind alle Aufwendungen, die mit der beruflichen Tätigkeit zusammenhängen, abgegolten mit Ausnahme von Aufwendungen für Fahrten zwischen Wohnung und →Arbeitsstätte, soweit sie DM 15.– monatlich übersteigen, dienstlich verursachte →Umzugskosten und Mehraufwendungen für →doppelte Haushaltsführung.

werdende Mütter, →Mutterschutz.

Werk. 1. *Produktionsstätte,* die als räumlich zusammenhängende Verwaltungseinheit innerhalb eines Unternehmens existiert. – 2. →*Firmenzusatz* zur Bezeichnung einer großindustriellen Unternehmung. W. ist i. d. R. größer als →Fabrik. – 3. Durch das →*Urheberrecht* geschützte persönliche geistige Schöpfung, also Erzeugnis, das durch Inhalt oder Form oder deren Verbindung etwas Neues und Eigentümliches darstellt (§ 2 UrhRG). – Vgl. auch →Sammelwerk.

Werkarzt, ein in den Diensten eines Unternehmens stehender approbierter Arzt, der haupt- oder nebenberuflich die gesundheitliche Betreuung der Belegschaftsmitglieder übernimmt, insbes. auf dem Gebiet der Werkshygiene, des Untersuchungs- und Beratungsdienstes und der Ersten Hilfe bei Unfällen und Berufserkrankungen. Zusammenarbeit mit staatlichen Gewerbeärzten, behandelndem Arzt, Durchgangs-, Vertrauens- und Amtsärzten, Krankenanstalten, Berufsgenossenschaften, Krankenkassen u. a., im wesentlichen nur beratend. – *Anders:* →Betriebsarzt.

Werkbücherei, in Großbetrieben der Industrie für ihre Belegschaft eingerichtete Bücherei.

Werkdienstwohnung, Wohnung, die der Arbeitnehmer im Interesse des Betriebs beziehen muß (z. B. Hausmeister). Die W. wird dem Arbeitnehmer ohne Abschluß eines Mietvertrages im Rahmen des Arbeitsverhältnisses zugewiesen (§ 565e BGB). – *Anders:* →Werkmietwohnung. – *Steuerliche Behandlung:* Vgl. →Werkwohnung.

Werkerholungsheime, von Unternehmen, Unternehmensgemeinschaften oder Verbänden gekaufte oder gepachtete Heime in Luftkur- oder Badeorten, in die Belegschaftsmitglieder kurzfristig (je nach Dauer des Jahresurlaubs) zur Erholung verschickt werden können, meist unter Übernahme von Fahrtkosten und Teilen der Pensionskosten (auch gestaffelt nach Einkommenshöhe) seitens des verschickenden Unternehmens. Bei Vorlage von ärztlichen Attesten auch Verschickung mit Zusatzurlaub. – *Auswahl* der Erholungsbedürftigen meist unter Hinzuziehung des Werkarztes und in Fühlungnahme mit dem Betriebsarzt, dem nach BetrVG das Recht der Mitbestimmung bei der Verwaltung des W. zusteht. – In Österreich bei größeren und verstaatlichten Unternehmen üblich als Bestandteil der sozialen Fürsorge. – Vgl. auch →Sozialeinrichtung.

Werkküche, →Kantine.

Werkleistung, →Lieferungen und sonstige Leistungen II.

Werkleitung, Organ eines kommunalen →Eigenbetriebs. Die W. wird vom Gemeinderat bestellt und mit der laufenden Geschäftsführung in eigener Verantwortung betraut.

Werklieferung, →Lieferungen und sonstige Leistungen I.

Werklieferungsvertrag, →Werkvertrag, bei dem sich ein Unternehmer verpflichtet, ein Werk aus einem von ihm selbst zu beschaffenden Stoff herzustellen und zu liefern (§ 651 BGB). Bei →vertretbaren Sachen finden die Vorschriften über den →Kaufvertrag Anwendung. Andernfalls gelten hinsichtlich der →Sachmängelhaftung, der →Abnahme, des

→Gefahrübergangs und der Höhe des →Werklohns die Vorschriften über den Werkvertrag; hinsichtlich der Pflicht zur Verschaffung des Eigentums, der →Rechtsmängelhaftung und des →Eigentumsvorbehalts dagegen die Kaufvertragsregeln.

Werklohn, beim →Werkvertrag die Vergütung, die der Besteller dem Unternehmer für die Ausführung des Werks schuldet. – Die *Höhe* des W. bestimmt sich in erster Linie nach der Vereinbarung der Parteien; fehlt sie, so wird beim Bestehen einer Taxe die taxmäßige Vergütung, andernfalls die übliche Vergütung geschuldet (§ 632 BGB). – Der W. ist nach →Abnahme des Werks zu *entrichten* (§ 641 BGB). Eine Verpflichtung zur früheren Zahlung kann sich jedoch aus vertraglicher Abmachung oder →Verkehrssitte ergeben; z. B. sind Abschlagszahlungen im Baugewerbe vielfach üblich.

Werkmietwohnung. 1. *Begriff:* Wohnung, über die zwischen Arbeitgeber und Arbeitnehmer neben dem Arbeitsvertrag ein →Mietvertrag abgeschlossen wird (§§ 565 b–d BGB). – *Anders:* →Werkdienstwohnung. – 2. Arbeitgeber kann nicht zur *Errichtung von W.* gezwungen werden; möglich ist der Abschluß einer freiwilligen →Betriebsvereinbarung (§ 88 Nr. 2 BetrVG). – 3. Die *Zuweisung und Kündigung von W.* sowie die *allgemeine Festlegung der Nutzungsbedingungen* unterliegt der erzwingbaren Mitbestimmung des Betriebsrats in →sozialen Angelegenheiten nach § 87 I Nr. 9 BetrVG. Die Mitbestimmung erstreckt sich auf jeden Einzelfall der Zuweisung und Kündigung einer W. Das Fehlen der Zustimmung des Betriebsrats kann der Arbeitnehmer in einem anhängigen Mietprozeß einwenden. Umstritten ist, ob das Mitbestimmungsrecht auch noch nach eingetretener Auflösung des Arbeitsverhältnisses fortbesteht. – Zur *zivilrechtlichen Wirksamkeit* der Kündigung der W. vgl. §§ 565 b ff. BGB. – 4. Mitbestimmung bei der *allgemeinen Festlegung der Nutzungsbedingungen* bedeutet z. B. Mitbestimmung bei dem Entwurf eines Mustermietvertrages, aber auch bei der allgemeinen Festlegung der Grundsätze über die Mietzinsbildung im Rahmen der vom Arbeitgeber zur Verfügung gestellten Mittel (nicht: Festsetzung des Mietzinses für jede einzelne W.). – 5. *Steuerliche Behandlung:* Vgl. →Werkwohnung.

Werksausschuß, Organ des →Eigenbetriebs. 1. *Aufgaben:* a) *Entscheidungsorgan:* W. hat Entscheidungskompetenz nach dem Eigenbetriebsrecht und den Betriebssatzungen in Angelegenheiten des Eigenbetriebes, die weder als laufende Geschäfte in die Zuständigkeit der →Werkleitung fallen, noch zum Aufgabenbereich der Gemeindevertretung gehören, insbes. Abstimmung und Vorbreitung des →Wirtschaftsplans mit der Werkleitung, Benennung des Prüfers für den →Jahresabschluß sowie Stellungnahme zu Meinungsverschiedenheiten zwischen dem Bürgermeister (Hauptverwaltungsbeamten) und der Werkleitung. – b) *Kontrollorgan* gegenüber der Werkleitung, die entsprechend verpflichtet ist, dem W. in wichtigen Angelegenheiten des Eigenbetriebs Auskünfte zu erteilen. – 2. Die *Zusammensetzung* des W. ist in den einzelnen →Eigenbetriebsgesetzen der Länder unterschiedlich geregelt. Im wesentlichen setzt sich W. zusammen aus Mitgliedern der Gemeindevertretung, sachkundigen Bürgern (nicht in Bayern und Berlin), Vertretern der Verwaltung (nur in Berlin und Hessen) und Vertretern der Belegschaft (nur in Berlin, Hessen und Niedersachsen).

Werkschule, räumliche und organisatorische Zusammenfassung der oft vielseitigen Ausbildungseinrichtungen größerer Unternehmungen. Durch staatlich geprüfte Lehrkräfte geleitete und staatlich anerkannte W. können der →Berufsschule gleichgestellt werden.

Werkschutz, vom Arbeitgeber beauftragte Arbeitnehmer oder Dritte, die das →Hausrecht für ihn ausüben, also insbes. Unbefugte vom Werksgelände fernhalten und strafbare Handlungen (z. B. Diebstähle) verhindern. Die mit dem W. beauftragten Personen sind berechtigt, auch Gewalt im Rahmen der allgemein geltenden Gesetze anzuwenden. Ob der W. Waffen tragen darf, richtet sich nach den allgemein geltenden Vorschriften (Waffenschein). Gem. § 127 StPO darf vom W. (wie von jedermann) eine vorläufige Festnahme auch ohne Vorliegen eines Haftbefehls vorgenommen werden, wenn jemand auf frischer Tat erfaßt wird und Fluchtgefahr besteht.

Werkshandel, Verkauf von Produkten des eigenen Sortiments bzw. der eigenen Produktpalette an Betriebsangehörige; Form des →Belegschaftshandels.

Werkshandelsgesellschaft, →Werkshandelsunternehmen.

Werkshandelsunternehmen, *Werkshandelsgesellschaft,* rechtlich selbständige Unternehmen, die wirtschaftlich mehr oder weniger eng an ein (oder mehrere) Produktionsunternehmen gebunden sind und überwiegend nur dessen (bzw. deren) Erzeugnisse absetzen. Verbreitet im Handel mit Eisen und Stahl. – *Ähnlich:* →Vertragshändler.

Werksnormen, →Normen, die von einzelnen Betrieben zur Vereinheitlichung ihres Betriebsablaufes geschaffen werden. W. sind Standardisierungen, die noch nicht der Normung auf überbetrieblicher Ebene im Rahmen des Deutschen Instituts für Normung (DIN) unterliegen. (→DIN-Normen); es kann sich allerdings um Werksfassungen von DIN-Normen handeln.

Werksspionage. 1. *Begriff:* Insgeheim durchgeführte Tätigkeit, die darauf zielt, →Betriebs- und Geschäftsgeheimnisse der Konkurrenz (Zahlen des industriellen Rechnungswesens, Daten der wirtschaftlichen und technischen Planung, Verfahrensweisen, Rezepte, und Entwicklungen usw.) aufzudecken oder Pläne eines Vertragspartners in Erfahrung zu bringen. – 2. W. ist vielfach *strafbar,* auch wenn sie nicht in Zusammenhang mit einer anderen strafbaren Handlung (z. B. Diebstahl, Einbruch usw.) durchgeführt wird (→Geheimnisverrat). – 3. *Arbeitsrechtliche Folgen:* →Außerordentliche Kündigung von Arbeitnehmern bei Weitergabe von Betriebsgeheimnissen an andere wegen Verstoßes gegen die dem Arbeitgeber gegenüber bestehende →Treupflicht. – Vgl. auch →Wirtschaftsspionage.

Werksport, →Betriebssport.

Werkstarifvertrag, →Firmentarifvertrag.

Werkstatt für Behinderte, →Behinderten-Werkstatt.

Werkstattproduktion, Elementartyp der Produktion (→Produktionstypen), der sich aus dem Merkmal der Anordnung der Arbeitssysteme ergibt. Die W. ist dadurch gekennzeichnet, daß in den Teilbetrieben einer Produktionsstätte jeweils gleichartige Produktionseinrichtungen bzw. Arbeitssysteme zusammengefaßt sind. Bei W. gibt es unterschiedliche Durchlaufwege der zu bearbeitenden Produkte bzw. Aufträge. Es ist auch möglich, daß ein Produkt bzw. Auftrag einzelne Teilbetriebe mehrfach zur Bearbeitung durchlaufen muß. Teilbetriebe bei W. sind z. B. Dreherei, Bohrerei, Fräserei, Schleiferei und Lackiererei. Diese Teilbetriebe werden bei der W. nach dem →Verrichtungsprinzip (Funktionsprinzip) gebildet. – Vgl. auch →Fließproduktion, →Zentrenproduktion.

Werkstattsteuerung, Planungs- und Steuerungsaktivitäten in einem →PPS-System für einen kurzfristigen Zeitraum, z. B. ein oder zwei Wochen.

Werkstattwochenbuch, →Berichtsheft im Handwerk.

Werkstoffe, zusammenfassende Bezeichnung für diejenigen Rohstoffe, Halbfertig- und Fertigfabrikate, die als Ausgangs- und Grundstoffe in die Erzeugnisse eines Betriebes einzugehen bestimmt sind. W. zählen zu den elementaren Produktionsfaktoren (→Elementarfaktoren). Sie werden nach der im Betriebe erfolgten Veränderung der Form oder Substanz oder durch den Einbau in andere Fertigerzeugnisse Bestandteil neuer Produkte. – Vgl. auch →Rohstoffwirtschaft I 3.

Werkstoffplanung, →Bereitstellungsplanung.

Werkstudent, Student, der sich die zum Studium erforderlichen Mittel ganz oder zum Teil durch nichtselbständige Arbeit selbst verdient.
– *Steuerliche Behandlung:* Arbeitslohn des W. unterliegt grundsätzlich der →Lohnsteuer. Nach Beendigung des Kalenderjahrs kann ggf. Erstattung im Wege des →Lohnsteuer-Jahresausgleichs erfolgen. – *Ausländische W.,* die weder Wohnsitz noch ihren gewöhnlichen Aufenthalt im Inland haben, sind nicht zur Lohnsteuer heranzuziehen, wenn die vorübergehende Beschäftigung im Bundesgebiet höchstens 183 Tage andauert und die Studenteneigenschaft durch eine Bescheinigung der ausländischen Lehranstalt nachgewiesen wird. Lohnsteuerabzug durch Arbeitgeber darf nur unterbleiben, wenn das Finanzamt die beschränkte Lohnsteuerpflicht bescheinigt hat. Das setzt voraus, daß der Wohnsitzstaat des W. Gegenseitigkeit gewährt. Eine Ausnahme von der Regelung des §9 II AO besteht aufgrund von Doppelbesteuerungsabkommen für ausländische W., wenn deren vorübergehende Tätigkeit im Inland der notwenidgen praktischen Ausbildung dient. – W. sind in der *Kranken-, Renten- und Arbeitslosenversicherung* versicherungsfrei (§172 I Nr. 5 RVO, §1228 I Nr. 3 RVO, §4 I Nr. 4 AVG und §169 Nr. 1 AFG).

Werksurlaub, völliges Aussetzen der Arbeit infolge Auftragsmangel. (*Anders:* →Kurzarbeit). Die gegenseitigen Pflichten ruhen. Im Gegensatz zu den →Betriebsferien kein Erholungsurlaub nach dem BUrlG (→Urlaub I).

Werkswohnung, →Werkwohnung.

Werkverkehr, →Eigenverkehr.

Werkverkehrsversicherung, *Werkverkehrspolice,* verinfache Sonderform der →Transportversicherung für Unternehmen, die eigene Waren mit eigenen Transportmitteln befördern (im allg. nur innerbetrieblicher, nicht fakturierter Güterverkehr). – *Vorteil:* vereinfachte Abrechnung durch Wegfall der Einzelanmeldung. Für jedes Fahrzeug werden Höchstversicherungssummen vereinbart.

Werkvertrag, I. Begriff: Vertrag, durch den sich der eine Teil (Unternehmer) zur Herstellung eines Werks, der andere (Besteller) zur Zahlung einer Vergütung (→Werklohn) verpflichtet (§§631 ff. BGB). – *Werk* im Sinne des BGB kann sowohl Herstellung (z. B. Anfertigung eines Maßanzugs) bzw. Veränderung einer Sache (z. B. Reparatur) als auch ein anderer, durch Arbeit oder Dienstleistung herbeizuführender Erfolg sein (z. B. Anfertigung eines Gutachtens, chemische Untersuchung eines Stoffes). – Wesentlich ist, daß der Unternehmer für den Erfolg seiner Tätigkeit einsteht; andernfalls liegt →Dienstvertrag vor. – *Abgrenzung* ist im Einzelfall oft schwierig, so kann z. B. die Berufstätigkeit eines Architekten oder eines →Rechtsanwalts je nach den Umständen im Rahmen eines Dienst- oder W. erfolgen. Unerheblich ist die Art der Vergütungsbemessung (Zeit- oder Stücklohn).

II. Für bestimmte Arten von W. bestehen *Sondervorschriften,* insbes. für die auf Beförderung von Sachen und Personen gerichteten Verträge (z. B. →Frachtvertrag). Im Baugewerbe Abänderung und Ergänzung des BGB durch die VOB, die aber nur dann gilt, wenn die Parteien sie ausdrücklich oder stillschweigend zum Vertragsinhalt gemacht haben. (Vgl. auch →Bauforderung.) – *Besondere Art* des W. ist der →Werklieferungsvertrag. – Weitere Bestimmungen des BGB betreffen →Kostenvoranschlag, →Abnahme, →Sachmängelhaftung (Werkvertrag), →Nachbesserungspflicht, →Unternehmerpfandrecht.

Werkwohnung, *Betriebswohnung, Dienstwohnung, Werkswohnung,* Wohnung in werkseigenem Gebäude. – Zu *unterscheiden:* →Werkdienstwohnung und →Werkmietwohnung. – *Steuerliche Behandlung:* Die Gewährung von freier oder verbilligter Wohnung gilt dann nicht als steuerpflichter →Arbeitslohn, wenn der Unterschiedsbetrag zwischen dem Preis, zu dem die Wohnung überlassen wird, und dem ortsüblichen Mietpreis 40 DM im Monat nicht übersteigt (Abschn. 50 II 3 LStR). Wird diese Grenze überschritten, so wird der gesamte Unterschiedsbetrag als →Sachbezug der →Lohnsteuer unterworfen.

Werkzeitschrift, *Werkzeitung,* periodisch erscheinende Druckschrift eines Unternehmens, v.a. für dessen Mitarbeiter. Wesentliches Mittel der Information und Meinungsbildung der Belegschaft, der →innerbetrieblichen Werbung und der Kontaktpflege zwischen Unternehmungsleitung und Belegschaft (Harmonisierung des →Betriebsklimas). Die meisten großen deutschen Unternehmungen geben heute W. heraus. – *Inhalt:* Die W. soll das Interesse der Betriebsmsitglieder an ihrem Betrieb wecken und fördern, sie über Vorgänge im Betrieb unterrichten und den Kontakt zwischen Unternehmungsleitung und Belegschaft vertiefen. Sie muß in ihrem Inhalt auf innerbetriebliche Belange abgestellt werden und dem Betriebsangehörigen Gelegenheit geben, zu diesen Problemen auch kritisch Stellung zu nehmen. I. d. R. wird auch dem Betriebsrat Gelegenheit zur Information gegeben. – Die Funktion der W. darf nicht dadurch gestört werden, daß sie inhaltlich und äußerlich als Repräsentationsorgan für die Öffentlichkeit gestaltet wird.

Werkzeug. 1. *Begriff:* Gegenstand, der in der menschlichen Hand oder in der Maschine unmittelbar auf das mechanisch zu bearbeitende Werkstück formend einwirkt. Wichtiges Hilfsmittel der Produktion, mit kürzerer Lebensdauer als →Maschinen und verhältnismäßig geringerem Wert. – *Anders:* →Werkzeugmaschine. – *Handelsrecht:* Vgl. →Betriebsausstattung. W. können in der Bilanz häufig mit einem →Festwert angesetzt werden. – *Steuerrecht:* Vgl. →geringwertige Wirtschaftsgüter. – *Kostenrechnung:* Vgl. →Werkzeugkosten. – Vgl. auch →Softwarewerkzeug.

Werkzeugentnahmeschein, Produktionsunterlage, die im Rahmen der →Produktionsprozeßsteuerung erstellt wird. Der W. ist Grundlage für die Werkzeug-Lagerbuchführung und die auftragsbezogene Verrechnung der Werkzeugkosten.

Werkzeugkosten, →Kosten für fremdbezogene und selbst hergestellte →Werkzeuge. W. werden als besondere →Kostenart in der Kostenartenrechnung erfaßt bzw. im Rahmen der →innerbetrieblichen Leitungsverrechnung kalkuliert. Werkzeuge, deren Gebrauchsdauer über ein Jahr hinausreicht, werden auf Anlagekonten erfaßt (→Anlagen) und sukzessiv abgeschrieben.

Werkzeugmaschine, spezielle Form von →Maschinen, deren Einsatz an dem zu bearbeitenden Werkstück durch das in die Maschine einzuspannende Werkzeug eine Formänderung bewirkt. – *Beispiele:* Drehbank, Fräsmaschine, Bohr-, Hobel- und Schleifmaschine.

Wert. I. Volkswirtschaftslehre: 1. *Allgemein:* Bedeutung, die →Gütern im Hinblick auf ihre Fähigkeit, als Mittel zur Bedürfnisbefriedigung zu dienen, beigemessen wird. – *Bestimmend* für den Wert der Güter ist a) der →Nutzen, den sie durch die Bedarfsdeckung gewähren, und b) der Grad der Knappheit im Verhältnis zum Bedarf. – Nach dem *Verwendungszweck* eines Gutes unterscheidet man zwischen →Gebrauchswert und →Tauschwert. – **2.** *Volkswirtschaftliche Werttheorie:* Diese stellt die Frage nach den Bestimmungsgründen des Tauschwertes der Güter. – a) Die *objektivistischen Werttheorien* (→Kostenwerttheorien) lassen den Gebrauchswert außer acht und erklären den Tauschwert aus den zur Herstellung der Güter aufgewandten Kosten. (1) Nach der *Produktionskostentheorie* (A. Smith) entspricht der Wert der Güter ihren Produktionskosten, die zusammengesetzt sind aus (a) Lohn für die aufgewandte Arbeit, (b) Zins für das investierte Kapital, (c) Rente für die Benutzung des bei der Produktion erforderlichen Bodens. – (2) Demgegenüber hält die *Arbeitswerttheorie* (D. Ricardo) lediglich die Arbeitskosten für den Maßstab des Güterwertes, da sie das Kapital als vorgetane Arbeit und die Grundrente als Ergebnis der Preisbildung betrachtet. – (3) Auch für K. *Marx* ist Arbeit der einzige werbildende Faktor. Der Arbeitswert ist „geronnene" Arbeitszeit und als „wertbildende Substanz" direkt in den Gütern „vergegenständlicht und materiali-

siert", während er bei Ricardo nur als ein Index für den Tauschwert betrachtet wurde. – b) Die *subjektivistischen Werttheorien (Nutzwerttheorien)* leiten den Wert der Güter aus ihrem Gebrauchswert ab und geben ihm damit einen subjektiven und psychologischen Erklärungsgrund. – (1) Ausgangspunkt der Wertlehre bei E. J. *Dupuit* ist der Begriff der Nützlichkeit eines Gutes, die durch das Maximum des Opfers gemessen wird, das ein Wirtschaftssubjekt zur Erlangung dieses Gutes aufzubringen bereit ist. – (2) Ihre entscheidende Ausbildung fand die subjektivistische Werttheorie in der *Grenznutzentheorie* (H. Gossen, C. Menger). Unter der Voraussetzung, daß ein Gut beliebig teilbar ist, bestimmt sich der Wert des Gutes nach dem Nutzen, der mit der letzten Teilmenge zu erzielen ist (Grenznutzen). Dabei ist der Wert in der Beziehung der Güter zu den Bedürfnissen begründet. – c) Die *moderne Werttheorie* versucht den Gegensatz zwischen objektivistischer und subjektivistischer Betrachtungsweise zu überwinden. Nach der *Gleichgewichtstheorie* ergibt sich die Höhe des Tauschwertes aus dem funktionalen Zusammenhang zwischen Angebot und Nachfrage am Markt.

II. Betriebswirtschaftslehre: Vgl. →Bewertung.

Wertabgrenzung, →Abgrenzung II 3.

Wertanalyse, *Funktionswertanalyse.* **I. Begriff/Charakterisierung: 1.** *Begriff:* W. ist eine spezielle Methodik zur Ergebnisverbesserung in allen Bereichen einer Unternehmung. Ausgehend von den Funktionen eines Objektes wird durch systematische Analyse und Planung in einem Team unter Anwendung von →Kreativitätstechniken eine Verbesserung der Erlös-Kosten-Relation angestrebt. Die W. kann dabei angewendet werden, um Produkte, Produktionsfaktoren, Produktionsverfahren und Produktionsorganisationen auf einen möglichst hohen Stand der Wirtschaftlichkeit hin zu entwickeln *(value engineering)* oder (soweit vorhanden) entsprechend umzugestalten *(value analysis).* – *Anders:* →Gemeinkostenwertanalyse. – **2.** *Charakteristische Merkmale:* a) *Gezielte Analyse der Funktionen des Betrachtungsgegenstandes,* differenziert nach Haupt- und Nebenfunktionen. – b) *Schematischer Planungsprozeß* (vgl. II) nach vorgegebenem Phasenschema zum Zwecke der Entscheidungsfindung über Maßnahmen zur Kostenvermeidung, Kostensenkung und/oder Erlössteigerung bzw. Ergebnisverbesserung. – c) *Zeitlich begrenzte, nebenamtliche objektbezogene Kooperation* bzw. *Teamarbeit von Fachleuten* aus den Bereichen Forschung und Entwicklung, Vertrieb, Produktion, Beschaffung, Rechnungswesen oder Controlling, Organisation und Datenverarbeitung (temporäre Projektorganisation). Die Leitung oder Betreuung wechselnder W.-teams erfolgt meist durch Mitarbeiter einer Abteilung W., von der insbes. die Koordination der W.-arbeit und die Schulung der Mitarbeiter auf allen Unternehmungsebenen durchgeführt werden. – d) *Einsatz von heuristischen Techniken zur Kreativitätsförderung* (z. B. Brainstorming, Synektik) *und zur Beurteilung alternativer Verbesserungsmaßnahmen* (z. B. Nutzwertanalyse). – In der Bundesrep. D. besteht innerhalb des Vereins Deutscher Ingenieure (VDI) ein Gemeinschaftsausschuß „Wertanalyse", der sich mit der Anwendung und Weiterentwicklung der W. befaßt. Aufgrund dieser Gemeinschaftsarbeit ist 1970 eine VDI-Richtlinie zur W. (VDI 2801) erlassen worden, die die wesentliche Grundlage für die *„Deutsche Norm DIN 69912 W. – Begriff, Methoden"* bildet. Das Vorgehen der W. ist damit weitgehend vereinheitlicht worden.

II. W e r t a n a l y s e p r o z e ß : Ein schematisiertes Vorgehen bei der W. zum Zwecke der Entscheidungsfindung über Maßnahmen zur Kostenvermeidung, Kostensenkung und/oder Erlössteigerung bzw. Ergebnisverbesserung. Der W. kann z. B. im Hinblick auf Produkte in den folgenden Phasen des allgemeingültigen rationalen Entscheidungs-, Realisations- und Kontrollprozesses ablaufen: a) *Problemstellungsphase:* Überlegungen zu einer produktbezogen Erfolgsverbesserung gehen von den Funktionen des Produktes aus, die festgestellt werden müssen. Anschließend muß die konkrete Zielrichtung der W. festgelegt werden. Das Ziel der Kostensenkung kann dabei durch eine Veränderung der Herstellverfahren bei Beibehaltung der als notwendig erkannten Haupt- und Nebenfunktionen des Produktes angestrebt werden. Auch können Funktionen des Produktes, die als nicht notwendig erkannt worden sind, beseitigt werden, um die Kosten zu senken. Eine dritte Zielrichtung ist das Hinzufügen von Funktionen, die vom Verwender gewünscht werden, wobei dadurch erzielte Erlössteigerungen die zusätzlich entstehenden Kosten überschreiten sollten. – b) *Suchphase:* Mit Hilfe von Kreativitätstechniken werden möglichst viele Lösungsalternativen gesammelt. – c) *Beurteilungsphase:* Die aufgezeigten Alternativen werden im Hinblick auf ihre technische Realisierbarkeit und ihre wirtschaftlichen Auswirkungen analysiert. – d) *Entscheidungsphase:* Alle technisch realisierbaren Alternativen, die zu einer Ergebnisverbesserung führen, werden von der W.gruppe zusammengestellt. Die Auswahl der zu realisierenden Alternativen ist grundsätzlich Aufgabe der Unternehmungsleitung. – e) *Realisierungsphase:* Nach Aufstellung eines Ablaufplanes werden die ausgewählten Alternativen in den einzelnen Abteilungen realisiert. – f) *Kontrollphase:* Die Realisationsphase wird durch Soll-Ist-Vergleich des

W.teams überwacht. Die daraus resultierenden Erkenntnisse fließen dann in neue W. ein.

Literatur: Bucksch, R., Rost, P., Einsatz der Wertanalyse zur Gestaltung erfolgreicher Produkte, in Zeitschrift für betriebswirtschaftliche Forschung, Kontaktstudium, Jg. 37, 1985, S. 350–361; Hahn, D., Wertanalyse, in: Neue Betriebswirtschaft, Jg. 23, 1970, Heft 6, S. 1–5; Hahn, D., Laßmann, G., Produktionswirtschaft – Controlling industrieller Produktion, Bd. 1, Heidelberg-Wien 1986; Korte, R. J., Verfahren der Wertanalyse, Berlin 1977; VDI (Hrsg.), VDI-Bericht Nr. 293 – Wertanalyse '77 -, Düsseldorf 1977; VDMA (Hrsg.), Wertanalyse im Maschinenbau, 2. Aufl., in: Betriebswirtschaftsblatt, Mai 1971.

Prof. Dr. Dietger Hahn

Wertangabe, besondere Verwendungsform bei →Briefen und →Paketen. Sonderbehandlung der Sendung während der Beförderung; Schadenersatz im Falle des Verlustes oder der Beschädigung der Sendung in Höhe der W. Absender erhält →Einlieferungsbescheinigung. – *Kennzeichnung:* „Wert ....DM" – *Höhe der W.:* a) Der angegebene Wert soll dem gemeinen Wert der Sendung entsprechen. b) Angabe eines höheren als des tatsächlichen Wertes im Inlandverkehr zulässig, wenn eine Beförderung sicherer erzielt werden soll; im Auslandsverkehr unzulässig. – *Höchstgrenze:* 100000 DM, bei Luftpostsendungen 10000 DM. – *Verpackung/Versiegelung:* Sichere Verpackung sowie Versiegelung mit Siegellack und Siegelband vorgeschrieben. Bei Briefen bis 500 DM und bei Paketen bis 2000 DM Versiegelung nicht notwendig.

Wertansatz, →Bewertung.

Wertaufbewahrungsfunktion des Geldes, neben →Tauschmittelfunktion des Geldes und →Rechenmittelfunktion des Geldes eine der Hauptfunktionen. Aufgrund seiner Nominalwertkonstanz versetzt Geld als allgemeines Zahlungsmittel die Wirtschaftssubjekte in die Lage, Tauschtransaktionen Kauf- und Verkaufsakt asynchron ablaufen zu lassen. Die beim Verkauf eines Gutes erlangte Kaufkraft kann angesichts der W. gelagert werden und zählt damit zu den Vermögensgegenständen des Wirtschaftssubjektes. Zu Zeiten sich rapide verschlechternden Geldwertes (→Inflation, →Geldillusion) kann das Geld seine Qualität als Wertaufbewahrungsmittel einbüßen, da jeder versuchen wird, Geldbestände möglichst rasch in Sachwerte umzutauschen. – Vgl. auch →monetäre Theorie und Politik II.

wertaufhellende Tatsachen, →Stichtagsprinzip.

Wertaufholung, →Zuschreibung.

Wertaufholungsgebot, *Zuschreibungsgebot,* Gebot der Heraufsetzung von Bilanzwerten gegenüber dem vorjährigen Bilanzansatz bei Fortfall des Grundes für eine frühere Abschreibung; nach § 280 HGB grundsätzlich maßgebend für Kapitalgesellschaften. Das W. in der Handelsbilanz besteht tatsächlich nur: 1. beim abnutzbaren →Anlagevermögen nach

Fortfall eines Abschreibungsgrundes, der in der →Steuerbilanz zu einer →Teilwertabschreibung führte (Grund: das steuerliche Zuschreibungsverbo gem. § 6 I Nr. 1 S. 4 EStG in Verbindung mit § 281 I und II HGB); 2. in den Fällen, in denen handelsrechtlich höhere außerplanmäßige Abschreibungen als Teilwertabschreibung vorgenommen wurden; hier ggf. in Höhe der Differenz zwischen Handelsbilanz- und Steuerbilanzwertansatz ein Zuschreibungsgebot. In anderen Fällen (statt beim nicht abnutzbaren Anlagevermögen, Umlaufvermögen und den Tatbeständen des § 6 III EStG) besteht ein Wertaufholungswahlrecht (§ 281 II HGB); wegen umgekehrter Maßgeblichkeit (→Maßgeblichkeitsprinzip) ist dann der Handelsbilanzwertansatz an den in der Steuerbilanz gewählten Wertansatz gebunden. Die Zuschreibungen dürfen die handelsrechtlichen Wertobergrenzen gemäß § 253 HGB nicht überschreiten (vgl. →Bewertung, →Zuschreibung).

Wertaufholungsrücklage, Eigenkapital von Wertaufholungen gem. § 280 I, II HGB und von steuerlich gebildeten Passivposten, die in der Handelsbilanz nicht als →Sonderposten mit Rücklageanteil ausgewiesen werden dürfen (Beispiel: Preissteigerungsrücklage gem. § 74 EStDV) bei Kapitalgesellschaften (§§ 29 IV GmbHG, 58 II a AktG). – Vgl. auch →Wertaufholungsgebot.

Wertbasis, →Wertfreiheitspostulat.

wertbeeinflussende Tatsachen, →Stichtagsprinzip.

Wertberichtigungen, *Wertberichtigungsposten,* Wertkorrekturen als Posten auf der Passivseite einer Bilanz für zu hoch angesetzte Aktiva. Seit Inkrafttreten des →Bilanzrichtlinien-Gesetzes dürfen W. zumindest bei Kapitalgesellschaften nicht mehr in der Bilanz ausgewiesen werden, so daß nur noch die direkte →Abschreibung (aktivische →Absetzung für Abnutzung) relevant ist. – Allerdings können *Abwertungen auf den niedrigeren Wert,* der auf einer nur steuerrechtlich zulässigen Abschreibung beruht (§ 254 HGB), wahlweise in der Form der passivischen W. vorgenommen werden; Ausweis als →Sonderposten mit Rücklageanteil (vgl. § 281 I HGB).

Werterneuerungsfonds, *Werterneuerungskonto,* in der Praxis auch als *Maschinenerneuerungskonto* bezeichnet, eine zweckgebundene, steuerpflichtige →Rücklage, die aus Abschreibungen über den Anschaffungs- oder Herstellungswert einer Anlage hinaus gebildet wird, vor allem, um voraussichtliche Preissteigerungen im Zeitpunkt der Ersatzbeschaffung bereits bei der Abschreibung der zu ersetzenden Anlage zu berücksichtigen und vermutliche →Scheingewinne im Unternehmen zurückzustellen (nicht auszuschütten).

Wertersatz, *Einziehung des W.,* Begriff des →Steuerstrafrechts, des Strafverfahrens (§ 74 c StGB), des Bußgeldverfahrens (§ 25 OWiG) und des Außenwirtschaftsrechts für eine Hilfsmaßregel, auf die subsidiär zu erkennen ist, falls die primär gebotene →Einziehung steuer- oder zollpflichtiger Waren oder zur Straftat benutzter Beförderungsmittel nicht möglich ist, weil Täter oder Teilnehmer die Sachen nach der Tat veräußert haben (§ 14a AO, § 40 AWG). Die Anordnung trägt Strafcharakter. Für die *Höhe* des W. sind die Preise maßgebend, die für Waren gleicher Art und Güte im Inland bezahlt werden; der Wert kann geschätzt werden.

Wertfortschreibung, steuerliche →Fortschreibung bei Änderung des Wertes eines Gegenstands, für den ein →Einheitswert festgestellt ist. – W. ist an die Überschreitung bestimmter *Wertabweichungen* vom letzten festgestellten Einheitswert gebunden. 1. Bei →*Grundbesitz:* Wertsteigerung um mehr als $^1/_{10}$ aber mindestens 5000 DM oder um mehr als 100 000 DM; Wertsenkung um mehr als $^1/_{10}$ aber mindestens 500 DM oder um mehr als 5000 DM. 2. Bei →*Betriebsvermögen,* →*Mineralgewinnungsrechten:* Wertsteigerung/-senkung um mehr als $^1/_5$ aber mindestens 5000 DM oder um mehr als 100 000 DM. – W. kann auch im Rahmen einer →Berichtigungsfortschreibung vorgenommen werden.

Wertfreiheitspostulat. 1. *Aussage* des W.: Erfahrungswissenschaftler sollen sich der Abgabe von →Werturteilen enthalten; pointierte Formulierung von May →Weber (,,Eine empirische Wissenschaft vermag niemanden zu lehren, was er soll, sondern nur, was er kann und – unter Umständen – was er will"). Ablehnung einer →normativen Betriebswirtschaftslehre. – 2. Das W. bedeutet nicht, daß Wertungen in der Wissenschaft generell unterbleiben sollen. Es wird differenziert: a) *Wertungen im Objektbereich* können selbstverständlich Gegenstand einer wissenschaftlichen Analyse sein (z. B. Alternativenbewertung durch Führungskräfte im Unternehmen); b) *Wertungen im Wertbasisbereich* sind prinzipiell nicht zu vermeiden (z. B. Auswahl spezifischer Problemstellungen durch den einzelnen Wissenschaftler oder die Wissenschaftlergemeinschaft insgesamt); c) *Wertungen im Aussagebereich* einer Wissenschaft (Beispiel: ,,Die gegenwärtige Einkommensverteilung ist ungerecht") sind Bezugspunkt der Weberschen These bzw. W. – 3. Die *Problematik* von Wertungen im Aussagenbereich liegt darin, daß sie wegen ihres Bekenntnischarakters intersubjektiv nicht überprüft werden können und insofern beliebig bleiben; die Aufgabe der Wissenschaft sollte sich deshalb auf *Information* über die Realität der über prinzipielle Handlungsmöglichkeiten beschränken.

Wertgrenzprodukt, in der Preistheorie Produkt aus partieller →Grenzproduktivität eines

Wertlehre — Wertpapier

Faktors und dem →Marktpreis des mit diesem Faktor hergestellten Gutes.

Wertlehre. 1. *Volkswirtschaftslehre:* Vgl. →Wert I. – 2. *Betriebswirtschaftslehre:* Vgl. →Bewertung.

wertmäßiger Kostenbegriff, auf die subjektive Wertlehre und die Grenznutzenschule zurückgehender Kostenbegriff. Kosten sind definiert als bewerteter sachzielbezogener Güterverbrauch. Grundlegend ist die *Annahme des* →*Mengengerüsts der Kosten.* – Charakteristikum ist die *Zweckbezogenheit:* Der w. K. ist durch die Möglichkeit unterschiedlicher Bewertungsansätze (→Anschaffungswert, →Tagespreis, →Opportunitätskosten) grundsätzlich offen für unterschiedliche Zwecke der Kostenrechnung; sein Inhalt kann erst im Zusammenhang mit einem bestimmten Rechnungszweck festgelegt werden. Konsequenzen der Zweckbezogenheit: a) Der w. K. ist wenig für eine Kostenerfassung geeignet, die Daten für unterschiedliche →Auswertungsrechnungen bereitstellen will (→Einzelkostenrechnung, →Grundrechnung); von Ausnahmen (insbes. in der Vollkostenrechnung) abgesehen (z. B. →kalkulatorischer Unternehmerlohn), verwenden deshalb die in der Praxis gebräuchlichen Kostenrechnungssysteme in der →Kostenartenrechnung einheitliche Wertansätze (Anschaffungswerte) für die verzehrten Güter. b) Die „richtige" Höhe der Kosten läßt sich grundsätzlich nur mit Hilfe eines Kalküls bestimmen, der strenggenommen simultan über alle Verwendungsmöglichkeiten der Einsatzgüter (im Sinn der Zielsetzung) entscheidet, d. h. die Wertansätze kennt man erst dann, wenn die Entscheidung gefallen ist, und die Werte eigentlich nicht mehr benötigt werden (Dilemma des w. K.). – Vgl. auch →Kosten, →pagatorischer Kostenbegriff, →entscheidungsorientierter Kostenbegriff.

Wertminderung, die durch verschiedene Ursachen bedingte Entwertung von →Vermögensgegenständen. In der Buchführung findet die W. ihren rechnerischen Ausdruck in →Abschreibungen (→Wertberichtigungen). – *Ursachen* einer W. können sein: a) Abnutzung durch Gebrauch; b) zeitbedingter (ruhender) Verschleiß; c) technische Überholung (Veralten); d) wirtschaftliche Überholung (Folge von Strukturveränderungen der Nachfrage); e) Ablauf von Rechten (Patenten, Konzession usw.); f) Substanzverringerung; g) Sinken des Preisniveaus auf dem Beschaffungsmarkt; h) Fehlinvestition (kann zu Stillegung der Anlagen führen); i) Katastrophenverschleiß u. a.

Wertpapier, in Form einer Urkunde verbrieftes Vermögensrecht, zu dessen Ausübung der Besitz der Urkunde nötig ist. Nur gegen Vorlage und Rückgabe der W. ist, abgesehen von dem Fall der Kraftloserklärung bei →abhanden gekommenen Wertpapieren, der

aus der Urkunde Verpflichtete zur Leistung verpflichtet. – *Verschiedene Einteilungen:* Vgl. Übersicht Sp. 2679/2680).

I. Wirtschaftlich: 1. *Wertpapiere* verbriefen eine Warenforderung, z. B. Orderlagerschein, Ladeschein, Konnossement. – 2. *Geldpapiere* verbriefen eine Geldforderung. Sie gliedern sich rechtlich in sachenrechtliche W., schuldrechtliche W. und Mitgliedschaftsrechte (s. u.). – 3. Zur langfristigen Kapitalanlage geeignete Geldpapiere sind *Effekten;* soweit sie für den Börsenverkehr in Betracht kommen oder überhaupt leicht übertragbar sind, bezeichnet man sie auch als *Handelseffekten.* Die Effekten sind a) entweder Papiere mit festem Zinsertrag, festverzinsliche W., z. B. Schuldverschreibungen wie Schatzanweisungen, Pfandbriefe, Industrieobligationen; b) mit veränderlichem Ertrag, z. B. variabel verzinsliche Wertpapiere (→floating rate notes) oder Dividendenpapiere, z. B. Aktien, Kuxe; c) unverzinsliche Effekten, z. B. Zero-Bonds, Lose, Lotterie- und Prämienanleihen; d) Kombinationen aus a) bis c), z. B. Wandelanleihen, Optionsanleihen, Investmentanteile.

II. Nach dem Inhalt des verbrieften Rechts: 1. *Sachenrechtliche W.:* verbriefen ein Sachenrecht, z. B. →Hypothekenbrief, →Grundschuldbrief, Rentenschuldbrief. – 2. *Schuldrechtliche W.* oder W. über Forderungen: besonders häufig, z. B. →Wechsel, →Scheck, →Schuldverschreibung auf den Inhaber (Obligation), Staatsschuldverschreibung (§ 793 BGB). – 3. *Mitgliedschaftspapiere:* verkörpern in erster Linie die Mitgliedschaft in einer Körperschaft, z. B. →Aktie, →Zwischenschein (Interimsschein), →Kuxe. – 4. *Mischformen:* a) →Traditionspapiere (Konnossement, Ladeschein und Orderladeschein) sind Forderungspapiere, soweit in ihnen das Versprechen des Austellers, das eingelagerte Gut auszuliefern, enthalten ist, sind aber zugleich auch sachenrechtliche Papiere, soweit – insbes. bei →Übereignung und Verpfändung des Gutes – die Papierübergabe die →Übergabe des Gutes selbst ersetzt. b) →Wandelschuldverschreibung des Aktienrechts (§ 174 AktG): Mischform zwischen Forderungspapier und Mitgliedschaftspapier.

III. Nach der Person des Berechtigten (wichtigste Einteilung): 1. →*Inhaberpapiere:* auf den Inhaber ausgestellten W. Das verbriefte Recht kann vom jeweiligen Inhaber geltend gemacht werden (Legitimationspapier), z. B. →Inhaberscheck, Schuldverschreibung auf den Inhaber (§§ 793 ff. BGB), →Inhaberaktien (§ 10 I AktG). – 2. →*Rektapapier* (→Namenspapier): auf eine bestimmte, in dem Papier namentlich bezeichnete Person ausgestelltes W., z. B. Kuxe, Rektakonnosement, Depotschein. Besonderheit in der Form der Übertragung, die durch Abtretung der

2678

Übersicht: Wertpapiere

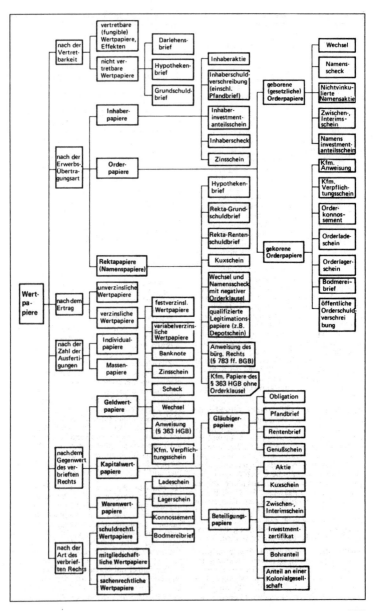

Forderung (→Forderungsabtretung) und Übergabe des Papiers erfolgt. – 3. *Orderpiere:* auf eine bestimmte Person oder deren Order ausgestellt (→Orderklausel).

IV. Nach der **Bedeutung der Ausstellung** des W. für die Entstehung des Rechts: 1. *Konstitutive W.:* Urkunden, die erst das in ihnen verbriefte Recht zur Entstehung bringen, z. B. Wechsel. – 2. *Deklaratorische W.:* Urkunden, bei denen das verbriefte Recht unabhängig von der Urkunde entsteht, z. B. das Mitgliedschaftsrecht des Aktionärs. Davon sind die Beweisurkunden zu unterscheiden.

V. Nach der **Wirkung der Übertragung** der W.: 1. *Schriftgemäße* oder *skripturrechtliche W.* auch W. öffentlichen Glaubens genannt. Jeder gutgläubige Dritte kann sich auf den Inhalt der Urkunde verlassen, z. B. →Inhaberpapiere und technische Orderpapiere, insbes. Wechsel. Der gute Glaube an das Recht des Veräußerers und auf die inhaltliche Richtigkeit des W. werden geschützt. – 2. Anders bei der *Abtretung* der in einem W. verbrieften Forderung; Vgl. →Forderungsabtretung II.

VI. Im **Außenwirtschaftsrecht** (§ 4 AWG): Alle Wertpapiere im Sinne des § 1 I DepG (→Wertpapierverwahrung); als W. gelten auch Anteile an einem Wertpapiersammelbestand oder an einer Sammelschuldbuchforderung (z. B. →Anteilscheine der →Kapitalanlagegesellschaften, Schatzwechsel usw.); Rechte auf Lieferung oder Zuteilung von W. stehen den W. gleich. Ob die W. inländische oder ausländische sind, richtet sich nach der Ansässigkeit des Ausstellers. – a) *Inländische W.* sind diejenigen, die ein →Gebietsansässiger ausgestellt hat, deren diejenigen W., die vor dem 9. 5. 1945 eine Person mit dem Wohnsitz oder Sitz im Gebiet des Deutschen Reichs nach dem Stande vom 31. 12. 1937 ausgestellt hat. – b) *Ausländische W.* sind solche, die ein →Gebietsfremder ausgestellt hat.

VII. Im Sinne der →**Börsenumsatzsteuer** gelten als W.: 1. Schuldverschreibungen; 2. Dividendenwerte (Aktien, Kuxe und andere Anteile an inländischen und ausländischen Kapitalgesellschaften usw.); 3. Anteilscheine an Kapitalanlagegesellschaften und vergleichbare Urkunden ausländischer Unternehmen (§ 19 KVStG).

Wertpapierarbitrage, →Arbitrage I 2a).

Wertpapierbereinigung. 1. *Zweck:* Klärung der Rechtsverhältnisse an den durch die Kriegswirren vernichteten oder abhanden gekommenen Wertpapieren. – 2. *Geltungsbereich:* Die Wertpapierbereinigungsgesetze gelten für alle für den Effektenhandel in Betracht kommenden Wertpapiere im Sinn des § 1 I DepotG, die bis 8. 5. 1945 einschl. ausgestellt wurden und deren Aussteller ihren

Sitz im Gebiet der Bundesrep. D. oder Berlin (West) hatten. Grundlage der W. ist das am 1. 10. 1949 in Kraft getretene Wertpapierbereinigungsgesetz mit einer Reihe von Folgegesetzen. Alle vor 1945 ausgestellten Inhaber- und Orderpapiere wurden in einem kollektiven Aufgebotsverfahren für ungültig erklärt und statt dessen eine Sammelurkunde in neuer Währung ausgestellt. *Nicht* der W. unterlagen die Wertpapiere des Reichs und reichsabhängiger Institutionen. Vgl. auch →Kriegsfolgengesetz. – 3. Zur Klärung von Zweifelsfragen besteht das *Amt für W.* in Bad Homburg. – 4. Nach dem Gesetz zum Abschluß der Währungsumstellung vom 17. 12. 1975 (BGBl I 3123) können *Anträge auf Entschädigung* nach dem Wertpapierbereinigungsschlußgesetz vom 28. 1. 1964 (BGBl I 45) nach Ablauf des 30. 6. 1976 nicht mehr gestellt werden.

Wertpapierbörse, →Börse III. 4.

Wertpapiermarkt, →Aktienmarkt, →Rentenmarkt.

Wertpapier-Mitteilungen. 1. *Begriff:* Fachorgan für das gesamte Wertpapierwesen, von halbamtlichen Charakter, in Köln erscheinend. – 2. *Teile: Teil I:* Sammelliste mit Opposition belegter Wertpapiere: Liste, in der alle Schuldverschreibungen und Aktien, die als gestohlen oder sonst abhanden gekommen gemeldet und gesperrt wurden, ferner die aufgebotenen und die für kraftlos erklärten Wertpapiere, Fälschungen und Verfälschungen aufgenommen werden. – *Teil II:* Nachrichten über festverzinsliche Werte (Verlosungen, Kündigungen, Zinsschein-Zahlungen, Kapitalveränderungen, Bogen-Erneuerungen). – *Teil III:* Nachrichten über Aktien, Anteile, Genußscheine, Kuxe (Dividenden-Ergebnisse, Zinsschein-Zahlungen, Hauptversammlungen, Kapitalveränderungen, Bogen-Erneuerungen, Sonstiges). – *Teil IV:* W. M.-Wirtschafts-, Wertpapier- und Bankrecht. – *Teil Va:* Nachrichten über ausländische Aktien und aktienähnliche Werte; *Teil Vb:* Nachrichten über ausländische festverzinsliche Wertpapiere. – *Archiv für Wertpapierberatung.*

Wertpapiernumerierung, Numerierung der einzelnen Wertpapierarten und -gruppen zur Erleichterung und Sicherung der Verbuchung und der Korrespondenz, v. a. für Banken. Es gelten folgende Kennnummern: (1) Schuldverschreibungen: 100 000–499 999; (2) Aktien, Kuxe, Anteilsscheine: 500 000–846 939 (letzte Ziffer ist Gattungsbezeichnung, z. B. 0 = Stammaktien, 1 = junge Aktien, 3 = Vorzugsaktien); (3) Anteilsscheine von Kapitalanlagegesellschaften: 847 000–849 939; (4) Sonstige (alte Aktien, Bezugsrechte, junge und jüngste Aktien, Sonderfälle): 850 000–969 999; (5) ausländische Investmentzertifikate: 970 000–979 999; (6) Grundstücksinvestmentanteile: 990 000–999 999.

Wertpapierpensionsgeschäfte, Geschäfte der Deutschen Bundesbank im Rahmen der →Offenmarktpolitik. Dabei kauft sie von den Kreditinstituten lombardfähige festverzinsliche Wertpapiere an, allerdings nur unter der Bedingung, daß diese gleichzeitig per Termin zu einem höheren Rücknahmepreis vom Verkäufer zurückgestuft werden. Die W. dienen im Rahmen der Feinsteuerung der Verflüssigung des Geldmarktes. Die Laufzeiten liegen zwischen 25 und 50 Tagen.

Wertpapierpolicen, →Lebensversicherung II 7a).

Wertpapierrechnung, *Effektenrechnung.* 1. *Wertermittlung* bezüglich eines Wertpapiers oder eines Bezugsrechts: a) Ermittlung des Effektivwerts eines *Wertpapiers* beim An- oder Verkauf durch Errechnung des Kurswerts, zu dem beim Kauf die aus Provision, Maklergebühr und Börsenstempel bestehenden Spesen hinzukommen, während sie beim Verkauf abzuziehen sind, um den Erlös festzustellen. – b) Ermittlung des rechnungsmäßigen Wertes eines →Bezugsrechts auf junge Aktien. – c) Errechnung der Effektivverzinsung: →Rendite. – 2. *Verwahrungsform* bei meist im Ausland angeschafften Wertpapieren, die dort für den Kunden vom Kreditinstitut aufbewahrt werden. Hierbei ist das Kreditinstitut Eigentümer der Wertpapiere, während der Kunde eine Gutschrift in W. erhält. Die W. ist somit eine spezielle Form des Aberdepots.

Wertpapiersammelbanken, *Kassenvereine,* von der Bankenaufsichtsbehörde zugelassene, an allen Börsenplätzen bestehende Institute, die die →Sammelverwahrung und den →Effektengiroverkehr betreiben. Für die Übertragung von Zuteilungsrechten (Girosammeldepotstücken) ist ein →Treuhandgiroverkehr eingerichtet worden. Kontoinhaber bei einer W. kann nur sein, wer der gesetzlichen Depotprüfung unterliegt. Von den W. als den unmittelbaren Verwahrern der Wertpapiere werden sämtliche Verwaltungsmaßnahmen durchgeführt, insbes. die Abtrennung und Einlösung der fälligen Zins- und Dividendenscheine.

Wertpapiersteuer, eine →Kapitalverkehrssteuer, die bis 1964 auf den Ersterwerb von →Schuldverschreibungen erhoben wurde. Aus währungs- und kapitalmarktpolitischen Gründen aufgehoben.

Wertpapier-Terminhandel, →Termingeschäfte.

Wertpapierverwahrung. I. Charakterisierung: Gewerbsmäßige Aufbewahrung von Wertpapieren, Teil des →Depotgeschäfts; geregelt im Gesetz über die Verwahrung und Anschaffung von Wertpapieren (Depotgesetz – DepotG) v. 4.2.1937 (RGBl I 171) und späteren Änderungen. *Wertpapiere* i.S.d. DepotG sind: →Aktien, →Kuxe, →Zwischen-

scheine, →Zinsscheine, Dividendenscheine und →Erneuerungsscheine, auf den Inhaber lautende oder durch Indossament übertragbare →Schuldverschreibungen, sowie andere vertretbare Wertpapiere, mit Ausnahme von →Banknoten und →Papiergeld (§1 DepotG).

II. Verwahrungsarten: 1. →*Sonderverwahrung:* Gesonderte W. für jeden Hinterleger; 2. →*Sammelverwahrung:* Ungetrennte W., i.d.R. bei behördlich zugelassenen →Wertpapiersammelbanken; 3. →*Tauschverwahrung:* Der Verwahrer ist zum „Austausch" von Wertpapieren derselben Art ermächtigt; 4. →*Drittverwahrung:* Der Verwahrer vertraut die Papiere unter seinem Namen einem anderen an; 5. I.S. des DepotG keine W. ist die →*Summenverwahrung* (unregelmäßige Verwahrung); ist sie unregelmäßiger →Verwahrungsvertrag gem. §700 BGB.

III. Ermächtigungsklauseln: 1. *Verpfändungsermächtigung* gibt dem Verwahrer die Möglichkeit sich für nötige Ausgaben in bezug auf die Wertpapiere Geld zu beschaffen (Rückkredit). Sie ist an strenge Voraussetzungen gebunden (§12 DepotG). – *Arten:* a) Beschränkte Verpfändungsermächtigung: Der Verwahrer darf auf die Kundenwerte Rückkredite nehmen bis zur Höhe der Gesamtsumme der Kredite, die er sämtlichen Hinterlegern eingeräumt hat. Strenge Form: Ausdrücklich und schriftlich für den Einzelfall (§12 II DepotG). Die Hinterleger bilden bei Verlusten eine Gefahrengemeinschaft. b) Unbeschränkte Verpfändungsermächtigung: Ermächtigung zu unbeschränkter Verpfändung der in Verwahr gegebenen Kundenwerte für alle Verbindlichkeiten des Verwahrers. Strenge Form wie unter III 1a, außerdem muß der Umfang der Ermächtigung genau festgelegt sein (§12 IV DepotG). – 2. *Verfügungsermächtigung:* Zur Veräußerung an einen Dritten oder zur eigenen Aneignung: a) Strengste Form: Ausdrücklich, schriftlich, in besonderer Urkunde, Inhalt der Klausel genau vorgeschrieben (§13 DepotG). b) Sobald Verwahrer von der Ermächtigung Gebrauch macht, richtet sich das Rechtsverhältnis nach den Regeln über die →Summenverwahrung (§§13 II, 15 DepotG, §700 BGB).

IV. Schutz des guten Glaubens bei Verpfändung: Werden einer Bank von einem nichtberechtigten Kunden Wertpapiere verpfändet, so gelten die allgemeinen Bestimmungen über den →gutgläubigen Erwerb.

V. Konkursvorrecht der Verpfänder: Bei erweiterter Verpfändungsermächtigung (§12 II DepotG) sieht §33 DepotG für den Fall des Verwahrerkonkurses im Ausgleichsverfahren zur gleichmäßigen Befriedigung der Hinterleger vor. Zu diesem Zweck wird eine Sondermasse gebildet.

VI. P f l i c h t v e r l e t z u n g e n des Verwahrens werden in §§ 34–40 DepotG mit Strafen bedroht, auch sind Sondertatbestände gebildet, z. B. →Depotunterschlagung.

VII. Bei E i n k a u f s k o m m i s s i o n besonderer Schutz des Kommittenten durch Vorschriften über →Stückeverzeichnis (§§ 18 ff. DepotG).

Wertparadoxon, →klassisches Wertpapradoxon.

Wert per ..., →Wertstellung.

Wertrecht-Anleihe, *Wertschriften-Anleihe,* stücklose →Anleihe des Bundes und seiner Sondervermögen; 1972 erstmalig emittiert. Der gesamte Anleihebetrag wird bei den W.-A. auf den Namen einer →Wertpapiersammelbank im Bundesschuldbuch eingetragen; entsprechend auch als *Bucheffekten* bezeichnet. Die entstandene Sammelschuldbuchforderung bildet die Grundlage für den Wertpapiergiroverkehr. Durch Übertragung von Anleihen an der Sammelschuldbuchforderung werden Einzelrechte aus der W.-A. gehandelt. Anleger erhält üblichen Depotauszug von seiner Bank, der seinen Miteigentumsanteil am Girosammelbestand ausweist. Für den Anleger entfällt die Möglichkeit des Erwerbs im Rahmen des →Tafelgeschäfts und die private Aufbewahrung (→Wertrechte). *Notierung:* Sie sind in den Kursblättern besonders gekennzeichnet. – *Kosten:* Ihre Ausgabe ist für den Emittenden mit geringeren Kosten verbunden. – *Steuern:* W.-A. sind börsenumsatzsteuerpflichtig.

Wertrechte, *Bucheffekten,* von sammeldepotführendem Kreditinstitut nicht in Form von Einzelurkunden verwaltete Forderungen. Anstelle effektiver Stücke werden *Schuldbuchforderungen,* die die Namen der Gläubiger und die Höhe der Forderung enthalten, in ein Schuldbuch eingetragen (nur für Anleihen des Bundes und der Länder verfügbar). W. bilden die Grundlage für eine stücklose bankmäßige Verwahrung der sonst durch Wertpapiere verbrieften Rechte, die im Vergleich zu anderen Verwahrungsformen (→Wertpapierverwahrung) deutliche Arbeitserleichterungen bringen.

Wertreklame, Wettbewerbsmethoden, bei denen der Kunde nicht durch Qualität und Preis der Ware, sondern durch die Zuwendung besonderer Vorteile umworben wird (Werbegaben, Probegaben, →Zugaben). – *Gesetzlich geregelt* in der →Zugabeverordnung, aus § 1 UWG (→unlauterer Wettbewerb): I. d. R. verboten; statthaft sind Werbegaben, wenn sie nicht über den Rahmen einer →Aufmerksamkeit hinausgehen.

Wertsachenversicherung, Versicherung von Juwelen, Schmuck und Pelzsachen gegen Verlust, Zerstörung und Beschädigung (ein-

schließlich Diebstahl). Die W. gilt überall da, wo sich Wertsachen befinden, auch wenn sie am Körper oder in der Kleidung getragen werden. Bleibt in Kraft, wenn die Wertsachen zur Reparatur, Änderung oder Aufbewahrung dem Juwelier oder Kürschner übergeben werden. – *Transportversicherung* von Wertsachen: →Valorenversicherung.

Wertschätzungsbedürfnis, *Anerkennungsbedürfnis,* Motivart, definiert durch den Wunsch nach Selbstwert- und Fremdwertschätzung. – Vgl. auch →Bedürfnishierarchie.

Wertschöpfung. I. V o l k s w i r t s c h a f t - l i c h e G e s a m t r e c h n u n g e n (Entstehungsrechnung; →Sozialprodukt II 1): 1. *Begriff:* Die in einzelnen Wirtschaftsbereichen erbrachte wirtschaftliche Leistung. a) Die W. wird i. d. R. als Differenz zwischen den Bruttoproduktionswerten und den Vorleistungen der einzelnen Wirtschaftsbereiche bestimmt (Bruttowertschöpfung) und mißt insofern das Nettoergebnis der Produktionstätigkeit (→Nettoproduktionswert). – b) Eine *Ausnahme* von dieser subtraktiven Berechnungsmethode gilt für die Wirtschaftsbereiche *Staat* und *private Organisationen ohne Erwerbszweck,* deren Leistungen überwiegend ohne spezielles Entgelt zur Verfügung gestellt werden. Ermittlung der Bruttowertschöpfung durch Addition der Aufwandposten (Einkommen aus unselbständiger Arbeit, Produktionssteuern, Abschreibungen). – c) Auch für *Kreditinstitute* und *Versicherungsunternehmen* gilt besondere Berechnungsmethode, weil Zinsen und Versicherungsprämien nicht als Verkäufe von Dienstleistungen angesehen werden. – 2. *Inhaltlich* hat der Begriff der W. in seiner Geschichte zahlreiche *Wandlungen* durchgemacht. So ließen z. B. die *Physiokraten* nur die Leistung der landwirtschaftlichen Urproduktion und des Bergbaus als W. gelten. Aber auch in den heute international üblichen Systemen Volkswirtschaftlicher Gesamtrechnungen der Vereinten Nationen werden produktive Leistungen unterschiedlich abgegrenzt: a) Das für *Zentralplanungswirtschaften* konzipierte „*Material Product System*" (MPS) stellt lediglich auf die Erzeugung materieller Güter ab und läßt die Dienstleistungen der nicht-materiellen Sphäre außer acht. – b) Demgegenüber geht für das *marktwirtschaftliche Volkswirtschaften* gültige „*System of National Accounts*" (SNA) von einem umfassenden Produktionsbegriff aus, der prinzipiell die Gesamtheit aller entgeltlich erzeugten Waren und Dienstleistungen beinhaltet. Deshalb werden auch in diesem System bestimmte Tätigkeiten nicht als wertschöpfungswirksam angesehen, die unter anderem Gesichtspunkt als volkswirtschaftlich produktiv gelten können, z. B. Arbeit für den eigenen Haushalt oder ehrenamtliche Tätigkeit. – Vgl. auch →Sozialprodukt.

II. Betriebswirtschaftslehre: 1. *Begriff:* Beitrag einer Betriebswirtschaft zum Volkseinkommen. – 2. Die *W.srechnung* kann aus der Brutto-Erfolgsrechnung (→Erfolgsrechnung) entwickelt werden. Das vom Betriebe erzeugte *Gütereinkommen* ergibt sich aus den gesamten Erlösen (die nach außen abgegebenen Güterwerte), von denen die „Vorleistungskosten" (die von außen hereingenommenen Güterwerte, d. h. Leistungen vorgelagerter Produktionsstufen) abgezogen werden. Das vom Betrieb erzeugte Gütereinkommen ist gleich dem vom Betrieb erzeugten Geldeinkommen, der Summe von Arbeitserträgen, Gemeinerträgen (Steuern und Abgaben) und Kapitalerträgen (Saldo).

Wertschöpfungskette, →Wettbewerbsstrategie IV.

Wertschöpfungsstrategien. 1. *Begriff:* Strategien hinsichtlich Veränderungen in den Schwerpunkten der Wertschöpfung von Unternehmen. Vierte Stufe des Strategienfächers. –2. *Arten:* a) *Horizontale W.:* Variationen in der →Produkt/Markt-Matrix. b) *Vertikale W.:* Variationen hinsichtlich der vertikalen Integration dem Unternehmen vor- und nachgelagerter Wertschöpfungsstufen. c) *Diversifikation:* Variationen in der Wertschöpfungskette. – Vgl. auch →Strategienfächer, →Wettbewerbsstrategie.

Wertschöpfungsteuer, in der Diskussion um die Reform des Gemeindesteuersystems befindliche Steuer, die die Gewerbe- und Grundsteuer ersetzen und im Hinblick hierauf aufkommensneutral erhoben werden soll; vom Wissenschaftlichen Beirat beim Bundesministerium der Finanzen vorgeschlagen. – 1. *Bemessungsgrundlage:* Nettowertschöpfung sämtlicher Betriebe und freien Berufe in einer Gemeinde (Produktion-, Handels-, Dienstleistungs-, Land- und Forstwirtschafts-, Wohnungswirtschaftsbetriebe und die freien Berufe; in breitestem Verständnis auch der öffentliche Sektor, da auch er an der Wertschöpfung teil hat). Gegenüber der subtraktiven Feststellungsmethode der Wertschöpfung (die von den Umsätzen die Vorleistungen abzieht, ferner Lagerstandsveränderungen und selbsterstellte Anlagen berücksichtigt) wird allgemein der *„additiven" Methode* der Vorzug gegeben (die sämtliche bei den Steuerpflichtigen entstehenden Einkünfte wie Löhne, Gehälter, Zinsen, Mieten, Pachten und Gewinne, zusammenfaßt), weil sie die Wertschöpfung leichter ermitteln läßt. – 2. Wegen dieser äußerst breiten Bemessungsgrundlage ist ein nur niedriger *Steuersatz* zwischen 2,5% und 3% erforderlich; die Gemeinden sollen ein Hebesatzrecht behalten. – 3. *Charakterisierung* der W.: In der gesamtwirtschaftlichen Betrachtung handelt es sich um die Besteuerung der Netto-Wertschöpfung einer Volkswirtschaft, die sich aus dem Einsatz aller Produktionsverfahren ergibt und dem →Volkseinkommen entspricht. Ihre Bemessungsgrundlage ist derjenigen der Mehrwertsteuer ähnlich, nur breiter angelegt, da letztere als „Umsatzsteuer von Konsumtyp" die Investitionen ausgrenzt (→Umsatzbesteuerung). Im Steuersystem wäre dadurch die volkswirtschaftliche Wertschöpfung auf dreifache Weise erfaßt: In aller Breite durch die W., in verminderter Breite durch die Mehrwertsteuer und in den engsten Ausgestaltung durch die Einkommensteuer. Gleichzeitig bleibt der steuerliche *Dualismus* erhalten; einmal dadurch, daß die W. als Rohertragssteuer auf der Einkommensentstehungsseite des Leistungskreislaufs zugreift, zum anderen durch die Existenz der Mehrwertsteuer. – 4. *Wirkungen:* Von einer W. verspricht man sich Wirkungen, die gerade für eine Gemeindesteuer als positiv angesehen werden und daher im Zusammenhang mit den Kriterien für ein optimales →Gemeindesteuersystem zu würdigen sind: a) Mit einer angenommenen Aufkommenselastizität von ca. 1 ist die erwartete *Konjunkturempfindlichkeit* der W. geringer als die der Gewerbeertragsteuer. – b) Die *Wachstumsreagibilität* ist höher und für die Finanzierung der Gemeindeinvestitionen besser geeignet. – c) Die W. *streut regional weniger stark* als die auf industrielle Ballungen stark reagierende Gewerbesteuer; daher wird ein gleichmäßiger verteiltes Steueraufkommen erwartet, was jedoch einige Gemeinden zu Gewinnern, andere aber zu Verlierern macht. – d) Wegen des bei weitem größeren Kreises der Steuerpflichtigen (die Gewerbesteuer gilt als „Großbetriebssteuer" und die Steuerzahler gewinnen Einfluß auf die Gemeinden; gleichzeitig werden diese dem Zufälligkeiten der Branchenentwicklung ausgesetzt) läßt sich bei der W. das Prinzip des *Interessenausgleichs* besser durchsetzen: Jede Gruppe von Bürgern ist an der Finanzierung der von ihr gewünschte Gemeindeleistungen beteiligt, keine kann auf Kosten der anderen Leistungen durchsetzen. – e) Gesamtwirtschaftlich nachteilig ist, daß auch *Investitionen* der Besteuerung unterliegen; einzelwirtschaftlich nachteilig ist, daß die W. ein ertragsunabhängiges Element enthält, weil sie nicht auf den Reingewinn, sondern auf den breiteren „Rohertrag" abstellt und *Fixkostencharakter* erhalten kann. Diese Bedenken lassen sich größtenteils mit dem Hinweis auf den sehr niedrigen Steuersatz entkräften. – f) Der Übergang auf die W. macht die technisch und politisch schwierige Reform der Grund- und Gewerbesteuer überflüssig. – 5. Die *politische Durchsetzbarkeit* der W. ist äußerst ungewiß, da sie von der Wirtschaft von vielen Gemeinden abgelehnt wird. Die zunehmende Zahl der Steuerpflichtigen könnte große Steuerwiderstände hervorrufen. Neuregelungen im →*Finanzausgleich* würden erforderlich.

Wertschriften-Anleihe, →Wertrecht-Anleihe.

Wertsendung, →Wertangabe.

Wertsicherungsklausel, *Geldwertsicherungsklausel.* 1. *Begriff:* Klausel in Verträgen, die Sicherung gegen etwaigen Währungsverfall bezweckt (Währungsklausel). Nur mit *Genehmigung* der Deutschen Bundesbank *zulässig* (§ 3 WährG); in Rechtsgeschäften zwischen →Gebietsansässigen und →Gebietsfremden dürfen Geldschulden stets in einer anderen Währung als in Deutscher Mark eingegangen werden (§ 49 AWG). – 2. *Arten:* →Goldklausel, →Valutaklausel, →Warenpreisklausel, →Indexklausel, →Festgehaltsklausel. – 3. Eine Art der Wertsicherung ist auch der sog. *Leistungsvorbehalt,* eine Klausel, nach der eine Änderung der Bezugsgröße sich nur *mittelbar* auf die Geldschuld auswirkt, nämlich Anlaß oder Voraussetzung für die Änderung der Leistung auf Grund von Verhandlungen neu festgesetzt werden. Der Leistungsvorbehalt ist, im Gegensatz zur Gleitklausel, bei der die Anpassung automatisch erfolgt, *nicht genehmigungsbedürftig.*

Wertskalaverfahren, →Profilverfahren.

Wertskontration, Form der →Skontration, bei der die Änderungen des Anfangsbestandes durch Zu- und Abgänge laufend zu einem einheitlichen Wert (Einstands- oder Verkaufspreis) buchmäßig festgehalten (fortgeschrieben) werden.

Wertstaffel, Staffelung der Beförderungsentgelte nach dem Wert der Güter. – *Anders:* →Gewichtsstaffel, →Entfernungsstaffel.

Wertstellung, *Valutierung* (Valuta per ..., Wert per ...), auf dem Bankkonto die Festsetzung des Tages, ab dem sich ein Geschäftsvorfall in der Zinsrechnung für den Kunden auswirkt. Maßgebend ist für die Kreditinstitute die Verfügbarkeit über den jeweiligen Betrag. W. sind Bestandteil der von Kreditinstituten autonom oder nach Absprachen mit dem Kunden festgelegten Konditionen und werden im →Preisverzeichnis veröffentlicht.

Wertsteuer, eine →Verbrauchsteuer, deren Bemessungsgrundlage der Preis des besteuerten Gutes ist. – *Gegensatz:* →Mengensteuer.

Wertstoff, →Sekundärstoff.

Werttheorie, →Wert I 2.

Werturteil, Aussage, die mindestens ein wertendes Prädikat enthält. Beispiel: „Die gegenwärtige Verteilung der Einkommen ist ungerecht." Die präskriptiven Prädikate können verschiedenen Wertklassen angehören; ihr allgemeines Merkmal besteht darin, daß damit *Bekenntnisse* ausgedrückt werden. Der wertende Charakter ist gelegentlich schwer zu erkennen.

Werturteilsstreit, →Methodenstreit I 2.

Wertverzehr, →Wertminderung, →Verschleiß.

Wertwerbung, Einsatz von Werten (Zugaben, Vergünstigungen) in Gestalt von Sachgütern, Diestleistungen, Rechten oder Geld zum Zwecke der Werbung mit dem Ziel, ein Gefühl der Dankbarkeit oder des Verpflichtetseins zu bewirken. – *Wichtigste Erscheinungsformen:* →Werbegeschenk, -zugabe, -rabatt, -prämie, (unentgeltliche) -bewirtung, -proben, -preisausschreiben sowie →Lockvogelangebote. – *Zulässigkeit:* Die W. unterliegt den Beschränkungen des UWG, speziell §§ 1, 3 und 12 UWG; (→unlautere Werbung, →unlauterer Wettbewerb) sowie des Rabattgesetzes (→Rabatt IV) und der Zugabeverordnung (→Zugabe).

Wertzahlsumme, Begriff der →Arbeitsbewertung (vgl. dort II 1 b)). Das Ergebnis der Quantifizierung der Anforderungen sind *Anforderungswerte* für jede Anforderungsart. Die *Addition* der Anforderungswerte führt zur W.

Wertzeichen, →Postwertzeichen.

Wertzoll. 1. *Begriff:* Zoll, dessen Höhe nach dem →Zollwert des Zollgutes bemessen wird. Er ist im Zolltarif in v.-H.-Sätzen des Wertes der Waren angegeben. – 2. *Beurteilung:* a) *Vorteile:* Automatische Anpassung an die Preise und – im Gegensatz zu den →spezifischen Zöllen – gerechtere Belastung teurer und billiger Waren. – b) *Nachteile:* W. bietet einen schlechten Marktschutz, weil seine Wirkung in Zeiten von Absatzschwierigkeiten bei fallenden Preisen nachläßt, während sich bei Hochkonjunkturen der Zollschutz erhöht. Auch ist die Wertermittlung komplizierter als die Feststellung des →Zollgewichts. – 3. *Geltung:* Der →Gemeinsame Zolltarif der EG enthält, wie die Tarife der meisten Staaten, überwiegend W.

Wertzuschlagsklausel, bei der Sach-, speziell der Feuerversicherung, mögliche Vereinbarung zu dem Zweck, auch bei Preis- und damit Wertsteigerungen nach Vertragsabschluß ausreichend versichert zu sein und →Unterversicherung zu vermeiden, ohne überversichert zu sein.

Wertzuwachssteuer. 1. *Begriff:* Steuer auf die gegenüber einem Vergangenheitsstichtag ermittelte positive Wertdifferenz bei Beständen an Kapital bzw. Vermögen (anders: Steuer auf Einkommenszuwächse, die als „Einkommensdifferenzsteuer" bezeichnet wird, z. B. eine Kriegsgewinnsteuer). *Wertzuwachs* ist die in Geld ausgedrückte höhere Wertschätzung, die nicht auf substantieller Vermehrung beruht. – 2. *Technik:* Wertzuwachssteuern können das Gesamtkapital (-vermögen) oder deren Teile erfassen. Letztere werden als W. i.e.S. verstanden, z.B. die →Bodenwertzuwachssteuer. Hinsichtlich der Erfassung ist zu unterscheiden, ob der realisierte oder nichtrealisierte Wertzuwachs bzw. der reale oder der nominelle Wertzuwachs (Geldentwertung) erfaßt wird. – 3. *Beurteilung:* Die Besteuerung der nicht realisierten Wertzuwächse ist umstritten: a) Auch in nichtrealisiertem Wertzuwachs zeigt sich ein Zuwachs an Verfügungsmacht, ökonomischer Leistungskraft und steuerlicher Leistungsfähigkeit, und zur Realisierung bedarf es lediglich des Entschlusses. Ob der Zuwachs auf eigenen Leistungen beruht oder auf fremden (→Planungswertausgleich), ist für die Besteuerung unerheblich. – b) Geldentwertungen sind zu berücksichtigen, um die Besteuerung von →Scheingewinnen zu vermeiden. – c) Die Besteuerung nur der realisierten Wertzuwächse führt dazu, daß die Wirtschaftssubjekte die Veräußerung von im Wert gestiegenen Beständen (also die Realisierung des Wertzuwachses etwa bei Grundstücken) vermeiden, um der Steuer (legal) zu entgehen. Das führt zu allokativ nachteiliger Lähmung der Faktormobilität (z.B. zur Bodenangebotsverknappung) und damit zu distributionspolitisch nachteiligen Preissteigerungen („lock in-Effekt"). Die Besteuerung auch der nichtrealisierten Wertzuwächse führt zu einem Mehrangebot (z.B. an Boden) und damit zur Durchsetzung bestimmter wirtschaftspolitischer Ziele (evtl. in der Siedlungs- und Wohnungspolitik). W. werden daher auch als *Lenkungssteuern* oder →*Ordnungssteuern* (vgl. auch dort) bezeichnet. – d) Als nahezu unlösbar gelten die Schwierigkeiten der *steuertechnischen* Erfassung der nicht realisierten Wertzuwächse. – e) Die Ablehnung einer W. wird u.a. mit der *Eigentumsgarantie* in Art. 14 GG begründet und verläßt damit die finanzwissenschaftliche Argumentation. – 4. Im *deutschen Steuersystem* wird fast ausschließlich der realisierte Wertzuwachs in der indirekten Weise erfaßt, aber nicht vollständig. Indirekte Erfassung: Nicht die Wertdifferenz (= Zuwachs), sondern der gestiegene Gesamtwert wird ab einem Stichtag besteuert; dieser aber nur, soweit bestimmte Zeitgrenzen nicht überschritten werden (für Wertpapier- und Grundstücksspekulationsgewinne gelten →„Spekulationsfristen"). In der *Vermögensteuer* werden börsennotierte Wertpapiere, auch wenn sie nicht veräußert werden, mit dem evtl. gestiegenen Wert per Jahresultimo besteuert; bestimmte Vermögensarten, bei denen eine →Neuveranlagung der im Wert gestiegenen Vermögensgegenstände erforderlich ist, werden mit dem neuen Gesamtwert erfaßt. In der *Einkommensteuer* bleiben bestimmte →Veräußerungsgewinne steuerfrei.

wesentliche Bestandteile. 1. W.B. einer →*Sache* sind solche Bestandteile, die voneinander nicht getrennt werden können, ohne daß der eine oder andere zerstört oder in seinem Wesen verändert wird (§93 BGB). Die Vorschrift will die unnütze Zerstörung wirtschaftlicher Werte verhindern und erklärt deshalb w.B. für sonderrechtsunfähig (z.B. erlischt bei →Verbindung der →Eigentumsvorbehalt des Verkäufers). Über die Auslegung dieser Bestimmung besteht eine umfangreiche, uneinheitliche Rechtsprechung. – 2. *W.B. eines Grundstücks:* Vgl. →Grundstücksbestandteile.

wesentliche Beteiligung, Begriff des Einkommensteuerrechts. w.B. ist gegeben, wenn der Steuerpflichtige an einer →Kapitalgesellschaft zu mehr als einem Viertel unmittelbar oder mittelbar beteiligt ist. – *Rechtsfolgen:* →Veräußerungsgewinne aus der Veräußerung von w.B. im →Pirvatvermögen gehören zu den →Einkünften aus Gewerbebetrieb, wenn der Veräußerer innerhalb der letzten 5 Jahre wesentlich beteiligt war und die innerhalb des Veranlagungszeitraums veräußerten Anteile 1% des Kapitals der Gesellschaft übersteigen (§17 EStG).

Wesentlichkeit, →materiality.

Westafrikanische   Wirtschaftsgemeinschaft, →CEAO.

Westdeutsche Landesbank Girozentrale (WestLB), Sitz in Düsseldorf und Münster. Kreditinstitut in der Rechtsform einer Anstalt des öffentlichen Rechts. Die WestLB wurde am 1.1.1969 durch den Zusammenschluß der Landesbank für Westfalen Girozentrale (Münster) und der Rheinischen Girozentrale und Provinzialbank (Düsseldorf) gegründet. Am Stammkapital der Bank (1985: 1815 Mill. DM) sind als Gewährträger das Land Nordrhein-Westfalen mit 43,2%, die Landschaftsverbände Rheinland und Westfalen-Lippe mit je 11,7% sowie der Rheinische und der Westfälisch-Lippische Sparkassen- und Giroverband mit je 16,7% beteiligt. Die WestLB ist eine national und international tätige universelle Geschäftsbank. – *Funktionen:* Sie ist Geschäftsbank, Sparkassen-Zentralbank, Staatsbank. – Mit einem Gesamtumlauf an WestLB-Schuldverschreibungen von über 60 Mrd. DM ist die Bank der größte *Daueremittent von Bankschuldverschreibungen* in der Bundesrep. D. In ihrer Eigenschaft als *Staatsbank des Landes NRW* unterstützt die WestLB das Land in der Wirtschafts- und Strukturpolitik. Die WestLB tätigt umfangreiche Auftragsgeschäfte sowohl für das Land als auch für den Bund und die EG. Als Girozentrale nimmt die WestLB die Aufgaben einer Zentralbank für die nordrhein-westfälischen Sparkassen wahr.

Westdeutsche Rektorenkonferenz (WRK), Gremium der gemeinsamen Belange der in ihr zusammengeschlossenen Universitäten und Hochschulen in der Bundesrep. D. (einschl. Berlin-West) zur Erfüllung ihrer Aufgaben in

Forschung, Lehre und Studium. Verwaltungssitz in Bonn.

Western European Union, →WEU.

Westeuropäische Union, →WEU.

Westinghouse-System, →Leveling-System.

Westsamoa, aus neun Inseln bestehende vulkanische Inselgruppe im südwestlichen Pazifik, seit 1962 unabhängig. – *Fläche:* 2842 km². – *Einwohner* (E): (1985, geschätzt) 160000 (56 E/km²). – *Hauptstadt:* Apia (1984: 36000 E) auf der Insel Upolu. – *Amtssprachen:* Englisch, Samoanisch.

W i r t s c h a f t : Landwirtschaft ist wichtigster Produktionszweig, Anbauprodukte: Kokosnüsse, Kakao, Bananen. – *BSP:* (1985, geschätzt) 110 Mill. US.$ (660 US-$ je E). – Anteil der Landwirtschaft am BSP: 38%, der Industrie: 10%. – *Inflationsrate:* (1983) 16,5%. – *Export:* (1985) 15 Mill. US-$, v.a. Kopra, Bananen, Kakao, Holzprodukte. – *Import:* (1985) 51 Mill. US-$, v.a. Erdöl, Lebensmittel, Maschinen. – *Handelspartner:* Neuseeland u.a. Commonwealthpartner, Bundesrep. D., Japan, USA.

M i t g l i e d s c h a f t e n : UNO, AKP, UNCTAD u.a.; Commonwealth.

W ä h r u n g : 1 Tala (WS$) = 100 Sene (S).

Wettbewerb, *Konkurrenz,* wirtschaftlich der Leistungskampf zwischen Wirtschaftseinheiten am Markt. Dadurch daß Anbieter versuchen, möglichst vorteilhaft (bestens) wirtschaftliche Leistungen zu verkaufen und Nachfrager möglichst vorteilhaft (billigst) zu kaufen, ist gewährleistet, daß der Markt mit den besten Leistungen zu den niedrigsten Preisen beliefert wird (Selektionsmechanismus). Wird der W. unangemessen eingeschränkt oder besteht schrankenloser W. müssen Maßnahmen ergriffen werden, die einen funktionsfähigen Wettbewerb gewährleisten (→Wettbewerbspolitik). – Vgl. auch →Wettbewerbstheorie.

Wettbewerbsabrede, für die Zeit nach Beendigung des Arbeitsverhältnisses mit dem Arbeitnehmer getroffene, diesen in der freien Berufsausübung beschränkende Vereinbarung. Nach der Rechtsprechung des BAG gelten die §§ 74ff. HGB analog für alle Arbeitnehmer. – Vgl. im einzelnen →Wettbewerbsverbot II.

Wettbewerbsanalyse, →Konkurrenzanalyse.

Wettbewerbsanstalt, öffentlich-rechtliche Versicherungsanstalt, die nicht →Zwangsanstalt oder →Monopolanstalt ist, sondern im Wettbewerb mit den privaten Versicherungsgesellschaften steht.

Wettbewerbsbeschränkungen, infolge von →Wettbewerbsvereinbarungen jeder Form eintretende Beeinträchtigung der Wettbewerbswirtschaft (der freien →Konkurrenz) a) durch Maßnahmen des Staates (z.B. Zwangswirtschaft), b) durch Bildung von Unternehmungszusammenschlüssen (→Kartellen, Trusts usw.), durch →Preisbindung zweiter Hand u.ä.; Vgl. auch →Kartellgesetz. – *Verhinderung* von W. ist Aufgabe der Wettbewerbspolitik. Innerhalb der EG vgl. auch →EWG I 6b).

Wettbewerbsfunktionen, Begriff der Wettbewerbstheorie. Im Idealfall sind folgende W. erfüllt: a) *Verteilungsfunktion:* „gerechte" Einkommensverteilung und dadurch Erhöhung der sozialen Wohlfahrt. – b) *Steuerungsfunktion:* Zusammensetzung des Güterangebots nach den Präferenzen der Konsumenten, Lenkung der Produktionsfaktoren in effiziente Verwendungen (→Allokationsfunktion des Preises), Flexibilität des Angebots in zeitlicher Hinsicht. Produzenten- und Konsumentenfreiheit werden durch die Steuerungsfunktion unterstützt. – c) *Anreizfunktion:* Förderung des →technischen Fortschritts und damit Maximierung des Sozialprodukts.

Wettbewerbsklausel, *Konkurrenzklausel.*
I. B e g r i f f : Vereinbarung, i.d.R. zwischen dem Unternehmer und seinen Angestellten (aber auch mit Gesellschaftern, Handelsvertretern, Geschäftsführern einer GmbH usw.), die den Unternehmer vor Wettbewerb *nach* Beendigung des Dienstverhältnisses schützen soll (während des Dienstverhältnisses →Wettbewerbsverbot). Das bedingt, daß der Angestellte in seiner gewerblichen Tätigkeit behindert wird. Für →Auszubildende und →Volontäre ist W. daher nichtig, um diese in ihren zukünftigen beruflichen Möglichkeiten nicht einzuengen; Ausnahme, wenn in den letzten drei Monaten der Berufsausbildung ein Arbeitsverhältnis vereinbart wird (§ 5 BBG).

II. B e s c h r ä n k u n g e n : Die mit Angestellten vereinbarte W. ist durch das Gesetz wesentlichen Beschränkungen unterworfen, um den wirtschaftlich schwächeren Teil zu schützen. – 1. Für →*Handlungsgehilfen:* →Schriftform und Aushändigung einer Urkunde mit den vereinbarten Bedingungen an den Gehilfen erforderlich (§ 74 I HGB); darf nicht länger als zwei Jahre nach Beendigung des Dienstverhältnisses gelten (§ 74a I 3 HGB). Der Unternehmer muß sich verpflichten, für die Dauer der W., die sog. →Ausfallzeit, eine Entschädigung zu zahlen, die mindestens die Hälfte der letzten vertragsmäßigen Bezüge ausmacht (§ 74 II HGB; Ausnahme: § 75b HGB, wird jedoch vom →Bundesarbeitsgericht für verfassungswidrig angesehen). Die W. ist nichtig, wenn der Gehilfe zur Zeit des Abschlusses minderjährig ist oder nicht mehr als 1500 DM (multipliziert mit dem Lebenshaltungsindex) jährlich verdient, oder wenn sich der Unternehmer die Erfüllung auf Ehrenwort oder unter ähnlichen Versicherun-

gen versprechen läßt. Im übrigen vgl. §§ 74 ff.
HGB. – 2. Für →*Handelsvertreter* u. a.: Ebenfalls Schriftform und Aushändigung einer
Urkunde erforderlich; nicht länger als zwei
Jahre; Zahlung einer Entschädigung, vgl. §
90 a HGB. – 3. Wird das Dienstverhältnis usw.
wegen schuldhaften Verhaltens des Unternehmers *aufgelöst*, so kann sich der Verpflichtete
von der W. innerhalb eines Monats nach der
Kündigung durch schriftliche Erklärung lossagen (§§ 75 I, 90 a III HGB). – 4. Die
gesetzlichen Vorschriften sind *unabdingbar*
(§§ 75 d, 90 a IV HGB).

III. Vertragsstrafe: Zur Durchsetzung
der W. kann →Vertragsstrafe vereinbart werden (§ 75 c HGB). Als ergänzende Abrede
kann solche Vereinbarung auch mit dem
Handelsvertreter getroffen werden. Eine
unverhältnismäßig hohe Strafe kann von dem
Richter herabgesetzt werden (§§ 75 c I 2 HGB,
343 BGB). Daneben besteht Anspruch auf
Erfüllung der W. oder auf Schadenersatz
(Ausnahme: Wenn Unternehmer nicht zur
Zahlung einer Entschädigung verpflichtet ist,
§ 75 c II HGB).

IV. Geheime W.: Vereinbarung zwischen
mehreren Unternehmern, einen Handlungsgehilfen nicht anzustellen, ist nicht klagbar (§ 75 f
HGB).

V. Unverbindlichkeit der W.: Die W.
ist nach § 74 a HGB unverbindlich, wenn sie
nicht zum *Schutze* eines berechtigten *geschäftlichen Interesses* des Unternehmers dient,
wenn sie eine unbillige Erschwerung des Fortkommens für den Handlungsgehilfen oder
Handlungsvolontär bedeutet, oder wenn sie
sich auf eine Zeit erstreckt, die zwei Jahre nach
Beendigung des Arbeitsverhältnisses liegt. Die
Unverbindlichkeit einer solchen Vereinbarung
schließt aber nur das Recht des Unternehmers, sich auf die für den Handlungsgehilfen
nachteilige Vereinbarung zu berufen, aus.
Hält der Handlungsgehilfe an der Abrede fest,
wird sie auch für den Unternehmer wirksam.

Wettbewerbskonzepte, Konzepte, die darauf
ausgerichtet sind, die Potentiale vorhandener
Geschäfte zu verbessern bzw. besser zu nutzen. W. gewannen neben →strategischen
Suchfeldanalysen mit der Zunahme stagnativer Markttendenzen an Bedeutung, nachdem
die Normstrategie „Rückzug" für „Arme-
Hunde-Geschäfte" der →Portfolio-Analyse
ca. zwei Drittel aller Geschäfte betraf. –
Gliederung der W. entsprechend den Phasen,
die zur Entwicklung einer Wettbewerbsstrategie führen: a) *Abgrenzung der Branche* (z. B.
nach der standard industrial classification); b)
Analyse der Branchensituation und *Prognose
der Branchenentwicklung*, z. B. Konzept der
Wettbewerbskräfte (→Wettbewerbsstrategie),
Konzept der →strategischen Gruppe, →Wettbewerbsvorteils-Matrix und →Multifaktor-
Matrix; c) *Planung der Wettbewerbsstrategien*,

z. B. generische Wettbewerbsstrategien und
→strategisches Spielbrett; d) *vertiefende Suche
nach Wettbewerbsvorteilen*, z. B. Wertschöpfungskette, →Wettbewerbsstrategien.

Wettbewerbskräfte, →Wettbewerbsstrategie
III 1.

Wettbewerbspolitik, staatliche Maßnahmen,
die →freien Wettbewerb als grundlegendes
Steuerungsprinzip der →Marktwirtschaft
sichern sollen. Vgl. auch →Wettbewerbstheorie. – Für die in der Bundesrep. D. praktizierte
W. waren bislang im wesentlichen *zwei Leitbilder* maßgebend: 1. Die *neoliberale Konzeption*
(→Ordoliberalismus, Freiburger Schule), die
orientiert am Ideal des vollkommenen Wettbewerbs – in der Konkurrenz die Garantie für
maximale wirtschaftliche Wohlfahrt sowie
eine Anbieter und Nachfrager gleichermaßen
betreffende, umfassende Wettbewerbsfreiheit
erblickte. Die W. hat hiernach auf allen
Märkten die Strukturbedingungen der vollständigen Konkurrenz zu schaffen, sich bildender Marktmacht entgegenzuwirken und
soweit Konzentration unvermeidlich ist, diese
durch die staatlich verordnete Vorgabe von
„Als-Ob-Konkurrenzpreisen" zu kontrollieren. Dieses Konzept lag den Entwürfen und
mit Einschränkungen schließlich auch dem
Gesetz gegen Wettbewerbsbeschränkungen
(GWB; →Kartellgesetz) zugrunde. – 2. Das
Leitbild des *funktionsfähigen Wettbewerbs
(Kantzenbach)*, auf das sich die 2. Novelle des
GWB (1973) stützt. Die Konkurrenz vermag
ihre in der modernen Industriewirtschaft typischerweise dynamisch angelegten Wettbewerbsfunktionen, nämlich die flexible Anpassung der betrieblichen Kapazitäten an
Schwankungen der Nachfrage und die dem
technischen Fortschritt zugrunde liegende
Schaffung neuen Wissens nur in weiten Oligopolen zu erfüllen. Die W. soll u. a. durch
vorbeugende →Fusionskontrolle verhindern,
daß sich in weiten Oligopolen Marktmacht
durchsetzt sowie – etwa in Form von Kooperationserleichterungen – kleineren Unternehmen Möglichkeiten bieten, in oligopolitisch
organisierte Märkte eindringen zu können. –
3. Das sog. *neoklassische Konzept der Wettbewerbsfreiheit* (Hoppmann) spielt in der theoretischen Diskussion der deutschen W. eine
Rolle. Zentrale Voraussetzung des Wettbewerbsprozesses ist hiernach die Freiheit der
Anbieter, Innovationen durchführen zu können und die Freiheit der Konsumenten aus einer
tendenziell größer werdenden Palette neuer
bzw. verbesserter Produkte auswählen zu können. Wettbewerbsfreiheit wird allerdings nur
dann uneingeschränkt wirksam, wenn die
Marktteilnehmer über ein an Fairness ausgerichtetes Wettbewerbsbewußtsein verfügen.
Da dies nicht vorausgesetzt werden kann, hat
die W. z. B. durch Verbot diskriminierender
Verhaltensweisen ein System von Verhaltens-

vorschriften zu entwickeln, das Entstehung bzw. Ausübung von Marktmacht unterläuft. – 4. *Europäische W.:* Vgl. →EWG I 6 b).

Wettbewerbsrecht. 1. *Sammelbezeichnung* für das Recht des Wettbewerbs i.e.S. (Gesetz gegen den →unlauteren Wettbewerb, Nebengesetze wie Rabattgesetz, Zugabeverordnung) und das Recht der Wettbewerbsbeschränkungen (→Kartellgesetz). – 2. *Zum W. i.w.S.* kann auch das Recht des →gewerblichen Rechtsschutzes (→Patentrecht, →Gebrauchsmusterrecht, →Warenzeichenrecht) gezählt werden.

wettbewerbsrechtliche Ausnahmebereiche, →Kartellgesetz IX.

Wettbewerbsregeln, Regeln zur Sicherung und Herbeiführung eines lauteren und leistungsgerechten Wettbewerbs (§§ 28 ff. GWB). W. können von Wirtschafts- und Berufsvereinigungen aufgestellt werden (→Kartellgesetz VIII).

Wettbewerbsschutz, Schutz des lauteren Wettbewerbs. Der, W. wird durch wettbewerbsrechtliche Sondervorschriften und die allgemeinen Bestimmungen des bürgerlichen Rechts gewährleistet. Die Einzeltatbestände des →Wettbewerbsrechts erfassen nicht alle denkbaren Fälle →unlauteren Wettbewerbs; weitgehenden Schutz gewährt aber die sog. →Genralklausel (§ 1 UWG). Neben wettbewerbsrechtlichen Sondervorschriften können die Bestimmungen der §§ 823 ff. BGB (→unerlaubte Handlungen) herangezogen werden. Dabei wird auch der rechtswidrige unmittelbare Eingriff in den „eingerichteten und ausgeübten Gewerbebetrieb" als Verletzung eines „sonstigen Rechts" im Sinne des § 823 I BGB angesehen. – Im einzelnen Ansprüche auf: 1. *Unterlassung* der Handlung bei Wiederholungsgefahr. Bereits ein Fall kann die Besorgnis der Wiederholung rechtfertigen. Der Anspruch besteht auch bei noch nicht begangener, aber bevorstehender Handlung. Neben dem Verletzten können vielfach andere Gewerbetreibende der gleichen Branche oder Berufsverbände, Kammern, Innungen usw., insbes. auch die →Zentrale zur Bekämpfung des unlauteren Wettbewerbs sowie →Verbraucherverbände auf Unterlassung klagen. – 2. *Beseitigung* eines rechtswidrig herbeigeführten, eingetretenen Zustandes (Beispiel: Warenzeichen wurde zu Unrecht eingetragen) bei fortdauernder Störung auch ohne Wiederholungsgefahr. – 3. →*Schadenersatz* im allgemeinen nur bei →Verschulden des Verletzers. Der Verletzte braucht nicht sofort →Beweis für den eingetretenen Schaden zu erbringen, wozu er meist kaum in der Lage ist, sondern nur darzutun, daß „Schaden mit hoher Wahrscheinlichkeit entstanden" ist (→Beweis des ersten Anscheins). Auch muß der Gegner zwecks Errechnung des Schadens, dessen Umfang durch Verlust von Absatzmöglichkei-

ten und Gewinn, durch notwendige Aufwendungen usw. bestimmt wird, →Auskunft geben. – 4. Evtl. *Herausgabe des Gewinns,* soweit die Vorschriften des BGB über die Herausgabe des aus der →Geschäftsführung ohne Auftrag Erlangten, evtl. auch über →ungerechtfertigte Bereicherung (str.) eingreifen. – 5. *Sonderregelung für Prozeßkosten:* Gelingt der →Partei bei der Geltendmachung von Ansprüchen aus dem UWG die →Glaubhaftmachung, daß die Belastung mit den *Prozeßkosten* nach dem vollen →Streitwert ihre wirtschaftliche Lage erheblich gefährden würde, kann das Gericht auf Antrag anordnen, daß für die Kostenverpflichtungen dieser Partei gegenüber Gericht, Rechtsanwälten und Gegnern ein ihrer Wirtschaftslage angepaßter Teil des Streitwerts maßgebend ist (gespaltener Streitwert, § 23a UWG). – 6. Soweit die beanstandeten Wettbewerbshandlungen den Verkehr mit dem letzten Verbraucher betreffen, können die →*Einigungsstellen für Wettbewerbsstreitigkeiten* angerufen werden; bei anderen Wettbewerbsstreitigkeiten nur im Einverständnis mit dem Gegner (§ 27a UWG). – 7. Daneben werden zahlreiche Wettbewerbsverstöße auch *strafrechtlich* geahndet.

Wettbewerbsstrategie, Konzept von Porter (Havard Business School).

I. Charakterisierung: 1. *Theoretisch* leitet sich der Ansatz aus einer Zusammenführung des mehr volkswirtschaftlichen Konzepts der →Industrieökonomik und der betriebswirtschaftlichen Führungsphilosophie eines →strategischen Managements ab. – 2. *Tragende Säulen* des Konzepts: (1) die *Wettbewerbskräfte* zur Bestimmung der Branchenstruktur, (2) die *generischen Strategien* als grundlegende Alternativen zur Erlangung von Wettbewerbsvorteilen und (3) die *Wertschöpfungskette* als Heuristik zur Vertiefung der generischen Strategien.

II. Strategieauswahl: Über →Strategien positioniert sich das Unternehmen (mit seinen Geschäften) in Bezug zum seinem Umfeld. Nach Porter ist die Branche ein für das Unternehmen besonders wichtiges Teilsystem dieses Umfelds (z.B. neben den Märkten oder dem Gesellschaftssystem). Damit lenkt er den Blick auf Strategien zur Positionierung des Unternehmens in Bezug zu seinen Wettbewerbern. W. sollten darauf abzielen, eine profitable, haltbare Position in der Wettbewerbsarena zu sichern. Bestimmend sind die Fragen nach (1) der Branchenattraktivität und (2) der Wettbewerbsposition.

III. Die Strategieauswahl bestimmende Faktoren: 1. *Attraktivität der Branche:* a) *Kennen- und Verstehenlernen der Spielregeln,* denen der Wettbewerb *in diesem Zweig* gehorcht, d.h., wie attraktiv ist auf lange Sicht die Branche, in der die Unternehmung tätig ist, und welche Faktoren beeinflus-

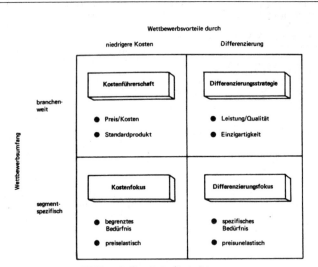

Abbildung 1: Generische Strategietypen

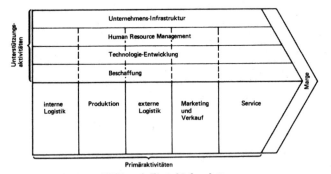

Abbildung 2: Wertschöpfungskette

sen diese Attraktivität. Die Spielregeln werden von der Struktur der Branche bestimmt, wobei diese durch fünf Wettbewerbskräfte festgelegt ist: Verhandlungsmacht der Lieferanten, Verhandlungsmacht der Käufer, Bedrohung durch Eintritt potentieller neuer Konkurrenten, Bedrohung durch Substitute sowie die Rivalität unter den existierenden Konkurrenten. – Jede dieser Kräfte unterliegt mehreren Einflußfaktoren (z. B. Differenzierungsgrad und Substituierbarkeit von Einsatzgütern bei der Verhandlungsmacht der Lieferanten). – b) Die Struktur ist immer *branchenspezifisch ausgeprägt*. Porter unterscheidet Branchenstrukturen nach der Phase im Lebenszyklus (junge, reifende, schrumpfende) und nach der Wettbewerbsausdehnung (fragmentierte, weltweite). Die jeweilige Struktur bestimmt, welche Unternehmen in welchem Umfang Rentabilitätspotentiale realisieren: Käufer- und Lieferantenmacht haben Einfluß auf Preise, Umsatz und Kosten; Konkurrenzdruck ist für den Kapitalbedarf mit ausschlaggebend; die Struktur unterliegt auch einem dynamischen Prozeß und ist prinzipiell gestaltbar (z. B. durch einen ,,guten" Branchenführer). Bei der Auswahl von W. entsteht damit auch die Aufgabe, zu untersuchen, inwieweit Strukturveränderungen zugunsten des eigenen Unternehmens erzeugt oder genutzt werden können. Im Zusammenhang mit der Analyse der Branchenstruktur ist auch das Konzept der →strategischen Gruppen zu sehen; Zusammenfassung von Unternehmen einer Branche zu einer Gruppe, die entlang ausgewählter strategischer Dimensionen ähnliche Strategien verfolgt.

2. *Bestimmung der relativen Wettbewerbsposition des Unternehmens in der Branche*, d. h., welche Position hat die Unternehmung in dieser Branche inne, und worauf ist diese Position zurückzuführen. Eine gute Wettbewerbsposition wird durch *Wettbewerbsvorteile* erreicht, die ein besseres Verstehen und Handhaben der Branchenstruktur durch das Unternehmen als durch die Wettbewerber bedeuten. – *Strategiealternativen:* a) Nach der *Art der Erreichung der Wettbewerbsvorteile:* (1) *Kostenführerschaft:* Es gibt nur einen Kostenführer je Geschäft, eine extrem eindeutige Stragie. Verfolgen sie mehrere Wettbewerber im gleichen Geschäft, so wird i. a. eine immer unprofitabler werdende Konkurrenz die Folge sein. (2) *Differenzierung:* Diese Strategien sind vielfältigen Ursprungs. Für ihren Erfolg ist es von Bedeutung, daß die aufgebauten Wettbewerbsvorteile auch vom Kunden wahrgenommen werden können. – b) Nach dem *Ort der Erreichung der Wettbewerbsvorteile:* (1) *Segmentspezifische Strategien:* nach Kundengruppen, Produktlinien usw. spezifizierte Strategien; durch eine Differenzierung auf Bedürfnisse, die bislang nur unzureichend befriedigt wurden, oder durch Befriedigung bereits angesprochener, aber nicht befriedigter Bedürfnisse möglich. (2) *Branchenweite Strategien.* – Zusammenfassend können die vier *generischen Strategietypen* abgeleitet werden (vgl. Übersicht Sp. 2699/2700, Abb. 1); das Unternehmen muß sich kompromißlos für eine davon entscheiden. – c) Auf einer ähnlichen Argumentation aufbauende *Matrizen* wurden von verschiedenen Beratungsunternehmen entwickelt, z. B. die →Wettbewerbsvorteil-Matrix der Boston Consulting Group oder das →strategische Spielbrett von McKinsey.

IV. Wertschöpfungskette (auch *Leistungskette, Geschäftssystem, value chain*): Die durch ein Unternehmen in einem bestimmten Geschäft erzielbaren Wettbewerbsvorteile werden durch unterschiedliche, strategisch relevante Tätigkeiten verursacht. Jede von ihnen stellt einen Ansatz zur Differenzierung dar und leistet einen Beitrag zur relativen Kostenposition des Unternehmens im Wettbewerb. Grundsätzlich lassen sich neun solcher *generischen Aktivitäten* unterscheiden: Fünf Primäraktivitäten, die den eigentlichen Wertschöpfungsprozeß beschreiben, und vier Unterstützungsaktivitäten, die den Wertschöpfungsprozeß ergänzen. Sie werden zu einer Wertschöpfungskette verknüpft (vgl. Übersicht Sp. 2699/2700, Abb. 2). – *Beurteilung:* Vorteile können sich auch aus der Verkettung interdependenter Aktivitäten ergeben (→Multifaktor-Matrix). Wichtig ist auch die Beurteilung der Einflüsse anderer Wertschöpfungsketten auf die eigene: die Ketten der Lieferanten, Absatzkanalträger und Kunden. Die Gesamtheit aller in der Branche vorhandenen Wertschöpfungsketten ergibt letztlich die obige Branchenstruktur.

Wettbewerbstheorie. I. Begriff und Aufgaben: Wettbewerb kann sowohl in sozialistisch wie in kapitalistisch organisierten Volkswirtschaften stattfinden. In Marktwirtschaften bezeichnet Wettbewerb ein *Prinzip,* nach dem voneinander unabhängige Anbieter (Nachfrager) versuchen, mit Wirtschaftssubjekten der Marktgegenseite Kauf- oder Dienstleistungsverträge abzuschließen, wobei der Verkaufserfolg stets vom Einfluß rivalisierender Anbieter (Nachfrager) abhängt, die selbst an einem Vertragsabschluß interessiert sind. Je nach den Bedingungen, unter denen diese Interaktionen wirksam werden, schlägt sich Wettbewerb in Veränderungen des Preises und/oder der Qualität der Ware bzw. im Umfang zugehöriger Nebenleistungen nieder. Die W. hat zu erklären, unter welchen Bedingungen der Marktstruktur (market structure) und/oder des Verhaltens der Marktteilnehmer (market conduct) Wettbewerbsprozesse erfolgen und welche Marktergebnisse (market performance) sich nach sich ziehen. Sie ist damit Grundlage der →Wettbewerbspolitik.

II. Traditionelle Wettbewerbstheorien: Sie greifen auf das Konzept der →allgemeine Gleichgewichtstheorie zurück und bilden Wettbewerb in Form geschlossener Modelle ab. Dieser Ansatz beruht auf der Annahme, daß im Wettbewerbsprozeß lediglich Preise und Mengen der Güter als endogene Variable bestimmt werden. Marktstruktur, Marktform, Zielsetzungen, Präferenzen und Verhaltensweisen der Marktteilnehmer, Produktionsverfahren und schließlich das Produkt selbst gelten als exogene Größen. Das Erklärungsprogramm dieser Wettbewerbstheorie deckt sich daher weitgehend mit demjenigen der →Preistheorie.

1. *Theorie des vollkommenen Wettbewerbs:* Diese ist aus dem Leitbild der „freien Konkurrenz" (Adam Smith) der klassischen Nationalökonomie hervorgegangen. Hiernach verfolgen die Individuen ihre wirtschaftlichen Interessen stets eigennützig, wenn sie über das Angebot von Faktorleistungen bzw. über ihre Nachfrage nach Gütern und Leistungen zur laufenden Bedürfnisbefriedigung oder zur Anlage von Vermögen entscheiden. Solange einzelne Wirtschaftssubjekte nicht vollständig marktbeherrschende Positionen innehaben, werden ihre Entscheidungen regelmäßig von Aktivitäten jener Individuen berührt, die gleiche wirtschaftliche Zwecke anstreben. Daraus erwächst der Wettbewerb. Diese Konzeption ist im Laufe der Zeit thematisch eingeengt worden, indem die Wettbewerbsproblematik auf den Gegensatz (Angebots) Monopol/Konkurrenz zugespitzt und Wettbewerb selbst mit dem Modell der →*vollkommenen Konkurrenz* identifiziert wurde. Befinden sich „viele" Anbieter und Nachfrager auf dem Markt, die über alle bedeutsamen Marktdaten informiert sind, sind die Betriebsgrößen gemessen am Produktvolumen der Branche klein und werden homogene Güter hergestellt, vermag kein Wirtschaftssubjekt den sich am Markt einstellenden Preis zu beeinflussen. Gewährleistet dieser Preis einen so großen Gewinn, daß Anbieter von anderen Märkten oder „neue" Unternehmer angelockt werden, so kommt es aufgrund der Ausweitung des Angebotes ceteris paribus zu Preisunterbietungen und damit zu einer Erosion der Gewinne. Im langfristigen Konkurrenzgleichgewicht, in dem alle Unternehmen unter gleichen technischen Bedingungen anbieten, ist der Branchengewinn gleich Null. Sofern ertragsgesetzliche Produktionsbedingungen gelten, deckt sich der Marktpreis mit dem Minimum der →Durchschnittskosten (Betriebsoptimum). Ein niedrigerer Preis bzw. eine größere Produktmenge ist unter gegebenen Bedingungen nicht denkbar. Befinden sich alle Märkte in diesem Zustand, erfüllt der Wettbewerb drei gesamtwirtschaftliche, von Kantzenbach als statisch bezeichnete →*Wettbewerbsfunktionen:* Er richtet die Produktion an den Präferenzen der Käufer aus, gewährleistet die optimale Allokation der Produktionsfaktoren sowie eine

(am Grenzproduktivitätsprinzip gemessene) leistungsgerechte – Primärverteilung des Einkommens.

2. *Theorie der arbeitsfähigen Konkurrenz:* Tatsächlich dominieren in der wirtschaftlichen Realität →unvollkommene Märkte. J. B. Clark erkannte als erster, daß Marktunvollkommenheiten hinsichtlich ihrer Folgen für den Wettbewerb nicht einzeln und nicht isoliert beurteilt werden dürfen. Monopolartige Marktpositionen einzelner Marktteilnehmer z. B. schließen intensive Wettbewerbsbeziehungen nicht aus, wenn zwischen angebotenen bzw. nachgefragten Gütern enge Substitutionsbeziehungen bestehen. Treten verschiedene Marktunvollkommenheiten auf einem Markt gleichzeitig auf, so können sie sich in ihren nachteiligen Auswirkungen auf die Marktergebnisse der Tendenz nach gegenseitig aufheben. Derartige Wettbewerbsprozesse bezeichnete Clark als *arbeitsfähig (workable competition)*, wobei der Grad an Arbeitsfähigkeit der Konkurrenz an der Abweichung von den Marktergebnissen gemessen werden sollte, die im Falle vollkommenen Wettbewerbs zustandegekommen wären.

3. *Theorien des unvollkommenen Wettbewerbs:* Ansätze, welche die Konkurrenzverhältnisse im Polypol und Oligopol für den Fall unvollkommener Märkte untersuchen. Dabei geht es vor allem um die Rolle, die *heterogene Güter* im Wettbewerb spielen. In diesem Fall sieht sich die einzelne Unternehmung einer individuellen Preisabsatzfunktion gegenüber, nach der sie zumindest in einem bestimmten Bereich eine eigene →Preispolitik betreiben kann. – a) im *Polypol* findet ein dem vollkommenen Wettbewerb ähnlicher Prozeß statt, sofern der Marktzugang frei und der Kostenverlauf aller Unternehmen ertragsreich bestimmt. Erzielen die Anbieter auf einem solchen Markt im Vergleich mit anderen Branchen hohe Gewinne, werden weitere Produzenten in das Polypol eindringen. Die Ausdehnung des Güterangebots zieht ceteris paribus sinkende Preise nach sich; auf lange Sicht werden auch hier die Profite verschwinden. Der Marktpreis ist durch den Berührungspunkt der Durchschnittskostenkurve mit der Preisabsatzfunktion bestimmt (sog. Tangentenphänomen der monopolistischen Konkurrenz). Die einzelne Unternehmung gelangt dabei jedoch nur zu einer Ausbringung, die kleiner ist als jene, die sie im →Betriebsoptimum erreichen würde. Selbst langfristig würde eine durchgängig in diesem Sinne polypolistisch organisierte Volkswirtschaft den vorhandenen Kapitalstock nicht optimal ausnutzen können. Wettbewerb führt hier zu dem Ergebnis, daß die Unternehmen mit einer Überschußkapazität leben müssen. – b) Im *Oligopol* sind die Wettbewerbsbeziehungen zwischen den Unternehmen durch die *zirkulare (oligopolistische) →Interdependenz*

gekennzeichnet. Wettbewerb steht damit im
Zeichen von Aktivitäten, mit denen sich die
Unternehmen gegenseitig in ihrer Existenz
bedrohen. Denn anders als im Polypol verfügen die Produzenten über vergleichsweise
große Kapazitäten. Sie können daher den
Kaufwünschen von Nachfragern nachkommen, die sie ihren Konkurrenten abwerben.
Die gegenseitige Existenzgefährdung wird
allerdings durch monopolistische Preisbil-
dungsspielräume tendenziell abgeschwächt,
wenn die angebotenen und nachgefragten
Güter heterogen sind. Der Wettbewerb verla-
gert sich dann auf Formen der Nicht-Preis-
Konkurrenz.

II. **Moderne Wettbewerbstheorie:**
Sie legen im Gegensatz zu den statistisch
konstruierten traditionellen Modellen den
Forschungsschwerpunkt auf die Analyse des
Wettbewerbs*prozesses.* Konkurrenz wird als
ein komplexes Phänomen aufgefaßt, das nicht
allein mit ökonomischen Kategorien erklärt
werden kann. Wettbewerbsprozesse hängen
hiernach u. a. von psychischen und motivatio-
nalen Voraussetzungen der konkurrierenden
Unternehmer bzw. Manager ab sowie vor
allem auch von den organisationalen Bedingungen der modernen Großunternehmung.

1. *Schöpferischer Wettbewerb und Wettbewerb
der Nachahmer* (H. Arndt, 1949): Wettbewerbsprozesse verlaufen in zwei zeitlich nacheinander folgenden Phasen. Schöpferische
Unternehmer im Sinne des von Schumpeter
geprägten Begriffs lösen das Wettbewerbsge-
schehen aus. Indem sie neue Güter kreieren
oder neue Verfahrenstechnologien anwenden.
Sie erzielen damit Vorspungsgewinne gegenüber ihren Wettbewerbern, die diese Neuerungen nachzuahmen versuchen. Auf diese
Weise sorgt der schöpferische Wettbewerb für
die Einführung neuen Wissens bzw. technischen Fortschritts, während die Konkurrenz
der Nachahmer die Ausbreitung dieses Wissens sicherstellt. Die Folgen dieses Prozesses
sind eine Verbesserung der Marktversorgung
durch größere Gütermengen bei niedrigeren
Preisen und eine Verringerung der anfänglich
hohen Vorsprungsgewinne, wodurch schöpferische Unternehmer wiederum angeregt werden, erneut nach Möglichkeiten zur Erzielung
von Vorsprungsgewinnen durch weitere Neuerungen zu suchen. Wettbewerb stellt sich
somit als Prozeß dar, der von monopolisieren-
den und polypolisierenden Kräften getragen
wird. Er versiegt, wenn monopolbildende
Impulse die Oberhand gewinnen, etwa indem
unüberwindbare Marktbarrieren für die Imitatoren aufgebaut werden. Das gleiche Ergebnis stellt sich ein, wenn die polypolisierenden
Kräfte zum vollständigen Verschwinden der
Gewinne führen und die Unternehmer keinen
Anreiz für risikoreiche Neuerungen mehr
sehen.

2. *Die Marktphasentheorie* (E. Heuss, 1962)
basiert auf der Tatsache, daß einzelne Pro-
dukt(e)　(-gruppen)　einen　bestimmten
Lebenszyklus durchlaufen: In der *Experimen-
tierphase* leisten kreative Firmen die Einführung des neuen Gutes. Wegen der meist hohen
Kosten für die Produktentwicklung und die
Einführungswerbung wird das Erzeugnis regelmäßig nur einem kleinen Kreis von Käufern zu einem entsprechend hohen Preis angeboten. Nehmen diese das Gut bereitwillig auf
und wollen es weitere Gruppen von Käufern
erwerben, schließt sich die *Expansionsphase*
an. Der nachahmende Wettbewerb sorgt nun
für verbesserte Produktionsverfahren, Produktdifferenzierung, neuartige Absatzmetho-
den usw. Die im Zuge dieser Entwicklung
geringer werdende Markttransparenz sichert
den Anbietern weiterhin lukrative Gewinne,
die ihrerseits Signal für den Markteintritt
weiterer Produzenten sind. Mit zunehmender
Vervollkommnung des Produktes und der
Standardisierung der Produktionsverfahren
setzten sich zumal auf der Anbieterseite wett-
bewerbshemmende Verhaltensweisen durch;
das Gut tritt in die *Ausreifephase* ein. In ihr
dominieren jene Bedingungen, die in den
Modellen der Preistheorie zugrundeliegen:
Das Produkt selbst, Marktstrukturen und
-formen sowie die Kostenbedingungen sind
nunmehr weitgehend gegebene Größen. Typischerweise wenden sich jetzt die schöpferischen Unternehmer vom Markt ab und
suchen sich neue Betätigungsfelder. Das Produkt gelangt zunehmend in die *Stagnations-
phase* und – wenn der Markt schließlich
gesättigt ist – in die *Rückbildungsphase.*

3. *Theorie des funktionsfähigen Wettbewerbs*
(E. Kantzenbach, 1964): Nach Kantzenbach erfüllt der Wettbewerb in der modernen
evolutionären Wirtschaft neben den statischen, zwei *dynamische* Funktionen: Er sorgt
dafür, daß technischer Fortschritt verwirklicht wird und daß eine flexible Anpassung der
betrieblichen Kapazitäten erfolgt, wenn wirtschaftliche und soziale Entwicklungen Veränderungen der Marktverhältnisse bewirken.
Inwieweit diese Funktionen erfüllt werden,
hängt wesentlich von der *Wettbewerbsintensität* (w) ab, die mit der Anzahl der Anbieter
und dem Heterogenitätsgrad der Güter
variiert. w ist groß (gering), wenn die Zeitspanne, in der Vorsprungsgewinne von der
nachahmenden Konkurrenz abgebaut werden, kurz (lang) ist. Bei geringer Anzahl von
Anbietern und homogenen Gütern ist gegenseitige Existenzbedrohung der Unternehmen
durch den Wettbewerb hoch. w ist dennoch
nur *potentiell* groß, denn tatsächlich werden
die Unternehmen in solchen Situationen
koalieren. Derartige Marktkonstellationen
bezeichnet Kantzenbach als *enge Oligopole;*
hier herrschen „konservative" Verhaltensweisen der Unternehmer vor, Veränderungen des

Marktgeschehens tragen die Unternehmer/ Manager gegebenenfalls mit weiteren Wettbewerbsbeschränkungen Rechnung; ihre Anpassungsflexibilität ist gering. Bieten viele Produzenten heterogene Erzeugnisse an, fällt die *tatsächliche* Wettbewerbsintensität wiederum gering aus. Es dominieren Verhältnisse, wie sie dem Polypol am unvollkommenen Markt entsprechen; die Gewinne sind auf Dauer zu niedrig, als daß sie einen genügenden Anreiz für die risikoreiche Entwicklung neuen Wissens bieten können; eine flexible Anpassung der betrieblichen Kapazität an veränderte Marktbedingungen kommt nicht oder nur unvollkommen zustande. Zwischen Polypol und engem Oligopol existiert ein Bereich mit einer *optimalen* Wettbewerbsintensität, der als *weites Oligopol* bezeichnet wird. Die Anzahl der Anbieter ist so groß, daß Koalitionen zwischen den Unternehmen kaum stattfinden; bei mäßiger Produktdifferenzierung bleibt die zirkulare Interdependenz des Oligopols wirksam. Die Unternehmen können Vorsprungsgewinne erzielen, ohne damit rechnen zu müssen, daß ihnen die Profite sofort und mit Erfolg von den Imitatoren streitig gemacht werden. Gewinne bieten die Grundlage für die Inangriffnahme zukunftsträchtiger Forschungs- und Entwicklungsprogramme. Gleichwohl bleiben die Profite auf Sicht durch den nachhamdenen Wettbewerb bedroht, was die Firmen zwingt, ihre Kapazitäten veränderten Marktverhältnissen anzupassen. Im weiten Oligopol ist der Wettbewerb *funktionsfähig*, weil neben den dynamischen auch die statischen (s. o.) Wettbewerbsfunktionen tendenziell erfüllt werden.

4. *Systemtheoretischer Ansatz:* Zu den zentralen Kritikpunkten an der neueren Wettbewerbstheorie zählt, daß ihre Aussagen über kausale Zusammenhänge zwischen Marktstruktur, -verhalten und -ergebnis empirisch nicht zu bestätigen sind. Die Voraussetzungen, unter denen Wettbewerb stattfindet, bilden sich offenbar teilweise erst im Zuge der gerade anlaufenden Prozesse. In solchen Fällen werden keine einfachen Kausalbeziehungen zwischen den wettbewerbstheoretisch relevanten Variablen bestehen. Diese Erkenntnis forcierte in den letzten Jahren die Suche nach umfassenderen Forschungsansätzen. Heute vertreten verschiedene Autoren die Meinung, daß die Theorie komplexer Phänomene bzw. die →*Systemtheorie* einen geeigneten Erklärungsrahmen für die Analyse des Wettbewerbsphänomens liefert. Zwischen den Aktivitäten der einzelnen Unternehmung und ihrer Umwelt bzw. zwischen dem Marktsystem und den politischen und sozialen Handlungsgefügen bestehen hiernach wechselseitige Abhängigkeitsverhältnisse. Im Gegensatz zu den gleichgewichtstheoretischen Ansätzen der Wettbewerbstheorie hebt die systemtheoretische Deutung die Isolierung des Wettbewerbs-

geschehens von gesellschaftlichen und politischen Vorgängen auf, Wettbewerb findet in einem →*offenen Markt* statt.

Literatur: Aberle, G., Wettbewerbstheorie und Wettbewerbspolitik, Stuttgart-Berlin-Köln-Mainz 1980; Bombach, G., Gahlen, B., Ott, A. E. (Hrtsg.), Probleme der Wettbewerbstheorie und -politik, Tübingen 1976; Cox, H./Jens, U./Markert, K., Handbuch des Wettbewerbs. Wettbewerbstheorie, Wettbewerbspolitik, Wettbewerbsrecht, München 1981; Herdzina, K. Wirtschaftliches Wachstum, Strukturwandel und Wettbewerb, Berlin 1981; Müller, U., Wettbewerb, Unternehmenskonzentration und Innovation, Göttingen 1975; Röpke, J., Die Strategie der Innovation, Tübingen 1977; Schmidbauer, H., Allokation, technischer Fortschritt und Wettbewerbspolitik, Tübingen 1974; Willeke, F.-U., Wettbewerbspolitik, Tübingen 1980.

Dr. Dieter Voggenreiter

Wettbewerbsverbot,   *Konkurrenzverbot.*

I. Begriff: Ein gesetzliches Verbot für bestimmte Personen, das gewisse in Wettbewerb mit dem Unternehmer usw. tretende Tätigkeiten u. ä. untersagt. Das W. gilt für den →Handlungsgehilfen (§ 60 HGB), den →Volontär (§ 82a HGB), die persönlich haftenden Gesellschafter der OHG und KG (§§ 112, 113, 165 HGB) und die Vorstandsmitglieder der AG (§ 88 AktG). Weitergehender Schutz kann durch →Wettbewerbsklausel herbeigeführt werden.

II. Arbeitsrecht: 1. *Während des rechtlichen Bestehens des Arbeitsverhältnisses* a) *Kaufmännische Angestellte* (→Handlungsgehilfe): Sie dürfen ohne Einwilligung des Arbeitgebers im Handelszweig des Arbeitgebers weder ein eigenes Handelsgewerbe betreiben noch für eigene oder fremde Rechnung Geschäfte machen (§ 60 HGB). Verletzt der Arbeitnehmer das W., so kann der Arbeitgeber Unterlassung verlangen, u. U. zur →außerordentlichen Kündigung berechtigt sein, Schadenersatz fordern oder verlangen, daß der Arbeitnehmer die für eigene Rechnung abgeschlossenen Geschäfte als für Rechnung des Arbeitgebers eingegangen gelten läßt oder die aus Geschäften für fremde Rechnung bezogene Vergütung herausgibt (§ 61 HGB).

b) *Gewerbliche Angestellte* und *andere Arbeitnehmer:* Es besteht kein gesetzliches W. aus der allgemeinen →Treuepflicht des Arbeitnehmers folgt aber, daß er während des Arbeitsverhältnisses innerhalb und außerhalb des Dienstes jede Betätigung zu unterlassen hat, die seinem Arbeitgeber unmittelbar schadet.

c) *Auszubildende:* Eine entsprechende Verpflichtung ist zu bejahen.

2. *Nach Beendigung des Arbeitsverhältnisses:* Es besteht kein gesetzliches W. Der Wettbewerb kann aber durch vertragliche Abmachungen über das Ende des Arbeitsverhältnisses hinaus beschränkt werden. Da diese die Freiheit des Arbeitnehmers und sein berufliches Fortkommen (Art. 12 GG) erheblich beeinträchtigen können, unterliegen sie bestimmten gesetzlichen Beschränkungen (§§ 74 ff. HGB; § 133 f GewO).

a) *Kaufmännische Angestellte:* Die Wettbewerbsabrede bedarf nach der Regelung der §§ 74 ff. HGB der Schriftform; sie darf sich nicht über zwei Jahre erstrecken. Weitere Voraussetzungen: (1) *Konkurrenzentschädigung:* Der Arbeitgeber muß sich verpflichten, dem Arbeitnehmer für die Dauer des Verbots monatlich eine Entschädigung zu zahlen, die mindestens die Hälfte der letzten vertraglichen Bezüge des Arbeitnehmers erreicht (§ 74 II HGB). Die Verbindlichkeit eines W. hängt auch bei sog. hochbesoldeten Angestellten und bei Arbeitnehmern, die für eine Tätigkeit außerhalb Europas eingestellt werden, von der Zusage der gesetzlichen Karenzentschädigung ab. Die gegenteilige Regelung in § 75 b HGB ist nach der Rechtsprechung des BAG verfassungswidrig. Auf die Karenzentschädigung muß sich der Arbeitnehmer anrechnen lassen, was er während des Zeitraums, für den sie gezahlt wird, durch anderweitige Verwertung seiner Arbeitskraft erwirbt oder zu erwerben böswillig unterläßt, soweit die Entschädigung unter Hinzurechnung dieses Betrags den Betrag der zuletzt von ihm bezogenen Arbeitsvergütung um 10% und im Falle eines durch das W. bedingten Umzugs um 25% übersteigen würde (§ 74c I HGB). – (2) *Unverbindlichkeit:* (a) *Allgemein:* Das W. ist insoweit unverbindlich als es nicht zum Schutz eines berechtigten geschäftlichen Interesses des Arbeitgebers dient. Es ist ferner unverbindlich, soweit es unter Berücksichtigung der gewährten Entschädigung nach Ort, Zeit oder Gegenstand eine unbillige Erschwerung des Fortkommens des Handlungsgehilfen enthält (§ 74a I). – (b) *Bedingtes W.:* Bei dem W. darf es sich nicht um ein bedingtes W. handeln. Dies liegt dann vor, wenn das Inkrafttreten des W. nach Beendigung des Arbeitsverhältnisses davon abhängig gemacht wird, daß der Arbeitgeber es in Anspruch nimmt, oder wenn der Arbeitgeber sich vorbehält, auf ein vereinbartes W. zu verzichten. Solche bedingten W. sind nach der Rechtsprechung für den Arbeitnehmer verbindlich, weil sie einer entschädigungslos vereinbarten Konkurrenzklausel gleichkommen. – (c) *Unverbindliches W.:* Ein unverbindliches W. liegt vor, wenn der Arbeitnehmer zwar nicht an das W. gebunden ist, ihm also eine Konkurrenztätigkeit nicht untersagt ist, er sich aber an die Wettbewerbsvereinbarung halten und dann vom Arbeitgeber die vereinbarte Karenzentschädigung verlangen kann. Ist aber z. B. die Schriftform nicht gewahrt oder hat sich der Arbeitgeber die Erfüllung des W. auf Ehrenwort oder unter ähnlichen Versicherungen versprechen lassen, ist das W. insgesamt nichtig (§ 74a II HGB). – (3) *Ansprüche des Arbeitgebers bei Nichteinhaltung des W.:* Der Arbeitgeber kann gegen den Arbeitnehmer auf Unterlassung von Wettbewerb klagen. Für die Zeit, in der der Arbeitnehmer das W. verletzt hat, kann der Arbeitgeber die Zahlung einer Karenzentschädigung verweigern oder aber Schadenersatzansprüche geltend machen. Die Einhaltung des W. kann auch durch →Vertragsstrafen gesichert werden (§ 75c HGB). – (4) *Verzicht durch Arbeitgeber:* Vor Beendigung des Arbeitsverhältnisses kann der Arbeitgeber durch schriftlich eindeutige Erklärung auf das W. verzichten; alsdann wird er mit Ablauf eines Jahres seit Verzichtserklärung von der Zahlungspflicht frei (§ 75a HGB). – (5) *Außerkrafttreten des W.:* Das W. tritt außer Kraft, wenn der Arbeitnehmer das Arbeitsverhältnis wegen vertragswidrigen Verhaltens des Arbeitgebers außerordentlich kündigt und vor Ablauf eines Monats nach Kündigung dem Arbeitgeber schriftlich erklärt, er fühle sich an das W. nicht gebunden (§ 75 I HGB). Entsprechendes gilt nach der Rechtsprechung des BAG für den Arbeitgeber, wenn dieser das Arbeitsverhältnis wegen vertragswidrigen Verhaltens des Arbeitnehmers außerordentlich kündigt; die Vorschrift des § 75 III HGB, die für diesen Fall den Wegfall der Karenzentschädigung bei weiter bestehendem W. vorsah, ist verfassungswidrig. – Kündigt der Arbeitgeber das Arbeitsverhältnis ohne erheblichen Anlaß in der Person des Angestellten und bietet er in diese Fall dem Arbeitnehmer nicht für die Dauer des W. die Fortzahlung der vollen bisherigen Bezüge als Karenzentschädigung an, wird das W. ebenfalls unwirksam, wenn der Arbeitnehmer vor Ablauf eines Monats nach der Kündigung gegenüber dem Arbeitgeber schriftlich erklärt, er fühle sich an die Wettbewerbsabrede nicht gebunden (§ 75 II HGB).

b) *Gewerbliche Arbeitnehmer:* Entsprechende Bestimmung des § 133f GewO ist weniger streng. Das BAG wendet aber nunmehr die §§ 74 ff. HGB analog auf W. mit sonstigen Arbeitnehmern, die nicht kaufmännische Angestellte sind, an.

c) *Auszubildende:* Der Abschluß eines W. ist grundsätzlich ausgeschlossen. Es ist nur dann möglich, wenn die Parteien innerhalb der letzten drei Monate des Ausbildungsverhältnisses sich verpflichten, ein Arbeitsverhältnis auf unbestimmte Zeit einzugehen oder ein Arbeitsverhältnis auf Zeit für die Dauer von höchstens fünf Jahren einzugehen, sofern der Ausbildende Kosten für eine weitere Berufsausbildung des Auszubildenden außerhalb des Berufsausbildungsverhältnisses übernimmt und diese Kosten in einem angemessenen Verhältnis zur Dauer der Verpflichtung stehen (§ 5 BBiG).

Wettbewerbsvereinbarungen. 1. Abreden unter *Mitbewerbern* zur Festlegung der Grenzen des Wettbewerbs. Nach Grundsatz der Vertragsfreiheit zulässig, soweit die Vereinbarung nicht gegen die guten Sitten oder die Vorschriften des →Kartellgesetzes verstößt. – Vgl. auch →EWG II 4. – 2. Vereinbarungen des Unternehmens mit →*Handlungsgehilfen* und entsprechende Vereinbarungen mit →Handelsvertretern, Gesellschaften usw. – Vgl. auch →Wettbewerbsklausel, →Wettbewerbsverbot.

Wettbewerbsvorteil, →Wettbewerbsstrategie III 2.

Wettbewerbsvorteils-Matrix, *Branchen-Wettbewerbsvorteils-Matrix,* Konzept zum Entwurf von →Wettbewerbsstrategien, das grundsätzliche Entfaltungsmöglichkeiten aufzeigt, die sich dem Unternehmen gegenüber den Konkurrenten im strategischen Wettbewerbsfeld bieten; entwickelt von dem Beratungsunternehmen Boston Consulting Group. – *Zentrale Dimensionen:* (1) die Größe des Vorteils, den man gegenüber den Wettbewerbern bei einzelnen Faktoren aufbauen kann, und (2) die Anzahl der verschiedenen Faktoren, in denen ein Vorteil aufgebaut werden kann. Ein Unternehmen kann dann als erfolgreich eingestuft werden, wenn bei der Mehrzahl seiner Geschäfte große Wettbewerbsvorteile (Volumen- und Spezialisierungsgeschäft) realisiert werden können. – *Ausprägungen* der W.-M.: Vgl. nachstehende Abbildung.

	klein	groß
groß (Anzahl der Vorteilsfaktoren)	Fragmentiert	Spezialisierung
klein	Patt	Volumen

Größe des Vorteils

Wetterdienst, →Bundesanstalt Deutscher Wetterdienst.

Wetterschiffe, an fixierten Orten stationierte Schiffe, die zu festgelegten Zeiten meteorologische Beobachtungen und Messungen anstellen und über Funk verbreiten. Die Positionen der W. sind Bestandteil des zum Zweck der Wetteranalyse und -vorhersage eingerichteten und von der →WMO koordinierten weltweiten Wetterbeobachtungsnetzes. – *Positionen:* im Nordatlantik zehn, im Nordpazifik drei, im Südatlantik eins. Mehr W. in den beobachtungsarmen Ozeanen der Südhalbkugel sind geplant. Neun der Nordatlantik-Positionen werden im Rahmen eines Abkommens gemeinsam von einer Staatengruppe der →ICAO unterhalten, wobei Schiffe der USA, Kanadas, Großbritanniens, Frankreichs, der Niederlande, Norwegens und Schwedens ein-

gesetzt werden, die auch Aufgaben der Navigationshilfe für Flugzeuge und des Such- und Rettungsdienstes ausüben.

WEU, Western European Union, *Westeuropäische Union,* gegr. am 6.5.1955 nach Ratifikation der der WEU zugrunde liegenden Pariser Verträge durch sieben Staaten: Belgien, Bundesrep. D., Frankreich, Italien, Luxemburg, Niederlande und Großbritannien. Die WEU ist hervorgegangen aus dem Brüsseler Pakt von 1948; nach dem Scheitern der Europäischen Verteidigungsgemeinschaft 1954 wurden die Bundesrep. D. und Italien als Mitglieder eingeladen. – *Organe:* Versammlung aus Vertretern der Mitgliedstaaten, die gleichzeitig der Beratenden Versammlung des Europarats angehören, Rat aus den Außenministern der Mitgliedstaaten (enge Zusammenarbeit mit der →NATO), Sekretariat, Amt für Rüstungskontrolle, Ständiger Rüstungsausschuß, Zusammenarbeit der Mitglieder in den Sozial- und Kulturausschüssen erfolgt im Rahmen des →Europarats. – *Ziele und Tätigkeit:* Die WEU soll Frieden und Sicherheit festigen, die Einheit Europas und seine Integration fördern. Im Fall eines bewaffneten Angriffs auf ein Mitglied besteht Beistandspflicht. Die WEU war beauftragt mit der Überwachung des Saar-Referendums (1955), bei dem das europäische Statut für die Saar zugunsten der Eingliederung in die Bundesrepublik abgelehnt wurde. Zusammenarbeit in Rüstungsangelegenheiten sowie in Fragen der Sozialpolitik, der Gesundheitsfürsorge, des Erziehungs- und des öffentlichen Informationswesens (Radio, Film, Fernsehen) sowie des Rechtswesens. Im Dezember 1980 wurde eine Studiengruppe zur Förderung einer engen Zusammenarbeit mit der EG-Kommission und der NATO eingerichtet. Finanzierung aus Beiträgen der Mitglieder. Seit 1984 ist eine Diskussion über eine Reorganisation der WEU unter der Zielsetzung einer größeren Effizienz dieser Organisation bei der Koordinierung der europäischen Sicherheitspolitik im Gang. – Wichtige *Veröffentlichungen:* Proceedings of the WEU Assembly; Annual Report of the Council.

WFP, →FAO.

WFS, Abk. für →World Fertility Survey.

WF-Verfahren, →Work-Factor-Verfahren.

White-Box-Test, →Testen 3.

WHO, World Health Organization, Weltgesundheitsorganisation, gegr. 1948, Sitz: Genf. 1984: 164 Mitglieder (Bundesrep. D. seit 1961). Gehört zu den →Sonderorganisationen der UN. – *Entstehung:* Vorläufer: Internationale Sanitätskonferenz in Paris 1851 und die sich daraus ergebenden Internationalen Sanitätsabkommen 1926, 1933 und 1944, Gesundheitsorganisation des Völkerbundes. Die Satzung der WHO wurde am 22.7.1946 von 61

Staaten (51 davon Mitglieder der UN) unterzeichnet, gleichzeitig die WHO-Interim Commission errichtet; sie trat am 7.4.1948 nach
Ratifikation durch 26 Mitglieder in Kraft
(7.4. = Weltgesundheitstag). – *Organe:* Welt-
gesundheitskonferenz, tritt jährlich zusammen, Vertretung aller Mitgliedstaaten; Exekutivrat: Fachleute aus 30 Mitgliedstaaten;
Sekretariat: sechs regionale Zweigorganisatio-
nen; Beratender Ausschuß für medizinische
Forschung und 43 Sachverständigengremien.
Als autonomes Organ im Rahmen der WHO
wurde 1965 die Internationale Krebsfor-
schungsstelle *(International Agency for
Research on Cancer)* in Lyon eingerichtet, der
neben der Bundesrep.D. elf weitere WHO-
Staaten angehören. – *Ziele:* Bekämpfung von
Krankheiten und Gebrechen, Herbeiführung
des völligen körperlichen, geistigen und sozialen Wohlbefindens der Völker (lt. Satzung).
Zusammenarbeit aller auf diesem Gebiet tätigen Personen und Dienststellen, Förderung
der wissenschaftlichen Forschung, der Berufsausbildung, Ausbau des Gesundheitsdienstes,
Aufklärung und die das harmonische Zusam-
menleben der Menschen beeinflussende geistige Gesundheit. Das wichtigste Ziel für die
nächsten zwei Jahrzehnte wurde in dem Programm „*Health for All by the Year 2000*"
niedergelegt, das eine Reihe bis Ende des 20.
Jahrhunderts zu realisierender gesundheitli-
cher Minimalforderungen enthält. – *Aufgaben
und Arbeitsergebnisse:* Koordinierungszen-
trale für die internationale Gesundheitsarbeit;
Unterstützung der Regierungen bei der Entwicklung des nationalen Gesundheitsdienstes;
Bereitstellung technischer Hilfe und Hilfe in
Krisenfällen; Überwachung und Bekämpfung
epidemischer, endemischer u.a. Krankheiten;
Verbesserung der Ernährung, des Wohnungswesens und der Voraussetzungen für sanitäre
Verhältnisse, Erholung, angemessene Arbeitsbedingungen und für weitere Aspekte der
Umwelthygiene; Fürsorge für Mutter und
Kind; Förderung und Durchführung von For-
schungsarbeiten auf allen Gebieten des
Gesundheitswesens; Erarbeitung verbesserter
Standards für die Lehre und Ausbildung in
den Berufen des Gesundheitswesens; Untersuchung und Förderung von öffentlichen Maßnahmen einer vorbeugenden Gesundheits-
pflege; Förderung einer öffentlichen Aufklärung in Fragen der Gesundheit und Veröffentlichung von Fachschriften. Entwicklung internationaler Programme, z.B. Einführung internationaler Standards für Arzneimittelbezeich-
nung, Entwicklung lokaler Voraussetzungen
für den Aufbau eines Gesundheitsdienstes.
Durchführung internationaler Programme für
die Ausbildung von Heil- und Pflegepersonal,
Beteiligung an der internationalen Rauschgift-
bekämpfung, Unterstützung der einzelnen
Länder durch ein umfassendes Programm von
regionalen und interregionalen Konferenzen,
Seminaren und Ausbildungskursen sowie Ent-

sendung von Experten zwecks Unterstützung
bei der Lösung der vielfältigen nationalen und
lokalen Probleme auf dem Gebiet des Gesundheitswesens insbes. in Entwicklungsländern.
Einzelaktivitäten der WHO sind z.B. das
weltweite Meldesystem gegen Grippeepide-
mien und die Entwicklung und Bereitstellung
von Impfstoffen gegen neue Erreger im Rahmen des Erweiterten Impfprogramms (Expanded Programme on Immunization-EPI). –
Informationsgrundlage ist das *internationale
Verzeichnis der Krankheiten, Verletzungen und
Todesursachen (ICD),* neunte Revision;
zehnte Revision ist gegenwärtig in Vorbereitung. – Wichtige Einrichtungen im Rahmen
der WHO: Abschluß formaler Abkommen mit
allen Mitgliedern der Federation of World
Health Foundations. – *Wichtige Veröffentlichungen:* Basic Documents (z.B. Constitution,
Regulations, Agreements); World Health
(monatlich); WHO Chronicle (sechsmal jährlich); Bulletin of WHO; Public Health Papers;
World Health Statistics Report (monatlich);
Report on the World Health Situation (etwa
alle vier Jahre).

wichtiger Grund, im bürgerlichen Recht häufig wiederkehrender Begriff, meist zu einer
→Kündigung und Auflösung eines länger
dauernden Rechtsverhältnisses berechtigend.
Allgemein gelten als w.G. solche Umstände,
die für den anderen Vertragspartner die Fortsetzung des Rechtsverhältnisses als unzumutbar erscheinen lassen; jedoch kann (evtl. an
Hand der etwa in den Gesetzen gegebenen
Beispiele) nur im Einzelfall entschieden werden, was als wichtiger Grund anzusehen ist.

Wicksell, John Gustav Knut, 1851–1926,
bedeutender schwedischer Nationalökonom.
W. wurde stark beeinflußt durch Jevons,
Walras, Menger und v. Böhm-Bawerk. Bedeutend war die Einkommensverteilungstheorie
Wicksells auf der Grundlage der →Grenzpro-
duktivitätstheorie. Grundlegend für eine
ganze konjunkturtheoretische Richtung
(monetäre →Überinvestitionstheorie) wurde
die Rezeption seiner Zinsspannentheorie im
sog. →Wicksellschen Prozeß. W. übte auch
durch seine Geldtheorie und seine finanztheo-
retischen Untersuchungen stärksten Einfluß
auf die Nationalökonomie aus und ist in seiner
Bedeutung für die moderne Volkswirtschaftstheorie kaum zu überschätzen. In mancher
Beziehung ist er als Vorläufer von Keynes zu
betrachten. – *Hauptwerke:* „Über Wert, Kapital und Rente nach den neueren nationalökonom. Theorien" 1893; „Finanztheoretische
Untersuchungen" 1896; „Geldzins und Güterpreise" 1898; „Vorlesungen und Nationalökonomie auf der Grundlage des Marginalprin-
zips" 1913–1922.

Wicksellscher Prozeß, von Wicksell („Über
Wert, Kapital und Rente" 1893; „Geldzins
und Güterpreise" 1898) beschriebene kumu-

lative Entwicklung im Wirtschaftsprozeß. –
Vorgang: Bei einem Sinken des →Geldzinses
(= Marktzinses) infolge der Kreditschöpfung
der Banken unter dem →natürlichen Zins
wird ein größeres Kapital vorgetäuscht, als
tatsächlich vorhanden ist. Daraufhin werden
→Investitionen vorgenommen, und zwar
mehr, als der realen Kapitalbasis entspricht.
Da Wicksell von einem Zustand der →Vollbe-
schäftigung ausgeht, müssen die Preise und
später auch die Löhne kumulativ steigen. Ein
Zwangssparprozeß wird hervorgerufen
(→Sparen), der aber den Umschwung nicht
verhindern kann. Dieser tritt ein, wenn sich
die Unzulänglichkeit der realen Kapitalbasis
herausstellt und das Banksystem nicht fähig
und/oder nicht willig ist, weitere Kreditexpan-
sion zuzulassen. – *Bedeutung:* Die Gedankengänge des W.P. liegen der monetären →Über-
investitionstheorie zugrunde, ihr schwächster
Punkt ist die Hypothese einer Vollbeschäftigung als Ausgangssituation.

wide area network, →WAN.

Widerklage, die in einem abhängigen Prozeß
von dem Beklagten gegen den Kläger erhobenen →Klage. – *Zulässig* nur, wenn ihr Streitgegenstand mit dem Klageanspruch oder den
gegen die Klage vorgebrachten Einwendungen
in rechtlichem Zusammenhang steht (strittig).
– Die W. kann bei dem *Gericht* der Klage
erhoben werden, auch wenn dieses an sich für
die W. örtlich unzuständig wäre (§ 33 ZPO). –
Erhoben wird sie durch →Zustellung eines bei
Gericht eingereichten Schriftsatzes an den
Kläger (und Widerbeklagten) oder durch
Antragstellung in der mündlichen Verhandlung (§ 261 ZPO). Über sie wird mit der Klage
entschieden, jedoch ist getrennte Entscheidung durch →Teilurteil möglich. – Die W. ist
unzulässig im →Mahnverfahren, →Arrestver-
fahren und →Einstweiliger Verfügung.

Widerruf. I. H a n d e l s r e c h t : Einseitige,
formfreie empfangsbedürftige →*Willenserklärung,* gerichtet auf Aufhebung eines Rechtsverhältnisses oder Beendigung einer Rechtswirkung: 1. W. der *Vollmacht* jederzeit zulässig, sofern nicht abweichende Vereinbarung
besteht. – 2. W. der →*Prokura* jederzeit
zulässig; auf das Recht zum W. kann nicht
verzichtet oder dieses durch Vereinbarung
einer →Vertragsstrafe praktisch undurchsetz-
bar gemacht werden. Der Widerruf läßt das
zugrunde liegende Vertragsverhältnis
(Arbeitsvertrag usw.) unberührt (§ 52 HGB).
Gegen Dritte wird der W. erst wirksam mit
→Eintragung im →Handelsregister und
→Bekanntmachung oder positiver Kenntnis
(§ 15 HGB). – 3. Sondervorschriften für W.
der →Kündigung eines Arbeitnehmers:
→Kündigungsschutz. – 4. W. der Bestellung
zum Mitglied des →Vorstandes einer AG oder
zum →*Geschäftsführer* einer GmbH: vgl. auch
→Abberufung. – W. eines *Schecks:* →Scheck

III 5. – Bei *Ehrverletzungen:* →Widerrufsan-
spruch.

II. Ö f f e n t l i c h e s R e c h t : W. oder
Zurücknahme von →Verwaltungsakten durch
die Verwaltungsbehörden ist i. d. R. jederzeit
möglich. – *Ausnahmen:* 1. begünstigende Verwaltungsakte (z. B. Verleihung einer gewerblichen →Konzession) können nur widerrufen
werden, wenn beim Erlaß des Verwaltungsaktes gegen zwingende Rechtsnormen verstoßen
oder der Widerruf vorbehalten wurde; 2.
bestimmte belastende Verwaltungsakte können nach Ablauf einer gesetzlich festgelegten
Frist nicht mehr zu Lasten, sondern nur
zugunsten des Betroffenen abgeändert werden
(z. B. § 96 AO).

III. A r b e i t s r e c h t : 1. *W. von Arbeitsver-
tragsbedingungen:* I. d. R. nur zulässig, wenn er
von der widerrufenden Partei vorbehalten
wurde. Der W. des Arbeitgebers hat die nach
§ 315 BGB gesetzten Grenzen („billiges
Ermessen") zu beachten. Ist W. nicht vorbehalten, ist →Änderungskündigung erforderlich. – 2. *W. von Ruhegeldzusagen:* Aus steuerrechtlichen Gründen spielen nur noch die
Mustervorbehalte der Finanzverwaltung in
der Praxis eine Rolle. – Bei groben Treuever-
stößen kann der W. von Versorgungsleistungen gerechtfertigt sein, wenn der Verstoß so
schwer wiegt, daß die Berufung auf die Versorgungszusage arglistig erscheint. Ein W.
wegen wirtschaftlicher Schwierigkeiten ist
nach der Rechtsprechung zulässig, wenn a) der
Bestand des Unternehmens gefährdet ist;
b) die Ruhegeldeinstellung in Verbindung mit
anderen Maßnahmen geeignet ist, die Sanierung herbeizuführen; c) nicht nur den Ruhe-
ständlern, sondern auch anderen Personen
Opfer zugemutet werden.

widerrufliche   **Bezugsberechtigung,**
→Bezugsberechtigung.

Widerrufsanspruch, Anspruch auf →Wider-
ruf von widerrechtlichen Ehrverletzungen,
insbes. auch kreditschädigende Behauptungen (→Kreditgefährdung). W. ist, entsprechend der →vorbeugenden Unterlassungsklage, auch ohne →Verschulden des Verletzers gegeben, wenn der Widerruf das geeignete
Mittel zur Beseitigung oder Abschwächung
der noch fortdauernden Störung ist.

Widerspruch. I. Z i v i l p r o z e ß o r d n u n g :
Förmlicher Rechtsbehelf u. a. gegenüber
Mahnbescheid (→Mahnverfahren 5),
→Arrest und →Einstweiliger Verfügung;
führt i. d. R. zu mündlicher Verhandlung und
Entscheidung durch →Urteil.

II. Ö f f e n t l i c h e s R e c h t : 1. *Begriff:* Förmlicher Rechtsbehelf, mit dem in der →Ver-
waltungsgerichtsbarkeit das meist der →An-
fechtungsklage und der →Verpflichtungs-
klage vorausgehende Vorverfahren eingeleitet
wird (§§ 68 ff. VwGo). – 2. Der W. ist binnen

einem Monat seit Bekanntgabe eines →Verwaltungsaktes (oder der Ablehnung) schriftlich oder zur Niederschrift bei der Behörde *einzulegen,* die den Verwaltungsakt erlassen hat. – 3. Der W. hat *aufschiebende Wirkung,* ausgenommen: a) bei Anforderung öffentlicher Abgaben und Kosten; b) unaufschiebbaren Anordnungen der Polizei; c) wenn es durch Bundesgesetz vorgeschrieben ist, d) wenn die sofortige Vollziehung im öffentlichen Interesse oder überwiegenden Interesse eines Beteiligten von der Behörde besonders angeordnet wird. In diesen Fällen kann nach Einlegung des W. die Vollziehung von der Widerspruchsbehörde oder dem Gericht der Hauptsache ausgesetzt werden. – 4. Die Behörde kann dem W. *abhelfen,* andernfalls ergeht ein *Widerspruchsbescheid.* Diesen erläßt die nächsthöhere Behörde; wenn die nächsthöhere Behörde eine →oberste Bundes- oder Landesbehörde ist, die Behörde, die den Verwaltungsakt erlassen hat; in Selbstverwaltungsangelegenheiten die Selbstverwaltungsbehörde. – 5. Durch →Landesrecht kann bestimmt werden, daß *Ausschüsse oder Beiräte* an die Stelle der Widerspruchsbehörde treten. – 6. Der Widerspruchsbescheid ist zu *begründen* und mit →*Rechtsmittelbelehrung* zu versehen. – 7. Bei *erfolgreichem W.* sind von der →Behörde die zur zweckentsprechenden Rechtsverfolgung oder Rechtsverteidigung notwendigen Aufwendungen zu erstatten (§ 80 VwVfG).

III. Registerrecht: 1. *Befugnis,* gewisse Eintragungen im →*Handelsregister* zu verhindern. W. gegen bevorstehende Eintragung in das →Handelsregister kann erheben, wer eine rechtskräftige oder vollstreckbare Entscheidung des Prozeßgerichtes erwirkt hat, in welcher die Vornahme der Eintragung für unzulässig erklärt ist, z. B. wegen →Verwechslungsgefahr (§ 16 II HGB). Ist trotz W. eingetragen: →Beschwerde nach § 20 FGG. – Die →Löschung einer ohne W. vorgenommenen Eintragung kann durch verspäteten W. nicht verlangt werden. – 2. Vorläufige *Eintragungen im →Grundbuch* zur Sicherung der künftigen Durchsetzung eines →Grundbuchberichtigungsanspruchs (§ 899 BGB). Der W. räumt bei unrichtiger Eintragung den →öffentlichen Glauben des Grundbuchs aus und verhindert den →gutgläubigen Erwerb durch einen Dritten. *Möglichkeiten* der Eintragung des W.: a) auf Bewilligung des nach § 894 BGB Zustimmungspflichtigen (selten); b) auf Grund →Einstweiliger Verfügung (häufigster Fall); c) von Amts wegen (→Amtswiderspruch); d) bei →Buchhypothek für ein Darlehen auf Antrag des Eigentümers binnen einem Monat seit Eintragung, wenn das Darlehen nicht gewährt wurde (§ 1139 BGB).

IV. Mietrecht: Vgl. →soziales Mietrecht 3.

widersprüchliches Restriktionssystem, →inkonsistentes Restriktionssystem.

widerspruchsfreies Restriktionssystem, →konsistentes Restriktionssystem.

Widerspruchsgleichung, →lineare Gleichungsrestriktion der Form: $0x_1 + 0x_2 + \ldots + 0x_n = b$ mit $b \neq 0$. Ein Restriktionssystem, das eine solche Gleichung enthält, bzw. das sich durch →lösungsneutrale Umformungen auf ein System mit einer solchen Gleichung bringen läßt, besitzt keine Lösung, da es keinen Vektor $(x_1, x_2, \ldots, x_n)$ von reellen Zahlen $x_1, x_2, \ldots, x_n$ gibt, der dieser Gleichung genügt.

Widerspruchskartell, →Kartellgesetz VII 3 b.

Widerspruchsklage, →Klage, mit der ein Dritter ein die Veräußerung hinderndes Recht an dem Gegenstand der Zwangsvollstreckung geltend machen kann, auch bei der Beitreibung von Steuerforderungen zulässig (§ 328 AO). – Vgl. auch →Drittwiderspruchsklage.

Widerstand gegen die Staatsgewalt, Widerstand gegen in rechtmäßiger Amtsausübung vollstreckende Amtsträger oder Hilfspersonen durch Gewalt, Bedrohung mit Gewalt oder tätlichen Angriff. →Vergehen nach § 113 StGB. – *Strafe:* Freiheitsstrafe bis zwei Jahre oder Geldstrafe.

Widerstandsrecht, Befugnis, verfassungswidrig ausgeübter →Staatsgewalt entgegenzutreten. Das W. ist in engen Grenzen zulässig, auch wenn das Grundgesetz eine allgemeine Regelung nicht enthält. Eine ausdrückliche Regelung findet sich in einigen Länderverfassungen (Berlin, Bremen, Hessen). Das Grundgesetz räumt in Art. W. jedoch jedem Deutschen ein, gegen die vorzugehen, die die bundesstaatliche Ordnung beseitigen wollen (Art. 20 GG).

Widmung, Begriff des öffentlichen Rechts für einen →Verwaltungsakt, durch den eine Sache zur →öffentlichen Sache erklärt wird und damit in den Allgemeingebrauch übergeht, z. B. Bestimmung eines Privatweges zur →öffentlichen Straße, Privatrechtliche Verfügungen über diese Sache sind dann nur noch insoweit zulässig, als sie die öffentlich-rechtliche Zweckbindung nicht beeinträchtigen.

wie besehen, *wie besichtigt,* →Handelsklausel in →Kaufverträgen, die bedeutet, daß →Sachmängelhaftung für offene (erkennbare) Sachmängel (nicht dagegen für verborgene) ausgeschlossen ist. – *Anders:* →wie die Ware steht und liegt.

wie besichtigt, →wie besehen.

Wiederanlagerabatt, von Investmentgesellschaften gewährter Rabatt an solche Anleger, die ihre Ertragsausschüttung zum Erwerb weiterer Anteile benützen.

Wiederanlaufkosten, →Kosten, die mit der Wiederinbetriebnahme von Betrieben, Produktionsbereichen oder Betriebsmitteln verbunden sind, die vorübergehend stillgelegt waren; z. B. Kosten für Einarbeitung von neuem Personal, Kosten für die Wiederherstellung der Betriebsbereitschaft. W. können, müssen aber nicht abhängig von der Stillstandsdauer sein; sie müssen bereits bei der Entscheidung über eine evtl. Stillegung berücksichtigt werden (→Stillstandskosten).

Wiederauflebensklausel, kraft Gesetzes (§ 9 I VerglO) dem im →Vergleichsverfahren zur Abwendung des Konkurses geschlossenen →Vergleich beigefügte Abrede, nach der gestundete oder teilweise erlassene Forderungen u. U. ihrem ganzen Umfang nach wieder aufleben bzw. fällig werden. W. soll den Schuldner zur pünktlichen Erfüllung des Vergleichs anhalten. – 1. *Voraussetzungen:* →Stundung oder →Erlaß werden für den Gläubiger hinfällig, gegenüber dem der Schuldner mit einer fälligen Vergleichsrate in →Verzug gerät. Gegenüber anderen Gläubigern bleibt der Vergleich bestehen. Zum Schutz gegen zufällige Versäumnisse tritt Verzug erst ein, wenn der Schuldner trotz einer nach →Fälligkeit der Vergleichsrate erfolgenden schriftlichen →Mahnung des Gläubigers, die eine Nachfristsetzung von mindestens einer Woche enthalten muß, innerhalb der Nachfrist nicht bezahlt (§ 9 I VerglO). – 2. *Ausnahmen:* Beim →Liquidationsvergleich gilt die W. nicht, soweit der Schuldner das vorhandene Vermögen einem Treuhänder zur Verwertung überlassen hat (§ 9 III VerglO). – 3. Die Vereinbarung des *Ausschlusses* der W. im Vergleich kommt selten vor, „unwiderruflicher bzw. endgültiger Verzicht" ist i. d. R. nicht als Ausschluß der W. aufzufassen. – 4. *Vollstreckung:* Der Gläubiger darf i. a. keine →Klage erheben. Auf Antrag wird ihm, sofern nicht Schuldner und →Vergleichsverwalter seine Forderung bestritten haben, auf Grund des bestätigten Vergleichs durch das →Vergleichsgericht die →Vollstreckungsklausel zum dem Auszug aus dem berichtigten Gläubigerverzeichnis erteilt; Mahnung und Ablauf der Nachfrist bedürfen der →Glaubhaftmachung, z. B. durch Vorlage einer Kopie des Mahnschreibens und eines Posteinlieferungsscheines (§ 85 Vergl.O). Auf Grund dieses →Vollstreckungstitels kann der Gläubiger gegen den Schuldner, u. U. auch gegen den Bürgen, die →Zwangsvollstreckung wegen seiner ganzen Forderung betreiben.

Wiederaufnahme des Verfahrens, die erneute Prüfung eines bereits rechtskräftig abgeschlossenen Verfahrens.

I. Zivilprozeßordnung: Im Zivilprozeß nach →Rechtskraft des →Urteils aus den in §§ 579, 580 ZPO aufgezählten Gründen zwecks neuer Entscheidung möglich. – 1. Die W.d.V. ist *statthaft* insbes. gegen Urteile, unanfechtbare →Vollstreckungsbescheide und Eintragungen in die →Konkurstabelle. – 2. W.d.V. *erfolgt* durch Erhebung a) der *Nichtigkeitsklage* wegen schwerwiegender prozessualer Mängel, wie unvorschriftsmäßige Besetzung des Gerichts, Mitwirkung eines kraft Gesetzes ausgeschlossenen oder abgelehnten Richters; b) der *Restitutionsklage* gegen den früheren Prozeßgegner bei dem Gericht, das zuletzt in der Hauptsache entschieden hat; die Restitutionsklage ist zulässig, wenn sich die materiellrechtliche Grundlage des Urteils nachträglich in bestimmter Hinsicht als unrichtig herausstellt und dies nicht mehr in dem früheren Prozeß geltend gemacht werden konnte, z. B. →Meineid eines Zeugen, →Sachverständigen oder einer →Partei, Vorlage einer gefälschten Urkunde →Prozeßbetrug; ihre Erhebung setzt, wenn Grund zur Wiederaufnahme eine strafbare Handlung ist, in der Regel rechtskräftige Bestrafung des Täters voraus. – 3. Die Klage muß binnen einer →Notfrist von einem Monat nach Kenntnis des Anfechtungsgrundes erhoben werden; nach fünf Jahren ist sie nicht mehr zulässig.

II. Strafprozeßordnung: Im Strafverfahren ist W.d.V. nach Rechtskraft des Straferkenntnisses zulässig, aber gemäß §§ 359 ff. StPO (ähnlich wie zu I.) an strenge Voraussetzungen geknüpft. Für die Vorbereitung der W.d.V. kann auf Antrag ein →Verteidiger beigeordnet werden. – Im Verfahren bei *Ordnungswidrigkeiten* unterliegt der rechtskräftig gewordene →Bußgeldbescheid auch dann der W.d.V. (§ 85 OWiG), wenn sich nachträglich Tatsachen oder Beweismittel ergeben haben, wonach keine bloße Ordnungswidrigkeit, sondern ein →Verbrechen vorliegt.

III. Verwaltungsgerichtsbarkeit: Die W.d.V. ist entsprechend den Vorschriften der ZPO zulässig (§ 153 VwGO). Die Befugnis zur Klageerhebung steht auch dem →Vertreter des öffentlichen Interesses zu.

IV. Finanzgerichtsbarkeit: Die W.d.V. ist nach den Vorschriften der ZPO statthaft (§ 134 FGO).

Wiederausfuhr, *Re-Export,* Ausfuhr von zuvor eingeführten Waren. – 1. Für die W. gelten die allgemeinen außenwirtschaftsrechtlichen *Ausfuhrvorschriften.* Sind die Waren einfuhrrechtlich noch nicht abgefertigt, so kommt Befreiung von den Ausfuhrförmlichkeiten zur Anwendung (§ 19 Abs. 1 Nr. 41 AWV). – 2. *Zollrechtlich* ist von Waren, die nicht in den freien Verkehr des Einfuhrlandes getreten sind, i. d. R. ohne Abfertigung zulässig, lediglich zollamtliche Überwachung der Ausfuhr erforderlich. – 3. Bei W. von *verzollten Waren* besteht Rechtsanspruch auf Erstattung oder Erlaß der Eingangsabgaben, wenn bestimmte Voraussetzungen erfüllt sind, a) entsprechender

Antrag innerhalb von sechs Monaten nach der Verzollung; b) die betr. Waren dürfen im Inland nicht verwendet worden sein; Verwendung ist unschädlich, wenn erst dabei die Tatsachen festgestellt werden konnten, die den Anlaß für die Rücksendung bilden; c) die Waren müssen ferner an den ausländischen Lieferer oder zu dessen Verfügung zurückgesandt werden (§ 80 AZO, Dienstanweisung in VSF Z 1101).

Wiederausfuhrkontrolle, →end user control.

Wiederbeschaffungskosten, *Wiederbeschaffungspreis,* *Wiederbeschaffungswert,* →Anschaffungwert eines im Unternehmen. vorhandenen Vermögensgegenstandes zum Zeitpunkt seiner Wiederbeschaffung. – 1. W. werden in der *Kostenrechnung* zumeist als →Abschreibungsbetrag den →kalkulatorischen Abschreibungen zugrundegelegt und zur Bewertung von Materialverbräuchen (→Materialbuchhaltung) verwendet. – Die Verwendung von W. als Wertansatz für die Bestimmung der Kostenhöhe ist insbes. mit drei *Problemen* verbunden: a) Zum Zeitpunkt der Bewertung ist die genaue Höhe der W. i. d. R. nicht bekannt. Dies führt zu Prognosefehlern. b) Der Ansatz von W. unterstellt, daß ein Vermögensgegenstand in unveränderter Form wiederbeschafft wird (identische Reduplikation). Insbes. bei langlebigen Anlagen entspricht diese Prämisse angesichts des starken technologischen Wandels häufig nicht der Realität. c) Der Ansatz von W. führt bei langlebigen Einsatzgütern dazu, daß Faktorpreise, die sich in der Zukunft aufgrund u. U. völlig unterschiedlicher Markt-, Konkurrenz- und allgemeiner Umfeldbedingungen bilden werden, heute in die Kalkulation der Produkte eingehen; dies kann zu marktkonträrem Verhalten führen. – 2. *Bilanzierung* zu Wiederbeschaffungskosten fordert F. Schmidt in der →organischen Tageswertbilanz zur Vermeidung des Ausweises von Scheingewinnen (Prinzip der substantiellen Kapitalerhaltung) in Zeiten sinkenden Geldwertes. – In der *Handelsbilanz* sind die W. ein Anhaltspunkt zur Ermittlung des →beizulegenden Wertes gem. § 253 II, III HGB.

Wiederbeschaffungspreis, →Wiederbeschaffungskosten.

Wiederbeschaffungswert, →Wiederbeschaffungskosten.

Wiedereinfuhr, →Rückwaren, →passive Lohnveredelung.

Wiedereinsatzleistung, →innerbetriebliche Leistungen.

Wiedereinsetzung in den vorigen Stand, die Beseitigung eines durch Versäumnis eines Fristablaufs entstandenen Rechtsnachteils durch richterliche Entscheidung, insbes. im Zivilprozeß (§§ 233–238 ZPO). – Zulässig nur

bei →Notfristen und Fristen zur Begründung der →Berufung und →Revision. – *Voraussetzung* ist, daß die →Partei ohne ihr Verschulden an der Einhaltung der Frist gehindert war. – Das Verschulden des →*Prozeßbevollmächtigten* gilt als eigenes Verschulden der Partei. – W. wird nur auf *Antrag* der säumigen Partei gewährt, der binnen zwei Wochen nach Beseitigung des Hindernisses gestellt werden muß. Er muß →Glaubhaftmachung der Tatsachen enthalten, auf die die W. gestützt wird. Gleichzeitig muß die versäumte Prozeßhandlung, z. B. Rechtsmitteleinlegung, nachgeholt werden. – Über den Antrag wird grundsätzlich zusammen mit der Hauptsache *entschieden*; gewährt das Gericht die W., so gilt die Prozeßhandlung als rechtzeitig vorgenommen. – Ähnliche Grundsätze gelten in *anderen Verfahren,* z. B. im Verwaltungsverfahren (§ 32 VwfG), in der →Verwaltungsgerichtsbarkeit (§ 60 VwGO), in der →Finanzgerichtsbarkeit (§ 56 FGO) und im Steuerstrafverfahren (§ 463 AO).

Wiedereinstellung, →Kündigung.

Wiedererkennungsverfahren, →Recognition Test.

Wiedergewinnungsfaktor, *Annuitätsfaktor, Kapitaldienstfaktor,* in der Investitionsrechnung (→Annuitätsmethode) Faktor zur Umformung von Ein- und Auszahlungsreihen mit verschiedenen Beträgen in den einzelnen Perioden in gleich große Glieder einer uniformen Reihe, die den Ausgangsreihen äquivalent sind. Der auf den Kalkulationszeitpunkt bezogene Wert der Einnahme und Ausgabe wird mit dem W. multipliziert.

$$W_0 = \frac{i(1+i)^n}{(1+i)^n - 1}$$

$$\left(\text{mit } i = \text{Kalkulationszinsfuß} = \frac{P}{100}, \text{ n} = \text{Laufzeit der Investition} \right)$$

Wiedergutmachung. 1. *Begriff:* Entschädigung der Opfer nationalsozialistischer Verfolgung für Schäden, die nicht durch →Rückerstattung noch feststellbarer Vermögensgegenstände ausgeglichen werden können. – 2. *Rechtsgrundlage:* Bundesentschädigungsgesetz (BEG) in der Fassung des BEG-Schlußgesetzes vom 14. 9. 1965 (BGBl I 1315) nebst späteren Änderungen und ergänzenden Verordnungen. – 3. *Ansprüche:* W. wird solchen Personen und nahen Angehörigen gewährt, die vom 30. 1. 1933 bis 8. 5. 1945 wegen ihrer gegen den Nationalsozialismus gerichteten Überzeugung, aus Gründen der Rasse, des Glaubens oder der Weltanschauung verfolgt worden sind und dadurch gewisse Nachteile erlitten haben. – a) Für *Schäden an Leben, Körper, Gesundheit und Freiheit* wird eine

Geldrente für die Hinterbliebenen bzw. den Verfolgten Heilverfahren und eine Haftentschädigung als Kapitalentschädigung gewährt. – b) Für *Schäden an Eigentum und Vermögen* ist eine auf bestimmte Höchstsätze begrenzte Geldentschädigung vorgesehen. – c) *Schäden im beruflichen und wirtschaftlichen Fortkommen* sollen u.a. durch entsprechende Zulassung zu einem Beruf, Wiedereinstellung, zinsverbilligte oder zinslose Darlehen, u.U. auch durch Kapitalentschädigung oder Geldrente ausgeglichen werden. Letztere sind auch für Lebens- und Rentenversicherungsschäden aus privaten Versicherungsverhältnissen vorgesehen, während in der Sozialversicherung und Kriegsopferversorgung besondere Bestimmungen gelten. – 4. *Weitere Vorschriften* enthält das BEG über etwaige Vererblichkeit der Ansprüche; es ordnet eine gewisse Rangfolge an, in der die verschiedenen Ansprüche zu befriedigen sind, regelt als Härteausgleich, bestimmt als Entschädigungsorgane die Entschädigungsbehörden der Länder, als Entschädigungsgerichte Entschädigungskammern bei den →Landgerichten als erste Instanz (kein →Anwaltszwang), Entschädigungssenate bei den →Oberlandesgerichten und dem →Bundesgerichtshof und gibt gewisse Verfahrensvorschriften. – 5. *Verfahren:* Antrag bei der Entschädigungsbehörde mußte bis 1.8.1958 gestellt werden; gegen Fristversäumnis →Wiedereinsetzung in den vorigen Stand möglich, wenn der Antragsteller ohne sein →Verschulden gehindert war, die Frist einzuhalten (§ 189).

wiederherstellende Unterlassungsklage, →Klage auf Beseitigung eines bereits vorgenommenen rechtswidrigen Eingriffs in fremde Lebensgüter und Interessen. – *Gegensatz:* →vorbeugende Unterlassungsklage.

Wiederherstellungsklausel, unter bestimmten Voraussetzungen in der Schadenversicherung getroffenen Vereinbarung, wonach die Entschädigungsleistung nur zu zahlen ist, wenn die bestimmungsgemäße Verwendung der Entschädigung gesichert ist. W. in dieser strengen Form wird für die →Zeitwertversicherung kaum noch vereinbart. – Um mögliche Bereicherung zu vermeiden, bisweilen *abgeschwächte W.,* die ein Drittel der Versicherungsleistung erst bei Wiederherstellung (Wiederaufbau) zugesteht. Die verschiedenen →Allgemeinen Versicherungsbedingungen der Sachversicherung enthalten jeweils abgeschwächte W.. Für Gebäude ist hierbei die Leistungspflicht alternativ gekoppelt an den Wiederaufbau oder an Vereinbarungen mit Realgläubigern des Versicherungsnehmers.

Wiederherstellungswert, →Reproduktionswert.

Wiederkaufsrecht, das auf besonderer Vereinbarung im →Kaufvertrag beruhende Recht des Verkäufers, die Sache innerhalb einer bestimmten Frist (i.d.R. zum Verkaufspreis)

durch Erklärung gegenüber dem Käufer zurückzukaufen (§§ 497 ff BGB). Mangels Vereinbarung beträgt die Frist bei Grundstücken 30 im übrigen drei Jahre.

Wiederverheiratung, Behandlung im Familienrecht bei Vorhandensein eines ehelichen Kindes. Will der Elternteil, der das Kindesvermögen verwaltet (→Vermögensverwaltung I), eine neue Ehe eingehen, so ist diese Absicht dem →Vormundschaftsgericht anzuzeigen, ein Verzeichnis des verwalteten *Kindesvermögens* einzureichen und, soweit hinsichtlich dieses Vermögens eine Gemeinschaft zwischen Elternteil und Kind besteht (z.B. eine Erbengemeinschaft), →Auseinandersetzung herbeizuführen. Das Vormundschaftsgericht kann gestatten, daß die Auseinandersetzung erst nach der Eheschließung vorgenommen wird (§ 1683 BGB).

Wiederverkäuferrabatt, →Rabatt.

Wiederverkaufsnachlaß, *buy-back allowance,* Maßnahme der →Verkaufsförderung.

Wiedervorlage (WV), Begriff der Bürotechnik für regelmäßige Durchsicht unerledigter Vorgänge an frei bestimmten Terminen. Ggf. Aufnahme in Terminmappen oder -schränken, Vormerkung auf Terminkalender oder in der Terminkartei. Sammlung der WV-Vorgänge nach Vorlagetermin bei der →Registratur.

wie die Ware steht und liegt, →Handelsklausel in →Kaufverträgen, die in der Regel bedeutet, daß →Sachmängelhaftung für alle Sachmängel (auch für verborgene) ausgeschlossen ist. – *Anders:* →wie besehen.

Wiener Börse, in Selbstverwaltung geführtes Institut mit Überwachungsrechten der Regierung, ausgeübt durch den Börsenkommissar. Zutritt zur Wertpapier- und Warenabteilung nur für Mitglieder. Leitung der Börse durch aus 24 Börsenräten bestehenden Wiener Börsenkammer. Zulassung der Wertpapiere zum amtlichen Börsenhandel durch das Bundesministerium für Finanzen nach Anhören der Börsenkammer, zum geregelten Freiverkehr durch die Börsenkammer. Vermittlung der Wertpapiergeschäfte im amtlichen Börsenhandel durch die vereidigten Makler, in Wien Sensale genannt, im geregelten Freiverkehr durch freie Makler. Kursfestlegung durch Sensale.

Wiener Schule, →Grenznutzenschule 2 a), →Universalismus.

Wiener Vortrag, oft zitierter Vortrag, in dem Schmalenbach 1928 darauf hinwies, daß die →fixen Kosten die Betriebe so unelastisch machten, daß die natürlichen Gleichgewichtstendenzen der freien Wirtschaft nicht mehr wirksam werden könnten. Hieraus müßte gefolgert werden, daß wir an der Schwelle zu einer neuen Wirtschaftsordnung stehen, in der der Marktautomatismus durch lenkungswirtschaftliche Maßnahmen zu ersetzen ist (Dieselben Gedankengänge wiederholte Schmalenbach 1949 in: „Der freien Wirtschaft zum Gedächtnis".)

Wieser, Friedrich Frh. v., 1851–1926, bedeutender österreichischer Nationalökonom und Soziologe; Handelsminister 1917–1918. – *Bedeutung:* W. war neben Menger und E. v. Böhm-Bawerk der bedeutendste Vertreter der Österreichischen →Grenznutzenschule. Er prägte den Begriff „Grenznutzen" und führte das darauf aufbauende Prinzip am konsequentesten durch, indem er es auch auf die Kostenseite anwendete. W. verdient als einziger Vertreter der österreichischen Grenznutzenschule auch als Soziologe außerordentliche Beachtung. – *Hauptwerke:* „Der natürliche Wert" 1899, „Theorie der gesellschaftlichen Wirtschaft" 1914, im Grundriß der Sozialökonomik.

wilder Streik, ein nicht von der →Gewerkschaft geführter Streik. W.S. sind unzulässig (vgl. →Streik II 2 a)).

Willensbildung. 1. *Begriff:* In der Organisation der Prozeß des Zustandekommens einer Entscheidung in →organisatorischen Einheiten, in der mehrere Handlungsträger zusammengefaßt sind. – 2. *Arten* nach dem Ausmaß der Beteiligung sämtlicher Handlungsträger an der Entscheidung: a) *Hierarchische W.:* Die Entscheidungen werden nach dem →Direktorialprinzip getroffen. – b) *Gemeinsame W.:* Die Entscheidungen werden nach dem →Kollegialprinzip getroffen.

Willenserklärung, im Sinne des bürgerlichen Rechts „eine auf Hervorbringung einer Rechtsfolge gerichtete Privatwillenäußerung" (Enneccerus), d.h. die Erklärung einer Person, durch die sie bewußt eine auf dem Gebiete des bürgerlichen Rechts liegende Rechtsfolge herbeiführen will, z.B. Vertragsangebot, Vertragsannahme, Kündigung, Rücktritt vom Vertrag, Anfechtung, Testament. – *Voraussetzung* einer gültigen W. ist i.a. →Geschäftsfähigkeit der erklärenden Person.

Willensmängel, Umstände, die die von einer Person abgegebene →Willenserklärung nicht als von ihr tatsächlich gewollt erscheinen lassen, z.B. Irrtum, arglistige Täuschung, Drohung. – Vgl. auch →Anfechtung.

Willkür, Handeln, das auf sachfremden Erwägungen beruht. W. jeglicher Art ist insbes. im öffentlichen Recht verboten, da nach Art. 3 GG alle Menschen vor dem Gesetz gleich sind, niemand bevorzugt oder benachteiligt werden darf, sondern ohne Ansehen der Person nur nach sachlichen Gesichtspunkten entschieden werden muß.

Winchesterplatte, →Festplatte.

Winchestertechnologie, in den 70er Jahren entwickelte Technologie für →Magnetplatten-

speicher, bei der Magnetplatten und Zugriffseinrichtungen fest in einem hermetisch abgeschlossenen, mit Edelgas gefülltem Gehäuse installiert sind; dadurch extrem hohe Aufzeichnungsdichten möglich.

Windfall-Gewinn, →Unternehmergewinn.

Windhandel, →Leerverkauf.

Windhund-Verfahren, →Verteilungsverfahren, nach dem die Einfuhr- bzw. Ausfuhrmengen nach dem Zeitpunkt der Antragstellung vergeben werden. Es erfolgt keine Quotierung.

window dressing, *Bilanzkosmetik, Silvesterputz,* in der Bilanzpolitik (insbes. der Bankbilanzen) alle gesetzlich erlaubten Transaktionen *vor* dem Bilanzstichtag, um das äußere Bilanzbild möglichst günstig zu gestalten, die „Bilanz zu frisieren" (nicht zu fälschen und nicht zu verschleiern). Es handelt sich dabei vor allem um die Umschichtung von Beständen. Man sucht insbes. eine günstigere Liquidität zu erreichen, indem eine Bank z.B. Guthaben bei Kreditinstituten in Bundesbankguthaben überführt, Wertpapiere in Pension gibt, Devisen veräußert oder über den Bilanztermin kurzfristiges Geld aufnimmt. Alle diese Bestandsumschichtungen sind erlaubt.

Window (-technik), →Fenstertechnik.

Windprotest, →Nachforschungsprotest.

Windstärke, →Beaufort-Skala.

Winterbauförderung, →produktive Winterbauförderung.

Wintergeld, eine Leistung der →Bundesanstalt für Arbeit an Arbeiter in den zugelassenen Betrieben des Baugewerbes in der Förderungszeit(1. Dezember – 31. März). – *Voraussetzung:* Beschäftigung auf einem witterungsabhängigen Arbeitsplatz mit Anspruch auf →Schlechtwettergeld bei witterungsbedingtem Arbeitsausfall, aber tatsächlicher Arbeitsleistung. – *Höhe:* Für jede geleistete Arbeitsstunde 2 DM. – *Mittel:* Werden im Umlageverfahren von den Arbeitgebern des Baugewerbes aufgebracht.

Winterschlußverkauf, →Schlußverkauf.

WIPO, World Intellectual Property Organization, Weltorganisation für geistiges Eigentum, gegr. 1970 aufgrund einer 1967 unterzeichneten Konvention. Im Dezember 1974 hat die WIPO den Rang einer →Sonderorganisation der UN; Sitz: Genf. Ende 1984 109 Mitglieder. – *Ziele:* Förderung des Schutzes des geistigen Eigentums in weltweitem Rahmen durch Zusammenfassung der auf diesem Gebiet tätigen Vereinigungen, die jeweils auf multilateralen Verträgen beruhen. Das geistige Eigentum umfaßt zwei Hauptgebiete: Firmenrechte (insbes. Erfindungen, Handelsmarken und gewerbliche Muster) und Urheberrechte (insbes. an literarischen, musikalischen, künstlerischen, fotografischen und filmischen Werken). – *Organe:* Internationales Büro unter Leitung eines Generaldirektors, Allgemeine Versammlung, gesonderte Konferenzen der zur WIPO gehörenden Vereinigungen (Unions). Die in Paris und Bern tätigen Vereinigungen (International Union for the Protection of Industrial Property, Paris Convention und International Union for the Protection of Literary and Artistic Works, Berne Union) haben Exekutivausschüsse eingesetzt sowie einen Koordinierungsausschuß der WIPO. Jede der im Rahmen der WIPO abgeschlossenen Konventionen und Verträge begründen eine gesonderte Vereinigung (Union) im Rahmen der Weltorganisation, zu der jeweils die Signatarstaaten gehören. – *Aufgaben und Tätigkeit:* liegen auf dem Gebiet der Hilfeleistung für Entwicklungsländer. Insbes. Aktivitäten im Rahmen folgender Programme: Ständige WIPO-Programme für Entwicklungsarbeit im Zusammenhang mit Firmenrechten und Urheber- sowie Nachbarschaftsrechten; die Realisierung obliegt ständigen Ausschüssen. Aktivitäten des ständigen WIPO-Ausschusses für Patentinformationen, des Internationalen Dokumentationszentrums für Patente (INPA-DOC) in Wien sowie die WIPO-Dienste für Internationale Registrierung von Handelsmarken, Internationale Depositenstelle für gewerbliche Muster, Internationale Registrierung von Namens- und Urheberrechten, Internationale Beantragungen von Patentrechten auf der Basis des Vertrages für Zusammenarbeit auf dem Gebiet des Patentwesens (PCT). – *Wichtige Veröffentlichungen:* Industrial Property (monatlich); Copyright (monatlich).

wirkliche Tara, *reelle Tara.* 1. *Begriff:* Das durch Wiegen ermittelte Verpackungsgewicht. – *Gegensatz:* →Usotara. – 2. *Arten:* a) *Originaltara:* Der Absender wiegt. *Reduzierte Tara:* Ausländische Originaltara, usancemäßig in heimisches Gewicht umgerechnet; *verifizierte Tara:* Am Ankunftsort kontrollierte oder richtiggestellte Originaltara. – b) *Nettotara:* Die Verpackung der gesamten Partie wird gewogen; *Durchschnittstara:* Nur die Verpackung einer Teilpartie wird gewogen (z. B. etwa von 10% aller Kolli; im einzelnen durch →Handelsbrauch festgelegt) und davon aus das Verpackungsgewicht der gesamten Partie geschlossen.

Wirksamkeit, *Effizienz,* in der →Inferenzstatistik Bezeichnung für eine wünschenswerte Eigenschaft einer →Schätzfunktion. Eine erwartungstreue (→Erwartungstreue) Schätzfunktion U für einen zu schätzenden →Parameter in der →Grundgesamtheit heißt *wirksamst,* wenn es keine andere erwartungstreue Schätzfunktion U* für diesen Parameter gibt, derart, daß die →Varianz von U* kleiner als die Varianz von U ist.

Wirkungsfunktions, →Responsefunktion.

Wirkungs-Verzögerung, →lag II 2 b) (6).

Wirkungszwecksteuer, Steuer, die bereits durch Ankündigung oder Auferlegung der Steuer nichtfiskalische Zwecke erreichen soll, so daß im Modellfall der Besteuerungsgegenstand mit einer gewissen Zeitverzögerung entfällt. Die gewünschte Verhaltensänderung wäre verwirklicht – Vgl. auch →Steuerklassifikation.

wirtschaftliche Angelegenheiten, Begriff des Arbeitsrechts. Die §§ 106 ff. BetrVG regeln die Beteiligung (→Mitwirkung und →Mitbestimmung) der betriebsverfassungsrechtlichen Organe der Arbeitnehmer in den w.A. der Unternehmen. Der Zweck der Vorschriften geht dahin, den Arbeitnehmern und dem Betriebsrat umfassenden Einblick in die wirtschaftliche Lage des Unternehmens zu verschaffen. Es sollen auch wichtige Änderungen auf betrieblicher Ebene, v. a. Betriebsänderungen, mit ihren regelmäßig einschneidenden Folgen für die Arbeitnehmer vom Betriebsrat mitberaten werden. Die Mitwirkung und Mitbestimmung besteht im wesentlichen in einer umfassenden Information, insbes. auf dem Weg über den →Wirtschaftsausschuß (§§ 106–110 BetrVG) und der Mitwirkung des Betriebsrats bei Betriebsänderungen; von Bedeutung ist hier v. a., daß er die Aufstellung eines →Sozialplans erzwingen kann (§§ 111 ff. BetrVG).

wirtschaftliche Betrachtungsweise. 1. Grundsatz hinsichtlich der *Auslegung und Anwendung der Steuergesetze* (→Steuerrecht): a) *Begriff:* Die w.B. fordert die Berücksichtigung der wirtschaftlichen Bedeutung der Steuergesetze. – b) *Gesetzliche Grundlagen:* Früher in der AO bzw. im StAnpG explizit geregelt; in der AO 1977 keine Aussage mehr. Der Grundsatz der w.B. wird heute als selbstverständlich angesehen, so daß kein Bedarf an einer besonderen gesetzlichen Regelung besteht. In der Begründung zu §4 AO 1977 vertritt der Ausschuß die Auffassung, daß es sich um eine allgemein geltende Auslegungsregel handelt, die im Steuerrecht ebensowenig der Kodifikation bedarf wie im übrigen Recht. – c) *Praktische Bedeutung:* Die w.B. kommt insbes. dann zur Anwendung, wenn ein Steuergesetz zwar bestimmte rechtliche Sachverhalte nennt, dabei aber nicht deren spezielle rechtstechnische Einkleidung, sondern ihre rechtlichen und wirtschaftlichen Wirkungen meint. – 2. Prinzip zur *Beurteilung von Sachverhalten:* a) *Begriff:* Die w.B. und somit der Zweck der Gestaltung der Sachverhalte sind zu berücksichtigen. – b) *Praktische Bedeutung:* Für die Besteuerung maßgebend ist nicht der Sachverhalt nach seinem äußeren Erscheinungsbild, sondern der von den Beteiligten tatsächlich gewollte wirtschaftliche Inhalt. Stimmen Form und Inhalt eines Sachverhalts nicht überein, so ist zur Subsumierung unter einen bestimmten Tatbestand nur der Inhalt des Sachverhalts maßgebend. – c) *Anwendungsfälle:* (1) Besteuerung von unwirksamen Rechtsgeschäften, soweit und solange die Beteiligten das wirtschaftliche Ergebnis eintreten und bestehen lassen. Dies gilt nicht, soweit sich aus den Steuergesetzen etwas anderes ergibt. (2) Besteuerung von gesetz- oder sittenwidrigen Rechtsgeschäften. (3) Wirtschaftliche statt bürgerlich-rechtliche Zurechnung (→wirtschaftliches Eigentum).

wirtschaftliche Einheit. 1. *Begriff* des Steuerrechts für wirtschaftlich zusammengehörige Gegenstände, die bei der Wertermittlung nach dem BewG einer einheitlichen Bewertung unterliegen (§ 2 BewG). – 2. In einigen Fällen bestimmt das → *Bewertungsgesetz* selbst, welche Wirtschaftsgüter einer w.E. zugehören. W.E. sind a) beim →land- und forstwirtschaftlichen Vermögen: der Betrieb der Land- und Forstwirtschaft (§ 33 BewG); b) beim →Grundvermögen: jedes →Grundstück (§ 70 BewG); c) beim →Betriebsvermögen: der gewerbliche Betrieb (§ 95 BewG). – 3. Im übrigen ist maßgebend in erster Linie die *Verkehrsanschauung.* Weitere Merkmale die örtliche Gewohnheit, die tatsächliche Übung, die Zweckbestimmung und die wirtschaftliche Zusammengehörigkeit der einzelnen Wirtschaftsgüter. Eine w.E. entsteht, wenn mehrere Wirtschaftsgüter zu einem einheitlichen wirtschaftlichen Zweck zusammengefaßt und ihm gewidmet werden. Sie kann weder durch nur vorübergehende Verbindung mehrerer Wirtschaftsgüter begründet, noch durch vorübergehende Trennung mehrerer zusammengehöriger Wirtschaftsgüter ausgelöst werden. – Zu einer w.E. können nur Wirtschaftsgüter derselben Vermögensart (→Vermögensarten) zusammengefaßt werden, die demselben Eigentümer gehören. Besonderheiten: Sicherungsübereignete Wirtschaftsgüter sind dem Sicherungsgeber, treuhänderisch gehaltene Wirtschaftsgüter dem Treugeber, Wirtschaftsgüter im Eigenbesitz dem Eigenbesitzer zuzurechnen. Ausnahmen: Wirtschaftsgüter bilden i. d. R. auch dann ein w.E., wenn sie teils dem einen, teils dem anderen Ehegatten gehören oder wenn sie zum Teil zum Gesamtgut einer fortgesetzten Gütergemeinschaft, zum Teil dem überlebenden Ehegatten gehören (§§ 26, 119, 120 BewG). – Ein Eigentümer kann mehrere w.E. haben. – 4. Mit *wirtschaftlichen Untereinheiten* werden die selbständig zu bewertenden Einheiten bezeichnet, die zu einem gewerblichen Betrieb gehören: →Betriebsgrundstücke und →Mineralgewinnungsrechte. – 5. *Bedeutung:* Jede w.E. ist für sich zu bewerten und ihr Wert im ganzen festzustellen (Grundsatz der Gesamtbewertung). Der (Gesamt-)Wert umfaßt alle Wirtschaftsgüter, die zu einer w.E. bilden. – 6. *Einzelbewertung* der zu einer w.E. gehörenden Wirt-

schaftsgüter ist nur zulässig, wenn dies besonders vorgeschrieben ist. Sie kommt in Betracht bei der Einheitsbewertung für Wirtschaftsgüter, die zu einem gewerblichen Betrieb gehören (§ 98 a BewG). Die Summe der Einzelwerte ergibt den Gesamtwert des gewerblichen Betriebs.

wirtschaftliche Güter, *knappe Güter,* Güter, die dadurch gekennzeichnet sind, daß die verfügbaren Mengen nicht zur Bedürfnisbefriedigung aller ausreichen. Die Existenz w.G. ist ein Grund für wirtschaftliches Handeln. – *Gegensatz:* →freie Güter.

wirtschaftliche Kapazität, Produktionsvermögen des Betriebs im optimalen Kostenpunkt. Die w.K. entspricht einem bestimmten Ausnutzungsgrad der technischen Kapazität (meist um 85% der theoretischen Maximalkapazität). Ausnutzung der w.K. ermöglicht auf Dauer optimale Stückkosten. – Die w.K. ist *kleiner als die technische Kapazität,* weil die Produktion bei Vollausnutzung der technischen Kapazität mit minimalen Stückkosten nicht möglich ist: a) wegen Leerlaufkosten bei Ausfall auch nur einer Arbeitskraft bzw. einer Maschine; b) wegen Unmöglichkeit völlig harmonischer Abstimmung der einzelnen Betriebsteile untereinander, v. a. bei wechselndem Fertigungsprogramm; c) wegen überhöhter Abnutzungs- bzw. Ausschußkosten bei dauernd voller Beanspruchung von Mensch und Maschine sowie zufolge von Organisationsschwierigkeiten, Kosten der Anlageninstandhaltung usw.

wirtschaftliche Konzentration, →Konzentration.

wirtschaftliche Nutzungsdauer, Nutzungsdauer, die zum gewinnmaximalen Einsatz einer →Anlage im Unternehmen führt. Mit der Nutzungszeit steigende →Instandhaltungskosten und technischer Fortschritt führen i. d. R. zu einer starken Divergenz zwischen →technischer Nutzungsdauer und w.N.. Die w.N. bestimmt sich bei Verwendung der →Kapitalwertmethode als die Nutzungsdauer mit dem höchsten Kapitalwert der Investition.

wirtschaftlicher Dualismus, Zustände ausgeprägter wirtschaftlicher Spaltung bzw. Ungleichheiten; wird oft für →Entwicklungsländer als charakteristisch angesehen. Eine eindeutige Abgrenzung fehlt. – *Begriffliche Umschreibung* durch verschiedene *Differenzierungsphänomene,* die nach häufig vertretener Auffassung Ausdruck der Desintegration in den betreffenden Volkswirtschaften sind; wie ein weitgehend *unverbundenes Nebeneinander* a) von einem Subsistenzsektor, dem hauptsächlich für den Eigenbedarf produziert wird bzw. lediglich Naturaltausch erfolgt, und einem modernen, auf kaufkräftige Nachfrage orientierten Marktsektor; b) von einem „kapitalistischen" exportorientierten Sektor, in dem gewinnorientierte, rational handelnde Unternehmer tätig sind, die Lohnarbeiter beschäftigen, und einem „nicht-kapitalistischen" binnenorientierten Sektor, in dem nicht nach dem Gewinnprinzip produziert wird, häufig irrationales Verhalten vorliegt und überwiegend familieneigene Arbeitskräfte beschäftigt werden; c) von einem arbeitsintensiven Sektor mit einfachen Techniken und niedrigen Produktivitäten (Landwirtschaft, Kleinhandwerk usw.) und einem kapitalintensiv produzierenden Sektor mit entwickelten Techniken und hohen Produktivitäten (industrielle Großprojekte, Plantagen u.a.; *technologischer Dualismus*); sowie d) von relativ entwickelten Regionen bzw. Enklaven mit hohem Pro-Kopf-Einkommen und rückständigen Regionen bzw. rückständigem Umland, wo Armut und ausgeprägte Unterbeschäftigung herrschen.

wirtschaftlicher Eigentümer, →wirtschaftliches Eigentum.

wirtschaftlicher Geschäftsbetrieb, Begriff des Gewerbesteuerrechts. Betriebe der nicht gewerbesteuerpflichtigen sonstigen juristischen Personen des Privatrechts (z.B. der eingetragenen Vereine und der rechtsfähigen Stiftungen) und der nichtrechtsfähigen Vereine, die eine planmäßige wirtschaftliche Tätigkeit (ausgenommen Land- und Forstwirtschaft) entfalten zur Erzielung von Einnahmen oder anderen wirtschaftlichen Vorteilen, die über eine einmalige Betätigung und den Rahmen einer Vermögensverwaltung hinausgehen. Die Absicht, Gewinn zu erzielen, ist nicht erforderlich. Mit dem w.G. unterliegen die genannten Vereinigungen der →Gewerbesteuer (§ 2 III GewStG). Die sonstige Tätigkeit wird der Gewerbesteuer nicht unterworfen.

wirtschaftlicher Umsatz, eine für die Ermittlung des Bruttoproduktionswertes einzelner Unternehmen oder ganzer Wirtschaftszweige zu errechnende Größe, die (vermehrt um Bestandsveränderungen an Vorräten, an Halb- und Fertigwaren und etwa selbst erstellten Anlagen) den Bruttoproduktionswert ergibt. – Die Zahlen für die Berechnung des w.U. entstammen der →Umsatzsteuerstatistik, korrigiert um diejenigen Lieferungen, die vorübergehend auf Lager genommen werden oder die ab Lager erfolgt sind. Ein Unterschied ergibt sich dort v.a. wenn in einer vorangegangenen Periode die Vorratsveränderungen, die sich auf zum Absatz bestimmte Waren beziehen (z.B. angefangene Arbeiten) bereits statistisch erfaßt wurden. Der w.U. ist sonach unabhängig davon, ob im Zeitpunkt der Meldung die marktwirtschaftliche Verwertung der Erzeugnisse bereits vollzogen oder überhaupt vollziehbar war.

wirtschaftlicher Verein, →Verein, dessen Zweck auf einen wirtschaftlichen Geschäftsbetrieb gerichtet ist. Kann nicht ins Vereinsre-

gister eingetragen werden; Rechtsfähigkeit nur durch staatliche Verleihung erlangen (§ 22 BGB).

wirtschaftlicher Wert, Fähigkeit eines Gutes, der Befriedigung von Bedürfnissen zu dienen. – Vgl. auch →Wert.

wirtschaftliches Eigentum, steuerrechtlicher Begriff für Gegenstände, die nicht im →Eigentum eines Steuerpflichtigen stehen, hinsichtlich derer er aber eine eigentumsähnliche wirtschaftliche Sachherrschaft über ein Wirtschaftsgut besitzt, so daß er bei der Besteuerung als Eigentümer behandelt wird. Gemäß § 39 AO ist, soweit nicht Sondervorschriften bestehen, wie folgt zu verfahren: 1. Wirtschaftsgüter, die zum Zweck der *Sicherung übereignet* worden sind, werden dem Veräußerer zugerechnet. – 2. Wirtschaftsgüter, die unter *Eigentumsvorbehalt* geliefert werden, sind dem Lieferungsempfänger zuzurechnen. – 3. Wirtschaftsgüter, die *zu treuen Händen* (entgeltlich oder unentgeltlich) *übereignet* worden sind, werden dem Treugeber zugerechnet. – 4. Wirtschaftsgüter, die durch einen Treuhänder zu treuen Händen *für einen Treugeber erworben* worden sind, werden dem Treugeber zugerechnet.

wirtschaftliches Handeln, →Knappheit.

wirtschaftspolitisches Instrumentarium, Gesamtheit der Maßnahmen (Mittel), die den wirtschaftspolitischen Entscheidungsträgern zur Verfügung stehen, um wirtschaftspolitische →Ziele zu erfüllen. – *Wirkung* des w.I.: Vgl. →Ziel-Mittel-Beziehungen. – *Beurteilungskriterien* für den Instrumenteneinsatz sind →Zielkonformität, →Systemkonformität, →Konzeptionskonformität. – Vgl. auch →Wirtschaftspolitik, →diskretionärer Mitteleinsatz, →regelgebundener Mitteleinsatz, →Ziel-Mittel-Dichotomie.

wirtschaftliche Verprobung, Soll-Ist-Vergleich, bei dem dem Prüfungsobjekt (Ist-Objekt) als Ersatz-Vergleichs-(Soll)-Objekt Kennziffern von Vergleichsunternehmungen oder Vergleichszeiträumen gegenübergestellt werden. Methode der indirekten →Prüfung.

wirtschaftliche Wechsellagen, →Konjunkturschwankungen.

Wirtschaftlichkeit. 1. *Begriff:* wirtschaftssystem- und unternehmenszielindifferenter Ausdruck dafür, inwieweit eine Tätigkeit dem →Wirtschaftlichkeitsprinzip genügt. – 2. *Ausprägungsformen:* a) *Absolute W.:* Für eine bestimmte Handlung ermittelte Beziehung zwischen dem Handlungsergebnis und dem dafür erforderlichen Mitteleinsatz. Der Wert des Handlungsergebnisses und des Mitteleinsatzes wird durch die jeweils relevanten Ziele festgelegt, in einem erwerbswirtschaftlichen Unternehmen durch →Erträge und

→Aufwendungen oder →Erlöse und →Kosten gemessen. Ein Investitionsprojekt ist z. B. dann absolut wirtschaftlich, wenn sein Kapitalwert größer als Null ist. b) *Relative W.:* Beziehung der absoluten W. einer anderen Handlung. Ein Investitionsprojekt A ist z. B. dann relativ wirtschaftlich gegenüber einem Projekt B, wenn sein Kapitalwert größer ist, unabhängig davon, ob er Null übersteigt oder nicht. – 3. *Abgrenzung:* a) Zur →*Produktivität:* Die W. ist wertmäßig erfaßbar (bewertete Beziehung zwischen Mitteleinsatz und Handlungsergebnis). b) Zur →*Rentabilität:* Es erfolgt keine zwangsläufige Bezugnahme auf das eingesetzte Kapital.

Wirtschaftlichkeitsberechnung, →Wirtschaftlichkeitsrechnung.

Wirtschaftlichkeitserlaß, die 1937 durch das Reichswirtschaftsministerium verfügte Verbindlich-Erklärung des →Kontenrahmens für alle Betriebe. Nach Schmalenbach hat der Erlaß dazu geführt, daß die Betriebe den gesetzlich vorgeschriebenen Kontenrahmen einführten, auch wenn er den betrieblichen Individualitäten nicht gerecht wurde. Dennoch wirkte die W. bahnbrechend zugunsten der Ordnungsmäßigkeit und Erkenntniskraft des →Rechnungswesens in Deutschland.

Wirtschaftlichkeitsmessung, in einer →Wirtschaftlichkeitsrechnung erfolgende Ermittlung der Wirtschaftlichkeit einer Handlung.

Wirtschaftlichkeitsprinzip, *ökonomisches Prinzip,* Grundsatz, daß ein bestimmter Erfolg mit dem geringstmöglichen Mitteleinsatz *(Minimalprinzip)* bzw. mit einem bestimmten Mitteleinsatz der größtmögliche Erfolg *(Maximalprinzip)* erzielt werden soll. – *Anders:* →erwerbswirtschaftliches Prinzip.

Wirtschaftlichkeitsrechnung, *Wirtschaftlichkeitsberechnung,* Kalkül zur Bestimmung der →Wirtschaftlichkeit einer Handlung. – Unterschiedliche Arten von Handlungen (Investition, Produktionsverfahren, Angebot eines Produkts, Unternehmenstätigkeit insgesamt usw.) machen unterschiedliche *Arten von W.* erforderlich: In erwerbswirtschaftlichen Unternehmen insbes. →Investitionsrechnung und →Auswertungsrechnung der Kostenrechnung (Verfahrensvergleiche, Produkterfolgsrechnungen, Losgrößenrechnungen usw.), in öffentlichen Institutionen u. a. →Kosten-Nutzen-Analyse und →Nutzwertanalyse.

Wirtschaftsakademie, →Berufsakademie.

Wirtschaftsakademie für Lehrer e. V., Sitz in Bad Harzburg. – *Aufgaben:* Fort- und Weiterbildung von Lehrern aller Schulformen; Umschulung von arbeitslosen Lehrern (Modellversuch).

Wirtschaftsausschuß. 1. *Begriff:* Einrichtung in Unternehmen mit mehr als 100 ständigen Arbeitnehmern zum Zwecke der Zusammenarbeit zwischen Betriebsrat und Unternehmer sowie der gegenseitigen Unterrichtung in →wirtschaftlichen Angelegenheiten (§§ 106 ff. BetrVG). – 2. *Zusammensetzung:* Drei bis sieben Angehörige des Unternehmens (davon mindestens ein Betriebsratsmitglied), die vom Betriebsrat für die Dauer seiner Amtszeit bestimmt werden. – Der W. soll monatlich einmal zusammentreten. – 3. *Aufgaben:* Dem W. ist unter Hinzuziehung des Betriebsrats der Jahresabschluß vorzulegen und zu erläutern (§ 108 V BetrVG). Gemeinsam mit dem W. hat der Unternehmer in Unternehmen mit mehr als 1000 Arbeitnehmern mindestens einmal im Vierteljahr die Belegschaft über die wirtschaftliche Lage und Entwicklung des Unternehmes zu unterrichten. – 4. Im *Streitfall* über Umfang der Auskunftspflicht des Arbeitgebers entscheidet →Einigungsstelle mit bindender Kraft (§ 109 BetrVG).

Wirtschaftsbarometer, →Konjunkturbarometer.

Wirtschaftsbereich, →Produktionsbereich.

wirtschaftsberufliche Curriculumentwicklung. 1. *Begriff:* Prozeß der wissenschaftlichen Planung, Erprobung und Evaluation von Lernsequenzen im Bereich der beruflichen Bildung vor dem Hintergrund einer curriculumtheoretischen Konzeption, der sowohl Ziele/Inhalte wie auch Lernprozeßgestaltung und -überprüfung umfaßt (→Curriculum). W. C. als zentrales Problemfeld der →Berufs- und Wirtschaftspädagogik geht damit von der Notwendigkeit wissenschaftlich begründeter und gerechtfertigter Curriculumentscheidungen und einer umfassenden Kritik an der Praxis staatlich-administrativer Lehrplanentwicklung sowie der Qualität berufsbildenden Unterrichts aus. – 2. *Evaluationsbefunde:* Insbes. im Bereich des Wirtschaftslehreunterrichts wurden mit einer Reihe empirischer Untersuchungen erhebliche Defizite aufgedeckt, u. a. mangelnder Realitätsbezug, mangelhafter Theoriegehalt, fehlender oder einseitig-technologischer Praxisbezug der Lerninhalte, sowie eine Begünstigung rezeptiven Lernens auf überwiegend niedrigem lerntheoretischem Niveau. Befunde aus der Qualifikations- und Berufsforschung hinsichtlich veränderter beruflicher Tätigkeits- und Anforderungsprofile verstärken die Forderung nach einer Revision beruflicher Curricula. – 3. *Konzepte:* a) *Situationsorientierte Curriculumforschung:* Geht von objektiven Anforderungen beruflicher Tätigkeiten oder handlungstheoretisch fundierten Bedingungen beruflicher Autonomie und Kompetenz aus; b) *disziplin- bzw. wissenschaftsorientierte Curriculumforschung:* Geht von gesellschaftskritisch zu überprüfenden oder nur didaktisch zu vereinfachenden Aussagen relevanter Bezugswissenschaften aus; c) *lernzielorientierte Curriculumforschung:* Im Rahmen begrenzter und kontrollierbarer Reformen wird eine Vereinheitlichung, technische Optimierung und Modernisierung bestehender Praxis abgestrebt; d) *prozeßorientierte Curriculumforschung:* V. a. eine Verbesserung methodischer und interaktiver Aspekte des Unterrichts wird angestrebt, zudem Formen der Beteiligung von Lehrern und Schülern an der w.C.

Wirtschaftsbetriebe der öffentlichen Hand, →öffentliche Unternehmen.

Wirtschaftsbevölkerung, Größe im Rahmen der amtlichen Regionalstatistik, mit welcher eine Schätzung derjenigen Personenzahl gegeben wird, die insgesamt aus dem Erwerbsleben einer Gemeinde ihren Lebensunterhalt bezieht. Die W. übertrifft die Bevölkerung um die doppelte Größe des (positiven) Pendlersaldos. Vgl. →Pendelwanderung. – *Anders:* →Tagesbevölkerung.

Wirtschaftsdidaktik. 1. *Begriff:* Arbeitsbereich der Wirtschaftspädagogik (→Berufs- und Wirtschaftspädagogik), der die wissenschaftliche Aufklärung der Voraussetzungen, Prozesse und Ergebnisse institutionell organisierten Lernens und Lehrens im Bereich wirtschaftsberuflicher Fächer zum Gegenstand hat und i. d. R. zugleich als Bereichsdidaktik auf das →berufliche Bildungswesen, insbes. →berufsbildende Schulen, bezogen ist. – 2. *Abgrenzung zur wirtschaftsberuflichen Curriculumentwicklung:* W. überschneidet sich z. T. mit dem Aufgabenfeld der →wirtschaftsberuflichen Curriculumentwicklung. Ist weniger stark auf komplexe gesellschaftsbezogene Begründungs- und Rechtfertigungszusammenhänge, sonder stärker auf konkrete, gegenwärtige Orientierungsbedürfnisse der Praxis ausgerichtet. Die Entwicklung unterrichtsrelevanter Technologien und Instrumente tritt als Aufgabe hinzu, die i. d. R. durch eine kritisch-emanzipierte Funktion ergänzt wird, die auf kritische Reflexion und normativ gerechtfertigte Weiterentwicklung der Ausbildungs- und Unterrichtspraxis zielt. – 3. *Wissenschaftssystematische Einordnung:* W. ist im Schnittpunkt erziehungs- und fachwissenschaftlicher (Wirtschaftswissenschaften, Sozialwissenschaften, Jura) Fragestellungen mit unterschiedlichen Akzentsetzungen angesiedelt. Entsprechend der Komplexität des Problemfeldes mit interdisziplinären Bezügen neben den genannten v. a. zur Arbeits- und Berufsforschung, Psychologie, Soziologie, Politikwissenschaft und Sozialphilosophie. – 4. *Forschungsbereiche:* a) Probleme der Lernzielfindung, -begründung, -formulierung und -überprüfung (→Lernziel); b) Transformation fachwissenschaftlicher Inhalte in lernziel- und schülerangemessene Lerninhalte (didaktische Reduktion bzw. Transformation); c) Methodisch-mediale Probleme der Organisation des Lehr-Lernprozesses, insbes. Analyse und Konstruktion von Lernmaterialien und Entwicklung stärker handlungs- bzw. situationsbezogener Lernmethoden; d) Probleme der Erfolgssicherung, -kontrolle und -bewertung; e) Probleme der Lehrer-Schüler-Interaktion unter den Askpekten ungleicher Lernobjektzuweisung und motivationaler Konsequenzen; f) Fragen der Lehrerausbildung an Universitäten (1. Phase) und Studienseminaren (2. Phase). – 5. *Theorie-Praxis-Problematik:* Handlungsebenen sind: a) *W. der alltäglichen Unterrichtspraxis:* Spiegelt subjektive Theorien von Lehrern wider; Interesse an Handlungs- und Orientierungssicherheit dominiert, entsprechend weitgehend herkömmliche Inhaltssetzungen und methodische Prinzipien. – b) *W. der pragmatisch orientierten Kompendienliteratur,* Handreichungen, Lehrbücher: Oft dem Umkreis der Staatlichen Studienseminare entstammtend und die 2. Phase der Lehrerausbildung stark bestimmend. – c) *Universitäre W.:* Versucht unter Wahrung wissenschaftsmethodischer Standards und Einbeziehung bezugswissenschaftlicher Forschungsergebnisse zu praxisrelevanten Aussagen zu gelangen. Ansätze zur Auflösung der Isolierung der Handlungsebenen und Versuche, tatsächliche Unterrichtspraxis stärker als bisher zum Ausgangspunkt wissenschaftlich-fachdidaktischer Theriebildung zu erheben und: (1) durch *empirisch-analytische* Feldforschung und -experimente zu handlungsorientierten *technologischen Theorien* (welche Handlungen unter welchen Umständen von welchen Personen mit Aussicht auf welchen Erfolg durchgeführt werden können) zu gelangen oder (2) über die Entwicklung und Erprobung begrenzter Teilcurricula praktikable Alternativen zu bestehender Unterrichtspraxis bereitzustellen oder (3) über kooperative Projekte von Unterrichtspraktikern und Wissenschaftlern unter Verwendung empirischer und interpretativer Verfahren zu einer Aufklärung und gemeinsam getragenen Weiterentwicklung derzeitiger Praxis zu gelangen.

Wirtschaftsethik. I. Begriff und Bezug: 1. Vielfach ist heute ein *gravierender Wertewandel* festzustellen, der sich nicht selten bei Mitarbeitern und Führungskräften von wirtschaftlichen Organisationen in einer Sinn- und Orientierungskrise manifestiert. Unternehmen geraten immer häufiger in Situationen, in denen ihr Handeln angesichts der verschiedenen Wertstandards einer internen und externen Öffentlichkeit entweder als illegal aber moralisch richtig oder als legal aber moralisch nicht vertretbar angesehen werden könnte. – 2. Mit solchen, zur Beurteilung herangezogenen Norm- und Wertstandards setzt sich die *wissenschaftliche Ethik* auseinander. Ganz allgemein kann man sagen, daß Ethik nach dem normativ richtigen Entscheidungen bzw. dem richtigen Wollen und ihren/seinen Begründungen fragt, und zwar in dem Sinne, daß sie nach einer letzten, voraussetzungslosen Rechtfertigung sucht. – *Wirtschaftliches Wollen und Handeln* gewinnt immer dort ethische Qualität, wo eine normbezogene, fremd- oder eigenerzeugte Legitimations- und Rechtfertigungsnotwendigkeit entsteht. Dies wird im Gespräch zwischen Vorgesetztem und Mitarbeiter über eine „gerechte" Beurteilung der Leistung ebenso der Fall sein, wie in internen Managerdiskussionen über die „richtige" Beseitigung von schadstoffbelastetem Industriemüll oder durch die öffentliche Erklärung eines Verbandes, wie sich die Mitglieder gegenüber Apartheidstaaten verhalten sollen. – 3. Die Philosophie des →strategischen Managements bietet für derartige Fragenkomplexe einen geeigneten *wissenschaftlichen Bezugsrahmen*, in dem sie durch die Postulierung einer unternehmenspolitischen Rahmenplanung ein Forum zur Diskussion und einen wichtigen Ansatzpunkt zur Integration der häufig als unvereinbar angesehenen ökonomischen und ethisch-moralischen Denktraditionen liefert. Im Mittelpunkt dieser unternehmenspolitischen Rahmenplanung steht die Entwicklung und Begründung übergeordneter Unternehmensstrategien, -ziele und Verhaltensgrundsätze, die das Handeln und Verhalten des Unternehmens in seinem sozio-ökonomischen Feld bestimmen und die durch die regulative Idee einer fortschrittsfähigen Organisation geprägt sein sollen.

II. Historische Entwicklung: 1. Die Forderung nach einer Einbeziehung ethischer in ökonomische Überlegungen ist noch verhältnismäßig jungen Datums, obwohl die *frühe Nationalökonomie als Moralphilosophie* konzipiert war. So ging es z. B. Adam Smith um den moral-philosophischen Nachweis, daß die einzelnen Wirtschaftssubjekte ihren Eigennutzen „ohne Skrupel" verfolgen könnten, weil die „unsichtbare Hand" insgesamt ein gerechtes Ergebnis liefere. Wirtschaftliches und moralisches Handeln waren noch nicht zwei gegensätzliche Handlungskategorien. – 2. Durch den spezifisch okzidentalen Rationalisierungsprozess von Wirtschaft und Gesellschaft wurde zunehmend *die ethische Komponente aus dem vormals umfassenden Rationalitätsverständnis ausgeblendet.* Wirtschaftliches Handeln konnte ausschließlich unter kognitiv-instrumenteller, d. h. unter strikter Mittel-Zweck-Rationalität beurteilt werden (homo oeconomicus), während moralisches Handeln nach moralisch-praktischem Rationalitätsstandard bemessen wurde. Beide Wertstandards differenzierten sich einerseits voneinander – als öffentliches Wirtschaftssubjekt konnten sich Unternehmen von moralischen Fragen entlastet fühlen –, und andererseits wurden ethische Standards zur system-unbedeutenden Privatangelegenheit der handelnden Subjekte. – 3. Dieses Freistellen der Ökonomie

von moralischem Begründungsansinnen hat sich zweifellos als extrem erfolgreich für den wirtschaftlich-materiellen Fortschritt der westlichen Welt erwiesen. Allerdings treten zunehmend deutlicher die sozialen Kosten dieses einseitigen Rationalisierungsprozesses ins Bewußtsein einer breiten Öffentlichkeit. Es überrascht daher nicht, daß in der Betriebswirtschaftslehre erst seit den 70 er Jahren die Idee der *sozialen bzw. gesellschaftlichen Verantwortung der Unternehmensführung* intensiver diskutiert wird. Grundgedanke dieses Ansatzes ist die Forderung nach einer dem gesellschaftlichen Gemeinwohl verpflichteten →Unternehmenspolitik. – Vgl. auch →Unternehmenskultur. – 4. Seit den 80 er Jahren wird diese Thematik in den *USA* immer häufiger unter dem weiteren Blickwinkel einer „*business ethics*" abgehandelt. Seitdem haben sich eine Flut von Publikationen, verschiedene neugegründete Spezialzeitschriften und etliche Kongresse mit spezifisch wirtschaftsethischen Fragestellungen auseinandergesetzt. Ebenso wurden Kurse in business ethics in die curricularen Lehrpläne fast aller bedeutenden Schools of Business aufgenommen und Großunternehmen bieten ihren Führungskräften „training in business ethics" an. – Im Vergleich zu diesen „forcierten" Anstrengungen in den USA sind die Bemühungen der *deutschsprachigen Betriebswirtschaftslehre* noch sehr bescheiden. Von wenigen Ausnahmen abgesehen führt das Thema W. bislang eher eine wissenschaftliche Randexistenz oder wird bestenfalls noch von religiöser Seite angesprochen. Allerdings ist auch hier eine deutliche Belebung zu erkennen – nicht zuletzt wohl wegen der immer lauter werdenden Forderung der Öffentlichkeit nach einer ausgeprägten ethischen Orientierung der Unternehmenspolitik. – Vgl. auch →Betriebswirtschaftslehre.

III. Problemfelder: Ethische Probleme im Wirtschaftshandeln können auf mehreren Ebenen auftreten, je nachdem, wer „Handelnder" und wer „Betroffener" ist. Unterscheidet man zwischen „Person" und „Organisation", so läßt sich die folgende Matrix aufspannen, in der – freilich nicht überschneidungsfrei – Aspekte genannt sind, unter denen man inhaltliche Ethikprobleme diskutieren kann:

Handelnder \ Betroffener	Person	Organisation
Person	1. Personale Ethik	2. Ethik in Institutionen
Organisation	3. Ethik institutionellen Handelns	4. Ethik von Systemen

1. Unter dem Aspekt *personale Ethik* werden all jene Probleme abgehandelt, wo ein autonomes, d. h. moralisch verantwortliches Individuum durch sein Wollen und Handeln bzw.

Nichthandeln direkte oder indirekte Folgen erzeugt, die andere Individuen in ihrer Autonomie betreffen. Unter dieser Prämisse werden Ethikprobleme zumindest seit der Aufklärung fast ausschließlich gesehen. – 2. *Ethik in Institutionen:* In (Wirtschafts-)Organisationen sind die unter 1. gemachten Voraussetzungen häufig nicht gegeben, da man hier nicht wie beim individuellen Wollen und Handeln von selbstgesetzten Zwecken und selbstgewählten Mitteln ausgehen kann; das Handeln in Organisationen ist an fremdgegebene Regeln gebunden. Die Frage ist, inwieweit unter diesen Umständen überhaupt der moralische Verawortungsbegriff auf in Hierarchien eingebundene „Funktionsträger" greifen und wie eine Ethik in Institutionen aussehen kann. – 3. Die *Ethik institutionellen Handelns* entwickelt Vorstellungen darüber, ob und unter welchen Voraussetzungen man von einem moralischen Handeln der Organisation sprechen kann, ja Bedingung dafür ist, daß man sie – und nicht „nur" die in ihr agregierenden Individuen – unter moralischen Gesichtspunkten in die Pflicht nehmen will. – 4. Von einer *Ehtik von Systemen* kann man sprechen, wenn z. B. der Problembereich behandelt wird, wie ein Gesamtsystem bzw. seine Verfassung gestaltet sein muß, damit seine Strukturen „gerechte" Ergebnisse produzieren können bzw. die gesellschaftliche Wohlfahrt gemehrt wird. – Obwohl für moderne Organisationgesellschaften ethische Problemlagen der Felder 2., 3. und 4. typisch sein dürften, gehen fast alle Ausführungen zur W. expliziert oder impliziert von der durch Feld 1. repräsentierten Konstellation aus. Die folgenden Stichworte geben einige wirtschaftsethische Probleme wieder, die in der hauptsächlich amerikanischen Business-ethics-Literatur ausführlich behandelt werden: Verkaufstaktiken, Wahrheit und Ehrlichkeit in der Werbung, Produktqualität, An- und Abwertung, Gleichberechtigung, sexuelle Belästigung am Arbeitsplatz, Sicherheit am Arbeitsplatz, Loyalität, Werksgeheimnisse, Werksschließungen bzw. -verlegungen, Karriere, Verhalten gegenüber Aktionären, Lieferanten, Kunden, Öffentlichkeit und anderen Bezugsgruppen, multinationale Unternehmen, Rüstungsgeschäfte, Interessenkollision, Schmiergelder u. a.

IV. Ethiktheorien als Grundlage für Ansätze zur W.: Die oben genannten ethischen Probleme kann man nach unterschiedlichen Gesichtspunkten abarbeiten; so läßt sich beispielsweise eine Arbeits-, Forschungs-, Verhandlungs-, Führungs-, Wettbewerbs-, Informations-, Umwelt-, Sozial- odewr Religionsethik unterscheiden, die nach je eigenen Normen Problemfälle systematisieren und Lösungen anbietet. Aber stets wird man Bezug nehmen müssen auf bestimmte Ethiktheorien, die die Standards ausweisen und die Begründungen liefern, nach denen in den jeweiligen

Moralen etwas als ge- oder verboten gelten kann. – Üblicherweise unterscheidet man in der Ethiktheorie zwischen der *deskriptiven Ethik*, die (empirisch) erfassen soll, welche Normen existieren, der *Metaethik*, die erforscht, was wir meinen, wenn wir uns der normativen Sprache bedienen und mit ihr argumentieren, und der *normativen Ethik*, die uns sagt, nach welchen Normen wir uns zu richten haben und was unsere Pflicht ist. – Läßt man die deskriptive Ethik außer Acht, so bietet sich folgende Differenzierung an: 1. *Ethiken erster Stufe* beziehen sich unmittelbar auf die Entwicklung und Begründung substanzieller und/oder formaler Normen, Werte oder Prinzipien. Beispiele: die *apriorischen bzw. transzendentalen Ethiken,* insbes. alle religiös motivierten Ethiken aber auch das Naturrecht; die *intuitionistischen Ethiken,* die auf die jedem Menschen innewohnende subjektive Intuition als moralische Erkenntnisquelle abstellen; die *empirischen Ethiken,* die – wie etwa Naturalismus, Egoismus oder Relativismus – von empirisch vorfindbaren Urteilsweisen ausgehen, um dadurch zu normativen Aussagen zu gelangen; die *dezisionistischen Ethiken,* die wie Utilitarismus oder pragmatische Minimalethiken – letzte anzustrebende Normen quasi begründungsfrei annehmen und daraus ein moralisches Sollen ableiten. – 2. *Ethiken zweiter Stufe* versuchen nicht mehr, konkrete inhaltliche Normen als moralisch verbindlich auszuzeichnen und zu begründen, sondern legen nur noch Prüfregeln und Prüfbedingungen fest, mit deren Hilfe die Betroffenen selbst bestimmen können, was ethischen Maßstäben genügt und was nicht. Dies kann in historisch unterschiedlichen Gesellschaftsformen und Zeiten jeweils etwas Unterschiedliches sein. Als Beispiele für diese formalen bzw. prozeduralen Ethiken können die Deontologie Kants, die Theorie der Gerechtigkeit von Rawls und die Diskursethik Habermas genannt werden. Sie alle vertrauen darauf, daß durch die vorgeschlagenen Prüfprozeduren die hypothetisch erwogenen und von den Betroffenen selbst eingebrachten Sollensnormen intersubjektiv als moralisch qualifiziert werden können.

V. Ausblick: Wirtschaft und Gesellschaft stehen am Ende des 20sten Jahrhunderts vor neuen, *gewaltigen Herausforderungen:* Eine voranschreitende Globalisierung des Wettbewerbs macht überschaubare, „menschliche" Strukturen immer unwahrscheinlicher; das Vordringen von sog. Schwellenländern verändert und dynamisiert Märkte und ganze Wirtschaftszweige; in vielen Industrien wird durch den Einsatz der Mikroelektronik ein Entwicklungsschub mit unvorhersehbaren Folgen eingeleitet; eine gentechnische Revolution bringt bislang ungeahnte Möglichkeiten, aber auch unbeherrschbare Gefahren mit sich; immer intensiver eingesetzte Hochrisiko-Technolo-

gien arbeiten zwangsläufig katastrophennah;
eine weltweit operierende Medienindustrie
beginnt kulturelle Eigenständigkeiten zu
bedrohen. Diese beliebig verlängerbare Liste
von quantitativen, v. a. aber qualitativen Ver-
änderungsprozessen überschreitet in ihren
direkten und indirekten Konseuqenzen immer
mehr einen subjektiv verantwortbaren Nahbereich. Dies mach *neue, ausgedehntere moralische Verantwortlichkeiten der Unternehmen,
sowie der diese Wirtschaftsprozesse steuernden
Manager* notwendig, zumal das Rechtssystem
nur notwendige, keinesfalls hinreichende
Bedingung für ethisches Verhalten sein kann.
Der Bedarf an W. wächst gewaltig, und
deshalb wird sie zukünftig ein zentraler
Bestandteil sowohl der universitären als auch
der praktischen Managementausbildung sein.

Literatur: Arthur, H.B., Making Business Ethics Useful, in:
Strategic Management Journal, Vol. 5, 1984, S. 319–333;
Benson, G.Ch.S., Business Ethics in America, Lexington
1982; Bowie, N., Business Ethics, Englewood Cliffs 1982;
Brantl, St., Management und Ethik, München 1985; Brenner,
St.N./Morlander, E.A., Is the Ethics of Business Changing?,
in: Harvard Business Review, Jan.–Feb. 1977, S. 57–71;
DeGeorge, R.T., Business Ethics, New York 1982; Donald-
son, Th., Corporations and Morality, Englewood Cliffs 1982;
Habermas, J., Moralbewußtsein und kommunikatives Han-
deln, Frankfurt/M. 1983; Jones, D.G. (Hrsg.), Business,
Religion, and Ethics, Cambridge/Mass. 1982; MacIntyre, A.,
Geschichte der Ethik im Überblick, Königstein/Ts. 1984;
Probst, J.G.B./Siegwart, H. (Hrsg.), Integrierte Manage-
ment, Bern-Stuttgart 1985; Rich, A., Wirtschaftsethik, 1. Bd.,
Grundlagen in theologischer Perspektive, Gütersloh 1984;
Solomon, R.C./Hanson, K.R., Above the Bottom Line: An
Introduction to Business Ethics, New York u.a. 1983;
Steinmann, H./Oppenrieder, B., Brauchen wir eine Unterneh-
mensethik?, in: Die Betriebswirtschaft, 45. Jg., Heft 2, 1985, S.
170–183; Ulrich, H. (Hrsg.), Management-Philosophie für die
Zukunft, Bern-Stuttgart 1981.

Dr. Stefan Brantl

Wirtschaftsfachschule, →Fachschule für
Betriebswirtschaft.

Wirtschaftsförderung, I. R e g i o n a l e W.:
Vgl. →Gemeinschaftsaufgaben, →Regional-
politik, →Raumordnung.

II. K o m m u n a l e W.: 1. *Begriff:* Alle Maßnahmen einer Kommune (→Gemeinde) oder
eines Kommunenverbandes im Rahmen der
öffentlichen Gemeindeaufgaben mit dem Ziel,
durch Verbesserung der Bedingungen der
örtlichen Wirtschaftsunternehmen und durch
deren Vermehrung Produktion, Beschäftigung, private Einkommen und Gemeinde-
einnahmen (→Gemeindefinanzen) im
gemeindlichen Hoheitsgebiet so zu steigern,
daß die Lebensverhältnisse der Gemeindebürger optimal verbessert werden können
(Gemeinwohlmaximierung).

2. *Rechtliche und wirtschaftliche Grundlagen:*
Die Steigerung des Wohls der Gemeindebürger und damit die kommunale W. unterliegen
als eigene und eigenverantwortliche Gestal-
tungsaufgabe der Kommunen dem Schutz des
Art. 28 Abs. 2 GG *(Selbstverwaltungsrecht,
→Selbstverwaltung)*. Entsprechende Aufga-
benbestimmungen in einigen Länderverfassungen und den Gemeindeordnungen. Der

Vorbehalt der gemeindlichen Aufgabenstel-
lung „im Rahmen der Gesetze" (Art. 29 II
GG) wird materiell ausgefüllt und vom GG-
Gebot der räumlichen Einheitlichkeit der
Lebensverhältnisse im Bundesgebiet und von
Gesetzen, Verordnungen und Erlassen der
Länder, die die Aktivitäten im Rahmen der W.
an die üblichen gemeindlichen Instrumente,
das „öffentliche Interesse", die Grundsätze
einer „geordneten" und „sparsamen"
gemeindlichen Haushaltswirtschaft, Finanzie-
rungs- und Deckungsvorschriften, Erhaltung
und Pflege kommunalen Vermögens- das
Steuer-, Gebühren- und Beitragsrecht,
Umwelt- und Landschaftsplanungsrecht, Ver-
hältnismäßigkeits- und Billigkeitsgrundsätze
u. a. binden, um dem Gefahren einer allzu
heftigen interkommunalen Konkurrenz im
privatwirtschaftliche Investitionen und eines
„Ausverkaufs" von kommunalem Real- und
Finanzvermögen an private Wirtschaftsunternehmen (v. a. in Zeiten schwachen Wirtschaftswachstums und anhaltend hoher
Arbeitslosigkeit) vorzubeugen. Zeiten anhaltend hoher Arbeitslosigkeit können Anlaß zu
aktiverer kommunaler W. geben, insofern sie
die Gemeindefinanzen von Sozialhilfe-Ausga-
ben wegen Arbeitslosigkeit entlasten kann.
Die Bindung der Kommunen an die „Erfordernisse des gesamtwirtschaftlichen Gleichgewichts" im →Stabilitätsgesetz sowie im Bun-
deshaushaltsrecht soll ferner ein Minimum an
Koordination des wirtschaftlich relevanten
Handelns von Bund, Ländern und Gemeinden
sichern.

3. *Aufgaben und Ziele:* Dem übergeordneten
gesetzlichen Ziel der Verbesserung der Lebensverhältnisse der Gemeindebürger (Sozial-
staatsprinzip) dienen die *Unterziele* der Erhöhung von Einkommen und Beschäftigung in
der Kommune. An einer generell hohen
Wirtschfts- und Finanzkraft der örtlichen
Wirtschaftsunternehmen partizipiert die
Gemeinde speziell durch hohe Einnahmen an
Gewerbesteuern, Gebühren und Beiträgen.
Zur Sicherung einer auch künftig hohen örtlichen Wirtschafts- und Finanzkraft verfolgt
die kommunale W. das *operative Ziel* der
langfristigen „Verbesserung" der örtlichen
Wirtschaftsstrukturen und der Rahmenbedingungen des Produzierens, Arbeitens und Ein-
kommenerzielens („Standortbedingungen des
Wirtschaftens", →Standortfaktoren). – Der
gegenwärtigen und künftigen Erhöhung der
örtlichen Wirtschafts- und Finanzkraft dienen
die *Ziel-Instrumente-Komplexe* der →Gewer-
bebestandspflege, der Ansiedlungspolitik
(→Standortmarketing), der →Existenzgrün-
dungshilfen und der unmittelbaren kommunalen Beschäftigungspolitik. Aktive W., insbes.
in monostrukturierten und altindustriellen
Standorten, wird das Ziel der langfristigen
Erhöhung der örtlichen Wirtschafts- und
Finanzkraft verstehen müssen als Ziel der

Verbesserung und Modernisierung der örtlichen Struktur der Wirtschaftszweige und der brancheninternen Fachzweig- und Produktgruppenstrukturen. Hierzu könnte die kommunale W. weitere konkrete Zielvorstellungen im Rahmen einer örtlichen Entwicklungspolitik entwerfen. – Zielbeziehungen und Ziel-Mittel-Beziehungen sind im Rahmen einer extrem offenen lokalen bzw. regionalen Ökonomie (→ Raumwirtschaftstheorie) sehr komplex und vergleichsweise wenig erforscht.

4. *Instrumente:* a) *Liegenschaftspolitik:* Der traditionelle Kernbereich der kommunalen W. (→ Liegenschaft). – *Formen:* Ein disponibler Bestand von der → Bauleitplanung ausgewiesenen, infrastrukturell erschlossenen und im Eigentum der Kommune befindlichen Industrie- und Gewerbeflächen ist stets vorzuhalten für Ansiedlungen, für aktive → Gewerbebestandspflege (Erweiterungen, Verlagerungen) sowie für Existenzgründungen. Liegenschaftspolitik oft durch Verkauf von kommunalen Liegenschaften an Unternehmen zu subventionierten Preisen. (Jedoch dürfen z. B. im Verkaufspreis enthaltene → Erschließungsbeiträge grundsätzlich nicht erlassen werden). Mit Hilfe von Liegenschaftspolitik kann die Kommune allerdings auch zugleich wirtschaftsfördernd und stadtplanerisch tätig werden; Voraussetzung ist langfristige Flächenbedarfsplanung und systematische Klassifizierung der Gewerbeflächen für bestimmte gewünschte gewerbliche Verwendungen (→ Standortfaktoren). Bei geringen Flächenreserven und zurückhaltendem zusätzlichem Flächenverbrauch ist an verstärktes → Flächenrecycling zu denken. Bestimmte Areale, meist mit geeigneter Bebauung, können als Gewerbeparks oder Gewerbehöfe zur ausschließlichen Mietnutzung für Unternehmen im Sinne einer zeitlich begrenzten oder sonstwie besonders begründeten Suventionierung vorgehalten werden. – b) *Mittelstandspolitik:* Beitrag im Rahmen der W. zur Verminderung der Gefährdungen und zur Förderung des wirtschaftlichen Entwicklungspotentials des Mittelstandes. – *Formen:* Information der kleinen und mittleren ortsansässigen Unternehmen über die öffentlichen Programme und Finanzhilfen im Rahmen der → Mittelstandsförderung, gemeinsam mit den Kammern und dem örtlichen Kreditgewerbe. Beeinflussung der kommunalen örtlichen Sparkassen, spezielles Risiko-Kapital für örtliche mittelständische Unternehmen zu bilden. Angebot von umfassender Hilfe, Beratung und Vermittlung gegenüber den übrigen kommunalen Ämtern, gegenüber staatlicher → Gewerbeaufsicht, Kreditgewerbe usw.. Funktion als Initiator und Koordinator für „Firmenbeiträge" aus technisch-wissenschaftlichen, kreditpolitischen und betriebsorganisatorischen Experten, die mittelständische Unternehmen bei Bedarf als Berater nutzen können (→ Gewer-

beförderung). Zurverfügungstellen eines *Gewerbehofes* oder *-parks,* der entsprechend einer bestimmten Belegungskonzeption kleine und mittlere Unternehmen in Form einer Übernahme von Gemeinkosten durch die Kommune subventioniert. – c) *Existenzgründungspolitik:* Instrumentarium analog dem der kommunalen Mittelstandpolitik (→ Existenzgründungshilfen), z. B. *Gründerzentren.* Die Risiken einer ausschließlich kostenseitigen Entlastung sind bei Existenzgründern allerdings höher, da ihre Überlebenschance erfahrungsgemäß geringer ist. – d) *Technologiepoltik:* Koordination örtlich vorhandener Technologieberatungsinstitutionen. Akquisition öffentlicher Technologiefördermittel des Bundes und der Länder für die örtlichen Wirtschaftsunternehmen (→ Mittelstandsförderung 4). An Hochschul- und/oder Institutsstandorten Förderung des örtlichen → Technologietransfers. Gründung von *Technologiezentren,* die technologieorientierte (v. a. kleine und mittlere sowie neugegründete) Unternehmen durch Kostensubventionen und Schaffung von Fühlungsvorteilen fördern sollen. – e) *Ansiedlungswerbung:* → Standortmarketing. – f) *Beratung, Betreuung und Koordination:* Einrichtung einer zentralen Anlaufstelle für alle Fragen der kommunalen wirtschaftsrelevanten Planungen und Maßnahmen für ansässige und ansiedlungsinteressierte Unternehmen, potentielle Existenzgründer, aber auch Kammern, Unternehmensberater, Architekten, Arbeitnehmervertretungen, Kreditinstitute usw. Koordination auch aller wirtschaftlich relevanten nichtkommunalen Institutionen für ein Unternehmen, z. B. Kammern, Kreditgewerbe, Wissenschaftseinrichtungen, staatliche Gewerbeaufsicht, Fördermittelträger, Genehmigungsinstanzen wie Regierungspräsidien, Arbeitsämter (externe Koordination); zugleich Koordination der Ämter der kommunalen Verwaltung, so bei Bauanfragen und Bauanträgen (→ Bauerlaubnis) von Unternehmen im Verhältnis zu den kommunalen Planungs- und Bauämtern (interne Koordination). Darüber hinaus systematische und prophylaktische Akquisitionstätigkeit gegenüber den ortsansässigen Unternehmen, unabhängig von einzelnen Genehmigungsverfahren. – g) *Infrastrukturpolitik:* In Verbindung mit der Liegenschaftspolitik, mit den Zielen der W. konforme und diese fördernde Infrastruktur (Verkehrsanbindung sowie Ver- und Entsorgung von Gewerbeflächen, Gewerbe- und Industrieparks, Gewerbehöfe). Daneben sind auch die Bildungsinfrastruktur und die kulturelle Infrastruktur für Standortentscheidungen von Unternehmen bedeutsam. – h) *Vergabe- und Beschaffungspolitik:* Neben dem streng geregelten öffentlichen Vergaberecht (Haushaltsrecht und → Verdingungsordnungen) bestimmen in der Praxis zahlreiche „beschaffungsfremde" Zwecke (Umweltschutz, Mittelstandspolitik, Sozialpolitik, West-Berlin-Förderung, Zonenrandförderung, Ausbildungspolitik usw.) die Vergabe öffentlicher Aufträge. Neuerdings zunehmend Hereinnahme von Beschäftigungsinstitutionen. – i) *Finanzhilfen, Steuer- und Tarifpolitik:* Für gewerbliche Standortentscheidungen rangieren nach empirischen Erhebungen finanzielle Hilfen in ihrer Bedeutung i. a. hinter realen Hilfen durch die kommunale W. Der Gewährung von direkten kommunalen Zuschüssen, Krediten und Darlehen an Unternehmen sind gemeindeordnungsrechtlich und haushaltsrechtlich enge Grenzen gesetzt, deren Zweck es ist, einen offenen interkommunalen Subventionswettlauf zu verhindern. Gelegentlich übernehmen Kommunen Bürgschaften und andere Verpflichtungen im Interesse der W. (Nordrhein-Westfalen etwa im Zuge von Vorlagerungen und Brachenaufbereitungen durch den Landesgrundstücksfonds). Die Senkung der Gewerbesteuerhebesätze ist eine der Hauptforderungen der Unternehmen an die Kommunen. Allerdings besteht nach Erkenntnissen des Deutschen Städtetages empirisch kein positiver, sondern ein negativer Zusammenhang zwischen einer Senkung kommunaler Steuern und einer örtlichen Beschäftigungserhöhung. Für die Ansiedlung von Unternehmen ist die Bedeutung der Gewerbesteuer nach empirischen Untersuchungen und den Ergebnissen von Unternehmens-Befragungen im allgemeinen gering. Bei Hebesatz-Vergleichen zwischen Kommunen müssen die mit der Gemeindegröße und dem landesplanerischen Zentralitätsgrad des Ortes (→zentrale Orte) wachsenden Gemeindeaufgaben berücksichtigt werden. In dem weiten Feld der Steuer- und Tarifpolitik (Steuererlaß, Steuer- und Abgabenstundung, Gebühren- und Beitragsermäßigung, Sondertarifgestaltung usw.) ist den Kommunen von der →Abgabenordnung ein gewisser Handlungsspielraum gegeben („Billigkeits"-Erwägung), der in Ausnahmefällen für die Bestandsicherung eines kleinen oder mittleren Unternehmens genutzt werden kann. Besondere Steuervereinbarungen mit Unternehmen sind allerdings unzulässig. – k) *Arbeitsmarkt- und Beschäftigungspolitik:* Existiert konzeptionell und praktisch erst in Ansätzen. Kommunaler Personalpolitik sind aus finanziellen Gründen i. d. R. enge Grenzen gezogen. In Zusammenarbeit mit den örtlichen Arbeitsämtern können die Kommunen jedoch in ihrem eigenen Verwaltungsbereich, im Bereich der kommunalen Versorgungs- und Wirtschaftsunternehmen und bei sonstigen örtlichen Trägereinrichtungen arbeitsmarkt- und beschäftigungspolitische Maßnahmen realisieren, initiieren oder vermitteln, die von der staatlichen Arbeitsverwaltung finanziert oder bezuschußt werden (Arbeitsbeschaffungsmaßnahmen, Lohnkostensubventionen, Existenzgründungshilfen für Empfänger von Arbeitslosenunterstützungen usw.).

Entsprechend können arbeitsmarkt- und beschäftigungspolitische Sonderprogramme einzelner Länder genutzt werden. Arbeitsmarktpolitische Förderprogramme existieren für den Bereich der Erstausbildung von Jugendlichen (insbes. schwervermittelbaren), für die berufliche Eingliederung von arbeitslosen Jugendlichen und Heranwachsenden und für Qualifizierungsmaßnahmen aller Art. In zahlreichen Kommunen existieren Trägervereine und -gesellschaften für Ausbildungs-, Qualifizierungs-, Rehabilitations- und Wiedereingliederungsmaßnahmen. Die kommunale W. kann hier durch Liegenschaftspolitik (einschl. Vermietung und Verpachtung), Beratung, Zuschüsse usw. fördernd tätig werden. Soweit arbeitsmarktpolitische Maßnahmen in Existenzgründungen münden, können entsprechende spezifische Unterstützungen gegeben werden (s. o.). Dies könnte u. a. eine gezielte Vergabe- und Beschaffungspolitik (s. o.) zugunsten entsprechender Unternehmen oder Werkstätten etwa im Bereich der Ausstattung von Kindergärten, Spielplätzen, Heimen umfassen. Generell wird es wesentlich für die örtliche Wirtschaft sein, daß die kommunale W. gemeinsam mit dem Arbeitsamt und den Kammern aufgrund einer örtlichen Arbeitsmarktanalyse und -prognose eine rechtzeitige, gezielte Beseitigung von Engpässen des Arbeitsmarktes betreibt. Dies bezieht sich insbes. auf Fortbildungs- und Umschulungsmaßnahmen am Ort, die dem spezifischen Arbeitskräfte- und Qualifikationsbedarf der örtlichen Wirtschaft entsprechen und am Qualifikationsprofil des regionalen Arbeitskräftepotentials anknüpfen sollten. – l) *Analyse und Information, regelmäßige Berichterstattung,* Voraussetzung kommunaler W. sind regelmäßige regionale Wirtschaftsanalysen und -prognosen (einschl. wirtschaftlicher und technologischer Branchenanalysen und -prognosen) sowie Arbeitsmarktanalysen und -prognosen, die gemeinsam mit den anderen zuständigen Institutionen (statistische Ämter, Sozialämter, Arbeitsämter, Kammern, evtl. Forschungsinstitute) erstellt werden sollten. Diese Informationen und Analysen können auch als Dienstleistungen im Rahmen der W. anderen Nutzern zur Verfügung gestellt werden. Als Wirkungskontrolle sollten regelmäßige *W.-Berichte* erstellt werden, die Aussagen u. a. zu den bestandpflegerischen und beschäftigungspolitischen Wirkungen der W.-Aktivitäten enthalten.

5. *Organisationsformen:* Die W. der Städte, Gemeinden und Kreise ist institutionell meist entweder als Amt oder (v. a. in Kreisen) als GmbH organisiert. Im Rahmen der Gemeindeaufgaben erfüllt sie dabei allerdings eine Querschnittsfunktion. Gelegentlich ist sie mit Liegenschaftsämtern, Stadtentwicklungsämtern sowie Presse- und Verkehrsämtern integriert oder auch als Referat unmittelbar den

Oberstadtdirektoren unterstellt. Großstädte beschäftigen in der unmittelbaren W. i. d. R. zwischen vier und zehn Personen. Insgesamt sind in der Bundesrep. D. etwa 1500 Personen in der kommunalen W. tätig. Die vorhandenen rechtlichen selbständigen W.-Gesellschaften haben unhterschedliche Gesellschafter (neben den Kommunen u. a. Sparkassen und Kammern) und schwanken in ihrem Stammkapital zwischen 50000 und rd. 8 Mill. DM. Auch Kommunen mit W.-Ämtern können als finanzielle W.-Instrumente Fonds oder Vermögensträgergesellschaften bilden, die unter Beteiligung der W.-Ämter, der Sparkassen usw. gewerbliches Liegenschaftsvermögen, Venture-Capital-Fonds usw. zur W. einsetzen. Den W.-Institutionen sollten *Beiräte* zur Seite gestellt werden, die die wichtigsten örtlichen Interessengruppen umfassen und die Aufgabe haben, die W.-Berichte der W.-Instituion entgegenzunehmen und zu diskutieren sowie Orientierungshilfen für die wirtschafts- und beschäftigungsrelevante Zukunftsplanung und W. in der Kommune zu geben.

Literatur: Christ, J.S., Direkte kommunale W., ihre Zulässigkeit und ihr Verhältnis zur regionalen W. von Bund und Ländern, Diss. Augsburg 1983; Einemann, E., Lübbing, E., Politische Alternativen in London. Beispielhafte Ansätze einer mobilisierenden Regionalpolitik zur Bekämpfung der Arbeitslosigkeit, Bremen (Universität Bremen) 1984; Elsner, W., Katterle, S., (Hrsg.), Wirtschaftsstrukturen, neue Technologien und Arbeitsmarkt. Ein Beispiel kooperativer Forschung in der Region, Köln 1984; Feuerstein, S., Aufgabenfelder und Informationsbedarf kommunaler Wirtschaftsförderungspolitik, München 1981, Grätz, C., Kommunale W., Kritische Bestandsaufnahme ihrer Funktionen und Organisation, Bochum 1983; Heuer, H., Instrumente kommunaler Gewerbepolitik, Stuttgart 1985; Stark, K.-D., Kommunale W. und Standortwahl von Industrie und Gewerbe, Berlin 1973.

Privatdozent Dr. Wolfram Elsner

Wirtschaftsforschung, Erforschung der Grundlagen einer Volkswirtschaft und der wirtschaftlichen Entwicklung mit wissenschaftlichen Methoden (insbes. →Marktforschung und →Konjunkturforschung). Das Aufstellen ökonomischer Hypothesen erfolgt durch die →Volkswirtschaftstheorie, die quantitative Analyse durch →empirische Wirtschaftsforschung. Durchgeführt wird die W. an Universitätsinstituten und →Wirtschaftsforschungsinstitute.

Wirtschaftsforschungsinstitute, private und öffentliche Institutionen, die weitgehend die Einzelarbeit im Bereich der empirischen →Wirtschaftsforschung bzw. →Konjunkturforschung abgelöst haben. Früher häufig auch als *Konjunkturforschungsinstitute* bezeichnet. – 1. *Entwicklung:* a) *Wissenschaftsmethodisch* geht das Entstehen der W. zurück auf die zuerst in den USA, und zwar überwiegend durch Kaufleute und praktische Volkswirte vollzogene Synthese von ökonomisch-realistischer und mathematisch-statistischer Forschungsweise. b) Es entstanden private Einrichtungen, wie Brookmore Economic Service, Moody's Investors Service, Karstens's

Statistical Laboratory; 1917 als erstes von der Wissenschaft betriebenes Institut das Harvard University Committee of Economic Research, New York. In den 20er Jahren schlossen sich europäische Länder dem amerikanischen Vorbild an: Rußland 1920, Schweden 1922, England und Frankreich 1923, Deutschland 1925 (→Institut für Konjunkturforschung), Italien 1926. – 2. *Bekannteste W. in der Bundesrep. D.:* →Deutsches Institut für Wirtschaftsforschung, München, →Institut für Weltwirtschaft, Kiel, →Rheinisch-Westfälisches Institut für Wirtschaftsforschung, Essen, →HWWA–Institut für Wirtschaftsforschung, Hamburg, →IFO-Institut für Wirtschaftsforschung, München. Diese fünf Institute veröffentlichen jeweils im Frühjahr und Herbst eine gemeinsame Beurteilung der Wirtschaftslage, bekannt unter dem Namen *Gemeinschaftsdiagnose.* Weitere K.: →Institut der deutschen Wirtschaft, Köln und das →Wirtschafts- und Sozialwissenschaftliche Institut des Deutschen Gewerkschaftsbundes, Düsseldorf.

Wirtschaftsgebiet, früher *Deviseninland,* Begriff des →Außenwirtschaftsrechts. Der Geltungsbereich des →Außenwirtschaftsgesetzes, also die →Bundesrepublik und →Berlin (West) und Zollfreigebiete (Helgoland, →Freihäfen). →Zollanschlüsse gelten als Teil des W. (§§4, 50 AWG). – *Gegensatz:* →fremde Wirtschaftsgebiete. – →Zollanschlüsse an der deutsch-schweizerischen Grenze (Enklave Büsingen) gelten gem. §4 I 2 AWG für das Verbringen von Sachen und Elektrizität als Teil fremder Wirtschaftsgebiete.

Wirtschaftsgemeinschaft der westafrikanischen Staaten, →ECOWAS.

Wirtschaftsgemeinschaft südostasiatischer Länder, →ASEAN.

Wirtschaftsgeographie, ein Teilgebiet der Geographie des Menschen (Anthropogeographie, Kulturgeographie) mit engem Kontakt zu den →Wirtschaftswissenschaften.

I. Aufgaben: Erfassung und Erklärung erdoberflächlicher Verbreitungs- und Verknüpfungsmuster wirtschaftlicher Aktivitäten: (1) Räumliche Fixierung von *Wirtschafts-Standorte* und Beschreibung ihrer regionalen Verteilung mit Hilfe von Arealen, Feldern u. ä. Begriffen. (2) Untersuchung von *Regionszusammenhängen* mit Hilfe der Statistik, Systemanalyse und thematischen Kartographie. (3) *Modellbildung* aufgrund der erdräumlichen Distanzabhängigkeit der Interaktionssysteme (unter Berücksichtigung zeitdynamischer Prozesse).

II. Theorie: Wegen der hochgradigen Komplexität räumlicher Beziehungen bestehen Schwierigkeiten, ein Gesamtmodell zu entwickeln, das noch empirisch einsetzbar ist. Man konzentriert sich daher zunehmend auf den Ausbau beherrschbarer Theorien über Teilzusammenhänge und ihre allmähliche Verknüpfung zu einem breiteren Bild der vielseitigen distanziellen Interdependenzketten. Die älteren Theorien der W. beziehen sich vorwiegend auf Aktivitäten der Produktionssphäre, sie fragen nach dem Standort und den Gleichgewichtsmustern der landwirtschaftlichen und industriellen Unternehmungen; bei den neueren spielen Konsumstandorte, Verbraucheransprüche und Aktionsreichweiten eine weit größere Rolle. In den meisten Theorien ergeben sich aus den Agglomerationsvorteilen (oder -nachteilen), dem unterschiedlichen Flächenanspruch der verschiedenen Aktivitäten und der Höhe der Bewegungswiderstände räumliche Konfigurationen eines Wechsels von Häufung und Streuung. Die Vorherrschaft industriebestimmter mehrkerniger Ballungen mit einer verwickelten Aufteilung der zentralörtlichen Funktionen führte insbes. zu einem Ausbau der *Theorie der zentralen Orte und Regionen*, deren erste Ansätze (Christaller) sich auf einfache Raumstrukturen bezogen, wie sie heute nur noch in unternterwickelten Gebieten geringer Marktverflechtung anzutreffen sind.

III. Z w e i g e : Die wichtigsten Z w e i g e der W. sind die Agrar-, Industrie-, Handels- und Verkehrsgeographie (darunter auch Fremdenverkehrsgeographie) sowie die Geographie der zentralen Einrichtungen und Berufe. – 1. Methodisch am besten entwickelt ist die *Agrargeographie,* in der durch Landnutzungskartierungen (z. T. über Luftbilder) auch in den Entwicklungsländern hervorragende Ergebnisse erzielt werden konnten. In der Bundesrep. D. z. B. wurde die Sozialbrache zuerst durch agrargeographische Kartierungen festgestellt und untersucht. Inzwischen sind die Kulturlandveränderungen insgesamt zu einem wesentlichen Forschungsschwerpunkt geworden. – 2. In der *Industriegeographie,* mangelt es nicht an theoretischen Ansätzen, die z. T. aus den Nachbarwissenschaften übernommen werden konnten. Erhebliche Schwierigkeiten liegen bei empirischen Untersuchungen der Verteilungs- und Verflechtungsmuster der Industrie aber in der unzureichenden regionalen Aufgliederung der Industriestatistik und der fehlenden regionalen Differenzierung in den Geschäftsberichten der großen Unternehmenseinheiten. – 3. Eine zunehmend zentrale Bedeutung innerhalb der W. kommt der *Verkehrsgeographie* zu, bietet doch der Verkehr eine Spiegelbild aller regionalen Verflechtungen. Verfahren der Netzanalyse (Graphentheorie; →Graph) und regionale Verteilungsmodelle unter Einbeziehung der →Wahrscheinlichkeitsrechnung und der →Simulation finden hier immer stärkere Beachtung.

IV: B e d e u t u n g : Die W. bildet heute eine Grundlagenwissenschaft für die räumliche Planung (→Raumplanung); ihre Orientierung und Beteiligung an der Stadt-, Regional- und Landesplanung ist allerdings länderweise verschieden. – Heute bestehen an fast allen Universitäten der Bundesrep. D. eigene *Lehrstühle für W.* (meist Wirtschafts- und Sozialgeographie), die allerdings schwerpunktmäßig unterschiedlichen Fachbereichen zugeordnet sind. Die W., die zunächst auf die Ausbildung der Wirtschaftswissenschaftler ausgerichtet war, ist in der Bundesrep. D. inzwischen auch zu einem festen Bestandteil der Ausbildung der Geographielehrer und Diplom-Geographen geworden.

Literatur: Abler, R., J. Adams and P. Gould: Spatial Organization. The Geographer's View of the World. Englewood Cliffs, New Jersey 2. Auflage 1977; Bartels, D. (Hrsg.): Wirtschafts- und Sozialgeographie. Köln-Berlin 1970; Brücher, W.: Industriegeographie. Braunschweig 1982; Haggett, P.: Einführung in die kultur- und sozialgeographische Regionalanalyse. Berlin-New York 1973; Haggett, P.: Geographie. Eine moderne Synthese. New York 1983; Heinritz, G.: Zentralität und zentrale Orte. Stuttgart 1979; Lloyd, P.E. and P. Dicken: Location in space: a theoretical approach to economic geography. 2. Aufl. London 1977; Otremba, E.: Der Wirtschaftsraum – seine geographischen Grundlagen und Probleme. Stuttgart 1969 (= Erde und Weltwirtschaft Band 1); Sick, W.-D.: Agrargeographie. Braunschweig 1983; Wagner, H.-G.: Wirtschaftsgeographie. Braunschweig 1981; Wirth, E.: Theoretische Geographie. Grundzüge einer Theoretischen Kulturgeographie. Stuttgart 1979.

Prof. Dr. Johannes Obst

Wirtschaftsgeschichte. I. B e g r i f f : Wie das Wort „Geschichte" die Geschehensfolge selbst und die Wissenschaft von der Geschehensfolge und ihren Ursachen bezeichnet, so auch den Begriff W. Das wirtschaftsgeschichtliche Geschehen ist a) die Entstehung und Entwicklung der Funktionszusammenhänge der Wirtschaft (Struktur der ökonomischen Beziehungen der Menschen untereinander und zwischen Menschen und Gütern), b) der Ablauf der Wirtschaftsprozesse. Die W. als Wissenschaft ist die methodische Erforschung der Art und der Ursachen der so beschriebenen historischen Objekte.

II. E i n o r d n u n g : Die W. ist Teil einer allgemeinen Kultur- und Sozialgeschichte. Gegenüber der Sozialgeschichte i. e. S. besteht ein Verhältnis der Arbeitsteilung, ohne daß die Grenzen genau zu ziehen sind. Die Geschichte der Technik (Produktion, Verkehr) wird gelegentlich als Teil der W. bezeichnet, ist aber i. d. R. eine Sonderdisziplin.

III. E n t w i c k l u n g d e r A u f g a b e n s t e l l u n g : Die Werke der Wirtschaftswissenschaft des 18. und 19. Jh. (so auch die von A. Smith und K. Marx) enthalten in großem Umfang wirtschaftsgeschichtliche Teile, aus denen die Theorien entwickelt werden. Als eigene Disziplin entwickelt sich die W. seit der Mitte des 19. Jh., wobei die Grenzen zu Nationalökonomie und Geschichtswissenschaft fließend bleiben. – In der ersten Periode (1850 bis etwa 1900) stand das Studium der *wirtschaftlichen Institutionen* (Messe, Zunft, Hanse, Manufaktur, Kapitalismus usw.) im Vordergrund, In der Folgezeit verstärkte sich das Interesse an der *Preis- und Wirtschafts-zweiggeschichte* (Landwirtschaft, Industrie, Handel, Kreditwesen – wieder unterteilt in Branchen). Daneben entwickelte sich die *Unternehmensgeschichte und Unternehmerge-schichte.* – Nach dem Zweiten Weltkrieg sind die Probleme des wirtschaftlicen Wachstums und der Schwankungen der Wirtschaftsaktivi-tät in Wirtschaftsgesellschaften (auch der Ent-wicklungsländer) Gegenstand intensiverer Forschung gewesen. Zunehmend spielen quanit/ative Methoden in der wirtschaftshi-storischen Analyse eine große Rolle (Cliome-trie), doch gibt es inzwischen auch eine →„neue politische Wirtschaftsgeschichte", die sich – unterstützt durch neue Wirtschafts- und Gesellschaftstheorien – mit der Genesis, der Veränderung und der Bedeutung wirtschaftlich relevanter Institutionen befaßt. Der Gang der Forschung ist gekennzeichnet durch ein Fortschreiten von der Beobachtung und Ver-zeichnung unmittelbar sichtbarer Fakten wirt-schaftlicher Art zu einer wissenschaftlichen Durchdringung der Bedingungen gesell-schafts-wirtschaftlicher Zusammenhänge sowie der Bedeutung wirtschaftlicher Struktu-ren und Prozesse für den Gang der allgemei-nen Geschichte.

IV. Verhältnis zur Wirtschafts-theorie : Der Ende des 19. Jh. entbrannte offene Streit zwischen den Vertretern der historischen und der theoretischen Richtung der Wirtschaftswissenschaften (Schmoller, Menger) um die geeignete Methode der Wirk-lichkeitserfassung (→Methodenstreit) ist prin-zipiell beendet. Grundsätzlich sind historische und theoretische Methode komplementär zur Erfassung der wirtschaftlichen Wirklichkeit. Sofern wirtschaftswissenschaftliche Aussagen empirisch widerlegbar sind, handelt es sich methodisch um W. Allerdings entspricht es einer Konvention, die Betrachtung der Tatsa-chen der neuesten Zeit nicht Geschichte zu nennen. – Der Streit um die logische Priorität einer Theorie auch in der Erkenntnisweise des Historikers konnte nur deshalb entbrennen, weil man sich des theoretischen Rüstzeugs auch der früheren Geschichtswissenschaft nicht bewußt war. „Geschichtliche Tatsa-chen" sind aber nie ohne Klassifikationsystem und damit als Theorien vom sozialökonomi-schen Strukturen zu erkennen. Begriffe wie Markt, Zunft, Monopol, Lohn, Kapital, Geld usw. enthalten in sich schon Modelle mit bestimmten Annahmen. Die hypothetischen Modelle der Theorie der Gegenwart sind möglicherweise komplizierter als die früher verwendeten, stellen aber nichts grundsätz-liches Neues dar. Sie unterscheiden sich von den früheren oft durch die geringere Anschau-lichkeit. Da der Fortschritt der ökonomischen Wissenschaften gerade darin besteht, die nicht unmittelbar sichtbaren Beziehungen entdeckt zu haben, kann die W. sich nicht auf anschau-

liche Modelle (z. B. der Institutionen) beschränken.

V. Systematik : An einer allgemein akzep-tierten Systematik der W. fehlt es.

1. Die Einteilung des *Zeitablaufs in bestimmte Perioden* steht für Wirtschaftshistoriker, die lange Zeiträume betrachten, im Vordergrund. Die Rechtfertigung der Periodisierung ergibt sich aus dem angenommenen einheitlichen Charakter der Struktur der betrachteten öko-nomischen Beziehungen in einer Periode. Da die verschiedensten Gesichtspunkte zur Klas-sifikation herangezogen werden können, ist die Periodisierung selbst in den allgemeinen W. nicht einheitlich. Man orientiert sich an Merkmalen der Wirtschaftsverfassung, der Verteilung der Produktionsmittel auf soziale Gruppen, dem Vorherrschen bestimmter Pro-duktionsbedingungen oder Beschäftigungs-strukturen, der politischen Organisation der Wirtschaftsgesellschaft, um bestimmte Zeit-räume voneinander abzugrenzen und zu bezeichnen (z. B. als Manufakturperiode, Feu-dalismus, Agrarwirtschaft, Merkantilismus, Verstädterung, Zeitalter der Entdeckung, Periode der Grundherrschaft usw.). Insbes. ist in der modernen W. üblich geworden, den Begriff „Mittelalter" als Periodenbegriff zu vermeiden, da er zu vieldeutig ist. Wird er noch verwendet, so wird das Ende des so bezeichneten Zeitraums von einigen Autoren auf die Mitte des 14. Jh. von anderen auf das Ende des 18. Jh. gelegt – jedenfall anders, als dies zumeist in der allgemeinen Geschichte üblich ist. – Betrachtet man die Dynamik der deutschen wirtschaftlichen Entwicklung *vor der Industrialisierung* so ergeben sich folgende Perioden: 8 Jh. bis um 1350; 1350 bis Ende 15. Jh.; Ende 15. Jh. bis um 1600; Anfang 17. Jh. bis Ende 18. Jh. An den langfristigen Wellen der allgemeinen Preisbewegung ist das Schick-sal von Lebensmöglichkeit und Veränderung der Bevölkerungszahl deutlich abzulesen. – In sehr großer Perspektive ist die W. der Mensch-heit nur durch *zwei Zäsuren* markiert: (1) durch die erste Agrarrevolution im Neoli-thikum, als der Übergang zu seßhafter Land-wirtschaft möglich wurde, (2) durch die →industrielle Revolution, als es möglich wurde, sich von der biologischen Grundlage des Weltenergieangebots zu lösen. – Eine Unterscheidung der Perioden nach *Wirt-schaftsstilen* oder dem *Wirtschaftsgeist* der Epochen ist verschiedentlich vertreten wor-den und findet neuerdings wieder mehr Inter-esse, ohne daß die Probleme entsprechender Typisierungen übersehen werden können. – Auch die Kennzeichnung nach *Wirt-schaftssystemvorstellungen,* wie etwa durch den Begriff „Kapitalismus", begegnen großen Schwierigkeiten, da das historische Faktum Kapitalismus eine heftig umstrittene theoreti-sche Konzeption ist. So orientiert man sich eher an anschaulichen Merkmalen, ohne zu

behaupten, daß damit „das Wesen" der Epoche und aller Erscheinungen bezeichnet wäre.

2. Neben der zeitlichen ist – wie in aller Geschichtswissenschaft – die *systematische Gliederung* bedeutungsvoll. Hier entspricht die Gliederung der W. der der systematischen Wirtschaftswissenschaften: Es gibt die *Geschichte der privaten und öffentlichen Einzelwirtschaft* (der Unternehmungsformen, der Handelsgeschäfte, der Unternehmungen, der Finanzierungsformen, der öffentlichen Haushalte usw.), die *Geschichte der Wirtschaftszweige und Güter* (Landwirtschaft gewerbliche Produktion, Bankwesen, Getreide, Kohle, Textilien usw.) und die *Geschichte der grundlegenden Strukturgrößen der Wirtschaft*, die etwa der systematischen Makroökonomik entspricht (Preise, Einkommen, Geld, Konsum, Investition sowie ihrer Relationen zueinander, Gesamtrechnungen, Einkommenverteilung, Inflationsquellen usw.). Dabei kann diese Forschung jeweils im *Querschnitt* die Struktur zu einem bestimmten Zeitpunkt oder den zeitlichen Ablauf der Erscheinungen *(Längsschnitt)* zum Gegenstand haben.

3. Für die W. erweist sich auch eine eigene theoretische Untersuchung und Beachtung der *regionalen Grenzen* des Beobachtungsgebietes als erforderlich, weil die Entwicklung vieler Größen gebietlich durchaus unterschiedlich ist und gerade die Unterschiede Interesse beanspruchen. Man unterscheidet so die W. *bestimmter Gebiete* (Lokal-, Regional-, Landesgeschichte usw.), die *vergleichende W. von Regionen und die Geschichte der wirtschaftlichen Beziehungen zwischen Gebieten.* – Somit ergibt sich bei jeder wirtschaftsgeschichtlichen Arbeit die Notwendigkeit einer genauen Bestimmung (und Begründung) der zeitlichen, sachlichen und räumlichen Grenzen der Untersuchung. Die Fülle der denkbaren Kombinationen ist praktisch unbegrenzt groß.

Literatur: Beutin, L., u. Kellenbenz, H., Grundlagen des Studiums der Wirtschaftsgeschichte, 1973; Zorn, W., Einführung in die Sozial- und Wirtschaftsgeschichte, 1972; The Cambridge Economic History of Europe, 7 Bände; Cipolla, C. M., u. Borchardt, K. (Hrsg.), Europäische Wirtschaftsgeschichte, 5 Bände, 1976ff.; Wehler, H.-U., Bibliographie zur modernen deutschen Wirtschaftsgeschichte, 1976; Aubin, H., u. Zorn, W. (Hrsg.), Handbuch der deutschen Wirtschafts- und Sozialgeschichte, Band 1: Von der Frühzeit bis zum Ende des 18. Jh., 1971, Band 2: Das 19. und 20. Jh., 1976; Borchardt, K., Grundriss der deutschen Wirtschaftsgeschichte, 1978; Henning, F. W., Wirtschafts- und Sozialgeschichte, 3 Bände, 1973ff.; Kellenbenz, H., Deutsche Wirtschaftsgeschichte, 2 Bände, 1977ff.; Wirtschafts-Ploetz. Die Wirtschaftsgeschichte zum Nachschlagen, hrsg. v. H. Ott u. H. Schäfer, Würzburg 1984; weiterhin allgemeine Zeitschriften der Geschichts- und der Wirtschaftswissenschaften, insbes. Vierteljahrschrift für Sozial- und Wirtschaftsgeschichte, seit 1903; Zeitschrift für Agrargeschichte und Agrarsoziologie, seit 1953; Zeitschrift für Unternehmensgeschichte (früher: Tradition), seit 1956.

Prof. Dr. Knut Borchardt

Wirtschaftsgut. I. Wirtschaftswissenschaften: Vgl. →Gut.

II. Steuerrecht: 1. *Allgemein:* Der BFH faßt den Begriff des W. weit; er umfaßt Gegenstände, Rechte, sonstige wirtschaftliche Werte, tatsächliche Zustände und konkrete Möglichkeiten, sofern a) sich der Kaufmann ihre Erlangung etwas kosten läßt, b) sie nach Verkehrsauffassung einer selbständigen Bewertung zugänglich sind und c) einen Nutzen für mehrere Wirtschaftsjahre erbringen. – 2. *Bewertungsgesetz:* Kleinste Bewertungseinheit (§ 2 III BewG). a) I. S. des BewG sind zu *unterscheiden:* (1) *positive W.:* Sachen, Rechte und wirtschaftliche Vorteile, die für einen Betrieb einen Wert darstellen, der einer besonderen Bewertung zugänglich ist und welche einen Nutzen für mehr als ein Wirtschaftsjahr erbringen; (2) *negative W.:* Selbständig bewertungsfähige wirtschaftliche Lasten. – b) *Bedeutung:* Die Erfüllung der W.-Eigenschaften ist für die ertragsteuerliche Bilanzierungsfähigkeit (Aktivierungs- bzw. Passivierungsfähigkeit) unbedingte Voraussetzung (Ausnahme: →Rechnungsabgrenzungen). W, sind bei der →Einheitsbewertung des →Betriebsvermögens für substanzsteuerliche Zwecke zu berücksichtigen.

III. Handelsbetriebslehre: Vgl. →Handelsgut.

Wirtschaftsgymnasium, Schulform im Rahmen des berufsbildenden Schulwesens; →Fachgymnasium mit kaufmännisch-ökonomischer Ausrichtung. Führt zur allgemeinen oder fachgebundenen Hochschulreife. Als Gymnasium der Aufbauform, das auf den Realschulabschluß oder einen als gleichwertig anerkannten Abschluß aufbaut und über den dreijährigen Schulbesuch zum Abitur führt, existiert das W. unter differierenden Bezeichnungen in allen Bundesländern mit Ausnahme Bayerns (dort 8jähriges Wirtschaftswissenschaftliches Gymnasium) sowie Bremens und Nordrhein-Westfalens (dort →Berufsfachschule mit gymnasialer Oberstufe bzw. gymnasialem Zweig). Curriculum des W. geprägt durch eine Kombination des traditionellen gymnasialen Fächerkanons (besonders Deutsch, Geschichte, Mathematik, zwei Fremdsprachen) mit einer vor allem „Berufsbezüglichem" befreiten Ökonomie (Volkswirtschaftslehre, Betriebswirtschaftslehre, Rechnungswesen); entsprechend steht die studienpropädeutische Funktion des W. sowohl unter curricularem Aspekt als auch hinsichtlich der Berufswahlpräferenzen der Schüler eindeutig im Vordergrund. Durch die Einführung der neugestalteten gymnasialen Oberstufe (Kursstufe) hat sich die Tendenz zur Anpassung des W. an andere Gymnasialformen weiter fortgesetzt.

Wirtschaftsinformatik. 1. *Heute* meist Synonym für →Betriebsinformatik. – 2. *Früher* Oberbegriff für die zu entwickelnden Bereiche Betriebs-, Verwaltungs-, Volkswirtschafts-, Bildungsinformatik, die aber im Vergleich zur Betriebsinformatik alle nur untergeordnete oder gar keine Bedeutung erlangten.

Wirtschaftsingenieur, Berufsbezeichnung mit verschiedenen akademischen Graden für Absolventen eines Parallel- oder Aufbaustudiums von Ingenieur- und Wirtschaftswissenschaften. Als Parallelstudium an der TU Berlin (Diplom-Ingenieur), an der TH Darmstadt (Diplom-Wirtschaftingenieur), der Univ. (TH) Karlsruhe (Technischer Diplom-Betriebswirt). Als Aufbaustudium an der TH Aachen und der TU Braunschweig und München (Diplom-Wirtschaftsingenieur). Promotionsmöglichkeiten nach den Bestimmungen der einzelnen Hochschulen, i.d.R. zum Dr.-Ing. oder Dr. rer. pol. – 1. *Aufgabe und Zweck* dieses kombinierten technisch-wirtschaftlichen Studiums ist es, den steigenden Anforderungen einer stark mechanisierten und automatisierten Industrie an ihre leitenden Mitarbeiter gerecht zu werden. – 2. *Arbeitsgebiete:* Insbes. auf dem technisch-betriebswirtschaftlichen Grenzgebiet wie Technischer Einkauf, Entwicklung, Arbeitsvorbereitung und Zeitstudienwesen, Produktions- und Verfahrenstechnik, Technischer Vertrieb. – 3. *Ausbildung:* In den verschiedenen Hochschulen unterschiedlich geregelt. In Berlin Mindestdauer des Studiums 9–12 Semester mit Vorprüfung nach dem 5. Semester. Einjähriges Praktikum (6 Monate technisch, 6 Monate betriebswirtschaftlich) bis zur Vorprüfung. – Der Wirtschaftsingenieur Aachener, Darmstädter und Münchener Richtung ist in erster Linie Ingenieur, im Gegensatz zum →Technischen Diplom-Betriebswirt. Beim Wirtschaftsingenieur Berliner Richtung ist die Ausbildung in technischen und wirtschafts-wissenschaftlichen Diziplinen ungefähr gleich intensiv. – Da Wirtschaftsingenieur in erster Linie eine *Berufsbezeichnung* ist, nennen sich auch Praktiker mit technisch-wirtschaftlichen Erfahrungen „Wirtschaftsingenieur".

Wirtschaftsjahr, bestimmter Zeitraum, für den die Ergebnisse eines Betriebes regelmäßig abschließend (→Inventur und →Bilanz) buchmäßig festgestellt werden. Das W. entspricht dem im §240 HGB erwähnten *Geschäftsjahr* und umfaßt i.d.R. 12 Monate. Bei Eröffnung oder Aufgabe eines Betriebes oder beim Wechsel des Abschlußtages darf das W. auch weniger als 12 Monate umfassen *(Rumpfwirtschaftsjahr)*. Das W. kann sich mit dem Kalenderjahr decken. – *Steuerlich* gilt: Gewerbetreibende, die in das →Handelsregister eingetragen sind, können ein vom Kalenderjahr abweichendes W. haben; Umstellung ist steuerlich nur wirksam, wenn sie im Einvernehmen mit dem Finanzamt vorgenommen wird (§4a EStG). Bei allen anderen Gewerbetreibenden gilt das Kalenderjahr; ein davon abweichendes W. kann durch Gesetz oder Verordnung festgelegt werden (z.B. für die Landwirtschaft).

Wirtschaftsjurist, rechtlich nicht geschützter Titel von →Juristen, die als Volljuristen in wirtschaftlichen Unternehmen, bei Banken, Versicherungen usw. tätig sind. Die Bezeichnung besagt nur (ebenso wie die Bezeichnungen „Justizjurist" und „Verwaltungsjurist") in welchem Bereich der Jurist tätig ist.

Wirtschaftskreislauf. I. Begriff: W. bezeichnet den Ablauf des Tausches wirtschaftlicher Werte zwischen zwei oder mehreren Wirtschaftseinheiten (vgl. auch →Volkswirtschaftstheorie, →Volkswirtschaftliche Gesamtrechnungen). Der W. ist die Folge zunehmender →Arbeitsteilung und in seinem Umfang abhängig von deren Entwicklung. Stellt jeder die seinen Bedürfnissen entsprechenden Güter selber her, kann nicht von einem W. gesprochen werden (Robinson Crusoe); jede moderne Wirtschaft macht sich aber die Vorteile der Arbeitsteilung zunutze und nimmt die daraus resultierende Tauschabhängigkeit in Kauf. Da heute Gut gegen Geld getauscht wird, ist zwischen einem *Güterkreislauf* und einem entgegengerichteten *Geldkreislauf* zu unterscheiden. Werden die Transaktionen aller Wirtschaftseinheiten (einzeln oder zu Gruppen aggregiert) erfaßt, spricht man von einem *geschlossenen* W.; ein *offener* W. liegt vor, wenn die Tauschbeziehungen nur einer oder weniger Wirtschaftseinheiten ermittelt werden. In einem geschlossenen W. wird jeder Wertfluß bei einer Einheit als Abgang, bei einer anderen als Zugang erfaßt; demgemäß ist die Summe aller Abflüsse gleich der Summe aller Zuflüsse; dies gilt für jede einzelne Wirtschaftseinheit wie auch für die Volkswirtschaft als Ganzes *(Kreislaufaxiom)*. – Die Vorstellung vom kreislaufmäßigen Ablauf des Wirtschaftsprozesses und die anfänglichen Untersuchungen stammen von *Quesnay,* einem Vertreter des Physiokratismus. Sie gerieten in Vergessenheit, bis *Marx* diesen Gedanken wieder aufgriff, um die Frage nach der Reproduktion des Kapitals zu klären; er gab der Kreislaufforschung nachhaltige Impulse, wie später auch *Keynes,* der die makroökonomischen Beziehungsverhältnisse untersuchte, um die Bedingungen dauerhafter Unterbeschäftigung zu ermitteln.

II. Darstellung: Jede Darstellung des W. kennt zwei Elemente, die *Pole,* das sind die Einheiten, die in das Tauschsystem integriert sind, und die *Ströme,* das sind die zwischen diesen Polen pro Periode fließenden Werte. – 1. *Grafische Darstellung:* Vgl. Abbildung Sp. 2759. Die Abbildung besagt: Zur Güterproduktion bezieht Pol 2 (Unternehmungen) von Pol 1 (Haushalte) Faktorleistungen und zahlt dafür Faktorentgelte; aus dem Verkauf der Güter an Pol 1 fließen Pol 2 den Verkaufserlöse zu. In den Polen und Strömen können die Einheiten und Wertflüsse einzeln oder zusammengefaßt dargestellt werden; die →Aggregation ist beliebig.

Übersicht: Wirtschaftskreislauf

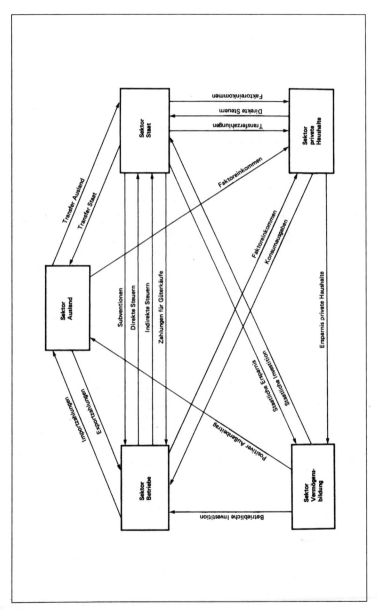

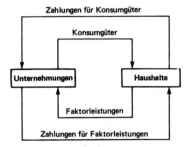

Zahlungen für Konsumgüter

Konsumgüter

Unternehmungen   Haushalte

Faktorleistungen

Zahlungen für Faktorleistungen

Differenziertere grafische Darstellung des W. vgl. Übersicht Sp. 2757/2758. – 2. *Kontenform:* Sie bedient sich der Regeln der kaufmännischen Buchführung. Jeder Pol wird als Konto dargestellt, auf dessen Soll-(Haben-)Seite jeder abfließende (zufließende) Strom erfaßt wird. Da sich Zu- und Abgänge entsprechen, sind alle Konten ausgeglichen. Es können beliebig viele Transaktionen zwischen den Polen erfaßt werden. Diese Form eignet sich v. a., die Entwicklung und Verflechtung eines bestimmten Pols mit den übrigen zu untersuchen. – 3. *Tabellarische Erfassung:* Alle Pole werden als gebende und empfangende Sektoren in Spalten bzw. in Zeilen aufgeführt; auch bei einer Vielzahl von Polen bleibt diese Darstellung noch übersichtlich. *Beispiel:* Ein Quesney-Kreislauf als Matrix:

		Empfangende Sektoren			
		Bauern	Grund-bes.	übr. Berufe	Σ
Gebende Sektoren	Bauern	2	2	1	5
	Grund-besitzer	1	–	1	2
	übr. Berufe	2	–	–	2
	Σ	5	2	2	

Auch hier entsprechen die Zeilen- den Spaltenwerten. – 4. *Gleichungssystem:* Erfassung der Stromgrößen bei einer Gleichung: Für alle Pole zusammen ergibt sich ein Gleichungssystem. Auch diese Form ist v.a. für die Analyse des Beziehungsverhältnisses einzelner Pole geeignet; als *Beispiel* eine Gleichung für den Pol Staat: $T_{dir} + T_{ind} + U_{st} = C_{st} + I_{st} + Z_{st} + T'_{st}$ die besagt: Die Einnahmen des Staates aus direkten Steuern (T_{dir}) + indirekten Steuern (T_{ind}) + Auslandsübertragungen (U_{st}) sind gleich den Ausgaben für staatlichen Konsum (C_{st}) + statliche Investition (I_{st}) + Subventionen an Unternehmen (Z_{st}) + Transferzahlungen an Haushalte (T_{st}).

III. A n w e n d u n g : Das Konzept des W. ist Grundlage der →Makroökonomik und der →Volkswirtschaftlichen Gesamtrechnungen.

In der Makroökonomik wird der Interdependenzgedanke der W. insbes. in der Theorie des →Multiplikators deutlich.

Wirtschaftskriminalität, zusammenfassende Bezeichnung für die verschiedenen Tatbestände des →Wirtschaftsstrafrechtes, v. a. →Konkursdelikte, →Subventionsbetrug, →Kreditbetrug und →Wucher.

Wirtschaftskrisen, →Krise, →Krisengeschichte, →Weltwirtschaftskrise, →Konjunkturgeschichte.

Wirtschaftslehre, in der Wirtschaftspädagogik verwendeter Sammelbegriff zur Bezeichnung der zentralen Fächergruppe →berufsbildender Schulen im kaufmännisch-verwaltenden Bereich. – 1. *I.e.S.:* Betriebs- und Volkswirtschaftslehre. – 2. *I.w.S.:* Einbeziehung weiterer wirtschaftswissenschaftlicher Fächer (wie z. B. Wirtschaftsmathematik, auch Rechtslehre). – Vgl. auch →Wirtschaftsdidaktik.

Wirtschaftslehrecurriculum, →wirtschaftsberufliche Curriculumentwicklung, →Wirtschaftsdidaktik.

Wirtschaftsordnung. I. B e g r i f f : Uneinheitliche Verwendung des Begriffes W. und Abgrenzung zu →Wirtschaftssystem (vgl. im einzelnen dort) in der wirtschaftswissenschaftlichen Literatur. Im folgenden wird als W. die Gesamtheit aller jeweils realisierten Teilordnungen bzw. -strukturen, die ein bestimmtes *Ordnungsgefüge für das ökonomische Handeln* der Menschen konstituieren, verstanden. Dieses Ordnungsgefüge stimmt die wirtschaftlichen Aktivitäten der Menschen aufeinander ab und ist somit Voraussetzung für die knappheitsmindernde Wirkung des arbeitsteiligen Wirtschaftsprozesses; *determinierende Faktoren* sind: a) die gesetzlich fixierte →Wirtschaftsverfassung, b) die gewachsene kulturelle, sittlich-moralische Ordnung und b) die realisierte →Wirtschaftspolitik. – Die unterschiedlichen W. können im Anschluß an Eucken und Hensel mittels der →Morphologie oder im Rahmen des systemtheoretischen Ansatzes (Neuberger, Duffy) anhand der realisierten Teilstrukturen des Wirtschaftssystems (Entscheidungs-, Informations- und Motivationsstruktur) beschrieben werden.

II. K l a s s i f i k a t i o n : *Ausgangspunkt* der Systematisierung der vielfältig beobachtbaren oder theoretisch ableitbaren W. ist die Annahme, daß bestimmte Elemente, Teilordnungen bzw. -strukturen den Charakter einer jeden W. grundlegend bestimmen. Entsprechend der jeweiligen Ausprägung dieses Klassifikationsmerkmals erfolgt die Zuordnung zu den einzelnen *Grundtypen:* 1. Der *Theorie der* →*Wirtschaftsstile* im Rahmen der →Historischen Schule der Nationalökonomie zufolge ist die Gesamtheit der Faktoren, die die Ordnung und Organisation des Wirtschaftsgeschehens konstituieren, das grundlegende Klassifikationsmerkmal, zu dem Wirtschaftsgesinnung und realisierte Technologie ergänzend hinzutreten (Sombart). Die Ordnung und Organisation werden bestimmt durch: a) Normbildung der Wirtschaftssubjekte, b) Träger der wirtschaftlichen Initiative, c) Verteilung der Weisungsbefugnisse, d) Umfang der Arbeitsteilung, e) Form der Betriebsorganisation, f) bedarfs- bzw. verkehrswirtschaftliche Zielsetzung der Produktion. Von den so abgeleiteten unterschiedlichen Wirtschaftsstilen der Dorfwirtschaft, des Handwerks und des →Kapitalismus wird angenommen, daß sie mit gewisser Gesetzmäßigkeit aufeinander folgen („Denken in Entwicklungen"). Vgl. auch →Wirtschaftsstufe. – 2. Dem →*Marxismus* zufolge ist die Form des Eigentums an den Produktionsmitteln grundlegendes Klassifikationsmerkmal. Je nach Ausgestaltung kann die W. (in marxistischer Terminologie: Produktionsweise) der Urgesellschaft, der Sklavenhaltergesellschaft, dem Feudalismus, dem →Kapitalismus oder dem →Sozialismus bzw. dem →Kommunismus zugerechnet werden. Auch hier wird angenommen, daß diese Grundtypen („Formationen") im Zeitverlauf in der genannten Reihenfolge aufeinanderfolgen (→historischer Materialismus). – 3. *Eucken* zufolge muß in jeder, wie immer gearteten W. geplant werden, und diese Konstante des Wirtschaftsgeschehens wird beim „Denken in Entwicklungen" übersehen. Die gesamtwirtschaftliche Ordnung der Planung ist für ihn daher das elementare Klassifikationsmerkmal und der Ausgangspunkt seiner ordnungstheoretischen Analyse („Denken in Ordnungen"). Je nach der Zahl der Planträger unterscheidet Eucken idealtypisch zwischen der →Verkehrswirtschaft und der →zentralgeleiteten Wirtschaft. – 4. Mit diesem Ansatz korrespondiert derjenige *v. Hayeks*, der die realisierten Organisationprinzipien der Handelnsordnung heranzieht. Dabei unterscheidet er zwischen: a) spontanen Ordnungen: Diese sind dadurch gekennzeichnet, daß die einzelnen Menschen ihre Ziele und Aktivitäten selbständig und eigenverantwortlich den jeweiligen Umweltbedingungen anpassen (dezentrale Planung). b) Organisationen: Ziele, Aktivitäten und Anpassungsmaßnahmen der Organisationsmitglieder werden durch eine Zentralinstanz bestimmt, deren Plan daher die innerhalb der Organisation ablaufenden Prozesse bestimmt (zentrale Planung). – 5. *Hensel* zufolge bestimmt die Form der gesamtwirtschaftlichen Knappheitsmessung das Allokationssystem und hierdurch die Planungsordnung, da jede wirtschaftliche Planung der Informationen über die Verfügbarkeit bzw. Knappheit der einzelnen Güter und Faktoren bedarf. Er leitet ab, daß es prinzipiell nur zwei Möglichkeiten der Informationsgewinnung gibt: a) durch die sich auf Wettbewerbsmärkten bildenden Preise (→privatwirtschaftliche Marktwirtschaft); b) die Salden güterwirtschaftlicher Planbilanzen (→Bilanzierungsmethode). Der

Markt-Preis-Mechanismus kann nur auf der Basis dezentraler individueller Planung wirksam werden. Die Bilanzierungsmethode dagegen bedarf einer zentralen Instanz, die anhand der Plansalden über den Einsatz aller Faktoren und Mittel entscheidet. Die einzelnen W. lassen sich also Hensel zufolge nach der Form des gesamtwirtschaftlichen Rechnungszusammenhangs (Marktpreise oder Bilanzsalden), mit der eine bestimmte Planungsordnung korrespondiert, klassifizieren. – 6. Eine *zweidimensionale Klassifizierung* ist möglich durch die Kombination der unterschiedlichen Formen der Planungsordnung (zentral oder dezentral) mit denjenigen der Eigentumsordnung (Privat-, Gesellschafts- oder Staatseigentum an den Produktionsmitteln). Da die personelle Zuordnung der Planungsrechte gleichzeitig diejenige der Verfügungsrechte über die Güter und Faktoren bestimmt – nur so können die Pläne auch realisiert werden –, beinhaltet die Eigentumsordnung in diesem Fall lediglich die Zuordnung der Besitz- und Übertragungsrechte und des Rechts auf Aneignung des Produktionsergebnisses. Abgeleitet werden können folgende Grundtypen: a) →privatwirtschaftliche Marktwirtschaft (dezentrale Planung, Privateigentum); b) →selbstverwaltete sozialistische Marktwirtschaft (dezentrale Planung, Gesellschaftseigentum); c) →staatssozialistische Marktwirtschaft (dezentrale Planung, Staatseigentum); e) →Rätedemokratie (Zentrale Planung, Gesellschaftseigentum); f) →staatssozialistische Zentralplanwirtschaft (zentrale Planung, Staatseigentum). – 7. Die mikroökonomisch ausgerichtete →*Property-rights-Theorie* analysiert die Auswirkungen der Eigentumsrechtsstruktur auf das individuelle ökonomische Verhalten. Das ökonomische Eigentumsrecht beinhaltet Dispositions-, Übertragungs- und Aneignungsrechte an den Gütern und Faktoren. Der jeweilige Umfang dieser Rechte, ihre personelle Zuordnung sowie der institutionelle Rahmen für ihre Wahrnehmung beeinflussen das individuelle Verhalten und präformieren damit auch die Art und Weise, in der Einsatz dieser Rechte jeweils geplant wird. Die Klassifikation einer W. kann im Rahmen dieses Ansatzes nach Maßgabe der realisierten Verteilung der ökonomischen Eigentumsrechte erfolgen.

III. Ordnungstheoretische Analyse: 1. Die *wirtschaftliche Ordnungstheorie* kann die *Vielfalt beobachtbarer W.* ermitteln, indem Informationen über die jeweils realisierten Teilordnungen und ihre spezifische Kombination gesammelt werden. Diese Methode, die jedoch keine Erkenntnisse über Wirkungs- und Funktionszusammenhänge innerhalb der W. vermittelt, war insbes. Gegenstand der Historischen Schule. Auch der im angelsächsischen Sprachraum vorherrschende Ansatz des primär empirisch-deskriptiv ausgerichteten Vergleichs der Funktionsweise und Effizienz konkreter Wirtschaftsordnungen *(comparative ecocomic systems)* ist hier zu nennen. – 2. Im Rahmen der *positiven Ordnungstheorie* werden die *Wirkungs- und Funktionszusammenhänge innerhalb einer W.* analysiert. Untersucht wird, welche Teilordnungen bzw. -strukturen eine W. ausmachen, welche dabei den Grundcharakter dieser Ordnung konstituieren (vgl. die darauf aufbauenden Klassifikationen unter II), welche Interdependenzen zwischen den einzelnen Teilordnungen bestehen und welche Ausprägung der sekundären Teilordnungen mit dem jeweiligen Grundtypus (zentrale oder dezentrale Verfügungsrechtsstruktur bzw. Planung und Bilanzierung oder Markt-Preis-Mechanismus) konform sind. Auf Basis dieser Analyse können die Funktionsweisen und -probleme einzelner (realer oder theoretisch konzipierter) W. sowie der Grad ihrer Stabilität und Effizienz abgeleitet werden. In diesem Rahmen ist auch eine ordnungstheoretische Beurteilung der Ansätze der →*Konvergenztheorie* und der →*gemischten Wirtschaftsordnung* möglich. *Beispiel:* Wirtschaftsrechnungsdebatte (→Unmöglichkeitstheorem und →Konkurrenzsozialismus). – 3. Auf der Grundlage der durch die positive Analyse gewonnenen Erkenntnisse geht die *normative Ordnungstheorie* der Frage nach, wie eine *W. konzipiert sein sollte,* um bestimmte ökonomische und außerökonomische Ziele zu erreichen. Hieraus lassen sich Beurteilungskriterien für die Ordnungskonformität der staatlichen Ordnungs- und Prozeßpolitik ableiten.

IV. Ordnungsvergleich: 1. *Vergleichskriterien:* Unterschiedliche W. können u. a. im Hinblick auf ihr Ressourcenpotential, eine infrastrukturelle Ausstattung oder die Struktur einzelner Wirtschaftszweige und -branchen miteinander verglichen werden. – 2. Im Rahmen der *ordnungstheoretischen struktur- und prozeßbezogenen Analyse* (vgl. III) können W. wie folgt verglichen werden: a) realisierte W. untereinander *(realer Vergleich);* b) eine realisierte W. mit der ihr zugrundeliegenden Konzeption *(immanenter Vergleich);* c) unterschiedliche Konzeptionen untereinander *(konzeptioneller Vergleich).* Diese Analyse kann sich auf einzelne Teilordnungen *(partieller Vergleich)* oder auf die Gesamtwirtschaft *(umfassender Vergleich)* beziehen. Aus den in der positiven Ordnungstheorie gewonnenen Erkenntnissen können Aussagen über die jeweilige relative Stabilität und Effizienz der W. abgeleitet werden. – 3. Ein dritter komparativer Ansatz vergleicht die *Ergebnisse des Wirtschaftsprozesses* in unterschiedlichen Ordnungen, wobei die Wahl der Indikatoren und die Vergleichbarkeit der Daten (z. B. bei der Messung des individuellen Lebensstandards) bisher nicht eindeutig geklärte Probleme sind.

Wirtschaftsorganisation, alternative Bezeichnung für →Betrieb oder →Unternehmung. Begriffliche Nähe zum angelsächsischen Organisationsbegriff im Sinn einer Konkretisierung speziell für *Institutionen mit wirtschaftlichen Zwecken.* W. sind zentrale Objekte der →Betriebswirtschaftslehre. – Zur *Charakterisierung* dienen: Zielorientierung, arbeitsteiliges Vorgehen (Differenzierung), Koordination, Interaktion (zwischen Menschen, zwischen Mensch und Maschine, ggf. zwischen Maschinen bei programmgesteuerten Produktionsprozessen) und Kontinuität im Sinn von Existenz über einen längeren Zeitraum hinweg.

Wirtschaftspädagogik, →Berufs- und Wirtschaftspädagogik.

Wirtschaftsplan. I. W. privater Haushalte oder Unternehmen: 1. *Charakterisierung:* Am Beginn einer Wirtschaftsperiode von dem einzelnen Wirtschaftssubjekt (Haushalt, Unternehmung) aufgestellter →Plan über die in dieser Periode beabsichtigte Konsumption bzw. Produktion und deren Finanzierung. Objektive Gegebenheiten und die Erwartungen gehen, von anderen Wirtschaftssubjekten festgelegt, als konstante Größen in den W. ein. Daten, Aktions- oder Fixierungsparameter sind variable Größen (Probleme, die im W. im eigenen Ermessen zu lösen sind). Aufgrund des W. treffen die Wirtschaftssubjekte im Laufe der Periode ihre Dispositionen. *Kontrolle:* Bei Abweichungen der Tatsachen von den Erwartungen wird das Wirtschaftssubjekt noch während der Planperiode eine Revision seines W. vornehmen (→Planrevision). – 2. *Inhalt des im Rahmen der Unternehmung aufgestellten W.:* →Sollzahlen für verschiedene Teilpläne (Absatz-, Finanz-, Produktions- und Einkaufsplan usw). Die darin enthaltenen Sollzahlen über Produktionsmengen, Lieferzeiten, Plankosten, Einnahmen, Ausgaben usw. werden während und nach Ablauf des Planabschnittes mit den Istzahlen verglichen. Ggf. erfolgen bei Feststellung entscheidender Abweichungen Änderungen in den Unternehmerdispositionen für den laufenden Planabschnitt und für die Aufstellung neuer Plandaten.

II. W. öffentlicher Haushalte: 1. *Charakterisierung:* Spezielles Instrument öffentlicher Unternehmen in einer öffentlich-rechtlichen Rechtsform (z. B. Eigenbetriebe, wirtschaftliche Zweckverbände, Bundes- oder Landesbetriebe nach § 26 BAO/LAO, Sondervermögen); tritt an die Stelle des →Haushaltsplans. W. ist jährlich vor Beginn des Wirtschaftsjahres aufzustellen und dem Haushaltsplan als Anlage beizufügen. Für die Ausführung des W. ist die Unternehmensleitung (→Werkleitung) zuständig. – 2. *Gliederung:* a) *Erfolgsplan:* Es werden alle voraussehbaren →Erträge und →Aufwendungen des Wirtschaftsjahres ausgewiesen; die Gliederung hat sich mindestens an der →Gewinn- und Verlustrechnung bzw. der Jahreserfolgsrechnung zu orientieren. b) *Vermögensplan (Finanzplan):* Die voraussichtlich vermögenswirksamen →Einnahmen und →Ausgaben sowie die notwendigen →Verpflichtungsermächtigungen müssen enthalten sein; die Ausgaben sind übertragbar (→Übertragbarkeit von Ausgaben). c) Weitere Teile: *Stellenübersicht und Finanzplanung.* – 3. W. ist zu *ändern,* wenn sich erhebliche Abweichungen von den Planansätzen im Wirtschaftsjahr ergeben (z. B. wesentliche Verschlechterung des Jahresergebnisses gegenüber dem Erfolgsplan, höhere als ausgewiesene Zuschüsse des Trägers, erhebliche Vermehrung der in der Stellenübersicht ausgewiesenen Stellen).

Wirtschaftsplanung, quantifizierter, auf betriebliche Kennzahlensysteme und klassische Rechnungswerke ausgerichteter Teil der →operativen Planung. Ergebnis ist der →Wirtschaftsplan.

Wirtschaftspolitik. I. B e g r i f f : Zur W. zählen die Aktivitäten staatlicher Instanzen, welche darauf gerichtet sind, nach politisch bestimmten Zielen die →Wirtschaftsordnung zu gestalten und zu sichern *(Ordnungspolitik)* sowie im Falle einer marktwirtschaftlichen Ordnung auf die Struktur (vgl. auch →Strukturpolitik), den Ablauf und die Ergebnisse des arbeitsteiligen Wirtschaftsprozesses Einfluß zu nehmen *(Allokations-, Stabilisierungs- und Verteilungspolitik;* auch als Prozeßpolitik bezeichnet. – *Kommunale W.:* Vgl. →Wirtschaftsförderung II.

II. O r d n u n g s p o l i t i k : 1. *Grundentscheidung:* Zunächst ist grundsätzlich zu entscheiden, ob der arbeitsteilige Wirtschaftsprozeß durch die staatliche Verwaltung organisiert oder gelenkt werden soll *(Zentralverwaltungswirtschaft)* oder ob die Bedingungen für ein marktmäßig koordiniertes, eigenverantwortliches Wirtschaften der Staatsbürger geschaffen werden sollen *(Marktwirtschaft).* Diese Grundentscheidung hängt wesentlich davon ab, (1) welcher Rang und welcher Inhalt gesellschaftlichen Grundwerten – v. a. der individuellen Freiheit, dem Fortschritt, der Gerechtigkeit und der Sicherheit – gegeben wird und (2) wie, unter Berücksichtigung der gleichen Grundwerte, die politische Ordnung beschaffen ist.

2. *Ordnungsprinzipien:* Eine Ordnung der Wirtschaft nach dem Prinzip der *Marktmäßigkeit* und eine politische Ordnung nach dem Prinzip der *Rechtsstaatlichkeit* ergänzen einander. Beide Teilordnungen der Gesellschaft sind gleichermaßen den Grundwerten der individuellen Freiheit und des Fortschritts dienlich. Die *Sozialstaatlichkeit* als drittes Ordnungsprinzip ist an Vorstellungn über materielle Gerechtigkeit und Sicherheit orien-

tiert und kann bei Realisierungsversuchen (z. B. durch Umverteilung) zu Konflikten mit den beiden anderen Prinzipien führen.

3. Wurde zugunsten einer marktwirtschaftlichen Ordnung entschieden, so erfordert diese eine entsprechende rechtliche Grundlage, eine *Wirtschaftsverfassung.* Ihre zentralen Elemente sind (1) die Privatautonomie, d. h. das Privateigentum sowie die wirtschaftlichen Freiheitsrechte (v. a. Vertragsfreiheit, Berufs- und Gewerbefreiheit, Freizügigkeit und Niederlassungsfreiheit) und deren Wahrnehmungsmöglichkeiten mit Hilfe des Privatrechts sowie (2) Vorkehrungen, mit denen einem Mißbrauch der Privatautonomie zu Lasten anderer vorgebeugt werden soll. Dem dient v. a. die Sicherung des Wettbewerbs als Mittel zur Kontrolle wirtschaftlicher Macht. Vgl. näher →Wirtschaftsverfassung.

4. *Bedeutung des Wettbewerbs:* Der Wettbewerb hat neben der gesellschaftspolitischen Funktion der Machtkontrolle die ökonomischen Funktionen der Anpassung an den ständigen Wandel der Nachfrage- und Produktionsbedingungen sowie der Förderung wirtschaftlicher Neuerungen (Innovationen) zu erfüllen. Deshalb kommt der Schaffung rechtlicher Grundlagen für eine →*Wettbewerbspolitik* besondere ordnungspolitische Bedeutung zu. Eine solche Politik ist erforderlich, weil im Wettbewerb stehende Marktteilnehmer Anreize haben, sich dem Anpassungs- und Neuerungsdruck durch Wettbewerbsbeschränkungen zu entziehen. Das kann durch private Beschränkungen (z. B. Kartelle) aber auch dadurch geschehen, daß Marktteilnehmer oder die sie repräsentierenden Interessenverbände versuchen, den Staat für wettbewerbsbeschränkende Interventionen (z. B. Handelshemmnisse, Ausnahmen vom Wettbewerbsrecht) zu gewinnen.

5. *Träger:* Zur ordnungspolitischen Grundentscheidung gehört im Rechtsstaat als Bestandteil der *politischen Verfassung* grundsätzlich auch die Festlegung der Träger der W., der Art und des Ausmaßes der von ihnen wahrzunehmenden wirtschaftspolitischen Aufgaben sowie der Möglichkeiten, sie zu kontrollieren und politisch zur Verantwortung zu ziehen. Konkret schlägt sich dies z. B. in der Finanzfassung nieder. Im Hinblick auf die Notenbankverfassung ist die Deutsche Bundesbank ein Beispiel dafür, daß einem Träger auch bewußt Unabhängigkeit von den politischen Entscheidungs- und Kontrollorganen (Autonomie) gewährt werden kann, wobei es in diesem Fall v. a. darum ging, die Gefährdung des Geldwertes durch politisches Fehlverhalten zu verringern. Von den gesetzlich beauftragten Trägern der W. auf der Ebene des Bundes, der Länder und Gemeinden sowie der Europäischen Gemeinschaft zu unterscheiden sind Personen und Organisatio-

nen (Interessenverbände), denen keine wirtschaftspolitische Entscheidungsbefugnis zugewiesen wurde, die jedoch aufgrund von Persönlichkeits-, Organisations- und Besitzmacht auf die W. Einfluß nehmen können.

III. Allokations-, Stabilisierungs- und Verteilungspolitik: Die übrigen wirtschaftspolitischen Aufgaben des Staates ergeben sich v. a. aufgrund eines Ergänzungs- oder Korrekturbedarfs (1) der marktmäßig koordinierbaren Nutzung von und Versorgung mit Ressourcen und Gütern *(Allokation)*, (2) des Wirtschaftsablaufs wegen ausgeprägter Schwankungen in den Ergebnissen von einigen Einzelmärkten, v. a. aber in gesamtwirtschaftlichen Aggregaten *(Stabilisierung)* sowie (3) der Verteilung der Chancen, Markteinkommen zu erzielen, aber auch der Einkommen selbst auf Individuen und Gruppen *(Umverteilung)*.

1. *Allokationspolitik:* a) Schwerpunkt ist die *Versorgung mit einer materiellen Infrastruktur*, zu der Kollektivgüter wie die äußere und innere Sicherheit, Verkehrs-, Kommunikations- und Versorgungsnetze, Gesundheitsvorsorge, Schuldienste und Grundlagenforschung gehören. Die marktmäßige Versorung mit diesen Gütern ist aufgrund deren Eigenschaften nicht möglich oder sehr erschwert (→öffentliche Güter) oder aber aus politischen Gründen nicht erwünscht (→meritorische Güter). b) Ein weiterer Schwerpunkt ist die *Regulierung der Umweltnutzung*. Die natürliche Umwelt hat die Eigenschaften eines inzwischen knappen öffentlichen Gutes. Ohne regulierende Eingriffe des Staates ist sie in Marktwirtschaften ebenso wie in Zentralverwaltungswirtschaften der Übernutzung ausgesetzt. Ihre Knappheit wird den Nutzern zwar durch →externe Effekte wie Luftverschmutzung signalisiert, aber wirksame Anreize zu einer Bewirtschaftung und damit auch Schonung gibt es ohne staatliches Zutun nicht (→Umweltpolitik).

2. Vorherrschender Anlaß für *Stabilisierungspolitik* sind die Folgen zeitlicher Schwankungen im Auslastungsgrad des gesamtwirtschaftlichen Produktionspotentials (Konjunkturschwankungen) in Form von Veränderungen des Preisniveaus, des Beschäftigungsstandes, der Außenwirtschaftsbeziehungen und des Sozialprodukts. Zu entsprechenden Stabilisierungsbemühungen (→Globalsteuerung) ist der Staat – nicht nur in der Bundesrep. D. – sogar gesetzlich beauftragt. Dem Auftrag entsprechend können die öffentlichen Haushalte so gestaltet werden, daß je nach Konjunkturlage zusätzliche Nachfrage entfaltet und/oder bei Privaten stimuliert bzw. Nachfrage zurückgehalten und/oder Privaten Kaufkraft als potentielle Nachfrage entzogen wird. Eine solche antizyklische Fiskalpolitik verlangt durch eine entsprechende Geldpolitik

flankiert zu werden. Daher ist die Deutsche Bundesbank zur Unterstützung der Fiskalpolitik gehalten, sofern sie damit nicht das ihr vorgegebene Ziel der Geldwertsicherung gefährdet. – Neben einer nicht auschließbaren fiskal- und/oder geldpolitischen Fehlsteuerung können v. a. die Verhaltensweisen der *Tarifvertragsparteien* auf den Arbeits- und Gütermärkten zusätzliche Stabilisierungsprobleme entstehen lassen.

3. *Verteilungspolitik:* a) *personelle Einkommensverteilung:* Die Verteilungspolitik ist durch das Prinzip der Sozialstaatlichkeit (vgl. auch II 2) geprägt und stützt sich v. a. auf das Werturteil, wonach die Verteilung von Einkommenserzielungschancen und Einkommen zwischen Personen und Gruppen, gemessen an Gerechtigkeitsvorstellungen, als korrekturbedürftig gilt. Die i. d. R. auf eine gleichmäßigere Verteilung gerichteten Interventionen können im Hinblick auf die Chancen ansetzen an dem individuellen Ausbildungsstand sowie dem Vermögen und der Vermögensbildung (z. B. Erbschafts- und Vermögensbesteuerung, diskriminierende Subventionierung der Ersparnisbildung). Aber auch Korrekturen des Vertragsrechts (z. B. Kündigungsschutz, Mieterschutz) und der Marktstellung durch Beschränkung oder durch Förderung des Wettbewerbs lassen sich verteilungspolitisch einsetzen. Die jeweiligen Markteinkommen selbst können durch diskriminierende Besteuerung und durch Übertragungen (Transfers) im nachhinein Korrekturversuchen unterworfen werden. – b) Neben der personellen Einkommensverteilung gilt das Interesse staatlicher Politik v. a. der *Verteilung der personellen Einkommen zwischen unterschiedlichen Lebensphasen*. Den damit verbundenen Versorgungsrisiken (aus Krankheit, Alter, Arbeitslosigkeit) wird mit einer kollektiven Daseinsvorsorge (soziale Sicherung) auf der Grundlage von Zwangsbeiträgen für die meisten Bürger Rechnung zu tragen versucht. Dabei wird zugleich auf vielfältige Weise durch Korrekturen des Verhältnisses zwischen Zwangsbeiträgen und Leistungen zwischen den Mitgliedern des Vorsorgesystems umverteilt.

IV. Wirtschaftspolitisches Steuerungswissen *(wirtschaftspolitisches Lenkungswissen, technologisches Wissen):* Wirtschaftspolitische Interventionen setzen Instrumente und Wissen über deren Wirkungsweise hinsichtlich der mit ihnen anzustrebenden aber auch der sonstigen Ziele (Haupt- bzw. Nebenwirkungen) voraus. Wie begrenzt und eingeschränkt prognosefähig das verfügbare Steuerungswissen ist, wurde v. a. bei der Intensivierung von Globalsteuerungsversuchen erkennbar. Das hat mit dazu geführt, die hohen Ansprüche im Sinne einer konjunkturpolitischen Feinsteuerung zurück zu nehmen. Besonders ausgeprägt ist das Nichtwissen auf dem Gebiet der Verteilungspolitik. Die Gesamtwirkung der vielfältigen Umverteilungsmaßnahmen, z. B. hinsichtlich der Veränderung der Versorgungslage von Personen und Gruppen ist weitgehend unbekannt; die Entscheidungen orientieren sich bestenfalls an Informationen über Teilwirkungen einzelner Maßnahmen. Dementsprechend ist auch eine Erfolgskontrolle der Verteilungspolitik nicht möglich, obgleich sie im Interesse einer rationalen W. (→rationale Wirtschaftspolitik) wünschenswert wäre.

V. Wirtschaftspolitisches Steuerungsverhalten: Wirtschaftspolitische Entscheidungen können in ihrer Qualität (→Zielkonformität, →Systemkonformität) nicht nur durch unzureichendes Steuerungswissen beeinträchtigt werden. Vielmehr sind auch die Eigengesetzlichkeiten des *politischen Willensbildungsprozesses* zu berücksichtigen. Bei der Erklärung des Steuerungsverhaltens von Entscheidungsträgern hat sich die Hypothese bewährt, daß sie mit ihrem Verhalten nicht zuletzt persönliche Ziele – z. B. ihre Chancen, gewählt zu werden – fördern möchten (Ökonomische Theorie der Politik; →Politische Ökonomie). Demzufolge kommt es selbst bei ausreichendem Steuerungswissen nicht nur auf das wirtschaftlich Zweckmäßige, sondern auch auf das im Eigeninteresse der Entscheidungsträger politisch Opportune und Mehrheitsfähige an; z. B. sind seit langem durchaus zweckmäßigere und weniger marktwidrige Möglichkeiten bekannt, Einkommen zugunsten der Landwirte umzuverteilen, ohne daß dies bislang zu einer Reform der Agrarpolitik geführt hat. Werden konkrete Interventionen als das Ergebnis eines politischen Wettbewerbs um Wahlchancen betrachtet, so erklärt sich manches wirtschaftspolitische Fehlverhalten, das als „Politik-" oder „→*Staatsversagen*" im Unterschied zu „→*Marktversagen*" kritisiert wird.

Literatur: Berg, H./Cassel, D., Theorie der Wirtschaftspolitik; in: Vahlen Kompendium der Wirtschaftstheorie und Wirtschaftspolitik, Bd. 2, München 1981, S. 137–211; Frey, B. S., Theorie demokratischer Wirtschaftspolitik, München 1981; Streit, M. E., Theorie der Wirtschaftspolitik, 3. Aufl., Düsseldorf 1983; Tuchtfeldt, E., Wirtschaftspolitik, in: HdWW, Bd. 9, Tübingen 1982, S. 178–206; Vaubel, R./Barbier; H. D., Handbuch Marktwirtschaft, Pfullingen 1986; Woll, A., Wirtschaftspolitik, München 1984.

Prof. Dr. Manfred E. Streit

wirtschaftspolitische Konzeption. 1. *Begriff:* Richtschnur oder Leitbild für wirtschaftspolitische Aktivitäten. – 2. *Erscheinungsbild:* Eine w. K. entspricht dem Rationalitätsprinzip (→rationale Wirtschaftspolitik), wenn sie ein System von grundlegenden gesellschaftlichen und wirtschaftspolitischen Zielen, ordnungspolitischen Grundsätzen sowie eine zielkonforme Instrumentenauswahl (→Zielkonformität) aufweist. Kontinuität in der praktischen Wirtschaftspolitik erfordert einen permanenten politischen Konsens über die

w. K. – 3. *Beispiele:* →Liberalismus, →Sozialismus und →Soziale Marktwirtschaft.

wirtschaftspolitisches Lenkungswissen, →Wirtschaftspolitik IV.

wirtschaftspolitisches Programm, unter Verwendung von →wirtschaftspolitischem Lenkungswissen systematische und auf konkrete wirtschaftspolitische →Ziele oder Probleme konzeptionsorientierte (→wirtschaftspolitische Konzeption) Ausrichtung der wirtschaftspolitischen Instrumente (→wirtschaftspolitisches Instrumentarium). – Vgl. auch →rationale Wirtschaftspolitik.

wirtschaftspolitisches Steuerungsprogramm, →Wirtschaftspolitik IV.

Wirtschaftsprüfer. I. Begriff: W. ist nach § 1 I WPO, wer als solcher öffentlich bestellt ist.

II. Berufsstellung: Freier Beruf. Bestellung nur bei Nachweis der persönlichen und fachlichen Eignung im Zulassungs- und Prüfungsverfahren. Niederlassung an jedem Ort im Inland, von dort aus Tätigwerden ohne räumliche Beschränkung; neben Hauptniederlassung Zweigniederlassung möglich. Im beruflichen Verkehr ist die gesetzlich geschützte Bezeichnung „Wirtschaftsprüfer" zu führen; akademische Grade und Titel daneben. Bezeichnungen, die auf eine frühere Beamteneigenschaft oder eine frühere Berufstätigkeit des W. hinweisen, dürfen nicht geführt werden.

III. Aufgaben und Tätigkeiten: Gem. § 2 WPO haben W. die berufliche Aufgabe, betriebswirtschaftliche →Prüfungen, insbes. →Jahresabschlußprüfung wirtschaftlicher Unternehmen durchzuführen und →Bestätigungsvermerke über deren Vornahme und Ergebnis zu erteilen. Außerdem sind sie befugt, ihre Auftraggeber in steuerlichen Angelegenheiten nach Maßgabe der bestehenden Vorschriften zu beraten und zu vertreten. Unter Berufung auf ihren Berufseid können W. auf den Gebieten der wirtschaftlichen Betriebsführung als Sachverständige auftreten. Zusätzlich sind mit dem Beruf des W. nach § 43 IV WPO weitere Tätigkeiten vereinbar: Beratung und Wahrung fremder Interessen in wirtschaftlichen Angelegenheiten, freie Berufsausübung auf dem Gebiet der Technik und des Rechtswesens, Tätigkeit an wissenschaftlichen Instituten und lehrende Tätigkeit an Hochschulen, treuhänderische Verwaltung (→Treuhandschaft), freie schriftstellerische und künstlerische Tätigkeit.

IV. Pflichten: 1. Beachtung der →Berufsgrundsätze für W. (Grundsätze der Ausübung des W.-Berufs). – 2. Nichtausübung unvereinbarer Tätigkeiten: Keine Tätigkeit, die die Einhaltung der Berufspflichten gefährden oder das Ansehen oder die Würde des Berufes

Wirtschaftsprüfer

verletzen kann. Keine gewerbliche Tätigkeiten; keine Tätigkeiten aufgrund eines Anstellungsvertrages mit wenigen Ausnahmen. – 3. *Verhalten bei Kundmachung und Auftragsschutz:* Bei der Kundmachung seiner Tätigkeit und bei der Auftragsübernahme ist der W. zu berufswürdigem Verhalten verpflichtet. Werbung ist nicht gestattet. Wird oder wurde der Mandant von einem anderen W. betreut, so ist diesem die Beauftragung anzuzeigen. Bei gleichzeitigem Tätigwerden soll eine Zusammenarbeit angestrebt werden. – 4. *Siegelführung:* W. sind nach § 48 I WPO verpflichtet, ein Siegel zu benutzen, wenn sie in ihrer Berufseigenschaft aufgrund gesetzlicher Vorschriften Erklärungen abgeben. Sie können ein Siegel führen, wenn sie in ihrer Berufseigenschaft Erklärungen über Prüfungsergebnisse abgeben oder Gutachten erstatten. – 5. *Sonstige Pflichten:* a) Der W. muß Tätigkeit versagen, wenn sie für eine pflichtwidrige Handlung in Anspruch genommen werden soll oder wenn die Besorgnis der Befangenheit bei der Durchführung eines Auftrages besteht. b) Will ein W. einen Auftrag nicht annehmen, so hat er dies unverzüglich zu erklären. Bei schuldhafter Verzögerung schadenersatzpflichtig. c) Ein selbständiger W. ist verpflichtet, sich gegen aus seiner Berufstätigkeit ergebende Haftpflichtgefahren zu versichern.

V. Voraussetzungen für Bestellung: Öffentliche Bestellung des W. nur bei Nachweis der persönlichen und fachlichen Eignung im Zulassungs- und Prüfungsverfahren. Durch BiRiLiG Veränderung der Vorschriften zum Zulassungs- und Prüfungsverfahren. Neben langfristig geltender Regelung ist befristete Übergangsregelung vorgesehen. 1. *Antragstellung:* Über Zulassung zur Prüfung entscheidet Zulassungsausschuß bei der obersten Landesbehörde. Antrag auf Zulassung zur Prüfung an den Zulassungsausschuß, in dessen Bezirk der Bewerber seine berufliche Tätigkeit ausübt bzw. seinen Wohnsitz hat (§ 7 WPO). Zulassungsausschuß kann über Bewerber Auskünfte und gutachtliche Äußerungen einholen. – 2. *Dauerregelung:* a) *Fachliche Zulassungsvoraussetzungen:* (1) *Vorbildung* (§ 8 WPO): Voraussetzung ist der Abschluß eines betriebswirtschaftlichen, volkswirtschaftlichen, juristischen, technischen oder landwirtschaftlichen Hochschulstudiums oder eines anderen Hochschulstudiums mit wirtschaftswissenschaftlicher Ausrichtung. Weitere Voraussetzung ist eine für die Ausübung des Berufes genügende Ausbildung; sie gilt als vorhanden, wenn der Bewerber eine mindestens 5jährige praktische Tätigkeit im Wirtschaftsleben nachweist, davon wenigstens vier Jahre als Prüfungstätigkeit, oder wenn er seit mindestens fünfzehn Jahren den Beruf des →Steuerberaters oder →vereidigten Buchprüfers ausgeübt hat, wobei noch bis zu zehn Jahre Berufstätigkeit als →Steuerbevollmäch-

tigter angerechnet werden. – (2) *Praktische Zulassungsvoraussetzugnen* (§ 9 WPO): Der Bewerber muß nachweislich in fremden Unternehmungen materielle Buch- und Bilanzprüfungen nach betriebswirtschaftlichen Grundsätzen durchgeführt haben. Die Prüfungstätigkeit muß in eigener Praxis oder als Mitarbeiter einer einschlägig tätigen Person oder Gesellschaft, in einem genossenschaftlichen →Prüfungsverband, einer Prüfungsstelle eines Sparkassen- und Giroverbandes oder in einer überörtlichen Prüfungseinrichtung für öffentliche Körperschaften ausgeübt worden sein. Eine Revisionstätigkeit (→interene Revision) kann bis zu zwei Jahren auf die Prüfungstätigkeit angerechnet werden. – Ähnliches gilt für Prüfer im *öffentlichen Dienst.* Der Bewerber muß in seiner Prüfungstätigkeit wenigstens während zwei Jahren bei einem W., einer →Wirtschaftsprüfungsgesellschaft, einem vereidigten Buchprüfer, einer Buchprüfungsgesellschaft oder einem genossenschaftlichen Prüfungsverband, bei dem ein W. tätig ist, an gesetzlich vorgeschriebenen Prüfungen und auch an →Abschlußprüfungen teilgenommen und bei der Abfassung der →Prüfungsberichte mitgewirkt haben. Hat der Bewerber seine fachliche Ausbildung in der Prüfungsstelle eines Sparkassen- und Giroverbandes oder in einer überörtlichen Prüfungseinrichtung für öffentliche Körperschaften erworben, gilt dies als Prüfungstätigkeit. – b) *Persönliche Zulassungsvoraussetzungen:* Die Zulassung zur Prüfung ist zu *versagen,* wenn (1) keine Fähigkeit des Bewerbers für die Bekleidung öffentlicher Ämter wegen strafgerichtlicher Verurteilung gegeben ist, (2) sich aus dem Verhalten des Bewerbers Ausschließungsgründe ergeben, (3) der Bewerber den Beruf des W. wegen körperlicher Gebrechen oder Schwäche der geistigen Kräfte nicht ordnungsgemäß ausüben könnte, (4) beim Bewerber keine geordneten wirtschaftlichen Verhältnisse vorliegen. Die Zulassung kann versagt werden, wenn (5) der Bewerber aufgrund gerichtlicher Anordnung in der Verfügung über sein Vermögen allgemein beschränkt ist, (6) bisheriges Verhalten zu der Befürchtung Anlaß gibt, daß der Bewerber den Berufspflichten nicht genügen würde, (7) der Bewerber nicht Deutscher im Sinne von § 116 I GG ist. – c) *Prüfung:* Vor dem Prüfungsausschuß abzulegende Prüfung mit schriftlichem und mündlichem Teil. Steuerberater keine Prüfung im Steuerrecht. Für vereidigte Buchprüfer Prüfung in verkürzter Form. Vereidigte Buchprüfer, die Steuerberater sind, keine Prüfung im Steuerrecht und in Betriebs- und Volkswirtschaft. Vereidigte Buchprüfer, die Rechtsanwälte sind, keine Prüfung im Wirtschaftsrecht und in Betriebs- und Volkswirtschaft. – 3. *Übergangsregelung:* Für vereidigte Buchprüfer, Steuerberater und Rechtsanwälte, die im Rahmen selbständiger Tätigkeit oder als Mitglied

2771 2772

des Vorstandes, Geschäftsführer oder persönlich haftender Gesellschafter einer Buchprüfungs- oder Steuerberatungsgesellschaft tätig sind und bei einer zumindest mittelgroßen GmbH in erheblichem Umfang Hilfe in Steuersachen oder Prüfungen auf dem Gebiet des Rechnungswesens durchgeführt haben, ist eine besondere Regelung der Bestellungsvoraussetzungen vorgesehen, begrenzt für Anträge vom 1.7.1986 bis zum 31.12.1989. – a) *Zulassungsvoraussetzungen* (§ 131 c WPO): Bewerber müssen bei Antragstellung hauptberuflich und in eigener Praxis den Beruf eines vereidigten Buchprüfers, Steuerberaters, eines Steuerbevollmächtigten oder eines Rechtsanwalts ausgeübt haben und bei Antragstellung hauptberuflich und selbständig in eigener Praxis als vereidigter Buchprüfer, Steuerberater oder Rechtsanwalt tätig sein. Außerdem muß der Bewerber spätestens am 1.1.1987 seit zwei Jahren und bei Antragstellung mindestens für eine GmbH in erheblichem Umfang selbständig in eigener Praxis geschäftsmäßig Hilfe in Steuersachen geleistet oder Prüfungen im Bereich des betrieblichen Rechnungswesens durchgeführt haben. Die GmbH muß spätestens zu dem der Antragstellung vorausgehenden Abschlußstichtag wenigstens zwei der drei Größenmerkmale (3,9 Mill. DM Bilanzsumme, 8 Mill. DM Umsatzerlöse, jahresdurchschnittlich 50 Arbeitnehmer) überschreiten bzw. es muß zu erwarten sein, daß sie diese spätestens für das Geschäftsjahr 1987 überschreiten wird. Der selbständigen Berufsausübung in eigener Praxis ist gleichgestellt die Tätigkeit eines vereidigten Buchprüfers, Steuerberaters oder Rechtsanwalts als Mitglied des Vorstands, als Geschäftsführer oder als persönlich haftender Gesellschafter einer Buchprüfungs- oder Steuerberatungsgesellschaft. – b) *Prüfung:* Schriftlicher und mündlicher Teil. Geforderte Prüfungsleistungen gegenüber der Prüfung nach der Dauerregelung erheblich eingegrenzt. Schriftliche Prüfung kann auch vollkommen durch die Vorlage von fünf Prüfungsberichten zu Prüfungen vor dem 31.12.1986 bei drei verschiedenen nach neuem Recht prüfungspflichtigen GmbHs ersetzt werden. Schriftliche Prüfung kann auch erlassen werden, wenn der Bewerber mindestens 55 Jahre alt ist und mindestens seit zehn Jahren hauptberuflicher vereidigter Buchprüfer, Steuerberater, Steuerbevollmächtigter oder Rechtsanwalt ist.

VI. Bestellung: 1. *Dauerregelung:* Nach bestandener Prüfung wird der Bewerber auf Antrag durch Aushändigung einer von der obersten Landesbehörde ausgestellten Urkunde als W. bestellt (§ 15 WPO). Voraussetzung ist auch, daß der Bewerber eine Deckungszusage auf den Antrag zum Abschluß einer Berufshaftpflichtversicherung vorlegt und daß er keine Tätigkeit ausübt, die mit dem Beruf des W. nicht vereinbar ist. Vor

Aushändigung der Urkunde hat der Bewerber einen Berufseid zu leisten. – Bestellung *muß versagt* werden, wenn in der Person des Bewerbers Gründe eingetreten sind, aus denen seine Zulassung zur Prüfung hätte versagt werden müssen. Bestellung *kann* u.U. *versagt* werden, wenn Gründe eintreten oder bekannt geworden sind, aus denen die Zulassung zur Prüfung hätte versagt oder zurückgenommen werden können oder wenn der Bewerber seinen Wohnsitz nicht im Inland hat (§ 16 WPO). Bestellung *erlischt* durch Tod, Verzicht oder rechtskräftige Ausschließung aus dem Beruf (§ 19 WPO). Besellung muß nach § 20 II WPO *zurückgenommen* werden, wenn die Zulassung zur Prüfung oder die Bestellung durch arglistige Täuschung, Drohung oder Bestechung oder durch Angaben erwirkt wurde, die in wesentlicher Beziehung nicht richtig oder nicht vollständig waren. Bestellung muß *widerrufen* werden, wenn die Tätigkeit nicht eigenverantwortlich ausgeübt wird oder eine mit dem Wirtschaftsprüferberuf unvereinbare Tätigkeit ausgeübt wird, die Fähigkeit der Bekleidung öffentlicher Ämter nicht mehr gegeben ist, die vorgeschriebene Haftpflichtversicherung nicht unterhalten wird oder die ordnungsgemäße Berufsausübung aufgrund persönlicher Gebrechen dauerhaft nicht möglich ist. Widerruf der Bestellung kann erfolgen, wenn der W. innerhalb von sechs Monaten nach Bestellung eine berufliche Niederlassung nicht begründet hat oder infolge gerichtlicher Anordnung in der Verfügung über sein Vermögen allgemein beschränkt ist oder wenn er in Vermögensverfall geraten ist und dadurch die Interessen der Auftraggeber oder anderer Personen gefährdet sind. – *Wiederbestellung* eines ehemaligen Wirtschaftsprüfers ist möglich (§ 23 WPO). – 2. *Vorläufige Bestellung:* Vor Ablegung des Berufsexamens können Personen, die zur erleichterten Prüfung zugelassen sind, nach §§ 131 II, 132 WPO vorläufig bestellt werden, wenn sie nachweisen, daß sie einen Prüfungsauftrag erhalten werden. Sie dürfen nur den Zusatz führen ,,Zur Abschlußprüfung nach § 319 Abs. 1 Satz 1 des Handelsgesetzbuches vorläufig bestellt". Regelung ist bis zum 31.12.1990 befristet.

VII. Berufsorganisation: →Wirtschaftsprüferkammer, →Institut der Wirtschaftsprüfer in Deutschland e. V.

VIII. Berufsgerichtsbarkeit: 1. *Pflichtverletzung* (§§ 67–71 WPO): Ein W., der seine Pflichten schuldhaft verletzt, wird berufsgerichtlich bestraft. Strafen sind Warnung, Verweis, Geldbuße bis zu 20 000 DM und Ausschließung aus dem Beruf. Die Verfolgung einer Pflichtverletzung, die keine schwerere berufsgerichtliche Strafe als Warnung, Verweis oder Geldbuße gerechtfertigt hätte, verjährt nach 5 Jahren. – 2. *Berufsgerichte* (§§ 72–80 WPO): a) Im ersten Rechtszug entscheidet eine Kammer des Landgerichts (Kammer für Wirtschaftsprüfersachen) außerhalb der Hauptverhandlung in der Besetzung von drei Mitgliedern; in der Hauptverhandlung mit dem Vorsitzenden und zwei Wirtschaftsprüfern als Beisitzer. b) Im zweiten Rechtszug entscheidet ein Senat des Oberlandesgerichts (Senat für Wirtschaftsprüfersachen) außerhalb der Hauptverhandlung in der Besetzung von drei Mitgliedern; in der Hauptverhandlung wirken außerdem als Beisitzer zwei W. mit. c) Im dritten Rechtszug entscheidet ein Senat des Bundesgerichtshofs (Senat für Wirtschaftsprüfersachen); er entscheidet außerhalb der Hauptverhandlung in der Besetzung von drei Mitgliedern und zwei Wirtschaftsprüfern als Beisitzer. – Das Amt eines *Beisitzers* aus den Reihen der W. ist ein *Ehrenamt.* Die ehrenamtlichen Beisitzer werden für die Gerichte des ersten und zweiten Rechtszuges von der Landesjustizverwaltung, für den Bundesgerichtshof vom Bundesminister der Justiz für 4 Jahre berufen. Berufung erfolgt aufgrund von Vorschlagslisten, die der Vorstand der Wirtschaftsprüferkammer einreicht. Berufen werden kann nur ein W., der in den Vorstand der Wirtschaftsprüferkammer gewählt werden kann. Ehrenamtliche Beisitzer dürfen nicht gleichzeitig dem Vorstand der Wirtschaftsprüferkammer angehören oder bei der Wirtschaftsprüferkammer im Haupt- oder Nebenberuf tätig sein. Ablehnung unter bestimmten Voraussetzungen. Ehrenamtliche Beisitzer haben in der Sitzung alle Rechte und Pflichten eines Richters. Entschädigung nach dem Gesetz über die Entschädigung der ehrenamtlichen Richter. – 3. *Verfahren:* Der Strafprozeßordnung nachgebildet. Der Beschuldigte darf zur Durchführung jedoch weder vorläufig festgenommen noch verhaftet oder vorgeführt werden; er kann nicht zur Vorbereitung eines Gutachtens über seinen Geisteszustand in eine Heil- und Pflegeanstalt gebracht werden (§ 82 WPO). Ist wegen desselben Verhaltens ein gerichtliches Verfahren wegen einer Straftat oder einer Ordnungswidrigkeit anhängig, kann ein berufsgerichtliches Verfahren zwar eingeleitet werden, es muß aber bis zur Beendigung des strafgerichtlichen Verfahrens ausgesetzt werden (§ 83 WPO). Die Aufgaben der Staatsanwaltschaft werden von der Staatsanwaltschaft beim Oberlandesgericht wahrgenommen (§ 84 WPO). a) *Einleitung* des Verfahrens dadurch, daß die Staatsanwaltschaft beim Landgericht eine Anschuldigungsschrift einreicht (§ 85 WPO). Der W. kann auch bei der Staatsanwaltschaft beantragen, das berufsgerichtliche Verfahren gegen ihn einzuleiten, um sich vom Verdacht einer Pflichtverletzung zu reinigen (§ 87 WPO). b) Aufgrund der Anschuldigungsschrift entscheidet das Gericht, ob *Hauptverfahren* zu eröffnen ist; dieses ist nichtöffentlich. c) Hauptverhandlung schließt mit der auf die Beratung folgenden Verkündigung des

Urteils, das auf Freisprechung, Verurteilung oder Einstellung des Verfahrens (§ 103 WPO) lautet. – 4. *Rechtsmittel* (§§ 104–107 WPO): a) Gegen das Urteil der Kammer für Wirtschaftsprüfersachen Berufung an den Senat für Wirtschaftsprüfersachen binnen einer Woche nach Verkündigung des Urteils (§ 105 WPO). b) Gegen ein Urteil des Senats für Wirtschaftsprüfersachen beim Oberlandesgericht Revision an den Bundesgerichtshof, wenn das Urteil auf Ausschließung aus dem Beruf lautet oder wenn der Senat für Wirtschaftsprüfersachen die Revision im Urteil zugelassen hat. – 5. *Berufsverbot:* Sind dringende Gründe für die Annahme vorhanden, daß gegen den W. auf Ausschließung aus dem Beruf erkannt werden wird, so kann gegen ihn durch Beschluß ein Berufsverbot verhängt werden (§ 111 WPO). Handelt der W. diesem Verbot wissentlich zuwider, wird er grundsätzlich mit der Auschließung aus dem Beruf bestraft.

Wirtschaftsprüferkammer. 1. Institution der *beruflichen Selbstverwaltung* gem. Gesetz über eine Berufsordnung der Wirtschaftsprüfer (→Wirtschaftsprüferordnung). Die W. ist eine Körperschaft des öffentlichen Rechts; Sitz in Düsseldorf. – 2. *Mitgliedschaft: Pflichtmitglieder* sind gem. § 58 I 1 WPO die bestellten bzw. anerkannten →Wirtschaftsprüfer in der Bundesrep. D. und in West-Berlin, die Mitglieder des Vorstandes, Geschäftsführer oder vertretungsberechtigte persönlich haftender Gesellschafter von →Wirtschaftsprüfungsgesellschaften, die nicht Wirtschaftsprüfer sind, sowie die anerkannten Wirtschaftsprüfungsgesellschaften; außerdem gem. § 128 III WPO →vereidigte Buchprüfer und →Buchprüfungsgesellschaften. – *Freiwillige Mitgliedschaft* können gem. § 58 II WPO die genossenschaftlichen →Prüfungsverbände, die Sparkassen und Giroverbände für ihre →Prüfungsstellen sowie die überörtlichen Prüfungseinrichtungen für öffentliche Körperschaften erwerben. – 3. *Organe* (§ 59 WPO): a) *Wirtschaftsprüferversammlung:* Versammlung der Mitglieder der W., die mindestens alle drei Jahre zusammentritt. b) *Beirat:* Berufsgruppe der Wirtschaftsprüfer und Wirtschaftsprüfungsgesellschaften wählt Mitglieder aus ihrer Gruppe. Gruppe der anderen stimmberechtigter Mitglieder wählt ihre Vertreter. Zahlenmäßige Vertretung ergibt sich aus § 59 III WPO und der Satzung der W. Gruppe der Wirtschaftsprüfer und Wirtschaftsprüfungsgesellschaften muß Mehrzahl der Beiratssitze haben. c) *Vorstand:* Wird aus der Mitte des Beirats gewählt. Einer der Vorstandsmitglieder ist *Präsident* der W. – 4. *Aufsicht:* Rechtsaufsicht durch Bundesminister für Wirtschaft (§ 66 WPO); er wacht darüber, daß die W. ihre Aufgaben im Rahmen der geltenden Gesetze und Satzungen erfüllt. – 5. *Aufgaben:* Die W. hat gem. § 57 WPO die Aufgabe, die beruflichen Belange der Gesamtheit ihrer Mitglieder zu wahren und die Erfüllung der beruflichen Pflichten zu überwachen; insbes.: Beratung und Belehrung von Mitgliedern in Fragen der Berufspflichten; Vermittlung bei Streitigkeiten unter den Mitgliedern und zwischen den Mitgliedern und ihren Auftraggebern auf Antrag; Überwachung und Erfüllung der den Mitgliedern obliegenden Pflichten; Handhabung des Rügerechtes; Feststellung der allgemeinen Auffassung über Fragen der Ausübung des Berufes des Wirtschaftsprüfers und des vereidigten Buchprüfers in Richtlinien nach Anhörung der Arbeitsgemeinschaft für das wirtschaftliche Prüfungswesen; in allen die Gesamtheit der Mitglieder berührenden Angelegenheiten die Auffassung der W. den zuständigen Gerichten, Behörden und Organisationen zur Geltung zu bringen; Wahrnehmung der durch Gesetz zugewiesenen Aufgaben im Bereich der Berufsbildung; Vorschlag der berufsständischen Mitglieder der Zulassungs- und Prüfungsausschüsse; Förderung der beruflichen Fortbildung der Mitglieder und der Ausbildung des Berufsnachwuches; Einreichung der Vorschlagsliste der ehrenamtlichen Beisitzer bei den Berufsgerichten der Landesjustizverwaltungen und beim Bundesminister der Justiz; Führung des Berufsregisters. Außerdem hat die W. Aufgaben im Rahmen der →Arbeitsgemeinschaft für das wirtschaftliche Prüfungswesen. – Die W. ist *Mitglied* des →International Accounting Standards Committee und der →International Federation of Accountants. – In *Mitteilungsblättern* informiert die W. über den Stand der einschlägigen Gesetzgebung, Verlautbarungen des Vorstandes, berufsständische Hinweise, Rechtsprechung zu berufsständischen Fragen und zu Honorar- und Haftungsfragen. – 5. *Pflichten der Mitglieder:* Beachtung der von den Organen der W. gefaßten Beschlüsse; für persönlich stimmberechtigte Mitglieder besteht die Pflicht, Ehrenämter zu übernehmen. Beiträge regelt die Satzung.

Wirtschaftsprüferordnung (WPO), gebräuchliche Kurzbezeichnung für das Gesetz über eine Berufsordnung der Wirtschaftsprüfer i.d.F. vom 5.11.1975 (BGBl I 2803). Geschlossene berufsgesetzliche Regelung des wirtschaftsprüfenden Berufs (→Wirtschaftsprüfer, →Wirtschaftsprüfungsgesellschaften, →vereidigte Buchprüfer, →Buchprüfungsgesellschaften). Insbes. wurde durch die W. die Selbstverwaltung auf den Berufsstand im Rahmen der →Wirtschaftsprüferkammer übertragen und eine Berufsgerichtsbarkeit mit drei Instanzen bei den ordentlichen Gerichten (Kammer für Wirtschaftsprüfersachen beim Landgericht, Senat für Wirtschaftsprüfersachen beim Oberlandesgericht, Senat für Wirtschaftsprüfersachen beim Bundesgerichtshof) unter Beteiligung von berufsangehörigen Beisitzern eingeführt. Außerdem vereinheitlicht

dic W. die Zulassungs-, Prüfungs- und Bestellungsverfahren mit Zuständigkeit bei den Ländern mit Beteiligung der Berufsangehörigen.

Wirtschaftsprüfung. I. B e g r i f f : In der Literatur zum betriebswirtschaftlichen Prüfungswesen offenbar unterschiedlich gesehen und oft nicht definiert. Unter *institutionellen* Gesichtspunkten könnte man den gesamten Tätigkeitsbereich des →Wirtschaftsprüfers, der keineswegs auf →Prüfungen beschränkt ist, als W. betrachten. *Funktional* gesehen könnte W. alle Prüfungen (und nur diese) im wirtschaftlichen Bereich umfassen. Diese Sichtweise läßt sich weiter einengen, wenn nur dann von W. gesprochen wird, wenn der →Prüfer mit der Unternehmung nicht durch einen Arbeitsvertrag verbunden (also extern) ist; andere betriebswirtschaftliche Prüfungsaufgaben fallen danach der →Internen Revision zu (→Revision, →Prüfung). Diese *enge Vorstellung* wird hier zugrunde gelegt. W. ist danach gekennzeichnet durch Prüfungen im prüfungstheoretischen Sinne, die von Personen ohne arbeitsvertragliche Bindungen an die Unternehmung, also der, die Prüfung durchzuführen ist, vorgenommen werden.

II. G r ü n d e f ü r W. : 1. *Interessenkonflikte:* Sind Sender (z. B. Ersteller von Jahresabschlüssen) und Empfänger (Informationsadressaten, z. B. Anteilseigner oder Gläubiger der Unternehmung) von Informationen (z. B. Jahresabschluß) nicht identisch, besteht die Gefahr von Informationsverzerrungen, weil die Interessen der Beteiligten divergieren können. Zur Beurteilung der Informationsqualität wird dann u. U. ein neutraler Dritter (Prüfer) beauftragt. – 2. *Entscheidungskonsequenzen:* Prüfung wird erst dann sinnvoll, wenn sich Konsequenzen hinsichtlich der Entscheidungen der Informationsempfänger ergeben. – 3. *Probleme der Prüfung durch dem Informationsempfänger:* Ist die Überprüfung der Informationsqualität wegen mangelnden Sachverstands schwierig und deshalb evtl. nicht möglich, kann das vertrauenswürdige Urteil eines sachverständigen Dritten notwendig werden, falls die Kosten hierfür nicht unangemessen hoch sind. Weitere Gründe: Räumliche Trennung von Informationsersteller und -empfänger, gesetzliche und andere institutionelle Barrieren, zeitliche Begrenzungen und weitere Kostenträchtigkeit selbstdurchgeführter Prüfung.

III. G r u n d l a g e n : 1. *Prüfungsaufträge:* Auftrag richtet sich an einen bestimmten Prüfer bzw. ein bestimmtes Prüfungsorgan; er muß den Prüfungsgegenstand und die heranzuziehenden Normen spezifizieren. Juristisch Werkverträge. Für freie Prüfungen sind Prüfungsaufträge die wichtigste Grundlage. – 2. *Gesetze und Verordnungen:* Werden Prüfungspflichten für bestimmte Unternehmungen durch den Gesetz- bzw. Verordnungsgeber auferlegt, ist der Mindestinhalt dieser Prüfungen durch die betreffenden Vorschriften determiniert. Sind Prüfungsrechte bestimmter Personen oder Personenmehrheiten konstituiert, ist Grundlage der Prüfung der Prüfungsauftrag, für den Gesetze und Verordnungen lediglich den Rahmen darstellen. – 3. *Grundsätze ordnungsmäßiger Prüfung:* Ein System von Normen, mit dessen Hilfe die Ableitung vertrauenswürdiger Urteile tendenziell gesichert werden soll. Diese Normen können prinzipiell induktiv (aus Berufsübung und Gewohnheitsrecht) oder deduktiv (durch logische Ableitung aus Zwecken) ermittelt werden; sie sind ergänzend zu den sonstigen Grundlagen der W. heranzuziehen.

IV. Arten: 1. *Prüfungen, für die keine gesetzlichen Pflichten bestehen,* können sich auf die verschiedensten Bereiche beziehen (→Prüfung). – 2. *Gesetzliche Pflichtprüfungen:* a) *Periodisch wiederkehrende Prüfungen:* Insbes. die →Jahresabschlußprüfungen aufgrund allgemeiner gesetzlicher Bestimmungen und für Unternehmungen einzelner Branchen (insbes. →Depotprüfung nach dem Kreditwesengesetz) und einzelner Rechtsformen (z. B. weiterreichende Prüfungspflichten bei Genossenschaften, →genossenschaftliche Pflichtprüfung). – b) Wichtige *aperiodisch wiederkehrende Pflichtprüfungen (Sonderprüfungen):* (1) *Gründungsprüfung* nach §§ 33–35 AktG; sie muß nur dann durch einen Gründungsprüfer vorgenommen werden, wenn die Kriterien des § 33 II AktG vorliegen (ein Mitglied des Vorstands oder des Aufsichtsrats gehört zu den Gründern, Aktienübernahme bei Gründung für Rechnung eines Mitglieds des Vorstands oder des Aufsichtsrats, Ausbedingung eines besonderen Vorteils oder einer Entschädigung für die Gründung oder ihrer Vorbereitung durch ein Mitglied des Vorstands oder des Aufsichtsrats, Gründung mit Sacheinlagen oder Sachübernahmen). Nach GenG ist eine Gründungsprüfung durch den →Prüfungsverband vorgesehen (§ 11 II 4 GenG). – (2) *Umwandlungsprüfung:* Bei Umwandlung von Aktien AG gelten diesen Vorschriften zur Gründungsprüfung sinngemäß (§ 362 IV AktG). Die einschlägigen Bestimmungen des UmwG gelten für Umwandlungen gemäß diesem Gesetz. – (3) Prüfung von Vorgängen bei der Gründung oder der Geschäftsführung, namentlich auch bei Maßnahmen der *Kapitalbeschaffung und -herabsetzung:* Hauptversammlung kann mit einfacher Mehrheit einen Sonderprüfer bestellen (§§ 142–144 AktG). – (4) Prüfung der *Sacheinlagen bei Kapitalerhöhung* nach § 183 III AktG. – (5) Sonderprüfung wegen *unzulässiger Unterbewertung* (§§ 258 f. AktG): Sonderprüfer wird durch das Gericht auf Antrag bestellt, wenn die Voraussetzungen des § 258 I AktG erfüllt sind (nicht unwesentlich unterbe-

wertete Posten in einem festgestellten Jahresabschluß oder Nichtvollständigkeit oder Nichtvorhandensein der vorgeschriebenen Angaben im Anhang und Nichtbeantwortung der Frage hierzu durch den Vorstand in der Hauptversammlung bei verlangter Aufnahme der Frage in die Niederschrift). – (6) Prüfung der Schlußbilanz der übertragenen Gesellschaft bei *Verschmelzung* (§ 345 III AktG): Prüfung ist Voraussetzung für die Eintragung der Verschmelzung durch das Registergericht. – (7) Prüfung des Jahresabschlusses bei *Abwicklung:* Gemäß § 270 II AktG muß eine Prüfung des Jahresabschlusses i. d. R. auch bei Abwicklung einer aufgelösten Gesellschaft erfolgen. – (8) Sonderprüfung der geschäftlichen Beziehungen der Gesellschaft zu der *herrschenden Unternehmung* gemäß § 315 AktG, sofern die dort genannten Voraussetzungen vorliegen (Einschränkung oder Versagung des →Bestätigungsvermerks des Abschlußprüfers zum Bericht über die Beziehungen zu verbundenen Unternehmen; Erklärung des Aufsichtsrats, daß Einwendungen gegen die Erklärung des Vorstands am Schluß des Berichts über die Beziehungen zu verbundenen Unternehmen gegeben sind: Erklärung des Vorstands, daß die Gesellschaft durch bestimmte Rechtsgeschäfte oder Maßnahmen benachteiligt worden ist, ohne daß die Nachteile ausgeglichen worden sind.

Wirtschaftsprüfungsgesellschaft. 1. *Begriff:* Prüfungsgesellschaft, die als W. anerkannt ist. – 2. *Rechtsform:* Nach § 27 WPO können W. sein: AGs, KGaAs, GmbHs, OHGs und KGs. Bei AGs und KGaAs sind vinkulierte Namensaktien vorgeschrieben. Auf das Grundkapital müssen mindestens 50 000 DM eingezahlt sein. Das Stammkapital von GmbHs muß mindestens 50 000 DM betragen, und es müssen mindestens 50 000 DM eingezahlt sein. – 3. *Anerkennungsvoraussetzungen:* Nach § 28 WPO müssen die Mitglieder des Vorstands, die Geschäftsführer oder die persönlich haftenden Gesellschafter →Wirtschaftsprüfer (WP) sein; mindestens ein Vertreter muß seinen Wohnsitz am Sitz der Gesellschaft haben. Die oberste Landesbehörde kann nach Anhörung der →Wirtschaftsprüferkammer genehmigen, daß →vereidigte Buchprüfer und →Steuerberater sowie besonders befähigte Kräfte anderer Fachrichtungen, die nicht WP sind, neben WP Vertreter von W. werden. Genehmigung darf bei Personen anderer Fachrichtungen nur versagt werden, wenn die besondere Fachkunde fehlt oder die Zuverlässigkeit nicht vorhanden ist. Die Zahl dieser Vorstandsmitglieder, Geschäftsführer oder der persönlich haftender Gesellschafter darf die Zahl der WPs im Vorstand, unter den Geschäftsführern oder unter den persönlich haftenden Gesellschaftern nicht übersteigen. Bei Vorliegen bestimmter Voraussetzungen kann genehmigt werden, daß auch sachverständige Personen, die im Ausland ermächtigt oder bestellt sind, nebens WPs Vorstandsmitglieder, Geschäftsführer oder persönlich haftende Gesellschafter von W. werden. Weitere Voraussetzungen für die Anerkennung: Gesellschafter müssen ausschließlich WPs, W. oder in der Gesellschaft tätige vereidigte Buchprüfer, Steuerberater, Steuerbevollmächtigte, Rechtsanwälte oder andere Personen sein, denen die Tätigkeit als Vorstandsmitglied, Geschäftsführer oder persönlich haftender Gesellschafter genehmigt wurde. – Die *Anteile* an der W. dürfen nicht für Rechnung eines Dritten gehalten werden. Bei Kapitalgesellschaften muß die Mehrheit der Anteile WPs oder W. gehören. Bei KGs muß die Mehrheit der Einlagen der Kommanditisten WPs oder W. gehören. WPs oder W. muß zusammen die Mehrheit der Stimmrechte der Aktionäre, Kommanditaktionäre, Gesellschafter einer GmbH oder Kommanditisten zustehen. Im Gesellschaftsvertrag muß bestimmt sein, daß zur Ausübung von Gesellschafterrechten nur Gesellschafter bevollmächtigt werden können, die WP sind. – 4. *Anerkennungsverfahren:* Die Voraussetzungen für die Anerkennung als W. werden von einem Zulassungsausschuß geprüft. Er kann über die Gesellschaft Auskünfte und gutachtliche Äußerungen einholen. Antrag mit Ausfertigung oder öffentlich beglaubigter Abschrift des Gesellschaftsvertrages oder der Satzung. Zuständig ist die oberste Landesbehörde, in deren Land die Gesellschaft ihren Sitz hat. Über die Anerkennung wird Urkunde ausgestellt. – 5. *Firmierung:* Die anerkannte Gesellschaft ist verpflichtet, die Bezeichnung „Wirtschaftsprüfungsgesellschaft" in die Firma aufzunehmen. – 6. *Beendigung der Anerkennung:* Anerkennung als W. *erlischt* durch Auflösung oder Verzicht. – Die Anerkennung kann *zurückgenommen oder widerrufen* werden: a) wenn für die Person eines Vorstandsmitgliedes, Geschäftsführers usw. die Bestellung als WP zurückgenommen oder widerrufen wird, es sei denn, daß jede Vertretungs- und Geschäftsführungsbefugnis dieser Person unverzüglich widerrufen oder entzogen ist; b) wenn sich nach der Anerkennung ergibt, daß sie hätte versagt werden müssen, oder wenn die Voraussetzungen für die Gesellschaft nachträglich fortfallen, es sei denn, daß die Gesellschaft innerhalb einer bestimmten Frist den dem Gesetz entsprechenden Zustand herbeiführt; c) wenn ein Mitglied des Vorstandes, ein Geschäftsführer oder ein persönlich haftender Gesellschafter durch rechtskräftiges berufsgerichtliches Urteil aus dem Beruf ausgeschlossen wird; d) wenn die W. in Folge gerichtlicher Anordnung in der Verfügung über ihr Vermögen allgemein beschränkt ist oder wenn sie in Vermögensverfall geraten ist und dadurch die Interessen der Auftraggeber oder anderer Personen gefährdet sind (§ 34 WPO). – 7. *Erteilung von →Bestätigungsver-*

merken: Bei Erteilung gesetzlich vorgeschriebener Bestätigungsvermerke durch W. dürfen nur WPs unterzeichnen (§ 32 WPO). – 8. Die W. ist *Mitglied* der →Wirtschaftsprüferkammer, die ein →Berufsregister für W. führt. – 9. *Rechte und Pflichten:* Es gelten die Vorschriften über allgemeine Berufspflichten, Versagung der Tätigkeit, Verschwiegenheitspflicht der Gehilfen, Ablehnung eines Auftrags, Werbung und Wechsel des Auftraggebers (§§ 43, 49–53 WPO) wie für WPs.

Wirtschaftspsychologie, wissenschaftliche Disziplin, die i. d. R. als angewandte Sozialpsychologie angesehen wird. Gegenstand der W. sind die Wechselbeziehungen zwischen ökonomischen und psychischen Prozessen. Erkenntnisse der allgemeinen Sozialpsychologie werden zur Erklärung, Prognose und Kontrolle des wirtschaftlichen Handelns (einer spezifischen Form des sozialen Handelns) herangezogen. – *Teildisziplinen:* a) Arbeits- und Organisationspsychologie; b) →Konsum- und Marktpsychologie; c) Psychologie der gesamtwirtschaftlichen Prozesse.

Wirtschaftspublizistik, Teilbereich der Publizistik, dessen Gegenstand Wirtschaft im weitesten Sinne ist. Wirtschaft und Publizistik stehen in einem sehr engen, teilweise fast abhängigen Verhältnis. Wahrscheinlich deshalb wird dieses Feld seit der Entstehung und Entwicklung der sog. Massenmedien sehr kontrovers diskutiert.

I. Historisch: Wirtschaft und Publizistik. 1. *Anfänge einer W.* finden sich bereits im ausgehenden *Mittelalter.* Neben den Fürsten und Kirchen entwickelte insbes. der Handel einen zunehmenden Briefverkehr – zum Teil schon mit bezahlten Korrespondenzennetzen –, der als geschichtlicher Kern der Zeitung betrachtet werden kann. Diese Briefe waren noch nicht für die Öffentlichkeit bestimmt, also noch nicht publik, jedoch wurde die Grenze zwischen privater und zur weiteren Verbreitung bestimmter Korrespondenz zunehmend verwischt. – Die „Fuggerzeitungen", interne Zusammenstellung von Nachrichten, die in dem Ausgsburger Handelskontor einliefen, waren noch nicht für eine breitere Öffentlichkeit bestimmt. Öffentlich hingegen waren die ersten periodischen Druckerzeugnisse, die *Ende des 16. Jh.* erschienen: die sog. *Meßrelationen,* Chroniken, die halbjährlich zu den Früjahrs- und Herbstmessen herausgegeben wurden. Das Nachrichtenbedürfnis der Handelsunternehmen war es somit, das wesentlich zur Entstehung der Zeitungen beigetragen hatte. – 2. Die *periodische Presse* entwickelte sich letztlich mit der *Durchsetzung liberalistischen Gedankenguts,* das auf Publizität (abgeleitet von dem lateinischen publikus – öffentlich) angewiesen war. Publizität wurde gegenüber dem nicht öffentlichen, absolutistischen Staat und dessen merkantilistischen Wirtschaftspolitik zu einem der wichtigsten Programmpunkte des →Liberalismus. Das Offen-, Öffentlich-, Bekanntmachen, also das „Publizieren" war für den politischen Liberalismus unerläßlich ebenso wie die möglichst weite Verbreitung von Infomationen über und für den (freien) Handel. Die aufstrebende Wirtschaft war es schließlich auch, die die Entstehung und Entwicklung der Massenpresse am Ende des 19. Jh. ermöglichte. Denn die dafür notwendige Senkung des Kauf- und Bezugspreises konnte nur durch Anzeigen erreicht werden. Die Zeitungen wurden als wirtschaftliche Koppelprodukte genutzt. – 3. *Presse als Wirtschaftsunternehmen:* Die Presse war selbst zu einem Wirtschaftsunterehmen geworden, die Verlage zum Träger dieser Unternehmen; die Nachricht wurde zur „Ware". Anzeigen und →Werbung stellen bis heute ein wichtiges finanzielles Standbein der Presse, aber auch des Funks und des Fernsehens dar. Eine Tatsache, die oft mit dem Begriff der *Kommerzialisierung* umschrieben bzw. kritisiert wird. Eng damit zusammen hängt die sog. *Pressekonzentration,* die insbes. bei der Tagespresse zu beobachten ist: Hohe Leserzahlen erbringen i. d. R. zusätzliche Anzeigenaufkommen. Aus der fortlaufenden Wechselwirkung „viele Anzeigen – niedrige Bezugspreise – hohe Auflagen – mehr Anzeigenaufkommen" entwickelt sich eine Art Spirale, die kleinere Verlage aus dem Markt drängen kann. Anzeigen und Werbung sind zwar ein Charakteristikum für das Verhältnis von Wirtschaft und Publizistik, sie sind i. e. S. allerdings nicht unter dem Begriff der W. zu subsumieren.

II. **Begriff:** Als W. i. w. S. kann die Gesamtheit der öffentlichen Berichterstattung und Kommentierung von Wirtschaftsfragen gekennzeichnet werden. – Die W. *umfaßt:* (1) den *Wirtschaftsjournalismus* in der Tagespresse, in Funk und Fernsehen; (2) die *Wirtschaftsfachpresse* (Zeitschriften, Bücher usw); (3) *amtliche und private Pressestellen,* soweit sie im Wirtschaftssektor engagiert sind (Unternehmen, Ministerien, Verbraucherinformationsstellen usw); (4) die *Public-Relations-Abteilungen von Wirtschaftsunternehmen,* wobei die begriffliche Abgrenzung der in der Praxis oft ineinander übergehenden Kommunikationsprozesse →Public Relations und Werbung relativ willkürlich bleiben muß. – Während die Wirtschaftsfachpresse in erster Linie als Kommunikationsmedium innerhalb der Wirtschaftskreise fungiert und damit auch in den Termini des Faches schreibt, ist es v. a. die Aufgabe des Wirtschaftsjournalisten in den Massenmedien, aber auch die Aufgabe der Pressestellen und PR-Abteilungen, eine für das breite Publikum möglichst verständliche Berichterstattung zu leisten. Bei Presse-

stellen und PR-Abteilungen dominiert allerdings meist die eigene Interessenslage der Auftraggeber, es fehlt die Objektivität der Information.

III. W. und strategische Öffentlichkeitsarbeit. 1. *Stark gestiegenes Interesse der Öffentlichkeit an der Wirtschaft:* Nicht nur Bilanzen, Dividenden und Aktienkurs großer Aktiengesellschaften sind von Interesse, sondern auch Nachrichten über Arbeitsplätze, Berufschancen, Exporterfolge und das gesamte Spektrum der Entwicklung eines Unternehmens. Hinzu kommt die Forderung nach einer auch gesellschaftsbezogenen Orientierung der Unternehmenspolitik (→gesellschaftliche Strategie), die die ökonomischen Zielsetzungen um die gesellschaftsbezogenen ergänzt (→Unternehmenskultur, →Unternehmensethik, →Wirtschaftsethik). Das steigende Interesse der Öffentlichkeit an der Wirtschaft ist auch ein steigendes Interesse an den Auswirkungen wirtschaftlichen Tuns. – Das introvertierte Unternehmen ist nicht mehr gefragt, die ansteigende Sensibilität in der Öffentlichkeit betrifft gerade auch die Wirtschaft in ihren Funktionen des Produzierens und Vermarktens, der Verwendung von Ressourcen und der Verfügbarkeit von Arbeit und damit von Arbeitsplätzen, der Be- oder Entlastung der Umwelt. – 2. *Strategische Öffentlichkeitsarbeit* eines Unternehmens, eines Wirtschaftsverbandes oder einer Branche kann nichts verändern, wenn sie erfaßbare gesellschaftliche Bedürfnisse nicht berücksichtigt. Folgende *Felder,* die laut verschiedenen Studien von der Öffentlichkeit insgesamt als besonders bedeutsam eingeschätzt werden, seien hier genannt: (1) Schaffung neuer Arbeits- und Ausbildungsplätze; (2) Bewahrung von Natur und Umwelt vor Verschmutzung und Zerstörung; (3) Sicherung der sozialen Leistungen; (4) Vorbeugung künftiger Rationalisierungsprobleme; (5) stärkere Unterstützung sozial Benachteiligter; (6) Förderung von Besitz und Eigentum. In diesen genannten Feldern sind Profilierungsversuche durch Unternehmen nicht nur erlaubt, sondern erwünscht. Hier setzt die Öffentlichkeitsarbeit mit Inhalten an. – 3. *(Grob-)Gliederung des gesamten Gebietes der Öffentlichkeitsarbeit:* (1) die *klassische Pressearbeit,* also der Umgang mit den Medien; (2) *PR-Veranstaltungen* mit Innen- und Außenwirkung; (3) die *innerbetriebliche Information und Publizistik;* (4) *eigene, nach außen gerichtete Publikation.* – Das wichtigste Feld ist nach wie vor die Pressearbeit. Mit eigenen Veranstaltungen oder Publikationen lassen sich keineswegs Inhalte so breit publizieren, wie über Zeitungen und Zeitschriften, Funk und Fernsehen. – 4. *Änderung der Öffentlichkeitsarbeit:* Geändert werden müßte der *Gesamtbereich der Öffentlichkeitsarbeit* überall dort, wo PR überwiegend oder gar ausschließlich als zusätzlicher Service für den Marketing-Bereich verstanden wird. Der Gedanke der „Gratisanzeigen" im redaktionellen Teil als vorrangige Aufgabe von PR gehört endlich auf den Müllplatz gescheiterter PR-Ideologie. – Geändert gehören auch die vielen *Textarbeiten der Pressestellen,* die viel zu oft Verlautbarungen sind mit dem unausgesprochenen Wunsch, daß sich ein Verlautbarungsjournalismus dieser Texte annehmen soll. Die Befähigung zum Dialog mit der Öffentlichkeit insgesamt und mit den Medien speziell verlangt die Befähigung, auf Fragen einzugehen, statt sich mit Antworten zu begnügen auf selbstgestellte Fragen. – Geändert werden muß auch die *Einstellung zu kritischen Zielgruppen und Themen.* Der Dialog mit Bürgerinitiativen, Interessengrupen und Fachleuten, gerade wenn sie dem Unternehmen gegenüber kritisch eingestellt sind, gehört zu den vorrangigen Aufgaben industrieller Öffentlichkeitsarbeit. – *W. durch private und öffentlich-rechtliche Medien und W. in Form von politischer und industrieller Öffentlichkeitsarbeit* bedingen einander, teilweise sind sie sogar gesetzlich miteinander verbunden (Publizitätsgesetze für AGs und GmbHs). Allerdings: Die von Wirtschaftsverbänden und einzelnen Unternehmen unabhängigen Medien, letztlich deren Wirtschaftsjournalisten, üben gleichzeitig die Kontrollfunktion aus über die Inhalte, die ihnen als Informationen von der Wirtschaft übermittelt werden. Das letztlich opportunistische Informationsverhalten der Wirtschaft trennt die Felder Journalismus und Öffentlichkeitsarbeit und schafft in vielen Fällen die nötige Distanz zwischen unternehmensunabhängigen und unternehmensabhängigen Formen der W.

Dipl.-Journalist Peter Engel

Wirtschaftsrechnung, von der →amtlichen Statistik durchgeführte monatliche Erhebungen bei ausgewählten Haushalten (laufende W.) und Erhebungen mit mehrjährlicher Periodizität bei Haushalten aller Bevölkerungsschichten (→Einkommens- und Verbrauchsstichprobe). Monatlich werden von Arbeitnehmerhaushalten mit mittleren bzw. höherem Einkommen sowie Renten- und Sozialhilfeempfängern mit geringem Einkommen Aufzeichnungen über die Verwendung des Einkommens für Gegenstände des täglichen Bedarfs, insbes. für Nahrungsmittelverbrauch und -ausgaben geführt. – Mit der zuletzt für 1983 erhobenen *Stichprobe* wird der Repräsentationsgrad der W. verbessert und auf den gesamten Sektor der privaten Haushalte ausgedehnt. – *Auswertung der Ergebnisse:* a) Darstellung der Verbrauchsstrukturen, d. h. welcher Teil der Ausgaben auf Ernährung, Bekleidung, Wohnungsmieten und andere Bedarfsgruppen entfällt, sowie der Einkommensentwicklung, der Höhe der Ersparnisse, der Art der Vermögensbildung usw.; b) für die Zusammensetzung des Warenkorbs (Verbrauchsschema) bei der Berechnung der →Preisindizes für die Lebenshaltung; c) im Rahmen der →Volkswirtschaftlichen Gesamtrechnungen bei der Berechnung der Einkommensströme und der Ermittlung des →Sozialprodukts mittels der Verwendungsrechnung.

Wirtschaftsrecht, ein in der Abgrenzung uneinheitlicher Bergriff. Das W. umfaßt die Gesamtheit der Vorschriften über die selbständige Erwerbstätigkeit bei den Banken, in der Industrie, im Verkehr und in den freien Berufen. Zum W. gehören v. a. Vorschriften über die Zulassung zu den genannten Berufen, über die Wirtschaftslenkung, die Marktordnung, das Preisrecht, die Wirtschaftsförderung mit den entsprechenden Subventionen; ferner die Normen zu den Wettbewerbsbeschränkungen und den wirtschaftlichen Organisationen sowie das Außenwirtschaftsgesetz. Zum W. i. w. S. gehört auch das EG-Recht und das Recht der Internationalen Wirtschaftsorganisationen.

Wirtschaftsrisiko, →Betriebsrisiko.

Wirtschaftssektoren, →Sektoren der Volkswirtschaft.

Wirtschaftsspionage, Auskundschaften fremder →Betriebs- und Geschäftsgeheimnisse (§§ 17, 20 UWG). W. besteht in dem unbefugten Verschaffen oder Sichern eines Geschäfts- oder Betriebsgeheimnisses sowie in der unbefugten Verwertung eines in dieser Weise erlangten Geheimnisses (§ 17 II UWG). Strafe: Freiheitsstrafe bis zu drei Jahren oder Geldstrafe. – *→Versuch* ist strafbar. – *Spezielle Tatbestände:* Computerspionage, Betriebsspionage, Geschäftsspionage.

Wirtschaftsstatistik. I. Gegenstand: W. ist ein Hauptanwendungsfeld der methodischen →Statistik mit fundamentaler Bedeutung für Politik und Gesellschaft. W. kann als Inbegriff der statistischen Methoden zur Beschreibung und Analyse von Strukturen und Prozessen des Wirtschaftsgeschehens definiert werden und umfaßt auch die Ergebnisse des Einsatzes solcher Methoden. Dabei ist davon auszugehen, daß zwischen Methoden der W. und der Statistik allgemein kein grundlegender Unterschied bestehen kann. Allerdings gibt es Methoden, die vorzugsweise in der W. Anwendung finden.

II. Adressaten und Konsumenten: Die Untersuchungsziele der W. entstammen v. a. dem Informationsbedarf der Träger der Wirtschafts- und Sozialpolitik (z. B. Entwicklung der Arbeitslosigkeit), aber auch der Unternehmungen (z. B. Entwicklung des Außenhandels) oder der Haushalte (z. B. Entwicklung der Lebenshaltungskosten).

III: Typische Probleme: In besonderer Weise stehen Fragen der statistischen Begriffsbildung *(Kategorienlehre)* in der W. im Vordergrund, z. B. Begriffe wie Haushalt, Einkommen, Sozialprodukt. Hierbei sind aus der ökonomischen Theorie stammende Begriffe so weit wie möglich angesichts der Möglichkeiten und Grenzen der Vorgehensweisen der W. zu operationalisieren (→Adäquation). Neben der Ermittlung von Umfängen und Strukturmerkmalen von Beständen wirtschaftlicher Einheiten *(Strukturstatistik)* gehört insbes. die Erfassung von Verläufen, etwa Veränderungen von Preisniveaus oder Unternehmensgrößen *(Prozeßstatistik)*, zur W.

IV. Träger: Hauptträger der W. ist die →amtliche Statistik der Bundesrep. D. (Statistisches Bundesamt; Landesämter; statistische Ämter der größeren Städte; Ministerien). Hinzu kommen supranationale Institutionen wie EG, UNO, FAO oder ILO. Daneben wird W. auch von den Industrie- und Handelskammern, den Handwerkskammern, den Arbeitgeberverbänden und den Gewerkschaften durchgeführt. Ökonomische Analysen auf der Grundlage von W. werden überdies von mehreren Wirtschaftsforschungsinstituten vorgenommen. Schließlich verfügen auch größere Unternehmen, insbes. des Kreditgewerbes, über Abteilungen, die wirtschaftsstatistische Daten ermitteln und vergleichen.

V. Hauptarbeitsgebiete: Die wichtigsten Gegenstände der W. sind: die Erwerbsbeteiligung der Bevölkerung (→Erwerbstätigkeit), der Arbeitsmarkt (→Arbeitsmarktstatistik), die Ermittlung des Preisniveaus und seiner Entwicklung (→Preisstatistik), die Struktur und die Entwicklung der verschiedenen Wirtschaftszweige (→Wirtschaftszweigsystematik), die Ermittlung von Einkommensgrößen und der Einkommensverteilung (→Einkommens- und Verbrauchsstichprobe), die Unternehmen und Arbeitsstätten (→Arbeitsstättenzählung), der Außenhandel (→Außenhandelsstatistik), Geld und Kredit (→Kreditstatistik), Finanzen und Steuern (→Finanzstatistik). Hinzu kommt das etwas anders strukturierte Gebiet der →Volkswirtschaftlichen Gesamtrechnungen.

VI. Ausbildung: W. ist ein wesentlicher Bestandteil der Pflicht-Grundausbildungen Statistik in den Wirtschafts- und sozialwissenschaftlichen Studiengängen (→Statistik VI), an Universitäten, Fachhochschulen und Berufsakademien. Darüber hinaus wird W. an Universitäten auf fortgeschrittenem Niveau im Hauptstudium im Rahmen des Wahlpflichtfaches Statistik gelehrt.

Wirtschaftsstil. 1. *Charakterisierung:* Bezeichnung der →Historischen Schule der Nationalökonomie zur Kennzeichnung und Klassifizierung von →Wirtschaftsordnungen, insbes. auf W. Sombart und A. Spiethoff

zurückgehend. Ja nach Ausprägung der zur Bestimmung des W. herangezogenen Merkmale ergeben sich unterschiedliche (klassifikatorischer Aspekt) und im Zeitverlauf mit gewisser Regelmäßigkeit aufeinanderfolgende (entwicklungstheoretischer Aspekt) Wirtschaftordnungen. Beispiele für zugrundegelegte Klassifikationsmerkmale: a) Wirtschaftsgesinnung, Ordnung und Organisation des Wirtschaftens, Stand der Technik sowie ökonomisch relevanter Datenkranz (Sombart) oder b) Wirtschaftsgeist, natürliche und technische Grundlagen des Wirtschaftens, Gesellschafts- und Wirtschaftsverfassung sowie Wirtschaftslauf (Spiethoff). Ein Beispiel für die hieraus abgeleiteten Klassifizierungen ist die Unterscheidung in Eigenwirtschaft, handwerkliche Wirtschaftsordnung und →Kapitalismus in zeitlicher Abfolge mit jeweiliger Früh-, Hoch- und Spätphase (Sombart; vgl. auch →Spätkapitalismus). – 2. *Kritische Einwände:* a) Auswahl der jeweils zugrundeliegenden Merkmale und ihre Gewichtung gelten als nicht eindeutig bestimmbar und logisch zwingend; b) Interdependenzen zwischen den einzelnen Merkmalen werden *nicht ausreichend analysiert* und c) die *These* der *zwangsläufigen zeitlichen Abfolge* stehen im *Widerspruch* zur *Variabilität* und *Offenheit* des *Entwicklungsprozesses.* – Vgl. auch →Wirtschaftsstufen, →Wirtschaftsordnung II.

Wirtschaftsstrafgesetz (WStrG), zuletzt i. d. F. vom 3. 6. 1975 (BGBl I 1313). – *Inhalt:* 1. Während die Strafvorschriften des WStrG 1949 im wesentlichen in vereinfachender Zusammenfassung der in früheren, insbes. Kriegsgesetzen und -verordnungen enthaltenen wirtschaftsstrafrechlichen Bestimmungen bestanden, hat das WStrG 1954 die aus den Notzeiten herrührenden Tatbestände nicht übernommen. – 2. Geblieben sind Strafandrohungen bei Zuwiderhandlungen gegen →Sicherstellungsgesetze, Bußgeldandrohungen bei ordnungswidrigen Verstößen gegen Sicherstellungsgesetze und →Preisvorschriften; eingefügt: Vorschriften gegen →Preiserhöhung im Beruf oder Gewerbe, Mietpreiserhöhung und Preisüberhöhung bei der Wohnungsvermittlung. Weiter enthält WStrG Vorschriften über Einziehung und Abführung des Mehrerlöses.

Wirtschaftsstrafkammer, ein zur sachdienlichen Förderung oder schnelleren Erledigung in Strafsachen bei einem →Landgericht, evtl. auch für die Bezirke mehrerer Landgerichte, gebildete große Strafkammer, die ganz oder teilweise für →Wirtschaftsstraftaten zuständig ist.

Wirtschaftsstrafrecht, alle strafrechlichen Tatbestände, die →Wirtschaftsstraftaten zum Gegenstand haben. – Eine „Kommission" zur Bekämpfung der Wirtschaftskriminalität –

Reform des Wirtschaftsstrafrechts –" befaßt sich seit 1972 mit den gesetzgeberischen Möglichkeiten einer wirkungsvolleren Bekämpfung der Wirtschaftskriminalität.

Wirtschaftsstraftaten. 1. Der *Begriff* umfaßt: a) →Straftaten des →Wirtschaftsstrafgesetzes; b) die →Volkswirtschaft schädigende Straftaten nach der Konkurs- und Vergleichsordnung (→Konkursdelikte), dem Wettbewerbs-, Gesellschafts-, Bank- und Kreditwesenrecht sowie nach dem Außenwirtschafts-, Devisen-, Steuer- und Zollrecht. – 2. *Verfolgungsbehörde* ist die →Staatsanwaltschaft; zur Aburteilung werden →Wirtschaftsstrafkammern eingerichtet, deren →Richter besondere Kenntnisse des Wirtschaftslebens besitzen.

Wirtschaftsstufen. 1. *Begriff:* Bezeichnung der Volkswirtschaftstheorie für das in der geschichtlichen Entwicklung der Wirtschaft sich wiederholende Muster des Industrialisierungsprozesses. Die Entwicklungsstadien werden nach Kriterien wie *Art der Agrar- und Güterproduktion* oder nach der *Organisationsart* des Tauschverkehrs eingeteilt. Wichtige Forschungen durch W. Hoffmann, S. Kuznets und W. Rostow. – 2. Nach *Rostow* sind fünf W. zu unterscheiden: (1) Die traditionale Gesellschaft, deren Struktur- und Produktionsmöglichkeiten auf vornewtonscher Wissenschaft und Technik basieren. – (2) Übergansphase zur wirtschaftlichen Expansion, in der die Grundlagen für den wirtschaftlichen Aufstieg geschaffen werden, indem neue Wertvorstellungen sowie geeignete politische und wirtschaftliche Organisationsformen entstehen. – (3) Der wirtschaftliche Aufstieg (take-off-Phase), charakterisiert durch die Durchsetzung neuer Technologien in Landwirtschaft und Industrie und einen Anstieg der Investitionsquote auf über 10% des Nettosozialprodukts. – (4) Die wirtschaftliche Reife (mature economy), erreicht etwa 60 Jahre nach Beginn des Aufstiegs und gekennzeichnet durch die institutionelle Anpassung der Gesellschaft an die Erfordernisse effizienter Produktionsmethoden, sowie durch die Vielfalt von Industriezweigen. – (5) Der Massenkonsum, charakterisiert durch das Aufkommen des Wohlfahrtsstaates und der Massenproduktion dauerhafter Konsumgüter. Indikator dieses Stadiums ist die Produktion des Automobils. – 3. *Beurteilung:* Die kritischen Einwände gegen eine derartige Sicht der historischen Entwicklung wirtschaftlichen →Wachstums richten sich hauptsächlich auf das starre Ablaufschema. Die Diskrepanzen in der Entwicklung einzelner Volkswirtschaften seien jedoch zu groß, als daß sie in ein allgemeines Schema gepreßt werden könnten. – Im *Gegensatz* zu →Stufentheorien ist die Rostowsche Konzeption als Alternative zur marxistischen Auffassung der Entwicklung von Gesellschaften gedacht.

Wirtschaftssystem. I. Begriff: Uneinheitliche Verwendung des Begriffes W. und Abgrenzung zu →Wirtschaftsordnung in der wirtschaftswissenschaftlichen Literatur. – *Definitionen:* 1. Nach Sombart (→*Historische Schule der Nationalökonomie*): *Wirtschaftsweise* (→Wirtschaftsstil) einer Gesellschaft, determiniert durch Wirtschaftsgesinnung (Zwecksetzung und Verhalten der Wirtschaftssubjekte), Ordnung und Organisation des Wirtschaftslebens (Rechts-, Sitten- und Konventionalordnung) und realisierte Produktionstechnologien. – 2. Nach *Eucken* (→*Ordoliberalismus*): *Idealtypische Art und Weise der Lenkung des Wirtschaftens.* Klassifikationskriterium ist für ihn, ob die Planung des Wirtschaftsgeschehens dezentral von den einzelnen privaten und öffentlichen Haushalten (→Verkehrswirtschaft) oder von einer Zentralinstanz (→zentralgeleitete Wirtschaft) durchgeführt wird. Zusammen mit den Marktformen (vollständige Konkurrenz, Teiloligopol, Oligopol, Teilmonopol, Monopol), den Formen der Geldentstehung (Warengeld, Kreditgeld) und den Hauptformen der Geldwirtschaft (die Geldfunktionen der Recheneinheit, des Zahlungsmittels und der Wertaufbewahrung werden gemeinsam von einer Geldart oder von verschiedenen Geldarten getrennt erfüllt) determiniert das W. (Form der Planung) die (marktwirtschaftliche) Wirtschaftsordnung. – *Wirtschaftsordnung* ist für Eucken *Oberbegriff* seiner Systematik, definiert als die Gesamtheit der jeweils realisierten Formen, in denen Haushalte und Unternehmen miteinander verbunden sind. Sie setzt sich aus verschiedenen Teilordnungen zusammen: Ordnung der Landwirtschaft, der gewerblichen Wirtschaft, des Verkehrswesens, der Arbeitsverhältnisse und des Geldwesens. Spätere Begriffserweitung um die sittlichen und rechtlichen Determinanten des Wirtschaftsgeschehens (Hensel). – 3. Im Rahmen des heute vorherrschenden *systemtheoretischen Ansatzes der Sozialwissenschaften* bildet das W. den *analytischen Oberbegriff.* Unter einem →*System* werden eine Menge von Elementen, die in einem System- und Sinnzusammenhang stehen, die zwischen ihnen bestehenden Interdependenzen und die hieraus folgenden Abläufe verstanden (→Systemtheorie). Das W. ist ein *Teil des Gesellschaftssystems* und von anderen Teilsystemen mittels der Unterscheidungskriterien Systemzweck und die zu seiner Erfüllung eingesetzten Mittel abzugrenzen. Als Mindestklassifikation wird zwischen wirtschaftlichem, politischem und kulturellem Teilsystem unterschieden. – Die Menschen, die Grundelemente eines jeden Gesellschaftssystems, werden *je nach Handlungszweck* ihrer Aktivitäten den einzelnen Teilsystemen *zugeordnet;* sie sind gleichzeitig Element aller drei Teilsysteme und diese gegenüber ihrer Umwelt jeweils offen, so daß *Interdependenzen* zwischen diesen einzelnen gesellschaftlichen Teilstrukturen bestehen. *Handlungszweck des W.* ist die Produktion von Gütern und Diensten. Die von den Menschen in ihrer Eigenschaft als Produzenten und/oder Konsumenten durchgeführten Aktivitäten formen den *Wirtschaftsprozeß*; dieser wird bestimmt durch: a) die *Wirtschaftsordnung*, die die realisierte Form theoretisch möglicher Systemregelungen repräsentiert. Sie setzt sich zusammen aus der rechtlich fixierten →Wirtschaftsverfassung und der gewachsenen kulturellen und sittlich-moralischen Ordnung; b) die Wirtschaftsfaktoren, die vorhandene Ressourcen, Humankapital und daneben wirtschaftsrelevante Daten (Klima, Größe eines Landes u. a.) umfassen.

II. S y s t e m a n a l y s e : Ziel ist die Ableitung der relevanten Systemstrukturen bzw. der Bestandteile des W., die Bestimmung der möglichen Ausprägungen dieser Strukturen bzw. Bestandteile und die Ermittlung der Interdependenzen zwischen ihnen sowie ihres Einflusses auf den Wirtschaftsprozeß. – *Ansätze:* 1. *Morphologischer Ansatz* (von Eucken begründet): Die *einzelnen Bestandteile* der jedes W. determinierenden *Rahmenordnung* werden ermittelt. Diese als Hauptformen genannten Teilordnungen (Ordnung der Planung, des Eigentums, der Märkte, des Wettbewerbs usw.) können in unterschiedlichen Ausprägungen (Elementarformen) realisiert werden. Jedes W. läßt sich so als *Kombination unterschiedlicher Elementarformen* klassifizieren; hinzu treten die rechtlichen und sittlich-moralischen Rahmenbedingungen. – *Weitere Erkenntnisse* können gewonnen werden: Welche theoretisch möglichen unterschiedlichen Elementarformen miteinander vereinbar bzw. unvereinbar sind; Folgerungen über die Rationalität und Effizienz realisierter W. und die Ordnungskonformität wirtschaftspolitischer Maßnahmen ausgehend von der Annahme, daß der Form der Planung (zentral oder dezentral) die wesentliche Bedeutung zukommt und sie die systemspezifische Festlegung der übrigen Elementarformen und deren Kombinationsmöglichkeiten determiniert. – Vgl. auch →Morphologie. – 2. *Entscheidungstheoretischer Ansatz* (von Neuberger und Duffy begründet): Eine Reihe von Grundproblemen, die in jedem W. gelöst werden müssen, werden abgeleitet. Jedem dieser Aufgabenbereiche entspricht eine Teilstruktur des W.; zu bestimmen sind: a) *Entscheidungsstruktur:* Wie wird die Macht, wirtschaftlich relevante Entscheidungen treffen zu können, auf die Gesellschaftsmitglieder verteilt; b) *Informationsstruktur:* Wie werden die wirtschaftlich relevanten Informationen gesammelt, gespeichert, bearbeitet und übermittelt; c) *Motivationsstruktur:* Wie werden die Menschen zu Aktivitäten, die die gesamtwirtschaftliche Knappheitsminderung ermöglichen, motiviert. Zwischenzeitlich ergänzt wurden d) die *Koordinationsstruktur* (Abstimmung der einzelnen Aktivitäten) und e) die *Kontrollstruktur* (Sicherstellung, daß die tatsächlichen Handlungen den ökonomischen Anforderungen entsprechen). Die jeweils realisierten Strukturen determinieren in ihrer Kombination zusammen mit den Daten der sozioökonomischen Umwelt und der staatlichen Wirtschaftspolitik die innerhalb des W. ablaufenden Preozesse und deren Effizienz. – Auch hier kann analysiert werden, inwieweit die Kombination der unterschiedlichen Strukturausprägungen systemrational ist. – Vgl. auch →Wirtschaftsordnung III und IV.

Wirtschaftstheorie, →Volkswirtschaftstheorie.

Wirtschaftreuhänder, offizielle Bezeichnung für →Wirtschaftprüfer in Österreich.

Wirtschaftstypen, →Unternehmungstypen.

Wirtschafts- und Sozialkybernetik. I. B e g r i f f : Die W. ist eine fachbereichsbezogene Kybernetik. Die *Kybernetik* (vom griech. Wortstamm kybernetes = Steuermann) ist eine Theorie aller dynamischen Systemen (Begründer L. von Bertalanffy, 1932). Sie beschäftigt sich insbes. mit der Informationsverarbeitung in dynamischen Systemen und mit deren Regelung und Steuerung. Die Kybernetik erforscht die wesentlichen Eigenschaften von dynamischen Systemen, damit diese die relevanten Informationen verarbeiten können und die Systeme zielgerecht gelenkt werden bzw. sich selbst entsprechend lenken. Als Basiswissenschaft besitzt die Kybernetik fachübergreifende Bedeutung für alle Einzelwissenschaften, die sich mit dynamischen Systemen beschäftigen. – *Voraussetzung* für die Bildung kybernetischer Modelle ist, daß die *Struktur* und das *Verhalten der dynamischen Systeme* erforscht werden. Die Struktur eines dynamischen →Systems ist durch die Systemgrenzen, die Teilsysteme und die Elemente der Teilsysteme gekennzeichnet. Die Beziehungen zwischen den Stukturelementen, d. h. zwischen dem System und seiner Umwelt, zwischen den Teilsystemen und zwischen allen einzelnen Systemelementen, werden durch den Fluß von Materie, Energie und/oder Informationen hergestellt. Sie werden im kybernetischen Modell in Relationen überführt. Das Verhalten eines Systems wird durch die Art dieser Beziehungen bzw. Relationen charakterisiert. Hierbei interessieren u. a. folgende Fragen: Ist das System stabil? D. h., strebt es einem Gleichgewichtszustand – trotz Störungen – zu? Bei welcher Größenordnung einer Störung ist das weitere Bestehen des Systems gefährdet? Welche Zeit benötigt ein System, um eine Störung zu bewältigen? Treten bleibende Regelabweichungen auf, d. h., bleibt das System auch nach langer Zeit noch vom Gleichgewichtszustand entfernt? Ist das System beobachtbar und steuerbar? – Die *allgemeine Kybernetik* wollte die Erforschung der dynamischen Systeme in allen Wissenschaften nach dem gleichen Ansatz vorantreiben. Die Kybernetiker haben nämlich erkannt, daß das Verhalten ganz unterschiedlicher Systeme ähnlichen „Gessetzmäßigkeiten" gehorchen kann und daß deshalb das Problem der Lenkung und Informationsverarbeitung in allen diesen Bereichen mit ähnlichen wissenschaftlichen Methoden zu erforschen ist. Wegen ihres hohen Abstraktionsgrades ist die allgemeine Kybernetik aber zu *fachbereichsbezogenen Kybernetiken* weiterentwickelt worden. – Die *Wirtschaftskybernetik* widmet ihr Forschungsinteresse den dynamischen Systemen Unternehmung und Volkswirtschaft. Anders als in der Ingenieur-Kybernetik spielt in diesen beiden Systemtypen das Verhalten von Menschen eine wesentliche Rolle. Die W. setzt zur Lenkung von Systemen und zur Informationsverarbeitung in ihnen zwar soweit wie möglich mathematische Methoden und Elektronenrechner ein, doch versucht sie, die (nur) qualitativ erfaßbaren Eigenschaften mit ihren Methoden und Instrumenten ebenfalls zu berücksichtigen.

II. Entstehung: Die Kybernetik wurde von einer Gruppe von Wissenschaftlern auf den Gebieten der Ingenieurwissenschaften, der Physiologie und der Mathematik bei einem wissenschaftlichen Kongreß im Jahre 1943 in Princeton/USA aus der Taufe gehoben – geboren wurde sie allerdings schon viel früher. So hat *Ludwig v. Bertalanffy* in seinem Werk „Theoretische Biologie" (1932) die Grundlagen der Kybernetik formuliert, und *Hermann Schmidt* hat bereits 1940 bei einem Vortrag eine „Allgemeine Regelungskunde" vorgeschlagen. Im Mittelpunkt des Kongresses von 1943 stand der amerikanische Mathematiker *Norbert Wiener,* der die Kybernetik durch sein 1948 erschienenes Buch „Cybernetics" später bekannt machte. Er fand auch den Namen für das neue Gebiet. Mit dieser Namengebung wollte er die Leistung von *Clerk Maxwell* anerkennen, der bereits im Jahre 1868 eine theoretische Untersuchung über kreiskausale Rückkoppelungsprozesse geschrieben und damit eine gut entwickelte Rückkoppelungstheorie vorgelegt hatte. Maxwell nannte seinen Fliehkraft-Regler „Governor" und Wiener übernahm den griechischen Stamm dieses Wortes, nämlich „Kybernetes", welches „Steuermann" bedeutet, für die neue Wissenschaft. – In den *Wirtschaftswissenschaften* spielte die Analyse der Lenkungsvorgänge in ökonomischen Systemen von Anfang an eine maßgebliche Rolle. Die *Volkswirtschaftslehre* begann damit, folgende Fragen intensiv zu behandeln: Wie kann man den gerechten Preis und den gerechten Zins finden und durchsetzen (einregeln)? Oder: Wie bildet sich der Preis am Markt, d. h., durch welche Vorgänge „pendelt" (regelt) er sich ein? Diese

Fragen sind typische volkswirtschaftliche Lenkungsprobleme. – In der *Betriebswirtschaftslehre* hat der kybernetische Ansatz gezeigt, daß reine Planungs-Modelle durch Ansätze, in die die Überwachung der Pläne integriert ist, ersetzt werden müssen. Z. B. sind die Probleme der Abstimmung zwischen Produktion, Lagerung und Absatz bei saisonalen oder konjunkturellen Änderungen der Nachfrage durch entsprechende Planungs-Überwachungs-Modelle gelöst worden.

III. Vorgehensweise: Die Vorgehensweise der W. besteht in einer schrittweisen Detaillierung (Disaggregation) der Systembeschreibung bis zu einem Erklärungsmodell, das die Zusammenhänge zwischen den wirtschaftlichen Entscheidungen und den problemrelevanten Prozessen beschreibt. Die Systembeschreibung erfordert eine auf den betrachteten Realitätsausschnitt bezogene Struktur- und Verhaltensanalyse, an die sich die theoretische und empirische Modellbildung anschließt. Auf dieser Basis erfolgt die Ermittlung des optimalen oder auch des anspruchsniveau-gerechten Verhaltens der Entscheidungsträger mit Optimierungskalkülen oder Simulations-Tests zur Vorgabe von Sollwerten oder Sollwert-Pfaden für die konkreten Aufgaben in der Praxis.

IV. Steuerung und Regelung: Die unter den Begriffen Planung, Realisation und Überwachung bekannten Ordnungs- und Gestaltungsaufgaben der Wirtschaftswissenschaften entsprechen dem Prinzipien der Steuerung und Regelung (= Rückkoppelungsprinzip) der Kybernetik. Unter *Steuerung* versteht man die Anweisung an ein Systemelement, Störungen unmittelbar bei ihrem Auftreten entgegenzuwirken. Die Störung selbst löst die Gegenmaßnahme aus, über deren Erfolge keine Rückmeldung stattfindet. Die Steuerung eines Prozesses entspricht dem Prinzip der Prognose. Unter *Regelung* versteht man die Überwachung des Ergebnisses eines bestimmten Prozesses, so daß bei einer nicht tolerierbaren Abweichung des Istwertes vom Sollwert eine entsprechende Korrekturanweisung ausgelöst wird. Die Regelung eines Prozesses entspricht dem Prinzip der Diagnose. In vielen Fällen bietet sich eine Kombination der beiden Prinzipien Steuerung und Regelung, darstellbar in einem *Regelkreis mit Störgrößenaufschaltung,* als Problemlösung an, da sich die beiden Prinzipien sehr gut ergänzen.

V. Möglichkeiten und Vorteile: Die Anwendung der W. bietet die Möglichkeit, dynamische Entscheidungsprobleme unter Ungewißheit theoretisch und empirisch zu erforschen und in Modelle zu überführen. Dem Entscheidungsträger wird dadurch eine Entscheidungshilfe für alle Phasen seines Entscheidungsprozesses (Planung, Realisation, Überwachung) gegeben. Die Operationalisierung komplizierter Systeme ist möglich, insbes. durch schrittweise Erweiterung der Modelle (Modelltechnik). Es lassen sich stochastische Relationen berücksichtigen und die Modelle sind bei Verwendung des Regelprinzips ex definitione flexibel, da sie den veränderten Informationsstand bei Entscheidungen in der Zukunft berücksichtigen und Zieländerungen im Zeitablauf erfassen können. Viele wirklichkeitsfremde Prämissen reiner Planungsmodelle lassen sich durch die Anwendung der W. abbauen.

Literatur: Adam, A., Messen und Regeln in der Betriebswirtschaft, Würzburg 1959; Ashby, W. R., An Introduction to Cybernetics, Methuen-London 1968; Baetge, J., Betriebswirtschaftliche Systemtheorie, Opladen 1974; Baetge, J. (Hrsg.), Grundlagen der Wirtschafts- und Sozialkybernetik, Opladen 1975; Baetge, J./Neipp, G. (Hrsg.), Wirtschaftliche und soziale Auswirkungen neuer Entwicklungen in der Computertechnologie, Berlin 1985; Baetge, J./Rühle von Lilienstern, H./Schäfer, H. (Hrsg.), Logistik – eine Aufgabe der Unternehmenspolitik, Berlin 1987; Beer, St., Kybernetik und Management, Frankfurt a.M. 1962; Bertalanffy, L. v., Theoretische Biologie, Berlin 1932; Brachthäuser, N., Struktur und Verhalten des kybernetischen Realsystems Wirtschaft, Berlin 1982; Fischer, Th., Kontrolltheoretische Entscheidungsmodelle, Berlin 1982; Flechtner, H.J., Grundbegriffe der Kybernetik, Stuttgart 1966 (5. Aufl., 1972); Frank, H., Kybernetik, Brücke zwischen den Wissenschaften, Frankfurt a.M. o.J. (6. Aufl. 1966); Lange, O., Einführung in die ökonomische Kybernetik, Tübingen 1970; Maxwell, J. C., On governor, in: Proceedings of the Royal Society of London, 16, 1868; Schmidt, H., Regelungstechnik, in: VDI-Zeitschrift, Heft 4, 1941; Wiener, N., Cybernetics of Control and Communication in the Animal and the Machine, New York 1948; Witte, Th. (Hrsg.), Systemforschung und Kybernetik für Wirtschaft und Gesellschaft, Berlin 1986.

Prof. Dr. Jörg Baetge

Wirtschafts- und Sozialwissenschaftliches Institut des Deutschen Gewerkschaftsbundes GmbH, Sitz in Düsseldorf, von den Gewerkschaften getragenes Wirtschaftsforschungsinstitut (→Wirtschaftsforschungsinstitute). – *Arbeitsgebiete:* Konjunktur- und Strukturforschung, Einkommensverteilung, Tarifarchiv, soziale Sicherung, Gesellschaftspolitik, Humanisierung der Arbeit, neue Technologien, Arbeitsrecht.

Wirtschafts- und Währungsunion, höchste Form der wirtschaftlichen →Integration zwischen Volkswirtschaften. In diesem Endstadium der Integration erfolgt die volle Verschmelzung der Mitgliedswirtschaften; die nationalen Währungen werden zugunsten einer einheitlichen Währung aufgegeben. – Vgl. →Wirtschaftsunion, →EWG II.

Wirtsschaftsunion, Zusammenschluß mehrerer selbständiger Staaten zu einem gemeinsamen Wirtschaftsgebiet, in dem sämtliche →Zölle und sonstigen →Handelshemmnisse im internen Verkehr beseitigt sind und ein gemeinsamer Außentarif gegenüber Drittländern gebildet ist, so daß ein →Gemeinsamer Markt entsteht. Die Mitgliedstaaten der W. vereinheitlichen nicht nur ihre →Außenhandelspolitik und →Zollpolitik, sondern auch ihre Wirtschafts-, Finanz- und Sozialpolitik. Nationales Recht wird von supranationalem

Recht abgelöst oder in dieser Richtung ergänzt. – Vgl. →EWG II.

Wirtschaftsverband, →Verbände.

Wirtschaftsverband der Deutschen Kautschukindustrie e.V., Sitz in Frankfurt a.M. – *Aufgaben:* Wahrnehmung der allgemeinen ideellen und wirtschaftlichen Interessen der Kautschukindustrie.

Wirtschaftsverband Eisen, Blech und Metall verarbeitende Industrie e.V. (EBM), Sitz in Düsseldorf. – *Aufgaben:* Wahrnehmung der gemeinsamen Interessen der EBM-Industrie gegenüber allen zuständigen Stellen; Zusammenarbeit mit Behörden, wirtschaftlichen Stellen und Einrichtungen; Mitwirkung bei der Vorbereitung und Durchführung gesetzlicher Maßnahmen.

Wirtschaftsverband Erdöl- und Erdgasgewinnung e.V., Sitz in Hannover. – *Aufgaben:* Wahrnehmung und Förderung der allgemeinen ideellen, wirtschaftlichen und sozialen Interessen der Mitglieder; Tarifpartner für die Mitgliedsunternehmen; Publikationen.

Wirtschaftsverband Kernbrennstoff-Kreislauf e.V., Sitz in Bonn. – *Aufgaben:* Förderung der friedlichen Verwendung der Kernenergie; Wahrung der gemeinsamen Belange seiner Mitglieder im nationalen und internationalen Bereich.

Wirtschaftsverband Stahlbau und Energietechnik, Sitz in Köln. – *Aufgaben:* Förderung der gemeinsamen wirtschaftlichen Interessen seiner Mitgliederverbände; Vertretung seiner Mitgliedsverbände und der Industriegruppe 31 in der Öffentlichkeit und gegenüber amtlichen und nicht-amtlichen Stellen.

Wirtschaftsvereinigung Bergbau e.V. (WVB), Spitzenorganisation des deutschen Bergbaus, Sitz in Bonn. – *Aufgaben:* Wahrung und Vertretung der allgemeinen Belange der Unternehmen des Bergbaus sowie Beratung der Mitglieder.

Wirtschaftsvereinigung Eisen- und Stahlindustrie, Sitz in Düsseldorf. – *Aufgaben:* Wahrung und Förderung der allgemeinen wirtschaftlichen Belange der Eisen- und Stahlindustrie unter Berücksichtigung der Gesamtinteressen der gewerblichen Wirtschaft.

Wirtschaftsvereinigung Metalle e.V., Sitz in Düsseldorf. – *Aufgaben:* Förderung der Interessen und Aufgaben der Metallindustrie in den Bereichen Erzbergbau, Hütten- und Umschmelzwerke, Halbzeug, Guß und Edelmetalle im Rahmen der Volkswirtschaft und in gemeinnütziger Weise.

Wirtschaftsverfassung, Gesamtheit der durch den Gesetzgeber erlassenen Regeln, die in Form von Ge- und Verboten sowie Gewährung von Handlungsspielräumen die wirtschaftlichen Aktivitäten der Menschen und damit den Wirtschaftsprozeß beeinflussen. Die W. ist Ausdruck der vom Gesetzgeber *angestrebten Konzeption* der jeweiligen →Wirtschaftsordnung und der darin einzubettenden wirtschaftsordnungspolitischen Gestaltungsspielräume; sie prägt die Wirtschaftsordnung zusammen mit den gewachsenen Regeln der Sitte, Moral und Konvention, indem sie die jeweiligen Teilordnungen (→Morphologie) präformiert. – Zu unterscheiden: 1. *W. i. e. S.:* Die in der Verfassungsurkunde getroffenen Festlegungen. 2. *W. i. w. S.:* Zusätzlich alle für das wirtschaftliche Geschehen relevanten und in sonstigen Gesetzen und Verordnungen fixierten Regelungen. – Ob das →Grundgesetz der Bundesrep. D. eine bestimmte W. vorschreibt, ist ungeklärt. Sowohl eine völlig freie Marktwirtschaft wie auch eine strikte Planwirtschaft erscheinen mit dem Grundgesetz unvereinbar.

Wirtschaftswerbung. 1. *Allgemein:* Vgl. →Werbung. – 2. Im Sinne der *Wirtschaftsförderung:* Vgl. →Standortmarketing.

Wirtschaftswert, Begriff des Steuerrechts für den bei der Bewertung des land- und forstwirtschaftlichen Vermögens festzustellenden Wert des Wirtschaftsteils eines land- und forstwirtschaftlichen Betriebs. Vgl. →Land- und forstwirtschaftliches Vermögen.

Wirtschaftswissenschaften. I. G e g e n -
s t a n d u n d G e s c h i c h t e : 1. *Gegenstand* der W. ist die Erforschung der Wirtschaft. Unter Wirtschaft wird der rationale *Umgang* mit knappen Gütern verstanden. Güter sind sowohl reale Güter als auch Dienstleistungen, die zur Befriedigung menschlichen Bedarfs dienen. Ist der Vorrat an Gütern hinreichend, um den gesamten darauf gerichteten Bedarf stets zu befriedigen, dann handelt es sich um freie Güter. Übersteigt dagegen der Bedarf den Vorrat an Gütern oder Dienstleistungen, dann wird von knappen Gütern und Dienstleistungen gesprochen. Nur diese bilden den Gegenstand der W. Ein Anliegen der W. ist demnach die Erforschung wirtschaftlicher Erscheinungen und ihrer Zusammenhänge bei der Verteilung der knappen Güter auf die einzelnen Individuen und Gemeinschaften sowie der Auswirkungen historischer Verteilungen auf die Gegenwart. Ein zweites Anliegen der W. betrifft die Analyse der Ziele und Mittel zur Gestaltung wirtschaftlicher Prozesse und Strukturen.

2. Die *Geschichte* der W. in ihrer heutigen Gestalt ist relativ jung. Im Altertum und im Mittelalter waren wirtschaftliche Lehrmeinungen an philosophische und theologische Systeme gebunden. Im 18. Jh. entstand v. a. unter dem Einfluß der Physiokraten und Kameralisten eine säkularisierte W. Sie stand jedoch unter staatspolitischen Zielsetzungen, da sie ihre Hauptimpulse von dem Interesse der absoluten Fürsten an Systemen der Wirt-

schaftsverwaltung erhielt. Mit dem Aufkommen liberalistischer Ideen befreiten sich die W. aus dieser staatspolitischen Bindung. Die modernen W. behandeln vorwiegend marktwirtschaftliche Ordnungen. Die wissenschaftliche Bindung der W. an die Lehre vom Staat (Staatswissenschaften, Nationalökonomie) blieb jedoch so stark, daß lediglich Volkswirtschaftslehre und Finanzwissenschaft als Disziplinen im Rahmen der W. angesehen wurden und sich die Betriebswirtschaftslehre zunächst außerhalb der Universitäten entwickelte. Ihre Wurzeln liegen in der Handelswissenschaft, die neben den Kameralwissenschaften bestand und im 19. Jh. in Vergessenheit geriet. Die Handelswissenschaft wurde um die Jahrhundertwende an den Handelshochschulen wiederbelebt. In weiten Bereichen ist heute eine Integration der Betriebswirtschaftslehre mit der Volkswirtschaftslehre vollzogen. Einige wissenschaftstheoretische Ansätze bezweifeln die Selbständigkeit der W. im Bereich der Sozialwissenschaften und versuchen eine stärkere Integration der W. mit den anderen Zweigen der Sozialwissenschaften herbeizuführen. Dieser Prozeß ist noch nicht abgeschlossen.

II. G l i e d e r u n g : 1. Die Interdependenzen der sozialen Tatbestände erschweren eine systematische Gliederung der Sozialwissenschaften und damit eine Abgrenzung der W. von den anderen Sozialwissenschaften. Die Abgrenzung kann anhand eines methodologischen und zum anderen anhand eines theoretischen Kriteriums vorgenommen werden. – a) *Methodologisch* sind die W. gegenüber den Nachbardisziplinen aufgrund einer wissenschaftseigenen Forschungsmethode abgegrenzt worden. Danach kennzeichnen sich die W. durch ein induktives Vorgehen bzw. durch eine bestimmte Kombination von Induktion und Deduktion. Dieses Abgrenzungskriterium kann heute nicht mehr aufrechterhalten werden. Die allgemeine Methode der W. entspricht den in anderen empirischen Wissenschaften verwandten Forschungsmethoden. – b) Die *theoretische Selbständigkeit* der W. kann jedoch aus ihrem Erkenntnisobjekt abgeleitet werden. Erkenntnisobjekt ist die Wirtschaft. Wirtschaft kennzeichnet sich durch Knappheit der Güter und →ökonomisches Prinzip. Dieses Kriterium ermöglicht eine Abgrenzung gegenüber den vorwiegend technischen oder medizinischen Nachbarwissenschaften wie der Betriebswissenschaft, der Arbeitswissenschaft, der Physiologie und der Psychologie. Auch gegenüber der Soziologie ist das ökonomische Prinzip als Abgrenzungskriterium verwendbar, wenn es in der weniger strengen Form des Rationalitätsprinzips verwendet wird. Während sich die Soziologie und die Psychologie mit allen Erscheinungen menschlichen und gesellschaftlichen Verhaltens beschäftigen, untersuchen die W. die

Formen, in denen knappe Güter rational verteilt und verwendet werden. Die Frage, unter welchen soziologischen und psychologischen Bedingungen das Rationalitätsprinzip eine empirisch relevante Hypothese ist, stellt ein Problem dar, an dem neben wirtschaftswissenschaftlichen Disziplinen auch Nachbarwissenschaften mitarbeiten.

2. Gliederung der W. selbst ist vorwiegend historisch und weniger wissenschaftssystematisch fundiert. a) Die W. können in der *herkömmlichen Weise* in die Disziplinen Volkswirtschaftslehre (einschl. Finanzwissenschaften) und Betriebswirtschaftslehre gegliedert werden. Diese beiden Gebiete werden teils funktionell, teils institutionell weiter aufgeteilt. Die für den heutigen Stand der W. repräsentativen Sammelwerke legen folgende Gliederung zugrunde: →Betriebswirtschaftslehre: Unternehmensleitung, Personalwesen, Beschaffung, Fertigung, Absatz, Finanzwirtschaft, Kontrolle (Rechnungswesen), Institutionelle Spezialfragen; →Volkswirtschaftslehre: →Volkswirtschaftstheorie, →Finanzwissenschaft, →Wirtschaftspolitik, →Statistik, →Ökonometrie, →Wirtschaftsgeschichte, →Wirtschaftsgeographie, Versicherungswissenschaft. Als Randgebiete der W. werden die wirtschaftlich relevanten Teile des Rechts, ferner →Soziologie, →Betriebssoziologie, →Wirtschaftspsychologie und →Arbeitsphysiologie behandelt. – b) Die durch die historische Entwicklung bedingte und in anderen Ländern v. a. des angelsächsischen Bereichs unbekannte Unterscheidung von Volks- und Betriebswirtschaftslehre hat sich weder sachlich noch methodologisch ganz behaupten können. Es bestehen daher Tendenzen, beide Disziplinen in einer →einheitlichen Wirtschaftswissenschaft aufgehen zu lassen. Eine Gliederung der W. unter dem Gesichtspunkt der *Einheitlichkeit* wird wie folgt vorgenommen: A. Wirtschaftstheorie: Allokationstheorie, Verteilungstheorie, Produktionstheorie, Preistheorie, Geldtheorie, Theorie der öffentlichen und betrieblichen Finanzen, Konjunktur- und Beschäftigungstheorie, Wachstumstheorie, Informationstheorie, Betriebliches Personalwesen, Planungstheorie. B. Wirtschaftspolitik: Wirtschafts- und Sozialpolitik, Spezielle Wirtschaftspolitik, Unternehmenspolitik. C. Empirische Wirtschaftsforschung: Empirische Verhaltensforschung (Konsumentenverhalten, Unternehmerverhalten), Organisationsforschung, empirische Kostenuntersuchungen usw., Wirtschaftsgeschichte, Wirtschaftsgeographie. Ob sich eine solche Einteilung der W. angesichts der zahlreichen Probleme, die von betont volkswirtschaftlicher Art (Zahlungsbilanztheorie, Geldwerttheorie, Wachstumstheorie) bzw. vorwiegend betriebswirtschaftlicher Art (Führungs- und Kontrollinstrumente der Unternehmen, absatzpolitische Instrumente, Lagerung, Arbeitsvorberei-

tung usw.) sind, durchsetzen wird, erscheint fraglich. Bei aller Gemeinsamkeit der Probleme sind Volkswirtschaftslehre und Betriebswirtschaftslehre selbständige Disziplinen im Rahmen der W. – c) Innerhalb der *wirtschaftswissenschaftlichen Theorie* lassen sich heute *zwei verschiedene Typen* unterscheiden: Entscheidungstheorien und Erklärungstheorien: 1) Die *Entscheidungstheorien* gehen i. a. von einem gegebenen rationalen Verhalten (Gewinn- oder Nutzenmaximierung) aus und fragen, ob und mit welchen Mitteln dieses Ziel zu erreichen ist. Im Rahmen dieser Theorien werden zwei Hauptprobleme behandelt: (1) Operationalität der Ziele und Kompatibilität von daraus abgeleiteten Unterzielen mit den Hauptzielen. (2) Aufstellung von Plänen bzw. Bestimmung der optimalen Entscheidung. Hierfür sind neben den traditionellen Verfahren der Lösung solcher Optimalprobleme moderne Methoden entwickelt worden (Planungsrechnung, Verfahrensforschung u. a.). Entscheidungstheorien können in vier Gruppen eingeteilt werden: Statische Theorie bei sicheren Erwartungen, statische Theorie bei unsicheren Erwartungen, dynamische Theorie bei sicheren Erwartungen, dynamische Theorie bei unsicheren Erwartungen. Man kann die Entscheidungstheorien auch als Finalanalyse bezeichnen. – 2) Die *Erklärungstheorien* versuchen, bestimmte Erscheinungen der wirtschaftlichen Wirklichkeit aus dem Verhalten der Wirtschaftssubjekte (Unternehmer, Haushalte, Staat) zu erklären. Aus den Kriterien allgemein – speziell und stationär – evolutorisch lassen sich auch hier vier Gruppen von Erklärungstheorien unterscheiden. Man kann solche Theorien auch als *Kausalanalyse* bezeichnen.

III. M e t h o d e n : 1. Unter Methode wird der versachlichte, gedanklich objektivierte, auf andere Personen übertragbare und von ihnen reproduzierbare *Gang der Gewinnung wissenschaftlicher Erkenntnis* verstanden. Nach älterer Auffassung kennzeichnen sich die Naturwissenschaften durch die nomothetische, die Kulturwissenschaften, zu denen die W. gehören, durch die ideographische Methode. Eine solche Unterscheidung erscheint heute angreifbar. Auch die Behauptung, daß die W. als Erfahrungswissenschaften sich der induktiven Forschungsmethode bedienen, um zu wissenschaftlicher Erkenntnis zu gelangen, wird heute nicht mehr allgemein vertreten.

2. Nach moderner Auffassung stellt die Gewinnung wissenschaftlicher Erkenntnis einen *Prozeß* dar, der aus zwei *Grundoperationen* besteht: Bildung von Hypothesen und ihre Überprüfung. a) *Hypothesen* sind theoretische Aussagen über die Wirklichkeit, die überprüft werden müssen. Auf welche Weise sie gewonnen werden, entzieht sich wissenschaftlicher Erkenntnis. Phantasie und Einfallsreichtum

der Wissenschaftler sind hierfür entscheidend. – b) Bei der *Überprüfung der Hypothesen* müssen objektive, wissenschaftliche Methoden angewandt werden. Eine Hypothese besteht aus zwei Teilen: ursprünglichen Aussagen (Prämissen) und abgeleiteten Aussagen (Theoreme). Theoreme werden nach den logischen Gesetzen der Deduktion aus den Prämissen abgeleitet. (1) Die ursprünglichen Aussagen eines Modells (Prämissen) stellen theoretische Aussagen dar. Wissenschaftliche Regeln der Identifikation geben an, ob die Übereinstimmung zwischen diesen Prämissen und den empirisch feststellbaren Tatsachen hinreichend groß ist. Hierzu gehören Regeln über die Gewinnung von Tatsachenkenntnis und über die Aufbereitung des Materials durch Analyse, isolierende oder generalisierende Abstraktion und statistische Verarbeitung. (2) Die aus den Prämissen abgeleiteten Theoreme müssen an den emprischen Tatsachen überprüft werden. Hierfür wurden in der traditionellen Methodologie Regeln der Verifikation angegeben. Heute setzt sich das Kriterium der Falsifizierbarkeit von Theoremen durch. Danach ist eine Theorie solange gültig, wie sie nicht an den empirischen Tatsachen scheitert. Je mehr sich eine Theorie behauptet, und zwar trotz angestrengter Suche nach ihr widersprechenden empirischen Fakten, desto größer ist ihr Bewährungsgrad. Es ist eine Frage wissenschaftlicher Konvention, welcher Bewährungsgrad die Annahme oder Ablehnung einer Theorie zur Folge haben soll.

3. Die *mathematische Methode* ist keine eigentliche Forschungmethode der W. Ihre Verwendung hat zwei Vorteile: a) Sie stellt durch die Verwendung von Symbolen eine formalisierte und damit kürzere Sprache als die verbale Ausdrucksweise dar. Bei exakter Definition der verwendeten Symbole werden die Vieldeutigkeiten der verbalen Sprache ausgeschieden. b) Sie enthält bereit ein eingehend erforschtes System logischer Regeln, welche die Ableitung von Theoremen aus den Prämissen eines Modells erleichtern. Bei komplexen und interdependenten wirtschaftlichen Tatbeständen sind die modernen mathematischen Methoden besonders geeignet, überprüfbare Theoreme abzuleiten. Die Mathematik wird nicht nur zur Gewinnung von Aussagen, sondern auch zu ihrer Überprüfung eingesetzt. Bei der Identifikation und Falsifizierung von Hypothesen spielt die Ökonometrie eine entscheidende Rolle; die Ökonometrie ist gekennzeichnet durch die kombinierte Anwendung mathematisch-ökonomischer und mathematisch-statistischer Forschungsmethoden. Sie bietet die Möglichkeit, auf der Grundlage empirischer Beobachtungen Interdependenzen zwischen einzelnen wirtschaftlichen Tatbeständen zu überprüfen.

Prof. Dr. Dr. h. c. mult. Horst Albach

wirtschaftswissenschaftliche Politikberatung, *Institutionalisierung der Politikberatung.* – 1. *Zielsetzung:* Erhöhung der Rationalität in der Wirtschaftspolitik (→rationale Wirtschaftspolitik) durch den Einbezug wirtschaftswissenschaftlichen Sachverstands in den Entscheidungsprozeß. Der Informationsstand der Politiker in der Entscheidungsvorbereitung und der Erfolgskontrolle soll erhöht und die kritische Beurteilung des Entscheidungsverhaltens wirtschaftspolitischer Entscheidungsträger erleichtert werden. Die Entscheidung selbst bleibt in der Verantwortlichkeit der Politiker. – 2. *Probleme:* a) Wissenschaftler werden durch ihre Beratertätigkeit zu Einflußträgern der Wirtschaftspolitik; dies beinhaltet die Möglichkeit zur gezielten Einflußnahme, ohne einer parlamentarischen Kontrolle zu unterliegen. b) Die kritische Distanz des Wissenschaftlers zum Politiker wird evt. verringert; die Kritikfunktion der Beratung wird geschwächt. c) Divergierende wissenschaftliche Auffassungen ermöglichen es Politikern, durch eine gezielte Vorauswahl von Beratern scheinbar objektive Argumente für präferierte Entscheidungsmöglichkeiten zu „produzieren". – 3. *Beispiel:* →Sachverständigenrat zur Begutachtung der gesamtwirtschaftlichen Entwicklung (SVR).

wirtschaftswissenschaftliche Studiengänge. 1. *Charakterisierung:* Nach einem Ausbau der wirtschaftswissenschaftlichen Ausbildung und Ausbildungsgänge im Bereich der Hoch- und Fachschulen (→Fachhochschulen, →Hochschulen, →Universitäten) bis in das Jahr 1977/78 hinein kann an 58 Hochschulen und Universitäten in der Bundesrep. D. ein wirtschaftswissenschaftliches Vollstudium absolviert werden. An zahlreichen Hochschulen werden zudem Aufbaustudiengänge angeboten. – Für deutsche Studenten bestehen außerdem Studienmöglichkeiten in Österreich und der Schweiz. – 2. *Standardstudiengänge:* a) *Aufbau:* (vgl. Tab. Sp. 2807/2808). b) *Prüfungen:* (1) *Grundstudium:* 4–5stündige Klausuren oder zwei Teilklausuren entsprechend der Gesamtdauer in jedem Prüfungsgebiet. (2) *Diplomprüfung:* 4–5stündige Klausuren oder zwei Teilklausuren entsprechend der Gesamtdauer in jedem Prüfungsgebiet. Ca. 15 Minuten mündliche Prüfung in jedem Prüfungsgebiet im Anschluß an die Klausuren. Diplomarbeit zwischen sechs Wochen und zwölf Monaten Bearbeitungsdauer, i. d. R. vor der Meldung zu den Fachprüfungen vorzulegen. Unterschiedlich: Scheinerwerb zum Hauptstudium, i. d. R. zwei bis fünf Hauptseminare, zu deren Erwerb teilweise Vorleistungen (Proseminare, Mittelseminare, Übungen) zu absolvieren sind. – 3. *Diplomabschlüsse:* Vgl. im einzelnen Übersicht Sp. 2803–2806. – 4. *Zentrale Studienvergabe:*

Übersicht: Wirtschaftswissenschaftliche Studiengänge

Universität	Dipl.-Kaufmann	Dipl.-Volkswirt	Dipl.-Ökonom	Dipl.-Handelslehrer	Dipl.-Ingenieur	Dipl.-Wirtschaftsingenieur	Dipl.-Wirtschaftsinformatiker	Dipl.-Haushaltsökonom	Dipl.-Sozialökonom	Dipl.-Kooperationsökonom	Sonstige
Aachen, TH	x					x					
Augsburg, U			x [1]								
Bamberg, U	x	x									
Bayreuth, U	x	x									+ Studienreferendar (Wirtschaftswissenschaften)
Berlin, FU SS 86	x	x		x							+ Studienrat (mit wirtschaftswissenschaftlicher Ausbildung)
Berlin, TU	x	x			x						
Bielefeld, U	x	x									
Bochum, U			x			x					
Bonn, U		x									
Braunschweig, TU						x					
Bremen, U			x								
Darmstadt, TH						x	x				
Dortmund, U	x	x	x								
Duisburg, GH/U			x								
Erlangen-Nürnberg, U	x	x		x							+ Dipl.-Sozialwirt
Essen, GH/U	x	x									
Flensburg			x								
Frankfurt, U	x	x		x							
Freiburg, U		x									
Gießen, U	x	x	x								
Göttingen, U	x	x		x							
Hagen, FernU/GH			x								
Hamburg, U	x	x		x		x					
Hamburg, U/FH						x					
TU Hamburg-Harburg			x								
Hannover, U			x								
Heidelberg, U		x									
Hohenheim, U			x						x		

¹) Diplom-Ökonom (Univ.)

Übersicht: Wirtschaftswissenschaftliche Studiengänge

Universität / Diplom-Abschlüsse	Dipl.-Kaufmann	Dipl.-Volkswirt	Dipl.-Ökonom	Dipl.-Handelslehrer	Dipl.-Ingenieur	Dipl.-Wirtschaftsingenieur	Dipl.-Wirtschaftsinformatiker	Dipl.-Haushaltsökonom	Dipl.-Sozialökonom	Dipl.-Kooperationsökonom	Sonstige
Kaiserslautern						×					
Karlsruhe, U		×				×					
Kassel, GH			× ¹)								
Kiel, U	×	×		×					×		
Koblenz	×										
Köln, U	×	× ²)		×							
Konstanz, U		×									
Lüneburg	×								×		
Mainz, U		×		×							
Mannheim, U	×	×		×			×				
Marburg, U	×	×		×						×	
München, TU ³											
München, U	×	×		×							+ Wirtschaftspädagoge; Diplom-Geograph (Wirtschafts- und sozialwiss. Richtung)
Münster, U	×	×									
Oldenburg, U	×		×								
Osnabrück, U	×	×									
Paderborn, GH/U	×	×	×			×					
Passau, U	×	×									
Regensburg, U	×	×									
Saarbrücken, U	×	×		×							
Siegen, GH/U	×	×									
Stuttgart, U	×										
Trier, U	×	×									+ Dipl.-Wirtschaftsmathematiker
Tübingen, U	×	×									
Ulm, U											+ Dipl.-Wirtschaftsmathematiker
Witten			×								
Würzburg, U	×	×									
Wuppertal GH/U			×								
HSBw Hamburg	×										
HSBw München	×										

¹) Sieben und acht Semester
²) Dipl.-Volkswirt sozialwissenschaftlicher Richtung.

³) Dipl.-Wirtschaftsingenieur
Dipl.-Wirtschaftsagraringenieur
Dipl.-Wirtschaftsphysiker
Dipl.-Wirtschaftschemiker
Dipl.-Wirtschaftsmathematiker
Dipl.-Wirtschaftsinformatiker
} Aufbaustudiengänge

VWL	Grundstudium (4 Semester)	Hauptstudium (4 Semester)
	Grundzüge des Rechungswesens	Volkswirtschaftstheorie
	Wirtschaftsmathematik	Volkswirtschaftspolitik
	VWL	Finanzwissenschaft
	BWL	BWL
	Recht	Wahlfach
	Statistik	
BWL	Grundstudium (4 Semester)	Hauptstudium (4 Semester)
	Wie oben	Allgemeine BWL
		VWL
		Spezielle BWL I
		Spezielle BWL II
		Wahlfach
Ökonomie (Bochum)	Grundstudium (4 Semester)	Hauptstudium (4 Semester)
	Wie oben	Theoretische VWL
		Wirtschaftspolitik
		Theoretische BWL
		Angewandte BWL
		Wahlfach

Betriebswirtschaftslehre und Wirtschaftspädagogik unterliegen den Vergabeverfahren der ZVS.

Literatur: Staufenbiel, J. E./Koetz, A. G., Die wirtschaftswissenschaftlichen Fakultäten. Studiengänge und Berufsfelder für Wirtschaftswissenschaftler und Wirtschaftsingenieure, Köln, erscheint jährlich.

Wirtschaftszweigsystematik, Systematik der Wirtschaftszweige (WZ), Ausgabe 1979, Einordnung (→Systematik) wirtschaftlicher Institutionen nach der Art ihrer wirtschaftlichen Tätigkeit. Grundsystematik für alle auf Wirtschaftszweige abgestellten Statistiken. – a) Gliederung nach →*Sektoren der Volkswirtschaft:* (1) Unternehmen = Wirtschaftsabteilungen 0–7, (2) Organisationen ohne Erwerbszweck und private Haushalte = Wirtschaftsabt. 8, (3) Gebietskörperschaften und Sozialversicherung = Wirtschaftsabt. 9. – b) Aufgliederung des *Sektors „Unternehmen"* in die Wirtschaftsabteilungen 0 Land- und Forstwirtschaft, Fischerei, 1 Energie- und Wasserversorgung, Bergbau, 2 Verarbeitendes Gewerbe, 3 Baugewerbe, 4 Handel, 5 Verkehr und Nachrichtenübermittlung, 6 Kreditinstitute und Versicherungsgewerbe, 7 Dienstleistungen, soweit von Unternehmen und Freien Berufen erbracht. Die Abt. 1–3 werden zum →Produzierenden Gewerbe zusammengefaßt. – Weiter Unterteilung in 40 Unterabteilungen, 209 Gruppen, 612 Untergruppen, 1064 Klassen. – *Abgeleitete Fassungen* für die Statistik im Produzierenden Gewerbe (→SYPRO), Umweltstatistiken (→SYUM), Input-Output-Rechnungen (→SIO), →Arbeitsstättenzählung, →Berufszählung, Steuerstatistiken, →Handwerkszählung, →Volkswirtschaftliche Gesamtrechnungen.

wissensbasiertes System, in der →künstlichen Intelligenz ein →Programm oder ein →Softwaresystem, in dem das problemspezifische Wissen explizit und getrennt von problemunabhängigem Wissen repräsentiert wird. Der Begriff wird auch häufig als Synonym für →*Expertensystem* verwendet.

Wissensbasis, *knowlegde base,* Menge des in einem →wissensbasierten System gespeicherten problemspezifischen Wissens. Besonders häufig wird der Begriff im Zusammenhang mit wissensbasierten →Expertensystemen verwendet. Vgl. auch →Wissensrepräsentation, →Expertenwissen.

wissenschaftliche Betriebsführung, →Taylorismus.

Wissenschaftlicher Beirat beim Bundeswirtschaftsministerium, gegründet 1949, Satzung vom 28.2.1958. Ältestes ehrenamtliches Beratungsorgan eines einzelnen Ministeriums. Professorengremium, das sowohl in der Kooption seiner Mitglieder als auch hinsichtlich der Wahl der Gutachtenthemen und ihrer Bearbeitung autonom ist. (Vgl. Koch, W.: Der Wissenschaftliche Beirat beim Bundesminister für Wirtschaft, in: Probleme der normativen Ökonomik und der wirtschaftspolitischen Beratung, Schriften des Vereins für Socialpolitik, N. F. 29, Berlin 1963, S. 405 ff.). – W. B. auch bei *anderen Bundesministerien,* z. B. Bundesfinanzministerium, Bundesverkehrsministerium, Bundesministerium für wirtschaftliche Zusammenarbeit usw., jedoch mit jeweils anderer Verfassung und Zusammensetzung.

wissenschaftliche Revolution, →Paradigma.

wissenschaftlicher Sozialismus, auf Marx und Engels zurückgehende Bezeichnung für den →*Marxismus,* mit der der eigene theoretisch-methodische Anspruch in Abgrenzung zum →utopischen Sozialismus der Frühsozialisten hervorgehoben werden soll. Unter „wissenschaftlich" wird dabei verstanden, daß mit dem eigenen Ansatz des →dialektischen Materialismus bzw. →historischen Materialismus *zwingende Zukunftsaussagen* über den unvermeidlichen Zusammenbruch des →Kapitalismus und seine notwendige revolutionäre Umwandlung in den Sozialismus sowie über dessen Gesellschaftsordnung möglich seien. Vgl. auch →Sozialismus II 2 a). *Weitere Vertreter* des w. S.: Rodbertus-Jagedzow und Lassalle; sie argumentieren ebenfalls auf der Basis unterstellter geschichtlicher Entwicklungsgesetzmäßigkeiten (→Sozialismus II 2 b) und c)).

Wissenschaftsrat, unabhängiges Gremium, in dem die Zusammenarbeit des Bundes, der Länder und der deutschen wissenschaftlichen Institutionen bei der Förderung von Wissenschaft und Forschung gesichert werden soll. Geschäftsstelle mit dem Sitz in Köln. Errichtet aufgrund eines Verwaltungsabkommens zwischen Bund und Ländern vom 5.9.1957.

Wissenschaftstheorie. 1. *Begriff und Anliegen:* Teil der allgemeinen Erkenntnistheorie, bschäftigt sich insbes. mit den in den verschiedenen Wissenschaften (z.B. Mathematik, Physik, Biologie, Psychologie, Volks- und Betriebswirtschaftslehre) zur Anwendung kommenden Methoden (→Induktion, →Deduktion), den hervorgebrachten Ergebnissen (→Hypothese, →Theorie, →Modell) und den verfolgten Zielen (→Erkenntnisinteresse, →Gestaltungsinteresse). Verschiedentlich werden die Begriffe W. und *Methodologie* synonym verwendet (vgl. →Methodologie der Betriebswirtschaftslehre). – 2. Besondere Bedeutung kommt der Unterscheidung zwischen →Formalwissenschaften und →Realwissenschaften zu: *Formalwissenschaftliche* Aussagen (Logik, Mathematik, teilweise auch →Systemtheorie) beanspruchen Wahrheit im logischen Sinn; in den *Realwissenschaften* (Physik, Biologie, Betriebswirtschaftslehre usw.) kommt es zusätzlich auf faktische Bewährung an (→Popper-Kriterium), was eine Prüfung anhand der Erfahrungstatsachen notwendig macht (→Verifikation, →Falsifikation). – 3. Innerhalb der Realwissenschaften sind *Theoriebildung und -verwendung* (→Erklärung, →Prognose, Technologie) wichtig; es interessieren die statischen Tatbestände des Theorienaufbaus (→Axiom, →Theorem) und die dynmischen Aspekte der Entstehung und Weiterentwicklung theoretischer Erkenntnisse. In jüngerer Zeit hat sich das Interesse der wissenschaftstheoretischen Beurteilung *ganzer Wissenschaftsprogramme* und der für sie charakteristischen Leit-

ideen zugewandt (→Betriebswirtschaftslehre, →Paradigma).

Wissensdomäne, *Domäne,* in der →künstlichen Intelligenz ein abgegrenztes Wissensgebiet; das Fachgebiet, das auf ein →wissensbasiertes System (vgl. auch →Expertensystem) abgebildet wird.

Wissenserwerbskomponente, *Akquisitionsmodul,* Bestandteil eines →Expertensystems, der es dem →domain expert ermöglicht, die →Wissensbasis im Dialog zu erweitern, ohne daß er auf die Hilfe des Wissensingenieurs (→Knowledge Engineer) angewiesen ist oder selbst „programmieren" (→Programm) muß.

Wissensingenieur, →knowledge engineer.

Wissensrepräsentation, *knowledge representation.* 1. *Forschungs- bzw. Methodenbereich* der →künstlichen Intelligenz, der sich mit der Darstellung von Wissen in einem Computer beschäftigt. – 2. *Form der Darstellung von Wissen;* a) *Arten:* (1) →deklarative Wissensrepräsentation und (2) →prozedurale Wissensrepräsentation. b) Gebräuchliche *Hilfsmittel:* Logikkalküle, →semantische Netze, →Frames, →Regeln und →KR-Sprachen. – Vgl. auch →chunk.

Witteveen-Fazilität, offiziell: „*zusätzliche Finanzierungsvorkehrung",* geschaffen 1977. Im Rahmen der W.-F. stellt der →IMF solchen Ländern Kredite zur Verfügung, deren Bedarf an Zahlungsbilanzhilfen ihre eigentlichen Kreditlinien beim IMF übersteigt. Der IMF knüpft an diese Kredite besondere Bedingungen. Im Gegensatz zu den üblichen Kredittranchen stehen die Mittel aus der W.-F. für eine Laufzeit von bis zu sieben Jahren zu Marktzinssätzen zur Verfügung. Finanziert wurde die W.-F., die ein Volumen von 7,8 Mrd. →Sonderziehungsrechten hat, von der Schweiz und zahlungsbilanzstarken IMF-Mitgliedern, dabei in starkem Maße (ca. 50%) von OPEC-Ländern. Zwischen Mai 1979 und Februar 1984 wurden Kredite in Höhe von 7,2 Mrd. SZR gewährt.

Witwenabfindung, Kapitalabfindung des Renten- oder Versorgungsanspruchs einer Witwe bei Wiederheirat oder aus bestimmten anderen Anlässen; entsprechend für anspruchsberechtigte Witwer. – 1. *Sozialversicherung* und *Kriegsopferversorgung:* Vgl. →Abfindung III. – 2. *Beamtenrecht:* Teil der beamtenrechtlichen Hinterbliebenenversorgung. Abfindung des Witwengeldes bei Wiederheirat in Höhe des 24 fachen des Witwengeldes im Monat der Wiederheirat (§ 21 Beamtenversorgungsgesetz).

Witwenbeihilfe. 1. W. der gesetzlichen →*Unfallversicherung:* Einmalige Leistung in Höhe von $^2/_5$ der →Jahresarbeitsverdienstes, sofern ein Schwerverletzter (Unfallverletzter mit einer Erwerbsminderung von wenigstens

50%) nicht an den Folgen eines →Arbeitsunfalles oder einer →Berufskrankheit gestorben ist (§ 600 RVO). Unter den gleichen Voraussetzungen erhalten auch Witwer einer schwerverletzten Ehefrau eine einmalige Witwerbeihilfe (§ 600 Abs. 3 RVO). – 2. W. der *Kriegsopferversorgung:* Monatlich wiederkehrende Rentenleistung an Stelle der →Witwenrente, wenn ein erwerbsunfähiger Rentner oder Pflegezulageempfänger nicht an den Folgen einer →Kriegsbeschädigung verstorben ist (§ 48 BVG). Die W. wird in Höhe von ⅔, bei Witwen von Pflegezulageempfängern in voller Höhe der entsprechenden →Witwenrente gezahlt. Witwer erhalten eine Witwerbeihilfe unter den gleichen Voraussetzungen, die für die Witwen gelten (§ 48 Abs. 4 BVG). Im Falle der Wiederverheiratung wird eine →Abfindung in Höhe des fünfzigfachen Monatsbetrags der Grundrente einer Witwe gewährt, wenn W. in Höhe der vollen Rente bezogen worden ist; sonst zwei Drittel dieses Betrags.

Witwengeld, Bezüge der Ehefrau eines →Beamten nach dessen Tod. Das W. beträgt 60% des Ruhegehaltes, das der Beamte erhalten hat oder hätte erhalten können, wenn er am Todestag in den Ruhestand getreten wäre (§ 20 des Beamtenversorgungsgesetzes). Daneben für die Kinder ggf. →Waisengeld. – Vgl. auch →Besoldung.

Witwenprivileg, Bezeichnung für die unter gewissen Voraussetzungen nach § 4 HandwO dem Ehegatten, namentlich der Ehefrau, nach dem Tod eines selbständigen Handwerkers eingeräumte Befugnis zur zeitweisen Weiterführung des →Handwerksbetriebes. – Vgl. auch →Erbenprivileg.

Witwenrente, Leistung der gesetzlichen Renten- und Unfallversicherung sowie der Kriegsopferversorgung, gewährt nach dem Tod eines Versicherten bei Vorliegen der allgemeinen versicherungsrechtlichen Voraussetzungen (→Wartezeit). – *Leistungen:* 1. W. aus der *Arbeiterrenten- und Angestelltenversicherung* sowie der *knappschaftlichen Rentenversicherung* ⁶/₁₀ der Versichertenrente wegen →Berufsunfähigkeit ohne →Zurechnungszeit; für Witwen, die das 45. Lebensjahr vollendet haben oder mindestens ein waisenrentenberechtigtes Kind erziehen oder berufsunfähig sind, ⁶/₁₀ der Versichertenrente wegen →Erwerbsunfähigkeit einschl. Zurechnungszeit; für die ersten drei Monate die entsprechende volle Rente bzw. die Rente, die der Versicherte bezogen hat (Sterbevierteljahr; §§ 1264, 1268 RVO; § 41, 45 AVG; §§ 64, 69 RKG). – 2. W. aus der gesetzlichen →*Unfallversicherung* bei Tod durch →Arbeitsunfall oder →Berufskrankheit. Die W. beträgt ³/₁₀ des →Jahresarbeitsverdienstes des verstorbenen Ehemannes und wird bis zum Tode der Witwe oder ihrer Wiederverheiratung gewährt; sie erhöht sich auf ²/₅ des Jahresarbeitsverdienstes, wenn die

Witwe das 45. Lebensjahr vollendet hat oder solange sie mindestens ein waisenrentenberechtigtes Kind erzieht oder berufs- oder erwerbsunfähig ist (§§ 590 ff. RVO). – 3. W. aus der →*Kriegsopferversorgung,* wenn der Tod infolge einer Schädigung eingetreten ist. Die W. setzt sich zusammen aus einer Grundrente und einer Ausgleichsrente. Ausgleichsrente erhält die Witwe, die durch Krankheit oder andere Gebrechen nicht nur vorübergehend wenigstens die Hälfte ihrer Erwerbsunfähigkeit verloren oder die 45. Lebensjahr vollendet oder für mindestens ein waisenrentenberechtigtes Kind zu sorgen hat (§§ 40 ff. BVG). Bei Wiederverheiratung der Witwe fällt die W. weg (→Abfindung). Beim Zusammentreffen der W. mit anderen Renten aus der Renten- oder Unfallversicherung u. U. Ruhen oder Kürzung einzelner Renten oder Rentenbestandteile. – 4. Aufgrund der *Neuregelung durch das Hinterbliebenenrenten- und Erziehungszeiten-Gesetz* vom 11.7.1985 (BGBl I 1450) wird in der Rentenversicherung und der Unfallversicherung auf die W. eigenes Erwerbs- und Erwerbsersatzeinkommen seit 1.1.1986 *angerechnet,* soweit dieses einen Freibetrag überschreitet: a) Anrechnung erfolgt zu 40% bei der W. Neuregelung gilt für Todesfälle nach dem 31.12.1985; zu diesem Zeitpunkt bereits laufende Renten bleiben von der Neuregelung unberührt und werden weiter ohne Anrechnung von Einkommen gezahlt. – b) Ehegatten, die vor dem 1.1.1936 geboren sind und ihre Ehe vor dem 1.1.1986 geschlossen haben, können gegenüber dem für einen Ehegatten zuständigen Rentenversicherungsträger erklären, daß für sie das *alte Hinterbliebenenrentenrecht* gelten soll. In der Unfallversicherung können die Ehegatten gegenüber dem Hauptverband der gewerblichen Berufsgenossenschaft e. V., dem Bundesverband der landwirtschaftlichen Berufsgenossenschaften e. V. oder dem Bundesverband der Unfallversicherungsträger der öffentlichen Hand e. V. erklären, daß für sie die am 31.12.1985 geltenden Vorschriften für Renten an Witwen und Witwer anzuwenden sind. Eine für Renten an Witwen, Witwer und frühere Ehegatten aus der gesetzlichen Rentenversicherung abgegebene Erklärung gilt auch für die entsprechenden Renten aus der gesetzlichen Unfallversicherung. Die übereinstimmende Erklärung muß bis zum 31.12.1988 abgegeben werden. – c) Neuregelung der Hinterbliebenenrente gilt auch für Hinterbliebenenrente *an die frühere Ehefrau und an den früheren Ehemann* beim Tod des Ehegatten nach dem 1.1.1986. – d) W. *ruht,* soweit Einkommen anrechenbar ist; in den ersten drei Monaten (Sterbevierteljahr) wird W. ohne Einkommensanrechnung gezahlt. – e) Anrechnung erst ab einem *Freibetrag,* der 3,3% der jeweils geltenden allgemeinen Bemessungsgrundlage beträgt (ab 1.7.1987 = 920,21 DM) und für jedes waisenrentenberechtigte Kind sich um jeweils 0,7% der Bemessungsgrundlage (ab 1.7.1987 = 195,20 DM) erhöht. Der Freibetrag unterliegt den jährlichen Anpassungen entsprechend der Festsetzung der allgemeinen Rentenbemessungsgrundlage. – f) *Welches und in welcher Höhe* Erwerbs- bzw. Erwerbsersatzeinkommen angerechnet wird (z. B. Arbeitsentgelt, Übergangsgeld, Rente aus eigener Versicherung, Verletztenrenten usw.), ist im einzelnen in §§ 18 a–18 e SGB 4 geregelt. – g) Bei Todesfällen nach dem 31.12.1985 gilt bei der Anwendung des neuen Rechts für Witwen, die vor dem 1.1.1986 geheiratet haben und deren Ehemann in der Zeit vom 1.1.1986 bis 31.12.1986 stirbt, *Übergangsregelung,* wonach im ersten Jahr nach dem Tod des Ehepartners noch keine Anrechnung, im zweiten Jahr eine Anrechnung zu 10%, im dritten Jahr zu 20%, im vierten Jahr zu 30% und erst im fünften Jahr nach dem Tod die Anrechnung des den Freibetrag übersteigenden Erwerbs- oder Erwerbsersatzeinkommens zu 40% auf die Hinterbliebenenrente erfolgt. Diese Übergangsregelung gilt auch für Witwer, die nach dem bis zum 31.12.1985 geltenden Recht einen Anspruch auf →Witwerrente gehabt hätten.

Witwerrente, Leistung der gesetzlichen Renten- und Unfallversicherung sowie der Kriegsopferversorgung. W. erhält der Ehemann nach dem Tod seiner versicherten oder beschädigten Ehefrau, wenn die Verstorbene den Unterhalt der Familie überwiegend bestritten hat und die allgemeinen versicherungsrechtlichen Voraussetzungen (→Wartezeit) vorliegen. Die Höhe der W. errechnet sich nach den gleichen Voraussetzungen wie die →Witwenrente (§ 1266 RVO, § 43 AVG, § 66 RKG, § 593 RVO, § 43 BVG). – Mit Wirkung vom 1.1.1986 erfolgte die *Neuregelung* des Hinterbliebenenrentenrechts aufgrund des Hinterbliebenen- und Erziehungszeiten-Gesetzes vom 11.7.1985 (BGBl I 1450). Danach sind nunmehr *Witwer und Witwen gleichgestellt,* und der Witwer erhält W. unter den gleichen Voraussetzungen wie die Witwe Witwenrente, d.h. also mit evtl. Anrechnung von Erwerbs- oder Erwerbsersatzeinkommen in der gesetzlichen Rentenversicherung und gesetzlichen Unfallversicherung. Das neue Recht gilt nur für Todesfälle nach dem 31.12.1985. Beim Tod der Ehefrau vor dem 1.1.1986 müssen die bisherigen Voraussetzungen erfüllt sein. – Näheres zur Neuregelung ab 1.1.1986 vgl. →Witwenrente 4.

WKB, Abk. für Wohnungsbau-Kreditanstalt Berlin.

WMO, World Meteorological Organization, Weltorganisation für Meteorologie, gegründet 1951, als Mitglied in die →Sonderorganisationen der UN aufgenommen (Konvention unterzeichnet 1947 von 42 Staaten) als Nachfolgerin der International Meteorological Organization (IMO), die 1873 als Nicht-

Regierungsorganisation errichtet worden war; Sitz in Genf. – *Ziele:* Koordinierung, Vereinheitlichung und Vereinfachung des Wetterdienstes der Mitgliedstaaten, Beschleunigung des Austausches von Wettermeldungen, Koordinierung der meteorologischen Forschung und Statistik, auch im Dienst der See- und Luftfahrt usw., Zusammenarbeit bei der Errichtung von Wetterwarten, Veröffentlichung der Beobachtungen und Statistiken nach einheitlichen Begriffen und Methoden. – *Mitglieder* (Ende 1984): 157 Staaten und Gebiete. – *Organe:* Weltkongreß für Meteorologie; Exekutiv-Komitee; Regionalkommissionen (Afrika, Asien, Südamerika, Nord- und Mittelamerika, Süd-West-Pazifik, Europa); acht technische Kommissionen; Sekretariat unter Leitung eines Generalsekretärs. – *Finanzierung* durch Beiträge der Mitgliedstaaten. – *Aufgaben und Arbeitsergebnisse:* Programme für die Weltwetterwarte (World Weather Watch Programme), für Forschung und Entwicklung (Research and Development Programme – z. B. Erforschung der Wettervorhersage), Anwendung meteorologischer Daten zur Beobachtung der Umwelt, Hydrologie und Wasserreserven (Hydrology and Water Resources Programme), ein Weltklimaprogramm (World Climate Programme) mit dem Ziel einer verbesserten Kenntnis des Klimas und der Rückwirkungen auf das Klima aus Umweltveränderungen, ein Schulungs- und Ausbildungsprogramm für Fachpersonal (Education and Training Programme) sowie ein Programm für technische Hilfeleistung (Technical Co-operation Programme), das gemeinsam mit dem →UNDP durchgeführt wird. – *Wichtige Veröffentlichungen:* Annual Report; Basic Documents; Technical Atlases; WMO-Bulletin (vierteljährlich).

Wochenarbeitszeit, die der Bemessung der Arbeitszeit von Arbeitnehmern sowie der Berechnung des →Arbeitsentgelts von →Arbeitern i. a. zugrunde liegende Tätigkeitzeit. Nach den meisten →Tarifverträgen beträgt die durchschnittliche W. 40 Stunden. In verschiedenen Branchen beträgt die W. bereits 37,5 Stunden (→Arbeitszeitverkürzung). – Vgl. auch →Arbeitszeit.

Wochenausweis, Bilanz der Deutschen Bundesbank, die jeweils an den Bankstichtagen am 7., 14., 23. und am letzten des Monats veröffentlicht wird. Vgl. →Bankausweis.

Wochengeld, jetzt: →Mutterschaftsgeld.

Wochenhilfe, jetzt: →Mutterschaftshilfe.

Wochenmarkt, Form des →Markthandels. Auf einer am gleichen Ort regelmäßig abgehaltenen, zeitlich begrenzten Veranstaltung bietet eine Vielzahl von Anbietern Lebensmittel (ohne alkoholische Getränke), Produkte des Obst- und Gartenbaus, der Land- und

Forstwirtschaft und der Fischerei sowie rohe Naturerzeugnisse mit Ausnahme von Großvieh an (§ 67 GewO). W. stehen wegen der angebotenen Frische und möglicher Preisvorteile zum stationären Lebensmittelhandel in teilweise starker Konkurrenz.

Wohlbefinden, arbeitswissenschaftlich anerkanntes Kriterium für menschengerechte Arbeitsgestaltung nach Rohmert; wird in der →Arbeitswissenschaft meist synonym zum individual- und sozialpsychologisch relevanten Begriff der →*Zufriedenheit* verwendet. – In Verbindung mit der *Arbeitsmedizin* definiert die Weltgesundheitsorganisation (WHO): Der Mensch fühlt sich wohl, wenn er gesund ist. Gesundheit ist ein Zustand vollständigen geistigen, körperlichen und sozialen Wohlbefindens; sie besteht nur in der Abwesenheit von Krankheit und Gebrechen. – Die Arbeit ist so zu gestalten (→*Arbeitsgestaltung*), daß der Mensch gesund bleibt. – Dieses Kriterium stellt die höchsten Ansprüche an die arbeitswissenschaftliche Bewertung von Arbeitssystemen und bezieht Erkenntnisse aus Psychologie, Soziologie und Arbeitsmedizin in die Bewertungsebene mit ein.

Wohlfahrtseinrichtung, jetzt: →Sozialeinrichtung.

Wohlfahrtsmarke, →Sonderpostwertzeichen mit einem Zuschlag. Der Erlös aus den Zuschlägen dient wohltätigen Zwecken und wird den entsprechenden Wohlfahrts- und Fürsorgeverbänden zugeführt.

Wohlfahrtsökonomik, →Wohlfahrtstheorie.

Wohlfahrtspflege, zusammenfassende Bezeichnung für planmäßige Maßnahmen von Staat und Gesellschaft zugunsten schutz- und hilfsbedürftiger Einzelpersonen oder Personengruppen. – Vgl. auch →Sozialhilfe.

Wohlfahrtsstaat. 1. *Begriff:* Die in den hochindustrialisierten →privatwirtschaftlichen Marktwirtschaften zu beobachtende Expansion staatlicher Beeinflussung des Wirtschaftsprozesses (→Interventionismus), durch die der marktwirtschaftliche Ordnungsrahmen zunehmend in den Dienst sozialpolitischer Ziele gestellt wird, ohne daß hierbei die →Marktkonformität derartiger Maßnahmen ausreichend beachtet wird (→gesamtwirtschaftliche Planung). – 2. *Auswirkungen:* Der Umfang staatlicher Umverteilungsmaßnahmen, insbes. der der gruppen- bzw. branchenbezogenen Sondervergünstigungen weitet sich aus, verbunden mit wachsendem →Interventionismus und zunehmender Reglementierung; ablesbar ist diese Entwicklung an dem Anstieg des Staatssektors (Staatsausgaben-, Steuer- und Sozialabgabenquote am Sozialprodukt usw.) und dem Anwachsen des bürokratischen Staatsapparats. Negative Folgen sind das Sinken der Flexibilität und Dynamik des Marktmechanismus und der Anstieg der

→Schattenwirtschaft, verbunden mit zunehmender Inflationierung und anwachsenden Staatsdefiziten. – 3. *Ursachen* (angenommen): a) Erfolgszwang der politischen Entscheidungsträger, Wählerstimmen durch das Angebot immer weiterer (gruppenspezifischer) Staatsleistungen zu erlangen; b) wachsender Einfluß organisierter →Interessengruppen auf die Legislative zur Durchsetzung von Sonderinteressen. – 4. *Marktwirtschaftliche Lösungsvorschläge:* a) verfassungsrechtliche Beschränkung der Besteuerung (Wicksell), b) Aufteilung der Gesetzgebungskompetenzen bezüglich Ordnungs- und Prozeßpolitik auf zwei voneinander unabhängige Kammern (Hayek), u. a.

Wohlfahrtstheorie, *Wohlfahrtsökonomik, welfare economics,* Teilgebiet der →Mikroökonomik, in dessen Mittelpunkt Probleme des Marktversagens und der Nichterreichbarkeit Pareto-effizienter Allokationen (Pareto-Effizienz) durch →Marktgleichgewichte stehen. Insbes. beschäftigt sich die W. auch mit der Analyse öffentlicher Güter, der wahrheitsgemäßen Offenbarung von Präferenzen, externen Effekten und der Messung der ökonomischen Wohlfahrt. – *Zentrale Aussagen der W.:* Vgl. →Hauptsätze der Wohlfahrtstheorie.

Wohnbeihilfe, →Wohngeld.

Wohnbesitz, schuldrechtliches Dauerwohnrecht in einer →Wohnbesitzwohnung zur eigenen Nutzung.

Wohnbesitzberechtigter, Inhaber eines →Wohnbesitzes.

Wohnbesitzbrief, Urkunde über die Einräumung eines Wohnbesitzes in einer →Wohnbesitzwohnung.

Wohnbesitzwohnung, eine mit Mitteln öffentlicher Haushalte geförderte Wohnung, die auf einem zweckgebundenen Vermögen bestimmter Bauträger beruht; vgl. Gesetz zur Förderung von Wohnungseigentum und Wohnbesitz im sozialen Wohnungsbau vom 23. 3. 1976 (BGBl I 1737). Vgl. auch →Wohnungsbau.

Wohnbevölkerung, jetzt: →Bevölkerung.

Wohndichte, Verhältnis der Wohnbevölkerung zu den Wohnflächen mit oder ohne zugehörige Verkehrs-, Grün-, Gemeinbedarfsflächen und Läden. – Vgl. auch →Bevölkerungsdichte.

Wohnfläche, Summe der anrechenbaren Grundflächen der Räume, die zu einer Wohnung gehören. Berechnung nach DIN 283.

Wohngeld. 1. *Begriff:* Zuschuß zu den Aufwendungen für Wohnraum zur Vermeidung sozialer Härten und zur wirtschaftlichen Sicherung angemessenen und familiengerechten Wohnens. – 2. *Rechtsgrundlage:* Wohngeldgesetz (WOGG) i. d. F. vom 11. 7. 1985

(BGBl I 1421, 1661) und Wohngeldverordnung i.d. F. vom 22.10.1985 (BGBl I 2022). – 3. *Formen:* W. wird als Mietzuschuß (für Mieter usw.) und als Lastenzuschuß (für Eigentümer usw.) gewährt, beides als verlorener Zuschuß (nicht Darlehen). Auf W. besteht bei gegebenen Voraussetzungen Rechtsanspruch. – 4. *Höhe:* Wird jeweils gesondert ermittelt, unter Berücksichtigung der Zahl der zum Haushalt rechnenden Familienmitglieder, der Höhe des Familieneinkommens, der Höhe der zu berücksichtigenden Miete (des Mietwertes oder der Belastung). Abzulesen aus acht Tabellen, die Bestandteil des Gesetzes sind. – 5. *Zuständig* für Anträge und Entscheidungen i.d. R. die örtlichen Verwaltungsbehörden. – *Auszahlung* soll i.d. R. im voraus für jeweils zwei Monate erfolgen. – 6. Die *W.ausgaben von Bund und Ländern* lagen 1986 bei rd. 3,6 Mrd. DM. Durch die 6. Wohngeldnovelle vom 11.7.1985, die am 1.1.1986 in Kraft trat, erfolgte eine Anpassung der W.leistungen an die Entwicklung der Mieten und Einkommen. – Die Höchstbeträge für Miete und Belastung werden nunmehr nach dem tatsächlichen örtlichen Mietniveau gestaltet. Als ergänzende Leistung der →Familienpolitik ist die Einführung von Freibeträgen für Kinder mit geringen Einnahmen sowie als Maßnahme zur Förderung der Betreuung älterer Angehöriger in der Familie anstelle einer Heimunterbringung) von Freibeträgen zur Förderung des Zusammenlebens mehrerer Generationen anzusehen.

Wohnortprinzip, Erfassungsprinzip im Rahmen der →amtlichen Statistik für einzelne Erscheinungen nach dem Wohnort (→Wohnsitz), z.B. Geburt nach dem Wohnort des Vaters bzw. der Mutter. – *Anders:* →Ereignisortprinzip.

Wohnraumbeschaffung, in Zeiten knappen Wohnraums eine wichtige Aufgabe der staatlichen Innenpolitik; durchzuführen a) durch Unterstützung des →Wohnungsbaus, b) durch Wohnraumbewirtschaftung.

Wohnrecht, Form der →beschränkt persönlichen Dienstbarkeit. – *Anders:* →Dauerwohnrecht, →Wohnungseigentum.

Wohnsitz. I. Bürgerliches Recht: Ort, an dem eine Person den Mittelpunkt ihrer Lebensbeziehungen hat (§§ 7ff. BGB). Eheliche Kinder teilen i.d. R. den W. der Eltern (bei verschiedenen W. den des Elternteils, der das Kind in persönlichen Angelegenheiten vertritt), nicht eheliche den der Mutter, Adoptivkinder den ihres Adoptivvaters oder ihrer Adoptivmutter, auch wenn sie sich tatsächlich an einem anderen Ort aufhalten; dagegen können →Minderjährige, die verheiratet sind oder waren, selbständig einen W. begründen und aufheben. – Nach dem W. *bestimmt sich* insbes. der →Gerichtsstand und der →Erfüllungsort.

II. Steuerrecht: Einen Wohnsitz im Sinne der Steuergesetze hat jemand dort, wo er eine Wohnung unter solchen Umständen innehat, die darauf schließen lassen, daß er die Wohnung beibehalten und benutzen will (§ 8 AO).

Wohnsitzprinzip, finanzwissenschaftliches Prinzip, eine regionale →Doppelbesteuerung zu vermeiden, wobei die Steuererträge demjenigen Land oder derjenigen Region zufließen, in dem der Steuerpflichtige seinen Wohnsitz hat. – *Gegensatz:* →Ursprungsprinzip.

Wohnsitzfinanzamt, das →Finanzamt, in dessen Bezirk der Steuerpflichtige seinen →Wohnsitz oder in Ermangelung eines Wohnsitzes seinen →gewöhnlichen Aufenthalt hat (§ 19 I 1 AO). (Vgl. auch →Betriebsfinanzamt.) Das W. ist *örtlich zuständig* für die →Veranlagung zur Einkommen- und Vermögensteuer.

Wohnsitzstaat, Begriff des →Außensteuerrechts für den Staat, in dem der Steuerpflichtige seinen Wohnsitz oder gewöhnlichen Aufenthalt hat. Im W. unterliegt der Steuerpflichtige i.d. R. der →unbeschränkten Steuerpflicht. – Vgl. →internationales Steuerrecht IV. – *Gegenteil:* →Quellenstaat.

Wohnung, Begriff der →Wohnungsstatistik für die bei Gebäude- und Wohnungszählungen und in den →Bautätigkeitsstatistiken zu erfassende Wohneinheit: Nach außen abgeschlossene, zu Wohnzwecken bestimmte einzelne oder zusammenliegende Räume in Wohn- und sonstigen Gebäuden, welche die Führung eines eigenen Haushalts ermöglichen. Die W. muß eine eigene Küche oder Kochnische und soll einen eigenen Wohnungseingang aufweisen; gleichgültig ist es, ob darin zum Zeitpunkt der Zählung ein oder mehrere Haushalte untergebracht waren. – *Nicht* als W. gelten zum Wohnen benutzte einzelne oder zusammenliegende Räume in Wohn- und sonstigen Gebäuden ohne eigene Küche oder Kochnische sowie Kellerwohnungen und alle Wohnmöglichkeiten in „Unterkünften", (u.a. Behelfsheime, Baracken) sowie die nur vorübergehend bewohnten Gebäude unter 50 qm Wohnfläche. – *Wohnungsanzahl:* Am 31.12.1985 gab es im Bundesgebiet einschl. Berlin (West) 27,1 Mill. Wohnungen in 12,0 Mill. Wohngebäuden. Seit Jahren ist ein deutlicher Trend zu größeren Wohnungen zu beobachten. 1950 betrug der Anteil der Wohnungen mit vier und mehr Räumen 57%, 1985 66% des Gesamtbestandes. Vgl. auch →Wohnungsstatistik, →neugeschaffener Wohnraum.

Wohnungsbau. *Wohnungswirtschaft.* I. Wesen: Erstellung, Verwaltung und Vermietung von Wohnungen durch private Bauherren, gemeinnützige Wohnungs- und Siedlungsunternehmen, durch Betriebe und den Staat, ferner gemeinnützige oder privatwirtschaftliche Wohnungsbauträgerunternehmen und Wohnungsbaufinanzierungsunternehmen (→Heimstätten-Wesen, →Bausparkassen). Seit Inkrafttreten des ersten Wohnungsbaugesetzes gliedert sich der Wohnungsbau in drei große Kategorien: öffentlich geförderter (sozialer) Wohnungsbau, steuerbegünstigter Wohnungsbau und frei finanzierter Wohnungsbau. – *Gesetzliche Regelung:* Erstes Wohnungsbaugesetz i.d.F. vom 25.8.1953 (BGBl I 1047) mit späteren Änderungen, Zweites Wohnungsbaugesetz (Wohnungsbau- und Familienheimgesetz) i.d.F. vom 11.7.1985 (BGBl I 1284, 1661).

II. Amtliche Statistik: Neben dem Wohnungsbestand (Wohnungszählung, Wohnungsstichproben) werden die laufende Bautätigkeit in tiefer sachlicher und regionaler Gliederung von der Baugenehmigung bei den Bauaufsichtsbehörden, über die Auftragserteilung und Produktion im Baugewerbe bis zur Baufertigstellung der Wohn- und Nichtwohngebäude erfaßt (vgl. auch →Wohnungsstatistik). Bezüglich des sozialen W. werden Art und Umfang der staatlichen Wohnungsbauförderung (bauliche Struktur der Förderungsobjekte, Lage und Fläche der Grundstücke, Anzahl, Größe und Zweckbindung der geförderten Wohnungen, Bauherren, veranschlagte Finanzierungsmittel nach Finanzierungsquellen, Gesamtkosten und ihre Aufgliederung sowie die unterschiedlichen Förderungsformen und die durchschnittliche Miete und Belastung) erfaßt (→Bewilligungsstatistik). – Vgl. im einzelnen →neugeschaffener Wohnraum.

III. Sozialer Wohnungsbau/öffentlich geförderter W.: 1. *Begriff:* Der Bau von Wohnungen, die nach Größe, Ausstattung und Miete oder Belastung für die breiten Schichten des Volkes bestimmt und geeignet sind. – Kennzeichnend für den sozialen W. sind die Einkommensgrenzen für die Wohnungsuchenden, die Berücksichtigung der Wohnungsbedürfnisse besonderer Personengruppen, die Vorschriften für die Mindestausstattung der Wohnungen, die Beschränkung der Wohnungsgröße, die Verkaufsverpflichtung bei Kaufeigenheimen und Kaufeigentumswohnungen und die Festlegung der Kostenmiete für Mietwohnungen als preisgebundene Miete. Die Förderung des W. hat das Ziel, das Angebot an relativ preisgünstigen Wohnungen für den Kreis der Bevölkerung zu erhöhen, der aufgrund der bestehenden Einkommens- und Vermögensverhältnisse bei einer rein marktwirtschaftlichen Wohnungsbedarfsdeckung zu kurz kommen muß (kinderreiche Familien, junge Ehepaare, ältere Menschen, Behinderte) und die Bildung von Einzeleigentum, besonders in Form von Familienheimen, zu unterstützen. – 2. Der soziale W. *umfaßt* a) die Erstellung neuer Wohnun-

gen, Eigenheime, Eigentumswohnungen und Kleinsiedlungen, b) die Instandsetzung und Wiederherstellung solcher Bauten, c) den Ausbau oder die Erweiterung bestehender Gebäude. – 3. *Öffentlich geförderter sozialer Wohnungsbau (1. Förderungsweg):* Wohnungen für den nach § 25 II. Wohnungsbaugesetz (WoBauG) begünstigten Personenkreis, gefördert mit öffentlichen Mitteln im Sinne des § 6 Abs. 1 II. WoBauG (anfangs durchweg mit öffentlichen Baudarlehen, seit Mitte der 60er Jahre durch Annuitätshilfen und Zinszuschüsse zur Verbilligung aufgenommener Kapitalmarktmittel sowie durch degressiv gestaffelte Aufwendungsbeihilfen). – 4. *Sozialer W. für etwas einkommenstärkere Schichten (2. Förderungsweg):* V.a. durch das Regionalprogramm des Bundes Förderung von Bauvorhaben für Personen, die durch den Bezug der Wohnung eine öffentlich geförderte Wohnung freimachen oder deren Jahreseinkommen die in § 25 II. WoBauG bestimmte Einkommensgrenze um mehr als 40% übersteigt. – 5. Durch das Wohnungsbindungsgesetz 1965 i.d.F. vom 22.7.1982 (BGBl I 972) mit späteren Änderungen ist die *freie Verfügbarkeit* über die geförderten Sozialwohnungen *eingeengt,* eine Wohnraumbewirtschaftung besteht jedoch nicht mehr. – 6. *Träger* des sozialen W. sind in erster Linie die gemeinnützigen Wohnungs- und ländlichen Siedlungsunternehmen (→Baugenossenschaften) einschl. der Organe der staatlichen Wohnungspolitik (z.B. →Heimstätten) sowie die privaten Haushalte.

IV. Steuerbegünstigter und freifinanzierter Wohnungsbau (§ 5 II und III Zweites Wohnungsbaugesetz (II. WoBauG) i.d.F. vom 11.7.1985, BGBl I 1284). 1. *Steuerbegünstigt* ist der neugeschaffene Wohnraum, der nicht öffentlich gefördert ist, jedoch nach §§ 82, II. WoBauG als steuerbegünstigter Wohnraum anerkannt wird. – *Voraussetzungen* für die Anerkennung als steuerbegünstigter Wohnraum: a) daß die neugeschaffenen Wohnungen nach dem 30.6.1956 bezugsfertig geworden sind oder werden und keine öffentlichen Mittel im Sinne des § 6 I II. WoBauG zur Deckung der für den Bau dieser Wohnung entstehenden Gesamtkosten und zur Deckung der laufenden Aufwendungen oder der für die Finanzierung zu entrichtenden Zinsen oder Tilgungen eingesetzt sind; b) daß die Wohnungen, die in § 39 I II. WoBauG bestimmten Wohnflächengrenzen i.d.R. um nicht mehr als 20% überschreiten. – Für Grundstücke mit steuerbegünstigten Wohnungen, die nach dem 31.12.1973 bezugsfertig geworden sind, ergeben sich gem. §§ 92 a ff. II. WoBauG *Grundsteuervergünstigungen* für zehn Jahre. – 2. *Freifinanzierte Wohnungen* sind neugeschaffene Wohnungen, die weder öffentlich gefördert noch als steuerbegünstigt anerkannt sind.

V. Allgemeine steuerliche Wohnungsbauförderung: 1. Erhöhte *Abschreibungssätze* für Wohngebäude: Vgl. →Abschreibungen für Abnutzung (AfA). – 2. Wohnungsbauprämien (→Wohnungsbau-Prämiengesetz) oder Wohnungssparbeiträge als →*Sonderausgaben.* – 3. *Gemeinnützige Wohnungsunternehmen* sind von der →Körperschaftsteuer befreit (§ 5 I Nr. 10 KStG), solange sie aufgrund des Gesetzes über die Gemeinnützigkeit im Wohnungswesen (Wohnungsgemeinnützigkeitsgesetz, WGG, vom 29. 2. 1940, RGBl I 438) mit späteren Änderungen und Ergänzungen als gemeinnützig anerkannt sind. Das gilt auch für die →Vermögensteuer (§ 3 I Nr. 13 VStG).

VI. Betrieblicher W.: 1. *Maßnahmen* zur Schaffung von Wohnraum für die Mitarbeiter eines Unternehmens aus Gründen der Schaffung und Erhaltung einer →Stammbelegschaft. Kommt insbes. dann in Frage, wenn die Lage des Unternehmens dies verlangt, oder wenn die lokale Wohnraumsituation angespannt ist. – 2. *Formen* der Inanspruchnahme der Unternehmung zum W. ihrer Belegschaftsangehörigen i. w. S. (d. h. zur Ermietung oder zum Bau von Mietwohnungen, Werkwohnungen, Ledigenheimen, →Eigenheimen, Kleinsiedlungen und dgl.): Gewährung von Instandsetzungsbeihilfen, Baudarlehen an Bauwillige, Zuschüsse und Darlehen an Hausbesitzer aus der Belegschaft, Zuschüsse und Darlehen an werksfremde Hausbesitzer, Zuschüsse und Darlehen an Gemeinnützige Wohnungsbaugesellschaften. – 3. *Finanzierung* durch a) Mittel der Unternehmung, b) Mittel betrieblicher Versorgungseinrichtungen (Pensionskasse und dgl.), c) fremde, insbes. auch öffentliche Förderungsmittel. – 4. Problematisch ist die *Verteilung* des Wohnraums an die Bewerber. Dauer der Werkszugehörigkeit sowie die „echte Dringlichkeit" sind i. d. R. zu berücksichtigen. – 5. *Mitbestimmungrecht des Betriebsrats* besteht nach § 56 II BetrVG, soweit es sich um „Wohlfahrtseinrichtungen" des Betriebes handelt (d. h. Errichtung der Werkswohnungen aus sozialen Gründen) sowie bei werkseigenen Wohnungsbaugesellschaften, auch solchen mit eigener Rechtspersönlichkeit.

Wohnungsbaugenossenschaft, i. d. R. als gemeinnützige Wohnungsunternehmen tätige →Genossenschaft zur Herstellung und Verwaltung (Bewirtschaftung, Modernisierung, Gestaltung) von Wohnanlagen und Wohnungen, die die Mitglieder dauerhaft nutzen oder auch käuflich erwerben. Erste W. in Deutschland seit den 60er Jahren des 19. Jh. Volle Entfaltung nach dem Genossenschaftsgesetz von 1889, das die Beschränkung der Haftpflicht zuließ. – *Staatliche Förderung* mit Rücksicht auf den hohen Kapitaleinsatz für die Produktion von Wohnungen und deren lange Lebensdauer. Sie führt zur Anerkennung als

gemeinnützige W. (→gemeinnützige Unternehmung) und erfolgt auch deshalb, weil die Tätigkeit der W. den Staat in seinen sozialpolitischen Pflichtaufgaben entlastet. Die Anerkennung als gemeinnützige W. im Sinn des Wohnungsgemeinnützigkeitsgesetzes hebt aber nicht die Zweckbestimmung der Mitgliederförderung nach dem Genossenschaftsgesetz auf (→Förderungsauftrag, →Genossenschaft II). – *Organisation:* In der Bundesrep. D. (1985) 1183 W. (1970: 1395) mit 1,66 Mill. Mitgliedern (1970: 1,46 Mill.) und eigenen Geschäftsguthaben von 2,14 Mrd. DM (1970: 1,23 Mrd. DM). 10 regionale →Prüfungsverbände, Mitglieder des Spitzenverbandes Gesamtverband gemeinnütziger Wohnungsunternehmen e. V. (GGW), Köln. *Sondereinrichtungen:* 9 Treuhandstellen für die Beratung der Wohnungsunternehmen, 7 Rechenzentren, Hammonia-Wohnungswirtschaftlicher Fachverlag, Deutsche Entwicklungshilfe für soziales Wohnungs- und Siedlungswesen e. V. (DESWOS), Ausbildungswerk der gemeinnützigen Wohnungswirtschaft, (Regionale) Baustoffzentrale.

Wohnungsbaukosten, alle Aufwendungen für Güter, Leistungen und Abgaben, die bei der Errichtung neuer Wohngebäude bzw. bei Baumaßnahmen an bestehenden Gebäuden auftreten. Zu W. zählen nach DIN-Norm 276 des Fachnormenausschusses Bauwesen vom September 1971: Kosten des Baugrundstückes (Wert, Kosten für Erwerb, Freimachen und Herrichten), Kosten der Erschließung (öffentliche, nichtöffentliche Erschließung), Kosten des Bauwerkes (Kosten für Baukonstruktion, Installation, betriebstechnische Anlagen, betriebliche Einbauten, besondere Bauausführungen), Kosten des Gerätes (bewegliche oder befestigte Sachen), für die Ingebrauchnahme und allgemeine Benutzung des Bauwerkes, Kosten der Außenanlage, Kosten der zusätzlichen Maßnahmen sowie die Baunebenkosten (Kosten für die Planung und Bauausführung, behördliche Prüfung, Beschaffung der Finanzierungsmittel und Zwischenfinanzierung usw.). In der →Bautätigkeitsstatistik werden die veranschlagten Kosten der genehmigten und der fertiggestellten Bauwerke erfaßt.

Wohnungsbau-Kreditanstalt Berlin (WKB), Anstalt des öffentlichen Rechts; Sitz in Berlin. – *Aufgaben:* Förderung des Wohnungsbaus und der Wohnungsmodernisierung in Berlin. – Vgl. auch →Banken mit Sonderaufgaben.

Wohnungsbau-Kreditanstalt Schleswig-Holstein, Körperschaft des öffentlichen Rechts; Sitz in Kiel. – *Aufgaben:* Förderung des Wohnungsbaus und der Wohnungsmodernisierung in Schleswig-Holstein (Kredite, Bürgschaften, finanzwirtschaftliche Betreuung und bautechnische Beratung); Landankauf zur Bodenbevorratung zum

Zwecke des Städte- und Wohnungsbaus. – Vgl. auch →Banken mit Sonderaufgaben.

Wohnungsbau-Prämiengesetz (WoPG), Gesetz i. d. F. vom 10.2.1982 (BGBl I 131) nebst VO zur Durchführung des WoPG i. d. F. vom 23.11.1982 (BGBl I 1565). – 1. *Prämiengewährung* für Aufwendungen zur Förderung des Wohnungsbaus vom Bund für (a) Beiträge an Bausparkassen, (b) den ersten Erwerb von Anteilen an Bau- und Wohnungsgenossenschaften, (c) Beiträge aufgrund von mindestens drei Jahre laufender allgemeiner Spar- oder Ratensparverträge, die zur Finanzierung des Baus oder Erwerbs eines Eigenheims, einer Kleinsiedlung oder Eigentumswohnung dienen, (d) Beiträge aufgrund von Kapitalansammlungsverträgen mit Wohnungs- und Siedlungsunternehmen oder Organen der staatlichen Wohnungspolitik für den gleichen Zweck. – 2. *Wahlrecht* für den Sparer für jedes Kalenderjahr, ob er für Bausparbeiträge eine Prämie nach dem WoPG erhalten will oder die Beiträge im Rahmen des Sonderausgabenabzugs bei der Einkommensteuer (bzw. Lohnsteuer) berücksichtigen will. Voraussetzung für die Gewährung einer Prämie ist, daß der Sparer, sein Ehegatte oder seine Kinder weder eine Prämie nach dem Sparprämiengesetz (→steuerbegünstigtes Sparen) noch Bausparkassenbeiträge als Sonderausgaben beantragt haben (Kumulierungsverbot). Das Wahlrecht wird zugunsten der Prämie dadurch ausgeübt, daß der Prämienberechtigte einen Antrag auf die Gewährung der Prämie stellt. – 3. *Voraussetzungen:* Die Gewährung der Wohnungsbauprämie erfolgt nur, wenn eine bestimmte Einkommensgrenze nicht überschritten wird. Diese beträgt für Alleinstehende 24000 DM, für Ehegatten 48000 DM. Sie erhöht sich für jedes dem Steuerpflichtigen einkommensteuerlich zuzurechnende Kind um 1800 DM. Maßgebend ist das zu versteuernde Einkommen, das in dem Kalenderjahr, das dem der prämienbegünstigten Aufwendungen vorangeht, der unbeschränkten Einkommensteuerpflicht unterliegt. – 4. *Höhe:* Die Prämie beträgt 14% (bis VZ 1981: 18%) der im Kalenderjahr geleisteten Sparbeiträge; sie *erhöht* sich für jedes Kind des Sparers oder seines Ehegatten, das zu Beginn des Sparjahres das 17. Lebensjahr noch nicht vollendet hat oder im Sparjahr geboren worden ist, um 2%. Sparleistungen Alleinstehender sind bis zu 800 DM im Kalenderjahr und Sparleistungen von Ehegatten, die während des ganzen Kalenderjahres verheiratet waren und nicht dauernd getrennt gelebt haben, zusammen bis zu 1600 DM im Kalenderjahr begünstigt. Die Kinder bilden mit dem Sparer eine Höchstbetragsgemeinschaft; die genannten Höchstbeträge stehen den Prämiensparern und ihren Kindern gemeinsam zu. – 4. *Anträge* sind an das Institut zu richten, an das prämienbegünstigte Aufwendungen geleistet wurden; dieses

fordert die Prämien von dem zuständigen Finanzamt an. Auf Antrag hat das Finanzamt die Prämie durch Bescheid festzusetzen. Die Prämie ist zum vertragsmäßigen *Zweck* zu verwenden. – Die Prämien gehören weder zu den →Einkünften im Sinne des Einkommensteuergesetzes, noch mindern sie die →Sonderausgaben.

Wohnungsbindungsgesetz, →Wohnungsbau III.

Wohnungsdichte, Begriff der →Wohnungsstatistik. Maß für die Beurteilung der Wohnungsversorgung. Berechnet als Verhältniszahl Wohnungen je 1000 Einwohner (1985: 444) oder Wohnungen je km² Fläche (1985: 109).

Wohnungseigentum. 1. *Begriff:* Durch Sondereigentum (Sonderart des →Eigentums) an der Wohnung beschränktes →Miteigentum an einem →Grundstück (an anderen Gebäudeteilen, wie Läden und Werkstätte: sog. *Teileigentum*). – 2. *Gesetzliche Grundlage:* Gesetz über das Wohnungseigentum und das Dauerwohnrecht (Wohnungseigentumsgesetz) vom 15.3.1951 (BGBl I 175) mit späteren Änderungen. – 3. *Begründung, Übertragung und Aufhebung* des W. durch →Auflassung und Eintragung im →Grundbuch; der schuldrechtliche Vertrag bedarf →öffentlicher Beurkundung. Für jeden Miteigentumsanteil wird ein besonderes Grundbuchblatt angelegt. Die Übertragung des W. ist nur zusammen mit dem Miteigentumsanteil möglich und kann von einer nur aus →wichtigem Grund zu versagenden Zustimmung Dritter (z. B. anderer Wohnungseigentümer) abhängig gemacht werden. – 4. *Inhalt:* Der Wohnungseigentümer darf die im Sondereigentum stehenden Gebäudeteile i. a. nach Belieben nutzen (z. B. vermieten), muß sie instandhalten und ist zum Mitgebrauch der gemeinschaftlichen Einrichtungen (z. B. Speicher) berechtigt. – 5. Regelung des *Innenverhältnisses* der Wohnungseigentümer untereinander ähnlich wie bei der →Gemeinschaft. Die Gemeinschaft ist aber i. d. R., auch gegenüber Pfändungspfandgläubiger und Konkursverwalter, unauflösbar. Wenn den anderen Wohnungseigentümern die Fortsetzung der Gemeinschaft wegen schwerer Verletzung der einem der Wohnungseigentümer obliegenden Pflichten nicht mehr zugemutet werden kann, dürfen sie mit einer Mehrheit von mehr als der Hälfte der Stimmen die Veräußerung des betreffenden W. verlangen und die dazu erforderlichen Erklärungen des betreffenden Wohnungseigentümers durch Klage erzwingen. – Über die notwendigen Verwaltungsmaßnahmen entscheidet die Wohnungseigentümerversammlung. Die gemeinsamen Kosten bzw. Überschüsse sind anteilig zu verteilen. – 6. *Verwaltung* durch einen mit Mehrheitsbeschluß zu bestellenden Verwalter, der kraft Gesetzes die

Beschlüsse der Wohnungseigentümer durchzuführen hat und insbes. zu allen üblichen mit dem gemeinschaftlichen Eigentum zusammenhängenden Verwaltungshandlungen berechtigt und verpflichtet ist. Daneben können die Wohnungseigentümer die Bestellung eines Verwaltungsbeirats zur Unterstützung und Überwachung des Verwalters beschließen. – Vgl. auch →Dauerwohnrecht. – 7. *Steuerliche Behandlung:* W. gilt für die Grundsteuer und Vermögensteuer als selbständiger Steuergegenstand, da für W. auch nach dem Bewertungsgesetz wie für selbständige Grundstücke →Einheitswerte festzustellen sind.

Wohnungserbbaurecht, eine nach den Grundsätzen des →Wohnungseigentums ausgestaltetes →Erbbaurecht an einer Wohnung (§ 30 Wohnungseigentumsgesetz).

Wohnungsgeldzuschuß, jetzt: →Ortszuschlag.

Wohnungsmodernisierung, nach dem Gesetz zur Förderung der Modernisierung von Wohnungen und von Maßnahmen zur Einsparung von Heizenergie (Modernisierungs- und Energieeinsparungsgesetz i. d. F. vom 12. 7. 1978, BGBl I 993) durch Bund und Länder geförderte Maßnahmen a) um die Versorgung breiter Schichten der Bevölkerung mit guten und preiswürdigen Wohnungen zu verbessern und dadurch zur Erhaltung von Städten und Gemeinden beizutragen; b) zur Einsparung von Heizenergie in Wohnungen. W. und →Energieeinsparung werden als eine öffentliche Daueraufgabe angesehen. Energiesparende W. wird durch Investitionszulagen und erhöhte Absetzungen (§ 82a EStDV) staatlich gefördert.

Wohnungsneubau, →neugeschaffener Wohnraum, →Wohnungsbau.

Wohnungsstatistik, Teil der →amtlichen Statistik. Quantitative und qualitative Erfassung des Wohnungsbestandes. W. umfaßt: 1. *(Totale) Gebäude- und Wohnungszählungen* (1950, 1956, 1961 und 1968): Sie lieferten insbes. regional tiefgegliederte Bestands- und Strukturdaten. Ermittelt wurden (1968) u. a.: Wohngebäude und Unterkünfte nach Art, Zahl der Wohnungen und Wohngelegenheiten, Baualter, Art der Wasserversorgung und Fäkalienbeseitigung, Unterkellerung, Geschoßzahl; Wohnungen und Wohngelegenheiten nach Lage, Ausstattung, Art der Beheizung, Eigentums- und Besitzverhältnis, öffentlicher Förderung, Größe, Belegung; leerstehende Wohnungen; Mieten nach Ausstattungstypen; Wohnparteien, darunter ausländischer Arbeitnehmer, nach Größe und Unterbringung, Alter sozialer Stellung. – 2. *1%-Wohnungsstichproben* (1957, 1960, 1965, 1972 und 1978): Fanden statt, um zwischen zwei Totalzählungen aktuelle Daten bereitzustellen, auch für differenziertere Tatbestände,

die in Totalzählungen aus sachlichen und finanziellen Gründen nicht erhoben werden können. Neben den klassischen Wohnungsmerkmalen werden dabei Wohnungswünsche, Wohnungsversorgung unter Berücksichtigung der Einkommensverhältnisse, auch für besondere Problemgruppen, Wohnumfeldbedingungen, Modernisierung u. a. ermittelt. Seit 1972 Wohnungsstichproben zusammen mit den Mikrozensuserhebungen; neben dem Rationalisierungseffekt ergeben sich dadurch zusätzliche Auswertungsmöglichkeiten und die Möglichkeit der Fortschreibung durch Mikrozensus-Ergänzungserhebungen. – 3. *Fortschreibung des Wohnungsbestandes (jährlich)* auf der Basis der Gebäude- und Wohnungszählungen (derzeit 1968) mit Hilfe der →Bautätigkeitsstatistik, für Wohngebäude und Wohnungen in Wohn- und Nichtwohngebäuden nach der Zahl der Räume. Mit wachsender zeitlicher Entfernung von der letzten Wohnungszählung werden die Ergebnisse jedoch – bedingt durch Lücken in der Bautätigkeitsstatistik – ungenauer. – 4. Eckdaten über Bestand und Struktur von Gebäuden und Wohnungen im Rahmen der →Volkszählung 1987. – 5. *Daten* zur W.: Vgl. Übersicht Sp. 2827/2828.

Wohnungsvermittlung, die auf Vermittlung des Abschlusses von Mietverträgen über Wohnräume oder den Nachweis der Gelegenheit zum Abschluß derartiger Verträge gerichtete Tätigkeit des Wohnungsvermittlers. 1. *Geregelt* durch Gesetz vom 4. 11. 1971 (BGBl I 1747). – 2. Ein Anspruch auf *Entgelt* steht dem Vermittler nur beim Zustandekommen eines Mietvertrages aufgrund seiner Vermittlungs- oder Nachweistätigkeit zu. Der Anspruch ist ausgeschlossen im Falle der bloßen Erneuerung, Fortsetzung oder Verlängerung eines Mietvertrages oder wenn der Vermittler oder eine juristische Person oder Gesellschaft, an der er beteiligt ist, Eigentümer, Verwalter oder Vermieter der Wohnung ist. – 3. In einigen Städten *kommunale W.* zum Schutz der Wohnungssuchenden.

Wohnungswert, Begriff des Steuerrechts für den bei der Bewertung des land- und forstwirtschaftlichen Vermögens festzustellenden Wert des Wohnteils eines land- und forstwirtschaftlichen Betriebs. Land- und Forstwirtschaftliches Vermögen.

Wohnwagen, →Anhänger.

workable competition, *arbeitsfähiger Wettbewerb,* amerikanische Bezeichnung für eine Marktform, durch die eine großbetriebliche Wirtschaft mit monopolistischen Charakterzügen unter Anwendung moderner Einsichten und Mittel zu den gleichen Ergebnissen gelangt, wie sie im klassischen Wettbewerb vorgezeichnet sind. W.c. liegt vor, wenn die Marktparteien faire Wettbewerbsmethoden

Übersicht: Wohnungsstatistik

Bestand an Wohnungen und Wohngebäuden (Bundesrepublik Deutschland; in Mill.)

	1960	1962	1964	1966	1968	1970	1972	1974	1976	1978	1980	1982	1983	1984	1985
Wohnungen	16,1	17,4	18,5	19,6	19,9	20,8	22,0	23,2	24,0	24,7	25,4	26,1	26,4	26,8	27,1
Wohngebäude	7,4	7,7	8,2	8,6	8,7	9,2	9,6	10,1	10,4	10,8	11,2	11,6	11,7	11,8	12,0

Bewohnte Wohneinheiten nach Ausstattung, Baujahr, Besitzverhältnis und Gebäudeart (in 1000)

	Wohnungen insgesamt¹)	Mit Bad/WC mit Sammelheizung	Mit Bad/WC ohne Sammelheizung	Sonstige Ausstattung¹) mit Sammelheizung	Sonstige Ausstattung¹) ohne Sammelheizung
Wohnungen	23 232	15 372	5 571	833	1 455
davon bis 1971 errichtet	19 055	11 572	5 320	726	1 437
ab 1972 errichtet	4 177	3 800	252	107	18
Mietwohnungen	13 911	8 768	3 501	569	1 073
Eigentümerwohnungen	9 322	6 604	2 070	264	382
Wohnungen in Gebäuden mit					
1 oder 2 Wohneinheiten	11 394	7 568	2 763	404	658
3 und mehr Wohneinheiten	11 839	7 804	2 808	430	797

¹) Ohne Bad bzw. mit Bad, aber WC nicht in der Wohnung.

Bewohnte Wohneinheiten nach Gebäudeart, Besitzverhältnis und Beheizung

Heizungs-/Energieart	Bewohnte Wohneinheiten in Gebäuden mit 1 oder 2 Wohneinheiten 1000	%	3 und mehr Wohneinheiten 1000	%	insgesamt 1000	%	davon Mietwohneinheiten 1000	%	Eigentümerwohneinheiten 1000	%
Wohneinheiten mit Sammelheizung	11 394	100	11 839	100	23 232	100	13 911	100	9 322	100
davon:										
Zentralheizung	7 454	65,4	5 494	46,4	12 948	55,7	6 643	47,8	6 306	67,6
Fern-/Blockheizung	142	1,3	1 513	12,8	1 654	7,1	1 423	10,2	232	2,5
Etagenheizung	376	3,3	1 227	10,4	1 603	6,9	1 272	9,1	332	3,6
Insgesamt	7 972	70,0	8 234	69,5	16 206	69,8	9 337	67,1	6 869	73,7
dar. mit 1 Energieart:										
Heizöl	4 835	42,4	4 234	35,8	9 068	39,0	4 984	35,8	4 084	43,8
Gas	2 047	18,0	2 945	24,9	4 992	21,5	3 168	22,8	1 824	19,6
Kohle/Koks	359	3,1	299	2,5	659	2,8	360	2,6	299	3,2
Strom	175	1,5	175	1,5	349	1,5	203	1,5	146	1,6
mit Ofenheizung	3 422	30,0	3 605	30,5	7 027	30,2	4 574	32,9	2 453	26,3
dar. mit 1 Energieart:										
Heizöl	763	6,7	590	5,0	1 353	5,8	858	6,2	495	5,3
Gas	174	1,5	713	6,0	887	3,8	757	5,4	130	1,4
Kohle/Koks	1 026	9,0	1 030	8,7	2 056	8,8	1 374	9,9	681	7,3
Strom	635	5,6	799	6,7	1 434	6,2	925	6,6	509	5,5

Haushalte in Gebäuden und Unterkünften nach Wohnverhältnis und Gemeindetypen

Gemeindetyp	Haushalte insgesamt 1000	davon Eigentümer 1000	%	Hauptmieter 1000	%	Untermieter 1000	%
Hochverdichtete Regionen	14 556	4 590	31,5	9 530	65,5	437	3,0
darunter: Großzentren	5 110	830	16,2	4 086	80,0	194	3,8
Oberzentren	2 193	527	24,0	1 589	72,5	77	3,5
Mittelzentren	4 681	1 809	38,6	2 762	59,0	109	2,3
Unterzentren	2 005	1 061	52,9	898	44,8	46	2,3
Regionen mit Verdichtungsansätzen	6 540	3 111	47,6	3 247	49,6	183	2,8
darunter: Oberzentren	1 825	479	26,2	1 249	68,4	98	5,4
Mittelzentren	1 903	880	46,2	984	51,7	40	2,1
Unterzentren	1 433	828	57,8	583	40,7	22	1,5
Ländliche Regionen	3 496	1 853	53,0	1 574	45,0	68	1,9
darunter: Oberzentren	581	185	31,8	380	65,4	16	2,8
Mittelzentren	1 187	554	46,7	607	51,1	25	2,1
Unterzentren	1 263	789	62,5	453	35,9	20	1,6
Bundesgebiet	24 592	9 553	38,8	14 351	58,4	688	2,8

anwenden und für Nachfrager und Anbieter genügend Wahlmöglichkeiten bestehen.

Work-Factor-Verfahren, *WF-Verfahren,* →System vorbestimmter Zeiten, 1934 von Quick, Koehler und Shea entwickelt. – 1. Das W.-F.-V. berücksichtigt vier *Einflußfaktoren* auf den Bewegungsablauf wie auch auf die Art ihrer Bewegung: Der Körperteil (body member), der zurückgelegte Weg (distance) das Gewicht oder den Widerstand (weight, resistance) und die Kontrolle über die Bewegung (manual control). – 2. Weiterhin wird das W.-F.-V. von *Merkmalen* (work factors) beeinflußt; das ist das Maß für die Mehrarbeit, die erforderlich wird, sobald unterschiedliche Gradabstufungen in der Bewegungsbeherrschung auftreten. Vier Merkmale: Für ein bestimmtes Ziel (definite stop = D), für Steuern (steering = S), für Sorgfalt (precaution = P) und für Richtungsänderungen (change of direction = U). Mit steigender Anforderung an die Bewegungsbeherrschung und damit an die Schwierigkeitsgrade wächst auch die Zahl der Merkmale. – 3. *Aufbau der Analyse* des Bewegungsablaufs nach dem WF-System: Erst werden die Bewegungsabläufe in Standardelemente zerlegt; danach werden die Einflußgrößen einschl. der Merkmale bestimmt; die Bewegungszeiten werden aus den Tabellenzeitwerten abgelesen; durch Addition (→Additivitätshypothese) wird die Analysengesamtzeit ermittelt. – 4. Innerhalb des WF-Gesamtsystems gibt es eine Reihe von *abgekürzten Verfahren,* wie z. B. das vereinfachte WF-Verfahren (simplified WF), das WF-Schnellverfahren (ready WF) und das WF-Kurzverfahren (abbreviated WF), vgl. auch →Systeme vorbestimmter Zeiten (SvZ).

working capital, *net working capital, Nettoumlaufvermögen,* im amerikanischen Rechnungswesen zur Beobachtung von Veränderungen der →Liquidität gebräuchliche Meßzahl: Differenz zwischen Umlaufvermögen und kurzfristigen Verbindlichkeiten (z. B. Umlaufvermögen 30000 $ ./. kurzfr. Verb. 15000 $ = 15000 $ w.c.). Das Verhältnis von Umlaufvermögen zu den kurzfristigen Verbindlichkeiten ist die *work capital ratio* (deutsch: Liquiditätskoeffizient; im Beispiel = 2). – Die *Veränderung* des w.c. wird häufig in einer →Bewegungsbilanz aufgezeigt: Links stehen die Zunahmen der Einzelposten des Umlaufvermögens und die Abnahmen der Posten der kurzfristigen Verbindlichkeiten, rechts die Zunahmen der kurzfristigen Verbindlichkeiten und die Abnahmen der Posten des Umlaufvermöens; der Saldo ergibt Zunahme (Verbesserung der Liquidität) oder Abnahme (Verschlechterung der Liquidität) des w.c.

workstation, auf einen Arbeitsplatz abgestimmte →Konfiguration eines →Mikrocomputers oder eines (intelligenten) →Datenend-

gerätes, i. d. R. mit Hardcopyeinrichtung und vom →Host unabhängiger Editiereinrichtung (→Editor). Der Begriff wird häufig in der →graphischen Datenverarbeitung, v. a. im →CAD, aber auch im →Personal Computing verwendet. Wachsende Bedeutung erlangen sog. KI-W. (→künstliche Intelligenz), die auf die Bedürfnisse des →Knowledge Engineering ausgerichtet sind; vgl. auch →Lisp-Maschine.

World Bank, →Weltbank, →IBRD.

World Fertility Survey (WFS), im Auftrag der UN Population Division zur Vorbereitung der Weltbevölkerungskonferenz (Budapest 1974) entwickelte weltumspannende Repräsentativerhebung zur Bevölkerungsentwicklung. – 1. *Ziel:* Anhand von Daten über die ethnischen, kulturellen und sozio-ökonomischen Ursachen des rapiden Bevölkerungswachstums in den Entwicklungsländern sollen die Hypothesen der →Übergangstheorie beurteilt werden. Das inhaltlich von Demographen der IUSSP (International Union for the Scientific Study of Population) vorgegebene Erhebungskonzept zielt auf eine Erfassung der Mutterschaftsgeschichte zur Charakterisierung des Fortpflanzungsverhaltens in Völkern der Dritten Welt und der Industriegesellschaft im Vergleich. – 2. Das hierfür im Auftrag des →Internationalen Statistischen Instituts (ISI) durch M. G. Kendall in zweijähriger Vorarbeit entwickelte *Erhebungsprogramm* ist nach 1972 in einem zweistufigen Stichprobenplan realisiert worden: a) 1. Stufe: Ermittlung von jeweils 5–6000 Haushalten als Berichtseinheiten in allen einwohnerstarken Staaten der Welt (unter Berücksichtigung ihrer verwaltungstechnischen Mitwirkungsmöglichkeiten; b) 2. Stufe: Befragung aller dort lebenden Frauen im Alter zwischen 15 und 45 Jahren in bezug auf Merkmale zur Beurteilung ihres generativen Verhaltens. Erfaßt wurden in 42 Entwicklungsländern ca. 400000 Frauen. In den meisten Ländern sind entsprechende Stichprobenerhebungen nach etwa fünf Jahren wiederholt worden ("Contraceptive Prevalence Survey"). – 3. Seit 1984 wird das Projekt unter der Bezeichnung *„Demographic and Health Survey"* durch die USAID (United States Agency for International Development) weitergeführt. Außerdem sind seit den 70er Jahren in zehn Industriestaaten Europas (nicht in der Bundesrep. D.), in den USA, in sieben Ostblockstaaten (nicht in der DDR), in Israel, Japan und China länderspezifische Repräsentativerhebungen nach dem WFS-Konzept durchgeführt worden. – 4. *Bibliographie* der zum WFS publizierten Forschungsberichte bei Esenwein-Rothe, I., World Fertility Survey – Ein weltumspannendes Forschungsprojekt für die Bevölkerungswissenschaft, in: Allg. Statist. Archiv, 65. Band, 1981, Hefte 3 und 4; 71. Band, 1987, Heft 2.

World Food Programme, →FAO.

World Health Organization, →WHO.

World Meteorological Organization, →WMO.

Wort. 1. Bezeichnung für eine festgelegte Anzahl von →Bits oder →Bytes, die von den →Maschinenbefehlen einer elektronischen Datenverarbeitungsanlage als eine Einheit aufgefaßt wird. – 2. Bezeichnung für vier Byte.

Wortassoziationstest, projektiver Test (→projektive Verfahren), bei dem der Versuchsperson Worte vorgegeben werden, zu denen sie die damit assoziierten Gedanken wiedergeben soll, z. B. Assoziation zu bestimmten Markennamen. Weitere Anwendungen in den Bereichen der Werbepretests, der Imageforschung und der Produktnamensgebung. – *Ähnlich:* →Satzergänzungstest.

Wortmaschine, →elektronische Datenverarbeitungsanlage, deren →Arbeitsspeicher in eindeutig definierten Worten (→Wort 2) strukturiert ist („wortorientiert"). Das Wort ist die kleinste adressierbare Einheit. Die W. wird überwiegend für wissenschaftliche und technische Aufgaben der →elektronischen Datenverarbeitung eingesetzt. – *Gegensatz:* →Bytemaschine.

Wortzeichen, →Marke.

WP, Abk. für →Wirtschaftsprüfer.

WRK, Abk. für →Westdeutsche Rektorenkonferenz.

Wucher. I. Z i v i l r e c h t : Ein Rechtsgeschäft, durch das jemand unter Ausbeutung der Zwangslage, der Unerfahrenheit, des Mangels an Urteilsvermögen oder der erheblichen Willensschwäche eines anderen sich oder einem Dritten für eine Leistung Vermögensvorteile versprechen oder gewähren läßt, die in einem auffälligen Mißverhältnis zu der Leistung stehen. Ein wucherischer Vertrag ist *nichtig* (§138 II BGB). *Wucherähnliche Vereinbarun-*

gen können als gegen die guten Sitten verstoßend der →Nichtigkeit verfallen (§138 I BGB).

II. S t r a f r e c h t : W. begeht, wer die Zwangslage, die Unerfahrenheit, den Mangel an Urteilsvermögen oder die erhebliche Willensschwäche eines anderen dadurch ausbeutet, daß er sich oder einem Dritten a) für die Vermietung von Räumen zum Wohnen oder damit verbundenen Nebenleistungen (→Mietwucher); b) für die Gewährung eines Kredits (→Kreditwucher); c) für eine sonstige Leistung (→Leistungswucher) oder d) für die Vermittlung einer der unter a) bis c) bezeichneten Leistungen (→Vermittlungswucher) Vermögensvorteile versprechen oder gewähren läßt, die in einem auffälligen Mißverhältnis zu der Leistung oder deren Vermittlung stehen (§ 3ß2a StGB). – *Strafe:* Freiheitsstrafe bis zu drei Jahren oder Geldstrafe, in besonders →schweren Fällen Freiheitsstrafe von sechs Monaten bis zu zehn Jahren.

Wuchsaktien, *Wuchswerte,* →Aktien von Unternehmen, deren zukünftige Ertragsentwicklung als überdurchschnittlich positiv angesehen wird; meist aus besonders zukunftsträchtigen Branchen oder von jungen, wachsenden Unternehmen. Charakteristisch für W. sind hohe Kurssteigerungen.

Wurfsendung, aufschriftlose, an alle Haushalte und an Postabholer in einem oder mehreren Zustellbezirken zu verteilende Postsendung. – 1. Zugelassen: →Drucksache und →Warensendung bis zu einem Höchstgewicht von 100 g; bei →Postabholung bis 500 g. – 2. Kennzeichnung: „Wurfsendung". – 3. Bei der Einlieferung sind Einlieferungslisten und Belegstücke mit abzugeben. – 4. W. werden nicht angenommen, wenn durch Verteilung Störungen des Postbetriebs zu erwarten sind (z. B. vor Weihnachten).

WV, Abk. für →Wiedervorlage.

WVSV, Abk. für →Wirtschaftsverband Stahlverformung e. V.

XY

Xcon, *R1, expert configurer,* bekanntes →Expertensystem für die Zusammenstellung von →Computersystemen der Firma Digital Equipment (DEC). – *Aufbau:* Ausgehend von einer (evtl. mit dem Expertensystem →Xsel entwickelten) Kundenbestellung ermittelt Xcon die endgültige →Konfiguration eines Computersystems (vom Typ DEC-VAX). Xcon stellt die für ein komplettes, einsatzbereites System fehlenden Komponenten fest, legt die räumlichen Beziehungen zwischen allen Systemkomponenten fest und gibt sie in Form von Diagrammen aus. – *Entwickelt* wurde Xcon Ende der 70er Jahre und Anfang der 80er Jahre von DEC in Zusammenarbeit mit der Carnegie-Mellon-University (USA).

Xsel, *expert selling assistant,* →Expertensystem, das einen Verkäufer bei der Auswahl der Komponenten eines →Computersystems VAX 11/780 der Firma Digital Equipment (DEC) für einen bestimmten Kunden unterstützt. Die →Konfiguration leitet Xsel an das Expertensystem →Xcon weiter. Darüberhinaus kann mit Xsel die räumliche Aufstellung der ausgewählten Komponenten geplant werden. – *Entwickelt* wurde Xsel Ende der 70er Jahre und Anfang der 80er Jahre von DEC in Zusammenarbeit mit der Carnegie-Mellon-University (USA).

yard, angelsächsische Längeneinheit. 1 yard = 0,9144 m.

YCANs, yield curve adjustable notes, finanzinnovatives, variabel verzinsliches Wertpapier, dessen laufende Verzinsung sich als Differenz zwischen einem festgelegten Höchstzinssatz und dem gegenwärtigen Marktzins (z. B. LIBOR) ergibt. YCANs weisen somit eine zum Zinsniveau inverse Renditeentwicklung auf *(upside down pricing).*

yield curve adjustable notes, →YCANs.

Young-Anleihe, internationale 5½%ige Anleihe des Deutschen Reiches von 1930, wurde in den USA, verschiedenen europäischen Ländern und in Deutschland aufgelegt mit einem Gesamtergebnis von ca. 300 Mill. $. Zwei Drittel des Erlöses dienten der Mobilisierung von Reparationszahlungen gemäß Haager Konferenz-Beschluß (1929/30), der Rest für Belange der Reichsbahn und Reichspost. – Im Zuge der *Neuregelung der deutschen Auslandsschulden nach dem* →*Londoner Schuldenabkommen* vom 27.2.1952 wurden 1953 Schuldverschreibungen der Bundesrep. D. ausgegeben: a) *Konversionsschuldverschreibungen:* Begeben in US-$ und verschiedenen europäischen Währungen; verbrieften die Kapitalschuld. b) *Fundierungsschuldverschreibungen:* Verbrieften die ausstehenden Zinsrückstände bis 31.12.1944. Sämtliche Tranchen der Konversionsschuldverschreibungen gelangten am 1.6.1980 zur Rückzahlung; Fundierungsschuldverschreibungen werden 1988 bzw. 1989 auslaufen. Geblieben sind Bezugsscheine, die im Falle einer Wiedervereinigung Deutschlands einen Zinsanspruch für die Zeit von 1945–1952 (Schattenquote) verbriefen.

Young-Plan, zur Regelung der deutschen Reparationen nach dem Ersten Weltkrieg, von einer Sachverständigenkommission (eingesetzt aufgrund der Pariser Konferenz) unter dem Vorsitz von Young ausgearbeiteter Plan, angenommen in Form des zweiten Haager Abkommens, in Kraft getreten ab Mai 1930 in Ablösung des →Dawes-Plans. Die Verpflichtungen aus dem Y.-P. (nicht die aus der im Zusammenhang mit diesem aufgenommenen →Young-Anleihe, die unter die deutsche →Auslandsverschuldung fällt) wurden 1932 durch das Lausanner Abkommen für hinfällig erklärt.

Z

zählende Prüfung, →Attributenkontrolle.

Zählgelder, →Fehlgeldentschädigungen.

Zahlkarte, *Zahlschein,* Formular im →Postgiroverkehr zur Bareinzahlung in beliebiger Höhe auf ein Postgirokonto. Einzahlung auf das eigene Postgirokonto gebührenfrei. – Auf Verlangen des Absenders wird Z. dem Postgiroamt *telegrafisch* übermittelt.

Zahlschein. 1. Sonderform der Spargirokarte; vgl. →Zahlkarte. – 2. Der weiße Überweisungsauftrag aufgrund einer Bareinzahlung bei einer Landeszentralbank zugunsten eines LZB-Kontos.

Zahlstelle, →Zweigstellen im Kreditwesen b), →Zahlstellengeschäft.

Zahlstellengeschäft. 1. *Einlösung* der fälligen →Zinsscheine und →Dividendenscheine durch eine Bank im Auftrag der Aussteller der betreffenden Papiere. Die Bank berechnet dem Anleiheschuldner bzw. der AG eine geringe Provision; die Auszahlung der Zins- und Dividendenbeträge an das Publikum erfolgt kostenlos. Auch die Auszahlung ausgeloster oder fälliger Wertpapiere und der Ausgabe neuer Kupon- und Dividendenbögen erfolgt durch die Zahlstelle. An jedem Börsenplatz, an dem die entsprechenden Wertpapiere gehandelt werden, muß auch eine Zahlstelle vorhanden sein. – 2. Der Begriff Zahlstelle ist auch im Zusammenhang mit dem nationalen und *internationalen Zahlungsverkehr,* z. B. durch Lastschriften, gebräuchlich.

Zahlstellenwechsel, *unechter Domizilwechsel,* →Wechsel, der zwar am Wohnort des Bezogenen, aber nicht bei diesem unmittelbar, sondern z. B. bei einer am gleichen Ort befindlichen Bank zahlbar gestellt ist. – *Gegensatz:* →Domizilwechsel.

Zahltag, Tag der Lohnzahlung. – 1. Für *Lohnempfänger* wöchentlich am Freitag ggf. als Abschlagstag auf den →Akkordlohn zur Vereinfachung der Lohnbuchhaltung. Üblich sind wöchentliche, zehntägige und vierzehntägige Abschlagszahlungen mit monatlicher Endabrechnung. Karenzzeit zwischen Lohnperiode und Z. gestattet der →Lohnbuchführung, die →Lohnzettel abzurechnen. – 2. Für *Gehaltsempfänger* monatlicher Z. am 1., 15. oder Monatsletzten.

Zahlung, →Übereignung einer bestimmten Menge Geldes, meist (aber nicht immer) zwecks Erfüllung einer →Geldschuld. Z. nach dem Gesetz nur durch →gesetzliche Zahlungsmittel möglich; Scheidemünzen braucht der Gläubiger aber nur in bestimmten Höchstbeträgen anzunehmen. – Der Gläubiger muß sich eine andere Art der Z. gefallen lassen, wenn sie der →Verkehrssitte entspricht, z. B. durch Scheck oder durch Überweisung. – Z. an *Ladenangestellte* wirkt i. a. schuldtilgend, nicht aber die an →*Handlungsreisende* (§§ 55, 56 HGB). – Über die *Anrechnung* einer nicht alle Forderungen des Gläubigers deckenden Z. vgl. →Erfüllung; entsprechende Regelung für die Anrechnung von Steuerzahlungen (vgl. § 123 AO).

Zahlung kompensiert, Klausel, die besagt, daß der Ausgleich einer Forderung nicht bar, sondern durch Ausführung einer Gegenlieferung (→Kompensationsgeschäft) erfolgt.

Zahlungsabkommen, *internationales Zahlungsabkommen, Clearingabkommen, Verrechnungsabkommen,* Teil des →Handelsabkommens zur Regelung des zwischenstaatlichen Zahlungsverkehrs (→internationaler Zahlungsverkehr), der über die bei den beiderseitigen Zentralbanken oder anderen vereinbarten Stellen geführten Konten abgerechnet wird. Für den Fall, daß ein Land mit seinen Zahlungen zurückbleibt, ist z. T. ein →Swing vereinbart.

Zahlungsanweisung, Formular für Postgirokonto-Inhaber zur Barauszahlung bzw. →Sammelaufträgen. Die Z. werden vom Postgiroamt nach Abbuchung des Sammelschecks der Post übergeben und am Bestimmungsort genauso behandelt wie die auszuzahlende →Postanweisung.

Zahlungsanweisung zur Verrechnung (ZzV), Auftragsart im Postgiroverkehr für Zahlungen an Empfänger, die kein Konto haben oder deren Konto dem Absender unbekannt ist (Höchstbetrag: 3000 DM). Die ZzV kann eingelöst werden a) durch Gutschrift auf sein Postgirokonto; b) durch Gutschrift auf sein Bank-Girokonto; c) durch Gutschrift auf Konto eines Dritten; d) durch Auszahlung des Betrages an jedem Postschalter gegen Gebühr.

Zahlungsaufschub, nach der Abgabenordnung (AO) gegebene Möglichkeit, die Zahlung des geschuldeten Zolles auf einen späteren

Zeitpunkt, längstens bis zum 15. des folgenden Monats hinauszuschieben. Einzelheiten regelt das Zollgesetz. Z. wird auf Antrag des Zollschuldners i.a. gegen entsprechende Sicherheitsleistung gewährt. Einzelbestimmungen über Z. in §§ 37, 38, 46, 48, 55, 57, 58 ZG.

Zahlungsauftrag, Auftrag des Kunden an seine Bank, Zahlungn zu seinen Lasten zu leisten; fast immer Schriftform erforderlich, z.T. sogar bestimmte Formularvorschriften, wie i.d.R. beim Scheck. Z. ist ferner der Überweisungsauftrag (→Überweisung), Barauszahlung an den Kunden selbst, →Kreditbrief usw.

Zahlungsbedingungen, in der Wirtschaft überlicherweise, auch durch →Allgemeine Geschäftsbedingungen (evtl. auch stillschweigend) getroffene Vereinbarungen über den Zahlungsort und -zeitpunkt von Geldschulden. Z. werden vielfach mit →Lieferungsbedingungen verbunden. – 1. *Grundsätzliche Möglichkeiten:* a) Vereinbarung der Vorauszahlung v.a. bei unbekannten oder unsicheren Kunden); b) Übergabe gegen Bezahlung (→Zug um Zug); c) Zahlung nach Übergabe (z.B. Klauseln „sofort Kasse", „gegen bar"; →Barzahlung); d) Vereinbarung eines →Zahlungsziels (vgl. auch →Lieferantenkredit). Vielfach kombinierte Bedingungen, z.B. Klausel „zahlbar in 30 Tagen ohne Abzug oder innerhalb 10 Tagen unter Abzug von 2% Skonto". – 2. *Besondere Z. bei Außenhandelsgeschäften:* a) Zahlung mittels →Akkreditiv; b) →documents against payment; c) →documents against acceptance.

Zahlungsbereitschaft. I. Betriebswirtschaftslehre: Bereitschaft einer Unternehmung, ihren Zahlungsverpflichtungen nachzukommen, im wesentlichen determiniert durch das Verhältnis von liquiden und liquidierbaren Aktiven zu den nach Fälligkeiten geordneten Schulden. – Vgl. auch →Liquidität, →Zahlungsunfähigkeit, →Zahlungsfähigkeit.

II. Finanzwissenschaft: 1. *Begriff:* Betrag, den ein Individuum (ein Haushalt) aus seinem gegebenen Einkommen für die Bereitstellung →öffentlicher Güter zu zahlen bereit wäre. – 2. *Anwendung der Zahlungsbereitschaftsanalyse:* Bei der Ermittlung der Präferenzen für öffentliche Güter, für die Abschätzung der Verteilungswirkungen öffentlicher Leistungen, im Rahmen von →Kosten-Nutzen-Analyse öffentlicher Ausgaben, bei der Ermittlung von Schattenpreisen (→Opportunitätskosten), z.B. zur Abschätzung der Schadenskosten vom Umweltnutzungen in der Umweltökonomie u.a. Da die Zahlungsbereitschaftsanalyse wahrscheinlich die tatsächliche Z. systematisch unterschätzt (→Free-Rider-Verhalten), wird statt der Z. auch der Betrag ermittelt, den das Individuum (der Haushalt) als Ausgleich für den Nutzen-

entgang bei Wegfall der öffentlichen Leistung akzeptieren würde.

Zahlungsbilanz. I. Begriff: Systematische wertmäßige Aufzeichnung aller ökonomischen Transaktionen, die in einer bestimmten Periode (normalerweise ein Jahr) zwischen In- und Ausländern stattgefunden haben. Die Z. liefert Informationen über Umfang und Entwicklung der internationalen Verflechtung und bietet Orientierungshilfen für die Finanz-, Geld- und Außenwirtschaftspolitik. Für die Z. gilt der Grundsatz der doppelten Buchführung; dementsprechend ist die Z. *formal immer ausgeglichen.* Im Gegensatz zur Bilanz im betriebswirtschaftlichen Sinn werden in der Z. keine Bestandsgrößen, sondern *Stromgrößen* registriert, die sämtliche Transaktionen der betreffenden Periode darstellen.

II. Gliederung: In der Z.-Statistik hat international eine weitgehende Vereinheitlichung stattgefunden. – Folgende *Teilbilanzen* werden unterschieden: 1. →*Leistungsbilanz,* bestehend aus a) →Handelsbilanz (Warenaustausch), b) →Dienstleistungsbilanz (Export und Import von Dienst- und Faktorleistungen) und c) →Übertragungsbilanz (unentgeltliche Leistungen). – 2. →*Kapitalverkehrsbilanz* (kurzfristiger und langfristiger Kapitalverkehr). – 3. →*Devisenbilanz* (Veränderung der Währungsreserven der Zentralbank). – 4. →Restposten der Zahlungsbilanz (statistisch nicht aufgliederbare Transaktionen bzw. ungeklärte Beträge).

III. Konzepte des Z.-Ausgleichs *(Z.-Gleichgewichts):* Obwohl die Z. ex definitione immer ausgeglichen ist, wird oft von einer *unausgeglichenen Z.* gesprochen. Dabei wird auf Teilbilanzen abgestellt und von folgenden alternativen (konkurrierenden) Konzepten ausgegangen: 1. *Devisenbilanzkonzept:* Da bei →festen Wechselkursen die Devisenbilanz nicht – wie bei →flexiblen Wechselkursen – stets ausgeglichen ist und Nettodevisenzu- oder -abflüsse unerwünschte binnenwirtschaftliche Wirkungen haben können (→importierte Inflation, →Geldmengen-Preismechanismus), dominiert die Sichtweise des Devisenbilanzkonzepts naturgemäß in einem Festkurssystem, wie es das →Bretton-Woods-Abkommen vorsah. – 2. *Grundbilanzkonzept:* Die Z. gilt als ausgeglichen, wenn die Zusammenfassung der Leistungsbilanz und der Bilanz des langfristigen Kapitalverkehrs (Grundbilanz) einen Saldo von Null aufweist. Mit diesem Konzept soll die Position des Landes im internationalen Wirtschaftsverkehr ermittelt werden, und zwar unbeeinflußt von kurzfristigen, oftmals spekulativen Transaktionen, die in der Bilanz des kurzfristigen Kapitalverkehrs (also nicht in der Grundbilanz) enthalten sind. – 3. *Leistungsbilanzkonzept:* Eine unausgeglichene Leistungsbilanz signalisiert, daß sich die Nettoauslandsposition geändert hat. – 4. *Konzept der „autonomen" Transaktionen:* Die bisher genannten Konzepte zeigen nicht, ob die jeweils erfaßten Transaktionen autonom, d. h. von den Wirtschaftssubjekten ohne Rücksicht auf die Situation der Z. vorgenommen wurden. Möglich sind eben auch interventionistische Maßnahmen des Staates, d. h. Transaktionen, die zwar in der Z. erfaßt werden, aber lediglich erfolgen, um den Z.-Ausgleich zu gewährleisten, die also nur aus der Situation der Z. zu erklären sind („induzierte" Transaktionen, vgl. auch →internationale Kapitalbewegungen). Demnach läge nur dann ein Z.-Ausgleich vor, wenn die Bilanz der autonomen Transaktionen mit einem Nullsaldo abschließt. Dieses Konzept weist gewisse Operationalitätsprobleme auf, v. a. weil die Motive für die Vornahme der Transaktionen nicht immer eindeutig festzustellen sind. Im Prinzip basiert trotzdem das Z.-Ausgleichsverständnis des →Sachverständigenrats zur Begutachtung der gesamtwirtschaftlichen Entwicklung in der Bundesrep. D. auf diesem Konzept, indem der Ausgleich als realisiert angesehen wird, wenn die Währungsreserven unverändert bleiben, ohne daß zahlungsbilanzbedingte Restriktionen oder Anpassungstransaktionen vorgenommen werden. – 5. Schließlich ist im Rahmen der genannten Konzepte zwischen *„aktuellem"* und *„potentiellem" Z.-Ausgleich* zu unterscheiden. So kann z. B. die Leistungsbilanz ausgeglichen sein; wenn dies aber nur durch staatliche Eingriffe (etwa Einfuhrbeschränkungen oder →Devisenbewirtschaftung) erreicht wurde und bei →Freihandel ein Leistungsbilanzdefizit eintreten würde, liegt zwar kein aktuelles, aber ein potentielles Defizit (Ungleichgewicht) vor.

Zahlungsbilanzausgleich, →Zahlungsbilanz III.

Zahlungsbilanzausgleichsmechanismen, Begriff der monetären Außenwirtschaftstheorie. Die Z. zeigen auf, wie bei einer unausgeglichenen →Zahlungsbilanz Anpassungsprozesse ausgelöst werden, die wieder zum Zahlungsbilanzausgleich zurückführen bzw. eine Gleichgewichtsannäherung ergeben. – Ausgehend von drei in diesem Prozeß bedeutsamen Variablen, nämlich Volkseinkommen und Preisniveau im In- und Ausland sowie →Wechselkurs, sind *zwei Modelltypen* zu unterscheiden: 1. Modelle, in denen jeweils *zwei* der genannten *Variablen als konstant* angenommen werden, so daß der Anpassungsprozeß ausschließlich über die jeweils dritte Variable läuft, und zwar a) →Einkommensmechanismus, b) →Geldmengen-Einkommensmechanismus, c) →Geldmengen-Preismechanismus, d) →Wechselkursmechanismus, e) →Zins-Kreditmechanismus. – 2. Modelle, die der Realität näherzukommen versuchen, indem sie die *simultane Variation mehrerer Variablen*

analysieren; hierzu gehört die →Absorptionstheorie.

Zahlungsbilanzgleichgewicht, →Zahlungsbilanz III.

Zahlungsbilanzmultiplikator, *Leistungsbilanzmultiplikator,* durch den Quotienten aus marginaler Sparquote (s) und der Summe aus marginaler Spar- und Importquote (q) bestimmte Meßzahl, die angibt, um wieviel sich die →Leistungsbilanz eines Landes verbessert (verschlechtert), wenn seine Exporte um eine Geldeinheit steigen (sinken). Dementsprechend gilt:

$$dZ = \frac{s}{s+q} \, dEX$$

(wobei dZ Veränderung des Saldos der Leistungsbilanz, dEx Veränderung der Exporte und $\frac{s}{s+q}$ den Z. ausdrückt). – Dem „einfachen" Z. steht der Z. *im Zwei-Länder-Fall* gegenüber, der die Abhängigkeit des inländischen Leistungsbilanzsaldos von dem des Auslands (und umgekehrt) berücksichtigt.

Zahlungsbilanzpolitik, Maßnahmen mit dem Ziel, den Ausgleich der →Zahlungsbilanz zu bewirken.

Zahlungsbilanzstatistik, systematische Darstellung aller wirtschaftlichen Transaktionen zwischen Gebietsansässigen und Gebietsfremden in einem bestimmten Zeitraum (ohne Transaktionen zwischen dem Bundesgebiet und der DDR). Die Zahlungsbilanz wird unterteilt in die Leistungsbilanz (Bilanz der laufenden Posten), in der für Lieferungen von Waren an das Ausland und der Bezug von Waren aus dem Ausland sowie die Einnahmen und Ausgaben des Inlandes für Dienstleistungen und alle Übertragungen (unentgeltliche Leistungen) nachgewiesen werden, die Bilanz des Kapitalverkehrs und die Veränderung der Netto-Auslandsaktiva der Deutschen Bundesbank (→Zahlungsbilanz). Laufende Ermittlung, monatliche, vierteljährliche und jährliche Zusammenstellung durch die Deutsche Bundesbank aufgrund § 26 AWG und § 18 BBankG. – *Veröffentlichung* in „Monatsberichte" und „Statistische Beihefte zu den Monatsberichten, Reihe 3: Zahlungsbilanzstatistik" der Deutschen Bundesbank. – Als *Hilfsstatistiken* dienen u. a. (1) →Außenhandelsstatistik, (2) Statistik des Dienstleistungsverkehrs mit dem Ausland, (3) Statistik des lang- und kurzfristigen Kapitalverkehrs, (4) Statistik über geleistete und empfangene Zahlungen im Transithandel. Meldepflichtig sind alle Gebietsansässigen, die Zahlungen von mehr als 1000 DM leisten oder entgegennehmen, gleichgültig, ob das als Entgelt für Dienstleistungen, als Zahlung im Kapitalverkehr oder als Zahlung für Käufe und Verkäufe im Transithandel erfolgt. – Zusammenstellung und Veröffentlichung von *Zahlungsbilanzen des Auslandes* durch das Statistische Bundesamt aus Veröffentlichungen anderer Länder und internationaler Organisationen.

Zahlungsbilanzungleichgewicht, →Zahlungsbilanz III.

Zahlungseinstellung, Nichtbezahlung eines bedeutenderen Teiles der fälligen Schulden eines Schuldners wegen des tatsächlichen oder angeblichen Mangels an Geldmitteln. Der Mangel an Mitteln muß voraussichtlich andauernd sein. Kennzeichnend für →Zahlungsunfähigkeit. – *Anders:* →Zahlungsschwierigkeit.

Zahlungsfähigkeit, *Solvenz,* Fähigkeit einer Person oder einer Unternehmung, ihre fälligen Verbindlichkeiten sofort bzw. innerhalb absehbarer Zeit erfüllen zu können. – *Gegensatz:* →Zahlungsunfähigkeit.

Zahlungsgarantie, Form der →Garantie. Z. sichern den Gläubiger für den Fall ab, daß der Schuldner seinen Zahlungsverpflichtungen nicht oder nur teilweise nachkommmt. Bei Exportgeschäften wird die Z. oft mit einer →Transfergarantie verbunden, wenn dies länderspezifische Risiken erforderlich machen.

zahlungshalber, →erfüllungshalber.

Zahlungsklausel, →Kursklausel, →Zahlungsbedingung.

Zahlungsmeldungen, →Meldepflicht.

Zahlungsmittel, Geldzeichen und geldgleiche Forderungsrechte, die im Zahlungsverkehr akzeptiert werden. – 1. *Im engeren Sinn:* Noten, Münzen und Sichteinlagen, da Zahlungen auf drei verschiedene Arten (bar, durch Überweisung oder mit Scheck) durchgeführt werden können. Noten und Münzen bilden das Bargeld, Sichteinlagen (→Giralgeld) sind monetäre Forderungen, über die jederzeit mit Überweisung oder Scheck verfügt werden kann. Diese Abgrenzung der Z. entspricht dem →Geldvolumen i. e. S. und impliziert, daß zwischen (jederzeit) verfügbaren und nicht verfügbaren monetären Forderungen eine deutliche Trennung gezogen werden kann. – 2. *Im weiteren Sinn:* Wird berücksichtigt, daß Kreditinstitute häufig dem Wunsch von Nichtbanken nachkommen, vor Fälligkeit auch über Termin- und Sparguthaben zu verfügen, so sind auch diese Mittel für Zahlungen einsetzbar. Z. i. d. S. umfassen auch diese monetären Größen und entsprechen den Geldvolumina M_2 und M_3 (→Geldmenge). – Vgl. auch →Zahlungsmittelumlauf.

Zahlungsmittelfunktion des Geldes, →Tauschmittelfunktion des Geldes.

Zahlungsmittelumlauf, Gesamtheit der für die Bewirkung von Zahlungen verfügbaren →Zahlungsmittel, d. h. des im Verkehr außer-

halb der Kassen der Notenbank befindlichen →Geldvolumens. – Vgl. auch →Geldmenge.

Zahlungsort, Ort, an dem Zahlung auf eine Forderung zu leisten ist. Z. ist bei →Wechseln und →Schecks, falls nicht durch Domizilklausel (→Domizilwechsel) ein anderer Z. vorgeschrieben ist, i. a. der Adreßort (der beim Namen des Bezogenen angegebene Ort); bei Fehlen jeder Angabe im Scheck der Ort der Hauptniederlassung des Bezogenen (Art. 2 III ScheckG). – *Z. für eine Geldschuld:* Vgl. →Geldschuld.

Zahlungsplan, wichtiger Teilplan im Rahmen der →Finanzplanung, enthält alle Zahlungen (Ein- und Auszahlungen) nach Wert und Fälligkeit, die aus den Daten aller betrieblichen Teilpläne oder aus anderen Betriebsunterlagen abgeleitet werden. – Vgl. auch →Finanzplan.

Zahlungsschwierigkeit, *Zahlungsstockung,* der vorübergehende Mangel liquider Mittel für die Erfüllung von Verpflichtungen (→Illiquidität). – *Anders:* →Zahlungseinstellung.

Zahlungssperre, →Sperren.

Zahlungs Statt, →an Erfüllungs Statt.

Zahlungsstockung, →Zahlungsschwierigkeit.

Zahlungsunfähigkeit, *Insolvenz,* das auf Mangel an Zahlungsmitteln beruhende, nach außen erkennbare, voraussichtlich dauernde Unvermögen eines Schuldners, seine fälligen Geldschulden noch im wesentlichen zu erfüllen. – *Wichtigstes Kennzeichen:* →Zahlungseinstellung. – Z. ist →Konkursgrund.

Zahlungsunion, vertragliche Vereinbarung mehrerer Länder zum Zweck der Verrechnung aller Zahlungen im Außenhandel über eine zentrale Verrechnungsstelle. Die einzelnen Teilnehmerländer verrechnen ihre Forderungen und Verbindlichkeiten nicht mit jedem Land bilateral, sondern multilateral mit der Gesamtheit der Teilnehmerländer.

Zahlungsverjährung. 1. *Gegenstand:* Festgesetzte Ansprüche aus dem Steuerschuldverhältnis unterliegen der Z. (§ 228 AO). – *Gegensatz:* →Festsetzungsverjährung. – 2. Die *Verjährungsfrist* beträgt fünf Jahre. Sie beginnt mit Ablauf des Kalenderjahres, in dem der Anspruch erstmals fällig geworden ist, jedoch nicht vor Ablauf des Kalenderjahres, in dem die Festsetzung, Aufhebung oder Änderung dieses Anspruchs wirksam geworden ist (§ 229 AO). – Die Z. ist *gehemmt,* solange der Anspruch wegen höherer Gewalt innerhalb der letzten sechs Monate der Verjährungsfrist nicht erhoben werden kann (§ 230 AO). Dieser Zeitraum wird bei der Berechnung des Laufs der Verjährungsfrist nicht berücksichtigt. – *Unterbrochen* wird die Z. u. a. durch schriftliche Geltendmachung des Anspruchs, →Zahlungsaufschub, →Stundung und →Aussetzung der Vollziehung. Bei Unterbrechung beginnt mit Ablauf des Kalenderjahres, in dem die Unterbrechung geendet hat, neue Verjährungsfrist für den Betrag, auf den sich die Unterbrechungshandlung bezieht (§ 231 AO). – 3. *Wirkung:* Durch die Z. erlöschen der Anspruch aus dem Steuerschuldverhältnis und die von ihm abhängenden Zinsen (§ 232 AO). Der Fristablauf ist von Amts wegen zu beachten.

Zahlungsverkehr, Zahlungsvorgänge einer Unternehmung und privater Haushalte in der arbeitsteiligen Volkswirtschaft. – *Arten:* a) Nach dem *verwendeten Zahlungsmedien:* (1) Barzahlungsverkehr (barer Z.); (2) bargeldersparender Z.; (3) →bargeldloser Zahlungsverkehr (unbarer Z.). – b) Nach der Verwendung von *Belegen:* (1) beleggebundener Z. (2) belegloser Z.; vgl. auch →elektronischer Zahlungsverkehr. – Vgl. auch →internationaler Zahlungsverkehr, →innerdeutscher Zahlungsverkehr.

Zahlungsverzug, →Schuldnerverzug.

Zahlungsziel, Bezeichnung für einen in der Zukunft liegenden Zeitpunkt, zu dem eine (v. a. durch einen Kaufvertrag begründete) Geldschuld bezahlt werden soll. Gewährung eines Z. (→Zahlungsbedingungen) ist die typische Form des kurzfristigen Lieferatenkredits. Häufig wird vereinbart, daß wahlweise Z. oder Skonto bei Zahlung netto Kasse in Anspruch genommen werden kann.

Zahnarzt, ärztlicher Beruf. Zur Ausübung der Zahnheilkunde berechtigt die zahnärztliche Prüfung. Regelung im Gesetz über die Ausübung der Zahnheilkunde i.d.F. vom 16. 4. 1987 (BGBl I 1225). Prüfungsordnung für Z. vom 26. 1. 1955 (BGBl I 37) mit späteren Änderungen. – Vgl. auch →Gebührenordnung für Zahnärzte.

zahnärztlicher Bundestarif für das Versorgungswesen, regelt die Gewährung und Durchführung der zahnärztlichen Behandlung der nach dem →Bundesversorgungsgesetz versorgungsberechtigten Personen.

Zahnbehandlungsschein, →Krankenschein.

Zahnschein, →Krankenschein.

Zaïre, *République du Zaïre,* Staat in Zentralafrika, präsidiale Republik, neue Verfassung seit 1971, Militärregime, Einparteienstaat, Parlament aus einer Kammer als „Nationaler Gesetzgebungsrat", seit 1960 unabhängig. – *Fläche:* 2,34 Mill. km²; drittgrößter Staat in Zentralafrika; eingeteilt in acht Regionen und Hauptstadtbezirk. – *Einwohner* (E): (1985) 30,36 Mill. (12,9 E/km²); v. a. Bantu, Sudangruppen, geringe Reste der Urbevölkerung (Pygmäen). – *Hauptstadt:* Kinshasa (2,65 Mill. E); weitere wichtige Städte: Lubumbashi (Elizabethville; 543000 E), Mbuji-Mayi

(Bakwanga; 423000 E); Kananga (Luluabourg; 290000 E); Kinsangani (Stanleyville; 282000 E). – *Amtssprache:* Französisch.

Wirtschaft: *Landwirtschaft:* Anbau von Zuckerrohr, Erdnüssen, Zitrusfrüchten u.a. Früchten, Kaffee, Kakao. Viehzucht: hauptsächlich Ziegen, Rinder, Schafe, Schweine. – *Fischfang:* (1981) 102000 t, überwiegend Süßwasserfische. Wertvolle Edelhölzer in den tropischen Regenwäldern. – *Bergbau:* Bedeutender Rohstofflieferant (Industriediamanten, Kupfer- und Zinnabbau, Kobaltgewinnung, Kadmium, Kolumbit, Germanium, ferner Erdöl, Zink, Silber- und Goldgewinnung). – *Industrie:* Hauptsächlich Verarbeitung von heimischen Nahrungsmitteln, Metallindustrie (um Kinshasa, Matadi und Kisangani konzentriert); 1984 waren 10% der Erwerbspersonen in der Industrie tätig, 70% in der Landwirtschaft. – *Reiseverkehr:* (1980) 23000 Touristen, Deviseneinnahmen: 22 Mill. US-$. – *BSP:* (1985, geschätzt) 5220 Mill. US-$ (170 US-$ je E). – Anteil der Landwirtschaft am *BSP:* (1984) 32%, der Industrie: 10%. – *Öffentliche Auslandsverschuldung:* (1984) 132,0% des BSP. – *Inflationsrate:* (Durchschnitt 1973–84) 48,2%. – *Export:* (1985) 591 Mill. US-$, v. a. Kupfer, Diamanten, Kobalt, Uran, Edelmetalle, Kakao, Kaffee, Baumwolle, Palmöl. – *Import:* (1985) 1025 Mill. US-$, v. a. Maschinen- und Fahrzeuge, Erdöl, Nahrungsmittel. – *Handelspartner:* Belgien, Frankreich, Großbritannien, Bundesrep. D., USA, Italien, Schweiz, Rep. Südafrika, Mosambik, Japan, Angola.

Verkehr: Nur das Hauptindustriegebiet hat gute *Straßen- und Eisenbahnverbindungen;* Anschluß v. a. an die Häfen Ost- und Südafrikas; wichtigster Verkehrsweg ist der Kongo mit seinen Nebenflüssen, die etwa auf 13000 km schiffbar sind; internationaler *Luftverkehr* über die wichtigsten *Flughäfen* Kinshasa und Lubumbashi, Inlandsluftverkehr von großer Bedeutung.

Mitgliedschaften: UNO, AKP, CCC, CIPEC, OUA, UNCTAD, u. a.

Währung: 1 Zaïre (Z) = 100 Makuta (Singular: Likuta).

ZAK, Abk. für →Zentrale Ausfuhrkontrolle.

Zapping, Schlagwort der TV-Werbeforschung für das Vermeiden des Empfangs von Werbesendungen durch die Konsumenten. – *Erscheinungsformen:* a) Kanalwechsel beim Fernsehen zu Beginn oder während der Werbung (Flickering); b) Ausblenden von →Fernsehspots bei Videoaufnahmen; c) Betätigen des Schnellvorlaufs beim Ansehen von Videos; d) Verlassen des Raumes während der →Fernsehwerbung. – *Bedeutung:* Ursache des Z. ist negative Einstellung zur Werbung allgemein bzw. Mißfallen bestimmter Fernsehspots. Z.

führt zu erheblicher Reduktion der →Reichweite von Fernsehwerbung. Für die Bundesrep. D. liegen derzeit keine gesicherten Ergebnisse über Ausmaß des Z. vor; für die USA wird geschätzt, daß 50% der Zuschauer „zappen".

ZAV, Abk. für →Zentralstelle für Arbeitsvermittlung.

ZAW, Abk. für →Zentralausschuß der Werbewirtschaft e. V..

Zedent, derjenige, der eine Forderung abtritt. Vgl. →Forderungsabtretung.

zedieren, eine Forderung abtreten; vgl. →Forderungsabtretung.

Zehner-Gruppe, *Zehnerklub, Group of Ten,* 1962 gebildetes Gremium der zehn Hauptindustrieländer des Westens (USA, Großbritannien, Bundesrep. D., Frankreich, Italien, Japan, Kanada, Niederlande, Belgien und Schweden) zur gegenseitigen Unterstützung bei Zahlungsbilanzschwierigkeiten im Rahmen des →IMF. Die Schweiz war seit der Gründung assoziiert, seit 1984 ist sie Vollmitglied. Die Z.-G. traf 1962 die →Allgemeinen Kreditvereinbarungen (AKV), zuletzt verlängert bis Herbst 1980. Aufgrund der damals erreichten umfassenden Konvertibilität der Währungen wurde beschlossen, einen Sonderkreditfonds zu errichten und die kurzfristigen Kapitalbewegungen wesentlich freizügiger zu gestalten (→Sonderziehungsrechte), um durch diese Kredithilfen den Mitgliedsländern des IMF den Ausgleich der Zahlungsbilanzen zu erleichtern und die internationale Währungsordnung stabiler zu gestalten. Die Z.-G. konnte zwar internationale Krisen im Währungssektor nicht verhindern, jedoch deren Auswirkungen überwinden helfen. Aufgrund des hohen Anteils der Mitglieder der Z.-G. an den Quoten des IMF spielt die Z.-G. für die Politik des IMF eine große Rolle.

Zehner-Klub, →Zehner-Gruppe.

Zeichen. I. Organisation: Aus geometrischen Elementen (z. B. Punkt, Linie, Fläche) zusammengesetzte Merkzeichen, Formensymbole. Sehr einprägsam als →Ordnungsmerkmale, verwendet z. B. für die Kennzeichnung von Zusammenhängen zwischen Dingen, Tätigkeiten und Personen innerhalb der Betriebsorgansiation, z. B. bei Arbeitsablaufplänen.

II. Nachrichten- und Informationstechnik: Bestandteile einer →Nachricht und stets an die Wahrnehmung eines →Signals geknüpft. Sie treten in Form von Buchstaben, mathematischen Symbolen oder Gesten auf.

III. Warenzeichenrecht: Vgl. →Marke.

Zeichenrolle, beim →Deutschen Patentamt geführtes öffentliches Register der eingetragenen →Marken bzw. Zeichen.

Zeichenschutz, der durch das →Warenzeichenrecht gewährte Schutz für →Marken. – Vgl. auch →Namensrecht, →Firma, Schutz für →geschäftliche Bezeichnung.

Zeichensteuer, →Banderolensteuer.

Zeichenvorrat, Gesamtmenge und Art (→numerische Daten, →alphanumerische Daten) der Zeichen, die ein Druckwerk oder Schreibwerk darstellen kann.

Zeichnen, unterschriftliche Verpflichtung (durch →Zeichnungsschein) zur Übernahme eines bestimmten Betrags neu ausgegebener, zum Verkauf angebotener Anleihen oder Aktien. Zum Z. wird meist durch einen →Prospekt aufgefordert. – Vgl. auch →Überzeichnung, →Zeichnungsbedingungen.

Zeichnung. I. Industriebetriebslehre: Vgl. →Konstruktionszeichnung.

II. Handelsrecht: Unterschriftleistung. Z. der bei dem Registergericht aufzubewahrenden Unterschriften soll zur Prüfung der Echtheit einer im Handelsverkehr abgegebenen Unterschrift dienen. Sie hat in öffentlich beglaubigter Form zu erfolgen (§ 12 HGB). Unterschrift muß so geleistet werden, wie sie der Zeichnende im Geschäftsverkehr vornehmen will und frei von Zusätzen sein; bloßes Handzeichen genügt nicht. – 1. *Zweigniederlassung:* Z. der gesetzlich vorgeschriebenen Unterschriften hat i. a. beim Gericht der Zweigniederlassung zu erfolgen, ist aber dem Gericht der →Hauptniederlassung einzureichen (§§ 13, 13a HGB). – 2. *Prokura:* Z. des →Prokuristen erfolgt in der Weise, daß er die →Firma seines Geschäftsherrn sowie seine Namensunterschrift zeichnet und einen Zusatz, der seine Stellung als Prokurist andeutet (üblich „ppa."; § 51 HGB) beigefügt, z. B. Heinrich Lehmann ppa. Fritz Lange. Fehlt dieser Zusatz, so hat die Unterschrift des Prokuristen trotzdem ihre rechtliche Gültigkeit. – 3. *Handlungsvollmacht:* Der →Handlungsbevollmächtigte hat bei Z. einen das Vollmachtsverhältnis ausdrückenden Zusatz zu verwenden (§ 57 HGB), z. B. per (bzw. in Vollmacht). – 4. *Offene Handelsgesellschaft:* Die vertretungsberechtigten Gesellschafter müssen im Geschäftsverkehr mit der Firma oder ihrem Namen unter Hinweis auf die Firma (z. B. durch Stempelbeidruck) zeichnen. Befindet sich die Gesellschaft in Abwicklung, so zeichnen die →Abwickler mit der als in Liquidation erkenntlich gemachten sog. Abwicklungsfirma (üblich der Zusatz: in Liquidation, i.L., in Abwicklung) und ihrem Namen (§§ 153, 148 III HGB). – Vgl. auch →Gegenzeichnung.

Zeichnungsbedingungen, *Emissionsbedingungen,* nähere Modalitäten einer Neu-Emission hinsichtlich Nominalzinsfluß, Zeichnungskurs, Tilgung oder Rückzahlung usw.; bei neuemittierten Aktien entsprechend Betrag, Bezugskurs, Bezugsfrist usw. Z. werden meist in einem →Prospekt, einer Zeichnungseinladung, auch in der Presse, bekanntgegeben. – Vgl. auch →Zeichnen.

Zeichnungsgründung, →Stufengründung.

Zeichnungsprospekt, →Prospekt III.

Zeichnungsschein, Schein, auf dem sich der Erwerber eines neu ausgegebenen Wertpapiers zum Erwerb und zur Bezahlung des auf dem Z. angegebenen Emissionskurses zu den vorgesehenen Bedingungen (→Zeichnungsbedingungen) verpflichtet. Bei Kapitalerhöhungen einer AG gegen Einlagen ist ein Z. gem. §185 AktG erforderlich. – Vgl. auch →Zeichnen.

Zeichnungsstelle, Bank oder Bankniederlassung, die mit der Entgegennahme von Zeichnungen (→Zeichnung) auf neu ausgegebene Effekten beauftragt ist.

Zeichnungsvollmacht, →Vollmacht, für eine Firma rechtsverbindlich zu zeichnen (→Zeichnung). Z. haben der →Prokurist und der →Handlungsbevollmächtigte im Rahmen der handelsrechtlichen Bestimmungen.

Zeilendichte, Zeilenschalt-Maß bei schreibenden Geräten mit unterschiedlich einstellbarem Zeilenabstand.

Zeit, →mitteleuropäische Zeit.

Zeitablaufrechnung, in der Einzelkostenrechnung gebräuchlicher Begriff für eine von Kalenderzeitperioden losgelöste Aufzeichnung von →Kosten und →Erlösen. Kosten und Erlöse werden jeweils entsprechend der →Bindungsdauer der Kosten erfaßt, z. B. die aus einem für vier Jahre abgeschlossenen Leasing-Vertrag insgesamt resultierenden Leasingraten als Summe der gesamten Vierjahresfrist. – *Graphisch dargestellt* bildet jeder Kosten- und Erlösbetrag einen Balken, dessen Länge als Differenz zwischen dem Anfangs- und Endtermin die Bindungsdauer, dessen Höhe, die Höhe des Betrags kennzeichnet. – *Zweck:* Auf jegliche Schlüsselung (→Gemeinkostenschlüsselung) von →Periodengemeinkosten kann verzichtet werden.

Zeitabschreibung, Form der →Abschreibung abnutzbarer Wirtschaftsgüter, der als Abschreibungsursache (reiner) →Zeitverschleiß zugrundeliegt. – *Ermittlung:*

$$Z = \frac{\text{Anschaffungswert ./. Resterlöswert (bzw. Liquidationserlös)}}{\text{wirtschaftliche Nutzungsdauer}}$$

Wie alle Formen von Abschreibungen bedeuten auch Z. eine →Gemeinkostenschlüsselung, die zu einer fehlerhaften Fundierung von

Entscheidungen führen kann. – Vgl. auch →gebrochene Abschreibung.

Zeitakkord, →Stückzeitakkord.

Zeitaufnahme, *Zeitstudie,* Beschreibung des Arbeitssystems (Arbeitsverfahren, Arbeitsmethode, Arbeitsbedingungen) und Erfassung je →Ablaufabschnitt von a) Bezugsgröße, b) Einflußgrößen, c) Leistungsgrade und d) Ist-Zeiten. Die darauf folgende Auswertung der Daten ergibt die →Soll-Zeiten je Ablaufabschnitt.

Zeitbestimmung, die einem →Rechtsgeschäft beigefügte Bestimmung, wonach die Rechtswirkungen zu einem bestimmten Zeitpunkt aufhören oder eintreten sollen. Die Vorschriften über die →Bedingungen gelten entsprechend (§163 BGB).

Zeitcharter, →Charterverkehr.

Zeitdistanzmethode, Verfahren im Rahmen der →Standortwahl. Gemessen wird die Entfernung in Gehminuten sternenförmig um den Standort eines Handelsgeschäfts. Man erhält sog. Isochronen, deren Entfernung zum Standort jeweils gleich groß ist. Methode zur Bestimmung des Einzugsgebietes.

Zeitdruck, knappes Verhältnis von für eine Handlung benötigter Zeit zu der dafür vorgesehenen Zeit. – *Theorie des Konsumentenverhaltens:* Z. beeinflußt die aktive Informationsbeschaffung und die →Kaufabsicht. Er wird zur Erklärung der Produkt-(Markenwahl) herangezogen.

Zeitermittlung, für die Berechnung von →Vorgabezeit des Arbeitnehmers, Belegungszeit des Betriebsmittels, Bewertungszeit des Werkstoffes sowie der →Auftragszeit im Rahmen der →Arbeitsvorbereitung.

I. **Methoden:** 1. *Schätzung* in Form der erfahrungs- und kenntnisbedingten Mehrfachschätzung. – 2. *Zusammensetzung:* Addition bekannter Zeitwerte für ähnliche Vorgänge. – 3. *Interpolation:* Ermittlung neuer aus einer Reihe bekannter Zeitwerte bei Berücksichtigung einer quantitativ veränderlichen Einflußgröße. – 4. *Berechnung und Zeichnung,* wenn mathematische Funktion zwischen Einflußgröße und gesuchter Zeit bekannt. – 5. *MTM-Verfahren* (→method time measurement) oder *WF-Verfahren* (Work-Factor-Verfahren): Amerikanisches Zeitermittlungsverfahren ohne betriebsindividuelle Arbeitszeitstudien durch Untersuchung und tabellarische Zusammenstellung von vorbestimmten Kleinstzeiten (basic elements), aufgrund deren spätere Zusammensetzung erfolgen kann. – 6. *Systematische* →Arbeitszeitstudie: Meßabschnitte sind durch Analyse des →Arbeitsablaufes gewonnene Arbeitselemente. – Voraussetzung für Zeitermittlung, insbes. bei Verfahren 5. und 6., ist systematische →Arbeitsvorbereitung mittels Erzeugnisgliederung und sinnvoller Analyse des Arbeitsablaufes. – 7. →Multimomentverfahren.

II. Hilfsmittel: 1. *Technische Hilfsmittel:* Stoppuhren (mit Dezimaleinteilung) oder schreibende Zeitmeßgeräte (Arbeitsschau-Uhren). – 2. *Organisatorische Hilfsmittel:* Einheitliche Zeitaufnahme- und -auswertungsbogen.

Zeitgesetz. I. Amtlicher und geschäftlicher Verkehr: Gesetz über die Zeitbestimmung vom 25.7.1978 (BGBl I 1110), das die gesetzliche Zeit (→mitteleuropäische Zeit) bestimmt.

II. Strafrecht: Gesetz, das nur für eine bestimmte Zeit erlassen ist und das auch nach seinem Außerkrafttreten für die während seiner Gültigkeit begangenen Straftaten noch maßgebend bleibt (§ 2 StGB).

Zeitgrad, neben den →Intensitätsgrad eine Komponente des →Beschäftigungsgrades. Definiert durch:

$$Z = 100 \cdot \frac{\text{Istarbeitszeit}}{\text{Planarbeitszeit}}$$

Zeitguthaben, →Arbeitszeitkonto.

Zeit je Einheit (te), Teil der →Auftragszeit, unabhängig von dem Auftragsvolumen. Z.j.E. bezieht sich auf eine Mengeneinheit des Auftrages; setzt sich zusammen aus →Grundzeit, →Verteilzeit und →Erholungszeit.

$$t_e = t_g + t_v + t_{er}$$
$$t_e = t_g \left(1 + \left(\frac{Z_v + Z_{er}}{100} \right) \right).$$

Zeitkosten, älterer, nicht mehr gebräuchlicher Begriff für vom Beschäftigungsgrad unabhängige (→fixe Kosten) bzw. schwer veränderliche Kosten (→intervallfixe Kosten), die durch die Leistungsbereitschaft der Unternehmung entstehen. – Vgl. auch →Bereitschaftskosten.

zeitliche Abgrenzung, →Abgrenzung.

zeitliche Anpassung, →Anpassung 1.

zeitlich fein abgestimmte Produktion, Elementartyp der Produktion (→Produktionstypen), der sich aus dem Merkmal der zeitlichen Abstimmung der Produktion ergibt. Bei z.f.a.P. sind sowohl die Aktionsträger (Maschinen und/oder Menschen) bezüglich ihres Einsatzes als auch der Materialfluß so verzahnt und aufeinander eingespielt, daß keine oder nur geringfügige arbeitsablaufbedingte Leerzeiten bei den Potentialfaktoren und/oder nur geringe Wartezeiten der Aufträge auftreten. – *Beispiel:* Montage von Personenkraftwagen. – Vgl. auch →zeitlich global abgestimmte Produktion, →Taktproduktion.

zeitlich global abgestimmte Produktion, Elementartyp der Produktion (→Produktionstypen), der sich aus dem Merkmal der zeitlichen Abstimmung der Produktion ergibt. Ein großer Teil der Industrieproduktion unterliegt einer globalen Zeitvorgabe für die Abwicklung aller Arbeitsvorgänge bzw. Prozesse. Es können hierbei erhebliche Leerzeiten der Arbeitssysteme und Wartezeiten der Aufträge auftreten. – *Beispiel:* Herstellung von Werkzeugmaschinen in Werkstattproduktion. – Vgl. auch →zeitlich feinabgestimmte Produktion, →Taktproduktion.

zeitlich-intensitätsmäßige Anpassung, →Anpassung.

Zeitlohn, →Lohnform, bei der die Anwesenheit bezahlt wird; Leistungslohn, da mittelfristig das Erreichen einer Normalleistung erwartet wird. Die Lohnhöhe je Stück und Arbeitsstunde ist bei steigender Leistung degressiv, mithin geringer Leistungsreiz. Das Risiko der Minderleistung liegt beim Arbeitgeber. – *Zweckmäßig* a) v.a. bei Qualitätsarbeiten, b) bei gefährlichen Tätigkeiten, c) bei nicht-akkordfähigen Arbeiten (→Akkordfähigkeit), d) in Fällen, in denen die Organisation einen bestimmten Leistungsgrad des Arbeiters automatisch sicherstellt, e) bei unregelmäßigem Arbeitsanfall (z. B. Bereitschaftsdiensten). – Übergangsform von Z. zum Charakter des Leistungslohns durch Zuteilung der Arbeiter zu *Leistungsstufen.* – Vgl. auch →Pauschalentlohnung.

Zeitmietvertrag, Mietvertrag mit eingeschränktem →Kündigungsschutz, der auf höchstens fünf Jahre abgeschlossen werden kann. Er ist zulässig, wenn der Vermieter die Wohnung später selbst nutzen, modernisieren oder abreißen will. – Vgl. auch →soziales Mietrecht.

Zeitpräferenz, →time preference.

Zeitreihe, in der Statistik eine Folge von Werten einer →Variablen, die sich auf aufeinanderfolgende Zeitpunkte oder Zeiträume bezieht, z. B. die Z. des Bruttosozialprodukts in den Jahren 1970 bis 1986.

Zeitreihenanalyse. 1. *Begriff:* Verfahren der Zerlegung einer →Zeitreihe in ihre →Komponenten anhand eines gegebenen empirischen Zeitreihenverlaufes. Zweck einer Z. ist v.a. die →Prognose des Zeitreihenverlaufes in der Zukunft. – 2. *Methoden:* Bei den herkömmlichen Verfahren der Z. wird unterschieden: a) Der Fall, daß *keine zyklische Komponente,* also nur →Trend und zufällige Komponente enthalten ist. Es kann mit Hilfe →gleitender Durchschnitte die Trendkomponente auch dann ermittelt (geschätzt) werden, wenn keine Vorstellung über den Funktionstyp des Trends vorliegt. Ist eine solche Hypothese hingegen vorhanden, erfolgt die Ermittlung des Trends durch ein geeignetes Anpassungsverfahren, etwa die →Methode der kleinsten Quadrate. – b) Der Fall, daß auch eine zyklische Komponente wirkt. Die Ermittlung (Schätzung) einer zyklischen Komponente, etwa einer Saisonkomponente, kann unter verschiedenen Annahmen erfolgen. Die einfachste Hypothese besteht darin, daß sich der Saisonbestandteil der Zeitreihe Jahr für Jahr in genau derselben Weise wiederholt. Daneben kann auch der Fall eines im Zeitablauf variablen Saisonbestandteils bearbeitet werden. Für verschiedene Analyse- und Prognosezwecke ist es sinnvoll, aus einer Zeitreihe den Trend- bzw. den Saisonbestandteil herauszurechnen *(Trendbereinigung; →Saisonbereinigung)*. – 2. *Neuerdings* erfolgt Z. auch auf der Grundlage der →*Spektralanalyse*. Mit dieser wird das Ziel verfolgt, eine gegebene Zeitreihe als Summe von Sinusschwingungen mit verschiedenen Frequenzen darzustellen. Dabei muß i.d.R. eine stationäre Zeitreihe unterstellt werden, deren Bildungsgesetze also im Zeitablauf unverändert bleiben. Deshalb ist die spektralanalytische Vorgehensweise für die Analyse ökonomischer Zeitreihen nicht allgemein akzeptiert.

Zeitrente. I. B a n k w e s e n : Die auf eine bestimmte Anzahl von Zeitabschnitten zu entrichtende Rente, z.B. bei den Rentenbriefen der Deutschen Landesrentenbank.

II. S o z i a l v e r s i c h e r u n g : Die für einen bestimmten Zeitraum gewährte Versicherten- oder Witwenrente. Z. wird für längstens drei Jahre gewährt, wenn zu erwarten ist, daß die Berufs- oder Erwerbsunfähigkeit in absehbarer Zeit behoben werden kann, insbes. wenn sie nicht ausschließlich auf dem Gesundheitszustand beruht (§ 1276 RVO, § 53 AVG, § 12 RGK). Die Z. wird erst vom Beginn der 27. Woche an gezahlt und fällt mit Ablauf des im Bescheid bestimmten Datums weg, ohne daß ein Entziehungsbescheid zu ergehen hat. Z. kann wiederholt gewährt werden, aber nicht länger als über sechs Jahre seit dem ersten Rentenbeginn und nicht über das 60. Lebensjahr hinaus. Beruht die →Berufsunfähigkeit oder →Erwerbsunfähigkeit nicht ausschließlich auf dem Gesundheitszustand, etwa weil der Arbeitsmarkt für Teilzeitbeschäftigte verschlossen ist, gilt die Sechs-Jahres-Grenze nicht.

III. S t e u e r l i c h e B e h a n d l u n g : Vgl. →Rentenbesteuerung.

Zeitrenten-Zusatzversicherung, →Lebensversicherung II 6 d).

Zeitschuld, →Arbeitszeitkonto.

Zeitstudie, →Zeitaufnahme.

Zeitsystematik, Gliederung der Zeiten von Mensch, Betriebsmittel und Arbeitsgegenstand (Komponenten des Arbeitssystems)

nach →Ablaufarten und Zusammenfassung der Teilzeiten zur →Auftragszeit und →Belegungszeit.

Zeitungsartikel, Artikel aus Zeitungen oder anderen lediglich Tagesinteressen dienenden Informationsblättern. – *Urheberrecht:* Soweit Z. nicht mit einem Vorbehalt der Rechte versehen sind, ist ihre →Vervielfältigung und Verbreitung in anderen Zeitungen und Informationsblättern dieser Art ohne Einwilligung des →Urhebers zulässig; entsprechendes gilt für Rundfunkkommentare. Kommentare und Artikel, die politische, wirtschaftliche oder religiöse Tagesfragen betreffen und nicht mit einem Vorbehalt der Rechte versehen sind, dürfen darüber hinaus auch öffentlich wiedergegeben werden. Dem →Urheber ist eine angemessene Vergütung zu zahlen, es sei denn, daß es sich um eine Übersicht kurzer Auszüge aus mehreren Kommentaren oder Artikeln handelt (§ 49 I UrhRG). Stets ist der Urheber, der in den benutzten Quelle bezeichnet ist, und die Zeitung usw. anzugeben, woraus der Artikel entnommen ist (→Quellenangabe). – Unbeschränkt zulässig ist die Vervielfältigung von vermischten Nachrichten tatsächlichen Inhalts und von Tagesneuigkeiten, die durch Presse oder Funk veröffentlicht worden sind (§ 49 II UrhRG).

Zeitungsdrucksachen, →Drucksachen.

Zeitungspostsendungen, Zeitungs- und Zeitschriftenversand, für Verleger und in bestimmten Fällen für Zeitungsvertriebsstellen zulässig. – *Sendungsarten:* 1. *Postvertriebsstück:* Versand an Einzelbezieher; die Zeitungsexemplare sind nicht mit Umschlag oder Streifband zu versehen, z.B. Etikett ausreichend. – 2. *Postzeitungsgut:* Versand an Sammelempfänger (z.B. Zeitungskioske); paketartige Sendungen. – 3. *Streifbandzeitung:* Versand an Einzelbezieher; mit Streifband oder offener Umhüllung versehen (verschlossen bei mindestens 100 gleichartigen Sendungen).

Zeitvergleich, →Betriebsvergleich, →Kostenvergleich, →Kostenkontrolle.

Zeitverschleiß, Teil des →Verschleißes der Gebrauchsgüter, der unabhängig von ihrer Inanspruchnahme im Produktionsprozeß anfällt. – *Ursachen:* technische Überalterung, Lizenzablauf, Korrosion usw. – Der Z. führt zu →fixen Kosten; vgl. auch →gebrochene Abschreibung. – *Gegensatz:* →Gebrauchsverschleiß.

Zeitverzögerungen, →lag.

Zeitvorgabe, →Vorgabezeit.

Zeitwert, →Tageswert.

Zeitwertversicherung, Versicherung, bei der nicht der Neuwert des versicherten Objektes, sondern der Wert z.Z. des →Schadens bei der Berechnung der Entschädigung zugrunde

gelegt wird. Abzug für Alter, Abnutzung usw.
– *Gegensatz:* →Neuwertversicherung.

Zeitwirtschaft, *Terminwirtschaft,* Teil der
→Produktionsprozeßplanung und →Produk-
tionsprozeßsteuerung, der die zeitliche Strukturierung des Produktionsprozesses umfaßt.

**Zellstoff-, Holzschliff-, Papier- und Pap-
peerzeugung,** Teil des →Grundstoff- und
Produktionsgütergewerbes; Wirtschaftszweig
der →Holzindustrie, dessen Produktionsprogramm die Herstellung von Holzschliff, Zell-
stoff, Papier und Pappe umfaßt.

Zellstoff-, Holzschliff-, Papier- und Pappeerzeugung

Jahr	Be-schäf-tigte in 1000	Lohn- und Gehalts-summe	darun-ter Ge-hälter	Um-satz ge-samt	darun-ter Aus-lands-umsatz	Netto-produk-tions-index 1980 =100
		in Mill. DM				
1970	76	1 240	301	5 660	728	–
1971	72	1 264	325	5 698	841	–
1972	66	1 268	336	5 957	956	–
1973	63	1 371	366	6 671	1 243	–
1974	60	1 489	410	8 892	1 950	–
1975	57	1 441	436	7 262	1 321	–
1976	55	1 568	459	8 627	1 838	83,4
1977	54	1 622	477	8 747	2 023	89,0
1978	54	1 732	515	9 180	2 173	92,7
1979	53	1 835	545	10 361	2 582	99,3
1980	53	1 925	570	11 289	2 976	100
1981	52	2 007	595	12 620	3 693	104,0
1982	50	2 010	616	12 840	4 011	103,1
1983	49	2 047	636	13 357	4 462	108,9
1984	48	2 107	657	15 400	5 484	119,2
1985	49	2 211	691	16 275	5 978	120,6
1986	49	2 306	720	15 883	—	124,0

Zensus, →Vollerhebung.

ZENTGENO, Abk. für →Zentralverband der
genossenschaftlichen Großhandels- und
Dienstleistungsunternehmen e. V.

Zenti (c), Vorsatz für das Hundertstel
(10^{-2}fache) der Einheit. – Vgl. auch →gesetz-
liche Einheiten, Tabelle 2.

Zentner, veraltete Masseneinheit. 1 Zentner
= 50 kg.

Zentralabteilung, →organisatorischer Teilbereich im Rahmen einer →Spartenorganisa-
tion oder →Regionalorganisation, in dem
Kompetenz für bestimmte Funktionen zusammengefaßt sind. Die Kompetenzen der Z.
kann entweder aus den →Sparten bzw. Regio-
nalbereichen ausgegliedert oder zwischen den
funktions- und produkt- bzw. regionalorien-
tierten Teilbereichen gespalten (→Matrixor-
ganisation) sein. – Vgl. auch →Organisations-
struktur.

Zentralafrikanische Republik, Binnenstaat
in Äquatorial-Afrika, Republik mit Präsidial-
charakter, seit 1960 unabhängig. – *Fläche:*
623 000 km², eingeteilt in 14 Präfekturen. –
Einwohner (E): (1985, geschätzt) 2,6 Mill. (4,2
E/km²). – *Hauptstadt:* Bangui (1984: 350 000

E); weitere wichtige Städte: Bouar (50 000 E),
Berbérá'ti (40 000 E), Bossangoa (38 000 E),
Bambari (36 000 E). – *Amtssprache:* Franzö-
sisch.

Wirtschaft: 88% der Erwerbspersonen
waren (1981) in der *Landwirtschaft* tätig;
wichtigste Produkte: Kaffee, Baumwolle,
Maniok, Hirse, Reis, Erdnüsse. – *Bergbau:*
Diamanten, Gold, Graphit, Uran-Eisenerz. –
Die *Industrie* ist erst schwach entwickelt. –
BSP: (1985, geschätzt) 700 Mill. US-$ (270
US-$ je E). – Anteil der Landwirtschaft am
BSP: (1984) 35%, der Industrie: 17%. –
Öffentliche Auslandsverschuldung: (1984)
37,1% des BSP. – *Inflationsrate:* (Durch-
schnitt 1973–84) 13,8%. – *Export:* (1983) 75
Mill. US-$, v. a. Kaffee, Diamanten, Holz,
Baumwolle, Kautschuk, Erdnüsse. – *Import:*
(1983) 85 Mill. US-$, v. a. Nahrungsmittel,
Maschinen und Fahrzeuge, Textilien. – *Han-
delspartner:* Frankreich u. a. EG-Länder,
USA, Japan, Israel.

Verkehr: Noch wenig erschlossen. Rund
18 000 km *Straßen,* nur jahreszeitlich befahr-
bar. Verkehrswichtig ist der Ubangi, der
unterhalb Bangui schiffbar ist, und die Straße
von Bangui nach Jaunde (Kamerun). – Projekt einer Eisenbahn von Bangui nach N'Dja-
mena (Tschad). Bangui ist über Kano (Nige-
ria) und Kinshasa (Kongo) an das afrikani-
sche *Luftverkehrsnetz* angeschlossen.

Mitgliedschaften: UNO, AKP, OAU,
OCAM, UNCTAD u. a.

Währung: 1 CFA-Franc = 100 Centimes.

**Zentralamerikanischer Gemeinsamer
Markt,** →CACM.

**Zentralafrikanische Zoll- und Wirtschafts-
union,** →UDEAC.

**Zentralarbeitsgemeinschaft des Straßen-
verkehrsgewerbes e. V.,** Sitz in Frankfurt
a. M. – *Aufgaben:* Interessenvertretung und
Repräsentation des Straßenverkehrsgewerbes;
Koordination und Abstimmung von Aktionen unter den Mitgliedsverbänden; pressemä-
ßige Betreuung des Straßenverkehrsgewerbes.

**Zentralausschuß der agrargewerblichen
Wirtschaft,** Sitz in Bonn. – *Aufgaben:* Vertre-
tung der Interessen der mittelständischen
Marktpartner der deutschen Landwirtschaft
aus Handel, Handwerk, Industrie sowie dem
Bankenbereich.

**Zentralausschuß der Werbewirtschaft e. V.
(ZAW),** Arbeitsgemeinschaft von Organisationen der Werbewirtschaft; Sitz in Bonn. Ziel ist
es, eine staatliche Werbeaufsicht entbehrlich
zu machen. – *Mitglieder* entstammen allen
Bereichen der Werbewirtschaft; Mitgliedsor-
ganisationen sind (1) Werbetreibende, (2)
Werbeberufe und Marktforschung, (3) Wer-
bedurchführende und Werbemittelhersteller

sowie (4) Werbeagenturen und Werbemittlungen. – *Aufgabenfeld:* Alle Angelegenheiten der Wirtschaftswerbung, die über die angeschlossenen Organisationen hinaus Bedeutung erlangen, u. a. die freie Entfaltung der Werbewirtschaft im Rahmen ihrer Anwendungsmöglichkeiten, Selbstdisziplin in den eigenen Reihen, die gesetzliche Vertretung nach außen und die Vermeidung mißbräuchlicher Werbung.

Zentralbank. I. B a n k w e s e n : Vgl. →Banksystem I.

II. G e n o s s e n s c h a f t s w e s e n : Mittelbau des kreditgenossenschaftlichen Verbundes (→genossenschaftlicher Verbund). 1872 Gründung einer ersten regionalen genossenschaftlichen Zentralkasse als Geldausgleichstelle. 1985 sieben regionale Z. mit gebietlichen Niederlassungen. Spitzeninstitut ist die →Deutsche Genossenschaftsbank (DG Bank). Sechs Z. sind AG, eine ist eG. Träger der Z. sind im wesentlichen die →Kreditgenossenschaften der jeweiligen Region. – *Funktionen:* Liquiditätsausgleich für die Volks- und Raiffeisenbanken; Abwicklung des bargeldlosen Zahlungsverkehrs; Gewährung und Vermittlung von Krediten; Ausführung von Wertpapiergeschäften einschl. Übernahme des Depotgeschäfts; Abwicklung von Außenhandelsgeschäften; Beteiligung an Verbundinstituten zur Erweiterung der Dienstleistungspalette. Wesentliches Merkmal dieser Funktionsübernahme auf einer der Kreditgenossenschaften übergeordneten Stufe ist das →Subsidiaritätsprinzip.

Zentralbankgeld, umlaufendes →Bargeld und Einlagen der Banken und Nichtbanken bei der Deutschen Bundesbank. – Gem. *Definition der Bundesbank:* Bargeld plus →Mindestreserven auf Inlandsverbindlichkeiten. – *Schaffung von Z. (Zentralbankgeldschöpfung):* Vgl. →monetäre Theorie und Politik I 2 b), →Geldschöpfung.

Zentralbankgeldmenge, →Geldmenge.

Zentralbankgeldschöpfung, →Geldschöpfung, →monetäre Theorie und Politik I 2 b).

Zentralbankrat, →Deutsche Bundesbank III.

Zentralbanksystem, →Banksystem I.

Zentrale Ausfuhrkontrolle (ZAK), Unterabteilung des →Bundesamtes für Wirtschaft zur Erteilung von →Ausfuhrgenehmigungen für die Ausfuhr genehmigungsbedürftiger Waren der gewerblichen Wirtschaft.

Zentrale Ermittlungsstelle für Briefsendungen, Sammelstelle der Deutschen Bundespost in Marburg für unanbringliche Sendungen (→Unanbringlichkeit von Postsendungen), wo versucht wird, Hinweise über den Empfänger oder den Absender zu finden.

Zentrale Ermittlungsstelle für Pakete, besondere Einrichtung der Deutschen Bundespost in Bamberg, wo die unanbringliche Pakete (→Unanbringlichkeit von Postsendungen) gelagert und registriert werden. Alle Nachforschungen nach fehlenden Paketen laufen über diese Stelle, um die Sendungen an den Empfänger oder Absender zu bringen.

Zentraleinheit, *central processing unit (CPU),* „Kern" eines →Computers; umfaßt →Zentralprozessor(en) (→Mehrprozessorsystem) und →Zentralspeicher.

Zentraleinkauf, Wareneinkauf der Zentralen der →Filialunternehmen und →kooperativen Gruppen sowie der →Einkaufskontore des Großhandels. – *Vorteile:* Durch Auftragsbündelung höhere →Mengenrabatte und günstigere sonstige Beschaffungskonditionen; durch Großaufträge genauere Fertigungsplanung und Förderung der Standardisierung; ggf. Verminderung bzw. Verlagerung der Lagerhaltung. – *Nachteile:* Gefahr einer zunehmenden Bürokratisierung und Schematisierung der Beschaffung, v. a. dann, wenn sich der Z. auf das gesamte Sortiment erstreckt und die Filialleiter bzw. Mitglieder wegen der Begrenzung ihrer Entscheidungsfreiheit demotiviert werden. Gegensteuerung durch Begrenzung des Z. auf das Kernsortiment und Beteiligung von Filialleitern oder Einzelhändlern an den Auswahlentscheidungen der Beschaffung, z. B. in Sortimentsausschüssen.

zentrale Orte, Gemeinden, die im Rahmen einer abgestuften regionalen Arbeitsteilung öffentliche Einrichtungen bzw. Leistungen für die Einwohner von Nachbargemeinden niederer Zentralität bereitstellen. – *Typische Leistungen* z. O. sind der Betrieb von kulturellen Einrichtungen (Museen, Theater), überregionale Sportstätten (Stadien und Schwimmbädern) und kommunalen Versorgungseinrichtungen (Schlachthöfe, Müllabfuhr, Gewerbeparks usw.). – Vgl. auch →Raumordnungspolitik, →Finanzausgleich.

zentraler Grenzwertsatz, →Grenzwertsatz.

Zentraler Kapitalmarktausschuß, *Kapitalmarktkommission* oder *Kleine Kapitalmarktkommission,* 1957 unter Geschäftsführung des →Bundesverbandes deutscher Banken freiwillig gebildete Kommission, in der sämtliche Emittentengruppen (außer der öffentlichen Hand) und die Geschäftsbanken vertreten sind. Der Z. K., der aus elf Mitgliedern (daher auch als „Elferausschuß" bezeichnet) besteht, hat die Aufgabe, beratend und empfehlend auf die Emissionstätigkeit einzuwirken, um Zeitpunkt, Volumen und Ausstattung der einzelnen →Emissionen der jeweiligen Marktlage anzupassen.

Zentraler Kreditausschuß (ZKA), gemeinsames Gremium der Spitzenverbände des Kreditgewerbes (→Bundesverband der deutschen Volks- und Raiffeisenbanken, →Bundesverband deutscher Banken, →Deutscher Sparkassen- und Giroverband, →Verband öffentlicher Banken, Verband privater Hypothekenbanken, Verband gemeinwirtschaftlicher Geschäftsbanken). Im bereits 1936 errichteten ZKA und dem ihm angeschlossenen Zentralen Wettbewerbsausschuß behandeln die Spitzenverbände Probleme von gemeinsamem Interesse. Regelmäßiger Gedankenaustausch im „Betriebswirtschaftlichen Arbeitskreis", in der „Juristenkonferenz" und im „Arbeitsstab für Geldautomaten und POS".

zentraler Omnibusbahnhof, →Omnibusbahnhof.

zentrales Lager, →Zentrallager.

Zentrale zur Bekämpfung unlauteren Wettbewerbs e. V., mit Sitz in Frankfurt a. M., Schutzorganisation des Wettbewerbs. Gegründet 1912; 1949 neu gegründet. Verwaltung in Bad Homburg v. d. H.; Zweigstellen in Berlin, Bielefeld, Dortmund, Essen, Hamburg, Hannover, München, Stuttgart. – *Mitglieder:* Ca. 1250; darunter sämtliche →Industrie- und Handelskammern, ca. 400 Organisationen und Verbände aus allen Wirtschaftsbereichen sowie selbständige Unternehmen. – *Aufgabe:* Förderung gewerblicher Interessen i. S. d. §13 UWG und des §13 AGB-Gesetz, Aufklärung und Belehrung zur Förderung des lauteren Geschäftsverkehrs und die Bekämpfung unlauteren Wettbewerbs im Zusammenwirken mit den zuständigen Stellen der Rechtspflege, enge Zusammenarbeit mit den Spitzenverbänden der gewerblichen Wirtschaft.

Zentralfachverband, *Bundesfachverband, Bundesinnungsverband,* fachlicher Zusammenschluß der →Landesinnungsverbände auf Bundesebene. Z. haben die in Form einer juristischen Person des privaten Rechts. – *Aufgabe* des Z. ist es, die angeschlossenen Landesinnungsverbände zu unterstützen, den Behörden Anregungen und Vorschläge zu unterbreiten, auf Verlangen Gutachten zu erstatten, Fachschulen und Fachkurse einzurichten und Maßnahmen zur Erhöhung der Leistungsfähigkeit der Betriebe in technischer und betriebswirtschaftlicher Hinsicht einzuleiten. – *Zusammenschluß der Z.* in der →Bundesvereinigung der Fachverbände und gemeinsam mit dem Handwerkskammern im →Zentralverband des Deutschen Handwerks. – Entsendung von 13 Mitgliedern aus dem Z. in den →Handwerksrat. – Vgl. auch →Handwerksorganisation.

zentralgeleitete Wirtschaft, *Zwangswirtschaft.* 1. *Begriff:* →Wirtschaftsordnung, die nach Eucken dadurch gekennzeichnet ist, daß der Wirtschaftsprozeß von einer Zentralinstanz umfassend geplant und koordiniert wird

(„monistisches Planen"). Idealtypus einer Wirtschaftsordnung. – *Gegensatz:* Freie →Verkehrswirtschaft. – 2. Nach Größe zu unterscheidende *Arten:* a) *einfache z. W.,* auch Eigenwirtschaft genannt, z. B. Kloster- und Familienwirtschaft; b) →*Zentralverwaltungswirtschaft,* einen Staat umfassend.

Zentralgenossenschaft, regionaler oder überregionaler Zusammenschluß von Einzelgenossenschaften zur gemeinschaftlichen Durchführung von Warengeschäften *(Einkaufszentrale oder Absatzzentrale,* →Hauptgenossenschaft) oder zur Abwicklung des Zahlungsverkehrs zwischen den →Genossenschaften und Kreditgewährung an diese *(→Zentralbanken II)* mit dem Ziel, die Leistungsfähigkeit der Mitgliedsgenossenschaften zu fördern. – *Bildung* von Z. seit dem →Genossenschaftsgesetz von 1889 zulässig. Rechtsform neben der eingetragenen Genossenschaft aus Zweckmäßigkeitsgründen mitunter auch AG oder GmbH. – Über Art und Zahl der Z. vgl. →Genossenschaftswesen.

Zentralgenossenschaftskasse, →Deutsche Genossenschaftsbank (DG Bank), →Zentralbanken, →genossenschaftlicher Verbund.

Zentralisation, Zusammenfassung von Teilaufgaben bei einer →Stelle nach bestimmten Aufgabenmerkmalen. – *Organisationslehre:* 1. *I. w. S.:* Zusammenfassung von Teilaufgaben auf eine Stelle, die im Hinblick auf eines der verschiedenen Merkmale einer →Aufgabe gleichartig sind, z. B. nach dem Verrichtungsaspekt (→Verrichtungsprinzip), dem Objektaspekt (→Objektprinzip) oder dem räumlichen Aspekt. Z. nach einem Kriterium ergibt zugleich Dezentralisation nach den anderen Aufgabenmerkmalen. – Z. bewirkt eine →Spezialisierung des für den Aufgabenkomplex zuständigen Handlungsträgers auf den dem zugrunde liegenden Aufgabenaspekt. – 2. *I. e. S.:* Vgl. →Entscheidungszentralisation. – *Gegensatz:* →Dezentralisation.

Zentralisation des Kapitals, Begriff der Wirtschaftstheorie des →*Marxismus,* externes Unternehmenswachstum. – 1. *Begriffserläuterung:* Durch die Übernahme kleinerer Unternehmen und Fusionen ständen den Großunternehmen zusätzliche Kapitalmittel zur Verfügung, mit deren Einsatz sie die unterstellt gesetzmäßig sinkende Kapitalrentabilität (→tendenziellen Fall der Profitrate) durch eine größere, vom Kapitaleinsatz abhängige, Gewinnsumme kompensieren könnten. Auch stiegen mit fortschreitendem Unternehmenswachstum die →Skalenerträge der Produktion. – 2. *Auswirkungen:* Die zunehmende Monopolisierung und Vermachtung der Märkte, die als entwicklungsgeschichtliche *Zwangsläufigkeit* angesehen wird, führte zu einer Verschärfung des kapitalistischen Grundwiderspruchs (→Historischer Materialismus): Die zunehmende Arbeitsteilung in den immer weiter wachsenden Unternehmen („Vergesellschaftung der Produktion") gerate in immer größeren Gegensatz zu der durch die →Produktionsverhältnisse verursachten, privatkapitalistischen Aneignung der Wertschöpfung, da gleichzeitig die Zahl der Unternehmer abnähme; vgl. auch →Expropriation. – 3. *Beurteilung:* Es wird jedoch übersehen, daß die auf einzelnen Märkten tatsächlich zu beobachtenden Vermachtungserscheinungen in →privatwirtschaftlichen Marktwirtschaften eine Folge ungenügender bzw. verfehlter (wettbewerbspolitischer) →Ordnungspolitik sind und daher prinzipiell umgekehrt werden können.

Zentralismus, Bestrebung, alle Staatsfunktionen zentral von der obersten Behörde aus wahrzunehmen. Die mittleren und unteren Verwaltungsorgane sind weisungsgebunden und haben nur ausführende Funktionen.

Zentralitätseffekt, Störeffekt bei der Einstellungs- und Imagemessung. Die Testpersonen vermeiden extreme Beurteilungen von Untersuchungsobjekten (insbes., wenn sie ihnen nicht bekannt sind) zugunsten gemäßigter Einschätzungen.

Zentralkasse, →Zentralbank II.

Zentralkommission für die Rheinschiffahrt, →ZKR.

Zentrallager, *zentrales Lager,* räumliche Zusammenfassung aller Lagerobjekte an einem Ort (→Lager). Z. wird häufig durch dezentralisierte Bereitstellungs- und Handläger sowie durch Speziallager ergänzt. – *Vorteile:* Wirtschaftliche Lagerverwaltung und -organisation; Mindestbestände sind niedriger als im Falle dezentraler Lagerhaltung, damit niedrigere Kapitalbindung, optimale Nutzung der Lagerplätze und der technischen Lagerausstattung. – *Nachteile:* Längere Transportwege zu den Verbrauchsorten, Wartezeiten bei der Materialausgabe, evtl. geringerer Spezialisierungsgrad der technischen Einrichtungen (Heizung, Beleuchtung, Belüftung, Befeuchtung) und des Personals möglich im Vergleich zu dezentralisierter Lagerung. – *Gegensatz:* →dezentrales Lager.

Zentralmarkt, Haupthandelsplatz für bestimmte Handelswaren; im Binnenhandel und im Außenhandel vorkommend. Z. entstehen durch günstige Lage zu Produktion, Verbrauch, Verkehrseinrichtungen usw. Der Verkauf auf dem Z. erfolgt überwiegend durch Aktionen, Börsen usw. im Effektiv- und Spekulationshandel. – Im *Außenhandel* dienen Z. dem Zweck, im Produktionsland die zu exportierenden Waren zu sammeln und auszuführen und entsprechend im Hauptverwendungs- oder Transitland diese einzuführen und abzusetzen.

Zentralnotenbank, → Banksystem I, →Notenbank.

Zentralplanwirtschaft, →Zentralverwaltungswirtschaft.

Zentralprozessor, *Verarbeitungsprozessor, Befehlsprozessor,* →Prozessor eines →Computers, der die →Befehle der Programme (System- und Anwendungsprogramme) interpretiert und ausführt; Bestandteil der →Zentraleinheit.

Zentralpunkt der Bevölkerung, →Bevölkerungsmittelpunkte 2.

Zentralregulierungsgeschäft, *Verrechnungsgeschäft,* Form des →Fremdgeschäfts im Handel: Übernahme der Bezahlung (Regulierung) aller Einkäufe der Mitglieder durch die →Einkaufskontore des Großhandels bzw. die Zentralen →kooperativer Gruppen; meist auf der Basis zentral ausgehandelter Preise und Konditionen bei gleichzeitiger Übernahme des Delkredere (→Delkrederegeschäft). Da die Mengen, die die Mitglieder während einer Periode beschaffen werden, erst am Ende der Periode feststehen, sind die Preiszugeständnisse begrenzt und/oder werden durch nachträglich gewährte Jahresboni oder Gutschriften aufgebessert (→Abschlußgeschäft). – Für die Leistung der Rechnungssammlung und Zahlung in einer Überweisung wird eine *Zentralregulierungsprovision* fällig.

Zentralspeicher, *interner Speicher.* 1. *Begriff:* Der Z. umfaßt alle in der →Zentraleinheit befindlichen →Speicher, zu denen der (oder die) →Zentralprozessor(en) sowie evtl. vorhandene →Ein-/Ausgabe-Prozessoren unmittelbar Zugang haben. – 2. *Bestandteile:* →Arbeitsspeicher, →Pufferspeicher, Registerspeicher, der die prozessorinternen (→Prozessor) Speicherstellen (Register) enthält, sowie der Mikroprogrammspeicher für das →Mikroprogramm. – *Gegensatz:* →externer Speicher. – Vgl. auch →Peripheriegeräte.

Zentralstelle für Arbeitsvermittlung (ZAV), 1954 errichtete Institution für unbürokratische und wirtschaftsnahe überbezirkliche Arbeitsvermittlung und überbezirklichen Vermittlungsausgleich, Frankfurt a. M. – *Aufgaben:* a) Vermittlung von besonders qualifizierten Arbeitsuchenden bestimmter Berufe (Juristen, Volkswirte, Dipl.-Kaufleute, Philologen, Ärzte, Zahnärzte, Tierärzte, Apotheker, Chemiker, Dipl.-Ingenieure m. abgeschlossener Fachschulausbildung, leitende kaufmänn. Angestellte, Angehörige von Lehr-, Bildungs- und Forschungsberufen sowie von sozialen und sozialpäd. Berufen, technische Assistenten aller Art, Krankengymnastinnen und Angehörige der gehobenen haus- und landwirtschaftl. Berufe); b) Spitzenausgleich von Arbeitskräften für das Bundesgebiet; c) Auslandsvermittlung; d) zentrale und internationale Vermittlung für das Hotel- und Gaststättengewerbe.

**Zentralstelle für die Vergabe von Studien-
plätzen (ZVS),** Anstalt des öffentlichen
Rechts; Sitz in Dortmund. Errichtet am
1.5.1973 von den Ländern der Bundesrep. D.
aufgrund des Staatsvertrages über die Vergabe
von Studienplätzen vom 20.10.1972 (nach
einem Urteil des Bundesverfassungsgerichts
zum „Numerus clausus" vom 18.7.1972) und
dazu ergangener Durchführungsverordnung.
– 1. *Aufgabe:* Vergabe der Studienplätze a)
ohne Numerus clausus durch ein *Besonderes
Verteilungsverfahren,* bei dem jeder Bewerber
einen Studienplatz erhält (Studienplatzgaran-
tie der Länder); soweit Engpässe an einzelnen
→Hochschulen bestehen, entscheiden soziale
Kriterien über den gewünschten Hochschul-
ort; b) *mit* Numerus clausus für bundesweit
zulassungsbeschränkte Studiengänge durch
ein *Allgemeines Auswahlverfahren:* besondere
Regelungen gelten für die Studienplätze in den
besonders nachgefragten Studiengängen Medizin, Tiermedizin und Zahnmedizin ab Win-
tersemester 1980/81; c) auf Antrag einzelner
oder mehrerer Länder für weitere Studiengänge durch Verteilungs- oder Auswahlverfahren; dies gilt auch für Studiengänge an den
Fachhochschulen (und Gesamthochschulen)
Nordrhein-Westfalens und Hessens. – 2.
Bewerbungen für jedes Semester (Vergabeverfahren) an die ZVS. Bewerbungstermine
jeweils 15. Januar (für SS) und 15. Juli (für
WS) eines jeden Jahres. Antragsformular für
Studiengänge ohne Numerus clausus im
aktuellen zvs-kurzinfo; für Studiengänge mit
Numerus clausus auf Anforderung von der
ZVS; Anforderungsvordruck im zvs-kurzinfo,
das ab Anfang April für WS und Anfang
Oktober für SS bei Arbeitsämtern, Schulen
und Hochschulen bereitliegt. – 3. *Vergabekri-
terien:* a) für Studiengänge *ohne* Numerus
clausus ist die Zulassung aller Bewerber gesichert; daher entfallen Auswahlkriterien; b) für
Studiengänge *mit* Numerus clausus sind bis zu
25% der Studienplätze u. a. für Ausländer,
Härtefälle, Zweitstudienbewerber vorgesehen;
die verbleibenden Studienplätze werden im
Allgemeinen Auswahlverfahren zu 60% nach
dem Grad der Qualifikation (Durchschnittsnote des Reifezeugnisses oder einer anderen
Hochschulzugangsberechtigung) und zu 40%
nach der Anzahl der Halbjahre seit Erwerb der
Hochschulzugangsberechtigung (Wartezeit)
vergeben. Besonderheiten gelten für die verbleibenden Studienplätze ab WS 1980/81 für
Medizin, Tiermedizin und Zahnmedizin:
Soweit auf die Abitur-Durchschnittsnote
abgestellt wird, haben alle Bewerber in einem
Losverfahren eine Zulassungschance, die
steigt, je besser die Durchschnittsnote ist. Für
Abiturbeste sind 10% der Studienplätze vorgesehen. Darüber hinaus besteht für Teilnehmer am Testverfahren (1200 Plätze bei maximal 6000 Testteilnehmern) und Altwarter eine
weitere Zulassungsmöglichkeit.

**Zentralstelle zur Aufklärung und Verhinde-
rung von Umgehungseinfuhren auf dem
textilen Sektor,** 1980 errichtete Einrichtung
beim →Bundesamt für Wirtschaft zur Aufklärung von Umgehungseinfuhren, die einen
Verstoß gegen das →Welttextilabkommen
darstellen. Ziel ist die Kompensierung des
durch Umgehungseinfuhren entstandenen
wirtschaftlichen Schadens in der Bundesrep.
D. durch Anrechnung auf die Quoten des
tatsächlichen Lieferlandes.

**Zentralverband der Deutschen Haus-, Woh-
nungs- und Grundeigentümer e. V.,** Sitz in
Düsseldorf. – *Aufgaben:* Wahrnehmung der
Belange der Mitglieder; Förderung des privaten Eigentums in der Grundstücks- und Wohnungswirtschaft; Prüfung von Wohnungs-
und Betreuungsunternehmen sowie Zusammenschluß der Eigentümer im Rahmen der
Stadt- und Dorferneuerung.

**Zentralverband der genossenschaftlichen
Großhandels- und Dienstleistungsunternehmen (ZENTGENO),** Sitz in Bonn. – *Aufgaben:* Interessenförderung und -vertretung der
Mitglieder in arbeits- und sozial-rechtlicher
und -politischer Hinsicht; Förderung des
Erfahrungsaustauschs; Beratung der Mitglieder.

**Zentralverband der Sozialversicherten
e. V.,** Sitz in Wermelskirchen. – *Aufgaben:*
Vertretung der sozial- und berufspolitischen
Interessen der sozialversicherten Arbeitneh-
mer, ehemals sozialversicherungspflichtiger
Rentner und Hinterbliebenen gegenüber der
Gesetzgebung und Verwaltungsbehörden.

**Zentralverband des Deutschen Handwerks
(ZDH),** Spitzenvertretung des Gesamthand-
werks im Bundesgebiet. – *Rechtsform:* Eingetragener Verein nach BGB. – *Aufgaben:* Vereinheitlichung in allen grundsätzlichen Fragen
der Handwerkspolitik, Vertretung der Gesamtinteressen des Handwerks gegenüber den zentralen Organen und Verwaltungen der Bundesrep. D. und EG sowie Vertretung des
deutschen Handwerks in der Internationalen
Föderation des Handwerks, in der →Interna-
tionalen Gewerbeunion und in der Union
Internationale de l'artisanat et de Petites et
Moyennes Enterprises.

**Zentralverband des Deutschen Pfandkre-
ditgewerbes e. V.,** Sitz in Stuttgart. – *Aufgaben:* Förderung und Schutz der Interessen des
gesamten Pfandkreditgewerbes; Vertretung
der Interessen der Mitglieder gegenüber
Behörden und Verwaltungsstellen; Erteilen
von Ratschlägen; Austausch von Fragen
innerhalb des Mitgliederkreises.

**Zentralverband Deutscher Kreditmakler
und des vermittelnden Bankdienstleistungsgewerbes e. V.,** Sitz in Dortmund. –
Aufgaben: Wahrung und Vertretung aller

gewerblichen Interessen der Mitglieder in dem Bereich der Kreditmakler und der vermittelnden Bankdienstleistung.

Zentralverband Elektrotechnik- und Elektroindustrie e. V. (ZVEI), Sitz in Frankfurt a. M. – *Aufgaben:* Vertretung der gemeinsamen wirtschaftlichen und technischen Interessen seiner Mitgliedsfirmen gegenüber Parlamenten, Regierung und Behörden im nationalen wie im internationalen Bereich; Beratung und Information der Mitgliedsfirmen.

Zentralverwaltungswirtschaft, *Zentralplanwirtschaft.* 1. *Begriff:* →Wirtschaftsordnung, in der die innerhalb einer Gesellschaft ablaufenden Wirtschaftsprozesse von einer staatlichen Zentralinstanz geplant und koordiniert werden. Im Idealfall ist nur ein Planträger vorhanden. –. *Gegensatz:* →Marktwirtschaft, →Verkehrswirtschaft. – 2. *Formen:* a) Nach den *Konsumentenfreiheiten* (Eucken): (1) *total zentralgeleitete Wirtschaft:* Die Konsumenten erhalten ein von der Zentralinstanz individuell eindeutig determiniertes Konsumgutbündel; (2) *zentralgeleitete Wirtschaft mit freiem Konsumguttausch:* Die Konsumenten können untereinander die ihnen jeweils zugeteilten Güter nach eigenen Präferenzen austauschen; (3) *zentralgeleitete Wirtschaft mit freier Konsumgutwahl:* Die Konsumenten erhalten Berechtigungsscheine bzw. Geldzeichen, mit denen sie nach eigenen Präferenzen staatlich bereitgestellte Konsumgüter auswählen können. – b) Nach *Eigentumsform:* (1) Z. mit *Privateigentum* (→Kriegswirtschaft); (2) Z. mit *Gesellschaftseigentum* (→Rätedemokratie); (3) Zentralverwaltungswirtschaften mit *Staatseigentum* (→staatssozialistische Zentralplanwirtschaften).

Zentralwert, →Median.

Zentrenproduktion. I. Begriff/Charakterisierung: Die Z. ist ein Elementartyp der Produktion (→Produktionstypen), der sich aus dem Merkmal der Anordnung der Arbeitssysteme ergibt. Bei der Z. nimmt jeder Teilbetrieb eine Anzahl verschiedenartiger Produktionseinrichtungen bzw. Arbeitssysteme auf, die i. d. R. nicht nach der Verrichtungsfolge bzw. nach dem Produktentstehungsprozeß angeordnet sind. Die Zuordnung von Produktionseinrichtungen bzw. Arbeitssystemen auf einen Teilbetrieb erfolgt nach dem →Objektprinzip und richtet sich nach den sog. Teilefamilien oder Fertigungsfamilien. (Teilefamilien zeichnen sich durch ein Spektrum von Einzelteilen oder Baugruppen aus, die nach Art und Dimensionierung ähnlich sind; Teile oder Baugruppen mit unterschiedlichen Eigenschaften und Dimensionierungen, die eine gemeinsame Abfolge ähnlicher Bearbeitungsvorgänge haben, bilden eine Fertigungsfamilie.) Die Z. nimmt eine Zwischenstellung zwischen →Werkstattpro-

duktion und →Fließproduktion ein; mittels Z. wird eine Verbindung der hohen Flexibilität der Werkstattproduktion mit den relativ kurzen Durchlaufzeiten bei Fließproduktion angestrebt.

II. Erscheinungsformen: 1. *Produktionsinsel:* Arbeitsbereich, in dem manuell oder automatisiert Baugruppen oder Endprodukte bearbeitet oder vollständig produziert werden. Die hierzu notwendigen Human- und Sachpotentiale werden in der Produktionsinsel räumlich und organisatorisch zusammengefaßt. – 2. *Bearbeitungszentrum:* Numerisch gesteuerte Maschine (→NC-Anlagen) mit automatischem Werkzeugwechsel. Somit kann ein Bearbeitungszentrum mehrere Arbeitsoperationen (z. B. Bohren, Fräsen) in einer Aufspannung ausführen. – 3. *Flexible Produktionszelle:* Produktionszentrum, das aus mehreren numerisch gesteuerten Werkzeugmaschinen besteht. Diese werden um automatisierte Steuerungs-, Meß- und Überwachungssysteme sowie Spannmittel-, Werkzeug- und Handhabungssysteme ergänzt. Darüberhinaus kann auch die Werkstückver- und -entsorgung der flexiblen Produktionszelle automatisiert sein. – 4. *Flexibles Produktionssystem:* System aus material- und informationsflußmäßig vernetzten flexiblen Produktionszellen. Diese automatisierten Arbeitsstationen sind durch ein ebenfalls automatisiertes Werkstücktransportsystem so verknüpft, daß gleichzeitig unterschiedliche Werkstücke im gesamten System komplett bearbeitet werden können. Das flexible Produktionssystem besteht somit aus einem Bearbeitungssystem, einem Materialflußsystem und einem Informationsflußsystem, die jeweils miteinander verbunden sind.

Literatur: Hahn, D., Laßmann, G., Produktionswirtschaft – Controlling industrieller Produktion, Bd. 1, Heidelberg-Wien 1986; Hedrich, P., Flexibilität in der Fertigungstechnik durch Computereinsatz, hrsg. von Horst Wildemann, 1. Aufl., München 1983; Scheer, A.-W., Computer integrated manufacturing: CIM – Der computergesteuerte Industriebetrieb, 2. durchges. Aufl., Berlin-New York 1987.

Prof. Dr. Dietger Hahn

Zerlegung. I. Finanzwissenschaft: Verteilung des Steueraufkommens auf die Gebietskörperschaften, die daran nach Maßgabe der Finanzausgleichsgesetze beteiligt werden sollen.

II. Besteuerungsverfahren: Teilung von Steuer- und Steuermeßbeträgen zwischen den hebeberechtigten Gemeinden. Erforderlich ist →Zerlegungsbescheid. Regelung des Verfahrens in §§185–190 AO und →Zerlegungsgesetz.

Zerlegungsbescheid, der im Falle einer →Zerlegung von Steuerbeträgen oder Steuermeßbeträgen vom Finanzamt zu erteilende schriftliche Bescheid. Der Z. muß enthalten: a) Höhe des zerlegten Steuer- oder Steuermeßbetrages; b) die beteiligten Gemeinden mit ihren Anteilen; c) Angabe der Zelegungsgrundlagen; d) eine Rechtsbehelfsbelehrung; Einzelheiten § 188 AO. – *Rechtsbehelf:* →Einspruch (§ 348 I 2 AO).

Zerlegungsgesetz, Gesetz über die Steuerberechtigung und die Zerlegung bei der *Einkommensteuer* und der *Körperschaftsteuer* vom 25.2.1971 (BGBl I 146). Bei Körperschaften, Personenvereinigungen und Vermögensmassen im Sinne der §§ 1, 2 I 1 KStG mit einem zur Körperschaftsteuer veranlagten →Einkommen von mindestens 3 Mill. DM und →Einkünften aus Gewerbebetrieb von mindestens 3 Mill. DM ist die Körperschaftsteuer von dem Erhebungsfinanzamt auf die Länder zu zerlegen, in denen die Körperschaften eine oder mehrere →Betriebsstätten oder Teile von Betriebsstätten unterhalten haben. Der Zerlegungsmaßstab entspricht sinngemäß dem bei der *Gewerbesteuer* (§ 2 I ZerlegungsG; vgl. →Zerlegung). Bei der *Lohnsteuer* erfolgt eine Zerlegung insoweit, als Lohnsteuer von den Bezügen der in anderen Ländern ansässigen unbeschränkt steuerpflichtigen Arbeitnehmer insgesamt einbehalten worden ist (§ 5 ZerlegungsG).

zero base budgeting. 1. *Charakterisierung:* Ursprünglich Planungsinstrument für öffentliche Haushalte, zunehmend auch zur Planung der Gemeinkosten in Unternehmungen angewandt. Die betriebswirtschaftlich orientierte Grundidee des z.b.b. ist es, geplante Aktivitäten mit Hilfe von →Kosten-Nutzen-Analysen jeweils „from base zero" aus zu rechtfertigen, d.h. als würde das Unternehmen erst gegründet. Ausgangspunkt ist der Befund, daß „alte" Aufgaben bei der traditionellen Planung öffentlicher Haushalte gegenüber „neuen" im Vordergrund stehen, der politische Gestaltungsspielraum mithin de facto von vornherein eingeschränkt ist. Zugrunde liegt ein mehrstufiger Entscheidungsprozeß, bei dem die Aufgaben der Ressorts und Behörden in einzelne Aktivitäten („decision packages") gestückelt werden, für die jeweils mehrere Lösungsalternativen unter qualitativen Wirksamkeits- und quantitativen Ausgaben- und Wirkungsgradaspekten geprüft und einer Reihung unterworfen werden; mindestens das niedrigste in die Überlegungen einbezogene Ausgabenniveau muß unter dem Vorjahresansatz liegen. Die Vorschläge der unteren Verwaltungseinheiten werden beim Durchlauf durch die Planungshierarchie zu einer Gesamtplanung koordiniert, wobei oft den unteren Ebenen ein Teil der Entscheidungskompetenz überlassen wird. – 2. *Zweck:* Die Aktivitäten von Ressorts und Behörden samt der dafür bereitzustellenden Mitteln sollen gemäß den politischen Prioritäten geordnet werden; bis zur Höhe der insgesamt bewilligten Haushaltsmittel werden die Aktivitäten dann der Rangfolge entsprechend im nächsten Haushaltsjahr vollzogen. – 3. *Bedeutung:* Z.b.b. gilt als exekutivbezogenes Gegenstück

zur eher legislativebezogenen →sunset legislation. Z.b.b. ist letztlich eine an ökonomischen Wirtschaftlichkeitsmaßstäben orientierte Spartechnik; es stößt dort an seine Grenzen, wo Haushaltsplanung nach bewußter politischer Prioritätensetzung verlangt, nicht lediglich nach deren Umsetzung.

Zerobonds, *Nullkupon-Anleihen, unverzinsliche Anleihe, unverzinsliche Obligation, unverzinsliche Schuldverschreibung.* I. Begriff: →Anleihen, i.d.R. Inhaberschuldverschreibungen, bei denen während der Laufzeit keine Zinsen gezahlt werden, sondern das Entgelt für die Kapitalüberlassung als Differenz zwischen den Rückzahlungs- und dem niedrigeren Ausgabebetrag gewährt wird. Besondere Bedeutung hat die Bonität des Schuldners, da erst bei Fälligkeit der Anleihe zurückgezahlt werden muß. Seit 1985 ist Emission von Z. auch in der Bundesrep. Deutschland gestattet.

II. Bilanzierung: Strittig. – 1. *Vorgeschlagene Verfahren:* (1) Der Emittent passiviert den Rückzahlungsbetrag und aktiviert einen Posten der →Rechnungsabgrenzung in Höhe der Differenz Rückzahlungs- und Ausgabebetrag, der über die Laufzeit der Anleihe aufzulösen ist. Entsprechende Bilanzierung beim Erwerber: Aktivierung des Rückzahlungsbetrags, Bildung eines passiven Rechnungsabgrenzungspostens. – (2) Emittent: Passivierung des Ausgabebetrags und jährliche Zuschreibung des rechnerischen Zinsanteils; Erwerber: Aktivierung des Ausgabebetrags als →Anschaffungskosten, keine jährliche Zinszuschreibung, Gewinnrealisation also erst bei Einlösung der Anleihe. – (3) Wie (2), aber Erwerber hat jährliche Zinszuschreibungen vorzunehmen. – 2. Der BdF verlangt für die *Steuerbilanz* die Lösung (3) (vgl. BMF-Schreiben vom 5.3.87 IV B 2 – S 2133 – 1/87). Diese Auffassung wird vielfach auch für die →Handelsbilanz vertreten. Bei Z., die zu einem →Privatvermögen gehören, tritt steuerlich Gewinnrealisation erst bei Einlösung der Anleihe ein, wenn die Anleihe vom Erwerber so lange gehalten wird (vgl. BMF-Schreiben von 24.1.85, BStBl I S. 77).

Zerstörungsschaden, Schaden, der im Zusammenhang mit den Ereignissen und Folgen des Zweiten Weltkrieges, namentlich auch der Besatzungszeit, dadurch entstanden ist, daß Wirtschaftsgüter zum Zweck der Beseitigung deutschen Wirtschaftspotentials in anderer Weise als durch Kriegshandlungen zerstört, beschädigt oder weggenommen worden sind (§ 4 RepG). – *Entschädigung* erfolgt nach dem →Reparationsschädengesetz.

Zertifikat, *Versicherungszertifikat,* vom Versicherungsnehmer zu unterzeichnende und ihm auszuhändigende Urkunde (Zertifikat), die der Versicherer auf Verlangen auszustellen hat über den angemeldeten Warentransport (ggf. füllt auch der Versicherte ein Blankoformular bei Bedarf aus und übersendet Durchschläge an den Versicherer). Das Z. gibt den wesentlichen Vertragsinhalt wieder, wird den Verschiffungsurkunden beigefügt und stellt im Schadenfall den Anspruch auf die Entschädigung sicher. Kann als Inhaber- und als Orderpapier ausgestellt werden.

zertifizierte Bonds, deutsche, auf fremde Währung lautende →Auslandbonds, die als inländisches Eigentum anerkannt werden.

Zession, →Forderungsabtretung.

Zessionar, derjenige, an den eine Forderung abgetreten wird. Vgl. →Forderungsabtretung.

Zettelbuchhaltung, →Belegbuchhaltung.

Zeuge, →Beweismittel.

Zeugnis. I. A r b e i t s r e c h t : 1. *Begriff:* Dem Arbeitnehmer oder Auszubildenden nach Beendigung des Arbeitsverhältnisses oder Berufsausbildungsverhältnisses vom Arbeitgeber oder Ausbildenden auszustellende Urkunde *(Arbeitszeugnis)* gem. §630 BGB, §73 HGB, §113 GewO, §8 BBiG. – 2. *Arten:* a) *Einfaches Z.:* Angabe von Art und Dauer der Beschäftigung. Nur auf Verlangen des Arbeitnehmers weitere Angaben, insbes. im Hinblick auf den Grund der Auflösung des Arbeitsverhältnisses. – b) *Qualifiziertes Z.:* Entweder auf Verlangen des Arbeitnehmers oder für Auszubildende auf Führung und Leistung ausgedehntes Z., keinesfalls auf Führung *oder* Leistung. Das Z. muß auf das Verhalten und die Tätigkeit im ganzen gestützt sein; einzelne für den Arbeitnehmer nachteilige Vorkommnisse oder Fehlleistungen sind nicht zu erwähnen. Ob und welche Eigenschaften und Leistungen im einzelnen aufzuführen sind, bestimmt sich nach der Art der Tätigkeit (z. B. Ehrlichkeit des Kassierers, Verkaufserfolge des Reisenden, Organisationstalent des leitenden Angestellten). Angaben über Gesundheitszustand und außerdienstliches Verhalten nur auf ausdrückliches Verlangen. Das Z. soll mit gewissem Wohlwollen ausgestellt werden, muß aber den Tatsachen entsprechen. – Hat der Ausbildende die Berufsausbildung nicht selbst durchgeführt, soll auch der Ausbilder das Z. unterschreiben (§8 BBiG). – 3. *Anspruch des Arbeitnehmers auf Ausstellung* eines vorschriftsmäßigen (d. h. richtigen und für seine jeweiligen beruflichen Bedürfnisse ausreichenden) Z., den er notfalls mit der Erfüllungsklage vor den Arbeitsgerichten durchsetzen kann. – 4. Der Anspruch auf Erteilung des Z. entsteht bereits mit dem Zeitpunkt der Kündigung. Ausnahmen, wenn der Arbeitnehmer nur kurzfristig tätig gewesen oder eine besonders lange Kündigungsfrist vereinbart worden ist; dann besteht im Zeitpunkt der Kündigung nur Anspruch auf *Zwischen-Z.*, das bei Beendigung des Arbeitsverhältnisses gegen ein endgültiges Z. auszu-

tauschen ist. – 5. *Anspruch auf Berichtigung:* Enthält das Z. Unrichtigkeiten schwerwiegender Art, kann der Arbeitnehmer Berichtigung verlangen. Läßt das Z. in Formulierung und Inhalt eine negative Beurteilung zu, so muß sich diese auf konkrete Tatsachen beziehen lassen. Der Arbeitgeber ist für die dem Z. zugrundeliegenden Tatsachen und Bewertungen beweispflichtig. – 6. *Schadenersatzanspruch:* a) des *Arbeitnehmer* bei schuldhafter Verweigerung oder Verzögerung der Aushändigung bzw. Ergänzung des Z.; b) des *neuen Arbeitgebers* aus der Erteilung eines falschen Z., wenn der Arbeitnehmer im Vertrauen auf die Richtigkeit des Z. eingestellt, aber den Aufgaben des Arbeitsplatzes nicht gewachsen ist, sofern bewußt etwas Falsches bezeugt und damit gegen die guten Sitten verstoßen ist (§826 BGB). Dabei genügt auch schon bedingter Vorsatz, d. h. daß dem Aussteller bewußt gewesen ist, daß das Z. geeignet ist, ein ganz falsches Bild von der Persönlichkeit des Bewerbers um einen neuen Arbeitsplatz hervorzurufen. – 7. Der frühere Arbeitgeber ist auf Verlangen auch verpflichtet, eine wahrheitsgemäße und sorgfältige *Auskunft* über den früheren Arbeitnehmer zu erteilen *(nachwirkende Fürsorgepflicht).*

II. H a n d e l s r e c h t : Bescheinigung des Registergerichts über Eintragung (→Positivattest) oder ihr Fehlen (→Negativattest) im Handelsregister. Auf Antrag an jedermann ohne Interessennachweis ausgestellt. Behörden, auch dem Prozeßgericht gegenüber kann der Nachweis, wer den Inhaber einer in das Handelsregister eingetragenen →Firma ist, sowie über die Befugnis zur Vertretung eines →Einzelkaufmannes oder einer →Handelsgesellschaft, mit diesem Z. geführt werden (§9 III HGB).

Ziehereien, Kaltwalzwerke, Mechanik, Teil des →Grundstoff- und Produktionsgütergewerbes; umfaßt Stab- und Drahtziehereien einschl. Herstellung von Drahterzeugnissen, gewalztem Kaltband und Kaltprofilen, Schlosserei, Schweißerei, Schleiferei und Schmiederei, Reparaturwerkstätten für Landmaschinen.

Ziehereien, Kaltwalzwerke, Mechanik

Jahr	Beschäftigte in 1000	Lohn- und Gehaltssumme	darunter Gehälter	Umsatz gesamt	darunter Auslandsumsatz	Nettoproduktionsindex 1980 =100
				in Mill. DM		
1977	55	1 514	440	7 657	1 622	90,7
1978	54	1 593	466	7 951	1 713	96,4
1979	51	1 597	469	8 401	1 846	102,0
1980	52	1 708	504	8 846	2 021	100
1981	48	1 668	515	8 472	1 956	94,1
1982	49	1 702	533	8 834	2 005	86,2
1983	46	1 704	542	9 219	1 990	89,3
1984	46	1 716	530	9 687	2 279	89,3
1985	45	1 802	558	10 405	2 611	88,8
1986	45	1 873	581	10 289	2 460	91,5

Ziehungsermächtigung, *drawing authorisation,* Abwicklungsform im Überseegeschäft. Der Importeur ermächtigt den Exporteur, für seine Rechnung auf eine Bank (oder auf ihn selbst) zu ziehen. Gleichzeitig veranlaßt er seine Bank, eine Bank im Land des Exporteurs zu ermächtigen, die Tratte des Exporteurs zu negoziieren. Die Banken übernehmen durch die Autorisierung keine Haftung.

Ziehungsliste, *Verlosungsliste,* in Zeitungen oder amtlichen Publikationsorganen (→Wertpapier-Mitteilungen) veröffentlichte Liste der zur Bekanntgabe der zwecks Tilgung einer Schuldverschreibungsemission ausgelosten Stücke.

Ziehungsrechte, *drawing rights,* Rechte eines Landes zur Beschaffung (Ziehung) von ausländischen Zahlungsmitteln (→Devisen) beim Internationalen Währungsfonds (→IMF) gegen Hingabe eigener Währung für einen begrenzten Zeitraum im Rahmen bestimmter Kontingente (→Reserveposition im IMF). – Besondere Bedeutung der Z. haben heute beim IMF die →*Sonderziehungsrechte.*

Ziel. I. Wirtschaftspolitik: Zustand der realen Umwelt (Sollzustand), der von den wirtschaftspolitischen Entscheidungsträgern als wünschenswert angesehen wird. – Vgl. auch →Zielbeziehungen, →Ziel-Mittel-Beziehungen, →Zielerfüllungsgrad, →Zielhierarchie, →Zielkonformität, →Ziel-Mittel-Dichotomie.

II. Betriebswirtschaftslehre: Vgl. →Unternehmungsziele, →Marketingziele.

III. Handelsrecht: Vgl. →Zahlungsziel.

Zielantinomie, →Zielbeziehungen a) (3) 2.

Zielbeziehungen. 1. *Vertikale Z.:* Beziehung von Zielen mit Mittelcharakter. Sie können nach anderen Zielen hinterfragt werden. Beispiel: Ziel Abbau von Subventionen kann Mittel sein für Steigerung des Wirtschaftswachstums. – 2. *Horizontale Z.:* a) *Logische Z.:* (1) *Zielidentität:* Verschiedene Ziele, die sich bei genauer Analyse inhaltlich nicht voneinander unterscheiden, z. B. Geldwertstabilität und Inflationsbekämpfung. – (2) *Zielkompatibilität (Zielvereinbarkeit):* Zielformulierungen sind widerspruchsfrei abgefaßt, z. B. die geläufigen Definitionen von Beschäftigungsstand und Preisniveaustabilität. – (3). *Zielantinomie (Zielunvereinbarkeit):* Die Verfolgung eines Ziels negiert die Erreichung eines oder mehrerer anderer Ziele, z. B. Autarkie und Wahrnehmung der Vorteile aus internationaler Arbeitsteilung. – Voraussetzung für die gleichzeitige Verfolgung mehrerer wirtschaftspolitischer Ziele ist die logische Vereinbarkeit der Ziele. – b) *Empirische (technologische) Z.:* Beziehungen, die entstehen, wenn Instrumente zur Erreichung eines Ziels einge-

setzt werden und sich daraus Nebenwirkungen ergeben, die die Erreichung anderer Ziele beeinflussen. – *Formen:* (1) *Zielkomplementarität:* Die Nebenwirkungen begünstigen die Erreichung anderer Ziele. – (2) *Zielneutralität:* Die Nebenwirkungen lassen die Verfolgung anderer Ziele unberührt. – (3) *Zielkonflikt:* Die Nebenwirkungen beeinträchtigen die Verfolgung anderer Ziele; sie erschweren wirtschaftspolitische Entscheidungen, weil sie Abwägungsprobleme aufwerfen und einen bestmöglichen Kompromiß erfordern.

Zielerfüllungsgrad, Maß für das Erreichen eines wirtschaftspolitischen →Zieles. – 1. Relativ leicht zu bestimmen ist der Z. von *quantifizierbaren (meßbaren) Zielen (quantitative Ziele).* Der Z. kann durch absolute oder relative Maße angegeben werden, deren Ermittlung lediglich statistische Schwierigkeiten aufwirft. – *Beispiel:* Beschäftigungsgrad als Verhältnis von Beschäftigten und Arbeitsfähigen, Leistungsbilanzausgleich als Höhe des Saldos der Leistungsbilanz. – 2. Erhebliche Schwierigkeiten bereitet die Bestimmung des Z. von *nicht quantifizierbaren (nicht meßbaren) Zielen (qualitative Ziele).* Als Maß für den Z. kann entweder der Z. eines quantitativen Ziels, das in Kompatibilitätsbeziehung zu diesem Ziel steht, oder das quantitative Ausmaß der Maßnahmen, die zur Verfolgung dieses Ziels ergriffen werden, gewählt werden. – *Beispiel:* Soziale Gerechtigkeit und Neubau von Schulen.

Zielfunktion. I. Unternehmenstheorie (Theorie der Unternehmung): 1. Wirtschaften ist *zielgerichtetes* (teleologisches) *Handeln;* das Verhalten ökonomischer Entscheidungseinheiten (z. B. des Staates, der Unternehmungen, der privaten Haushalte, der Individuen) ist jeweils auf einen erstrebten Zustand hin orientiert. – 2. Voraussetzung für die Analyse wirtschaftlicher Prozesse ist, daß – über die bloße Zielstrebigkeit hinausgehend – *konkrete Normen* angebbar sind, an denen die Entscheidungsträger, insbes. die Unternehmungen, ihr Handeln ausrichten. – a) Nach der *klassischen Unternehmenstheorie* werden alle betrieblichen Aktivitäten zu einem Zweck geleitet: der unbedingten *Maximierung des kurzfristigen Gewinns* bzw. der *Minimierung des kurzfristigen Verlusts,* unabhängig von der Marktform und von der Zahl der am Unternehmungsgeschehen beteiligten Personen (Ein- bzw. Mehrpersonen-Unternehmungen). – b) In der *modernen Unternehmenstheorie* haben sich in bezug auf Inhalt und Zustandekommen der Ziele bedeutsame Wandlungen vollzogen. Man spricht von einem *Zielbündel,* das in Unternehmungen angestrebt wird. Einzelziele können z. B. in der langfristigen Gewinnmaximierung, der Machtexpansion, der Umsatzsteigerung, u. ä. bestehen. Auch die Arbeitnehmer haben Ziele, die in Unternehmen zum Tragen kommen (z. B. Einkommensziele, Karriereziele u.ä.). Hier entsteht mitunter ein *Zielkonflikt.* Die Zielbildung wird heute als multipersonaler Vorgang begriffen; d.h. Ziele mehrerer Entscheidungsträger (Arbeitnehmer, Aktionäre, Manager, Banken usw.) gehen in das Zielbündel ein. – Vgl. auch →Unternehmungsziele.

II. Unternehmensforschung / Entscheidungstheorie: Die Z. drückt den Zusammenhang zwischen Entscheidungsvariablen und Zielkriterien eines Optimierungsproblems aus. $x_0 = f_0(x_1, x_2, \ldots, x_n)$, die bei einem Optimierungsproblem jedem Vektor $(x_1, x_2, \ldots, x_n)$ von Zahlen $x_1, x_2, \ldots, x_n$, insbes. auch jeder →Lösung des betrachteten Restriktionssystems, einen →Zielwert x_0 zurodnet.

Zielgesamtheit, →Coverage-Fehler.

Zielgruppe, *Adressaten,* Gesamtheit aller effektiven oder potentiellen Personen, die mit einer bestimmten Marketingaktivität angesprochen werden sollen. – Grundlage zur Z.findung nach jeweils relevanten Merkmalen ist die Marktsegmentierung; Hauptproblem die zeitliche Instabilität (Dynamik). – Zur Vermeidung von →Streuverlusten werden in der →Mediaplanung nur die zielgruppenspezifischen →Media ausgewählt. – *Arten:* (1) soziodemographische Z. (z.B. Alter, Geschlecht, Bildung); (2) Z. aufgrund von konsumorientierten Merkmalen (z.B. Intensivverwender, Erstkäufer); (3) Z. aufgrund psychologischer Merkmale (z.B. innovationsfreudig, sicherheitsorientiert); (4) Z. aufgrund medienorientierter Merkmale (Nutzer bestimmter Medien).

Zielgruppen-Kurzbewerbung, Instrument einer aktiven →Karrierestrategie, mit dem versucht wird, die Zielgruppe der potentiellen zukünftigen →Arbeitgeber mit einem Problemlösungsangebot anzusprechen und auf die eigene Person aufmerksam zu machen. Dazu ist zunächst zu prüfen, welche Probleme gut gelöst werden können, um die Zielgruppe zu suchen, die diese Probleme hat. I.d.R. werden zwischen 30 und 150 Anschreiben versandt, die auf einer Seite die Problemlösungsfähigkeiten des Bewerbers schildern. Adreß- und Namenslisten sind von Adreßverlagen gegen Entgelt erhältlich oder aufgrund eigener Sammlungen.

Zielhierarchie, Rangordnung, in die die wirtschaftspolitischen →Ziele, die von der staatlichen Wirtschaftspolitik verfolgt werden, eingeordnet werden. Aufstellung einer Z. ist notwendig, da wegen der bestehenden →Zielkonflikte nicht alle wirtschaftspolitischen Ziele gleichzeitig im optimalen Ausmaß erfüllt werden können. – Vgl. auch →Zielbeziehungen.

Zielidentität, →Zielbeziehungen 2 a) (1).

Zielkauf, *Kauf auf Ziel.* 1. *Allgemein:* Kauf, bei dem ein →Zahlungsziel gewährt wird. – Vgl. auch →Kreditkauf. – 2. *Termingeschäft:* Der auf Abnahme zu einem bestimmten Termin, meist medio oder ultimo, abgeschlossene Kauf von Wertpapieren oder Waren (→Termingeschäft).

Zielkompatibilität, →Zielbeziehungen 2 a) (2).

Zielkomplementarität, →Zielbeziehungen 2 b) (1).

Zielkonflikt, →Zielbeziehungen 2 b) (3).

Zielkonformität, Kriterium, das angibt, ob die Hauptwirkung eines wirtschaftspolitischen Instruments geeignet ist, bestimmte wirtschaftspolitische Probleme zu lösen. Voraussetzung der Prüfung der Z. (→Situationsanalyse) ist →wirtschaftspolitisches Lenkungswissen über die →Ziel-Mittel-Beziehung. – Mögliche Neben- und Folgewirkungen (→Systemkonformität, →Marktkonformität) eines Instruments sowie der Eigenwert, der manchen Instrumenten beigemessen wird (→Ziel-Mittel-Dichotomie), können bei der *Auswahl unter zielkonformen Mitteln* weitere Entscheidungskriterien sein. – Vgl. auch →wirtschaftspolitische Konzeption, →rationale Wirtschaftspolitik.

Ziel-Mittel-Beziehungen, *Theorie der Z.-M.-B.,* Begriff der Wirtschaftspolitik. Es wird zwischen Haupt- und Nebenwirkungen eines Instruments unterschieden. Nebenwirkungen sind gewollte oder ungewollte Begleitwirkungen beim Instrumenteneinsatz, die auf die Erreichung konkurrierender Ziele positiv oder negativ einwirken (→Kosten-Nutzen-Analyse); sie werden in der →Situationsanalyse ermittelt. – Vgl. auch →Zielbeziehungen, →Zielkonformität.

Ziel-Mittel-Dichotomie. 1. *Begriff* der Wirtschaftspolitik: Versuch, wirtschaftspolitische Instrumente in wohlgetrennte Kategorien einzuordnen. – 2. *Grundgedanke:* Wirtschaftspolitische →Ziele verfügen über einen Eigenwert, während Instrumente nur insofern einen Wert besitzen, als sie der Erfüllung von Zielen dienen. Die Erfahrung hat jedoch gezeigt, daß Instrumente auch einen Eigenwert haben und daß eine klare Trennung von Zielen und Instrumenten nicht vorgenommen werden kann. – 3. *Beispiel:* Inflationsbekämpfung durch Lohn- und Preisstopp; beide Maßnahmen haben die Tarifautonomie auf und haben daher einen negativen Eigenwert.

Zielneutralität, →Zielbeziehungen 2 b) (2).

Zielplanung, →Unternehmensplanung III.

Zielpreis, →EWG I 2 b (3).

Zielsetzungs- und Beratungsgespräch, *Zielsetzungs- und Förderungsgespräch,* strukturiertes Gespräch zwischen Mitarbeiter und →Vorgesetzem über Schwächen und Stärken sowie über zu erreichende Ziele des Mitarbeiters. Gleichzeitig können bei einem Z.- u. B. die Maßnahmen zum Abbau der Schwächen und zur Entwicklung der Stärken festgelegt werden. – Vgl. auch →Personalentwicklung.

Zielsetzungs- und Förderungsgespräch, →Zielsetzungs- und Beratungsgespräch.

Zielsystem, →Entscheidungstheorie. – *Unternehmerisches Z.:* Vgl. →Unternehmungsziele.

Zielunvereinbarkeit, →Zielbeziehungen 2 a) (3).

Zielvariable, →endogene Variable.

Zielvereinbarkeit, →Zielbeziehungen 2 a) (2).

Zielverkehr, in einer →Verkehrszelle j (j = 1, 2, ..., n) ankommendes →Verkehrsaufkommen, das entweder aus anderen Verkehrszellen stammt oder in dieser Verkehrszelle erzeugt wurde und die Grenzen der Verkehrszelle nicht überschreitet. – Vgl. auch →Quellverkehr.

Zielvorschrift, Vorschrift bei Optimierungsproblemen, ob die →Zielfunktion bzw. der →Zielwert zu minimieren (Minimiere!) oder zu maximieren (Maximiere!) ist.

Zielwert, Zahlenwert, der bei einem Optimierungsproblem jedem beliebigen Vektor $(x_1, x_2, ..., x_n)$ von Zahlen $x_1, x_2, ..., x_n$, insbes. jeder →Lösung des betreffenden Restriktionssystems, über eine →Zielfunktion zugeordnet ist und der in Verbindung mit einer →Zielvorschrift eine Beurteilung der Güte von Lösungen im Vergleich zu anderen Lösungen zuläßt.

Zigarettensteuer, →Tabaksteuer.

Zillmern, *Zillmerung,* nach dem Versicherungsmathematiker Zillmer (1831–1893) benanntes Verfahren zur Deckung der Abschlußkosten einer Lebensversicherung, das eine verzögerte Bildung des →Deckungskapitals bewirkt.

Zinsänderungsbilanz, →Ablaufbilanz.

Zinsänderungsrisiko, Risiko einer durch Marktzinsänderungen induzierten Verringerung der Zinsmarge, tritt insbes. auf bei fristeninkongruenter Refinanzierung und Festzinssatzvereinbarungen. Auch bei variabel verzinsten und fristenkongruent refinanzierten Positionen kann ein Z. durch eine unterschiedliche →Zinselastizität von Forderungen und Verbindlichkeiten auftreten. – Vgl. auch →Erfolgsrisiko, →Hedging.

Zinsanleihe, →Anleihe, die mit dem gesamten Kapitalbetrag zu einem in den Emissionsbedingungen vertraglich festgelegten Termin (mit oder ohne Agio) rückzahlbar ist. – *Gegensatz:* →Tilgungsanleihen.

Zinsarbitrage, →Arbitrage I 2 c).

Zinsausgabenquote, →Zinsendienstquote.

Zinsbelastungsgrad, Grad der Belastung des Gesamtkapitalgewinns (Jahresüberschuß plus Fremdkapitalzinsen) mit Fremdkapitalzinsen (→Zinsen). Der Z. reagiert auf jede Veränderung sowohl im Verhältnis von Eigenkapital und Fremdkapital als auch in der Verzinsung beider Größen. Entsprechend wichtig bei der Beurteilung der Fremdkapitalkostensituation einer Unternehmung.

Zinselastizität, prozentuale Zinssatzveränderung einer Aktiv- oder Passivposition bei einer einprozentigen Veränderung eines Marktdurchschnitts- oder Leitzinses (→Zinsen), z. B. des Diskontsatzes. – Vgl. auch →Zinselastizität der Geldnachfrage.

Zinselastizität der Geldnachfrage. 1. *Begriff:* Die Z.d.G. gibt an, wie sich die Geldnachfrage prozentual verändert, wenn der Zinssatz am Geldmarkt um einen bestimmten Prozentsatz steigt oder fällt. – 2. *Wirkung:* Die Z.d.G. ist für die Beurteilung der Effizienz geldpolitischer Maßnahmen von erheblicher Bedeutung. – a) Bei völlig *zinsunelastischer* Geldnachfrage ist die Fiskalpolitik (→fiscal policy) zur Wirkungslosigkeit verurteilt; expansive (kontraktive) geldpolitische Maßnahmen können hingegen über den gesunkenen (gestiegenen) Zinssatz und als Folge davon über die Zinsreagibilität der Investitionsnachfrage erhebliche Auswirkungen auf Produktion und Beschäftigung haben. – b) Umgekehrt wird bei vollkommen *zinselastischer* Geldnachfrage nur der Fiskalpolitik Erfolg beschieden sein; denn Geldmengenerhöhungen können keine Zinswirkungen mehr haben, da das gestiegene Geldangebot vollständig von der Geldnachfrage aus dem Spekulationsmotiv aufgesogen wird. Vgl. auch →Liquiditätsfalle. – 3. Während die *Monetaristen* (→Monetarismus) bzw. Vertreter der →Neoquantitätstheorie aufgrund empirischer Untersuchungen eine fast vollkommen zinsunelastische Geldnachfrage vermuten, gehen die sog. *Fiskalisten* davon aus, daß die Geldnachfrage je nach gesamtwirtschaftlicher Situation mehr oder weniger stark auf Veränderungen des Zinssatzes reagiert.

Zinsen. I. Volkswirtschaftslehre: 1. *Begriff:* Preis für die Überlassung von Kapital bzw. Geld. In diesem Sinn werden auch →Mieten und Pacht gelegentlich als Z. angesehen. – 2. *Höhe:* Der Z. bildet sich nach marktmäßigen Gesetzen von Angebot und Nachfrage. Die Höhe variiert je nach der Länge der Leihfristen; dadurch unterschiedliche Z. am Geld- und Kapitalmarkt. Durch geldpolitische Maßnahmen kann die Höhe des Z. beeinflußt werden (→Diskontpolitik, →Lombardpolitik, →Offenmarktpolitik). Es können auch Zinsgrenzen vorgeschrieben sein. – 3. *Wirtschaftstheoretische Behandlung des Zinsproblems:* Vgl. →Zinstheorie, →Abstinenztheorie, →Agiotheorie, →Ausbeutungstheorie, →dynamische Zinstheorie, →Liquiditätstheorie.

II. B a n k w e s e n : Zu *unterscheiden:* a) *Aktiv- oder Sollzinsen:* Z., die die Bank erhält, also der Kunde zu zahlen hat. – b) *Passiv- oder Habenzinsen:* Z., die die Bank für die →Einlagen an die Kunden zu vergüten hat. – c) Die *Höhe der Z.* ist grundsätzlich vertraglich zu vereinbaren. Sie können je nach Marktlage schwanken. – Vgl. auch →Zinsänderungsrisiko.

III. H a n d e l s r e c h t : Rechtlich unterscheidet man vertraglich vereinbarte und gesetzliche Zinsen. I. d. R. entsteht eine Zinspflicht nur, wenn die Parteien dies ausdrücklich oder stillschweigend vereinbart haben. Ohne Vereinbarung sind u. a. →Verzugszinsen und →Prozeßzinsen zu zahlen. Kaufleute untereinander sind berechtigt, für ihre Forderungen aus beiderseitigen →Handelsgeschäften vom Tage der Fälligkeit an Z. zu fordern (§ 353 HGB). – Vgl. auch →Zinsfuß, →Zinseszinsen.

IV. F i n a n z b u c h h a l t u n g : Posten der →Gewinn- und Verlustrechnung. – 1. *Aufwandszinsen* und zinsähnliche Aufwendungen (§ 275 II Ziff. 13, III Ziff. 12 HGB): a) für Obligationen (→Schuldverschreibungen), →Hypotheken, →Darlehen, Bankkredite, Warenkredite bei Stundung oder Zielüberschreitung (→Verzugszinsen); b) →Diskont von →Wechseln; c) zusätzliche Finanzierungsaufwendungen zu den Bankzinsen: Kredit-, Bereitstellungs- und Überziehungsprovision (Umsatzprovisionen sind Kosten des Geld- und Kreditverkehrs). – 2. *Ertragszinsen* (§ 275 II Ziff. 9–11, III Ziff. 8–10 HGB): a) Erträge aus →Beteiligungen; b) Erträge aus anderen Wertpapieren (z. B. festverzinslichen) und Ausleihungen des Finanzanlagevermögens (z. B. Hypotheken, Darlehen); c) sonstige Zinsen und ähnliche Erträge (z. B. aus Bankguthaben, Forderungen, empfangene Kreditprovisionen, Zinserträge entsprechend 1. b)). – 3. *Fremdkapitalzinsen* können als →Anschaffungskosten (aber nur bei Neuanlagen mit längerer Bauzeit und entsprechenden Vorauszahlungen) oder als →Herstellungskosten (§ 255 III HGB) aktiviert werden. – 4. *Skonti* sind keine Aufwands- oder Ertragszinsen, sie sind Anschaffungspreisminderung bzw. →Erlösschmälerungen.

V. K o s t e n r e c h n u n g : 1. *Begriff/Charakterisierung:* Entgelt für die Inanspruchnahme des Produktionsfaktors Kapital (Finanzmittel), unabhängig vom verwendeten Kostenbegriff (→wertmäßiger Kostenbegriff, →pagatorischer Kostenbegriff, →entscheidungs-

orientierter Kostenbegriff). Im Vergleich zu anderen verzehrten Gütern oder Dienstleistungen entstehen bei der Nutzung von Finanzmitteln spezifische *kostenrechnerische Probleme* zum einen durch die unterschiedlichen Zinssätze für die von einem Unternehmen genutzten Finanzierungsquellen, die von sehr hohen Werten (z. B. für Überziehungskredite bis zu Null für das Eigenkapital reichen), zum anderen durch die prinzipiell nicht exakt beantwortbare Frage, wo in welchem Maße und wie lange Kapital im Unternehmen gebunden ist. – 2. *Erfassung und Verrechnung:* a) *Vollkostenrechnung:* (1) Ansatz von *kalkulatorischen Z.* (→kalkulatorische Kosten) für das gesamte im Betrieb eingesetzte Kapital anstelle tatsächlich gezahlter Z. Die Höhe des einheitlichen Zinssatzes leitet sich dabei zumeist aus den Kosten einer langfristigen Fremdfinanzierung ab, wird in vielen Unternehmen jedoch auch unter unternehmenspolitischen Erwägungen festgesetzt. – Aus dieser Offenheit der Bewertung resultieren erhebliche Mängel bei der Verwendung der Zinskosten für die Fundierung und Kontrolle betrieblicher Entscheidungen. – (2) Als *Berechnungsgrundlage für die kalkulatorischen Z.* dient das →betriebsnotwendige Kapital. Als betriebsfremde Vermögensteile werden üblicherweise ausgesondert u. a. unbebaute Grundstücke, Wohnhäuser, sofern sie keine Werkswohnungen enthalten, Beteiligungen und Wertpapiere. Zur Bestimmung des Werts des betriebsnotwendigen Kapitals wird das →Anlagevermögen unter Auflösung etwaiger →stiller Reserven zu kalkulatorischen Restwerten, das →Umlaufvermögen zu kalkulatorischen Mittelwerten angesetzt. Von der so errechneten Vermögenssumme wird das →Abzugskapital als (vermeintlich) zinsfrei zur Verfügung gestelltes Kapital (z. B. Lieferantenkredite) abgezogen. – *Berechnungsbeispiel:* Vgl. Abb. Sp. 2877). – (3) Die *Zuordnung der kalkulatorischen Z.* erfolgt für die Z. auf Sachanlagevermögen als Bestandteil der →Anlagenkosten, für Vorräte an Roh-, Hilfs- und Betriebsstoffen als Kostenart der Materialstellen, für Vorräte an Halb- und Fertigerzeugnissen – sofern gesondert umfaßt und ausgewiesen – als Kostenart entsprechender Lagerkostenstellen. – b) *Entscheidungsorientierte Z.* sind ihrem Wesen nach eine spezielle Kategorie variabler Gemeinkosten (→variable Kosten, →Gemeinkosten). Ihre genaue Höhe läßt sich für eine bestimmte Kapital bindende Entscheidung nicht bestimmen, zusätzlich benötigte Finanzmittel ziehen jedoch stets zusätzliche Finanzierungskosten nach sich. Für die Fundierung und Kontrolle von Entscheidungen muß deshalb – nach einer detaillierten Bestimmung der Höhe des gebundenen Kapitals – der Wertansatz prinzipiell offen bleiben, kann nur in seiner möglichen Bandbreite (unterschiedliche Zinssätze für unterschiedliche Finanzierungsquellen) vorgegeben werden. Erforderlich sind darauf aufbauend entscheidungsbezogene Sensitivitätsüberlegungen mit alternativen Zinssätzen innerhalb dieser Bandbreite.

Ansatz der kalkulatorischen Zinsen (Beispiel)

	Buchwert		kalku-latorischer Wert	Bemerkungen
	An-fang	Ende		
	des Geschäftsjahres			
	in 1000 DM			
Aktiva				
Anlagevermögen				
Unbebautes Grundstück	30	30	–	nicht betriebsnotwendig
Grundstück mit Geschäfts-, Fabrik- u. Wohngebäuden	180	174	150	ausgeschieden ist betriebsfremdes Wohnhaus
Maschinen und maschinelle Anlagen	150	120	198	kalk. Restwert
Werkzeuge, Betriebs- und Geschäftsausstattung	25	30	34	kalk. Restwert
Beteiligung	45	45	–	nicht betriebsnotwendig
Umlaufvermögen				
Vorratsvermögen	110	15	125	kalk. Mittelwert unter Auflösung stiller Rücklagen
Wertpapiere	8	8	8	
Forderungen	190	196	193	kalk. Mittelwert
Kasse, Postscheck, Bank	18	22	20	kalk. Mittelwert
	756	740	728	
Passiva				
Grundkapital	400	400	–	
Rücklagen	60	60	–	
Wertberichtigungen	2	2	–	
Hypotheken	40	40	–	kalk. Mittelwert
Anzahlungen	70	90	80	
Verbindlichkeiten aus Warenbezügen	164	122	143	kalk. Mittelwert
Reingewinn	20	26	–	
	756	740	223	

Betriebsnotwendiges Vermögen 728
÷ Abzugskapital 223

Betriebsnotwendiges Kapital 505

Bei 6% kalk. Zinsen fürs Jahr 30,30

VI. S t e u e r r e c h t : 1. *Abgabenordnung:* a) *Grundsätze:* Ansprüche aus dem →Steuerschuldverhältnis werden nur verzinst, soweit dies gesetzlich vorgeschrieben ist. Ansprüche auf →steuerliche Nebenleistungen und die entsprechenden Erstattungsansprüche werden

nicht verzinst (§ 233 AO). Z. sind steuerliche Nebenleistungen (§ 3 III AO). – b) *Arten:* Unterschieden werden insbes. (1) →Stundungszinsen (§ 234 AO), (2) Hinterziehungszinsen (§ 235 AO), (3) Prozeßzinsen auf Erstattungsbeträge (§ 236 AO) und (4) Z. bei →Aussetzung der Vollziehung (§ 237 AO). – c) *Höhe:* Die Z. betragen für jeden vollen Monat einhalb % des auf volle 100 DM nach unten abgerundeten zu verzinsenden Betrages (§ 238 AO). – d) *Festsetzung:* Die für die →Steuerfestsetzung geltenden Vorschriften gelten nach Maßgabe des § 239 AO entsprechend. – e) *Rechtsbehelf:* Gegen die Festsetzung von Z. ist der →Einspruch gegeben. – 2. *Einkommensteuer:* Vereinnahmte Z. fallen in die Einkunftsart →Einkünfte aus Kapitalvermögen, wenn sie keine →Betriebseinnahmen darstellen. Zur Behandlung der →Schuldzinsen vgl. dort. – 3. *Gewerbesteuer:* Gezahlte Z. sind u. U. als →Dauerschuldzinsen dem →Gewerbeertrag hinzuzurechnen.

Zinsendienstquote, *Zinsausgabenquote,* Maß für die Belastung eines Staatshaushaltes durch den Zinsendienst (Zinsausgaben ohne Tilgung), bezogen auf die Gesamtausgaben bzw. das Bruttosozialprodukt.

Zinsenstamm, →Erneuerungsschein.

Zinsersparnis, →Arbeitgeberdarlehen.

Zinsertragsbilanz, →unkompensierte Bankbilanz, in der die Durchschnittszinserträge und -zinsaufwendungen eingesetzt werden. Die Z. ist ein wichtiger Teil der Teilzinsspannenrechnung; um die Nettozinsspanne zu berechnen, sind die Ziffern der Erfolgsrechnung, insbes. Abschreibungen und Sachaufwand, mit heranzuziehen. – Die Deutsche Bundesbank sammelt, um die Rentabilität der einzelnen Bankgruppen festzustellen, durch besondere Erhebungen die Z. verschiedener Bankgruppen und veröffentlicht sie in einer Repräsentativstatistik.

Zinsertragskurve, graphische Darstellung der Ertragssätze von sich nur in der Fristigkeit unterscheidenden Finanztiteln in Abhängigkeit von dieser Fristigkeit bzw. Rest-Laufzeit; wird erklärt durch die Theorien der zeitlichen →Zinsstruktur. Die Effektivzinssätze von Hypothekarkrediten (Durchschnittswert) mit einem Festzins ab 2, 5 und 10 Jahre betrugen im August 1982 10,93 – 10,42 – 10,24% p.a. Die Steigung der Z. war negativ. Im April 1986 betrugen die Werte: 6,66 – 6,83 – 7,47% p.a.; die Steigung der Z. war positiv.

Zinseszinsabschreibung, Abschreibungsmethode (→Abschreibung), bei der die jährliche Abschreibungsquote von vornherein um die Zinserträge (Zins und Zinseszins) für die jährlich zufließenden Abschreibungswerte verringert wird, so daß bei Ablauf der Lebensdauer nur der tatsächliche Anschaffungswert durch die Abschreibungen mit Zins und Zinseszins gedeckt ist. Es wird also unterstellt, daß die Abschreibungsgegenwerte bis zu ihrer Verwendung für den vorgesehenen Zweck im Betrieb (Erneuerung der Anlage) in der Unternehmung rentabel arbeiten oder z. B. auf Bankkonto angesammelt werden, also Zinsen und Zinseszinsen bringen.

Zinseszinsen, Wiederverzinsung in Zukunft auflaufender Zinsen. – Vereinbarung über Z. ist *unzulässig und nichtig* (§ 248 BGB). – *Ausnahmen:* a) Die nachträgliche Vereinbarung, daß bereits aufgelaufene Zinsen verzinst werden sollen, ist stets zulässig. b) Sparkassen, Banken und Kreditanstalten können im voraus vereinbaren, daß nicht abgehobene Zinsen von Einlagen als neue verzinsliche Einlagen gelten sollen. c) Kreditanstalten, die berechtigt sind, für den Betrag der von ihnen gewährten Darlehen verzinsliche Schuldverschreibungen auf den Inhaber auszugeben, können sich dabei die Verzinsung rückständiger Zinsen im voraus versprechen lassen (§ 248 BGB). d) Z. für das kaufmännische Kontokorrent (→Kontokorrentvertrag; § 355 HGB).

Zinseszinsrechnung, finanzmathematische Berechnung von →Zinseszinsen. Die Zinseszinsformel lautet $K_n = K_0 \cdot q^n$ (K_n = Endkapital einschl. Zinseszinsen. K_0 = Anfangskapital, q = Verzinsungsfaktor = $1 + \frac{p}{100}$, n = Anzahl der Jahre). – Ist das Anfangskapital (Barwert) gesucht, das auf Zinseszinsen angelegt in einer Reihe von Jahren eine bestimmte Höhe erreichen soll, so lautet die Formel:

$$K_0 = K_n \cdot \left(\frac{1}{q}\right)^n.$$

Zinsfixierung, geldpolitische Strategie, bei welcher der →Marktzins als Zwischenvariable vorgesehen wird. Die angebotene Geldmenge muß sich dann den Schwankungen der Geldnachfrage anpassen. Dieses Konzept wird als Alternative zur monetaristischen →Geldmengenregel im Zusammenhang mit der Stabilisierung des Geldwertes und des realen Volkseinkommens diskutiert.

Zinsfuß. I. Allgemein: 1. *Begriff:* Der in Hundertteilen ausgedrückte Preis für die zeitlich begrenzte Zurverfügungstellung von Fremdkapital. Häufig synonym mit →Zinssatz gebraucht; für finanzmathematische Zwecke zu unterscheiden. – 2. *Arten:* a) *Nominal-Z.:* Dieser entspricht der Höhe der reinen zu leistenden Zinszahlungen. – b) *Effektivverzinsung:* Diese beinhaltet sämtliche Kosten eines Darlehens; sie weicht vom Nominal-Z. ab, wenn das →Disagio auf den Darlehensbetrag vereinbart ist. Die Effektivverzinsung entspricht dem →internen Zinsfuß der Kreditzahlungsreihe. Über das Disagio kann die Effektivverzinsung beliebig fein eingestellt werden. – 3. Die *Höhe des Z.* hängt ab von der

Dauer der Kapitalüberlassung und von gewährten Sicherheiten durch den Darlehensnehmer. Als Richtlinie gilt i. a. der →Diskontsatz der Notenbank. – 4. *Rechtliche Besonderheiten:* a) Ist ein *höherer Zinssatz als 6% p. a. vereinbart,* so kann der Schuldner nach Ablauf von sechs Monaten das Kapital unter Einhaltung einer Kündigungsfrist von sechs Monaten kündigen (§ 247 BGB). Das Kündigungsrecht kann nicht durch Vertrag ausgeschlossen oder beschränkt werden. Diese von Banken kritisierte Vorschrift ermöglicht es dem Schuldner, bei gesunkenen Zinsen das Vertragsverhältnis aufzulösen. – b) Ist *nichts über die Höhe des Z. vereinbart,* so beträgt dieser 4%, unter Kaufleuten für Forderungen aus beiderseitigen →Handelsgeschäften 5% (§ 246 BGB, § 352 HGB). Die beim Rückgriff aus Wechseln oder Schecks zu zahlenden Zinsen liegen 2% über dem jeweiligen Diskontsatz, betragen aber mindestens 6% (Art. 48 I WG).

II. Kostenrechnung: Kalkulatorische Zinsen werden in der Kostenrechnung als →Opportunitätskosten auf der Basis des betriebsnotwendigen Kapitals ermittelt. Ausgangspunkt ist die Ermittlung der Buchwerte der Gegenstände von Anlage- und Umlaufvermögen. Für die Wertkomponente der Kapitalkosten wird eine Vielzahl von Alternativen vorgeschlagen, z. B. der marktübliche Z. oder der Fremdkapitalzinssatz.

III. Investitionsrechnung: Der Kalkulationszinsfuß wird in der Investitionsrechnung zum Diskontieren von Einzahlungsüberschüssen zur Ermittlung des →Kapitalwertes verwendet. Er entspricht der Rendite der besten möglichen Alternativanlage.

Zinsgarantie, Gewährleistung der vertraglichen Verzinsung von Schuldverschreibungen (→Anleihen) durch einen Dritten, i. d. R. durch den Staat, früher häufig für Eisenbahnprioritäten. Bei Staatsanleihen kann Z. auch durch bestimmte Staatseinnahmen vereinbart werden. – Vgl. auch →Dividendengarantie.

Zinsgefälle. 1. Unterschied des *Zinsniveaus an verschiedenen Orten,* insbes. in zwei Ländern, durch den unter gleichen Bedingungen ein Geldabfluß von dem Land mit niedrigerem Zinsniveau in das mit höherem induziert wird (→Arbitrage). In Zeiten von Währungskrisen und Abwertungen richten sich die Geldbewegungen nicht notwendigerweise nach dem Z., sondern werden auch oder v. a. von Spekulations- und Sicherheitsüberlegungen bestimmt. – 2. *Zinsunterschied zwischen Geld- und Kapitalmarkt.* I. d. R ist der Zins auf dem Geldmarkt niedriger. Gilt der umgekehrte Fall, wird auch von *inverser Zinsstruktur (Zinsinversion)* gesprochen.

Zinsgleitklausel, Vereinbarung in einem Kreditvertrag, mit der das Risiko bzw. die Chance einer Zinsänderung auf den Kreditnehmer übertragen wird. Der Kreditzinssatz wird in regelmäßigen Abständen an einen Zeitzins angepaßt. – Vgl. auch →Roll-over-Kredit.

Zinsinversion, →Zinsgefälle 2.

Zinskonversion, Herabsetzung des Zinsfußes einer Anleihe durch →Konversion (vgl. dort II), i.a. nur bei günstiger Lage des Kapitalmarktes möglich. Z. erfolgt i.d.R. durch Umtausch der Stücke einer fälligen Anleihe in solche einer niedriger verzinslichen neuen Anleihe. – *Anders:* →Zinsreduktion, →Zinssenkung.

Zinskosten, →Zinsen.

Zins-Kredit-Mechanismus, einer der theoretischen Ansätze der monetären Außenwirtschaftstheorie über Selbstregulierung der →Zahlungsbilanz (→Zahlungsbilanzausgleichsmechanismen). – *Ablauf:* Bei einem *System* →*fester Wechselkurse* ergibt ein Überschuß (Defizit) der Zahlungsbilanz einen Devisenzufluß (-abfluß), der durch Umtausch bei der Zentralbank zu einer entsprechenden Ausdehnung (Verringerung) des Geldvolumens mit der Folge tendenziell sinkender (steigender) Zinssätze führt. Dadurch werden internationale Kreditbeziehungen induziert, die über einen verstärkten Kapitalexport des Überschußlandes, d.h. über den Saldo der →Kapitalbilanzen auf einen Abbau des ursprünglichen Zahlungsbilanzungleichgewichts hinwirken. – *Beurteilung:* Befindet sich das Defizitland (Überschußland) in einer Rezession (einem Boom), ist es fraglich, ob die für den Z.-K.-M. erforderliche Zinssatzerhöhung (-senkung) angesichts der tendenziell damit verbundenen Verschärfung der konjunkturellen Lage von den geldpolitischen Instanzen hingenommen werden kann. Darüber hinaus ist zu beachten, daß das internationale Zinsgefälle nur dann zu den erwarteten Kapitalbewegungen führt, wenn dem nicht andere Faktoren (Sozialisierungsrisiko, übermäßige Besteuerung der Kapitalerträge oder Devisenbewirtschaftung im Ausland, Wechselkursänderungserwartungen u.a.) entgegenstehen. Schließlich könnten Kapitalexporte Güterexporte nach sich ziehen, die mit den aufgenommenen Krediten finanziert werden (sog. Bumerangeffekt), so daß der ursprüngliche Leistungsbilanzüberschuß nur kurzfristig durch ein Defizit in der Kapitalbilanz kompensiert wird und auf lange Sicht erneut ein Zahlungsbilanzüberschuß entsteht.

Zinsleiste, →Erneuerungsschein.

Zinsmarge, →Zinsspanne.

Zinsnote, →Kontoabrechnung.

Zinsparitätentheorie, →Wechselkursdeterminanten.

Zinspolitik, Teil der Geldpolitik, bei dem der Träger der Geldpolitik (in der Bundesrep.D. die Deutsche Bundesbank) Höhe und Struktur der Zinssätze direkt zu beeinflussen versucht. Geldmengen- bzw. liquiditätspolitische Maßnahmen haben zwar i.d.R. ebenfalls Zinswirkungen, werden aber normalerweise nicht der Z. zugerechnet. – *Wichtigste Instrumente der Z.:* Festsetzung der Ankauf- und Abgabesätze für →Geldmarktpapiere, →Diskontpolitik und →Lombardpolitik, Interventionen am Geldmarkt. Eine direkte Bindung der Soll- und Habenzinsen der Geschäftsbanken an von der Bundesbank vorgegebene Sätze besteht seit 1957 nicht mehr. – Die Z. der Zentralbank hat letztlich das *Ziel,* über Kreditkostenvariationen die Ausgabentätigkeit der Wirtschaftssubjekte, insbes. der Investoren, zu beeinflussen. Das Problem liegt jedoch darin, daß es der Zentralbank kaum gelingt, die Investitionstätigkeit in konjunkturgerechter Weise zu beeinflussen. Dies liegt wesentlich an zum Teil geringen →Zinselastizitäten, v.a. langfristiger Projekte, und an dem beobachteten hohen Wirkungslag (→lag) in Zeiten guter Konjunktur.

Zinsrate, *reale Z.,* in der →allgemeinen Gleichgewichtstheorie und der →Kapitaltheorie: Austauschrate von gegenwärtigem und zukünftigem Konsum. Sind p(t) und p(t+1) die →Gegenwartspreise eines Konsumgutes in den Perioden t und t+1, so ist die Zinsrate definiert als $1 + r(t) = p(t)/p(t+1)$.

Zinsrechnung. I. Begriff/Grundformeln: Finanzmathematische Berechnung der →Zinsen eines Kapitals. – Z. beruht auf der

Formel: $Z = \dfrac{K \cdot p}{100}$ (Z = Zinsen, K = Kapital, p = Zinsfuß); bei *Jahreszinsen:*

$Z = \dfrac{K \cdot p \cdot n}{100}$ (n = Anzahl der Jahre); bei *Zinsen für m Monate:*

$Z = \dfrac{K \cdot p \cdot m}{100 \cdot 12}$; bei *Zinsen für t Tage:* $Z = \dfrac{K \cdot p \cdot t}{100 \cdot 360}$. Diese Formel wird im Geschäftsverkehr (besonders bei Banken) umgestaltet:

$Z = \dfrac{K \cdot t}{100} : \dfrac{360}{p}$ $\left(\dfrac{K \cdot t}{100} = \text{Zinszahl bzw. Zins-} \right.$

nummer; $\left. \dfrac{360}{p} = \text{Zinsdivisor} \right)$;   d.h.

Tageszinsen = $\dfrac{\text{Zinszahl}}{\text{Zinsdivisor}}$. Diese Formel wird bei der Zinsberechnung von Kontokorrent- und Sparkonten verwandt (Kontokorrentrechnung).

II. Methoden: 1. *Postenmethode:* Für jeden einzelnen Posten des abzuschließenden Kontos werden die Zinszahlen für die gesamte Zeit (Epoche) zwischen dem Wertstellungs- und einem Stichtag berechnet. Da die Zinszahlen ohne Rücksicht auf Kontodrehungen (der Haben-Saldo verwandelt sich in Soll-Saldo und umgekehrt) gerechnet werden, eignet sich diese Methode nur für Konten ohne Kontendrehungen. – *Vorgehensweisen:* a) *progressiv* (fortschreitend), indem man für jeden Buchungsposten vom Wertstellungstag bis zum Abschlußtag zählt; b) *retrograd* (rückschreitend), indem die Tage von jedem Posten für die Wertstellung rückwärts bis zum Abschlußtag der vorhergehenden Periode gezählt und mit 1% des Kapitals multipliziert werden. Die so errechneten Zinszahlen sind „negative Zinszahlen". Der Rohsaldo der betreffenden Periode muß deshalb aufgezinst und die positive Zinszahl auf der kapitalschwächeren Seite eingesetzt werden. – 2. *Staffel- oder Saldomethode:* Der jeweilige Saldo wird der Zinsberechnung zugrunde gelegt. Die Tage werden unter Berücksichtigung jeder Kontoveränderung von Wertstellung zu Wertstellung gezählt. Die Rechnung beginnt mit dem Saldovortrag. Der letzte Saldo muß mit dem Saldo der Summen der beiden Kontenseiten übereinstimmen. Aus den Zinszahlensummen werden Soll- und Habenzinsen berechnet. In der Bankpraxis hat die Staffelmethode die größte Bedeutung. Sie eignet sich besonders für Konten, bei denen Kontendrehungen vorkommen. Die Zinsrechnung erfolgt entweder auf dem Konto selbst oder auf einem besonderen Blatt *(Zinsstaffel).* – Vgl. untenstehendes Beispiel.

Zinsreduktion, Herabsetzung des Nominalzinsfußes. – 1. Z. *von Staatsanleihen* bei günstiger Kapitalmarktentwicklung (i. a. nur, wenn der Kurs den Paristand überschritten hat, da dann der Staat Druck durch Drohung mit Rückzahlung zum Nennwert ausüben kann): a) Bei der *einfachen* Z. bleibt der Nominalbetrag der Stücke unverändert, sie werden nur abgestempelt und mit neuen Zinsscheinen versehen. b) Z. kann aber auch mit *Erhöhung der Nominalbeträge verbunden* sein, um den Inhabern der Anleihen eine gewisse Entschädigung zu bieten. – 2. Seltener als bei Staatsanleihen ist Z. *bei Anleihen anderer Art;* sie kann hier nur zu den vertraglichen Kündigungsterminen erfolgen. – *Anders:* →Zinssenkung, →Zinskonversion.

Zinssatz, wird üblicherweise als Synonym für *Zinsfuß* gebraucht. – Für die Zwecke der *Finanzmathematik* ist es aber zweckmäßig, zwischen dem Z. p% = $\frac{P}{100}$ und dem Zinsfuß p zu unterscheiden.

Zinsschein, *Kupon,* festverzinslichen →Wertpapieren beigefügte rechtlich selbständige Urkunde, die zur Erhebung der fälligen Zinsen dient; zusammengestellt in einem *Zinsbogen.* Die Z. enthalten den Namen des Ausstellers, Zinssatz und -betrag, Nennbetrag des Stückes, Ausstellungsdatum und -ort sowie Stück- und Zinsscheinnummer. – Vgl. auch →Kupon.

Progressive Zinsberechnung

Monat	Tag	Geschäftsvorfall	Umsatz Soll	Umsatz Haben	Wert	Tage	Zinszahlen Soll	Zinszahlen Haben
Juli	1.	Saldovortrag		5 687,–	30. 6.	180		10 236,–
Juli	25.	Abhebung	1 400,–		25. 7.	155	2 170,–	
Sept.	14.	Überweisung	716,–		14. 9.	106	759,–	
Nov.	17.	Einzahlung		2 023,–	18. 11.	42		850,–
Dez.	19.	Scheck	3 100,–		19. 12.	11	341,–	
Dez.	31.	Saldo der Z.Zahlen					7 816,–	
Dez.	31.	Zinsen 1½ % a/Nr. 7817		32,57	31. 12.			
Dez.	31.	Saldo	2 526,57		31. 12.			
			7 742,57				11 086,–	11 086,–

Staffelförmige Zinsberechnung

19 . .		Geschäftsvorfall	D C	Betrag DM	Tage	Zinszahlen Soll	Zinszahlen Haben
Juni	30.	Saldovortrag	C	5 687,–	25		1 422,–
Juli	25.	Abhebung	D	1 400,–			
Sept.	14.	Überweisung	C D	4 287,– 716,–	49		2 101,–
Nov.	17.	Einzahlung	C C	3 571,– 2 023,–	64		2 285,–
Dez.	19.	Scheck	C D	5 594,– 3 100,–	31		1 734,–
			C	2 494,–	11		274,–
				–	180		7 816,–
Dez.	31.	Zinsen	C C	2 494,– 32,57		1½ % Zinsen auf Nr. 7816	
Dez.	31.	Saldo	C	2 526,57			

Zinsscheine-Inkasso, →Inkassogeschäft IV.

Zinssenkung, Herabsetzung des allgemeinen Zinsniveaus. Z. kann sich im Verlaufe der Kapitalmarktentwicklung von selbst ergeben, sie kann aber auch mit den Mitteln der Zins- und Kapitalmarktpolitik bewußt herbeigeführt werden (→Diskontpolitik, →Währungspolitik, →Zinspolitik). – *Anders:* →Zinsreduktion, →Zinskonversion.

Zinsspanne, *Zinsmarge,* Unterschied zwischen zwei →Zinssätzen, insbes. zwischen dem Soll- und Habenzinssatz in Bankbetrieben. Es werden Zinserlöse und Zinskosten zum Geschäftsvolumen in Beziehung gesetzt. Es gilt folgendes *Kalkulationsschema:*

Zinserlöse in Prozent der Bilanzsumme
./. Zinskosten in Prozent der Bilanzsumme

= Bruttozinsspanne
./. Saldo der übrigen Kosten und Erlöse in Prozent der Bilanzsumme (Bedarfsspanne)

Nettozinsspanne

Vgl. auch →Zinsspannenrechnung.

Zinsspannenrechnung. 1. *Allgemeines:* Im Bankbetrieb die Feststellung der →Zinsspanne (Z) und damit die periodenweise Errechnung der Bruttoerträge. Die Z. ist als wichtiges Mittel zur laufenden Rentabilitätskontrolle wesentlicher Bestandteil des bankbetrieblichen Rechnungswesens und zugleich Grundlage für die Vorausschätzung des Jahresergebnisses (Budgetrechnung, Planungsrechnung). Sie wird für das Rechnungsjahr oder einen Teil davon (monatlich, täglich) durchgeführt. – 2. *Arten:* a) *Gesamt-Z.:* Sie wird auf den Gesamtaktivbestand und auf den Gesamtpassivbestand bezogen. – b) *Teil-Z.:* Setzt gewisse sich entsprechende Geschäftssparten miteinander in Beziehung, z.B. Giroeinlagen zu den Wechselkrediten, Termineinlagen zu den Kontokorrentkrediten, Spareinlagen zu den Hypothekenkrediten. – Ein absolut richtiges Ergebnis wird bei der Teil-Z. nicht erzielt wegen der Schwierigkeit der Kostenzurechnung. Doch gibt sie, wenn sie laufend durchgeführt wird, wichtige Aufschlüsse über die Entwicklung der Rentabilität der einzelnen Geschäftssparten und ist für die Geschäftspolitik von entscheidender Bedeutung. – 3. *Grundlage* für die Z. ist die →unkompensierte Bilanz, in der alle Forderungen und Verpflichtungen ungekürzt in ihrer tatsächlichen Höhe, genau nach der Verzinslichkeit gegliedert, eingesetzt sind. Aus dieser ist leicht die Zinsertragsbilanz abzuleiten. Ausgangspunkt für die Z. ist die tägliche Saldenbilanz, die zu einer Monatsdurchschnittsbilanz zusammengefaßt wird, um die monatliche Schwankung zu nivellieren. Für die Jahresend-Kontrollrechnung wird am besten eine Zusammenfassung aller durchschnittlichen Monatsbilanzen benutzt. Die monatliche Z., die alle Erfolgsfaktoren berücksichtigt, ist zugleich kurzfristige Erfolgsrechnung.

Zinsspannentheorem, →natürlicher Zins.

Zinsspannentheorie, von K. Wicksell entwickelte →monetäre Konjunkturtheorie. Schwankungen des Konjunkturverlaufs werden durch das Auseinanderklaffen von natürlichem Zins (Realzins) und Geldzins erklärt, wodurch der →Wicksellsche Prozeß ausgelöst wird.

Zinsstruktur. 1. *Charakterisierung:* Verhältnis der verschiedenen Zinssätze in einer Periode zueinander. Z. folgt generell aus Angebot und Nachfrage im System der Finanzmärkte; Z. folgt aus den Unterschieden (1) in den Risiken der Kreditarten, -nehmer und -geber, die sich im →Spread niederschlagen, (2) in der Laufzeit der Titel (zeitliche Z.). – 2. *Theorien der zeitlichen Z.:* a) *Erwartungstheorie:* Der Zinssatz eines Titels mit n-Perioden-Laufzeit folgt aus den heute für die n Perioden erwarteten einperiodigen Zinssätzen; Erwartungen über zukünftige Zinssatzänderungen beeinflussen Angebot und Nachfrage auf den Märkten für verschiedenfristige Titel unterschiedlich und führen zu →Zinsertragskurven mit negativer oder positiver Steigung. – b) *Liquiditätsprämientheorie:* Vermögensbesitzer sind avers gegen das Kapitalrisiko, was aufgrund der Zinselastizität des Gegenwartswertes (Spekulationsmotiv der Geldhaltung) mit der Laufzeit steigt; das langfristige Kapitalangebot sinkt relativ, der langfristige Zins steigt; die →Zinsertragskurve ist positiv; die mit der steigenden Laufzeit sinkenden nicht-pekuniären Erträge werden durch eine Liquiditätsprämie kompensiert. – c) *Segmentationsprämientheorie:* Die Finanzmärkte sind institutionell (durch Bestimmungen oder „versagende" Finanzintermediäre) segmentiert; es gibt keine →Arbitrage; ein Markt für den Titel einer bestimmten Fristigkeit bestimmt isoliert den entsprechend fristigen Zinssatz.

Zinsswap, →Swap II 2.

Zinstage, die bei der Zinsrechnung zugrunde gelegte Zahl der Tage. Dabei wird in der Bundesrep.D., Österreich, Schweiz u.a. Ländern der Monat mit 30 Tagen und das Jahr mit 360 Tagen angenommen. In Frankreich, den Benelux-Ländern, Italien u.a. Staaten wird das Jahr ebenfalls mit 360 Tagen, der Monat jedoch kalendermäßig genau gerechnet. In den meisten Commonwealth-Staaten und den USA wird das Jahr mit 365 Tagen, der Monat mit den betreffenden Kalendertagen gerechnet.

Zinstender, Ausschreibungsverfahren der →Offenmarktpolitik der Deutschen Bundesbank bei Pensionsgeschäften. Die Bundesbank benennt einen Mindestzinssatz („Mindestzinstender") für die von ihr fixierte Dauer des Pensionsgeschäftes; die Geschäftsbanken bieten einen Zinssatz, der größer/gleich dem Mindestzins ist; die Bundesbank teilt nach der Zinshöhe zu (der Zuteilungssatz liegt stets über Mindestzins) bis zu dem von ihr gewünschten Volumen. Die Marktsituation (→Liquidität) zeigt sich am Zuteilungssatz; Beispiel: 18.12.1985; Laufzeit: 35 Tage; Mindestzins: 4,5% p. a.; Zuteilungszinssatz: 4,6% p. a. Anzahl der (berücksichtigten) Bieter: 240 (226); angebotener (berücksichtigter) Betrag: 10180 (8692) Mill. DM. – Vgl. auch →Tenderverfahren.

Zinstermingeschäft, →financial futures.

Zinstheorie, verschiedene Ansätze, das Wesen des →Zinses sowie seine jeweilige Höhe zu erklären. Diesen Versuchen vorangestellt ist die ethische Frage nach der Rechtfertigung des Zinses (z. B. bei Aristoteles, Th. von Aquin, K. Marx). – *Kategorien:* a) *Reale Z.:* Auf der →Grenzleistungsfähigkeit des Kapitals sowie der →time preference bei der Wahl zwischen Gegenwarts- und Zukunftsgütern basierenden Zinserklärungen. – b) *Monetäre Z.:* Ansätze, bei denen der Zins als Entschädigung für die Aufgabe von Liquidität im Vordergrund steht. – *Einzelansätze:* (1) →Abstinenztheorie, (2) →Agiotheorie, (3) →loanable funds theory und (4) →Wartetheorie.

zinsverbilligte Darlehen, →Arbeitgeberdarlehen.

Zinsverjährung, →Zinsen (vertragsmäßige sowie →Verzugszinsen) verjähren in vier Jahren einschl. der Amortisationsquoten (§ 197 BGB). Sie verjähren außerdem zugleich mit dem Hauptanspruch (§ 224 BGB). Vorlegungsfrist für →Zinsscheine vier Jahre. – Vgl. auch →Verjährung.

Zinswucher, Vertrag, durch den wucherische Zinsen versprochen werden. Die Vereinbarung ist sittenwidrig und nichtig (§ 138 II BGB), wenn die Zinsen objektiv unangemessen hoch sind und der Gläubiger das Zinsversprechen unter Ausnutzung der Notlage, des Leichtsinns oder der Unerfahrenheit des Schuldners erlangt hat. I. d. R. ist von einem auffälligen Mißverhältnis dann auszugehen, wenn der vereinbarte Zins den marktüblichen um mehr als 100% überschreitet. – Vgl. auch →Wucher.

Zinszuschuß, →Arbeitgeberdarlehen.

Zirkaaufträge, limitierte Börsenaufträge, bei denen der Kommissionär vom genannten Grenzkurs je nach Börsenlage und Kurswert ¼ – ½% abweichen kann.

zirkulare Konkurrenz, Begriff der Preistheorie zur Verdeutlichung des Wesens der oligopolistischen Interdependenz, daß Aktionen des einen Konkurrenten Reaktionen anderer Konkurrenten hervorrufen, die wieder neue

Aktionen des Konkurrenten erforderlich machen.

zirkuläre Verursachung, →Konter-Effekte.

Zirkularkreditbrief, →Akkreditiv, das nicht bei einer Bank gestellt wird, sondern an alle Korrespondenten der ausstellenden Bank gerichtet ist. Bei jedem von ihnen kann der Begünstigte den Betrag, auf den der Z. lautet, oder Teilbeträge davon erheben, nachdem er sich als legitimiert ausgewiesen hat. – Vgl. auch →Reisekreditbrief.

Zitat, Begriff des →Urheberrechts. – 1. *Anführung* (Kleinzitat) einzelner Stellen a) eines Werkes nach →Veröffentlichung in einem selbständigen Sprachwerk; b) eines Werkes der Musik nach Erscheinen in einem selbständigen Werk der Musik. – 2. *Aufnahme* (Großzitat) einzelner Werke nach dem Erscheinen in ein selbständiges wissenschaftliches Werk zur Erläuterung des Inhalts. – 3. Die Vervielfältigung, Verbreitung und öffentliche Wiedergabe des Z. ist in einem durch den Zweck gebotenen Umfang *unentgeltlich zulässig* (§ 51 UrhRG).

ZIV, Abk. für Zentrale Informationsstelle für Verkehr (→Deutsche Verkehrswissenschaftliche Gesellschaft).

Zivildienst, *ziviler Ersatzdienst,* Verpflichtung zur Erfüllung von Aufgaben, die dem Allgemeinwohl dienen, durch anerkannte Kriegsdienstverweigerer (Art. 12a GG) anstelle der Ableistung von →Wehrdienst. – *Rechtsgrundlage:* Gesetz über den Zivildienst der Kriegsdienstverweigerer i. d. F. vom 31. 7. 1986 (BGBl I 1205). – *Aufgaben:* Einsatz vorrangig im sozialen Bereich, z. B. Dienst in Kranken-, Heil- und Pflegeanstalten, Anlage von Einrichtungen für soziale und mildtätige Zwecke usw. – *Dauer:* ⅓ länger als der Grundwehrdienst, derzeit 20 Monate und ab 1. 6. 1989 zwei Jahre. Da Z. nicht länger sein darf als der Wehrdienst, bestehen gegen die derzeitige Regelung verfassungsrechtliche Bedenken. – *Sozialrechtliche Stellung* wie beim Wehrdienst, z. B. Abeitsplatzschutz.

ziviler Ersatzdienst, →Zivildienst.

zivile Verteidigung, Vorbereitung und Durchführung aller Verteidigungsmaßnahmen im nichtmilitärischen Bereich. – Vgl. auch →Zivilschutz.

Zivilmakler, Makler, der entgeltlich eine Gelegenheit zum Vertragsabschluß nachweist oder einen →Vertrag vermittelt, z. B. die Häuser-, Güter-, Hypothekenmakler, auch Darlehens-, Wohnungs- und Ehevermittler. Das Rechtsverhältnis beruht nur auf den §§ 652 ff. BGB (anders →Handelsmakler und →Kursmakler, für die HGB und Börsengesetz maßgeblich sind). – *Vergütung:* Vgl. →Maklerlohn.

Zivilprozeß, gerichtliches Verfahren zur Feststellung und Durchsetzung privatrechtlicher Ansprüche. Die Bestimmung der Zivilprozeßordnung (ZPO) sind grundsätzlich zwingend anzuwenden; in Ausnahmefällen können die Parteien den Prozeßverlauf abweichend regeln (z. B. Gerichtsstand vereinbaren).

I. Verfahren: 1. *Erkenntnisverfahren:* Dient zur Prüfung und Feststellung des geltendgemachten Rechts. – 2. *Vollstreckungsverfahren:* Dient zur Verwirklichung der Entscheidung.

II. Die Gerichtsverfassung: Geregelt im Gerichtsverfassungsgesetz. – 1. *Aufbau:* Das →Amtsgericht als unterste Stufe der Gerichtsorganisation entscheidet i. a. Prozesse mit einem Streitwert bis 5000 DM bei einem Streitwert über 5000 DM das Landgericht in erster Instanz; gegen amtsgerichtliche →Urteile bei einem Streitwert von mehr als 700 DM →Berufung an das Landgericht, bei →Familiensachen an das →Oberlandesgericht, gegen landgerichtliche Urteile Berufung an das Oberlandesgericht, dagegen (bei Vorliegen besonderer Voraussetzungen) →Revision an den →Bundesgerichtshof zulässig. – 2. Die *örtliche Zuständigkeit* richtet sich grundsätzlich nach dem Wohnsitz des Beklagten (aber zahlreiche besondere Gerichtsstände).

III. Allgemeine Grundsätze: 1. *Verhandlungsgrundsatz:* Dieser Grundsatz bedeutet, daß das Gericht nur die Tatsachen und →Beweismittel berücksichtigen darf, die die Parteien vortragen und auf die sie sich berufen – keine Aufklärung des Sachverhalts von Amts wegen wie im Strafprozeß –, und daß das Gericht nur im Rahmen der gestellten →Anträge entscheiden darf. – 2. *Öffentlichkeit* und *Mündlichkeit.* – 3. *Verfahrenseinheit:* Dieser Grundsatz bedeutet, daß alle Verhandlungstermine gleichwertig sind und die Parteien infolgedessen bis zum Schluß der letzten mündlichen Verhandlung neue Angriffs- und Verteidigungsmittel vorbringen können.

IV. Verfahren: 1. →*Klageerhebung;* beim Landgericht im Anwaltszwang; der Kläger muß einen bestimmten Antrag stellen und die Tatsachen angeben, die diesen seiner Ansicht nach rechtfertigen. – 2. Bestreitet der Beklagte, muß der Kläger →*Beweismittel* für das Vorliegen der Tatsachen bezeichnen; der Beklagte kann →*Widerklage* erheben, um eigene Ansprüche, die mit dem Klageanspruch in Zusammenhang stehen, geltend zu machen. – 3. Fehlt es an einer →*Prozeßvoraussetzung,* ist die Klage als *unzulässig* abzuweisen; sonst wird der Prozeß durch ein über die Hauptsache entscheidendes →*Urteil* oder durch →*Prozeßvergleich* abgeschlossen. – 4. Der Benachteiligte kann das im Einzelfall zulässige *Rechtsmittel* einlegen und je nach dessen Art eine nochmalige Verhandlung der Sache

(→Berufung) oder eine Überprüfung nur in rechtlicher Hinsicht (→Revision) verlangen. – 5. Bei Rechtsmittelverzicht oder Erschöpfung des Rechtsmittelzuges erlangt das Urteil *Rechtskraft;* es kann dann nur noch durch →Wiederaufnahme des Verfahrens angegriffen werden (vgl. →Abänderungsklage, →Vollstreckungsgegenklage).

V. Besondere Verfahrensarten: 1. →*Mahnverfahren:* Auf Antrag wird nach summarischer Prüfung ein Mahnbescheid erlassen; er, wenn kein Widerspruch des Schuldners eingelegt wird, für vollstreckbar erklärt wird (→Vollstreckungsbescheid). – 2. →*Urkundenprozeß,* →*Wechselprozeß* und →*Scheckprozeß:* Nach →summarischem Verfahren ergeht ein →Vorbehaltsurteil, wenn der Klageanspruch durch Vorlegung von Urkunden bewiesen werden kann; bei Widerspruch des Beklagten wird ihm die Geltendmachung seiner Rechte im ordentlichen Verfahren vorbehalten. – 3. →*Arrestverfahren:* Dient der Sicherung künftiger →Zwangsvollstreckung wegen einer Geldforderung, wenn der Verdacht besteht, daß der Schuldner diese vereiteln oder wesentlich erschweren will. – 4. →*Einstweilige Verfügung:* Dient der Sicherung künftiger Zwangsvollstreckung wegen anderer Ansprüche und der Regelung eines einstweiligen Zustandes. – 5. *Vollstreckungsverfahren:* Vgl. →Zwangsvollstreckung.

Zivilprozeßrecht, die das Verfahren im →Zivilprozeß und das Zwangsvollstreckungsverfahren wegen privater Ansprüche regelnden Rechtsvorschriften: Insbes. Zivilprozeßordnung (ZPO) vom 30. 1. 1877 i. d. F. der Bekanntmachung vom 12. 9. 1950 (BGBl I 533) mit späteren Änderungen und Gerichtsverfassungsgesetz (GVG) vom 27. 1. 1877 i.d.F. der Bekanntmachung vom 12. 9. 1950 (BGBl I 513) mit späteren Änderungen.

Zivilschutz, Kern der →zivilen Verteidigung, geregelt im Gesetz über den Z. i. d. F. vom 9. 8. 1976 (BGBl I 2109). – *Umfaßt:* Selbstschutz der Bevölkerung, Katastrophenschutz, Schutzraumbau, Warn- und Alarmdienst sowie das Gesundheitswesen. – *Aufgabe:* Unmittelbarer Schutz von Leben und Gesundheit der Bevölkerung vor Kriegseinwirkungen.

ZKB, Abk. für →Zentralverband deutscher Kreditmakler und des vermittelnden Bankdienstleistungsgewerbes e. V.

ZKR, Zentralkommission für die Rheinschiffahrt, *Central Commission for the Navigation of the Rhine,* eine der ältesten der bestehenden internationalen Organisationen, 1815 vom Wiener Kongreß d. J. – *Mitglieder:* Belgien, Bundesrep.D., Frankreich, Luxemburg, Niederlande, Schweiz. – *Aufgaben:* Die ZKR überwacht die Freiheit der Schiffahrt und die gleichmäßige Behandlung der auf dem Rhein verkehrenden Schiffe und hat sich gemäß ihrer zuletzt 1963 revidierten Konvention für die Rheinschiffahrt zum Ziele gesetzt, diesen Prinzipien entgegenstehende Hindernisse wirtschaftlicher, technischer, steuerlicher, zollrechtlicher und juristischer Art zu beseitigen. Jahresberichte geben Überblick über Arbeitsergebnisse und enthalten umfassende Statistiken über die Rheinschiffahrt. Enge Zusammenarbeit mit →ECE, →ILO und →EG. – *Veröffentlichung:* Jahresbericht.

Zölibatsklausel, auflösende Bedingung, nach der das Arbeitsverhältnis mit der Eheschließung des Arbeitnehmers endet. Z. ist unzulässig nach Art. 6 I GG.

Zoll. I. A u ß e n w i r t s c h a f t s p o l i t i k / -theorie: 1. *Begriff:* Bei der Grenzüberschreitung einer Ware erhobene →Abgabe. Die Gebietsgrenze ist nach Beseitigung der früheren Binnenzölle (Wege-, Brückenzölle u. a.) i. d. R. mit den Grenzen des Staates oder in einer →Zollunion mit den Grenzen der Staatengemeinschaft gegenüber dritten Ländern identisch. – 2. *Unterscheidung:* a) Nach der Richtung der *Handelsströme:* (1) →Einfuhrzoll; (2) →Ausfuhrzoll; (3) →Durchfuhrzoll. – b) Nach der *Bemessungsgrundlage:* (1) →Wertzoll; (2) →spezifischer Zoll; (3) →Mischzoll. – c) Nach der *Art der Festsetzung:* (1) Autonomer, vom Staat oder den Organen einer Gemeinschaft festgesetzter Z.; (2) Vertragszoll, der durch zweiseitige Handelsverträge oder multilaterale Vereinbarungen (z. B. in den Zollrunden des GATT) festgesetzt wird. – d) Nach den *Motiven* bzw. Begründungen: →Finanzzoll, →Schutzzoll, →Erziehungszoll. – 3. *Kostenrechnung:* Z. ist Bestandteil der Anschaffungskosten, trägt den Charakter einer nicht abzugsfähigen (wenngleich überwälzbaren) Betriebsteuer. – 4. *Beurteilung:* a) Die *allgemeine* Würdigung der Zolleffekte ist Gegenstand der Außenhandelstheorie; vgl. →Zolltheorie. – b) *Handelspolitisch:* Im Gegensatz zu anderen →Handelshemmnissen (mengenmäßige Beschränkungen, Kontingente) setzt der Zoll den Marktmechanismus nicht außer Kraft; er ist daher mit dem marktwirtschaftlichen System vereinbar. – c) *Finanzwissenschaftlich:* (1) Der Z. ist gemäß der →Abgabenordnung eine Steuer, die von der Bundeszollverwaltung nach Maßgabe des →Zolltarifs anläßlich des zwischenstaatlichen Warenverkehrs erhoben wird; er hat *Verbrauchsteuercharakter.* – (2) *Steuertechnisch* entspricht der Z. wegen des tief gegliederten Zolltarifs weder dem Postulat der Transparenz der Einzelsteuern und des Systems noch dem Postulat der fiskalischen Ergiebigkeit. – (3) Ein abnehmendes *Aufkommen* ist seit 1960 die Folge eines allgemeinen Zollabbaus in der EWG (Kennedyrunde); dagegen ist seit 1970 ein zunehmendes Auf-

kommen die Folge von Wechselkursänderungen und – da Wertzölle vorherrschen – von internationalen Inflationstendenzen. – (4) Der fiskalische *Einnahmeeffekt* steht im Gegensatz hauptsächlich zum gesamtökonomischen *Protektionseffekt* (→Schutzzoll). – (5) Die *Belastungswirkungen* ergeben sich aus den Überwälzungschancen des Z. als einer Verbrauchsteuer.

II. M a ß e u n d G e w i c h t e: Veraltete Längeneinheit. Das Z. hatte in den einzelnen deutschen Ländern eine unterschiedliche Länge. – Bei *heutiger* Verwendung ist Z. i. d. R. synonym mit →inch.

Zollabfertigung , alle Amtshandlungen, die aufgrund des →Zollantrages des Zollbeteiligten im Rahmen der jeweils beantragten →Zollbehandlung des gestellten Zollgutes erforderlich sind. Als Z. kommen in Betracht die Abfertigung zum freien Verkehr (→Verzollung, →Zollfreistellung), die Abfertigung zu einem Freigutverkehr (Freigutverwendung, aktive Veredelung, Umwandlung) oder die Abfertigung zu einem besonderen Zollverkehr (→Zollgutversand, →Zollgutverwendung). – *Keine Z.* sind die Ausfuhr unter zollamtlicher Überwachung, die Vernichtung unter zollamtlicher Überwachung und die Umwandlung bei der Zollstelle unter amtlicher Überwachung.

Zollabkommen. 1. *Bi- oder multilaterale Z.:* Zwei- oder mehrseitige zwischenstaatliche Abkommen zum Zwecke der Senkung der Zölle. – 2. *Internationale Z.:* Abkommen zur Vereinfachung und Vereinheitlichung der Zollförmlichkeiten auf weltweiter Ebene. Hierzu gehören: a) Das im Rahmen des Völkerbundes zustande gekommene *Internationale Abkommen zur Vereinfachung der Zollförmlichkeiten* vom 3.11.1923, dessen Bestimmungen über die Zollbehandlung von Warenmustern, Ursprungszeugnissen und Gewerbelegitimationskarten für Handelsreisende noch immer eine praktische Bedeutung haben. – b) Das *Allgemeine Zoll- und Handels-Abkommen* (→GATT) vom 30.10.1947 und das im GATT ausgearbeitete „Internationale Abkommen zur Erleichterung der Einfuhr von Warenmustern und Werbematerial" vom 7.11.1952, sowie die von der →UN bzw. →UNESCO ausgearbeiteten *Abkommen über Zollerleichterungen im Touristenverkehr, über die vorübergehende Einfuhr von Gegenständen erzieherischen, wissenschaftlichen oder kulturellen Charakters, über den internationalen Warentransport mit* →Carnets TIR, *über Behälter und die Zollbehandlung von Paletten* u. a. – c) Auf den Brüsseler Zoll-Rat (→Rat für die Zusammenarbeit auf dem Gebiet des Zollwesens (RZZ)) gehen eine Reihe von Z. zurück, von denen das *Abkommen über das Zolltarifschema* (→Nomenklatur des Rates . . .), *über den* →Zollwert und über →Carnets ATA weltweite

Bedeutung erlangt haben. Das Brüsseler Zolltarifschema wird von ca. 135 Staaten und Gebieten und die Brüsseler Begriffsbestimmung des Zollwertes von 32 Ländern angewendet, während das Carnet ATA-Verfahren von 38 Staaten übernommen worden ist (1978). – d) *Weitere Abkommen* beziehen sich auf die vorübergehende zollfreie Einfuhr von Berufsausrüstung, Ausstellungsgut und Messegut, Umschließungen, wissenschaftliches Gerät, Lehrmaterial und auf die Vereinfachung und Harmonisierung der Zollverfahren.

Zollager, →Lagerung im Sinne des Zollrechts.

Zollagergut, unverzollte Waren, die zu einem öffentlichen oder privaten Zollager (→Lagerung im Sinne des Zollrechts) abgefertigt wurden.

Zollandungsplätze, im →Bundesanzeiger bekanntgegebene Plätze, an denen einfahrende Schiffe anlegen und von denen ausfahrende Schiffe ablegen dürfen. Die Schiffe dürfen auf →Zollstraßen, also auf dem Wege zu oder von Z., mit anderen Fahrzeugen oder dem Land nicht in Verbindung treten. Ausnahmen hiervon sind nur zugelassen in Fällen höherer Gewalt oder dringender Gefahr oder soweit es nötig ist, Verpflichtungen gegenüber Behörden zu erfüllen, Lotsen an Bord zu nehmen oder abzusetzen, anderen Personen oder Fahrzeugen Hilfe zu leisten, die Ladung in unvorhergesehenen Fällen zu leichtern oder zu löschen bzw. andere dringende Angelegenheiten des Schiffsbetriebs wahrzunehmen (§ 3 II ZG, § 3 AZO).

Zollanmeldung, die von dem →Zollbeteiligten schriftlich oder in bestimmten Fällen (Reiseverkehr, sofern das Zollgut weder zum Handel noch zur gewerblichen Verwendung bestimmt ist; sonst, wenn der Warenwert den Betrag von 800 DM nicht übersteigt) auch mündlich zusammen mit dem →Zollantrag abzugebende Anmeldung des →Zollgutes, mit den für die →Zollbehandlung maßgebenden Merkmalen und Umständen (z. B. Art, Menge, Verpackung, Ursprungsland, Zollwert) unter Angabe der Tarifstelle des Zolltarifs (praktisch der Codenummer des DGebrZT). Schriftliche Z. nach vorgeschriebenem Muster in zwei Stücken. Auf Verlangen der Zollstelle hat der Zollbeteiligte die Richtigkeit der Z., die eine Steuererklärung im Sinne des § 150 AO ist, nachzuweisen (§ 12 ZG, § 20 AZO). – Im *Reiseverkehr* braucht Zollgut, das weder zum Handel noch zur gewerblichen Verwendung bestimmt ist, nur auf Verlangen der Zollabfertigungsbeamten angemeldet zu werden (§ 13 ZG).

Zollansageposten, Einrichtungen der Zollverwaltung an →Zollstraßen, wenn die Zollstellen nicht nahe genug an der Zollgrenze liegen. Der Gestaltungspflichtige (→Gestellung) hat bei dem Z. zu halten und seine Weisungen einzuholen. Der Z. bestimmt, welcher Zollstelle das Zollgut zu gestellen ist, und sichert die Gestellung. Er kann verlangen, daß ihm die zur Sicherung der Gestellung erforderlichen Anmeldungen abgegeben werden. – Im *Seeverkehr* brauchen Schiffe beim Z. nicht zu halten, wenn sie ein →Zollzeichen zulässigerweise führen und der Z. das Halten nicht verlangt (→Halte- und Bordzeichen; § 6 ZG, §§ 16, 17 AZO).

Zollanschlüsse, ausländische Hoheitsgebiete die (meist aus geographischen oder verkehrstechnischen Gründen) dem deutschen →Zollgebiet angeschlossen sind (§ 2 II ZG) und der deutschen Zollhoheit im Rahmen der mit dem ausländischen Staat getroffenen Vereinbarungen unterliegen, so z. B. die österreichischen Gebietsteile Jungholz und Mittelberg. In Z. ist das deutsche Zollrecht ohne Einschränkung wirksam. Die Z. gelten auch als Teil des →Wirtschaftsgebiets (§ 4 AWG). Bei der Warenverbringung in die Z. wird die →Einfuhrumsatzsteuer wie der Zoll erhoben. – *Umsatzsteuerlich* zählen Z. nicht zum →Erhebungsgebiet.

Zollantrag, der von dem →Zollbeteiligten schriftlich oder in bestimmten Fällen mündlich zu stellende Antrag über die gewünschte →Zollbehandlung des gestellten →Zollgutes. Der Z. ist innerhalb einer von der Zollstelle bestimmten Frist, spätestens 15 Tage nach →Gestellung des Zollgutes, bei Gestellung im Anschluß an Seeverkehr spätestens nach 45 Tagen, zu stellen (§ 11 ZG). In begründeten Fällen Fristverlängerung möglich. Wird der Z. nicht innerhalb der zugelassenen Frist gestellt, so wird das Zollgut zollamtlich sichergestellt (→Sicherstellung von Zollgut). Die Zollstelle muß bzw. kann einen Z. in den in § 15 ZG genannten Fällen zurückweisen. Liegen keine Hinderungsgründe vor, so entspricht die Zollstelle dem Z. durch die entsprechende →Zollabfertigung. Der Zollbeteiligte darf einen Z. nur mit Einwilligung der Zollstelle zurücknehmen. Die Rücknahme ist ausgeschlossen, wenn das Zollgut freigegeben oder im Zollverkehr überlassen ist. Bis zu diesem Zeitpunkt darf der Z. geändert werden. Im →Reiseverkehr braucht ein Z. für Zollgut, das weder zum Handel noch zur gewerblichen Verwendung bestimmt ist, nur auf Verlangen der Zollstelle gestellt zu werden (§§ 11–13 ZG, §§ 18, 19 AZO).

Zollauskunft, →verbindliche Zolltarifauskunft.

Zollausland, Begriff des Zollrechts. Das Z. umfaßt alle Gebiete, die weder zum →Zollgebiet noch zu den →Zollfreigebieten gehören (§ 2 V ZG).

Zollausschlüsse, deutsche Hoheitsgebiete, die einem ausländischen Zollgebiet angeschlossen sind. In Z. ist das deutsche Zollrecht nicht wirksam (§ 2 ZG). – *Umsatzsteuerlich* zählen Z. nicht zum →Erhebungsgebiet. – Vgl. →fremde Wirtschaftsgebiete.

Zollbefund, amtliche Beurkundung der →Zollbehandlung. Ein Z. wird nur gefertigt, wenn eine schriftliche →Zollanmeldung abgegeben ist oder bereits eine Urkunde über eine vorherige Zollbehandlung der Ware vorliegt. Der Zollbeteiligte hat Anspruch auf eine Ausfertigung des Z. (§ 19 ZG).

Zollbehandlung, zusammenfassende Bezeichnung für diejenigen Maßnahmen der Zollbehörde, die der →Gestellung der eingeführten Ware folgen. Die Art der Z. ergibt sich aus dem →Zollantrag. Z. kann mit oder nach besonderer Zulassung ohne Abfertigung vorgenommen werden: In beiden Fällen ist die Abfertigung zum freien Verkehr (→Verzollung, →Zollabfertigung, →Zollfreistellung) der Regelfall. – 1. Z. *ohne Abfertigung:* Die Einfuhrware wird lediglich durch Anschreibung in den freien Verkehr, in einen Freigutverkehr oder in einen Zollverkehr – entweder nach einer Gestellung oder unter Gestellungsbefreiung – überführt. Einführer gibt Einfuhranzeige ab. Zulassung dieses Verfahrens bei Vorliegen der in § 40a ZG angegebenen Voraussetzungen durch Hauptzollamt. – 2. Der Abfertigung kann sich eine *zollamtliche Überwachung* anschließen, wie bei Zollbegünstigungen, die von einer besonderen Verwendung der eingeführten Waren abhängen (wie z. B. bei Gegenständen erzieherischen, wissenschaftlichen oder kulturellen Charakters oder bei Waren zu Untersuchungs- oder Erprobungszwecken). Es kommen ferner Abfertigungen zu einem *besonderen Zollverkehr* (Versand, Zollgutlagerung oder Zollgutverwendung) in Betracht. In diesen Fällen bleibt die Ware im zollrechtlich gebundenen Verkehr und muß i. a. erneut gestellt werden. Jeder erneuten Gestellung schließt sich i. d. R. wieder eine Z. an. Die Z. kann auch lediglich aus einer zollamtlichen Überwachung bei einer Wiederausfuhr, Vernichtung oder Umwandlung von Zollgut bestehen.

Zollbeschau, Ermittlung von Menge und Beschaffenheit des gestellten (→Gestellung) und dargelegten (→Darlegung) Zollgutes durch die Zollabfertigungsbeamten in dem für die beantragte →Zollabfertigung erforderlichen Umfang. Die Z. muß nicht in jedem Falle, sondern kann von der Zollstelle nach Ermessen durchgeführt werden. Von einer Z. kann jedoch nur abgesehen werden, wenn die Zollanmeldung und die anderen Unterlagen für die Zollabfertigung ausreichen. Der Zollbeteiligte erreicht durch eine freiwillige tarifgerechte Zollanmeldung die Aussicht, daß auf

die Z. verzichtet wird und dadurch Zeit und Kosten gespart werden (§§ 16, 17 ZG, §§ 25, 26 AZO).

Zollbescheid, Anforderung des Zollbetrages von dem Zollbeteiligten als Zollschuldner (§ 36 III ZG). Der Z. ist ein →Steuerbescheid im Sinne des § 155 I AO. Der Z. kann schriftlich oder mündlich, d. h. formlos, erteilt werden. Hat der Zollbeteiligte in einer vollständigen Zollmeldung den Zoll selbst berechnet, so gilt diese als Steueranmeldung i. S. der AO.

Zollbeteiligter, derjenige, der die zollamtliche Abfertigung von gestelltem Zollgut zum freien Verkehr, zu einem Freigutverkehr oder zu einem besonderen Zollverkehr bzw. die zollamtliche Überwachung bei der Ausfuhr, Vernichtung oder Umwandlung von Zollgut beantragt. (→Zollantrag.) Wer den Zollantrag als Vertreter ohne Vertretungsmacht stellt, gilt selbst als Zollbeteiligter. Die Deutsche Bundespost ist allgemein berechtigt, den Zollantrag für das von ihr beförderte Zollgut in Vertretung des Empfängers zu stellen. Z. wird damit der Empfänger (§ 10 ZG). – Ist im *Reiseverkehr* ein Zollantrag nicht zu stellen, so ist Z. der Gestellungspflichtige (§ 13 ZG).

Zollbinnenland, der nicht zum →Zollgrenzbezirk gehörende Teil des →Zollgebietes. Das Z. beginnt etwa in einer Tiefe von 15 km von der Zollgrenze. Es wird vom Zollgrenzbezirk durch die Zollbinnenlinie getrennt (§ 68 ZG).

Zollbinnenlinie, Trennungslinie zwischen dem →Zollgrenzbezirk und dem →Zollbinnenland.

Zollbürgschaft, →Bürgschaft für eine Zollschuld. Eine Z. wird vielfach von Banken (→Aval-Kredit) übernommen.

Zoll-Dienstanweisung, zum ZG und zur AZO als Erlaß des Bundesministers für Finanzen (BdF) herausgegeben. Die Bestimmungen der Z.-D. haben administrativen Charakter, begründen daher keine Rechte und Pflichten Dritter und binden nicht die Gerichte. Ihre Kenntnis kann trotzdem für →Zollbeteiligte von Bedeutung sein, weil sie mitunter Grundsätze der Verwaltung enthalten.

Zolldisparitäten. 1. Unterschiede zwischen den *Zolltarifstrukturen* verschiedener Länder, m. a. W. unterschiedliche Streuung der Zollbelastungen einzelner Güter um die Durchschnittsbelastung. Ökonomisch von Bedeutung, weil u. U. hohe einheitliche Zölle auf alle Güter (Fertigwaren und Vorprodukte) weniger protektiv wirken als stark divergierende Zollsätze bei niedriger Durchschnittsbelastung. – 2. Unterschiede zwischen den *Zollsätzen* verschiedener Länder in bezug auf *dasselbe* Gut (kann auch vorliegen, wenn nach 1. keine Z. existieren). Argumentation: bei allgemeiner Senkung der Zölle um einen bestimmten Prozentsatz wird der Zollschutz eines Landes mit niedrigen Zöllen mehr geschwächt als derjenige eines Landes mit hohen Sätzen. Vorwiegend politisches und taktisches Argument, spielt wesentliche Rolle bei den Verhandlungen in der →Kennedy-Runde.

Zölle, →Zoll.

Zollerlaß, Zollerstattung von Eingangs- oder Ausfuhrabgaben, durch die am 1. 7. 1980 in Kraft getretene VO (EWG) Nr. 1430/79 v. 2. 7. 1979 (ABl EG Nr. L 175) auf EG-Ebene neu geregelt. Durchführungs-VO der Kommission vom 20. 6. 1980 Nr. 1574/80 (ABl EG Nr. L 161) und v. 20. 6. 1980 Nr. 1575/80 (ABl EG Nr. 161). – Die Gemeinschaftsregelung gilt sinngemäß auch für die Erhebung der Einfuhr-Umsatzsteuer und die sonstigen Verbrauchsteuern, soweit die Verbrauchsteuervorschriften die sinngemäße Anwendung der Zollvorschriften vorsehen. – Gegenstück ist die *Nacherhebungs-VO* des Rates v. 24. 7. 1979 Nr. 1697/79 (ABl EG Nr. L 197).

Zollfahndung, →Steuerfahndung.

Zollfahndungsdienst, Behörde zur Mitwirkung bei der Erforschung und bei der Verfolgung von Zoll- und Steuervergehen. Ihre Beamten haben die Befugnisse, die den Beamten der Hauptzollämter für die Steueraufsicht und im Steuerstrafverfahren zustehen. Sie sind Hilfsbeamte der Staatsanwaltschaft im Sinne von § 152 GVG.

Zollfaktura, *customs invoice,* für eine ausländische Zollbehörde von einem Lieferanten auf meist vorgeschriebenem Formblatt ausgefertigte Rechnung mit Ursprungsvermerk, die der Verzollung im Ausferland zugrunde gelegt wird. Vielfach wird dabei auch die Angabe des vergleichbaren Inlandspreises im Lieferland verlangt, da dieser, falls er höher als der Exportpreis ist, der Verzollung zugrunde gelegt wird. – Vgl. auch →Konsulatsfaktur.

Zollflugplätze, die im Bundesanzeiger als Z. bekanntgegebenen Flugplätze, auf denen einfliegende Luftfahrzeuge landen und von denen ausfliegende Luftfahrzeuge abfliegen dürfen (§ 3 IV ZG). – Vgl. auch →Zollflugplatzzwang.

Zollflugplatzzwang, Verpflichtung für einfliegende Luftfahrzeuge, nur auf einem →Zollflugplatz zu landen bzw. für ausfliegende Luftfahrzeuge, nur von einem solchen abzufliegen. Ausnahmen gelten nur in Fällen höherer Gewalt, dringender Gefahr oder auf behördliche Weisung. – Zur Erleichterung des Verkehrs kann für einzelne Fälle im Verwaltungsweg *Befreiung* vom Z. gewährt werden (§ 3 V ZG).

Zollfreigebiete, Gebiete, in deen das deutsche Zollrecht nicht wirksam ist, so weit es daran knüpft, daß Waren →Zollgut sind. Zollstellen in Z. sind befugt, auf ihren Abferti-

gungsplätzen Amtshandlungen bei der Einund Ausfuhr von Waren vorzunehmen (vorgeschobene Zollstellen). Z. sind deutsche Schiffe und Luftfahrzeuge in Gebieten, die zu keinem Zollgebiet gehören; die Insel Helgoland; die →Freihäfen; die Gewässer und Watten zwischen der Hoheitsgrenze und der Küste (§ 2 III ZG): Dreimeilenzone. – *Umsatzsteuer:* Z. zählen grundsätzlich nicht zum umsatzsteuerlichen →Erhebungsgebiet; Ausnahme: das Wattenmeer und die Freihäfen, wenn Leistungen für den Endverbrauch erbracht werden (§ 1 II, III UStG).

Zollfreiheit. 1. *Tarifliche Z.* für Waren, für die im →Zolltarif eine solche vorgesehen ist. – 2. *Außertarifliche Z.* aufgrund oinrechtlicher Bestimmungen wegen außerhalb des mit dem Zolltarif verfolgten Zwecke (z. B. für Betriebsstoffe für Kraft- und Luftfahrzeuge, Gegenstände wissenschaftlichen, erzieherischen oder kulturellen Charakters, Geschenksendungen, Rückwaren, Muster, Vorlagen, Waren zu Erprobungs- oder Untersuchungszwecken, Werbematerial u. a. m.).

Zollfreistellung, bei der Abfertigung von →Zollgut zum freien Verkehr die Mitteilung an die Zollbeteiligten, daß ein Zoll nicht zu erheben und das Zollgut freigegeben ist (→Freigabe), weil das Zollgut nach dem Zolltarif oder aus anderen Gründen zollfrei ist (§ 36 II und III ZG); →Zollfreiheit. Die Z. ist ein Feststellungsbescheid im Sinne des § 155 I 3 AO. Durch die Freigabe wird Zollgut zu Freigut. Die Z. schließt jedoch nicht aus, daß bei unberechtigter Freigabe der Zollbetrag nachgefordert wird, weil die Zollschuld stets in der gesetzlichen Höhe entsteht.

Zollgebiet, das deutsche Hoheitsgebiet mit →Zollanschlüssen, aber ohne →Zollausschlüsse und ohne →Zollfreigebiete. Das Z. wird von der Zollgrenze umschlossen. Im Z. ist das Zollrecht ohne Einschränkung wirksam. Abfertigungsplätze außerhalb des Z., auf denen befugte deutsche oder ausländische Zollorgane Amtshandlungen nach deutschem Zollrecht vornehmen, sowie die Verbindungswege zum Zollgebiet, gelten insoweit als Z. (§ 2 ZG), VO über die Zollgrenze, die Zollbinnenlinie und die der Grenzaufsicht unterworfenen Gebiete vom 22. 12. 1961 (BGBl I 2141; VSF Z 0161) mit späteren Änderungen. – Gemäß Bundesverfassungsgericht gelten die *Grenzen vom 31. 12. 1937* für das Hoheitsgebiet: Somit zählen Berlin (West) und die DDR zum deutschen Z. – Die *Bundesrep. D. und die DDR* bilden ein Z., das aus zwei Teilgebieten mit unterschiedlichem Zollrecht besteht. Aufgrund dieser Rechtsauffassung werden Waren, die aus der DDR in die Bundesrep. D. verbracht werden, nicht zum →Zollgut und müssen entsprechend nicht verzollt werden. – Vgl. auch →Innerdeutscher Handel.

Zollgebiet der EG, gem. Art. 9 EWG-Vertrag (Vereinbarung einer →Zollunion) die Hoheitsgebiete der einzelnen EG-Mitgliedsstaaten mit folgenden Ausnahmen: Dänemark ohne Färöer, Bundesrep. D. ohne Helgoland und Büsingen, Frankreich ohne die überseeischen Gebiete (ausgenommen Réunion, Guayana, Gouadeloupe und Martinique), Italien ohne Livigno und Campione d'Italia sowie ohne den italienischen Teil des Luganer Sees. Die DDR gehört nicht zum Z. d. EG. Aufgrund von Abkommen gehören weiterhin dazu: Fürstentum Monaco (Zollunion mit Frankreich), Republik San Marino (Zollunion mit Italien) sowie die österreichischen Zollanschlüsse an das deutsche Zollgebiet Jungholz und Mittelberg.

Zollgesetz (ZG), Gesetz vom 14.6.1961 i.d.F. der Bekanntmachung vom 18.5.1970 (BGBl I 529; VSF Z 0101); nationale Rechtsgrundlage für das geltende →Zollrecht.

Zollgewicht, Gewicht, das der Bemessung der Zollschuld für Waren, die einem →Gewichtszoll unterliegen, zugrunde gelegt wird. Z. ist je nach den zolltariflichen Vorschriften das →Rohgewicht oder das →Eigengewicht (§ 34 ZG).

Zollgrenzbezirk, ein Gebietsstreifen bis zu einer Tiefe von 15 km längs der Zollgrenze. Der Z. wird vom →Zollbinnenland durch die →Zollbinnenlinie getrennt. Im Z. gelten zur Sicherung der Zollbelange gewisse Beschränkungen und Verpflichtungen. Der Zollverwaltung und ihren in der Grenzaufsicht tätigen Bediensteten stehen besondere Rechte zu. – *Bestimmungen über Z.:* §§ 68–72 ZG, §§ 144–146 AZO.

Zollgrenze, →Zollgebiet.

Zollgut, alle Waren, die sich im zollrechtlich gebundenen Verkehr (→Zollverkehr) befinden. Werden Waren in das Zollgebiet eingeführt, so werden sie damit Z. und bleiben es, bis sie nach den zollrechtlichen Bestimmungen →Freigut werden oder untergehen, vernichtet oder ausgeführt werden. Unter bestimmten Voraussetzungen werden gewisse Waren bereits bei der Einfuhr Freigut ohne erst Z. zu werden (§ 6 AZO). Auch Waren des freien Inlandsverkehrs (Freigut) können Z. werden, wenn sie gestellt und zu einem besonderen Zollverkehr abgefertigt werden, bei der Freigutveredelung gestellt werden oder wenn sie mit Z. vermischt werden. Wird Z. in einem besonderen Zollverkehr zu neuen Sachen verarbeitet oder mit anderen Sachen vermischt oder vermengt, so sind auch die dadurch entstandenen Sachen Z.

Zollgutversand, besonderer →Zollverkehr, in dem Zollgut nach der Gestellung auf Antrag des Zollbeteiligten einer anderen Zollstelle überwiesen und ihm zur Beförderung mit der Verpflichtung überlassen wird, es innerhalb einer gesetzten Frist unverändert der anderen Zollstelle zu gestellen. Der Zollbeteiligte erhält als Zollpapier einen →Versandschein, der die Ware begleitet und der anderen Zollstelle bei der Gestellung vorzulegen ist. Der Zollbeteiligte haftet von der Überlassung des Zollguts an für den Zoll nach der höchsten in Betracht kommenden Zollbelastung, wenn das Zollgut nach der Beförderung nicht oder nicht ordnungsgemäß gestellt wird. – Der Z. kann von der Zollstelle *abgelehnt* werden, wenn das Zollgut sofort zum freien Verkehr abgefertigt werden kann und ein entgegenstehendes wirtschaftliches Interesse des Zollbeteiligten nicht erkennbar ist (§ 41 ZG, §§ 81–87 AZO und EWG-VO Nr. 222/77 des Rates vom 13.12.1976 über das gemeinschaftliche Versandverfahren, Amtsblatt der EG L. 38/77 S. 1).

Zollgutverwendung, besonderer →Zollverkehr, zu dem Zollgut abgefertigt werden kann, wenn eine Zollbegünstigung (Zollfreiheit oder ermäßigter Zollsatz) von einer bestimmten zollamtlich überwachten Verwendung des Zollguts abhängt. Die Z. bedarf einer besonderen Bewilligung. Das Zollgut darf nur zu den bewilligten Zwecken verwendet werden. Ist ein ermäßigter Zollsatz vorgesehen, so wird der sich danach ergebende Zollbetrag bei der Abfertigung zur Z. erhoben (→Verzollung).

Zollhehlerei, →Steuerhehlerei.

Zollhinterziehung, →Steuerhinterziehung.

Zollhoheit, Recht des Bundes zu Zollgesetzgebung, Zollverwaltung und Zollrechtsprechung. Die Z. erstreckt sich auf das Hoheitsgebiet des Bundes, nach zwischenstaatlichen Vereinbarungen auch auf fremdes Staatsgebiet in Zollanschlüssen und für vorgeschobene deutsche Zollstellen einschl. ihrer Verbindungswege zum Zollgebiet.

Zollinhaltserklärung, Begleitpapier für Auslandssendungen (→Postbegleitpapiere) mit zollabgabepflichtigem Inhalt. Bei Briefen, Drucksachen, Wertbriefen und Päckchen, wenn Wert des Inhalts 910 DM übersteigt und bei allen Postpaketen.

Zollinland, →Zollgebiet.

Zollkartell, besondere Form des →Exportkartells, bei dem jedoch wie bei einem Konditionskartell nur Abreden über einzelne Zahlungsbedingungen, nämlich über die Behandlung der zwischenstaatlichen Zollzahlung getroffen werden (Regelung der →terms of trade).

Zollkontingent, bestimmte Warenmengen, die entweder nach dem Gewicht oder einer anderen spezifischen Einheit oder nach dem Wert begrenzt sind und innerhalb eines festgesetzten Zeitraums (meist eines Jahres) zollbegünstigt (i.d.R. zollfrei) eingeführt werden dürfen. Z. können vertraglich oder autonom festgesetzt werden. Als handelspolitische Mittel setzen Z. den sie gewährenden Staat in die Lage, den Lieferwünschen seines Vertragspartners nachzugeben, ohne auf einen Schutz der einheimischen Wirtschaft völlig zu verzichten. In der EG ist die Befugnis zur Festsetzung von Z. auf die Organe der Gemeinschaft übergegangen. Diese setzen Gemeinschafts-Z. fest, die entweder den Charakter von Versorgungskontingenten haben oder der mengenmäßigen Begrenzung von Zollbegünstigungen aus Assoziations- oder Präferenzabkommen oder gegenüber Entwicklungsländern dienen. – *Berechnung der Einfuhrkontingentenquoten:* Vgl. →Verteilungsverfahren.

Zollkontingentschein, ausgestellt vom Bundesamt für Wirtschaft. Für Importe im Rahmen von Zollpräferenzen der EG für Entwicklungsländer und der →passiven Lohnveredelung sowie nach dem Gesetz über das Zollkontingent für feste Brennstoffe. Z. erlauben eine durch Höchstmengen begrenzte zollfreie Einfuhr der betroffenen Waren. Die begrenzte Einfuhrmöglichkeit nach dem Gesetz über das Zollkontingent für feste Brennstoffe flankiert den verstärkten Absatz der deutschen Kohle in der Kraftwerkswirtschaft.

Zollkostenordnung, erlassen am 26.6.1970 (BGBl I 848), regelt die von den Behörden der Bundeszollverwaltung und den Behörden, denen die Wahrnehmung von Aufgaben der Bundeszollverwaltung übertragen ist, für kostenpflichtige Amtshandlungen zu erhebenden Gebühren und Auslagen. Die Höhe der Gebühren richtet sich nach Zeitaufwand (Stunden- und Monatsgebühren) gemäß der Anlage zur Z.

Zollmitverschluß, Mittel der zollamtlichen Überwachung der öffentlichen und privater Zollager (Verschlußlager; →Lagerung im Sinne des Zollrechts). Die Zollager stehen unter Verschluß des Niederlagehalters (→Zollniederlage) bzw. des Lagerinhabers und gleichzeitig auch unter →Zollverschluß. Sie können somit vom Berechtigten und den beauftragten Zollbediensteten nur gemeinsam betreten werden.

zollmodifizierte Tauschkurve, →Optimalzoll.

Zollniederlage, unter →Zollverschluß oder →Zollmitverschluß stehende Räume, in denen Zollgut bis zu fünf Jahren gelagert werden darf. Z. ist ein öffentliches Zollager (§ 43 ZG) und wird i.d.R. von einem Lagerei- oder Verkehrsunternehmen oder einer Hafenverwaltung betrieben, u.U. auch von der Zollverwaltung.

Zollordnungswidrigkeit, vorsätzlicher oder fahrlässiger Verstoß gegen Bestimmungen des Zollgesetzes oder der Allgemeinen Zollordnung (§ 79 a ZG, § 148 a AZO, § 382 I AO). – *Strafe:* Mit Geldbuße sind z.B. bedroht Einführen von Waren ohne Benutzung einer Zollstraße, Zuwiderhandeln gegen die Gestellungspflicht, Verstoß gegen die Freihafenbestimmungen, Nichtbeachtung der Anordnungen der Zollbehörde, Verletzung der Anzeige- und Meldepflichten.

Zollpassierscheine, →Carnet, →Triptik.

Zollpolitik, alle Maßnahmen, um mit dem Gestaltungsmittel →Zoll die außenwirtschaftlichen Beziehungen zu beeinflussen; Teil der →Außenwirtschaftspolitik. Z. muß wirtschaftspolitischer Zielsetzung entsprechen, z.B. liberaler außenwirtschaftspolitik mit liberaler Außenhandels- und Z. Kriterien für eine zollpolitische Entscheidung sind die strukturellen Gegebenheiten einer Volkswirtschaft sowie die davon beeinflußten unmittelbaren und mittelbaren Wirkungen eines Zolls, nicht die mit einem Notstand begründeten Interessentenwünsche. – *Weitere Aufgaben der Z.:* Beeinflussung der Handelsbilanz (z.B. durch autonome Zollerhöhungen) als preispolitische Maßnahme (durch Zollsenkungen Bekämpfung von Preissteigerungen), zur Absatzsicherung (durch Gleitzölle), zur Förderung der Industrialisierung (durch Zollaussetzungen für bestimmte Waren oder zur Unterstützung bestimmter Länder (z.B. durch Zollpräferenzen für Entwicklungsländer). – Vgl. auch →Zolltheorie.

Zollpräferenzen, →Präferenzzoll.

Zollrecht, Entstehung, Fälligkeit und Erlöschen des Anspruchs auf Zollzahlung sowie das Erhebungs- und Überwachungsverfahren regelnde Rechtsvorschriften. – 1. *Bundesrep. D.:* (1) →Zollgesetz (ZG) vom 14.6.1961 i.d.F. vom 18.5.1970 (BGBl 1970 I 529; VSF – Z 0101); (2) Allgemeine Zollordnung (AZO) vom 29.11.1961 (BGBl I 1937; VSF – Z 0151); (3) →Abgabenordnung 1977 (AO) vom 16.3.1976 (BGBl I 613), enthält allgemeine Vorschriften für Steuern und Zölle. ZG, AZO und AO werden laufend den außenwirtschaftlichen und zollrechtlichen Erfordernissen angepaßt. – 2. *EG:* Kein gemeinschaftliches Z., Teilgebiete werden geregelt durch: a) Verordnungen, die in den Mitgliedstaaten unmittelbar gelten, z.B. die Rats-VOen über den Gemeinsamen Zolltarif, das Zollgebiet der Gemeinschaft, den Zollwert der Waren, die gemeinsame Begriffsbestimmung für den Warenursprung, das gemeinschaftliche Versandverfahren, die Zollbehandlung von Rückwaren, von zu Erprobungs- oder Untersuchungszwecken eingeführten Waren, und von Gegenständen erzieherischen, wissenschaftlichen oder kulturellen Charakters sowie die Antidumpingregelung; b) Richtlinien der EG-Organe, z.B. über die Erfassung und Verwahrung eingeführter Waren, den Zahlungsaufschub; die Zollager, den aktiven und passiven Veredelungsverkehr und die Freizonen (Freihäfen); Richtlinien sind für die Mitgliedstaaten verbindlich im Hinblick auf das zu erreichende Ziel; die aus ihnen sich ergebenden Rechtswirkungen muß der einzelne Mitgliedstaat im innerstaatlichen Recht erstellen; c) Empfehlungen der EG-Organe, die nach Art. 189 EWG-Vertrag unverbindlich sind und weniger wichtige Fragen betreffen, wie z. B. das Zollgewicht und die Pauschalierung der Zölle bei Kleinsendungen und im Reiseverkehr; Empfehlungen haben sich nicht als wirksames Mittel der Zollangleichung erwiesen. – 3. Z. der Bundesrep. D. und der EG stehen *selbständig nebeneinander* und sind nach sachlichen Zuständigkeitsbereichen gegeneinander abgegrenzt. Bei Kollision zwischen beiden gilt „Gemeinschaftsrecht bricht nationales Recht".

Zollrechtsharmonisierung, →Harmonisierung IV.

Zollrückvergütung, *drawback,* System der Rückzahlung der Eingangsabgaben auf eingeführte ausländische Waren, die nach einer Be- oder Verarbeitung im Inland wieder ausgeführt werden. D. entspricht in Zweck und Wirkung im wesentlichen dem aktiven →Veredelungsverkehr.

Zollsätze, →Zoll.

zollsichere Herrichtung, Erfordernis für Räume, Beförderungsmittel und Behältnisse, die zollamtlich verschlossen werden sollen. – Vgl. auch →Zollverschluß, →Verschlußanerkenntnis, →Zollmitverschluß.

Zollsollerträge der Einfuhr, vom Statistischen Bundesamt nach dem jeweils anzuwendenden Zollsatz errechnete Zollerträge auf der Grundlage der für die →Außenhandelsstatistik gültigen Grenzübergangswerte der nach dem Wert verzollten Waren. Z. stimmen mit den kassenmäßigen Zollisterträgen aus verschiedenen Gründen nicht überein.

Zollstellen, Hauptzollämter und Zollämter. – *Anders:* →Zollzweigstellen.

Zollstraßen, diejenigen Landstraßen, Wasserstraßen, Rohrleitungen (v. a. für Rohöl) und anderen Beförderungswege, die als Z. im →Bundesanzeiger bekanntgegeben sind. Z. beginnen an der Zollgrenze (→Zollgebiet) und enden jeweils bei einer Zollstelle (§ 3 II ZG, § 2 AZO). – Vgl. auch →Zollstraßenzwang.

Zollstraßenzwang, Verpflichtung, Waren bei der Einfuhr oder Ausfuhr nur auf →Zollstraßen zu befördern. Die Beförderung darf nicht willkürlich verzögert, und die Waren dürfen nicht willkürlich verändert werden. Von der Zollstraße darf nur wegen höherer Gewalt oder dringender Gefahr in dem gebotenen Umfang abgewichen werden. Der Z. ist ein wichtiges Mittel der zollamtlichen Überwa-

chung. Obwohl nur Einfuhrzölle erhoben werden und daher zollrechtlich nur die Einfuhr von Interesse ist, ist der Z. auch auf die Warenausfuhr ausgedehnt, weil er für das Außenhandelsrecht, die Embargobestimmungen und die Statistik unentbehrlich ist. – Vom Z. *befreit* ist die Ein- und Ausfuhr im öffentlichen Eisenbahn- und Luftverkehr sowie die Einfuhr von Waren, die nicht Zollgut werden (§ 3 I ZG, § 2 AZO).

Zollstunden, nach den örtlichen Verhältnissen, den Verkehrsbedürfnissen, der Personallage der Zollverwaltung und in der Regel im Benehmen mit der Nachbarzollverwaltung festgelegte Zeiten, in denen Waren, die auf →Zollstraßen zu befördern sind, eingeführt oder ausgeführt werden dürfen (§ 4 ZG). Die Z. werden durch Aushang bei den betr. Zollstellen bekanntgegeben. Sie umfassen im allgemeinen die helle Tageszeit. – Vgl. auch →Zollstundenzwang.

Zollstundenzwang, nach dem Zollrecht die Verpflichtung, Waren, die auf →Zollstraßen zu befördern sind, nur zu den jeweils festgelegten Zeiten (→Zollstunden) einzuführen oder auszuführen. – Vom Z. *befreit* sind der See-, Post- und Reiseverkehr, der fahrplanmäßige Personenschiffsverkehr und Binnengewässern und der öffentliche fahrplanmäßige Kraftfahrzeugverkehr. Die zuständige Zollstelle kann außerdem in einzelnen Fällen Befreiungen zulassen (§ 4 ZG).

Zolltarif, wichtigstes Instrument der →Zollpolitik. Dem Z. liegt jeweils ein *Tarifschema* zugrunde. Erst wenn die Nummern des Schemas mit Zollsätzen versehen sind, handelt es sich um einen Z. – *Unterteilung:* In einem Z. sind die Waren abschnittsweise entweder nach den Produktionszweigen, zu denen sie gehören, geordnet (Produktionsprinzip) oder nach dem Prinzip des Verwendungszwecks (z. B. Zusammenfassung aller Maschinen oder Spielwaren ohne Rücksicht auf den Stoff, aus dem sie bestehen, jeweils in einem Kapitel). Länder mit einer großen Breitenstreuung der Produktion haben i. d. R. Z., die nach Warenarten und -unterarten weitgehend unterteilt sind. – *Arten:* a) *Einheits-Z.,* die nur *eine* Zollsatzspalte aufweisen; b) *Doppel-Z.,* die zwei Spalten enthalten; b) einen General-Z. mit einem höheren Niveau und einen Minimal-Z. mit Zollsätzen, die die untere Grenze von Zollzugeständnissen an andere Ländern bilden. Z. mit zwei Spalten besitzen auch Länder, die bestimmten Ländern niedrigere (z. B. →Präferenzzölle) als die normalen Zölle einräumen. Der →Gemeinsame Zolltarif der EG weist je eine Spalte für autonome und für vertragsmäßige Zollsätze auf. Der →Deutsche Gebrauchs-Zolltarif enthält Zollsätze für Drittlandswaren sowie „Besondere Zollsätze" für Waren aus Entwicklungsländern, EFTA-Ländern und sonstigen Ländern, mit denen

die EG durch Assoziierungs- oder Präferenzabkommen verbunden ist.

Zolltarifauskunft, →verbindliche Zolltarifauskunft.

Zolltarifrunden, →GATT IV.

Zolltheorie. I. B e g r i f f : Z. wird als theoretische Grundlage der →Zollpolitik verstanden.
– *Hauptfragen:* a) Welche Formen tarifärer
Belastungen von Außenhandelsströmen gibt
es? – b) Wie wirkt eine Zollerhebung auf
Mengen und Werte der international gehandelten Güter, auf die Güterversorgung, auf die
inländische Produktion, auf die Wohlfahrts-
positionen von Konsumenten und Produzenten, auf die Verteilung der Handelsvorteile auf
Inland und Ausland, auf die Realaustausch-
verhältnisse (→terms of trade; vgl. auch
→Optimalzoll), auf die Zahlungsbilanz und
auf die Einnahmenseite des Staatshaushaltes?
– c) Inwieweit unterscheiden sich die Auswirkungen einer Zollerhebung von denen eines
Einsatzes anderer handelspolitischer Instrumente (→Kontingentierung, →nicht-tarifäre
Handelshemmnisse? – d) Kann und gegebenenfalls mit welchen grundsätzlichen Argu-
menten kann ein Abweichen von den Prinzipien des →Freihandels durch die Anwendung
von Zöllen überhaupt gerechtfertigt werden
(→Protektionismus)?

II. Z o l l w i r k u n g e n : 1. Die Auswirkungen
einer Zollerhebung seien anhand der folgenden Grafik veranschaulicht, die sich der Einfachheit halber auf die *Analyse der Inlandsef-
fekte,* ausgehend von unendlicher Preiselastizität des Importangebots beschränkt.

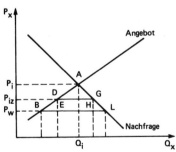

Die Graphik kann folgendermaßen interpretiert werden:
Dabei beschreiben P_i und Q_i Gleichgewichts-
preis und -menge im Inland bei →Autarkie;
bei Übergang zum Freihandel würde sich ein
einheitlicher Weltmarktpreis von P_w ergeben,
sofern von Transaktionskosten usw. abgesehen wird, sowie ein Import des Inlands in
Höhe von BL erfolgen. Wird nun ein Zoll auf

die Einfuhr des betrachteten Gutes erhoben,
wird der Inlandspreis dementsprechend steigen. Es ergibt sich als neuer Gleichgewichts-
preis P_{iz}, bei dem es nur noch zu einem Import
in Höhe von DG kommt. – 2. Die Gesamtaus-
wirkung der Zollerhebung auf das Inland läßt
sich in folgende *Teileffekte* (Zollwirkungen)
aufspalten: a) Aufgrund des von P_w auf P_{iz}
gestiegenen Inlandspreises ist die inländische
Wirtschaft zu einer um BE erhöhten Produktion in der Lage (*Protektionseffekt*). – b) Aus
dem gleichen Grund kommt es zu einem
Rückgang der inländischen Nachfrage um HL
(*negativer Absorptionseffekt*). – c) Die Konsumentenrente verringert sich folglich um
$GP_{iz}P_wL$, die Produzentenrente steigt um
$DP_{iz}P_wB$ (*Umverteilungseffekt*); dabei sinkt
die Konsumentenrente um BLGD stärker als
die Produzentenrente steigt, wovon GHL auf
einen Rückgang an Konsumentenrente aufgrund des um HL reduzierten Gesamtkon-
sums und BED auf eine Kostensteigerung für
die erhöhte Inlandsproduktion entfallen,
womit diese Flächen die gesamtwirtschaftlichen Wohlfahrtsverluste ausdrücken. – d) Die
Leistungsbilanz weist um BE + HL verminderte Warenimporte auf (*Zahlungsbilanzef-
fekt*). – e) Im Umfang von DEHG erzielt der
Staat Zolleinnahmen (*fiskalischer Einnahmeeffekt*), es sei denn, der Zollsatz wird so
hoch angesetzt, daß überhaupt kein Import
mehr zustande kommt (Autarkiepunkt A;
Prohibitivzoll). – 3. Diese Effekte können in
ähnlicher Weise eintreten, wenn nicht ein Zoll
erhoben, sondern statt dessen die Einfuhr
mengenmäßig beschränkt wird (→*Kontingentierung*). Grundsätzlich sind allerdings die
einfuhrbeschränkenden Wirkungen sicherer.
Ihre Einführung liegt deshalb nahe, wenn bei
unelastischem Importangebot ein gewünsch-
ter Protektionseffekt durch Zollerhebung
kaum, wohl aber durch Kontingentierung zu
erreichen ist. Zu einem fiskalischen Einnahmeeffekt kommt es bei Kontingenten nur
dann, wenn der Staat sich die Importlizenzen
entgelten läßt. Mehreinnahmen infolge der
induzierten Steigerung der inländischen
Absatzpreise müssen nicht unbedingt den
inländischen Importeuren zugute kommen,
sondern können (zumindest z. T.) von den
ausländischen Exporteuren beansprucht werden und zwar nicht zuletzt je nach der
jeweiligen Konstellation der Marktmacht.

Zollunion, Form der wirtschaftlichen →Inte-
gration zwischen Volkswirtschaften, gekennzeichnet durch →Freihandel zwischen den
Integrationspartnern und gemeinsame Zollta-
rife bzw. einheitliche Handelsvorschriften gegenüber Drittländern. Die Z. geht über die
→Freihandelszone hinaus und bildet die Vorstufe des →gemeinsamen Marktes. Obwohl sie
gegen das Meistbegünstigungsprinzip verstößt, ist sie nach den Bestimmungen des
→GATT zulässig.

Zollveredelungsverkehr, →Veredelungsverkehr.

Zollverein, Zusammenschluß von Staaten zur Vereinheitlichung des Zollwesens und zum Abbau der Zollschranken, u. U. als Vorstufe einer →Zollunion. 1828 entstanden der süddeutsche, mitteldeutsche und norddeutsche Zollbund, 1833 wurde der „Deutsche Zollverein" gegründet als Zusammenschluß des bayrisch-württembergischen und des preußisch-hessischen Z. mit Sachsen und Thüringen. Mit dem am 1.1.1834 in Kraft getretenen Z. wurden die Binnenzölle aufgehoben und der wirtschaftliche Zusammenschluß der deutschen Länder auch auf anderen Gebieten vorbereitet, so z. B. die Allgemeine Deutsche Wechselordnung von 1847, die in den Folgejahren von den Zollvereinsstaaten in Kraft gesetzt wurde. 1854 gehörten dem Zollverein bereits alle Staaten des späteren Deutschen Reiches mit Ausnahme von Mecklenburg, Hamburg, Bremen und den später hinzugekommenen Gebieten Schleswig-Holstein und Elsaß-Lothringen an. Ein bedeutender Verfechter des Zollvereingedankens war Friedrich List (1789–1846).

Zollverfahren, →Zollbehandlung.

Zollverkehr, der zollrechtlich gebundene Verkehr, in dem sich →Zollgut befindet, bis es ordnungsgemäß in den →freien Verkehr übergeht (→Freigut) oder unter zollamtlicher Überwachung ausgeführt oder vernichtet wird. Im *allgemeinen* Z. befindet sich das Zollgut jeweils bis zur Beendigung der →Zollbehandlung. *Besondere* Z. sind der →Zollgutversand, →Lagerung im Sinne des Zollrechts, der →Veredelungsverkehr und die →Zollgutverwendung. Wird eine Ware eingeführt oder aus dem →freien Verkehr zu einer Zollbehandlung gestellt, so wird sie Zollgut und befindet sich damit im allgemeinen Z. Das weitere Schicksal des Zollguts ergibt sich aus der Art der von dem →Zollbeteiligten durch den →Zollantrag gewünschten Zollbehandlung. Das Zollgut kann zum freien Verkehr abgefertigt werden und damit aus dem allgemeinen Z. entlassen, oder es kann zu einem besonderen Z. abgefertigt werden und gelangt dadurch aus dem allgemeinen in den besonderen Z. Wird Zollgut aus einem besonderen Z. wieder gestellt, endet damit auch der besondere Z. Bis zur Beendigung der anschließenden Zollbehandlung ist das Zollgut wiederum im allgemeinen Z. gebunden. Das Zollgut kann also mehrmals aus dem allgemeinen in den besonderen Z. und umgekehrt wechseln.

Zollversandgut, Zollgut, das zum →Zollgutversand abgefertigt und dem Zollbeteiligten von der Zollstelle nach Beendigung der Abfertigung zur weiteren Beförderung überlassen

wird. Z. ist so zügig wie möglich zu befördern. Schiffe, die Z. an Bord haben, müssen eine grüne Flagge (→Zollzeichen) führen.

Zollverschluß, Mittel der zollamtlichen Überwachung zur Sicherung der Zollbelange. Der Zollbeteiligte hat Räume, Beförderungsmittel und Behältnisse, die zollamtlich verschlossen werden sollen, auf seine Kosten so herzurichten, daß Z. auf einfache und wirksame Weise angebracht, Waren weder entnommen noch hineingebracht werden können, ohne sichtbare Spuren des Aufbrechens zu hinterlassen oder den Z. zu verletzen (§ 18 II ZG, § 27 AZO). Für den Z. werden meist Zollplomben und auch Zollschlösser verwendet. – Vgl. auch →Verschlußanerkenntnis, →Zollmitverschluß.

Zollvertrag, zwischenstaatliche Vereinbarung zur Regelung von Zollfragen, die die beteiligten Länder angehen. – Vgl. auch →Zollverein, →Zollunion, →Zollabkommen.

Zollverwaltung, Teil der →Zollhoheit neben Zollgesetzgebung und -rechtsprechung. Z. ist ein Teil der →Finanzverwaltung, ihr Aufbau richtet sich nach § 39 des Finanzverwaltungsgesetzes von 1950; i. d. F. des Finanzanpassungsgesetzes vom 30.8.1971 (BGBl I 1426).

Zollwert, Bemessungsgrundlage des Zolles für Waren, die nach dem Zolltarif einem →Wertzoll unterliegen. – *Rechtsgrundlage:* VO (EWG) Nr. 1224/80 des Rates v. 28.5.1980 (ABl EG Nr. L 134) mit mehreren Durchführungs-VO der Kommission, in Kraft am 1.7.1980. – Im Gegensatz zu der früheren sog. Brüsseler Zollwertdefinition, die einen theoretischen Wertbegriff darstellte (*Normalpreis),* ist der geltende Z. ein positiver Wertbegriff (*Transaktionswert).*

Zollzaun, zollsichere Umfriedung des →Freihafens zur Sicherung der →Freihafengrenze gegenüber dem Lande. Der Z. ist von der Freihafenverwaltung zu errichten und zu unterhalten. Er soll aus einem mindestens drei Meter hohen eisernen Zaun aus starkem Drahtnetz mit Maschen von höchstens vier Zentimeter Länge und Breite bestehen (§ 141 AZO).

Zollzeichen, nach dem Zollrecht von Schiffen in bestimmten Fällen zu führende besondere Zeichen (bei Tage Flaggen und bei Nacht Beleuchtungen). Einzelheiten geregelt in §§ 8, 17, 82 und Anlage 3 AZO.

Zollzuschlag, besonderer Zuschlag zu dem nach den Zollvorschriften zu erhebenden →Eingangsabgaben, wenn Zollgut im Reiseverkehr im Zusammenhang mit der Zollbehandlung oder der zollamtlichen Überwachung vorenthalten oder entzogen wird (z. B. durch Verbergen oder durch falsche Beantwortung entsprechender Fragen der Zollabfertigungsbeamten). – *Höhe:* Der Z. richtet sich nach der

Höhe der Eingangsabgaben, beträgt aber mindestens 3 DM und höchstens 100 DM. – *Rechtliche Charakterisierung:* Er ist rechtlich weder Strafe noch Bußgeld noch Säumniszuschlag, sondern ein Zoll eigener Art, der als „abgabenrechtliche Sanktion" erhoben werden kann (§ 57 ZG).

Zollzweckgemeinschaft. 1. *Begriff:* →Zweckgemeinschaft zur Inanspruchnahme eines besonderen Zollverkehrs. Mehrere Firmen schließen sich zusammen, um gegenüber den Zollbehörden als gemeinschaftlicher Partner und damit als Träger eines besonderen Zollverkehrs (besonderes Zollverfahren) aufzutreten. Das Interesse einer Z. ist darauf gerichtet, die Abwicklung des grenzüberschreitenden Warenverkehrs in Zusammenarbeit mit Zollbehörden möglichst unkompliziert sicherzustellen, wenn es darum geht, besondere Zollverfahren zu errichten, Zollvergünstigungen oder Zollbefreiungen oder auch normale Veredelungsverfahren durchzuführen. – Z. sind bei Großprogrammen üblich; sie spielen im Schiffbau, Flugzeugbau, in der Raumfahrtindustrie sowie im Baugewerbe und in sonstigen internationalen Projekten eine zunehmende Rolle. – Z. *Vertragsgrundlage:* Für die Bildung einer Z. und die gemeinsame Inanspruchnahme eines Zollverkehrs besteht kein Formzwang. Eine vertragliche Vereinbarung ist erforderlich; soweit kein Vertrag vorliegt, ist eine einfache, von allen Gesellschaftern unterschriebene Erklärung, die Teilnehmer, Art des beanspruchten Zollverfahrens, Ziel, Vertretung nach außen sowie Haftung enthalten, gegenüber der bewilligenden Zollstelle abzugeben. – 3. *Haftung:* Alle Mitglieder sind zur Schaffung der erforderlichen Voraussetzungen zur Wahrung der zoll- und steuerrechtlichen Belange verpflichtet. Die Z. ist Abgabenschuldner, soweit Ansprüche aus rechtsmäßiger oder unrechtsmäßiger Zollbehandlung entstehen: Die Gesellschafter haften für alle in Frage kommenden Eingangsabgaben gesamtschuldnerisch, können aber interne Haftungsabgrenzung sicherstellen. – 4. *Genehmigungsverfahren nach Außenwirtschaftsrecht:* Einer Z. kann zollrechtlich eine einzige Bewilligung für Zollsonderverfahren erteilt werden. Nach Außenwirtschaftsrecht besteht jedoch für jeden der beteiligten Partner weiterhin die Verpflichtung, den Forderungen des Außenwirtschaftsrechts hinsichtlich Einfuhr- und Ausfuhrgenehmigungs- sowie -kontrollverfahren nachzukommen. Unter Hinweis auf die Z., ggf. auf besonders begünstigte Programme, können Genehmigungs- und Kontrollverfahren vereinfacht geregelt werden. – 5. *Warenverkehr:* Der Warenverkehr mit Zollgut innerhalb der Z. (d. h. zwischen den einzelnen Partnern, Werken, Lagerstätten, Produktionsbetrieben usw.) kann nach entsprechender Bewilligung ohne besondere Einschaltung der Zollbehörden mit

werksinternen Lieferscheinen abgewickelt werden. Für die Sicherstellung der Überwachung des Warenverkehrs ist jede einzelne zur Z. gehörende Firma (Partner) selbst verantwortlich. Er kann sich hierbei nach vorheriger Abstimmung mit den Zollbehörden der betrieblichen Aufzeichnungen oder Materialbewirtschaftungssysteme bedienen.

Zollzweigstellen, örtlich ausgegliederte Teile von →Zollstellen (z. B. an Grenzbahnhöfen).

zone franc, →Franc-Zone.

Zonen-Geschwindigkeits-Beschränkung, innerhalb geschlossener Ortschaften kann die Straßenverkehrsbehörde für abgrenzbare Bereiche, bei denen die Straßen gleichartige Merkmale aufweisen, eine für die gesamte öffentliche Verkehrsfläche dieses Bereiches wirkende Geschwindigkeitsbeschränkung anordnen. Neue Verkehrsregelung, durch VO vom 19. 2. 1985 (BGBl I 385) versuchsweise bis zum 31. 12. 1989 einführbar.

Zonenrandgebiet. 1. *Begriff:* Ein etwa 40 km breiter Streifen am Ostrand des Bundesgebiets von der Ostsee bis zur Donau; bestimmte Stadt- und Landkreise in den Ländern Schleswig-Holstein, Niedersachsen, Hessen und Bayern umfassend (im einzelnen: Anlage zu § 9 des Zonenrandförderungsgesetzes vom 5. 8. 1971, BGBl I 1237, mit späteren Änderungen). – 2. *Wirtschaftliche Förderung des Z.:* a) durch →Investitionszulage für bestimmte Investitionen nach dem Investitionszulagengesetz vom 28. 1. 1986 (BGBl I 231); b) durch die Förderungsmaßnahmen des *Zonenrandförderungsgesetzes:* (1) regionale Wirtschaftsförderung, (2) steuerlich berücksichtigungsfähige Sonderabschreibungen auf Wirtschaftsgüter des Anlagevermögens bis zu 50 v.H. der Anschaffungs- oder Herstellungskosten im Jahr der Anschaffung oder Herstellung und in den vier folgenden Wirtschaftsjahren, (3) Förderung der Verkehrserschließung und -bedienung, (4) Förderung des Wohnungswesens, (5) Förderung sozialer Einrichtungen und (6) Förderung von Bildungs- und kulturellen Einrichtungen.

Zonentarif, vereinfachte Form für die Staffelung der Frachtsätze im Bahnverkehr. Die Fracht wird nicht von Kilometer zu Kilometer berechnet, sondern für bestimmte Entfernungszonen, innerhalb deren die Fracht in gleichbleibender Höhe festgesetzt wird. – Vgl. auch →Tarifsystem.

Z-Organisation, Typus der Clan-Organisation, bei dem ein unternehmenskultureller Grundkonsens zwischen den Unternehmenszielen und den Individualzielen besteht. Diese aus makrosoziologischer Betrachtungsweise und japanischer Organisationswirklichkeit abgeleitete Sicht der →Unternehmenskultur dient der Reduzierung von Komplexität und

Unsicherheit, daher der Verhaltenssicherheit und Orientierung der Mitarbeiter.

Zubehör, Begriff des bürgerlichen Rechts. Z. einer Sache sind, soweit die Verkehrsanschauung nicht entgegensteht, →bewegliche Sachen, die, ohne →Bestandteile der Hauptsache zu sein, ihrem wirtschaftlichen Zweck zu dienen bestimmt sind und zu ihr in einem dementsprechenden räumlichen Verhältnis stehen; insbes. bei gewerblichen Gebäuden die zum Betrieb bestimmten Maschinen und sonstigen Gerätschaften (§§ 97, 98 BGB). Verpflichtet sich jemand (z. B. durch Verkauf) zur Veräußerung oder Belastung einer Sache, so erstreckt sich die Verpflichtung im Zweifel auch auf das Z. (§ 314 BGB).

Zubringerverkehr, →Transportkette.

Zubuße, auf Anteile von bergrechtlichen Gewerkschaften (→Kuxe) von den Inhabern zu leistende Nachschüsse (→Nachschußpflicht). – *Höhe der Z. je Kux:* Wird jeweils bei Kapitalbedarf oder Verlustabschlüssen von der Gewerkenversammlung festgesetzt. Die Gewerken können sich der Verpflichtung durch →Abandon entziehen. – *Zweck:* Dient als Mittel der →Eigenfinanzierung (vgl. auch →Kapitalerhöhung).

Zuchtmittel, Maßnahmen im Jugendstrafrecht: Verwarnung, Auflagen und Jugendarrest. Z. sollen ausgesprochen werden, wenn →Jugendstrafe nicht geboten und →Erziehungsmaßregeln nicht hinreichend sind, jedoch eindringlich zum Bewußtsein gebracht werden muß, daß für begangenes Unrecht einzustehen ist.

Zuckersteuer, eine →Verbrauchsteuer (genauer: Verbrauchsabgabe) auf Zuckerherstellung oder -einfuhr; ursprünglich in der Form einer Materialsteuer auf rohe Rüben. – 1. *Rechtsgrundlagen:* Zuckersteuergesetz, -Durchführungsverordnung, -Befreiungs- und -vergütungsordnung vom 19.8.1959 (BGBl I 645, 647, 652, 655) mit späteren Änderungen. – 2. *Steuergegenstand:* Rüben, Stärkezucker und Zucker von der chemischen Zusammensetzung dieser Zuckerarten (u.a. Trauben-, Malz-, Rohrzucker); unabhängig ob im Inland gewonnen oder eingeführt. – 3. *Steuerbefreiungen:* U.a. für Zucker zur Tierfütterung; Warenproben. – 4. *Steuersatz:* 6 DM je 100 kg Eigengewicht (ohne Umschließungen), je nach Zuckerart (Stärke-, Rübenzucker) und Reinheitsgrad bis zu 100% Ermäßigung möglich. – 5. *Steuerschuldner:* Hersteller. *Entstehung* im Zeitpunkt der Entfernung des Zuckers aus dem Herstellungsbetrieb oder des Verbrauchs innerhalb des Betriebes. – 6. *Verfahren:* Der Hersteller hat der Zollstelle bis zum 15. eines Monats die im Vormonat entstandene Z. *anzumelden* und spätestens am letzten Werktag des Meldungsmonats zu *entrichten.* Kein Zahlungsaufschub. – 7. *Unversteuert:* U.a.

Zuckerausfuhr unter Steueraufsicht. – 8. *Steuererstattung* auf Antrag für Zucker, den der Hersteller nachweislich in seinen Betrieb zurückgenommen hat, im Wege der Anrechnung auf (zukünftig) fällige Z. – 9. →*Steueraufsicht* für Herstellerbetriebe; nicht für Betriebe, die die Z. unterliegende Erzeugnisse nur aus versteuertem Zucker gewinnen.

Zufall. 1. *Allgemeiner Sprachgebrauch:* Ein (seltenes) nicht vorauszusehendes Ereignis. – 2. Im *Rechtssinne:* Ein von dem Schuldner i.d.R. nicht zu vertretendes unverschuldetes Ereignis. – Vgl. auch →Gefahrübergang, →höhere Gewalt.

zufälliges Ereignis, in der Statistik Teilmenge der →Ergebnismenge eines →Zufallsvorganges. *Beispiel:* Beim Würfeln das E., „eine 1" bzw. „eine gerade Zahl" bzw. „höchstens eine 4" zu erhalten.

Zufallsexperiment, →Zufallsvorgang.

Zufallsfehler, →Stichprobenzufallsfehler.

Zufallsgenerator, →Algorithmus zur Erzeugung von →Zufallszahlen. Die durch einen Z. im Computer erzeugte Folge von Zufallszahlen muß den statistischen Tests auf Gleichverteilung und Unabhängigkeit genügen. Zum Einsatz kommt i.d.R. die Lehmersche Kongruenz-Methode:

$$x_{n+1} \equiv (k * x_n + 1) \bmod m$$

(mit x_0 = Zufallskeim, k, l, $m \in N$ und $m > \max(k, l, x_0)$). Aus der gewonnenen Folge $(x_{i=1}, \ldots, m)$ können durch Transformationsfunktionen beliebige →Verteilungen erzeugt werden.

Zufallsschwankungen, in der →Zeitreihenanalyse und bei →Prognosen diejenige →Komponente einer Zeitreihe, durch die ein nicht dominierender und sich auf längere Frist ausgleichender Resteinfluß erfaßt wird.

Zufallsstichprobe, Ergebnis einer nach Zufallsauswahl (→Auswahlverfahren) durchgeführten →Teilerhebung. Da Z. nur zufallsabhängig sind, können sie mit Methoden der →Inferenzstatistik auf die →Grundgesamtheit übertragen werden (→Hochrechnung). Eine Z. wird daher als *repräsentativ* für die Grundgesamtheit bezeichnet. – Zu *unterscheiden* sind Z. als Ergebnisse →uneingeschränkter Zufallsstichprobenverfahren und →höherer Zufallsstichprobenverfahren.

Zufallsstichprobenverfahren, in der Statistik Verfahren einer →Teilerhebung mit zufälliger Auswahl der →Untersuchungseinheiten (→Auswahlverfahren); dadurch Gewinnung einer →Zufallsstichprobe. – Zu *unterscheiden:* →uneingeschränkte Zufallsstichprobenverfahren; →höhere Zufallsstichprobenverfahren.

Zufallsvariable, in der Statistik eine Größe, die ihre Werte (Realisationen) mit bestimmten →Wahrscheinlichkeiten annimmt bzw. deren Werten bestimmte →Wahrscheinlichkeitsdichten zugeordnet sind. Aus einem →Zufallsvorgang entsteht eine Z. dadurch, daß jedem Ergebnis des Zufallsvorganges eine reelle Zahl zugeordnet wird. – a) Eine *diskrete* Z. ist dadurch gekennzeichnet, daß sie höchstens abzählbar unendlich viele Werte annehmen kann; ihre →Verteilung kann durch eine →Wahrscheinlichkeitsfunktion dargestellt werden. – b) Eine *stetige* Z. kann mehr als abzählbar unendlich viele Werte annehmen. Ihre Verteilung wird durch eine →Dichtefunktion repräsentiert.

Zufallsvektor, *mehrdimensionale Zufallsvariable,* Kombination von mehreren →Zufallsvariablen, die auf der →Ergebnismenge desselben →Zufallsvorganges erklärt sind. Für Z. können analog zum eindimensionalen Fall einer Zufallsvariablen →Verteilungsfunktion, →Wahrscheinlichkeitsfunktion und →Dichtefunktion erklärt werden.

Zufallsvorgang, *Zufallsexperiment,* Vorgang, der unter konstanten Rahmenbedingungen beliebig wiederholbar ist und dessen Resultat nicht sicher vorhergesagt werden kann.

Zufallszahlen, durch einen Zufallsmechanismus gewonnene Folge der Ziffern 0, 1, 2, ..., 9 mit der Maßgabe, daß jede Ziffer mit →Wahrscheinlichkeit 0,1 aufgetreten ist *(gleichverteilte Z.).* Z.B. können Z. durch Entnahme von Kugeln mit Zurücklegen aus einer Urne gewonnen werden, die je eine Kugel mit den Ziffern 0, ..., 9 enthält, oder durch Ausspielen einer Walze mit einem regelmäßigen Zehneck als Grundfläche. Z. werden heute i.d.R. nicht experimentell, sondern maschinell erzeugt *(Pseudo-Z.),* wobei jeweils ein geeigneter deterministischer Generierungsprozeß zugrunde gelegt wird (→Zufallsgenerator). Die *Überprüfung* der Qualität einer Ziffernfolge, zufällig zu sein, erfolgt mit Hilfe →statistischer Testverfahren. Zur *Erzeugung* von Z., die →Realisationen einer →Variablen mit einer bestimmten →Verteilung, z.B. einer →Normalverteilung, sein sollen, werden gleichverteilte Z. geeignet transformiert. – Für die *praktische Anwendung* stehen tabellarische Verzeichnisse von Z. zur Verfügung (→Zufallszahlentafel).

Zufallszahlentafel, *Randomtafel,* tabellarisches Verzeichnis von gleichverteilten →Zufallszahlen, das z.B. bei der technischen Gewinnung einer →uneingeschränkten Zufallsstichprobe verwendet wird.

Zufriedenheit. 1. *Begriff:* Z. wird in der Konsumentenverhaltenstheorie als hypothetisches Konstrukt (→Käuferverhalten) verwendet, um das Kauf- und Informationsverhalten

von Konsumenten zu erklären. Z. wird definiert als das Ergebnis eines Vergleichs: a) zwischen einer erwarteten und einer eingetretenen Bedürfnisbefriedigung (→Bedürfnis); b) zwischen einer erwarteten und einer tatsächlich beobachteten Eigenschaftsausprägung eines Guts; c) zwischen einer idealen und einer tatsächlich beobachteten Eigenschaftsausprägung eines Guts. Z. kann sich auf gesamte Systeme (z.B. Unternehmungen) oder auf einzelne Leistungen von Organisationen beziehen. – **2.** *Messung:* a) eindimensionale Messung; b) mehrdimensionale Messung, bei der davon ausgegangen wird, daß die Z. sich aus der gewichteten Summe einzelner Beurteilungsdimensionen zusammensetzt. – **3.** *Bezug zu anderen Variablen des Käuferverhaltens:* Die Z. wird in Form eines Rückkopplungsprozesses von früheren →Kaufentscheidungen beeinflußt; sie wirkt sich auf die →Markenkenntnis und damit auf zukünftige Kaufentscheidungen aus.

Zugabe, zu einer Hauptleistung beliebiger Art gewährte, unentgeltliche Nebenleistung zur Förderung des Absatzes der Hauptleistung, wobei die Werbung bei den angesprochenen Verkehrskreisen den Eindruck erwecken muß, daß der Bezug der Z. von dem der Hauptleistung abhängt und gerade mit Rücksicht auf den Erwerb der Hauptleistung möglich ist. – Gemäß →Zugabeverordnung bis auf einige Ausnahmen grundsätzlich verboten.

Zugabeverordnung, Verordnung vom 9.3.1932 (RGBl I 121). Grundsätzliches Verbot von Zugaben (→Zugabe), ausgenommen Reklamegegenstände von geringem Wert, Kundenzeitschriften, handelsübliches Zubehör und ebensolche Nebenleistungen sowie Geld- und Warenrabatte (→Rabatt); bei letzteren ist auch das Rabattgesetz zu beachten. – Vgl. auch →Wertreklame.

Zugang einer Willenserklärung, im Sinne des bürgerlichen Rechts in dem Zeitpunkt, in dem die →Willenserklärung in den Machtbereich des Empfängers gelangt ist, z.B. in seinen Briefkasten eingeworfen ist.

Zugangsfunktion, *zeitlich kumulierte Zufallsfunktion,* Begriff aus der →Verlaufsstatistik. Die Z. $Z(t)$ ordnet jedem Zeitpunkt t eines Beobachtungsintervalls $[t_i; t_i^f]$ die Anzahl der Elemente zu, die bis zum Zeitpunkt t insgesamt zugegangen sind.

Zugangsverfahren, die Art und Weise, wie die Teilnehmer eines →Netzes auf das Übertragungsmedium zugreifen sollen, wenn sie Daten versenden wollen. Das Z. muß festgelegt werden, damit die störungsfreie Nutzung des Netzes bzw. die Vermeidung von Zugriffskonflikten gewährleistet werden kann. – *Bekannte Verfahren:* →token passing, →CSMA/CD.

Zugang zum Betrieb, Berechtigung der Beauftragten der im Betrieb vertretenen Gewerkschaften nach Unterrichtung des Arbeitgebers, damit die Aufgaben und Befugnisse, die den Gewerkschaften nach dem BetrVG zustehen, wahrgenommen werden können (§ 2 II BetrVG). Nach der Rechtsprechung besteht allein für Zwecke der Mitgliederwerbung (→Koalitionsfreiheit) dann kein Zugangsrecht betriebsfremder Gewerkschaftsvertreter nach Art. 9 III GG, wenn Mitglieder der Gewerkschaft als Arbeitnehmer im Betrieb beschäftigt sind.

Zugartikel, →Lockvogelangebot.

Zugewinngemeinschaft, →eheliches Güterrecht II 2.

Zugriffsbesteuerung, →Zwischengesellschaft.

Zugriffsoperation, im Software Engineering eine Operation, die mit einer →abstrakten Datenstruktur oder einem →abstrakten Datentyp ausgeführt werden kann.

Zugriffszeit, in der elektronischen Datenverarbeitung Angabe des Zeitbedarfs für den Zugriff auf gespeicherte →Daten bzw. für das Auffinden einer Speicherposition (,,Lesen" und ,,Schreiben"). Die Z. bezieht sich primär auf →Direktzugriffsspeicher (→Speicher). Bei logisch fortlaufender Speicherung (sequentielle Speicherung wie z. B. auf dem Magnetband) ist Z. nicht ohne weiteres anzugeben. Abhängig von der Art der Direktzugriffsspeicher beträgt die Z. Millisekunden, Mikrosekunden oder Nanosekunden.

Zug um Zug, Begriff des bürgerlichen Rechts. Gleichzeitig gegen eine Leistung des anderen Teils ist eine Leistung zu bewirken, i. a. bei Geltendmachung eines →Zurückbehaltungsrechtes und bei →gegenseitigen Verträgen. Ist ein Schuldner zur Leistung Z. u. Z. verurteilt, kann der Gläubiger wegen seines Anspruchs die →Zwangsvollstreckung betreiben, wenn er den Schuldner hinsichtlich der anderen Leistung in →Annahmeverzug gesetzt hat (§ 274 BGB).

zu Händen, →c/o.

Zukunftserfolgswert, →Ertragswert.

Zukunftsforschung, *Futurologie, futures research.*

I. Begriff: Der Begriff der Z. erweckt i. a. etwas zwiespältige Gefühle: Diese Disziplin nahm in der Bundesrep. D. eine sehr verworrene Entwicklung, Mitte der 70er Jahre kam sie wohl wegen ihrer starken Politisierung und überhöhten Geltungsansprüche nahezu zum Stillstand. Der Begriff assoziiert eine Vorhersage der Zukunft (moderne ,,Wahrsagerei"). Der amerikanische Begriff ,,futures research" weist jedoch auf ein Denken in verschiedenen möglichen ,,Zukünften" hin.

II. Aktuelle Bedeutung: 1. Aktuell ist – nicht nur in den USA – ein wieder *wachsendes Interesse an einer seriösen Z.* feststellbar. Eine Ursache hierfür könnte sein, daß trotz erheblicher Verbesserungen im mathematischen, statistischen und ökonometrischen Methodeninstrumentarium (und dessen Umsetzung über EDV- Hard- und Software) Entwicklungen im Umfeld von Organisationen immer unberechenbarer werden. – Das Vorhersagen von Trends wird zunehmend bedeutungsloser; wichtiger ist die *Prognose von Trendbrüchen* und die *Erfassung der Zusammenhänge im sozialen System.* Sichtbar wird das gestiegene Interesse an der Z. auch durch Bestseller wie ,,Global 2000: Der Bericht an den Präsidenten" hrsg. vom Council on Environmental Quality und dem US-Außenministerium; oder ,,Megatrends: Zehn Perspektiven die unser Leben verändern werden" von J. Naisbitt.

2. *Institutionalisierung:* a) Bedeutend sind: Die ,,*World Future Society*", gegründet in Washington, heute mit mehr als 20 000 Mitgliedern in über 80 Ländern der Erde; mehr im Bereich der Managementwissenschaften die erst 1981 durch Führungskräfte gegründete ,,*Issue Management Association*" mit fast schon 700 Mitgliedern, im deutschsprachigen Raum die *Schweizerische Vereinigung für Zukunftsforschung* mit etwa 700 Mitgliedern. Die Zusammensetzung der Mitglieder dieser Institutionen zeigt, daß das Anwendungsspektrum der Z. extrem breit gestreut ist und kaum eine Berufsgruppe nicht vertreten ist. – b) Ferner gibt es Institute für Z. *an Universitäten* (St. Gallen, Houston, UCLA Los Angeles usw.); bei den großen internationalen Institutionen (OECD, UNO usw.); bei wissenschaftlichen Gesellschaften (Battelle-Institute, Stanford Research Institute usw.); sogar *Stäbe für Z. bei einzelnen Regierungen* (Schweden, USA usw.).

3. *Diskussionsstand:* Der zahlenmäßigen Bedeutungszunahme des Interesses an der Z. steht entgegen, daß ihre wissenschaftliche Entwicklung seit Ende der 70er Jahre erheblich stagnierte. – Der Zeitpunkt erscheint durchaus günstig, auch im deutschsprachigen Raum die Diskussion um die Z. wieder aufzunehmen. Dies gilt speziell für die Betriebswirtschaftslehre, da zum einen über die Führungsphilosophie eines →strategischen Managements bereits erhebliche Vorarbeit zum Umgang mit schlecht strukturierten Problemen geleistet wurde, zum anderen aber speziell in der strategischen Analyse ein Methodendefizit besteht, das durchaus über Methoden der Z. verringert werden könnte.

III. Entwicklung der modernen Z.: Als erste begannen die Amerikaner mit einer systematischen Z. etwa Mitte der 50er Jahre. In Europa begann die Entwicklung – anfangs unbeeinflußt durch die USA – teilweise mehr als zehn Jahre später, wobei Frankreich eine Vorläuferrolle zukommt.

1. *Vereinigte Staaten von Amerika:* a) 1943 prägte *O. K. Flechtheim* während seiner Emigration in den USA den *Begriff der Futurologie.* Er hält die Futurologie nicht für eine Wissenschaft im Sinne einer "exakten" Wissenschaft (wie z. B. die Physik), sondern im Sinne einer erweiterten Wissenschaftsdefinition, wobei er eine Wissenschaft als ein System organisierten Wissens, die ein bestimmtes Objekt betreffen, definiert. Aufgabe der Futurologie ist die Prognose, Planung und Philosophie der Zukunft. Mit der Philosphie ist die zukunftsorientierte Kritik der vergangenheitsbezogenen "Ideologie" und "Utopie" angesprochen. – b) 1944 wurde in den USA eine interdisziplinäre Arbeitsgruppe zur Erforschung der Weiterentwicklung der Luftwaffe nach dem Krieg durch das Militär initiiert. Aus ihr ging 1946 das Projekt *"RAND" (Research And Development)* hervor, das sich Zukunftsproblemstellungen aller Art annahm und erheblichen Einfluß auf die amerikanische Politik hatte. Auch um die Weiterentwicklung der Z.-Methoden machte sich RAND verdient, z. B. →Delphi-Technik (Helmer und Dalkey) und →Szenario-Technik (Kahn und Wiener). Aus RAND sind eine Reihe ähnlicher multidisziplinärer "Denkfabriken" hervorgegangen, wie z. B. 1961 das Hudson Institut (Kahn und Singer) und 1968 das Institut for the Future (Helmer und Gordon), aus dem wiederum 1971 die Futures Group Inc. (Gordon und Becker) und das Center for Futures Research an der University of Southern California (Nanus und Helmer) entstanden. Noch zu erwähnen ist das 1967 gegründete Center for the Study of Social Policy (Harman), das eine eigene Forschungseinheit am Stanford Research Institute bildet. Es beschäftigt sich vorwiegend mit Ausbildungsfragen im Rahmen der Z. Erstmals wird dort auch der explorativen die normative Vorausschau gegenübergestellt.

2. *Frankreich:* Die französische Z. wurde durch die *Existenzialisten (Sartre)* geprägt, die betonen, daß das Individuum die absolute Freiheit hat, die Zukunft durch eigene Handlungen zu wählen. Nach dem Zweiten Weltkrieg wurde das Centre International de Prospective (ab 1960: Centre d'Etudes Prospectives/Association Gaston Berger) gegründet, um "nationale Pläne" für den Wiederaufbau Frankreichs zu entwickeln. Die Methodik des Instituts konzentrierte sich auf die Suche nach sogenannten "faits porteurs d'avenir"; das sind Fakten, die eventuelle Trendwenden ankündigen. Durch das "Konzept der Prospective" sollen die Menschen lernen, den Verlauf der Dinge, des Lebens zu begreifen, ihre Handlungen vorsichtig zu kalkulieren und die notwendigen Vorsichtsmaßnahmen zu treffen. Von 1960 bis 1966 gab es noch das

Projekt "Futuribles" (de Jouvenel). Die 1967 daraus entstandene Association Internationale Futuribles vereinte sich 1972 mit der Association Gaston Berger. De Jouvenel veröffentlichte 1964 das Standardwerk für den akademischen Futuristen: "Die Kunst der Vorausschau".

3. *Bundesrep. D.:* Die Entwicklung der deutschen Z. war weniger kontinuierlich. 1967 wurde in Duisburg die Gesellschaft für Zukunftsfragen e. V. (Jungk, Klages und Steinbuch) als beabsichtigte Dachorganisation der Z. gegründet. Es folgten 1968 das Zentrum Berlin für Zukunftsforschung (heute: Institut für Zukunftsforschung und Technologiebewertung; Jungk und Flechtheim), das Fachgebiet "Wirtschaftliche Zukunftsforschung" am Wickert Institut für Markt- und Meinungsforschung (Wagenführ), 1969 das Industrie-Institut für Erforschung technologischer Entwicklungslinien und das Institut für Zukunftsfragen in Hamburg. – *R. Jungk* wird als supranationale Kraft der futurologischen Bewegung bezeichnet. Er war einer der Organisatoren der ersten Zukunftsforschungskonferenz, die 1967 in Oslo stattfand. In London gründete er 1965 die Gruppe "Mankind 2000" (mit Galtung), die sich als koordinierendes Organ der internationalen Z. versteht. In Wien gründete er 1965 das Institut für Zukunftsfragen. 1970 begann er sich von der "Establishment-Futurologie" zu distanzieren und vollzog 1971 den offiziellen Bruch mit seinem Austritt aus der Gesellschaft für Zukunftsfragen. Er arbeitete dann an der "Demokratisierung der Z." durch Einrichtung von Zukunftswerkstätten, in denen Bürger ihre Zukunftswünsche formulieren und diskutieren können. Außerdem konzentrierte er sich auf den Bereich des "human forecasting". Seit Mitte 1986 ist er auch Leiter der "Internationalen Bibliothek für Zukunftsfragen" in Salzburg.

4. *Andere europäische Länder:* a) In der *Schweiz* gibt es seit 1970 die Schweizerische Vereinigung für Z. Bis 1980 war B. Fritsch, früheres Mitglied der Gesellschaft für Zukunftsfragen, ihr Präsident. Das "Institut für Zukunftsforschung" (Kneschaurek) ist der Hochschule St. Gallen angeschlossen. – b) In *Schweden* gibt es z. B. das 1973 gegründete "Institut für Zukunftsstudien", das direkt dem Amt des Premierministers zugeordnet ist. – c) Eine Sonderstellung kommt dem 1968 gegründeten *Club of Rome* (Peccei und King) zu, einer relativ losen Vereinigung, deren Mitgliedszahl auf maximal 100 beschränkt ist. Die 1971 veröffentlichte, auf dem ersten computerunterstützten Weltmodell basierende Studie "The Limits to Growth" war Anlaß zu einem weltweiten Umdenken in der Einstellung zur Zukunft. – d) Auch in den *Ostblockländern* gibt es Aktivitäten der Z. In der *UdSSR* werden sie von staatlicher Seite regu-

liert: Vom Komitee für Wissenschaft und Technologie wurden 1971 generelle Leitlinien herausgegeben, die von jedem, der eine Vorausschau auf diesem Gebiet erstellt, befolgt werden müssen.

IV. Charakterisierung: 1. *Erkenntnisobjekt:* Gegenüber anderen Forschungsdisziplinen verfügt die Z. über kein klar abgrenzbares Erkenntnisobjekt. Erkenntnisobjekt ist zwar die Zukunft; offen bleiben aber die Fragen „von was?" oder „von wem?". Da der Z. ein eigenes Erkenntnisobjekt fehlt, kann sie nicht isoliert genutzt und kaum entwickelt werden.

2. *Einordnung:* Wegen des Fehlens eines eigenen Erkenntnisobjektes liegt es nahe, die Z. *nicht als eigenständige Wissenschaft* zu betrachten, sondern als Teil eines Ansatzes zum Problem der Komplexitätshandhabung anzusehen, als eine Art Hilfswissenschaft. So kann die Z. z. B. als grundsätzlicher Ansatz von Planern in ihre Arbeit einbezogen werden.

3. *Probleme der Nutzung:* Nimmt man als Anwendungsgebiet das →strategische Management, so wird es nicht möglich sein, Z.-Methoden einzusetzen, ohne sich nicht vorher mit ihrer spezifischen Denkweise vertraut gemacht zu haben; hier liegt die Verbindung zur →strategischen Frühaufklärung, über die die Denkweise der Z. vermittelbar ist.

V. Aufgabenspektrum: 1. *Wesentlicher Grundgedanke der Z.* ist es, daß es *die Zukunft* nicht gibt; *die Zukunft* ist nicht vorhersehbar und damit auch nicht vorhersagbar. Wie sich die Zukunft entwickeln wird, ist v. a. auch das Ergebnis unzähliger Unterlassungen und Handlungen von Individuen bzw. Kollektiven. Die Z. hat also weniger die Aufgabe, vorherzusagen was sein wird, als was sein könnte.

2. Die Z. wird als ein *Zweig der Systemanalyse* angesehen. Während diese bei ihrer Exploration und Analyse des Problemraumes von einem (Entscheidungs-)Problem ausgeht, das sich in der Praxis bereits gestellt hat, werden innerhalb der Z. auch relativ ungerichtete Untersuchungen möglicher Zukünfte durchgeführt, die auch bisher nicht wahrgenommene Probleme aufdecken.

3. Z. und *Vorausschau (Forecasting)* sind keineswegs identisch; die Vorausschau ist jedoch eine *wesentliche Aktivität im Bereich der Z.* Sie geht tendenziell davon aus, daß es bestimmte Kausalbeziehungen zwischen Ereignissen gibt, aus deren Kenntnis heraus man mehr oder minder wahrscheinliche Vorhersagen machen kann. Die Art dieser Kausalbeziehungen wird dabei aber nicht untersucht. Die Z. macht diese jedoch zu ihrem eigentlichen Untersuchungsgegenstand und stellt insofern einen sinnvollen Rahmen für Forecasting-Aktivitäten dar. – *Arten der Vor-*

ausschau: a) *Explorative Vorausschau:* Man geht von der gegenwärtigen Lage aus und versucht von da aus zu erkennen, wie sich gegenwärtige Kenntnisse, Leistungen, Entwicklungen und Trends in Zukunft weiterentwickeln könnten. Das Ziel besteht nicht in der Abgabe einer genauen Voraussage (prediction), sondern im Aufdecken unterschiedlicher, möglicher Entwicklungsrichtungen. – b) *Normative Vorausschau:* Man geht von der Zukunft aus und arbeitet rückläufig auf die Gegenwart hin. Der Ausgangspunkt sind wünschenswerte Ziele; danach wird untersucht, in welchem Ausmaß und auf welche Weise bestehende Kenntnisse und Techniken weiterentwickelt werden können oder müßten, damit diese Ziele erreichbar werden. – *Bedeutung der technischen und sozialen Vorausschau:* Die technische Vorausschau hat – analog zu ihrer Entwicklung in der strategischen Frühaufklärung – wohl die längste Tradition in der Z. Als im Laufe der 70er Jahre der Einfluß des technischen Fortschritts auf die gesellschaftliche Entwicklung immer mehr ins Zentrum des Interesses rückte, wurde das „technological forecasting" um diesen Aspekt zum „technology assessment" erweitert. Gleichzeitig erlangte auch das „social forecasting" als gesellschaftliche Vorausschau an Bedeutung. Dabei geht es um die Situation und die zukünftigen Wertvorstellungen menschlicher Gemeinschaften und gesellschaftlicher Institutionen. Es wird versucht, zukünftige Werte, Normen, Einstellungen und Lebensstile zu identifizieren.

4. *Aufgaben:* a) Etwas *allgemeiner* ausgedrückt erforscht die Z. die möglichen, wahrscheinlichen und vorzuziehenden Zukünfte. Informationen dieser drei Arten erweitern das Spektrum des Denkens der Organisationsteilnehmer und schaffen eine erhöhte Sensibilisierung für Vorgänge im Umfeld der Unternehmung. Sie erhöhen somit die Erkenntnisfähigkeit. Die Aspekte Handlungsfähigkeit und Fähigkeit zur Bedürfnisberücksichtigung sind eng miteinander verbunden. Grundsätzlich ist festzustellen, daß die frühzeitige Kenntnis von Bedürfnisänderungen es ermöglicht, durch antizipierende Maßnahmen die Handlungsfähigkeit zu sichern. Andererseits wird es möglich, unternehmerische Entscheidungen langfristig gesellschaftlich verantwortungsbewußt zu treffen. – b) *Zentrale Aufgaben der Z.* (Amara 1977): (1) Die Zielformulierung im Sinne der Generierung von Problemdefinitionen, des Schaffens von Zukunftsbildern und des Ausdenkens von alternativen Zukünften – eine Art Erweitern des Horizonts durch Aufspüren dessen, was alles möglich sein könnte. (2) Die Methodenentwicklung zur Durchführung und Verbesserung des Prozesses von Vorausschauen. (3) Das Besorgen von Input-Informationen für Planungs- und Entscheidungsprozesse, und zwar durch Aufspüren

zusätzlicher Alternativen und durch die Strukturierung von Programmen zur Intervention oder zur Handlung. (4) Das Einführen der Ergebnisse der Zukunftsforschung bei ihren Benutzern und das Erbringen der Überzeugungsleistung, diese Ergebnisse zu nutzen. (5) Das Einholen und Auswerten von Feedback-Informationen zu Erfahrungen aus der Anwendung von Zukunftsforschungsmethoden, um diese zu verbessern.

VI. Methodeneinsatz: 1. *Zielsetzung:* Grundsätzlich können die Aufgaben der Methoden der Z. natürlich nicht in der Vorhersage der Zukunft liegen. Sie zielen vielmehr auf der Basis einer formalisierten und systematisierten Vorgehensweise auf eine *„Bewußtseinserweiterung"*, eine erhöhte Sensibilisierung für Optionen, Zusammenhänge, Gefahren, Gelegenheiten und Potentiale. Ihre Ergebnisse können demnach nicht als „gesicherte" Erkenntnisse in die Planung Eingang finden.

2. *Methoden:* a) *Grundsätzliches:* Da es sich bei der Suche nach Erkenntnissen zur Zukunft auch um ein schlecht-strukturiertes Problem handelt, werden die Z.methoden auch immer viel Raum für *Intuition, Interpretation und individuelle Wertprämissen* lassen. Sie vermögen jedoch, dieses „ahnende Erfassen" der Zukunft explizit zu machen und die dabei entstehenden politischen Prozesse der Meinungsbildung einer gewissen Steuerung zu unterwerfen. – Führt die Methodenanwendung dann zu der gewünschten Bewußtseinserweiterung, so kann sich das Unternehmen – z. B. durch ein Umstrukturieren seiner Geschäfte – auf die veränderten Bedingungen im Umfeld zumindest frühzeitig einstellen, im günstigeren Falle sogar Maßnahmen der Zukunftsgestaltung zu seinem Vorteil ergreifen. – b) *Methoden im einzelnen:* Die bekannteren Z.methoden, wie die →Delphi-Technik, →Szenario-Technik oder →Cross-impact-Technik, haben aktuell eine erstaunliche Verbreitung gefunden. Dies erklärt sich auch aus Enttäuschungen bei der Arbeit mit traditionellen Prognosemodellen, die mehr aus der Statistik oder Ökonometrie stammen und eine gewisse „hard-fact-Gläubigkeit" voraussetzen. Ihre Anwendung beschränkt sich heute oft nur noch auf sog. „Benchmark-Prognosen" oder „Referenzprojektionen", die sich dann über die mehr qualitativen Methoden um andere mögliche Zukünfte erweitern lassen.

Literatur: Amara, R./Lipinski, A. J., Business planning for an uncertain future – scenarios and strategies, New York 1983; Angermeyer-Naumann, R., Szenarien und Unternehmenspolitik, München 1984; Becker, H. S. (1985), Making futures research useful: The practitioner's opportunity, in: Futures Research Quarterly 1985, Summer, S. 15–28; Boucher, W. I. (Hrsg.), The study of the future: an agenda for research, Washington 1977; Brown, A. und Weiner, E., Supermanaging, New York usw. 1984; Cornish, E., The study of the future, Washington 1977; Cournand, A./Lévy, M. (Hrsg.), Shaping the future, New York 1973; Flechtheim, O. K.,

Futurologie als „Dritte Kraft", Zürich 1973; Fowles, J. (Hrsg.), Handbook of futures research, Westport und London 1978; Jouvenel, B. d., Die Kunst der Vorausschau, Neuwied und Berlin 1967; Jungk, R. (Hrsg.), Technologie der Zukunft, Berlin usw. 1981; Kahn, H./Wiener, A. J., Ihr werdet es erleben – Voraussagen der Wissenschaft bis zum Jahr 2000, Wien und Gütersloh 1967; Linnemann, R. E./Klein, H. E., Environmental assessment: an international study of corporate practice, in: The Journal of Business Strategy 1984, Summer; Linstone, H./Simmonds, C., Futures research: new directions, Reading 1977; Marien, M., Toward a new futures research: Insights from twelve types of futurists, in: Futures Research Quarterly 1985; Spring, S. 13–35; Müller, G., Strategische Frühaufklärung: Stand der Forschung und Typologie der Ansätze, in: Marketing 1986, Nr. 6; Schwarz, B./Svendin, U./Wittrock, B., Methods in futures studies – problems and applications, Boulder 1982; Toffler, A., Kursbuch ins Dritte Jahrtausend, Bern usw. 1973; Wagar, W. W., Toward a world set free: The Vision of H. G. Wells, in: The Futurist 1983, Aug., S. 25–31; World Future Society, The Future. A guide to information sources, Washington 1979.

Prof. Dr. Günter Müller-Stewens

Zukunftsforschungsinstitute, →Zukunftsforschung II 2 und III.

Zukunftsmarkt, Konzept aus der Theorie des intertemporalen →Gleichgewichts. Der Z. bezeichnet einen →Markt, auf dem Güter heute gekauft, morgen aber erst zu den beim Kauf festgelegten Konditionen geliefert werden. Damit werden die Markttransaktionen beim Abschließen eines Kaufes und Lieferung der Ware zeitlich getrennt. – Z. haben im Prinzip zwei *Funktionen:* (1) Absicherung gegen Risiken und Unsicherheit; (2) Informationsbeschaffung über Erwartungen der anderen Wirtschaftssubjekte bezüglich der Zukunft. – In der Realität existieren nur für wenige Güter Z.

Zukunftssicherung des Arbeitnehmers. I. Begriff: Aufwendungen des Arbeitgebers zur Sicherung des Arbeitnehmer oder diesen nahestehenden Personen für Fälle von Krankheit, Unfall, Invalidität, Alter und Tod.

II. Formen: 1. Ausgaben, die aufgrund einer gesetzlichen Verpflichtung geleistet werden (z. B. Beiträge zur Sozialversicherung und Bundesanstalt für Arbeit); 2. Zuschüsse zu den Aufwendungen des Arbeitnehmers für seine Lebensversicherung (auch für eine mit einer Pensionskasse abgeschlossene Versicherung); 3. Zuschüsse für die freiwillige Weiterversicherung in der gesetzlichen Rentenversicherung; 4. Zuschüsse zu den Aufwendungen des Arbeitnehmers für eine öffentlich-rechtliche Versicherungs- oder Versorgungseinrichtung seiner Berufsgruppe; 5. Ausgaben des Arbeitgebers ohne gesetzliche Verpflichtung, die den Pflichtbeiträgen gleichgestellt sind.

III. Steuerliche Behandlung: 1. Aufwendungen i. S. II 1. sind steuerfrei (§ 3 Nr. 62 EStG). – 2. Zuschüsse i. S. II 2.–4. sind steuerfrei, wenn: a) der Arbeitnehmer von der Versicherungspflicht in der gesetzlichen Rentenversicherung befreit ist; b) die Zuschüsse bei Befreiung von der gesetzlichen Rentenversicherung der Angestellten die Hälfte, bei Befreiung von der knappschaftlichen Rentenversicherung ⅔ der Gesamtaufwendungen des Arbeitnehmers nicht übersteigen; c) die Zuschüsse nicht höher sind als der Betrag, der als Arbeitgeberanteil bei einer jeweiligen Versicherungspflicht zu zahlen wäre. – 3. Ausgaben i.S. II 5. gehören grundsätzlich zum →Arbeitslohn. Bis zu einem Betrag von 312 DM jährlich (Zukunftssicherungsfreibetrag) steuerfrei, wenn a) es sich um Leistungen handelt, die beim Arbeitnehmer als Sonderausgaben geltend gemacht werden können; b) es sich nicht um Ausgaben handelt, die der Arbeitnehmer aufgrund eigener gesetzlicher Verpflichtungen zu leisten hat; c) die Ausgaben zusätzlich zu dem Barlohn erbracht werden, der auch ohne Zukunftssicherungsleistungen gezahlt werden müßte; d) die Zahlung der Ausgaben unmittelbar an die der Zukunftssicherung dienende Einrichtung erfolgt. – 4. *Besteuerungsverfahren:* Sind die Ausgaben des Arbeitgebers für die Z. d.A. nicht steuerfrei, so sind sie als →laufender Arbeitslohn (§ 39 b EStG) oder als →sonstige Bezüge zu versteuern. Bei Beiträgen für eine →Direktversicherung des Arbeitnehmers oder bei Zuwendungen an eine →Pensionskasse, kann der Arbeitgeber die Lohnsteuer mit einem Pauschsatz von 10 v.H. (→Pauschalierung der Lohnsteuer) erheben, wenn: a) die zu besteuernden Beiträge und Zuwendungen des Arbeitgebers 2400 DM pro Arbeitnehmer im Kalenderjahr nicht übersteigen; b) sie aus dem ersten Dienstverhältnis bezogen werden; c) im Fall von Beiträgen für eine Direktversicherung die Versicherung nicht auf den Erlebensfall eines früheren als des 60. Lebensjahrs abgeschlossen und eine vorzeitige Kündigung des Versicherungsvertrags durch den Arbeitnehmer ausgeschlossen worden ist.

Zukunftssicherungsfreibetrag, Steuerfreibetrag für Ausgaben zur →Zukunftssicherung des Arbeitnehmers, die der Arbeitgeber ohne gesetzliche Verpflichtung erbringt und die den Pflichtbeiträgen auch nicht gleichgestellt sind, in Höhe von 312 DM jährlich.

Zulage, *Leistungszulage, Lohnzulage, Lohnzuschlag,* Teil des vertraglich vereinbarten oder freiwilligen →Arbeitsentgelts, der zum Lohn zugeschlagen werden, um besonderen Gegebenheiten des Betriebs im Hinblick auf die Arbeitsverhältnisse und Arbeitsbedingungen gerecht zu werden. – *Beispiele:* (1) Z. aufgrund ungünstiger Arbeitsbedingungen (z.B. Hitzezulage), (2) Zeitzuschläge (z.B. Mehrarbeits- und Nachtarbeitszuschlag), (3) Z. aufgrund der Lebenshaltung (z.B. Ortszuschläge), (4) Z. aufgrund persönlicher Verhältnisse (z.B. Alters- und Treuezulagen). – Hat sich der →Arbeitgeber jederzeitigen *Widerruf einer Z.* vorbehalten, so kann er diese im Zweifel nur nach billigem Ermessen widerrufen. Ist ein Widerruf nicht vorbehalten, so kann der Anspruch nur durch →Änderungskündigung beseitigt werden. – Wegen der *Anrechnung bei*

Tariflohnerhöhung vgl. →Tariflohnerhöhungen; wegen *Regelungen im Tarifvertrag* vgl. →Effektivklausel.

zulässige kanonische Form. 1. Im Zusammenhang mit einem →*linearen NN-Gleichungssystem* jede →kanonische Form des betreffenden Systems, bei der die rechten Seiten b_1, b_2,..., b_n alle größer oder gleich Null sind. *Gegensatz:* →unzulässige kanonische Form. – 2. Im Zusammenhang mit einem linearen Optimierungssystem in *Normalform* häufig synonym für →primal zulässige kanonische Form; vgl. auch →dual zulässige kanonische Form.

zulässige Lösung, im Zusammenhang mit einem →NN-Restriktionssystem Vektor $(x_1^*, x_2^*,..., x_n^*)$ von Zahlen x_1^*, x_2^*,..., x_n^*, der sämtliche Strukturrestriktionen und →Nichtnegativitätsrestriktionen erfüllt. – *Gegensatz:* →unzulässige Lösung.

Zulassungsgenehmigung, im Kraftfahrzeugverkehr neben →Fahrerlaubnis und →Betriebserlaubnis notwendige besondere Genehmigung; erforderlich u.a. für Gelegenheitsverkehr, Linienverkehr, Möbelfernverkehr, Personenbeförderung, Schienenparallelverkehr.

Zulassungsstelle, gem. § 36 BörsG zu errichtende Kommission, die die →Zulassung von Wertpapieren zum Börsenhandel in einem Zulassungsverfahren zu genehmigen hat. – *Zusammensetzung/Ernennung:* Von den Mitgliedern muß mindestens die Hälfte aus Personen bestehen, die sich nicht berufsmäßig am Börsenhandel mit Wertpapieren beteiligen. Die Ernennung dieser Kommissionsmitglieder erfolgt durch die IHK und den Börsenvorstand für jeweils drei Jahre. – *Aufgabe/Befugnis:* Die Z. hat die Aufgabe und die Pflicht, die Vorlegung der Urkunden, welche die Grundlage für die zu emittierenden Wertpapiere bilden, zu verlangen und diese zu prüfen sowie dafür zu sorgen, daß das Publikum über alle zur Beurteilung der einzuführenden Wertpapiere notwendigen tatsächlichen und rechtlichen Verhältnisse informiert wird. Emissionen von unsolidem oder für die Allgemeinheit schädlichem Charakter sind nicht zuzulassen. Die Z. ist befugt, zugelassene Wertpapiere wieder vom Börsenhandel auszuschließen. Von einer Ablehnung eines Zulassungsantrages sind die Vorstände der übrigen Börsen zu benachrichtigen.

Zulassung von Kraftfahrzeugen, die für die Teilnahme von Kraftfahrzeugen am öffentlichen Verkehr vorgeschriebene Erlaubnis durch die zuständige Polizeibehörde. Erforderlich: *Antrag* des Verfügungsberechtigten bei der Zulassungsstelle, in deren Bezirk das Fahrzeug seinen regelmäßigen Standort haben soll. Der Antrag muß enthalten: Namen, Geburtstag, Ort und Anschrift dessen, für den das Fahrzeug zugelassen werden soll, Nummer des beizufügenden →Fahrzeugbriefs. Nachzuweisen ist i.d.R. ausreichende →Kraftverkehrsversicherung (Haftpflichtversicherung) und Zahlung der Kraftfahrzeugsteuer (→Kraftfahrzeugbesteuerung). – Bei Erfüllung der gesetzlichen Voraussetzungen wird ggf. →Betriebserlaubnis erteilt, der →Fahrzeugschein ausgefertigt und das amtliche Kennzeichen zugeteilt. Zur Abstempelung ist das Fahrzeug vorzufahren. – Nach der Zulassung zur Überwachung der Verkehrssicherheit in gewissen Abständen Haupt- und Zwischenuntersuchungen durch die Technischen Überwachungs-Vereine vorgeschrieben.

Zulassung von Wertpapieren zum Börsenhandel, zum börsenmäßigen Handel von →Wertpapieren erforderliche Erlaubnis. Die Z. erfolgt an jeder Börse in einem besonderen in §§ 36–49 BörsG geregelten Verfahren durch eine Kommission, die →Zulassungsstelle, die über den Zulassungsantrag entscheidet, insbes. ob die Emission erheblich allgemeine Interessen schädigt oder offenbar zu einer Übervorteilung des Publikums führt (§ 36 BörsG). – *Voraussetzungen:* Der Antragsteller hat einen →Prospekt vorzulegen, der vor der Einführung des Wertpapiers an der Börse zu veröffentlichen ist. Das Gesamtvolumen muß mindestens 500 000 DM betragen. – Der von einer an der Börse vertretenen Bank zu stellende *Antrag* wird von Zulassungsstellen veröffentlicht. Die Bekanntgabe der Zulassung erfolgt durch Börsenaushang und im amtlichen Kursblatt. – Bundes- und Länderanleihen bedürfen *keiner* Zulassungsgenehmigung. – Einzelheiten: Vgl. Börsenzulassungs-VO vom 15.4.1987 (BGBl I 1234).

Zulieferer. 1. *Begriff des Außenwirtschaftsrechts:* Wer aufgrund eines Vertrages mit einem →Gebietsfremden Waren an einen →Ausführer liefert, der sie nach Be- oder Verarbeitung oder zusammen mit anderen Waren aufgrund eines selbständigen Vertrages mit einem →Ausfuhrvertrages ausführt (§ 14 AWV); mehrere →Ausfuhrverträge werden also von verschiedenen →Gebietsansässigen mit demselben Gebietsfremden geschlossen, die Waren werden aber nicht an das gebietsfremden Abnehmer direkt, sondern zunächst an einen weiteren Gebietsansässigen geliefert, der die Waren nach Be- oder Verarbeitung oder zusammen mit anderen Waren ausführt. – 2. *Pflichten:* Der Z. hat zunächst eine →Versandausfuhrerklärung, nach der Ausfuhr durch den Ausführer einen →Ausfuhrschein für seine eigenen Leistungen oder Lieferungen abzugeben.

zumutbare Belastung. 1. *Einkommensteuerrechtlicher Begriff:* Teil der →außergewöhnlichen Belastungen, den von dem Steuerpflichtigen selbst zu tragen ist. Nur der die z.B. übersteigende Betrag der Aufwendungen min-

dert auf Antrag den →Gesamtbetrag der Einkünfte (§ 33 I EStG). Keine Anrechnung der z.B. bei außergewöhnlichen Belastungen in besonderen Fällen. – 2. *Höhe:* Die z.B. wird bestimmt durch einen gesetzlich vorgegebenen v.H.-Satz des Gesamtbetrags der Einkünfte. Dieser wiederum richtet sich nach der Höhe des Gesamtbetrags der Einkünfte, der Anzahl der Kinder und der Anwendung des →Splitting-Verfahrens (§ 33 III EStG).

Zumutbarkeit, arbeitswissenschaftlich anerkanntes Kriterium für menschengerechte Arbeitsgestaltung (→Humanisierung der Arbeit) nach Rohmert. Eine Arbeit wird dann als zumutbar bezeichnet, wenn nach übereinstimmender Auffassung der Mehrheit der Betroffenen unter den gegebenen gesellschaftlichen, technischen und organisatorischen Bedingungen die Arbeit noch erfüllt werden kann. Zur Beurteilung der Zumutbarkeit müssen neben naturwissenschaftlichen auch sozialwissenschaftliche Erkenntnisse herangezogen werden.

Zündwarenmonopol, früherer Zwangszusammenschluß aller zur Herstellung von Zündwaren berechtigter Hersteller. Seit 1983 aufgehoben. Form des →Finanzmonopols.

Zündwarensteuer, eine →Verbrauchsteuer aufgrund staatlichen →Zündwarenmonopols, die mit Wirkung ab 1.1.1981 abgeschafft wurde.

zunehmende Skalenerträge, Charakteristik der Technologie einer Ein-Produkt-Unternehmung, wenn bei einer Ver-n-fachung aller Faktoreinsatzmengen die Ausbringungsmenge um mehr als das n-fache steigt (n > 0). – *Formal:* Ist x ein Bündel von Inputs und f eine →Produktionsfunktion, so gilt $f(nx) > nf(x)$ für alle $n > 1$.

Zunft, eine im Mittelalter ausgebildete, meist genossenschaftlich gegliederte Leistungs- und Lebensgemeinschaft, die *auf berufsständischer Grundlage* errichtet wurde. Die Z. *umfaßte* als vollberechtigte Mitglieder nur die Meister, während Lehrlinge und Gesellen der Z. und ihrer Gerichtsbarkeit unterstanden. – Im Gegensatz zur heutigen →Handwerksinnung war die mittelalterliche Z. nicht vorrangig wirtschaftliche Interessenvertretung, sondern eine freiheitliche, standesbewußt gegliederte *Gesellschaftsordnung,* innerhalb deren u.a. marktordnende Angelegenheiten, die Frage des angemessenen Preises, der Qualität von Arbeit und Ware, der Ausbildung, Erziehung und Fürsorge von Zunftmitgliedern usw., insbes. auch Arbeitsvermittlung, Unterstützung von Witwen und Waisen usw. geregelt wurden. – Im *öffentlichen Leben* trat die Z. als *sozialer Stand* geschlossen auf. Sie errang als Gemeinschaft Einfluß auf die politischen Entscheidungen der mittelalterlichen Stadtstaaten. – Erst im 16. Jh. gerieten die Zünfte unter die Botmäßigkeit der absoluten Fürsten. Sie wurden als Selbstverwaltungskörperschaften von der Landesobrigkeit abhängig. Daraus entstanden die *Fehlentwicklungen* im Rahmen der Zunftgesetze, etwa die den Wettbewerb beschränkenden Maßnahmen, die Kontrollfunktionen innerhalb der Zunftgenossenschaften usw. – Das erstarrte Zunftleben wurde in Preußen 1810, durch Gesetz des Norddeutschen Bundes im Jahr 1868 und durch die Gewerbeordnung 1869 mit Einführung der „Gewerbe- und Handelsfreiheit" *beseitigt;* den Z. wurden ihre Vorrechte abgesprochen. Das damit beginnende Verfallen der Handwerksausbildung und der teilweise beobachtete Niedergang des Handwerkerbestandes hat zu einer Wiederbelebung der Handwerkspolitik, insb. zur Wiederbelebung der Innungen geführt.

Zuordnung. 1. *Begriff:* Gegenüberstellung zweier Größen bzw. der Elemente zweier Mengen. – 2. *Arten:* a) *Umkehrbar-eindeutige (ein-eindeutige)* Z.: Einem Element der Menge A ist genau ein Element der Menge B zugeordnet. – b) *Eindeutige Z.:* Einem Element der Menge A sind zwei oder mehr genau bestimmbare und zusammenfaßbare Elemente der Menge B zugeordnet. – c) *Mehrdeutige Z.:* Einem Element der Menge A und B sind zwei oder mehrere Elemente der Menge B bzw. A zugeordnet. – 3. *Bedeutung für das Rechnungswesen:* Die ein-eindeutige oder eindeutige Z. ist nach Sichtweise der Einzelkostenrechnung eine notwendige, aber noch nicht hinreichende Bedingung für eine materiell begründete logisch zwingende →Zurechnung bzw. für die Anwendung des →Identitätsprinzips.

Zuordnungsproblem, *Assignment-Problem, Zuweisungsproblem.* 1. *Charakterisierung:* Fragestellung über ein reales System, bei dem gewisse Objekte gewissen anderen Objekten unter Beachtung bestimmter Nebenbedingungen so zuzuordnen sind, daß vorgegebene Ziele erfüllt werden. – 2. *Formen:* a) →lineares Zuordnungsproblem; b) →quadratisches Zuordnungsproblem. – 3. *Ökonomische Bedeutung:* Z. entstehen u. a. im Zusammenhang mit der Zuordnung von Flugpersonal und Flugzeugen zu Flugrouten, von Arbeitsaufgaben zu Arbeitskräften, von Lehrern zu Schulklassen, von Satelliten zu Erdumlaufbahnen, bei der Standortplanung von Unternehmen (→betriebliche Standortplanung, →Layoutplanung) oder bei der Belegung von Schreibmaschinentastaturen.

Zurechenbarkeit, Möglichkeit einer materiell und formal logisch eindeutig-zwingend begründeten Gegenüberstellung zweier Größen (z. B. Erlöse und Kosten, Ausgaben und Güterverbrauch) im Rahmen der wirklichkeitsnahen Abbildung betrieblicher Vorgänge. Als Kriterium für die Beurteilung der Z. gilt in der Einzelkostenrechnung das →Identitätsprinzip als geeignet, wonach zwei

Größen dann und nur dann logisch zwingend gegenüberzustellen sind, wenn sie sich als positive und negative Wirkung auf einen identischen dispositiven Ursprung zurückführen lassen. Streng von der nur formal-logisch eindeutigen und ein-eindeutigen →Zuordnung, die eine notwendige, aber nicht hinreichende Bedingung der Z. ist, zu unterscheiden. – *Gegensatz:* →Auslastung.

Zurechnung. I. R e c h n u n g s w e s e n: 1. *I. e. S.:* Aufsuchen und Gegenüberstellung solcher Größen (z. B. Erlöse und Kosten; Verbrauchsmengen und Leistungseinheiten; Beschaffungsentgelt oder -ausgaben und Mengeneinheit des beschafften Gutes), die eindeutig zwingend auf einen identischen (dispositiven) Ursprung zurückgeführt werden können (→Identitätsprinzip). Von zweckbedingten willkürlichen Zuteilungen, Aufteilungen, Schlüsselungen usw. zu unterscheiden (→Anlastung). – 2. *I. w. S.:* Verrechnung, Aufteilung, Schlüsselung, Zuteilung ohne eindeutig zwingende Begründung. – Vgl. auch →Kostenverteilungsprinzipien.

II. S t e u e r r e c h t: Bestimmung der Person des Steuerpflichtigen für bestimmte Wirtschaftsgüter; Regelung in § 39 AO. – Vgl. auch →wirtschaftliches Eigentum.

Zurechnungsfortschreibung, steuerliche →Fortschreibung bei Änderung in der Zurechnung eines Gegenstandes (z. B. Eigentumswechsel), für den ein →Einheitswert festgestellt ist; auch im Rahmen einer →Berichtigungsfortschreibung. Die Z. wird durchgeführt, wenn nach dem →Feststellungszeitpunkt für Besteuerung bedeutsame Änderungen eingetreten sind; sie ist im Gegensatz zur →Wertfortschreibung von bestimmten Wertgrenzen unabhängig.

Zurechnungsprinzipien (für Kosten), →Kostenverteilungsprinzipien.

Zurechnungszeit, Begriff der gesetzlichen →Rentenversicherung (§ 1260 RVO, § 37 AVG, § 58 RKG). Z. ist die Zeit zwischen dem Eintritt des Versicherungsfalls und der Vollendung des 55. Lebensjahres durch den Versicherten. Bei Versicherten, die vor Vollendung des 55. Lebensjahres berufs- oder erwerbsunfähig geworden sind, wird die Z. bei der Ermittlung der anrechnungsfähigen Versicherungsjahre den zurückgelegten Beitrags-, Ersatz-, Kindererziehungs- und Ausfallzeiten hinzugerechnet. – *Voraussetzung* ist, daß von den letzten 60 Monaten vor Eintritt des Versicherungsfalles mindestens 36 Monate oder die Zeit vom Eintritt in die Versicherung bis zum Eintritt des Versicherungsfalles mindestens zur Hälfte mit Beiträgen für eine rentenversicherungspflichtige Beschäftigung oder Tätigkeit belegt sind. Bestimmte Zeiten bleiben bei der Berechnung des Zeitraumes außer Betracht. – Z. bleiben mit Wirkung vom

1.1.1980 bei der Rentenberechnung *unberücksichtigt,* soweit sie bei einer Rentenversorgung aus einem vor dem 1.1.1966 begründeten Dienstverhältnis berücksichtigt werden (§ 1260 c RVO, § 37 c AVG).

Züricher Börse, bedeutendste Wertpapierbörse der Schweiz von internationalem Rang. Träger der Z.B. ist der Effektenbörsenverein, die staatliche Aufsicht wird vom Kanton Zürich bzw. den von der Kantonsregierung bestellten Börsenkommissaren ausgeübt. Die unmittelbare Beaufsichtigung liegt in den Händen des Börsenvorstandes, der sich aus Vorstandsmitgliedern des Effektenbörsenvereins zusammensetzt. – Der Aktienhandel an der Z.B. ist in *drei Segmente* aufgeteilt: (1) der offizielle Börsenhandel, (2) die Vorbörse, an der noch nicht offiziell zugelassene Titel gehandelt werden, und (3) der außerbörsliche Wertpapierhandel. – *Arten der Geschäfte:* Es werden sowohl Kassageschäfte (Komptantgeschäfte) abgeschlossen (Erfüllung am nächsten Werktag), als auch Termingeschäfte, die zum Monatsultimo zu erfüllen sind, und Prämiengeschäfte, für die die Liquidationstage längere Zeit vorher festgesetzt werden, sowie Stellage- und Nochgeschäfte. Es werden nur bestimmte feststehende Schlüsse gehandelt bzw. notiert. Die im Ring (etwa unseren Maklerschranken entsprechend) sitzenden Börsenschreiber rufen die Papiere der Reihe nach aus, während die Börsenbesucher (Börsenagenten) für die jeweils verlesenen Wertschriften die Geschäfte abschließen; die Kurse sind dem Börsenschreiber bekanntzugeben. – Die *Zulassung zum Börsenbesuch* erfolgt durch die Direktion der Volkswirtschaft des Kantons Zürich. Zugelassen werden natürliche Personen, die in Zürich wohnhaft und Schweizer Bürger sein müssen, und auch juristische Personen, wie z.B. Banken, deren Vertreter dann die Börsenversammlungen besuchen. – *Zulassung von Wertpapieren* zum Börsenhandel muß von einem zum Börsenbesuch zugelassenen Bank beim Vorstand des Effektenbörsenvereins beantragt werden. Ein ausführlicher Prospekt mit letzter Bilanz und Ertragsrechnung ist in einer Züricher Tageszeitung zu veröffentlichen.

Zurückbehaltungsrecht, *Rückbehaltungsrecht,* Recht des Schuldners, die ihm obliegende Leistung solange zu verweigern, bis der Gläubiger eine andere, ihm dem Schuldner gegenüber obliegende Leistung erbracht hat. – 1. Z. steht dem Schuldner zu, wenn ihm aus demselben rechtlichen Verhältnis, auf dem seine Verpflichtung beruht, ein fälliger Gegenanspruch gegen den Gläubiger zusteht (§ 273 BGB). Zwischen Forderung und Gegenforderungen muß ein innerer, natürlich wirtschaftlicher Zusammenhang bestehen (z.B. bei ständiger Geschäftsverbindung der Parteien, auch wenn die Forderungen nicht auf demselben Vertrag beruhen). – 2. Macht der Schuldner die *Einrede* des Z. im Prozeß geltend, so schließt dies seine Verurteilung nicht aus; wenn Forderung und Gegenforderung für begründet befunden werden, erfolgt Verurteilung zur Leistung →Zug um Zug (§ 274 BGB). – 3. *Besondere Vorschriften* gelten für das →kaufmännische Zurückbehaltungsrecht und das Z. bei →gegenseitigen Verträgen. – 4. Gegenüber dem Anspruch des Vermieters bzw. Verpächters auf Rückgabe der Mietsache usw. aus dem Miet- oder Pachtvertrag ist das Z. *ausgeschlossen* (§§ 556, 580, 581 BGB). Ebenso kann →Treu und Glauben dem Z. entgegenstehen; es darf auch nicht ausgeübt werden, wenn damit ein verbotener Erfolg praktisch erreicht würde (z.B. Z. gegenüber dem unpfändbaren Teil von Lohnforderungen kann unzulässiger →Aufrechnung gleichkommen). – 5. Der Gläubiger kann Ausübung des Z. durch →Sicherheitsleistung, jedoch nicht durch Stellung eines Bürgen *abwenden.* Bei beiderseits fälligen Geldforderungen ist Z. ausgeschlossen und nur →Aufrechnung möglich. – 6. Eine Bestimmung in *Allgemeinen Geschäftsbedingungen,* durch die ein dem Vertragspartner des Verwenders zustehendes Z. ausgeschlossen oder eingeschränkt wird, ist unwirksam.

zurückgestaute Inflation, →Inflation I 2.

zusammengesetzte Kostenarten, →sekundäre Kostenarten.

Zusammenlegung von Aktien, Maßnahme bei der →Kapitalherabsetzung zum Zwecke der Sanierung einer Aktiengesellschaft. Nur dann zulässig, wenn bei einer Herabsetzung des Nennwerts (→Abstempelung) der Aktien der gesetzliche Mindestbetrag von 50 DM unterschritten würde (§ 222 AktG). – Vgl. auch →Sanierung IV 1 a).

Zusammenrechnung des Vermögens, durch § 119 BewG vorgeschriebene Art der Ermittlung des →Gesamtvermögens für das Vermögen von Ehegatten sowie von Eltern und Kindern unter 18 Jahren bzw. über 18 Jahren, sofern die Voraussetzungen des § 14 II VStG vorliegen, soweit die →Zusammenveranlagung zur →Vermögensteuer eingreift. Bei fortgesetzter Gütergemeinschaft wird das Gesamtgut dem Vermögen des überlebenden Ehegatten zugerechnet (§ 120 BewG). – Vgl. auch →Haushaltsbesteuerung.

Zusammenschlußkontrolle, →Fusionskontrolle, →Kartellgesetz III.

Zusammenschluß von Unternehmungen, →Unternehmungszusammenschluß.

Zusammenveranlagung, Begriff der Finanzwissenschaft und des Steuerrechts für eine besondere Form der →Veranlagung (vgl. auch dort), bei der für mehrere Personen eine gemeinsame Bemessungsgrundlage und Steuerschuld festgesetzt wird. Das deutsche

Steuerrecht kennt eine Z. von Ehegatten in der Einkommensteuer und Vermögensteuer sowie eine Z. von Eltern und Kindern zur Vermögensteuer (vgl. auch →Haushaltsbesteuerung). – *Rechtliche Wirkung:* Z. bewirkt gesamtschuldnerische Haftung der zusammen veranlagten Personen für die betreffenden Steuerschulden; auf Antrag jedoch Aufteilung bei der Zwangsvollstreckung (§§ 268 ff. AO).

Zusatzaktie, →Freiaktie.

Zusatzbedingungen, Versicherungsbedingungen, die zusätzlich zu den →Allgemeinen Versicherungsbedingungen (AVB) vereinbart werden. Rechtlich sind Z. meist AVB, wirtschaftlich dienen sie der Erweiterung, Verbesserung und Individualisierung des Versicherungsschutzes.

Zusatzkapital, durch einbehaltene Gewinne (→Selbstfinanzierung) geschaffenes, in Form von →Gewinnrücklagen zusätzlich zum Grund- bzw. Stammkapital ausgewiesenes Kapital in Kapitalgesellschaften. Z. muß nicht durch Dividenden bedient werden. Hohes Z. führt über erhöhte →Kreditwürdigkeit zu einem größeren Kreditspielraum sowie wegen steigender Kurse in Verbindung mit geringen Ausschüttungen zu einer geringen Dividendenrendite der Aktionäre.

Zusatzkosten, in der Vollkostenrechnung dem →wertmäßigen Kostenbegriff folgend angesetzte →Kosten, denen in der Finanzbuchhaltung kein Aufwand (→Aufwendungen) gegenübersteht. – Vgl. auch →kalkulatorische Kosten, →Abgrenzung.

zusätzliche Finanzierungsvorkehrung, →Witteveen-Fazilität.

zusätzliche Tätigkeit, →Ablaufabschnitte im Rahmen einer Arbeitsaufgabe, die nicht vorausbestimmt werden können, z. B. Beseitigung organisatorischer oder technischer Störungen, Mithilfe bei anderen Personen. – Vgl. auch →Tätigkeit, →Haupttätigkeit, →Nebentätigkeit.

Zusatznutzen, Teil des →Nutzens, der ergänzend zum →Grundnutzen eines Produktes hinzutritt. Z. betrifft Geltung (soziale Bedeutung) oder individuelle Wertschätzung des Produktes durch den Käufer bzw. Verwender.

Zusatzsortiment, →Sortiment.

Zusatzstoffe, nach dem Lebensmittel- und Bedarfsgegenständegesetz Stoffe, die dazu bestimmt sind, Lebensmitteln zur Beeinflussung ihrer Beschaffenheit oder zur Erzielung bestimmter Eigenschaften oder Wirkungen zugesetzt zu werden, ausschließlich Stoffe natürlicher Herkunft und Trink- und Tafelwasser (§ 2 LMBGG). – Vgl. ZusatzstoffVO vom 20.12.1977 (BGBl I 2653), Zusatzstoff-VerkehrsVO vom 10.7.1984 (BGBl I 897) und Zusatzstoff-ZulassungsVO vom 22.12.1981

(BGBl I 1625, 1633) mit späteren Änderungen.

Zusatzversicherung. 1. In fast sämtlichen Versicherungszweigen der Individualversicherung vorkommende *Erweiterung der Leistungen* aus dem ursprünglichen Versicherungsvertrag, z. B. bei der Lebensversicherung →Berufsfähigkeits-Zusatzversicherung und →Unfall-Zusatzversicherung. – 2. *Ergänzung des Sozialversicherungsschutzes* durch eine Privatversicherung, z. B. für die Inanspruchnahme einer höheren Pflegeklasse in der →Krankenversicherung.

Zusatzversorgungsanstalt des Bundes und der Länder, Körperschaft des öffentlichen Rechts. – *Aufgaben:* Organ zur Durchführung der zusätzlichen Altersversorgung von Bediensteten der Bundesdienststellen und -verwaltungen und der entsprechenden Einrichtungen der Länder, soweit die Bediensteten keinen Anspruch auf beamtenrechtliche Versorgung haben und für sie keine zusätzlichen Beiträge (Überversicherungsbeiträge) zur gesetzlichen →Rentenversicherung abgeführt werden.

Zusatzversorgungskasse für Arbeitnehmer in der Land- und Forstwirtschaft, bundesunmittelbare Anstalt des öffentichen Rechts; Sitz in Kassel. – *Rechtsgrundlage:* Gesetz vom 31.7.1974 (BGBl I 1660) mit späteren Änderungen. – *Aufgaben:* Zusatzversorgung für Arbeitnehmer in der Land- und Forstwirtschaft, Zahlung von Ausgleichsleistungen an Arbeitnehmer dieses Bereichs sowie Durchführung weiterer Aufgaben gem. ZVALG.

Zuschauerforschung, *Teleskopie,* Teilgebiet der →Marktforschung, die Ermittlung von Einschaltquoten beim täglichen Fernsehen sowie die Feststellung der individuellen Sehebeteiligung einzelner Haushaltsmitglieder. Aufzeichnung der relevanten Informationen anfangs durch sog. *Audilogs* und *Tamlogs* (Tagebücher), in denen die Haushaltsmitglieder die von ihnen verfolgten Sendungen des Rundfunks und Fernsehens eintrugen. Weiterentwicklung durch →*Audimeter* und →*Tammeter,* die auf mechanischem oder elektronischem Wege die eingestellten Sender und die Empfangsdauer registrieren. Erfassung und Speicherung der Sehbeteiligung einzelner Personen konnte mit diesen Instrumenten nicht erfolgen. Seit Einführung der →*Teleskomaten* und des →*TeleMetrons* wird auch die Sehbeteiligung individuell durch Knopfdruck erfaßt.

Zuschlag. I. Z. bei einer Versteigerung (§§ 79 ff. ZVG): Bei der Zwangsversteigerung wird das Grundstück oder Schiff vom Vollstreckungsgericht dem →Meistbietenden durch sog. Zuschlagsbeschluß zugeschlagen mit der Wirkung, daß der *Ersteher* Eigentümer wird. Zugleich erlöschen alle Rechte an dem Grundstück oder Schiff, ausgenommen die aufgrund ihres Vorranges vor dem Recht des →betreibenden Gläubigers →bestehenbleibenden Rechte. An die Stelle der erlöschenden Rechte tritt der Anspruch auf Befriedigung aus dem Versteigerungserlös im →Verteilungsverfahren. – Der Zuschlagsbeschluß ist rechtsbegründender Staatsakt, der Eigentum nimmt und überträgt und zugleich Vollstreckungstitel, mit dem der Ersteher vom Voreigentümer und anderen Besitzern Räumung und Herausgabe verlangen kann.

II. Z. bei einer privaten Versteigerung: Der Z. stellt die Annahme des durch das Gebot abgegebenen Angebots dar (§ 156 BGB). – Vgl. auch →Versteigerung, →Vertrag.

III. Z. zum Arbeitsentgelt: Zusätzlich zum tariflichen Satz für Arbeiten außerhalb der gewöhnlichen Arbeitszeit gezahlte →Arbeitsentgelt: Überstunden-, Sonn- und Feiertags-, Nachtarbeitzuschläge. – *Lohnsteuerliche Behandlung:* Vgl. →Mehrarbeitszuschlag.

IV. Steuerliche Bewertung: Z. sind auf den Vergleichswert (wie auch →Abschläge) wegen werterhöhender Umstände möglich, z. B. bei Bewertung von Mietwohngrundstücken, in der Land- und Forstwirtschaft bei Abweichung der tatsächlichen von den regelmäßigen Verhältnissen, der Paketzuschlag bei der Bewertung von Aktienpaketen.

Zuschlagsbeschluß, →Zuschlag I.

Zuschlagsfrachten, bei durchgehendem Verkehr im Verkehr mit →nichtbundeseigenen Eisenbahnen außer den Regelfrachten in die Fracht eingerechnete besondere Zuschläge gem. Deutschem Eisenbahn-Gütertarif Teil II, Heft E. Außer den Z. enthalten die laufend nach Bahnen numerierten Zuschlagblätter noch besondere Gebühren, z. B. Umladegebühren (Umladung aus Vollspurwagen in Schmalspurwagen), Rollbockgebühren (Benutzung von Rollschemeln zur Beförderung von Vollspurwagen auf Schmalspurstrecken) oder Anstoßfrachten zur Bildung direkter Frachtsätze.

Zuschlagskalkulation, in der Praxis am weitesten verbreitetes Verfahren der →Kalkulation von Kostenträgern im Rahmen der Kostenträgerrechnung. – 1. *Vorgehensweise:* Im ersten Schritt ordnet die Z. den Kostenträgern die für sie in der Kostenartenrechnung gesondert erfaßten →Einzelkosten zu. Im zweiten Schritt werden anteilige →Gemeinkosten prozentual auf der Basis von Einzelkosten „zugeschlagen" (→Zuschlagssatz). Die Z. ist damit ein Kalkulationsverfahren der Vollkostenrechnung (→Vollkostenkalkulation). – 2. *Grundschema der Z.* vgl. untenstehende Tabelle. Dieses Grundschema kann beliebig erweitert oder modifiziert werden, so z. B. für Handelsbetriebe oder für die Kalkulation öffentlicher Aufträge. – 2. *Methoden:* a) →Lohnzuschlagsverfahren. – 3. *Schwächen:* Vgl. Die als Zuschlagsbasis der →Fertigungsgemeinkosten verwendeten Fertigungslöhne angesichts steigender Automatisierung der Produktion im Verhältnis zu den →Anlagenkosten ständig an Bedeutung verlieren; Zuschlagssätze von mehr als 1000% sind somit nicht unüblich. Zur Kalkulation

Grundschema der Zuschlagskalkulation

Kalkulationsbestandteile	Zuschlagssumme	Zuschlagsbasis
Materialeinzelkosten	–	–
+ Materialgemeinkosten	Gemeinkosten der Materialstellen	Materialeinzelkosten
= Materialkosten		
Fertigungseinzelkosten (Fertigungslöhne)		
+ Fertigungsgemeinkosten	Gemeinkostensumme der Fertigungsstellen	Fertigungseinzelkosten
+ Sondereinzelkosten der Fertigung	–	–
= Fertigungskosten	–	–
= Herstellkosten		
+ Verwaltungsgemeinkosten	Gemeinkostensumme der Verwaltungsstellen	Herstellkosten
+ Vertriebsgemeinkosten	Gemeinkostensumme der Vertriebsstellen	Herstellkosten
+ Sondereinzelkosten des Vertriebs	–	–
= Selbstkosten		

der Fertigungskosten wird die Z. deshalb zunehmend durch die →Maschinenstundensatzrechnung abgelöst. – b) Die Z. ist mit der grundsätzlichen Problematik der →Gemeinkostenschlüsselung verbunden.

Zuschlagssatz, globaler, meist in v. H. ausgedrückter Aufschlag, mit dem in der Vollkostenrechnung die Verrechnung der →Gemeinkosten erfolgt. Im Rahmen der →Betriebsabrechnung wird für jede →Hauptkostenstelle ein besonderer Z. ermittelt, indem die Gemeinkosten der Kostenstelle auf eine bestimmte Basis bezogen werden, und zwar bei den Materialkostenstellen auf das Fertigungsmaterial, bei den Fertigungskostenstellen auf die Fertigungslöhne, bei den Verwaltungs- und Vertriebskostenstellen auf die →Herstellkosten. – Mit Hilfe des in Hundertteilen der Basis ausgedrückten Z. werden in der →Zuschlagskalkulation die Gemeinkosten auf die Kostenträger verrechnet. Meist verwendet man hierzu vergangenheitsbezogene Standard- oder Normalzuschlagsätze.

Zuschlagssystem, Regelungsform der →Ertragshoheit zwischen öffentlichen Aufgabenträgern im →aktiven Finanzausgleich. Beim Z. wird das Recht zur Wahl und Ausgestaltung öffentlicher Einnahmequellen einem – i. d. R. dem zentralen – Aufgabenträger zugewiesen, anderen Aufgabenträgern aber das Recht eingeräumt, auf der Bemessungsgrundlage oder Abgabeschuld dieser Einnahmequellen einen Zuschlag zu erheben. – *Formen:* a) *Ungebundenes Z.:* Höhe des Zuschlags ist nicht geregelt. – b) *Gebundenes Z.:* Höhe des Zuschlags ist begrenzt. – In der *Bundesrep. D.* wird die Kirchensteuer nach dem (gebundenen) Z. verteilt.

Zuschneideproblem, →Zuschnittplanung.

Zuschnittplanung. I. Begriff: Prozeß der Generierung und Bewertung alternativer Aufteilungsmöglichkeiten (Schnittmuster) für Materialien bestimmter vorgegebener Abmessungen.

II. Grundproblem: 1. Es existiert eine Menge von Aufträgen, die die Lieferung von (Output-)Materialien einer bestimmten homogenen Qualität und gewissen Abmessungen vorsehen. – 2. Zur Befriedigung der Aufträge steht eine Menge von potentiellen (Input-) Materialien entsprechender Qualität tendenziell größerer Abmessungen zur Verfügung. – 3. Aus der Menge der potentiellen Inputmaterialien sind Stücke auszuwählen und in geeigneter Weise zu zerteilen. – 4. Zur Durchführung der Zerlegung steht eine gewisse (Schneide-)Technologie zur Verfügung. – 5. Spezielle Eigenschaften der Aufträge, der (Input-)Materialien und der Technologie sowie ihrer gegenseitigen Beziehungen beschränken die Menge an Aufteilungsmöglichkeiten. – 6. Es existiert eine Menge von

Zielen, die durch eine geeignete Aufteilung (Zuschnitt) gefördert werden soll. – 7. *Gesucht* ist eine Vorschrift (Schnittmusterprogramm), die angibt, welche der potentiellen Inputmaterialien tatsächlich eingesetzt und wie sie zerlegt werden sollen.

III. Ziele: 1. *Minimierung der von alternativen Schnittmusterprogrammen beeinflußbaren Kosten* angestrebt: Hierzu gehören v. a. Einstandskosten der Inputmaterialien, Kosten der Lagerung für bereits eingesetzte, aber nicht vollständig verbrauchte Inputmaterialien, Kosten der Durchführung des Zuschnitts, Kosten der Umstellung der Schneideanlagen von einem Schnittmuster auf ein anderes sowie Kosten in Folge von Terminüberschreitungen. Kostenminderungen ergeben sich durch Abfallerlöse beim Weiterverkauf der Zuschneideabfälle. – 2. Da bei der Durchführung der Planung den alternativen Schnittmusterprogrammen oft noch nicht ihre jeweiligen Kosten zugerechnet werden können, orientiert man sich statt dessen an gewissen *Hilfszielgrößen*, z. B. an der Menge des Verschnitts (das ist der Teil des Inputmaterials, der zur Auftragserfüllung verwendet werden kann), der Anzahl eingesetzter Inputmaterialien, der Anzahl unterschiedlicher Schnittmuster, der Lagerbestandsänderung.

IV. Restriktionen: 1. *Auftragsbezogene Restriktionen:* Es handelt sich insbes. um Anforderungen an Qualität, Menge und Abmessungen der (Output-)Materialien sowie den Zeitpunkt ihrer Bereitstellung. In bezug auf die Inputmaterialien sind v. a. deren Verfügbarkeit sowie ihre Abmessungen von Bedeutung. – 2. *Technologische Restriktionen:* Diese ergeben sich aufgrund der quantitativen und qualitativen Kapazität der Schneideanlagen, z. B. kann die Menge aller realisierbaren Schnittmuster durch einen vorgegebenen Schnittverlauf eingeschränkt sein.

V. Varianten: 1. *Feindimensionales Zuschneideproblem:* Sämtliche Schnitte sind nur in einer Dimension auszuführen (d. h. aus den Inputmaterialien gewisser Längen sind „kürzere" Outputmaterialien „abzuschneiden"); *zwei(drei)dimensionales Zuschneideproblem:* Schnitte sind auch in einer bzw. zwei weiteren Dimension(en) auszuführen. – 2. *Guillotine-Zuschneideproblem:* Sämtliche Schnitte sind stets nur geradlinig durch das gesamte Material vorzunehmen. – 3. *Orthogonales Zuschneideproblem:* Bei einem Inputmaterial mit geraden, senkrecht aufeinanderstehenden Kanten sind nur Schnitte parallel zu diesen Kanten erlaubt bzw. möglich. – 4. →*Verschnittproblem* (vgl. im einzelnen dort): Zuschneideproblem, bei dem als alleiniges (Hilfs-)Ziel die Minimierung des Verschnitts gefordert ist.

VI. Methoden: Probleme der Z. lassen sich häufig als lineare Optimierungsprobleme formulieren (→Verschnittproblem), die Ableitung einer optimalen Lösung daraus scheitert jedoch häufig daran, daß als Unterprobleme stets eine Vielzahl von tendenziell schwierig zu lösenden →Rucksackproblemen auftreten, bzw. daß zusätzliche Ganzzahligkeitsrestriktionen für die Anwendungshäufigkeit des Schnittmusters zu berücksichtigen sind, die regelmäßig zu nicht akzeptablen Rechenzeiten führen. In der Praxis der Z. kommen deshalb v. a. Heuristiken zur Erstellung von Schnittmusterprogrammen zum Einsatz.

VII. Ö k o n o m i s c h e B e d e u t u n g : In verschiedenen Industriezweigen kommt einer sorgfältigen Z. große Bedeutung zu. Anwendungsberichte aus der Praxis dokumentieren dies v. a. für die Stahlindustrie (Zuschneiden von Stahlträgern, Brammen, Stahlband, Stahlplatten, Blechtafeln), die papierherstellende Industrie (Papierrollen, Wellpappe), die Glasindustrie (Isolierglasscheiben, Windschutzscheiben), für die Kunststoffindustrie (Plastikfolie, Isolierband, Filme) sowie für die Textil- und Bekleidungsindustrie.

Zuschreibung, *Wertaufholung.* 1. *Begriff:* Erhöhung des →Buchwertes von →Vermögensgegenständen: a) als Folge einer Wertzunahme, ohne daß sich die Substanz oder Wesensart des Wirtschaftsgutes geändert hat; b) als Korrektur überhöhter Abschreibungen früherer Rechnungsperioden. – 2. Die Z. ist *steuerlich* bei Wirtschaftsgütern des abnutzbaren Anlagevermögens unzulässig. Bei anderen Wirtschaftsgütern, die bereits am Schluß des vorangegangenen Wirtschaftsjahres zum Betriebsvermögen gehört haben, kann der Steuerpflichtige den →Teilwert auch dann ansetzen, wenn er höher ist als der letzte Bilanzumsatz, es dürfen jedoch höchstens die Anschaffungs- oder Herstellungskosten angesetzt werden (§ 6 I Nr. 2 EStG). – 3. *Handelsrechtlich* sind Z. zulässig, wenn die Gründe für die in früheren Geschäftsjahren vorgenommenen →Abschreibungen nicht mehr bestehen. Für Kapitalgesellschaften besteht handelsrechtlich grundsätzlich ein *Zuschreibungsgebot* (vgl. →Wertaufholungsgebot, →Bewertung). Die Z. dürfen die handelsrechtlichen Wertobergrenzen des § 253 HGB nicht überschreiten.

Zuschreibungsgebot, →Wertaufholungsgebot.

Zuschüsse, private oder öffentliche Zuwendungen, i. d. R. Zahlungen an eine Unternehmung aus unterschiedlichen Gründen und mit unterschiedlicher Zwecksetzung. – *Bilanzierung:* 1. Private Z. eines Gesellschafters, die sich aus dem Gesellschaftsverhältnis ergeben, sind zusätzliches Eigenkapital der empfangenden Unternehmung und gem.§§ 266, 272 II HGB als Kapitalrücklage zu bilanzieren. Sind private Z. Bestandteil der Gegenleistung in einem Leistungsaustauschverhältnis, so können sie

Anschaffungskostenminderung der empfangenden Unternehmung (→Anschaffungskosten) oder Entgelt für zukünftige Leistungen der Unternehmung (z. B. verlorene Mieterzuschüsse) sein, die als passive Rechnungsabgrenzungsposten zu erfassen und über die Vertragsdauer aufzulösen sind. – 2. Handelsrechtliche Bilanzierung *öffentlicher* Z. ist umstritten. Unbedingt rückzahlbare Z. sind als →Verbindlichkeiten zu passivieren. Bei bedingt rückzahlbaren Z. hängt die Bilanzierung von der Gestaltung der Bedingungen im Einzelfall ab. Fällt die Rückzahlungsverpflichtung z. B. bei Eintritt einer bestimmten Bedingung (etwa Mißerfolg des bezuschußten Objekts) weg, so ist, solange die auflösende Bedingung nicht eingetreten ist, eine Verbindlichkeit auszuweisen. Nicht rückzahlbare Z., die als Aufwands- oder Ertragszuschüsse gewährt werden, sind erfolgswirksam zu behandeln. Für nicht rückzahlbare Z. als Zuwendungen zur Anschaffung oder Herstellung einer Investition besteht ein Wahlrecht: die Z. können als Anschaffungs- bzw. Herstellungskostenminderung oder Ertrag der Periode, in der sie vereinnahmt wurden, behandelt werden.

Zuschüsse zu den Lohnkosten, Leistung der →Bundesanstalt für Arbeit an Arbeitgeber, die auf Vorschlag des Arbeitsamts einen bisher arbeitslosen, mindestens 55 Jahre alten Arbeitnehmer zusätzlich einstellen, wenn dieser aufgrund seines fortgeschrittenen Alters und sonstiger in der Person begründeter Umstände oder veränderter Anforderungen dem Wettbewerb mit den übrigen Arbeitnehmern nicht standhält. Es dürfen nur Arbeitnehmer zugewiesen werden, die für die Zeit unmittelbar vor der Zuweisung →Arbeitslosengeld oder →Arbeitslosenhilfe bezogen haben oder Anspruch auf diese Leistungen hatten (§§ 93, 97 AFG). – *Höhe:* Die Zuschüsse betragen i. d. R. 50% des tariflichen oder ortsüblichen Lohnes und dürfen 70% hiervon nicht übersteigen. Jeweils nach Ablauf eines Förderungsjahres sinkt der Zuschuß um 10% des Arbeitsentgelts bis auf mindestens 30%; danach endet die Förderung. – *Anders:* →Einarbeitungszuschuß.

Zuschüsse zum Krankengeld, →Krankenzuschüsse.

Zuschuß zum Mutterschaftsgeld, →Mutterschaftsgeld II 4.

Zustand, →Umweltzustand.

Zuständigkeit. I. O r g a n i s a t i o n : →Kompetenz einer organisatorischen Einheit bzw. eines Handlungsträgers.

II. Z i v i l r e c h t : Im Zivilprozeß besagt die Z., welches Gericht usw. sachlich und örtlich im Einzelfall zu entscheiden hat. – 1. Die *sachliche* Z. gibt an, bei welcher Art von Gericht ein Prozeß anhängig zu machen ist, sowie welches Gericht die in erster oder zweiter Instanz erlassenen Entscheidungen nachzuprüfen hat (→Amtsgericht, →Landgericht, →Oberlandesgericht, →Bundesgerichtshof). – 2. Die *örtliche* Z. regelt, welches unter mehreren gleichartigen Gerichten zur Entscheidung berufen ist (→Gerichtsstand). – 3. Von der Z. zu unterscheiden ist die *Geschäftsverteilung*, d. i. der Geschäftskreis einzelner Richter usw. innerhalb ihrer Behörde.

III. A r b e i t s r e c h t : Vgl. →Arbeitsgerichtsbarkeit.

IV. V e r w a l t u n g s r e c h t : Die Z. ist insbes. von Bedeutung für die Frage der Anfechtbarkeit oder Ungültigkeit von →Verwaltungsakten. – 1. *Örtliche Unzuständigkeit* liegt vor, wenn eine Behörde in den örtlichen Dienstbereich einer anderen, aber gleichartigen Behörde eingreift, indem sie die Grenze des eigenen Dienstbereichs überschreitet. Hat im allg. Ungültigkeit des betr. Verwaltungsaktes zur Folge, wenn die beiden Behörden selbständige Verwaltungsträger, z. B. Stadtgemeinden sind; sonst nur Aufhebbarkeit. – 2. *Sachliche Unzuständigkeit* liegt vor, wenn eine Behörde eine Amtshandlung vornimmt, für die eine andersartige Behörde des gleichen örtlichen Dienstbereichs zuständig ist. Bei Offensichtlichkeit der Zuständigkeitsverfehlung ist der Verwaltungsakt nichtig, andernfalls zunächst gültig, aber anfechtbar. – Vgl. auch →Verwaltungsgerichtsbarkeit.

V. S t e u e r r e c h t : Im Steuerverfahren entscheidet die *behördliche Z.* über Wirksamkeit und Bestandskraft der Verwaltungsakte, die *gerichtliche Z.* über die Zulässigkeit der Klage. – 1. *Sachliche Z.* der Finanzbehörden ist im Gesetz über die Finanzverwaltung v. 30.8.1971 (BStBl I 1426), die der Finanzgerichte in den §§ 35–37 FGO geregelt. – 2. *Örtliche Z.* der Finanzbehörden ergibt sich aus den §§ 17 ff. AO, die der Finanzgerichte aus den §§ 38, 39 FGO.

Zuständigkeitsbudget, Begriff der Finanzwissenschaft. Die Bücher werden nach dem Ende des Rechnungsjahres noch einige Wochen für Nachbuchungen offengehalten, um nachträgliche Einnahmen oder Ausgaben der „zuständigen" Haushaltsperiode zuzurechnen. (→Haushaltssystematik 6). – *Gegensatz:* →Kassenbudget.

Zustandsbaum, bei →mehrstufigen Entscheidungen Darstellung der zeitlichen Abfolge der →Umweltzustände (= Erwartungsstruktur des Entscheidungsträgers), die sich als →stochastischer Prozeß begreifen läßt: Zwischen den Zuständen (Knoten 1 bis 9) in aufeinanderfolgenden Zeitpunkten bestehen stochastische Abhängigkeiten in der Weise, daß jeder Zustand eines Zeitpunkts mit einer bestimmten Übergangswahrscheinlichkeit W_i^j (Kanten) aus einem Zustand der Vorperiode hervorgeht. – Vgl. auch →Entscheidungsbaum, →flexible Planung.

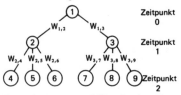

Zustandsparameter, Größe, die ein →Entscheidungsträger nicht beeinflussen kann, deren Ausprägung aber das Ergebnis einer ergriffenen →Aktion beeinflußt. – Vgl. auch →Umweltzustand.

Zustandsraum, unbeeinflußbarer Teil des →Entscheidungsfelds, enthält die Menge der relevanten →Umweltzustände in einer Entscheidungssituation. Der Z. wird im Falle stochastischer mehrstufiger Entscheidungen durch einen →Zustandsbaum repräsentiert.

Zustellgroßhandel, Unternehmung des →Großhandels, die die Waren ihren Abnehmern anliefert. Im Großhandel mit Konsumgütern übliche Form: →Sortimentsgroßhandlungen mit →Lagergeschäft. – *Gegensatz:* →Cash-and-carry-Großhandlung.

Zustellung. I. Z i v i l p r o z e ß o r d n u n g : Im Zivilprozeß die in gesetzlicher Form erfolgende, zu beurkundende Übergabe eines Schriftstückes (§§ 166–213 ZPO) zur Sicherung des Nachweises von Zeit und Art der Übergabe. – Die Z. wird i. d. R. *von Amts wegen* veranlaßt (§§ 216, 270, 317 ZPO); bei der Z. auf Betreiben der Parteien ist Z.-Organ der Gerichtsvollzieher. – Durch Zulassung einer *fingierten Z.* (s. u.) wird erreicht, daß sich niemand einer Z. entziehen kann. – *Gegenstand* der Z. ist regelmäßig eine vom Gerichtsvollzieher oder Rechtsanwalt beglaubigte Abschrift des zuzustellenden Schriftstücks. – *Z.-Empfänger* ist die Prozeßpartei (ausnahmsweise auch ein Dritter); hat diese einen Prozeßbevollmächtigten, so ist diesem zuzustellen (§ 176 ZPO). – Kann die Z. nicht an den Empfänger ausgeführt werden, so ist eine →*Ersatzzustellung* durch Aushändigung an einen erwachsenen Hausgenossen, Vermieter, Gehilfen im Gewerbebetrieb, notfalls auch durch Niederlegung des Schriftstücks auf dem Postamt unter Zurücklassung einer Nachricht zulässig; die Ersatzzustellung hat die Wirkung einer gewöhnlichen Z. – Ist der Aufenthalt einer Partei unbekannt oder eine Z. im Ausland nicht möglich, kann das Gericht auf Antrag die →*öffentliche Zustellung* anordnen. – Eine *fehlerhafte Z.* ist grundsätzlich unwirksam, der Fehler kann aber u. U. geheilt werden (§ 187 ZPO).

II. A n d e r e V e r f a h r e n s a r t e n : Die Vorschriften der Zivilprozeßordnung gelten vielfach entsprechend in anderen Verfahrensarten.

III. Verwaltungsrecht: In öffentlich-rechtlichen Angelegenheiten, insbes. im Steuerverfahren, gilt das Verwaltungszustellungsgesetz (VwZG) vom 3.7.1952 (BGBl I 379), das ähnliche Grundsätze enthält.

Zustellungsurkunde, →Postzustellungsurkunde.

Zustellvermerk der Deutschen Bundespost, innerbetriebliche Kontrolleinrichtung (keine urkundliche Beweisführung). Nach Aushändigung und Zustellversuch der Einschreib- und Wertbriefsendungen sowie Paketsendungen und bei Auszahlung von Geldbeträgen hat der Zusteller auf dem Ablieferungsschein, der Post- oder Zahlungsanweisung einen Z. zu machen.

Zustimmung. I. Bürgerliches Recht: Privatrechtliche Z. einer Person zu einem zwischen anderen Personen vorgenommenen →Rechtsgeschäft (§§ 182 ff. BGB). Die Z. bedarf im allg. nicht der für das Rechtsgeschäft etwa vorgeschriebenen Form. Sie kann ebenso wie ihre Verweigerung gegenüber jedem der an dem Rechtsgeschäft Beteiligten erklärt werden. – Z. *vor* Vornahme des Rechtsgeschäfts: Vgl. →Einwilligung; *nachträgliche Z.:* Vgl. →Genehmigung.

II. Gesellschaftsrecht: Eine an keine Form gebundene empfangsbedürftige →Willenserklärung gegenüber anderen Gesellschaftern. – Vgl. auch →Geschäftsführung.

Zuteilung, →Repartierung.

Zuteilungsrechte, Ansprüche an das Wertpapiersammeldepot, die dem Deponenten aufgrund der →Wertpapierbereinigung zustanden. Diese jeweils ein bestimmtes Wertpapier betreffenden Z. wurden, solange die Zuteilung noch nicht erfolgt war, im nichtamtlichen Börsenverkehr gehandelt. Die Abwicklung erfolgte im →Treuhandgiroverkehr über die →Wertpapiersammelbanken.

Zuverdienstehe, neben →Haushaltsführungsehe und →Doppelverdienerehe im Familienrecht vorgesehenes Ehemodell. Ein Ehegatte übt eine Vollzeit- und der andere Ehegatte eine Teilzeitbeschäftigung aus. Haushaltsführung durch beide Ehegatten im gegenseitigen Einvernehmen. Wahl und Ausübung einer Erwerbstätigkeit sind so einzurichten, daß gemeinschaftliche Aufgaben wie die Haushaltsführung sachgerecht erledigt werden können (§ 1356 BGB).

Zuverlässigkeit, Merkmal der →Softwarequalität. Ein →Softwareprodukt wird als zuverlässig betrachtet, wenn die Wahrscheinlichkeit für das Auftreten eines Fehlers gering ist, z. B. die Wahrscheinlichkeit für fehlerfreies Funktionieren innerhalb einer gewissen Zeitspanne („mean time between failure") oder in einer gewissen Zahl von Anwendungsfällen. – Vgl. auch →Korrektheit.

Zuverlässigkeitstheorie, *reliability theory.* 1. *Begriff:* Teilgebiet der Wahrscheinlichkeitstheorie (→Wahrscheinlichkeitsrechnung), das mathematische Methoden zur Bestimmung von →Ausfallwahrscheinlichkeiten und →Lebensdauern von komplexen Systemen zur Verfügung stellt. Die analytische Behandlung wird i. d. R. durch →Markov-Prozesse vorgenommen; bei Zuverlässigkeitsproblemen mit stochastischer Abhängigkeit oder fehlenden Verteilungsprämissen wird die →Simulation angewandt. – 2. *Typen:* Systeme der Z. werden durch die Anordnung ihrer störanfälligen Komponenten und deren Ausfallcharakteristik (Lebensdauerverteilung) vestimmt. – a) *Seriensystem:* System, bei dem alle Komponenten hintereinandergeschaltet sind und das Gesamtsystem ausfällt, wenn nur eine Komponente ausfällt. – b) *Parallelsystem:* System, bei dem alle Komponenten nebeneinandergeschaltet sind und aufgrund ihrer Redundanz sichergestellt ist, daß das Gesamtsystem erst ausfällt, wenn alle Komponenten ausgefallen sind. Genügt zum Systemausfall eines Parallelsystems mit n Komponenten der Ausfall von nur k Komponenten, wird dieses System *k-von-n-System* bezeichnet. – Komplexere Konstellationen der Komponenten sind möglich; sie werden durch Netzwerke (→Graph) abgebildet. – 3. *Lösungsverfahren:* Bei einfachen Strukturen und Ausfallverteilungen vom exponentiellen Typ können *analytische stochastische Verfahren* zur Approximation der Systemverfügbarkeit herangezogen werden (→Markov-Prozeß, →Erneuerungsprozeß). Kompliziertere Strukturen werden durch *Reduktionsverfahren* in Serien- bzw. Parallelsysteme zerlegt und mit gleichen Lösungsverfahren behandelt. Versagen ein Reduktionsverfahren oder lassen die vorliegenden Ausfallverteilungen keine analytische Behandlung zu, so wird die →*Simulation* eingesetzt. – 4. *Anwendung:* Viele operative Systeme (Produktion, Kommunikation, Computer) sind durch den zufälligen Ausfall einzelner Komponenten störanfällig. Durch die Ergebnisse der Z. können mittlere Lebensdauer und Lebensdauerverteilung ermittelt werden, so daß optimale Systemstrukturen (Komponentenanordnungen) und Wartungs- bzw. Erneuerungsstrategien abgeleitet werden können.

zu versteuerndes Einkommen, Begriff des Einkommensteuerrechts: →Einkommen vermindert um →Kinderfreibetrag, →Haushaltsfreibetrag, →Altersfreibetrag. – Vgl. auch →Einkommensermittlung.

Zuwachssteuern, Steuern, bei denen der Zuwachs eines Steuergegenstands Bemessungsgrundlage ist. Man kann dabei unterscheiden zwischen Mehreinkommen-

(→Übergewinnsteuern) und →Vermögenszu-wachssteuer; vgl. auch →Wertzuwachssteuer. – Z. in der *Bundesrep. D.*: Hypothekenabgabe (bis 1979), Kreditgewinnabgabe (bis 1974).

Zuwachsversicherung, →dynamische Lebensversicherung.

Zuwanderungsziffer, →Mobilitätsziffer.

Zuweisung, zwischen öffentlichen Aufgabenträgern, insbes. Gebietskörperschaften, übertragene Finanzmittel. Z. erfolgen v.a. im Rahmen des kommunalen Finanzausgleichs (zwischen Ländern und ihren Gemeinden/Gemeindeverbänden) und im Rahmen des Länderfinanzausgleichs zwischen den Ländern (horizontal) sowie zwischen Bund und Ländern vertikal. – *Formen:* a) *Ausgleichs.-Z. (allgemeine Z.):* Z. im Rahmen des →Finanzausgleichs zum Ausgleich von Unterschieden der Finanzkraft/Finanzbedarfs-Relationen (→Deckungsrelationen) (vgl. im einzelnen →Ausgleichszuweisung); b) *Lenkungsz.-Z. (spezielle Z:):* Z. zur Beeinflussung der Ausgabenentscheidungen der Z.empfänger (vgl. im einzelnen →Lenkungszuweisung). – Vgl. auch →Zuweisungssystem.

Zuweisungsproblem, →Zuordnungsproblem.

Zuweisungssystem, Regelungsform der →Ertragshoheit zwischen öffentlichen Aufgabenträgern im →aktiven Finanzausgleich (→Zuweisungen). – *Formen der Zuweisungen:* a) nach *Zielsetzung:* →Ausgleichszuweisungen oder →Lenkungszuweisungen; b) nach *Ausgestaltung:* horizontale Z. oder vertikale Z. Letztere lassen sich in Z. ,,von unten nach oben" (z.B. Umlagen, Matrikularbeiträge) und Z. ,,von oben nach unten" (z.B. Ergänzungszuweisung, Finanzhilfe) unterscheiden.

Zuzahlungen der Aktionäre, über die →Einlage hinausgehende Zahlungen. →Aktionäre einer AG brauchen grundsätzlich keine Z. zu leisten (§ 54 AktG); so wird die Fungibilität der Aktie gewährleistet. Freiwillige Z. kommen bei der →Kapitalerhöhung gegen Ausgabe von →Vorzugsaktien vor. Die AG muß die durch Z. zufließenden Beträge in der →Kapitalrücklage einstellen (§ 272 II Nr. 4 HGB).

ZVEI, Abk. für →Zentralverband der Elektrotechnischen Industrie e.V.

Zwangsanfallsprodukt, →Kuppelprodukt.

Zwangsanleihe, besondere Form der Staatsanleihe (→Anleihe). Zur Zeichnung können Personen oder Unternehmungen mit einem bestimmten Vermögen, Kapitalsammelstellen (Kredit- und Versicherungsinstitute) oder auch allgemein die Arbeitnehmer (wie z.B. in der Sowjetunion) gezwungen werden. Z. werden i.d.R. nur dann ausgegeben, wenn der Staat sich durch eine reguläre Anleiheemission nicht die gewünschten Mittel verschaffen kann, weil der Kapitalmarkt unergiebig ist oder der Emissionskredit des Staates aus anderen Gründen versagt. Die Z. können eine besondere Art der Vermögens- oder auch Einkommensbesteuerung darstellen, sie sind dann wie Steuererhebungen mit dem Versprechen der Rückzahlung zu beurteilen (Zwangsanleihe des Reichs von 1922). Als Z. sind z.T. auch die Steuergutscheine der Stadt Berlin von 1950 anzusehen, soweit sie nämlich in Höhe von 15% des Rechnungsbetrages für öffentliche Aufträge in Zahlung gegeben wurden.

Zwangsanstalt, öffentlich-rechtliche Versicherungsanstalt, bei der in bestimmten Versicherungszweigen (z.B. →Feuerversicherung) und innerhalb bestimmter Gebiete (z.B. Hamburg) Versicherungsverträge (für Gebäude) abgeschlossen werden *müssen*. – Vgl. auch →Monopolanstalt, →Wettbewerbsanstalt.

Zwangsetatisierung, Mittel des Verwaltungszwangs, durch das die Aufsichtsbehörde durch Ersatzvornahme einen Posten in den →Haushaltsplan einer öffentlich-rechtlichen Körperschaft einsetzen kann, wenn die Körperschaft selbst die Einsetzung verweigert.

Zwangsgeld, eine neben dem →Ordnungsgeld für Zwangs- oder Beugemaßnahmen vorgesehene Rechtsfolge. – *Höhe:* I.d.R. 5 DM bis 1000 DM, an deren Stelle ein Tag bis sechs Wochen Zwangshaft treten kann. – 1. Im →Zivilprozeß zur Erzwingung einer unvertretbaren Handlung (im Einzelfall bis 500000 DM, ersatzweise bis sechs Monate Zwangshaft) wiederholbare Maßnahme. – 2. Das mit der Führung des *Handelsregisters* betraute Registergericht kann zur Erzwingung der →Anmeldung einer Eintragung gegen Anmeldepflichtige (§ 14 HGB) Z. verhängen.

Zwangshaft, →Zwangsgeld.

Zwangshypothek, besondere Form einer →Sicherungshypothek. Ein Gläubiger des Grundstückseigentümers kann aufgrund eines auf Zahlung einer Geldsumme von mehr als 500 DM (ohne Zinsen) gerichteten vollstreckbaren Schuldtitels im Wege der →Zwangsvollstreckung bei dem Grundbuchamt die Eintragung einer Z. beantragen (§ 866 ZPO, §§ 40f. GBO). Die Forderung kann sich aus einem oder mehreren Schuldtiteln ergeben. Die Z. ist stets Buchhypothek, d.h. ein Hypothekenbrief kann nicht ausgestellt werden. – Vgl. auch →Arresthypothek.

Zwangskartell, →Zwangssyndikat.

Zwangskonversion, →Zinskonversion, die zwangsweise durchgeführt wird. Die Z. ist gegenüber der freiwilligen Konversion problematisch hinsichtlich des Erfolges wie der moralischen Rechtfertigung.

Zwangskurs, Eigenschaft von Banknoten, wenn jedermann zur Annahme in unbegrenzter Höhe verpflichtet ist und Einlösungspflicht der →Notenbank nicht besteht. Der Begriff deckt sich jetzt, wo in keinem Lande Papiergeld in Gold eingelöst zu werden braucht, mit dem des →gesetzlichen Zahlungsmittels.

Zwangslizenz. 1. *Patentrecht:* Gegen den Willen des Patentinhabers oder -anmelders erteilte →Lizenz an einen Dritten. Nur zulässig, wenn die Z. im öffentlichen Interesse geboten ist, eine angemessene Vergütung und deren Sicherheit angeboten wird und das Patent erteilt oder die Anmeldung bekanntgemacht ist (§ 15 I PatG). – 2. *Urheberrecht:* Anspruch eines Herstellers von Tonträgern gegen den Urheber auf Einräumung eines Nutzungsrechts an einem Werk der Musik zu angemessenen Bedingungen, wenn einem anderen Hersteller von Tonträgern schon ein Nutzungsrecht an einem Werk eingeräumt wurde.

Zwangsmittel, Maßnahmen der Finanzbehörden zur Durchsetzung von →Verwaltungsakten, die auf Vornahme einer Handlung, auf Duldung oder Unterlassung gerichtet sind (§ 328 AO). – 1. *Arten:* a) Zwangsgeld, jeweils bis zu 5000 DM (§ 329 AO); ist ein Zwangsgeld uneinbringlich, kann Ersatzzwangshaft angeordnet werden (§ 334 AO); b) Ersatzvornahme auf Kosten des Verpflichteten, wenn die Verpflichtung zur Vornahme einer vertretbaren Handlung nicht erfüllt wird (§ 330 AO); c) unmittelbarer Zwang, wenn Zwangsgeld oder Ersatzvornahme nicht zum Ziele führen oder untauglich erscheinen (§ 331 AO). – 2. *Verfahren:* Z. müssen schriftlich angedroht werden. Dabei ist eine angemessene Frist zur Erfüllung der Verpflichtung zu bestimmen. Z. muß in angemessenem Verhältnis zu seinem Zweck stehen. Es ist festzusetzen, wenn die Verpflichtung nicht innerhalb der bestimmten Frist erfüllt oder der Verpflichtung zuwider gehandelt wurde (§ 333 AO). – 3. *Rechtsmittel:* Gegen die Festsetzung ist die →Beschwerde gegeben. Wird die Verpflichtung nach der Festsetzung erbracht, ist der Vollzug einzustellen (§ 335 AO).

Zwangsregulierung, *Exekution an der Börse,* Vorgang bei Nichterfüllung eines Börsengeschäfts durch den einen Teil auf Antrag des anderen Teils. – Bei →Kassageschäften hat der andere Teil dem Säumigen eine Nachfrist zur Erfüllung zu setzen, nach deren Ablauf zur Z. geschritten wird. Z. erfolgt unverzüglich, wenn Zahlungsunfähigkeit des säumigen Teils vorliegt oder zu befürchten ist. Bei Termingeschäften findet die Z. gleichfalls am nächsten Börsentage ohne Stellung einer Nachfrist statt. – Die Z. kann unter Zugrundelegung des Einheitskurses nach Wahl des nichtsäumigen Teils *erfolgen* a) entweder durch An- oder Verkauf der betreffenden Werte durch Vermittlung eines Kursmaklers oder b) durch →Selbsteintritt oder c) teils in der einen, teils

in der anderen Art. Alle Unkosten wie Maklergebühr, Zinsverlust gehen zu Lasten des Säumigen.

Zwangssparen. 1. Vom *Staate angeordnete* Z., indem →Zwangsanleihen ausgegeben werden oder auch indem Teile des Lohns und der Gehaltszahlungen für eine mehr oder weniger lange Zeit auf Sparkonten festgelegt werden müssen. Die Zwangsspargelder sind der Zirkulation entzogen und können auf dem Kapitalmarkt für Investitionen oder auch für andere vom Staat gewünschte Zwecke verwendet werden. – 2. Z. *aufgrund monetärer Einflüsse,* wenn eine inflationistische Kreditausweitung mit entsprechenden Preissteigerungen oder Warenverknappungen vor sich geht. Die Einkommensbezieher können weniger Güter für ihre gleichgebliebenen Bezüge kaufen. Diejenigen, die von den hohen Preisen profitieren und demgemäß höhere Einkommen beziehen, haben mehr Geld zur Anlagezwecken zur Verfügung. Dieser Zustand ist nur wirksam, solange nicht die Lohn-Preis-Spirale in Tätigkeit tritt.

Zwangsstrafe, →Beugestrafe.

Zwangssyndikat, *Zwangskartell,* →Kartell höchster Ordnung, das auf Anordnung des Staates errichtet werden, wenn dieser den freien Wettbewerb aus Gründen des gemeinen Wohls vermeiden will. Nach 1918 sollten Z. für Kali, Kohle, Energie u. a. errichtet werden, verwirklicht nur mit dem Deutschen Kalisyndikat und dem Kohlensyndikat; beide nach 1945 augelöst.

Zwangsverfahren, Bezeichnung des Steuerrechts für die →Zwangsvollstreckung (§§ 325 ff. AO).

Zwangsvergleich. I. Begriff: Im →Konkursverfahren vom Konkursgericht bestätigte Vertrag des Gemeinschuldners mit den nicht bevorrechtigten Konkursgläubigern über eine bestimmte anstelle der Konkursverteilungen tretende Befriedigung (→Erlaß, →Stundungsvergleich oder →Liquidationsvergleich) (§§ 173–201 KO). Die bevorrechtigten Gläubiger sind vorher voll zu befriedigen oder sicherzustellen (§ 191 KO). – *Zweck:* Der Z. kann den Gläubigern den Vorteil einer schnelleren und besseren Befriedigung durch Zuschuß aus massefreien Mitteln bieten; andererseits kann sich der Gemeinschuldner seine Existenz erhalten und die Verschleuderung der Masse verhindern.

II. Inhalt: Der Vergleichsvorschlag des Gemeinschuldners (im Konkurs der OHG, KG oder KGaA aller persönlich haftenden Gesellschafter) muß angeben, in welcher Weise die Befriedigung der Gläubiger erfolgen soll, sowie ob und wie diese sichergestellt werden (§ 174 KO). Dabei sind allen Gläubigern gleiche Rechte zu gewähren; ungleiche Behandlung nur mit ausdrücklicher Zustimmung der zurückgesetzten Gläubiger (§ 181 KO). Der Vorschlag kann nach Abhaltung des allgemeinen Prüfungstermins bis zur Vornahme der →Schlußverteilung gemacht werden (§ 173 KO). Eine Mindestquote wird nicht verlangt, jedoch kann bei einer solchen unter 20% die Bestätigung versagt werden, wenn das Ergebnis durch unredliches Verhalten des Gemeinschuldners, insbes. Verzögerung der Verfahrenseröffnung, herbeigeführt worden ist (§ 187 KO).

III. Verfahren: 1. Das Konkursgericht muß den Vorschlag als unzulässig *verwerfen:* a) wenn er den Erfordernissen des § 174 KO nicht entspricht (insbesondere mangels Bestimmtheit des Vorschlages und der Sicherheiten); b) wenn gegen den Gemeinschuldner wegen betrügerischen Bankrotts eine gerichtliche Untersuchung anhängig oder Verurteilung erfolgt ist (§ 175 KO). – 2. *Vergleichstermin:* a) Innerhalb eines Monats nach Erklärung des Gläubigerausschusses über die Annehmbarkeit des Vorschlages ist *Termin zur Abstimmung* anzuberaumen und öffentlich bekanntzumachen. Gemeinschuldner, Konkursverwalter und teilnehmende Gläubiger sind unter Mitteilung des Vergleichsvorschlages und der Stellungnahme des Gläubigerausschusses zu laden (§ 179 KO). – b) *Tagesordnung:* Auf Antrag des Gemeinschuldners kann der Termin mit dem allgemeinen Prüfungstermin verbunden werden, dieser wiederum mit der ersten Gläubigerversammlung (§ 180 KO), bei wahrscheinlicher Annahme des Vergleichs kann auch die Abnahme der Schlußrechnung des Konkursverwalters auf die Tagesordnung gesetzt werden. – c) *Abstimmung:* Stimmberechtigt sind alle nichtbevorrechtigten Gläubiger (§§ 95, 96 KO) im Termin anwesenden oder vertretenen Konkursgläubiger, nicht aber schriftliche Erklärungen (§ 182 KO). Erforderlich ist absolute Stimmenmehrheit; die Gesamtsumme der Forderungen aller zustimmenden Gläubiger muß mindestens 75% der Gesamtsumme aller stimmberechtigten Forderungen betragen (§ 182 KO). Wird nur eine Mehrheit erreicht, kann der Gemeinschuldner eine einmalige Vertagung des Termins verlangen. – 3. *Bestätigung:* Zur Wirksamkeit bedarf der Z. der gerichtlichen →Bestätigung. Nach Rechtskraft des Bestätigungsbeschlusses beschließt das Gericht die Aufhebung des Verfahrens (§ 190 KO).

IV. Wirkung: Nur für und gegen die nichtbevorrechtigten Konkursgläubiger, auch die, die gegen die Annahme gestimmt oder sich der Abstimmung enthalten haben. Die Gläubiger können in voller Höhe Befriedigung aus den ihnen etwa haftenden Pfändern und von Bürgern und Mitschuldnern suchen (§ 193 KO). Im Konkurs einer Personengesellschaft begrenzt der Z. den Umfang der persönlichen Haftung der Gesellschafter (§ 211 KO). – Die Konkursgläubiger können

aus dem rechtskräftig bestätigten Z. nach Aufhebung des Konkursverfahrens gegen den Gemeinschuldner vollstrecken.

Zwangsversicherung, →Pflichtversicherung.

Zwangsversteigerung, Verwertung einer →Sache durch staatlichen Hoheitsakt im Wege der Versteigerung.

I. Z. beweglicher Sachen (§§ 814–824 ZPO): 1. *Vorgang:* Die Z. findet durch →Gerichtsvollzieher in der Gemeinde statt, in der die Sache gepfändet wurde, oder an einem anderen Ort im Bezirk des Vollstreckungsgerichts, falls zwischen Gläubiger und Schuldner keine Einigung über einen dritten Ort möglich ist, frühestens eine Woche nach →Pfändung. Ort, Zeit und Gegenstand der Versteigerung sind öffentlich bekanntzumachen. Der Zuschlag erfolgt an den nach dreimaliger Aufforderung Meistbietenden; das Gebot muß mindestens die Hälfte des gewöhnlichen Verkaufswerts der Sache erreichen. Gold- und Silbersachen dürfen bei der Versteigerung nicht unter ihrem Metallwert zugeschlagen werden; Wertpapiere mit Börsen- oder Marktpreis werden freihändig zum Tagespreis verkauft (andere können versteigert werden). – 2. *Wirkungen:* a) Der Ersteigerer erhält die Sache nur gegen Barzahlung, er erlangt mit der Übergabe lastenfreies →Eigentum. →Sachmängelhaftung ist ausgeschlossen. – b) Den Erlös hat der Gerichtsvollzieher abzuliefern, soweit dies zu dessen Befriedigung erforderlich ist. – 3. *Abweichungen:* Das Vollstreckungsgericht kann auf Antrag des Gläubigers oder Schuldners eine abweichende Verwertung hinsichtlich deren Art und Weise Versteigerungsort und Versteigerungsperson anordnen (§ 825 ZPO), z. B. die Sache den Gläubiger zu einem bestimmten, auf seine Forderung anzurechnenden Betrag überlassen oder den Gerichtsvollzieher zum freihändigen Verkauf ermächtigen. – Vgl. auch →Vollstreckungsschutz.

II. Z. unbeweglichen Vermögens: Z. ist auch die gebräuchlichste Form der →Zwangsvollstreckung in das unbewegliche Vermögen, bei der die Gläubiger Befriedigung aus dem Erlös des versteigerten Grundstücks usw. suchen.

III. Z. zur Aufhebung einer Gemeinschaft: Dies dient nicht der Zwangsvollstreckung in das unbewegliche Vermögen, sondern der Auseinandersetzung und Teilung, wenn mehrere ein Grundstück, Schiff usw. zum gemeinsamen Eigentum haben und Aufhebung der →Gemeinschaft (auch der →Erbengemeinschaft) verlangt wird. I. d. R. Zwangsversteigerung wie sonst und Teilung des Erlöses (§§ 180 ff. ZVG).

Zwangsversteigerungsverfahren, formstrenges gerichtliches Verfahren. – 1. *Gegenstand:* Versteigerung von →Grundstücken,

→grundstücksgleichen Rechten, Schiffen und Schiffsbauwerken nach dem Zwangsversteigerungsgesetz vom 24. 3. 1897 mit späteren Änderungen. – 2. *Zuständigkeit:* Zuständig ist das Amtsgericht, in dessen Bezirk Grundstück usw. liegt, bei Lage in verschiedenen Bezirken Bestellung des zuständigen Gerichts durch gemeinsames oberes Gericht. – 3. *Ablauf:* Z. wird eingeleitet auf Antrag, nie von Amts wegen, durch →Anordnungsbeschluß; es folgt Bestimmung des →Versteigerungstermins sowie Aufstellung des →geringsten Gebotes. Auf rechtzeitigen Antrag kann das Gericht →Vollstreckungsschutz gewähren. Nach Versteigerung erfolgt Zuschlag an Ersteher und Verteilung des Versteigerungserlöses am →Verteilungstermin.

Zwangsversteigerungsvermerk, →Versteigerungsvermerk.

Zwangsverwaltung. 1. *Begriff:* Neben →Zwangsversteigerung und →Zwangshypothek Art der →Zwangsvollstreckung in das unbewegliche Vermögen, bei der die Gläubiger nicht Befriedigung aus der Substanz des Grundstücks usw. suchen, wie bei Zwangsversteigerung, sondern nur aus den Erträgnissen (§§ 146 ff. ZVG). – 2. *Vorgehensweise:* Das Grundstück wird auf Antrag des Gläubigers durch Gerichtsbeschluß beschlagnahmt und von einem vom Gericht bestellten Zwangsverwalter verwaltet mit dem Ziel der Befriedigung des Gläubigers aus den laufenden Erträgnissen. Die rechtliche Stellung des Zwangsverwalters regelt die VO über die Geschäftsführung und die Vergütung des Zwangsverwaltes vom 16. 2. 1970 (BGBl I 185). – 3. *Verfahren:* Analog zur Zwangsversteigerung mit den sich aus dem unterschiedlichen Zweck ergebenden Abweichungen. – 4. *Zulässig* ist Z. nur bei →Grundstücken und bei →grundstücksgleichen Rechten, nicht bei Schiffen und Schiffsbauwerken.

Zwangsvollstreckung, Anwendung staatlicher Gewalt zur Durchsetzung eines privatrechtlichen Anspruchs des Gläubigers, geregelt in §§ 704–915 ZPO und im Gesetz über die Zwangsversteigerung und Zwangsverwaltung (ZVG). – *Anders:* Gesamtvollstreckung (→Konkurs).

I. Allgemeines: 1. *Voraussetzungen:* →Vollstreckungstitel, vollstreckbare Ausfertigung (→vollstreckbare Urkunde) dieses Titels sowie dessen vorherige oder gleichzeitige Zustellung an den Schuldner. – 2. Die Z. wird in einem besonderen *Verfahren* durchgeführt, das auf Antrag des Gläubigers eingeleitet wird; es soll die schnellstmögliche Befriedigung des Gläubigers sichern, dabei aber die Existenz des Schuldners nicht vernichten (→Vollstreckungsschutz, →Unpfändbarkeit). – 3. Die *Kosten* der Z. fallen grundsätzlich dem Schuldner zur Last (§ 788 ZPO). – 4. Im Z.-Verfahren kann der Schuldner *Einwendungen*

gegen den Anspruch nicht mehr geltend machen; nur wegen eines nach Schluß der mündlichen Verhandlung eingetretenen Umstandes kann er →Vollstreckungsgegenklage erheben. – 5. Vollstreckungs*organe* sind: a) →Gerichtsvollzieher: für die Z. in →beweglichen Sachen; b) →Vollstreckungsgericht: für die Z. in Forderungen, andere Vermögensrechte und das unbewegliche Vermögen, für →Verteilungsverfahren, →eidestattliche Versicherung und i. d. R. →Einstellung der Z.; c) →Prozeßgericht: für die Z. zur Erwirkung von Handlungen oder Unterlassungen. – 6. *Strafrechtlicher Schutz:* Vgl. →Vollstreckungsvereitelung, →Pfandentstrickung.

II. Z. wegen einer Geldforderung des Gläubigers: Er kann vollstrecken in das bewegliche Vermögen des Schuldners: Sachen (§§ 808–827 ZPO), Forderungen und andere Vermögensrechte (§§ 828–857 ZPO) und in das unbewegliche Vermögen (§§ 864–871 ZPO und ZVG). – 1. *Z. in das bewegliche Vermögen:* a) Entsprechend dem *Pfändungsgegenstand:* (1) Sachen, die sich im Gewahrsam des Schuldners befinden, werden vom Gerichtsvollzieher gepfändet (→Pfändung) und durch →Versteigerung verwertet. Die →Verwertung kann auf Antrag einstweilen mit Ratenzahlungsauflage ausgesetzt werden. (2) Geldforderungen des Schuldners gegen einen Dritten werden durch →Pfändungs- und Überweisungsbeschluß des Vollstreckungsgerichts gepfändet (maßgebend →Zustellung an →Drittschuldner) und dem Gläubiger zur Einziehung (oder am Zahlungs Statt) überwiesen (→Lohnpfändung). (3) Bei Pfändung eines Anspruchs auf Herausgabe einer Sache wird Herausgabe an Gerichtsvollzieher oder Sequester angeordnet. (4) Hinsichtlich anderer Rechte gilt Entsprechendes (vgl. § 857 ZPO). – b) Haben *mehrere gepfändet,* wird bei Streit über die Verteilung des Erlöses ein →Verteilungsverfahren durchgeführt. – c) Bei *fruchtloser Pfändung* ist der Schuldner zur Leistung der →eidestattlichen Versicherung verpflichtet. – 2. *Z. in das unbewegliche Vermögen* (§§ 864 ff. ZPO), sog. *Immobiliarvollstreckung* oder *Liegenschaftsvollstreckung,* umfaßt →Grundstücke, →grundstücksgleiche Rechte, Schiffe und Schiffsbauwerke (vgl. auch →Schiffsversteigerung). Sie erfolgt stets durch das Vollstreckungsgericht, nie durch Gerichtsvollzieher, und zwar im Wege der →Zwangsversteigerung, der →Zwangsverwaltung oder der Eintragung einer →Zwangshypothek.

III. Z. zur Erwirkung der Herausgabe von Sachen sowie von Handlungen oder Unterlassungen: 1. Bei Verurteilung zur *Herausgabe* hat der Gerichtsvollzieher die Sachen im Auftrag des Gläubigers wegzunehmen; bei fruchtloser Z. muß Schuldner beschwören, daß er nicht weiß, wo sie sich befinden (§ 883 ZPO). Bei Verpflichtung zur Herausgabe oder Räumung eines

Grundstücks oder einer Wohnung wird der Schuldner aus dem Besitz gesetzt und der Gläubiger eingewiesen (§ 885 ZPO). – 2. Bei Verurteilung des Schuldners zur Vornahme einer *Handlung,* die auch ein Dritter vornehmen kann, kann der Gläubiger diese mit Ermächtigung des Prozeßgerichts erster Instanz vornehmen lassen; auf Antrag wird der Schuldner zur Zahlung eines Vorschusses verurteilt (§ 887 ZPO). – 3. Bei Verurteilung zu einer sog. *unvertretbaren Handlung* ist zu unterscheiden: Hängt Vornahme ausschließlich vom Willen des Schuldners ab (z. B. Rechnungslegung, Auskunftserteilung), so kann er auf Antrag durch Zwangsgeld oder Zwangshaft dazu angehalten werden (§ 888 ZPO); hängt die Vornahme nicht allein vom Willen des Schuldners ab (z. B. Schreiben eines Buches), kann aus dem Urteil nicht vollstreckt werden (aber Möglichkeit der Schadenersatzklage, § 893 ZPO). – 4. Ist der Schuldner zur *Duldung oder Unterlassung* (z. B. von Immissionen) verurteilt, ist er auf Antrag wegen jeder Zuwiderhandlung zu Ordnungsgeld oder Ordnungshaft zu verurteilen (§ 890 ZPO). – 5. Eine *Willenserklärung,* zu deren Abgabe der Schuldner verurteilt ist, gilt mit Rechtskraft des Urteils als abgegeben (§ 894 ZPO).

IV. B e s o n d e r h e i t e n : 1. Die Z. in ein *Unternehmen* als solches ist nicht möglich. Sie kann nur in die einzelnen Vermögensgegenstände erfolgen. – 2. Z. in *Gesellschaftsvermögen* der OHG und KG setzt einen →Vollstreckungstitel gegen die Gesellschaft unter ihrer Firma voraus (§ 124 II HGB). Vollstreckungstitel gegen alle Gesellschafter reicht nicht aus; anders bei der Gesellschaft des bürgerlichen Rechts. Unter den Voraussetzungen des § 135 HGB kann aber ein Privatgläubiger des Gesellschafters oder des Kommanditisten die Pfändung und Überweisung des Auseinandersetzungsguthabens seines Schuldners erwirken, um dann die Gesellschaft zu kündigen und sich aus dem Guthaben zu befriedigen. – 3. Bleibt Z. in das Vermögen eines Kaufmannes *ohne Erfolg,* hat jeder andere Kaufmann ein erweitertes Zurückbehaltungsrecht, sog. →Notzurückbehaltungsrecht (§ 370 HGB). – 4. Z. wegen Geldforderungen (vgl. II) in das *Urheberrecht* als solches ist ohne Einwilligung des Urhebers unzulässig, im Gegensatz zur wie sonst zulässigen Pfändung der fertiggestellten Exemplare eines Buches oder der Zahlungsansprüche gegen den Verleger usw. Auch bei Einwilligung nur insoweit zulässig, als der Urheber Nutzungsrechte einräumen kann (§§ 113 f. UrhG).

V. S t r a f e / R e c h t s m i t t e l : 1. *Strafe:* Verstöße gegen das Vollstreckungsverfahren können mit →Erinnerung gerügt werden. – 2. *Rechtsmittel:* Gegen Entscheidungen des Vollstreckungsgerichts →sofortige Beschwerde binnen zwei Wochen.

Zwangswirtschaft, →zentralgeleitete Wirtschaft.

Zwangszuschreibung, →Wertaufholungsgebot.

Zwanziger-Ausschuß, *Zwanziger-Klub,* aus zwanzig Mitgliedern bestehender Ausschuß des IMF-Gouverneursrates (→IMF), der im Herbst 1972 eingesetzt wurde und die Aufgabe hatte, angesichts der unübersehbaren Probleme des Systems »fester Wechselkurse eine umfassende Reform des internationalen →Währungssystems vorzubereiten. Einen offiziell gebilligten umfassenden Reformplan hat der Z.-A. nicht erarbeitet. – Das *Nachfolgegremium* des Z.-A. ist der →Interim-Ausschuß des IMF (seit 1974).

Zwanziger-Klub, →Zwanziger-Ausschuß.

Zweckaufwand, *kostengleicher Aufwand,* →Aufwendungen in der Finanzbuchhaltung, die in der Betriebsbuchhaltung als →Grundkosten verrechnet werden. – *Gegensatz:* →neutrale Aufwendungen. – Vgl. auch →Abgrenzung.

Zweckertrag, Teil des →Ertrags, der wirtschaftlich der betrachteten Periode zurechenbar ist und zur Erfüllung des Betriebszwecks anfällt. Z. werden in die Kostenrechnung als →Grundkosten übernommen.

Zweckgemeinschaft, Zusammenschluß von mehreren Personen und Unternehmen, die sich (vertraglich) verpflichten, ein gemeinsames Ziel durch Zusammenwirken zu erreichen und die entsprechend erforderlichen Voraussetzungen zu schaffen. Eine Z. gehört zu den Gesellschaften des BGB (§§ 705 ff. BGB). – *Sonderform:* →Zollzweckgemeinschaft.

Zweckgliederung, Zerlegung von Aufgaben (→Aufgabenanalyse) in primäre Zweckaufgaben und sekundäre Verwaltungsaufgaben (Kosiol).

Zweckneutralität, Begriff der Einzelkostenrechnung, der für die Kostenerfassung fordert, →Kosten und →Erlöse losgelöst von speziellen Zwecken der Kostenrechnung aufzuzeichnen (→Grundrechnung).

Zwecksparen, Ansammlung von Sparbeträgen mit der Absicht, diese, wenn sie eine gewisse Höhe erreicht haben, für einen von vornherein festgelegten Zweck zu verwenden, z. B. →Bausparen. Das Z. geschieht aufgrund von Verträgen über die regelmäßige Zahlung bestimmter Raten. Bei den Sparkassen für verschiedene Zwecke möglich und üblich. Bisweilen besteht Steuerbegünstigung (→steuerbegünstigtes Sparen). – Auch der Abschluß von Versicherungen (Lebens-, Pensions-, Aussteuer- usw. -Versicherungen) ist als Z. anzusehen.

Zwecksparunternehmen, Unternehmen, bei denen die Gemeinschaft der Sparer einen

Rechtsanspruch darauf hat, daß ihr aus den angesparten Geldbeträgen Darlehen gewährt oder Gegenstände auf Kredit verschafft werden. Mit Ausnahme der →Bausparkassen sind Z. in der Bundesrep. D. verboten.

Zwecksteuern. 1. *Begriff:* Steuern, die primär nicht auf Einnahmeerzielung, sondern auf andere wirtschaftspolitische Ziele ausgerichtet sind (→nichtfiskalische Besteuerung). – **2.** *Arten:* a) *Verwendungs-Z.:* Ihr Aufkommen wird einer bestimmten Verwendung zugeführt (vgl. im einzelnen →Verwendungszwecksteuer); b) *Wirkungs-Z.:* Sie führt zu Substitutionsprozessen, die die Steuer selbst ihres Gegenstandes beraubt (vgl. im einzelnen →Wirkungszwecksteuer). – **3.** *Ordnungssteuern:* Steuern, die einem ordnungspolitischen Zweck dienen (von Gerloff geprägte Bezeichnung).

Zweckverband. 1. *Begriff:* Zusammenschluß von Gemeinden und Gemeindeverbänden zur gemeinsamen Erfüllung bestimmter Aufgaben, zu deren Durchführung sie berechtigt oder verpflichtet sind. – **2.** *Arten* nach den Aufgaben: Planungsverbände, Sparkassen- und Giroverbände, Schulverbände und Z. zur Wasserver- und Wasserentsorgung. – **3.** *Rechtsform:* Die Z. sind Körperschaften des öffentlichen Rechts mit Selbstverwaltung unter sinngemäßer Anwendung der für die Gemeinden geltenden Bestimmungen aufgrund der Verbandssatzung. Die öffentlich-rechtliche Form des freiwilligen Z. kann handelsrechtlich selbständige Unternehmen, deren Kapital sich ausschließlich in öffentlicher Hand befindet, mit Zustimmung der obersten Landesbehörde auch natürliche Personen und →gemischtwirtschaftliche Unternehmen einschließen. – **4.** *Organisatorisch* ist i.d.R. Z. das Organ der gemeinsamen Willensbildung und der Vermögensträger, deren die eigentliche Aufgabenwahrnehmung (z.B. Versorgungsaufgabe) von einem Tochterunternehmen des Z. in privatrechtlicher Form wahrgenommen wird. – **5.** *Alternative:* Anstelle der Bildung eines Z. können Gemeinden zur Erfüllung einer bestimmten Aufgabe eine öffentlich-rechtliche Vereinbarung derart treffen, daß einer der Beteiligten gegen angemessene Entschädigung seitens der übrigen die gemeinsame Aufgabe erfüllt oder den übrigen Beteiligten die Mitbenutzung einer von ihm betriebenen Einrichtung gewährt (z.B. Müllverbrennungsanlagen).

Zweckvermögen, Begriff im Sinne des Körperschaftsteuerrechts. Selbständige, einem bestimmten Zweck gewidmete Vermögensmasse, die aus dem Vermögen des Widmenden ausgeschieden ist und eigene →Einkünfte besitzt. – Als Z. gilt auch das Wertpapier-Sondervermögen der →Kapitalanlagegesellschaften. – *Besteuerung:* Nicht rechtsfähige Z. (→Anstalten und →Stiftungen) sind i.d.R.

unbeschränkt steuerpflichtig, wenn sie wirtschaftlich selbständig sind.

Zweckzuweisung, →Lenkungszuweisung, die nur für bestimmte vom Z.geber festgelegte Zwecke gewährt werden. Z. werden von den Ländern an die Gemeinden (kommunaler Finanzausgleich) und vom Bund an die Länder (→Finanzhilfe, →Gemeinschaftsaufgaben) gewährt. – Von den Z.empfängern wird die Zweckbindung i.a. kritisiert, da sie deren Entscheidungsspielraum einschränkt; von den Z.gebern wird sie als Mittel zur beabsichtigten Beeinflussung gerechtfertigt.

Zweckzuwendung, Begriff des Erbschaftsteuerrechts: Eine freigebige Zuwendung unter Lebenden oder von Todes wegen, die nicht einer bestimmten natürlichen oder juristischen Person zugewendet wird, sondern zur Verwirklichung eines bestimmten Zweckes verwendet werden soll (z.B. für die Armen einer Gemeinde, ein Sammelvermögen). – *Besteuerung:* Z. unterliegen der →Erbschaftsteuer; sie ist von dem durch die Z. Belasteten (nicht den Begünstigten) zu tragen (§ 10 I 3 ErbStG).

Zweidrittelwert, Begriff des BewG. Noch nicht fällige Ansprüche aus Lebens-, Kapital- oder Rentenversicherungen werden mit ⅔ der eingezahlten Prämien oder Kapitalbeiträge (Zweidrittelwert) bewertet (§ 12 IV BewG). Dies gilt nicht, wenn der Steuerpflichtige den (niedrigeren) →Rückkaufswert nachweist.

Zweifaktorentheorie. 1. *Begriff:* Von Herzberg entwickelte Theorie mit der Annahme, daß es zwei voneinander unabhängige Dimensionen der →Arbeitszufriedenheit gibt: Unzufriedenheit/Nicht-Unzufriedenheit sowie Zufriedenheit/Nicht-Zufriedenheit. Beide Dimensionen werden von je anderen Faktoren der Arbeitssituation beeinflußt. Bedingungen für eine Senkung der Unzufriedenheit als Übergang zur Nicht-Unzufriedenheit liegen v.a. im Arbeitsumfeld *(Hygienefaktoren).* Bedingungen, die einen Übergang von Nicht-Zufriedenheit zur Zufriedenheit auslösen können, liegen schwerpunktmäßig im Arbeitsinhalt selbst *(Motivatoren).* Während die Motivatoren die Zufriedenheit fördern und zugleich leistungsförderlich sind, verbinden sich die Hygienefaktoren nach Herzberg schwerpunktmäßig mit einer Senkung der Unzufriedenheit. – **2.** *Bedeutung:* Die Z. wurde im Geist der →humanistischen Psychologie entwickelt und hat in der Praxis wesentliche Impulse für die inhaltsorientierte →Arbeitsgestaltung ausgelöst. Heute wird wieder verstärkt die traditionelle Hypothese vertreten, wonach alle situativen Bedingungen gleichermaßen zur Zufriedenheit wie zur Unzufriedenheit beitragen können. Die Hypothese, daß Motivatoren nicht nur die Zufriedenheit, sondern zugleich auch die Leistung fördern können, ist dagegen theoretisch und empirisch besser abgesichert.

Zweifamilienhaus, →Grundstücksart i.S. des BewG. – 1. *Begriff:* Wohngrundstück, das nur zwei Wohnungen enthält, auch wenn die zweite Wohnung von untergeordneter Bedeutung ist. Wohnungen des Hauspersonals sind nicht mitzurechnen. Die Eigenschaft als Z. geht nicht verloren, wenn das Grundstück zu eigenen oder fremden gewerblichen oder zu öffentlichen Zwecken mitbenutzt wird und dadurch die Eigenart als Z. nicht wesentlich beeinträchtigt wird. – 2. *Bewertung: Grundsätzlich* nach dem →Ertragswertverfahren, *ausnahmsweise* nach dem →Sachwertverfahren. Das Ergebnis der Bewertung wird in einem →*Einheitswert* festgestellt; vgl. auch →Einheitswertzuschlag. – 3. *Einkommensteuer:* Einnahmen aus der Vermietung von ein und/oder zwei Wohnungen gehören zu den Einnahmen im Rahmen der →Einkünfte aus Vermietung und Verpachtung; bei Selbstnutzung vgl. →Nutzungswert der Wohnung im eigenen Haus. – *Anders:* →Einfamilienhaus.

zweifelhafte (dubiose) Forderungen, →Forderungen (Debitoren), deren Zahlungseingang ungewiß ist. – 1. *Bewertung:* Z.F. sind mit ihrem wahrscheinlichen Wert (beizulegender Wert gem. § 253 III HGB) anzusetzen. – 2. *Buchung:* Eine z.F. wird, sobald der Eingang sich als unsicher erweist, von Forderungen getrennt und auf einem eigenen Konto besonders ausgewiesen: von den Debitoren auf ein Konto dubioso (Konto z.F.) übertragen. Buchung: Konto dubioso an Debitorenkonto; beim Abschluß ist nach dem vermuteten Ausfall eine →Abschreibung vorzunehmen: Abschreibung an dubioso. – Vgl. auch →Delkredere. – *Anders:* →uneinbringliche Forderungen.

Zwei-Fonds-Theorem, →Separationstheorem.

zweigleisiger Vertrieb, Vertrieb einer Ware gleicher Güte a) als Markenware und b) gleichzeitig ohne Marke oder mit Händlermarke zu geringerem Preis. Ein z.V. ist wettbewerbsrechtlich bedenklich: Der Käufer wird irregeführt (→irreführende Angaben), indem er mit der Markenware höhere Wertvorstellungen verbindet.

zweigliedrige Gesellschaft, →Zweimanngesellschaft.

Zweigniederlassung, →Zweigstellen im Kreditwesen.

Zweigstellen im Kreditwesen, nach dem KWG Oberbegriff für alle Nebenstellen von Kreditinstituten: a) *Zweigniederlassungen* (Z. mit Ein- und Auszahlungsverkehr und selbständiger Kontenführung), b) *Zahlstellen* (Z. mit Ein- und Auszahlungsverkehr, aber ohne selbständige Kontenführung) und c) *Annah-*

mestellen (Z. ohne Auszahlungsverkehr). – *Anzeigepflicht:* Kreditinstitute haben Errichtung, Verlegung oder Schließung einer Zweigstelle dem →Bundesaufsichtsamt für das Kreditwesen und der →Deutschen Bundesbank unverzüglich anzuzeigen (§ 24 KWG).

Zweigstellensteuer, früher besondere Form der →Gewerbesteuer für Bank- und Kreditunternehmen sowie für Wareneinzelhandelsunternehmen auf Zweigstellen (Betriebsstätten der genannten Unternehmen, die sich an einem anderen Ort als die Geschäftsleitung der Unternehmen befanden). 1967 in vollem Umfang für verfassungswidrig erklärt worden.

Zweihandprüfer, →Eignungsuntersuchung.

Zweikontensystem, Form der Zahlungsabwicklung im Außenhandel. Vgl. →Verrechnungskonten I.

Zweikontentheorie, →Buchhaltungstheorien II 2.

Zweikreissystem, →Zweisystem.

Zweimanngesellschaft, *zweigliedrige Gesellschaft,* nur aus zwei Gesellschaftern bestehende →Gesellschaft. Liegen bei einer Z. in der Form von OHG oder KG Gründe für Ausschließung eines Gesellschafters vor, hat der andere Gesellschafter ein →Übernahmerecht (§ 142 HGB).

Zwei-Phasen-Simplexmethode. I. B e - g r i f f : Klassisches Verfahren zur Bestimmung optimaler Lösungen für lineare Optimierungsprobleme in Normalform:

$$(1) \quad x_0 + c_1 x_1 \quad + c_2 x_2 \quad + \ldots + c_n x_0 = b_0$$

$$(2) \quad \begin{cases} a_{11} x_1 + a_{12} x_2 \quad + \ldots + a_{1n} x_0 \\ \qquad\qquad\qquad = b_1 \geqq 0 \\ a_{21} x_1 + a_{22} x_2 \quad + \ldots + a_{2n} x_n \\ \qquad\qquad\qquad = b_2 \geqq 0 \\ \quad . \\ \quad . \\ a_{m1} x_1 + a_{m2} x_2 + \ldots + a_{mn} x_n \\ \qquad\qquad\qquad = b_m \geqq 0 \end{cases}$$

$$(3) \qquad x_1, \qquad x_2, \quad \ldots, \qquad x_n > 0$$

$$(4) \quad x_0 \longrightarrow \text{Max!} \quad \text{oder} \quad x_0 \longrightarrow \text{Min!}$$

II. A b l a u f : Sofern erforderlich, wird zunächst versucht, für das NN-Gleichungssystem mit ((2), (3)) mit Hilfe eines künstlichen Optimierungssystems und Anwendung des →primalen Simplexalgorithmus darauf eine erste zulässige kanonische Form zu erlangen. Ist das gelungen, so nimmt man die ursprüngliche Zielfunktion (1) mit der zugehörigen Zielvorschrift (4) wieder auf, eliminiert die Basisvariablen daraus und wendet auf das so umgeformte System wieder den (primalen) Simplexalgorithmus an. Bei dieser Vorgehensweise kann es sich zeigen, daß das System ((2), (3)) überhaupt keine zulässige Lösung besitzt, bzw. herausstellen, daß der →Zielwert unbeschränkt ist. Dieser zweite Fall ist bei ökonomischen Anwendungen jedoch äußerst unwahrscheinlich und, sofern er doch eintritt, auf Fehler bei der Modellerstellung zurückzuführen.

III. **B e d e u t u n g** : Der Z.-P.-S. kommt heute allenfalls eine didaktische Bedeutung im Rahmen einer Ausbildung in →Operations Research zu. Kommerzielle Softwaresysteme zur Lösung linearer Optimierungsprobleme verwenden dagegen zwar verwandte, allerdings weniger Speicherplatz beanspruchende und weniger rechenintensive Verfahren.

Zweipunktklausel, Incoterm-Klausel (→Incoterms), bei der die Zeitpunkte von Kosten- und Gefahrenübergang auseinander liegen. Zu den Z. zählen: →c&f, →cif, →frachtfrei … (benannter Bestimmungsort). – *Gegensatz:* →Einpunktklausel.

zweiseitige Fragestellung, bei →statistischen Testverfahren der Fall der Prüfung einer Punkthypothese über den Wert eines →Parameters der →Grundgesamtheit. In diesem Fall besteht die →kritische Region, die mit Hilfe einer geeigneten →Prüfgröße abgegrenzt wird, aus zwei getrennten Teilintervallen. Die Hypothese wird abgelehnt, falls ein zu niedriger oder zu hoher Wert der →Prüfvariablen resultiert.

zweiseitige Handelsgeschäfte, Rechtsgeschäfte, die für beide Vertragspartner →Handelsgeschäfte sind.

zweiseitige Kommunikation, Kommunikationstechnik (Argumentationsstil, →Kommunikation), bei der nicht nur Argumente im Sinne der Beeinflussung verwendet werden, sondern auch (wohldosierte, abgeschwächte) Gegenargumente mit dem Ziel, Beeinflussungsabsicht zu verdecken. Gedankliche Gegenargumente und psychischer Widerstand (→Reaktanz) lassen sich durch z. K. erheblich verringern. – *Einflußfaktoren:* Die Wirkung der z. K. ist besonders stark, wenn Kommunikationsempfänger grundsätzlich anderer oder indifferenter Meinung sind und relativ hohes Bildungsniveau haben. Besonders wirksam bei Werbebotschaften, die überwiegend auf Informationsübermittlung mittels rationalem Argumentationsstil basieren. – *Wirkungen in der Werbung:* a) *Überzeugungswirkung* durch scheinbare Glaubwürdigkeit, insbes. zur Beeinflussung der Verwender von Konkurrenzmarken; b) *Immunisierungswirkung* gegen den Einfluß zukünftiger Konkurrenzwerbung, indem mögliche Argumente der Konkurrenz vorweggenommen und entkräftet werden.

zweiseitiges faktorales Austauschverhältnis, →double factoral-terms of trade.

zweistufige Kommunikation, Kommunikationstechnik (→Kommunikation), die gezielt →Meinungsführer in den Kommunikationsprozeß einbezieht. Basiert auf der Annahme eines *z. K.flusses:* zuerst beeinflußt die →Massenkommunikation die Meinungsführer, dann wirken die Meinungsführer auf das übrige Publikum ein, das von der Massenkommunikation nicht erreicht wurde. Die Meinungsführer übernehmen (1) eine Relaisfunktion (persönliche Übermittler für andere) und (2) eine Verstärkungsfunktion (Beeinflussungswirkung durch persönlichen Kontakt ist größer als bei Massenkommunikation).

Zweisystem, *dualistisches System, Spiegelbildsystem, Zweikreissystem,* Organisationsform der →Buchführung, namentlich in Großbetrieben, in der Art, daß die →Finanzbuchhaltung und die →Betriebsbuchhaltung zwei getrennte Buchungskreise (äußerer Kreis und innerer Kreis) bilden, deren Geschlossenheit kann durch je ein Ausgleichskonto (→Übergangskonto) hergestellt werden. Die Betriebsbuchführung enthält die typischen Konten der Fabrikation, die Finanzbuchhaltung die mit dem Ein- und Verkauf, der Finanzgebarung und der Anlagenverrechnung zusammenhängenden Konten. Das Ausgleichskonto der Betriebsbuchführung (Konto „Geschäft" oder „Zentrale" bzw. „betriebliches Abschlußkonto") und das Ausgleichskonto der Finanzbuchhaltung (Konto „Betrieb") enthalten spiegelbildlich den gleichen Buchungsinhalt; sie werden stets in Anspruch genommen, wenn ein Geschäftsvorfall buchungsmäßig beide Bereiche der Buchführung berührt. – *Beispiele:* Beim Einkauf von Rohstoffen bucht: a) die Finanzbuchhaltung: Konto Betrieb an Kreditoren; b) Betriebsbuchführung: Rohstoffe an Konto Geschäft. Umgekehrt wird beim Verkauf von Fertigfabrikaten gebucht: a) in der Finanzbuchhaltung: Debitoren an Konto Betrieb; b) in der Betriebsbuchführung: Konto Geschäft an Fertigfabrikate. Im JGR sind die beiden Rechnungskreise als geschlossene Buchungskreise ohne Übergangskonten organisiert. – *Gegensatz:* →Einsystem (Einkreissystem).

Zweite EG-Richtlinie, →EG-Richtlinien.

zweiter Bildungsweg, gesellschafts- und bildungspolitisch begründeter Bildungsgang zum Nachholen von Schulabschlüssen und Berechtigungen bis hin zum Abitur außerhalb des traditionellen Bildungsganges. Im Vordergrund steht dabei die Möglichkeit, die allgemeine oder begrenzte Hochschulzugangsberechtigung ohne den Besuch eines Gymnasiums erwerben zu können. – *Formen des z. B.:* a) Besuch von Instituten zur Erlangung der Hochschulreife in Teilzeitform neben einer Berufsausübung (Abendgymnasien) oder in Vollzeitform im Anschluß an eine Berufsausbildung (Kolleg); b) Ablegung einer Begabtenprüfung (Immaturenprüfung) zur Zulassung für ein bestimmtes Studienfach ohne festgelegte vorherige Schulabschlüsse; c) etappenweiser Erwerb von Abschlüssen im berufsbildenden Schulsystem, die neben beruflichen Berechtigungen bis hin zur Fachhochschul- und Hochschulreife führen (→Berufsbildungssystem). – Trotz des intendierten Berufsbezuges des z. B. erfolgt die Vergabe der Studienberechtigung in den Formen a) und b) über die Aneignung *gymnasial-allgemeinbildender Inhalte ohne besondere berufliche Ausrichtung.* Auch im berufsbildenden Sektor des z. B. bestimmt allein der Umfang der allgemeinbildenden Fächer den Grad der erworbenen Berechtigung (z. B. Bindung der allgemeinen Hochschulreife an eine zweite Fremdsprache).

zweiter Hauptsatz der Wohlfahrtstheorie, →Hauptsätze der Wohlfahrtstheorie.

Zweitmarke, Form eines →Markenartikels. Hersteller oder Händler setzen im Rahmen ihrer Produktpolitik neben der Hauptmarke für das gleiche Produkt weitere Marken, sog. Z., meist für andere Absatzwege – ein, um zusätzliche Marktsegmente zu erschließen (z. B. über Verbrauchermärkte statt über Fachgeschäfte) und die Kapazität besser auszulasten. – *Beispiel:* Schaumwein.

Zweitplazierung, Maßnahme des →Handelsmarketings. Einem Artikel wird zur Erhöhung des Abverkaufs neben dem üblichen Regalplatz noch ein zweiter/dritter Platz eingeräumt, z. B. in Verkaufsgondeln, in der Kassenzone, auf der Straße an der Außenfront. – Vgl. auch →Aktion.

Zweitschrift, →Duplikat, →Kopie.

Zweitstimmen, →Wahlen.

Zweitwohnungsteuer, von Fremdenverkehrsgemeinden erhobene Steuer, um die Inhaber von Zweitwohnungen an den Infrastrukturaufwendungen (Kuranlagen usw.) zu beteiligen. Vom Bundesverfassungsgericht 1983 unter bestimmten Voraussetzungen für unzulässig erklärt.

Zweizugverfahren, Durchschreibeverfahren, bei dem jeder Buchungsvorfall zwei getrennte Eintragungen auslöst: Belastung des Soll-Kontos mit Durchschrift im Journalbogen oder umgekehrt und Gutschrift im Haben-Konto mit erneuter Durchschrift. Dadurch nimmt derselbe Vorfall zwei Zeilen auf dem Journalbogen ein. – *Beispiel:*

Datum	Text	Belastung	Gut-schrift	Konto
3. 4.	A. R. Nr. 157	248,30		14
3. 4.	Verkauf		248,30	80

Zwiedineck-Südenhorst, Otto von, 1871–1958, liberaler Wirtschaftsoretiker. Z.-S. erklärt gesamtwirtschaftliche Bewegungen vorwiegend aus den Wirtschaftsplänen der

einzelnen. Bekannt ist sein „Gesetz der zeitlichen Einkommensfolge": Erklärung der Konjunkturschwankungen, insbesondere krisenbedingter Arbeitslosigkeit, aus der Tatsache, daß die in einer bestimmten Periode gekauften Konsumgüter nicht von Arbeitslohn gekauft werden, der bei der Produktion dieser Güter entstand, sondern von Arbeitslohn, der aus verschiedenen Wirtschaftsperioden stammt (Einführung des Zeitbedarfs der Anpassung bei Lohnschwankungen insbes. Lohnsenkungen). – *Hauptwerke:* „Allgemeine Volkswirtschaftslehre" 1932, „Arbeitslosigkeit und Gesetz der zeitlichen Einkommensfolge" 1932, „Weltanschauung und Wirtschaft" 1942, „Kausalität oder Dogmatik" 1944.

zwingendes Recht, Rechtsvorschriften, die durch die Vereinbarungen der Parteien nicht geändert werden können, z. B. die Vorschriften über Abzahlungsgeschäfte, über Wucher und viele Bestimmungen des Miet-, Arbeits- und Sachenrechts. – *Gegensatz:* →nachgiebiges Recht.

zwingende Wirkung, →Tarifvertrag.

Zwischenaktionär, Vormann des wegen Nichtzahlung der Einlage durch Kaduzierung ausgeschlossenen →Aktionärs. Z. sind, soweit Zahlung von den Nachmännern nicht zu erlangen ist, verpflichtet, Einlagen, die binnen zwei Jahren seit Anmeldung der Aktienübertragung zum Aktienbuch von der AG eingefordert werden, einzuzahlen (§ 65 AktG).

Zwischenauslandsverkehr, Begriff des Zollrechts für die Auslandsbeförderung und die Auslandslagerung von Waren. Auslandsbeförderung liegt vor, wenn Waren aus dem →freien Verkehr des →Zollgebiets ohne Erlaß, Erstattung oder Vergütung von Zoll ausgeführt, unverändert durch das Zollausland befördert und wieder in das Zollgebiet eingeführt werden. Auslandslagerung ist gegeben, wenn Waren des freien Verkehrs ausgeführt, in einem →Freihafen oder im Zollausland aufgrund einer besonderen Zulassung vorübergehend gelagert und wieder eingeführt werden. In beiden Fällen sind die Waren vor der Ausfuhr zu gestellen und mit dem Antrag anzumelden, die Ausfuhr zollamtlich zu überwachen. Die so behandelten Waren sind bei ihrer Wiedereinfuhr zollfrei (§§ 55, 56 AZO). Die Regelung ist erforderlich, weil die Waren mit dem Verlassen des Zollgebiets ihre Freiguteigenschaft verlieren und bei der Wiedereinfuhr Zollgut werden.

Zwischenbescheinigung, bei Beendigung des Arbeitsverhältnisses nach den Vorschriften der Finanzverwaltung auszuhändigende Bescheinigung, wenn eine sofortige Aushändigung der →Arbeitspapiere nicht möglich ist. Diese enthält die für die Besteuerung notwendigen Angaben und erleichtert es dem Arbeitnehmer, für eine Übergangszeit ein anderweitiges Arbeitsverhältnis einzugehen (§ 41 b EStG).

zwischenbetriebliche Integration der EDV (ZBI). 1. *Begriff:* Abstimmung von Softwaresystemen und Datenbeständen (Datei, Datenbanksystem) zwischen Betrieben, die in Geschäftsbeziehung miteinander stehen, mit dem Ziel, →Kompatibilität der jeweiligen EDV-Lösungen zu erreichen. – 2. *Hintergrund:* Zunehmender *innerbetrieblicher* Einsatz von Softwaresystemen (→computergestützte Administrationssysteme, →computergestützte Dispositionssysteme, →computergestützte Planungssysteme, →computergestützte Informationssysteme) in der Wirtschaft; diese erzeugen oder verarbeiten z. T. Informationen, die bei einem Geschäftspartner bereits elektronisch erzeugt wurden bzw. dort elektronisch weiterverarbeitet werden (z. B. Bestellungen, Rechnungen). Ohne ZBI müssen die Informationen zur Weitergabe beim Absender von einem elektronischen →Datenträger auf ein traditionelles Kommunikationsmedium (z. B. auf Papier) übertragen werden; beim Empfänger umgekehrt mit erneuter →Datenerfassung. Bei ZBI stimmen sich die Partner in der Weise ab, daß Daten ohne manuelle Eingriffe mit →Datenfernübertragung übermittelt und direkt weiterverarbeitet werden können. – 3. *Beispiele:* Zahlungsverkehr zwischen Banken, Bestellabwicklung zwischen Groß- und Einzelhandel, Reisebuchungen zwischen Reisebüros und Veranstaltern (z. B. →START). – Vgl. auch →elektronische Datenverarbeitung.

zwischenbetrieblicher Vergleich, Form des →Betriebsvergleichs (vgl. im einzelnen dort), durchgeführt von Verbänden und Vereinigungen branchengleicher Unternehmungen zum Zwecke der Betriebs-, insbesondere der Kostenkontrolle (→Kostenvergleich).

Zwischenbilanzen, →Bilanzen, die während des Geschäftsjahrs angefertigt werden: Monatsbilanzen, Tagesbilanzen, Halbjahres- und Quartalsbilanzen; ferner →Sonderbilanzen. Ferner wird von den Zulassungsstellen bei der Einführung in den amtlichen Börsenverkehr eine Z. zur Veröffentlichung im Börseneinführungsprospekt verlangt, wenn die letzte Abschlußbilanz zu weit zurückliegt.

Zwischeneintrittszeit, Zeitspanne, die zwischen zwei aufeinanderfolgenden Ereignissen (z. B. Ankünfte in einem Wartesystem) vergeht.

Zwischenerzeugnisse, →unfertige Erzeugnisse.

Zwischenfeststellungsklage, die in einem anhängigen Zivilprozeß erhobene →Klage oder →Widerklage zwecks besonderer urteilsmäßiger Feststellung eines für die Entscheidung bedeutsamen Rechtsverhältnisses (§ 256 ZPO). Ihr Zweck ist die Ausdehnung der

Rechtskraft auf die Entscheidung über das Bestehen oder Nichtbestehen des Rechtsverhältnisses zwecks Vermeidung weiterer Streitigkeiten darüber in anderen Prozessen.

Zwischenfinanzierung, *Vorfinanzierung,* Aufnahme von kurzfristigen Mitteln bis zur Ablösung durch langfristiges Fremdkapital oder Eigenkapital. Risiko der Z. liegt in der Ungewißheit, den kurzfristigen Kredit rechtzeitig zu konsolidieren. – *Bedeutung:* Im Bauwesen üblich, bedingt durch die relativ geringe Eigenkapitalausstattung und der Höhe der Baukosten (→Baugeldkredit). – Vgl. auch →Zwischenkredit. – *Anders:* →Überbrückungsfinanzierung.

Zwischengesellschaft. I. Begriff: Körperschaft, Personenvereinigung oder Vermögensmasse i. S. d. Körperschaftsteuergesetzes, die weder Geschäftsleitung noch Sitz in der Bundesrep. D. hat und die nicht nach § 3 I KStG von der Körperschaftsteuerpflicht ausgenommen ist *(= ausländische Gesellschaft)*. Domiziliert eine solche Gesellschaft in einem niedrig besteuernden Land (Ertragsteuerbelastung unter 30%) und übt sie keine →aktive Tätigkeit aus und sind an ihr unbeschränkt steuerpflichtige Personen (natürliche oder juristische Personen, eine oder mehrere) zu mehr als 50% beteiligt, so ist sie als Z. zu qualifizieren.

II. Bedeutung: Ausländische Gesellschaften, die nicht Z. sind, vermitteln dem inländischen Gesellschafter grundsätzlich die sog. *Abschirmwirkung.* Die Einkünfte, die diese Gesellschaft erzielt, unterliegen solange nicht der inländischen Besteuerung, als sie nicht an den inländischen Gesellschafter ausgeschüttet werden. Hat der inländische Gesellschafter Einfluß auf die Ausschüttungspolitik, so kann er bestimmen, zu welchem Zeitpunkt die in der ausländischen Gesellschaft erzielten Einkünfte der inländischen Besteuerung unterliegen sollen. Diese Abschirmwirkung wird für Z. dadurch aufgehoben, daß durch die Z. hindurch auf den inländischen Gesellschafter zurückgegriffen wird mit der Maßgabe, daß die →Einkünfte der Z. ihm unabhängig von der Ausschüttung zugerechnet und bei ihm besteuert werden. Die steuerliche Motivation zur Errichtung von →Basisgesellschaften entfällt damit.

III. Besteuerung: 1. a) Die Einkünfte, für die die ausländische Gesellschaft Z. ist, sind dem inländischen Steuerpflichtigen ohne Ausschüttung abzüglich der darauf lastenden ausländischen Steuern der Z. *hinzuzurechnen.* Bei einem negativen Hinzurechnungsbetrag entfällt die Hinzurechnung. – b) Der Hinzurechnungsbetrag gehört zu den →Einkünften aus Kapitalvermögen. Er gilt unmittelbar nach Ablauf des maßgebenden Wirtschaftsjahres der Z. als zugeflossen. Gehören Anteile an einer Z. zu einem Betriebsvermögen, so erhöht der Hinzurechnungsbetrag den Gewinn. – c) Die dem Hinzurechnungsbetrag zugrunde liegenden Einkünfte der ausländischen Z. sind nach den deutschen Gewinnermittlungsvorschriften zu ermitteln. Eine vereinfachte Gewinnermittlung nach §4 III EStG reicht aus. – d) *Verluste* der ausländischen Z. können nach Maßgabe des §10d EStG (→Verlustabzug) mit früheren/späteren Gewinnen der Z. verrechnet werden. – e) Sind ausgeschüttete Gewinne einer Z. nach einem →Doppelbesteuerungsabkommen begünstigt (z. B. nach der →Freistellungsmethode befreit), so gilt dies auch für den Hinzurechnungsbetrag. – 2. a) Der *Hinzurechnungsbetrag* ist um die *Gewinnanteile* zu kürzen, die die Z. für den Hinzurechnungszeitraum tatsächlich ausschüttet. – b) Übersteigt die Ausschüttung den Hinzurechnungsbetrag, so ist ein Betrag in Höhe der →Einkommensteuer, →Körperschaftsteuer und →Gewerbesteuer zu erstatten, der für die voangegangenen vier Jahre auf Hinzurechnungsbeträge bis zur Höhe des übersteigenden Betrages entrichtet und noch nicht erstattet worden ist. – 3. *Steueranrechnung:* Der Steuerpflichtige kann das sog. grossing-up-Verfahren beantragen, wonach der Hinzurechnungsbetrag um die von der Z. gezahlten Ertragsteuern zu erhöhen ist, andererseits aber diese Steuern auf die inländische Einkommen- oder Körperschaftsteuer des Steuerpflichtigen angerechnet werden können. – 4. a) Enthalten die Gewinne ausländischen Z. *Schachteldividenden* anderer ausländischer Gesellschaften (sog. Enkelgesellschaften), deren Bruttoerträge ausschließlich oder fast ausschließlich aus aktiver Tätigkeit stammen, so unterliegen diese Gewinne insoweit nicht der Körperschaftsteuer und Gewerbesteuer, als sie bei unmittelbarem Bezug von der Enkelgesellschaft befreit gewesen wären. Wäre statt der Befreiung die indirekte Anrechnung bei der Körperschaftsteuer anzuwenden gewesen bei unmittelbarem Bezug, so ist diese auch bei einem Bezug über die Z. anzuwenden. – b) Enthalten die Gewinne der Z. *Gewinnanteile einer inländischen Enkelgesellschaft,* sind mit dem auf den unbeschränkt Steuerpflichtigen entfallenden Anteil nicht in den Hinzurechnungsbetrag einzubeziehen, wenn der Steuerpflichtige eine Kapitalgesellschaft, ein Versicherungsverein auf Gegenseitigkeit oder ein Betrieb einer juristischen Person des öffentlichen Rechts ist und mindestens zu 25% als an der ausschüttenden Gesellschaft beteiligt anzusehen ist und die wesentliche Beteiligung ununterbrochen seit mindestens zwölf Monaten vor dem maßgebenden Abschlußstichtag besteht.

Zwischenhandel, →Produktionsverbindungshandel.

Zwischenkalkulation, eine während des Produktionsprozesses durchgeführte →Kalkulation. Z. ist v. a. bei Gütern mit langer Produk-

tionsdauer nötig, um die innerhalb eines Produktionsabschnittes aufgelaufenen Istkosten zu ermnitteln: a) zum Zwecke der Bilanzbewertung (wenn sich die Produktion auf mehrere Geschäftsjahre erstreckt und am Ende der Teilperioden Teilleistungen bilanziert werden müssen); b) zur Betriebskontrolle (Vergleich mit Sollkosten); c) aus Dispositionsgründen. – Z. ist der →Nachkalkulation ähnlich.

Zwischenklassenvarianz, →externe Varianz.

Zwischenkredit, kurzfristiger →Überbrückungskredit, der zur Vorfinanzierung bis zur Ablösung durch bereits zugesagten langfristigen Kredit gegeben wird, besonders häufig in der Baufinanzierung (→Baugeldkredit), wo nach Fertigstellung des Hauses die Refundierung durch einen Hypothekarkredit erfolgt. – Vgl. auch →Zwischenfinanzierung.

Zwischenlager. 1. *Fertigungslager:* Lager unfertiger Erzeugnisse (Zwischenprodukte) zwischen zwei Bearbeitungsstufen bei mehrstufiger Fertigung. – 2. *Umschlagslager:* Lager zu transportierender Güter zwischen zwei Transportphasen beim Güterverkehr in →Transportketten.

Zwischenmakler, →Untermakler.

Zwischenmeister, Person, die die ihm von Gewerbetreibenden (Industrie- und Handelsunternehmungen) übergebenen Arbeiten an →Heimarbeiter oder →Hausgewerbetreibende weitergeben.

zwischenmenschliche Beziehungen, Bezeichnung für das Verhältnis der Menschen und Gruppen zueinander, kommt besonders im Begriff der →human relations und der →Partnerschaft zum Tragen. – Vgl. auch →Betriebsklima.

Zwischenmietverhältnis, Sonderfall der Untermiete. Ein gewerbliches Unternehmen (Zwischenmieter oder Zwischenvermieter) mietet von einem oder mehreren Eigentümern ein bebautes Grundstück, um es (an Endmieter) weiter zu vermieten und übernimmt Hausverwaltung und Sicherung gegen Vermietungsrisiken im Verhältnis zu den Endmietern. – *Umsatzsteuerliche Behandlung:* Der →Vorsteuerabzug kann auf seiten der Eigentümer erreicht werden: An die Stelle einer umsatzsteuerfreien →Vermietung und Verpachtung an Nicht-Unternehmer, die zum Ausschluß vom Vorsteuerabzug führt, tritt die für umsatzsteuerpflichtig erklärbare Vermietung (→Option) an einen Unternehmer (Zwischenmieter), den die Vorsteuerabzug ermöglicht. Dieser Steuervorteil bildete einen wesentlichen Bestandteil des Bauherrenmodells. Die Möglichkeit, für die Steuerpflicht zu optieren, entfällt bei nach dem 31.3.1985 fertiggestelltem Wohnraum.

Zwischenscheine, *Interimsscheine, Anrechtsscheine.* 1. Vorläufige Urkunden, die nach Gründung der AG oder bei Kapitalerhöhung vor Ausstellung der endgültigen Aktien anstelle dieser ausgegeben werden, jedoch *nicht* vor Eintragung der AG bzw. der Kapitalerhöhung im Handelsregister. Z. sind Wertpapiere, müssen auf den Namen lauten und sind als Orderpapiere durch →Indossament übertragbar (§§ 10 III, 68 V AktG). Die Übertragung muß bei der Gesellschaft unter Nachweis des Übergangs zur Eintragung im Aktienbuch angemeldet werden (§ 68 AktG). Mindestnennbetrag wie bei Aktien (§ 8 IV AktG). Abhandengekommene oder vernichtete Z. können im →Aufgebotsverfahren für kraftlos erklärt, beschädigte ohne weiteres ersetzt werden (§§ 72, 74 AktG). – 2. Urkunden zur Abfertigung von einfuhrzollbarem →Freigut im →*Zwischenauslandsverkehr.* – Vgl. auch →Nämlichkeitsmittel.

Zwischenspediteur, ein vom Hauptspediteur beauftragter Spediteur, der an einem bestimmten Punkt der Transportabwicklung an gewisse Speditionsleistungen für fremde Rechnung zu übernehmen hat. Frachtverträge abzuschließen hat. Der Z. ist nicht →Erfüllungsgehilfe des Hauptspediteurs. Speditions- und Rollfuhrversicherungsschein decken auch den vom Z. zu vertretenden Schaden, selbst wenn der Z. seinen Sitz im europäischen Ausland hat.

zwischenstaatliches Gemeinschaftsprogramm. 1. *Begriff:* Projekt, das einen staatlichen Auftraggeber voraussetzt und das i. d. R. auf einem oder mehreren Regierungsabkommen für die Durchführung eines gemeinschaftlichen Zieles beruht. Die staatlichen (Haupt-) Auftraggeber benennen ihrerseits einen in einem der Partnerländer ansässigen Auftragnehmer oder es wird eine neue internationale Organisation gebildet, die von allen beteiligten Staaten beschickt und kontrolliert wird (z. B. EUROSPACE, NASA, NAMMO). – *Anders:* →internationale Kooperation. – 2. *Durchführung:* Z.G. unterliegen besonderen Durchführungsregeln. Diese werden von den in den einzelnen Partnerregierungen zuständigen Behörden, Ministerien usw. aufgestellt, ggf. werden auch national notwendig werdende Gesetzesänderungen erarbeitet und vorgeschlagen. Nationale Gremien, die von Regierungsvertretern, Angehörigen und Sachverständigen sonstiger Behörden sowie von Industrie und Fachverbänden beschickt werden, arbeiten i. d. R. an der Abfassung von Richtlinien und Vorschriften für die praktische Abwicklung des Programmes mit. – Der Auftraggeber des z. G. (nationales oder internationales Gremium) wird in der Vertragsgestaltung die begünstigte Eigenschaft des Vertragsprojekts aufführen, die Wahrnehmung aller bestehenden Möglichkeiten zur wirtschaftlich sinnvollen Gestaltung des Programms zur Pflicht machen. Den Auftragnehmer trifft die Aufgabe, solche Möglichkeiten im Rahmen der gesetzlichen Bestimmungen zu eruieren, sie in die Praxis umzusetzen, notwendige Anpassung aus bestehenden Vorschriften zu übernehmen und damit den Programmablauf sicherzustellen (Schwerpunkte: Waren-, Dienstleistungs- und Kapitalverkehr, Meldepflichten, Zulieferungen von Ersatzteilen, technische Unterstützung, Kapitalversorgung, rechtzeitige Bevorratung, Transportwegsicherung, sonstige logistische Fragen usw.). – Genehmigungsverfahren nach den geltenden Bestimmungen des Außenwirtschaftsrechtes, des Zollrechtes sowie Probleme der steuerrechtlichen Gestaltung sind innerstaatlich abzuwickeln, können aber über internationale Abstimmung begünstigt, beschleunigt und vereinfacht werden.

zwischenstaatliches Komitee, →ICM.

Zwischenuntersuchung, Begriff des Straßenverkehrsrechts für die dreimonatlich durchzuführende Untersuchung von Fahrzeugen, die der Personenbeförderung dienen, und Lastkraftwagen auf ihre Verkehrssicherheit durch einen geeigneten Kfz.-Betrieb. – *Anders:* →Hauptuntersuchung.

Zwischenurteil, →Urteil, das über einzelne Streitpunkte zwischen den Parteien (z. B. Grundurteil) oder diesen und Dritten (soweit es nicht die Hauptsache betrifft) ergeht (§§ 303 ZPO, 109 VwGO, 97, 99 FGO), damit der Streit über diese Vorfrage für die Instanz beseitigt ist.

Zwischenverfügung, nach § 18 GBO Auflage des Grundbuchamtes an den Antragsteller, ein Hindernis, das der beantragten Eintragung im Wege steht, binnen einer bestimmten Frist zu beseitigen. Ob das Grundbuchamt einen mangelhaften Antrag zurückweist oder eine Frist zur Beseitigung des Mangels setzt, steht in seinem Ermessen. – *Bedeutung:* der Z. liegt in der Erhaltung des →Ranges, da für diesen der Eingang des Antrags beim Grundbuchamt entscheidend ist.

Zwischenverkauf vorbehalten, →Handelsklausel in Kaufvertragsangeboten, die Bindung des Verkäufers an das Vertragsangebot bei anderweitigem Verkauf vor Eingang der Annahmeerklärung des Käufers ausschließt.

Zwischenzeugnis, →Zeugnis I 3.

Zwischenzinsen. 1. →Diskont, den der Schuldner *bei vorzeitiger Rückzahlung der Schuld* abzuziehen berechtigt ist. Mit Abzug der Z. verbleibt der Gegenwartswert des Schuldkapitals. Grundsätzlich ist der Schuldner zum Abzug von Z. nicht berechtigt (§ 272 BGB), doch sind abweichende Vereinbarungen zulässig und im Wirtschaftsleben vielfach üblich. – 2. Z. darf vielfach der Zeichner einer

Wertpapieremission abziehen, wenn er die Zahlung vor einem bestimmten Termin leistet.

zyklische Konkurrenz, Begriff der →Marktformenlehre (R. Triffin). Z. K. liegt vor, wenn sich zwei oder mehrere Anbieter absatzpolitisch in der Weise beeinflussen, daß stets eine Maßnahme eines Anbieters zu Konkurrenzmaßnahmen der übrigen führt und umgekehrt. Derartige absatzpolitische Kettenreaktionen treten vor allem bei oligopolistischen Marktformen (→Oligopol) auf.

zyklischer Budgetausgleich, →cyclical budgeting.

Zyklus, →Konjunkturzyklus, →Lebenszyklus.

zyklusunabhängige Finanzpolitik, Orientierung der Finanzpolitik, die am Einzelfall orientierte →diskretionäre Finanzpolitik ablehnt, z. B. wegen Folge der bei der diskretionären Finanzpolitik unkalkulierbaren →lags. Die z. F. erhält Auftrieb durch das Vordringen neoklassisch inspirierter Denkrichtungen (Monetaristen, Angebotstheoretiker), die sämtlich eine über das Setzen von ordnungspolitischen Rahmendaten hinausgehende aktive Konjunktur- und Finanzpolitik des Staatssektors zugunsten von „mehr Markt" ablehnen und dabei auf die von ihnen postulierte „Stabilität des privaten Sektors" abstellen. – Vgl. auch →Finanzpolitik.

Zykluszeit, →Taktzeit.

Zypern, *Cypern,* Inselstaat im östlichen Mittelmeer (Europa/Kleinasien), seit 1960 unabhängig, nach der Verfassung präsidiale Republik, 1975 Proklamation eines türkischen Separatstaates nördlich der Attila-Linie (Fläche: 3500 km², ca. 190000 E). – *Fläche* insgesamt: 9251 km², eingeteilt in 6 Verwaltungsbezirke. – *Einwohner* insgesamt (E): (1985, geschätzt) 670000 (72,4 E/km²); 80% griechische, 18% türkische Zyprioten. – *Hauptstadt:* Nikosia (161000 E); weitere wichtige Städte: Limassol (107200 E), Famagusta (39500 E), Lárnaca (48400 E). – *Amtssprachen:* Griechisch und Türkisch; Englisch als Verkehrssprache sehr wichtig.

W i r t s c h a f t : *Landwirtschaft:* Orangen, Mandarinen, Zitronen. *Viehzucht:* Schafe, Ziegen, Schweine. – *Bergbau:* Eisenpyrit, Kupfer, Asbest, Chrom, Umbra. – Die *Industrie* verarbeitet v. a. landwirtschaftliche Erzeugnisse. – *Reiseverkehr:* (1980) 353000 Touristen, Deviseneinnahmen: 200 Mill. US-$. – *BSP:* (1985) 2650 Mill. US-$ (3790 US-$ je E). – Anteil der Landwirtschaft am BSP: (1984) 10%, der Industrie: 27%. – *Inflationsrate:* (1983) 6,4%. – *Export:* (1985) 479 Mill. US-$, v. a. Getränke und Tabak, Kartoffeln, Kupfer, Zement, Zitrusfrüchte, Pyrit. – *Import:* (1985) 1247 US-$, v. a. Erdöl und Erdölprodukte, Textilien, Nahrungsmittel. – *Handelspartner:* Großbritannien, Bundesrep. D. u. a. EG-Länder, USA, UdSSR, Libanon, Saudi-Arabien, Syrien, Libyen.

V e r k e h r : Wichtigste *Häfen* sind Limassol, Famagusta, Larnaka. Eigene *Luftverkehrsgesellschaft; Flughafen:* Nikosia.

M i t g l i e d s c h a f t e n : UNO, CCC, UNCTAD u. a.; Commonwealth, Europarat.

W ä h r u n g : 1 Zypern-Pfund (Z£) = 100 Cents